珍藏本
纪念版

汉译世界学术名著丛书

琉璃宫史

上卷

李谋 姚秉彦 蔡祝生 汪大年
计莲芳 赵敬 韩学文 译注

陈炎 任竹根 审校

商務印書館
SINCE 1897 The Commercial Press

2017年·北京

မှန်နန်းမဟာရာဇဝင်တော်ကြီး

ပထမတွဲ (မိဘဂုဏ်ပိဋကတ်ပုံနှိပ်တိုက်မိတ္ထီလာ ၁၃၁၈ခုတပေါင်းလ)

ဒုတိယတွဲ(မအေးတင်ပိဋကတ်ပုံနှိပ်တိုက်မိတ္ထီလာ၁၃၀၂ခုတပေါင်းလ)

တတိယတွဲ(ရန်ကုန်မန္တလေးပိဋကတ်စာအုပ်တိုက်ဆိုင်　ဈေးချို မန္တလေး၁၃၁၇ခုတပေါင်းလ)

အရတရုပ်ဘာသာသို့ပြန်ဆိုထားပြီး၊

ပြည်ထောင်စုမြန်မာနိုင်ငံတော်အစိုးရပြန်ကြားရေးဝန်ကြီးဌာနသတင်းနှင့်စာနယ်ဇင်းလုပ်ငန်း ၁၉၉၂ခုနှစ်ပြန်လည်ပုံနှိပ်ထုတ်ဝေသည့်စာအုပ်ဖြင့်ဘာသာပြန်မှုကိုတည်းဖြတ်တိုက်ကြည့်သည်။

根据 1957 年缅甸密铁拉镇密巴贡典籍印刷厂版的第一卷、1941 年缅甸密铁拉镇玛埃丁典籍印刷厂版的第二卷、1956 年缅甸曼德勒泽秋的仰光曼德勒典籍出版社的第三卷译成。

又据 1992 年缅甸联邦政府宣传部报刊杂志公司重版的版本对译稿进行了核校、定稿。

汉译世界学术名著丛书
（120 年纪念版·珍藏本）
出 版 说 明

2017 年 2 月 11 日，商务印书馆迎来 120 岁的生日。120 年前，商务印书馆前贤怀揣文化救国的理想，抱持“昌明教育，开启民智”的使命，立足本土，放眼寰宇，以出版为津梁，沟通中西，为中国、为世界提供最富智慧的思想文化成果。无论世事白云苍狗，潮流左右激荡，甚至战火硝烟弥漫，始终践行学术报国之志，无改初心。

迻译世界各国学术名著，即其一端。早在 20 世纪初年便出版《原富》《天演论》等影响至今的代表性著作，1950 年代后更致力于外国哲学和社会科学经典的译介，及至 1980 年代，辑为“汉译世界学术名著丛书”，汇涓为流，蔚为大观。丛书自 1981 年开始出版，历时三十余年，迄今已推出七百种，是我国现代出版史上规模最大、最为重要的学术翻译工程。

丛书所选之书，立场观点不囿于一派，学科领域不限于一门，皆为文明开启以来，各时代、各国家、各民族的思想与文化精粹，代表着人类已经到达过的精神境界。丛书系统译介世界学术经典，引领时代思想，为本土原创学术的发展提供丰富的文化滋养，为推动中国现代学术和现代化进程做出了突出的贡献。

为纪念商务印书馆成立120周年，我们整体推出“汉译世界学术名著丛书”120年纪念版的珍藏本，寄望既利于文化积累，又便于研读查考，同时向长期支持丛书出版的译者、编者和读者致以敬意。

两甲子后的今天，商务印书馆又站在了一个新的历史时间节点上。我们不仅要铭记先辈的身影和足迹，更须让我们的步伐充满新的时代精神。这是商务人代代相传的事业，更是与国家和民族的命运始终紧密相连的事业。我们责无旁贷，必须做好我们这代人的传承与创造，让我们的努力和成果不仅凝聚成民族文化的记忆，还能成为后来人可以接续的事业。唯此，才能不负前贤，无愧来者。

商务印书馆编辑部

2017年10月

《琉璃宫史》重印前言

光阴荏苒，从此书 2007 年 3 月商务印书馆正式出版时算起，至今已整整十年。从商务印书馆编辑看过译稿提出修改意见后，我们整理成现稿的 1997 年年初算起，此书稿已有二十年。若从此书稿诞生的 20 世纪 80 年代算起，则此书稿已有三十余年矣！

汉译《琉璃宫史》未正式出版前就已备受国内外学术界的关注，出版之初即获得了 2006 年北京大学第十届人文社会科学研究优秀成果一等奖。2015 年 5 月又获得了首届“姚楠翻译奖”一等奖。

2007 年 3 月商务印书馆出版此书后，又于 2009 年 9 月、2010 年 11 月、2011 年 5 月先后出版了“汉译世界学术名著丛书”的珍藏本、普通本和(历史)分科本。四次共计出版 13000 套之多。

汉译《琉璃宫史》的问世给广大读者打开了观察我们近邻缅甸的一扇窗户。使人们能更深入地了解到缅甸的文化传承、民族性格、过去乃至目前情况的源头，而且能使人们对世界三大宗教之一佛教有进一步和更加清晰的了解。

出版汉译本《琉璃宫史》无疑对实现我国与周边国家保持和平共同繁荣的外交战略以及促进中缅友好的发展都有着重要意义。尤其在实现中华民族伟大复兴的梦想，实现两个百年的伟大目标，进行“一带一路”建设的今天，重印这部汉译《琉璃宫史》更凸显了非比寻常的现实意义。

重印前，我们几位仍健在的译者又重新核查校对了现书稿，发现了不少错排、漏排或不符常见译法的地名、人名等，均一一改正了过来，以期读者能更好地理解书中所述的内容。并由衷地希望我们这部译作也能为实现“中国梦”贡献出一点微薄的力量。

译 者

2017年2月

译者前言

（一）

早在20世纪60年代初几位同仁就议论过《琉璃宫史》的翻译问题，后在史学界前辈侯方岳教授的倡议与东方学家季羡林教授的鼓励下，由陈炎教授牵头，任竹根、蔡祝生、肖泉等几位从事缅甸语言文学或历史的教学研究工作的同志参加，于1964年与商务印书馆签订了翻译出版《琉璃宫史》的协议。当年担任云南历史研究所所长的侯方岳教授还专门拨出项目启动费。但其后不久造成十年浩劫的“文革”降临，刚要开始的工作就此夭折。80年代初陈炎教授等重提旧事，组织起现在这个翻译班子，从头开始了这部《琉璃宫史》的翻译工作。译出大部分初稿还是较快的，大约只用了一年多的时间。但是进一步修改、注释、核稿、统稿到最后定稿的工作量与难度远比想象繁杂得多，且又都是利用业余时间进行，故迟迟难进，断断续续直到今天才把这部译著的正文与附录共80余万字的稿件全部完成。看着十几年来这一大堆几经修改的书稿，真是感慨万端，难以言表。

（二）

《琉璃宫史》的全名是《琉璃宫大王统史》。是缅甸贡榜王朝巴基道王在位时，由蒙悦逝多林寺大法师、道加彬大法师、咨政大臣摩诃达马丁坚、大骑兵统领吴耀、内廷府传旨官吴前、大侍史吴漂、负责灌顶加冕礼的婆罗门学者亚扎德瓦和古木德亚、内廷府传旨官吴越、大侍史吴鲁基、侍史吴昂达、内廷大臣曹侯、内廷大臣兼平民大臣辛古侯等13位僧俗学者奉旨在琉璃宫内参照缅甸国内各种史书、典籍、碑铭、档案文献、佛学经典和“雅都”、“埃钦”、“茂贡”等诗文分工编写而成的一部大编年史。据载，在编写过程中曾受到巴基道王的亲自过问。此书编写始于1829年，历时近4年。全书共分两大部分：第一部分从上古开天辟地写起，历经迦毗罗卫太公、般遮太公、顶兑、室利差呾罗、蒲甘、彬牙、实皆、阿瓦、东吁各王朝，一直写到1754年良渊王朝被孟人所灭。第二部分起初从阿朗帕耶（雍籍牙）统一全缅创建贡榜王朝写到1821年。后来，敏东王1853—1878年在位时，命大臣们在琉璃宫内将第二部分校订续写。贡榜王朝灭亡后，原王朝大臣助理吴丁在1905年、1922年又两次校订续写，写至1885年英人将锡袍王劫往印度，贡榜王朝亡。《琉璃宫史》的第一部分曾在贡榜王朝枢密院监督下出版过。1936年吴山纽及其子女杜普瓦钦、吴拉貌请吴尼乔陀法师校订了他们珍藏的稿本后正式印刷出版。即今日流传之缅文《琉璃宫史》三卷本版。第二部分加上两次续写的内容后来也经整理正式印刷出版，称之为《贡榜王朝史》，即《琉璃宫史》的续编。

《琉璃宫史》被佛学界和史学界认为是一部很有价值的南传佛教史。因为《琉璃宫史》的前两编集中讲述了佛教的宇宙观和价值观，以及佛教产生、兴起的史实。其后各编也非常注意上座部佛教在缅甸的传播发展情况的描述。博采数十部佛教经藏内外重要典籍的史料，广引众多本生故事、尘俗传说的内容。诸如《法句经》、《大涅槃经》、《弥兰陀王问经》、《佛种姓经》、《清净道论》、《经集》以及相关史籍《岛史》、《大史》、《小史》、《香史》、《佛教史》、《佛牙史》等都成了编写《琉璃宫史》时的依据。《琉璃宫史》的编撰者们对各类经典史籍相关内容均能比较长短，点评是非，指出差异，申明观点。当然毋庸讳言由于编撰者的时代的、信仰的局限性，某些神奇、虚幻、夸张、迷信色彩较浓的内容也被保存了下来。《琉璃宫史》按照佛教创世说，追溯到大千世界成、住、坏劫的轮回往返以及宇宙之形成；从众王之首、刹帝利之始祖摩诃三末多的命名、立国，写到释迦后裔净饭王之子悉达多王子出家成佛并第一次转法轮为五比丘说法；又从第一次结集写到第四次结集；再从佛音长老赴锡兰取经写到缅甸的阿奴律陀王派人赴直通索取三藏，并在蒲甘乃至全国广建佛塔寺庙，弘扬佛法，进而写到历代缅王如何继承佛教大业，虔敬三宝等等。在叙述到缅甸王系时也力图与摩诃三末多王、释迦族系诸王衔接起来，表明缅甸历代君王的始祖源自释迦族，缅甸民众自古就是佛陀忠诚的子民和信徒。

《琉璃宫史》又是各国公认的著名的一部缅甸大编年史。它的内容丰富，政治、经济、军事、外交、宗教、文化和民族关系等内容无所不包。从第三编开始到第二十一编较详尽地叙述了缅甸境内先民以及以缅族为主体的各个王朝（即太公、顶兑、室利差呾罗、蒲甘、彬牙、实皆、阿瓦、东吁、良渊）历代君王治国安邦、各个方面变迁发展的重要史实。也用了一定篇幅讲述了缅族王朝与孟族王朝、若开族王朝、掸族土司们以及缅甸与周边各国——中国（宋、元、明、清）、泰国（阿瑜陀耶、清迈）、老挝（万象）、斯里兰卡（锡兰）、印度（曼尼普尔、阿萨姆）等之间所发生的战争与交往。全书文笔流畅，用词典雅，可以说它不仅是一部历史巨著，又是一部散文佳作。

《琉璃宫史》写成后只在宫内刊行，自 1936 年公开出版以来，在缅甸曾重印多次。缅现政府执政以来仅 1992 年 10 月至 1993 年 2 月间就重版过 4 次，发行 6500 套之多。足见该史籍在缅甸的地位。缅甸人对《琉璃宫史》推崇备至，凡谈及缅甸历史或佛教的发展者必引证该书。外国学者在研究撰写世界史、地区史、缅甸史或佛教史时，也常参考或引用其中片段。它已成为一部研究缅甸历史、缅甸文化渊源与发展、南传佛教传播发展史的必读参考书。国内外不乏赞誉之词。著名缅甸史学家、英人 G. E. 哈威就说过：《琉璃宫史》是印支半岛各国最好的史书。早在 1922 年英国学者 G. E. 卢斯和缅甸学者吴佩貌丁合作将该书中从太公王朝建国到蒲甘王朝灭亡这一段译成英文，1923 年在牛津大学以 The Glass Palace Chronicle of the King of Burma 为名正式出版，这是《琉璃宫史》的第一部片段外文译本。P. H. 萨耶、F. 托马斯将其中关于蒲甘王朝史一部分译成法文正式出版，名之为 Pagan Chronique du Palais de Cristal。60 年代日本鹿儿岛大学荻原弘明教授也曾将该书部分章节译成日文连载于该校学报之上。最近又有消息说，德国和俄国学者也正在进行这部历史名著的翻译工作。

（三）

当我们准备将《琉璃宫史》三卷全文译出的消息被缅甸历史学者们得知之时，他们极为惊喜并非常关注，有的帮助我们解释一些难点，有的向我们赠送了最新重印的版本。这都使我们得到很大的鼓舞和激励。

可能因为《琉璃宫史》原著者是13位僧俗学者，写作风格各不相同，篇幅太长又未能充分统稿修改，加之多年来版本辗转传抄重印，原书三卷从文风到编排体例，很不统一，甚至节号编排都很混乱，个别地方文字明显有误。这些我们都在保持原著风格的基本前提下，尽力追根溯源，进行必要的考证、校订、更正并加以说明。该书因系国王钦定的“正史”，又由御用高僧和大臣们编纂。有些地方难免有为封建统治者歌功颂德之嫌。比如：文中有些数字如用于征战之兵力等等往往过分夸大毫不可信，我们仍按原文译出，不再一一注明。再如：个别章节通篇都是帝王为臣子赐封名号，甚至今日封甲为乙，次日又改封乙为甲，没有什么实际意义。为了保持译文的完整性，我们还是全部保留了。但是总体来说《琉璃宫史》的确引用保存了大量珍贵文献和历史资料，不失为东西方研究佛教史和世界史尤其是研究缅甸史的学者们的重要参考书籍。是一部很有学术价值难得的历史名著。

现就译文的一些问题，简单说明如下：

（1）版本　我们翻译依据的版本是：第一卷为1957年初缅甸密铁拉镇密巴贡典籍印刷厂版；第二卷为1941年缅甸密

铁拉镇玛埃丁典籍印刷厂版；第三卷为1956年原书稿珍藏者吴拉貌在曼德勒印刷的版本。

（2）节号　《琉璃宫史》第一卷原列有节号，本书按原号译出；第二卷原书又从1开始编出各节节号，且有一些节漏编；第三卷原书目录中只有各节标题但均未列节号。为方便读者起见，我们将第二卷、第三卷各节接第一卷续编节号。

（3）译名　蒲甘王朝以前采用佛经等古代典籍巴利文的音译办法，蒲甘王朝以后除一些常用名仍沿用约定俗成者外，均采用今日通用译音办法。有旧译名者于译名初见处用脚注注明。

（4）星相占卜术语　如直译其意令人费解者，在不影响所述内容时略去不译。有的则尽量简化音译译出。

（5）脚注　为帮助读者阅读译文，译者加了某些脚注。其中包括：某些历史事件与我国史籍或其他国家记载的比较与考证；我国一般读者不了解的缅甸习俗或较为罕见的专用词语；缅甸史中重要人物、国王或王后名号的原意或旧译名；与缅甸其他史书的比较，对原文的勘正或其他必要的说明。书中所引（第一、二编中尤多）佛教经典和某些历史人物地名不少是用缅甸文字母拼写巴利文发音而成的。择其中重要者，在脚注中注明巴利文原音，以便读者查考。

（6）附录　为了方便读者能更好地熟悉并利用本书史料，译者据本书材料编成了三个附录，即缅甸王系表、缅甸大事年表和译名对照索引。为便于查考利用，缅甸王系表、缅甸大事年表皆用公元纪年编出。另，为便于不谙缅语者利用此表缅甸语皆用拉丁字注音标出。

（四）

参加编译本书几位同志的分工是：

蔡祝生　翻译上卷上半部并注释。

韩学文　翻译上卷下半部。

汪大年　翻译中卷上半部。

计莲芳　翻译中卷下半部。

姚秉彦　翻译下卷上半部，全书部分译稿的整理、誊抄，重译个别章节。

赵　敬　翻译下卷下半部。

李　谋　全书统稿、校定、注释、三个附录的编写。

（本书内封署名按各位译者实际参与译作的时间长短与工作量的多寡依次排列）

另，在本书编译工作临近尾声时，正在北京大学缅甸语专业攻读硕士学位的两位研究生李晨阳、蔡向阳参加了部分译稿的整理、誊抄，重译了个别章节，编写译名对照索引的卡片准备工作。

在这里，还要指出的是：我们的老师陈炎教授对组织翻译本书起了重大作用，并始终给予指导。我们的老师任竹根教授生前曾审校部分初译草稿，提出过不少修改意见，还曾与汪、赵、姚等人一起讨论过专有名词译法问题，但可惜还没有来得及看到全书初译

稿就去世了。

最后，对一向关心我们这一译著问世的老师、前辈、国内外同行们，对在我们编译这部历史名著给予过帮助的所有同志表示由衷的感谢，并且希望大家不吝指正。

译　者

1996 年 7 月

译者前言(续)

1996年8月本书译稿交商务印书馆。由陈应年先生担任责任编辑进行审稿。后商务印书馆又将书稿交给陈炎教授审校一遍。2000年再将书稿返回到译者手中。要求译者按陈应年先生和陈炎教授的意见将书中所出现的年代(原文所用纪元多种,非常庞杂)查明相对应的公元年代后随文用括号注明,并对某些部分进一步核查。

在2000年以后至今约3年的时间内我们又做了以下工作:

(1)为了查明原文所述年代相对应的公历纪元年代,首先面临一个资料短缺问题。我们手头没有缅甸丹吞博士等编写的《英缅对照万年历》,经多方查寻,直至2002年年初才在旅美孙来臣教授等人的帮助下找到了所需的多册英缅对照年历。我们将全书中出现的年代都注明了相应的公历纪元日期。但是我们发现原文日期后注明的×曜日,有的与我们所查结果是一致的,有的则不同。这部分只好原文照录了。

(2)我们又用1993年2月新版《琉璃宫史》与我们的译稿从头到尾核校了一遍。有不同之处又按新版《琉璃宫史》改了过来。比如:旧版《琉璃宫史》第一卷中列出了164节,另有7节是重号,我们原来只好把重号的节编成某某节甲、某某节乙。而新版第一卷则没有重号,一共编成了171节。现在我们译稿按新版译出。再如:新版《琉璃宫史》中将旧版中各节出现的‘得楞’一词,全部改成‘孟’字。我们的译稿也重新改了过来。又按 1992 年重版的《琉璃宫史》补译了 1967 年、1992 年所写的序、前言和出版说明等。

(3)1996 年译稿交出版社时,全部是誊写的手抄稿。为了不致引起误读、排版的错误,且能较快出版,我们又下定决心将全稿用电脑录入成打字稿。(第一卷稿及前言、附录等均由李谋录入;第二、第三卷稿则是请人录入后,再进一步核校定稿的)

(4)1996 年译稿曾在译文一侧切口相应位置和目录中皆注明了原书页码。现在考虑到懂缅文的人士终归是少数,所以现在稿中又把这种页码略去了。

(5)为了节省篇幅,我们将 1996 年交稿时所列的第三个附录,即译名对照索引大大缩减,只保留少数常见的地名、人名新旧译名与缅文拉丁拼音对照部分。

还应该指出的是北京大学外国语学院和东语系的领导们也一直对这项翻译工作非常关心。最后还由非通用语人才培养基地拨款以保证书稿录成完整的打字稿。在此表示由衷的谢忱。

译　者

2002 年岁末

缅甸《琉璃宫史》汉译本序

季羡林

中国和缅甸自古以来就是友好的邻邦。在历史上，在漫长的封建主义历史阶段中，两国虽然也有过矛盾和冲突，甚至发生过战争；但那是时代环境所决定的，几乎可以说是不可避免的。它并不能影响我们两国人民的“胞波”情谊。中缅友谊的长河，源远流长，偶尔投入一点泥沙，并无伤大雅。所以，至今我们两国人民仍保持着亲切友好的关系。这对巩固亚洲和平和世界和平是有贡献的。

但是，也有遗憾之处：我们两国人民彼此了解得太不够了。在中国，除了少数从事缅甸研究的人以外，一般老百姓，即使是受过高等教育的人，对缅甸的了解简直如云如烟，朦胧模糊。在缅甸，恐怕情况也差不多。这种情况不利于两国人民的传统友谊在新形势下的发展。

要想加强相互了解，最好的办法是亲眼去看；但那是只有少数人能办到的事，对广大人民群众来说，是可望不可即的。对这些人最好的办法是写书或翻译。在过去几十年中，中国研究缅甸问题的学者也确实写了一些关于缅甸的书，并翻译了一些缅甸当代的文学作品。比如吴登佩敏的《摩登和尚》之类，受到了中国读者的欢迎。但是，数量毕竟太少了，远远不能满足读者的需要。原因是，我国真正研究缅甸的人数不多，而研究缅甸文学者则人数更少。要想改变这个局面，还须假以时日，仓促之间是办不到的。

在目前这样专门人才缺少的情况下，北京大学东语系缅甸语专业，还算是人才比较多、比较集中的地方。这些人有的是我们自己培养起来的，在培养过程中，从缅甸回国的华侨学者起了很大的作用。这一批中青年人，在国内学习几年以后，几乎都到缅甸的大学中去进修过。他们既能掌握我们祖国的语言汉语，又能掌握缅甸的语言，熟悉缅甸的历史、文学以及一般的风俗文化。这是一批不可多得的人才，是我们国家的宝贵财富。

至于我自己，我并不是缅甸语言、文学的研究者，可我同缅甸似乎有一段缘分。我曾两次正式参加国家的代表团访问过缅甸，缅甸的名城以及许多重要的名胜古迹，都留下了我的足迹。以后又曾多次从缅甸过境。因此，我对缅甸人民对中国的情谊以及缅甸古代文化的灿烂辉煌，有亲身的感受，对缅甸文化也产生了浓厚的兴趣。一谈到缅甸文化，我曾多次从缅甸大学教授以及作家等人那里听到了《琉璃宫史》这一部古典名著的名字。可惜我自己没有能力来介绍，徒作临渊之叹。无退而结网之力，常常引以为憾。

摆在我眼前的道路只有一条，这就是：动员我们系的中青年缅文学者，利用集体的力量，通力协作，把这一部缅甸的古典名著译为汉文。我们这一批中青年学者，是有能力而又识大体的。他们愉快地答应了我的要求，并且在他们之间做了具体的分工。因为他们每一个人几乎都有比较繁重的教学和科研任务，任何一个人都不可能独立完成这一项十分艰巨的任务。经过了几年的努力，这一部既是历史巨著又是文学巨著的缅甸宝典，终于有了完全可以信赖的汉文译本。我个人心中的愉快，用言语实在难以表达。一旦出版，定能受到广大读者的欢迎，定能促进中缅两国人民的友谊和理解，这是丝毫也无可怀疑的。

现在已是20世纪之末，再过三年，一个新的世纪即将来到我们眼前。根据我个人多年观察和思考的结果，在未来的世纪中，东方文化，其中包括中国文化和缅甸文化还有其他所有东方国家的文化，将在全世界上重现辉煌，将在西方文化发展到现在的已有的基础上，扬东方文化之长，济西方文化之穷，把人类文化的发展向前大大地推进一步。

但是，什么是东方文化？其特点何在？不但仍然做着“天之骄子”之梦的西方人不了解，不想去了解，连受“欧洲中心主义”之毒甚深的东方人也木然、懵然。这需要我们去启蒙。由我担任主编的包括五百种著作的、涵盖所有东方国家文化的超大型的丛书《东方文化集成》已开始出版。它必能对世界人民起到启蒙的作用。瞻望未来，我们满怀豪情，一腔壮志，即将出现的辉煌，已向我们迎面走来。让我们准备好去迎接它吧。是为序。

1997年1月14日

翻译《琉璃宫史》缘起

侯方岳

30 多年前“文革”尚未开始，我任云南省历史研究所所长期间，就想把缅甸著名的《琉璃宫史》译成中文出版，供研究者利用参考。特委托陈炎、任竹根、蔡祝生等老师，在季羡林教授的指导下，共同合作，翻译《琉璃宫史》。我对这项工作大力支持，并拨款给肖泉转付，作为翻译该名著的启动费。不久，“文革”开始，这项工作就无法进行了。“文革”以后，陈炎教授重新组织北京大学东语系的老师任竹根、蔡祝生、李谋、汪大年、姚秉彦、计莲芳、赵敬和韩学文等共同翻译这部巨著。北大季羡林教授和我对这项工作十分关心。但由于种种原因和意想不到的许多困难，时译时辍，前后竟达 30 余年之久，经各位老师的长期奋斗，共同努力，克服种种困难，现在大功告成，终于完成了翻译任务，即将由商务印书馆出版。喜讯传来，不胜欣慰。我 30 年前的愿望，今天终于实现了。这部世界名著的出版是对史学界的一大贡献。我作为最早的发起人，谨向为本书付出辛勤劳动的所有译者和出版本书的商务印书馆，表示由衷的感谢和祝贺！

1997 年 6 月 30 日于云南昆明庆香港回归时

目　　录

上　卷

第 一 编

第 二 编

第三编

第 四 编

第 五 编

第 六 编

第七编

缅甸人家家户户都应珍藏的一部充满民族自豪感的历史[①]

我认为缅甸人应该祖祖辈辈不断地阅读了解自己的历史。只有这样才能知道我们的祖先在远古是怎样生活的;我们的民族是怎样独立自主地生活过来的;我们的文化习俗是怎样形成的等等。缅甸史学家认为在缅甸古代史籍中《缅甸大史》[②]和《琉璃宫史》是尤为突出的两部。《琉璃宫史》是缅历1191年即公元1829年[③]贡榜王朝巴基道王在位时写成的史籍。这部史书是巴基道王亲自主持,把僧俗和婆罗门学者们组织起来,责成他们编撰完成的。

恢复法律与治安委员会主席、国防军总参谋长苏貌大将在1991年3月27日第46届建军节上讲话中关于历史问题曾提到:"写历史,记载要全面,最重要的是要真实。这点非常重要。应该说真实'自然就表现出了它的合理性'。历史也是如此。对一个历

---

① 这是缅甸政府在重版《琉璃宫史》时,由吴梭纽写的出版说明。吴梭纽是缅甸一位当代诗人、作家,生于1932年,笔名为铁拉实都(意即:密铁拉军士),曾在军中任职,后为政府官员,先后任缅甸内阁宣传部和文化部副部长。本文是他担任宣传部副部长时写的。

② 公元1714—1733年间写成,原名《大史》,为与锡兰著名经典《大史》区别,本书皆将其译作《缅甸大史》

③ 原文误印为1837年。

史事件各有看法是很自然的事。帝国主义的历史学家当然会只引用他所中意的和他可能得到的某些事实。记录札记等全面真实是最重要的。著述历史的学者们应持之以恒地收集事件真相和全面情况,能经得起时间的考验,且有将其展示给公众的勇气。这种勇气并非一般的勇气,普通的勇气。应该说这是一种杰出的耀眼的勇气。所以说历史是掩盖不了的真理。”

关于缅甸历史,从贡榜王朝后期直至今日,还没有一部有条不紊连续不断的历史书。只有许多根据各自了解的情况写成的断代史或某个历史事件的专著。所以恢复法律与治安委员会主席苏貌大将常说:“历史中断了”。我们认为缅甸应该写出一本直至今日的全面的一部缅甸史。正如苏貌大将所说的那样,历史是掩盖不了的真理。要真实地写出事实。著述历史的学者所用资料全面真实最为重要。据悉今天缅甸历史委员会正在写缅甸历史,按历史阶段分别进行编写。根据恢复法律与治安委员会主席的指示,已写成出版的有:《民族问题与1947年宪法》(上、下)和《1958—1962年缅甸政治》(四卷本)。

有一种说法那就是:历史是时代的一面镜子。在这面时代的镜子里映出了人类政治、经济、军事、社会、体制、外交、文化、地理、文学、艺术、习俗、法制等等方面。如果要解读一个民族的情况,注视这面时代的镜子——他们的历史才能够明白。

此外,我们认为:在那个国度里生活的各个民族也应该了解自己的历史,而且坚信应该努力地去了解它。可以说,不了解自己历史的民族就不知道不了解自己处于一种什么状态和水平。换句话说,那就成了一个根本不了解自己的人。

缅甸人应该不断地解读自己历史过去与现代的联系。为此,应该寻找历史书籍来读、读后进行分析考虑、记住自己民族的进步与不足。在此基础之上寻求自己民族自己国家的进步发展,自己生活的改善。可以说了解了自己生活处境的方方面面就完成了自己担负着的任务旅程的一半。因此,为了自己的国家、自己的民族和自己本身要不断研读自己国家的历史。历史是永不停步的。与永远旋转的时间巨轮一起在前进。我们尊重热爱自己的民族精神,同样也珍惜我们缅甸的历史。在撰写缅甸历史时,我们要尽自己的可能给予帮助。这项任务是不需任何人提醒我们的任务。

恢复法律与治安委员会主席、国防军总参谋长苏貌大将和恢复法律与治安委员会副主席、国防军副总参谋长丹瑞上将指示我本人负责重版这部《琉璃宫史》。我知道国家领导人意在使这部史籍能广泛地到达今日缅甸人民手中,让大家仔细地了解我们缅甸的历史。这部史籍是在我国处在独立自主自己王朝统治之下时缅甸君王详尽地撰写出来的一部史籍,是真正的缅甸文化历史遗产,可以说它的历史价值是巨大的无法估量的。我们印刷出版这部史籍送到缅甸人民的怀中。这部史籍是缅甸人非常值得自豪、珍惜、喜爱的史籍。相信这部史籍对高级中学的学生、老师和校长们,各个大学的学生、教师、教授们都会十分有用。这是一部凡缅甸人家家户户都应该珍藏的充满民族精神的史籍。也是一部可以赠送给想了解缅甸历史源流的与缅甸友好的外国人士的值得我们自豪的史籍。祝愿这部巨著与世长存、与缅甸同在!

发扬民族精神传承教育协会书刊部主任吴梭纽

1991 年 12 月 6 日星期五于仰光

前　　言[①]

缅甸人有一个把自己遇到的情况和所作过的事件设法记录下来留给后人的好文化传统。有了文字以后，在石碑、木板、砖块、金属片、贝叶、纸折等等之上刻写下茂贡（纪事诗）、丹白（结语诗）、史记。人们往往把自己出生的年月日、时辰、名字写成贝叶八字天宫图；把自己的一生所经历的显著事件和自己所作的善事功德记载下来。所以外国历史学家们认为，缅甸是个除了有古代建筑、文物，还有丰富的碑铭、壁画文、佛像陶片文、贝叶文、纸折文等历史佐证的国家。

从成立国家时开始宫内宫外学者们记录了统治者帝王们的情况形成了史籍。同样，宗教事务工作者高僧们、俗家学者们书写了佛祖身世、佛教文学、佛教建筑佛塔寺庙等情况形成了佛教史。因此，各个时期出现了佛陀史、佛教史、帝王史等等。

现在重版发行的《琉璃宫史》是贡榜王朝第六世王巴基道在位时（公元 1819—1837 年，缅历 1181—1199 年）写成的一部史籍。巴基道王于缅历 1191 年 3 月 1 日[②]在琉璃宫偏殿内召见了僧俗婆罗门学者，命以下学者们组成小组撰写这部《琉璃宫史》。

---

① 本篇系 1992 年《琉璃宫史》重版时，缅甸历史委员会学者钦貌纽博士所写的前言。

② 即公元 1829 年 5 月 11 日星期日。

一、蒙悦逝多林寺大法师　二、道加彬大法师　三、南北奇巴村侯谘政大臣摩诃达马丁坚　四、大骑兵统领吴耀　五、内廷府传旨官吴前　六、大侍史吴漂　七、负责灌顶加冕礼的婆罗门亚扎德瓦　八、负责灌顶加冕礼的婆罗门古木德亚　九、内廷府传旨官貌(越)　十、大侍史貌鲁基　十一、侍史貌昂达　十二、内廷大臣曹侯敏基底里摩诃南达丁坚　十三、辛古侯内廷大臣兼平民大臣瓦

巴基道王亲自参与了撰写《琉璃宫史》的工作，"核对校正了出自巴利文经典、碑铭、古籍、雅都(赞歌)、雅甘(谐趣诗)、埃钦(摇篮歌)、茂贡(纪事诗)、史记中的记述，写成了五卷三十八编的《琉璃宫史》，共用了三年余近四载时间。"《琉璃宫史》的第一部分写了从开天辟地到阿朗帕耶即位，被称为《大王统史》或《琉璃宫大史》。第二部分写的是贡榜王朝，被称为《第二大王统史》或《贡榜王朝大史》，从阿朗帕耶王即位写到缅历 1183 年(公元 1821 年)波道帕耶驾崩后两年为止。

依照王命，组织历史学者，研究缅甸历史，运用考据佐证，核校订正成书的这部史籍——《琉璃宫史》是非常著名的。按照当时的写作风格、句型组成、语法修辞、比喻举例，详尽地描述了当时正巧出现的地震、星陨、彗星、洪水、火灾等自然现象，并将年代、日期、地点、人物、事件等记录下来。在典籍之始，写明著作《琉璃宫史》的宗旨，集中分析校正了在它以前出现的各部史书中的分歧、不一致、重复的有关帝王、国家与佛教的情况，更表明了这部史籍的历史价值。因此在《琉璃宫史》文中可以看到不同的原述与学者们的分析结语。

《琉璃宫史》被学者们、研修历史的人们阅读、学习和引用。贡

榜王朝后期来到缅王跟前任职的英国法国的使节们在他们的出使日记或报告中也引用了《琉璃宫史》。研修撰写缅甸史的外国历史学家们之中有一位担任过英属缅甸最高专员的费尔[①] 1883 年出版了他撰写的《缅甸史》,就主要引用了《琉璃宫史》。他在该书的前言中写道:

"直至 1837 年在缅甸宫廷中担任英国常驻官员的亨利·伯尼少校曾将《琉璃宫史》的某些章节翻译出版。主要是早期国王们的情况和有缅甸中国交战情况的章节。他认为缅甸历史中所述历史事件是真实可信的。"

"比其他欧洲学者更加关注缅甸历史的拉新(译音)教授认为:缅甸人有历史巨著,不只讲述了他们自己的历史,也记述了若开、勃固、清迈和其他邻国的历史。他们的历史学家不仅写了他们引以为荣的自豪的事件,也写了丢尽颜面应该受到谴责的史实。他们的记载证实了他们历史的传说。因此总体来说缅甸史书是正确的,是值得赞扬的。"

"缅甸史籍引证了某些古代碑铭。这些碑铭大多是佛塔寺庙宗教建筑的建志铭文。也记录了相关的历史事件。作为佛事善举铸成后挂在寺院内的大钟上也刻有铭文,大多也记述了重要的历史情节。每个重要的佛塔、佛窟都有佛塔或佛窟史,写有建塔的捐助者和其后维护者们的情况。这些根据有许多是世俗的事件。"

"这本小册子主要依据的是宫廷藏书馆中的《大史》(琉璃宫大

① Arthus Purves Phayre,1812—1885,1862 年任英属缅甸最高专员,1867 年回国。曾著有《缅甸史》一书。

王统史)。”

在费尔之后,用英文写作缅甸史的哈威[①]、考克斯、德赛、霍尔等人都常常将《琉璃宫史》作为缅甸史的引证依据。

1922年仰光大学东方学教授卢斯与巴利文教授吴佩貌丁将《琉璃宫史》中从太公王朝建立到蒲甘王朝灭亡这一段译成英文,取名 The Glass Palace Chronicle of the King of Burma,在1932年由牛津大学印刷出版。在该译本的序言中吴佩貌丁讲述了包括《琉璃宫史》在内的各个时期写作的缅甸史籍,使世界历史学界更多地了解到这些情况。外国历史学者们开始引用英译本《琉璃宫史》。

笔者1988年5月到法国巴黎进行考古交流时到巴黎的法国远东博物院(即法国远东学院)考察。博物馆长引导我们观看有关缅甸文物的展室时,给我们看了不久前出版的一个法文译本。是P. H. 萨耶与F. 托马斯将《琉璃宫史》中蒲甘王朝部分译成的法文本,名之为 Pagan Chronique du Palais de Cristal。其中附有许多古代佛塔、绘画、雕刻的照片,参考书目中列有吴佩貌丁与卢斯先生的《琉璃宫史》英译本。历史学界也常常听到《琉璃宫史》译成日、德、俄、中文的消息。

这部在缅甸历史学界和世界学术界都很有名、受到尊重、常被引用的《琉璃宫史》,从开始写作的缅历1191年(公元1829年)到今天缅历1353年(公元1991年)已经有162年的历史了。虽然多

① Godfrey Eric Harvey,1889—1965,著有《从远古至英国征服开始期间的缅甸史》(姚楠中译本简称《缅甸史》)、《1824—1942年英国在缅甸的统治》、《缅甸史纲》、《缅甸佤族研究》。

次印刷，但最后印出的版本也已罕见了。所以可以说现在重印《琉璃宫史》是符合时代要求的。尤其是在努力重新发扬缅甸民族精神的今天，重印《琉璃宫史》更是非常符合时宜的。

没有牢固的文化、悠久的历史、民族精神的基石，是不可能形成民族自豪感的。只有了解我们缅甸这个民族、缅甸这个主权国家、缅甸文化这种社会状态是从何时萌发、形成、壮大的；它遭遇过哪些成败、高低、坎坷、曲折，又是如何应对、抗衡、坚挺过来的。才能培育出真正的民族自豪感。

因此，我们缅甸联邦的各个民族不仅要把《琉璃宫史》这部史籍作为要进行测试的历史教科书学习熟记，更应把它作为了解自己民族、自己国家、自己文化知识的书，细细品味阅读研究，从而发扬真正的缅甸民族精神民族自豪感。

钦貌纽博士

序　　言[①]

《金宫缘起》中说：

“古老是古老，也有不好的；
也有又是古老的，又是好的。
新兴是新兴，也有不成功的；
也有又是新兴的，又是成功的。”

发扬民族精神传承教育协会书刊部重版了历年来印刷出版的多种“又是古老的，又是好的”有益著作。《琉璃宫史》就是其中一部。

过去各个时期曾多次核校勘正出版过《琉璃宫史》。历史学者们认为应该把以前出版的《琉璃宫史》用其他各种史籍对照，研究后再进一步校正，但这绝不是某一个人能完满完成的事。且需要用一定的时间。因此这一次笔者只用缅历 1329 年(公元 1967 年)卑基曼岱版《琉璃宫史》为范本进行校对。在校对过程中(1)仅改了个别错漏的字(2)按缅甸联邦教育部缅甸文字委员会在缅历 1348 年(公元 1986 年)规定的正字法改正了行文中的拼写法。

缅历 1329 年(公元 1967 年)卑基曼岱版所载“原序”与“大序”照录于后。

杜敏丹讲师

① 本篇系 1992 年《琉璃宫史》重版时，缅甸历史学者杜敏丹讲师所写的序言。

原　　序①

大小国度诸王之上各国国君之主……

金矿、银矿、琥珀矿、红宝石、极品珍珠、珊瑚、蓝宝石、钻石等无价百宝之主……

体披珍珠般光泽，像座银山一般，全身洁白，左右拥卫，诸象王之王白象之主……

遵照权威遍及宇宙世界四大部洲的曼陀转轮王所奉行的十二规，登基在位有能力统治各地的，人中翘楚具非凡之福分以罗陀那补罗②为名在风水宝地罗陀那补罗第四次筑城池建宫殿之巴基道王，为了列祖列宗历代皇帝各种史籍不致失传，怀着良好的心愿，努力且无畏，以伟大崇高的胸怀下旨将各种佛教与世俗典籍核校后编撰书写。奉王命的僧俗婆罗门学者们聚集于琉璃宫偏殿，自缅历 1191 年 3 月 1 日③起校勘编纂《琉璃宫史》有第一、第二、第三、第四劄共四劄。

四劄中的第一劄作为《琉璃宫史》的第一卷曾在学者官员们的监督下，由曼德勒皇城内枢密院前工厂印刷出版。鉴于《琉璃宫史》第一卷中所含知识广博许多内容值得人们记取，此书在城镇乡

---

① 本篇系 1967 年《琉璃宫史》重版时，出版者与文稿保存者合写的序言。

② 意为：宝城。

③ 即公元 1929 年 5 月 11 日星期日。

村各地流传尚不普遍，信奉佛教的缅甸人应该熟悉明了自己民族、宗教、历史古籍。若将这卷饱含精华特色的《琉璃宫史》广泛地传到各地城镇，定会使僧俗民众受益。为了使希望获取出世、世俗两方面知识成为一位学者达到学识超群在公众场合光彩照人的僧俗人等利益，将吴山纽所存书稿，经获得诗歌学者金质奖章的吴尼乔陀精心校正后，缅历 1298 年 9 月（公元 1936 年 12 月）由吴山纽之子貌拉貌印制成书。缅历 1329 年（公元 1967 年）又由仰光卑基曼岱出版社将上述版本再次重版。

印刷者　仰光　萨梭丹　二十五卷　卑基曼岱出版社　吴埃
发行者　曼德勒　泽秋市场　C 大厅　2—3 号　杜普瓦钦
及其弟吴拉貌

历史研究大序[①]

（一）

不论是缅甸史，还是世界史，都不能视为是同一类别的。

历史可以分为(1)有据的历史(2)无据的历史两种。有碑文、铭文、佛像砖文或石器、金属器、陶器砖块等物证的历史就是有据的历史。没有上述物证的历史就是无据的历史。

换个办法，历史又可分为(1)连续的历史(2)分段的历史(3)演义性的历史三类。

一、王系不断，可以依次指出后嗣的历史可以称之为连续的历史。

二、王系断嗣，插入了“其他人”或者“形成无人为王状态”的历史可称之为分段的历史。

三、王系之初，或者王系自始至终，或者王系中有某位为王者仅能指出他的名字的历史，因为是“希望他出现而出现”的历史可称之为演义性的历史。

世上有许多无据可查而“的确是真实的、确切的、存在着的”

---

① 本篇系1967年《琉璃宫史》重版时，所载学者吴三吞写的序言。

事。

过去“阿育王”这个名字曾是仅存在于书中的无据的历史事物，但当人们读到了阿育王碑文的时候，“阿育王”这个名字不再是仅存在于书中的名字，而成了一个有实物为证的有据的历史事物了。

过去“毗湿奴城”这个名字曾是仅存在于书中的无据的历史事物，但今天“毗湿奴城”这个名字，也成了一个有实物为证的有据的历史事物了。

缅甸古籍中讲到各代骠王曾在室利差呾罗（卑谬）进行过统治已经很久了。但是直到“前些日子”在卑谬以南五英里处骠人故城茂扎得到两片“貌甘”金贝叶，才使得室利差呾罗的历史露出头来。

两片貌甘金贝叶上是用迦檀婆字母书写的巴利文佛陀教诲。内容如下：[①]

（第一片金贝叶）“‘诸法从因起，
如来说其因；
大沙门[②]如实，
亦说彼还灭。’
四神足[③]，四念住[④]……”

① 两片贝叶上的巴利文请教了北京大学外国语学院梵文巴利文教授段晴后译成。文为“法身偈”，即“缘起偈”。

② 指佛教僧侣。

③ 佛教名词。四神足又称之为四如意足，即所谓欲神足、念神足、精进神足、慧神足，神通赖以产生的四种凭借或基础。

④ 佛教名词。四念住又称之为四念处，意为以智观境。大小乘有不同释意。大乘四念住是观身如虚空、观受内外空、观心但名字、观法善恶俱不可得。小乘四念住是观身不净、观受有苦、观心生灭、观法无我。

(第二片金贝叶)"'诸法从因起，
如来说其因；
大沙门如实，
亦说彼还灭。'
世尊[①]应供[②]正等正觉，智慧与修行兼备的
善逝[③]……"

虽然史籍佛教经典说：奔赴九地传布佛教的两位长老须那迦、郁多罗到达苏伐那蒲米(金地)传教。而人们却不是"心悦诚服"地相信这种说法。但两片貌甘金贝叶所证实的是……

"金贝叶上的文字是锡兰派巴利藏经。因此证实摩哂陀长老建立的锡兰僧团与须那迦长老、郁多罗长老所建立的苏伐那蒲米(缅甸)僧团是一脉相承的。"

两片金贝叶这样证实了，人们才"心悦诚服"地相信：原来缅甸很早以前就"真的"有了佛教啊！

公元1910至1911年间还在茂扎发掘到碑文残片。该碑文也是巴利文。公元1926年又在茂扎得到了与上述金贝叶相同的一部有20片金贝叶的"金经文"，金贝叶一面写有文字。

金贝叶部分文字如下[④]：

---

① 佛教名词。世尊　佛的尊号，以佛具有万德世所尊重之故称之。

② 佛教名词。应供　诸佛的十个名号之一，意即断一切之恶　应受人天之供养者。

③ 佛教名词。善逝　诸佛的十个名号之一，意即好去者。

④ 贝叶上的巴利文请教了北京大学外国语学院梵文巴利文教授段晴后译成。

“成就！无明[1]缘行[2]。行缘识[3]。识缘名色[4]。名色缘六入[5]。……

成就！四念住，四正勤[6]，四神足……

世尊啊，何谓十四佛智？念住，如来……

八正道[7]，

四谛[8]，

离垢[9]法，

应供（阿罗汉），善逝，我在此世为侍从。……”

这些证据证实了缅甸南部（苏伐那蒲米）公元五六世纪时佛教（上座部教派）已广泛传播。进而证明公元前253年华氏城佛经结集后到缅甸传教的论点是“没有什么可以质疑的”，是应该相信的。

（二）

所谓连续的历史就是王系不断，可以依次指出后嗣的历史。

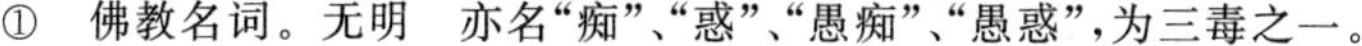

① 佛教名词。无明　亦名“痴”、“惑”、“愚痴”、“愚惑”，为三毒之一。

② 佛教名词。行　指一切精神现象和物质现象发生变化的活动。

③ 佛教名词。识　指了解鉴别认识。有六识，即眼识、耳识、鼻识、舌识、身识、意识。

④ 佛教名词。名色　指精神与物质。

⑤ 佛教名词。六入　即六处。谓眼耳鼻舌身意之六根，又色声香味触法之六境。

⑥ 佛教名词。四正勤　意为四种正确的修行努力。

⑦ 佛教名词。八正道　即所谓正见、正思维、正语、正业、正命、正精进、正念、正定，八种通往涅槃解脱的正确方法与道路。

⑧ 佛教名词。四谛　意为四项真理，即苦谛、集谛、灭谛、道谛。

⑨ 佛教用语。离垢　意即脱离烦恼。

如佛历 60 年(公元前 484 年)摩诃丹婆瓦为王之后,后嗣子孙不断就是。

佛历 424 年(公元前 120 年)悉梨罗阇王即位之后,由于插入了吃了鸡头的鄂达巴王,太公王系断嗣的历史或者说插入了鄂达巴王系的历史,就可称之为分段的历史。换句话说,王系完全断绝,与以前王系连续不上的历史就是分段的历史。

虽然缅甸历史中记载了从太公、室利差呾罗王朝到贡榜王朝的 136 代君王的情况,但是缅甸古书中说在这些君王之前还有过 1393 位君王。

136 代君王统治过的缅甸历史约 2390 年之久,一位君王统治的时间平均为 18 年。

汉达瓦底(汉林)骠王 800 位,丹巴提巴骠王 190 位,麦克亚骠王 160 位,彬莱骠王 97 位,冈辛骠王 30 位,阿兰格巴骠王 26 位,育瓦部基骠王 50 位,莱盖骠王 40 位,合计共有 1393 位。若以每位平均在位 18 年计,就等于说缅甸历史约在 28000 年之前就开始了。

所谓“缅甸始自太公”“太公阿毕罗阇王”等都是指在 1393 位骠王以后才出现的君王。缅甸古书中讲的就是这个意思。

汉达瓦底骠　骠人始自上古。最早的江是伊洛瓦底江,最早的国家是汉达瓦底,在该国最早由骠人称王。最早称王的是雅堂嘎(雅汀嘎耶)骠王,其后是嘎德耶(卡德耶)骠王,再后是般陀瓦骠王。从雅堂嘎骠王开始共传 800 代骠王。

据称在列乃索延尼在位时曾下过两次宝石之雨,第一次宝石没至腿肚子,第二次没至膝部。

般陀瓦骠王在位时，王弟布雍敏体[1]曾七次微笑，天降七次宝石之雨，鄂当艾叫南军统帅前来观看。般陀瓦之王弟布雍敏体用他的神眼看到王嫂竟与犬类进行苟且之事，心情不快不再微笑，宝石之雨遂不再降。般陀瓦骠王以为因请外国人等前来观看，其弟不笑，致使天不再降宝石之雨，勃然大怒，下令立即斩首。侍奉王之左右的人们见大王竟冒犯了不应冒犯的人，慢慢地都离开了大王。神龙们想：王对他的亲弟弟这样有福气威力的人都能冒犯，对我们又会怎么样呢？也都挣脱着跑了。神龙们挣脱着跑掉的地方至今仍以那伽雍[2]为名。慢慢跑掉的地方人称为良越[3]。大王与城池被大地吞没。汉达瓦底毁。汉达瓦底之名源于拘楼孙佛前世鸳鸯王之地。

列乃索延尼在位时拘楼孙佛在世。摩诃三末多王在位时此地名汉达瓦底；拘楼孙佛在世时称密思玛；拘那含佛在世时称汉达那伽耶；迦叶佛在世时称伽玛瓦底；吾等佛祖在世时称汉林玛靠；骠人称之为汉林。

丹巴提巴骠　从汉达瓦底国变为罗陀那补罗苏那巴延达大国。最早在该国称王的是巴杜马山达都里耶王，最后在此为王的是羯罗浮王，从巴杜马山达都里耶王到羯罗浮王共有一百九十位君王。巴杜马山达王在位时天降三次宝石之雨；瓦卢那王在位时降两次宝石雨；瓦达巴王在位时降一次。羯罗浮王在位国将毁，王将凡没有家室的人选出组织在一起，把未来辟支迦佛陀和两位罗

① 意为：笑王。
② 意即：神龙挣脱跑掉。
③ 意即：慢慢跑掉。

汉也组织了起来。王在游园时冒犯了佛陀前世忍辱法仙人。由于多次冒犯不该冒犯的人,王被大地吞没。城中降下刀剑之雨。人们分成三股,一股去若开定耶瓦底 ,一股去德宁达依,一股去土瓦,有着三种不同的命运。大王被大地吞没的地方至今称之为鄂因乖。人人看到的土丘今日称为当巴鲁。大王手下的底利山达大臣为仙人洗濯后离去。大地留下的印记有一处是曼答基里山,曼答基里意思就是鸡扒食的山;一处地名是梯莱伽巨鸟,据说是巨鸟的窟;一处地名是狮子,据说是桥头;还有一处是当巴鲁。此四地同时形成,在毁灭之时将无德的人们带走,留下有德之人。罗陀那补罗苏那巴延达大国也随之毁灭。巴杜马山达都里耶王在位时称之为伊洛瓦底甘巴德那;瓦卢那王在位时称之为布兰达巴;拘楼孙佛在世时称为罗陀那补罗苏那巴延达;拘那含佛在世时称为伽玛瓦斯耶;迦叶佛在世时称为伊达答;吾等佛祖在世时称丹巴提巴;一象之主在位时称阿瓦;德多明帕耶在位时称罗陀那补罗阿瓦。

麦克亚骠 天帝释怕王族断绝,遂为底利山达大臣变化出城镇村庄,在罗陀那补罗城东建玛格陀梨城。最初由底利山达大臣称王,最后是梭吴苏瓦为王。从底利山达到梭吴苏瓦共传一百六十代。嘉彬索延尼在位时长出四株百宝如意树。乐善好施之人走近该树,百宝树枝就会向他垂下;不行善施舍的人走近该树,树枝就会像象鼻一样向他敲打。因遵从道义玛格陀梨国存在了许久才毁亡。拘楼孙佛在世时称为玛格陀梨;拘那含佛在世时称为摩诃格梨;迦叶佛在世时称为麦克陀梨;乔答摩佛在世时称为麦克亚。该地是四位佛祖都曾度过一世的地方。

彬莱骠 从玛格陀梨国又变为欧翔彬萨拉梨国。该国开国的是瓦那达伽录窦巴王。最后一位是瑟得达王。王系共传九十七代。达摩东达王以千包金钱寻找讲道之士亦未能寻得,遂将国家交给王后与大臣们,只身出走。天帝释感到自己的宝座班杜甘巴拉变硬,忙向人间观看,知道达摩东达王为寻找讲道之士只身出走,遂化身神魔向王说法,把他带回神国,再将他送回。王回国后降下两次银雨。中国国王也向王献上美女。天帝释送来六牙白飞象。王乘该飞象曾三次到过宇宙之墙。

瑟得达王在位时大臣死就将其遗产没收,民众死也将其遗产没收。民众不满,天帝释曾三次来教训瑟得达王。王不接受,天帝释遂命守候大洋之神“把这个国家毁掉”。守候大洋之神带着巨浪与洪水来到。瑟得达王请求:别毁我的国家吧,我把女儿送给您。守候大洋之神说吾等怎能娶世人之女呢?你就听从天帝释的教诲吧!瑟得达王不从。于是,海水泛滥一片汪洋,国毁。瑟得达王死后堕入地狱。该国毁于洪水之时,无德之人被水漂走,只剩下有德之人。拘楼孙佛在世时称为那玛;拘那含佛在世时称为那玛巴塔伽;迦叶佛在世时称为殴达耶;乔答摩佛在世时称为欧翔彬萨拉梨;骠人称之为彬莱。

冈辛骠 欧翔彬萨拉梨国毁,又成为冈辛国。最早是贝巴梨瓦那耶为王。最后为王的是达哈达王。共传三十代。达哈达王在位时查出年长者就把他们叫到宫前广场,命他们解开发束,用牛奶发酵后出现的清汁浇头,对他们进行侮辱。把所有人都作了印记。民众不满闹事,神向天帝释报告。派九十万大军到若开去,若开人在榜东达鲁沟中作法禳灾。使得中国人不敢靠近若开,皆死于缅甸与中国接壤之处。冈辛与乾陀罗国均毁。

阿兰格巴骠 冈辛国毁，又成为阿兰格巴拘萨毗国。最初由乌达伽为王，最后一位是巴巴达王。共传二十六代。巴巴达王在位时有大臣九万，王杀了一万大臣将他们的遗产据为己有。其他八万大臣说，大王也会这样杀掉我们的，于是都反叛了。鄂威当妖魔毁掉了宫廷，此后二百年处于无人为王的状态。

育瓦部基骠 二百年后阿萨伽为王。将二十六代君王仓廪中的金银施舍给民众。而仓廪七年又七月日夜不停地自然而然在增长。王说我当王已经当“烦”了，民众听到这话说“这位大王在位期间青年男女就像没有管他们的人一样那么恬静。不设税卡。”大王听到这种议论，兴奋地振臂。王一振臂，天降六次宝石之雨。神龙们也非常振奋，吐出了上等黄金。至今那种黄金还被称之为‘因基钦彬’。阿萨伽王在世五百年。从阿萨伽王至伽雅那王共传五十代。伽雅那王在位时，将内廷官员派往宫外，而将宫外官员引入内廷。命武将出任文官职位，叫文官担负武将责任。给富人以穷汉的地位，给豪富以一般殷富的地位。混乱不宁，案件蜂拥，无法控制。君王无道，大旱三年。苛捐杂税繁多，人们陷于穷困饥馑。因为王行无道之事，天降大火。

神魔将阿兰格巴拘萨毗毁掉。拘楼孙佛在世时称为阿答甘；拘那含佛在世时称为瓦耶迪巴；迦叶佛在世时称为哈鲁巴提；乔答摩佛在世时称为阿兰格巴拘萨毗；骠人称之为育瓦部基。

莱盖骠 阿兰格巴拘萨毗毁，又变成布兰达巴国。开始由罗阇达摩为王，最后的王是杜答达耶，共传四十代。因君王无道，布兰达巴国断嗣。拘楼孙佛在世时称为瓦玛哈塔；拘那含佛在世时称为巴巴温达；迦叶佛在世时称为巴巴垒达；乔答摩佛在世时称为布兰达巴;骠人称之为莱盖。

太公骠 布兰达巴毁,成为定达耶国。……

(三)

在谈到缅甸历史之源时,令人想到从上古写起的《南岛之纲》等古书中提到的俗语:有人之口就可能讲出十肘尺长的藏青果。

君王故事 按古书之说骠王并非少数几位,简直是数不胜数。且遍布各地。有的骠王与拘楼孙佛、拘那含佛同世……当时处于人寿为三四万年的时代,大王们却平均只有18岁,照此计,笔者实在难以算得与古书相符。我们又不能不在意地将这些看成“疯子的筐”[①]。看到古书中详尽地记着的王的名讳、城镇名、正义与非正义之战、讲述得非常有意思的故事、今日仍存在的城镇名字的来源(如:麦克亚、彬莱)、君王的人数,“真是不可能不是这样的”。应该说即使这些没有历史价值,但肯定是些有价值的君王的故事。也可以说是一种“演义性的历史”。

其中有来自巴利藏《本生经》(忍辱法本生)羯罗浮王的故事[②]来自《南岛史》的达摩东达王的故事等等,也可知道这些都带有“野史”或“口头历史”的性质。

这些君王故事并非打算表现历史。我想讲君王故事是希望表现君王与人民之间的关系,表现遵法的善果与非法的罪恶。

---

① 缅甸成语。意为:痴人梦呓,荒诞无稽。

② 该故事是本生经第313号故事,故事详细内容可参见郭良鋆、黄宝生译《佛本生故事选》,人民文学出版社1985年2月版,第184—186页。

换句话说,这表示了"历史是从君王故事开始的"道理。君王故事在巴利文中称之为"罗阇偈陀"。佛教文学中明确地说偈陀有32种。在缅甸偈陀文学(故事文学)并不多。中天竺地区的印度有过很多偈陀文学。在缅甸君王故事(罗阇偈陀)就罕见了。这种情况之下见到极少的君王历史故事,不应说什么合乎情理啦不合情理啦,挑剔"骨头多啦屎多啦"之类,把它们完全排除。要用这种想法把这些君王的小故事保存下来。

撰写《琉璃宫史》的"历史编写组"也承认在撰写太公史时,对照了一些"君王故事"。(《琉璃宫史》102节)

罗阇温 比君王故事更加确切的王系情况称之为罗阇温。对罗阇温这个词,按"枝干蓓芽,王系长成,不可反常,即罗阇温"(《奈弥天堂》比釉诗)所说,它的含义就是:传承族系不断,用强有力的政权进行统治的君王宗系。与英文的Dynasty的意义相同。"温(达)"这个巴利文的词义即宗系。[①]

但是,一个王系又一个王系连接不断不同王族宗系的情况也称为罗阇温,这与英文的Chronicle of kings的意义相同。

在今日缅甸文中"罗阇温"这个词,已不仅仅是巴利文的原意"同一宗系的君王",已按语言学的规律,进一步引申为历史(History)了。

历史 缅甸文中历史这个词源自巴利文的"三穆替"[②]。"三穆替"意即"值得记忆的事件"。也可认为是"法规法典"。

---

① 缅文"历史"一词的音译是"罗阇温",源自巴利文的"罗阇(即:君王)温达(即:宗系)"。

② 缅文"历史"另一种写法音为Thamain,据认为源自巴利文Sammuti。

作者把所记得和所知道的事情，不论是见过的听说过的，或者是尚未见过尚未听说过的写下来，这就应称为历史。与英文的History 意义相同。

传闻 传闻这个词源自巴利文的“听到”。这种或那种的话语就可以称作传闻。作者在写一部传闻或传说著作时，不会写成这是我从这儿或那儿听到的传闻(Rumour)来提高它的价值的，而是会写出这是佛祖或是天帝释的预言，来显示它的价值的。这与英文的 Prophecy 的意义相同。

所谓“罗阇温”这个词语的范围 如果谈到“皇帝出巡”，就会有四军、五军、八军跟随其后；有三宫皇后跟随其后；有王子、王兄王弟、皇亲国戚跟随其后；有文武大臣跟随其后；有护卫侍从跟随其后；有 13 种勇士、14 类臣子跟随其后；从事宗教、文学、文化、艺术的学者们、婆罗门与佛教僧侣们也会跟随其后。同样，“罗阇温”这个词语的范围也像“皇帝出巡”那样广泛。

记载 所谓记载原意是置于屋中的石碑碑文。虽然是碑文，但“清清楚楚，刻于石上，雨露霜雾，蛛网尘土，亦如王书，字母清晰，书写整齐，形体丰满，封存良好，保护妥善，铜板字帖”，正如《奈弥天堂》比釉诗所述那样，可能会遭到“雨露霜雾，蛛网尘土”，为了使它们能常年摆脱这些侵蚀，就修建房屋置于其中。因为像记载那样能牢固地长存就将一种文体也用此名相称。[①] 缅历 834 年(公元 1472 年)千夫长信推纽的《南下卑谬》茂贡诗就是一首很有历史价值的茂贡诗。

---

① 缅文“记载”音译是“茂贡”，所以该诗体译作“茂贡诗”或“纪事诗”。

埃钦[①]等　有历史价值的文字有多首埃钦、历史达钦[②]、历史四言诗和其他历史诗歌等。

碑文的价值　在写一部历史时，碑文的价值是处于第一位的。尽管它的文笔描述不一定是高超的，但一般来说从碑上文字可以看出事件原委与今日正确的读音。虽然只有古人才知道碑文的价值，但依据碑文撰写的历史却很少见。

与碑文对照写成的第一部历史是《敦丁新史》，而第二就是《琉璃宫史》。

关于碑文的价值问题，写《缅甸大史注释》的蒂森长老的话是很值得人们记下的。长老说：

"碑文与历史相比，它是为本的。历史轻，碑文重。这与巴利文经注释一样的。因此如果历史所述与碑文不一致，那么就不应相信历史所述，而信赖碑文。"（见《缅甸大史注释》264 页）

江喜陀之父　要举碑文确切的例子可以写得很长，在这里就少举一点儿。古时说法是：江喜陀之母与变化成人形的龙子相爱产下了江喜陀。但在觉辛寺中得当比雍基莱韬碑文中有：

"阿奴律陀王有一爱子梯莱辛克亚兰喜陀[③]，有一爱孙瑞固施主[④]，老王幸福长寿"这样一段话，可以使人肯定地相信江喜陀王之父是阿奴律陀王。

加苏瓦王即位年代　在吴格拉《缅甸大史》中讲加苏瓦王即位

---

① 埃钦是一种诗体，意即摇篮歌。

② 达钦也是一种诗体，意即雅歌。

③ 梯莱辛、克亚兰喜陀是江喜陀王的两个称号。

④ 瑞固施主是阿朗悉都王的一个称号。

年代为缅历581年(公元1219年),但色固镇开当基寺碑文中写缅历596年(公元1234年)即位,所以“596”是正确的。

苏涅王 在吴格拉《缅甸大史》中写道:苏涅之所以能在蒲甘称王,是因为登克博之子兄弟三人为了报恩把蒲甘给了他,仅仅相当于一个食邑某个城镇的王侯而已……但普瓦绍寺碑文中写为“蒲甘国王”,可知苏涅与兄弟三人同时为王。

阿丁克亚是长兄还是老二 许多部史书都写道:亚扎丁坚是老大,阿丁克亚老二,底哈都老三。但是阿丁克亚寺碑文中写道:敏塞侯阿丁克亚是长兄。所以可以肯定亚扎丁坚是老二,而阿丁克亚是老大。

像这样通过查看碑文,发现历史“讹误”的地方有很多。

江喜陀即位年份 在妙齐提碑文(亚扎古曼碑文)未被发现之前,包括《敦丁新史》、《琉璃宫史》等在内的各部史书都将江喜陀登基的年代说成是缅历425年(公元1063年)。用巴利文写成的《蒲甘君王宗系》中也写为:425年登基。

但是妙齐提碑文中明确地记为:佛历1628年即缅历446年(公元1084年)登基。

三种碑文 我们说碑文可靠,但并不能认定每篇碑文都是可靠的。只有原刻的碑文是可靠的。而偶合刻写的、借机刻写的碑文则不能说所有都是可靠的。

在研究碑文时应该依据原文来研究。因为有时阅读碑文者按照自己的想法去读,就不能避免谬误了。

《名史》 在碑文之后,第二位可靠的是茂贡诗和古埃钦诗。而古时所写的历史也可以说是第二位可靠的。在古代所写历史史

籍中,目前能见到的最古的缅甸史是《名史》。在《名史》里第 80 页写道:

“在室利差呾罗有二十五位,在阿梨摩陀那有五十五位,在彬牙、阿瓦有十三位君王。这是古人常说的,也是史籍中有过的话。”从这一点可知:在缅历 882 年(公元 1520 年)信摩诃蒂拉温达写成《名史》之前缅甸史籍一直是属于佛陀史类的。

《名史》实际上是中天竺史、锡兰史和缅甸史三者混在一起的内容非常广泛的书。

缅甸史部分虽然写的不多,但写到明康第二还是令人满意的。

想了解中天竺史、锡兰史可以去看《大史》《小史》,在那时《名史》的价值才会显示出来。《名史》将会像熟悉路线的向导一样,在疑团四伏难以破解的迷宫之内为你指路。如果将它们比较着看,就会“肯定”地知道后来写成的《大史故事》是受惠于《名史》的。

(四)

《东吁史》 《东吁史》是缅历 843 年(公元 1481 年)明西都在位为王时至明基纽为王时著名的信年纳蒂坎基写的一部古老的史籍。在《经藏史》中写道:《东吁史》为一位无名氏所作。而在《辞源释疑》(一种伏地而生味苦的名为甘格拉的小植物的词条)中写有:“在东吁城信年纳蒂坎基写了《东吁史》”。在《词义精析》(发髻分类条)中也写道:“东吁有个很有名的信孟有、当纽和尚兄弟等人之徒羌宋僧王。该高僧的弟子信年纳蒂坎基写了《东吁史》”。

《东吁史》是古时贡榜王朝中期一部罕见的书稿。

当时撰写《辞源释疑》和《词义精析》的摩诃泽亚丁克亚想读《东吁史》,到处寻找,在妙瓦底侯处看到了这部书稿。但书稿并不是妙瓦底侯的。是妙瓦底侯从枢密大臣摩诃德马丁建(原为貌东僧王,后又还俗者)处借来的。摩诃泽亚丁克亚从妙瓦底侯处得到书稿后,亲自抄录了一份。抄成九行贝叶 21 张。后来在缅历 1201 年 10 月 24 日(公元 1840 年 1 月 28 日)瑞波王问起此书,到处查询在皇城南找到三册《东吁史》,一册是缅历 1112 年(公元 1750 年),一册是缅历 1030 年(公元 1668 年),另一册是缅历 1035 年(公元 1673 年)抄写的。除了这三册外,加上原来已有的两册,共五册。将五册对照着,由甘遂寺大法师、给杜大达玛亚扎固如大法师用了 19 年时间进行校定。(甘遂寺在阿摩罗补罗皇城南侧桑格罗湖畔)

目前我手中的版本是由塞耶博瓦勘校公元 1924 年(缅历 1286 年)东吁　代丹街给杜马底印刷厂出版的。

《旧蒲甘史》 有一部约在缅历 900 年(公元 1538 年)时写成作者佚名的《旧蒲甘史》。从佛祖预言开始写了顶兑、太公、室利差呾罗的历史。写的不是“缅甸始于太公”,而是“缅甸始于室利差呾罗”,从建室利差呾罗,建室利差呾罗的国王竺多般、摩诃丹婆瓦、素拉丹婆瓦等写起。

北御庙《历史纲要》 在缅历 1023 年(公元 1661 年)即位的卑明在位期间,应卑明的请求,北御庙法师写的一部历史。

北御庙法师是卑明手下大臣奈谬瑙亚塔之子。

一次,出家后又还俗的德都敏基带着大臣的仪仗来到庙中。

与法师闲谈指着仪仗对法师说:法师如若还俗一定会得到这样的荣华富贵。

法师反驳说:“这样的荣华富贵还抵不上吾僧如厕一次。如厕一次即可参得不乐禅许多,不是吗?”

缅历1023年(公元1661年)卑明杀害了王兄王嫂后登基为王。缅历1023年4月26日(公元1661年7月11日)星期日王迎请获得衔号的法师们到宫中用斋并布道时,对高僧们说:“弟子并不想这样做。群臣将相、士官武士们一次又一次地对弟子说只有您为我们做主啦!正如俗话说:‘佛祖也拗不过众僧’那样,弟子只好登基为王了。”

法师们都说:“谋求者无运不能成事,不谋者有命自然功成”。只有北御庙法师埃加达马林加亚说:“此事与僧等无关。大王兄弟二人谁是谁非到地下(地狱)再去争论吧!”

《君王生辰八字天宫图始末》 人们都说《君王生辰八字天宫图始末》是明耶觉廷或达龙王在位时写的。有些人则说该书是曾预言称号为“底里杜达玛亚扎(摩诃)迪勃底”的达龙王终年64岁,在缅历1011年6月10日(公元1649年8月6日)某时某刻将驾崩的婆罗门阿扎古如所著。

吴格拉的身世 汉达瓦底白象之主在位时征服了孟养之后,将孟养土司色隆基之孙、色隆艾之子色毛坎留在阶前,命其侍奉左右。[①]

① 参见《琉璃宫史》正文第三卷(278)节。但《琉璃宫史》中写为色隆基、色隆艾和色包坎。

缅历 925 年(公元 1563 年)出征阿瑜陀耶时,色毛坎乘象打了胜仗,遂获仰马都耶衔,食邑瓦格鲁城。

后又随摩诃乌巴亚扎出征清迈,在清迈乘象出战再胜,又得了南达梅衔。

当摩诃(乌巴)亚扎即位为王后,再次乘象立下战功,获丁克亚衔,食邑德娄城。(五塔施主在位时)

德娄侯丁克亚之子高拉被五塔施主任命为精锐队统带和王子明耶觉苏瓦宋的内侍管家。

后来这位精锐队统带内侍管家在阿瓦良渊王在位时,获拘道仰达梅衔,食邑色雷城。缅历 966 年(公元 1604 年)在孟乃乘象出战得胜,遂奉命侍候太子左右。后太子即位为王,任命其为王后阿杜拉山达黛维的内侍,并赐带三层榕叶状金片的红伞及权杖,在朝中处一品高阶。(阿瑙白龙王在位时)

该内侍色雷侯拘道仰达梅的夫人是彭世洛土司之女苏蓬希。后生有一女名辛山瓦底。

辛山瓦底与内谬觉廷婚配,内谬觉廷死,又由王后阿杜拉山达黛维做主与巴亚觉廷之子谬达侯蒙瑙盾卫统带觉廷成婚。[①] 婚后生子西城统带京都骑兵统带吴山尼,生女玛尼奥加。

该玛尼奥加与辛盖富绅德瓦结合,生下吴格拉。

吴格拉生于阿瓦,吴格拉长大成人之时是良渊王朝后期。

当缅历 1060 年(公元 1698 年)色内王在位时佛教内部出现了

① 此处与《琉璃宫史》正文也有不同。可参见第三卷(278)节。《琉璃宫史》中写为:“即谬达侯之子蒙瑙盾卫统带觉都”。

“偏袒派、被覆派”之争。正如俗话说:“人们常说要出现了,要出现了,直到后来才知道。”在这对立争斗颇多的年代,出现了“干什么好呢?”的一种想法。

在那个销毁诸多短文著作,僧人之间俗士之间相互诋毁争斗的“动乱”年代,“把所能得到的长短大小史册古籍作为基础,写一部连绵不断的历史岂不很好。”的新想法敦促着吴格拉写成了《缅甸大史》。

一次,“缅历 1073 年 2 月 8 日(公元 1711 年 4 月 13 日)木曜日,良西大法师欧德马德卡拟驱逐在新仲以东挂单的赖威觉都底西瓦叶法师、东育瓦法师固那底林加亚长老等僧人,率僧众前往驱赶。底西瓦叶等只好移居曼基新德。底西瓦叶等的寺院、贝叶经文包括僧侣用法器等皆被毁。并前往新德追赶殴打底西瓦叶等。正要殴打时,国王下旨阻止说打他们不合适,僧人们才不再追赶,返回。”①

从这个事件可以清楚地看出佛教内部的争斗很多,是可能造成经典被毁的危险苗头。

为了能看清经典记载流失被毁的情况,听听当比拉大法师(缅历 940—1013 年,公元 1578—1651 年)的叹息声吧!

他说:“吾等年轻僧侣看的经书现在大多都看不到了”(明耶登克都与觉昂山塔问答)

社会上也是“攻斗争战,敌患当前;东奔西逃,亲朋离散,国内事端”,有诸多困难。

---

① 此段记述见《琉璃宫史》第三卷(317)节。

在这种令人心绪不宁的时刻收集了可能得到的材料写成的吴格拉《缅甸大史》之中就有了许多“大杂烩”，出现不少错误，有些与佛经等不一致的情况。

（五）

《琉璃宫史》 在这种形势下波道帕耶在位期间考古的工作表现出历史的“标准典范”。

当时有两位人士主导考古工作。一位是顿丁大臣摩诃西都，另一位是德班内廷大臣亚扎巴拉觉廷。

顿丁大臣摩诃西都承诺“虽然古代学者写有一些史书，但有很多与碑铭、历史不符的地方，铭记吾王（波道帕耶）的希望与鼓励，用碑铭、史籍、埃钦、茂贡等进行核校，写一部简史”，写成了《顿丁新史》。

可以说吴格拉《缅甸大史》是“Thesis”[①]，而《顿丁新史》是“Anti-Thesis”[②]。

但尚未能成为“Syn-Thesis”[③]，而能达到这个地步的历史就是《琉璃宫史》。

到撰写《琉璃宫史》时，《顿丁新史》常常被批判，成了“一部被批判的历史”。

此后到巴基道王在位时，从缅历 1191 年 3 月 1 日（公元 1829

① 原文用了这个英文词，意即：命题或论点。

② 原文用了这个英文词，意即：反命题或反论点。

③ 原文用了这个英文词，意即：共同的命题或共同的论点。

年 5 月 11 日)开始至 1193 年(公元 1831 年)在琉璃宫侧殿,由下列“历史写作组人士”一起校订修改才出现了这部“大王统史”。因为是在琉璃宫内撰写的这部史书,故名为《琉璃宫史》。

(1) 蒙悦逝多林寺大法师

(2) 道加彬大法师

[核对检查新史中所涉及的碑铭、君王本纪、比釉诗、埃钦、古籍等,并负责《琉璃宫史》自始至终的行文工作]

(3) 咨政大臣摩诃达马丁坚

[核查分析新史中所述与真实性、证据、所见、所闻、所遇进行比照,作为以上两位大法师的“顾问”]

(4) 大骑兵统领吴耀

(5) 内廷府传旨官吴前

[与古埃钦诗十二篇、古史籍九篇、斗争史五篇、旧蒲甘史、新蒲甘史等进行对比,说出新史中是否包括了那些内容,参加行文工作]

(6) 大侍史吴漂

[与吴耀、吴前任务同。当查到良渊王朝第十代王的历史时,奉命出使孟加拉(任务遂中断)]

(7) 负责灌顶加冕礼的婆罗门学者亚扎德瓦

(8) 负责灌顶加冕礼的婆罗门学者古木德亚

[提供用孟加拉字母或天城体字母写成的梵文经典中皇帝加冕、供奉神灵的情况,写出瑞南觉欣建宫记与建宫碑文中的内容]

(9) 内廷府传旨官吴越

(10) 大侍史吴鲁基

(11) 侍史吴昂达

[将书稿集中后去掉错别字等,读书稿给两位内廷大臣听]

(12) 内廷大臣曹侯

(13) 内廷大臣兼平民大臣辛古侯

[对书稿进行最后校订,边写边与法师们核对,并提出建议]

由这样一个具有庞大豪华阵容的"历史委员会"勘校撰写的《琉璃宫史》,它的价值该是多么巨大啊!

但是读这部历史的人们,一定要对历史的特性"在心理上有所准备"。人们常说:"没有夸张不成历史",这样就会对法师们俗家学者们撰写出来的《琉璃宫史》心情平稳地无所抱怨了。

这部《琉璃宫史》虽然以前就印刷出版过,但断句、排版等都不很规范。

这次重版时由经验丰富的吴丁新先生亲自校订,比以前规范多了。

在这重版的时刻,文学界人士学者们应对满怀善意的书稿主人吴拉貌与杜宓宓表示特殊的谢意。

可以想象书稿主人没有去印那种很容易印成的书籍,而是下本钱印这部巨著,一定会感到负担沉重的。但是书稿主人的善意正如俗语所说"耕得宽不如耕得深好"那样,学者们都应予以支持。

印行一部大部头好书,对于书稿主人来说是一件比较困难的事。出一部好书就得找个好出版社。而出版社又往往以稿件"庞杂",或以作者"挑剔",或以校对说"问题太多"为由拒绝接受稿件。

而现在付印《琉璃宫史》时,原稿是多么乱,改动的地方是多么多,只有见过《琉璃宫史》旧稿的人才清楚。

这部《琉璃宫史》第一卷让吴丁新先生整理勘校得这么规范清楚，由曼德勒妙佐出版社于缅历1325年(公元1963年)印刷出版过。

仰光卑基曼岱出版社按照吴丁新先生的勘校稿，改正了某些印刷错误，缅历1329年(公元1967年)又将上述版本再次重版。

三　吞

1967年8月24日

上卷

南无薄伽梵 阿罗诃 三藐三佛陀①

（1）礼敬三宝卷首二十三颂

一、神圣释迦王身带轮宝武器，
乘宝骑白象手执佛法克敌，
胜三界邪恶众生顶礼膜拜，
愿释迦佛陀赐给非凡胜利。

（十一字因陀罗伐纪罗轮宝②颂）

二、十法③如美妙白伞能遮挡忧烦，
十法如高贵白伞能赐人平安，
赞颂佛陀之法向法虔诚膜拜，
排除幸福障碍消泯诸般磨难。

（十二字汪萨沓白伞④颂）

① 凡缅甸古代作品卷首大多写有此字样。系巴利文 Namotassa Bhagavato Arahato Sammāsambhuddhassa，意即：归敬佛陀。本书各编之首皆有此字样，为节约篇幅起见，以后译文中均略去。

② 因陀罗伐纪罗轮宝 Indavajirācaka，传说中天帝释之神奇武器。

③ 十法指全部佛的教法，也有谓成就十法者。

④ 汪萨沓白伞 Vaṅsaṭha，缅甸人认为系最高权力的象征，王朝时代为王者才能使用此伞。

三、犹如八圣僧[①]用香莲却除百病，
通晓四圣谛[②]能化解一切苦痛，
向超乎众贤能的诸圣僧膜拜，
愿我们摆脱可怖的灾祸种种。
（十二字因陀罗汪萨波堵摩莲花[③]颂）

四、众王膜拜无畏法王，
主宰寰宇统治四方，
智慧庄严觉悟具备，
神通灵性精进见长。
（八字阇堵底婆阇伽轮威神通[④]颂）

五、精通三藏吠陀经律，
晓达药典医书古籍，
熟悉谙练象技马术，
掌握世上诸般技艺。

六、宛如月仙慈悯众生，
酷似日神无限神通，
处世料事好比大地，
喜善乐施胜过海洋。
（八字优陀罗达朗伽罗高尚者[⑤]颂）

---

① 八圣僧，亦称之为八贤圣、四向四果、四向四得或四双八辈。即小乘佛教谓获得预流向、预流果、一来向、一来果、不还向、不还果、阿罗汉向、阿罗汉果修行者们的统称。

② 四圣谛，佛教用语，意即：四种真理，即苦、集、灭、道四谛。

③ 因陀罗汪萨波堵摩莲花 Indavaṅsāpadummā。

④ 阇堵底婆阇伽轮威神通 Catudipacaka。

⑤ 优陀罗达朗伽罗高尚者 Udāratālaṅkāra。

七、具足上述威德神通，
　　众王翘楚君主圣明，
　　在位之际撰此大史，
　　整理修纂编写核定。

八、济济切磋天下群英，
　　众多文士臣相贤能，
　　启用智慧高僧法师，
　　汇集礼仪经法大成。

九、佛历二二九五年时，[①]
　　缅历一一一三年际，[②]
　　统治全缅执政之王，
　　乃达马亚扎迪勃底。[③]

十、罗摩迎国[④]反叛作乱[⑤]，
　　缅国不宁却敌排难，
　　阿朗帕耶雍籍牙王，[⑥]

① 佛历，以释迦牟尼逝世之年为元年的一种纪年。佛历＝公历＋544 年。故佛历 2295 年即指公元 1751 年。

② 缅历，缅甸现行历法，比公历迟约 638 年零 3 个月。一般推算办法是：缅历＝公历－638 年。故缅历 1113 年亦指公元 1751 年。

③ 达马亚扎迪勃底即摩诃达马亚扎迪勃底 Mahadammayazadipati，缅甸东吁王朝末代君主，旧译为：摩诃陀摩罗阇底波帝，公元 1733—1752 年在位。

④ 指今日下缅甸伊洛瓦底江入海口以及泰缅相连的泰国南部一带孟族人聚居地区。

⑤ 指孟族人与缅王朝统治者争霸。缅人旧称孟人为得楞，但 1990 年以后新版的本书皆改为孟人。

⑥ 缅甸贡榜王朝开国君主，原名雍籍牙（Aungzeya），缅甸人习惯尊称其为阿朗帕耶（Alaungpaya，意即未来成佛者），公元 1752—1760 年在位。

威震远近英名永传。

十一、建都罗陀那僧伽城，[1]

佛教繁荣国家昌盛，

雍籍牙王名扬四海，

子孙世代一脉相承。

十二、至阿摩罗补罗[2]城主，

波道帕耶[3]五代先祖，

吾王[4]威德声望齐备，

冕上精华王中翘楚。

十三、灌顶加冕臣民拜叩，

称号繁多王中魁首，

六彩宝牙白象王主，[5]

闻名四海蜚声各洲。

十四、通古晓今博大精深，

见闻丰富勤学好问，

了解各代历史典籍，

熟悉前人诸种文本。

十五、众说纷纭其说不一，

内容繁杂论点分歧，

① 贡榜又称为罗陀那僧伽城，即今日缅甸的瑞波。

② 阿摩罗补罗，缅甸一古都名，地处今日曼德勒附近。

③ 波道帕耶 Bodawpaya，旧译孟云，公元 1782—1819 年在位。

④ 此处吾王指巴基道王(Bagyidaw)，旧译弗极道或孟既，公元 1819—1837 年在位。

⑤ 此处亦指巴基道王。缅王喜自称白象之主。

或依所见或据所闻，
难明史实难析本意。

十六、作为一国典籍史册，
或撰君王是非功过，
或写国家兴亡衰盛，
或志宗教变迁沿革。

十七、谬误种种各持一说，
事实不当反复忖度，
召见有识群臣众僧，
齐集一堂殿前高阁。

十八、百宝镶嵌琉璃宫殿，[①]
圣贤之士众聚其间，
研究种种典籍史册，
考证件件碑铭遗篇。

十九、彼此研讨互相切磋，
取其精华舍其糟粕，
尊重历史讲求实证，
精心编纂推敲琢磨。

二十、佛历二三七三年时，
正值缅历一一九一，
斯年三月初一日[②]起，

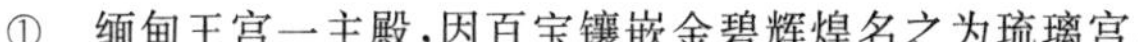

① 缅甸王宫一主殿，因百宝镶嵌金碧辉煌名之为琉璃宫。

② 缅历 1191 年 3 月 1 日即公元 1829 年 5 月 11 日。

精心撰此伟大典籍。

（毗布拉弥夏伽庄严[①]颂）

二十一、编纂此部历史浩瀚，
既考君王大臣之言，
亦据兵卒寇贼之语，
引证百家正本清源。

二十二、智者仁人读此史籍，
或得无限精神乐趣，
或增智慧或受启迪，
或悟正道或有教益。

二十三、睿智集成著此大史，
切磋研讨翔实有据，
严谨认真令人叹服，
罕见难得记述有理。

上述卷首二十三颂中的前三颂，是按编纂史籍的惯例，以赞颂佛法威德的言辞，以描写至高无上之主才适用的轮宝颂、白伞颂及颂扬君王世系才用的莲花颂的形式，表达了编者对三宝顶礼膜拜的心愿。第四、第五等十颂为赞颂主持编纂本部历史的高贵君王世系及其威德与贡献。第十四颂至第二十颂[②]是阐述本部历史编纂的情况。最后三颂[③]反驳所谓历史典籍乃只编写有关帝王事迹的观点，并说明本史编纂宗旨：即应是一部有益的、富有学识智慧、

① 毗布拉弥夏伽庄严 Vipulāmissaka。

② 原文有误，写成第十一颂等七颂。

③ 原文有误，写成第十八颂等三颂。

给人精神乐趣和使人获得业处[①]的历史。故此在编纂正史之前，按经典编纂习惯，将序言写在卷首，然后从宇宙的形成与败毁写起，再写住时之始，众王之首摩诃三末多大帝[②]，及其以后的334569位君主。继而取以往史籍中普遍一致的内容，从承续中天竺君王世系的太公、顶兑、室利差呾罗、蒲甘、敏塞、彬牙、实皆、阿瓦，一直写到贡榜王朝的君主[③]。前后经过同大量的经书史籍校勘考证，然后编纂而成。

① 业处，佛教语，谓心业止住之处。

② 摩诃三末多 Mahāsamata，原意为伟大的君主。旧译大平等、大等意，一说是太阳种族之后裔，刹帝利之始祖。

③ 贡榜王朝巴基道王在位时组织僧俗13位学者历时3年余近4年的时间参考各种史籍编成此史，全文共三十八编，分两大部分。第一部分从开天辟地世界形成到良渊王朝灭亡，第二部分写了贡榜王朝从阿朗帕耶登基至波道帕耶驾崩，统称为《琉璃宫史》。但后来缅甸重印出版的《琉璃宫史》只是其中的第一部分。该书第二部分则以《贡榜王朝史》为名，单独印出。现译出的也仅是原书的第一部分，所以并无贡榜王朝的内容。

第　一　编

(2) 宇宙之形成与败毁

据巴利文三藏经释、注疏中记载:三界[①]之现今世界,即范围极广时间久远之宇宙因火、水、风诸灾洗劫而败毁,后又重新形成者。经疏中之所谓劫者有三:中劫、无央数劫、大劫。在此三劫中,人寿自十岁起,依次递增,至无央数,然后又依次递减至十岁。生灵遭兵刀灾、疫疾灾、饥馑灾等三灾之一洗劫。世界初始,人寿并非从十岁递增,而从无央数逐步减至十岁。因为在此期间,人寿无增岁只减岁,是尚未到达坏时之前的一个败毁时期,故称其为中劫。64 个中劫称之为一无央数劫。

《论事释》[②]、《根本经注疏》[③]、《最胜者庄严经注疏》[④]等经又说 20 个中劫称之为一无央数劫。

---

① 佛教谓欲界、色界、无色界三者。

② 《论事释》Kāthāvathu Aṭhakathā,目犍连子帝须长老著南传佛教巴利文论藏中七部论之一《论事》的注疏性著作,为佛音长老所著。

③ 《根本经注疏》Mulatīkā,是佛音所著对《根本经》的疏释。《根本经》南传佛教巴利文经藏中部一经名。

④ 《最胜者庄严经注疏》Jinālaṅ karaṭīkā,是对公元 5 世纪后觉授写的《最胜者庄严》的注疏。

因该劫年数以千万计，难以计算，故名无央数劫。

无央数劫又可分成坏、空、成、住等四时。世界毁灭之时，称为“坏时”；世界毁灭之后空无一物之时，称为“空时”；世界产生之时，称为“成时”；世界存在之时，称为“住时”。四时之初，毁灭之劫雨波及宇宙各处，人类尽喜忙于耕耘。稻谷刚长出不高，如牛草。此时，空中又发出巨响如驴叫，滴雨不下，七轮烈日依次出现，初禅天之三天[①]尽受火焚。火熄，此为坏时。

大火熄后，天地一片昏暗漆黑，此为无央数劫。

之后，创世之雨始下。在中劫宛如霜雪，细细濛濛。继之以后，雨滴愈下愈大，如莲茎，似拐杖，类石杵，赛棕树，遂淹没无边之宇宙，雨止。日久，水位下降，坏时未到来时存在之物品大地等重新形成，日月出现，是为成时。

从日月出现之时起，至再一次下毁灭之雨时止，称之为住时。此无央数劫中四时轮满一次称之为一大劫。无央数劫四时中之坏时，又分为三灾之时，即火灾、水灾、风灾。

火灾时世界上，七日当空，火焰四起，自地面至初禅三天万物皆被火焚，荡然无存，火灭。

水灾时世界上，大水淹至二禅三天，宛如盐块放入水中溶化，万物皆毁。

风灾时世界上，飓风刮至三禅三天，整个宇宙皆成齑粉。

① 佛教谓色界十六天，即：初禅三天、二禅三天、三禅三天、四禅七天。还有十七天或十八天的说法，则四禅为八天或九天。

上述内容见于《清静道论》[①]、《小缘经释》[②]、《精义摄要》[③]、《精义释》[④]、《论藏浅释》[⑤]、《世间缘说》[⑥]、《世灯精要》[⑦]等。有人引例作诗写道，火灾如何焚毁了三、四、五天，水灾如何淹没了六、七、八天等等。但精通经典的有识之士认为此种说法与经典不符。

坏时的火、水、风三灾毁灭宇宙。即，宇宙遭火劫七次，后遭水劫一次，如此反复 64 次，再遭风劫一次，宇宙毁。

《缅甸大史》载："《弥兰陀王问经》[⑧]说：现今之贤劫乃是第一回的七次火劫，一次水劫之后，在第二回的七次火劫中的第一次火劫后形成的世界"。然而《弥兰陀王问经》中无此说。《未来佛种姓史经释》[⑨]中说，世界将被火洗劫。

一切生灵栖息之所——宇宙形成，创世雨水干涸之后，被焚的梵界、六欲天的上四重天等便依次出现。继之，有了土地，水被风控制住，就像滤水器那样，一旦口被封住，水就不会外流了。在水面上出现了充满芬芳气味仙食般的像没掺水纯奶表层那样的莲叶

---

① 《清静道论》Visuddhimagga，公元 5 世纪佛音长老对戒定慧三学体相的论述，是南传佛教重要的一部典籍。

② 《小缘经释》Aggañasutta Aṭhakathā。

③ 《精义摄要》Sāratthasaṅgaha。

④ 《精义释》Sāratthadīpanī，也译《精义解释》。

⑤ 《论藏浅释》Abhidhammatthavibhāvanītīkā。

⑥ 《世间缘说》Lokuppatti。

⑦ 《世灯精要》Lokadipakasāra。

⑧ 《弥兰陀王问经》Milindapañha，弥兰陀王是前 3 世纪古印度西北部一位国王。受那先比丘的教化皈依佛教。此部经书就是他与那先比丘关于佛教一些问题的问答。汉译本称之为《那先比丘经》。

⑨ 《未来佛种姓史经释》Anāgatavaṅ Aṭhakatha，也译《未来史注疏》，是对 6 世纪迦叶著《未来史》的注疏。

状的大地精华。

（3）世界形成后摩诃菩提座所在的大地出现

在大地出现之时，众佛成道的摩诃菩提座所在的地方最先形成。而它在世界毁灭之后才毁坏。该地有莲花征兆。无佛之世，莲花不开；佛将出世，莲花开放。莲花的朵数与出世佛的尊数相一致。众梵天见莲花朵数便知将有几尊佛出世。据《佛史经释》[①]等书载：有佛之世，一佛成道称为娑罗劫；二佛成道称为曼陀劫；三佛成道称为婆罗劫；四佛成道称为娑罗曼陀劫；五佛成道称为婆陀劫。凡有佛成道之世，众梵天便将莲花中的八法器[②]取出存放在净居天梵界。

（4）梵界之众梵天命终化身人间

是时，梵界之众梵天因命数已尽，纷纷脱离梵界化身来到人间。他们身泛祥光，仍似梵天终日欢乐自得，不食自饱，宛如飞禽嬉戏翱翔于高空。无男女之别，皆呼为生灵。此类人众，后因争食大地油质精华，身光泯灭，一片漆黑，众皆无限惊恐。

---

① 《佛史经释》Buddhavamsa Aṭhakathā，是对南传佛教巴利文经藏小部第 14 部经《佛史经》的注疏。

② 八法器即钵、复衣、上着衣、内衣、腰带、剃刀、针线、滤水袋等八件僧侣用品。

(5) 上古人众有造化日月出现

因上古人众有造化,或因自然之威力,琉璃其外,赤金其中,直径 50 由旬[①],方圆 150 由旬的名为婆怒罗阇,有霞光万缕之日神,于十二月月盈日,乘坐第 26 宿,自东胜身洲中心处日出山巅升起,光辉无比。上古人众见之,排除了惊恐,产生了勇气,遂称其为太阳。日神运行 30 时[②]后,落入持双山[③]背后,又呈一片漆黑状态。上古人众急切期望能再获一光明物。于是。白银其外,宝石其中,直径 49 由旬,方圆 147 由旬,身披寒光的月神,于六月乘坐第 12 宿,在众星辰簇拥之下,从东方升起。上古人众欣喜若狂,因愿望得到满足,遂称其为月亮。

《缅甸大史》说,月神在六月乘坐第 13 宿出现。与《世间释》[④]及《世间缘说》[⑤]两书记载不同。

(6) 世上须弥山[⑥]、七金山、七香海等形成

日月出现之同时,须弥山、七金山、七香海、四大海、四大洲、两

---

① 由旬:古印度计算距离一单位。以帝王一日行走路程为一由旬。缅人认为一由旬等于 12.72 英里。

② 古代缅甸一昼夜分为 60 时。

③ 持双山,佛教谓日、月落之山。

④ 《世间释》Lokadīpanī。

⑤ 《世间缘说》Lokuppatti。

⑥ 须弥山:佛教传说该山山顶上为帝释天,四面山腰为四天王天,周围有七金山、七香海,外有铁围山所围绕之四咸海,咸海四周又有南赡部洲、北俱卢洲、东胜身洲、西牛货洲等四大洲等、南赡部洲即人类生活的地方。

千小洲、大雪山[①]、大河、巨湖、铁围山等，顺应自然，于十二月月盈日一起形成。日、月、季、年等亦应运而生。

(7) 上古人众以土为食 贪欲过盛食物渐缺

上古人众，有貌美者与貌丑者。貌美者鄙视貌丑者。是时，富有营养的大地油质精华已尽，便以土层充饥。因食物奇缺，人众极端贪婪。土层食尽，再以香甜的八达拉达[②]蔓草为食。蔓草又被食尽。其时有色味俱佳无糠之达雷米。上古人众早晚即采即食。采后复生如初，取之不竭。将达雷米放入石臼中自然熟透，涨满溢出。此种米饭颜色与素馨花色相同。人众食用此种米饭，可充分获得所需营养。

(8) 上古三种食物消失 人众食用达雷米饭始分男女

古时三种食物，犹如神食，能解除饥饿，为人众带来所需营养。因其细软无比，全被吸收，无粪便排泄。食用达雷米饭后，人体始形成排泄与生殖器官，显出男女之别。

(9) 上古人众相爱媾和

是时，男女彼此以爱慕之目光相视。遂产生尘念、色欲与烦恼，

① 大雪山：佛教传说中一山名，即指喜马拉雅山。

② 八达拉达，意为天堂神蔓。

发生肉体关系。此种伪善者陋习,受到有识之士的嘲笑与鄙视。

(10) 上古人众建造屋舍

上古人众为免遭讥笑,遮掩陋习,遂建造屋舍,居于其中。

(11) 上古人众储存食物 达雷米遂混杂糠秕

人众按懒惰者的习性,各自储藏食物。达雷米遂混杂有碎米糠秕。采割后也不再复生。

(12) 上古人众相互慨叹议论

此后,上古人众慨叹议论道:“昔日吾等皆具禅心。终日欢乐,不食自饱,体泛祥光,身可飞天。之后,以大地油质精华、土质土层、八达拉达蔓草为食。因恶业,此等食物均消失殆尽。随后又出现了自然生长的达雷米。因人众将达雷米各自收割储藏,备早晚食用,采割达雷米处不再复生,而分散各处。所以将达雷稻分给个人为好。”经过商议,按定额分配。继之,道德败坏者惟恐自己份额用完,便偷窃他人所分。被捉一回二回,训斥一番释放了事。第三回则毒打一顿。从此,开始出现了偷窃、欺骗与伤害。于是,上古人众聚会商议:“今卑劣下流之事屡生,需选一位严格自律、正直忠厚、学识过人之士,立其为王,赋予其裁决、训斥、驱逐之权,吾等愿将个人所得达雷稻的十分之一献给他。”之后,人们祈求形象俱足,神通广大、具有无限权威的乔答摩[①]佛之前世接受三种灌顶礼，立其为王。

（13）上古人众为王命名三尊号

上古人众为王命名为摩诃三末多、刹帝利[②]和罗阇[③]三尊号。

众人为摩诃三末多王念颂如下四偈陀：

太阳天族之后裔，
纯洁高尚实难比，
圣王威德无限量，
摩诃三末多大帝。

圣王乃众人眼睛，
光芒闪烁显威风，
犹如太阳第二个，
驱散黑暗赐光明。

圣王制定诸法规，

① 乔答摩 Gotama，旧译“瞿昙”、“俱谭”、“具谭”等。是印度刹帝利种姓中的一支。释迦牟尼的姓氏。

② 刹帝利 Khattiya，意为王族。

③ 罗阇 Rājā，按缅文音译为“亚扎”，意为君王或首领。

谋求福利为人类，
世间众生皆遵守，
神通广大显权威。

众王之首三末多，
勤奋无比众拥戴，
臣民尊称为“摩奴”[①]，
第一王是乔答摩。

（14）上古人众行善精进 四种姓产生

之后，部分斋戒有素正直忠厚者，为摆脱偷窃、欺诈、讥讽、伤害等诸般恶行，入荒山僻静处，隐居茅屋，进村镇京都化缘度日。这些躲避恶业的人们，被称为“婆罗门”。部分人结婚成家后从事耕作或经商，积累无数财富，人们称其为富户商贾。其余部分人众，功德浅薄，遭人凌辱，家境贫寒，人们称其为穷苦人。至此，世界有了君王、婆罗门、商贾富户和穷苦人之分，形成四种姓。

（15）注释

据《缅甸大史》记载：“上古时，摩诃三末多王与仙尊圣人等共

---

① 摩奴 Manu，印度神话中的人类始祖。

议，决定抄录铁围山下诸种法典为行事准则，依法放弃四祖护[①]。”典籍中并无关于抄录铁围山下诸法典一事的记述。

（16）南赡部洲人将所得十分之一献给摩诃三末多王

是时，南赡部洲人生活在摩诃三末多王治理的国度里，他们将其所得物品财富的十分之一奉献给摩诃三末多王。献出的物品甚多，故该王财富甚丰，成为巨富之王。该王严守君王十规[②]和四品[③]，享有君王的无限福禄。

（17）摩诃三末多王建拘沙婆提城[④]

随后，为防止盗贼等各种坏人的骚扰，摩诃三末多王建立末罗国的拘沙婆提城。该城具备城墙、街道、堑壕、沟渠、城楼平台、城墙通道等都城七条件[⑤]和四大资源[⑥]。王又封了王储、将军等文武官员。由于摩诃三末多王严守君王十规和四品，长寿历经一无央数劫，享尽福禄，并为其子孙后代、人民群众造福无穷。

---

① 四祖护：即四种不正当的行为，因个人意愿、怒火嫌恶、愚笨呆痴、恐惧畏缩等引发的不正当行为。

② 君王十规，详见本书(53)节。

③ 君王四品，详见本书(55)节。

④ 拘沙婆提 Kusavatī。

⑤ 都城七条件：详见本书(44)节。

⑥ 都城四大资源：详见本书(46)节。

（18）摩诃三末多王子孙二十八代

摩诃三末多王子孙世系如下：摩诃三末多王；其子鲁阇王；鲁阇王之子瓦亚鲁阇王；瓦亚鲁阇王之子格拉亚拿王；格拉亚拿王之子瓦亚格拉亚拿王；瓦亚格拉亚拿王之子乌包萨塔王；乌包萨塔王之子曼陀王；曼陀王之子瓦亚王；瓦亚王之子乌巴伐罗王；乌巴伐罗王之子捷提耶王；捷提耶王之子穆萨拉王；穆萨拉王之子摩诃穆萨拉王；摩诃穆萨拉王之子穆萨兰陀王；穆萨兰陀王之子达伽拉王；达伽拉王之子达伽拉德瓦王；达伽拉德瓦王之子巴罗达王；巴罗达王之子因其罗萨王；因其罗萨王之子鲁纪王；鲁纪王之子苏鲁纪王；苏鲁纪王之子勃达巴王；勃达巴王之子摩诃勃达巴王；摩诃勃达巴王之子勃那陀王；勃那陀王之子摩诃勃那陀王；摩诃勃那陀王之子苏陀夏纳王；苏陀夏纳王之子摩诃苏陀夏纳王；摩诃苏陀夏纳王之子奈鲁王；奈鲁王之子摩诃奈鲁王；摩诃奈鲁王之子义纪摩王；共 28 代。

（19）二十八代王中乌包萨塔王之子曼陀王统治简况

28 代君王中乌包萨塔王之子曼陀王乃乔答摩佛的前世。据《曼陀杜本生》[①]载，曼陀释迦王曾在两千小洲环绕的四大部洲上享尽转轮王的一切福禄。随后，在四天王天长期享受神仙之福禄。

① 《曼陀杜本生》Mandhātu Jātaka，即本生经三颂卷第 258 号故事。

继之，又在忉利天与36位帝释同寿，享受福禄，历时一无央数劫。《缅甸大史》载，该曼陀王享年1305252000岁。该王少年期84000年，王储期84000年，君王期84000年，在四天王天900万年，与36位帝释同寿，每位3600万年，合计共享寿两个无央数劫。此说与《曼陀杜本生》不符。该本生仅提到他长期在四天王天居住，并未提及900万年的事。

(20) 曼陀王生平

曼陀王前世曾是91劫前毗婆尸佛[①]的剃头师。当佛与众僧伽进斋时，他从集市买回豆子，心中祝祷：希将豆粒撒入佛与众僧伽钵中。顺手撒去，豆粒纷纷落入各钵之内。又因他虔诚祈求获得比享有五欲欢乐诸神更富贵的造化，若曲肱拍臂天即降宝石之雨。他的祈求终于实现，成为不同凡俗的超越享有五欲欢乐诸神的四位高贵智者之一。只要他曲其左臂用右手拍打，便会降下没膝深的宝石雨。以上即曼陀王昔日之神通。

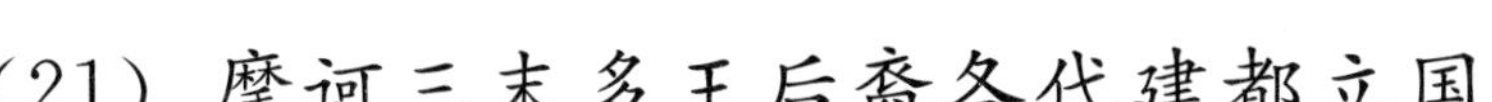

(21) 摩诃三末多王后裔各代建都立国

上述28代君王均在末罗国之拘沙婆提城称王。百王的末代君王为阿邻陀摩王。阿邻陀摩王的子孙后代共56位在阿瑜阇补罗城为王，最末一代为堵巴萨哈王。堵巴萨哈王的子孙后

① 毗婆尸佛 Vipassī，佛教谓过去七佛的第一佛，佛经说他在91大劫前出世。

代60位在波罗奈城为王，最末一代为阿基达基那王。阿基达基那王的子孙后代84000位在乾婆罗城为王，最末一代为梵授王。梵授王的子孙后代36位在诃梯补罗城为王，最末一代为乾婆罗湾萨王。乾婆罗湾萨王的子孙后代32位在伊伽阇库城为王，最末一代为补邻陀提婆王。补邻陀提婆王的子孙后代28位在瓦济亚穆提城为王，最末一代为娑蒂那王。娑蒂那王的子孙后代22位在摩都罗城为王，最末一代为达摩拘达王。达摩拘达王的子孙后代18位在阿梨埸补罗城为王，最末一代为锡毗王。锡毗王的子孙后代17位在因陀波埸城为王，最末一代为梵天王。梵天王的子孙后代15位在伊伽阇库城为王，最后一代为婆拉陀塔王。婆拉陀塔王的子孙后代14位在拘萨姆毗城为王，最后一代为诃梯提婆王。诃梯提婆王的子孙后代9位在甘那鼓恰城为王，最末一代为那罗提婆王。那罗提婆王的子孙后代7位在鲁阇那城为王，最末一代为摩哂陀王。摩哂陀王的子孙后代12位在恰姆巴城为王，最末一代为那伽提婆王。那伽提婆王的子孙后代25位在密提拉城为王，最末一代为萨牟陀埸王。萨牟陀埸王的子孙后代25位在王舍城为王。

上述25位王的最末一代为蒂顶伽罗王。蒂顶伽罗王的子孙后代12位在呾叉始罗城为王，最末一代为达梨达罗王。达梨达罗王的子孙后代12位在拘尸那庸城为王，最末一代为补邻陀王。补邻陀王的子孙后代9位在摩梨提耶城为王，最末一代为达伽拉提婆王。达伽拉提婆王之子摩偈提婆及其后裔84000代均在密提拉城为王，最末一代为奈弥王。

《经藏释》[①]、《岛史》[②]、《大史注疏》等典籍均未将摩偈提婆计入上述 84000 代王之列，如若计入将为 84001 位。

《奈弥本生释》、《大史》[③]等典籍为取整数，写作 84000。

奈弥王之子为格拉罗阇那伽，格拉罗阇那伽之子为萨蒙伽罗，萨蒙伽罗之子为阿苏阇，阿苏阇的子孙后代 84000 位。若自格拉罗阇那伽算起，应为 84003 人，均在波罗奈城为王，最末一代为毗阇耶王。

毗阇耶之子为毗纪达悉那王。毗纪达悉那之子为达摩须那王。达摩须那之子为那伽须那王。那伽须那之子为三末多王。三末多之子为蒂杉波提王。蒂杉波提之子为耶努王。耶努之子为固萨王。固萨之子摩诃固萨王。摩诃固萨之子为那伐罗塌王。那伐罗塌之子为陀萨罗塌王。陀萨罗塌之子为罗摩王。罗摩之子为毗拉罗塌王。毗拉罗塌之子为塞达延悉王。塞达延悉之子为苏阇达王。苏阇达之子为奥伽迦梨王。前后 16 代君王也在波罗奈城为王。

(22) 奥伽迦梨王

奥伽迦梨王有五位王后，即诃塌、塞达、珊达、阇梨妮、毗娑卡。五位王后身边各有五百宫娥侍女。大王后诃塌育四子，他们是：奥

① 《经藏释》Sutta Aṭhakathā。

② 《岛史》：斯里兰卡最早的巴利文佛教编年史，约编于 4、5 世纪，著者不详，亦译作《岛王统史》、《洲史》。

③ 《大史》：斯里兰卡一部用巴利文写成的王朝与佛教编年史，6 世纪摩诃那摩长老著，亦译作《大王统史》。

伽穆卡、格罗乾陀、诃梯尼伽和尼补那；养五女，她们是：毗娅、苏毗娅、阿难陀、毗纪达和纪达悉那。

大王后诃塌生育四子五女后便离开人世。奥伽迦梨王又纳一美女为后。不久该王后生一子，名赞杜。赞杜出生五日时，王后将子打扮一番请王观看。国王疼爱无比，遂允将厚赏王后。王后仅口头接受。待王子成人后，王后与亲戚商议，决意不要其他奖赏，只求国王钦定赞杜为王。因有大王后所生四子在，国王多次加以拒绝。然而王后仍再三请求。国王将四子招至御前道："虽有汝等弟兄在，王后仍累次请求父王钦定赞杜为王。汝等若继续留在父王左右，定有危险。父王意：汝等可各带心爱的车、马、象等远游他方，待父王过世，再来继承王位。"

（《缅甸大史》载，国王允诺王后所求之后，才命四位王子出走的。）

（23）奥伽迦梨王的王子公主率众出走 迦毗罗卫城之建立

四位王子跪拜父王后叩请恩准他们启程。是时，五位公主也请父王准许她们随兄长们同往。国王赐王子公主们财物和八位大臣，始允启程。国中一些民众也请求与王子公主们同行。头一日，跟随的民众队伍长达一由旬，第二日，队伍长达二由旬，第三日，队伍长达三由旬。王子们见有如此多的兵勇人众，思忖以这些兵勇足以战胜邻国其他君王，然而若将他国占为己有，又有何益？岂能因吾等使他人受难？南赡部洲地域广袤，吾等可以觅一空地建国。在寻觅城址时,乔答摩佛祖的前世富有的迦毗罗婆罗门舍弃红尘,削发为僧,在大雪山下湖畔的柚木林中建造精舍,居于其中。

《缅甸大史》记载的是白柳安树林。在《戒集经释》[①]、《经集释》[②]、《大史注疏》中写为柚木林。该迦毗罗婆罗门精通称之为"补弥阇拉"[③]之咒文,凭借咒文之威力,能知天上地下各80肘尺[④]范围内发生的善恶诸事。

该迦毗罗婆罗门所居精舍一带的蔓草均向右侧环绕,枝芽均向东而长。狮、豹、虎等猛兽凡到此地者均不再凶悍,甚至诸如生活在此处的鹿、麂、兔等弱小动物都可吓跑它们。迦毗罗婆罗门观察到此地之优越,知乃圣地,便在此建造精舍。

是时,迦毗罗婆罗门见王子们为寻找建都之地到此,十分同情,说道:"在此精舍所在地建造城池,将是南岛高贵之城。生于此城之人,纵有成百上千的人也难奈何他。精舍处可造王宫。即令乞丐之子居于此地,亦会有转轮王般的巨大威力。"王子们说:"可这是师父您的精舍所在地啊!"婆罗门说:"你们不必这样想,我可以在附近合适的地方再建精舍。建好城池后可名为迦毗罗卫。"因婆罗门如此说,王子们就住了下来。因此地乃迦毗罗婆罗门居所,遂将城名之为迦毗罗卫。

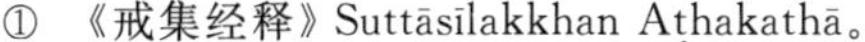

① 《戒集经释》Suttāsīlakkhan Aṭhakathā。

② 《经集释》Suttanipāt Aṭhakathā。

③ 补弥阇拉 Bhūmijāla。

④ 肘尺:从肘部至指尖的长度,相当于0.5米。

（24）奥伽穆卡四兄弟为种姓纯洁与四公主成婚称为释迦族

奉王命随四王子同来的八位大臣思忖：王子公主们均已成年，若在父王跟前，必为他们成婚。如今，此事就是吾等的责任了。遂与众王子商议。王子们想：眼下并无与我们同种姓的公主，也无与王妹们同种姓的王子。如若与不同种姓者结合，生育的子女便会种姓混杂不纯。为维护种姓之纯洁，决定立大姐毗娅为王太后，四位王子则分别与四位王妹结为夫妻。

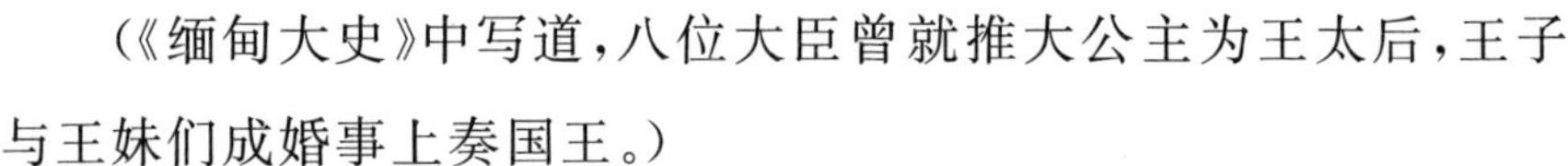

（《缅甸大史》中写道，八位大臣曾就推大公主为王太后，王子与王妹们成婚事上奏国王。）

奥伽迦梨王得悉，诏曰：为纯洁种姓诸王子此举可行。因王诏中提到“种族、种姓”一词，故迦毗罗卫之王族称之为释迦族。

（25）拘利耶城之建立

被奥伽穆卡四兄弟推为王太后的大公主毗娅患了麻风病。四兄弟思忖该病必然传染在一起生活的其他人。于是商议决定，全家佯装野游，用篷车将大公主带到荒林深处。挖一洞穴，四周围木板造成一屋舍，储备足够的食品。将大公主置于其内，然后围盖严实。

是时，波罗奈城梵授王之子罗摩登基为王。该王染上麻风病，百般医治无效，后妃宫娥侍臣们非常厌恶。国王亦自感生活无趣，于是逊位于长子,独自避入深山,以瓜果根叶充饥。过了不久,疾病自然痊愈,肌肤黄金般柔润美丽。国王四处游荡,见一大树有一洞,周围约有 16 肘尺。国王将树洞打扫干净,装上门户、梯子,作为房舍住下。入夜,耳闻鹿麂鸣叫,狮虎吼啸之声。国王记住声音来处,次日清晨去到该处捡回狮虎食剩之物,煮熟充饥。国王就这样在该地住下。一日,一只老虎嗅到毗娅公主的气味,拂晓来到公主住处之外刨土。在即将挖透时,公主从木板空隙处看到老虎,不禁惊叫起来。罗摩王听到叫声,认定此声绝非荒野动物鸣啸,乃女性声音。清晨便朝声音来的方向寻去。问:“里面是谁?”从公主的答话知道是位妇女。又问其身世,为何来到此地?公主一一作答。知道她乃奥伽迦梨王的公主,染上麻风病来到此地等全部底细。于是叫她出来。出于自尊公主没有出来。罗摩王告诉她:“我也是王族,真正的刹帝利国王。”放下梯子让公主上来,将公主带回自己住处,采来自己吃过的瓜果根叶给公主吃。过了不久公主的疾病也得以痊愈,肌肤黄金般柔润美丽。两人遂结为夫妻。公主先后生育 16 对双胞胎,32 位王子。王子们长大后,父王罗摩教他们学会王子应会的诸般技艺。一日,波罗奈城一猎户进山觅宝,遇见罗摩,认出他是波罗奈国国王,说道:“奴才认识陛下。”国王向猎户打听国内情况。两人问答之际,众王子来到国王面前。猎户见了问是谁家子弟?国王告是朕的王子们。猎户又问及王子们母后等问题,国王告知后,猎户思忖:“今日这些消息是给我最宝贵的礼物。我将把这礼物献给波罗奈国王。”猎户与国王告别后回到波罗奈城立即将全部经过向国王奏明。波罗奈国王随即亲率象、马、车、步四军去拜见父王,说:“请父王回波罗奈城重新登基!”

罗摩说:“朕已无意再回波罗奈,汝可将此地的枫子树砍去,建一城池。”波罗奈国王遵照父王之命,伐了枫子树建造了乡村和城镇。因该城是伐枫子树建成的故命名为拘拉那伽罗[1],又因该地原为老虎出没之地,又名比亚伽巴塌[2]。

城池建造完毕,波罗奈国王拜别父王返回。从此罗摩和王后毗娅就在拘拉那伽罗享受国王的福禄。众王子成人后,母后毗娅告诉他们:“离此不远有一迦毗罗卫城,统治该国的释迦王族是你们的舅父们。舅父的女儿们留那样发式着这般装束。公主们常到鲁诃尼河去嬉水。你们到达河边必定会见到留那样发式着这般装束的公主们。你们可娶心爱者为妻。”王子们听了母后的话,来到鲁诃尼河畔,见到迦毗罗卫城释迦王族的公主们在河中沐浴后正在岸边晾晒头发。王子们便各自挑选心爱者,讲明自己身世。释迦王族了解到他们乃同族同宗的甥儿们,便成全了他们的婚事。就这样从罗摩王与毗娅后开始的拘利耶王族便得到了延续与发展。以上即拘利耶诸王的情况。

(26) 提婆陀诃[3]王

统治迦毗罗卫城之众释迦王在令人神往的大湖畔建造行宫,嬉水行乐。因行乐行宫而成的大城,故名为提婆陀诃城。提婆陀诃城主们也称之为提婆陀诃释迦族王。提婆陀诃释迦王与迦毗罗

---

① 拘拉那伽罗 Kolanagara,意即:大枫子树之城。

② 比亚伽巴塌 Byagghapatha,意即:老虎出没之处。

③ 提婆陀诃 Devadaha。

卫王、拘利耶王一样，有众多的象、马、兵勇，是撑戴白伞的国王。这就是提婆陀诃王们的情况。

（27）建立迦毗罗卫城之奥伽穆卡至悉哈娑罗等十代君王

据称，统治迦毗罗卫城的奥伽穆卡王讲话时口腔中会发出光芒。奥伽穆卡王、奥伽穆卡之子尼补纳王、尼补纳之子姜蒂摩王、姜蒂摩之子姜达穆卡王、姜达穆卡之子悉毗王、悉毗之子悉纪耶王、悉纪耶之子毗珊陀罗王、毗珊陀罗之子阇梨王、阇梨之子悉哈瓦诃那王、悉哈瓦诃那之子悉哈娑罗王，自奥伽穆卡王至悉哈娑罗王共十代。[①]

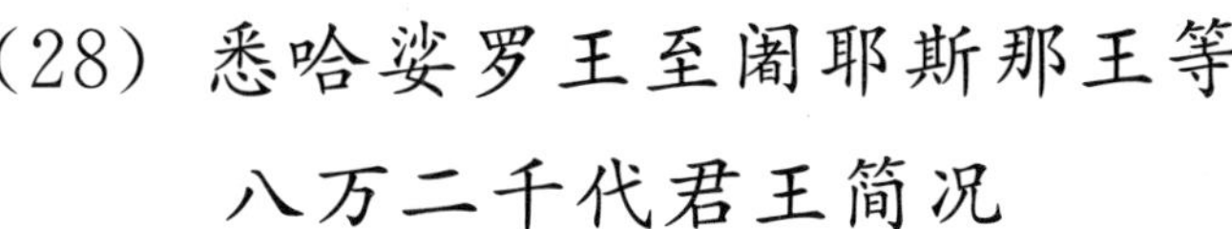

（28）悉哈娑罗王至阇耶斯那王等八万二千代君王简况

悉哈娑罗王之子孙世系延续至阇耶斯那王共82000代。阇耶斯那之子悉哈诃努王，悉哈诃努之子净饭王。统治迦毗罗卫城的阇耶斯那之子为悉哈诃努，女为耶输陀罗。统治提婆陀诃城的是奥伽迦梨王与耶舍伐提王后之子提婆陀诃王。提婆陀诃王与阇耶斯那王决定他们的子女结合成为夫妻。

① 本节标题与原文均写为十一代。但文中仅有十代君王名。经查《缅甸大史》亦云只有十代君王。故更正译之。

提婆陀诃王有一男一女，王子名盎阇那，公主名金阇那。

（据《增支部经释》和《长老尼经释》记载，盎阇那亦名大善觉[①]。）

阇耶斯那王之子悉哈诃努与提婆陀诃王之女金阇那结亲，育5男2女，5男为净饭王、陀道达那、萨拘达那、输拘达那、阿弥道达那；2女为阿弥陀和婆梨陀。

阇耶斯那王之女耶输陀罗与提婆陀诃王之子盎阇那结亲，生2男2女，2男为旦陀婆尼和善觉王[②]，2女为悉利摩诃摩耶[③]和波阇波提拘陀弥。

悉哈诃努之子净饭王与盎阇那之2女悉梨摩诃摩耶和波阇波提拘陀弥结为夫妻，姐姐摩耶生育悉达多；妹妹波阇波提拘陀弥生育一男一女，男名难陀，女名阇那婆陀伽良尼。

阇那婆陀伽良尼幼名露婆难陀，据《增支部经释》记载，她比悉达多年长。

据《长老经注疏》载，难陀王子比悉达多仅小两三天。

《缅甸大史》则说，难陀出生之后，悉达多才出生，因此难陀比悉达多大。

悉哈诃努王之女阿弥陀与盎阇那王之子善觉王结为夫妻，生育一男一女，男名提婆达多[④]，女名婆陀甘阇那。

① 大善觉 Mahasuppabuddha。

② 善觉王 Suppabuddha。

③ 悉梨摩诃摩耶 Sīrimahāmāyā，即：佛陀悉达多王子之母摩耶夫人。

④ 提婆达多 Devadat，即：调达。

(29) 从摩诃三末多王至后来成佛的悉达多王

净饭王之子后来成佛的悉达多王子与善觉王之女婆陀甘阇那[1]公主结婚后生育了罗睺罗王子。

悉达多之外祖父盎阇那大王废历改元[2]，将原有纪年废掉8645年余2年。当盎阇那历67年(即公元前624年)[3]结夏安居之月[4]月盈日悉达多投胎母体，于第21宿同位。在母体内十月，至盎阇那历68年(即公元前623年)伽松月[5]月盈日出世。16岁娶婆陀甘阇那公主为妻，公主改名为耶输陀罗。悉达多接受灌顶后，住进历代君王皆无福分居住的三座宫殿里，即寒季适合的九层的兰摩宫、夏季适合的五层的输兰摩宫和雨季适合的七层的输婆宫。身旁有四万宫娥侍候，享受了13年君王的福禄。

(30) 从摩诃三末多王至后来成佛的悉达多王分成两王族世系之说

上述君王世系从摩诃三末多王至奥伽迦梨王为一个世系，共

---

① 婆陀甘阇那 Bhaddakañcanā 与悉达多结婚后改名为耶输陀罗 Yasodharā。

② 据缅甸所传在盎阇那废历改元之前，曾有过三种历法，即(1)上古历，从摩诃三末多王开始纪元，历1149787年；(2)阿伽罗陀历，当上古历1149787年时阿伽罗陀王废1149785年余2年改元，历14938562年；(3)固萨历，当阿伽罗陀历14938562年时固萨王废14938560年余2年改元，历8647年。

③ 凡盎阇那历皆可按：691年－盎阇那历年＝公元前，这样计算得出公元年代。

④ 结夏安居之月即四月，约等于公历七月。

⑤ 伽松月即二月，约等于公历五月。

有 252556 代;从奥伽迦梨王之子奥伽穆卡王至悉达多王为另一世系,共有君王 82013 代。两个世系共有君王 334569 代。

(31) 从劫初摩诃三末多王至奥伽迦梨王共有二十四王系之说

从摩诃三末多王至奥伽迦梨王共有 24 王系,即摩诃三末多王系有 28 代;阿纪摩王系有 100 代;阿邻陀摩王系有 56 代;堵巴萨哈王系有 60 代;阿基达基那王系有 84000 代;梵授王系有 36 代;乾婆罗湾萨那王系有 36 代;补梨提婆王系有 28 代;娑蒂那王系有 22 代;达摩拘达王系有 18 代;锡毗王系有 17 代;梵天王系有 15 代;婆拉陀塔王系有 14 代;诃提提婆王系有 9 代;那罗提婆王系有 7 代;摩哂陀王系有 12 代;那伽提婆王系有 25 代;萨牟陀塌王系有 25 代;蒂顶伽罗王系有 84000 代;达梨达罗王系有 12 代;补邻陀王系有 9 代;摩偈提婆王系有 84000 代;奈弥王系有 84019 代;奥伽迦梨王系有 84013 代。按建国之王命名共 24 王系。

(32) 二十四王系中摩诃三末多王系是最根本的　故有人将该王系喻为大树

依《大史》、《岛史》所述概言之:在 24 王系第一支中最早的是摩诃三末多王,他乃以后诸王之源,与大树的根一般。其子鲁阇等 27 代君王犹如大树之干。阿纪摩王系的 100 代君王直至其后的共23支王系的众君王就像大树的枝杈芽叶花果。分则为24支王系，合则至悉达多王共有334569代君王。

我们概略地知道：从奈弥王之子格拉罗阇那伽王传至奥伽迦梨王共84019代。若按《戒集经释》和《经集释》两书载，格拉罗阇那伽王以后形成了奥伽迦梨王的三个支系，其中有第三子奥伽穆卡王开始的释迦王族。《戒集经注疏》[1]中还记载：他的第一王子后裔有不下10万之众。第二王子后裔也有不下10万之众。由此可见，奈弥王的后裔何止84019代？因为尚未将奥伽迦梨王的后裔两个10万之众计入在内。可知《大史》、《岛史》中所载王系并非详尽的，只是概略而已。

《大史》、《岛史》中讲到释迦族王系时，仅说：毗珊陀罗王之子阇梨，阇梨王之子悉哈瓦诃那，悉哈瓦诃那王之子悉哈娑罗，悉哈娑罗王的子孙后代直至阇耶斯那王共82000代。现有的《大史注疏》[2]说，北寺长老们所写的一卷大史还提到：悉哈娑罗王的子孙后代至巴拘释迦王为82000代；巴拘释迦王的子孙后代至阇耶斯那王又繁衍82000代。此类记载并未被学者们所否定，看来是可取的。若可取，释迦族君王世系便不止82013代了。与其他典籍勘照可发现，奈弥王之后尚有许多王系未被《大史》、《岛史》列入。可见直至住劫初期的漫长历史时期中无疑尚有无数君王世系被遗漏未被编入。

为何被遗漏者甚多却仍然说有30多万代君王？应究其原因。

---

① 《戒集经注疏》Suttasīlakkhan Ṭīkā。

② 《大史注疏》Mahāvaṅ Tīkā，亦名 Vamsatthappakasini。写于12世纪后，作者不详。

佛祖在世时南岛释迦族君王世系遐迩闻名。研究君王世系的学者中蜚声学界的学者毗兰若婆罗门和抱卡罗娑提婆罗门等称佛祖属著名的“乔答摩”世系。

“乔答摩”有“高贵的王族世系”之意。因此，社会上著名学者们均对佛祖无限敬仰崇拜。源自南岛所有君王始祖尊贵的摩诃三末多大王未与其他种族混杂的纯洁的释迦族系享有崇高荣誉。

《戒集经注疏》和《增支部注疏》[①]等经释中对此均有所述，当年乔答摩世系的释迦王族在社会上赫赫有名。因此，简要记述24君王世系就可说明问题了。后人据此也能如实了解佛祖乃出身高贵的刹帝利太阳王族，对他应百倍虔诚顶礼膜拜。人们只要记住君王之无常，即终归要入灭的这一法理，便足以促使他们修心养性了。倘若详述，除能更多了解些君王世系之外毫无裨益。所以不像目前人们常读的史籍那样记载君王即位前经历、在位的年限、后妃与子女、兴建的建筑、举办之典仪等，而只叙述前后王系。

学者们说，凡属于后来成佛的悉达多王子世系且登基为王者才被编入史册。不属于悉达多王子世系，与其他族系混杂者即便当上国王，其数有千千万万也不能计入，所以王系人数才少。此话表明，摩诃三末多王及其后裔均属佛祖所在族系。与《岛史》所载相吻合。此话也是对那些不精通典籍的人们说的，他们认为历史长久，君王世代却偏少，恐与史实不符。要使他们了解书载与史实一致，且有可靠依据，也符合逻辑。在当今住劫时期，众君王始祖摩诃三末多王及其之后的鲁阇王、瓦勒鲁阇王，直至净饭王、悉达

① 《增支部注疏》Aṅguttira Ṭikā。

多王,王族世系这样繁衍发展而来。

(33) 摩诃三末多王曾出现十一位之说

劫抵汉达瓦底王①之父、劳加曼昂②施主德宁格内王③时期,辛盖地方富绅之子④编纂的《缅甸大史》中写道:住劫有 64 中劫,每个中劫的劫初均有一摩诃三末多王。该史书写至第十劫之后第十一劫之初,即从第一代摩诃三末多王写至第十一代摩诃三末多王。

该史书中载:远古之初的摩诃三末多王乃第一位摩诃三末多王,该王后裔繁衍 63000 代。其后,人寿从无央数岁减至十岁,因人们贪欲成习,遭受疾疫之灾。度过中劫之后,幸存者们重新修善积德,人寿又从十岁、二十、四十、十万、百万、千万增至无央数岁,此时,又推举新王就是第二摩诃三末多王,后又繁衍出各地君王 63000 代。

此后,人寿又从无央数岁减至十岁,因人们瞋恚成习,遭受刀兵之灾。度过中劫之后,幸存者们重新修善积德,人寿又从十岁、二十、四十、十万、百万、千万增至无央数岁,此时,又推举新王就是第三摩诃三末多王,后又繁衍出各地君王 63000 代。

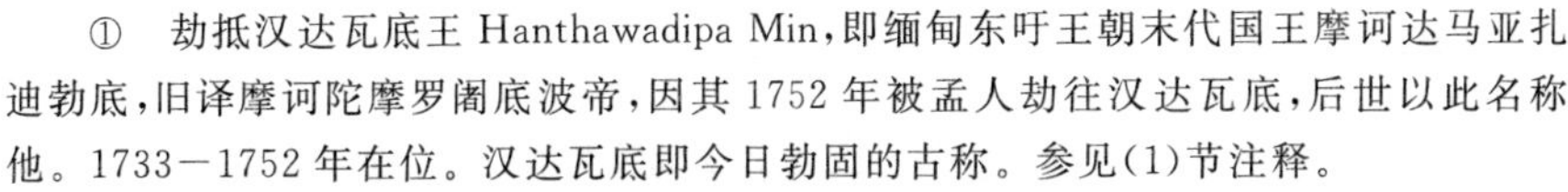

① 劫抵汉达瓦底王 Hanthawadipa Min,即缅甸东吁王朝末代国王摩诃达马亚扎迪勃底,旧译摩诃陀摩罗阇底波帝,因其 1752 年被孟人劫往汉达瓦底,后世以此名称他。1733—1752 年在位。汉达瓦底即今日勃固的古称。参见(1)节注释。

② 一佛塔名。意为"战胜世间之魔"。

③ 德宁格内 Taninganwe,东吁王朝一王名。旧译达宁格内,1714—1733 年在位。

④ 即:缅甸著名史学家吴格拉。

该王以后，和以前一样人寿又减至十岁，因人们愚痴成习，遭受饥馑之灾。度过中劫之后，幸存者们重新修善积德，人寿又增至无央数岁，此时，又推举新王就是第四摩诃三末多王，后又繁衍出各地君王 84000 代。

此后第五摩诃三末多王繁衍出各地君王 84000 代。

第六摩诃三末多王繁衍出各地君王 84000 代。

第七、八、九、十各代摩诃三末多王又各有后裔君王 44000 代。

第十一代摩诃三末多王又繁衍出各地君王 189000 代。

（34） 据典籍记载劫初只有一位摩诃三末多王

从住时的摩诃三末多王开始下传，至鲁阇、瓦勒鲁阇、净饭王和悉达多王等各代君王，此乃一说。

劫抵汉达瓦底王之父、劳加曼昂施主德宁格内王时期，辛盖地方富绅之子编纂的《缅甸大史》中则写道，住时有 64 中劫，每劫之初均有一摩诃三末多王出现，直至第十一中劫，即从第一位传至第十一位摩诃三末多王，此乃又一说。

上述两说孰是孰非，可根据典籍的记载加以分析比较，得出一个合乎情理的结论。

据《捷提耶本生》[①]，摩诃三末多王后，无央数人寿之际，28 代王系中的捷提耶王在捷提耶国索提耶城治理国事。有兄弟二人，兄为婆罗门祭师，名迦毗罗，弟名拘耶迦兰波迦。捷提耶王欲将该

① 《捷提耶本生》Jetiya Jātaka，本生经八颂卷第 422 号故事。

兄之子应继承的婆罗门祭师之位授予其弟。为此，捷提耶王拟谎称："其兄乃弟，其弟乃兄。"人们闻言不知底里说："所谓谎言就是如此啊！"遂造了多层坐榻来宫前广场集会。

倘若说第十一中劫的摩诃三末多王之后，捷提耶王时才产生谎言，就等于说从第一个中劫开始的整整十个中劫里世上从未有过谎言。倘承认世人曾因谎言等恶业才遭遇十个中劫，那么捷提耶王时才产生谎言之说便不确了。

若认为住时之初，摩诃三末多王之后，捷提耶王时才明显有了谎言。则可知从第一摩诃三末多王起至乌巴伐罗的整个历史时期中谎言尚未明显存在。仅是到了捷提耶王时才明显出现。因世人少谎言等恶业，人寿均高达无央数。此说是可取的。由此可得出如下合乎情理的结论：住时之初仅有一位摩诃三末多王，后来历代君王世系均为其繁衍所成。所谓每一中劫之初均有一位摩诃三末多王，并由其相应繁衍各自的世系之说是不足取的。

有些人说，捷提耶王因说谎被大地吞没，等于告诫人们莫说谎，由此才出现了摩揭陀国之名。但是，捷提耶王说谎在捷提耶国，而摩揭陀国乃在王舍城，两地各异；《捷提耶本生》中未提及此事；词典里亦将中天竺索罗萨之摩揭陀与捷提耶两者分别记述，故此说不足信。（此乃插话）

那先长老说：高贵君王提婆达多因犯分裂僧团破和合僧之大罪，在度过六分之一劫波之后，六分之五劫波中受堕入无间地狱的报应，在脱离地狱之苦后才成为名为"阿提夏罗"[①]的辟支迦佛。

---

① 阿提夏罗 Aṭhissara。

因问：提婆达多王何时分裂僧团破和合僧？怎样受地狱之苦？后来又如何？那先长老才如此回答的。长老并未交待将一劫除以六，商数即过去之劫；取余数的二分之一再除，商数即劫波之始；再将余数一分为三再除，商数为 4。而他们却将 64 中劫除以 6，并把不足 11 的商数写成 11 中劫。他们引用《弥兰陀王问经》，但却与该经不符。因为《弥兰陀王问经》根本未提及中劫之事。

住时中有 64 中劫之说，也可能只有 20 个中劫。因为有的经典是这样说的。如果以 20 计，20 除以 6，商数不是 11，却是三又三分之一。《论事释》、《根本经注疏》、《最胜者庄严经注疏》等经典都肯定地认为住时为 20 个中劫。若按此数计，应写成第三中劫，而不是第十一中劫。

一个中劫不可能出一位摩诃三末多王，仅能在住时之初有一位摩诃三末多王出现，这是毋庸置疑的。（此说以下再加以详述）后代诸王均为该王的后裔。所谓每一中劫之初均有一摩诃三末多王，并由此繁衍出许多王系，此说实无道理。

倘若将住时之初的摩诃三末多王与所谓中劫之初的各摩诃三末多王两者略加比较，便可得知，住时之初摩诃三末多王时尚无王族，而是新命名的；而所谓中劫之初的摩诃三末多王乃嫡系王族，根本无须重新命名。住时之初摩诃三末多王在世间所用所拥有的是有规定的；而所谓中劫之初的摩诃三末多王则根据传统无须重新规定。住时之初摩诃三末多王收取十分之一的税；而所谓中劫之初的摩诃三末多王也按此法收取十分之一的税，无须重新规定。可见所谓第二、第三乃至以后各中劫的摩诃三末多王并未作出任何与住时之初摩诃三末多王不一致的规定，一直按原王族世系的规定延续下来。所谓第一、第二乃至以后诸中劫的摩诃三末多王的提法，只是一种无稽之谈。实际上只有过一位住时之初的摩诃三末多王，其后的君王世系均为该王所出。（上述是对此两说的分析比较）

关于每一中劫之初均出现一新摩诃三末多王并由其繁衍了后来王族世系之说，仅出自吴格拉的《缅甸大史》。而《蒲甘名史》、《直通史》、《若开史》、《清迈史》等史籍并无此记述。巴利文经释、注疏等佛教典籍中亦无此说。经典上仅仅提及住时之初的摩诃三末多王及其繁衍而来的王族世系。

据巴利文《小缘经》九行贝叶经第35页[①]载："当年世人集会一致推举并命名摩诃三末多为王，这便成为最早国王的名字。"

据《波提耶经释》[②]和《小缘经解》八行贝叶经124页载："若问摩诃三末多王是何人？答曰，乃后来之乔答摩世尊。"

据《戒集经释》、《安波塌经[③]释》九行贝叶经219页载："上古之初，人类的君王摩诃三末多之子为鲁阇王，鲁阇之子为瓦勒鲁阇王，瓦勒鲁阇之子为伽良拿王。"《经集释》、《牟尼经[④]释》、《增支部经释》、《世灯精要》以及《悉梨摩诃摩耶事论》[⑤]等典籍上也有类似

---

① 贝叶经视叶面宽窄写字行数不同，分六、七、八、九行等多种。页码不用数字而用缅文字标明。一卷贝叶经按缅文辅音字母序列分成若干叠。每叠有12页。12页的页码分别用缅文辅音字母与12个元音符号即a，ā，i，ī，u，ū，e，ɛː，ō，ɔː，ā，aː相拼后标出。此处原文为gan inga，按上述方法推算可知为第35页。为便于读者理解下文类似情况皆按此法推算译成第某某页。

② 《波提耶经释》Pātheyya Aṭhakathā。

③ 安波塌经 Ambaṭhasutta。

④ 牟尼经 Munisutta。

⑤ 《悉梨摩诃摩耶事论》Sīlimahāmāyāvatthupāṭh。

记载。

据《精义释注疏》、《精义摄要》、《世间缘说》等典籍记载，乔答摩世尊乃当年住时初的摩诃三末多王。由他开始繁衍下来君王世系，形成了以后的四种姓。

“远古时代，世上只有菩提萨埵即乔答摩世尊形态俊秀，仪表堂堂，神通广大，智慧过人，有制服或扶助他人的能力。劫后，远古世人请他为王，人皆称其为三末多，故名为摩诃三末多。他是大地的主人，因此称其为刹帝利。他处世合理，得到世人爱戴，所以又称其为罗阇。他以此三名著名于世。世间有奇事：佛之前世摩诃三末多王乃世间第一位男子。由乔答摩世尊前世开始形成了王族，也依次形成了婆罗门等种姓。”

倘若仔细分析君王等是随世界毁灭、形成而来的说法，便可明了除远古之初的摩诃三末多王之外，所谓中劫之初的摩诃三末多王是不存在的。非常明显，从远古之初摩诃三末多王时代开始繁衍下来的四种姓直到世界毁灭之时，代代承继从未间断。

据《波基达堤经释》[①]载，到达迦毗罗卫城次日清晨净饭王见佛陀与两万僧伽一同前来化斋，问道：咱们不是属于摩诃三末多王系吗？摩诃三末多王系该不会出现化斋的君王吧！佛陀答道：摩诃三末多王系是你的王系，而我的族系是佛陀的族系。由此可见释迦王族世系乃住时之初的阿萨彬那阿蒂佳世系。《岛史》和《大史》也有类似的记载：

“净饭王说：法师，我们的族系不是称之为摩诃三末多王系吗？

① 《波基达堤经释》Pācityadi Aṭhakātha。

在摩诃三末多王系里绝不会出现一位化斋的君王。佛陀说：陛下的族系是摩诃三末多王系，而我的族系是佛陀的族系。"

四无央数劫的最后十万劫前燃灯佛期间，释迦牟尼得到尼耶多授记[①]之后，便在天堂、地狱间轮回修习波罗蜜。在临近成佛的贤劫前投身梵天。贤劫之初又转世成人。此时，世人需要一位可依赖的君王，于是世人恳求道：尊敬的男子从今请您来保护我们，阻止邪恶对我们的伤害。请您做我们的君王。在世人的推举下他当了摩诃三末多王。此后摩诃三末多王像一棵繁茂的大树，繁衍子孙后代组成摩诃三末多王族世系。可见从贤劫之初摩诃三末多王算起，至悉达多王，传承的均为一个王族世系。此乃经典注疏家们研究考证的结果。从世界之初至毁灭仅有一位摩诃三末多王，绝无第二位。

锡兰岛注释《大史》的《大史释》七行贝叶经第 71 页载：

"燃灯佛授记善慧仙人乃佛陀胎种，在再度过十万劫就到达四无央数劫末日之际将成为乔答摩佛陀。于是投身世间轮回，修习波罗蜜，在将近成佛之时回归梵天。在贤劫之初又转世为人。此时世人需要一位扶助他们的君王，遂恳求道：尊敬的男子从今您来保护我们的安全，使我们免受侵害。我们推举您为我们的大王。在世人一致推举之下他成了摩诃三末多王。后犹如大树树干繁衍子孙后代，组成了摩诃三末多王系，又繁衍出阿纪摩等无数王族支系。最后的王族支系是迦毗罗卫城的奥伽迦梨王系，乔答摩世尊是该王系的最后一代，同属释迦王族世系。"

---

① 尼耶多授记 Niyata Byāditta。

仔细分析上述内容，可知贤劫之初的摩诃三末多王如同大树的根，他的子孙后代如同树干，他子孙后代再繁衍出的各王系如同枝桠。显然，远古之初仅有一位摩诃三末多王，后来所有王族世系均由他繁衍而来。

《清净道论释》、《最胜者庄严经注疏》、《曼陀杜本生》、《捷提耶本生》等经典中也有类似内容。因恐赘述，不再引用。

上述经典中的“劫”，有“最早的劫”、“开始的劫”的意思。因此，中劫可以说就是“住时之初”，无央数劫也可说是“住劫之初”。而第二、第三和第十一中劫就不能算住劫之初，而应是住时的中间了。我们对经典上的词句和含义都作了仔细的分析，毋庸置疑，结论是确切的。且是用 18 部经典引证而来的。

《缅甸大史》说所谓第一、二、三位摩诃三末多王均各传君王 63000 代，是《大史》中记载的。但《大史》正文与注疏中均无这样的记述。若将这远古之初三次 63000 数字相加，便有 189000 之多。之后，随着时间的推移数字不断减少，仅剩 84000。随后进一步减少至 40000 左右。后来再减，至后来成为辟支迦佛陀的波罗奈王时只剩 20000 之数。当年兴旺发展到 189000 个国家和城镇之时，有 990 万个乡村，56 处宝地，1960 万个埠头。仅仅依此语就说摩诃三末多王已有 11 代。对此《大史》上无记载，《经集释》上也无论述。因此，不该说远古南赡部洲掌管国家城池的君王有多少，乡村、宝地和埠头又有多少。只应以三藏经释上的记载为准。

64 位摩诃三末多王已出现 11 位，尚有 53 位将在以后出现。据说这是从《劫火》中得知的。但所谓《劫火》者，根本不是著名典籍，不属于经释、注疏、详解一类，因此不足为凭。

关于“人增寿时无君王”之说。据经典记载,“人增寿时未出现佛陀,佛陀只在人减寿时才出现”。从远古之初的摩诃三末多王繁衍下来的四种姓,其寿减至十岁,中劫结束;四种姓再度增寿,至无央数岁。从此四种姓生存至世界毁灭之时。因此,不能说人增寿时无君王。典籍无此说。

所谓中劫时因世人贪、瞋、痴三毒极盛,饥馑、刀兵、疾疫诸灾依次发生。经典则说,贪毒盛则疾疫灾兴,瞋毒盛则刀兵灾兴,痴毒盛则饥馑灾兴,并非依次发生。上述提及住时有 64 位摩诃三末多王出现,其后又繁衍 63000 位掌管国家城镇之君主,以及人增寿无君王,世人贪、瞋、痴三毒盛而灾难迭兴等说法,自德宁格内王时期的《缅甸大史》起,及其后各朝代长期以来对此等说法均以假乱真,以真为假,真假不分。今本朝国王陛下主持编纂本史才恢复历史本来面目,弄清真假是非。

至此,《缅甸大史》关于摩诃三末多王的某些不确的内容,本史已将其纠正。

(35) 悉达多王子成佛的经过

悉达多王子 16 岁登基,在位 13 年。29 岁时,见老、病、死、比丘四兆,便于盎阇那历 97 年(公元前 594 年)四月月盈日(结夏日)乘马车出家。行至阿瑙摩河畔,接受伽蒂伽罗梵天献给的存于世界之初莲花座中的八法器,落发为僧。为僧后又至阿罗逻和乌陀迦[①]二位沙门处,居住 7 日,学习禅定。知“此法不能达到一切种

① 阿罗逻 Āḷāra,也译阿逻逻;乌陀迦 Udaka,也译郁陀迦。

智”,便弃之来到阿阇波罗榕树旁,修习苦行 6 年。盎阇那历 103 年(公元前 588 年)二月月盈日,悉达多于阿阇波罗榕树下,接受苏阇陀供献之金杯乳糜。随后赴尼连禅河边,食用 49 口后,将众佛用于立誓的金杯,漂入河中。傍晚时分,悉达多沿着众神为其安排之路线,离开尼连禅河,来到摩诃菩提座处,接受净居天执送的八把软草。悉达多立于菩提树之东北角,将草敷在菩提座正东,在草上结跏趺坐,精进思维四谛之理,并自发誓言:不成正觉,不起此座。日落之前悉达多降伏魔众;傍晚时,得知一切至处道智力①;子夜时,得知天眼无碍智力②;破晓时,能逆顺观识一切缘起,得具有十神力、四无所畏、六奇特之知永断习气智力③,得无上正觉,成一切种智④。是时悉达多成佛。

(36) 鹿野苑中为五比丘说法

释迦牟尼成佛前 49 天,在七处⑤临时居住。随后从山楾子树处返回,坐于阿阇波罗榕树下,领悟了深奥佛法,却无意弘说。此时,萨罕波提梵天王与宇宙诸神,把与须弥山一般大小的宝花环敬

---

① 佛教名词,即:知转生人、神和达到涅槃等因果的智力。

② 佛教名词,即:以天眼观知众生生死及善恶业缘的智力。

③ 佛教名词,即:知永断烦恼惑业不再流转生死的智力。

④ 佛教名词,即:把握一切现象的本质,又了解每一具体人、物、事的诸种因果、体性、作用、善恶等,达到无所不知的认识。

⑤ 七处指释迦牟尼成佛前各居住七天的七个地方,即:菩提树东北一庹处战胜魔罗之宝座;菩提树向北十庹处;菩提树向西二庹长的宝石长廊;菩提树西北十五庹处众神为之所建金殿;菩提树向东三十二庹牧羊人榕树所在处;菩提树东南十五庹那伽龙神以自身为佛祖遮雨处;菩提树向南十一庹山楾子树下佛祖接受天帝释布施的藏青果、四大天王布施的钵与帝富娑和跋梨迦布施密糕处,合称七处。

献给释迦牟尼，劝其说法。释迦牟尼眼观世上有待解脱之众生，便允诺下来。心中思忖，首先当为谁说法？阿罗逻和乌陀迦二沙门均已命终，便想起五比丘的恩情。于是决定亲赴波罗奈城。行前，在菩提座附近村子里化斋。拟于四月月盈日即结夏日说法，步行18 由旬，途中遇一名叫乌波迦的外道，看他将得到解脱，便为其指出成佛之道。傍晚时分，来到波罗奈城附近的鹿野苑。结夏日夕阳西沉，圆月东升，林中一片美色。此时，释迦牟尼身处宇宙诸神诸梵天之中，为五比丘说法。憍陈如为首的五比丘与 1 亿 8000 万位梵天获得预流果。

（37）四十五个安居期[①]

释迦牟尼成佛后的第一次安居期是在波罗奈国鹿野苑五比丘精舍中度过的。这期间有五比丘和 55 位富绅子弟出家，他们同释迦牟尼一起共 61 位。第二次安居期是在王舍城[②]的竹林精舍度过的。第三次和第四次安居期也是在王舍城竹林精舍度过的。第五次在吠舍里城的大林精舍。第六次在摩拘拉山。第七次在忉利天庭。第八次在婆伽国的桑苏摩罗纪梨城。第九次在拘萨姆毗城。第十次在婆利礼耶林。第十一次在那拉婆罗门村。第十二次在毗兰若城。第十三次在阇梨耶山上。第十四次在逝多林精舍。第十五次在迦毗罗卫城。第十六次在阿罗毗城。第十七次在王舍

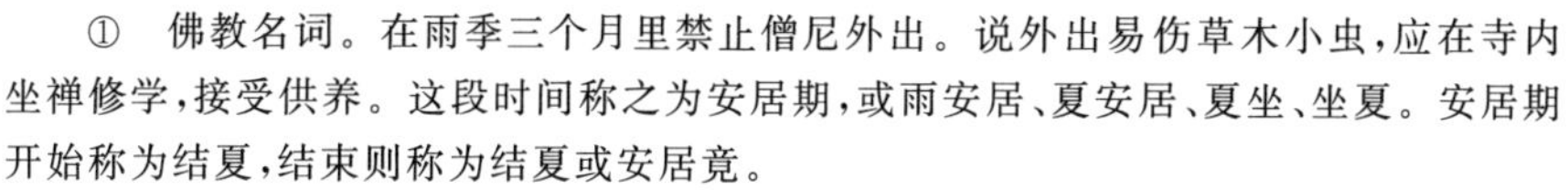

① 佛教名词。在雨季三个月里禁止僧尼外出。说外出易伤草木小虫，应在寺内坐禅修学，接受供养。这段时间称之为安居期，或雨安居、夏安居、夏坐、坐夏。安居期开始称为结夏，结束则称为结夏或安居竟。

② 巴利文为 Rājagaha，亦音译为“罗阇昭”、“罗阇祇”，意为王舍城。

城。第十八和第十九次在阇梨耶山。第二十次在王舍城。可见释迦牟尼从成佛后的第一次至第二十次的安居期都不是在固定的地方度过的。此后的二十四次均在舍卫城的逝多林精舍和花林精舍中度过。最后一次,即第四十五次安居期则是在吠舍里的竹林村度过的。

(38) 释迦牟尼涅槃火化

释迦牟尼成佛之后的 45 年里均为人、神、梵天等一切生灵弘讲佛法。盎阇那历 148 年(公元前 543 年)二月月盈日拂晓时分,释迦牟尼在拘尸那罗城末罗国王的娑椤园内涅槃灭度。灭度七日,摩诃迦叶并 500 弟子到来,向佛足膜拜。第二个七日,即二月二十八日,释迦牟尼火化。

巴利文佛经《大涅槃经》[①]和《波罗市迦经释》[②]均载二七火化。《长部经释》[③]则载三七火化。

(39) 众国王分佛陀舍利起塔供奉

是时 8 国君王为分舍利事发生争执,香姓婆罗门从中调停,并主持分配。火化 7 日后即三月初五日,香姓婆罗门将佛舍利平均

① 《大涅槃经》Mahāparinibbāna Sutta。

② 《波罗市迦经释》Pārajikaṃ Aṭhakathā,亦译《波罗夷经》,是南传佛教律部五论之一。

③ 《长部经释》Dighanikāya Aṭhakathā,《长部》是巴利文经藏五部之一,也称《第一长部》。

分成8份给8位国王。吠舍里王一份，阿闍世王一份，巴法王一份，末罗王一份，毗塌提波伽王一份，阿拉迦波王一份，罗摩王一份，迦毗罗卫王一份。上述均为经典中所载。《缅甸大史》则写分给11位国王。

佛的右上牙分给忉利天国，右下牙分给那伽国，左上牙分给羯陵伽国，左下牙分给了乾陀罗国[1]。分配完毕才来的贝勃梨王和莫梨耶王则只能得到火化舍利的檀香木炭。主持分配的香姓婆罗门[2]将分配舍利时用的宝杯取走供奉。

(40) 依靠阿闍世王摩诃迦叶长老为首的五百罗汉举行第一次佛经结集

盎闍那历148年(公元前543年)三月初五日即分舍利之日，为佛经结集，摩诃迦叶长老选出五百罗汉，并告诉他们“务必在结夏安居日前到王舍城聚集，在此之前各人可去办理各人须办的事。”临近结夏安居期众罗汉齐聚王舍城。摩诃迦叶将第一次佛经结集事告知摩揭陀国君阿闍世王。阿闍世王将所须诸事筹备停当。同年五月二十日以摩诃迦叶长老为首，集五百罗汉于王舍城，举行了第一次佛经结集大会，历时七个月。

是时，阿闍世王对摩诃迦叶长老说：“佛曾预言佛教将长存于世5000年，如今佛教与历法不符，建议废历改元，使两者相一致。”

---

① 亦译作妙香国，对位于今日中国云南一带的南诏、大理国的古称。

② 香姓婆罗门 Doṇapuṇṇā，佛教传说人物。据佛经记载，释迦火化后，其舍利由香姓分成八份分给八国建塔供奉。

摩诃迦叶依言,遂定该年为佛历元年。

(41) 贤劫成佛之佛众世系

从上述可见释迦牟尼乃住时之初摩诃三末多王繁衍下来的阿萨彬那刹帝利种姓阿蒂阇[1]王族世系。在此贤劫先出世的其他三佛均属于纯洁的婆罗门种姓,即住时之初抛弃恶道修成仙尊罗汉的人繁衍下来的阿萨彬那婆罗门世系。未来的阿利弥底耶佛[2]也属于婆罗门种姓婆罗门世系。此劫共有五佛出世,比所有劫都高贵,故称贤劫。最早三佛之一的拘楼孙佛,是住时之初,人寿从无央数减至 40000 岁时,在山合欢树菩提座成佛的。其父为凯摩伐堤城凯摩王国师埃纪达陀婆罗门,其母为毗娑卡女婆罗门。拘楼孙佛有两位男性高徒,居右的是毗杜罗,居左的是桑纪伐;有两位女性高徒,居右的是娑摩,居左的是占婆伽。服侍他的是菩提阇。拘楼孙佛在世 32000 岁,解脱无数生灵,最后灭度涅槃。

人寿继续从 40000 岁减至 10 岁,然后又增至无央数岁,再减至 30000 岁时拘那含佛在水无花果树菩提座成佛。其父为索婆伐堤国苏婆王的国师耶迎达陀婆罗门,其母为优多拉女婆罗门。拘那含佛有两位男性高徒,居右的是毗药萨,居左的是郁多罗;有两位女高徒,居右的是萨牧达,居左的是优多拉。服侍他的是索蒂阇。拘那含佛在世 24000 载,普度众生,最后灭度涅槃。

---

① 阿蒂阇 Ādicca,意即:太阳神。

② 即:未来佛,我国常称之为弥勒佛。

人寿继续从 30000 岁减至 10 岁，然后又增至无央数岁，再减至 20000 岁时迦叶佛在印度棕树菩提座成佛。其父为波罗奈国纪纪王的国师梵授婆罗门，其母为固那伐提女婆罗门。迦叶佛有两位男性高徒，居右的是帝须，居左的是婆罗堕阇；有两位女高徒，居右的是努拉，居左的是乌优维拉。服侍他的是萨婆弥陀。迦叶佛在世 16000 载，普度众生，最后灭度涅槃。

人寿继续从 20000 岁减至 10 岁，然后又增至无央数岁，再减至 10000 岁，此时本该出世的乔答摩佛，因未修成波罗蜜智，人寿又减至 100 岁时，才在毕波罗树菩提座成佛。其父为迦毗罗卫国的净饭王，其母为摩耶王后。乔答摩佛有两位男性高徒，居右的是舍利弗，居左的是目犍连；有两位女高徒，居右的是洁摩，居左的是乌巴拉温。服侍他的是阿难陀。乔答摩佛在世 80 载，普度众生，最后灭度涅槃。

据《大品经释》[①]、《佛陀史经释》[②]记载，上述四佛均出世于人寿减寿之时，均在世五分之四的时间之后灭度涅槃。

拘楼孙佛在第一个中劫出世，推算可知现今乃第四个中劫。若问如何得知？请见后述。据阐述佛教基本教义的相应部轮回第二品第十部经记载，方广山在拘楼孙佛时，有四日上四日下的高度；在拘那含佛时期，有三日上三日下的高度；在迦叶佛时期，有二日上二日下的高度；而到乔答摩佛时只剩即刻上即刻下的高度了。该经解释说，四佛乃是在一个中劫一个中劫地先后出世的，拘楼孙

① 《大品经释》Suttamahāva Aṭhakathā。

② 《佛陀史经释》Buddhavaṅ Aṭhakathā。

佛与拘那含佛间隔期间里大地增高一由旬;拘那含佛与迦叶佛间隔期间里大地又增高一由旬。随着大地的不断增高,方广山便相应地降低了。《本生缘起经释》[1]载,迦叶佛与乔答摩佛间隔期间里,大地增高了一又四分之三由旬。《精义摄要》说,世界从远古之初至今,大地增高了三又四分之三由旬。

巴利文经中说,神通广大之士伸手可及威力无穷之日月。《清净道论》经释、解、注疏中对此解释说,日月运行于离大地 42000 由旬之处,能触及日月,可见神通广大。

所言 42000 由旬的高度,是经释家们写世界初始时的高度。远古之初至今,大地在逐渐增高,因此现在应从 42000 由旬减去三四由旬。

据《清净道论注疏》关于过去四佛彼此间隔的时间内,大地大约增高四由旬之说,可知因拘楼孙佛出世在第一个中劫,现今应是第四中劫。

倘若根据《弥兰陀王问经》所说,在住时的无央数劫度过了六分之一以后提婆达多分裂僧团。我们可知乔答摩佛就在此时出世。前三佛则是在此前诸中劫里先后出世的。至于何佛在何劫出世?现今处于何劫等问题就不清楚了。因为那先长老认为住时的无央数劫含 64 中劫,还是 20 个中劫并不清楚,所以也就无法进一步推算了。如果住时无央数劫包含的是 20 个中劫,20 除以 6,商数是 $3\frac{1}{3}$,那么现今理应是第四中劫。为与往昔的经典记载一致,

① 《本生缘起经释》Jātakanidān Aṭhakathā。

采取20中劫的说法,也只能是与经典中提及的第四中劫相吻合,那么余下的16中劫多的时间就应是提婆达多在无间地狱受难的时间了。但是这又与经典作家们说提婆达多在整个中劫中遭受无间地狱之苦的见解不尽相同。如果采用64中劫的说法,64除以6商数约为11,余下53劫,这也无法算清。

《论事释》、《增支部经释》、《小品经释》、《若用藏经释》[①]、《如是语经释》[②]、《根本经注疏》、《阿拏律注疏》、《增支部注疏》、《精义释》等九部经一致认为,凡分裂僧团破和合僧者其所受无间地狱的时间,只是中劫中的一劫。上述经释家们的解释,虽在《弥兰托王问经》问世以后,但却未参考引用该经,仅引用了三次佛经结集上的一些老经释,得出的结论。因此,很难根据《弥兰托王问经》提出的看法,只能据《相应部释》、《本生缘起经释》、《精义摄要》、《清净道论注疏》等经典来说明诸佛出世的先后所处之劫和现今之劫乃第四中劫。

《缅甸大史》没有引用上面我们指出的这些论证,也不清楚那先长老的主张,却写道:"以64中劫计,将住时无央数劫分为六份,现在所在的劫是第十一中劫,拘楼孙佛是在第八中劫成佛的。"等等。

劫抵汉达瓦底王之父、劳加曼昂施主德宁格内王时期,编纂的《缅甸大史》及其后历代对上述问题,长期均以假乱真,以真为假,真假不分,直至罗陀那补罗的第四次建造者、象王之主、白象之主、具有智慧、权力和威望的本朝国王陛下编纂本史时,才恢复了历史

① 《若用藏经释》Cariyāpiṭaka Aṭhakathā。

② 《如是语经释》Itivuta Aṭhakathā,亦音译为《伊谛佛多伽》。是巴利文经藏《小部》中的一部经书。

的本来面目，弄清真假是非。

关于拘楼孙佛至乔答摩佛等四佛出世问题的考证至此结束。

（42）南赡部洲形成之说

据巴利文《典尊经》[①]所载，南赡部洲方圆10000由旬，其中山林3000，河川3000，众生居住4000。因众生行为不端，河水为患，河川面积扩大为4000，众生居住地缩小为3000。10000由旬的南赡部洲，北部宽广，南部如牛车前端状。《精义释》载，南赡部洲南北长10000由旬，东西宽10000由旬。

《缅甸大史》却说：南赡部洲呈三角形。西南端至北端10000由旬，北端至东南端10000由旬，东南端至西南端也是10000由旬。与巴利文《典尊经》不符。

在此外沿3000由旬的南赡部洲北端长着一棵蒲桃树，树的主干粗15由旬，根部至分叉处高50由旬，分叉处至树梢高50由旬。果大如瓮，香味如仙食。生长蒲桃树的南赡部洲北端有座大雪山。该山直径3000由旬，周长9000由旬，山高500由旬，比众生居住地3000由旬还宽广。大雪山中有84000座山峰，七个直径50由旬、周长150由旬的大湖，七大湖名为：阿瑙达塔湖、甘那蒙陀湖、罗陀伽罗湖、萨丹陀湖、拘那拉湖、曼达纪尼湖、悉哈勃巴达湖。围绕着阿瑙达塔湖有五座山，即苏陀夏那山、塞达拘达山、伽拉拘达山、乾达摩陀那山和给拉萨拘达山。五座山均宽50由旬，长200

① 《典尊经》Mahāgovindasutta。

由旬，高 200 由旬，山峰呈乌鸦嘴状，皆倾向阿瑙达塔湖。据《精义释》载，苏陀夏那山为金山，塞达拘达山为七种宝石山，伽拉拘达山为宝石山，乾达摩陀那山则全由山梁山谷所组成。《最胜者庄严经注疏》则说全由有斑点的红宝石组成，给拉萨拘达山是银山，乾达摩陀那山内部呈翠绿色，充满沉香、伽兰香等十香之味，外部如用各种各样药物覆盖着一般，每逢黑分白分持戒之日，就会发出火焰般光芒。

该乾达摩陀那山乃辟支迦佛们之居所。有称之为难陀牟拉的黄金窟、红宝石窟、白银窟等三窟。在红宝石窟附近长着一棵高一由旬粗一由旬的曼珠萨伽神花树。树上开满各色各样的陆花和水花。当辟支迦佛陀众仙尊集会之日，百花怒放。

阿瑙达塔湖的湖床全是鸡冠石板，有着清澈碧绿的湖水，水中游动着琉璃般身体透明的鱼龟。湖畔有多处辟支迦佛、罗汉、仙尊、帝释、神明等嬉水、游玩的长廊阶梯。

《缅甸大史》说，湖中无鱼龟，只有琉璃般透明的湖水。与经典不符。

阿瑙达塔湖有四条管道，西面有条象嘴般管道，其中流出之水从右绕湖三周后，朝西汇入西海；北面有条马嘴般管道，其中流出之水从右绕湖三周后，朝北汇入北海；东面有条狮嘴般管道，其中流出之水从右绕湖三周后，朝东汇入东海；南面有条牛嘴般管道，其中流出之水从右绕湖三周后，朝南沿着 60 由旬的盘石河床流出。那绕湖 12 周的河称之为阿伐陀恒河。那沿着 60 由旬盘石河床流的河称之为甘那恒河。

沿盘石河床流出之水拍击着一座山。拍击起的浪有四分之三由旬宽，直冲60由旬高的天空，飞越高山，落在蒂英伽拉石板之上。在60由旬高空中飞流之水，称为阿伽萨恒河。落在石板上的水，其力甚大，使石板裂开，形成一个方圆50由旬的大湖，称为蒂英伽拉抱卡罗尼湖。湖水继又穿透石板流出60由旬。穿石流出之水称为巴哈拉恒河。巴哈拉恒河水又穿过大地流出60由旬。穿地流出之水称为优曼伽恒河。优曼伽恒河流出之水又撞击着毗阇山，于是又像五指一样分成五条河流。这五条河是：恒河、耶牟那河、阿纪罗伐底河、萨罗布河、摩唏河。五河流向人间，汇入南海。

《缅甸大史》载，此五条大河各有100条小河，计有500条小河。经典上未提及每条大河各有100条小河之事。《增支部经释》等只记有，大雪山周围流淌着500条小河，使雪山更显得壮丽。

经典记载，南赡部洲众生居住的3000由旬的中部，有一中天竺，南北长300由旬，东西宽250由旬，方圆900由旬，中间大，两头小，状如牛角瓜鼓。

《缅甸大史》上则写道形如岛状。

中天竺之范围，东至津格拉村，东南以珊拉伐底河为界，南至德达甘尼伽村，西到杜那婆罗门村，北至优蒂罗陀阇山。中天竺之中心，为众佛成佛的菩提座圣地。围绕着圣地的是许多大小国家。

这些国家中有16大国，即鸯伽、摩揭陀、伽尸、拘萨罗、伐纪、末罗、捷提耶、温萨、拘流、般遮罗、末阇、都罗娑那、阿萨伽、阿温蒂、犍陀罗、甘菩遮等。上述16国乃根据《增支部》三集所记转述。

词典中也有21国之说，即拘流、释迦、拘萨罗、摩揭陀、悉毗、羯陵伽、阿温蒂、般遮罗、伐纪、犍陀罗、捷提耶、翁伽、毗提诃、甘菩遮、末陀、婆迦、鸯伽、锡兰、罽宾、伽尸、般陀伐等。

词典中还有20大城的记载，即波罗奈、舍卫、吠舍里、密提拉、阿罗毗、拘萨姆毗、优阇尼、呾叉始罗、恰姆巴、娑羯罗、矢收摩罗纪梨、王舍城、迦毗罗卫、娑葛陀、因陀波槅、优伽塌、华氏城、泽窦陀罗、僧伽夏那果罗、拘尸那等。以上诸城乃释迦牟尼在世时的城镇。

《大史注疏》中载，摩诃三末多王开始的334569位君王所治理的城镇有21个：拘沙娑堤、王舍城、密提拉、波罗奈、迦毗罗、诃梯补罗、伊伽阇库、伐纪罗穆提、摩都罗、阿梨槅补罗、因陀波槅、拘萨姆毗、乾那鼓恰、鲁阇那、恰姆巴、呾叉始罗、拘尸那、摩梨提耶、迦毗罗卫、拘梨耶、提婆陀哈等。

(43) 村、镇、城之区别

《疑惑新注疏》[1]载，无城墙和市集者称为村；仅有集市无城墙者称为镇；有城墙又有市集者称为城。

据《波罗市迦经释》载，倘若在一位君王的国家里，仅有一处民众居住点，可称其为"邦"；如果一个国家里诸般齐备，则可称之为"国"。

《缅甸大史》中则记载说，有市集和城墙的地方称其为城；只有城

① 《疑惑新注疏》Kaṅkhāṭīka。

墙无市集,或只有市集无城墙的地方,称其为村。并说此乃根据《大史》所作的解释,然而《大史》并无此说,可见此种解释与经典不符。

(44) 都城之七条件

据词典和《君王格言》[1]里说,若要成为一座都城,必须具备以下七条件,即需有:一国之主——国王;多谋善断的大臣;友善的邻国君主;装满十宝和七谷的仓廪;坚固的城墙、门楼、河壕、沟堑、平台与通道;富强的国家;强大的军队。

另,《增支部》第七集载,都城的七条件是:坚不可摧的城郭;深固广阔的壕堑;宽敞的卫城跑道;充足的武器装备;众多的兵勇士卒;聪明机警的守关人员;高耸入云的城墙。

《缅甸大史》说:按《增支部》第五集注疏载,坚不可摧的城郭、宽敞的卫城跑道等为都城的七条件。但未见《增支部》第五集注疏中如此说。该书将内城门柱与外城门柱作为两条件列入都城七条件之中,但没有壕堑一条。巴利文经典一般将城门柱和壕堑作为两条列入都城七条件之中。

(45) 君王必备之七条件

《君王格言》说,君王七条件为:君王本身;有忠于君王的大臣;有贤人居住的村落;有坚固的城郭壕堑;有适合罪行轻重的刑罚;

① 《君王格言》Rājaniti。

有用之不竭的仓廪；有战时相互支援的友好邻国君王。

（46）城市必备之四大资源

巴利文《增支部》第七集载，一座城池能存在下去，必须拥有四大资源：充足的柴、草、水源；大量的米、麦、粮食；足够的芝麻、豆类；丰富的奶、蜜、油、盐。

《缅甸大史》中则将粮食、草料、水源和木柴列为城市的四大资源，并说明是引自《增支部》第五集注疏。但该注疏无此记载。

（47）四军

词典上写道：四军含象、马、车、步四军。

《缅甸大史》说此乃出自《君王格言》，但该格言无此记载。

（48）君王登基之五宝器

据《末伽别卡本生》[①]、词典、《本生经》七颂卷的《珊纪阇本生》[②]等的记载，国王登基必备五宝器，即拂尘、额带、短剑、白伞、御鞋。

---

① 《末伽别卡本生》Mugapakkha Jātaka，原文如此。但查本生经中无此篇。

② 《珊纪阇本生》Saṅkicca Jataka，本生经第530号故事。原文有误。经查此本生故事系本生经60颂卷，即第18卷。

(49) 五种乐器

词典说五种乐器为:象脚鼓、竖鼓等单面鼓;牛角瓜鼓等双面鼓;泰鼓①等全皮鼓;锣、镲、钹等打击铜乐器;笙、笛、螺号等管乐器。

《缅甸大史》中写道,上述内容来自《弥兰陀王问经》,然而该经无此记载。

(50) 君王五力

君王有五力。即自身之武力、金银之财力、将相之人力、王族之合力、学识之智力。上述五力载《本生经》40颂卷《德萨拘那本生》②。

《缅甸大史》则说源自《末伽别卡本生》,但该本生故事中无此记载。

(51) 君王八法

据《苏湾那娑摩本生》③,君王必须履行之八法,即敬畏至尊双亲父王母后;疼爱王子公主后妃宫娥;尊重皇亲国戚文武大臣;怜

---

① 泰鼓,按缅甸语 htet 音译而来,一种两头大、中腰细,挂着敲击的鼓。

② 《德萨拘那本生》Tesakuṇa Jātaka,本生经第521号故事。

③ 《苏湾那娑摩本生》Suvammasāma Jātaka,本生经第540号故事。

悯军马战象将士兵勇;建设大小村镇;发展都市城邦;虔敬僧伽婆罗门;珍惜飞禽走兽。

(52) 转轮王十二规

转轮王应履行之十二规如下:善待臣子;灌顶加冕;任用婆罗门;保护富绅;发展村镇;虔敬罗汉;爱怜兽类;珍视禽鸟;勿行不法;施舍财物;依靠僧侣;求教疑难。上述内容来自《长部　波提耶品　转轮圣王修行经》①。

(53) 君王十规与八则

君王应履行之十规,即乐善好施;恪守五戒十戒;周济贫苦;诚实正直;言行文雅;修习八戒;抑瞋勿怒;不欺民众;忍让有素;顺应民意。上述十规来自《本生经》80 颂卷的《摩诃罕萨本生》②。《缅甸大史》中说,来自《增支部注疏》第五集。然而该注疏无此记载。

君王应遵循之八法则,即像天帝释惩处和护佑生灵那样,惩处和护佑民众;像太阳以自身的光辉在一年中用八个月的时间逐渐晒干河水那样,逐步征收国家赋税;像空气进入生物体内那样,派细作深入了解民情;像阎罗王无论好恶皆按世人业果主宰其死亡那样,对待民众不管亲疏均依其罪行大小给予惩处;像海洋毫不吝

① 《长部　波提耶品　转轮圣王修行经》Dīghanikāya Pātheyyavag Cakkavattisutta。

② 《摩诃罕萨本生》Mahāhaṅsa Jātaka,本生经第 534 号故事。

啬地将自身成为河川汇流之处那样，不贪婪财物；像人们望见圆月会满怀喜悦那样，要让四姓众生能见到君王圣颜；像大地对待民众不管其好坏一视同仁那样，公平对待国中的城镇乡村；像雨神在四个月的雨季中不停地下雨那样，如期供给守卫国家将士们粮俸使他们无后顾之忧。上述内容均来自《君王格言》。

(54) 精进七法

繁荣国家之精进七法，即要经常集会征询群议；要同心同德齐心协力；勿废前规执行不殆；尊重贤哲听纳其言；柔弱女子不可强占；如期斋供内外众神；依法保护僧侣婆罗门。上述七法来自《增支部》第七集。

《缅甸大史》说出自《精义释》，然而《精义释》无此记载。

(55) 君王之四品

君王应具备四种品德，即使用十分之一赋税；每半年供给将士粮饷一次；给穷人放贷，三年后按本金收回；对长者言谈和气。此四品来自《增支部》第八集。

《缅甸大史》说是出自《本生经》五颂卷之《陀阇娑罗本生》①，然而该故事中无此说。

另，据《增支部》第四集记载，君王之四品为：乐善好施；言谈和

① 《陀阇娑罗本生》Tacasāra Jātaka，本生经第 368 号故事。

蔼；为人谋利；设身处地。

（56）贤臣之八要

贤臣有八要，即见多识广；持斋守戒；大胆无畏；勤奋努力；善始善终；身强力壮；慷慨大方；仪表可亲。上述八要出自《君王格言》。

（57）将官之九要

将官有九要，即：有克敌制胜之智慧；善于选择有利之地形；失利时不遗弃兵勇；平日与士卒同甘共苦；身强力壮体魄健全；廉洁正直胸怀坦荡；了解精通兵法战术；劳逸适度善于用兵；孜孜勤奋英勇无畏。此九要出自《君王格言》。

（58）使臣之八要

使臣有八要，即善于了解对方意图；善于申明本方观点；多闻博识；过目不忘；洞察微末；交际有方；明辨利弊；涵养有素。此八要来自《增支部》第八集。

《缅甸大史》说出自《君王格言》，但《君王格言》中无此说。

（59）承旨之六要

承旨有六要，即学识渊博；口齿伶俐；胆量过人；领会意图；温文尔雅；完成任务。此六要出自《君王格言》。

(60) 良奴之六善

良奴有六善，即：力劝主人非恶；分担主人甘苦；缄口主人隐私；宣扬主人功绩；遇难时不抛弃主人；需供献时为主人出力。此六善出自《君王格言》。

《缅甸大史》说此乃出自《精义释》，但该书无此记载。

(61) 君王所需四种人

君王所需的四种人为：征战沙场时需要英勇善战的人；遇事商议时需要谈吐不俗的人；用馐进餐时需要亲近贴心的人；出现困境时需要足智多谋的人。上述乃引自《本生经》独颂卷之《陀阇娑罗本生》[①]。

《缅甸大史》说此乃出自《精义释》，但该书无此说，解说也不同。

(62) 克敌五因

据《本生经》五颂卷《陀阇娑罗本生》记载，克敌有五因，即：诵

① 原文有误，应为《本生经》五颂卷第 368 号故事。参见本书(55)节。

经念咒；智者共议；言辞动听；馈赠礼品；联姻结亲。

（63）国家兴盛之四因

据《君王格言》载国家兴盛有四因：有种田人；有经商者；有奉公守法的大臣；有持斋守戒见多识广的僧侣。

此外，《缅甸大史》上载君王十二规。该十二规为：勿亵渎三宝；不妒忌攫取；喜行善施主；交学者智士；慷慨解囊；恪守法典；好学模范；善立典型；持守五戒；勿瞋制怒；不犯十二恶业；善待僧俗民众。并称上述十二规出自《苏湾那娑摩本生》。然而上述十二规内容与该本生故事内容不甚相符，疑仅为若干笔记上之记述，并非出自某一经典之作。

（64）七种光彩

七种光彩是：喜好施舍是君王之光彩；美丽羽尾是凤凰之光彩；威武刚健是雄狮之光彩；力大强壮是大鹏之光彩；广众答疑是学者之光彩；驰骋疆场是勇士之光彩；实言相告是僧侣罗汉之光彩。《缅甸大史》载七种光彩出自《本生经》五颂卷《摩诃娑罗本生》[1]。然而，《摩诃娑罗本生》并不在五颂卷中，而是在独颂卷里。且该本生故事中并无七种光彩之说。

① 《摩诃娑罗本生》Mahāsāra Jātaka，《本生经》独颂卷第 92 号故事。

(65) 五白伞、三鼓、十二鼓、十铜乐、八号角、音色柔和的六乐器

五种白伞：王座白伞、长柄白伞、车舆白伞、金柄白伞、达穆地白伞。

三种鼓：印度的宫廷鼓、中国的圆鼓、缅甸的长鼓。

十二种鼓：上朝鼓、响声鼓、长鼓、大鼓、扁鼓、圆鼓、小鼓、竖鼓[①]、班当鼓[②]、柔音鼓[③]、单面鼓、长音鼓。

十种铜乐：铃[④]、钹、铓锣、平面锣、铜钟、铜磬、套锣、小铃、铜鼓、单面铜鼓。

八种号角：都朗、弯号、多管号、短号、长号、唢呐、笛子、卷号。

音色柔和的六种乐器：弯琴、笙、鳄鱼琴、小鼓、竹琴、提琴。

《缅甸大史》载上述各类乐器的内容均出自《弥兰陀王问经》。但该经无此内容。

(66) 君王所需四种人[⑤]

君王所需的四种人是：战场上能坚持的勇士；封赏时能摆正自

---

① 一种上大下小的用手击的短鼓。

② 一种两头粗中间细的鼓。

③ 一种音色柔和的小鼓。

④ 指打拍子用的小铃。

⑤ 此节与(61)节标题完全一样，内容略有差异。译者认为，这可能是在该书未印刷出版前多次辗转传抄的过程中造成的。但已无法考证清楚，只得按原文照译于此。

己位置正确对待的人;爱戴君王的人;为君王谋利的人。

(67) 君王应重用的十四种人

君王应重用的十四种人有:保卫侍奉君王的人、体贴爱护君王的人、明断是非利弊的人、君王遇难仍不离左右的人、听从君王诏命的人、百战百胜的人、出身名门的人、能为都城创造繁荣的人、君王疏忽时能及时进言的人、为君王办事稳健的人、善办他人难办之事的人、能到他人难去之地的人、勇于担负王命的人、祖祖辈辈效忠君王的人。

(68) 君王不应遗弃的三种人

君王不应遗弃的三种人有:拯救过君王性命的人、君王穷困时周济过君王的人、辅佐君王登基的人。

(69) 国家繁荣十因

国家繁荣十因有:日月星辰运行正常;风调雨顺;土地肥沃五谷丰登;无禽兽为害;无盗寇蟊贼;无兵灾战祸;互不欺压;公理长存;虔敬三宝;僧众遵从佛祖教诲。

(70) 版图扩展八因

国家版图扩展之八因:要有军之首——率部统帅;要有军之

目——星相谋臣;要有军之耳——机智细作;要有军之力——众多兵将;要有军之舌——善言使者;要有军之牙——骁勇将帅;要有军之足——步卒兵勇;要有军之手——武器装备。

(71) 战因十三则

战因十三则有:因领土版图而战;因财产资源而战;因宝象良驹而战;因美女姬妃而战;因谗言离间而战;因背信毁约而战;因侮辱来使而战;因亲族反目而战;因城防不固而战;因将士不足而战;因商旅贸易而战;因仇隙怨恨而战;因激愤怒火而战。

(72) 侦察敌情七法

侦察敌情有七法:派出耳目细作;警戒敌方奸细;打发商旅侦察;利用敌方商旅;遣派使节打探;查访敌方来人;礼待贿赂来使。

(73) 制胜十二因

制胜十二因有:战事部署巧妙而胜;君臣团结一致而胜;后继援军不断而胜;将士令行禁止而胜;骁勇士卒众多而胜;符箓法力神通而胜;选择良辰吉日而胜;粮秣柴草充足而胜;君民无灾无病而胜;派员消除敌祸而胜;膜拜护国神灵而胜;宝象良驹无数而胜。

（74）兵败十因

兵败十因有：君王臣将酗酒而败；人民群众多病而败；战士兵勇怯阵而败；将官统帅畏敌而败；恰逢凶时恶辰而败；中敌符箓咒术而败；战象军马顽劣而败；君主将帅不和而败；勇士骁将短缺而败；饥馑灾荒严重而败。

（75）应受尊重的三种人

应该受到尊重的三种人是：出身名门者；学识渊博者；寿高年长者。此三者像重阁顶端装饰物一般，十分显目，应受到极大的尊重。

（76）应视若纯金般的六种人

应视为纯金般的六种人是：出身名门种族高贵者、持守戒律之善男、持守戒律之信女、阿罗汉、仙人、婆罗门。纯金纵然弃于污泥之中亦一尘不染。此六种人即令处于贫困境地也不会改变其本性。

（77）雄狮般的两种人

雄狮般的两种人是：国家之君主和执法的法官。此两者威严有权，犹如雄狮能震慑大小生灵。

（78）神花[①]般的人物

像神仙等待百年才开放一次的神花一样，君王之后妃亦应永远诚心诚意地持守戒律。

《缅甸大史》载，上述关于君王所需的四种人、君王应重用的十四种人、君王不应遗弃的三种人、国家繁荣十因、版图扩展八因、战因十三则、侦察敌情七法、制胜十二因、兵败十因、应受尊重的三种人、应视若纯金般的六种人、雄狮般的两种人以及神花般的人物等内容，均出自《精义释》。但《精义释》或其他巴利文经释、注疏、详解等并无此类记载，而是来自名为《战术》的世俗典籍。该世俗典籍乃悉梨巴波夏神为其前世之友因萨利玛国王和安陀萨弥国师两人讲述的作品。在《君王格言》里曾谈及一国之君应如雄狮奋力捕捉大小生物一样，勤奋治理国家大小事务，但并未说所谓雄狮般的两种人。

至此，关于南赡部洲之形成、中天竺的范围、大小诸国的情况以及君王、文武大臣们应遵守的规矩等等，均按经典的传统说法阐述完毕。

大小国度诸君之主，金矿、银矿、宝石矿、琥珀矿等百宝之主，第四罗陀那补罗城之缔造者，象王之王、白象之主巴基道王在位

① 神花 Āsāvati，可译为西番莲神花。传说该花生长在忉利天庭的吉陀拉达 Cittalatā 花园中，开拳状红黄粉各色花朵，属藤本植物。

时，僧俗学者聚集于百宝争辉的琉璃宫殿，自缅历 1191 年 3 月 1 日（公元 1829 年 5 月 11 日）起校勘编纂之琉璃宫史第一编至此结束。[①]

① 《琉璃宫史》各编结尾都有相同的这样一段话，对巴基道王表示敬意并说明第几编至此结束。为避免重复，以后各编译文此段皆略去。

第 二 编

上述第一编讲述了自从住时之初摩诃三末多王开始，至纯洁之阿三彬那刹帝利种姓的乔答摩佛祖为止的 334569 位君王的世系。第二编将讲述自频婆娑罗王[1]至阿育王[2]的 30 代君王世系。

（79）频婆娑罗王

统治释迦国迦毗罗卫城的净饭王与统治摩揭陀国王舍城的婆纪尼耶王两人结为盟友。佛陀悉达多王与婆纪尼耶王之子频婆娑罗王亦为盟友。悉达多王比频婆娑罗王年长五岁。频婆娑罗王 15 岁即位为王，在位 16 年时朝佛，在听过佛陀讲完那罗陀迦叶本生故事之后，同 11 万听众共得预流果。频婆娑罗王在释迦牟尼成佛前 15 年，成佛后 37 年，共在位 52 年，盎阇那历 140 年（公元前 551 年）时被其子阿阇世王谋害身亡，享年 67 岁。

① 频婆娑罗王，印度古代史中也有译作瓶沙王者。

② 阿育王 Asoka 或 Dhammāsoka，也有音译作“阿输迦”“阿恕迦”，意译为“无忧王”、“天爱喜见王”、“法无忧王”等的。在位时曾命目犍连子帝须长老召集主持佛教第三次结集。

（80）阿阇世[1]王

阿阇世王即位 8 年之际，释迦牟尼涅槃，将盎阇那历 148 年[2]，改为佛历元年（公元前 543 年）。其后继续执政 24 年，共在位 32 年。佛历 24 年（公元前 520 年）时被其子乌陀耶婆陀[3]谋害身亡。

阿阇世王虽应为得道果之人，却因与坏友提婆达多同谋，犯了杀父之罪，将永受无间地狱之苦。后因虔诚拜佛，祈求宽恕杀父之罪，终于只沦入铜橛地狱 6 万年。获释之后，成为有“毗纪达毗先萨”之称的辟支迦佛。据《分别论释》[4]和《增支部经释》载，犯五逆罪[5]之一，即破和合僧者，方受整个劫期的无间地狱之苦，犯其余四逆罪者不受此苦。

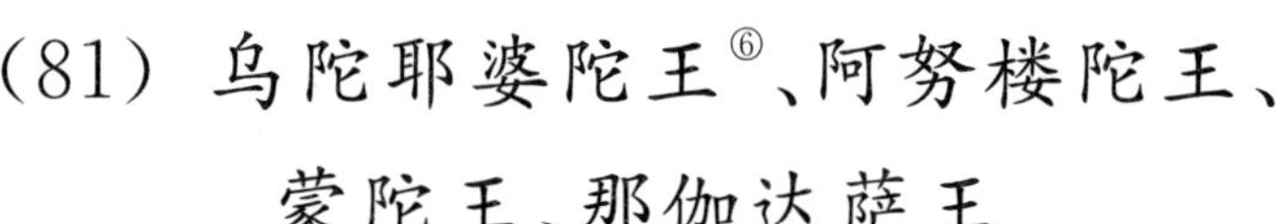

（81）乌陀耶婆陀王[6]、阿努楼陀王、蒙陀王、那伽达萨王

阿努楼陀王子在其父乌陀耶婆陀王在位 16 年佛历 40 年（公

① 阿阇世王 Ajatasat，旧译“阿阇贳”，音译“未生怨”，又名“善见”。释迦去世后，资助由迦叶主持的佛教第一次结集。

② 原书印刷有误，写为 118 年。见本书（40）节，应为 148 年。

③ 乌陀耶婆陀王，印度古代史中也有译为优陀那拔陀罗者。

④ 《分别论释》Vibbaṅga Aṭhakathā。

⑤ 佛教用语，谓罪大恶极之五种罪过。小乘说法：害母、害父、害阿罗汉、破和合僧（即：分裂僧团）、恶心出佛身血（即：伤害佛的身体）者。

⑥ 原文误印为婆陀先那王。按婆陀先那王是在其后和他相差六代的王名，是苏苏那伽王之孙。故更正之。

元前 504 年)时,谋害其父,篡位为王。蒙陀王子步其父后尘,将父王阿努楼陀害死,自立为王。阿努楼陀、蒙陀二王共在位 8 年。佛历 48 年(公元前 496 年)那伽达萨王子又将其父蒙陀王害死,篡位为王。那伽达萨王在位 24 年,佛历 72 年(公元前 472 年)[①],民众认为阿阇世王的后裔乃谋弑父王的后裔,于是就推翻了那伽达萨王,拥立苏苏那伽[②]大臣为国王。

(82) 苏苏那伽王

吠舍里城的梨阇威王等聚众商议道:"吾城完全具备一都城的诸般特征,像都城之七条件、城市必备之四大资源等。然而城镇却冷落萧条,用何种办法才能促其繁华热闹?"众人议论:"国中无妓女,故四处冷落。"王遂将族中一女子充当妓女。梨阇威王先将妓女置于自己寝宫内七日。妓女怀孕,足月后产一子,将该子置于缸中盖严,弃于城外垃圾堆里。护城那伽王(龙王)将身绕缸保护起来。四周民众纷纷前来观看,一时热闹非凡。此时,龙王发出"苏苏"之声后便在人群中消失了。此时,众人将缸盖打开,发现缸中有一相貌不凡的男孩,人人怜爱。一大臣之子将其收养。因守护过他的那伽王消失时发出"苏苏"之声,故为他取名为苏苏那伽。长大成人后,因斋戒具足,人们均称其为贤者。

据《缅甸大史》载,是在国人与该女子亲密交往之后梨阇威王

① 原文误为佛历 77 年,有误,经查《缅甸大史》应为佛历 72 年,更正之。

② 苏苏那伽,在印度古代史中也有译作什苏那加者。

才将她据为己有的。

苏苏那伽大臣抵达王舍城的经过是：阿阇世王欲得知吠舍里城之吉凶，便命伐夏迦罗婆罗门去祈求释迦牟尼。释迦牟尼告阿难说："吠舍里城诸王修习不毁之法，只要他们团结一致不仅不会被毁，且会得到兴盛繁荣发展。"伐夏迦罗婆罗门遂将此言告国王。阿阇世王问婆罗门"应如何为之？"婆罗门说："国王陛下可佯装将我驱逐，我便逃至吠舍里城去，设法破坏他们之间的团结，待团结被破坏时我再派人来奏，国王陛下届时可发兵直取吠舍里城。"国王按其言，将伐夏迦罗婆罗门逐出国境，命其前往吠舍里城。伐夏迦罗到吠舍里三年，设计破坏了他们之间的团结，上奏阿阇世王："请发兵！"阿阇世王集大兵从不设防的城门攻入，摧毁了吠舍里城。在夺取吠舍里城时，苏苏那伽大臣已到王舍城。当民众推翻了那伽达萨王之后，就拥戴苏苏那伽大臣为王。

《缅甸大史》载，阿阇世王欲夺取吠舍里城，便去请求释迦牟尼。释迦牟尼说，梨阇威王们团结一致，不可得。尽管阿阇世王再三请求，都只得到同样的回答，只好不发兵。释迦牟尼涅槃灭度之后，阿阇世王才派伐夏伽罗婆罗门到吠舍里城去破坏梨阇威王们之间的团结，最后夺得该城。此说与经典不符。

苏苏那伽大臣称王之后，在吠舍里城即位，在位 18 年，佛历 90 年（公元前 454 年）时辞世，其子伽拉索伽继位为王。

（83）伽拉索伽王

伽拉索伽王在位 10 年，即佛历 100 年（公元前 444 年）之际，以耶舍长老为首的700比丘，在伽拉索伽王的支持下，于吠舍里城举行了第二次佛经结集。结集之后伽拉索伽王继续执政了18年，至佛历118年(公元前426年)方与世长辞。伽拉索伽王之子婆陀先那等十位兄弟相继执政了22年。

(84) 婆陀先那王至般阇摩伽王等十王简况

十王的名号如下：婆陀先那王、拘朗陀湾那王、摩拘罗王、萨婆阇哈王、阇梨伽王、优波伽王、桑阇耶王、拘罗毗王、难提伐陀那王、般阇摩伽王。十王之中最小的般阇摩伽王在位的佛历140年(公元前404年)，贼首难陀杀死般阇摩伽王，以乌偈先那之名自立为王。

(85) 以乌偈先那为名的贼首难陀

吠舍里城边有一个盗贼头目经常纠集无数同伙洗劫乡里。每次都将抢劫到的财物，强迫物主担送，然后放回。一次，抓到一身强力壮胆大之人替他们挑担。这个挑夫问盗贼们："你们是干哪一行的？"盗贼们答道："哼，奴才！我们一不种田二不放牛，是专门抢劫乡里财物，吃喝玩乐的。"那人听了这话挺满意，也当了贼。

一次，盗贼们进入一个村子抢劫，村民们奋力反抗，盗贼四散，头目被杀。盗贼们想起自己的头目无不痛哭念叨。后来也当了贼的那人说："伙计们！难道只有你们的头儿能干那大大小小的案子吗？我也能像你们头儿那样干。"众盗贼听了十分高兴，便推他当了贼首。当上贼首的那人身强力壮、精明能干，便以贼首难陀之名闻名。他的八位兄弟和众多亲属也入了伙。

一次，盗贼们一起商议，认为抢劫城边村头的算不上好汉，只有攻打都市城镇的才是英雄，"这主意挺好，咱们一起干吧！"遂组织了大量人马将般阇摩伽王杀死，贼首难陀为王，改号为乌偈先那王。此事说明，作为一大国君主绝不可松懈怠慢，应不时派出细作和使节，了解国家所有大小事务。正如《大隧道本生》[1]所谈，素拉尼梵授王曾屡次纠合南赡部洲外的101位君王，妄图加害毗提哈梨王，但由于摩诃萨陀的精明、勤奋和巧妙安排，他们未能得逞。贼首乌偈先那篡位后不久死去，他的八个兄弟依次接替为王。

（86）乌偈先那等九兄弟

乌偈先那等九兄弟先后为王，历时22年。九位君王的名字是：乌偈先那难陀、般堵伽难陀、般堵偈提难陀、布达巴拉难陀、罗塔巴拉难陀、乔毗娑尼伽难陀、萨弥提伽难陀、伽伐达伽难陀、陀那难陀。

（87）陀那难陀王

该九王中排行最小的陀那难陀王，心胸狭窄度量极小，一味积

① 《大隧道本生》Maha Umaṅga Jātaka，亦称 Umaṅge Jātaka，《本生经》大颂卷第542号故事。

蓄钱财。攒到八亿时，深怕别人偷走，便将恒河截流，将钱财埋入河底，并浇注铜水和铅水，以防渗水。一切妥当之后再让恒河水流。陀那难陀王还将产于国内的兽皮、生漆、宝石、蜂蜜等换成钱财，然后按原先做法，几次将钱财埋入恒河之下。故人们称他为陀那难陀[①]。后来，阇那伽婆罗门派人将陀那难陀杀死，立莫梨耶王的后裔姜陀拘达王子[②]为王，管理整个南赡部洲。

莫梨耶[③]城的情况是：佛陀在世时，因遭毗陀堵巴王子之难，部分释迦族君王进入大雪山，在富饶之地建立城市。因该城有孔雀颈般翘起的屋顶，或因可听到孔雀婉转啼鸣之声，故将该城起名为“莫梨耶”。该城的释迦族后裔也成为在整个南赡部洲享有盛誉的莫梨耶君王。

(88) 阇那伽婆罗门和姜陀拘达王

阇那伽婆罗门是呾叉始罗城一位婆罗门之子，能将三吠陀经倒背如流，精通符篆，熟悉幻术，善用谋略，神机妙算。人们都知道他在父亲辞世以后如何孝敬供养母亲和具有头顶白伞的福分。一日，阇那伽婆罗门发现母亲落泪，遂上前问道：“您为什么哭啊？”其母女婆罗门答道：“我的爱子，都说你要当国王了，人一旦成了国王，就不会再爱他的母亲，把母亲忘了。亲爱的儿子一旦成了国王

---

① 陀那难陀 Dhanananda，陀那即钱财，难陀是喜爱，意即喜爱钱财者。

② 姜陀拘达 Candagutta，即印度摩偈陀国孔雀王朝创始人旃陀罗笈多。原意是在名为姜陀的牡牛照顾下长大的人。参见(88)节所述。

③ 莫梨耶亦译作毛里亚，意即：孔雀。

也不会爱我养我了，我就成为一个孤苦伶仃无依无靠的人了。想到这些我就不禁伤心落泪了。”阇那伽婆罗门问母亲：“儿子能当国王的福分在哪里？”母亲说：“就在儿子你的犬齿上。”阇那伽婆罗门说：“孝顺供养母亲比当国王更高尚。”就弄断了自己的犬齿，继续供养母亲。如此知恩，宁愿不当国王也要供养母亲的人，在众生之中深受爱戴。这样知道父母恩情的子女是很难得的。阇那伽婆罗门不只少了几颗牙，而且相貌丑陋，双臂佝偻，两腿内弯。

有一天，阇那伽婆罗门来到称为布波补罗的华氏城，该城中的陀那难陀王决定放弃埋藏财物的恶习，将财物用来布施，以消除气量狭小的污迹。于是就在王宫前搭起彩棚布施，为众大婆罗门准备了价值10亿的物品；为众小婆罗门准备了价值10万的物品。

据《缅甸大史》载，为大婆罗门预备了10万财物，为小婆罗门预备了1000财物。此说与《大史注疏》中记载不尽一致。

阇那伽婆罗门也走进布施彩棚。在大婆罗门的席上落座。此时，陀那难陀王在众多侍臣簇拥之下走进彩棚，看见坐在大婆罗门席上的阇那伽婆罗门，顿感不快，说：“把那个婆罗门给我赶出去！”安排布施的人上前奏道，不宜赶人走。国王十分嫌恶，仍下令：“给我轰出去！”侍臣无奈走近阇那伽婆罗门说：“我们奉王命而来。”但又不敢直言：“不许你在此彩棚内停留。”只是说：“既然施主不诚心，不愿意，倘若仍贪婪布施之物留下来，就会使人感到厌恶。”侍臣们仅就贪婪布施之物讲了几句责备的话。

阇那伽婆罗门听到侍臣们的话，觉得不好与国王针锋相对，又羞又恼愤然离去。他撕碎绶带，将水壶摔在门柱旁，咒骂道：“陀那难陀王在此大地上将不得善果。”国王听到此言，下令：“把他给我抓住!”此时,阇那伽婆罗门变作一裸形外道,赤身裸体藏入宫中。与陀那难陀王的波巴达王子混熟,将王子诱入自己掌握之中,设法逃出宫外。王宫里有一条通向宫外的装有机关的暗道。阇那伽婆罗门让王子向王后要来了钥匙,打开暗道门,同王子一起逃走,来到毗阇陀毗树林里。阇那伽婆罗门想利用自己巧妙的智慧和能力,积累钱财,使自己值一元的财物变成值八元的财物。当积累到八亿财物时,将其埋藏起来。他想,除了波巴达王子外,还应物色一位可当国王有福分之人。

《缅甸大史》上记载的是,阇那伽婆罗门使自己价值一元的财物,变成价值1000元的财物。此说与《大史注疏》所载不尽一致。

阇那伽婆罗门之所以有此计谋,是因为他与陀那难陀王已结下了不解之仇,为了十拿九稳地将国王毁掉,就要积累大批钱财,并四处寻觅合适的王储。可见,作为一位大国君主遇到要发怒的事,应该比所有的人更加克制,思前想后。常言道:即令众人不可宽容的事,国王也要宽容。

释迦牟尼在世时,当波斯匿拘萨罗国王侍奉释迦牟尼之际,他看见一裸形外道从身旁走过,便起身向他行礼。此举并非表示他真对裸形外道崇拜,仅仅是表示他对裸形外道的同情。因裸形外道在他国中居住从未受人行礼膜拜心情不好,他才这样做的。作为一国君主对居于国内的所有民众皆应视其为亲生子女,这样才能受到民众们的拥戴,国王也才能安享君王之福禄。正当阇那伽婆罗门要寻觅一位除波巴达王子之外的适宜于当国王的人物时,终于找到了姜陀拘达王子。

一次,莫梨耶城遭到敌人洗劫,国家衰亡。王后为保护腹中身孕，便与其兄弟化装成平民从城中逃出，住在华氏城。不久，日满月足，生下一子。在众神庇护之下，将婴儿藏在缸中放在牛棚门后。托众神之威力一头名叫姜陀的牡牛，精心照看这一婴儿，使其安然无恙。牛倌见到婴儿也爱护备至，如对亲生儿子一般抚养。因是在姜陀牡牛照看下成长起来的，故名为“姜陀拘达”。

姜陀拘达到了牧童年纪，牛倌的一位猎人朋友见到姜陀拘达，非常喜欢，就向牛倌要了去。一次，姜陀拘达王子与牧童们玩当国王的游戏，他扮国王，其他小伙伴们分别扮作王储、法官、文武大臣、侍从，然后下令把扮作盗贼的抓来审问。法官上奏姜陀拘达，该盗贼罪该剁去手脚。姜陀拘达遂下令将盗贼的手脚砍掉。行刑者没有刀斧就用羊角作柄的木头斧子去砍，扮贼的小伙伴的手脚果然断了。姜陀拘达又令其复原，手脚果然又复原了。阇那伽婆罗门见到这一切惊异不已，就给了猎户 1000 元，将姜陀拘达要来，让他学习吠陀经典。阇那伽婆罗门将姜陀拘达要回以后，便做了一副价值 10 万元的金饰，用三色丝绳串起来，戴在姜陀拘达的颈上。

《缅甸大史》记载说，该金饰价值 1000 元。这与《大史注疏》上所载价值 10 万元不一致。

阇那伽婆罗门把波巴达也同样地打扮起来。两位王子在阇那伽婆罗门抚养下长大，他们分别将各自所做的梦告诉阇那伽婆罗门。阇那伽婆罗门听后知道波巴达王子成不了君王，而姜陀拘达王子未来将成为南赡部洲的最后一位君王。但是他并没有向二位王子透露。

一次，在宴请众婆罗门处吃过奶粥乳糜之后，在林中草地上睡觉。阇那伽婆罗门醒来,他先把波巴达王子叫醒,交给他一把短剑,叫他取下酣睡中姜陀拘达颈上的项链,但是不许用手去解,也不得将项链弄断。波巴达王子走过去观察一番,感到束手无策,又不许用手去解又不许弄断项链真没有办法,便回到原地。又有一次同样的机会,阇那伽婆罗门向姜陀拘达王子提出同样的要求。姜陀拘达王子想了想,不能用手去解,又不能弄断项链,是取不下项链的。于是便用短剑把波巴达王子的头砍下,取回了项链。阇那伽婆罗门见到这一切默然不语。姜陀拘达王子成人后学习了吠陀和诸般技艺,成为一位精通技艺、学识渊博、文武全才的人。此时,阇那伽婆罗门便将自己埋藏起来的钱财取出来作经费,招募大批勇武之士,将大批勇士交给姜陀拘达王子。姜陀拘达王子向陀那难陀王开战。此时,国中与边疆的民众纷纷起来迎战,把他们团团围住,姜陀拘达王子的军队终于败下阵来。

失败后,姜陀拘达便派人到各地听消息。听消息的人来到一个小村,村里有个卖炸糕的妇人,拿了一块炸糕给孩子吃。孩子把炸糕中间软的部分吃了,把边上部分扔掉,又向母亲要。母亲说:“孩子,你吃炸糕,真像姜陀拘达王子举事啊!”孩子问:“母亲,我怎么吃炸糕呢?姜陀拘达王子又是怎么举事的呢?”母亲说:“你吃炸糕不从边上吃,先掏中心吃;而姜陀拘达王子想当国王举事,不攻边城村寨,却直夺京城,当不上国王就失败了。所以我说你吃炸糕跟姜陀拘达王子举事是一样的。”

听消息的人将卖炸糕妇人的话如实向姜陀拘达王子报告。姜陀拘达王子就按听来的办法,召集众将士,夺取一个个边城村寨作为基地,然后攻取华氏城,杀死陀那难陀王,得了全国。至此,阇那伽婆罗门先前撕碎绶带，摔坏水壶，咒骂陀那难陀王在此大地之上将不得好报的极其难以实现的打算终于实现了。

在为姜陀拘达王子灌顶加冕前，阇那伽婆罗门先立一渔夫为王。目的是从渔夫口中探出陀那难陀王的藏宝之所。渔夫把所知道的全说了，在得到财物以后杀掉渔夫立姜陀拘达王子为王。从陀那难陀王这件事可见，作为一位君主必须坚持四品，说话和气可使所有的人心情舒畅，就可得到良好的报答；在夺取国家这样的大事时，听取了卖炸糕妇人教育孩子的话也会成功；为了取得大军所需钱财，探听埋藏之地，可将一位渔夫辅佐为王。

阇那伽婆罗门为了姜陀拘达王误食有毒食品也不致中毒受害，就安排国王单独食用掺有毒药的食物，王后等不得食用。姜陀拘达王的王后是随国王之母一同从莫梨耶城来华氏城舅父的长女。一次，国王正在食用阇那伽婆罗门为国王安排的掺有毒药的食物，怀有身孕的王后也吃了一口。阇那伽婆罗门见状认为叫她吐出也已太晚，当即砍下了王后的头，剖开其腹连同胎衣将胎儿取出，又割开母羊之腹迅速放入。此后，七日换一母羊，在羊腹内直到足月之时才取出交奶母喂养。因为直到命名之日，王子身上仍有羊毛扎后留下的眼儿，遂命名为宾睹娑罗①。

《缅甸大史》记载的是，一连数次放入剖开的母羊腹中，共放了49天，月满日足后才取出。上述说法与《大史注疏》的记载不符。《缅甸大史》又说因放入母羊腹中粘上羊血之故，身上留下了孔眼儿，也与该注疏所述不一致。

① 宾睹娑罗，印度古代史也有译作宾头沙罗者。

(89) 宾睹娑罗王

宾睹娑罗王子成年,老王姜陀拘达在位24年后辞世。老王死后,提婆格波魔鬼借老王之尸还魂,使老王复活,依然执政为王。但老王饮食等一切表现均极为反常。于是祭司婆罗门进行了调查,终于了解到是妖魔借尸还魂之故。告宾睹娑罗王子,老王辞世妖魔乘机借尸还魂伪装国王捣乱。王子得知真情后便设计铲除妖魔。王子一面佯装与妖魔亲密无间,侍候左右;一面密嘱两个侍从佯装相互夺刀,众人劝阻无效。妖魔听到争斗之声,命王子前去解劝。宾睹娑罗往返数次,仍告妖魔劝解无效。此时妖魔命二侍从来至面前。宾睹娑罗说:"二侍从手中均有武器,不宜走近御前。"妖魔说:"允其前来,方可释其争端。"二侍从听命走近妖魔身旁。王子上前佯装献刀,说时迟那时快,刀起人倒,妖魔被砍成两截身亡。事后王子将父王的尸体隆重火化。姜陀拘达王在位24年,佛历146年(公元前398年)驾崩,其子宾睹娑罗加冕为王。

宾睹娑罗王之王后乃莫梨耶王族后裔,被册封为苏达摩王后。苏达摩王后怀有身孕之时,希望自己能一足蹬月,一足踩日,食太空之星辰和云彩,餐地上的蚯蚓和树木。此种欲望无法满足也不敢告诉任何人,于是面容憔悴、身体消瘦。宾睹娑罗王见王后如此反常,询问缘故。王后回答说是欲望所致。国王问:"有何欲望可告我。"王后说:"大王,妾的欲望难以实现,所以不敢对大王说。"国王说:"朕乃享有一切荣华富贵的国君,没有办不到的事,尽管奏来。"于是王后如实奏明。国王听罢深感为难,但没说办不到,只用好言相慰："不要着急，定能满足你的欲望。"国王召集御前会议，将王后的想法告诉众大臣。

众大臣问该如何办？国王说，可制作日月形状的食物给王后吃，将浅锅大小的煎饼放在洁净的地上。告她：这是日，那是月，请王后用脚踩在其上；再给王后圆饼，告她这就是星辰请她吃，再给她云状食物吃；再扫净宫内庭院撒细沙，其上铺席，把从席孔间钻出的蚯蚓状食品放在金杯之中，请王后进食，再叫她吃树木状食物。诸事均按国王所说办理，王后的欲望遂得到满足。

一天，国王请教婆罗门，问王后有如此欲望将会有何结果？王后的老师阇罗那纪伐解道："尊贵的国王，王后将为陛下生一位一切具足的王子。"国王听罢喜出望外。国王本来就是按照这位国师的指点来安排满足王后的欲望的。阇罗那纪伐是一位学识渊博具备成为罗汉一切条件的人物。他在迦叶佛时代还只是一个不懂事的青年，后来找到一位讲授阿毗陀摩论藏的罗汉，并向讲诵十二处法[①]的罗汉修习法境，然后灭度进入仙国，享受仙福，直至释迦牟尼涅槃之时。释迦牟尼涅槃后他转世成为婆罗门的后裔，成年后又当了裸形外道，最后成了宾睹娑罗王后的老师。所以，他能告诉国王该怎样满足王后的欲望，而且知道此种欲望将要产生的结果。阇罗那纪伐认为有必要将此事向王后讲清楚，于是便来找王后。王后请他在上首落座，然后问道："尊敬的老师，有何赐教？"阇罗那纪伐说："此事在众多文武大臣面前仅向国王简要地讲了一下，现

① 佛教名词，旧译十二入，指眼、耳、鼻、舌、身、意等六根与色、声、香、味、触、法等六境的十二法。

前来详告王后，请王后细听。未来的王子将是一位君王。足蹬日月，预示王子即位之后日月般南岛一切执伞君王将臣服在其脚下；吃食众星辰，预示王子将杀死同胞兄弟；吃食云彩，预示王子将废除形形色色的外道邪说，皈依佛法；吃食蚯蚓，预示他的权势将深及大地之下一由旬；吃食树木，预示他的权势将高及苍穹之上一由旬。请王后记牢，这些就是王后您的欲望将产生的结果。”王后听罢十分高兴，说道：“倘若一切均按恩师所言，定赐恩师乘坐黄金轿舆，并将恩师名讳题于金片之上敬拜。”

《缅甸大史》上只一般谈及王后的欲望得到满足，至于如何得到满足并无详细记述。又说，阇罗那纪伐在国王询问之下，把欲望将产生的结果详细解释一番。这与后来阿育王即位之后，向母后询问的情节先后是矛盾的。应看到王后的老师是一位博学多才的有识之士，对应保密的事绝不会在大庭广众之中渲染的，只会略谈几句。而对王后，则会毫无保留地详加叙述的。此乃情理中事。

(90) 阿育王

王后怀孕十月，生下阿育王子。一日，国王宾睹娑罗让王子在自己怀中玩耍，此时王子忽然撒尿，宾睹娑罗国王立即用法螺接尿，把尿洒在王子头顶。王后见状非常不悦，从国王手中接过王子。王后将此事告诉阇罗那纪伐老师。阇罗那纪伐安慰王后说，您的王子将是统治南岛的一位独一无二的尊贵君王。王后听罢再次向老师叩拜，表示感谢。阇罗那纪伐接受过王后叩拜之后，便前往离华氏城 100 由旬的一个小镇去住。

后来，阿育王消灭了敌人，振了国威。一日，阿育王问母后：“孩儿今日的作为，过去是否有人预言过？”母后说：“阇罗那纪伐恩师预言过。”王子问：“此人现在何处？”母后答道：“住在离城一百由旬的地方。”阿育王说：“我要拜见恩师，速用黄金轿舆去请。”在返回的途中，阇罗那纪伐见到阿夏拘达长老的寺院，便走下黄金轿舆，步入寺内。在寺中阇罗那纪伐看见众多的狮子、老虎、牦牛、野牛、猪、鹿等动物，在长老慈悲威德的感召下，不分彼此亲密无间和睦相处。问道：“这些叫什么？”长老念及外道前世行善，意欲使其获得道果，遂答道：“他们叫‘处’。”又问：“他们都到哪里去呢？”又答道：“处”。阇罗那纪伐外道听到长老讲处之法，遂对佛法产生虔敬之意，就在阿夏拘达长老处出家，增进毗婆舍那[①]，后成了罗汉。

上述内容因涉及阇罗那纪伐外道，故在此略加交待。阿育王即位，母后谈及，遂派人接他入宫。

宾睹娑罗王有 101 位王子，除同母所生的弟弟帝须之外，其他 99 位同父异母的兄弟均被阿育王杀害。阿育王用整整四年时间，处理国内事务。四年之后即佛历 218 年（公元前 326 年）才加冕成为南岛的至高国君。他封胞弟帝须为王储。毗堤娑黛维王后将摩哂陀王子和僧伽密达公主两人交给国王后，自己仍回毗堤娑城居住。

阿育王即位后名声显赫，威震到大地之下一由旬，苍穹之上一由旬。神仙们每日从阿那伐陀湖[②]挑来 8 担 16 桶水献给国王。国王将其中的 8 桶布施给僧伽罗汉，2 桶布施给精通三藏经的 6

① 毗婆舍那 Vipssanā，佛教名词。梵文音译，意译为“观”，泛指一切思维观察活动。

② 阿那伐陀 Anavadat，天国一神湖名。

万比丘，2 桶赐给阿珊蒂梅达王后，余下 4 桶国王自己使用。

《缅甸大史》的记载是，2 桶赐给 16000 宫妃们使用，2 桶国王自己使用。此说与《波罗市迦经释》等不一致。

神仙每日还从大雪山送来细软芳香的名为“那伽拉达”的刷牙用木棍。国王、王后、16000 宫妃、6 万罗汉比丘等皆用此刷牙。

神仙每日还来献可药用的余甘子果、无花果以及金子般香郁熟透的芒果。少量食用余甘子果和无花果可通便，消除百病。人人都可根据自己需要选食。

阇丹湖畔有一棵如意树（也有人称在神宫），神仙们还会敬献五彩缤纷的筒裙、金色的擦手巾以及神仙们饮用的果汁。

神仙们每日还敬献洗头用的香料、擦身用檀香膏、有素馨花斑的柔软披肩。众龙王也敬献适宜于高贵人物的眼药。乡民们每日送来 9000 车阇丹湖畔的达雷米。

据《经集释》等记载，四把等于一伽东；四伽东等于一宫萨；四宫萨等于一缅升[①]；四缅升等于一多那；四多那等于一箩[②]；四箩等于一卡梨；二十卡梨等于一瓦哈；一瓦哈就是一车。但据《精义释注疏》记载，献给阿育王的粮食每两车粮食才合一瓦哈。

《缅甸大史》载，四缅升等于一萨由；四萨由等于一塞；四塞等于一箩。四十箩等于一瓦哈。9000 瓦哈应是 36 万箩[③]。上述均为古老的计量词，若用现今计量单位箩来计算，9000 车应为 72 万箩。

---

① 缅升，也有音译为卑者，约合 0.256 升。

② 箩，也有意译为缅斗或音译为町者，约合 40.91 升。

③ 原文有误，写成 36000 箩。

这许多稻谷的皮壳都被老鼠吃净,使米完好无损,没有碎米和糠。国王每日用这些稻米斋僧,除国王本人外,王后、宫妃、大臣等均食用此达雷米。大大小小的蜜蜂都来到附近作巢;林中的熊类也到铁匠作坊拿起锤子打铁;妙声鸟在王宫周围婉转啼鸣,声音优美。阿育王即位第三年时取缔了外道;第四年时被取缔的外道纷纷虔敬佛法。阿育王之父宾睹娑罗王,无论对婆罗门,还是对婆罗门出身的外道等6万余人,均不时供斋。阿育王也像父王一样,在宫中向他们供斋。

一日,阿育王站立在有狮子雕像的纳凉宫门口,见吃过斋饭的裸形外道们非常缺乏教养,乱说乱动极不严肃。于是国王想,此等受斋人不是高贵的受斋者,只有挑选出高贵的受斋者,对他们布施才有益处。便召集大臣们前来,说:“把那些不愧为贤士的婆罗门和比丘请到宫中来,朕要向他们布施。”大臣们领命,把外道们请来,奏道:“大王,他们就是我们的罗汉。”国王下令在宫中准备好高贵卑贱等种种座位,说:“叫他们来吧!”招呼所有的外道们说:“选自己适合的座位坐吧!”有的坐在藤榻上,有的坐在木板上。国王见此情景知道这些人并无多少戒律修养,于是,便吩咐为他们准备一般食物斋饭后,请他们回去。后来均按此法斋僧。过了许久,一日,来了一位名叫尼乔陀的沙弥,此人心地善良,举止文雅,相貌端庄。使人一见,虔敬之心即油然而生。

(91) 尼乔陀沙弥

宾睹娑罗王有101位王子,其中有两位是莫梨耶的后裔达摩王后所生，即阿育和帝须。大王立兄阿育为王储，赐优阇尼城为其食邑。一次，大王令前赴食邑。阿育王子在旅途中来到离华氏城50由旬的毗堤娑城，该城乃逃荒出来的释迦族的集居地。王子娶了该城毗堤娑富绅之女为妻，后同赴优阇尼城。阿育王得了摩哂陀王子和僧伽密达公主。与王子公主等共享王族之福。后来阿育王得知父王病重的消息，便独自一人离开优阇尼城回华氏城侍奉父亲，将毗堤娑王后及王子、公主留在毗堤娑城。父王宾睹娑罗王在位28载，佛历214年(公元前330年)故去。老王死后，阿育持武力登位为王。其兄苏摩那[①]得噩耗，立即联合98位兄弟，浩浩荡荡向华氏城进军。阿育王出阵迎战，打败来军，最后擒获苏摩那亲王，处以死刑。

《新史》对此分析道，阿育王子并未被立为王储。倘若是王储，不应住到离王都100由旬远的优阇尼城去。否定了《缅甸大史》关于阿育王子被立为王储之说。但是《精义释注疏》与《缅甸大史》两书的记载是一致的，因此《缅甸大史》所述是可取的。如果因为《波罗市迦经释》的记载，即阿育王子从优阇尼城来到华氏城的当日，就捕杀了其兄苏摩那王子，从而否定《缅甸大史》所记，看来是不对的。《新史》论据不足。

苏摩那王子的妃子苏摩那黛维，得悉夫君被杀，因已怀孕在身，便化装为平民搬到不远的一个小村子——乞丐村去等待分娩。据《精义释》载，乞丐村村长家附近的榕树神喊道："苏摩那黛维，到这边来！"苏摩那黛维听见招呼声便走到榕树跟前。榕树神变出一

① 苏摩那 Sumana，有说为"修斯摩"者。

座宫阙说："你就在这儿住吧！"因为是神的造化，所以任何人也看不见这座宫阙。

苏摩那黛维到达的当日便产下一子，因得到榕树神的佑护，给孩子起名为"尼乔陀"。乞丐村村长自见到苏摩那黛维之日起，就把她看成自己的亲生女儿一般，供她吃食。苏摩那黛维在此住了整整七年。尼乔陀七岁时，摩诃伐鲁那比丘发现他未来将成为罗汉的征兆。想孩子七岁该剃度了，就请其母苏摩那黛维答应为孩子剃度。尼乔陀随即修行五禅，削发为僧。一日，破晓之时，尼乔陀沙弥净身之后，侍奉师父尽了沙弥之道，取了袈裟和僧钵，打算去母亲住处。到母亲住处要进城南门，穿越市中心，再出东城门，才能到达。

当尼乔陀沙弥往前走时，阿育王正面向东在雕有狮子像的纳凉宫门附近徘徊散步。阿育王心情平静愉悦，眼睛望着四肘尺的地方，正好看见走到宫前的尼乔陀沙弥。王心想所有的人们都像惊弓之鸟慌慌张张走动着，而现在走到宫前的这孩子却神情自若，无论正面或侧面看都长得颇为端庄稳重，举手投足的样子也很得体。心想：这孩子必定有高贵的修养。国王从见到小沙弥的那一刹那起，就产生了尊重敬爱之心。这并非没有原因，前世做善事时，尼乔陀沙弥曾是阿育王的兄长，一个蜂蜜商人。

因此，佛陀说，不论是前世曾相伴，或是今生共作功德，都能产生钟爱之心，就像水里生长着的白睡莲、蓝睡莲和其他莲花一样。

从前，波罗奈城曾有三兄弟合伙经营蜂蜜生意，小弟卖蜜，两位兄长到乡间收购蜂蜜。当时一辟支迦佛患病，另一辟支迦佛拟到城内化缘蜂蜜。在河边码头遇一女陶工，女陶工问明情况，指路说："这儿就有卖蜂蜜的商人，师父您就往那儿去吧！"卖蜜的弟弟看见辟支迦佛走来非常高兴，问："您有何赐教？"当得知辟支迦佛需要蜂蜜时，便布施给他满满一僧钵蜂蜜。卖蜜的弟弟见蜂蜜溢出钵外，滴到地上，虔诚地祝祷道："愿因行此善业，能成为南岛之主，威震苍穹之上一由旬，大地之下一由旬。"辟支迦佛也说："祝你如愿以偿！"随后便直奔乾陀摩陀那山而去，为另一辟支迦佛治病。

弟弟布施完蜂蜜在家，见两兄长从乡间回来，便告："兄长！愿两位心情都能非常愉快。为了两位兄长和我，我布施给辟支迦佛满满一僧钵蜂蜜。"大哥听罢大发雷霆，说道："乞丐也会穿上袈裟的，受你施舍蜂蜜的很可能就是个乞丐。"二哥也发火儿道："把你那辟支迦佛扔到大洋彼岸去吧！"后来，当两位兄长听到弟弟讲到关于布施蜂蜜将获得善果的话语后才非常高兴。为辟支迦佛指路的女陶工得悉辟支迦佛许诺满足施舍蜂蜜人的祝祷愿望后，也祈求自己将来能成为布施蜂蜜人的王后。后来，卖蜜的弟弟果然成了阿育王；女陶工也成了阿育王非常漂亮的王后——阿珊蒂梅达；二哥成为锡兰岛上的一位大德大威的天爱帝须王。大哥因咒骂过乞丐这样的词语，所以后来便成为乞丐村的尼乔陀沙弥。因他前世当蜂蜜商人时，是如今阿育王的大哥，共同生活过。因此，现在阿育王见到尼乔陀沙弥时，有着特殊亲近的感情。

国王因与沙弥之间有着这种感情，便派大臣前去请来。大臣领命而去。国王嫌派去的大臣迟迟不回，遂又派别的大臣前去。一连派出若干次，每次二三人。国王虽接二连三地派人前去，然而尼乔陀沙弥却不慌不忙慢慢前来。来到王宫后国王请他在合适的地方落座。沙弥环顾四周，见并无其他比丘，便走近白伞覆阴下的宝座,把钵递给国王。国王见沙弥走近宝座,心想,此沙弥必将成为朕宫殿之主。把钵递给国王后,沙弥自己走上宝座。国王向沙弥献上特制的斋饭。沙弥用过斋饭,国王问道:“你通晓佛陀对弟子们的教诲吗?”沙弥答道:“只知道若干。”国王又说:“把你通晓的佛法向朕弘诵一番吧!”沙弥答应了,便讲述了与国王相适应的《法句经》[①]中的《不忘品》[②]。

国王说:“朕听此教诲,知道永生永世不可忘却修习佛法,请将经讲完。”有人说,沙弥将整篇《不忘品》都讲完了,故此有“阿婆西”[③]之说。有的则说,国王听罢偈颂即说:“朕全懂了,不必讲了。”因此沙弥就没有按本来打算去讲,仅仅讲了两句。也有认为此说不当者。

沙弥诵完佛法,国王说道:“朕将向你尽施八份斋饭之责。”沙弥说:“我将把这八份斋饭布施给乌波阇耶[④]。”国王问道:“乌波阇耶是何等人?”沙弥答道:“乌波阇耶乃教导人们懂得言行是非曲直的贤哲。”国王接着说:“朕将再为你布施八份斋饭。”“我将再把这八份斋饭布施给师长。”国王又问:“师长是何等人?”“师长乃教导人们习诵佛法、知悉进退的长者。”国王说:“朕将再向你布施八份斋饭。”沙弥又说:“我将再把这八份斋饭布施给僧伽罗汉们。”国王问:“僧伽罗汉又是何等人也?”“大王,僧伽罗汉是接受我的师长、乌波阇耶和我这样的人剃度入寺受具足戒的僧众。”大王听罢无限

---

① 《法句经》Dhammapada。

② 《不忘品》Appamādavag。

③ 阿婆西 Abhāsi,意为:“弘诵”、“讲述”。

④ 乌波阇耶,Upajjhāya 的音译,也译乌社。意译为“和尚”、“导师”或“先师”。

欣喜，说："除了已布施的各份斋饭，朕再向你布施八份斋饭。"沙弥告辞而归。天亮时分，国王在王宫斋宴32尊罗汉。同时宣布，明日，除今日进斋的32尊罗汉外，另外32尊罗汉可与沙弥一道前来受斋。依此法，每日斋僧数目成倍增加。最后，王宫每日斋宴6万僧众。从此取消了往日斋宴6万婆罗门外道的传统。国王的斋僧活动，乃对尼乔陀沙弥表示的敬意。

尼乔陀沙弥促使众生民众与大王皈依三宝，遵守五戒，虔奉佛法。一日，阿育王令人带上金脚镯套索将曾经膜拜过拘楼孙等四佛的有整整一住时寿命的伽拉那伽[①]龙王请了来。请他登上贵人的白伞宝座，然后献上生长在陆地山冈海洋河川的各色鲜花，指派16000名用百宝妆饰的宫娥姬妃侍候，让他以具有无穷智慧、能转动"圣贤真谛"法轮的光辉的佛陀形象在众人眼前显现。所谓请伽拉那伽龙王之说，是伽拉那伽龙王见到"金脚镯"掉下恒河，以为是自己脚上的脚镯，便顺从地随着来到阿育王处。

阿育王威力范围仅及地下一由旬，伽拉那伽龙王的宫殿在地下一由旬之外，为何要服从阿育王的管束呢？因为龙王的宫殿紧挨着阿育王的疆域，不得不听命于他。比如，居住在两国边界之间的居民，往往要听命于两国的国王一样。上述说法出自《精义释注疏》。《缅甸大史》则说：金脚镯被扔进大海。伽拉那伽龙王活了一个大劫，他住在大地下一由旬内，属阿育王的势力范围之内，所以不敢不听从阿育王的召唤。此说与《精义释注疏》、《大史注疏》所

① 伽拉那伽 Kālanagā，传说中当佛出世时才会全醒的好睡的龙。现今以此名喻嗜睡者。

述不符。

伽拉那伽龙王化身为佛陀的形象，具有三十二大相和八十种好[①]，仪表堂堂，好像阳光普照之下盛开的白色、蓝色莲花的水面，宛如星辰光芒闪烁的天际，焕发着五彩的异光，洁净的头顶犹如金色的山顶，放射出直径四肘尺的光轮和祥瑞的霞光，具有奇异的神通，闪烁着耀眼的光彩。佛陀的形象光芒四射，使梵天、神、人、龙、鬼等生灵一睹为快。阿育王见之欣喜万分，七日不进餐食，顿起肃敬之心，目不旁视，专心一意，穆然站立，注目崇拜。

据《缅甸大史》载，阿育王所见乃拘楼孙、拘那含、迦叶和乔答摩等四佛形象。典籍上则记载说仅显示了乔答摩佛祖的形象，并没有其他三佛的形象。

（92）目犍连子帝须[②]长老

参加第二次佛经结集之众罗汉长老预见到未来佛教将遇到厄运。他们知道："在此以后的118年[③]华氏城将有阿育王灌顶加冕主宰南岛。该阿育王将虔敬佛教，大事布施行善。外道们希望得到种种布施，纷纷削发为僧进入佛门，宣扬各自主张。因而给佛教

① 佛教谓佛陀生来不同凡俗，具神异容貌，有三十二个显著特征，八十种细微特征，合称"相好"。详可查有关辞书。

② 目犍连子帝须 Moggaliputtatissa，也译"帝须"，阿育王的国师，婆罗门种姓，自幼攻读吠陀，精通三藏。受阿育王之命召集主持佛教第三次结集，结集后派弟子到印度周边传教。

③ 原文误印为218年，按218数字与前后年代对照折算，明显有误。经查1957年版《琉璃宫史》中为118年，更正之。

带来无穷灾难。”大家又思忖：“当出现这些灾难之时吾等能否在世？”当所有罗汉们知道他们都不能面对这种情况时，想：“谁能消除这场灾祸呢？”遍寻人、神各界都没有找到。发现获得禅定的帝须大梵志将在梵界命终，上升到大梵天。于是就决定尽力争取帝须大梵志投生人世。将来大梵志投胎到目犍梨女婆罗门腹中。该人出世后，若以吠陀对其诱导，将进入佛门为僧。为僧后，精修佛陀全部教诲，通晓无碍辩道等，将镇服外道，主断纷争，弘扬佛教。想到此处，众罗汉长老就来到梵界，对帝须大梵志说：

“此后的第118年时①，佛教将遇到厄运。吾等遍寻人、神各界都没有找到能够扶助佛教大业的人，在梵界打听，才找到大梵志你。大梵志你是个善人。吾等求你投生人世扶助佛祖的佛教大业。你就答应了吧！”听众罗汉长老如此说，大梵志遂以非常愉悦的心情保证道：“我一定能消除佛教大业的灾祸，扶助弘扬佛教大业。”众罗汉长老在梵界一切安排妥当后返回人间。此时，私伽婆长老和姜陀伐纪长老虽然还是小罗汉，却早已精通三藏，获得无碍辩道。

此二位长老未能参加第二次佛经结集的争论。大罗汉长老们对他们说：“你们两位没有参加我们的争论，因此要对你们处罚。帝须梵志将投胎目犍梨女婆罗门腹中。将来你二人一人度其为僧，一人传授他佛门经典。”众罗汉长老按照各自的寿命，先后圆寂归天。帝须大梵志也在梵界命终，投胎到目犍梨女婆罗门腹中。

① 原文误印为218年，按218数字与前后年代对照折算，明显有误。经查1957年版《琉璃宫史》中为118年，更正之。

私伽婆长老自帝须投胎之日起，便每日到女婆罗门家来化斋，历时七年。然而，一无所获，就是一瓢粥、一勺汤也没有得到。过了七年某一天，才得到："无施物请谅解！"一句话。

那天，婆罗门正从外面办事回来，路上遇到长老，问道："师父，您是否曾驾临寒舍？"答道："婆罗门，我是去过贵府。"又问："您得到布施了吗？"答："得到了。"婆罗门到家后问家人："向长老布施了什么东西吗？""什么也没有。"第二天清晨，婆罗门待在门口，心想我要责备长老说谎。过了不久，长老来到门前。婆罗门问长老："昨天，长老明明没从寒舍得到任何施物，却说得到了。罗汉怎么能说谎呢？""婆罗门，我在贵府化斋七年，连无施物请谅解的话也没有得到。昨天，终于得到了无施物请谅解这样一句话。从某种意义上说，是得到了。所以我这样说。"婆罗门想：这位长老连某种意义上讲得到了都会加以赞扬，如果得到某种食物就更会赞扬了。不禁肃然起敬。为了自己的利益，就从已做好的饭中取了一勺加上一些菜布施给长老。并说："愿一切罗汉都能得到这斋饭。"婆罗门从这天清晨看到长老如此庄重安详，非常敬重，请长老今后每日来家用斋。长老答应了。每日来婆罗门家用斋，并讲一些佛法。从梵界投生来的少年无忧无虑，逐日成长，满 16 岁时，已通晓三吠陀。

从梵界投生来的纯洁青年，他的床榻从不许任何人坐卧，每次到老师家去，也要用白布带把自己的坐榻拉了去。长老思忖："现在青年已到削发为僧之时，我虽与他家往来已有相当时日，却从未与他交谈过，今日我要找个机会和他谈谈。"于是便祝祷到达婆罗门家里，除了青年的床榻外，没有任何坐的地方。婆罗门家人见到长老来，见家中没有其他坐处就请长老在青年床榻上坐。

长老坐下后，这时青年从老师家返回，见长老坐在自己床榻之上十分生气。责问："是谁让长老坐了我的地方？"长老用过斋饭，青年的怒气稍息，长老问："年轻人，你懂得吠陀吗？"青年答："长老，若我不懂吠陀，还能有谁懂得吠陀？"青年接着又反问道："长老呢，你懂吗？"私伽婆长老说："年轻人，问吧！一问你就知道了。"青年就提出一些自己和老师都不懂的疑难问题问长老。长老早已精通三吠陀，现在又已通过四无碍辩道论，因此，对青年所提问题并不感到困难，每当问题一提出，就轻而易举地作了解答。然后，长老说："年轻人，你已问我不少问题了，我也问你一个问题你回答好吗？""长老问吧！我回答。"长老根据充满变化无常的阿罗汉变化的心境提出了问题。青年对上句含有下句，而下句又含有上句反复思索不得要领。遂问道："长老，这出自哪部吠陀？""是佛的吠陀。"又问："是否能够传授给我？""只能传授给像我这样的僧人。"那青年就去求父母："那位长老通晓佛的吠陀，但不传给不是僧人的人。我要到长老那里出家学习吠陀。"青年的父母就答应道："孩子你就出家去学吠陀吧！学会再回来。"长老为青年剃度，首先向他传授32禅业。沙弥修习完32禅业后不久便获得预流果。长老思忖：沙弥已获预流果，不宜还俗，但是如果仍然向其传授禅业，他必然不会用功学习佛门经典。是该送沙弥去姜陀伐纪长老处的时候了。就让沙弥去长老处学习佛的教导，并教给他一切敬师的规矩。沙弥拜别恩师来到姜陀伐纪长老处。到后先尽了七日弟子之道。姜陀伐纪长老也对他进行考察了解。到第八天才开始向他传授佛的教导。婆罗门之子帝须虽然还是位沙弥，却修习了除律藏

之外的所有佛的教导和经释。受戒为僧尚不满一僧腊，就通晓了三藏。乌波阇耶师父们使目犍连子帝须心中装满了佛的教导。师父们享足人寿，圆寂归天。目犍连子帝须又增进了禅业，成为罗汉，向众僧伽传授经、论、律三藏。

因为下面要叙述阿育王如何消除佛教灾祸的经过，所以在此先介绍一下目犍连子帝须。

(93) 帝须王储解除疑惑削发为僧

阿育王灌顶四年之际，一日，其弟帝须王储林中游猎，遇见欢乐的鹿群。王储心想，吃食杂草树叶的鹿群尚且如此欢乐，享受宫廷美味佳肴和华丽床榻的罗汉僧伽们还能够不愉快吗？王储狩猎归来便将自己的疑问告诉了王兄。国王心想，王储实在是胡思乱想，得以事实开导他才行。于是，国王佯装因某事大发圣怒，命王储执政七日，七日后赐死。王储想七日之后王兄就要杀我，所以不洗不漱，不食不饮，忧心忡忡，无精打采，身体消瘦。此时，国王问王储："为什么你身体如此消瘦？"王储答道："因为我怕死，所以如此模样。"国王道："咳！知道七日后的死祸，你就如此忧心忡忡。那么，罗汉僧伽们日日夜夜都在考虑死之道，如何能够快活？"但是，从此以后王储更加虔敬佛法了。

一日，王储又到鹿林中游逛，遇见由臾那国[①]来的、在华氏城出家为僧的摩诃昙无德长老。长老骑在大象背上，手里摇着桫椤

① 臾那 Yonak，亦译作"帝那伽"或"臾那世界"。

叶。王储见了十分高兴。心想我何时才能像长老这样入佛门为僧？摩诃昙无德长老洞悉了王储的这种良好愿望。摩诃昙无德长老便当着王储的面飞上天去，站在阿输迦罗摩[1]附近的四角湖水面上，将腰带横在天空当横竿，把袈裟挂在上面后，悠然自得地在湖中沐浴。王储见摩诃昙无德长老如此神通，非常钦佩，心想今日我就皈依佛门削发为僧。回宫后就把自己要削发为僧的想法禀告国王。国王对他非常疼爱，再三规劝无效，就令侍从们将前往阿输迦罗摩的路修饰一新，为王储举行隆重仪式，派盛装的武士们相随送入寺庙。王储带1000随从来到幽静的寺庙拜摩诃昙无德长老为师，削发为僧。听到王储与1000随从出家为僧的消息后，随之为僧的人不计其数。阿育王之女僧伽密达公主与埃纪婆罗哈摩王子成婚，生有一苏摩那王子。此时，埃纪婆罗哈摩王子得知王储欲削发为僧的消息，也向国王请求："我也想出家。"国王应允："按孩子你的想法，出家去吧！"所以，埃纪婆罗哈摩王子与王储同日为僧。

（94）阿育王建阿输迦罗摩大寺及八万四千塔寺

一日，阿育王来到兴建阿输迦罗摩大寺之地进行大施舍，僧伽罗汉有60000之众，国王站在众僧之间，向他们供献四物[2]，然后

---

① 阿输迦罗摩 Asokārāma。

② 四物指：斋食、僧衣、精舍、药物。

问道:“众师父,佛陀在世时诵讲的佛法共有多少?”众僧伽答道:“有九分教[①],八万四千法藏[②]。”阿育王虔敬佛法,拟为每一部经兴建一座塔寺敬奉,于是便在当日献出九亿六千万财物,令大臣们在每一城镇中兴建一座塔寺。84000 座城镇,兴建 84000 座塔寺。国王在阿输迦罗摩一地筹划兴建阿输迦罗摩大寺事宜。阿育王向众僧伽探询:“众位师父,本王拟建 84000 座塔寺,何处可得佛陀舍利圣骨?”众僧伽答道:“尊敬的大王,僧等曾听说舍利圣骨珍藏于世,但并不知确切藏于何处。”

(95) 阿阇世王珍藏舍利圣骨

现在讲阿阇世王珍藏舍利圣骨之事。各国国王将香姓婆罗门分发的舍利带回各自的都城,建造同样的佛塔。摩诃迦叶长老预见到佛陀舍利将有被外道破坏的危险,便对阿阇世王说:“尊敬的大王,应建造一珍藏佛陀舍利的地方。”国王应诺道:“长老,朕将造一珍藏佛陀舍利的地方。但是,怎么去迎请各国国王带走的佛陀舍利呢?”“尊敬的大王,舍利由贫僧去迎请。”阿阇世王说:“您就去迎请吧!朕将造好珍藏舍利之处”摩诃迦叶长老思忖,罗摩村的佛陀舍利有龙众保护没有危险,以后将藏于锡兰岛大寺塔内,该罗摩

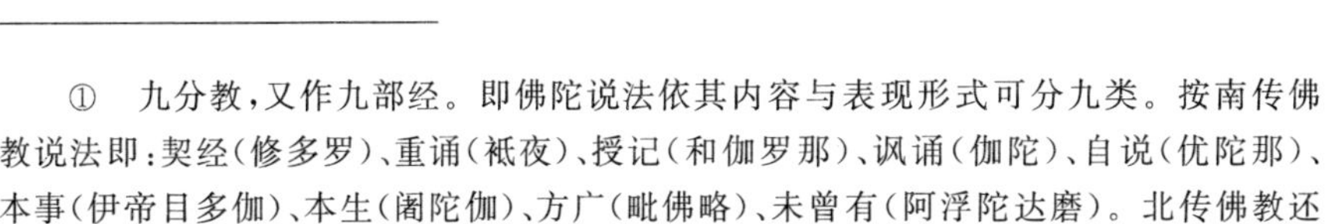

① 九分教,又作九部经。即佛陀说法依其内容与表现形式可分九类。按南传佛教说法即:契经(修多罗)、重诵(祇夜)、授记(和伽罗那)、讽诵(伽陀)、自说(优陀那)、本事(伊帝目多伽)、本生(阇陀伽)、方广(毗佛略)、未曾有(阿浮陀达磨)。北传佛教还有十二分教或十二部经之说。

② 法藏(法蕴) Dhammakhandhā 谓佛陀教法蕴含之多义,即律藏含 21000,经藏含 21000,论藏含 42000,共 84000。

村的舍利不需迎请。其他七国国王供奉的舍利都要迎请。迎请后摩诃迦叶长老立于华氏城东南角立誓道:“愿此地的石板消失,土层易于挖开,地下不要出水。”阿阇世王命人在该处挖土,用挖出的土制成砖,建一座能容纳80位佛门弟子的塔寺。人们前来询问:“大王,您要在这里建什么?”回答说:“要建一座佛门弟子的塔寺。”但没有让任何人知道这里将珍藏舍利。挖到80肘尺深后,底铺铁板,上建一能容纳几座佛塔大小的红铜制地宫。舍利圣骨被分别置于八个双层金檀香木函中,再将木函放进金檀香木龛,其外依次是红檀香函、红檀香龛、象牙函、象牙龛、百宝函、百宝龛、黄金函、黄金龛、白银函、白银龛、宝石函、宝石龛、红宝石函、红宝石龛、红斑宝石函、红斑宝石龛、琉璃函,最后安放进八座琉璃塔中。上述琉璃塔与锡兰岛上浮屠宝塔大小相似。琉璃塔上建一座百宝寺;百宝寺上建一座黄金寺;黄金寺上建一座白银寺;白银寺上建一座红铜寺。红铜寺内到处撒满百宝沙粒,长着成千上百种的陆地和水中生长的花朵,用纯金制成五百五十本生中的人物、80尊大长老、净饭王、摩诃摩耶夫人和与释迦牟尼同世的七种人和物①。周围放着500盆金莲花、500盆银莲花,插着500面金幡、500面银幡,点着500盏金油灯、500盏银油灯。灯中用白布作灯芯,添满芬芳的香油。

是时,摩诃迦叶长老立誓道:“愿花朵不凋,芳香不散,灯火不熄!”在金贝叶上写着“来日,毗耶陀萨②王子将即位,称为阿育王。

① 七种人和物是指:阿难陀、菩提树、迦奴陀夷大臣、耶输陀罗、啬犛大臣、四个金罐、一匹白马。

② 毗耶陀萨 Pīyadāsa。

阿育王将使这舍利圣骨分散各地。”阿阇世王用自己身上的饰物奉献给舍利，然后从里面开始关闭层层大门，最后将红铜寺的大门关闭，上锁。放上一巨大红宝石块。写上：“后世贫困的国王将用此红宝石供奉舍利圣骨”字样。天帝释派毗首羯磨[①]仙人来保护阿阇世王珍藏的舍利圣骨。毗首羯磨仙人在珍藏舍利圣骨之地制作了若干手持短剑的木头人，装上如疾风般快速转动的机关，用一大铁钉控制的许多形象可怖相互争斗的野兽机关后，返回天国。阿阇世王又在四周垒起石头，盖上石板，填平砂土，再在上面造一石塔。由于这样妥善安全的安排，人们就不知道珍藏舍利圣骨之处了。

（96）阿育王挖取迎请舍利圣骨

阿育王在王舍城挖开佛塔，但未能找到舍利圣骨，便按原样将佛塔处修复。又带着男罗汉、女罗汉、男持戒者、女持戒者等四众[②]来到吠舍里城，但仍未找到。随后又到迦毗罗卫城，还是没有。于是又来到罗摩村，因有龙众守卫，未能挖开佛塔，落在塔上的锄头皆断成数段。这样，在罗摩村未得到舍利圣骨，接着到阿拉迦波城、毗塌堤波城、巴伐城、拘尸那罗城，挖开所有佛塔，都未能得到舍利圣骨。将各地佛塔按原样修复后返回王舍城。召集四众问道：“有人听到过舍利圣骨藏在什么地方吗？”四众中一位 120 岁

---

① 毗首羯磨 Visakruṁ。

② 四众，佛教名词，也称之为僧伽四众。有说是：比丘、比丘尼、优婆塞、优婆夷者，也有说是：比丘、比丘尼、沙弥、沙弥尼者。

高龄的大长老说：我不清楚舍利圣骨藏在何处，但在我七岁的时候，我的祖父——一位长老叫我提着花篮到一丛林深处向一座石塔献花叩拜，说："这个地方是应该记住的一个地方！"我仅知道这些。阿育王说：此地定是珍藏舍利圣骨之地。命人砍伐丛林，清除石塔、泥土，见到了三合土。挖开三合土、石板进入寺的院内，看到手持七宝短剑转动着的木头人。

阿育王遂将神婆们请来，叫他们祭拜祈祷，但毫无结果。于是，便亲自膜拜祝祷道："弟子决定兴建 84000 塔寺，珍藏供奉佛陀舍利圣骨，望神仙们切莫危害我等。"天帝释见此情景，便叫来毗首羯磨仙人对他说："毗首羯磨仙人，阿育王为迎请佛陀舍利圣骨，已进入寺内，朕命你去排除木头人障碍。"毗首羯磨仙人立即化成一位头盘五个发髻的少年，背着弓箭来到国王面前说："尊敬的大王，让我把木头人除掉吧！"国王说："亲爱的孩子，把它除掉吧！"毗首羯磨仙人取出弓箭对准机关接合处射去，木头人等立即全部垮了下来。

阿育王开锁打开大门。看到该处的巨大红宝石块。上面有："后世贫困的国王将用此红宝石供奉舍利圣骨"字样。心情不快，说我这样的国王难道能称作贫困的国王吗？打开内门进入寺内。塔寺内 118 年[①]前点燃的油灯，仍然灯火通明。莲花等也像刚刚献上的一样，地上的花朵也像刚撒上的一般，香料也似才磨研出的那样芬芳。阿育王拿起金贝叶读道："来日，毗耶陀萨王子将即位，称为阿育王。阿育王将使这舍利圣骨分散各地。"读毕拍手惊叹

① 与本书 92 页同，此处原文也误印为 218 年前，现更正之。

道："你们看，摩诃迦叶长老竟能知道朕呢！"阿育王将塔寺内的舍利圣骨留下一些以供参拜，其余全部取走。然后关闭塔寺大门，将一切恢复原样，并在上面建造石塔。阿育王在84000座寺中造84000座佛塔，来珍藏佛陀舍利圣骨。众僧伽协助神通广大的因陀拘陀长老建成84000座寺庙和佛塔。

（97）八万四千寺塔之建成

因陀拘陀长老利用自己的广大神通，顺利地完成了一切兴建工作，整整用了三年时间。84000座城镇完成寺庙建造工程的奏本是在同一天到达王都的。大臣们奏告国王："大王，84000座塔寺都建好了。"根据《精义释注疏》记载，84000座寺庙始建于月食之日，完成于三年后月食之日，所以奏本也在同一天到达王都。

《缅甸大史》载，全部寺庙与佛塔均在六个月内完成。此说与《波罗市伽经释》不符。

关于阿阇世王珍藏佛陀舍利圣骨与阿育王迎取舍利事，《缅甸大史》记载：阿阇世王将佛陀舍利珍藏在红宝石函内，再放入黄金函、白银函内，再将其藏入黄金制成的乾蒂迦神马的肚子里，神马放在十五层彩楼中，彩楼建在深挖的地下，周围建造七道高墙。摩诃迦叶长老点燃四支金油灯盏供奉。每两道高墙之间都安装了一些罗马人制造的机器人，手持短剑不停地转动守护着佛陀舍利。阿育王迎取舍利时，用1000元钱请罗马人的子孙来拆除这些机器人。以上是根据《世名经》转述的。《缅甸大史》所依据的《世名经》[①]并非结集之经典。因此我们不采取此说，而另写新史，以使学者们能得到正确的答案。此书所述内容出自《大品经释》、《波罗市迦经释》、《精义释注疏》、《大史》、《大史注疏》等。

(98) 阿育王庆贺塔寺建成 命子女为僧本人继承佛教大业

塔寺建成后，阿育王命人鸣锣通告全国："七日后举行向寺庙供奉的仪式，所有民众皆要持行八戒，礼拜敬佛。"七日后，在数十万全副武装的四军将士簇拥下，华氏城比神国中天帝释所在的忉利天还要气派壮观。人们按顺时针方向环绕着张灯结彩的华氏城而行，然后来到阿输迦罗摩大寺。阿育王处在僧伽罗汉们的中间。此时，前来的比丘有 8 亿之众，比丘尼有 960 万。在全部僧尼中有罗汉 10 万人。众罗汉思忖：倘若大王见到自己所做的全部善业，定将更加虔敬佛法。于是，众罗汉施展显世神通。此神通即：将凡世变成虚空之妙法。

此时，阿育王正站立在阿输迦罗摩大寺上，向四方远眺，看到大洋中的整个南赡部洲。也看到了正在举行供奉仪式有着壮观佛塔的 84000 座寺庙。阿育王看到如此壮丽吉祥的场面心中无限欣喜。心想，除我之外谁能有我如此愉悦的心情？国王问众罗汉："师父们，人、神、梵天众生信奉的具有十力十智[②]的阿轸帝也[③]佛

① 《世名经》Lokapañatti。

② 十力，佛教用语。即：佛具有的十种智力。知觉处非处智力、知三世业报智力、知诸禅解脱三昧智力、知众生上下根智力、知种种解智力、知种种界智力、知一切至处道智力、知天眼无碍智力、知宿命无漏智力、知永断习气智力。

③ 阿轸帝也 Acinteyya，意为：不可思议的。

祖的大业里，有谁做过如此盛大的施舍？有谁的施舍能有此高尚？”众罗汉认为，目犍连子帝须长老神通广大，便请他解答国王的问话。目犍连子帝须长老说：“尊敬的大王，佛陀在世时，布施四物的施主，从未有人像大王这样，您的布施是高尚的。”

国王听罢长老的话，非常高兴，心想，没有像我如此慷慨的施主，我的施舍很高尚。我施舍之物赞助了佛教大业。我这样能够成为佛教大业的继承者吗？想到此问长老：“师父，弟子能够成为佛教大业的继承者吗？”目犍连子帝须长老听到国王的问话，想到摩哂陀王子将成为罗汉，摩哂陀王子出家，佛法将极大地得到弘扬。于是说：“尊敬的大王，仅凭布施物品成不了佛教大业的继承者，只能称为斋物施主。即使布施之物从地面堆积至梵界，也称不上佛教大业的继承者。”王又问：“师父，施舍斋物成不了继承者的话，做什么样的善举才能继承佛教大业呢？”长老说：“尊敬的大王，让自己的骨肉子女削发为僧者才能称之为佛教大业的继承者。”听到这样说国王想：我搞这样的大施舍还是成不了佛教大业的继承者，心中很想成为继承者。左顾右盼，正好看到身边的摩哂陀王子。

本来御弟帝须王储出家为僧，拟立摩哂陀王子为王储。虽然如此，但出家为僧比当王储更高贵。想到此处，王便问摩哂陀王子：“朕的爱子，你愿意出家为僧吗？”摩哂陀王子自从帝须王储出家之日起就向往着去当僧伽，所以听到父王此言非常高兴，答道：“父王，孩儿愿意，请父王送孩儿出家，以便父王您能继承佛教大业。”此时，僧伽密达公主也在身旁。大王看到公主问道：“朕的爱女，你也愿意出家为尼吗？”僧伽密达公主说：“孩儿愿意。”

国王听到王子和公主的话，心中无限欢喜，便对长老说道："师父，弟子把儿子、女儿都送去当僧尼。让我做佛教大业的继承者吧!"罗汉僧伽们答应了国王的请求。目犍连子帝须大长老亲自当禅师，摩诃提婆长老为摩哂陀王子剃度为沙弥，因为王子已满 20 岁，由末阐提长老当业师，让王子受具足戒。摩哂陀王子在戒坛外修四无碍辩道，成为罗汉。僧伽密达公主的师父们有：领其三皈依的阿郁巴梨长老尼、禅师达摩巴梨长老尼。公主时年 18 岁。师父在戒坛外传授其持守包括戒杀生等的六法戒[①]。（即：持守式叉摩那戒[②]）

即使沙弥尼已 60 岁，也需持守不杀等戒条两年整。据《律藏》载，两年间不堪忍此戒法之沙弥尼不得受具足戒，故称之为持守式叉摩那戒。

《缅甸大史》说：因僧伽密达公主年仅 18 岁，所以未受具足戒，剃度为沙弥尼。此说与《律藏》记载不符。

摩哂陀王子及其妹僧伽密达公主出家之时，父王灌顶 6 年，时为佛历 224 年（公元前 320 年）。摩哂陀长老从受具足戒之日起，便在师父处修习经、律、论三藏佛法，时仅三年，便学完所有上座部经典，包括两次佛经结集的三藏经及经释。摩哂陀是师父目犍连子帝须长老的 1000 名门徒中最长的一位。此时，阿育王已灌顶九年。

① 六法戒，又称之为式叉摩那戒，初为比丘尼者受此戒。即：不淫、不盗、不杀、不虚诳语、不饮酒、不非时食。

② 式叉摩那戒 Sikkhamāna。

（99）贡达子帝须长老[①]与苏密达长老[②]

阿育王灌顶8年之际，贡达子帝须长老胃痛，其弟苏密达长老化缘求赐奶油为兄医病，但一无所获。结果贡达子帝须长老大痛，在空中盘膝而坐，圆寂归天。

贡达子帝须长老兄弟二人情况如下：昔日，华氏城有一猎户，在山林里与紧那罗女[③]同居生下二子，大哥名帝须，小弟名苏密达。阿育王收养了兄弟二人。长大成人后，出家拜摩诃伐鲁那长老为师，当了和尚。后来兄弟二人均具备六神通[④]，成了罗汉。

另有学者传说，有一位伽他伐哈那王族世系的公主名叫贡达，乘坐机器妙翅鸟在天空玩耍，一猎户娶其为妻，生下二子，大哥以母亲之名命名，叫贡达子。

当时大哥贡达子帝须长老受胃痛折磨，小弟问道："此病如何治得？"大哥说："有口奶油便可。但小弟切莫到王宫去求药，也莫过午后去化缘，就在化斋时去讨吧！"小弟遵照大哥之嘱去做，但未能讨到一点儿奶油。大哥胃痛加剧，即使有百缸奶油也治不好了。大哥胃痛不止终于死去。

《大史》载：大哥之死乃因被蝎子所蛰，得不到一点儿奶油止痛

---

① 贡达子帝须长老 Kontaputta Mathera。

② 苏密达长老 Sumitta Mathere。

③ 紧那罗女 Kinnarā，人面鸟身的一种神鸟。

④ 佛教名词，又称六通，即：天眼通、天耳通、他心通、宿命通、神足通、漏盡通。

所致。

(100) 阿育王每日施舍五十万钱财并建四池储放奶油等

阿育王得悉贡达子帝须长老圆寂的消息后,连忙前往拜祭长老的舍利。心中思忖:"在我这样君王的国中,长老竟因得不到一口奶油而圆寂。"于是决定在四面城门处,各造一池;四池分别放满奶油、蜂蜜、糖浆和糖膏。国王布施此四物供民众药用。是时,阿育王每日可从华氏城的四个城门得到 40 万钱财,从断案中收得 10 万钱财,共 50 万钱财。这尚且不包括全国的赋税。国王每日布施 50 万钱财,其中 10 万献给尼乔陀长老;10 万作为向佛陀敬献鲜花的费用;10 万献给三藏经,即作为管理三藏经之学僧们购置四物费用;10 万献给普通僧众;10 万为购买四门的四池所储药用物品的费用。阿育王用如此巨大的钱财供奉佛教。

国王为何单独献给尼乔陀长老 10 万钱财呢?因为尼乔陀长老一日需换三次袈裟,因此每日清晨需将袈裟三衣[①]并五百箩香料五百箩鲜花用大象驮送给尼乔陀长老。每天白日、夜晚再各送一次。尼乔陀长老再将袈裟包好分给从别处来挂单的僧伽们。当时南赡部洲的僧伽罗汉大多穿的是尼乔陀长老分送的袈裟。所以,国王每日布施给尼乔陀长老 10 万钱财。

---

① 三衣即:内衣、上着衣、复衣。

（101）目犍连子帝须长老排除佛教大业祸患弘扬佛法

是时，外道得到的供奉日益减少，甚至不能温饱。十分渴望得到敬奉和布施，纷纷为僧，将自己的外道主张说成："这就是经、律、论三藏。"剃度不成，就把头发刮光，穿上袈裟，混入持戒的行列。然而僧伽们非常忌讳与外道们一起持戒。当年，目犍连子帝须长老思忖：现今争论已开始，且会日趋扩大。自己处在僧众之中，定难平息这些纷争。于是便将僧团交给摩哂陀长老，自己上阿霍冈葛山去了。虽然在佛教僧伽罗汉们的正确对待钱物、全面持守戒规的抵制之下，众外道仍不能遵循符合经、律、论之戒规，给佛教造成许多灾祸和麻烦。外道们有的祭火；有的四面堆火，自己在中间晒太阳；有的从日出到日落，终日目视日光；有的则极力破坏经、律、论三藏。僧伽们不愿与外道一同持戒，因此，阿输迦罗摩寺整整七年香烛断绝无人持戒。

阿育王得知此事，便派一大臣前往寺庙调解纷争，令僧伽们持守斋戒。大臣不敢再问国王如何调解，就去请教另一位大臣："大王派我去调解佛教纷争，叫僧伽们持守斋戒。如何去平息纷争呢?"该大臣说："试举一例，若欲使边野山村安宁，就要杀掉所有盗贼。我理解大王的意思可能是想把不持守斋戒的僧伽们杀掉。"被派的大臣认为言之有理，就来到寺庙召集僧伽们开会，说道："大王派我来让你们持守斋戒。从现在起你们就持守斋戒吧!"罗汉僧伽们说："我们不与外道们一起持戒。"大臣听到此言，依次将大小僧侣逐个砍掉头颅。帝须长老看到大臣砍杀众僧,心中思忖,大王不可能派人来杀众僧,一定是大臣的错误。于是显神通使自己站在了离大臣最近的地方。大臣见到帝须长老,知道是大王之弟,不敢杀他。便回来向大王奏道:“为了叫僧众们持戒,臣已将不肯持守斋戒的僧伽依次杀掉,已经轮到御弟帝须长老了。该如何办理?”大王听了大臣之言思绪不平非常惊愕,训斥道:“岂有此理!朕并非派你去杀害僧伽啊?为什么下此毒手?”焦急地驾临寺庙向众长老问道:

“众长老!弟子并未派大臣来杀。可现在成了这个样子。该是谁的罪责?”有的长老说:“是因为大王的话,大臣才杀的,所以大王应负此罪责。”有的长老说:“这是大王与大臣的共同罪责。”还有的长老说:“请问大王是否有意派大臣来寺庙杀僧伽?倘若无此意,只是善意地想让僧伽们持守斋戒,那么大王便无罪责,仅为大臣之罪。”国王听过这些话,心中疑惑,便问:“众长老,谁能帮助弟子解除疑惑,弘扬佛法呢?”长老们异口同声说:“尊敬的大王,只有目犍连子帝须长老能解除您的疑惑,弘扬佛法。”

国王便于当日,派出四位讲经师各有 1000 名僧伽护送,四位大臣各有 1000 名侍从护送,前去迎请长老。讲经师和大臣们到了那里说:“国王叫你去。”目犍连子帝须长老不予理睬。国王依前法,又派出八名讲经师、八名大臣各有 1000 位僧伽或侍从护送,前往迎请。派去的人也和上次一样去说,目犍连子帝须长老仍不起身。国王去请长老,不应该说:来吧!应该说:因为长老您能扶助佛教大业,所以来请。结果派人去了两次,长老也没来。各地对此都很赞赏。赞赏的人们也认为:办理此事用语不妥,才致使长老发火不来的。

国王问："长老们，弟子已派出两批人去叫，怎么目犍连子帝须长老还不来呢？""就是因为大王说来吧，长老才不来的。如果您说：今日佛教大业沉沦，为了复兴佛教，请长老帮助弟子吧！长老肯定会来的。"随后，国王遵照众长老的话派出16名讲经师和16位大臣各有1000名僧伽或侍从护送，前往迎请长老。国王又问："众长老，目犍连子帝须长老是否年事已高？"众长老答："年事已高。"国王问："能乘船、坐轿吗？"都说："大王，不能。"问："目犍连子帝须长老在什么地方挂单？""在恒河上游。"于是，国王对所派迎请者们说："尔等可请长老乘筏，在两岸派人严加保护。"讲经师、大臣们去了。目犍连子帝须长老说："当初吾出家为僧，目的就是为了扶助佛教。现在时候到了。"遂拿起皮坐垫站起身来。国王在长老到来前夕做了一个梦。梦见一头巨大的白象来到身旁。白象从头顶开始抚摩王的全身，搀扶王的右臂。天亮国王请智者圆梦。

智者奏道："佛经载，不做恶事，就称之为那伽；僧伽罗汉被公认为那伽。此梦预示着将有一位僧伽罗汉来搀扶大王的右臂。"正在此时，听人来报目犍连子帝须长老到。国王忙到江边迎接。在没膝的江水中看到长老从筏上下来，伸出手去接长老。目犍连子帝须长老便抓住国王的右臂。国王从水中倒影看到：手持短剑的禁卫卫士见长老去抓国王右臂，抽剑出鞘，要去砍目犍连子帝须长老的头。忙训斥道："尔等不得无礼！前次伤害众僧伽就使朕非常痛心。今日更不得伤害长老了。"

目犍连子帝须长老抓住国王的臂，并非想摆架子。而是因为国王请他来是有事相求，自己把国王视为自己的弟子，才抓着国王手臂的。

国王将目犍连子帝须长老迎请至御花园，安排了许多侍卫保护他。国王亲自为目犍连子帝须长老洗脚擦油之后侍奉左右。为了试探长老是否能消除自己的疑惑扶助佛教大业说道："师父，弟子希望看到您的某种法力神通。""国王你想看哪一种法力神通呢？""弟子想看地动山摇。""想看全动还是部分动？""两种地动山摇哪种难？""大王，一杯水，是使杯中水全部晃动难，还是让杯子里的一半水晃动难？""当然一半水晃动难。""大王，同样道理，让部分大地晃动难。""师父，弟子想看更难的那种，即部分地动山摇。""大王，若想看，请在方圆一由旬的地段里，让车的一只轮子放在东界线内，让马的两条腿踩在南界线里，让一位男子一只脚站在西界线里，再把一杯水放在北界线上。"国王照长老所说布置好。

目犍连子帝须长老进入第四禅定，获得法力，使方圆一由旬内之大地晃动。此时，只见处于东界线内的车轮在颤动，而处于线外的车轮不动；处于南界内马的两条腿和半边身子以及处于西界内男子一只脚和半边身子在颤动，而处于线外的马腿和半边身子以及男子的脚和半边身子都不动；处于北界线上水杯中的水，界线以内部分在动，而界线以外部分却不动。因佛陀不允许变化龙相、妙翅鸟相等变化形象的神通，只允许禅定神通，所以目犍连子帝须长老便显此神通给国王看。

国王看过这样的神通，知道长老有能力扶助佛教大业弘扬佛法。又向长老请教自己的疑惑。"师父，弟子曾派遣一大臣前往寺庙调解纷争，命僧伽们持守斋戒。然而该大臣到了寺庙之后，竟将众僧伽杀害，这是谁之罪？""大王，你命大臣去寺庙有杀僧伽之意否？”“师父，弟子并无杀害僧伽之意。”“若无此意，罪孽不归大王。”

长老用巴利经文中：“僧伽们，吾讲心意。心有意则身、口、意三者皆可造成恶业。”一语，使国王了解无意则不成恶业的道理。为了进一步说清这一道理，又讲了《鹧鸪王本生》的故事[①]：

“尊敬的大王，昔日，一个偏远山村有一猎鸟人。该猎鸟人在笼子里养了一只鹧鸪，教它啼鸣。猎鸟人把鹧鸪带进林子，利用它的叫声把所有引来的鹧鸪都捉住了。鹧鸪想，因为我，许多亲朋戚友遭了殃，他们的死是我的罪过，就不再出声。猎鸟人见鹧鸪不叫，就拿竹片打它的头。打疼了不得不又叫起来。就这样猎鸟人利用这只鹧鸪，捕捉鹧鸪为生。鹧鸪想，我无意让猎鸟人捕杀众多鹧鸪。而因为我猎鸟人所做的恶业却落到我的头上了。我若不啼叫，鹧鸪们是不可能飞来的。我叫引它们飞了过来，猎鸟人才把所有飞来的鹧鸪都捕杀了。这是不是我的罪过？自从有这个想法之日起，鹧鸪便想找一位智者为自己解除疑惑。一天，猎鸟人又捉了许多鹧鸪，把笼子都装满了。猎鸟人来到出家修习六神通和禅定的佛陀前世仙人寺庙中喝水。把笼子放在仙人身旁，喝过水就躺在沙地上睡着了。鹧鸪见猎鸟人睡去，想向仙人请教自己的疑惑，便对仙人问道：仙人，我不叫，鹧鸪们是不可能飞来的。因为我的啼叫引来了无数亲朋鹧鸪。猎鸟人把所有来的鹧鸪都捕杀了，利用我犯下杀生戒。因此所作恶业是否也有我的罪孽。弟子对此充满疑惑。仙人说：如果你没有做坏事的心意，虽然猎鸟人利用你做了坏事，这恶业也落不到你的头上。你不想作恶，有着纯洁的心

① 《鹧鸪王本生》Tittira Jātaka，本生经第 319 号故事。

灵，没有杀生之念。因此罪恶不会玷污你的心的。"

目犍连子帝须长老在御花园里住了七日，每日向国王诵讲佛法。第七日国王来到阿输迦罗摩大寺，召集众僧伽。国王将自己和目犍连子帝须长老用帘子与众僧伽隔开。将同一观点的僧伽集合成一组，然后按组考问佛陀的主张。当问到外道僧人时，有人说："佛陀主张永恒。"有人说："佛陀认为部分生灵之'行'永恒。"有人说："佛陀主张有终亦无终。"有人说："佛陀的主张像阿摩罗鱼一样从不固定。"有人说："佛陀主张事物无因论。"有人说："佛陀主张有觉论。"有人说："佛陀主张无觉论。"有人说："佛陀主张既不是有觉，也不是无觉论。"有人说："佛陀认为死了就了断了。"还有人说："佛陀认为眼前的肉身可涅槃。"

国王已经修习了佛法教义，因而知道这些人不是僧伽而是外道。于是命他们还俗。还俗者竟有六万之众。继之，国王又将另一部分僧人召来，问道："佛祖有何主张？"众人答："尊敬的大王，佛祖主张凡事要有分析。"国王问目犍连子帝须长老："佛祖有此主张吗？"目犍连子帝须长老说："佛祖有此主张。"阿育王道："长老，佛法已纯洁，叫罗汉僧伽们守戒吧！"留下护卫人员起驾回城。僧伽们聚会集体诵法持戒。参加集会的有 60 万。会上，目犍连子帝须长老排除其他观点，讲诵《论事》经。后来，在阿育王灌顶前 4 年，灌顶后 16 年共享君王福禄 20 年之际，即佛历 234 年(公元前 310 年)摩诃目犍连子帝须长老在 60 万僧伽之中，选出 1000 名精通三藏转识得智的罗汉，举行第三次佛经结集。结集完成之时大地强烈震动数次。第三次佛经结集开始于佛历 234 年 10 月月盈日，结束于佛历 235 年 7 月月盈日，历时 9 个月。

《缅甸大史》载,第三次佛经结集是在佛历 236 年(公元前 308 年)。与《大史》载阿育王灌顶后第 17 年举行第三次佛经结集之后,王灌顶第 18 年时,摩哂陀长老前往锡兰岛;《波罗市迦经释》载第三次佛经结集后 8 个月,即佛历 236 年 3 月月盈日摩哂陀长老前往锡兰岛不相符。

(102) 优波毱多长老

阿育王将从王舍城迎请来之佛陀舍利分成等份,分至南赡部洲的 84000 个地区,建造 84000 座宝塔。其中一份带到华氏城大河旁约一拘萨[①]半的地方,将该地平整成手掌心状,用种种奇特的装饰建成一大塔。竣工后拟为大塔等 84000 座宝塔举行七年七月七日的供奉法会。为防止此善举受到破坏,国王请众僧派出一名法力高强的长老。众僧聚会商议,但无人敢于承担此教训魔罗的任务。第三天,众僧正在集会之时龙国的一位龙王前来向众僧膜拜,南铁围山的妙翅鸟从天而降欲擒拿龙王。众僧皆无力阻止,在众僧再三请求下一位七岁的沙弥进入第四禅定,显示神通。在妙翅鸟距龙王身躯约一人一臂近时失去冲力,像一块厚大的石板坠落逃走了。

众僧说:“沙弥,你一直不说话也不承担任务应该受罚。阿育王为宝塔举行供奉法会时应由你来制服会造成麻烦的魔罗。”沙弥说:“我可以推荐一位比我更具神通的罗汉优波毱多长老。他在大

① 拘萨 Kosa,一长度名,约合 2000 肘尺或 1000 公尺。

海之中拨开海水，变化出一座百宝彩楼。长老在彩楼中宝座上已坐禅入定多日未进斋饭了。制服魔罗没有比他再合适的人选了。佛陀在世时在王舍城化斋，七岁的富绅之子毗耶陀须以虔敬的心情双手捧起细土作为斋饭向佛陀布施。佛陀用钵接受了他的布施。授记说：‘阿难陀，这个孩子因布施细土的善果，将在神国享尽福禄，佛历 218 年(公元前 326 年)他将以阿输迦达摩罗阇[①]为号在华氏城作为有威力的转轮王登基。将大行善事广积功德，借助优波毱多帝须那伽长老[②]之神通，举行七年七月七日的供奉法会，并以棉花缠身火祭佛陀舍利，因此功德得预流果升居神国。’”众僧闻言十分欣喜，遂派两罗汉去请优波毱多长老。

优波毱多长老到来之后，众僧伽道：“你月盈月晦持斋守戒未来参加僧伽集会。只看重自己的安逸幸福，不关心僧伽的事业，不敬重僧伽，应该受到惩罚。你就来管教魔罗吧！”优波毱多长老认罚，说：“贫僧尚未进斋。”有一僧过去是华氏城一富绅之子。削发出家后，父母出于对儿子的疼爱，在每日准备斋饭时，皆请四位罗汉进斋。因此功德善果，如今每日必得四钵斋饭。留下一钵斋饭，请优波毱多长老随意取用。优波毱多长老说：“你的斋饭不洁，不是诚心诚意布施的斋饭，仅仅是出于对孩子的疼爱所做的善事。贫僧不要。”还有位僧伽。昔日乃华氏城一位精通吠陀的婆罗门，人们用酥油、蜂蜜、饴糖、麻油等制成香甜可口的滋补食品款待他。他吃罢来到城外一处林中，将腹中食物吐出来喂过一条多崽的母

① 阿输迦达摩罗阇 Asokadhamarājā，阿育王名号的音译。意为“无忧法王”。

② 优波毱多帝须那伽长老 Upaguttatissanage，即优波毱多长老。

狗。因此功德善果，得到酥油、蜂蜜等制成的香甜斋饭两份，对优波毱多长老说取一钵去用吧。优波毱多长老说："贫僧不要用吐出食物积来功德所得到的斋饭。贫僧只食用随意化缘的斋饭。"阿育王听众僧伽说优波毱多长老是一位能降服魔罗的神通广大的长老，有意试探一下。当优波毱多长老进宫用斋后返回时，放出一头发情的大象。长老知道是国王所为，当大象来到近前时，施展神通，大象顿时变成石象，高翘着鼻子立在原地。随后又恢复原状冲着长老顶礼膜拜后返身而回。

在大塔周围半由旬的地方点燃起油灯，魔罗吹出飓风企图熄灭油灯。优波毱多长老施展神通将风引向远方。魔罗又先后降下了沙砾雨、石丸雨、盘石雨，优波毱多长老施展法力使雨降到宇宙之外。魔罗又变化成一头大公牛冲着油灯奔跑过来，优波毱多长老就变成一只老虎追去。魔罗又变作七头巨龙，优波毱多长老变化成咖咙大鹏去捉。魔罗又化身一个手持棕树般长短闪闪发光铁矛的大鬼兜头就扎，优波毱多长老随即变成比大鬼高两倍的巨鬼两手持双枪对刺过去。魔罗惧怕万分变成人形站在优波毱多长老面前。长老施展神通将一条令人作呕的腐烂长满蛆虫的死狗挂在魔罗的颈上，并且让他取也取不下，才放他走。

魔罗去找四大天王、天帝释、众梵天等请求帮它把颈上的死狗取下。众天神都不肯帮忙。魔罗只得再次来到优波毱多长老面前，甜言蜜语地说："我认输了，您把这死狗给我摘掉吧！"优波毱多长老把魔罗带到一座大山前，把他颈上的死狗除下，将腰带变成一根长绳，把魔罗牢牢地绑在半山腰，说："魔罗，不许你到别处去！只要阿育王的供奉佛塔盛会没结束，就只能待在此地。"讲罢，优波毱多长老便自己走了。过了七年七月七日佛塔盛会结束之后，优波毱多长老才又来到山上，躲在一旁听魔罗在讲些什么。魔罗感到无聊念叨着僧伽罗汉，绕着大山转圈。平静下来时，也想起佛陀的恩德，祈求将来成佛。

优波毱多长老赶紧给它松绑，让它顶礼膜拜。对魔罗说："魔罗，我已为你的利益尽力了。国王的善业可能遇到的麻烦也避免了。因为你祈求成佛，所以是值得敬拜的。佛陀在世时你见过他，我没有见过。你就施展神通变成佛陀和他弟子们的形象给我看看吧！"魔罗说："优波毱多长老，如果你不向我顶礼膜拜，我就变化给你看。"优波毱多长老也答应了。魔罗走入林中。优波毱多长老也施展神通请僧伽们集合在一起。想瞻仰佛陀形象的人都簇拥着长老来了。这时魔罗变化成佛陀形象，优波毱多长老忘却了给予魔罗的承诺，以毫不动摇的虔敬之心对着佛陀形象就拜。魔罗立即隐没了佛陀形象，问道："优波毱多长老你为何顶礼膜拜？"优波毱多长老说："我没有拜你，我在拜面前的佛陀和他的弟子们。"从此魔罗也虔敬佛法了。

《缅甸大史》写道：阿育王为了能七日进行供奉，他用棉花将自己的全身缠绕，一直缠到腕部，然后沾满香脂，站立着火供佛塔。火焰冲天足有七人多高。国王赞颂佛陀礼敬三宝，火焰丝毫未伤及肌肤，却像涂抹了檀香粉一样凉爽无比。这样供奉了七日之久，然后沐浴更衣，在人神簇拥之下自右绕佛塔三周，听法七夜，斋宴众僧。礼佛诸事完毕后在文武官员和无数武士簇拥下返回王宫。

《缅甸大史》所写是根据六卷本《世名经》所载写成的。依照贤哲们的说法《世名经》乃不属于佛经结集的经典。上述内容在佛经结集会上念诵的任何一部巴利文经及注疏中都没有提到过。《世名经》说，为制服魔罗，众僧伽推举名为帝须那伽的优波毱多长老。优波毱多长老施展神通变化成妙翅鸟、老虎等来制服魔罗。《缅甸大史》也完全按照《世名经》的说法写了下来。

佛说《式叉论》[1]中规定，不可隐没自己的形象施展变相神通，将自己变成龙、妙翅鸟等。守戒的僧俗都不敢违犯《式叉论》的规定。即使断了“四流”之念[2]的罗汉，在可能丧命的情况下也不能违犯此戒。可见《世名经》中关于优波毱多长老施展变相神通隐没原形变成老虎、妙翅鸟等之说，是不适宜的，是违背律藏精神的。

《波罗市迦经释》记载，阿育王建造84000座塔寺和阿输迦罗摩大寺之时，众僧伽罗汉将神通广大的因陀拘陀长老推荐给国王，以协助筹建佛塔寺庙之事。在建造塔寺过程中，因陀拘陀长老施展神通，使未建完之塔寺竣工。未见众僧伽推荐因陀拘陀长老管教制服魔罗之记载。因陀拘陀长老是位罗汉不宜施展变相神通将自己变成龙、妙翅鸟等形象。因为此乃一切种智佛陀的规定。《缅甸大史》所载与经典不符之言论，学者们不应相信。只有根据《大品经释》、《波罗市迦经释》、《精义释注疏》等经典来的内容，才是学者们应该记取的。

① 《式叉论》Sikkhāpud。

② 四流，佛教名词。即：一见流（三界之见惑）、二欲流（欲界之一切诸惑）、三有流（上二界之一切诸惑）、四无明流（三界之无明）。有情为此四流漂流不息，故名。

(103) 派员到边远九地弘法

目犍连子帝须长老主持第三次佛经结集之后，考虑来日将在何地确立佛教之时，预见到佛教将在边远九地得到确立。为在边远九地弘扬佛法，于是便派末阐提长老赴罽宾及犍陀罗国；摩诃提婆长老赴摩醯娑末陀罗国；勒弃多长老赴婆那婆私国；臾那昙无德长老赴阿波兰多迦国；摩诃昙无德长老赴摩诃勒咤国；摩诃勒弃多长老赴臾那世界；末示摩长老赴雪山边国；须那[①]和郁多罗长老赴金地；摩哂陀和伊提耶、郁帝夜、参婆楼、拔陀娑拉等长老赴楞伽国。被派之长老知道到边远诸地，每地需有五人方可担负起授具足戒之事，于是便分别带上四位僧伽前往。

九地中的罽宾及犍陀罗国，有个阿罗伐拉湖，湖中住着一位阿罗伐拉龙王。稻谷成熟时，龙王兴风作浪，下起冰雹雨，将稻谷冲入大海。罽宾及犍陀罗国的居民，向阿罗伐拉龙王供奉，求它别来糟蹋稻谷。末阐提长老在稻谷成熟人们前去供奉龙王的时候到达罽宾及犍陀罗国。长老在阿罗伐拉湖的水面上，时走时立时坐时躺。众小龙发现后，向龙王奏报："外面来了一个穿袈裟的秃子，打算糟蹋咱们的湖水。"龙王听罢立即从龙宫出来，看见了末阐提长老，不禁大发雷霆，折断大树，摧毁山巅，狂风骤起，雷电交加，大雨滂沱，天似乎要坍塌下来，万分恐怖可怕。龙王命众小龙喷射火焰，降下兵器之雨，以狂言恶语来威胁，声称要捉拿驱逐和杀死长

① 亦有译作：须那迦长老者，实为一人。

老，气焰嚣张不可一世。

末阐提长老施展神通法力，将其一一排除，并对龙王说道："阿罗伐拉龙王，不要说你一个，即使是所有神仙梵天都来，也无人能镇住本僧。即使将四大洋、须弥七重之山和 24 万由旬厚的大地举起压在吾身之上，也不能慑服本僧。最终还是你龙王倒霉。"后来阿罗伐拉龙王因自己所施展的神通均已失灵，所做之努力均告落空，所以非常苦恼。

此时，末阐提长老对龙王弘扬佛法，使他心悦诚服。最后，阿罗伐拉龙王及其 84000 龙众均皈依三宝。

此外，居住在大雪山的罗刹、山神、瓮形鬼等也纷纷前来皈依。般阇伽罗刹王及其妻罗刹女、其子 500 名均获预流果。之后，末阐提长老将他们召集在一起，教导他们说："切莫像过去那样动怒！众生灵均需自身的安全幸福，尔等切勿再去糟蹋人家的稻谷粮食，应当为其祝福，保护众生的安宁。"龙王、罗刹等接受了教诲，一一照办无误。

是时，阿罗伐拉龙王把七宝之宝座献给了末阐提长老，并亲自为升坐宝座的长老持扇。罽宾及犍陀罗国之民众前来供奉龙王，见长老坐在宝座之上，顿时领悟到，原来此人法力比龙王更大！于是纷纷向长老顶礼膜拜。末阐提长老借此机会向罽宾及犍陀罗国民众弘讲《阿悉毗苏勃摩经》[①]。弘讲毕，有 80000 民众获得预流果，1000 民众落发为僧。从此，罽宾及犍陀罗国一地，佛光普照，佛法弘扬。

① 《阿悉毗苏勃摩经》Āsivisopama Sutta。

摩诃提婆长老来到摩醯娑末陀罗国向民众弘讲《提婆堵陀经》[①],弘讲毕,有摩醯娑末陀罗国40000民众分获预流果、一来果、不还果;40000男子削发为僧。

人们将安陀迦国称之为摩醯娑末陀罗国。学者们说:安陀迦属英纪族。

勒弃多长老来到婆那婆私国,立于空中向民众弘讲《阿那摩巴陀经》[②],使民众心悦诚服。弘讲毕,有60000婆那婆私国民众获得预流果,70000男子削发为僧。婆那婆私国的民众虔敬佛法,兴建了500座寺庙。

臾那昙无德长老赴阿波兰多迦国讲《埃纪钦杜勃摩经》[③],弘讲毕,有70000民众畅饮离尘之甘露,1000男子6000余女子入佛门为僧尼。阿波兰多迦国即今日的苏那波兰达[④]。

摩诃昙无德长老赴摩诃勒咤国用《摩诃那罗多迦叶本生》[⑤]故事开导民众,有84000民众获得道果,13000男子削发为僧。

摩诃勒弃多长老来到臾那世界。长老讲《伽拉伽罗摩经》[⑥]开导臾那民众,有17万人获得道果,10000人拜摩诃勒弃多长老为师,削发为僧。摩诃勒弃多长老在臾那确立了佛教地位。臾那即班德国。

---

① 《提婆堵陀经》Devaduta Sutta。

② 《阿那摩巴陀经》Anamatagga Sutta。

③ 《埃纪钦杜勃摩经》Aggikhandhupama Sutta。

④ 苏那波兰达 Sunāparanta,有人译作“西国”,即原来的 Aparanta,古代缅甸北部一小国。

⑤ 《摩诃那罗多迦叶本生》Mahānāradakassapa Jātaka,原书如此。经查本生经,可能所指就是大颂卷的545号故事《那罗多本生》Nārada Jātaka。

⑥ 《伽拉伽罗摩经》Kālakārāma Sutta。

末示摩长老与迦叶拘陀长老、那罗伽提婆长老、敦陀毕那长老以及摩诃耶婆达长老等一道来到雪山边国附近一带，他们用《达摩色加勃沃达那经》[①]开导民众，使 8 亿人获得道果。末示摩为首的五位长老深受雪山边国民众的崇敬，每位长老均收 10 万弟子为僧。雪山附近之五国也称之为支那五国。

须那和郁多罗长老一道来到金地。《格拉亚尼碑文》和《孟族史》都说，金地即缅甸南部的直通。据说金地有一来自大海的罗刹女，凡宫中生下婴儿都会被她吃掉。二位长老到来之日，正值宫中生下一婴儿，人们见到长老误以为是罗刹女的同伙儿，都手持武器来到近前。须那长老问："你们为什么都手持武器来了呢？"答道："我们以为你们是宫中生下婴儿就来吃的罗刹女同伙儿呢。""吾等并非罗刹女的同伙，是罗汉僧伽。吾等不杀生，不偷盗，不奸淫，不妄语，不饮酒，只在黎明到正午期间进食，持守斋戒，坚持善行。"听到此处，众人才安静下来。

此时，罗刹女携其随从走出大海，打算去宫内吃刚生的婴儿。人们见状惊恐万分哭嚎道："师父们，罗刹女来啦！"是时，须那长老立即变化成比罗刹女高大两倍的身躯，与人们一起将罗刹女团团围住。罗刹女见自己身陷重围，思忖："此地定是毗沙门多闻天王赐给他们食邑之地，如此今日吾等必成他们的食物了。"不禁惊恐起来，与众罗刹一股风似地逃之夭夭。须那长老让罗刹们逃到人们见不到的地方。立誓让罗刹们再不敢来到金地一带又安排了守

① 《达摩色加勃沃达那经》Dhammacakkapavattana Sutta。

卫者。此时,须那长老用《梵网经》[①]开导前来的众人,使其皈依三宝。有6万之众获预流果,3500名善男和1500名信女出家。从此王宫中所生之婴儿均称之为“须那郁多罗”[②]。

《波罗市迦经释》中所述须那和郁多罗长老将自己的身躯变化成比罗刹女高大两倍之说,被误认为是变化成双身人。因而长期流传一种说法,即一个人面两个狮身的形象。这是模仿二位长老变化的形象而来的。这种神通并非变相神通,而是禅定神通。

摩诃目犍连长老在规劝难陀波难陀龙王皈依佛法之前,施展神通,将自我的身躯变成龙王身躯的两倍,使其皈依。这是佛陀所允许的。

此乃南赡部洲的边远地区。

摩哂陀长老被安排去楞伽岛,乃是因为目犍连子帝须长老及众乌波陀耶僧伽建议他应当到该地弘法。摩哂陀长老考虑到:当时楞伽国国王穆达悉伐年事已高,靠他扶助弘法显然不能,只能等老王之子天爱帝须即位以后,依靠他来弘法。因此,在未去楞伽岛之前,乘机先去探望亲友。他拜别了师父目犍连子帝须长老及众僧伽,带领伊提耶、郁帝夜、参婆楼、拔陀娑拉等四位长老及胞妹僧伽密达之子苏摩那、一位修行不还向果位的青年,从右绕行至王舍城,在陀弃那山村探望了亲友,住了六个月。后又到毗堤娑城看望母亲。母亲见到儿子十分尊重,伏在儿子脚下顶礼膜拜,布施斋物,还建造了一座毗堤娑山寺献给儿子。

---

① 《梵网经》Brahmajāla Sutta,亦称《菩萨戒本》。

② “须那郁多罗”Soṇuttara,意为:在须那和郁多罗长老佑护下的婴儿。

摩哂陀长老住进寺中后思忖，母亲与亲友们都探望过了，楞伽岛尚未去，如今是否是去的时候呢？又想，还是先让天爱帝须王子接受其父王之位加冕，并充分理解到三宝的恩德之后再说。到3月月盈日阿努楼罗陀城民众愉快地度过了泼水节之后，我再出国去弥须迦山，到山上去见天爱帝须王。因此，摩哂陀长老继续又在母亲敬献的寺中住了一个月。

此时，天帝释在摩诃菩提座接受了佛陀旨意，来见摩哂陀长老，对长老说："是您前往楞伽岛的时候了，佛陀授记我也将与长老们一起去楞伽弘扬佛法。"此时正值阿育王即位4年灌顶18年共22年，佛历236年（公元前308年）之际，摩哂陀长老知道该是起程之时，便于3月月盈日经天途来到楞伽岛，在阿努楼罗陀城的弥须迦山上与天爱帝须王相会。

楞伽岛上天爱帝须王于阿育王灌顶后17年时登基为王。尽管天爱帝须与阿育两位国王未曾相见，但他们却相互尊重，彼此友好，视为盟友，经常互相馈赠各种礼品。

阿育王知道儿子摩哂陀长老已经到达，非常重视此举。摩哂陀长老赴楞伽岛当年的9月，阿育王应盟友天爱帝须王之求，又派女儿僧伽密达长老尼送菩提木雕坐佛像一尊至楞伽国。阿育王为弘扬佛教做了如此多的功德。在阿育王接受灌顶30年之际，阿珊蒂梅达王后辞世。

据《大品经释》载，阿珊蒂梅达王后听到妙声鸟的啼鸣声，深感悦耳动听，赞不绝口。王后想，虽然这仅是一种动物啼鸣之声，已如此美妙。若闻一切种智佛陀之声，不知该如何感人！王后抱着对一切种智佛陀强烈崇仰的心情，增长了毗婆舍那，达到预流果界。

（104）阿育王辞世归天

阿珊蒂梅达王后去世后四年，阿育王立帝须勒卡公主为后。帝须勒卡王后知识浅薄，心胸狭窄，却自诩貌美。王宫前有一菩提树，国王每日虔诚膜拜。王后对此极为不满，耿耿于怀，认为国王敬树超过于爱她，便命侍从将菩提树锯倒。阿育王在与帝须勒卡王后结合三年后，即灌顶前 4 年，灌顶后 37 年，两者相加共 41 年，佛历 255 年（公元前 289 年）时，辞世归天。据《世名经》载，阿育王辞世之后，因他行了最大限度布施之功德，得以归天成神。

《缅甸大史》详细地写道：阿育王辞世前夕，因愠怒所致，死后变成一条锦蛇。后来，摩哂陀长老弘诵佛法，它接受了佛法，又由锦蛇之身再死，归天成神。因为此说并非出自可靠的经典，故本史未予采纳。

《悉诃拉事论》[①]中有如下记载：阿育王之友，统治楞伽岛的天爱帝须，后来也成为忉利天中一位神通广大的天神。此二位天神未能在天国享尽神寿，在天帝释恳请之下，下凡来到人世。阿育王在楞伽岛塞陀帝须王时期，降生为富绅之子单补拉；天爱帝须王则投胎到比亚伽婆罗女富绅的腹中。两人到七岁时，均出家为僧，后来均成为具有四无碍辩道的罗汉。阿育王再世称为贡陀拉帝须长老；而天爱帝须再世即比亚伽长老。这两位大长老同时出生，同时

① 《悉诃拉事论》Sīhaḷa Vattu。

出家，同时成为罗汉，同修经典，临涅槃时又在楞伽岛上共展大神通，继又双双圆寂归天。

第　三　编

在讲述过第二部分之后，本编准备讲述从源自太阳王后裔释迦族系的缅甸君王们首建的太公①国开始的各个王朝历代君王世系以及佛教、舍利等情况。

（105）中天竺释迦族系的阿毕罗阇王②首建太公国

太公国在拘楼孙佛时称善娑耶补罗，拘那含佛时名罗塔补罗，迦叶佛时则叫顶兑，至乔答摩佛时始改名为太公。释迦族的阿毕罗阇首建太公城，并在此称王。

阿毕罗阇王　　释迦牟尼在菩提道场具足四谛成道很久很久之前，主宰拘萨罗国与般遮罗国的君王般遮罗王为与拘利耶王联姻，遣使臣前往求亲。因为拘利耶王高傲自负，且出言不逊，引起两国大战。般遮罗王旗开得胜，拘利耶、提婆陀诃、迦毗罗卫等三国释迦族君王出师败北，分成三股，释迦王族式微。后得重建，三国释迦族君王再次繁荣兴旺。

上述三国式微之时，迦毗罗卫国阿毕罗阇王亲率大军放弃中

---

① 太公，原系掸语，意即：鼓渡头。

② 阿毕罗阇 Abhiraja，旧译阿婆醯罗娑。

天竺，创立了名为僧伽夏罗塔的太公国。阿毕罗阇首建的太公城，亦名僧伽夏罗塔[①]，或名僧伽夏那伽罗[②]。（罗塔与那伽罗均为巴利文，有“国”或“城”之意，没有什么区别。）

阿毕罗阇王辞世后，长子大甘罗阇、次子小甘罗阇兄弟二人争夺王位。是时，贤明大臣进谏：“二位殿下若动干戈，民众遭害，生灵涂炭。请勿动兵刃，开展功德之战意下如何？”二位王子问道：“何谓功德之战？”答道：“二位殿下可各建一大布施彩棚。但必须当夜完成，先成者继父业，登基为王。”二位王子齐声赞同。遂各踞守一山头，开始建造布施彩棚。哥哥大甘罗阇用大木大竹建造，未能竣工；弟弟小甘罗阇则采用小木小竹材料，再以白布围之，外涂白灰，按时完成。

次日凌晨，哥哥见其弟所建之白色布施彩棚已竣工，便带领人马出走，顺伊洛瓦底江而下，再溯珊拉伐底河而上，行至格礼当纽，将该地命名为王舍，驻半年之久。是时，正逢苏那波兰达国的骠族、干延族[③]、德族[④]四处求王。大甘罗阇便派子穆杜塞达赴骠族地区为王，自己则在吉沙巴那蒂河东侧建立皎勃当城，在位 74 年。大甘罗阇从该地兴兵又征服了古马来由王建立的旦迎瓦底城[⑤]。小甘罗阇则在太公继承父业，登基为王，掌管国政。

太公国历代君王世系从阿毕罗阇释迦王起，其子小甘罗阇、子

① 僧伽夏罗塔 Saṅgāssaraṭha。

② 僧伽夏那伽罗 Saṅgāssanagara。

③ 旧译干漾族或干阑族。

④ 旧译帖族。

⑤ 旦迎瓦底亦译陀迎伐底，即今日之若开。

赡部提婆罗阇、子僧伽萨罗阇、子毗班那罗阇、子提婆达罗阇、子牟尼伽罗阇、叔那伽罗阇、弟因陀罗阇、子萨穆蒂罗阇、子提婆罗阇、子摩哂陀罗阇、子毗摩拉罗阇、子悉诃努罗阇、子敏伽那罗阇、子甘萨罗阇、子羯陵伽罗阇、子顶兑罗阇、子悉诃拉罗阇、弟汉萨罗阇、子伐罗罗阇、子阿朗罗阇、子拘拉伽罗阇、子都利亚罗阇、子丁基罗阇、子岱漆罗阇、子摩堵罗阇、子明拉基罗阇、子丹苏悉诃罗阇、子陀宁偈罗阇、子哂陀罗阇、子莫梨耶罗阇、子本那加罗阇等共33代一直在太公城为王。

在上述王族世系的末代君王本那加罗阇时，名为僧伽夏罗塔的太公国遭到乾陀罗秦国中国人的侵扰①，僧伽夏罗塔太公国随之式微，本那加罗阇王收拾残部逃入马垒羌。本那加罗阇命终之后，其部下兵卒人马分裂为三股，一股在东部建立掸19县，称本那加罗阇王族；一股沿伊洛瓦底江南下，进入骠、干延、德族聚居区穆杜塞达等释迦族王的苏那波兰达国；一股则与那伽岑王后继续驻在马垒原地。

是时，在中天竺乔答摩成佛，舍卫城的波斯匿拘萨罗王向迦毗罗卫国的摩诃那摩王求亲，请娶其女为妻。摩诃那摩王担心血统混杂没有给嫡系公主，而将女奴所生的伐萨刹帝利公主嫁给他。波斯匿拘萨罗王立其为后，生下一子，名毗陀堵巴王子。王子成人后，来到迦毗罗卫国他曾住过的地方，听有人念叨：毗陀堵巴王子住过的地方就是“女奴之子住过之地”并用奶汁来冲洗。于是，毗

① 乾陀罗 Gandhālarāj，原文照译。按书中所述约在公元前6世纪。但我国秦帝国是在公元前3世纪，公元前6世纪时还处于春秋时代。未见我国史料中有当时我国境内国家与太公国发生战事的记载。

陀堵巴王子发誓:“以后我即位为王要用此等人腔中之血冲洗此地。”父王辞世后,毗陀堵巴王子即位。依其誓言三次出动四军,欲消灭释迦族诸君王,皆受佛陀之制止,未能遂意。第四次又发兵时,佛陀见释迦族诸王犯下的前罪,不再阻挠。毗陀堵巴王带兵攻至迦毗罗卫国,除摩诃那摩王身边的人外,将所有释迦王族全部杀死,连哺乳婴儿也未放过。

若问释迦族何在？尚存三支。一支以草为名,自称为“草”幸免于难,人称为“蒂那释迦”[①];一支以芦苇为名,自称为“芦苇”幸免于难,人遂称其为“那拉释迦”[②];另一支是摩诃那摩王身边的人,人称“勃格蒂释迦”[③]。是时,释迦王族均逃至莫梨耶城、毗堤娑纪梨城、般堵罗阇城等地。可见,即使是高贵吉祥的宝地,有一夫当关万人难敌的美好的大都城条件的疆域,有七由旬宽广的八万余君王曾在此即位的释迦国迦毗罗卫、提婆陀诃、拘利耶等大城也不能违背无常之法,在拘利耶王和摩诃那摩王在位时两度被毁。

值此释迦族诸王败毁之际,名为陀阇罗阇的释迦族君王率领大军从中天竺来,首先重建了莫梨耶。此地即《法句经释》等佛经称之为莫梨耶者。《乔答摩富罗那》[④]等世俗典籍则称之为莫因偈;《若开史》等典籍称之为莫因;今称之为梅因。接着又创建了顶兑城。再次,与马垒地区的那伽岑王后相遇,因为同族同宗同是释迦族,国王与王后两人便结合共建上蒲甘国。之后生一子,名毗罗

① 蒂那释迦 Tinasākī,即:“草释迦”之意。

② 那拉释迦 Nalasākī,即:“芦苇释迦”之意。

③ 勃格蒂释迦 Pakatsākī,即:“本来的释迦”之意。

④ 《乔答摩富罗那》Gotamapūrāṇa。

偈。继之，又迁至昔日释迦族君王居住的僧伽夏罗塔太公国，并将其改名为般遮罗[①]，兴建宫殿王城，该城称为般遮太公。

建成般遮太公城后，举行极其隆重盛大的都城宫殿的启用仪式和升殿典礼，号为“德多赡部提婆陀阇罗阇”[②]，举行盛大洗头灌顶礼、加冕仪式，首先授予学者们勋衔，并给予文臣武将、左右官员、四军兵勇、富豪商贾、星相术士、医师工匠等1060个封号。

德多赡部提婆陀阇罗阇大王在建造宫殿记录中说：为建造宫殿设计了三年零七个月。主殿大柱用黄金盘垫底；所有小柱用白银盘垫底；主殿大柱顶端置一红宝石罐。由两位罗汉弘诵消灾经文以示祝福；金宫屋顶乃众龙神所建，金宫底部由僧伽夏果罗人所建，中间造九层重阁；主殿内外四周皆装有拱形装饰物；四周内外各立两尊与星辰相对应的佛像。国王洗头灌顶时，众神送来阿那伐陀湖及五大河之水，并将上述各种水与伊洛瓦底江水混用。当日，王后宫妃及民众也一起吉庆洗头。

国王洗头灌顶毕登上宝座时，梵天王与龙王居右，天帝释与雨神居左；八位国师婆罗门各执法螺立于右侧，10万文武大臣、两位王后、700位宫娥、90头白象、180匹印度骏马与无数勇士等环立左右。然后国王升殿登座。进登座御馔。进馔时，有饭170锅，菜170锅，用宝石盘盛之。首先敬佛，供奉天帝释、梵天、守护金伞宝盖之神、护殿之神、护城之神等；接着向王宫庭院撒饭菜，喂两猫；一时之后，命二人先食；再过一时，国王进馔；继而王储与大臣

---

① 般遮罗 Pañcālaraj。

② 德多赡部提婆陀阇罗阇 Thato Jambūdīpudajaraja，意即：智勇的南赡部洲旗帜之王。

们进食。

是时，众神送来大鼓；将两面牛角瓜鼓挂在御前白伞左右各一面；又备有五面大鼓，即紫铆大鼓、伽彬大鼓、玉兰大鼓、紫檀大鼓、柚木大鼓，五口大钟，名为：上奏、进言、开导、倾听、劝谏。该王在位时，下过四次宝石雨。国王有两位王后，20位王子。20位公主。王子与公主们相互结为夫妻。从该王传至德多摩诃罗阇王共有17代，均为其兄弟子孙相继即位为王。

各王名讳如下：德多赡部提婆陀阇罗阇、德多岱亚罗阇、德多亚塔亚、德多丹宫亚、德多兰弁亚、德多瑞、德多格龙亚、德多那伽亚、德多那伽乃、德多亚豪拉、德多榜榭、德多皎榭、德多新劳、德多新腾、德多岱漆、德多明基、德多摩诃罗阇。因恶神、魔鬼、夜叉、龙蛇等为患，诸王在位时间皆不长。最后一代德多摩诃罗阇无子嗣，遂立紧那梨黛维王后之弟凯巴都达为王储。

是时，骠族地区由大甘罗阇王及其子穆杜塞达王之释迦王族世系传至丹补罗王。丹补罗王受到旦迎瓦底的骚扰，并被掳走。他的王后南坎则随其军旅迁之德加因[①]。

上述内容，在《缅甸大史》及《新史》中均无记载。关于缅甸第一个建立起来的太公国始末，以及源自太阳王后裔释迦族系的缅甸君王的继承情况，均系根据《法句经释》等佛教经典、《乔答摩富罗那》等世俗典籍以及《若开史》、《太公史》、《太公金宫史》、《若开圣人史》等各类古代史书，全面校勘研究后得出的材料。

① 意为：释迦湖。

(106) 室利差呾罗城[①]之建立

上文已就佛陀成佛前缅甸最早的国家太公国的情况作了介绍。下文拟谈谈室利差呾罗城的情况。

众胜者之首获一切种智的尊贵佛陀成佛五年之际，苏那波兰达国中，有一名叫垒盖的商人们集居的村庄，有兄弟二人，哥哥名摩诃布翁，弟弟名素拉布翁，向佛陀祈求建一檀香寺。尊贵的佛陀预见到：未来佛教将在缅甸长久流传。便在檀香寺竣工前，数度与500罗汉乘坐500飞行重阁，从天驾临该寺。檀香寺竣工时佛陀又在该寺化缘，亲临该寺参禅七日。众僧俗均享受到圣谛甘露。

是时，苏那波兰达国有善男信女各500人成为罗汉，有84000徒众获得解脱之道。佛陀并为当地的迪萨班陀长老讲道，使其获阿罗汉果。在迪萨班陀长老和那曼达龙王的请求下，佛陀在迪萨班陀山顶和曼羌河畔的大石之上留下两处宛如印章般清晰的足迹。后来建造了两座足迹塔。佛陀并授记："吾之佛教未来将在苏那波兰达、丹巴提巴[②]等缅甸人的国家内获得良好的发展。"

从此处佛陀又云游来到博乌山巅，见东南海面上漂浮着干牛粪。一只小鼹鼠用嘴拱起一点儿土来向尊贵的一切种智佛陀顿首礼拜。

佛陀见此二征兆微微一笑。从弟阿难陀请教缘由。佛说："阿

---

① 今日缅甸中部卑谬之古称。

② 丹巴提巴，我国史籍上称之为擔泊者，即今日的蒲甘。

难陀，吾涅槃后，佛历40年（公元前504年）时，此地将出现五大征兆。”

“五大征兆即：地声回荡发生强烈地震；博乌山岬出现一大湖；形成色蒙色密河；地面上隆起卜巴山；建造室利差呾罗城处海水干涸。此五兆出现时，小鼹鼠将化身成人，名竺多般，创立国度，兴建宫阙，自立为王。从其在位时起，吾之佛教将在缅甸人的国家内长久发扬光大。”

正如佛陀授记那样，在释迦牟尼涅槃后佛历40年般遮太公释迦族第17代王德多摩诃罗阇在位时，一头身高12肘尺的大野猪四处为患，致使边疆民众不得安生。太公王得知后，召见王储说：“朕听说今有一头野猪窜扰我国边寨村庄，致使乡民不得安居乐业。朕命你前往除之。”王储说：“我绝不能容忍敌人在我南岛肆虐为患。野猪不除，誓不回城！”王储奏毕，即带上五件武器[①]奔赴野猪窜扰之地。

另，也有史籍载，该野猪似乎是大王行猎时所遇。

野猪遇见有造化之人不敢寻衅，向山林之地掸邦木掸逃窜。王储尾随其后。野猪为躲避死难逃进山谷。至今此处仍称为“外温”[②]。

据《缅甸大史》记载，野猪由此继续向西南方向逃窜，渡过伊洛瓦底江。因其身躯庞大，过江时江水竟未能沾湿其肚皮，故将该地起名为“外马素”[③]，流传至今。古代史籍则载，蒲甘骠绍梯王追杀

① 五件武器，缅甸人谓：弓、剑、叉、棍、枪。也有大同小异的其他说法。

② 意即：猪逃入处。

③ 意即：猪未湿。

的野猪在此渡过了江。又据太公王储追杀的野猪身高12肘尺，这与因其身躯庞大渡过伊洛瓦底江时江水未能沾湿其肚皮之说也是不一致的。

野猪沿着外马素继续往前逃窜，来到室利差呾罗附近一岛上。王储尾随至该岛，并将其杀死。后来人们将该岛命名为“外拖”①。

王储战胜野猪之后，心中思忖，为追杀野猪，今离家路途十分遥远，若返回太公奏知国王野猪已死，陛下也未必相信。即使将野猪献至御前，国王信了，也只能得到些许现时之利。我年岁已大，与其返回太公享受王储之福，不如出家修行，寻求轮回之利更好。随即在该地出家修行，不久便获得禅定神通。

仙人经常在一石槽中小解，一头小母鹿常来舔喝石槽中的尿水。时日一久，母鹿怀胎，足月生下一女。母鹿本是动物，乍听见女婴啼哭之声，便惊慌逃走。仙人在此人迹罕至之处听见女婴哭声，想必有缘故，前往察看，发现一五官端正相貌俊美的女婴。仙人心中思忖，定是母鹿舔喝我的小解，无意喝下小解中带有的精液，怀孕生下此女的。立誓道：“倘若如我所想是我骨肉，愿我的食指与中指流出乳汁，以便喂养此女。”誓毕，两指顿时流出乳汁，女婴得以吮吸。仙人将女婴收养为女，长大后起名“蓓达莉”。②

常来侍奉仙人的众神也不断馈赠一些适合少女穿戴的衣物饰品。蓓达莉年满17岁时，仙人思忖：“吾辈仙人罗汉不宜与女流之辈同处一起，若他人瞥见亦不相宜。”为了能让蓓达莉白天在外打

① 意即：杀猪。

② 蓓达莉的传说非常类似于本生经第523号或526号故事。

水，夜晚才能返回，仙人给了她一个没有钻过眼儿的葫芦，让蓓达莉先将葫芦浸入水中，再用竹筒接无眼葫芦滴下的水，竹筒接满水需整整一天。从此蓓达莉终日在外打水。

以上便是有关太公国王妃之弟从太公来到室利差呾罗的情况。

（107）素拉丹婆瓦与摩诃丹婆瓦两兄弟

统治太公国的德多摩诃罗阇大王，命其姻弟——王储除掉野猪之年，乃佛历 40 年（公元前 504 年）。是年太公国王后生下一对孪生盲兄弟——素拉丹婆瓦与摩诃丹婆瓦。国王深感羞惭，遂对王后说："汝可将现生之盲兄弟弄死，勿让他人知晓。"因是自己骨肉，王后便暗中将二子藏起。佛历 59 年（公元前 485 年），王得知王后藏子之事，道："哼！王后，汝此种作为岂不有损朕的荣誉？现在必须立即将他们兄弟二人杀死。"王后慑于国王之威，不敢再违命私藏，想：现在马上杀之不如让他们离开，听天由命。于是便命人造一上好坚固的筏子，备足可食用许久的干粮和糕点妥善安放在筏子上，并告诉了王子们，叫他们乘筏子顺江漂走。

两位王子吃着母后为他们准备的干粮糕点，顺流而下。一日，漂到实皆[①]，撞在一垂到江面上一棵阿拉伯橡胶树的树杈上。此时，该地的女妖姜陀牟纪便跳上筏来，不断地偷吃两位王子的干粮。此地因阿拉伯橡胶树的树杈下垂江面，所以至今仍被称之为实皆。

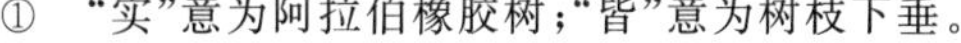

① "实"意为阿拉伯橡胶树；"皆"意为树枝下垂。

另有史籍记载,似乎是王子的筏子到了蒲甘郊外的勃鲁德羌[①]女妖才登上筏子的。

两位王子说,原来每餐饭包都足够我们吃的,现在却不够了,内中定有蹊跷。于是兄弟二人将各自的双手都作了记号,打算探明虚实。果然,抓到了女妖姜陀牟纪的手。兄弟二人速取出短剑要杀女妖。王子乃是有造化之人,女妖在其面前无法脱身,怕自己命丧黄泉,忙求饶道:“请二位王子饶奴一命,今后王子如有差遣之处,奴定尽力效劳。”王子问:“你能否使我兄弟二人重见光明?”女妖答道:“可以!”二位王子让女妖发誓后,才放了她。女妖将事情原委告诉威力无穷的神妖。神妖预见到:从此二位王子开始,今后历代国王将承担起传播发展佛教的重任,便赐给了上好眼药。

女妖随王子们的筏子漂流,并着手为王子们医治眼疾。开始医治的地方叫“色固”[②];王子们见到光明的地方叫“育瓦林”[③],此地名一直流传至今。王子们见到光明之后,把天空叫做盖子,把大地叫做里面,所以后来就有了“摩布翁”[④]和“美德”[⑤]两地名。

《缅甸大史》也说,女妖姜陀牟纪到“色固”之后始为二王子治疗眼疾,二王子的眼睛是在到达“育瓦林”后才看到光明的。在《新史》中则另有一说,即王子们的眼疾开始治疗是在实皆附近的“色

---

① 意为:妖怪登上(筏子)的小溪。

② 意即:开始治疗。

③ 意即:光明村。

④ 意即:天空盖子。

⑤ 意即:大地之中。

固莫”[①],治好是在“色林”[②]城。

卑谬的《卑谬佛发塔史》载:二王子多次吃不饱才捉住女妖,并叫她治眼疾的。至岱内羌女妖上岸寻药,至色固开始为二王子治眼,至育瓦林二王子获得光明,故有此地名出现。据说王子眼睛看到光明后曾说:“天为盖地在中”,故该地名为“摩布翁”和“美德”。《古蒲甘史》的记载也与此吻合,二王子在“亚林”[③]一地得到女妖的两粒神丹妙药,眼睛遂获光明,因此该地名为“亚林”。从马龙城郊的亚林与摩布翁、美德此二地间的距离看,此种说法也是合乎情理的。

根据某些古老史籍的记载,二王子到马龙才获得光明,女妖在良吴河岸才登上王子们的筏子。此说也颇合情理。因为从色固和亚林两地之间的路程分析是合适的。倘若说女妖是在实皆登上王子筏子,并多次偷吃王子们的佳肴才被捉住,那么女妖登筏之地与被捉之地必然相距甚远。但是实皆与色固莫二地却几乎连成一片。说多次偷吃糕点,实难叫人信服。

其他史书没有一部记载,眼开始治于色固莫,眼明于色林的,仅《新史》中有此说。至摩布翁、美德方见到天地之说,显然也不合乎逻辑,因为眼明之地与见到天地之地相距甚远。学者们认为“色林”实为巴利文“色林伽补罗”[④]之简称。一般史籍关于色固和亚林的说法,观点大多比较一致。因此《新史》中关于眼开始治于色

① 意即:开始治疗的山岬。

② 意即:开始光明。

③ 意即:得到光明。

④ 色林伽补罗 Calaṅgapūra。

固莫，眼明于色林的观点，仅能作为一种个别的说法对待。

两位王子眼睛治好后，继续随筏子漂到白鹤飞翔之地——贡萨宾[①]筏子靠岸后二王子便带着五件武器上岸，来到国舅仙人修行处。"贡萨宾"今称为"贡德林"[②]。

根据《瑞喜宫佛塔史》记载，王子们到达此地时曾说：这岗子真亮。故后人称此地为贡德林。

两位王子沿着国舅之女蓓达莉去打水的足迹而行，见到蓓达莉打水的情景，王子们说道："你这姑娘真傻！打水的葫芦怎么不打眼儿？"随手拿过葫芦用短剑切开葫芦头，倒出葫芦籽，还给她汲水。水灌满了竹筒。从此，"葫芦不打眼儿"[③]这句话便成了一句俗语。

蓓达莉灌满水后便回到父亲——仙人的寺庙。仙人惊讶道："今天你怎么这么快就打满了水？"蓓达莉将事情经过告诉了仙人。仙人请来两位王子，向他们详细询问。二王子说："我们两人是太公国王后紧那梨黛维所生。出生时因中了瘴气，双目失明，得到姜陀牟纪女妖的医治才重见光明。"仙人听罢大喜，说道："你二人原来是我的甥儿啊！"后来佛历 60 年（公元前 484 年）仙人将女儿蓓达莉嫁给摩诃丹婆瓦为妻。

是时，旦迎瓦底打败并掳走了骠王丹补罗，南坎王后仍在该地。事后，干延族垂涎该地，随之发生了干延族与骠族之战。骠族得胜，干延族败北逃遁。所谓干延族实际就是对丹兑至山区七县

① 意即：白鹤飞翔之地。

② 意即：平坦的土岗。

③ 意即：令人费解。

居民的称呼。后来，骠族又发生了南坎王后与兄弟争位的事。结果，南坎王后夺得其位，并带领众将士在德加因建立村庄驻扎下来。她的兄弟则带领手下兵勇逃往博乌。

《缅甸大史》和《新史》中一般都称南坎为骠王后。为了交待清楚和与《古蒲甘史》相一致，我们将丹补罗王之后南坎的全名记录下来。是时，上自骠王后，下至德加因一带的臣民，均将太公王的国舅仙人奉若佛祖。仙人具禅定神通，威德极高，精通十八般技艺①，通晓治国安邦之道。

仙人对骠王后说："吾甥摩诃丹婆瓦，具备君王之美德，通晓佛典，熟悉兵法，骁勇善战，可立其为王，继承你之王位。"骠王后思忖："我乃女流之辈，倘若敌寇来犯，需以武力与韬略制胜，国家始能太平。"遂立摩诃丹婆瓦为王。骠王后是太公释迦族的后裔，所以将其住地称为德加因。骠王后之所以是释迦族，是因为当年大甘罗阇王尚在格礼当纽的王舍城称雄之际，骠族首领提婆堵陀前来求赐释迦族王储。大甘罗阇王便将 16 岁的王子穆杜塞达送到骠族地区接受王位。

阿毕罗阇王在世时，其子大甘罗阇与公主苏婆达黛维结为夫妻，生下穆杜塞达王子。穆杜塞达王子出生时母后辞世。由释迦族后裔穆杜塞达延续而来的骠王后，自然也属于释迦族系，属于释迦族的骠王后的住处便称为德加因。

此事在《缅甸大史》、《新史》等史书中未有记述。根据《古蒲甘

① 缅甸人谓男子应学会的十八种技艺。即：应该精通吠陀、法典、占卜、养性、格言、科学、歌舞、数学、射术、古语、天文、史诗、医药、幻术、诗歌、修辞、语法、符箓等十八种技艺。也有其他大同小异的说法。

史》、《太公史》、《若开史》在此补充说明，以使从释迦族延续而来的历代缅甸君王世系更加清晰无误。

摩诃丹婆瓦王登基之年为佛历 60 年（公元前 484 年）。该王有两位王后，即：蓓达莉和骠王后。骠王后生一女之后不久去世。蓓达莉王后身怀竺多般王子 3 个月时，摩诃丹婆瓦王辞世。摩诃丹婆瓦王 20 岁登基，在位 6 年，终年 26 岁。该王弥留之际，连续发生地声七日。生辰为月曜日。

佛历 66 年（公元前 478 年）摩诃丹婆瓦之弟素拉丹婆瓦继位为王，立其嫂蓓达莉为后。其前妃即当王储时就侍奉他的女妖姜陀牟纪对此颇为伤心，便带着儿子毗湿奴前往卜巴山建立村庄住下。素拉丹婆瓦王以法治国，深得众望，26 岁登基，在位 35 年，终年 61 岁。弥留之际，天空暗如黑夜，持续七日，生辰为月曜日。

（108） 竺多般王

佛历 101 年（公元前 443 年），佛陀曾在博乌山巅授记过的五大征兆一夜之间俱现。

《缅甸大史》载，摩诃丹婆瓦王登基之际五大征兆出现。此说与前述佛历 101 年将出现五大征兆颇为矛盾。

是时，伽湾波堤[①]天尊、仙人、天帝释、龙、妙翅鸟、月天[②]、梵天王等七贤者，共同商议依照佛陀授记建城之事。他们寻得一风景

---

① 伽湾波堤 Gavaṅpate，原意为：公牛。

② 月天，又译作月仙。

优美地势平坦之场所。天帝释站在中心柱处，龙变成一条绳环柱而转。龙圈围之地直径为一由旬，方圆三由旬。在此建立室利差呾罗城，该城有 32 大门 32 小门，有护城河堑城楼箭垛等都城的十条件。气派非凡，宛如天帝释所居的善见城一般。

《缅甸大史》中提及七贤，其中无伽湾波堤天尊，而有鸠槃荼[①]。《新史》中所列之七贤则相反，伽湾波堤天尊又取代了鸠槃荼。《中史》里则上述二者均落选，代之入选者为欢喜天[②]。《古史》中七贤又恢复原样，除了仙人、天帝释、龙、妙翅鸟、月天、梵天王之外，伽湾波堤天尊又被列入。授记中还有：在竺多般大王为宫殿命吉祥名以消灾却祸之时，伽湾波堤天尊与仙人为其选定良辰吉日。只有前述七贤同《古史》、《新史》以及埃钦、茂贡等诗歌中之记叙相一致。

室利差呾罗城建于佛陀涅槃后的佛历 101 年正月初一，日曜日，旭日东升之时。

另有史册说是建于正月 11 日，月曜日。我们仅取多数可靠的记载。

众神在建造都城的同时，七日之内另建成三座宫阙重阁，一座 7 层、一座 9 层、一座 11 层，以供国王在雨季、暑季、寒季三时遣兴作乐。城郭与重阁中的装饰用具应有尽有十分齐全。建造完毕，天帝释亲扶竺多般大王登基，灌顶加冕。竺多般大王有两王后，一

① 佛经中所述一种鬼名。
② 印度人身象头神，或译作象鼻天。

是父王摩诃丹婆瓦与骠王后所生的王妹山达黛维；一是龙公主蓓姜蒂。

天帝释还赠予竺多般大王底拉温达宝刀等五件御用宝器，以及与大王相称之仪仗、镇敌宝矛阿辨陀摩、神钟、神鼓、国王乘坐的15肘尺高20肘尺长的纳拉基梨大象和瓦拉哈格马、17名日夜守护大王的神兵、鄂尼巴、鄂耶嘉、般兴漂、般兴纽和阿敦宾垒、彬宾垒等几位足智多谋的具有八项条件[①]可充当使者的大臣。

因竺多般乃福大之王，每走一步都会在地上留下深陷的脚印。天帝释以自己无穷威力，在竺多般大王每走一步时，都在其落足之地用铁钉相托。据传，从南赡部洲至阿修罗界、龙界均为其属地，需向其缴纳赋税。

缴纳赋税的情况是：先将通令拴在宝矛之上，登上掷矛山，掷出宝矛。此时，上述各属国之君顿感神矛刺头，只得纷纷好言相求，献上贡物，神矛始飞回；有时用神钟神鼓索税，钟鼓一鸣，诸人君、龙王等顿感耳边钟鼓巨响，只得卑躬请求，钟鼓声息。因此，南赡部洲之百王，每年均来敬献娇娥美女、象马坐骑、金银珠宝、锦帛毛皮、绸缎布匹等贡物。由于年年朝贡，贡品堆积如山，高达40肘尺。

一次，一神妖半夜来到王宫附近，天帝释得知后呵斥道："皈依佛法造化无穷的大王宫阙，岂是你辈去处？"遂将其关入铁笼。为使后世君王能知此事，天帝释特造一神妖石像关在笼中。佛历167年（公元前377年）11月10日，月曜日，金牛宫昌隆，月亮处于

① 参见本书(58)节所述。

金牛宫处，火星处于天平宫处，太阳与水星、金星会合于摩羯宫处，土星和罗睺星处于宝瓶宫，木星处于双鱼宫。是时，大王建造外宫，并举行消灾仪式。大王按照伽湾波堤天尊与仙人选定的良辰吉日，即佛历168年（公元前376年）4月11日，木曜日，金牛宫昌隆之日进驻新殿。该大王在位期间，据传拥有白象360头，黑象3600万头，还有一支人数极多的①配有各种兵器的兵勇。是时，天上曾降下五次宝石雨。国中有佛陀弟子罗汉3000，国王每日向他们供奉四物，聆听他们的教诲。

大王在国中广建浮屠宝塔，供奉佛陀舍利，以便广大民众膜拜。所建佛塔有“索嘉马”、“尼尼”、“喜喜”、“宝宝”、“廖廖”、“妙蒂丁”、“波耶当”等各一座，“苏当卑”两座，供奉佛陀臂骨舍利的“敏巴胡”宝塔一座，供奉从干延地区迎来的佛陀前额骨舍利的“浮屠基”宝塔一座，共计11座。

《缅甸大史》中仅记载有“索嘉马”、“尼尼”、“喜喜”、“宝宝”、“廖廖”、“妙蒂丁”、“敏巴胡”和“浮屠基”等8座。

《新史》中则只记载9座，即“敏巴胡”、“敏丁”、“索嘉马”、“宝宝”、“廖廖”、“喜喜”、“尼尼”以及两座“苏当卑”。

《古史》中虽也记有9座，但名称略有不同，即：“索嘉马”、“尼尼”、“喜喜”、“宝宝”、“廖廖”、“波耶当”、“德雅马”以及“敏巴胡”和“浮屠基”。

根据《卑谬佛发塔史》的记载，塔乃商人义纪达、婆梨伽两兄弟所建，至竺多般大王时重建，并命名为“妙蒂丁”。竺多般大王建造

① 原文为一廓巴尼Khawbhani之多，即在数字1的后面加上42个零的数字。

了“苏当卑”双塔，由文武大臣修建“妙蒂丁”。根据与各种雅都诗篇、历史典籍进行诸多核校，得出了上述共计 11 座的结论。

可能有人会问上述关于额带舍利的提法，与《佛额骨舍利史》[1]典籍中关于佛陀额带舍利到过锡兰的记载是否矛盾？巴利文“乌尼夏[2]”意为额带，而“那拉达[3]”意为额骨，从这一角度理解是合适的。此问题可留待讲述阿奴律陀王时期时再详述。

阿奴律陀王时期佛教兴盛，该王为以后诸王铭记在心，造福民众，与 3000 罗汉商议，曾编纂了一部以“逃脱恶趣”为首句的法典。

具有无限权力、威望和福分的竺多般大王有一次，因没收了一位卖糕点妇人奉献给僧侣的五缅亩[4]土地，天帝释送给他的神矛不飞了，神钟神鼓也不响了。

于是大王向各位高贵的罗汉们请教。众罗汉思索分析，知道是因为大王没收了卖糕点妇人奉献给僧侣的五缅亩土地所致，便说道：“大王，世间凡与三宝有关之物，皆如毒蛇。一切生灵若触犯毒蛇，将被其咬。若侵犯不该侵犯的属于三宝之物，也将失掉一切荣华富贵，面临灾祸，甚至折寿短命。大王索取了不该索取的物品财富，故有此事发生。”听众罗汉如此说，大王就将该五缅亩地又还给了卖糕点的妇人，但因曾索取了不应收取之物，神矛再也不飞了，神钟神鼓再也不响了，因此众君王再也不按例来进贡了。为此

① 《佛额骨舍利史》Nālaṭadhātu Vamsa。

② 乌尼夏 Uṇihssa。

③ 那拉达 Nālaṭa。

④ 缅亩：Pe。一缅亩等于一又四分之三英亩。

大王盛怒异常。

一回,竺多般大王召见般兴漂、般兴纽两位大臣,说"爱卿,南赡部洲乃朕之疆土,众诸侯国王为何不按时缴税?你等可迅速前往征收。"两位大臣率大队人马四处征税,历时七年。时日长久,大王对二人失去信任,设计将二人杀死。二位大臣死后,大王失去了强有力的征税人,于是亲自乘坐龙王进献的"龙鳞"御舫,走遍南赡部洲征收税款。

有一次,竺多般大王来到班特瓦城。班特瓦国王后心怀不善,将污秽之筒裙加工制成细软的手帕赠予大王。大王不加了解,毫无疑心,用手帕擦脸,大王额头之活痣顿时消失。痣一消失,龙公主蓓姜蒂也立即离开了他。大王郁郁不乐地返回京都。

是时,大王未将痰吐进痰盂而吐进大海,此乃说明大王之命数已尽,此时,龙王大怒,立即将大王与"龙鳞"御舫带回龙国。

《新史》里排除了《缅甸大史》中关于竺多般大王与"龙鳞"御舫被带回龙国之说。《新史》认为,"林今"舫即"龙鳞"舫,而"龙鳞"舫是到了竺多般大王之子竺多仰王统治时期才被埋藏起来的,此两种说法前后不一。其实,《缅甸大史》的不足之处是,它仅记载王子竺多仰时期只将"九宝舫"[1]藏起,阿奴律陀王曾将其挖出观看,后来又埋藏起来。并未说将"林今"舫和"龙鳞"舫均被埋藏。《缅甸大史》并未说明将"林今"舫、"龙鳞"舫埋起。《新史》认为"林今"舫即"龙鳞"舫亦不当。因当年所载之十二种

① 九宝指:钻石、珍珠、珊瑚、石榴石、蓝宝石、猫眼石、黄玉、绿玉、红宝石九种。

舟舫为："东鲁布佐"[①]、"东鲁贾岸"[②]、"卑基瑙"[③]、"瓦济雅丁卡"[④]、"昂达德哥"[⑤]、"牟奥皆"[⑥]、"岁勒耶蒂"[⑦]、"九宝"、"卑基湾"[⑧]、"丁雅卑松"[⑨]、"林今"、"龙鳞"。可见"林今"与"龙鳞"乃为两不同御舫。

竺多般大王有两位王后，龙公主蓓姜蒂无子，骠王后之公主山达黛维育一子，名竺多仰。母后山达黛维，太后骠王后均身出纯粹的释迦族。竺多般大王生于火曜日，35 岁登基，在位 70 年，终年 105 岁，佛历 171 年(公元前 373 年)被龙王带走，离开人世。根据竺多般大王一生之经历可知，身为大国之君王，凡属三宝之物，纵然是一花一果也不宜获取，需三思而后行。即便属自用之物，也需细心了解，确知其洁净无垢时方可使用。

室利差呾罗国在拘楼孙佛时代，称为勃特那巴堤；在拘那含佛时代，称为布翁纳瓦底；在迦叶佛时代，称为布翁纳；在乔答摩佛时，称为室利差呾罗；后因太公王之国舅变为修行仙人，又名罗西城。佛陀涅槃 100 年之时，在中天竺吠舍里国君伽拉索伽的支持之下，信摩诃耶舍为首的 700 罗汉举行第二次佛经结集，竺多般大王于结集的第二年，即佛历 101 年(公元前 443 年)登基。

---

① 意即：三界供奉。
② 意即：三界之首、佛陀。
③ 意即：大国之首。
④ 意即：金刚杵。
⑤ 意即：胜利之威。
⑥ 意即：天下星。
⑦ 意即：新象右牙。
⑧ 意即：大国之腹、大国的中心。
⑨ 意即：满载。

(109) 竺多仰王至悉梨罗阇王等八代君王简况

佛历 171 年(公元前 373 年)竺多般大王之子竺多仰王继位,是年 59 岁,在位 22 年,终年 81 岁。临终时,天雷霹雳七次。该王生辰为水曜日。

佛历 193 年(公元前 351 年)竺多仰之子仰邦王继位,该王喜善好施,大智大慧,结交仙人、婆罗门、罗汉、圣贤,怜爱民众犹如亲生子女,严守君王十规。该王 40 岁登基,在位 50 年,终年 90 岁。临终之时,二日共辉,相斗至午时。仰邦王生辰为土曜日。该王即位第二年,中天竺华氏城扶助第三次佛经结集的阿育王即位。二王同时为王。

佛历 243 年(公元前 301 年)仰邦王之子仰曼王继位,该王行为不端。30 岁登基,在位 50 年,终年 80 岁。辞世之日木星靠近月亮表面。该王生辰为火曜日。

佛历 293 年(公元前 251 年)仰曼王之子叶坎王继位,该王相貌英俊,王后众多,精通射术。叶坎王 40 岁登基,在位 31 年,终年 71 岁。临终之时,白昼出现星斗,影子倒映。该王生辰为月曜日。

佛历 324 年(公元前 220 年)叶坎王之子坎朗王继位,是年 37 岁,在位 38 年,终年 75 岁。临终之时,一巨蚌从天坠地。坎朗王生辰为水曜日。

佛历 362 年(公元前 182 年)坎朗王之子赖开王继位,是年 39 岁,在位 34 年,终年 73 岁。辞世之日,双日共照。赖开王生辰为月曜日。

佛历396年(公元前148年)赖开王之子悉梨坎王继位,是年40岁,在位28年,终年68岁。临终之时,金星靠近月亮表面。该王生辰为木曜日。

佛历424年(公元前120年)悉梨坎王之子悉梨罗阇王继位,是年51岁,在位9年,终年60岁。该王沉默寡言,忠于誓言,喜善好施。身边有6位国师。悉梨罗阇王曾拟削减历法403年,但因不合时宜,未能成功。他的6位国师是:卜巴摩尼、因陀梨耶、给达梨耶、山达梨耶、释迦、玛达。国王用此6国师撰写史籍和星相书,整理佛教经典。悉梨罗阇王建造无数佛窟寺庙,大力维护佛塔寺庙之田产,严守君王十规,深受僧俗民众、文武大臣们的爱戴。竺多般大王传位满9代,太公王世系断嗣。悉梨罗阇王生辰为月曜日。

(110) 鄂达巴[①]王

佛历433年(公元前111年)鄂达巴王即位。鄂达巴王简况如下:国中有一人,将其幼子送到和尚处当了小沙弥。师父对他颇为疼爱并教他学习三藏经书与吠陀。沙弥对师父十分敬重,殷勤侍候左右。一回,师父养的一只公鸡每日啼叫道:“食吾头者必成鄂达巴王。”师父听罢心中思忖,你这畜牲,怎这般啼叫?于是喊来沙弥说道:“徒弟,这公鸡叫得特别,把它杀了做熟给我吃。”徒弟照师

① 意为:旁系之人、旁人。

父吩咐去做。当做熟从锅中捞出时，鸡头掉在了灶台之上。徒弟怕弄脏了，就把它捡起来洗了洗吃掉了。师父问为何少了鸡头？答道："因为捞出时鸡头掉下弄脏，就没有给您添上，我把它吃掉了。"师父心想，此番该看公鸡啼叫得是否属实了。于是便将各种法典、王规、世俗之规等统统教给徒弟，然后让他还俗，送到一武将门下谋事。少年相貌英俊，且具有福相和智相。武将待其如亲子，给他相称的衣冠饰物，出入往来皆带在身边。

一日，武将带少年进宫。大王见少年举止文雅，有王公风度，十分怜爱。大王无子嗣，便将他要来立为王子，封该武将为王子的监护官员。少年通晓一切王规，善于处理国家事务，非常敬重国王，修养有素，深得国王和文武百官、僧俗民众之爱戴。国王遂立其为王储。

也有史籍记载，大王将公主许配给该少年为妻。

王储15岁时，国王去世，便继位为王。该王虔敬三宝，结交罗汉圣贤和婆罗门学者，严守五戒、八戒、十戒，以君王十规、四品律身，爱民如子，拜500罗汉圣贤为师，具备信、戒、闻、施、耻、慎、智等贤人七德[①]，在位期间下过7次宝石雨。该王在天帝释监护下建造一座宝塔，宝塔造毕，高呼善哉，顿时地动山摇。因该王并非竺多般大王直系，乃出自旁系，故后人称其为鄂达巴。

鄂达巴王生辰为火曜日，15岁登基，在位51年，终年66岁。王将死之时，双日共辉。该王在位第17年时，即佛历450年（公元

① 佛教谓：依佛陀教诲，贤人有七德。所谓"七德"，一说为：明了修身之道；精通受益之法；善于处理私事；知道审时度势；掌握大小尺度；熟悉众情；善解人意七条。一说如文，即：信、戒、闻、施、耻、慎、智七者。

前94年)正值锡兰岛国君伐多伽摩尼王在位时期,500罗汉圣贤,恐三藏经不能长久口颂流传,便将其写于贝叶之上,勘校百遍。

(111) 巴比仰王至贝阇王等十二代君王简况

佛历484年(公元前60年)鄂达巴王之子巴比仰王继位,是年37岁。该王生辰为火曜日,在位66年,终年103岁。弥留之际,木星靠近月亮表面。巴比仰王在位第6年,中天竺娑羯罗城之弥兰陀王与那先长老二人就若干重大问题进行了问答。此时,佛陀弟子已有亿万之众。

佛历550年(公元6年)巴比仰王之子仰牟卡王继位。该王生辰为土曜日,精通四吠陀,福大造化大,为人沉静稳重,信守君王十规,慈悯众生,爱民如子。67岁登基,在位15年,终年82岁。弥留之际,水星停止运行达7个月之久。

佛历565年(公元21年)仰牟卡之子仰登卡王继位。该王黑肤红眼红眉,忌妒他人妻室,为人残暴,不惜生命,不信佛法。文武百官、僧俗民众无不惧怕和诅咒他。在其统治年间,天大旱,人们食不果腹,民不聊生,且不弘扬佛法。仰登卡王65岁登基,在位3年,终年68岁。临终之际,天空四面发光。其生辰为日曜日。

佛历568年(公元24年)仰登卡王之子仰蒙萨彝陀王继位。该王具备戒、定、慧三德,虔敬三宝,弘扬佛法,信守誓言,爱僧俗如子,50岁登基,在位15年,终年65岁。弥留之际,天现彗星。其生辰为木曜日。

佛历583年(公元39年)仰蒙萨彝陀王之弟蓓彝陀王继位。

该王曾赴呾叉始罗城学习技艺，精通药学、符箓和吠陀。63 岁登基，在位 12 年，终年 75 岁。弥留之际，日出日落均在正午时刻。其生辰为土曜日。

佛历 595 年(公元 51 年)蓓粦陀王之子蒙萨拉王继位。该王 58 岁登基，在位 5 年，终年 62 岁。弥留之际，正午时分日始出。其生辰为水曜日。

佛历 600 年(公元 56 年)蒙萨拉王之子布翁纳王继位。该王 43 岁登基，在位 3 年，终年 46 岁。弥留之际，地声连续 7 天不止。其生辰为金曜日。

佛历 603 年(公元 59 年)布翁纳王之弟达卡王继位。该王 44 岁登基，在位 3 年，终年 47 岁。弥留之际，10 只秃鹫落在王宫之上。其生辰为月曜日。

佛历 606 年(公元 62 年)达卡王之子达底王继位。该王皮肤呈红色，举止不端，不为民谋利，不信奉三宝。29 岁登基，在位 3 年，终年 32 岁。弥留之际，王城四周地震，大地裂开并冒水，日月全食达一月之久。其生辰为土曜日。

佛历 609 年(公元 65 年)达底王之弟甘努王继位。该王 30 岁登基，在位 1 年，终年 31 岁。临终时，佛塔显奇迹。其生辰为日曜日。

佛历 610 年(公元 66 年)甘努王之兄甘岱王继位。该王 32 岁登基，在位 3 年，终年 35 岁。弥留之际，天空漆黑如夜。其生辰为月曜日。

佛历 613 年(公元 69 年)甘岱王之兄贝阇王继位。该王 37 岁登基，在位 4 年，终年 41 岁。临终之日，金星靠近月亮表面。其生辰为月曜日。

(112) 苏蒙陀梨王

佛历617年(公元73年)苏蒙陀梨王即位。该王行为不检,24岁登基,在位7年,终年31岁。临终之际,土星放射出彗星般的光芒。其生辰为土曜日。佛陀涅槃时摩诃迦叶长老为首的500罗汉圣贤与阿阇世王商议,将原历法减去148年,使其与佛教大业一致,成为统一的佛历。苏蒙陀梨王辞世之年为佛历624年(公元80年)。此时又值削元之年,天帝释化身摩汉拉伽婆罗门,在劳伽难陀皎色加地区的石头上留下了:"废去多多亚达622年为小历"的字样。悉梨罗阇王时也曾拟废历削元,但因时机不适未遂,故未计入。多多亚达为废历之长数,卡萨彬萨为废历之短数,所谓佛历者乃将佛教大业与历法两者统一起来的名称。①

(113) 阿蒂达罗王

小历2年(公历80年)苏蒙陀梨王之子阿蒂达罗王继位。该王品行不端,竟私闯母后寝宫,产生邪念。三皈依,守五戒,严守信

① 本书(40)节已叙述过,释迦牟尼涅槃当年,阿阇世王与摩诃迦叶长老考虑到佛陀预言佛教大业将长存于世5000年,为了历法能与其一致,改元开始称为佛历元年。"多多亚达"按缅文代表数字622,而"卡萨彬萨"按缅文代表数字560。佛历624年苏蒙陀梨王辞世之年,废622年,余2年称为小历。后来到小历562年时缅甸蒲甘王朝卜巴苏罗汉再次废历560年,余2年纪元至今,即当今之缅历。

誓的母后祝祷道：我的美德戒行若无缺陷，吾儿来时，愿吾寝宫变成拱形篷盖无门可入之室。果然如愿以偿。其子羞愧退下，顿感全身奇痒无比，正欲至宫中之四角湖沐浴，须臾之间，全身长满猴毛，变成一只猴子，被民众用石头长矛击毙。爱子变成猿猴逃离之后，母后也出宫急追，见状说："爱子的尸体回来吧！"至今该地仍被称为"朗达羌"①。阿蒂达罗王生辰为土曜日，15 岁登基，在位 3 年，终年 18 岁。王将死之时，金星放射出彗星般光芒。

（114）苏般若那伽罗岑那王

阿蒂达罗王死后，王弟等互相争位。王弟苏般若得位，于小历 5 年（公元 83 年）登基为王。在位期间因王系断嗣，故后人称之为"那伽罗岑那"②。苏般若那伽罗岑那王仪表堂堂，信、戒、闻、施、耻、慎、智皆备，视僧俗如爱子，虔敬佛法。一次，干延族作乱。王亲率象、马、水、步四军前去平叛，大获全胜。王在干延国中见到一尊（用中等身材人的手臂量的）88 肘尺高的金佛像，犹如觐见佛身一般，虔诚备至，日夜叩拜。此后苏般若王整整三年一直未离开这尊纯金制造的宛如阿利弥底耶佛的大佛像。时日长久，文武百官奏道：威德崇高的圣君，象马将士均已疲惫劳顿，请从速起驾返回京都。国王下谕：朕难与此佛像分离，尔等可备一巨大珠宝神筏，将佛像置于筏上，绕那伽意山，经海路运回室利差呾罗城。文武百

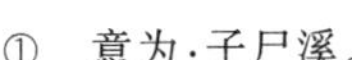

① 意为：子尸溪。

② 意为：国家断嗣。

官听罢心想,大王下了一道难以完成的谕旨。如此一来吾等恐难再与家人团聚了。个个忧心忡忡,人人郁郁不乐。后来,文武官员商议,在佛像座下掏一大洞。因佛像乃纯金制造,沉重异常,便倾倒一旁。大王见状遂问,佛像为何倾倒?文武官员们奏道:佛已归天。大王听罢十分不快,默然不语。文武官员们每人各备一根柴、一抔炭,将佛像熔化。大王又问为何将佛像熔毁?文武官员们奏道:佛已涅槃,神将其火化。大王听罢此言大为不悦,沉默不语。众官员恐大王动怒,就用熔化了的黄金铸成28尊各有一肘尺高的结伽趺坐的佛像和佩剑献给大王。文官武将也各自取了许多。事后,大王起驾回到室利差呾罗城。后来,当民众使用这些钱财时,七贤者建立的吉祥之邦,便饥馑成灾,盗贼蜂起,一片混乱,无法宁息了。

是时,狂风大作。一农妇手中的笸箩被风卷走,农妇边追边喊:"我的笸箩……我的笸箩……"一时,人们以为"鄂色郭[①]打来了"。全国惊恐,民众分为三支。大王染疾身亡。该王17岁登基,在位11年,终年28岁。该王生辰为月曜日。

(115) 骠、干延、德三支分成 永录岛地区十九村民众及萨牟陀梨大王登基

小历16年(公元94年)全国分裂为三支,即骠、干延、缅甸各一支。此后骠与干延开战,双方达成协议:人马多者胜,各造一大

① 鄂色郭是缅语"我的笸箩"的音译。色郭又是克伦人的一支,所以鄂色郭也可以理解为色郭克伦人。

佛塔。骠建塔于室利差呾罗城西，干延建塔于城北，先竣工者胜。干延用砖块建造，塔未完成；骠人聪明，用竹子编成塔状，围以白布，塔尖升伞。干延人见了，自知失败，匆匆逃遁。① 干延走后，骠人自相争斗，随后又分裂为三：一股并入甲宾；一股并入德，最后一股在当纽一地立国，3 年后，在孟人的攻击下崩溃，之后又在班当德达一地立国，6 年后又遭干延人的进攻而陷落，继之又建敏东，又历 3 年，到小历 29 年（公元 107 年）时萨牟陀梨王在永录岛开始立国。

摩汉拉伽婆罗门改元后，小历 16 年，室利差呾罗灭，骠、干延之间发生战事，骠人得胜，在当纽、班当德达和敏东等地先后立足，前后共历时 13 年。两者相加，即小历 29 年之际，萨牟陀梨王与 19 村民众在永录岛建立国家。

此处略有出入，上述骠人在当纽 3 年，班当德达 6 年，敏东 3 年，合计仅 12 年。《缅甸大史》却写作“合计为 13 年”。有可能是如此统计的，蒲甘立国于小历 29 年，室利差呾罗毁于小历 16 年，两者之间相差 13 年，于是历史便据此记入史册。

该 19 村是：1. 良吴，2. 那伽博，3. 那伽极，4. 曼基基，5. 杜底，6. 皎色加，7. 构盖登，8. 良温，9. 阿努罗陀，10. 丹仓宫，11. 育瓦蒙，12. 金罗，13. 高果，14. 当巴，15. 美开敦，16. 德叶亚，17. 翁米亚，18. 永录，19. 育瓦赛。每村设一村长，共 19 位。萨牟陀梨王统管 19 村，自立为王。

① 此处故事与本编开始（105）节所述大、小甘罗阇争夺王位故事颇为相似。可能源于同一历史故事。

《缅甸大史》记载的19村中有辛古一村。此说与下列之说不符，即辛古一地又名鄂辛古，乃因一名为鄂辛古的猎户曾于该地帮过江喜陀，因此而得名。因此，我们按《新史》中之记载，以翁米亚取代之。

(116) 阿梨摩陀那[①]——蒲甘城

佛陀在世之时曾从中天竺云游至该城建立之地，站在丹吉山巅远眺，但见河岸高处紫铆树梢上歇着一只白鹭和一只乌鸦；树杈间有一个伸出双叉舌尖的大蜥；树下趴着一只小青蛙。佛见此景，微微一笑。从弟阿难问佛为何发笑。佛说："阿难，吾涅槃后651年，此地将建一大城。"

"紫铆树梢上歇着白鹭和乌鸦，表明将来此地虔敬三宝喜善好施者多，邪恶不正品德恶劣者也多。"

"树杈间那个伸着双叉舌尖的大蜥，表明将来此城中的人们不事农作，专营商业，言语不实，不守信义。"

"树下趴着的小青蛙，表明将来此城中的民众生活安逸，快乐闲适。"

"创建该城的萨牟陀梨王在位期间，巨鸟、大猪、恶虎、飞鼯四害为患，将出现一位神通广大的君王来消灭它们。"应佛陀授记之言，骠绍梯[②]王消灭了巨鸟、大猪、恶虎和飞鼯。

---

① 意为：无敌城。

② 骠绍梯 Pyusawhti，旧译骠苴低或骠苏蒂。

（117）骠绍梯王

如前所述始于上古的摩诃三末多王的334569位太阳世系释迦族后裔之精英、人、神、梵天三众翘楚——释迦牟尼成道之时，摩诃那摩王执政期间，释迦族世系因毗陀堵巴王子的危害而败落。此时，释迦族国王陀阇罗阇王带了自己的大队人马，离开中天竺辗转来到伊洛瓦底江上游的马垒，随后与同族的那伽岑王后有了感情，结为夫妻，并于该地建立古太公国。随着时间的推移，太公王世系延续至第17代德多摩诃罗阇王登基。德多摩诃罗阇王之子摩诃丹婆瓦建立并统治罗西国。

此时，缅甸北部太公国国王德多摩诃罗阇与其子罗西国主摩诃丹婆瓦，两人各自统治着自己的国家。上述太公王世系的后裔德多阿蒂佳罗阇释迦王，避开马垒社会的不宁，以平民身份来到静处从事田园耕作为生。在其园圃中有一龙洞，是时人们有虔敬龙神的习俗，每日祈求龙神赐生贵子。一次，德多阿蒂佳罗阇王的王后，有福怀孕，胎足十月，生下一五官端正的王子，起名绍梯。居住在园圃洞中的龙王龙后怜爱王子，日夜佑护。王子七岁时，便向箭术精湛的高师仙人学艺。高师通晓《色尼迦耶》、《声尼迦耶》[①]等浮世经典，见王子相貌不凡，知其必出身名门，属君王世系，来日定为下缅甸之主。于是将王子改名为明梯[②]，并悉心教授其王子必

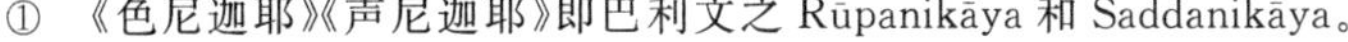

① 《色尼迦耶》《声尼迦耶》即巴利文之 Rūpanikāya 和 Saddanikāya。

② 明梯 Minhti，意为：王。

修的18般技艺。

王子16岁时奏请父王母后准其前往蒲甘城。父王母后忆起高师曾言及王子将为下缅甸未来君王一事,便允其请求。启程时,父王亲授其宝石弓箭。此弓非凡人所造,据称乃佛陀授记,天帝释亲赠,全部以宝石制成。供其战胜蒲甘仇敌,获得王位,并后传王族世系子孙后代,以弘扬佛法之用。

王子接受神弓之后直赴蒲甘城,住在一骠族老夫妇家中。骠族老夫妇无子,视其为亲子。一次,王子告骠族老夫妇,他要到林中习箭。老夫妇出于对孩子的爱护,担心发生意外,说:"亲爱的孩子,此国中东有一大猪,西有一巨鸟,南有一恶虎,北有一飞鼯,它们各有500同类护卫左右。国王无力制服它们,故每日必为大猪送去60块米饭团,9车南瓜,9车细糠;每7日为巨鸟送去7名少女。此等从未见过的凶顽大敌,糟蹋此国已12年之久矣!"王子完全相信自己之神力,遂去寻找恶敌。国南之恶虎,国北之飞鼯,国东之大猪,均被其寻着,并用其父王所赐之神弓宝箭杀死。

最后王子又来到国西巨鸟之巢穴。此时,备鸟食者为巨鸟送食,带来7名少女,被王子撞见。王子询问原委,备鸟食者逐一如实回答。王子斥道:"有我在此,岂能再言为鸟送食?"说毕将7名少女留下。7名少女死里逃生,万分感激王子救命之恩,遂为其向天祈祷。

此时,巨鸟见王子出现在自己称霸之地,便使出浑身解数,大显神通。王子视其如草芥,毫无惧色,严词怒斥,并用金刚宝箭将巨鸟射死。有诗云:

魔鸟凶猪害人畜,贪婪无度终被除,

力战恶兽获胜利，阿梨摩陀太阳族。

偌大巨鸟终杀却，凶恶公猪被剪除，

可歌可赞英雄汉，黎民百姓推圣主。

所以有人根据诗句说，只射死了巨鸟和大猪。如果，就此批评《缅甸大史》不对，恐亦不妥。不仅《缅甸大史》，其他诸如《蒲甘史》、《古蒲甘史》等也都清楚地记载了大猪、巨鸟、恶虎、飞鼯等四大敌人。上述诗歌作者劳加通当木[①]，只不过是将突出的内容写入了诗中而已。

据传，巨鸟死后，王子从它身上拔下一根羽毛让7名少女用头顶起，7名少女费尽力气才勉强顶起。王子叫她们顶着羽毛去献给国王，顶至途中，因沉重异常体力不支，遂将羽毛扔掉。因此，该地称为“艾当毕”[②]，称杀死巨鸟之地为“艾毕当”[③]。此二地名皆流传至今。

7名少女返回将青年孤身射死巨鸟事奏明萨牟陀梨王。国王听说为其送食12年之久的这些顽敌已被剪除，万分高兴，便带象、马、水、步四军前往王子绍梯所在处。抵达后，国王见到被射死的巨鸟躺在地上，犹如一座小山，便问王子：“年轻人，你出身何等门第？杀死这般凶顽敌人，用了哪种武器？”王子如实作答。萨牟陀梨王得知他出身高贵王族，且神通广大，智慧无穷，便将女儿底里

① 缅甸阿瓦王朝一著名诗人，约1498－1578年。该人名之意即：率领劳加战船三千之统领。

② 意为：扔掉羽毛。

③ 意为：射鸟之山。

山达黛维许配给他，定其为王储。据说，萨牟陀梨王执政期间给巨鸟献食整整 12 年，共送少女 4320 人。

上述数字与《古蒲甘史》所载相符。该《古蒲甘史》是根据历代著名学者所承认并诠释的史料编纂而成的。

其他若干史籍也有如下记载：伽拉那伽龙王的孙女、花龙之女赞底来到人间持斋守戒，住在马垒山，与太阳神王子发生关系，有了身孕。太阳神王子又离她而去。赞底龙公主临产前派白鸦去找太阳神王子。

王子包了一粒红宝石让白鸦带回交给龙公主。白鸦在归途中看见一伙商人在野餐。本性难改的白鸦打算捡拾商人们吃剩的食物，便将宝石包放在树杈上。商人和船主们发现白鸦放在树杈上的宝石包，将其取出，换上一块干粪放回原处。白鸦吃完忙取了包回去送给龙公主。龙公主见到干粪，非常伤心，便将龙蛋生在山边，然后返回龙国。

此时，天神指引一位猎人来到龙公主产蛋的地方。猎人发现龙蛋十分高兴，便将龙蛋捡起。时大雨滂沱，溪流四溢。当猎人过溪时，手中龙蛋掉入水中，一枚金蛋在摩谷贾宾一带裂开，变成红宝石矿藏。

一枚青蛋漂到顶兑国生出一位公主，公主长大后，被顶兑国王立为王后。另有史籍记载，青蛋漂到妙香国，有的则说漂到太公国。众说纷纭，很不一致。

还有一枚白龙蛋沿着伊洛瓦底江漂到良吴，被每开敦村人骠族老夫妇在河边发现捞走，拿给杜云山麓的修道仙人看。仙人学识渊博，看了白蛋说道，此蛋非同一般，乃一宝蛋也。蛋中将生出之人必定神通广大，才智过人，相貌不凡，能制胜大地上一切顽敌。且将弘扬佛法。骠族老夫妇听罢喜出望外，便将蛋好生藏起。到时果然生出一位神通广大、才智过人、相貌不凡的男孩。老夫妇像亲生儿子般养育他。

据说当其长大后，其父王太阳神王子亲自送给他克敌制胜的神弓宝箭。此说与巴利文经典注疏中记载完全不同。

所谓“伽拉那伽龙王有子花龙，花龙之女名赞底”。但经典中只记载佛陀成道之日吃过乳糜斋饭后，盛饭的金杯在尼连禅河漂浮，伽拉那伽龙王收藏了该金杯。至于伽拉那伽龙王有子花龙一事，却毫未提及。此乃与经典不同之一。

许多经典都清楚地记有：宇宙有一太阳宫，有太阳神。但是，却从未发现经典中有太阳神有子之说。这又是一不同之处。

星相书中有将土曜星说成是日曜星之子者。但在浮世星相书中却从未有土曜星是赞底龙公主之夫的说法。这也是一不同之处。

关于“太阳神之子与龙公主结合后生人”一说。《布利达本生》故事[①]中有如下记述：王子与龙公主结合，因其父是人根，结果生了一个人，而陀塔罗塔龙王子与萨牟陀阇公主结合，因其父是龙根，生下一条龙。

《大史》中记载，温偈罗阇王的公主与狮子结合，因其母是人根，结果生下了悉哈婆胡王子等。以上均有经典可考。太阳神王子与龙公主相结合，倘若确有其事，应随其父根或母根，生神或龙，

① 《布利达本生》Bhūridatta Jātaka，本生经第 22 卷——大颂卷第 543 号故事。

才符合情理。然而，此处却非神非龙，而生下人子，既不合情理，也违反经典。此外，岂能派白鸦去太阳神王子所在处？纯属神话传说。

“一枚金蛋在摩谷贾宾裂开变成红宝石矿藏”一说。南赡部洲上有宝藏 56 处，倘若摩谷贾宾一地确系龙蛋破裂变成的红宝石矿藏，那么其他各处的金银宝石矿藏难道皆为龙蛋所变？值得三思。经典中的确也无关于 56 处宝藏是龙蛋变化而成的记载。只能认为此说系一种夸张比喻之语。

关于青蛋的去处，众说纷纭。有的说到了妙香国，有的说到了太公国，还有的说到了顶兑国。妙香国距缅甸六个月路程，逾百由旬之遥，从马垒至妙香国又无溪流可达。龙蛋如何漂去？说得十分离奇。有的说到了太公或顶兑之后，变成了王后。太公或顶兑的确不远，处于今日缅甸国土之内，然而变成了王后，属于哪个朝代？是哪个国王的王后？写得非常明白的史籍中却无上述内容。因此，对古时由龙蛋变成王裔一类的记载，因不合情理，学者们是不赞同的。

倘若如此，又如何解释古蒲甘有埋藏蛋壳之塔呢？据各种史籍记载，阿努罗陀一地曾埋有巨鸟的头骨。只能认为，埋的是头骨并非蛋壳[①]。因此便推翻了龙蛋王系之说。实际据史料载，是从上古摩诃三末多王延续而形成的阿蒂佳太阳王系。

史料记载：悉达多王子出家，在阿瑙摩河边穿上梵天布施的莲花袈裟，落发为僧。之后，到达离阿瑙摩河 30 由旬的王舍城。此

① 缅文中头骨与蛋壳发音相似，且此处‘骨’与‘壳’是同一字。

地四周被般陀伐、纪阇拘达、毗婆罗、伊悉吉梨和方广山等五座青山环绕，犹如牛栏。悉达多托莲花钵在又名吉梨婆阇的王舍城化缘，频婆娑罗王见了跟随其后，到了般陀伐山谷间始得见面，并将国家奉献给悉达多，询问其出身世系。

悉达多答道：

高贵君王听我言，不恋王族尘欲念，
太阳世系释迦人，出家修行当罗汉。

这段出自巴利文《经集·罗汉经》[①]。说明了自上古摩诃三末多王至净饭王，不间断地延续了 334568 代，他们均属阿蒂佳太阳世系。迦毗罗卫城，从乌伽牟卡王起至第 82012 代君王净饭王止，不断地承袭了释迦族世系，所以他们属嫡系释迦族。根据上述巴利文《经集·罗汉经》之记载，凡摩诃三末多王之嫡系后裔，均属阿蒂佳太阳王族世系。著名诗人信摩诃蒂拉温达[②]曾赋诗道：

阿蒂佳属，八万代王，
统管三国，治理有方。
即将登位，时间不长，
一轮旭日，升自东方。
抛弃王位，脱去俗装。

关于摩诃三末多王属于阿蒂佳王族世系问题，《精义摄要》等经释中写道：

① 《经集·罗汉经》Suttanipāta Pabbajjasutta。
② 缅甸阿瓦王朝著名僧侣诗人，1468—1530 年。

太阳王族阿蒂佳，纯洁威德真伟大，
具有巨大非凡力，摩诃三末多是他。
宛如人类之慧眼，一切黑暗能看穿；
好似第二轮红日，射出恩惠的光线。

上述表明摩诃三末多是真正的太阳王族世系的后裔，他像第二个太阳，放射着威德的光芒。

有人说，天上的太阳仅能驱除表面的黑暗，摩诃三末多王却能驱除内在的黑暗。正因为如此，人们才将摩诃三末多王本人称为阿蒂佳太阳神王。学者们不赞同此一说法。

因为经典中将自然界的太阳称为阿蒂佳，将阿蒂佳太阳之子称为摩奴。宗教典籍中将摩奴称为摩诃三末多。因此，按经典之说，太阳王即阿蒂佳太阳王族世系，摩诃三摩多王即出自阿蒂佳太阳王族世系。巴利文的“阿蒂佳”应理解为太阳王，“固拉”应理解为摩诃三摩多王。

上述诸说，佛陀的弟子“智慧第一”舍利弗多罗在《摩诃尼陀萨经》[①]中有过论述。

太阳王应叫阿蒂佳，该太阳王属乔答摩种系。释迦佛陀也属乔答摩种系，因此也称释迦牟尼佛陀为阿蒂佳太阳王族世系。

经典中载，太阳王和释迦佛陀均出自同一世系，即太阳王族世系。由此可知，自摩诃三末多王延续而来的阿三彬那刹帝利王系，均属乔答摩种系，为太阳王族世系。

根据上述经典之记载，将从上古的摩诃三末多王延续而来的

① 《摩诃尼陀萨经》Mahāniddosa Sutta。

阿蒂佳世系称为太阳王族世系。有人写道,骠绍梯王之所以被称为太阳王族世系之后裔,乃是因为他是太阳神王之子与龙公主结合后生育的。

后来,许多作者在“埃钦”、“茂贡”等诗词中也一传十十传百地将龙蛋生出的人描述得似乎比阿蒂佳王族世系更加高贵。此类诗词如:

恶魔巨鸟,贪婪无度;
为害民众,凶残大猪。
阿梨摩陀[①],龙蛋神种,
引弓搭箭,将其灭除,
威力无穷,神通难述。

有的学者还在诗中这样歌颂阿蒂佳太阳王族世系摩诃三末多王的后裔,阿梨摩陀那古蒲甘国的骠绍梯王:

太阳神种,世系绵长。
阿梨摩陀,圣土之上,
高贵莲蕊,珊瑚为柄,
三拃粗细,九尺余长,
御伞荫蔽,无比吉祥。
神通广大,骠绍梯王。

学者们常说,不论它有多么古老,不好的终归应被抛弃。历史上也不乏例子。蒲甘先后 30 代君王在位期间一直信奉阿利僧。

① 即阿梨摩陀那,无敌城,指蒲甘。

见识卓著智慧非凡的阿奴律陀王在接受了法号为达摩达蒂[①]的阿罗汉长老阐法教诲之后，随即将谬误的阿利教革除。阿利僧众为骗取民众的信奉，曾将写好的字藏在杜梨紫葳树干上，等到树长出新皮将字覆盖以后，再假托为梦，引导人们在树干上把字找出。结果国王臣民轻信受骗者不计其数。所以，龙蛋王系之说虽不算古老，也应当将其作为古旧之说予以摒弃。可以确信，上述引用的有关《古蒲甘史》的内容是完全有据可查的、符合情理的。

以上所述，完全是为了消除人们对骠绍梯王乃龙蛋所生等一类无益说法的疑惑，提出的一些符合常理的材料。

骠绍梯16岁时被定为王储。3年后，萨牟陀梨王驾崩。萨牟陀梨王32岁登基，在位45年，终年77岁。大王弥留之际，车轮般大小的陨星落在御前。该王生辰为日曜日。

(118) 罗西姜王[②]

萨牟陀梨王辞世之后，骠绍梯并未马上登基，而是请对其有恩的修道仙人还俗为王。因该王曾是位修道仙人，故人称为罗西姜。小历74年(公元152年)罗西姜91岁时登基，在位15年，终年106岁。王弥留之际，登奈底与丁兼之时恰好重合[③]，生辰为月曜日。

据《宫廷寺庙史》等简史、古史记载，罗西姜属太公王世系。

---

① 意为：弘法。

② 罗西姜 Ratheikyaun，意即：假修道仙人。

③ 缅甸星相学将日出至日落这段时间称之为一“纯日”Thouddadein，一纯日的707分之692为一Tihti。凡度过62.909个Thouddadein时，就会多出一个Tihti来，这时就称为逢“登奈底”Deinnetthe之时。一年新旧之交时称为“丁兼”Thingyan。

(119) 继恩师罗西姜王之后骠绍梯王即位

小历 89 年(公元 167 年)骠绍梯登基为王。该王因由骠族老夫妇抚养成人,故称其为骠明梯[①]。该国在拘楼孙佛时期,曾名班堵巴拉萨;在拘那含佛时期,名丹巴拘蒂;在迦叶佛时期,名丹巴得萨;在乔答摩佛时期,名丹巴提巴;到骠绍梯王统治时期,易名为阿梨摩陀那。

《缅甸大史》中,前说萨牟陀梨王统治时期,其国名为阿梨摩陀那,又说骠绍梯王时名为阿梨摩陀那。前后自相矛盾。

骠绍梯王即位时,梵天在右,天帝释在左,搀扶国王双臂登基,其时神鼓大震,神琴齐奏,神笙喧天。立二王后,一是萨牟陀梨大王的公主底里山达黛维,一是威力无穷的龙王送来的龙公主意兰陀黛维。天帝释还赠予帝王登基五宝和全套宫廷仪仗与器物,九又三分之一肘尺长、三拃粗的珊瑚柄伞 8 把,该伞的百层伞面用柔软的月光白莲丝织成,伞顶挂着用无价九宝装饰的榕叶状饰物,整把伞用各种宝石点缀,金光闪闪。天帝释还赠予产自象王湖名为基梨梅卡拉的六彩牙飞象、产自身毒江畔的天竺良驹等。

龙王所赠大批礼品中有:与六彩牙飞象同种的名为摩诃苏婆达的六彩牙母象、内廷用白象 30 头、完美无瑕的内廷用黑象 4000 头、格达产黑象 700 头、完美无瑕的内廷用马 6000 匹、宫外用马

① 骠明梯 Pyuminhti,意为:骠王子,即骠绍梯。

6000 匹。与降敌用诸般礼品一道送来的还有：侍奉御膳的龙女一名、侍奉更衣的龙女一名、侍奉梳洗的龙女一名、御敌护卫龙兵180 名。国王起驾时龙兵们守卫在各处楼梯周围，因龙兵们惧怕妙翅鸟，个个头上梳着捕鸟套索状发髻，手执藤条。出行时龙兵们在前后左右护驾而行。

据称国王手下有四大将军，他们是亚扎沃陀那、德瓦沃陀那、达摩沃陀那、那伽沃陀那。有朝臣 8000 名、统领 16000 名、步卒10 亿、骑兵 3600 万、战象 600 万头。[①]

骠绍梯王在世期间办了 12 件大事，即箭射巨鸟；砍死大猪；斩除恶虎；杀却飞鼯；登基之际，人、神、龙、天帝释、梵天等齐集，神乐齐鸣，举行大典；于瑞喜宫佛塔处朝见母后；为显示威力，率象、马、车、步四军登卜巴山；千万华兵侵入临近国界的拘萨姆毗城之际，御驾率领象、马大军亲征；在位期间天上落下三次珠宝之雨，黎民百姓捡宝三次，合计 12 件。[②]

两位王后的随身宫娥有：佩戴红宝石饰物的 2000 名；佩戴蓝宝石饰物的 2000 名；佩戴花斑宝石饰物的 2000 名；佩戴绿玉饰物的 2000 名；佩戴珍珠饰物的 2000 名；佩戴钻石饰物的 2000 名；佩戴猫眼石饰物的 2000 名；佩戴珊瑚饰物的 2000 名；合计 16000名。两位王后各有 8000 名。

意兰陀黛维王后无子女。底里山达黛维王后育一子，名梯

---

① 原文如此。数字明显过分夸大不可信。此书中多数地方有类似的夸大。不再一一注明。

② 原文如此，实缺一件。经查，此段文字与《缅甸大史》第 1 卷(190)节完全相同。但本书作者在录取《缅甸大史》原文时，在“……神乐齐鸣，举行大典；”后将“朝见父王太阳神王子；”一句删去，故缺一件。

明尹[①]，成年后被立为王储。骠绍梯王父系母系均出自高贵种姓，神通广大，威力无穷，故不时有天帝释和龙王保护左右。南赡部洲所有君王均致函并派使节前来进献贡品、美女、宝象、战马等等。

骠绍梯王信守贤人七德，遵循君王十规，皈依佛法，虔敬三宝。为了后代帝王的利益，骠绍梯王曾与天帝释、伽湾波提天尊、修道仙人等商议，编纂了首句为“扬我佛陀妙法真谛”的法典。于埋藏巨鸟头骨和箭射巨鸟之地建造佛窟和宝塔。骠绍梯王对待文臣武将乡官士绅僧俗民众等如爱子。此乃大王积德行善的情况。骠绍梯王35岁登基，在位75年，终年110岁。王弥留之际，木星靠近月亮表面，整日如夜晚般黑暗。据传该王身高五肘尺，胸围三肘尺。生辰为火曜日。

（120）骠绍梯王之子梯明尹至底坦王六代君王

小历164年（公元242年）梯明尹50岁登基加冕为王，在位57年，终年107岁，弥留之际，登奈底与丁兼之时恰好重合。木星靠近月亮表面。生辰为水曜日。

小历221年（公元299年）梯明尹之子尹明拜[②]50岁登基为王，在位25年，终年75岁。弥留之际，木星与月亮相逢，全国地震

① 梯明尹 Htiminyin，旧译低蒙苴。

② 尹明拜 Yinminpaik，旧译苴蒙伯。

达 7 日之久。生辰为木曜日。

据《缅甸大史》和《新史》载，梯明尹在位第 44 年时，固马底瓦王之女黑马玛拉公主及其驸马檀多鸠摩罗[①]，从羯陵伽国的檀多补罗城带佛牙去锡兰岛。许多诗歌据此也作了错误描述。此类描述同经典中记载或《格拉亚尼碑文》所写不一致。

《岛史》载：从佛陀涅槃之日即锡兰岛开国君王毗阇耶贡摩王在位第 37 年至毗阇耶贡摩王之后的第 60 代君王摩诃舍那王即位之年，是佛历 811 年（公元 267 年）。《格拉亚尼碑文》与《岛史》的记载一致。碑文上写道，佛历 236 年（公元前 308 年）建造大寺之后的第 218 年，又建造无畏山寺，再过 357 年，摩诃舍那王即位。这三个数字相加正好是摩诃舍那王在位之时，即佛历 811 年，倘若减去 622 年，即小历 189 年。再加上摩诃舍那王在位的 27 年，就是其子给迪底里梅伽王登基的佛历 838 年，即小历 216 年（公元 294 年）。

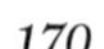

给迪底里梅伽王登基后 9 年时，黑马玛拉公主与檀多鸠摩罗两人，从羯陵伽国的檀多补罗城将佛的左下牙带到锡兰的这段历史，在《额骨舍利史》中写道：到阿努罗陀补罗[②]是在给迪底里梅伽王登基后第 9 年时。《佛牙史》记载是：人类之主摩诃舍那之子，给迪底里梅伽王登基 9 年之时……。《佛牙史注疏》记载说：当时正是摩诃舍那王之子，给迪底里梅伽王即位 9 年之际……。《小史》记载说：在即位 9 年之际，自羯陵伽带来伟大圣人的牙舍利……。与此

① 檀多鸠摩罗 Dantakumara，意即：檀多王子。

② 即阿努罗陀城，也译阿奴拉达普拉。

等典籍之记载相一致，给迪底里梅伽王登基之年为佛历 838 年（公元 294 年），加上在位的 9 年，应为佛历 847 年（公元 303 年）。按小历计，登基则为 216 年，加上在位 9 年，应为小历 225 年（公元 303 年）。

上述史籍上关于梯明尹王在位的 44 年之际，佛牙抵达锡兰岛之说，与《岛史》之记载以及《格拉亚尼碑文》是相矛盾的。梯明尹王于佛历 786 年（公元 242 年）即位，加上在位的 44 年，应为佛历 830 年（公元 286 年），若按小历计，则为小历 164 年，加 44 年，为小历 208 年[①]（公元 286 年）。距给迪底里梅伽王登基之年尚差 17 年。根本谈不上他即位后佛牙由南赡部洲送至锡兰岛事。

由此足见，并非在梯明尹王执政时期，而是在其子尹明拜王登基后 4 年之时，某位勇猛善战的君主因希望得到佛牙前来讨伐。固马底瓦王战死，其女黑马玛拉与优阇尼城王子檀多鸠摩罗得悉后，无奈将佛牙舍利送往锡兰。其时正值给迪底里梅伽王即位后 9 年，即佛历 847 年，小历 225 年。[②] 正如《佛牙史》记载，佛牙送至锡兰之时，举行了隆重仪式供奉迎接，然后放在天爱帝须王为其建造的达摩释迦寺。从此，便将寺名称为陀塔陀杜伽耶[③]。以上均摘引自有关典籍，借以论证佛牙到达锡兰岛的年代。

小历 246 年（公元 324 年）尹明拜王之子拜丁里[④] 41 岁即位，在位 20 年，终年 61 岁。弥留之际，太阳拖着一条扫帚尾巴，有棕

① 原文误为 173 年。应为 208 年。

② 原文写成佛历 447 年，小历 216 年，二者均误，更正之。

③ 陀塔陀杜伽耶 Dathadhatughara，意即：佛牙舍利存放之处。

④ 拜丁里 Paiktheinle，旧译伯梯利。

桐树的七倍长，夜空的半边暗无星光。生辰为木曜日。

小历266年（公元344年）拜丁里之子丁里姜[①]即位，在位期间废19村，在劳伽难陀处建底里毕萨亚城。该王信守君王十规，爱护臣民僧俗，朝臣官民均爱戴国王，并为其祝祷。该王执政期间，天上曾下过三次珠宝之雨。摩诃吉里[②]到来，王把他们安放在卜巴山上。丁里姜王53岁登基[③]，在位43年，终年96岁。弥留之际，暴风雨骤起，七日不止，树木多被吹折。生辰为日曜日。

（121）丁里姜王在位时摩诃吉里兄妹二神简况

太公国铁匠鄂定道之子鄂定代，力大无比，折断象牙也不费吹灰之力，其名远近皆知。太公国王得悉对文武大臣们说："此人将夺朕王位，卿等可将他捉住处死。"鄂定代惧怕性命危险，遂逃入远处山林避难。国王异常害怕，便娶鄂定代之妹为后。过了很久，一日，国王对王后说："爱妃兄长力大无比，朕拟起用他为邑宰，可速令他前来受命。"

王后信以为真，便请其兄前来。鄂定代心中思忖："王已娶我妹为后，今才封我为官。"于是便奔王宫来。国王设计擒住鄂定代，

---

① Theinlikyang 旧译梯利干。

② Mahagiri 原意为：大山。

③ 原文如此，如按此年岁计，则其父拜丁里8岁时即得此子丁里姜矣。明显有误。但无从查考，照录之。

绑在玉兰树上，四周架起柴薪，用风箱吹起火焰焚烧。王后说：“我兄因我而惨死。”言毕纵身跳入火中。国王拽住王后发髻，王后全身被火烧焦，只剩下头部。兄妹二人死后，变成神后居于玉兰树上。凡人畜走近玉兰树阴便会死去。于是人们将树连根刨起投入伊洛瓦底江中。漂到蒲甘，人们将树捞起雕成兄妹二人之像，安放在卜巴山上。从此以后，国王、文武官员、僧俗民众每年一度到山上瞻仰拜祭。

小历 309 年(公元 387 年)丁里姜之子姜都律[①]即位。55 岁登基，在位 25 年，终年 80 岁。弥留之际，月亮放射出彗星般光芒，昴宿七星靠近月亮表面。生辰为水曜日。

(122) 高僧佛音[②]赴锡兰岛取经

关于佛音高僧赴锡兰岛取三藏经一事，《缅甸大史》称是自直通起程。《新史》则讲由中天竺出发。此事经过如下：

自佛陀涅槃之后至佛历 900 余年间，三藏经几乎都是摩诃昙无德长老、须那长老、郁多罗长老及其门徒代代口传下来，因当年南赡部洲尚无文字。出生于摩诃菩提附近的一位婆罗门青年，精通药典和吠陀，他在南赡部洲一带周游，到处与人辩论，贬低他人观点。后来，来到一座寺庙，他用平直而单调的声音背诵经书。梨波多长老听到后想，此人准是位学识渊博者，让我和他比试一番。

① Kyaundurit 旧译干兜立。

② 亦译佛鸣。

于是问道："是谁发出驴叫的声音？"婆罗门青年道："你可晓得驴发出的声音是何意？"接着又一连提出了许多问题，梨波多长老均一一回答了。梨波多长老也向婆罗门青年提问了若干有关佛法的问题，婆罗门青年却无言以对。从此，婆罗门青年出家为僧，勤学吠陀，攻读三藏。后来，这位婆罗门青年像佛陀那样名声显赫，于是得名为佛音。

梨波多长老得知佛音志在于为《搭比萨那达耶》、《阿塔达梨尼》等经写释，便说：南赡部洲仅有巴利文三藏经，既无经释又缺权威性解说，锡兰岛的有关注释是纯净的；第三次佛经结集的巴利文经典也均被摩哂陀长老带往锡兰岛，你可前往锡兰岛，学习舍利弗多罗长老的著述，学习僧伽罗语，并将僧伽罗文写成的注疏译成摩揭陀文。上述内容与《小史》记载是相符的。

是时，称为金地的直通之开国君王悉哈罗阇王的第25代后裔达摩巴拉王，虔诚信奉佛法，赠给佛音长老白象一头，侍臣四人，以及其他各种礼物。佛音长老从勃生港起程前往中天竺地区，彩绘中天竺摩诃菩提萨埵圣地尼连禅河、花林精舍等图像，然后再准备奔赴锡兰岛。此段记述与史载一致。

此时，无所不知的天帝释赐给佛音两粒番榄果，一保其永不饥饿，一保其视力永远明亮；还赐予可满足其一切要求的铁笔。佛音在陀弃那的宾伽利码头登船，从海路到达锡兰岛。此段叙述与佛音生平及佛教史上记载相符。

抵达后，佛音在大寺波达那精舍[①]，从僧伽波罗[②]长老修习上座部教义和僧伽罗文经释，并开始着手著《清净道论》。后来，又将全部经释译成摩揭陀文。这与《小史》记载相符。

此后又从锡兰长老普陀密多学习《大经释》、《大波阇梨陀经释》[③]、《拘隆提经释》[④]并作了许多论著疏解。这与佛音所作《律藏后篇释》[⑤]的跋中所载相符。

是时，佛音以白象为礼物，请求摩诃那摩王允许他将三藏经及其经释和他本人作的《清净道论》抄本带离锡兰。

当佛音来到南赡部洲之际，天帝释对他说："南赡部洲中天竺地区，已无建立佛教之地，佛教将在中天竺东南方九百由旬的边远村落，诸如室利差呾罗、底里毕萨亚、罗摩迎等地发扬光大 5000 年，将佛经真谛带往该地区吧！"佛音来到称为苏陀摩伐提的直通城，罗摩迎国一带顿时热闹异常，僧俗民众乃至国王王后，纷纷举办盛会，敬献斋物，表示欢迎，犹如具一切种智的释迦佛陀驾临一般。众生将经书恭敬地迎入都城，在王宫前显要之地造妙法彩棚珍藏。

是时，为首的佛教长老是阿瑙摩陀悉[⑥]，他属于须那和郁多罗教派。须那长老和郁多罗长老是在第三次佛经结集之后，来到金地传教的。与须那长老在一起的弟子有十位，为首的是摩诃须毕

① 也译作中心大寺。

② 僧伽波罗 Saṅghapāla。

③ 《大波阇梨陀经释》Mahāpaccarit Aṭhakathā。

④ 《拘隆提经释》Kurundi Aṭhakathā。

⑤ 《律藏后篇释》Vinayaparivā Aṭakathā。

⑥ 阿瑙摩陀悉 Anomadassi。

达，其余是：摩诃须摩陀达、苏摩那帝须、须巴伽、须摩陀达、阿瑙摩陀悉等。在阿瑙摩陀悉弘法期间，缅甸、孟、若开、掸、云国[①]、万象[②]、素可泰等地区的和尚法师，均陆续前来修习先师世代口传下来的巴利文经书及其经释。直至今日，边远地区的佛教仍然繁荣兴盛。这与《佛教史》和《直通史》的记载相符。

佛祖释迦牟尼涅槃之后，佛历 236 年（公元前 308 年）摩诃摩哂陀长老来到锡兰岛，与锡兰开国君王毗阇耶的第六代后裔天爱帝须王共同弘扬佛法，使第三次佛经结集的称为“佛教规范经典”的三藏经，得以由高僧长老口传至佛历 450 年（公元前 94 年）。第 24 代君王伐多伽摩尼即位后第六年，500 圣僧预见到未来人类的愚昧无知，于是召集第四次佛经结集，并将佛经用文字的形式记载下来。

第 63 代君王菩陀达萨在位期间，一位讲经师将经藏和论藏译成僧伽罗文。到了佛历 946 年（公元 402 年）第 66 代君王摩诃那摩即位之后，佛音长老才用摩揭陀文将三藏经抄录下来，并将其带至南赡部洲的称之为金地的直通国。

史籍中有将金地指为直通的，也有指为清迈的。据《格拉亚尼碑文》记载，金地即在罗摩迎地区。

据《直通史》记载，悉哈罗阇王在修道仙人和天帝释的扶持之下建立了金地。此后，第 60 代君王乌巴德瓦在位期间，又将其南移，建立了苏陀摩伐提直通国。关于乌巴德瓦王之孙佐达拘摩悉

---

① 旧译庸那迦，即今日以清迈为中心的泰国北部。

② Linzin 即林城。

梨陀摩索伽王执政期间,须那和郁多罗两位长老到来之说,与经典上关于二长老到金地弘扬佛法的记载是一致的。因此,只能认为金地就是直通。

《缅甸大史》记载,丁里姜王即位第42年之时,佛音长老西渡锡兰岛,然而,丁里姜即位第44年,即佛历930年、小历308年(公元386年),此时摩诃那摩王尚未登基,有16年的差距。可见摩诃那摩王登基之年应为佛历946年,小历324年,也是丁里姜王之子姜都律登基第15年之际。以上内容是以《岛史》记载为依据的,与《格拉亚尼碑文》、《佛教史》是一致的。

上述关于佛教的根本经典三藏经传入缅甸的材料,《缅甸大史》、《中史》上均无记载,本书是根据有关经典记载,在此加以补充的。

小历334年(公元412年)姜都律王之子底坦王继位,35岁登基,在位27年,终年62岁,弥留之际,霹雳引起大火焚烧七天七夜,影子颠倒。生辰为土曜日。

(123) 非王族的牟克曼大臣与都耶大臣篡位为王

小历361年(公元439年)非王族的三位大臣争篡王位。牟克曼得手,登位3个月,王位又被都耶夺走。牟克曼临终之时,天上落下小卵石雨。都耶33岁篡位登基,在位55年,终年88岁。临终之时,良吴河岸不断坍塌。其生辰为木曜日。

小历416年(公元494年)众文武大臣将底坦王之孙[①]从逃亡处找回,拥其登基为王,授其名为达拉蒙帕耶。王55岁登基,在位22年,终年77岁。弥留之际,星辰相撞。生辰为木曜日。

(124) 达拉蒙帕耶王[②]之子代傣王[③]至吞漆王等八君王简况

小历438年(公元516年)达拉蒙帕耶之子代傣王即位。代傣王身材魁梧。登基之后,放弃底里毕萨耶城,于德马梯另建新城,名为丹巴瓦底[④]。该王45岁登基,在位7年,终年52岁。弥留之际,一星靠近月亮表面,雷击引起大火焚烧七天七夜。生辰为土曜日。

小历445年(公元523年)代傣王之子丁里姜艾[⑤]王即位,35岁登基,在位9年,终年44岁。弥留之际,河水倒流,大雨倾盆。生辰为月曜日。

小历454年(公元532年)丁里姜艾之弟丁里拜[⑥]王即位,20

---

① 按原文无"之孙"二字。但据本书上节所述则底坦王已死,不可能再生复位。且所述出生、终年的年份均不同,可知原文有误。经查《缅甸大史》称达拉蒙帕耶为底坦之子,姚楠译哈威《缅甸史》中年表则称泰罗牟骠(达拉蒙帕耶之旧译名)为底坦之孙。分析底坦与达拉蒙帕耶相差55岁看,达氏为底坦之孙可能性极大,故按哈威缅甸史年表加上"之孙"二字。

② 此处原文又误写为底坦王,明显有误,应为达拉蒙帕耶王,更正之。

③ Thaiktain 旧译泰克丁。

④ 丹巴瓦底按原意即丹巴城,与丹巴提巴同,中国古籍中亦称之为担泊,地在今日蒲甘。

⑤ Thinlikyaungnge 旧译梯利干尼。

⑥ Thinlipaik 旧译梯利伯。

岁登基，在位 15 年，终年 35 岁。弥留之际，王宫冒烟。生辰为土曜日。

小历 469 年（公元 547 年）丁里拜王之弟坎朗[①]王即位，32 岁登基，在位 10 年，终年 42 岁。弥留之际江上无风起大浪。生辰为金曜日。

小历 479 年（公元 557 年）坎朗王之弟坎腊[②]王即位，39 岁登基，在位 12 年，终年 51 岁。弥留之际，鬼怪周游全国，狂笑七天七夜，民众闻鬼怪笑声不敢入睡。生辰为水曜日。

小历 491 年（公元 569 年）坎腊王之子吞代[③]王即位，该王常按王室习俗使用宝牛、宝犁举行隆重的演耕仪式。在一次演耕之时，国王身着金缕王袍的袖子，随风飘动，将牛吓得猛跑不止，国王不幸跌进犁沟而死。该王 35 岁登基，在位 13 年，终年 48 岁。将死之时，一星靠近月亮表面，众多星辰白昼出现。生辰为月曜日。

小历 504 年（公元 582 年）吞代王之子吞毕王[④]即位，30 岁登基，在位 16 年，终年 46 岁。将死之时，天空出现两日，无阴影，木星与金星相斗。生辰为木曜日。

小历 520 年（公元 598 年）吞毕王之子吞漆[⑤]王即位，22 岁登

---

① Khanlaung 旧译乾隆。

② Khanlat 旧译乾罗。

③ Htuntaik 旧译东台。

④ Htunpit 旧译东必。

⑤ Htunkhyit 旧译东支。

基，在位 15 年，终年 37 岁。弥留之际，木星从昴宿七星中间穿过，月亮放射出彗星般光芒。生辰为水曜日。

(125) 吞漆王后之师非王族出身的僧伽罗阇王

小历 535 年(公元 613 年)王后之师僧伽罗阇王即位为王。该王又称巴勃叟达王，或称卜巴苏罗汉[①]。该王精通三藏吠陀，斋戒有素，五官端正，深受王后们的喜欢，吞漆王死后被拥戴为王。吞漆王之子瑞翁蒂[②]惧而逃往勃林，装疯行乞。卜巴苏罗汉严守君王十规，爱僧俗如子。因国王非属王族家系，摩诃吉里神不显身说法。国王见状，询问智者。智者答道：因陛下非属王族，故不肯显身。国王为使王室不致断嗣，便将瑞翁蒂王子找回，立为王储，并将公主许配给他。

卜巴苏罗汉即位第 27 年，时逢卡萨彬萨[③]之数，于是又将小历 562 年(公元 640 年)再废掉 560 年，称为“波修齐陀罗牟尼数字”余 2 年，也称短历 2 年[④]。卜巴苏罗汉在改元之年辞世，在位 27 年，终年 64 岁。弥留之际，王宫顶上停住七只兀鹫，天空出现彩虹。生辰为日曜日。

---

① Pouppasawrahan 旧译布波修罗汉。

② Shweonthi 旧译瑞安梯。

③ 卡萨彬萨代表数字为 560。

④ 短历即今日缅甸采用的纪元，人们习惯称其为缅历。下文皆用缅历，不再称短历。

（126）吞漆王之子瑞翁蒂以及鄂奎[①]等三王简况

缅历2年（公元640年）卜巴苏罗汉之婿瑞翁蒂即位，35岁登基，在位12年，终年47岁。临终前，老虎窜入王宫。生辰为金曜日。

缅历14年（公元652年）瑞翁蒂王之弟贝东[②]即位，41岁登基，在位8年，终年49岁。临终之时，昴宿七星靠近月亮表面，无数兀鹫在王宫顶上盘旋俯冲。生辰为金曜日。

缅历22年（公元660年）贝东王之子贝当[③]即位。贝当和鄂奎两人是兄弟。贝当22岁登基，在位50年，终年72岁，临终之时，登奈底与丁兼之时恰好重合。生辰为土曜日。

缅历72年（公元710年）贝当王之弟鄂奎即位，55岁登基，在位6年，终年61岁，临终之时，木星放射出流星般的光芒达15日之久，影子颠倒。生辰为月曜日。

（127）敏最[④]王

缅历78年（公元716年）敏最王即位。敏最并非王族出身，而

① Ngakhwe旧译伽维。

② Peitthon旧译白当。

③ Peittaun旧译白东。

④ Myinkywe旧译敏维。

是一位富豪的仆人,家住高果当巴村。母亲是看管种植园的,因与一魔鬼发生关系,生下了他。一次,女财主派他去牧马,他不慎将马丢失,因担心主人打骂,便跑去见国王,国王将他留在身边使唤。敏最身强力壮,国王命其充当马夫首领。国王十分喜欢马匹,白天无人时经常和王后一起到马厩。来的次数多了,王后与马夫首领谈话也很投机。一次,国王外出狩猎,与众文武官员失散,马夫首领乘机将国王杀死。马夫首领穿上国王的服装,骑马回城。到王宫之后又将不顺从他的一位王后杀死,宫内其余人等见势都屈从了。众文武怕天下大乱,也只好臣服。敏最王 21 岁即位,在位 10 年,终年 31 岁。临终之时,木星靠近月亮表面。生辰为土曜日。

(128) 登卡[①]王至丹奈[②]王等十位君王简况

缅历 88 年(公元 726 年)登卡王登基为王。前王敏最无子,大臣们便找到王族出身的登卡,辅立为王。登卡 53 岁登基,在位 8 年,终年 61 岁。临终前天空血云密布达七日之久。其生辰为水曜日。

缅历 96 年(公元 734 年)登卡王之子登空[③]继位。40 岁登基,在位 10 年,终年 50 岁[④]。临终之时,三只老虎窜入王宫,其中一只窜上宝座。其生辰为火曜日。

① Theinkha 旧译梯因迦。

② Tannek 旧译丹尼。

③ Theinkhun 旧译梯因孙。

④ 原文有误,写成 55 岁登基,终年 65 岁。按此年龄计,其父登卡 6 岁时已有此子登空,不可能。经查《缅甸大史》,按大史所写译出。

缅历106年（公元744年）登空王之子瑞朗[①]继位。35岁登基，在位9年，终年44岁。临终之时，王宫内蜜蜂作巢，母狗在宝座上产仔。其生辰为水曜日。

缅历115年（公元753年）瑞朗王之子吞屯[②]继位。该王狩猎时从御马上跌落，被荆棘扎死、吞屯26岁登基，在位9年，终年35岁。驾崩时登奈底与丁兼之时恰好重合。其生辰为土曜日。

缅历124年（公元762年）吞屯王之子瑞茂[③]继位。该王深谋远虑，勤奋强干。20岁登基，在位23年，终年43岁。弥留之际，木星靠近月亮表面，金星发出彗星般光芒。其生辰为木曜日。

缅历147年（公元785年）瑞茂王之弟蒙腊[④]继位。39岁登基，在位17年，终年56岁。临终之时，天空中八曜齐现，土星放射出彗星般光芒。其生辰为水曜日。

缅历164年（公元802年）蒙腊王之子苏钦涅[⑤]继位。36岁登基，在位27年，终年63岁。临终之时，土星和金星、月亮相叠。其生辰为木曜日。

缅历191年（公元829年）苏钦涅王之子开卢[⑥]继位。35岁登基，在位17年，终年52岁。临终之时，木星靠近月亮表面，金星放射出彗星般光芒，登奈底与丁兼之时恰好重合。其生辰为日曜日。

---

① Shwelaung 旧译瑞隆。

② Htuntwin 旧译东温。

③ Shwehmaut 旧译瑞穆。

④ Munlat 旧译牟罗。

⑤ Sawkhinnit 旧译修金尼。

⑥ Khelu 旧译基流。

缅历 208 年(公元 846 年)开卢王之弟彬比亚[①]继位。因彬比亚村为其早年采邑,故名。该王 45 岁登基,在位 32 年,终年 77 岁。该王即位后第 3 年,即缅历 211 年(公元 849 年)建蒲甘城。缅历 219 年(公元 857 年)又建东敦城,命名为仰马瓦底。该王临终之时,金星放射出彗星般光芒,登奈底与丁兼之时恰好重合。其生辰为月曜日。

缅历 240 年(公元 878 年)彬比亚王之子丹奈[②]继位。该王喜马,精通马术,常于夜间到马厩察看御马。在一次察看时被色雷鄂奎[③]所害。该王 28 岁登基,在位 28 年,终年 56 岁。遇害时,金星放射出彗星般光芒,登奈底于丁兼之时恰好重合。其生辰为金曜日。

(129) 色雷鄂奎王

缅历 268 年(公元 906 年)色雷鄂奎为王。前面提及的登空王曾与其弟争夺王位,最后登空得胜称王。其弟失败逃至色雷避难。后来,该人之孙鄂奎被父母卖给一家富豪。鄂奎自幼喜爱穿着打扮,据说一日必梳头三次。一次,主人令其撑船赴蒲甘城,在抵达前的一个夜晚,忽做一梦,梦见肠子自肚脐外流,绕着蒲甘城。破晓,船继续逆水而上。撑船间,竹竿忽然带上一宝盘来。鄂奎发现以后,心想:我的梦太难以实现了,就用此宝盘抵消夜间之梦吧!

---

① Pyinpya 旧译频耶。

② Tannet 旧译丹尼。

③ Sale Ngakhwe 旧译沙里伽维。

于是便将宝盘扔回水中。

抵达蒲甘城之后，奔赴国师家。婆罗门国师不在家，于是鄂奎便将路上所发生的事告诉了婆罗门妇。婆罗门妇只解释道：这是你的福分大，定会长寿。鄂奎见她不精心在意地解释，就退了出来。过了一会儿，国师回来问其妻道："我不在，有谁来过？"婆罗门妇将青年人前来解梦和他如何解说告诉了国师。婆罗门国师听罢，不容分说，将妻子的发髻剪下丢在地上。顷刻间，天雷骤起，打在了断发之上。

婆罗门国师立即出门去寻找来求解梦的青年。找到后说道："年轻人，你家住何处？何人子嗣？你的梦是颇难实现的，你要持斋守戒，不久的将来定会成为统治蒲甘城的一位君王。当上国王时请不要忘记我。"鄂奎做完买卖回到家乡色雷。这时，主人更加虐待他、使唤他。鄂奎忍受不住就来到丹奈王身边当差。国王见他的模样，十分可怜，就留下他当马夫。

国王不分昼夜，常带一宫妃到马厩来。一次，国王吩咐马夫："把马粪弄到远处的坑里去，干了点上火，继续向上添马粪，后放的马粪在下面的烘烤下，也就边烤边着了。"马夫听后照办。一日，宫妃与马夫计议，把国王推进了马粪坑。马夫又威胁其他宫内后妃们跟随他，自立为王。

鄂奎前世曾是用三片榛龙脑香树叶为佛遮阳的一个山妖。当年佛陀曾授记：他将在此国中称王三次。他前世是山妖，故力大无穷。且骄矜傲慢，盛气凌人，贪食无度。文武大臣均慑其凶残，惧服脚下。该王曾被色雷主人虐待过，对此耿耿于怀。当了国王后就将原主人杀死。据说，把与其主人长相一样的人们也抓来推进水池内,喊道:“猪!”然后骑在象背之上,手执长矛刺杀他们。

时日久了,大臣们收买了御象夫。当国王在池塘里骑象取乐时,将拴象鞍的绳子割断,国王连同象鞍一起落入水中。大臣们乘机捡起泥块猛打国王,直至其死去。所以至今人们仍称该塘为“一人一把泥”。该王 50 岁登基,在位 9 年,终年 59 岁。临终之时,棕榈树般高的妖魔显身,站在王宫广场之上。其生辰为土曜日。

(130) 色雷鄂奎之子登科[①]

缅历 277 年(公元 915 年)色雷鄂奎之子登科继位。25 岁登基,在位 16 年,终年 41 岁。死因是:该王进山狩猎,腹饥,到农夫黄瓜地中摘瓜吃。因未征得农夫同意,被农夫用锄柄打死。王将死之时,金星放射出彗星般光芒,金星与木星相撞。其生辰为土曜日。

(131) 农夫良吴苏罗汉[②]

缅历 293 年(公元 931 年)良吴苏罗汉即位为王。登科王被打死时,御马夫赶过来问道:“喂! 农夫,你为何将我王打死?”“你王摘我瓜吃,怎不能打?”御马夫遂改口说:“农夫! 打死国王者为王啊!”农夫说:“我不想当国王,因为今年我地里的瓜长得真不错。”

---

① Theinkho 旧译梯因屈。

② Nyaung U Sawrahan 旧译良宇修罗汉。

“咳！瓜还是你的，王福也由你享受，国王之福极大，吃得好，穿得好，还有金银珠宝、象马牛羊、五谷粮食，应有尽有。”经御马夫这样一说，农夫便同意了。

御马夫暗中将农夫带进王宫，并将详情奏告王后。王后称赞御马夫聪明能干。王后怕走漏风声，引起国家不宁，便传令说“国王欠安”，宫内人等不得外出，宫外之人则不许入宫。同时向农夫讲习宫廷礼仪，并用冷水热水为其洗去身上污垢。此时，一宫妃对农夫表示不敬，王后怒喝道：“谁来收拾这贱奴？”于是立在门外的石头人就冲了进来，将宫妃击毙。见此情景，宫内的人均毛骨悚然，害怕不已。第六天王后派人鸣锣通告全国：国王明日出巡，大小文武官员均得前来朝见。破晓，文武百官入宫，聚齐后，御座前的门刹时大开。文武百官顶礼膜拜。一位大臣轻蔑地说道：“非我王也！王后为何不与我等商议？”这时，立在门口的石头人又冲了进来把该大臣击毙。见此情景文武百官以至全国民众无不惊恐。

因为御马夫对宫廷之事颇为熟悉，思忖纵然国王确是被人击毙，但是若仅带回国王衣冠和马匹，未将击毙国王者带回，王后及文武官员民众都将认定是我将国王打死的。于是便委婉地说服农夫，并将他带回宫内，以做人证。到王宫后就神不知鬼不觉地带他去见王后。学者们认为，此事说明御马夫是一位极其聪明机智的人。

农夫当上国王以后，神通广大，威力显赫，将自己原来的瓜地改成一幽美的大花园，并塑造了一大龙雕像。他认为龙比人更高贵，且神通广大，拜之必有大福。

鉴于罗西国直通等地有许多佛塔，王便与信奉谬误教义的阿利僧们商议，建造了浮屠基、浮屠艾、浮屠达妙、丁礼浮屠、塞堤浮屠等五座浮屠。在浮屠中安放的偶像既非神像也非佛像，早晚供奉斋饭酒菜。因此，国王得名为“神庙施主安逸王”。

一切种智佛陀在世时的婆罗门长老开始传到缅甸的太公、室利差呾罗、阿梨摩陀那、底里毕萨亚历代君王时期，佛教都十分兴盛。僧俗研修圣谛，持斋守戒，奉法晓忌。但是，自建立丹巴瓦底的代傣王之后，佛教日渐衰败，由于缺少佛教经典三藏，大多信仰异教阿利教。良吴苏罗汉时期，国王和全国民众均信仰阿利教。

良吴苏罗汉身为农夫在种地时杀死国王，按理应受到重罚严惩，却因他曾做过极大的善业，反而得到了王位。佛经中说，积善业者，虽不谋之而有所得；不积善者，虽力图之却无所获。因此，传统多证明，一切生灵，或虽多方奋力追求其发展和富足，却因缺善而无所获；或虽无所求谋，却因积善而获发展富足。

当天帝释扶助姜漂王①来即位时，良吴苏罗汉王立于王宫门前大喊道：“朕仍在此，谁敢为王？”但此时他的善业已终，于是立在宫门口外的石头人将其一推，便从宫门口倒栽葱摔死在地。良吴苏罗汉王 45 岁登基，在位 33 年，终年 78 岁。临终之时，空中八曜同现，妖魔在王宫顶上现身。其生辰为水曜日。

（132）宫错姜漂王

缅历 326 年（公元 964 年）宫错姜漂王即位。姜漂王情况如

① 即指（132）节所述之宫错姜漂王，旧译混修恭骠。

下：色雷鄂奎谋害丹奈王篡位，时丹奈王一妃不愿当鄂奎王之妃。该妃时已怀孕，便逃出宫去来到姜漂。姜漂又名“那伽姜”，因是到苏湾那索达龙国的必经之路，也称为“黄金之路”。该妃在当地生下姜漂王。姜漂王幼年与同伴玩耍时，常被骂为“没有父亲的孩子”。姜漂回家说：“村里的孩子都骂我是没有父亲的孩子。”母亲说：“好孩子，你父并非普通之辈，是统治此国之君，你父被人谋害，王位被夺，我怕被强占为妻，便怀着身孕逃了出来，在此地生下了你。”

姜漂听了母亲之言，暗下决心：“我必夺回父王之位。”于是便去侍奉大王，大王派他到赖窦去当征税官[①]。

另有史书记载，是派他到南部的苗拉去当征税官。

姜漂十分孝敬母亲，母亲每日都为儿子外出征税准备饭包。姜漂每日都在沙针树下解开母亲为他准备的饭包吃饭，吃之前都要先敬沙针树。沙针树神想：“此人每吃饭前，都先敬我，其前程不知如何？”当树神算出此青年不久将成为国王后，便现身对姜漂说：“你每日都先敬我吃饭，若欲得权力与福气，应勤做三皈依，守五戒，信守诺言，每日精修十念[②]。”从此，姜漂遵照树神之嘱去办。可见，此时蒲甘佛教并未完全衰落。

此时，宫错姜漂因有天帝释等保护佛教之神的扶助，四处传闻蒲甘将出现新君。于是，民众纷纷传说：“新君于某日驾到！都去

---

① 征税官一词音译即：“宫错”，原意是：征集蒟酱叶者。

② 十念。即：念佛（不忘佛的功德）、念法（不忘法的功德）、念僧（不忘僧的功德）、念戒（不忘戒的功德）、念施（不忘布施的功德）、念天（不忘修行成神之善业）、念解（不忘解脱之道）、念灭（不忘无常灭死之道）、念身（不忘自身乃毛发等之集合物）、念定（不忘专心呼吸修习定）。北传佛教有所谓“六念”者，即上述十者中的前六者。

朝拜新君啊!”人们一起蜂拥至杜云山。此时,姜漂也请母亲提前准备饭包,想赶早为国王去征税,事毕好去朝拜新君。母亲按儿子所嘱办了。于是,姜漂便于夜里带上饭包,赶至赖窦征税。

天帝释变化成一位骑马的老人,在马背上对姜漂说:“年轻人,把我的马带到蒲甘城去吧!我还要在此地小留。”姜漂说:“我要赶去朝见新君,您的马我不能带走。”天帝释说:“年轻人,骑马不比你走路快吗?你骑上这匹马,给你这宝石簪针和指环戴上吧!再背上这刀和矛,若我逗留的时间长了,你就骑着马径直奔宫前广场去!”姜漂戴上天帝释给的宝石簪针和指环,背上天帝释给的底拉温达宝刀和阿彝陀摩宝矛,飞马扬鞭赶去朝见新君。文武大臣大小官员以及全国民众见姜漂策马而来,身上带着宝刀宝矛与宝饰,闪闪发光,犹如初升的太阳光辉夺目,便纷纷叩首膜拜。姜漂此时也已意识到自己便是未来的新君,因为他记起沙针树神对他说过的话,便骑着马直奔王宫而来。良吴苏罗汉王正站在宫前喊道:“朕在此,谁敢为王!”随着喊声,王宫门前的石头人将他推倒,良吴苏罗汉便倒栽葱摔死在地。

良吴苏罗汉曾立三姊妹为后,大姐为南宫王后,二姐为中宫王后,三姐为北宫王后。良吴苏罗汉王死时,南宫王后已怀了基梭[1]王子九个月;中宫王后已怀了叟格德[2]王子六个月。

宫错姜漂王即位后,仍封三位王后为后。后来北宫王后又生了阿奴律陀。基梭和叟格德王子长大后,建造了一座幽美的寺庙,

① Kyiso 旧译奔须。

② Sukkate 旧译须迦帝。

奏请姜漂王“前去洒水祝祷”。宫错姜漂王信以为真,来到寺庙。基梭和叟格德便将其擒拿,逼他落发,然后对外说,国王热衷于佛教,已削发为僧。宫错姜漂王 58 岁登基,在位 22 年,80 岁被黜。其生辰为日曜日。被黜之时,佛塔上出现奇妙景象;金星踩着月亮行走;月初二之时,月已圆;地动山摇达七天七夜之久;河水停流。

(133) 基梭王与叟格德王

缅历 348 年(公元 986 年)基梭王即位。该王在亲敦纽建造行宫,常至班基十乡狩猎射鹿。某日,一猎户在守等小鹿来溪边饮水,以便射猎。鹿见国王来被惊跑。猎户未看清来人,搭箭便射,竟将国王射死。基梭 22 岁即位,在位 6 年,终年 28 岁。将死时,妖魔大笑半月,并往王宫乱抛石块。其生辰为火曜日。

缅历 354 年(公元 992 年)基梭王之弟叟格德即位,阿奴律陀侍奉左右。阿奴律陀之母照料老王姜漂。阿奴律陀与父母同住。

某日,兄叟格德当着阿奴律陀的面说道:“弟悉子辈,兄乃母辈。”阿奴律陀将此事告老王姜漂。老王说:“其意乃欲娶你母也。”阿奴律陀闻言大怒,求父王将天帝释赐给的骏马、兵器等给他。老王遂将阿蟒陀摩神矛、底拉温达宝刀以及宝石簪针、指环等一一赐予。并说:“父王之马在父王被黜时即自行逃脱,但只要拿出父王的指环就可将其降服。得骏马后,你可骑马奔卜巴山,招兵买马,积蓄力量,待兵力雄厚之时再来推翻你兄。”

另有史籍载,阿奴律陀乃是从其兄手中夺得骏马的。

阿奴律陀在拿出指环获得骏马之后,便奔卜巴山一带积蓄兵力。其母被其兄叟格德立为后。

另有史籍记载，阿奴律陀可能将其母带走。

阿奴律陀备齐兵马粮秣，便进军蒲甘，遣使告其兄叟格德让出王位，否则就以兵戎相见。叟格德听罢盛怒，当即让来使回话："乳臭未干的小儿，竟敢口出狂言，欲与朕武力较量。文武百官只需一旁观战，容寡人单枪匹马取他。"

阿奴律陀得其兄回话，十分高兴。至约定日期，便骑上神马，带上父王的宝刀神矛，来到的马梯河畔。叟格德见弟骑马而来，就迎上前去。阿奴律陀对兄道："你比我大，容你先刺。"叟格德举起长矛直刺阿奴律陀。阿奴律陀举起阿彝摩陀神矛招架，未能伤及身躯，仅被刺中马鞍前部。叟格德见未能刺中其弟，十分惊慌，全身颤抖。此时，阿奴律陀举起阿彝陀摩神矛，大喝一声："王兄刺过，该轮到我了，你就招架吧！"直刺叟格德。宝矛从胸前直穿背后。叟格德身中神矛，连人带马一起逃至江边，倒地死去。至今该地仍称为"敏格巴"[①]。

阿奴律陀之母北宫王后听说叟格德已被其子用宝矛刺死，胸罩脱落，号哭道："儿子?! 夫君?!"后来在该地造一浮屠，名为"博德林"[②]。胸罩脱落之地也造一浮屠起名"因屋究"[③]。叟格德 28 岁即位，在位 25 年，终年 53 岁。将死之时，两个篮子般大小的火球自天而降，落至王宫。其生辰为土曜日。

---

① 意即：连同马鞍一起。

② 即其号哭之词："儿子?! 夫君?!"的音译。

③ 意即："胸罩脱落。"

(134) 阿奴律陀王

阿奴律陀刺死其兄后，随赶至其父王居住的寺庙，请求父王接受王位。其父说，父已老矣，吾儿即位为宜。于是阿奴律陀于缅历379年(公元1017年)登基加冕为王。并为其父举行隆重仪式，授君王登基五宝，封其父为僧王。阿奴律陀在寺中安排宫娥侍女多名侍奉老父。

史籍上无阿奴律陀缅历379年登基之记载。以上内容是从阿奴律陀之母《北宫王后塔碑文》上得知的。该塔碑写明："缅历379年女宿年10月23日(公元1018年1月11日)月曜日，阿奴律陀登基，公正合法地统治黎民众生与文武百官姬妃王子。"

阿奴律陀刺死其兄后，整整6个月不得安睡。是时，天帝释托梦："大王欲消弭所犯杀兄之罪，可广建浮屠、佛窟、寺院与佛亭。此外可凿井掘池，开沟挖渠，筑堤疏河，辟田垦地，以此为你兄做功德。"

阿奴律陀王即位后，除册立苏卢之母为王后外，还遣使臣带礼品到南赡部洲各地，为其物色门当户对的公主为后。话说中天竺吠舍厘国国王有七位公主，其中大公主僧伽密达与许多比丘尼在一净园中食斋持戒。

是时，僧伽密达比丘尼栽种的一棵印度枳树结了一个大瓮般大小的果子，成熟落地变出一个美丽端庄的少女。众比丘尼随将其献给吠舍厘国王。国王为她命名"鲁纪亚巴芭瓦底"，并将其许配给王储为妻。不久，国王辞世，王储继位，封鲁纪亚巴芭瓦底为后。加冕之后生下一美貌公主名般萨格勒亚尼，居于宫闱之中。

阿奴律陀王的使臣探知这一消息，赶赴吠舍厘国献上礼品，奏道："抱迦雅马[①]大国国君阿奴律陀王尚无王妃，特遣臣等前来求亲。"吠舍厘王鉴于阿奴律陀的请求，只得答应。遂派80名宫娥侍女相陪，掮舆护送般萨格勒亚尼公主。使臣迎接公主回国。般萨格勒亚尼公主具五美[②]，无六瑕[③]，有着纯金般的外表，容颜耀人，肌肤滋润，性情文雅。使臣见之，心生邪念。不日，终与公主有私。使臣思忖："若与此随从人等同回蒲甘，一旦大王得知此事，我必遭大祸。"遂将随从人等逐镇逐乡一一遣散。抵旦迎瓦底后，奏知阿奴律陀王。阿奴律陀王亲率象、马、车、步四军迎接。接受献礼后，一同回京。至今，此地仍称为"明边当"[④]。

至阿梨摩陀那京城，阿奴律陀拟准备将迎来的吠舍厘公主纳入金宫。原迎亲使臣奏道：大王，吠舍厘并非一般不足道之小国，乃古代多位著名国王统治的大国。倘若公主是该大国君王亲生，岂能如此草率将女儿献上。若慑于大王威力将公主送来，亦应由高级文武率领宫娥侍女、保姆奶娘、裁缝厨师等陪送。故臣以为今献来之公主，定非吠舍厘国王亲生。

阿奴律陀听罢使臣谗言，未加调查了解便信以为真。大怒道：岂有此理！居然不献亲生之女，而把养女送朕。随即将献来的吠舍厘公主暂置西宫，交勃彝马大臣。公主抵勃彝马地方后，公主与

---

① 蒲甘一古名。为便于读者理解，后文中此名一律直译为蒲甘。

② 五美，缅甸人谓美女必备的五个条件：又长又黑的头发、丰满的肌肉、洁白的牙齿和有血色的指甲、滋润的皮肤、青春的年龄。

③ 六瑕，缅甸人谓女性长相的六种缺陷：太高、太矮、太胖、太瘦、太白、太黑。

④ 意即：王归山。

阿奴律陀同房所怀胎儿已足月,此时发生巨大地震。

阿奴律陀王召见宫中星相家,询问地震缘由。星相家奏道:国北有一胎儿,日后将登基为王。阿奴律陀王闻言,遂命杀尽北方孕妇。据称被杀者逾 7000,一条幼龙将江喜陀之母藏起,使其免遭死难。阿奴律陀王又召见星相家问孩子是否已被除。答:未被除,现已出生。大王又令将哺乳期和襁褓中的婴儿统统杀死。据称被杀者逾 6000。幼龙又将江喜陀藏起未遭此难。大王又问星相家,孩子是否已死?答:仍未死,已是牧童般年龄。大王又下令杀尽牧童般年龄儿童。据称被杀者逾 5000。此次又因幼龙保护而幸存下来,未在被杀之列。

另有史籍记载,因其乃是未被杀死的幸存者,故名江喜陀①。

也有史籍载,因其美貌形象具足,故称为江喜陀②。

在此顺便说说他的几个名讳。因其出生于勃养马,故也称其为勃养马喜陀。因为用水壶让他喝水时,口中就会现出表现帝王宏威的光轮,水壶就会自然向后倾倒,故又名克亚兰③喜陀。

据《瑞喜宫佛塔史》载,因每次清查杀戮他都幸存下来,后来阿奴律陀赐名为江喜陀。又因为是鄂梯莱村村长的主人,他又名梯莱辛。

部分史籍记载,在旦迎瓦底城国王听信使臣谗言,将般萨格勒亚尼公主逐往勃养马,在此之际,公主面向金宫屈膝叩拜。后来江

① Kyansittha 意即:幸存者。

② Kyansittha 又可理解为:非常美貌的孩子。

③ 意即:水壶向后倾倒。

喜陀登基，就在当年母亲叩拜之地，造了一名为巴膝豆[1]浮屠，以作纪念。这段历史是十分清楚的。可见，只能认为般萨格勒亚尼公主是在到了京都以后，才被逐往勃彝马一地的。

关于江喜陀是龙王子之说：江喜陀之孙阿朗悉都[2]进军妙香国之际，缅历 470 年(公元 1108 年)，在觉辛的当布雍基立的《赖道佛塔碑文》上有以下记载："阿奴律陀王有一爱子梯莱辛、克亚兰喜陀。梯莱辛、克亚兰喜陀之孙敬祝金佛窟施主、老王万寿无疆！"可见，为使子孙后代清楚了解，江喜陀乃阿三彬那王族世系阿奴律陀王之子，在阿朗悉都时已在碑铭上作了记载。然而，却置此于不顾，一味追求所谓古蒲甘骠绍梯王乃天龙之子一类错误之说。且人云亦云，错误地认为，神通广大的人理应受到天龙的监护，江喜陀乃受其父的保护，故他乃天龙之子云云。关于天龙监护之说有以下几例：中天竺华氏城君王苏苏那伽王，幼时曾被天龙保护；蒲甘国王乌兹那之妃普瓦绍幼时在林中被其父哄睡在一棵大树之下，曾有一大环蛇保护等等。因此，梯莱辛江喜陀如此神通广大，弘扬神圣佛教大业的君王必定是一位天龙保护的人物。

江喜陀母后将子送往国师处为僧。此时，星相家又奏道："此人已出家为僧了。"国王问："怎样才能知道呢？"星相家道："供斋饭后，用水壶敬水时，将见到该未来君王口中现出轮状光芒。"于是大王每日斋僧。一日，国王供江喜陀斋饭，用斋毕，依例用水壶敬水，此时，国王见其口中出现帝王环状光芒，惊恐之际，水壶翻倒。国

---

① 意即：屈膝叩拜。

② Alaungsithu 旧译阿隆悉都。"阿朗"意为：未来成佛者；"悉都"悉从巴利文音变而来，意为：英勇胜敌者。

王问星相家:“此人是否将夺寡人之王位?”答道:“将于大王之后隔一代为王。”国王说:“你等为何今日才将此话告我?因恐其夺朕王位,朕已误杀许多生灵矣!”国王遂命江喜陀还俗,在御前侍候。因他乃国王之亲子,国王怜惜他,并赐名江喜陀。

敏木有位名叫鄂推友[1]的青年,据说是位善爬棕榈树采棕榈果的能手,他能在所规定的时间内,采摘完1000棵树上的棕榈果。阿奴律陀王得知后,便召其与江喜陀为伴同住。

卜巴有位名叫鄂隆赖佩[2]的农户,据说是位耕地的能手,他能同时驾驭30对牛耕地,工作细致且熟练。国王得知后,便召其与江喜陀、鄂推友为伴同住。

良吴有位名叫良吴毕[3]的泅水能手,据说他能从良吴高岸上跳入水中泅渡过江到对岸昂达,然后又不停歇地泅渡回来。国王得知后,便召其与江喜陀等三人为伴同住。

有一次,下臣奏知大王:“赖窭地方有四匹马鞍饰物全备的无主骏马,人们捉不住它们。”大王遂命江喜陀、鄂推友、鄂隆赖佩和良吴毕等四勇士前去擒捉。四勇士巧做一围场,围场中灌满水,通向围场的小路两旁用篱笆遮住,然后将马赶入围场,待马在围场中游水之时,四勇士奋力上马,并将它们带回献给大王。大王将马交给四勇士喂养,为王效力。这四匹骏马乃无价之神马。阿奴律陀的坐骑叫甘帝伽赖拉;江喜陀的坐骑名那龙空冈;鄂龙赖佩的坐骑名礼牟英康;鄂推友的坐骑名那龙林代;良吴毕的坐骑名那龙阿杜

① 旧译牙兑由、牙底由。
② 旧译牙隆梨毕。
③ 旧译良宇披。

末悉。这五匹马合称五神骏。

阿奴律陀王即位第四年，其父姜漂王崩。姜漂王 58 岁登基，在位 22 年，逊位居庙 31 年，任僧王 4 年，终年 115 岁，缅历 383 年（公元 1021 年）殁。

《缅甸大史》载，阿奴律陀王于缅历 364 年（公元 1002 年）即位，4 年后其父姜漂王崩。阿奴律陀王为其父建造的《马梯庙碑文》上说，该寺庙建于缅历 382 年（公元 1020 年）。根据这两个数字分析，姜漂王似乎是在建寺庙前 14 年逝世的。关于阿奴律陀王于缅历 379 年（公元 1017 年）登基，即位第 3 年开始动工建造该寺，建寺一年后姜漂为去世之说，与其他许多碑铭和《新史》记载是一致的。

第 四 编

阿奴律陀王在位时，国号蒲加雅马[①]。该国历代君王均信奉居于德马梯的30名阿利僧及其6万门徒，受其谬误信念蒙蔽。阿利僧众摒弃佛法，自立异说，妄撰经书，迷惑民众。在其教义中竟有如下是非颠倒荒诞之说：杀害他人者，若能背诵阿利僧所授避邪消灾经文即可免遭业报；弑死父母者，若能背诵阿利僧所授避邪消灾经文亦可免遭业报等等。

此外，不论王公大臣、乡吏士绅、黎民百姓，凡有女出嫁，皆须在成亲前夜将女送至阿利僧处，名之为：献童贞。次日晨放回后方可成亲。不向阿利僧献童贞即出嫁者，以破坏习俗论，受王法严惩。

是时将献童贞说成为供奉。学者们皆把毗哈耶玛霍[②]一词解释为：送往庙中供奉。碑铭镌刻者们在碑文中有以下写法："献给寺庙之时……"。诗人那瓦德[③]在他的《王妹埃钦》诗中也有以下诗句："向维扎亚佛塔，将吉祥珍宝，供奉献上之时"。

阿奴律陀王具有真知卓识。当其知悉竟有此等荒诞绝伦之说

① 蒲甘一古名。为读者方便计，下文凡写为"蒲加雅马"处均直接译为"蒲甘"。

② Viharamaho之音译，原为巴利文。

③ 即卑谬那瓦德，1527至1596年间缅甸东吁王朝一位著名诗人，生卒年月不详。

时极其不悦，震惊异常，渴望尽早获得妙法真谛。

（135）阿罗汉长老自直通来到蒲甘

是时，法号达摩达蒂的阿罗汉长老从名为苏陀摩伐提的直通来到蒲甘。阿罗汉的身世如下：众罗汉共议苏那波兰达和丹巴提巴两地佛教尚不发达便齐到天帝释前，请求派一能传道者前往传道。天帝释向忉利天一神提出此项请求。该神遂投胎于一女婆罗门腹中。足月生一子。由有道罗汉底拉菩提守护。成年后，出家为僧，精通三藏，后修成罗汉果位，法号阿罗汉。名震整个南赡部洲。

法师闻苏那波兰达、丹巴提巴两地佛教尚未建立，便来到蒲甘，住在京都附近林中。天帝释指引一猎人遇到阿罗汉长老。猎人见长老气宇非凡，肃然起敬，知定是一位贵人。遂引至京城参见国王。阿罗汉携带八法器随猎人进宫。猎人向国王奏明在林中遇此高僧，特带来御前。国王见阿罗汉威仪庄重，绝非一般，必是一满腹经纶之人。好像一朵含苞待放的莲花遇到阳光一样，国王大喜。

国王想常言道："卑贱者下座，高贵者上座"，便对阿罗汉长老说："请随意落座。"长老为表明自身尊贵便巍然登上王位就座。国王见状，认定此人必有来历。遂问道："法师宗系如何？从何处来此？受何人教诲？"

阿罗汉答道："我乃属一切智①佛的宗系，我佛具有九圣品②、

① 一切智。佛教名词，亦称：一切种智。即谓无所不知。

② 九圣品。即：受人、神、梵天、一切生灵供奉；尽悉诸法；具达涅槃彼岸之诸智；为世人之福而善生于世好灭涅槃；全知世俗之事；能使一切歹徒、恶神、各种兽类温驯折服；为一切生灵之师；善使他人明悉苦、集、灭、道四谛；有高于一切的福威。

六尊荣①、四不思议②。问我受何人教诲？我乃受一切智佛所讲的最美妙深奥的教诲。”国王听罢大喜，恳求道：“法师能否讲解部分佛陀教诲给弟子听？”阿罗汉遂将尼乔陀沙弥为阿育王讲述的《不忘品》等讲给国王听。

是时，国王的心就像经过百次精弹的棉花浸在百次滤制的油中一样，充满了虔诚与坚定。讲完后，国王又问道：“我主一切种智佛在何处？讲过多少法？除法师外，还有多少弟子？”

阿罗汉长老说：“一切种智佛陀仪态轩昂，具三十二大相、八十种好、六道光轮③，享有无比崇高的威德，具备十种智力。佛陀在菩提树下成佛后，在整整45年中，对一切人、神、梵天及其他众生，大慈大悲谆谆劝导，使他们品尝到甘露般的佛法。后来，佛陀在拘尸那罗城末罗王族吉庆之地娑椤园内涅槃，震撼了整个环宇，有11位国王④将神圣的舍利带回各自的国内供奉。”

“在第三次佛经结集时，与会的长老们将国王们取走的全部舍利的八分之七带回献给阿育王，建成佛塔84000座。另一分舍利被神龙等藏于腹中，后为苏摩那沙弥得到，献与锡兰岛国王阿巴亚陀塔加马尼建一大塔珍藏。佛的右上牙由天帝释带回忉利天供奉；右下牙由神龙们带到那伽国供奉；左下牙从羯陵伽国送到锡

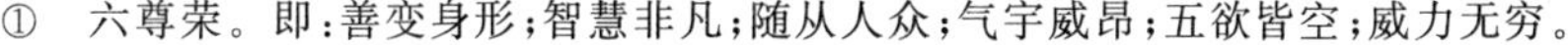

① 六尊荣。即：善变身形；智慧非凡；随从人众；气宇威昂；五欲皆空；威力无穷。

② 四不思议。即：佛身、禅定、业报、世界四者不可思议。

③ 按缅甸常规解释，六道光轮即：紫、金、红、白、粉等五色及闪烁不定各色之光，共六道光轮。

④ 本书在(39)节中说有8位国王将佛陀舍利带走供奉。此处又按《缅甸大史》的说法由11位国君带走。

兰[①],为世代锡兰国王所供奉;左上牙由称作妙香国的中国世代君王所供奉。”

此事,《缅甸大史》载:左上牙在锡兰。[②] 与《佛牙史》[③]所述不同。

“佛陀所说之法计有二乘[④]、三藏[⑤]、五部[⑥]、九分教、八万四千法藏。上述佛法在中天竺经过了三次佛经结集之后,在锡兰被录于贝叶之上。高僧们抄录后献给直通国王,现直通国内存有经书30套。”

“大王问佛陀弟子除我外,尚有何人?除我外,还有勃亚马塔僧、萨穆蒂僧等。”阿奴律陀王听阿罗汉讲述之后,对佛陀产生无限虔诚的信念,说道:“除高僧外,吾等再无他人可依靠了。今后,吾等身心均献与高僧。吾将遵从高僧教诲。”国王在林中建一寺献给阿罗汉。寺上全部镶嵌着瑰丽珍宝。阿利僧的异端邪说遂被排斥。

① 据传,4世纪初南印度羯陵伽国国王将佛牙赠给狮子国(即锡兰、今日的斯里兰卡)国王供奉。至今斯里兰卡每年皆举办盛会——佛牙节,届时有佛牙巡游仪式,供世人瞻仰。

② 此处与本书(39)节所述矛盾。该节说左上牙分给羯陵伽国,左下牙分给妙香国。

③ 《佛牙史》南传上座部佛教三藏的经外著作。锡兰达摩揭帝长老所著。全书五章。系受锡兰国王波罗迦罗摩巴忽一世(1153—1186年在位)之请,据僧伽罗文编年史编成。记载羯陵伽王子檀多鸠摩罗把佛牙送到锡兰的经过,是一部优秀的巴利文史诗。

④ 二乘。即谓引导教化众生达到解脱的两种方法、途径或教说。一般称声闻、缘觉为二乘。

⑤ 三藏。即:经藏(素怛缆藏、修多罗藏)、律藏(毗尼藏、毗奈耶藏)、论藏(阿毗达摩藏、阿毗坛藏)。

⑥ 五部即指:长部、中部、相应部、增支部、小部。

此事,《直通史》中记载如下:摩奴哈王在位期间,逢三灾[①]。直通境内大饥,一沙弥在林中云游,与猎夫相遇,猎夫引沙弥见蒲甘阿奴律陀王。阿罗汉原名达摩达蒂,到蒲甘后始改名阿罗汉。

阿罗汉的宗系是:佛陀在世时有弟子优婆离。佛陀涅槃后,至佛历30年,长老寿满75岁圆寂。优婆离长老有弟子达德;达德长老有弟子须那;须那长老有弟子私伽婆和姜陀伐纪;私伽婆和姜陀伐纪两位长老有弟子目犍连子帝须,在以目犍连子帝须长老为上座,召集一千罗汉进行佛经第三次结集时,曾请须那长老到金地弘扬佛法。按:须那长老有弟子须比达;须比达长老有弟子须摩陀达;须摩陀达长老有弟子苏摩那帝须;苏摩那帝须长老有弟子须巴伽;须巴伽长老有弟子阿瑙摩陀悉;阿瑙摩陀悉长老有弟子阿蒂悉拉;阿蒂悉拉长老有弟子比亚那陀悉;比亚那陀悉长老曾每日从直通到中天竺摩诃菩提处拜谒,他有弟子摩诃加拉和底拉菩提;摩诃加拉和底拉菩提两位长老的弟子达摩达蒂长老来到蒲甘布教。

此后,国王和民众都抛弃了过去的信仰,改尊佛法。阿利僧所获馈赠礼品大减,遂对阿罗汉怀恨在心。国王担心阿利僧萌生恶念,谋害阿罗汉,派出足够的卫士防范30名阿利僧及其6万门徒。其时,大批僧众从直通国纷至沓来。阿罗汉又将虔诚于佛教者收为僧伽。国王命30名阿利僧及其6万门徒还俗,并征他们充任刀枪手和象粪清扫夫等。阿奴律陀王说:"统治吾国的历代先王曾信奉阿利教。如信奉该教果有益处,吾愿重新信奉。"

① 三灾即:饥馑、刀兵、疾疫三灾。

(136) 印度兄弟两壮士

其时,有兄弟二人乘船行至直通境内,船翻。兄弟二人攀一木板,漂至直通,投奔国师。国师非常喜爱,将二人留于身边不离左右。

一日,国师带兄弟二人到林中采药。见一仙人身伤数处倒毙在地。通晓经书、占卜、药草、符箓的直通国师见此尸体对二人说:"如将此尸焙干吃下,不但可以却除百病,还能益寿延年;步履轻捷,十日路程一日可达;力大无比,能负千斤;抓住象牙能将雄象摔倒。如将尸体浸于药中服用,则能长生不老。此尸将给我和你二人带来极大好处,速将尸体扛回庙中,我将配齐各种药物再做处理。"国师说后,兄弟二人遂将该尸扛回庙中。仙人之尸大小如七月婴儿。因其终年以上好芒果、番樱桃等为食,故有香蕉之香,芬芳袭人。回庙后,将尸体妥善收起。

一日,国师进宫。兄弟二人乘机将仙人尸体焙干后吃下。食毕,二人想验证国师之言,便去找来一块长 10 肘尺宽 8 肘尺的大石板。果然,毫不费力一举而起。二人将石板放在庙阶之前。国师从宫中回来,见庙阶下石板,已料到几分。进庙后询问,兄弟二人也直言:"让我们吃掉了。"国师闭口不语。从此,兄弟二人力大如象。天长日久,引起直通国王惧憎,令拘捕二人。其兄正在妻子房中熟睡,被捕获斩首。弟逃出直通,直奔蒲甘。到蒲甘后,参见阿奴律陀王。王见壮士剽悍骁勇,非常怜爱,收为内侍,跟随左右。

直通国王杀死印度壮士后问国师："如何处理为好？"国师奏道："可将尸体剐开，右臂埋于某地，左臂埋于某地，右腿埋于某地，左腿埋于某地，头颅与内脏则埋于另一地，埋时如此如此施些法术，则任何敌人也休想攻克直通城。"国王按国师所说作了安排，将尸体埋掉。果然，从该日起，没有任何敌人能威胁直通国。

阿奴律陀令印度壮士到卜巴山采集缅桂花送至宫中，每日往返十次。据说壮士均能按时送至，从未延误。其时，卜巴山有一魔女，因前世缘分，见壮士后产生爱慕之心。魔女遂变幻人形，与壮士发生关系，后生二子。二子成年后，壮士将他们献给阿奴律陀王。王见二子均有神力，留于左右，赐名瑞品基、瑞品艾。

（137）阿奴律陀王赴直通取三藏

阿罗汉向阿奴律陀王奏道："无经典就无法学习，不学习就不会有观念，我所指经典即三藏，而今我国尚无。应以重礼向藏有佛陀圣物和三藏之国索取，以使佛法永存于世。"阿奴律陀问："向何国可以求得？"阿罗汉答道："直通有三藏经 30 套，并存有许多舍利圣物。"王即命准备厚礼，遣一精干大臣出使直通。使臣好言向直通国王面陈阿奴律陀王之请求。但直通王心地邪恶，出言不逊，予以拒绝。

阿奴律陀闻言大怒。尽起全国兵马水陆两路进军直通。水路计有战船 80 万只、水军 8000 万。陆路派江喜陀、鄂推友、鄂隆赖佩、良吴毕四员大将为先锋，阿奴律陀王亲率大军殿后，计有战象

80 万头、骏马 800 万匹、士卒 1800 万。据说水军先锋行至白古[1]时，后卫水军尚未尽离京都蒲甘。同样，陆路先锋已抵直通国界，后继队伍亦未尽从京都开拔。

直通国王摩奴哈闻阿奴律陀亲率四员神骑骁将与无数兵勇来取直通，惊恐万状，紧闭城门加强城防固守。阿奴律陀水陆大军抵直通后，四员大将遂率部攻城。直通城因有魔力护卫，屡攻未克。阿奴律陀王问印度婆罗门占星家和缅甸占星家们："何以如此？"占星家们答道："此城因有魔力护卫，故难以取胜。"

此时，印度壮士上前奏道："大王欲取直通，必先破其魔法。昔日臣兄被杀后，直通王曾用种种法术，将其头颅和四肢等分别埋于城内各处。如取出臣兄尸骨，破其法术，城必陷。"阿奴律陀王遂下令："你去埋藏处取来。"是夜，印度壮士潜入城内，向其嫂问明各埋葬地点后，前去挖出尸骨，带回献给阿奴律陀王。王问占星家们："如何处置为妥？"占星家们答道："可将尸骨丢入大海。"王按他们所述，派船将尸骨抛进海中，只见海面升起一股水柱冲向天空，高丈余，宛如一棵棕榈树。法术既破，大军攻陷直通。国王摩奴哈和王后、王子及大臣们被俘，献于阿奴律陀王前。

阿奴律陀王将直通历代国王供奉盛在宝盒内的圣物舍利及 30 套三藏经，用直通王的 32 头白象驮回。国王亦将大批武士和象、马带回。

此外，还带回许多雕刻匠、旋匠、画匠、瓦匠、泥塑匠、金银首饰匠、铁匠、铜匠、乐师、宝石加工匠、象马驯养师和兽医、弓箭盾牌枪

[1] 白古即今日之勃固。中国古籍亦有译作"摆古"者。

炮等武器制作工、厨师、理发师和香料配制师等。并按工种分队，不使混杂。还迎请了一批精通三藏经书的高僧法师。直通国王摩奴哈和王后、王子、公主等也被带到京都蒲甘。

直通国第一代君王是悉哈罗阇，当时佛陀仍在世。从悉哈罗阇王传到摩奴哈共48世，威名显赫，笃信佛教。民众以施舍行善为乐事，国内安定繁荣，如同神国仙境。底里德里巴瓦那底达拉巴瓦拉达马亚扎[①]摩奴哈作为一个繁荣强盛的大国直通国君，拥有32头白象的圣主，仅因对阿奴律陀王的来使出言不善致使个人身败名裂，国破家亡。

《缅甸大史》关于直通国的记载是：佛陀在世时，直通国王是阿输迦达摩罗阇。而《直通史》的记载是：伽湾波堤天尊之弟悉哈罗阇为直通王。伽湾波堤天尊曾请佛陀驾临金地即直通。佛陀涅槃后，伽湾波堤天尊带来32尊佛牙舍利，献给悉哈罗阇，供王祀奉云云。悉哈罗阇王在位60年，在佛陀涅槃后十年时辞世归天。其子悉梨摩须伽继承王位。可见《缅甸大史》的记载与《直通史》所载有两处不符。

阿奴律陀返回蒲甘后，将带回的武士、工匠、学者分别安置在各个地区。将全部圣物舍利珍藏在宝盒内。将宝盒置于宫中御床头供奉。30套三藏经则珍藏在一座饰满宝石的藏经楼内，请高僧法师们讲诵。摩奴哈王与其家族役从人等一起住在敏格巴区。

据说摩奴哈王讲话时口中即闪现出熠熠光轮。因此，当摩奴哈来参见叩拜时，阿奴律陀王不禁毛骨悚然，异常惊恐。为了消除

① 摩奴哈王的巴利文尊号。意即：吉祥三界光明高贵之法王。

摩奴哈的神威，便命厨师们把用宝石托盘供过佛的供品做成他的膳食。摩奴哈王并未察觉，一味食用。久之口中光轮消失。据说此后摩奴哈王万念俱灰，叹道：吾虽有志，亦难如愿矣！遂参悟铸起两尊高大佛像，一是坐佛像，一是涅槃像，并祈祷道："但愿在轮回之中，永远不再为他人征服！"此庙即定名为摩奴哈，一直流传至今。

（138）到妙香国——中国奉迎佛牙[①]

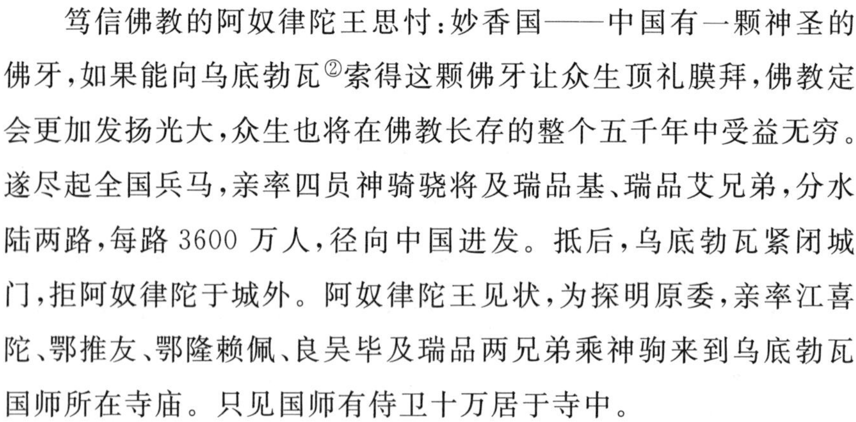

笃信佛教的阿奴律陀王思忖：妙香国——中国有一颗神圣的佛牙，如果能向乌底勃瓦[②]索得这颗佛牙让众生顶礼膜拜，佛教定会更加发扬光大，众生也将在佛教长存的整个五千年中受益无穷。遂尽起全国兵马，亲率四员神骑骁将及瑞品基、瑞品艾兄弟，分水陆两路，每路 3600 万人，径向中国进发。抵后，乌底勃瓦紧闭城门，拒阿奴律陀于城外。阿奴律陀王见状，为探明原委，亲率江喜陀、鄂推友、鄂隆赖佩、良吴毕及瑞品两兄弟乘神驹来到乌底勃瓦国师所在寺庙。只见国师有侍卫十万居于寺中。

国师见阿奴律陀王、四员骁将和瑞品两兄弟个个服饰华丽，一时难以认定"谁是国君，谁是侍臣？"为了弄清情况，国师铺设了七

---

① 此节所述阿奴律陀到中国奉迎佛牙事，在中国史籍中未见有相应记载。

② 缅语称南诏王或中国皇帝为 Utibwa 乌底勃瓦。来源其说不一，尚待细考。如：西方学者巴克认为来自汉武帝音译；法汉学家伯希和同俞贝都说系吐蕃赠给南诏王异牟寻的封号——"日东王"一词衍变而来；我国中缅关系史教授陈炎则认为可能源自缅甸三个龙蛋故事，因 U 缅语意为蛋，bwa 缅语意为生，Utibwa 即同蛋所生，与"胞波"意近似。

个高贵的座位。阿奴律陀王用手中的阿犇陀摩神鞭对准七个座位抽去，顿时七者合一，然后端坐其上。江喜陀等四员骁将和瑞品两兄弟恭候两侧。国师见此情景，想此人必是一位德高望重的国王，遂问道："不知贵人从何方来？到鄙国来有何赐教？"阿奴律陀王答道："朕乃阿梨摩陀那即蒲甘国的君主阿奴律陀是也。来贵国为求取释迦牟尼佛祖之灵牙，以偿瞻拜供奉之愿。"

国师将阿奴律陀王来意奏明乌底勃瓦。乌底勃瓦不辨善恶，傲慢无礼。阿奴律陀王又问国师："贵国乌底勃瓦为轮回与现世信奉何物？"国师答道："我主乌底勃瓦为轮回信奉佛牙，为现世在宫前筑一高阁供奉月天。"乌底勃瓦对于阿奴律陀所率 7200 万大军认为乃区区小数，不足介意。

据说，一日一群割马草者挑着担子，手托下颚，前来围观。他们将国王的 7200 万大军围了个里外三层。

阿奴律陀愤然说：朕堂堂一国之君来到此地，乌底勃瓦竟不相见，亦不接风宴请，岂有此理？！于是，传瑞品两兄弟来到御前，说道："汝二人夜间潜入乌底勃瓦宫中。乌底勃瓦睡在一水动轮机之中。乘其熟睡时，用吸管将水轮机中的水吸尽，用白灰在乌底勃瓦身上划上三道白线，然后在墙上写明：吾王陛下驾临此地，为何不见，也不宴请？再如此，则三道白线即刀落之处。"瑞品兄弟遵王命，夜间进宫，依言办妥。天明后，阿奴律陀又召见江喜陀说："朕亲临此，乌底勃瓦对朕不敬。朕命你用绳索将月天神像捆起，用阿犇陀摩神鞭鞭笞之。"月天神像用铜铸成。身躯高大。腰围四人合抱，是上自乌底勃瓦下至全国臣民崇奉之神像。江喜陀遵照王命，毫无惧色，用绳索将神像捆住，用阿犇陀摩神鞭猛抽。

月天知道:阿梨摩陀那蒲甘国王为瞻仰佛牙而来。乌底勃瓦和他的臣民既不相见亦不宴请,为此迁怒于我。遂喊道:"痛煞我也!"月天的喊声就像在乌底勃瓦及所有妙香国民众的耳际响起。

乌底勃瓦看到瑞品兄弟在自己身上划的三道白灰线和墙上的字大惊。此时又传来月天的喊声。乌底勃瓦和所有民众就像自己的肉将被吞噬一般,皆惊恐异常。乌底勃瓦遂带来许多礼品,在大臣们簇拥下来见阿奴律陀,说道:"实不知阁下驾临,惊闻月天呼喊方知此事。"

阿奴律陀王说:"吾来贵国非为财物而来,是拟向贵国求取佛牙,望能迎回供奉,以求超世幸福。"乌底勃瓦说:"如佛牙愿巡幸贵国,只管迎去。"从此,两王相处交谈融洽亲密。

自该日起,三月之中,乌底勃瓦每日即用金甗、银甗、金锅、银锅、金盆、银盆、金盏、银盏等器皿烹饪菜饭款待阿奴律陀。阿奴律陀也每日携许多供品到安放佛牙之地虔诚礼拜。佛牙具32大相、80种好、6道光轮,具有无比崇高之威德,升上太空,云游天际。阿奴律陀王虽屡次头顶宝盘,虔诚求拜,但佛牙始终留于天际,不肯降于盘中。

阿奴律陀见状,心情不悦,异常伤心。天帝释见阿奴律陀王如此伤心,知此王必将承担发展佛教大业之任。天帝释遂取一尊碧玉佛像,使其与佛牙一起在天际云游。然后,降落在国王头顶的宝盘内。天帝释显身对国王说:"佛陀并未预言由汝供奉佛牙,只预言佛法在妙香国长存五千年。也曾预言佛陀前额骨舍利将归汝供奉。佛陀前额骨舍利已由室利差呾罗竺多般王从干延迎到国内,安放在由他修建的大佛塔内供奉。汝可取去供奉。”阿奴律陀大喜，叮咛国师每日用乌底勃瓦款待自己用的金甗、银甗、金锅、银锅、金盆、银盆、金盏、银盏等做好斋饭，供奉佛牙。两位国王愉快亲切地话别。阿奴律陀王带着天帝释赠与的碧玉佛像回国。

阿奴律陀王途经木掸。统治木掸等九国①的土司用五张金丝细席铺地恭迎。阿奴律陀用阿彝陀摩神鞭一抽，由于国王的神威，五张金席即刻重叠在一起，王就座于上。土司见此情景，即将五美齐备的苏蒙拉公主献给国王。王欣然接纳，后率大军分水陆两路返回。

行至觉西地区，阿奴律陀对瑞品兄弟二人失去信任，处死于瓦因窦。这地区至今仍被称为“谷育瓦良彬”②阿奴律陀王为使佛教长存五千年，造福众生，在当布雍地区建一佛窟，名为素当卑③。

从觉西启程，改乘御舟。此时，瑞品两兄弟已成神。御舟顺流而下。瑞品兄弟握住船舵，阻于河中。阿奴律陀问印度婆罗门占星家与缅甸占星家们：“舟何故不前？”占星家们答道：“陛下仆臣瑞品兄弟二人上奏，自任职以来尚未受恩，故今持舵随行。”王当即下令在当布雍地区的素当卑佛窟内为兄弟二人设一神龛，由觉西一带民众供祀。大臣们遵旨下令。后国王又在曼德勒山建造一塔、在叫做界野的两座山上建立两座佛塔。一切安排停当，王乘御舟顺流而下，返回京都，将碧玉佛像置宫中供奉。

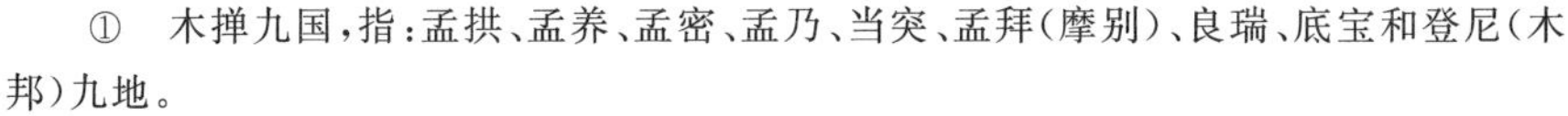

① 木掸九国，指：孟拱、孟养、孟密、孟乃、当突、孟拜（摩别）、良瑞、底宝和登尼（木邦）九地。

② 意即：处死之地的榕树。

③ 意即：祝愿圆满实现。

（139）木掸九国土司之女苏蒙拉

阿奴律陀王将木掸九国土司之女苏蒙拉留在身边。苏蒙拉耳环内藏有圣物，故光华灿烂。王后嫔妃们见后，在王前潜说苏蒙拉系一佐格尼女妖。国王前往观看，果见苏蒙拉的耳环光芒四射，因而轻信王后嫔妃们的谗言，认定苏蒙拉确系一女妖。下令道："苏蒙拉不宜再在宫中，立即返回原籍。"苏蒙拉拜别国王和护国神、护殿神等之后，带领扈从返回故里。

苏蒙拉晓行夜宿，途经良吴村、宁村、勃林、赖窦村、冈西村、杜云山、温勃德、新城、驻地、炯巴村等地。一日，行至瑞萨延塔址附近，苏蒙拉耳环失落。只见水中映出耳环熠熠光芒。遂纵身跳入河中俯身寻找，却不见。蓦地只见带有圣物的耳环在空中显现，一群麻雀围在四周啭鸣不已。苏蒙拉俯身下拜。其时，带有圣物的耳环落下仍戴于苏蒙拉左耳之上。苏蒙拉萌起为圣物修建宝塔的愿望。天帝释见圣物可供民众供奉五千年，便化出一堆砖石。苏蒙拉遂将带有圣物的耳环珍藏于塔基下，建一高五肘尺之佛窟。

阿奴律陀王闻言：苏蒙拉将从木邦带来的金银施舍给当地僧俗并修建佛窟。派一使臣带圣旨前往察看。圣旨中写道："若佛窟之门朝东面向木邦掸村，即将苏蒙拉处死。如佛窟之门面朝朕之京都蒲甘，则赦免。"御史到达该地，天色已晚，准备宣读圣旨。苏蒙拉以重金贿赂御使，请天明后再宣读接旨。当夜款待御使，并委婉探询圣旨内容。御使透露了圣旨内容。苏蒙拉跪地向天帝释、四大天王、达玛德瓦[①]神等祈求。随后她用手攥住系于颈上的缀玉金丝围巾的一端把围巾打了一个旋儿。与此同时，本来面向东方的瑞萨延佛塔也朝向了西方。天明后，御使察看过佛窟后，即返回蒲甘。御使返回，王问明情况。于缅历416年8月10日（公元1054年11月8日）将佛塔周围7000肘尺之内的土地献与苏蒙拉所建瑞萨延塔。

后至缅历485年（公元1123年）时，神舟王阿朗悉都为供奉该塔，将东至丹巴亚羌，南至蜿蜒的密艾河，西至班羌河岸边的因玛窦，北至那盖山和那盖河一带的村庄和土地全部献与该塔；另将50户人家捐给佛塔作为塔奴，从事看守、洒扫、供奉等劳役。后孟养王在位时，重修佛塔，将塔身提高至30余肘尺。再后，到修建摩诃敏加拉五层金殿庙的施主在位时，王太后再修佛塔，升金伞一顶，并从塔底至塔尖全部贴金。在《缅甸大史》与《中史》两部史籍中，没有四大名塔之一的瑞萨延佛塔的记述。上述有关瑞萨延佛塔的情况，本史系根据蒲甘《瑞喜宫佛塔史》和《瑞萨延佛塔史碑文》等写成的。

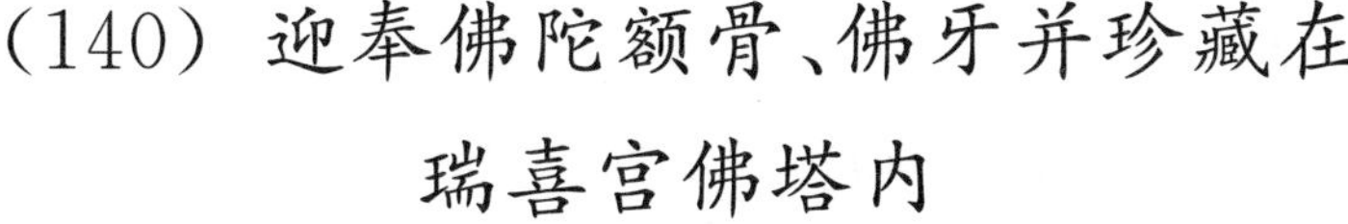

（140）迎奉佛陀额骨、佛牙并珍藏在瑞喜宫佛塔内

之后，阿奴律陀王率水陆大军直奔室利差呾罗，拆毁竺多般修建的佛塔，取出佛额骨，置于一嵌满宝石的尖顶阁状佛龛中，用白

① 意为司年之神。

象迎送回国。此事《新史》中写道:“学者们不赞同竺多般王从干延国取得佛额骨一说。”

根据是:在《佛额骨舍利史》一书中有以下记载:“佛陀涅槃后,末罗王得到分到的一份圣物舍利——佛额骨。摩诃迦叶长老向末罗王索取后,将圣骨赠与摩诃难。之后,佛额骨便由信摩诃难、姜陀拘达、婆陀先那、阇耶斯那、僧伽勒弃多、梨波多等六位长老互相转送和奉祀。后来梨波多长老将佛额骨带到锡兰岛摩诃加马村,给予摩诃那伽国王。在锡兰岛佛额骨便由摩诃那伽、伽达那拉亚伽、乔达勃亚、伽伽温那四位国王相传供奉。至佛历 360 年(公元前 216 年)后,才由伽伽温那王将佛额骨安放在摩唏迎伽那宝塔之中。”

据《若开史》和《摩诃牟尼塔史》载:“杜拉珊达雅王的皇侄姜陀拘王在位时,阿奴律陀王进军若开。阿奴律陀王未能迎到摩诃牟尼佛像,只得到一些金银佛像和佛额带。”史书中有两种不同的记载:佛额骨和佛额带。因此,学者们对《佛额骨舍利史》中所载佛额骨一说与《若开史》和缅甸史中所述佛额带一说都表示赞同。

关于竺多般王从干延国取得并珍藏佛额骨一事,缅甸《古史》、《缅甸大史》均记述一致。《若开史》却记为;“阿奴律陀王在位时才取得。”但关于缅甸帝王的称号记载等,经过历代精选核实的缅甸史籍较之外族的记载更为可靠。

阿奴律陀王恐日后室利差呾罗城被反叛者占据,遂将城池夷为平地。竺多仰王将父王竺多般的九宝御舫埋于地下。阿奴律陀从地下掘出观赏后又埋回地下。阿奴律陀返回京都蒲甘后,与阿罗汉长老商议佛额骨事宜,为使佛教长存五千年,造福众生,将佛额骨藏与佛塔地宫之中。关于选择建塔地点决定采用如下办法：将佛额骨置白象背上，任白象漫步，并立誓："白象伏下之地即应为塔址。"放出白象后，白象走至一沙滩即今瑞喜宫塔址处伏下。王见白象伏在沙滩上心中不悦，想吾一心为佛教长存五千年兴建佛塔，不料白象偏偏不伏于富饶之地，却伏在这块荒原沙滩之上。

是夜，天帝释显身对国王说："汝不必忧虑。白象所伏之地正是将随佛教一起长存五千年之地。"国王大喜，立即安排建塔事。天帝释将这块厚 24 万由旬的土地变成全系石质之地，并用铁箍箍紧。阿奴律陀见佛法将长存五千年，遂迁至瑞喜宫塔南五座重阁中住下。瑞喜宫塔兴建于缅历 421 年（公元 1059 年）。安放圣物佛额骨石函时佛陀显圣，仪态轩昂，雍容华贵，显出相好大小特征[1]及六道光环，携八法器，升入天际。并预言："此王原系一头名为布拉列之象，曾在一坐夏期三月之中侍奉过我。今又弘扬我教，将来必和我一样修行成佛。"王听罢真言，欣喜欲狂，心情犹如经过百次精弹的棉花浸在百次滤制的油中一样，紧抱着安放舍利圣物的宝盒呜咽不止。阿罗汉长老向国王奏道："佛陀之佛教有待于吾等做的事尚多。可将吾王紧抱宝盒的形象铸一金像珍藏于佛塔地宫之中。"国王依言。

历史碑铭对瑞喜宫佛塔的建址均有记载。《新史》载："建筑瑞喜宫塔的沙滩系当年骠绍梯王与母后相会之地，地名原为泽亚空，在书写时后来写成喜宫，故名。后凡建成与此塔形状相似者皆称为'喜宫'塔。"在《埃格克亚高达注疏》一书中载："在瑞喜宫佛塔中

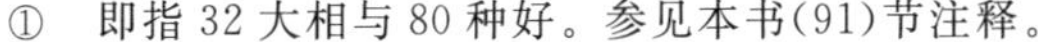

① 即指 32 大相与 80 种好。参见本书（91）节注释。

珍藏有佛牙、佛锁骨、佛额带。”那瓦德根据这一记载,作雅都诗[①]一首以示对瑞喜宫佛塔的敬仰。诗中写道:

舍利遗物,
佛陀额带,
佛牙锁骨,
吉祥种种,
荣光无数。

当瑞喜宫佛塔建好塔坛三层时,阿奴律陀王想:“吾乃佛陀预言中人。曾去中国索取佛牙未果。天帝释传谕佛陀真言,说吾将祀奉碧玉佛像和佛陀前额骨。如能将锡兰岛的那枚佛牙取来,安放在佛塔之内,众生将在五千年内获得莫大恩泽。”

当夜,天帝释看到佛陀的佛教将发扬光大,便托梦给阿奴律陀王,指出他将在锡兰得到佛牙。国王醒后,喜出望外,召集四员大将等文武大臣计议。王问:“朕欲渡海去锡兰,去取锡兰历代国王供奉之佛牙。卿等意下如何?”

江喜陀上奏道:“吾王陛下,威力巨大。若臣等四人随王出征,休道是区区锡兰岛,即令整个南赡部洲各位帝王合兵一处来抗,亦非臣等对手。”阿奴律陀王听到四员大将如此说大喜,遂带领四员神骑骁将以及扈从人等印度步卒们来到巴伐,准备渡海赴锡兰。

当阿奴律陀王等抵达码头时,天帝释感到他的班都甘巴拉宝座[②]突然变得坚硬异常。思忖不知人世间又有何事?俯首下视,

① 缅甸一种诗体,意即:赞歌。

② 天帝释的宝座名,意为:平的毛绒坐垫。传说凡人间有难或发生重大事故,该宝座都会变得坚硬异常,使天帝释了解俗间有事需他出面帮助或调解。

见阿奴律陀正准备赴锡兰去取佛牙。天帝释知道此行必将引起两王间剧烈争斗，整个锡兰岛将被夷为平地。天帝释遂变化成一位艄公对阿奴律陀王说："今我船将赴锡兰岛，请上船。"阿奴律陀王想太巧了，遂与四员神骑骁将一起上船。当晚天帝释请他们吃仙食，眠仙塌。阿奴律陀与扈从们享受神仙之福，熟睡不醒。天帝释当夜送他们返回劳伽难陀码头。阿奴律陀醒后见是劳伽难陀码头，知道天帝释不愿吾等去锡兰岛，心情不悦。天帝释又托梦给阿奴律陀王：大王遣使去求佛牙即可得。王与阿罗汉长老商议，派一精明大臣带一头白象为礼物，嘱其必须好言相求去迎请佛牙。

同时，天帝释又托梦给锡兰国王陀杜须那。锡兰王梦见统治阿梨摩陀那蒲甘的威武显赫的阿奴律陀王率四员神骑骁将来到锡兰岛，将锡兰全岛现世供奉的四人合围的红石巨神像捆起带走，并且迎走佛牙。陀杜须那王醒后，异常惊恐。阿奴律陀王派出的船只，凭借天帝释的佑护，七日即抵锡兰岛。使臣谒见锡兰王，献上阿奴律陀王赠送的白象及其他礼品，并说明来意。

此事，据《缅甸大史》载："锡兰王底里僧伽菩提是毗阇耶王以后的第87代君王，于佛历1072年[①]，即缅历541年才成为国王的，他是和九尊缅桂佛像施主那腊勃底西都是同一时代的君王。阿奴律陀在削元560年后，于缅历379年（公元1017年）即位为王，缅历397年（公元1035年）崩。[②]"这个提法与《缅甸大史》本身所载年代有很大矛盾。不仅与《岛史》、《小史》等经典相矛盾，与格

① 原文如此，年代有误。

② 此处所述年代与后来经考证得出的年代不同。现代历史学家都写为：阿奴律陀王1044年（即缅历406年）登基，在位33年，1077年（即缅历439年）故去。

拉亚尼等碑文也相矛盾。阿奴律陀王缅历379年即位时，正值锡兰岛陀杜须那王在位6年之际。

锡兰王听罢来使转告阿奴律陀王所嘱之言，感到亲切快慰，说："朕将为朕友得以供奉，按其所嘱向佛牙恳求。"锡兰王来至安放佛牙的重阁，举行隆重供奉典礼进行恳求。此时佛陀显圣，仪态轩昂，具32大相、80种好、6道光轮，携带8法器，云游于天际。锡兰王头顶九宝高脚花盘，虔诚祈祷。蓦地，佛牙一化为二，空中宛如出现两尊佛陀。锡兰王见佛牙化为两颗，恳求道："请将化出的那颗佛牙放在弟子顶上花盘之中。"在锡兰王一再恳求下，佛牙降到国王顶上花盘之中。锡兰王头顶佛牙，步行到使臣船只停泊码头，涉水进入河中，直至河水淹至颈部，才将佛牙送上船舱，叮嘱道："望朕友阿奴律陀陛下和朕一样，下到河中，涉水行至河水淹至颈部时，用头顶迎奉佛牙。"使臣们将佛牙安放在百宝重阁式佛龛内，毕恭毕敬地妥善护送。大船扬帆驶离锡兰岛，借助天帝释神力，七天后抵达劳伽难陀码头。

阿奴律陀王闻派往锡兰的船只已载佛牙返回，大喜。遂骑上"白莱比雍"白象至迎请佛牙码头亲来奉迎。佛牙见阿奴律陀未按锡兰王所嘱来迎，却骑象而来，大船掉头，停于大海之中。

有些史书则载：大船径返锡兰。

国王阿奴律陀见船返航，大惊失色，立即举行隆重的恭迎仪式虔诚祈求，大船方重新靠岸。国王头顶九宝高脚花盘，纵身下海，涉水向前，直至水淹至颈部，才将佛牙请入盘中，转身返回岸上。无数文武大臣与士卒簇拥着迎至宫中。王将佛牙安放在宫前嵌满宝石的重阁状佛龛中，举行了隆重的供奉仪式。

阿罗汉长老向国王奏道："为使众生在佛教长存的五千年内都能供奉佛牙，建佛塔供奉比置于宫中，善果更多。"阿奴律陀王为了造福众生，将供有佛牙的重阁状宝石佛龛置于白象背上，祈祷道："请吾佛令白象行至吾佛希望安放之地。"放出白象后，漫步行至安放佛陀前额骨的瑞喜宫佛塔处，即伏于塔旁。阿奴律陀王遂将佛牙藏于瑞喜宫佛塔内。

阿奴律陀王庄严地立誓说："如吾将来确能修行正果成佛，望再化出一颗佛牙来。"果真又化出一颗佛牙。国王又将佛牙置于白象背上道："白象所伏之地即为安放佛牙之所。"放出白象，白象登上丹吉山，伏于山顶。于是在山顶建一塔，将佛牙置于其中。

国王再次庄严立誓，又化出一颗佛牙。将佛牙放在白象背上道："白象所伏之地即为此佛牙安放之所。"放出白象，白象行至锡兰归来时大船停泊的码头——劳伽难陀旁伏于地上。于是在该处建一佛塔，安放此佛牙。

之后，国王又进行一次庄重的立誓，又化出一颗佛牙。仍将佛牙置于白象背上。白象登上杜云山，伏于山顶。于是在杜云山顶又建一佛塔，安放佛牙。

如此，国王又许愿一次，又化出一颗佛牙，仍将佛牙置于象背。放出白象，白象朝东登达良山稍事休息。越过达良山，登克越山，继又登别山，伏于山巅。阿奴律陀在别山也建成一座佛塔，安放佛牙。阿奴律陀想在达良、克越两山也建塔，于是在两山上又各建一塔，并在塔内安放许多舍利圣物。为使佛教长存五千年造福众生，共建塔五座安放五颗佛牙。佛塔建成后，举行了隆重仪式，共享善业，洒水祝福。

(141) 江喜陀、鄂推友、鄂隆赖佩、良吴毕奉命出兵援助欧德[1]白古

一日，忽报炯国[2]军进犯欧德白古，请派援军。阿奴律陀答应发精锐骑兵40万往援。来人走后，王命江喜陀、鄂推友、鄂隆赖佩、良吴毕四员大将身着神铠神甲，带领扈从80名印度步卒往援。至欧德白古后，国王心中不悦道："答应派兵40万，为何只来四名骑士？"四员神骑骁将说："陛下为何这般议论我等？"说罢，到黄瓜地中表演各种绝技。欧德王和民众见他们武艺高强，赞不绝口，说道："此等豪杰技艺真是见所未见闻所未闻，绝非凡辈，定系神人也！"欧德白古王大喜，赠以重礼，盛宴四人。

炯国兵勇象马甚众，四员神骑骁将挥戈冲入炯军阵中。将该军分割成四片，生擒四将：澳比亚仰、澳比亚耶、澳比亚布翁、澳比亚拜。炯军大败，纷纷弃械只身而逃。四员神骑骁将还将擒获的四名炯军大将献予欧德白古王。

欧德白古王大喜，重赏四将，并将珍藏在一小金筒内的历代国王供奉之舍利[3]以及爱女玛尼山达公主献给阿奴律陀王。玛尼山达公主十分美貌，体重如一尊狮像。途中，公主由四员神骑骁将轮流护卫。一日，由江喜陀护卫时，江喜陀与公主有染。此后其他三位将军护卫时发觉公主的体重增加超过了狮像，返回向阿奴律陀

---

① 中国古籍中称之为"乌爹"、"乌图"、"乌土"或"乌肚"。

② Gywan炯国，指今泰国南部原孟高棉人聚居地。

③ 后文中始写明筒内所藏系佛发。

王奏明：在江喜陀护卫公主后，公主体重发生变化。

阿奴律陀大怒说："畜牲竟敢如此欺辱孤王！"说罢将江喜陀用绳索缚了，手持阿犇陀摩宝矛直刺过去。江喜陀命不该绝，宝矛未中其身，却将缚他的绳索割断。江喜陀脱身后，拾起阿犇陀摩宝矛拔腿就跑。逃出良辛门直奔江边叟格德码头。呼喊江心渔船渡他过江。渔夫佯装不闻。江喜陀举起宝矛投向渔船。收回宝矛渔船也随之靠向岸边。江喜陀上船后径向对岸昂达地区一所印度寺院驶去。江喜陀逃走后，国王派七名印度武士前去捕杀。这七名武士知道江喜陀神通广大，休想明目张胆地捕他，只有等他熟睡时再下手，就跟踪尾随其后。

江喜陀未进食又饥又累，走进一座林中，想倒地小睡。随手想把宝矛插在身边地上，但一连数次均未插住。一时性起将宝矛掷向林中深处。七名印度武士正在林中窥望伺机捕捉江喜陀。宝矛飞来，将七人像串糖葫芦一般刺个正着。江喜陀醒后，起身到林中寻找宝矛，见宝矛将七名印度武士穿成一串。心想：我的衣食父母国王确有杀我之心了。遂收回宝矛，去北方姜漂地区。

当地有一名高僧，身边有一十分美貌的甥女。高僧精通占卜，看过甥女的生辰八字后说："当年我妹与妹夫曾对我说：一日你去摘棉花，在地中睡熟，蜜蜂曾来你裙边筑巢，这是将有贵人来找我女的征兆。某日，一人将自东南方来，见到你后将向你施礼讨水喝。这位贵人就是你的未婚夫。那天你要事先准备好丰盛的食物。"

到了高僧所说之日，江喜陀挥舞着宝矛来到此地。他看见面前的美貌姑娘——高僧的甥女，上前说道："给我点水喝吧！"随后又从高僧庙中的一棵柠檬树上摘下果子，用阿粦陀摩宝矛削去果皮吃将起来。柠檬变得甘美无比。高僧见江喜陀吃得津津有味，向他要了一个尝尝，果然异常甘美，胜似仙果。高僧思忖：酸果经此人之手摘下竟变得如此甘美，可见来者绝非凡俗，定是一位福大之人。立即吩咐甥女送水给他。甥女单补拉恭敬地向江喜陀递了水，并将准备好的食品请他吃。江喜陀食毕，对单补拉说："你侍奉我，我将以性命相托。"单补拉依允。从此，单补拉对江喜陀精心侍奉。

阿奴律陀王建一佛塔，将欧德白古王赠送的佛发藏于塔内供奉。佛塔称之为摩诃奔奈。

欧德白古王赠送的佛发的由来是：德普达和婆梨伽两兄弟建两座佛塔，竺多般王将婆梨伽所建的塔拆毁，取出埋于塔中的四根佛发，在室利差呾罗城重建佛塔供奉。室利差呾罗亡后，孟王又拆毁佛塔，迎走四根佛发。将其中二根藏于瑞茂多塔内，一根藏于介果塔内，另一根装入宝石金筒中，在宫中由历代国王供奉。

据《佛额骨舍利史》一书载：泽亚先那龙王乘德普达和婆梨伽不注意时窃走两根佛发，装在一小筒内藏于龙腹。锡兰王伽伽温那在位时，一些罗汉高僧从龙腹中取出佛发，珍藏在德鲁湖的摩诃敏加拉佛塔中。

阿奴律陀王将直通王摩奴哈和他的家族，随从捐给他所做的功德瑞喜宫佛塔为奴。摩奴哈是他们的领班。

苏卢是阿奴律陀之后埃嘎玛黑蒂的独子。埃嘎玛黑蒂王后身边侍女有：身着红宝石锦服头梳素列发式的大臣女500名，身着绿宝石锦服头梳雅今乌宜发式的大臣女500名，身着钻石锦服头梳雅今乌恰发式的大臣女 500 名，国王赐予的身着珍珠锦服的富绅女 4 名，驼背女 50 名，罗圈腿女 50 名。她们皆系金项饰。此外，还有演奏宫乐的操弯琴、笙、鼓、钹等乐器的女乐师若干。

此外，阿奴律陀王封欧德白古王的玛尼山达公主为底里山达黛维王后，居于宝石重阁之中。侍奉底里山达黛维王后的侍女有：身着红宝石锦服头梳素列发式的大臣女 300 名，身着绿玉锦服头梳雅今乌宜发式的大臣女 300 名，身着钻石锦服头梳雅今乌恰发式的大臣女 300 名，身着金饰的驼背女 30 名，罗圈腿女 30 名。还有，每日演奏宫乐的操弯琴、笙、鼓等乐器的女乐师若干。

(142) 阿奴律陀王率众巡游各地 修筑浮屠、佛窟、寺庙 兴建堤堰、沟渠、池塘

阿奴律陀王率领大队人马巡游各地。据说计有白象 38 头、黑象 80 万头、马 800 万匹、士卒 18000 万名、大小船舫 80 万只。王到达印度孟加拉时，留下许多石雕伶人像以及弯琴、椰笙、铜钹、小铃、大鼓、牛角瓜鼓、角号、唢呐、笛子等乐器模型，说："朕子孙后代若有能力来此，这些伶人将为他们演奏。"

王足迹遍及全缅，在各地修建浮屠、佛窟、寺庙、佛廊和亭榭，后返回京都蒲甘。王对佛陀教义崇信甚笃，将从直通带回的 30 套三藏经从孟文译成缅文，请高僧长老们反复勘校，珍藏在宝阁之中，向僧众讲授。

此外，王在全缅各地，因地制宜地兴修堤、堰、渠、塘。王到南部的垒敦后，登达良山，环视四周，见格育山泉水下泻。王思忖：

"如层层设堰筑坝，引水灌田，将在佛教长存之五千年中为众生造福。"遂用7200万士卒在班扬河筑金达、鄂乃丁、彪比亚、古弥四堰。

上述四堰和麦克亚河上的那娃岱、关塞、古道三堰共建坝七处，以此营造了80万缅亩[①]的田地。

皎栖[②]是蒲甘那腊勃底悉都[③]王建的；丁兑堰是敏塞瑞南信[④]在位时，在中国人来到敏塞时请他们修建的[⑤]；齐道堰是阿瓦王朝明基苏瓦绍盖[⑥]修建的；鄂基堰是在后来阿瓦王摩别那拉勃底[⑦]在位时修建的。

阿奴楼陀德瓦[⑧]王于缅历379年(公元1017年)登基[⑨]，至缅历395年12月12日(公元1034年2月17日)星期五即国王在位16年时，同时建43镇，以防居住在甘菩遮[⑩]和缅甸丹巴提巴两国边界上的掸、云人混杂。这43镇是：冈辛[⑪]、老官屯、鄂永、鄂因、瑞固、因凯、摩达、格塔、梯金、妙当、太公、欣末莫、坚尼亚、桑贝那果、鄂辛古、贡达亚、马圭德亚昂、欧、耶难达、那伽茂、因马代、松

---

① pe，缅亩音译为派，1缅亩=1.75美亩=10.62亩。

② 旧译叫栖，缅中一地名，原意即石坝。

③ Narapatisithu 旧译那罗波帝悉都，1173—1210年在位。

④ 敏塞在中国史书上称之为木连城，瑞南信意即金殿之主，故敏塞瑞南信意即：敏塞开国之君，指彬牙王朝阿丁克亚王。

⑤ 《元史》之载云南参知政事高庆等出征缅甸因受贿被诛一案，未提及元兵协助缅方开渠筑堰事。参见《元史·缅国传》。

⑥ Minkyiswasawke 旧译明吉斯伐修寄1368—1401年在位。

⑦ Mobye Narapati 旧译无毗那罗波帝1546—1552年在位。

⑧ Anuruddhadewa 即：阿奴律陀王。

⑨ 前文已注明此书载阿奴律陀登基年代有误，经史学界考证阿奴律陀于1044年登基。此处原文照录。

⑩ 甘菩遮，指萨尔温江西部的掸人地区。

⑪ 冈辛，中国明代史籍称之为"贡章"或"拱章"。

谬、东布翁、马达亚、德盖金、瓦因窦、当布雍基、谬丁、勒黑、信马德、麦克亚、德翁、敏塞、密达、亥德、达伽拉、良渊、瑞谬、白巴、谬拉、盖林、楚瓦和波罗奈底。

此外，王在缅甸本土建立许多城镇。其中以十万丁城[①]为首。其余各城镇分别定为千丁、八百丁、四百丁、三百丁、二百丁、百丁、八十丁、五十丁、三十丁、二十丁镇。国王出巡时，每到一地该地必须按照规定应征兵丁数目出人护卫。明耶锡新大臣奉命建冈辛、老官屯、东吁、[②]盖林、楚瓦、波罗奈底等43镇。一日为建镇清理地面时从北面奔来一头无牙象，径向东方驰去，故起名为亥德[③]镇。明耶锡新大臣后因蓄谋行刺阿奴律陀王被处死，后成神。

缅历401年（公元1039年）阿奴律陀王在良瑞因登建包里达佛塔。返回途中见从已毁坏湮没在野蔓荆棘之中的内藏佛陀眼窝骨舍利的牟陶佛塔中飞出一只孔雀般大小的金蝇。王见后异常惊喜下令重建。故亦名瑞英苗塔[④]。

国王返京途中，婆罗门占星家、缅人占星家、学者们请王进亥德镇。国王允诺进城建一塔，取名帕耶拉。宫妃们建因拉窟、坎吉窟和帕耶窟。筑城大臣名耶锡新死后成神，为他建一窟取名明耶窟。并在镇北建一神龛，供当地居民对他供奉。王并为该地20村委派了20个头领。

阿奴律陀王在垒敦建宾垒、密马那、密达、敏空岱、叶蒙、勃南、麦克亚、德别达、丁当、德牟错、坎卢等11村。阿奴律陀王在堤堰、

① 缅王按各镇战时应征兵丁数字规定该镇等级。

② 原文如此，有误。上文43镇中并未有东吁。

③ 亥，意为无牙之象；德，意为上来、出现。

④ 瑞英，意：金蝇；苗，意：望见。

沟渠、池塘等工程竣工后，在别山脚下，播下一颗贝多罗树种，向树神和土地神祝祷道："当朕再次成为蒲甘之王时，将是贝多罗树种发芽之日。"

一日，王所居行宫下有一小蛙叫。王问婆罗门占星家与缅人占星家："小蛙何故啼叫？"占星家们答道："雄蛙死，小雌蛙负其夫尸而哭。"王又问："其意如何？"占星家们奏道："其意：大王陛下在抵达阿梨摩陀那蒲甘京都之前，将遭敌人谋害，升入仙境。"阿奴律陀王怒喝道："竟敢在朕面前出此也谰言？速去查明有无小雌蛙负夫尸之事？"卫士们立即掘地寻找，果见一雌蛙背负一雄蛙尸。献于王前。此事触犯了国王尊严。王大怒，下令将婆罗门占星家、缅人占星家们下镣投进牢房。

王骑白象丹敏苏瓦，7000 名大臣簇拥左右，率领四军从该地返回京都蒲甘。抵达蒲甘，进入德亚勃加门时，一猎人前来奏道："昂达密琪地区发现一头名为塞库勃拉的野水牛出没为患，人们不敢过往。"此时，王所骑白象右足已跨入德亚勃加门，也是王气数已尽，闻言后不再进宫，命全队折回，说："朕将以朕象除此孽畜！"率大军径奔昂达密琪。抵达后果见一头野水牛，遂任凭御象向前冲去。那水牛并非一头普通水牛，是因前世作孽变成的野牛。奔至象前，一跃而起，越过象背，用双角猛秖国王，王当场驾崩。跟在象后的 7000 名大臣与士卒顿时乱作一团，四处逃散。

这头野牛的来历是：王前世一仇人成了二翼榄仁树的树神，栖身于该树之中。当阿奴律陀王赴中国途中到达该树下时说："朕今到此，树神竟不显身接驾。"命江喜陀用阿彝陀摩神鞭鞭笞之。因该鞭系天帝释所赐神鞭，树神道行尚浅难以招架，战战兢兢从树上跳下落荒而逃。从此,决意加害阿奴律陀。王威德旺盛之时难以得手,今王气数已尽,乘机来袭,王遂命终。

后树神与神龙为争夺王之尸体而斗。其时,天帝释取走,葬于乾陀摩陀那山中。另有一说葬于方广山者。

龙与树神争夺国王遗体之地在丹吉山东南部一座小山顶上,故此峰至今人称"路当"[①]。

阿奴律陀王具有很大荣耀、力量与权势。他的王国疆域:西至印度的勃代格亚邦;西北至格杜鄂那基耶敦米国、北连又称为乾陀罗的中国、东北临亦名格温底的班德[②]国、东至又名沙底达的宾加国;东南至称之为阿约萨的炯国。

阿奴律陀王为征服他国,动员了他的 40 万尺格杜[③]、伦锦[④]和 400 万只劳加[⑤]、皎雷[⑥]船。400 万只劳加、皎雷船针对上游各国在东西两岸排开,东岸船队可从蒲甘一直排到阿瓦,西岸船队可从当布翁良拉一直排到实皆。40 万只格杜、伦锦船针对下游各国,也在东西两岸排开,东岸船队可从蒲甘一直排到室利差呾罗,西岸船队可从当布翁良拉一直排到卑博乌茂。

圣君拥有极大荣耀、力量和权势,在位 33 年,国运昌盛,佛教弘达。不仅国王荣华富贵,且造福子孙后代、黎民百姓。33 岁即

① "路"意为争夺,"当"意为山。

② 班德,亦有译作"潘泰"者,泛指"穆斯林",此处专指我国云南境内的穆斯林。

③ 格杜,源自孟族语,缅甸古代一种带帆的大战船。

④ 伦锦,一种造成像伦锦鸟状的战船。伦锦鸟系缅甸传说中雌雄极其相爱的一种鸟。

⑤ 劳加,一种首尾翘起的蜈蚣状御舫,有人亦译作"蜈蚣舫"。

⑥ 皎雷,一种战船。连铁钩铁环可以牵引拖带其他船只者。

位，在位 42 年，终年 75 岁。临终时，蜜蜂在宫中王座门上造巢；魔鬼在德拉巴门上狂笑；御用宝刀顿失光泽；一只秃鹫栖于宫上；登奈底与丁兼之时恰好重合。生辰为火曜日。

（143）苏卢王

缅历 421 年（公元 1059 年）[①]，阿奴律陀之子苏卢即位。当王幼年举行喂食礼时，他放着摆在最上面的鸡蛋不吃，却去拿下面的鸡蛋。学者们见此情景说："该王在位期间王系将中断。"苏卢王继位不久，王后乌绍班去世。欧德国王之女底里山达黛维继乌绍班为后，赐名钦乌。当时，阿罗汉长老及大臣将帅乡官村吏纷纷向王上奏："江喜陀不应远离陛下匿居在外，请召他回京。"王依言召其返回。

江喜陀奉召回京，临行前对已怀孕的高僧甥女单补拉说："日后如生女，汝可卖掉指环抚养女儿；如生男，携儿与指环前来见吾。"江喜陀回到蒲甘，侍奉苏卢于左右。

一日，嫔妃们对国王说："听说江喜陀与钦吴王后多次交谈往来。"国王遂收回了对江喜陀的封赏，将其发配到下缅甸的达拉去。文武大臣们进谏道："陛下，昔日先王震怒，他遂在外逃亡，您还很想将他召回。今陛下又怒逐他远离，恐不妥。请陛下速召其返回。"苏卢以社稷大业为重，再次召回江喜陀。江喜陀返回后仍赐原封。将欧德白古封给内傅[②]之子鄂耶曼甘。

---

① 经后来历史学家考证此处所载年代有误。苏卢王是在缅历 439 年（即公元 1077 年）即位的。

② 缅甸王朝时期宫中教养看护王子、公主之官。有时也任命大臣兼任此官。

一日，王与鄂耶曼甘玩掷骰子，鄂耶曼甘胜，起身拍臂称快[①]。苏卢王说："汝只胜孤一局骰子，就高兴得拍臂。汝果是个男子汉，何不据汝封地白古造反？"鄂耶曼甘问："此话当真？"王道："身为国王，岂能戏言？"其实，鄂耶曼甘早拟谋反。他返回封地白古，率兵勇象马分水陆两路向蒲甘进发，在卑道达岛扎下了大营。

苏卢闻鄂耶曼甘来犯，兵驻卑道达岛，即派江喜陀率兵勇象马先行，亲率主军随后进发。鄂耶曼甘思忖："江喜陀骁勇善战，必须设计智取，才能胜他。"于是鄂耶曼甘用竹篾编成假象，象背上放好带篷象辇和头顶盔手持盾的假人，置于不宜象战马战的泥泞沼泽地中。

苏卢和江喜陀抵达卑道达岛，王下令道："今日天色已晚，明日出战。"遂安营扎寨。是夜，月色朦胧，鄂耶曼甘率部前来诱战，王既未查明，又乏部属，仓促出击。朦胧中见前面排列着战象，误认为是敌阵，冲杀过去。王所骑御象丹敏苏瓦陷入沼泽，不能自拔。王只得跃下象背，逃入林中，藏身在一榕树洞中。御象丹敏苏瓦被俘，全军四散溃逃。

江喜陀从当昆骑马连夜逃出，天明时分抵达蒲甘。蒲甘的大臣们当即开城迎接说："今苏卢王不在，除将军外，无人能统治此国。"向江喜陀敬献了君王登基的五宝器。江喜陀说："吾将查明大王下落。如吾王在世，吾将接驾回宫。"江喜陀将大臣们献上的五宝器放在瑞喜宫佛塔前。

鄂耶曼甘说："苏卢、江喜陀尚未擒获，绝不可懈怠。"集合兵

① 缅人习惯曲肱拍臂作响以示高兴、胜利、示威或挑战。尤其在参加竞赛之时。

勇，严阵以待。

藏身于树洞中的苏卢王连续三餐没有进食，饥渴难忍。他从树洞中出来，见一鄂耶曼甘的士卒来砍柴，掏出饭包要吃。上前说："你把饭包给我，我愿将这只无价之宝的指环给你。但不要对别人说你遇到了我。"砍柴的士卒把饭包递给国王说道："拿去吃吧！"苏卢王吃罢又回到树洞之中。

砍柴的士卒将指环藏在腰间，带回军营。他忍不住取出给同伴们看并问能值多少钱。指环乃无价之宝，此事很快便在军中传开，最后传到鄂耶曼甘耳中。令取来观看，知是苏卢之物。用夹棍夹了对那士卒审问。那士卒疼痛难忍，遂据实讲了。鄂耶曼甘抓获了苏卢，严加看押。又押着苏卢，从水陆两路北上，在敏格巴扎下大营。

江喜陀欲救主回宫，遂潜入敌营救出苏卢。苏卢伏于江喜陀背上寻思："江喜陀是父王和我都曾震怒而处罚过的人。估计事后定会杀我。鄂耶曼甘是我内傅之子，与我同吃一母之乳，不会杀我。"想到这里，苏卢高声喊道："江喜陀来劫我也！"江喜陀道："昏君！恶君！你必猪狗不如死于孟人之手！"将苏卢弃于地上。

鄂耶曼甘部下闻声向江喜陀包抄过来。江喜陀纵身跳入江中，向西岸游去。这时，摩诃吉里神见江喜陀疲劳不支，便在河中变出一小岛，做燕鸥啼鸣之声。江喜陀闻声向小岛游去，登岸休息。后摩诃吉里神又化身成为渔翁父子划一小舟，将江喜陀渡至昂达。江喜陀到昂达后经甲卡瓦亚继续向北去找猎人鄂辛。

一日，江喜陀来到鄂梯莱地区，经过鄂梯莱村长的园子，向主人讨黄瓜吃。鄂梯莱村长膂力过人。他的园子四周围着一人多高的荆棘篱笆，出入无门，全凭跳进跳出。他对江喜陀说："你能像我一样跳入园内，就吃我的黄瓜吧！"只见江喜陀用矛一撑，纵身入园，摘下黄瓜，吃了几条，将另几条黄瓜用蔓草系好拿在手中，反身纵出园外。鄂梯莱村长见状，心想："此人定非凡人，是个神通广大之辈，如委身于他，将来定获益不小。"于是将自己的容貌秀丽具备美女大小特征的女儿献给他，自己也认其为主。从此江喜陀人称之为梯莱辛①。

江喜陀在鄂梯莱村住下后，召集人马，继续寻找猎人鄂辛。猎人鄂辛得知江喜陀一直在寻他，不知何意？心中害怕，逃往一地，故该地至今仍称之为鄂辛古②；江喜陀在一地采伐儿茶树枝做弓箭，此地至今称为夏快③；江喜陀到一地以为可能找到鄂辛，此地称为掸马加④；后在一地抓住鄂辛，该地至今被称为鄂辛盖⑤。

梯莱辛江喜陀自得到村长鄂梯莱和猎人鄂辛后，聚集人马，在南方11村称王。鄂梯莱管辖的村庄至今仍叫鄂梯莱。猎人鄂辛驻扎的村庄至今仍叫做鄂辛盖。当时早已流传着学者的预言："江喜陀将为王。"因此，当时全国各路象军、马军、步军纷纷投奔江喜陀麾下。梯莱法师信卜巴施各种法术降魔驱妖，将念过咒语的朱砂、辰砂涂于象额、马鞍头、盾牌与军旗之上，画日、月，周围描以符箓，然后将其排列成行安放在垒敦一带。

苏卢被江喜陀丢下后，当即被鄂耶曼甘捕获，处死于骠绍梯王

① 意即：梯莱之主。

② 意即：鄂辛渡过之地。

③ "夏"意即：儿茶树；"快"意即：砍伐；夏快，即砍伐儿茶树的地方。

④ Sheinmaka 是"可能找到"的变音。

⑤ 意即：抓住鄂辛之地。

埋葬巨鸟头骨之地——阿努罗陀。鄂耶曼甘率军直抵蒲甘城下，声称要进城继位称王。文武大臣乡官村吏闭城坚守，说："江喜陀现在垒敦11村称王。常言道：一坑容不得两头水牛[①]。我们现在还不便开城。等你打败江喜陀后，才能拜你为王。"

鄂耶曼甘率军水陆两路北上，立意要消灭江喜陀。大军行至建阿瓦城处安营。江喜陀在军中举行各种仪式驱妖降魔，率大队人马出战。鄂耶曼甘军闻风丧胆，溃不成军。鄂耶曼甘乘九宝金舫逃之夭夭。江喜陀部下紧追不舍。鄂耶曼甘退至蒲甘山下的敏格巴，安营御敌。梯莱辛江喜陀率大军进驻瑞喜宫山，摆开阵势。鄂耶曼甘不敢再在敏格巴安营，继续乘九宝金舫顺流南逃。江喜陀闻鄂耶曼甘又逃，遂派猎人鄂辛前去刺杀。猎人鄂辛到育瓦达追上鄂耶曼甘，躲在一棵丛生榕树上，作鸟鸣，其声婉转动听。鄂耶曼甘闻声道："此声好生悦耳，何鸟啼鸣？"打开金舫窗户探头观看。说时迟那时快，躲在树上的鄂辛一箭射来，正中鄂耶曼甘另一只尚未失明的眼[②]，当即一命呜呼。此地因而得名鄂辛咕[③]，流传至今。

苏卢王昏庸无能，经常故意使文武大臣们不快；未继续建造父王未能建成的瑞喜宫佛塔；不能纳贤听谏；终日享乐，纸迷金醉。41岁继位，在位5年。终年46岁。薨时，布托都基佛塔冒烟。木、土两星相斗。生辰为水曜日。

① 意即：天无二日，国无二君。

② 鄂耶曼甘本是个独眼龙，一目失明。

③ 意即：鄂辛学鸟鸣之地。

(144) 梯莱辛江喜陀王

缅历 426 年(公元 1064 年)[①]梯莱辛江喜陀即位为王,在西部牟陶建立宫殿,王认为该处系吉祥之地。东面是阿奴律陀王的宫殿;北面是骠绍梯王时埋葬巨鸟头骨之地。江喜陀登基时供拜诸神。王有四位王后:一是阿贝亚德那;二是欧德王的公主钦乌[②];三是鄂梯莱村村长之女钦丹;四是高僧的甥女单补拉,单补拉是最后才来到宫中的,王赐名乌绍班。四位王后以阿贝亚德那为尊,她生一女,名瑞恩蒂;乌绍班生有一子[③]。王钟爱公主瑞恩蒂,为她独建宫阙。

勃代格亚王子闻此事,遂口啣宝珠,驾云而来。王子抵公主宫后,以十箩白银贿赂瑞恩蒂的侍卫官——坚傣,得以与公主相见,相互产生爱慕之情。梯莱辛得知此事后,召见群臣商议。王问:"将公主许配给勃代格亚王子,还是许给父王之孙苏云?"将二人进行了比较。大臣们奏道:"若将公主许配勃代格亚王子,日后我国必沦为印度国属。"故虽然苏卢之子苏云脚跛,行走不便,国王仍决定将公主配给苏云,并立苏云为王储。

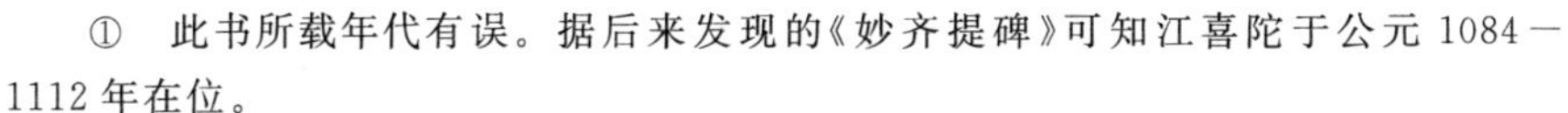

① 此书所载年代有误。据后来发现的《妙齐提碑》可知江喜陀于公元 1084－1112 年在位。

② 欧德白古王之女,原名玛尼山达,欧德王感阿奴律陀派兵营救之恩赠与阿奴律陀王。护送途中与江喜陀有染。后被阿奴律陀王立为后,名底里山达黛维。苏卢王继位王后死,又立其为后,赐名钦乌。详见本书(141)与(143)节。

③ 据《妙齐提碑》可知梯莱辛江喜陀与单补拉所生之子名耶扎古曼。参见《妙齐提碑》。另,本书后述王赐其名为泽亚昔德亚。

此时，阿罗汉长老正去摩诃菩提朝奉，途中见勃代格亚口啣宝珠驾云而来。阿罗汉对他说："王子不应再去，瑞恩蒂已许配苏云矣！"王子闻言惊叫一声，宝珠从口中脱落，坠地身亡。据有些史籍称：王子是靠红宝石指环的神威驾云而来，路遇阿罗汉长老，得知瑞恩蒂已被许配苏云，说道："心爱人既失，不如一死。"遂绝食而亡。

阿罗汉长老与王子前世是祈祷时的伙伴。因此，他将勃代格亚王子尸骨葬于瓦。王子死后不久投胎于瑞恩蒂腹中。足月产一子。小儿诞生时，御座前门自动开启，恩辛大鼓不击自鸣。降生后终日大哭不止。梯莱辛问婆罗门占星家和缅人占星家们皇孙啼哭缘由。占星家们答道："皇孙因为想知道我国疆域而哭。"梯莱辛江喜陀提笔在金贝叶上写道："东与沙底达国即班德国为邻；东南与称之为阿约萨的炯国相连；南与大海中的那伽伽巴岛相望；西南与勃代格亚即印度交界；西北是格杜鄂那吉耶包米国；北部则是人称为妙香国的中国。"据说，当在他面前读了金贝叶上诏文后止住了哭声。

国王见此奇迹说道："朕将为皇孙摄政。"说罢，将皇孙抱于怀中登上宝座灌顶加冕，号底里泽亚都拉。在加冕仪式进行时，一群武士进宫献南印度战俘，奏道："今已征服印度的丹当和鄂东宾垒。"将印俘分成若干组安置在辛咕一带。

梯莱辛前世是一国王；皇孙底里泽亚都拉前世是王子；阿罗汉长老前世是一婆罗门；摩诃吉里神前世是富绅之子；德明格东前世是一将军。在梯莱辛前世为王时，五人曾一起到佛塔祈祷祀奉。

当时王子祈祷道："愿来世成为一神通广大的帝王。"婆罗门祈祷说："愿成为国王崇奉的国师。"富绅之子祈祷说："愿成为国王敬奉的神明。"将军祈祷说："愿成为国王同时代的邻国国王。"梯莱辛的前世则祈祷说："愿成为他们四人出生地的首脑和统治者。"正如他们祈祷的那样：今世国王成为梯莱辛；王子成为底里泽亚都拉；婆罗门成为阿罗汉长老；富绅之子成为摩诃吉里神；将军成为德明格东。

一日，有人来报："德明格东骚扰边界村寨。"梯莱辛下令派兵马战象进剿，捕德明格东。阿罗汉长老向国王讲了前世经历说："陛下，德明格东是国王前世祈祷时的伙伴，请勿伤他。"摩诃吉里神也显身劝阻。梯莱辛说："摩诃吉里，你既是我前世祈祷时的伙伴，为何当我有难时不来助我？"摩诃吉里神说："当阿奴律陀王将你捆住用宝矛刺你时，不就是我让宝矛刺断绳索，使你得以逃脱的吗？"梯莱辛江喜陀说："确有此事，不知是神在助我。"摩诃吉里神又问："你在当昆兵败，夜色昏暗，身穿蜥皮袍，骑一匹花马为你引路者不正是我吗？"王答道："确有此事，不知是神在助我。"摩诃吉里神再问："当你营救苏卢时，追兵涌来，我见你跳江泅渡，力不能支。在河中变化出一小岛，岛上燕鸥啼鸣，不也是我吗？""变化成渔翁父子划一小舟渡你到昂达的，不也是我吗？"王答道："确有此事，不知是神在助我。"阿罗汉长老也训诫了德明格东王一番，从而制止了战争。

高僧的甥女单补拉按照王临行前的嘱咐，在王登基后两年，携7岁之子来到蒲甘。至宫前，正值梯莱辛上朝议事。单补拉未敢贸然进宫，领着儿子在宫前广场徘徊。内侍们上前驱赶道："你这妇人不要站在这里，快走开！国王就要出宫了。"单补拉不走，说：

"我有事上奏,请准我面君。"内侍们向国王奏明,王下谕召见。见是单补拉和王子,当着文武群臣的面说道:"这女子对朕的恩情可谓大矣!"说着,将王子抱于怀中,说:"世人谓:先子而后孙。而我已立孙为王,只得先孙而后子了。"于是封高僧甥女单补拉为后,赐名乌绍班。单补拉所生之子赐名泽亚昔德亚,封地旦迎瓦底和山区一带七县。

当年梯莱辛触怒了苏卢王,被收回了封赏、扈从,只身一人睡在一块牧马的草场上。是时,有一条小龙前来守护他。梯莱辛登基后,在该地建一佛塔,取名那伽永[①]。在阿贝亚德那建一佛窟,取名阿贝亚德那。阿罗汉长老前世曾是一名持戒者;梯莱辛前世是一条小狗。小狗终日跟随持戒者不离左右。小狗死后,持戒者可怜它,将其尸骨收集在一起,后来在那里长出一棵树来。每当风儿袭来,枝干摇曳时,国王便头疼难忍。虽经御医诊治,亦不见效。问阿罗汉长老,长老向国王讲明前世经历,取出尸骨,献给国王。王将小狗的尸骨妥善埋葬。

(145) 江喜陀王重修阿奴律陀王的善业瑞喜宫佛塔

阿罗汉长老启奏国王:"阿奴律陀王为佛额骨与佛牙修建瑞喜宫塔,但只建了三层塔坛,未全部完成。子苏卢王即位后,沉迷于人间富贵,未继续父王的善业。今大王也是继承阿奴律陀遗业之

① 意即:龙所在之地。

王，怎能只愿享受荣华而不思完成先王的功德？”语中颇带嘲讽之意。梯莱辛王答应：“定完成先王的功德善业。”下诏大兴土木修建瑞喜宫佛塔。到杜云山采去石料，加工成三拃长一拃宽的石块。集中全国将士，从杜云山至瑞喜宫塔址，排成两列，传运石块。当时，烈日当空，运石人皆汗流浃背。国王见此情景，沿杜云山至瑞喜宫塔址的道路两旁播下罗望子树种，并庄重立誓道：“如朕是当之无愧继承佛祖遗物的君王，这些树种将生长成树为人们遮阴。”一夜间，这些树种即长成能庇荫的大树。

天帝释也化身瓦匠上山采石。当时，民工们用黏土和泥不能砌合，天帝释用碎石末、鲜牛乳等和成灰浆，方见效。据说国王用银子向全国富户购牛乳，每日一千桶。日间民工筑塔每日筑一圈，夜间神仙们下凡建塔，每夜建两圈。在佛塔东南角，天帝释亲手做一狮像，并亲自涂抹灰泥，所涂灰泥达八指厚。江喜陀王建瑞喜宫塔历时七月零七天。佛塔建成后，王欣喜若狂自诩道：“朕已继承了佛祖遗物。朕祈求的一切将全部实现。”瑞喜宫佛塔不仅驰名人、神、梵天三界，且据说自佛塔建成之日起，天帝释每逢僧自恣日①，必下凡瞻仰。

一日，有八位罗汉到王宫来化斋。王接过僧钵，盛好斋饭献给罗汉问道：“请问来自何方？”罗汉们答道：“僧等来自乾陀摩陀那山。”乐善好施的梯莱辛王建一安居寺院，并在三个月安居期间，每日向他们施斋。一次，国王向众罗汉请求道：“请施法力变化出一

① 僧人在缅历七月十五日即每年安居期满之日举行检举忏悔集会，请别人尽情揭发自己的过失，自己进行忏悔；同时也随别人的意愿，尽情检举其过。也称之为：“僧受岁日”或“僧叹喜日”。

座形似乾陀摩陀那山的难陀牟拉佛窟吧!"罗汉们依允施展法力变出佛窟。梯莱辛依照难陀牟拉佛窟模样建起一巍峨佛窟,取名难陀窟。关于难陀窟的设计建筑情况,《难陀茂贡》诗中有详细记载。

上述功德事业完成后,王又建一座浮屠珍藏锡兰国王所赠九件佛陀舍利,取名敏喔千达[①]。王当年在北方避难时常挥舞宝矛,在宝矛所中之处各建一佛塔。在鄂辛盖地区于山麓和山顶各建一座佛塔;山麓的佛塔取名采宝[②],因为当时王投掷宝矛时正中此处码头;山顶佛塔取名明姜[③]。在阿瓦城址建一佛塔,取名梯莱辛。在王的诞生地勃彝马建一塔。此外,王与摩诃吉里神谈话之地以及在该地以南和以西王投掷宝矛击中的地方各建一佛窟。除这些佛窟外,在全国各地还大量兴建佛塔、佛窟、佛殿、寺院、禅堂、佛亭等。

王铸千斤[④]纯铜大钟五口;三口布施给瑞喜宫塔,一口布施给难陀窟,一口布施给敏喔千达塔。大功告成,功德圆满。王 44 岁登基,在位 28 年,终年 72 岁。将死时,三魔鬼在重阁檐顶上显身;火星和土星相斗。生辰为火曜日。

(146) 阿朗悉都王

缅历 454 年(公元 1092 年)[⑤],王孙阿朗悉都登基。该王生辰

① 意为:老王幸福。

② 意即:到达码头。

③ 意即:帝王之庙。

④ 此处单位为缅斤。一缅斤约等于 3.27 市斤,或 3.65 磅,或 1.6329 公斤。

⑤ 年代有误,应为缅历 474 年,即公元 1112 年。

为木曜日。诞生之时恩辛大鼓不击自鸣，御座前门不启自开。梯莱辛王将王孙抱于怀中说："朕将为皇孙摄政，只是为未来者[①]摄政而已。"赐名底里泽亚都拉[②]，为其灌顶加冕为王。有些史籍据王诞生时，恩辛大鼓不击自鸣，称他为阿朗悉都[③]王。有些史籍根据王即位后，首先建瑞固佛塔，而称他为瑞固施主。有些史籍用其外祖父赐名，称之为底里泽亚都拉。有些史籍又根据他幼年啼哭时，脐部隆起一拳多高，而称他为切道些[④]。有些史籍则采用天帝释在南赡部洲蒲桃树下书写之名：底里德里巴瓦那底达拉巴瓦拉班底达都达马亚扎摩诃迪勃底那腊勃底西都[⑤]。但在史籍中大多采用天帝释赐名的结尾部分——那腊勃底西都[⑥]相称。有些史籍根据信骠神像在勃拉牟卡坠落时曾呼道："阿朗悉都接我上去！"而称他为阿朗悉都。

王有王后四人：亚德那布翁、底劳格山达、亚扎贡玛意与南宫王后。四后皆举行过正式的册封仪式。亚德那布翁生明欣绍。底劳格山达后来又称为乌绍班，生套垒加。亚扎贡玛意未生养。南宫王后生二女，长女名当比亚，幼女名瑞久。南宫王后之妹曾嫁四夫，相继去世，王也纳其为后，赐名钦乌。钦乌先夫共遗四女，第一

① 音译：阿朗，缅文原意：未来者、未来将成为……的人，尤指未来将成佛者。

② 原系巴利文，音译：底里泽亚都拉；意即：吉祥、胜利、英勇。

③ 音译：悉都，按缅文意："悉"即大鼓，"都"即人。若按巴利文演变而来的缅文看，意则为：英勇胜敌者。缅甸王朝时常用此作为勋衔称号，一直延续至今。应取后者释义。阿朗悉都旧译为阿隆悉都。

④ 缅文意为：长脐带（者）。

⑤ 缅王封号往往喜用如此冗长的巴利文称号。音译如文，意译为：吉祥三界光辉高贵智慧善良弘法之王、伟大元首、人之统治者、英勇胜敌者。

⑥ 此号与后来在1173年即位的王名相重。

夫遗女玛绍南，许配亚扎都为妻；第二夫遗女恩道蒂，许配金格都为妻；第三夫遗女喜宫，许配那腊都为妻；第四夫遗女姜道蒂，未婚即亡。钦乌成为阿朗悉都王后以后，又生漆吴和姜道蒂二女。阿朗悉都给四位公主每人一贝壳金粉，让她们调在香料之中擦用。

一日，国王姻兄摩诃德曼竟傲然骑象进宫，并牵象登阶。被摩诃吉里神撞见，喝道："吾神在此，汝竟敢对吾友如此不敬！"摩诃德曼见神怒喝，全身战栗，和大象一起摔向远方。见此情景，学者们说王在位期间全国各地必叛乱蜂起，盗贼猖獗。该王在位时，缅历456年（公元1094年）百余名盗匪袭入王宫，宫内侍从奴仆将相各持刀枪协助镇压才得平息。比如：御座前门前就倒毙三尸，血迹斑斑，大殿之上，惨不忍睹。部分盗贼脱身远逃。据说后来那些被杀盗匪鬼魂夜间出来吓人，投掷干粪块，泼洒尿水，冲德拉巴门，将通风的南宫门打开。上述史料系根据以首先登上艾毕当山而闻名的信高达瓦拉所撰史籍。

王共有四位业师：阿罗汉长老、盛聂王之子大法师、阿难陀长老及摩诃吉里神。

阿朗悉都王四位王后[①]身边各有宫女：身着绿宝石锦服头梳素列发式大臣女300名，身着钻石锦服头梳乌宜发式大臣女300名，身着红宝石锦服头梳乌恰发式大臣女300名，身着珍珠锦服头梳雅今发式大臣女300名，驼背女30名，罗圈腿女30名，伶俐聪明的富绅女4名。此外，还有操鼓、小鼓、弯琴、椰笙等的女乐师们经常为王后们演奏。

① 上述已有五位王后，此处却说四位，前后矛盾。但原文如此。

据说阿朗悉都王计有大臣 6 万、白象 32 头、黑象 80 万头、马 800 万匹、船 800 只、士卒 16000 万名。国王率众巡游各地所乘 12 艘御舫为：东路布佐、东路甲岸、卑基瑙、瓦济拉丁卡、昂达德果、摩奥界、遂赖雅迪、那瓦雅、卑基湾、丁雅卑松、永珍、那伽皆等。阿朗悉都偕王后嫔妃文臣武将巡行缅甸南北，兴修水利，统一长度，丈量土地，规定标准缅亩，开垦耕田，生产粮食饲料，以足兵勇象马之需；合并土地村寨，建立镇、县，规定统一建制；确定钦[1]、架[2]、木[3]、贝[4]等重量单位与町[5]、奎[6]、塞[7]、萨由[8]、卑[9]、侩[10]、萨垒[11]等衡量单位，统一大小。规划镇县建制后，大力修建禅堂、佛塔、寺院、浮屠、佛窟等，以期佛教长存五千年，造福众生；在国境上设立远近哨所；在京都蒲甘布防。王想观赏海上风光，于是带一尊相当于自身重量的纯金佛像，偕王后嫔妃，水陆两路南下。至孟国，沿杰朗河行至勃生。在该处建行宫，将王后嫔妃们留下。由 80 万只小船护卫，乘船继续前行。

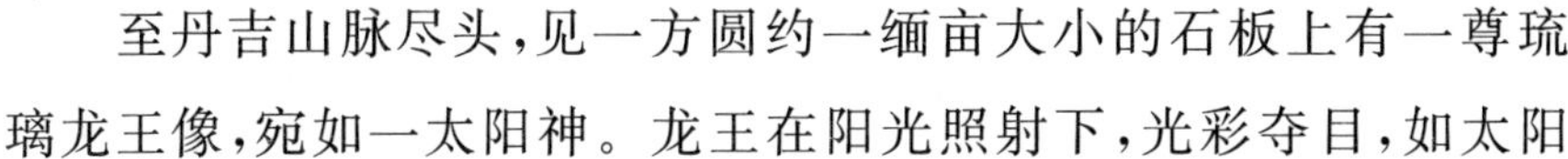

至丹吉山脉尽头，见一方圆约一缅亩大小的石板上有一尊琉璃龙王像，宛如一太阳神。龙王在阳光照射下，光彩夺目，如太阳

① Chein 音译钦，等于 40 缅斤。（1 缅斤＝1.6329 公斤）

② Kyat 音译架，或意译为缅钱，约合 16.33 克。

③ Mu 音译木，约合 2.04 克。

④ Pe 音译贝，约合 1.02 克。

⑤ Tin 音译町，意译为缅斗，也有译作箩者，约合 40.91 升。

⑥ Khwe 音译奎，约合 2.046 升。

⑦ Seit 音译塞，约合 1.023 升。

⑧ Sayut 音译萨由，约合 0.511 升。

⑨ Pyi 音译卑，意译缅升，约合 0.256 升。

⑩ Khwek 音译侩，约合 0.128 升。

⑪ Sale 音译萨垒，约合 0.064 升。

本身，将整个海面映得白光熠熠，十分耀眼。王举手遮阳观看，因王食指上戴有天帝释赠送的绿玉指环放射出碧绿光芒，射在白光之上。此时，侍立于后的文臣武将们才得以看清龙王像的面目。阿朗悉都王在这里举行洗头礼后，启程往观南赡部洲蒲桃树。

行至一地，国王发现许多石像。石人身上佩有五种乐器。这些石像系国王曾祖阿奴律陀当年周游各地到达这里时的遗留之物。阿朗悉都王问道："这是什么石像？"婆罗门占星家和缅人占星家们答道："这是陛下曾祖阿奴律陀留下的石像，并留言：'朕子孙后代巡游至此，尔等可为其演奏。'"阿朗悉都王说："今朕已至此，为何不见演奏？"这时，石人好像变成有生命之人立即演奏起来。

继续前行至锡兰岛。锡兰王向阿朗悉都赠一可载80万人的名为顶加奈之大船，并把公主苏乌推献给国王，同时还敬赠一尊历代锡兰王供奉的作打禅修行状的摩诃迦叶像。阿朗悉都王迎像至顶加奈大船之上，继程去南赡部洲蒲桃树处。抵达后见蒲桃树下有一块佛陀坐禅用的石板，光洁如贝。王欲在石板上打坐，问婆罗门占星家和缅人占星家们可否？答道："不可。此乃佛陀打禅之座。陛下不妨投头巾试之。投时立誓：如此处是佛陀打禅之地，此头巾如鸡毛投火化为乌有。"王依言，将头巾投向石板，只见头巾像一团棉花投入火中顷刻焚化。王见此情景心情非常舒畅，举行隆重仪式，演奏达七月之久。

天帝释说："看来此王确系弘扬佛陀佛法之王。"于是为其举行灌顶加冕礼，赐名：底里德里巴瓦那底达拉巴瓦拉班底达都达马亚扎摩诃迪勃底那腊勃底西都。并赠鼓铙及其他显示王威光辉的用品。并用状似马鞍饰物向上翘起的“德格丹”[①]的佛陀坐禅石板的顶部制成一佛像,名之为信骠佛像送给国王。又用蒲桃树吉祥的右枝残部制成名为信拉的佛像也赠给了国王。

王至此又萌发了去瞻仰须弥山之念,并着手准备。天帝释见国王在想不可能实现的事,遂千方百计诱导又赠给国王六粒舍利子,显身对国王说:“佛事尚多,亟待汝去做,现不宜去须弥山。”于是,阿朗悉都王启程返京。国王乘坐的顶加奈大船行至勃拉瓦牟卡,船身剧烈颠簸,几乎断裂。天帝释赠的信骠佛像跌落水中。王跪地请求道:“弟子所求若能如愿,希望玛尼梅克拉等诸神将弟子之船带往安全地带。”这时,海中神妖一起出动,将御船带出勃拉瓦牟卡,送至安全地带。

当信骠佛像坠落时,王闷闷不乐。但当时恰好有一对鸳鸯交叉双翅将佛像扛在翅上。佛像坐在鸳鸯翅上呼道:“阿朗悉都接我上去!”国王接住。从此王被称为阿朗悉都。王离此地向马来由岛驶去。这时所有海神水妖都来看国王,将整个海岸挤得水泄不通。

一女妖怀抱婴儿,因专心张望,手一松孩子掉入水中。女妖向王请求道:“奴因看大王,孩子落水,求大王救救奴子。”王用神鞭击水道:“朕途经此地,女妖因看朕失手孩子落水,海神们怎能见死不救?”玛尼梅克拉海神将孩子救起献予国王。王将孩子还给女妖。女妖欣喜万分,取出各种香料献给国王。天帝释赠给王菩提树木雕坐佛像及檀香木。

国王由此启程前往石象岛。此岛原系大光王所骑白象甘达拉

① 马鞍饰物的一部分,音译为德格丹。

伊在上天死后,坠入海中,变成的一块礁石。阿育王之子摩晒陀经常往来此岛。王抵达石象岛后,在岛上举行隆重的供奉仪式。

曼昂岛上的大臣向曼昂国王奏道:“明日阿梨摩陀那蒲甘国王将抵此,应备适当礼品相迎。”曼昂王问大臣们:“朕见这位国王需行叩拜礼否?”大臣们答道:“国王威德崇隆,当然应行此大礼。”曼昂王说:“要朕下跪,不如一死。”说罢颈间系一大瓮投海自尽。

阿朗悉都王的御船停泊在曼昂岛国王投海自尽之处。曼昂岛大臣们前来敬献大批礼物。阿朗悉都王问:“朕今到此,为何不见朕友曼昂王前来?”大臣们答道:“我王听说圣君驾临需行叩拜大礼,惊恐不已投海自尽。”阿朗悉都王说:“因怕向朕行叩拜大礼而轻生,哪里值得?”说毕站立船头用手指海面说:“朕友曼昂国王,朕今到此为何不来相见?”只见颈上系着大瓮的曼昂国王从水中冒出,貌如生前,向王跪拜。曼昂国人见此情景无不惊愕异常。

由此向前到南赡部洲。林中有一条蜈蚣咬死了一头大象,将象肉吃光,以象牙作巢。王见象牙,问道:“这是何物?”婆罗门占星家和缅人占星家们答道:“这是大蜈蚣之巢。”王趁蜈蚣离巢觅食之机,将象牙搬上御船离去。大蜈蚣觅食归来,不见巢穴,泅水追赶。因阿朗悉都系神通广大之德君,大蜈蚣始终追赶不上。蜈蚣叹道:“取吾巢之人非泛泛之辈,何不让他仿照吾身形造船乘用?”遂在水面将首尾翘起让国王观看。王返回京都蒲甘后,建造蜈蚣舫。

王用天帝释所赠檀香木雕成五尊佛像,用檀香木碎屑制成第六尊佛像——妙榜敏朱。将天帝释所赠的六粒舍利子及菩提树吉祥的右枝密藏在佛像之中,进行供奉。阿罗汉长老向王进言:“今王将圣物安放在宫中供奉。以僧之见,应将圣物安置在圣物意欲停留之地。以期佛教长存五千年，造福众生。”于是，阿朗悉都王将六尊佛像放在御船之上，沿江水陆并进北上。王祈祷道：“望六尊佛像到达意欲停留之地显兆于弟子。”御船行至宫育瓦地区时，只见许多鸟儿在空中盘旋。王问何故？婆罗门占星家和缅人占星家们答道：“此地将是摩诃那格拉珊那城所在地，佛像愿意停留于此。”王将佛像置于五头白象背上，祈祷道：“愿白象在佛像愿意停留之地伏下。”白象放出后，漫步至佛陀前世经常往来之地伏下。于是王建造宫育瓦、布坎、欣当玛、新九等四塔。将妙榜敏朱佛像赠与居住在布坎基德高望重的圣者们供奉。

当国王将用第五段檀香木，即尖端那段雕成的佛像置于白象背上时，举不起，不随白象去。阿朗悉都王问其根由。婆罗门占星家和缅人占星家们答道：“王御船以前顺流而下时途经底哈道，一只山鸡飞到御船上生一蛋。当时王未问，臣等也未敢奏明。该处正是佛像愿意停留之地。”于是国王返回该地在底哈道的中间岛上建一佛塔。据《五段檀香木记》一书载：似乎是王在御船顺流而下时建塔的。

由于阿朗悉都王经常出京巡游各地，致使手下水、马、象、步各军将士疲于奔命。勃生，即孟国叛乱；鄂迪在岱地岛起兵；鄂内在开丁山另树一帜；泽亚敏加拉在德山蠢蠢欲动；派驻锡兰岛的印度兵哗变；德林达依拒绝像以前一样进贡；德明格东忘恩负义背叛朝廷。大将鄂耶傣、鄂耶乃奉命率领大批象军马军出征。大军行至鄂辛盖，德明格东迎战，胜之获大批战俘。

国王亦率军出征，一直打到兰皮亚。命战俘在当地建一村寨，凡所得到的就抓住不放，因此至今该地仍得名若开。二大将捕获德明格东割下首级献于王前。摩诃吉里神得知显身质问国王道:“为何杀你前世祈祷时的伙伴?”王答道:“他虽是朕前世祈祷时的伙伴,却使朕边关不得安宁。朕本无意杀他,只想教训一番而已。”摩诃吉里神说:“可将德明格东首级置花托盘上,用金银灯盏、金银花枝祭祀之。”王遵摩诃吉里神所嘱将德明格东首级放在花托盘上祭祀,当首级面朝国王放置时,首级便旋转起来。国王说:“朋友,朕并未下令杀你;也不愿你死去。朕只是像所有君王们为扩展王国疆域而征讨,完全是将领们的过失。如朕言属实,朕种此龙脑香树必活。”王将一棵大龙脑香树倒栽在兰皮亚。当晚树枝即绽出新芽,生意盎然。王将德明格东首级带回蒲甘,妥善葬于杜云山上,全国人民每年往祭一次。接着国王派出大批军马镇压叛乱。并亲率王后嫔妃水陆两路来到德林达依叛乱地区,平息叛乱后返回京都。到京都后,阿罗汉长老已飞升,其职由盛聂王之子大法师继任。任僧侣首领,出入皆乘金轿。国王也赠与德高望重的阿难陀长老、菩提长老各一顶金舆。

阿朗悉都王前世是勃代格亚王子,因闻瑞恩蒂已被许配苏云,在瓦地区从空坠地而亡。其尸骨由阿罗汉长老葬于该地。王率大军取回遗骨。行至良吴岸上,祈祷道:“若此尸骨确系朕骨必将浮于水面。”说罢,投骨入水。其骨果然浮于水面之上。王收回尸骨妥善葬于瑞固佛塔那块圣地之上。

此后,王思忖:“如将信骠、信拉两尊佛像从宫中请出安放在佛像愿意停留之地供奉,必能造福众生。”于是,王将两尊佛像放在宝筏上,由水、步士卒各三千六百名护卫,溯流而上。王祈祷道:“愿佛告我佛像应安放之地。”御筏行至实皆界内比亚达拉岬时,魔鬼鄂沃用脚猛踢御筏。将御筏上的尖阁顶部震落水中，此地因而得名比亚达驾，后衍变为比亚达拉[①]。

由此向北，至实皆北部的乔玛[②]时，信骠佛像忽开口说道："吾愿长住此谷中。"于是，阿朗悉都将佛像置白象背上，祈祷道："请白象在佛像愿意停留之地伏下。"放出白象走入乔玛，伏于崖边。王又祈祷道："崖边不便筑塔供奉，请白象在高处择地伏下。"白象登上岸边一高地伏下。遂在那里建一佛窟，安放信骠、信拉两尊佛像。

在若开，大臣丁克亚瓦扬艾塞尼谋害了继德明格东后即位的第十代王明勃卢，篡位为王。明勃卢之子明耶勃亚携妃苏抱纽逃至蒲甘称臣。明耶勃亚有一子赖亚明南，一女瑞固达。明耶勃亚由于失去了祖先基业——若开，闷闷不乐，积郁成疾，病情日益恶化。一日，他把儿子叫至面前，叮嘱道："从这位国王祖父在位时起，咱们就一直称臣，为的是光复祖先基业，今吾志未酬，身先亡，望吾儿发奋努力，重返祖籍家园。如此王在位期间不能返回，则到今后其他国王在位时就休想返回了。因为此王拥有强大象、马、车及兵勇将士，且雄才大略，非常明智。一定要设法请此王帮助咱们完成复国大业。你可在国王洗头礼时，按若开人习惯将发髻盘于脑后，故意让王看到。"嘱毕，遂死。赖亚明南遵父嘱在王举行洗头礼时，将发髻盘于脑后。王见后怒斥道："值此吉祥大典之时竟敢做此不祥之事。"下令推出斩首。赖亚明南奏道："王下令斩臣，臣

① 比亚达，意即：尖阁顶；驾，意即：坠落；拉，意即：漂亮。

② 乔玛，意为：大山谷。

唯有一死，容臣奏明。"赖亚明南按父言上奏。王大发慈悲，命大臣赖亚挂帅；登毕西率缅军由陆路；赖亚明南率孟军由水路两路进军。瓦扬艾塞尼之孙明勃底组织水师在勃代格亚的当纽迎战。从水路往攻的孟军败北，陆路缅军也因之退回。王闻之大怒，再派大军，杀死明勃底，立赖亚明南与其妹瑞固达为王。

阿都敏纽[①]在他的《若开公主埃钦》诗中这样写道：

"圣洁荣华仙巴威，
十代相传断王权。
最后一世明勃卢，
惨遭谋害丧黄泉。
乱贼瓦扬艾塞尼，
臣丁克亚是勋衔。
盘踞古镇彬沙城，
篡位三代继相传。
明耶勃亚苏拖纽，
黄金国中去避难。
流落他邦度岁月，
养儿育女继香烟。
赖亚明南是男儿，
瑞固达女美娇艳。
阿朗悉都传号令，
孟军骠军各十万。

① 阿都敏纽(约1413－1463年)阿瓦王朝时若开一著名诗人。

克敌制胜逢吉日，
势如破竹敌胆寒。
功成重建新勃楼，
人民崇敬且心欢。”

按内廷总管摩诃悉都的说法，似乎赖亚明南在若开即位是在王孙那腊勃底悉都在位期间。但查阅《若开史》历代王系年表，发现赖亚明南是在缅历480年（公元1118年）晚些时候登位的，与阿朗悉都王正好同时。故内廷总管所述是不确切的。

此后，王水陆两路并进去中国迎取佛牙。[①] 抵达后，统治妙香国——中国的乌底勃瓦携重礼相迎。两位国王亲切交谈。乌底勃瓦问道：“请问陛下驾临鄙国，所为何事？”阿朗悉都王说：“朕来贵国并非为尘世财物而来，只是为了超世幸福迎奉佛牙而已。”乌底勃瓦说：“如佛牙愿巡幸贵国，只管迎去。”阿朗悉都备各种金银灯盏、金银花枝、金银米花等进行供奉，到放置佛牙的重阁朝拜祈求。只见佛牙具32大相、80种好、6道光轮，携带8法器，云游于天际。两位国王用许多供品祀奉祈求，但佛牙仍处空中不肯降下。

于是，乌底勃瓦说：“当年陛下曾祖阿奴律陀王曾来迎请佛牙，佛牙不愿随往。今又重现当年情景。”阿朗悉都王无计可施再三祈求，佛牙仍不愿随往。乌底勃瓦说：“佛陀曾预言佛牙将在妙香国长存五千年。陛下虽迎请，无奈佛牙不愿随往。”言毕，又赠送了许多礼物。

阿朗悉都王思忖：“佛陀未留下真言，我无法供奉。”遂仍取水

① 阿朗悉都赴中国迎取佛牙事也未见于中国史籍。

陆两路返回蒲甘。在北部建九座牟陶佛塔。在觉辛地区内的因克鲁、赖道、梅安道、瑞宝炯各建一座佛塔。王在全缅境内广积功德，在蒲甘又建达彬纽佛塔。铸两口大铜钟，一口安放在达彬纽佛塔，一口安放在瑞固佛塔，这两口大钟比王祖梯莱辛王所铸五口钟还大，重一万阿杜拉①。

一日，阿朗悉都上朝，王振臂自炫。群臣见王年事已高，上臂肌肉松弛，暗中窃笑。阿朗悉都思忖：群臣以为朕已不中用了，才发笑。一日，召见群臣道："左右大臣们，尔等可曾闻言有一男子头裹花巾，骑花斑马，每日日落时在杜云山脚拦路抢劫否？朕派尔等四人前往缉拿不得有误。如不获定斩不饶。"四员大将到马厩选四匹骏马，抖擞精神，策马而去。这时，王也牵出御马瑞班萨布温②，用一条白布勒紧马肚，备好鞍鞯，对一心腹内侍说："汝守在宫门前直至黄昏，等朕返回时再关门。"说罢佩一宝剑，头裹花条巾，向杜云山急驰而去。四员大将见之，认定是那贼人，追了上去，准备擒拿。王却转换速度忽快忽慢，一会儿靠近他们，一会儿远离他们，策马在前，然后驱马直下良吴峡谷，让御马跃入水中休息。四员大将以为强人惧怕他们跳崖自尽了。王驱马下水让马解除疲劳后，又沿原路攀上峭壁，猛然冲出四将之包围，仍然忽快忽慢、忽近忽远地策马在前。在博乌的一块空旷地上又将他们戏弄了一番。四将心惊胆战地说："此人定非凡人，实乃神魔也。"王策马在四将周围驰骋，时前时后，时左时右，如此反复三次后，始返回城中。天明

① Ahdula 阿杜拉，印度一重量单位名。1 阿杜拉相当于 180 克。

② 瑞班萨布温，意即：金花斑(马)，此处金系指宝贵之意。

后，国王召见四员大将问道："四将可曾遇到那骑花斑马之贼？"四人奏道："臣等跪奏，不胜惶恐，骑花斑马者并非俗人乃神魔也。即便是人，也非凡辈，定系一神通广大者。休说臣等四骑，即令倾全国骑士前往围堵，也难以擒获。"王说："哼！尔等不是认为朕已老朽无用了吗？朕尚未老！"满朝文武知道此事后无不惊恐万分。

阿朗悉都王是一位具备威德权势能力之君，精通骑射。一次，骑象率领群臣在马东林中狩猎。捕获无缺陷的小母象千余头，其中有独牙象、双牙象、无牙象、短牙象等。在班当林中也捕获无缺陷的小母象700余头。在德娄林中王抓住御象牙纵身跨上象背，驱象向前，用一根称之为丁兑的套索追捕象群，获小母象700余头。在鄂仓千林中捕获幼象百余头。以上是率大队人马出猎的几次。此外，国王在京都附近还进行过多次狩猎。

一日，报马垒山麓发现大片宝石，王率水陆两路人马去取宝。装满一艘宽六肘尺的大船，王将所获红宝石珍藏在瑞固和达彬纽佛塔内。在举行仪式时用米花向佛供奉。

一日，阿朗悉都王思忖："吾是一德威具备的国君。到过蒲桃树下获天帝释赠与的封号；曾用檀香木五段和菩提吉祥的右枝做成佛像供奉；曾游幸锡兰岛、马来由岛和曼昂岛，观赏了各种奇妙景色。先王们亦不如吾神通广大。"王在语业和意业上亵渎了先王，当时双目失明。王向婆罗门占星家和缅人占星家们询问缘由。占星家们回答说："只缘国王亵渎了先宗先祖。欲使双目复明，需用金银灯盏、金银花枝、金银米花等向先宗先祖供奉。"阿朗悉都王为从蒲甘建国始祖萨牟陀梨王至父王苏云共44代君王铸金像44尊置金案之上，用金银灯盏、金银花枝、金银米花等供奉。供奉开始后，除骠绍梯王、曾祖阿奴律陀王、外祖父江喜陀王等三尊金像端坐在原位上外，其余金像皆歪斜地倒在一边。祭拜时，王双目复明。王仪表堂堂，声音柔美，喜爱音乐。良象宝驹成群，谷物粮食盈仓，金银财宝无数。据说各仓廪中皆设录事，详细记载每日之事。

阿朗悉都王令熟练工匠为曾祖阿奴律陀、祖父苏卢、外祖父梯莱辛江喜陀、父王苏云，以及曾祖麾下大将良吴毕、鄂推友、鄂隆赖佩以及大小乡官、村吏等铸纯铜像置于瑞固佛窟之中，并皆附有碑文。碑文上还记下：王有小白母象若干、小黑母象若干、大小战船若干、武士若干、大臣若干、录事若干等等。

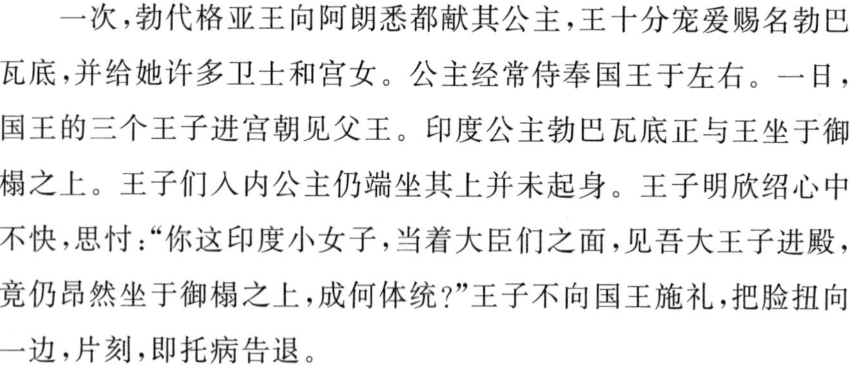

一次，勃代格亚王向阿朗悉都献其公主，王十分宠爱赐名勃巴瓦底，并给她许多卫士和宫女。公主经常侍奉国王于左右。一日，国王的三个王子进宫朝见父王。印度公主勃巴瓦底正与王坐于御榻之上。王子们入内公主仍端坐其上并未起身。王子明欣绍心中不快，思忖：“你这印度小女子，当着大臣们之面，见吾大王子进殿，竟仍昂然坐于御榻之上，成何体统？”王子不向国王施礼，把脸扭向一边，片刻，即托病告退。

王内傅之子阿难多都利耶，深得王之青睐，王将王子锦服赐予他。一日，宫中举行庆典，王子明欣绍见阿难多都利耶身着锦服，斥道：“此袍乃王子所穿，非汝等臣子所穿之物，不得乱穿！”王子令其脱掉锦服，换上与其身份相称的朝服。此事传至国王耳中，王大怒：“锦服乃朕所赐。今朕在世，尚如此放肆。待朕百年之后，他为王时不知将如何对待朕的王子、公主、文臣武将们了？他将成为闯入鸡群的一只猫！”于是，下令收回了给他的封地、侍从与金银财宝,投入狱中。王子之母亚德那布翁王后请群臣向国王说情。在群臣再三恳求下,王才宽恕了王子,给了他兵马、金银财物说:“不肖子曾在朕面前无礼。从今以后不准再住在京都之内!”

王子明欣绍带着他的象、马、扈从迁至东部的吞东布德,在那里建立庄园。挖昂宾赖湖,湖面长宽各 3000 达[1]。在德牟措也挖一湖和三条水渠开垦耕田三万缅亩。一年三造,非常富庶。在王子这样经营下,金银盈库,谷物满仓,象马成群,役从如云。王子还请精通巴利文经典的学者高僧编纂典籍,讲授诗书。并向他们供奉所物。佛教得以发展。

阿朗悉都王将王子明欣绍逐出京都后,觉得二王子那腊都有才干,便让他参与处理内政。那腊都之母乃梯莱辛江喜陀手下大臣德马金之女。王即位后,被选入宫中,处于王后之下,嫔妃们之上。王在位期间使佛教得以弘扬,造福子孙后代。当王 101 岁时,身染重病。那腊都将其废黜,将王安排在瑞固佛窟之内。当王复苏时说道:“此处不是朕的王宫啊?”妃子奏道:“此处不是王宫,乃大王功德之地。”王问:“是何人所为?”妃子答:“是王子那腊都所为。”王勃然大怒,身如火焚。

是时,那腊都王子思忖:“如父王康复,吾必遭殃。”王子用筒裙紧蒙王之头部,王气绝身亡。有些史籍载:王被安放在葫芦架下,葫芦架塌王被压死于架下。王 26 岁登基,在位 75 年,终年 101 岁。临终时土星与木星相斗,登奈底与丁兼之时恰好重合,天空出现彩虹。生辰为木曜日。

---

① 达,一长度名,约合 3.2 公尺或 10.5 英尺。

关于这段历史，据《缅甸大史》载：王得到巡游各地的顶加奈大船；到达南赡部洲顶端蒲桃树处；在蒲桃树下受天帝释赐名：底里德里巴瓦那底达拉巴瓦拉班底达都达马亚扎摩诃迪勃底那腊勃底悉都；建檀香木雕佛像五尊、信骠佛像、信拉佛像、缅桂木佛像九尊的佛塔及九座牟陶佛塔。《新史》中则载上述功德系其孙那腊勃底悉都所建。两部史书所记不同。《新史》所载根据是《菩提史注疏》、《格拉亚尼碑文》、勃温林佛窟预言等。按《新史》所述，查阅《菩提史注疏》及各碑文。在《菩提史注疏》中叙述王孙那腊勃底悉都功德时，只有："有任其所欲可行至各地的御舟一只，白象一头。他是泽亚登卡之父。"字样。并未提及到达南赡部洲顶端蒲桃树处等事。在《格拉亚尼碑文》中仅记有："缅历543年（公元1181年），蒲甘那腊勃底悉都在位时，萨巴达长老从锡兰岛来到蒲甘。"

此外，我们按照王孙那腊勃底悉都的年代查阅了各种有关碑铭。如《蒲甘那伽庙碑文》中虽记有："缅历540昴宿年6月14日（公元1178年8月27日），名号为：底里德里巴瓦那底达拉巴瓦拉班底达都达马亚扎摩诃迪勃底那腊勃底悉都之阿梨摩陀那国伟大国君"字样，却没有记述去南赡部洲顶端蒲桃树处之事。《瑞当梅碑文》中记有：泽亚都拉王于缅历536年（公元1174年）即位，号那腊勃底悉都。为了建缅桂佛像9尊、红色佛窟30座等功德善举。王巡幸王国北部地区，到达鄂辛古建立藏缅桂佛像9尊之一的瑞当梅佛塔。但没有到达南赡部洲顶端蒲桃树处的字样。

其他许多有关王孙那腊勃底悉都碑铭中也均无关于去南赡部洲顶端蒲桃树处的任何记载。按照《缅甸大史》所述，我们又查阅了阿朗悉都时期的有关碑铭、记录、史籍与文献。据《巴达[1]塔碑文》记："尊号为底里德里巴瓦那底达拉巴瓦拉班底达都达马亚扎摩诃迪勃底那腊勃底悉都之王生于缅历512年7月16日（公元1150年10月8日）金曜日，他曾到过南赡部洲顶端蒲桃树处散步，是南赡部洲之上无以比拟的威德崇隆之王。南勃达龙王在南勃达河畔按迪萨班陀长老的请求在迪萨班陀山巅建下了巴达塔。王向该塔奉献了油灯与其他供品，为佛教长存五千年，进行了最高祝愿之祈祷。"此处明显地带有阿朗悉都王到过南赡部洲顶端蒲桃树处的话。

据《底哈道佛塔碑文》记：阿朗悉都王在阿育王所建底哈道佛塔中建一壁龛，将用第五段檀香木树枝雕成的四指宽的佛像置于其中。王于缅历477年12月15日（公元1116年2月28日）土曜日布施了底哈道佛塔塔基所占地段。该碑文中所述四指宽檀香木，有力地表明：天帝释赠送了五尊檀香木木雕佛像和信骠、信拉佛像，而这些佛像是到达南赡部洲顶端蒲桃树处得到的。因此，应该认定就是阿朗悉都王去过南赡部洲顶端蒲桃树处。

据《垒盖姜道亚史》记："佛有预言云：'将来蒲甘——阿梨摩陀那国王、瑞固佛窟施主阿朗悉都将乘御舟巡游到此，在我的檀香佛寺处建一佛塔'。当阿朗悉都巡游各地时，天帝释曾向王出示过这份摩诃布翁那长老书写的约有弹棉筐般大小的铜帖。后将该帖珍藏在塔内。"

据《梯林瑞宫欧佛塔碑文》记："缅历453年（公元1091年）阿

① Pada巴达，巴利文原意为足。巴达塔：意即佛足迹之塔。

朗悉都王在阿梨摩陀那——蒲甘国各地巡游时，到达一地设行宫休息。白伞自动开启，该地遂得名梯林[①]。梯林有一池塘，据说池塘中似乎有一条大鲮鱼，是圣物所变。王见池塘有鱼，撒金网捕捉，但网中不见鱼儿，只见圣物。王取出圣物建一塔，将圣物藏于塔底。塔由此得名瑞宫欧[②]。”这里记载了阿朗悉都巡游各地之事。

据《瑞牟陶佛塔碑文》记：阿朗悉都王拥有 36 头白象，德威崇隆。缅历 457 摩伽年(公元 1095 年)土曜日捐地建瑞牟陶塔。这表明阿朗悉都王是瑞牟陶塔的施主。

据《五尊檀香木佛像、信骠、信拉史》载：阿梨摩陀那——蒲甘国王、尘世之神那腊勃底悉都乘御舟巡游各地，随行者有大臣 84000 名、将士 1160 万名、船 800 万只。其间，曾在南赡部洲顶端蒲桃树处举行灌顶礼。又记：缅历 457 年那腊勃底悉都王得檀香木佛像。这里所提那腊勃底悉都是指王孙那腊勃底悉都，还有年代有误，令人费解。为此我们核对了各种史料，发现所述并不矛盾。因为史籍和碑铭往往将祖父阿朗悉都写成那腊勃底悉都，把王孙也写成那腊勃底悉都。因此，这里应该认为祖父与王孙的名字用重。根据这些碑铭史籍可以判定只有祖父阿朗悉都到过南赡部洲顶端蒲桃树处。

至于王孙那腊勃底悉都他只继承了祖父阿朗悉都的船只，巡游各地，号底里德里巴瓦那。他曾用御舟船首缅桂船柱刻成 9 尊

---

① 梯，原意：伞；林，意即：明亮，转意为开启。

② 瑞，意为金；宫，意为网；欧，意为罩住。故瑞宫欧，意即：金网罩住之物。

佛像，予以供奉。不应认为他曾到过南赡部洲顶端蒲桃树处。他也不是五尊檀香木佛像、信骠、信拉佛像的施主。据各种碑铭和史籍的一致记载，可以得出结论是：祖父阿朗悉都王乘御舟到过南赡部洲顶端蒲桃树处，他是五尊檀香木佛像、信骠、信拉佛像的施主。

第 五 编

(147) 那腊都王①

缅历 529 年(公元 1167 年)阿朗悉都王之子那腊都即位。即位情况如下:王子明欣绍听说父王去世,遂集合部下,准备从水陆两路进入蒲甘。那腊都对被全蒲甘尊为佛陀的班德古长老说:“听说吾兄明欣绍得知父王去世,准备水陆两路来京继承王位宝伞。如此大队人马进发,既耽误时日,且对国事不利。请法师转告吾兄,吾已准备停当,请他单人独骑佩刀前来登基。”班德古长老说:“如我请他来后,你不立他为王,我岂不犯了戒规吗?”那腊都发誓道:“吾定肩扛吾兄之刀扶他登位。”班德古长老对格拉甲②所言深信不疑。来到明信绍处说明原委。明欣绍听了高僧之言也深信不疑,随长老登上一艘大船顺流而下。船至赖班码头靠岸,那腊都果然依他所言,亲自下船,肩扛明欣绍之佩剑,回宫扶他登上宝座,举行加冕礼。但当晚,在食物中下毒,明欣绍亡。

明欣绍死后,当年那腊都登基。班德古长老听说明欣绍被毒

① Narathu 旧译那罗多。

② 那腊都王死后,人们称他的别名。意即:因印度人而死。

毙，进宫怒斥道："哼！恶君！汝不怕轮回报应？汝以为今日获得荣华富贵，他日就不老不死吗？世上再没有比汝更坏的国王了。"那腊都辩解道："吾不是遵照诺言肩扛吾兄之刀扶他为王了吗？"圣僧说："世上再也找不到比汝更加可憎可鄙之人了！"说罢赴锡兰岛去了。

那腊都是护山妖投胎再世。当年佛陀在丹吉山巅口述真言时，他曾用三片榛龙脑香树叶为佛陀遮阳。因而他权高势大，上至文武大臣，下至黎民百姓对他无不畏惧。那腊都暴戾寡恩，登位后即将父王阿朗悉都赐给他的甲班妃处死。后又处死了甲班妃之子欧德拉都和叔父录事摩诃博。逼令高僧还俗，一些不愿还俗的高僧均出逃锡兰岛。那腊都凶残无比，王后嫔妃无不惶恐，对其毫无情谊，皆在暗中诅咒。国内民众处于水深火热之中，乡镇凋零。因修塔工匠们都非常害怕国王，小心翼翼，所以国王所建功德——德马延佛塔未能如期建成。父王在位时印度国王献来之公主[①]在那腊都即位后仍侍奉于他。

一日，国王如厕未带盥洗水，被印度公主察知。公主对国王如厕大小解及行房时不带盥洗水的习惯非常厌恶，因而疏远国王。国王大怒，拔出佩剑将公主杀死。印度国王听说公主被杀，在800勇士中遴选出8名，下令道："汝等伪装成婆罗门，去行刺杀害公主的国王。事成后，尔等即自刎！尔等妻儿老小朕会好生照料。"

8名勇士说："望国王照料臣等妻儿老小终生，臣等定将那国王杀死。"勃代格亚王分别赐给他们许多物品。8名勇士化装成婆

① 此处所指即上节所述勃代格亚公主勃巴瓦底。

罗门,各携一柄短剑,腰间带一法螺,径向蒲甘而去。到蒲甘直奔宫中,佯装向国王敬献法螺与匍匐冰草,走上前去。8人将国王围在中间,然后手指代迪加基大臣说道:“昔日你收了许多贿赂,致使吾王之子丧生。此次,你又不加劝阻,使吾王公主又遭杀害。”说罢,举剑将王杀死。再刺杀代迪加基未果。接着8人自刎身亡。由于那腊都王是被印度人刺死的,所以后人为他取个别号为格拉甲。

格拉甲寡廉鲜耻,言而无信。对朝内文武、皇亲国戚、僧俗民众皆无情少义,残酷折磨,百般迫害。因此官民僧俗无不恶言诅咒。王45岁继位,在位4年,终年49岁。临死时月亮与木星相斗,登奈底与丁兼之时恰好重合,瑞喜宫塔顶结出黄瓜。王生辰为土曜日。

(148) 明因那拉登卡王[①]

缅历533年(公元1171年)王子明因那拉登卡继位。立王弟那腊勃底悉都为王储。王在位期间,风调雨顺,国家繁荣,人民生活幸福,广修来世功德。阿朗悉都之女姜道蒂生三女,长女明昂妙、次女明腊、三女明绍兑。王立明昂妙为后。祖父阿朗悉都在世时,就为这两个孙辈成了亲。后来王又立恩道蒂的两位女儿为后。恩道蒂之夫是亚扎都[②],即阿朗悉都之后钦翁[③]的外甥女婿。王称

① Minyinnaratheinkha 旧译那罗帝因迦。

② 与前文矛盾,按(146)节所述恩道蒂之夫为金格都,而玛绍南之夫才是亚扎都。

③ 前文未出现此名。疑系阿朗悉都王南宫王后的原名。

大王后为南宫王后；称亚扎都之长女为中宫王后；称二姨表妹为北宫王后。王每次骑象出巡，三位王后也乘象并驾相随；王有时改乘轿辇，三位王后也乘辇并行于后，不分长次。她们所用器物，如：槟榔盒、槟榔罐、盆、盂、壶等也完全相同。甚至侍奉的宫女所佩手镯、佛珠、指环、耳环以及身着衣物也毫无差别。由于国王对三位王后一视同仁，不分厚薄，所以三位王后和睦相处，绝少争执纠葛。

一次，在敏塞外温地界，禁卫们在山林一棵大竹中发现一符合美女各项条件的湿生[①]女子。她已成年像刚刚磨光擦亮的黄金一般容光照人，遂将她献给明因那拉登卡王。王见这姑娘与他尚无福分，就说："呦，真可惜！好大的耳朵！"，把她赐给王弟那腊勃底悉都。那腊勃底悉都自幼同母后住在一起。母后以智慧的眼光打量这位湿生女子，然后割去她耳朵的一部分，使之与正常耳朵相同。她的耳朵长好之后，容貌越发动人，男子们见之皆为其姿色倾倒。母后教她公主应知的礼仪，使她具备女子的一切美德。又因她是湿生，故姿色更显得非同一般。

一日，母后带着儿媳、王储之妃进宫。王见弟媳貌美，为之神魂颠倒，不能自持。王暗自思忖："何不假称鄂仓千有战事，命王储出征。待他走后，再立弟媳为妃。"于是和一位大臣私下商议好，要他入宫奏报：鄂仓千地区有战事。王召那腊勃底悉都入宫，令他率军赴鄂仓千。王弟那腊勃底悉都是位机敏之人，嘱咐他的马夫鄂卑说："如家中发生变故，汝可乘此御马敏都道速报我知！"然后，率

① 佛教谓六道众生有四种形态，即四生：卵生、胎生、湿生（亦名因缘生，认为从湿气而生，如腐肉中虫、厕中蛆等）、化生（无所依托借业力而出现者，如诸天神、饿鬼及地狱中受苦者等）。

文臣武将兵勇士卒由水陆两路进发。大军抵达迪岑后,发现鄂仓千并未发生战事。王储沉思:“莫非王兄借故让我离开?”王储召集部下商议,并要求他们向他宣誓效忠。谋士们说:“明因那拉登卡王无子,立王弟那腊勃底悉都为王储理所当然。”部下们对那腊勃底西都也表示矢忠矢信。再说明因那拉登卡闻王弟已抵迪岑,遂将弟媳立为王妃。

话说马夫鄂卑在晨钟敲罢后到达昂达,又骑马缓缓而行,到达亲敦勃彝马时尚未过午,从勃彝马直奔汉林到达雅坝河时天色已晚,马也疲惫。鄂卑停下饮马喂草,当夜宿于敏垒山。御马嗅到主人气味,便高声嘶鸣起来。马嘶声越过长空,传到王储营地。王储熟知自己马嘶之声,心说:是我马嘶鸣也!夜不能寐。王储立誓道:“如系吾马,拳落枕破!”誓罢,以拳击枕,只见枕已洞穿。此处因此得名,至今仍叫马勒外翁抱[①]。鄂卑栖宿之山至今仍叫敏垒山。

鄂卑歇息一夜,天明启程,在晨钟敲响时,抵达营地。将事情原委禀报。那腊勃底悉都闻知详情,爱妃韦路瓦底已被王兄立为王妃,大怒。接着问鄂卑:“汝昨夜宿于何处?”鄂卑答道:“马疲力竭饮水喂料后宿于雅坝河边。”那腊勃底悉都道:“离吾营地如此之近,汝竟安然入睡?汝该知道,为王者时间如何宝贵?一时之中可完成许多事务。”王储以王族的尊严将鄂卑处死。该地因而得名谷都雅[②],一直传至今日。

---

① 马勒外,意:肯定;翁,意:枕头;抱,意:破裂。

② 谷都雅,意即:王命处决之地。

王储说："吾等敌人现在身后。"将大臣昂苏瓦艾召入营中，说："你舍命为吾效力，立即进京，乘吾兄不加防备将他杀死。事成，吾一定重用你，你可在吾三位王嫂中任选一人为妻。"昂苏瓦艾选了80名武士乘快舟日夜兼程向京城进发。那腊勃底悉都也率大军，水陆并进，顺流而下。大军行至界野，在南侧佛塔王储立誓说："若今谋杀吾兄可成，吾将白布盖之则自然缠于佛身。"誓毕，用白布盖之果然缠于佛身。王储见状，继续督师水陆并进。

鄂卑尸体漂浮在离王储船头不远水面之上。王储向部下："是何人尸体？"大臣们说："是被处死的鄂卑之尸。"王储下令将其尸葬于此岛东端，由当地人们祀奉，为他建一精美神龛。大臣们遵命建神龛。葬鄂卑之岛因此得名瑞卑信岛。时至今日，该地村长也一直祀奉于他。

那腊勃底悉都派出的昂苏瓦艾到京后，率80名武士持刀进入宫中。明因那拉登卡王正要如厕，直追至厕内。王问："何人？"答道："臣昂苏瓦艾，系王弟所遣。"王环视四周见刀光闪闪便哀求道："勿杀朕！愿为吾弟之奴，去服驱鸦逐鸡之类苦役。"昂苏瓦艾道："王弟未授臣等此命。"说罢将王刺死于厕内。王所佩之红宝石耳坠一侧落在厕内地上。王32岁继位，在位3年，终年35岁。与王弟闹不和时，国内出现一匹双头马；虎豹相斗，豹胜虎败；木星与火星相撞。国王临终时，兀鹫栖息于宫门之上；木星穿入月中；蜜蜂在宫梁上筑巢；瑞因佛窟冒烟。王生辰为月曜日。

缅历536年（公元1174年），王弟那腊勃底悉都即位。与韦路瓦底王后一起举行加冕典礼。王嫂们听说王要将她们赐予昂苏瓦艾，跪在地上，抱着王的腿哀求道："陛下，我们女人什么时候希望自己有许多丈夫呢？我们是无辜的，纵然不念兄嫂之情，也要看在我们是王姑漆翁[①]与恩道蒂之女，又都是王后的分上宽恕我们吧！若王仍不能宽恕，就叫我们在宫中驱鸦逐鸡吧！”哀求之声，凄楚委婉。王召见昂苏瓦艾入宫说：“朕确曾向汝许诺，但如朕将王嫂之一赐汝为妻，将亵渎先祖先宗。朕将赐汝一名高贵女子为妻。”昂苏瓦艾对着国王呸了一声。王大怒说：“竟敢对朕如此放肆！”将昂苏瓦艾处死。

王令刽子手将王兄明因那拉登卡内傅之子阿难多都利耶捉来处决。阿难多都利耶是一位无畏正直的人，临刑前赋诗四章交给刽子手说：“请呈送国王！”刽子手将他处决后才将诗送呈国王。四章诗文如下：

“一人发展，
他人遭难，
此乃世俗，
规律自然。

金殿堂皇，
卿相两厢，
王权高贵，
水泡大洋。

慈悲宏恩，

① 前文未见此名，疑即上文所述姜道蒂之名。

今日赦臣，
万物众生，
皆难永存。

跪奏至尊，
人生如轮，
重逢不咎，
无常谛真。”

王命将诗四章读给他听，听罢下令：“放回！”答道：“已斩讫！”王怒道：“尔等本应先将诗呈朕再斩，怎么斩后才献此诗？”又将刽子手们处死。王从听到该诗时起便思念爱臣，呜咽悲痛，万分悔恨，从此国王注意控制自己怒火。对王族的刽子手的首领说：“朕盛怒之下，下令斩人，尔等可以暂时保全其性命，在个把月内核查案情，当斩者斩之，不当斩者放之。”

竹中生出的王后名韦路瓦底。王又将王兄所立的三位王后据为己有。王兄在世时南宫王后生一女名苏卑羌达；中宫王后与北宫王后也各生一女，但两位公主在明因那拉登卡王在位时就夭折了。

那腊勃底悉都王的子女有：韦路瓦底王后生子泽亚都；阿妙亚甘王后是在其夫死后才被立为王后的，生有一女；南宫王后生有三子，后来才出了名。她曾祖是与梯莱辛江喜陀王同时为将的良吴毕，祖父名波都基，父名喜遂。姐妹五人，她最小。大姐为巴达耶之妻，二姐系本拉乌之妻，三姐是西杜因加博之妻，四姐嫁明梯莱为妻。

班因王后生有一子名妙苏瓦欣。她出身名门，曾祖是梯莱辛王之内兄，祖父乃西德宾，母亲系阿朗悉都之女、瑞久之姐——南宫王后。

小王后名乌绍班，生亚扎都、弁琪格都二子后即死。祖父系格拉甲王之舅，其兄系杜勃律。

后来又立苏色奈为后，她是勃外嘉之妹。生有四女：长女瑞恩蒂、次女喜宫蒂、三女姜道蒂、四女瑞丘。

御花园园丁之女长得如花似玉，具备美女各种大小特征。王纳为妃，留于左右，生有一子，名泽亚登卡。该王子谈吐不俗，惹人喜爱，举止文雅，具王子应会的一切才能。一次，王手上长一瘭疽，虽敷药物，仍剧痛难忍。泽亚登卡之母用口吮国王手指，才使王减轻了疼痛。经多次吮吸，脓疮在口中破裂。泽亚登卡之母心想若将脓血吐出，又怕惊醒国王，遂将脓血咽入腹内。王知此情景说："爱朕者莫过于卿也！朕要重赏于卿，卿欲获何物尽管讲来。"泽亚登卡之母说："蒙陛下爱怜，陛下赏赐的金银、象马、村舍、土地、奴仆都与他人相同。王若爱妾，请将臣妾所生之子泽亚登卡定为王储侍奉左右。"王回答说："让他等着，朕一定满足卿的要求。"

那腊勃底悉都王为人忠诚，信守君王十规。自弑兄自立后，即按照太祖阿奴律陀的方式，在后妃们的陪伴下率四军巡游全缅东西南北各地。在各地大力兴修堤堰塘渠。回到京都蒲甘后，用顶加奈大船船首缅桂木舱门制成9尊佛像。为了造福众生并使佛教长存五千年，在9座城镇中造9座佛窟供奉；9座城镇是：格礼、明钦、美都、西博达亚、坚尼亚、鄂辛古、牟措博、色蒙、实皆。此外，将制9尊佛像时凿下的木屑等掺上树脂灰泥粘成另一尊佛像安放在阿敏镇供奉。

从王兄轻易地被刺一事得到启示，设置庞大的禁卫队。禁卫队分内外两队，在宫殿周围层层设防戒备森严，据说连一只鸡也难以混入。在王宫四周设珍宝、金银、粮秣仓库，司库录事负责库内物资清点登记，全年都有明细账目，一日不缺。为登记、核实、保管全国缴纳的贡税，其中包括金、银、宝石、琥珀、白铜、红铜、铅、铁、绸缎、花毯、丝织品、麝香、象、马等项税款，设司库录事600名。据说全年忙碌不停。禁卫、马夫、象夫等每人月俸稻谷50箩[①]，每年供其本人及妻子衣服各一套。管带等每月发俸稻谷100箩及各式衣服。此外还有其他多种封赏。

王采取上述措施，既有利于国王本人，也有利于全体人民。为了得到涅槃道果，王建一功德事业——一座有两层的佛窟，称之为苏拉马尼。后又建一有螺旋楼梯的两层佛窟，名为高道巴林。此外，在德马梯地区建一座五面佛塔，取名德马亚济加。塔中安放五尊纯铜佛像。王资助供奉住在京都周围精通巴利文经典的高僧，并请他们传授经书。

当年，锡兰岛底里僧伽菩提勃耶加马巴胡王在位，清除佛教中之污浊。6年后，即缅历542年(公元1180年)那腊勃底悉都王之国师欧德拉济瓦长老率弟子僧伽多人进锡兰朝觐大寺。弟子中有一名勃生萨巴达村年仅20岁的沙弥。

欧德拉济瓦长老的来历是：佛陀涅槃后236年须那和郁多罗长老在罗摩迎国岱格拉城金地地区开始建立佛教。在这个僧团中

---

① 缅甸一箩稻谷约为46磅重。

有一位住在直通名叫比亚纳达底的长老，他修身养性，获得禅定。每日清晨去摩诃菩提处洒扫，返回直通后再去化斋。比亚纳达底有一弟子即达光城的信摩诃加拉长老。信摩诃加拉长老有弟子信阿里亚温达长老。而那腊勃底悉都王之国师欧德拉济瓦长老即信阿里亚温达之高徒。欧德拉济瓦长老与萨巴达沙弥及其他僧徒来到锡兰岛后，与锡兰岛上长老高僧们交流佛法，追溯宗系。发现锡兰岛上的高僧们自古以来一直属于摩晒陀长老宗系。而欧德拉长老则属于须那和郁多罗长老一宗。遂命萨巴达沙弥受戒升为和尚留在锡兰岛学习经藏，不再随师父返回南赡部洲①。欧德拉济瓦长老率僧众返回南赡部洲后，后人称其为第一赴锡兰求法者。

萨巴达留住锡兰整整 10 年学习巴利文经释和三藏经，学成后准备返回蒲甘。心想：如我一人返回，我师若不在蒲甘，只得与蒲甘的缅甸僧人们一起做佛事了。为了厉行在锡兰所学佛教戒律，约齐五位僧伽一起返回为好。于是他约了精通巴利文经释、注疏住在德马垒达村的信底瓦利、甘菩遮王子信达马棱达、根西布拉城的信阿难陀、锡兰岛的信罗睺罗等四人，与他们一起共五人乘船来到南岛。

缅历 548 年（公元 1186 年）时，那腊勃底悉都王食指生瘭疽，疼痛难忍，整整三个月不能安寝。韦路瓦底去世。国内发生强烈地震，佛塔、佛窟、寺庙倒塌甚多。国王谋臣瓦济亚菩提亡故。

缅历 553 年（公元 1191 年）萨巴达等乘船自锡兰岛来到勃生。

---

① 此节所述南赡部洲或南岛，并非在指佛教教义中所述当今人类生活之地，而是专指缅甸。

当时夏安居期将临,富绅们在勃生南建起一座带围墙的庙宇供萨巴达等僧坐夏。该地因而得名锡兰归来岛,一直流传至今。安居期满,进行自恣[1],后启程赴蒲甘。这五位僧人被称为第二赴锡兰求法者。萨巴达回到蒲甘之前,大法师欧德拉济瓦长老早已飞升。萨巴达到蒲甘后,即去敬谒师父墓地。

萨巴达对一起来的四位僧人伙伴说:"当年我师欧德拉济瓦长老抵锡兰时一直与锡兰僧人一起持戒。现在我等也应与须那长老、郁多罗长老宗系的蒲甘僧人们一起持戒。早先,由我师欧德拉济瓦长老主持,现在缅甸人控制了他们,所以我们不能与这些缅甸僧人们一起持戒了。"于是,从锡兰岛来的五位僧人单独持戒。

那腊勃底悉都王对这五位僧人十分崇敬。在伊洛瓦底江上将许多船系在一起,举行许多沙弥受戒当和尚的仪式。随着僧众的增加,僧众派系也出现了许多。一日,那腊勃底悉都王请五位僧人及弟子们参加隆重的施舍盛会。在盛会之上,信罗睺罗见一美貌舞女为其姿色所动,不愿再受教规约束想还俗。四位高僧进行劝告,他仍不能自持。大家只好对他说:"不要因你一人让我四人丢尽颜面,你若欲还俗,勿在蒲甘还俗,从勃生码头去马来由岛还俗吧!"将他逐走。信罗睺罗从蒲甘抵勃生,乘船到马来由岛。统治马来由岛的国王闻信罗睺罗来到,请他讲授律藏。信罗睺罗讲授了《小戒行经》[2]及全部律藏以及佛经释注。马来由王听完全部戒律后,对他更加崇敬,赠他一钵红宝石。信罗睺罗得到一钵红宝石

① 佛教专用词,即揭发自己进行忏悔。参见本书(145)节僧自恣日注释。

② 《小戒行经》Khuddasikkhā.

后还俗，在马来由岛成家。

从锡兰到蒲甘的高僧剩下四人，不久，萨巴达长老飞升。其他三位高僧底瓦利长老、达马棱达长老与阿难陀长老广泛传授三藏经，弘扬佛法。

一次，蒲甘国王那腊勃底悉都施舍给三位高僧每人一头幼象。信底瓦利和信达马棱达两位高僧将所得幼象放生林中。阿难陀则把象运到勃生，再用船运走，赠给根西布拉的亲友。信底瓦利和信达马棱达得知此事后对他说："吾二人将王赠之幼象放生林中，使它们获得自由。而你却将象赠给亲友让它去受难，这种行为为佛法所不容。"阿难陀说："佛陀讲授佛法中有施惠于亲友的信条。"两位高僧说："我们是为你着想才与你说这番话的。既然你不接受，从今以后你单独守戒，不要再和我们在一起了。"从那天起，信底瓦利和信达马棱达二僧一起守戒，阿难陀则单独守戒。

几年后，信达马棱达为了扶助德才兼备的徒弟们，就向经常来庙中求教的文武大臣富豪士绅们说："檀越，此人见多识广是个全才，如果他们有充足的四物就能更好地学习经典持斋守戒了。若无四物则无法学习经典也无法持斋守戒。"用言语示意为他们募集四物。此事为信底瓦利高僧知悉，对信达马棱达说："佛陀厌恶这种以示意的方法取得的施舍物品，你为何要用这种方法呢？实在欠妥！"信达马棱达反驳说："佛陀厌恶的是为自己利益采用这种示意方法清点施舍。而我并非为自己享用。事实也如此，见多识广德才兼备的徒弟们若有了充足的四物才可能学习经典持斋守戒弘扬佛法。以这种心情去建议是适宜的。"信底瓦利说："你如果不接受我的话，继续这样做，我们只好各自单独守戒了。"二人分手。

从此，自苏陀摩城金地来蒲甘传教的僧人明显分成：阿罗汉派、底瓦利派、达马棱达派与阿难陀派等四支。从苏陀摩最先传入的阿罗汉派僧侣又被称为布利马[1]僧人；其他三支是后来从锡兰岛传入的，故又被统称为毕西马[2]僧人。从锡兰岛来的三位僧人中，底瓦利和达马棱达两位毕生从事佛教事业直至亡故。阿难陀在蒲甘从事54年弘法工作，于缅历596年（公元1234年）飞升。

苏拉马尼佛塔建造经过如下：某日那腊勃底悉都王登杜云山返回时经过一山谷——苏拉马尼塔址时，见谷中闪烁着红宝石似的光芒，说：看来是让朕在此建功德善业。下谕全体人民将谷填平。当时有一位德高望重严守戒律的高僧，名叫班德古鄂随信长老对国王说："听说陛下要做功德，但陛下现在所做并非功德，实乃罪过。"又说："我不再接受陛下施给的斋饭了。"那腊勃底悉都王说："法师不接受朕的斋饭，就是说法师不愿再在朕国内住下去了。难道说百姓施舍的斋饭就不是朕的吗？"班德古长老想国王既如此说我将去锡兰岛。于是高僧迁居遂久地区的山林中。高僧走后，每当王外出时，德拉巴门的护门魔鬼就双腿叉开立于门上。王叫来术士使用各种咒符驱魔均不见效，魔鬼仍挡住去路。王问婆罗门占星家与缅人占星家。奏道："因国王对班德古长老说了不恰当的话，气走高僧，魔鬼才挡住去路。"王接连数次派大臣们去请，高僧不来，说："我要去锡兰岛了。"

王听说高僧要去锡兰，召见杜因格毕西大臣，叫他设法一定将

① 原意为：先导、前驱。

② 原意为：后者、后继。

法师接回。杜因格毕西是一位颇有见识的人，制成金佛一尊供奉在杜瓦朗金舫之上，出发。高僧到达码头时，杜因格毕西立即上前说："一切种智佛陀到达码头，叫高僧上船。"高僧感到佛陀之命难违，便跟至船上。高僧登上杜瓦朗金舫向佛像跪拜。趁高僧跪拜之时，下令起航，载法师飞驶而去。此时，杜因格毕西再三请求法师弘扬佛法。因佛事法师只得相随而去。国王在大臣们簇拥下前来迎接。王搀扶法师的手进宫。行至宫门，魔鬼从门上跳下跪拜法师。入宫后，王亲自为高僧准备斋饭，对法师说："弟子从今以后一定聆听法师教诲！"最后将泽亚都拉、泽亚登卡、亚扎都拉、金格都、弁琪五位王子交给法师。五位王子随法师外出巡游，走到某地法师在一块空地上画了五个圆圈，让五位王子观看，然后遣他们回宫。五位王子回到宫中向国王奏明此事。国王说："这是指示儿等去建功德。"王按王子体重称足黄金，作为建塔经费。建成的五座佛塔是：色皎帕耶拉、美蓬达帕耶拉、甘聪帕耶拉、德甲当帕耶拉、焦帕耶拉。五座佛塔的工程可与佛陀在世时的波斯匿拘萨罗国王所建德叶坎檀香木塔相媲美。天帝释监督五座佛塔之兴建，在那腊勃底悉都王建塔时也曾亲自为佛塔和泥抹灰。

班德古长老又名鄂随信由来是这样的：高僧拒绝接受施主衣，经常到墓地取包死人布作为人们遗弃之物缝制成衲衣穿用[1]。当时有一牧童名叫小鄂随，一日他与同伴们一起放牛，对同伴们说："你们积德做件善事，我也积德做件善事吧！我假装死去，你们在

[1] 按佛教戒律规定僧尼应以他人遗弃之破碎衣片缝成衣衫穿用，称之为衲衣或百衲衣。僧衣按其来源分成五种：施主衣、无施主衣、往还衣（即：包死人衣）、死人衣和粪扫衣（即：人们丢弃的破衣碎片）。也有分成两类者，即：一为施主衣，一为粪扫衣。

我身上盖上一块布，然后就去请法师来取走去做衲衣穿！”伙伴们到高僧处按鄂随所说说了一遍。高僧来到墓地取了布就走。高僧走后未料到小鄂随真的死去，停止了呼吸。伙伴们见此情景，急忙跑去告诉小鄂随的父母。鄂随的父母亲戚们向高僧说明原委。法师用消灾圣水洒在小鄂随身上。顷刻间，小鄂随复苏，起身向高僧叩拜。鄂随的父母将他托付给高僧，高僧因此得名鄂随信[①]。

那腊勃底悉都王在王后韦路瓦底和王子泽亚都拉所食邑的德娄、阿敏、阿嫩三座城镇之一的阿嫩镇建一巨大浮屠，名之为宋路阿巴帕耶拉[②]。每当夜晚，德娄镇内火光冲天，王命人前往查看，发现是阿育王所建牟陶亚佛塔，又在该处建一大浮屠名为丹布拉。王在德娄镇与蒲甘接壤处的悬崖之上建起一座富丽的洞窟，窟内安放一尊做云游状的佛像，并在崖壁内埋放佛舍利子，取名为韦路瓦底王后窟。佛像称之为瑞德贝。王的每位王后也都做了引人瞩目的功德事业。

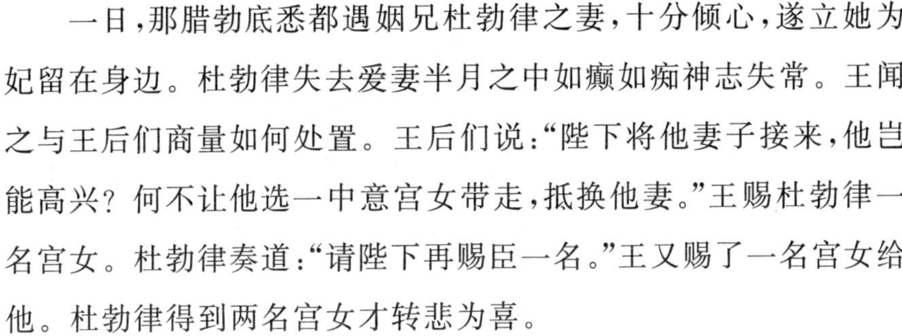

一日，那腊勃底悉都遇姻兄杜勃律之妻，十分倾心，遂立她为妃留在身边。杜勃律失去爱妻半月之中如癫如痴神志失常。王闻之与王后们商量如何处置。王后们说：“陛下将他妻子接来，他岂能高兴？何不让他选一中意宫女带走，抵换他妻。”王赐杜勃律一名宫女。杜勃律奏道：“请陛下再赐臣一名。”王又赐了一名宫女给他。杜勃律得到两名宫女才转悲为喜。

一次，王为界野两座宝塔举行升宝伞礼，乘御舟逆流而上。途

① 意即：鄂随之主。

② 意即：三界之主漂亮的佛塔。

中遇一大鳄鱼，鳄鱼将御舟驮在背上，使御舟失去控制。一名叫仰曼鄂推的勇士跳入水中潜入江底，用短剑将鳄鱼刺死。后又只身一人杀死一只老虎和一头大象。因他多次击败敌手，王赐他“阿难多都利耶”[①]之名。从此边远地区出现盗贼暴乱，都派他前去镇压。只要他去，常常生擒敌人献与国王。该阿难多都利耶大臣拜被誉为摩诃迦叶的榜朗信长老为师，建许多佛塔、禅堂与寺庙，完工后举行隆重庆典，并将所布施的物品著文记录下来在王前宣读。王大加赞扬说：“阿难多都利耶不仅现在竭尽全力完成朕委之重任，且为来世积了许多功德。像这样积德行善之人举世无双。”将小王妃所生之女、王子泽亚登卡之妹许配给他，并赏赐了许多显赫的饰物用品。王封曾祖梯莱辛江喜陀时一起为将的良吴毕之曾孙良渊侯那当米亚为大司法官。

那腊勃底悉都王始终不渝地坚持君王十规。在处理国家大事和地方事务时采纳贤者意见，治理朝政机智娴熟，因而受到全体人民的爱戴。在全缅各地普建浮屠、佛窟、寺庙、佛廊、亭榭，向寺院捐赠庙产田园。立王子泽亚登卡为王储，封给大王子泽亚都拉和亚扎都、金格都、弁琪等王子食邑和许多仪仗用品。泽亚登卡非常尊重四位王兄，每当斋日，必到王兄宫中参拜，从不间断。王兄们见他如此殷勤，心中过意不去，便建议：“王弟可在宫中广场建一殿，届时我等四人到此殿去，王弟一起参拜吧！”泽亚登卡遵照王兄意见专建一殿，按时前去参拜。由于泽亚登卡对四位王兄如此尊

① 意即：无比英勇。

重，因而王兄们对他也非常喜爱。

父王那腊勃底悉都把五位王子召来，在他们中间立一白伞，立誓说：“白伞向谁倾斜，谁就为王。”白伞倾向幼子泽亚登卡。因此泽亚登卡被人称之为梯罗明罗王[①]。

那腊勃底悉都王一生70年[②]中为佛教为本人以及子孙后代造福。病危时，将五位王子的手拉至胸前嘱咐道：“吾儿们务必遵照父王所嘱和睦相处协同一致。只有共同发迹，尔等弟兄颜面才光彩。即使有很多奴仆，但没有亲人也不可能有真正的福气。国家社稷全赖尔等五兄弟。如能遵父所嘱，则社稷无忧。若发现嘴长欲斗者则削其嘴；距长欲刺者则去其距；翅长欲飞者则断其翅。吾辈为王者不应有个人好恶，应按惯例处置。只有这样人们才会敬畏，而只有令人敬畏所有事件才能了结。”

“此外，对尔等部下凡能在10次步战中获胜者可擢升为骑将；凡在10次骑战中获胜者可擢升为象将；凡在10次象战中获胜者可擢升为舟将；凡在10次舟战中获胜者可封为四百丁镇侯[③]。处事公正完美得人心则从者众；从者众则人敬畏。望尔等切记父嘱。”嘱毕命五位王子立誓。誓毕，王转向四位王妃、皇亲国戚以及王公大臣们说：“若五位王子不遵朕嘱，望忠于朕者都来教训他们。”王也要他们立誓。最后，分封四位王后、五位王子城邑、村庄

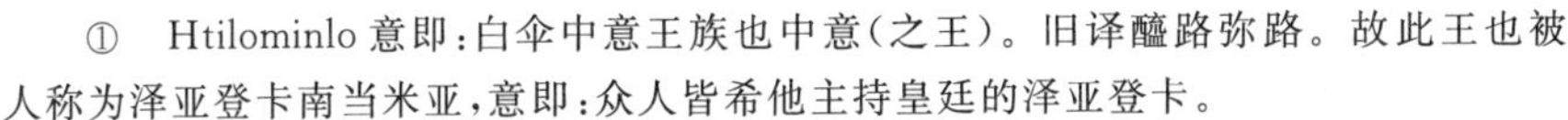

① Htilominlo意即：白伞中意王族也中意（之王）。旧译醯路弥路。故此王也被人称为泽亚登卡南当米亚，意即：众人皆希他主持皇廷的泽亚登卡。

② 原文为74年，有误。应为70年，更正之。参见本节末尾的注释。

③ 参见本书（142）节注各镇等级。

和土地。那腊勃底悉都王一生为来世和今生造福。33 岁继位①，在位 37 年，终年 70 岁。临终时，魔鬼在茂贡门上显身；西方出现一颗彗星；登奈底与丁兼之时恰好重合。王生辰为火曜日。

(149) 泽亚登卡南当米亚王

缅历 573 年 6 月 11 日(公元 1211 年 8 月 6 日)木曜日，那腊勃底悉都王之子泽亚登卡南当米亚即位。《缅甸大史》和其他史籍记为缅历 559 年(公元 1197 年)即位。两者相差 14 年。缅历 573 年之说，据考出自《泽亚布碑文》。碑文中记有："缅历 573 年 6 月 10 日(公元 1211 年 8 月 5 日)木曜日朕乌兹那登基。"该王称号有二：一为梯罗明罗，一为乌兹那。

王有四位王后：南宫王后名普瓦道基，其父为欧德拉都，祖父是瑞固佛窟施主之婿丁克都；北宫王后，其父为德耶沃达那；中宫王后名苏米边，其父生于密达人称密达村长，祖父丹巴丁，曾祖系瑞固佛窟施主阿朗悉都王；恩道蒂，其父登克都，祖父是瑞固佛窟施主阿朗悉都之婿亚扎都。南宫王后生子登勃德与德亚蒙；中宫王后、北宫王后皆无子女。

泽亚登卡王即位后，按父王生前安排一丝不苟秉公行事。尊重四位王兄，每逢斋日毕恭毕敬前去问候，从不间断。所得贡品及各地税银均一分为五，弟兄五人各取一份。由于国王如此公正，受

① 原文写成 37 岁继位终年 74 岁，明显有误。因按 37 岁继位计，那腊勃底悉都王生于缅历 409 年(公元 1137 年)，比其兄明因那腊登卡尚长 2 岁。故按《缅甸大史》所述 33 岁继位译出。终年则应为 70 岁。

到朝中大臣及全国人民的由衷爱戴。他们以深厚的情义为国王祝福。王仪态端庄,举止文雅,品德高尚,学识渊博,办事严谨得体,了解僧俗疾苦哀乐。因此国泰民安,风调雨顺,一派繁荣。王登丹吉山、杜云山、卜巴山并顺流而下至乌容镇朝觐沿江各佛塔浮屠。

一日,王的百宝金筏正顺流向乌容镇进发,恩道蒂王后在筏上生下取名达摩亚扎的加苏瓦王子。七日后,太后归天。返回京都不久,南宫王后之子德亚蒙也亡故。王后与国王皆悲痛万分水米不进。

中宫王后、北宫王后两位王后召见大臣代迪加与坚傣说:"请二卿去解除国王、王后之烦恼。"两位大臣来到国王面前奏道:"陛下,佛陀所讲经论谓:轮回于三界之中的众生都难逃无常之道。只有涅槃才能永存。行蕴是没有永恒的。由存至亡,由动至静是规律。只有在处于寂灭平静的涅槃之时,才能获得真正幸福。望陛下永记在心。"王说:"朕并非不知存亡规律,但如今朕却不能自持。"说着又抽噎呜咽起来。王与王族大臣们商议:"众卿,朕今日如此痛苦源出于爱。朕祈祷升入脱离爱之涅槃。但等成为获一切种智的佛陀后再进入涅槃为时太久,朕愿成为辟支迦佛升入涅槃。"为此,国王兴建泽德那佛塔。

泽德那佛塔之名一直流传至今。从该日起国王不再乘舟骑马外出巡游,一心集中精力于功德事业之上。在当年曾祖江喜陀停留之地建一名为布泽底的佛塔。继续修建父王那腊勃底悉都未建成之高道巴林塔。此外还建一菩提佛塔,仿佛陀在菩提树下成佛状。王祈祷顺利进入涅槃,又建奈亚班塔,状似佛陀涅槃时,在高达80肘尺的檀香木堆上火化的形象。奈亚班意即:升入涅槃状,亦称拘尸那。

当年父王曾立誓问卜,五位王子围成一圈,将一顶白伞立于其中,看白伞向哪位王子方向倾斜。白伞倾斜的方向完全符合父王的心愿。王在白伞倾斜的方向建一佛塔,名为梯罗明罗塔,其状与苏拉马尼塔相似。人们对该王也称之为梯罗明罗王。

《缅甸大史》中只记载有该王建造或重修泽德那塔、布泽底塔和高道巴林塔。

该王稳健持重。信守君王十规。王37岁即位,在位23年,终年60岁。驾崩时土星出现彗星般光芒;影子颠倒。王生辰为火曜日。

(150) 加苏瓦王[①]

缅历596年(公元1234年)王子加苏瓦即位,称达摩亚扎王。国王爱护全国僧俗如亲生骨肉。熟读三藏经书达九遍之多。对巴利文经释、注疏等反复思考,深究含义。故在讨论这些经书时无人能与其相比。每日向高僧们请教七次。编写《二谛滴论》[②],以教导宫妃们了解心、意、色、涅槃、界、性等含义。王不闻国政民事,将一切审理、处置等事均交王储乌兹那掌管。阿奴律陀王到达别克悦[③]山脚时,种下了一棵贝多罗树,立誓说:“当朕再次在此为王

① Kyaswa 旧译迦娑婆王。

② 《二谛滴论》Paramatthabindu。

③ 本书(142)节曾提及此事,但写为别山。此处又写为别克悦山。

时，将是贝多罗树种发芽之日。”据说加苏瓦王在位时，这颗树种发芽了。国王闻讯，非常高兴。

缅历 597 年（公元 1235 年）王在色固建一寺，赠给底哈摩诃乌巴利法师。《缅甸大史》中没有关于此事的记载。《缅甸大史》将王登基的时间记为缅历 581 年（公元 1219 年）。其实不对，而是 596 年（公元 1234 年）。597 年在色固镇建庙捐赠。这两个登基时间相差 15 年。

缅历 596 年登基，597 年建寺捐赠之说源自《开东枝庙碑文》。碑文记：“南当米亚王邀色固镇的底哈摩诃乌巴利法师到蒲甘挂单。596 年南当米亚王驾崩，王子加苏瓦即位。597 年建寺赠与底哈摩诃乌巴利法师和居住在寺周围的达亚加勒亚那、达亚达马、格勒亚那给底、尼亚纳底哈、甘彼达亚、瓦济亚尼亚那、拘那道巴等七小寺的七位僧人以及在庙中居住的十五位僧人。”据此得知王在 596 年登基，597 年在色固镇开东枝地区建寺捐赠。

缅历 598 年（公元 1236 年）王挖一湖，引杜云山麓流泉。湖中植五色莲花。水鸭、鸳鸯、仙鹤、秧鸡、鹈鹕等禽类嬉戏其中。湖畔辟良田多亩，一年三造。王在湖附近建秀丽行宫，每日诵经七次，怡然自乐。王专心致志于佛教教义研究，因而在建功德事业——比亚德达佛塔时，疏于指挥。给工匠们的费用又偏低，致使工程未能完成。因而历史上留下他的名言：为了追求高超的品德，朕他事不管不问。

一日，王舞剑自娱，不幸被剑刺中，驾崩。

王 41 岁登基继位，在位 16 年，终年 57 岁。临终时，许多兀鹫栖在马厩内；宫内御座拱门之上魔鬼显身。王生辰为月曜日。

(151) 乌兹那王[①]

缅历612年(公元1250年)王子乌兹那即位。王后是瑞固佛窟施主的重孙女、明欣绍的孙女。后生有一子名底哈都。

一日,国王出游在密达村遇一旋匠的女儿,十分美貌。国王将其带回宫中,令其梳素列发式,终日侍奉左右。一日为王打扇时突然昏倒在地。王问:"是癫痫病发否?"妃答:"并非癫痫。"王想必有缘故,于是倍加爱护。王妃十月临盆生下一子。孩子成年后,王将他交给当和尚的舅父抚养,并由国师启蒙。

卜巴山一带采腾甘漂村有一农夫女儿,刚会走路时,农夫犁地时带她到地里,放在一棵树下。一天,女儿在树下熟睡,一条大毒蛇在女儿四周盘成一圈,昂首鼓腮将女孩的头罩在下面,却不碰女孩身体。农夫看见巨蛇便丢下农活儿飞奔过来,毒蛇也转身遁去。农夫将此事告贤者。贤者说:"此女他日定会飞黄腾达。"女孩父母家道宽裕,给她做了漂亮衣衫,并请人照看于她。

姑娘12岁时,在她所种的一丛素馨花中开出了海棠、玉兰和美洲七瓣莲花。又将此事告贤者。贤者说:"此女将来必有荣华富贵。"

到了缅历9月,乌兹那王登国君们必登之卜巴山朝觐摩诃吉里兄妹二神。乌兹那王听说采腾甘漂村中一株素馨花上开出了另外三种花蕾,便到村中观赏。正遇小女子在种花。这女子

① Uzana旧译乌娑那。

长得雍容华贵，美丽端庄。王非常喜爱，便将她收留，叫她侍奉左右。

一日，王觉得背部奇痒，叫她挠痒，虽未指明什么部位，小女子就在国王痒处挠将起来。如此多次，王问："喂，小女子，朕未讲明何处痒，但叫你挠，都能挠到痒处。你是怎么知道朕的痒处呢?"小宫女说："陛下，圣体娇嫩无瑕，发痒之处必呈异样。奴就在该处为大王挠痒。"王心想："此女真是个聪明绝顶之人。"于是对她封赐。她处于王后之下，宫妃之上，终日侍奉国王，寸步不离。

父王在位，身为王子时他就贪图玩乐。一次，他顺江而下，在达拉建起一座行宫。住在其中，终日骑象作乐。国师看过王子明奎齐的生辰八字后，把他当和尚的舅父叫来，说："高僧，你甥儿八字很好，黄道吉日已到。你可乘小舟将甥儿送到达拉去见国王。"和尚带着王子以及献给国王的礼物乘小舟顺流而下抵达拉。拜见国王献上礼物，叫甥儿向前拜见父王。王大喜，赏赐许多物品，并向王子打趣地说："旋匠的外孙，狗屎。"

一日，明奎齐[①]和小伙伴们玩榼藤子核。发现场上有堆狗屎，孩子们把狗屎堆高，并去捧土找树枝，覆盖其上。然后跪在地上向狗屎叩拜。贤者们见此情景说："王子登基即位之日不远矣!"

一日，国王骑着格达御象，去看新捕获的一头野象。该野象异常珍贵，只有国王才配拥有它。当时，野象正在发情，它嗅到一股新奇的气味，顺着这种味道寻至御象前。野象用象牙勾住了御象鞍绳，将象鞍坐垫和其他饰物一并拉下，王也随之坠地，被象踩死。

① 意即：狗屎王。

王33岁继位，在位5年，终年38岁。王将死，达比纽佛塔冒烟；木星靠近月亮；登奈底与丁兼之时恰好重合；两条鳄鱼在水面上互相咬斗。王生辰为水曜日。

（152）明奎齐王

先王有底哈都和明奎齐两位王子。王弟明奎齐谋取王位的经过如下：

乌兹那王在世时，王子底哈都已被定为王位继承人。王死，底哈都准备进宫继位。首相亚扎丁坚奏道："殿下父王在边城达拉驾崩，一部分大臣已经拜谒过王陵墓地，还有部分大臣没有拜谒，请殿下在我们文武大臣乡官村吏们拜谒返回后再举行灌顶加冕礼。"底哈都信以为真，遂说："尔等拜谒父王陵墓速去速回！"首相亚扎丁坚和其他大臣官吏等启程去国王陵墓。当大臣官吏等聚集在国王陵墓前时，亚扎丁坚说："各位，如果咱们辅佐底哈都为王，民众社稷都将遭殃。底哈都骄横暴虐，猜忌多疑，连自己的王妃都不能相容。他贪得无厌，不讲信义。不用说对你们诸位，就是对我这个首相也毫不尊重。""一次，底哈都从我身后走来，我没有看到他，没有来得及将衣袖收起。他就将口中咀嚼的槟榔汁吐到我的袖子上。虽然我忙说：臣不知王子驾临。可他仍耿耿于怀。"说罢，从箧中取出那件衣服让大家观看。大臣们看过那衣服说："他还未当国王，对首相就不放在眼里倍加凌辱。将来成了国王，还不知如何对待我等呢？"所有文武意见一致，返回后将底哈都抓起，于缅历617年（公元1255年）拥其弟明奎齐为王。明奎齐继位后，取名那腊底

哈勃德[①]。立父王之妃、采腾甘漂村富户之女为后，人亦称之为绍王后。

佛陀在蒲甘丹吉山授记时，这座山的护山妖曾用三片榛龙脑香树叶为佛陀遮阳。佛陀曾授记该护山妖将在蒲甘称王三次。与佛陀授记相符，这三世国王是：色雷鄂奎、格拉甲和那腊底哈勃德。佛陀成佛前十世之一的布莱列象王也曾转世为蒲甘的萨牟陀梨、阿奴律陀与加苏瓦等三代国王。据说另一位在蒲甘三次为王者是：骠绍梯、丁里姜和江喜陀。在那腊底哈勃德王在位时该城称为蒲甘。

该王是佛陀授记之王，故神威广大，又因他曾是山妖因此性情暴躁，贪吃好饮。

首相亚扎丁坚立那腊底哈勃德为王，是因为那腊底哈勃德当王子时在王兄底哈都将口中槟榔汁吐在首相的袖子上的当天，那腊底哈勃德王子来到首相家中说："爷爷，辅佐我吧！"王子的话正合首相亚扎丁坚心意，便对王子说："就由你来当吧！"后来首相果然依言立他为王。那腊底哈勃德为王后，把首相亚扎丁坚抛在一旁不加理会。亚扎丁坚非常伤心，一日，他带着一个盛槟榔的破花托盘进宫。王问："亚扎丁坚爷爷为何使个破托盘?"亚扎丁坚奏道："王有所不知，当今旋匠的子孙皆受封赐，没人当旋匠了，只好用个破托盘了。"有些史籍记为槟榔托盘或花托盘，所谓花托盘是古代王族臣相用来盛槟榔、米花用的器皿。字典上将花托盘解释为盛槟榔的器皿。金宫之主那腊勃底建宫碑上有：将盛米花的花

① Narathihapate 旧译那罗梯诃波帝。

托盘、花篮放置某处的记载。根据这些材料,可以认为使用花托盘这一词是恰当的。

王听到亚扎丁坚所言,心中非常恼火,问道:"亚扎丁坚爷爷,佛窟建至顶端,顶饰是怎样安放上去的呢?"亚扎丁坚答:"先搭脚手架再安顶饰。"王又问:"佛窟顶饰装好,脚手架如何处置?""顶饰装好,拆掉脚手架,才能显出顶饰的光彩。"王跟着说:"朕好比顶饰,亚扎丁坚好比脚手架,朕成为国王就像顶饰安上塔顶。只有拆除亚扎丁坚你这个脚手架,才能显示出顶饰的光彩。革去汝官职,没收汝象马扈从,流放达拉城!"大臣们依令将亚扎丁坚流放。

亚扎丁坚在流放途中,突遇狂风,大树尽折,但菖蒲不断,只是随风摇摆数次而已。亚扎丁坚见状悟道:"我身为下臣,还不如菖蒲机警乖巧。我像大树那样,才会落到今日地步。"解差返回京都,王问:"亚扎丁坚讲些什么?"解差奏道:"尊贵的大王,路上狂风骤起,大树尽折,而菖蒲则随风摇摆,毫无损伤。亚扎丁坚见之叹道:我不如菖蒲机警乖巧。"王默然不语。

当时,人们闻亚扎丁坚已被流放。密察吉里叛乱;莫塔马侯鄂内之孙鄂瑞也造反割据。王虽得到奏报,但没有可以商议大事的臣相贤士,终日愁眉不展。绍王后见状问道:"大王为何闷闷不乐?何不与文臣武将们商议对策?若不愿与他们商议,何不召回大王盛怒之下流放的首相亚扎丁坚,与他商议?事不宜迟,时间一久匪势更会猖獗,不如趁匪徒羽翼未丰召回亚扎丁坚。"王依言,派一大臣乘快舟去召亚扎丁坚。大臣抵达达拉对亚扎丁坚说:"王召你回京,请速登程。"将亚扎丁坚带上快舟飞速返京。

途中遇一渔船，渔夫们刚向朝廷献鱼返回。渔船上有一绿玉匙，是渔夫们撒网捕鱼时无意从河中捞获的。亚扎丁坚问："这匙从何处得来？"渔夫们说："捕鱼撒网时所获。准备带回给孩子们玩。""卖给我吧！"渔夫们不知何物，毫不在意地送给了他。亚扎丁坚仔细地将其擦拭一番，顿时光芒四射，原来是一件无价之宝。亚扎丁坚给渔夫们许多礼物，急驰而去。关于此匙有的史书记为绿玉，有的记为绿玉匙。《古蒲甘史》记为绿色贝壳。我们认为称之为绿玉匙是恰当的。首相亚扎丁坚抵蒲甘后，国王用大象接他入宫，亚扎丁坚向王献上宝匙。国王大喜，问道："爷爷从何处得来此宝？"亚扎丁坚奏道："全凭我王洪福，微臣得来。"王说："朕曾对爷爷你发过脾气，望勿记心中。"将没收的一切财物、象马、奴仆等全部归还给他，并新赐封其他乡镇、仪仗与器皿。

王决定派两员大将率军前去镇压密察吉里侯和莫塔马侯的叛乱。宫廷大臣德耶毕萨勃德率上缅甸南北各县镇的战象 200 头、骏马 2000 匹、士卒 20000 名，向密察吉里进发。同日，首相亚扎丁坚率下缅甸东西各县镇的战象 200 头、骏马 2000 匹、士卒 20000 名，水陆两路向莫塔马进发。亚扎丁坚抵大光后，留下战船，率大军、战象、战马由陆路向莫塔马进发。莫塔马侯鄂瑞闻亚扎丁坚率大军来，集合部下连同边远村寨居民一起进入当泰城固守。像把牛困在栏内一样，亚扎丁坚将敌人层层包围起来，加强己方阵地，日夜不停发起攻击。城内住满了居民与士卒，拥挤不堪，出现摩擦与争执。山上流入城内的泉水也不敷饮用。又无法到城外取水，城内居民苦不堪言。围困七八日后，城内粮食奇缺，纷纷出城投奔大军。不久,莫塔马全城被攻克。

亚扎丁坚首相收复莫塔马后,整顿城内秩序任命阿朗悉都王在位时大臣阿棱玛基之孙阿棱玛大臣为镇守,然后押着莫塔马侯鄂瑞及其妻子儿女、奴仆、象马返回京都。

德耶毕萨勃德率军向密察吉里进发。行进途中,由于军纪松懈和指挥失当,一晚,士兵自相惊恐,疑是敌军杀来,四散逃窜,溃不成军。德耶毕萨勃德退至敏巫码头,遇亚扎丁坚。亚扎丁坚问明情由后说:“我友毕萨勃德,先不要让国王知道你的部队惊散失利之事。等我回京向国王奏明捷报献礼后,趁国王心情愉快之际,我再婉言奏明,请国王息怒。”亚扎丁坚遂起航逆水先行。但国王早已听说德耶毕萨勃德率领大军,未遇叛军即自行溃散的消息,怒不可遏地说:“未与敌人对阵交战就败下阵来的将军,留他在此世间何用?”王即派亚扎丁坚之子良吴欧拉去将德耶毕萨勃德处死。

亚扎丁坚船行至固坎艾,不期与子相遇。问他往何处去?良吴欧拉说:“国王听说德耶毕萨勃德兵溃,怒不可遏,命我前去杀他。”亚扎丁坚说:“吾儿且慢,我未派人来前,切莫下手。”

亚扎丁坚飞速回京。抵京后,将莫塔马侯鄂瑞及其妻子儿女以及战俘、象马等献于御前。王大喜,封赐甚多,并犒赏全体将士。

趁国王高兴之际,亚扎丁坚奏道:“德高的吾主,臣等只有一个想法,那就是一挥手能征服南赡部洲上的所有国家、地方,全部归属于陛下王国的版图之内。但生存之物会走向灭亡,灭亡之物亦会转向生存。只有升入涅槃才能永存。战争之道亦如此。认为肯定能胜之战往往却失败,而认为必败之战也可能取胜。究其根本在于天时、地利、人和,即时间、地点与勤奋。依臣见不如将奴才德耶毕萨勃德召至陛下跟前,官按原职。这样处理更加妥帖。”

王说:“朕已派良吴欧拉去斩德耶毕萨勃德那厮了。如未斩讫,可赦他不死。”亚扎丁坚立即派人去叫德耶毕萨勃德返京。德耶毕萨勃德回京后,国王与绍王后商量:“卿意宫廷大臣一职派何人担任为好?”绍王后奏道:“德耶毕萨勃德是王的亲奴,也是王可信赖之人。此次王又开恩免其一死。王恩浩大。依妾之见,仍由德耶毕萨勃德任此职,不好吗?”王遂继续任命德耶毕萨勃德为宫廷大臣。

王在缅历 9 月登卜巴山返京后,召见亚扎丁坚、德耶沃达那、西杜因加博、西杜因加都四员大将,命他们率战象 4000、骏马 40000、士卒 40 万,务必将密察吉里攻克。大军抵密察吉里,将村舍夷为平地。密察吉里侯逃至德山之上进行抵抗。大军将德山团团围住,水泄不通。由于兵马人众,粮食短缺,士卒们面临饥荒,以野果草根为食。城内居民连糠秕也已吃尽,饥饿难忍。密察吉里侯异常惊恐,率其子、其弟,随一位到过锡兰的高僧出城乞降说:“从今以后再不敢谋反,望饶一命。”由亚扎丁坚之子良吴欧拉回京奏报战况。良吴欧拉日夜兼程,到色林改乘快舟逆水而上飞速回京。

因前方久未派人来报战况,王在清晨尚未出宫时,打开窗户向远方眺望。看到江面上一叶快舟从劳伽难陀岬逆水而来。心想:“定是从前方来人之船。”遂派人速去探问。良吴欧拉对来人未提战况,只报说:“臣仆欧拉来奏。”王所派之人将欧拉之言如实奏明。“朕担心才派人速去问明,竟不讲战况只说臣仆来奏,这是他该向朕奏明的话吗? 斩了那厮来见。”命刽子手去斩。

剑子手擎着明晃晃的大刀来到船上。欧拉见有人上船问明缘由。剑子手们说道："是奉命来斩你的。"欧拉说："请先让我向国王奏明战地捷报。"剑子手们照欧拉所奏回报，王命将欧拉带上。

欧拉来到王前，解开头巾，只见欧拉头发污秽朽烂，蓬乱不堪，一低头整个发髻脱落下来，发中长满虱子。欧拉请王看过头发奏道："臣仆为王业肝脑涂地[①]。未见王颜，臣岂敢随便开口，故未报告来人。"王大喜，对欧拉倍加赞赏道："卿言甚善。"王命宫女们为他清洗一番，敷擦香油，梳理干净；叫理发师为他刮净胡须；全身抹上香料，换了新筒裙。御前赐宴，并赏了许多物品。欧拉临行前王说："命密察吉里侯以及全城百姓宣誓效忠。将其妹与其子赞布加姑侄二人带回。"

欧拉日夜兼程返回营地，向四员大将传达王命。遵照王命让密察吉里侯本人及全城百姓宣誓效忠，然后将所有壮象骏马、密察吉里侯之妹与其子带回。首相亚扎丁坚曾对国王说："不获密察吉里侯誓不回蒲甘。"为了达到目的，日夜操劳，且已62岁高龄，体质不佳，染上赤痢，久医不愈。抵达拉后死。国王闻首相亚扎丁坚亡故，忆起往事，不胜痛惜。

密察吉里侯之子赞布加拜于王之足下奏道："臣仆永远为王效命。"赞布加效忠后，王遂将即位前与一宫女所生的一位公主赐给他为妻。

亚扎丁坚之子欧拉两兄弟为继承先父的尊衔而争执。王将两兄弟召至御前说："作为一位大臣其根本在于威德、力量和才智，并

① 缅文原意为：头烂发朽。与汉语成语"肝脑涂地"同。

非因为有个亚扎丁坚之名才显赫的。历代著名的将领名字各异，他们之所以为世人所知，根本也在于他们的威望和功绩。现在你们却在争夺你们先父的名号。朕不能将你们的父名授予你们。朕封兄蒲甘欧拉为阿南达毕西；封弟良吴欧拉为仰达毕西。”

因为国王前世为魔，所以性情残暴骄横，贪得无厌。有妃子宫女3000。有30名大录事，为他日夜清查核实账目清单。国王安睡时，宫内外都有卫士日夜守护。因国王处罚极严，所以宫女们不敢多说一句闲话。只有一位王后——绍王后，有五位王妃，她们是：婆罗门占星家之女苏隆、普瓦绍王后[①]的甥女苏南，以及信巴、信茂和信瑞。王平时用膳，由五位王妃轮流侍奉。

国王是佛陀预言中曾提及之人，百病[②]不染，连喷嚏、哈欠也不曾打过。不准旁人在他面前打喷嚏或打哈欠，违者即被处死。一次，一宫女正在国王面前想打喷嚏，忍耐不住，为了不让国王听见，把脸捂在一口缸里，只听“阿嚏”一声，这声音比一般打喷嚏的声音还要响得多。国王惊问：“什么声音？”绍王后奏道：“是一个宫女怕被大王听见，把脸捂在缸里打了一个喷嚏。”王又问：“为什么要打喷嚏？”绍王后奏道：“国王陛下，喷嚏和哈欠皆属百病之一。因国君从不生病，所以不打喷嚏也不打哈欠。但所有的人都会打喷嚏和打哈欠的，是克制不住的。”王大悔道：“原来如此，以前朕不知此理，错发过脾气。”

每当国王醒来，便会随手抓起一件东西向宫女们掷去，有人被

① 即绍王后。

② 缅语中习惯称一切疾病为九十六种疾病。意即：百病。

打中，才高兴。所以每当国王熟睡，绍王后便会取走国王身边的武器，放上龙巴尼[①]等瓜果。

一日，国王醒来，抓起身边的龙巴尼果向一宫女掷去，击中宫女腰部，该宫女腰部顿时肿起。龙巴尼果便由此得名卡延[②]。

每逢夏季，国王都要去泼水玩耍。从王宫至江边一路上搭起天棚遮阴，不让旁人观看，岸边搭起行宫，以保证安全。国王带领王后、王妃们沿这条天棚甬道来江边嬉水。一日，王悄悄地叫一宫女向苏隆王妃泼水，把她的头和脸全都浇湿，苏隆怀恨在心，在王的御膳之中下了毒。对信茂说："信茂，我身体不适，你就替我把御膳送给国王吧！"信茂深信不疑，将御膳送至御前。国王刚要进食，案下一条狗打了个喷嚏。王就把食物喂狗。狗吃后，立即倒毙案前。王审问信茂，信茂奏道："是苏隆说她身体不适，叫我代她送来的。"王又将苏隆叫来审问。苏隆见事已败露不便隐瞒，便说："哼！你这旋匠的外孙，我一直侍奉你，受到你的封赐，有此崇高的地位，你却指使宫女在大庭广众之下将我的衣服、头发全部泼湿。我恨你，才想谋害你！"

王叫1000名铁匠做一个大铁架子，将苏隆架在铁架子上活活烤死。苏隆贿赂刽子手们许多金银，叫他们用七天时间来做这副大铁架。苏隆进行斋戒，并日夜不停地手数佛珠，默诵三宝功德。七天后，刽子手们对苏隆说："王妃，国王怒火甚盛，请上架吧！"苏隆手数佛珠，默诵三宝，登上红彤彤的大铁架。据说大火接连熄灭

① 缅语对茄子的古称。

② 现代缅语称茄子为"卡延"，按字义看，"卡"义：腰部；"延"义：肿。

三次。在三次熄灭后,苏隆祈祷道:“愿我身瞬间焚化净尽,愿我的祈祷全部实现。”祷毕,才被火烧死。

苏隆死后不久,国王常在梦中呼喊:“苏隆快来侍候!”绍王后说:“女奴苏隆不是已被国王处死了吗?”国王非常痛心,不能入寐。国师听说此事后,对国王说:“王将她处死,又表示惋惜,是不恰当的。如被邻国君主知晓,定会耻笑。日后将何以服人?陛下懊悔之心不应表露于外。应牢记佛陀告诫之言:努力使已经发生的坏事不再扩大,努力使未产生的坏事不再出现;努力使尚未产生的功德产生,努力使已经实现的功德发扬光大。”经过国师的训导,国王才控制住感情。王对舅父登马西说:“凡朕处斩者先暂放十天半月,进行审问调查,该杀者杀,不该杀者放。”登马西是国王母后之弟,曾出家为僧,王即位后还俗。

苏南妃生一子名乌兹那,成年后食邑勃生,苏南系绍王后姐之女;信巴妃生一子名觉苏瓦,成年后食邑达拉;信茂妃生一子名底哈都,成年后食邑卑谬;信瑞妃生一女名米绍乌,王视若掌上明珠。王唯恐王子们听信坏人蛊惑起来谋反,不让他们去食邑封地,全都日夜轮流侍奉左右。王贪食,嗜肉,用膳时每次看过献上的猪肉后,均让乌兹那、觉苏瓦吃猪前腿,让底哈都吃猪后腿。

一日,底哈都之母信茂想:王让我子吃后腿,却让别的孩子吃前腿。就向烤肉师总管行贿,从此觉苏瓦改吃后腿,底哈都改吃前腿。觉苏瓦之母听说此事后,在一适当时机向国王奏明。国王说:“朕不知是何人捣鬼?”于是,将烤肉师总管提来审问。总管奏道:“是卑谬侯之母叫我给她儿子前腿的。”国王处罚了烤肉师总管,把信茂讽为偷猪前腿妇。每逢对底哈都不悦时,也把底哈都讽为偷猪前腿妇之子。久而久之底哈都心怀不满，背后散布不满言词。这些话传到乌兹那耳中，心想："日后这母子二人遇上机会定会谋害国王。"

国王每次用膳时，据说要备足各种菜肴三百种，酸、甜、苦、辣、咸、香、腻、涩各种味道俱全才进餐。这些菜肴国王吃上一两口就分赐给王子、公主、皇亲、国戚、文臣、武将们食用，对王后嫔妃们则是每人必赐一份。供国王食用的菜肴，由御厨们开列清单，绍王后负责检查，从不间断。

一年三季[①]王的娱乐活动各有不同。雨季在京都附近御花园中玩耍；旱季王到上下缅甸花果盛开的地方游玩；缅历 12 月，王去东康地区垂钓。

缅历 630 年 12 月 6 日（公元 1269 年 2 月 7 日）日曜日开始建敏加拉塔。只有这一年，国王没有去东康。当时流传一句箴言："宝塔建成，国化灰烬。"一些占星家说："佛塔建成后，蒲甘必将崩溃。"王听到这种传言，于是停止建塔工程达 6 年之久。信守戒规的班德古高僧对国王说："陛下是领受佛陀授记的国王，怎能追求贪婪、嗔怒而无视无常禅定？何须忧虑功德建成后国家会覆灭。难道停止建塔，王与国家就能永存吗？"

国王思忖："国师因看到我将长期沉沦在轮回之中而说这番话的。只有国师才能把我从四恶道[②]中拯救出来。历代所有佛陀前

---

① 缅甸全年气候分三季：暑季（大约为公历 3 月至 6 月）、雨季（7 月至 10 月）、旱季（11 月至次年 2 月）。

② 四恶道，佛教用语，又称四恶趣，即：地狱道、畜生道、饿鬼道（傍生道）、阿修罗道。

世为了修行成佛都抛弃过国家、村庄、妻子、儿女。像我这样得过佛陀授记的国君因怕国家灭亡而停建佛塔实在不当。我将受到后世国王的耻笑。”于是重新复工。于缅历 636 年 2 月 15 日(公元 1274 年 4 月 21 日)木曜日落成。地宫塔龛中安放有七种姿势的 28 尊佛像以及第一、第二大弟子等的塑像,这些像都是用纯金铸造的。

此外,在塔龛四周,安放着蒲甘王朝已故 51 位国王及王后嫔妃、王子公主、大臣乡吏们的塑像。塑像皆用纯银铸成。高一肘尺,做结跏趺坐状。佛陀舍利子收藏在饰有九宝的宝盒内。安放时,举行盛大典礼,由具有禳灾法术的白雌象从宫内驮到功德地——敏加拉佛塔。

舍利子是这样运送的:白雌象身披宝石象饰,驮一尖阁状架,架内置一宝石塔,塔内放藏一舍利子的九宝宝盒。白象安稳缓慢地走着。跟随其后的是王子王孙、皇亲国戚、文武大臣等 800 人,他们耳戴红宝石耳坠,头顶桂冠,身着珍珠锦服。公主宫女、大臣之女等 800 人,她们头梳素列式发型,身穿华丽服装并佩有红绿宝石、珍珠等饰物。从内宫到功德地的路面上铺了竹片,竹片上铺了篾席,篾席上铺了细席,细席上又铺了绸缎与呢绒。顺着这条路走,如遇雨也不会潮湿。因为出发前刚刚下过雨,路面上不会尘土飞扬。路两侧围以格子竹墙,墙前放着莲花盆栽,并种有香蕉、甘蔗,生机盎然。路边悬挂着白幔帐。经过这样一番精心安排,整条道路显得壮观秀丽,宛如杜达德那神路一般。舍利子放入塔龛后,王子王孙、皇亲国戚、文武大臣、公主宫女、大臣之女等将身上所饰宝石饰物等统统摘下献入塔龛。在塔建成后，王从锡兰岛迎来舍利子珍藏在敏加拉塔西北角的浮屠达塔内。功德完成后，进行隆重的祝福礼。关于佛塔的建造和圣物舍利安放时间，是根据那腊底哈勃德王捐写的《敏加拉塔志》所述。

缅历 643 年（公元 1281 年）孟人瓦里鲁[①]杀死莫塔马侯阿棱玛自立为王。莫塔马地属蒲甘王国。

同年，中国乌底勃瓦派 10 名大臣率 1000 骑兵来缅甸向缅王索要金锅、银锅、金瓢、银瓢、金勺、银勺、金匙、银匙，据说阿奴律陀王曾向中国赠送过这些物品。有些史籍载：中国来索白象。来使在国王面前举止不当，傲慢无礼。王下令将 10 名来使和 1000 骑兵全部问斩。[②]

其时，大臣阿南达毕西奏道："威德崇隆的陛下，中国乌底勃瓦的使臣不知礼仪，触犯大王。陛下可将此事记下，也可派人去见乌底勃瓦进行交涉。陛下也可克制怒火，当讲者讲，妥善处理之。自古以来，从不斩来使。望陛下暂息雷霆之怒。"王仍说："藐视孤王，斩！"大臣们慑于国王之威将来人全部杀掉。中国乌底勃瓦闻杀了所派使臣勃然大怒，派骑兵 600 万、步卒 2000 万进兵缅甸。那腊

---

① Wariru 旧译伐丽流。

② 据此载，中国使臣至缅应为 1281 年，被杀，遂引起中缅之战。按《元史》世祖本纪："（至元十年，即 1273 年）诏勘马剌失里、乞带脱因、刘源使缅国。谕遣子弟近臣来朝。"《元史》缅国传："云南省因言缅王无降心，去使不返，必须征讨。（至元十二年，即 1275 年）六月，枢密院以闻。帝曰：姑缓之。十一月，云南始报：差人探伺国使消息，而蒲贼阻道，今蒲人多降，道已通，遣金齿千额总管阿禾探得国使达缅俱安。"两者所述年代略有出入。但因消息阻隔，元廷当时并未获使臣被杀事，也未马上发兵攻缅。

底哈勃德闻讯，派大将阿南达毕西、仰达毕西率军 40 万、军马战象无数迎战中国军队。[①] 四员大将引兵至鄂仓千[②]深沟壁垒加固城防，在八莫渡口抗击中国军队。鏖战三个月，杀敌不计其数，连象伕、马伕也未能逃脱。中国乌底勃瓦则 10 万被俘，又派 20 万，20 万被歼，又派 40 万，源源不断。打得缅军精疲力竭，中国军队渡河攻克鄂仓千。[③]

天上诸神也在格斗。蒲甘城门神德勃丁、色林外达湖神、长湖神与鄂丁杰欣神中箭。《新史》上将德勃丁记为丹勃丁。在鄂仓千兵败之日德勃丁神回到蒲甘，侍奉国师左右。国师正在睡觉，神摇了摇国师的脚唤醒国师说：“今日，鄂仓千已破，我也中了箭。”国师派了一个徒弟去向国王报告鄂仓千失陷的消息。国王问沙弥从何处得到这个消息。小沙弥奏道：“守护德拉巴门之神德勃丁从鄂仓千回到蒲甘向师父报告，才得知鄂仓千已失陷的。”

王召集群臣计议：“现在蒲甘城郭狭小，城墙低矮，集大批兵勇士卒、战象骏马据此很难抵抗。从江东的勃廷村一直向南有一座城池，名育瓦达，朕意屯兵该处，建巩固城防，可守。如今不能很快得到砖石，只有拆除佛塔、佛窟和寺庙才能尽快取得砖石。”据说，

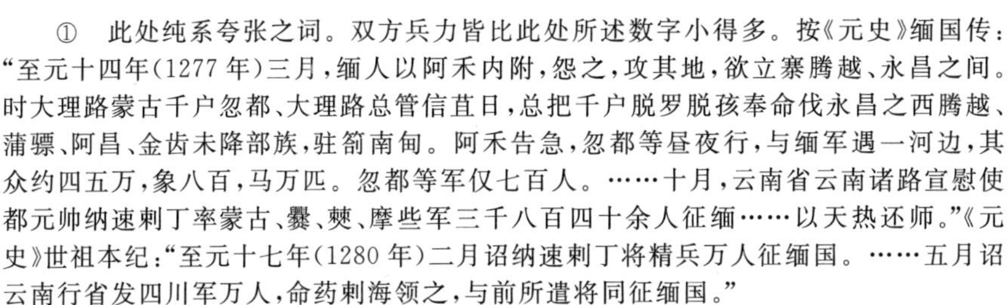

① 此处纯系夸张之词。双方兵力皆比此处所述数字小得多。按《元史》缅国传：“至元十四年(1277 年)三月，缅人以阿禾内附，怨之，攻其地，欲立寨腾越、永昌之间。时大理路蒙古千户忽都、大理路总管信苴日，总把千户脱罗脱孩奉命伐永昌之西腾越、蒲骠、阿昌、金齿未降部族，驻箚南甸。阿禾告急，忽都等昼夜行，与缅军遇一河边，其众约四五万，象八百，马万匹。忽都等军仅七百人。……十月，云南省云南诸路宣慰使都元帅纳速剌丁率蒙古、爨、僰、摩些军三千八百四十余人征缅……以天热还师。”《元史》世祖本纪：“至元十七年(1280 年)二月诏纳速剌丁将精兵万人征缅国。……五月诏云南行省发四川军万人，命药剌海领之，与前所遣将同征缅国。”

② Ngahsaungkhyan 旧译牙嵩延或牙嵩羌。

③ 鄂仓千之战可详参见《马可・波罗游记》。

共拆除大佛窟1000、小佛窟10000、印度式寺庙3000。拆除过程中在一座大佛窟发现一红铜帖片，上写："孪生子之父为王时，中国人来袭，国将亡。"于是，在宫女中查问，果真有一年轻宫女生下一对孪生子。

王认为，筑城御敌恐也难支持，遂吩咐手下准备1000只各种战船，装上金银财物；准备1000只货船，满装稻谷；1000只大船，载全部文武大臣；1000只金船供宫妃嫔娥宫内役从人等乘用。因宫妃嫔娥宫中使役人等众多，载船不够，国王下谕："若船乘不下，把内侍宫女们留下不管，会被中国军队掠走。就将她们缚住手足投入江中吧！"

国师说："国王陛下，轮回中众生成人是很不容易的事。即使佛陀前世成人也是很困难的。大王不要因溺死宫女之罪孽而蒙受灾难。这样做也将成为后世国王们指责之事。王可让僧俗人众不论何人都可随意将那些装载不下的女内侍们领走。这也可称之为一种布施，一种助人之举。"王说："言之有理。"于是将300名女内侍放出，由僧俗们分别领走。

王乘九宝金筏南下孟国的勃生。阿南达毕西、仰达毕西二将，在鄂仓千兵败后，退守马勒外山东部，建两座城堡进行抵抗。两员大将口衔仙丹，跃上空中，距地面15、16肘尺高来战中国人。阿南达毕西因中众神格斗间所射之箭，坠地身亡。由于中国人多势众，缅甸人无法取胜，再次败北。中国军队紧追不舍。将领们严加管理以防士卒溃散。退至蒲甘，见城中空无一人，上起国王下至全城百姓均已逃往孟国的勃生去了。中国人紧追不舍，一直追到德右茂，由于路途遥远，队伍庞大，粮秣短缺，才收兵返回。[1]

缅历646年（公元1284年）那腊底哈勃德王因惧怕中国人而逃，因此，后人称他为德由别敏[2]。

那腊底哈勃德王听说中国人退走，在孟国住了五个月，准备返回京都。王子勃生侯乌兹那向父王奏道："德威崇隆的陛下，不日将启程北上，人们都说：有迹象表明卑谬侯底哈都正阴谋加害国王。现可趁其正在左右，将他抓起。"王缄默不语。

大王子勃生侯乌兹那捕底哈都，对他说："若不抓你，王抵达你的卑谬时，定被你的奸计所害。"将其两足铐上脚镣，押到勃生。卑谬侯高声哭喊道："吾无罪！"父王那腊底哈勃德闻声，令人从乌兹那处索回底哈都，放在金筏旁一只小舟上，但没有为他取下刑具。

是时，卑谬侯底哈都手下鄂丹艾与德丁艾二人化装成渔夫驾小舟佯装撒网捕鱼，将底哈都偷走。底哈都脱身后迅速返回卑谬，集合将士，巩固城防，准备停当。因部下已溃散，王拟到卑谬后集合部队，再缓慢沿江而上。

当时，御厨师们说："搞不到300种菜肴了。"只为王准备了150碟菜。王以袖遮面哭道："朕穷苦极矣！"绍王后说："在三界轮

① 按《元史》缅国传："至元二十年（1283年）十一月，官军伐缅，克之。先是，诏宗王相吾答儿、右丞太卜、参知政事也罕的斤将兵征缅。是年九月，大军发中庆。十月，至南甸，太卜由罗必甸进军。十一月，相吾答儿命也罕的斤取道于阿昔江，达镇西阿禾江，造舟二百，下流至江头城，断缅人水路；自将一军从骠甸径抵其国，与太卜军会。令诸将分地攻取，破其江头城，击杀万余人。……二十二年（1285年）十一月缅王遣其盐井大官阿必立相至太公城，欲来纳款。……阿必立相乞言于朝廷，降旨许其悔过，然后差大官赴阙。朝廷寻遣镇西平缅宣抚司达鲁花赤兼招讨使怯烈使其国。"另，缅甸的《信第达巴茂克碑文》也叙述到这段历史。请参见《中外关系史译丛》第一辑（上海译文出版社1984年版）中所载李谋译的译文。

② 意即：惧中国人逃跑之王。

回的苦难众生，谁都摆脱不了世间八法[①]。佛陀所讲道中有：统治四大洲及其周围二千小洲与两层神国的转轮王曼陀王也不能摆脱生离死别、荣辱存亡之律。想到这些，也就不会烦恼了。”

国王心情略感宽慰，与绍王后等商议：“咱们还是逆流而上去蒲甘好，还是在此集合军队好？”绍王后奏道：“返回京都此话说来容易，但细想一下国内情况就困难了。因为国王手下既无百姓又无军队，纵然能够回到京都，一旦敌人来犯，陛下必落入敌手，那就难了。国王暴虐，百姓畏惧，都不敢来到陛下国中效力。因此，过去臣妾曾向陛下进言：望陛下勿破国腹，勿压国额，勿撼国幡，勿刺国目，勿折国牙，勿污国面，勿断国肢。但陛下不听妾言。今日再拟使国富强，恐已难矣！”

王问：“卿言何意？”绍王后奏道：“妾谓勿破国腹，国腹者富绅也。他们本无罪，陛下却横加指责，毁坏没收他们的财物金银。他们死后，虽有子女也不准继承其遗产，全部没收。此乃破国腹也。”

“妾谓勿压国额，国额者将相也。陛下发怒，就毫不留情轻率地处死他们。此乃压国额也。”

“妾谓勿撼国幡，国幡者僧俗学者也。陛下发怒，欠思量随意对僧俗学者们大发雷霆。此乃撼国幡也。”

“妾谓勿刺国目，国目者精修经藏星相之国师也。陛下不加克制对国师气势汹汹。此乃刺国目也。”

“妾谓勿折国牙，国牙者王孙公子也。陛下不瞻前顾后粗暴待之。此乃折国牙也。”

① 佛教名词。八法又称之为八风，即：利、衰、誉、毁、赞、讥、乐、苦。

“妾谓勿污国面，国面者庶民也。陛下霸占他们视如明珠的子女妻室，此乃污国面也。”

“妾谓勿断国肢，国肢者士卒也。陛下不顾现世来世之轮回，动辄残杀士卒，此乃断国肢也。”

王听罢说：“卿以前未曾讲得如此详细。”王后又奏道：“再有，今卑谬侯底哈都已到卑谬，他必生事。”王说：“他哥哥把他抓起上了脚镣，欲置他于死地，是朕将他要回，救了他一命。他还不至于加害于朕吧！”王对其混乱不堪的残部未加整顿就逆水而上了。

御筏抵达卑谬码头，卑谬侯令御筏抛锚停泊。将有毒的食物献给国王，请王食用。王知道食物中有毒，拒不食用。底哈都闻国王不进食，即派士卒 3000 各持明晃晃大刀将御舫团团围住。

绍王后奏道：“只因大王以前不听臣妾之言，才落到今日这一地步。服毒自尽比死在乱刀之下好。”王摘下指环，洒水为誓，赐予绍王后说：“恢恢轮回，仍在其中，未达涅槃，不再生子。”吃下毒食，瞬间，死去。[①]

王 16 岁即位，在位 35 年，终年 51 岁。[②] 王将死佛塔浮屠显灵；土岗田埂冒烟；缅历十月天气，黄道带却出现了一月的样子；木

① 按《元史》缅国传：“至元二十三年（1286 年）十月，以招讨使张万为征缅副都元帅，也先铁木儿征缅招讨司达鲁花赤，千户张成征缅招讨使，并虎符。敕造战船，将兵六千人征缅。俾秃满带为都元帅总之。云南王以行省右丞爱鲁奉旨征收金齿、察罕迭吉连地，拨军一千人。是月，发中庆府，继至永昌府，与征缅省官会，经阿昔甸，差军五百人护送招缅使怯烈至太公城。二十四年（1287 年）正月，至忙乃甸。缅王为其庶子不速速古里所执（此处即指缅王之子底哈都——译者），囚于昔里怯答剌（即室利差呾罗、卑谬——译者）之地，又害其嫡子三人。”

② 此处所述明显有误，但无从查证，只好照录。因按前文所述该王于缅历 617 年登基，按在位 35 年计，则应死于缅历 652 年，而后文（154）节述：其子党苏瓦在其死后于缅历 648 年被立为王。

星落在月亮之上;地震发出巨大地声。王生辰为日曜日。《缅甸大史》写为月曜日。史释中所载与生辰为日曜日相符。《蒲甘箴言》中也有:大鹏折翼,依山而立之说。故王之生辰应视为日曜日。绍王后无子女。绍王后甥女苏南生勃生侯乌兹那,一女普瓦绍欣。《新史》中没有讲到普瓦绍欣。信巴妃生达拉侯觉苏瓦。信茂妃生卑谬侯底哈都。信瑞妃生一女米绍乌。史籍中没有记明苏隆妃有无子女。

(153) 卑谬侯底哈都

那腊底哈勃德王死后,卑谬侯底哈都命文武大臣将官士卒等向他效忠,率水陆大军直取其兄乌兹那食邑勃生城。乌兹那因身体欠佳未随父王同行。后闻父王为卑谬侯底哈都所害,悲痛欲绝,水米不进,病情更加严重。此时,底哈都攻至城下,乌兹那毫无戒备,底哈都攻入勃生。底哈都径入王兄乌兹那府中,见兄已奄奄一息,乱刀砍下,乌兹那遂死于卧榻之上。底哈都又将乌兹那之亲信奴仆捕杀。

鄂勃孟获此消息后,遂构筑白古壕堑,割据一方。达拉侯觉苏瓦也储备粮食坚守。卑谬侯底哈都攻至达拉,觉苏瓦早有准备,屡攻不克。底哈都遂召集文武大臣商议。卑谬侯说:“我军屡次攻城,均未得手。不如暂弃达拉不管,先取白古侯鄂勃孟。攻下白古,何愁达拉不克?”于是挥师白古。白古侯鄂勃孟与妻子儿女齐聚城头破口大骂。底哈都勃然大怒,将所佩弓箭取出,引弓将箭向鄂勃孟射去。不料用力过猛,箭反射向自身,一命呜呼。文武大臣将底哈都火化埋葬,建一塔。向该塔拜祭后,众人齐呼:"大王留下吧!"故此,该塔至今仍名为"奈意"[1]塔。

(154) 达拉侯觉苏瓦

底哈都死后,绍王后与大臣们意见一致,共推达拉侯觉苏瓦为王,时年缅历 648 年(公元 1286 年)[2]。王号:底里德里巴瓦那底达拉巴瓦拉班底达达马亚扎[3]。王即位后,不理朝政,致使阿奴律陀王开创的至那腊底哈勃德——德由别敏共 11 世王建立之国家州县城镇纷纷割据。各地诸侯反叛,诸如:若开、旦迎瓦底等西部一带的密察吉利、德、摩雍、班德瓦等不再朝纳贡物,自立为王;孟三邦[4]的白古侯鄂勃孟以达拉帕耶为号,统周围 32 镇,分庭抗礼;食邑莫塔马等 32 镇的瓦里鲁也不再入贡,另立旗号;诸如:阿瑜陀耶、德林达依、素可泰、彭世洛、勒宫、底马、阿交、孟珊、万象、勒外、密那米等城也不再进贡,纷纷起来谋叛;云国即清迈侯也纠集周围 57 镇闹分裂;良国即景栋侯汇合周围 20 镇闹独立;泐国即景永侯与周围 12 镇另树一帜;萨尔温江以东的孟卯、西昆、户撒、拉撒、摩

---

① 意即:留下来。

② 按《元史》缅国传"大德元年二月(1297 年),以缅王的立普哇拿阿迪提牙(即:觉苏瓦王之号德里巴瓦那底达拉——译者)尝遣子信合八的奉表入朝,请岁输银二千五百两、帛千匹、驯象二十、粮万石。诏封的立普哇拿阿迪提牙为缅王,赐银印,子信合八的为缅国世子,赐以虎符。三年三月,缅复遣其世子奉表入谢,自陈部民为金齿杀掠,率皆贫乏,以致上供金币不能如期输纳。帝悯之,止命间岁贡象,仍赐衣遣还。四年四月,遣使进白象。"《元史》成宗本纪、《新元史》等皆有相同记载,仅详略不同。

③ 巴利文之音译,意为:吉祥三界光辉高贵智慧弘法之王。

④ 孟三邦:缅甸史书上常称孟族地区为得楞三邦,即:勃生、汉沙瓦底与莫塔马三地,三者各有 32 镇,共 96 镇。

纳、山达、孟温、耿马、孟米等镇也纷纷独立。至此,觉苏瓦王统治地仅剩萨尔温江以西的苏龙撣九国、孟三邦的勃生等32镇及缅甸本部了。

觉苏瓦王立苏梭为后。苏梭之母是加苏瓦王之后号亚扎黛维、信普瓦乌之女苏钦突,苏梭之父是良吴毕之曾孙亚扎丁坚。苏梭有姐名苏珊。《缅甸大史》中载:觉苏瓦王即位三年立普瓦绍欣为后。普瓦绍欣之母是德由别敏之妃苏南,普瓦绍欣是勃生侯乌兹那之妹。勃生侯乌兹那之妃苏珊即苏梭之姐。父王在世时,兄弟姐妹和睦相处。苏梭后生子女5人:长子苏涅、次子德叶侯明欣绍、长女苏明亚嫁缅桂七佛施主乌兹那为后、次女苏瑙嫁丁克亚苏云为妃、小女梅麦道被立为五象主北宫王后。父王之妃信瑞之女明绍乌也被接入宫内,处于王后之下,嫔妃之上。觉苏瓦王仪表端庄,心地善良,戒、定、慧完满。爱僧俗如亲生骨肉。为使四分五裂的祖宗基业复得统一,曾多次派遣象马大军出征,均未成功。

本那加城土司有二子。土司死后,长子继任,与弟登克博不和,欲捕杀之。登克博率左右扈从逃出本那加城,来到缅甸境内的敏塞,与该地富绅之女结婚生下三子一女,长子阿丁克亚[①],次子亚扎丁坚[②],三子底哈都[③]。

一日,登克博肩扛锄头去田野时,忽然一声霹雷击中锄头。登克博认为此乃吉兆,吾儿孙将在此发迹。于是,便将三子献给那腊底哈勃德王。王见三兄弟相貌不俗,非常怜爱,便留在身边侍奉左

① Athinkhaya 旧译阿散哥也。

② Razathinkyan 旧译阿剌者僧加蓝。

③ Thihathu 旧译僧哥速。

右。兄弟三人每次均能出色完成王交办事务，深得王之欢心。王赐给他们许多物品与村庄。那腊底哈勃德死后，王子觉苏瓦即位，兄弟三人仍在国王身边服役，且屡次完成王之所托。觉苏瓦王大悦，授长兄阿丁克亚领敏塞，授二弟亚扎丁坚领麦克亚，授三弟底哈都领宾垒。如此，过了很久一段时日，三兄弟时运已到，各人皆拥有大批兵勇象马。

一些史籍中记为：长兄亚扎丁坚领敏塞，二弟阿丁克亚领麦克亚，三弟底哈都领宾垒。但在《阿丁克亚碑文》上有以下两段记载："敏塞王阿丁克亚在敏塞建立佛寺，于缅历 665 年角宿年 10 月 2 日（公元 1303 年 12 月 10 日）金曜日为佛寺捐赠土地。""缅历 654 年 12 月 12 日（公元 1293 年 2 月 17 日）木曜日，阿丁克亚王是称之为阿梨摩陀那补罗的蒲甘国国王的化身，是位盖世无双的将军，战败过中国军队，是三兄弟中的长兄。"缅历 995 年（公元 1633 年）达龙王在位期间摩诃亚达那嘎拉法师及某些僧众所献的《亚扎敏加拉文书》和《佛教史》中也有关于长兄阿丁克亚、二弟亚扎丁坚、三弟底哈都的记载。根据碑铭与史籍，可知长兄阿丁克亚在敏塞镇、二弟亚扎丁坚在麦克亚镇、三弟底哈都在宾垒镇等三镇同时称王。故可以肯定阿丁克亚是敏塞王为长兄。

觉苏瓦王即位后，时日一久，便不将绍王后放在心上。遇事也不与她商量。绍王后对此极为痛心，一日召见登克博之子阿丁克亚、亚扎丁坚与底哈都说："吾将设法保举尔等兄弟三人，但你们三人得势以后切勿忘恩负义，吾要尔等起誓效忠于吾。"兄弟三人向绍王后宣誓表示与她同心同德。誓毕，绍王后说："尔等兄弟三人可在敏塞地区广建佛塔、佛窟、寺庙，安排停当后速报我知。"兄弟三人在敏塞一带广建佛塔、佛窟、寺庙，建造完毕，即向绍王后奏明。

绍王后对国王说："先祖阿奴律陀曾在垒敦建11村，可与白古媲美，何不前往巡视一番，并可同时朝拜别克悦、达良一带佛塔。"国王深信不疑，遂率四军前往。

王抵垒敦，登达良山佛塔，从该山山巅远眺，见敏塞地区登克博之子三兄弟所建寺庙问道："那边闪闪发光的是何物？"绍王后早与文臣武将们串通一气，奏道："大王，登克博之子兄弟三人在吾王福荫之下为陛下广泛布施，大王何不驾临亲自洒水祝福称善。"王不加询问，深信不疑，抵达敏塞后，兄弟三人立即将王抓获强行令其换上袈裟，削发为僧，置庙中监护起来。兄弟三人遂掌握大批象马，自立为王。觉苏瓦王28岁登基，在位12年，40岁。缅历660年（公元1298年）被黜。故后人称他为"被黜觉苏瓦"。王将被黜时，发生大地震，出现地裂；佛塔浮屠显灵；木星靠近月亮；土岗田埂冒烟。王生辰为月曜日。

(155) 苏涅王[1]与苏蒙涅王

三兄弟举事成功，绍王后返回蒲甘，在德马梯一带修建佛塔寺庙。觉苏瓦王有二子，长子苏涅为王储，次子明欣绍受封德叶侯。觉苏瓦被黜当年，苏涅王子即位，号底里德里巴瓦那底达拉巴瓦拉

① Sawnit 旧译邹聂。

达马亚扎[①]。

《缅甸大史》载：三兄弟封苏涅为蒲甘侯，蒲甘归底哈都管辖。故缅历662年（公元1300年）觉苏瓦被黜。实际上662年是三兄弟谋害觉苏瓦王之年。660年才是觉苏瓦王被黜之年。当年王子苏涅即位。另，《普瓦绍寺碑文》载：统治阿梨摩陀那补罗威德无量的以各国白象之主闻名之王拥有数以千计的美女，绍王后是其中之首。绍王后出于虔诚的信念在达马梯一带建造佛寺三藏经楼，于佛历1843年、缅历661年星宿年11月3日（公元1300年1月24日）金曜日举行布施礼。听道时，封号为底里德里巴瓦那底达拉巴瓦拉达马亚扎的未来佛陀王孙苏涅亲临聆听。据此可知三兄弟与苏涅同时为王。

碑文中所述绍王后指苏涅祖父白象之主那腊底哈勃德王之王后普瓦绍，未来佛陀王孙即指苏涅王。据上述碑文所载，普瓦绍王后即那腊底哈勃德王与觉苏瓦王在位时称为绍王后，而苏涅王在位时称为普瓦绍者。

苏涅王即位，当年即往见中国乌底勃瓦。登克博之女、三兄弟之妹与德由别敏之子、卑谬侯底哈都生有一女，名信妙拉。明欣绍与信妙拉成婚，因明欣绍是德叶侯，故信妙拉住在德叶镇。《新史》中则将信妙拉写成梅麦欣。在《王妹埃钦》诗中不写梅麦欣而写信妙拉。故本书也写作信妙拉。

三兄弟将觉苏瓦王废黜后，在敏塞自立为王。三弟宾垒王底哈都将觉苏瓦王之妃明绍乌封为王后赐名普瓦绍。当时她已怀孕

① 巴利文之音译。意为：吉祥三界光辉高贵弘法之王。

三个月。敏塞将立国出现谶语:“粗野之辈,依山为王”,民间流传甚广。应苏涅王之邀,中国乌底勃瓦表示:“愿扶王室正宗为王”。于缅历 662 年(公元 1300 年)派丹盛登辛、约达登辛、毛达登辛、毛亚贝登辛四将率军 90 万进军缅甸。[①] 当时人们都说:中国将士人数众多,即使每人扔一块马粪、每人撒一把黄土,也可将敏塞城毁掉。兄弟三人听到这话,请来精通三藏吠陀的长老商议。长老说:“僧乃出家之人,不应管国家之事,请王与炯人商议吧!”三兄弟为了请炯人前来商量,于是就请炯人跳盾牌舞。炯人们来了跳盾牌舞,炯人边跳边唱道:“哎哩哟! 没有什么可犹豫考虑的事,就无需议论了。”

三兄弟听了歌词,遂将觉苏瓦杀死。将王的首级给中国军队看,说:“王族已绝!”中国将军们说:“王族既绝,吾等也该班师回国了。送给我们一些礼物吧!”三兄弟道:“礼物是要送的。请帮我们挖条渠吧!”中国将军们说:“请指明挖渠地段。”相传在指明地段之后,中国军队为了显示力量,日落西山才开挖,黎明前一条长 700 达、宽 2 达、深 2 达的渠道已挖好。据说在挖渠时被铁铲铲伤碰断的手指、脚趾集中起来足有 10 大筐之多。三兄弟准备了许多礼物

① 当时征缅诸将为:平章政事薛超兀而、忙完秃鲁迷失、左丞刘德禄、参知政事高庆等人。此处所写“登辛”或即“政事”之音译,“丹盛登辛”或即指参知政事高庆。率军为 12000 人。也并非 90 万。——译者。参见《元史》缅国传:“大德五年(1301 年)五月,的利普哇拿阿迪提亚(觉苏瓦王)为其弟阿散哥也等(并非其弟乃其臣子阿丁克亚等)所杀,其子窟麻剌哥撒八(苏涅)逃诣京师。令忙完秃鲁迷失率师往问其罪。蛮贼与八百媳妇国通,其势张甚。忙完秃鲁迷失请益兵,又命薛超兀而等将兵万二千人征之,仍令诸王阔阔节制其军。六月诏立窟麻剌哥撒八为王,赐以银印。秋七月,缅贼阿散哥也弟者苏(底哈都)等九十一人各奉方物入朝,命余人置中庆,遣者苏等人来上都。八月,缅国阿散吉牙等昆弟赴阙,自言杀主之罪,罢征缅兵。”

送给中国将士。中国人接受了礼物就回国去了。[①]

关于中国军队抵敏塞的时间和人数，据《缅甸大史》载：缅历664年(公元1302年)四员大将率骑兵60万、步卒200万入缅，缅历665年(公元1303年)才返回。据实皆《苏翁玛碑文》载：佛历1844年缅历662年(公元1300年)抵达丹巴提巴国的大汗王[②]之90万军队被缅军击败。《王妹苏乌寺碑文》载：统治整个缅甸和掸邦白象之主的王孙底哈都凭借武力击败了大汗王90万军队。上述碑文所载与《缅甸大史》所述中国军队于缅历664年来敏塞，665年返回中国之说显然不符。中国军队进入缅甸与碑文镌刻时仅相隔60余年，当时见过中国军队进入缅甸者刻碑文时还会有不少人健在。故缅历662年中国军队90万进入缅甸当年即撤离之说应该认为是正确的。

中国军队即将进入敏塞之前，垒敦一带佛塔浮屠显灵，强烈地震。中国军队撤走后，掸邦东部一带的孟乃、良瑞、翁榜、孟密，北部一带的孟拱、孟养、格礼、孟良、孟人的勃生等32镇均纷纷与王分庭抗礼。

三兄弟的来历是：佛陀在世时云游至丁勃温山，见三只野牛以角牴土向佛陀礼拜，佛陀微笑。从弟阿难陀问佛陀为何微笑？佛陀授记道："阿难陀，吾涅槃后，佛历1800余年时，三野牛将成为三

① 《元史》缅国传："大德五年(1301年)九月云南参知政事高庆、宣抚使察罕不花伏诛。初，庆等从薛超兀而围缅两月，城中薪食俱尽，将出降，庆等受其重赂，以炎暑瘴疫为辞，辄引兵还，故诛之。"据缅史所载可补我史书记载之补足。可知高庆等不愿与缅作战，且基于两国人民友好情谊，帮助缅甸开挖水渠。缅方为感谢中国军队支援，备了许多礼物相赠。高庆等并非受贿罢战。看来高庆等被诛事，实乃一宗大冤案。

② 指我国元朝皇帝成宗。

兄弟在此地为王，以弘扬吾之佛教。”因三兄弟系佛陀授记之王，故神通广大威力无穷。

缅历662年中国军队撤离缅甸，觉苏瓦之子苏涅即位[①]，三兄弟并未干预。苏涅王托父王之福，在位期间得以平安无事。苏涅王16岁即位，在位27年，终年43岁。王生辰为土曜日。

缅历689年（公元1327年）[②]，七座寺庙施主乌兹那[③]在位期间，封苏涅之子苏蒙涅为蒲甘王。苏蒙涅15岁即位，在位43年，终年52岁，缅历730年（公元1368年）驾崩。王生辰为月曜日。

至此，蒲甘王朝从萨牟陀梨王起，至苏蒙涅王止，君王世系凡55代王。蒲甘王朝亡。

① 此处所述有误。与本节开头所述即位年代相差2年。应如前述为缅历660年（公元1298年）。

② 此处所述有误。按前后文所述年代计，应为缅历687年（公元1325年）。

③ 此处之乌兹那系下文彬牙王朝之乌兹那王，见本书(158)节。

第 六 编

(156) 阿丁克亚、亚扎丁坚、底哈都三兄弟在敏塞、麦克亚、宾垒称王

中国人撤回之年即缅历 662 年(公元 1300 年),三兄弟之长兄阿丁克亚在敏塞建金殿为王;二弟亚扎丁坚率象马大军驻麦克亚;三弟底哈都领象马大军驻宾垒。兄弟三人同时为王。5 年后,麦克亚王亚扎丁坚去世。长兄敏塞金殿之主在位 12 年,缅历 672 年(公元 1310 年)时被三弟底哈都毒毙。死时,金星靠近月亮。

(157) 底哈都王建彬牙城

底哈都与二位兄长同时为王。在长兄敏塞金殿之主阿丁克亚死前一年,即缅历 671 年(公元 1309 年)在宾垒称王时,便为建城选址。当时,测量了阿瓦城址丹列岛与搭基,发现丹列岛地势高,搭基地势低。决定在此建阿瓦城,遂先在该地建起了古道迪佛塔。但在筹建中,大水直淹至佛塔宝伞下的四棱体部分,计划失败。缅历 672 年(公元 1310 年)长兄敏塞金殿之主阿丁克亚死,底哈都再次拟定在后来的阿瓦城址丹列岛处建城,但龟类爬至各家肆虐,工

程告吹。次年，再拟建都，巨鱼又游至各家为患，再次失败。之后，魔鬼佩戴红花闯入城址，用砖石击人，人们头眩目晕，疾病缠身甚至呜呼丧命。

底哈都派人去听谶语。有谶语云："捣啊，快快捣；干就快快干；风水不好，向南搬。"谶语意即保护佛教大业之众神不愿在此建城，希望南移建都。于是，迁往阿瓦城址丹列岛南部的丁班。勘察城址的地方挖掘瑞喜宫佛塔塔基时，在这块金黄色的土地上，掘出一棵枝叶繁茂果实累累的金花树。此地位于明温山脚，是一块吉祥宝地，决定在该地建城。缅历 674 年 12 月 15 日(公元 1313 年 2 月 9 日)水曜日，宫殿、皇城、护城河、瑞固佛窟、宫内金寺、套榭湖、甘拉湖等七项工程同时动工。由于勘察城址时得到一棵金花树，故名为班亚[①]，天长日久，演变为以彬牙相称。在《翠耳坠》[②]一书中也有"实皆、班亚、阿瓦城秀丽壮观"的词句。在彬牙王后翁玛底寺碑文偈陀中也有："称作班牙之城"的记载。与古代师长们所写偈陀、碑文所记彬牙一词是一致的。该城又称为毗阇耶补罗[③]。

城池和宫殿建成后，因皆不懂如何安排开殿典礼的程序，遂派人去请住在蒲甘的绍王后。绍王后说："守卫金殿的卫士得势了，今天才来请我。"绍王后没有跟去。底哈都王说："失信的是你绍王后，吾并未失信。"再次派人去请。绍王后才乘金筏逆水而上。王亲自徒步到德贝陶意迎接，用缆绳将金筏拖至岸边。来后，按王后

① 意即：得到花枝。后音变为彬牙。

② 该书系缅甸瓦耶比顶加那他大法师约在 1618 年，根据 537 号佛本生故事再创作的一部传教小说。

③ 意即：凯旋胜利之城。

的安排，同时举行宫殿落成典、御伞展开典和灌顶加冕礼。王号：底里德里巴瓦那底达拉巴瓦拉底哈都拉达玛亚扎[①]。立子乌兹那为王储。赐子觉苏瓦食邑宾垒；赐子瑙亚塔食邑希夏。绍王后赞道："开殿礼可与蒲甘王朝媲美，文武大臣甚众，好生威风！吾无甚礼物相赠。"将阿奴律陀王时流传下来的御用饮水金杯、金腰带赠与国王。底哈都王也赠与绍王后全副仪仗。

彬牙城建城两年后，一日，一侍从前来奏报：色蒙河上漂来一头白象。底哈都遂命侍从们将象尸捞起，置鄂梅花园中，与学者们商议处置办法。学者们奏道："可将白象架起，用器械支撑，再配以宝鞍，即可骑乘。"底哈都一日梦见自己食指触到粪便，又梦见鸢口衔白鹭置于自己胸上。于是国王依言用器械将象体支撑架起，再配上宝鞍乘用。故此后人称底哈都为一象之主。

底哈都的王后有：德由别敏之妃信瑞所生之女明绍乌，她曾被蒲甘被黜觉苏瓦王立为王后，觉苏瓦被黜时已怀有三月身孕，又被底哈都收留，赐名普瓦绍，立为南宫王后。南宫王后共生三子：乌兹那、觉苏瓦与瑙亚塔。

北宫王后的简历如下：北宫王后出生于北部林迎村一商贾家中，容貌出众，成年后，父母将她嫁人。不久生一子，后父母丈夫俱亡。她思忖："父母夫君皆死，难道像我这样一个美貌女子，就此受苦一世不成？"于是从北方迁至南方宾垒一带居住。此时正值底哈都在宾垒称王。一日，底哈都到林中狩猎。王遇见这小女子。也是小女子前世善业今世得报，王为其姿色所动，遂派一近侍前去探

① 巴利文之音译，义为：吉祥三界光辉高贵狮子般英勇弘法之王。

听:那小女子是否有夫?小女子回禀:"奴原有夫君,生一子后夫君亡故。现奴无夫,只有一个两岁儿子。"底哈都从见到她时起,即为其姿色所倾倒。遂纳入宫中,封为王后。不久有了身孕。十月怀胎,生子阿丁克亚苏云[①]。后又生一女苏勃赖。此后王封其为北宫王后,赐名亚德那布翁。北宫王后仅生上述一子一女。

此时,东吁侯德温艾,不按旧例纳贡。王派王储乌兹那与次子觉苏瓦率象马大军前往征讨。德温艾闻底哈都派两位王子来征,象马兵卒甚众,不敢与之抗衡,派大臣赖亚晒加与套垒加,携礼品出迎,并解释说:臣仆无罪。两位王子向父王奏明。父王命东吁侯德温艾宣誓效忠后,方可班师回朝。两位王子遂挥师直至东吁,德温艾从命,宣誓效忠后,两王子接受贡物,返回京都。

东敦侯本拉乌底哈勃德也图谋叛变王朝。底哈都闻之,思忖:"若东敦背叛,东吁也必效法。"遂将北宫王后所生公主苏勃赖下嫁东敦侯本拉乌底哈勃德为妻。后本拉乌、苏勃赖生一子登克都苏瑙。登克都苏瑙与德叶侯明欣绍之女苏妙盖婚配,生一子登克都艾。登克都艾与明基苏瓦之女苏色拉加黛维婚配,生子明乌加、女苏博梅共二人。

据《缅甸大史》、《中史》载:东敦侯本拉乌底哈勃德与苏勃赖生三子:登卡都苏瑙、登卡都艾与明乌加。

《新史》则载:央米丁底哈勃德与苏勃赖婚配,都未记载其子女为何人。《君王御事录》中有明康王将亲侄女苏博梅封为王后之记载。由此可知明基苏瓦的御妹苏妙嫁与登克都苏瑙,生登克都艾。

---

① Athinkhaya Sawyun 旧译修云。

登克都艾与明基苏瓦之子明康，二人是表兄弟，又是郎舅关系；苏博梅是登克都艾之女，明康的侄女。

底哈都王想知道王子们手下兵力情况，便召王储乌兹那问道："一旦需要，吾儿能派出多少士卒象马？"乌兹那奏道："儿紧急时可立即集合战象100、骏马800、全部披挂的勇士10000。"王赞扬道："如此庞大的军队去攻，何国何邦能敌？"

又召二王子觉苏瓦问道："一旦需要，吾儿能派出多少士卒象马？"觉苏瓦奏道："紧急时可立即集合战象80、骏马600，持盾兵勇10000。"王也赞扬道："以吾儿之庞大兵力出战，何国何邦能不破？"关于底哈都与王儿们问答内容，《君王御事录》中只记有勇士1000。关于战象100、骏马800、勇士10000，本书乃根据茂贡诗等史籍撰写的。

召北宫王后之子阿丁克亚苏云问道："小阿云，一旦需要，吾儿能派出多少士卒象马？"苏云奏道："儿身边除阿利僧外，只有保镖近侍80人。"父王说："小阿云，我百年后，汝将遭他人欺凌。"又说："汝兄长们在，父王不便赐汝大批良象骏马。如要象、马、采邑，可请汝兄长们出面向父王求情。"苏云遂来到王兄乌兹那与觉苏瓦面前道："小弟处兵丁象马全无，望二位兄长在父王面前为小弟上奏，小弟方能得到。"乌兹那与觉苏瓦依允向父王进言，率阿云进宫。底哈都问道："王儿们进宫来所为何事？"乌兹那、觉苏瓦奏道："小阿云身边无士卒象马，儿等特来叩禀父王。"底哈都说："小阿云不是带兵之材。王儿们如果愿意，就给他一些吧！"苏云得到父王允许，便挑了一些良象骏马带走。

不久，苏云又来到两位兄长殿中，说："前次承蒙二兄出面上奏，小弟才得到象马士卒。但至今父王尚未恩赐小弟任何采邑封地，尚望兄长再次出面上奏父王，将实皆一地赐予小弟。”二位兄长又带苏云一起进宫。父王问道：“王儿们进宫来又为何事？”王子乌兹那、觉苏瓦奏道：“小弟阿云已获父王所赐战象骏马和士卒，但尚无采邑。实皆一地，土地肥沃水草丰盛，请父王恩准其在该地放牧象马，故大胆来向父王奏明。”底哈都说：“上次，两位王儿申奏，阿云已获良象骏马与士卒，今若再赐予封地，必反朕。”二位王子奏道：“有儿等在，他岂敢乱动！”父王说：“朕是不想给的。如王儿们有意，就让他取去吧！”苏云在得到兵卒象马和采邑后，于佛历1859年3月12日，缅历677年(公元1315年5月15日)建起实皆城，凭借北方一带割据。底哈都想试探一下王子阿丁克亚苏云的本领和智谋，对长子乌兹那说：“因吾儿申奏，朕赐给小阿云兵卒象马及采邑封地。他得到这些后，便不听朕召唤了。吾儿可率大队人马去将他夫妇二人带来，暂不动其兵马。”乌兹那王子率大队人马从瑞界野渡河。

底哈都派人告苏云：“小阿云，汝兄乌兹那将从瑞界野渡河，你要固守。”阿丁克亚苏云早已有所防备，趁王兄渡河时进行袭击，王兄兵败，急忙退回京都。底哈都得知王儿乌兹那败回的消息，便召入宫内询问。乌兹那奏道：“因迎面袭击而兵败。”父王“呸”地一声，将他奚落了一番。

大王子败后，又将二王子觉苏瓦从宾垒镇叫来说：“因你们兄弟二人申奏，父王才同意赐予小阿云兵丁象马和食邑。父王召其不来，命汝兄王储乌兹那去唤，竟迎面袭击。父王命你速去将他夫妻二人捉来，至于他的士卒象马可暂不去动他。”觉苏瓦遂率大队人马从德贝陶意过河。

底哈都又派人告苏云："汝兄觉苏瓦从德贝陶意过河，汝要事先设防。"觉苏瓦率部赴实皆，苏云在阿金迎战。觉苏瓦也败下阵来急回京都。父王得知觉苏瓦败回，召其入宫询问。觉苏瓦奏道："在阿金遭阻击结果兵败。"父王"呸"地一声又将觉苏瓦训讽了一番。从此，对阿丁克亚苏云颇为放心。底哈都是位多谋善断之人，虽然十分疼爱王子们，却设法磨砺他们，使之不会形成不幸结果。

底哈都的国家疆域含：达亚瓦底、卑谬、东吁、东敦、央米丁、瓦底、因道、莱德、良渊、彬达莱、彬西、宾垒、皎勃当、勃特那果、敏东、岱达、敏搭、格宁妙昂、美德、德叶、色固、色林、邦林、垒盖、色雷、固坎艾、育瓦达、蒲甘、德娄、固坎基、班基十乡、约、梯林、朗榭、敏塞、麦克亚等地。底哈都虔敬三宝。奉小罗汉信代巴晒库为师。宫中施舍斋食不断，敬奉精通经典的僧侣为师，按时供奉四物。

阿奴律陀王时，曾将历代王室供奉的七颗舍利子置一槟榔盒内。底哈都将其中五件藏于自己所修功德事业——瑞喜宫塔内。余下两件舍利子置何处未交待。据某些旧史书载：这两件舍利子存于金银首饰匠鄂盛丁手中。后由大臣布翁尼亚珍藏在实皆布翁尼亚信佛塔之内。

王生前做了上述功德事业。36 岁即位，与敏塞王兄等同时称王 12 年，后独自在搭基、丹列岛为王，至建成彬牙城历时三年，在彬牙城称王十载，前后共 24 年，终年 60 岁。弥留之际，木星停留在月亮之上；金星放射出彗星般光芒。王生辰为月曜日。

关于底哈都的年龄，位于彬牙的《翁玛丹底寺碑文》偈陀中也说 60 岁,与上说一致。

(158) 乌兹那[1]王

缅历 684 年(公元 1322 年)大王子王储乌兹那即位为王。号阿努楼陀摩诃迪勃底[2]。立蒲甘王族后裔的妃子为南宫王后,赐名阿杜拉摩诃达马黛维[3]。即位后在彬嘉建七座缅桂寺。后将其中的萨布加大寺赠与贝丁大臣之子杜达马摩诃达米;韦路温寺赠与精通论藏的尼亚纳德扎;恩嫩寺赠与德班马夫村的精通偈陀诗论、修辞学、音韵学、巴利文、梵文语法典、讲话技巧、王法刑律、俗事、星相占卜等的大寺法师之徒信瓦拉巴达;泽达温寺赠与蒲甘阿难陀教派的信拘那比亚玛;格拉寺赠与蒲甘阿难陀教派的信阿岱萨延底;妙奥宋寺赠与蒲甘阿难陀教派的杜达马林加亚;当宋寺赠与信底里布翁尼亚。在寺的东北角,王亲自种下菩提树,并向七座缅桂寺施舍了庙产与庙奴。父王的功德事业瑞喜宫未能完工。责成阿南达毕西大臣负责继续施工。建成后,举行隆重的大典。

乌兹那王有彬牙马 300 匹,丁基马 300 匹、盾 300 副,良渊马 300 匹、盾 300 副、弓 300 张,皎曹马 40 匹、盾 40 副,兰布马 40 匹,丁当马 30 匹,叶加坎甘桑马 30 匹,合计马 1040 匹,盾 640 副,弓 300 张,分组编队。另,宾垒马 40 匹、盾 40 副在其弟五白象主食邑宾垒时,也组成了骑兵队。

---

① Uzana 旧译乌者那。

② 巴利文之音译,意即:不可抗拒的伟大元首。

③ 巴利文之音译,意即:无可比拟的伟大弘法王后。

王弟觉苏瓦任宾垒侯期间，一日到林中狩猎回来，当夜天帝释以婆罗门的形象前来托梦给他说："汝不应在会使人沉沦入四恶道的罪孽之中寻欢作乐，应不断持斋行善方能在轮回中享受幸福，到达涅槃道果。今生将有珍贵白象来你处。"觉苏瓦自得梦之日起便克勤克俭，不断持守斋戒。

一日，觉苏瓦梦见五指沾上脏物。不久，又得到一根雕龙驱象钩棒和一张白野牛皮。觉苏瓦认为得此两物后，即将得到珍贵的白象，遂派人到处寻访白象。一日来报说在莱德地区发现白象。亲率大军，用涂以树脂的绳索围捕。获一无牙白象，取名布莱达木；在蒙道米昂加，获一头独牙白象，取名摩诃给达耶；在别山山麓，获一头双牙白象，取名丹棉苏瓦；在色蒙皮亚捕获一头无牙白象，取名乌布萨塔；在德班盖村北的龙代捕象沟中捕获一头独右牙象，取名漆苏瓦玛耶。一位大臣将王弟觉苏瓦获五头白象事奏报乌兹那王。乌兹那王说："王弟觉苏瓦得到五头白象是吗？"这是乌兹那破天荒第一次称其为王弟。

乌兹那不叫王弟是有原因的：一象之主底哈都纳米绍乌为王后时，米绍乌已怀有前王觉苏瓦的三月身孕，后生下乌兹那。五象主觉苏瓦才是底哈都之子。所以不叫他为王弟。报信者将乌兹那王说："王弟觉苏瓦得到五头白象是吗？"一事奏告觉苏瓦。觉苏瓦大喜道："王兄从来不称我王弟，今日终于认我这个弟弟了。"将一头母象奖给来奏者。但心中仍有疑问，遂又派一人前去向乌兹那报告。乌兹那王仍然说那句话。该人又将乌兹那王的原话奏告觉苏瓦。觉苏瓦喜不自胜，又赐该人母象一头。

王弟觉苏瓦得到五头白象后，王兄乌兹那王非常惊恐地说：

"王弟接受朕的王位吧！至于朕，将把朕所做功德事业缅桂七寺等施舍于人。"言罢，乌兹那王从西门出走，王弟五象主觉苏瓦从东门进宫，即位为王。乌兹那24岁即位，在位20年，44岁时，缅历704年（公元1342年）逊位给王弟觉苏瓦。退位时，二头野鹿窜入宫内。王生辰为火曜日。

乌兹那王建造白宫[①]，经管他的七座缅桂寺。后进入麦克亚林中隐居。生有二子，长子明乌后又名明西都，次子明推。《缅甸大史》中载只有一子即明乌后又名明西都者。明推后为央米丁侯，号底哈勃德，是战象60头之主。

（159）五象主觉苏瓦[②]王

缅历704年（公元1342年）王弟五象主觉苏瓦即位为王，号：勃瓦亚班底达底哈都达马亚扎[③]，册立两位王后：一位是南宫王后南隆梅，她是蒲甘王苏涅之女、宾垒侯亚扎都拉之妹，封号为阿杜拉山达黛维[④]。另一位是北宫王后梅麦道，她是蒲甘苏涅王之妹、七座缅桂寺施主乌兹那王王后阿杜拉摩诃达马黛维之妹。

《缅甸大史》等史籍没有说明王后阿杜拉山达黛维是何人之女。说北宫王后梅麦道是德娄侯、德耶丁克亚之女。其实，蒲甘被黜觉苏瓦王与加苏瓦王的孙女苏梭王后所生之女即阿杜拉山达黛

① 缅王朝之白宫系被黜君王蛰居之宫。

② Ngasishin Kyawswa 旧译伽悉信，意即：五象主。

③ 巴利文译音，意即：高贵智慧狮子般英勇弘法之王。

④ 巴利文译音，意即：无可比拟月亮般的王后。

维。阿杜拉山达黛维王后生三男三女,共六人。长子乌兹那比昂、次子觉苏瓦、三子那腊都,长女布拖尼夫人嫁良渊达伽拉侯贡南德律基、次女嫁敏塞侯德道榭,三女瑞恩蒂父王原拟让其居于公主宫内,后因患天花眼睛有缺陷未让其居于公主宫内,又称其为梅密拉①,后嫁兰布延达都之子抱绵侯布莱。梅麦道王后生一子一女,子西杰明,被封赖威宾垒侯。女苏明拉,嫁良渊赛谬侯明赖亚之子摩诃基。

五象主觉苏瓦即位后,封其弟瑙亚塔为宾垒侯,后因兄弟不和,瑙亚塔出走至实皆王明耶明基处,明耶明基遂将甘尼一地赠与叔父瑙亚塔,故又得名甘尼瑙亚塔。

一日,五象主正要进膳,见一伪僧身带八法器立于御前。五象主问道:"法师为何立此?"伪僧说:"来化斋。"五象主已洗过手准备进膳,以非常愉快的心情,将御用金盘中盛好的全部食品施舍给那伪僧。五象主非常高兴地告诉大臣们说:"爱卿们,此僧过了化斋时间,将近正午才来化斋,看来定非平凡僧人,而是一位充满智慧的高僧。为了朕行善,才来化斋的。"王派一内侍跟随其后观察。该僧并非高僧而是一伪僧。内侍发现该僧将僧钵递给其妻,便心中思忖:若将此僧所作所为上奏大王,王的一片诚心善意将受到损害。我也得不到主人的赞赏,该伪僧也逃脱不了惩罚。为了使国王虔诚的善意得到更大的满足,我本人也能得到主人的赏识,伪僧也能免遭惩罚,回奏国王道:"按照大王吩咐,奴才尾随其后观察,正在观察之际突然消失不见了。"五象主扬臂说道:"正如朕所想,

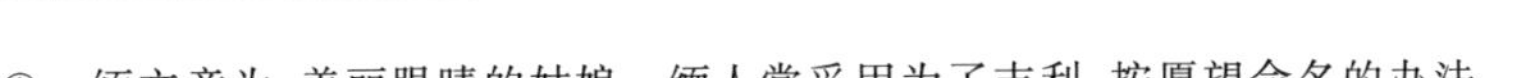

① 缅文意为:美丽眼睛的姑娘。缅人常采用为了吉利,按愿望命名的办法。

丝毫不差。”

是日，王得知彬牙侯前来进贡一匹蹄部有三拃粗的敏塞约基大马，说：“此乃朕所做功德之善果。”该马是彬牙侯用两头半牛向中国换来的。获此马后，王命一内侍头缠白巾在玉蜀黍地中骑之奔驰。路人见之，皆以为是白鹭擦地而飞。相传该马在鸡入巢时从彬牙启程，至次日晚鸡入巢时即可抵东敦基。故取名为登岱贡谬[①]。

每次，兰布延达都、敏塞侯德道榭、良渊侯苏蒙涅、瓦底侯丁克亚、达伽拉侯贡南德律基、央米丁侯底哈都勃德、因道侯杜因布翁尼亚基、抱绵侯明勃赖等人谒见国王时，五象主亲自将香蕉叶剪成圆形置于王侯们的金钵上，再放上咸茶。

一次，五象主疏忽，一连三天忘记在央米丁侯底哈勃德的金钵上盖圆形蕉叶。底哈勃德就吃苏梦涅的那份。苏蒙涅问：“你为何不吃你的那份，而吃我的？”底哈勃德说：“别人的金钵上都盖了蕉叶，唯独我的金钵上没有，我有战象 60、骏马 800、士卒 10000。五象主使我当众出丑。他只看到别人的功绩，却无视我的功劳，我准备反了。”苏蒙涅说：“且莫鲁莽，待问明再说。”

良渊侯苏蒙涅进宫见五象主奏道：“威力无比的国王陛下，奴仆央米丁侯底哈勃德说：‘王在别人的金钵上都盖了蕉叶，唯独不给我盖。蕉叶能值几何，抵不上一把米，值不了半文钱，是当众对我的嘲弄。我要割据造反了。’”五象主说：“这是朕的疏忽。小小央米丁侯底哈勃德想反，朕五象主是反不了的。就像兔子、麂鹿逃

① 缅文意为：“云飞”。

不出狮王掌心一样。如果朕施展神通威力，他岂能逃脱？看来因为他不了解朕的神通才说了这番话。倘若像朕这样一位多谋善断威力无穷的国王不能容人，而采取粗暴的方法，定会遭到他人的耻笑。”遂召见底哈勃德说道：“朕宽恕兄之过！”且赐其一匹名叫翁榜的黑骏马。古人遂据此事云：江山之主一国之君在赐人食物前，必须先检查一番再赐。

五象主任宾垒侯期间曾派一名叫鄂钦纽之奴去刺杀其弟实皆侯阿丁克亚苏云。鄂钦纽来到实皆观察动静不便下手，便藏身林中。第三日，实皆侯祭祀摩诃吉里神，用金盘装满饭菜鱼肉供于神前。鄂钦纽进入宫中准备行刺，见到供神的食品，因三天饭食未进，遂取供品饱餐一顿。食毕，进入宫内，立于阿丁克亚苏云床头思忖：

“此王，今日乃供我饭食之人。杀害恩人，罪责难逃。此次明明可以刺杀而未刺，即令因此被主人处死，这也不过是一世之事。但若杀害饮食恩人，将长久遭受四恶道轮回之苦，即使脱离四恶道成人也将是个丑陋卑劣之人。”鄂钦纽立于实皆侯床头，拔出刀来又插回鞘中，如此反复多次。王曾命其想尽办法来到实皆侯的身边，为了向王奏明自己确曾到达实皆侯身边，就将父王一象之主底哈都赐予阿丁克亚苏云的宝刀取走。

回到宾垒，五象主问道：“事情办妥否？”鄂钦纽将自己心中的想法如实奏告，并献上宝刀。五象主赞道：“朕奴只吃了一盘饭食便知恩图报，向朕如此上奏。朕每日供养他与妻儿，他将会如何对待朕的恩情还需说吗？”王赐给鄂钦纽许多财物。

《君王御事录》载：五象主觉苏瓦即位后派人去行刺实皆侯阿

丁克亚苏云。但乌兹那王缅历 704 年(公元 1342 年)逊位,五象主即位为王时,阿丁克亚苏云已死去 19 载。所以谋害实皆侯苏云的时间应是五象主觉苏瓦任宾垒侯之时。

王在彬牙城西南角建一座四面佛塔。在砌了三圈砖后,王患病。于是王说道:“父王在世时误在布翁米处建塔,未能建成即崩。朕又误在布翁米建塔。朕若病愈,定将塔基土并砖块一起投入伊洛瓦底江中。把王兄寺庙之处作为塔址。”

五象主威德具备,颇知恩德。43 岁即位,刚刚进入在位的第 9 年,52 岁即亡。弥留之际,木星放射出彗星般光芒;木星与金星相斗。生辰为月曜日。五象主享年与彬牙翁玛丹底寺碑文偈陀中所述“五十有二”相符。

(160) 五象主之子觉苏瓦[①]至乌兹那比昂[②]等三代国王简况

缅历 712 年(公元 1350 年)[③]王子觉苏瓦即位为王。号:底里德里巴瓦那底达拉巴瓦拉达马亚扎[④]。立德叶侯明欣绍之女苏翁玛为后。在《苏翁玛碑文》中写为翁玛丹底。于杜云山脚建佛窟以

---

① 因与其父同名,故许多史籍称之为觉苏瓦艾,Kyawswa nge 意即:小觉苏瓦。旧译侨苴尼。

② Uzanapyaung 旧译:乌者那般。

③ 原文为缅历 721 年,明显有误。按前节所述五象主在位时间以及本节后述“缅历 721 年,王弟那腊都即位为王”折算后更正为 712 年。

④ 巴利文音译,意为:吉祥三界光辉高贵弘法之王。与蒲甘王朝苏涅王之号相同。参见本书(155)节。

积功德。其时，德多新腾和梭明哥都基遣使传话说："王弟彬牙王觉苏瓦：当年伯父在位时，与父王实皆侯不和。吾等晚辈不应再去继承宿怨。"觉苏瓦也说："昔日所为未免过于粗暴，今妹丈与贤妹表示愿和睦相处，何不趁吾做功德之时前来一起分享善果。"德多新腾与梭明哥都基在杜云山脚佛窟未竣工前来到杜云山，友好亲切寒暄后说："从前父辈不和，今吾等重归于好，请允许吾等在王弟处修建功德事业，以便世代友情长存。"之后在丹吉、登都基西部修建庙宇，并请捐土地作为庙产。后又将哥都基之女信绍基送给觉苏瓦为后。在碑文中将信绍基写成阿绍信。

缅历 719 年（公元 1357 年）五象主之后、觉苏瓦王之母修固道迪佛窟，21 天建成，升顶之时，其子觉苏瓦王亲临典礼，并依母后所求捐献土地。

缅历 720 年（公元 1358 年）东吁侯登格巴反。是年攻分水五县[①]。觉苏瓦王 22 岁即位，将进入在位的第 10 年时，32 岁即死。弥留之际，土星与金星相斗。生辰为火曜日。觉苏瓦艾享年与彬牙翁玛丹底寺碑文偈陀中所述"三十有二"相符。

缅历 721 年（公元 1359 年）王弟那腊都[②]即位为王。仍用兄号：底里德里巴瓦那底达拉巴瓦腊达马亚扎。立王嫂苏翁玛为后。27 岁即位，在位 5 年，32 岁时被木掸人所俘。故后人称之为木巴那腊都[③]。生辰为月曜日。有些碑文将该王记为底哈都。

掸人战胜彬牙，将那腊都及三头白象掳走。大臣们立那腊都

① 分水五县即指：央米丁、白柏、比亚冈、当纽、德敏三等五县。

② Narathu 旧译那罗多。

③ 意即：被木掸人掳走的那腊都。

之兄乌兹那比昂为王，仍立苏翁玛为后。乌兹那比昂即位仅三月，德多明帕耶[1]从甲卡瓦亚来到彬牙，杀死乌兹那比昂，自立为王并仍立苏翁玛为后。乌兹那比昂 40 岁即位，在位 3 个月，40 岁零 3 个月时被废。生辰为金曜日。

在《缅甸大史》与《新史》中关于上述彬牙国王即位年代、登基时年龄及在位时间、享年等所述不一。《缅甸大史》记为：一象之主在位 10 年；其子七寺施主乌兹那在位 20 年；乌兹那之弟五象主觉苏瓦在位 9 年；觉苏瓦之子觉苏瓦艾在位 10 年；觉苏瓦艾之弟木巴那腊都在位 3 年。

《新史》中则记为：一象之主底哈都在位 9 年；乌兹那在位 22 年；五象主觉苏瓦及其子觉苏瓦艾各在位 9 年；木巴那腊都在位 5 年。两部史籍说法不一。上述国王的即位年岁与在位时间相加，一部分与碑铭相符，一部分不符。有多有少，有的甚至兄比弟年岁更幼。

一象之主底哈都建彬牙城即位于缅历 674 年(公元 1312 年)。加底哈都在位 9 年，即 683 年(公元 1321 年)。该年应是其子乌兹那即位之年。但《新史》中说乌兹那于缅历 681 年(公元 1319 年)登基。若将 681 年减去其即位时年岁 20，他应是缅历 661 年(公元 1299 年)出生的。《新史》载：其弟五象主觉苏瓦于缅历 703 年(公元 1341 年)即位，如减去他即位时的年岁 43，则应出生于 660 年(公元 1298 年)。其结果是王弟五象主觉苏瓦反比王兄乌兹那年长一岁。碑铭史籍没有记载兄弟二人即位年代。据彬牙《翁玛

---

① Thadominphya 旧译：他拖弥婆耶。

丹底寺碑文》载五象主享年 52 岁，确定他 43 岁登基，在位 9 年。此数字并没有考虑到七寺施主乌兹那与五象主觉苏瓦的出生年代。

《缅甸大史》所载登基即位、在位年代，与出生年代折算相符，是可信的。所述五象主之子觉苏瓦艾与其弟木巴那腊都登基即位、在位年代与其出生年代推算也是可信的。《缅甸大史》所记年代是：觉苏瓦艾于缅历 713 年(公元 1351 年)即位，木巴那腊都于缅历 723 年(公元 1361 年)即位。

《新史》载：觉苏瓦艾于 712 年(公元 1350 年)即位，那腊都于 721 年(公元 1359 年)即位，与《缅甸大史》所载不一。据五象主王后寺碑载：缅历 712 年鬼宿年 12 月 6 日(公元 1351 年 2 月 1 日)火曜日，威德具备五象主，号勃瓦亚底哈都亚之王后在彬牙建一寺，经王子觉苏瓦同意向该寺捐赠土地。缅历 712 年鬼宿年 6 月 26 日(公元 1350 年 8 月 28 日)日曜日，子为父王觉苏瓦的功德事业捐赠土地。据彬牙《翁玛丹底寺碑文》载，觉苏瓦艾享年 32 岁，与《新史》所述相符。可见五象主之子觉苏瓦艾于缅历 712 年即位为王。本书就《缅甸大史》、《新史》两书中出现之不同，对照古代碑文史料勘校，排除疑点，核实相同之处后写成，使之翔实无误。

至此，敏塞、彬牙王系简况叙述完毕。

(161) 阿丁克亚苏云建实皆城称王

在彬牙建都一象之主底哈都在位期间，佛历 1859 年，缅历

677 年(公元 1315 年),一象之主的王子苏云建实皆城,号底里阿丁克亚[1]在北方一带称王。有子女 4 人:大王后生女梭明哥都基、子加苏瓦、次子瑙亚塔明耶(《缅甸大史》称之为明耶明基)、三子德勒帕耶艾。缅历 680 年(公元 1318 年)建千夫队与 9 支骑兵队。

9 支骑兵队是:德马卡 150 骑;彬西 150 骑;由道牟 150 骑;赖约基 150 骑;赖约艾 70 骑;姜丁 50 骑;敏底基 30 骑;凯龙 30 骑;苏布欧 30 骑;北部地区九队骑兵共计 810 骑。将蕃侯之奴仆组成千夫队,迄今仍称实皆千夫队。

缅历 682 年(公元 1320 年)建辛坚寺,684 年(公元 1322 年)建成,当年王崩。王兄德腊帕耶基[2]即位,仍以弟后为后。《缅甸大史》载:缅历 684 年建城,688 年(公元 1326 年)组建骑兵队。阿丁克亚苏云建造的辛坚寺碑载:佛历 1864 年,缅历 682 年 8 月 2 日(公元 1320 年 10 月 3 日)月曜日,底里阿丁克亚表兄妹在实皆以西建辛坚寺并布施。684 年建成后王崩。王兄德腊帕耶基立弟后为后登基为王。在弟后请求之下德腊帕耶为辛坚寺捐献土地。据此碑载,缅历 684 年并非建城时间,而是苏云驾崩之年。688 年,王兄德腊帕耶基已即位 4 年。《缅甸大史》与碑文记载不一致。

阿丁克亚苏云威力无穷,爱僧俗如子。14 岁登基,在位 8 年,享年 22 岁。王将死,土星与金星相斗。生辰为月曜日。

① 巴利文之音译。意即:吉祥不可计数无穷无尽。

② Taraphyagyi 旧译答里必牙。

(162) 从苏云之兄德腊帕耶基至明标六位君王简况

缅历684年2月16日(公元1322年5月1日)金曜日,阿丁克亚苏云之兄德腊帕耶基携弟后即位。德腊帕耶基乃苏云之母与前夫所生。即位后建东方佛寺,在位14年,缅历698年(公元1336年),王子瑞当代[①]听信嫔妃谗言,抓捕父王,戴上脚镣,拘禁一地。取号底里底哈都拉[②],自立为王。瑞当代即位后,苏云王后不敢在实皆逗留,带着加苏瓦等王子及女、婿德多梭明哥都基等逃至西部的敏布敏东藏身。后被瑞当代王俘获押回。途中,母子们准备进入阿敏得曼达娑佛塔去拜佛。加苏瓦王子腿疼无法迈入佛塔院内,王后便将王子穿的衣服,蒙在佛像上祈祷道:"愿吾儿大难不死,腿疾康复,日后为王!若能实现,定将大修功德事业,以还此愿。"抵实皆后,遇大臣阿南达勃江。大臣将他们藏了起来。

德腊帕耶基的彬牙王后,不时佯装给亲近大臣们送酒。在酒坛中装了许多金银,大臣们用这些金银遴选大批强壮的缅族人。

是时,实皆全城人几乎都收到了德腊帕耶基的银钱。一日,经过密议,德腊帕耶基的仆从们清晨起床后,涌入宫内,瑞当代的一名掸奴手持盾牌立于梯前挡住去路。仆从们问道:"你也是得到金钱之人,为何与我等作对?"这样,那掸人也一起进宫,将瑞当代推

① Shwetaungtet旧译瑞东帝。

② 巴利文音译。意即:吉祥狮子般英勇。

倒在地杀死。瑞当代25岁即位，在位3年，28岁时被德腊帕耶基的仆从们杀死。王将死，金星显现出彗星般光芒。生辰为日曜日。

正当德腊帕耶基的仆从们要去搜捕瑞当代的手下人等时，大臣阿南达勃江正从插秧田返回，听说瑞当代被杀德腊帕耶基将复位。见一象夫骑着漆瑙因象走来，便将自己的槟榔盒送给他，然后自己骑象直奔王宫，来到德腊帕耶基独自居住之殿。德腊帕耶基见阿南达勃江进来，说："阿南达勃江，兄长你吃头时我食尾，你吃尾时我食头。我会听你安排，不要杀我！"阿南达勃江道："大王你为王时干尽违背国家社稷之事，我才将你废黜，扶瑞当代为王。今日你重新登基，我们全族将被灭。"言毕，将其杀死宫中。德腊帕耶基24岁即位，在位14年，瑞当代将其囚禁3年，41岁亡故。生辰为月曜日。

缅历701年(公元1339年)，阿南达勃江将藏在他家中的阿丁克亚苏云之长子加苏瓦[①]立为国王。号：底里德里巴瓦那底达拉巴瓦拉达马亚扎[②]。即位后，为感谢大臣阿南达勃江之恩，赐其杜勃律[③]尊衔，为统管全国的大将军。当年从敏东返回途中，母后曾在阿敏得曼达娑佛塔许愿，现已如愿成为国王。缅历705年(公元1343年)捐地还愿。二王后也各建一加苏瓦寺，取名为阿巴亚吉里，并为寺庙捐献土地。加苏瓦王22岁即位，在位10年，享年32岁。弥留之际，金星显现出彗星般光芒。生辰为土曜日。

---

① Kyaswa旧译迦苴。

② 此号与蒲甘王朝苏涅王、彬牙王朝觉苏瓦艾王号同。参见本书(155)节注释。

③ 原意为：美好声誉之王。

缅历711年（公元1349年），王弟信漂辛瑙亚塔明耶[①]即位为王。即位后建明耶寺。在位仅7个月即崩。因此，是否为寺庙捐献过土地不能确定。直至德多明帕耶即位后才刻下如下碑文："朕舅父瑙亚塔明耶捐献之土地仍然保留。"瑙亚塔明耶30岁登基即位，在位仅7个月，30岁零7个月时崩。弥留之际，土星显现出彗星般光芒；昴宿七星靠近月亮。生辰为水曜日。

三位兄弟在位时间与享年皆据王妹梭明哥都基寺碑文而写。

缅历711年，王弟信漂辛德勒帕耶艾[②]即位为王。即位后，建缅桂寺。29岁登基，在位3年，享年32岁。弥留之际，金星显现出彗星般光芒。生辰为月曜日。

缅历714年12月9日（公元1353年2月11日）木曜日，阿丁克亚苏云之女梭明哥都基之夫明标[③]即位为王。即位后于缅历714年12月10日（公元1353年2月12日）木曜日，兴建喜宫基佛塔。明标非王族后裔，系蒲甘王朝德由别敏普瓦绍王后姐之孙。梭明哥都基前夫为太公王族后裔德多新腾，她与前夫生一子二女：子亚胡拉、长女信绍基、次女苏翁玛。后德多新腾亡故。

梭明哥都基被底哈勃德[④]立为王后之后，又生一女，名苏道乌。此女与其异父两位姐姐三人后来均被明基苏瓦绍盖立为王后。因亚胡拉是太公王族后裔，在其16岁时，继父底哈勃德说：太公王朝德多族不应断嗣，赐名德多明帕耶，食邑太公。在底哈勃德

① Hsinbyushin Nawrahtaminye 旧译那罗多弥夷。

② Hsinbyushin Taraphyange 旧译答里必尼。

③ Minpyauk 旧译明波梯诃波帝。

④ 底哈勃德系明标之号。

即位时，德多明帕耶年仅 7 岁。

彬牙王那腊都，以非王族出身者[①]竟在实皆称王为由，于缅历 725 年（公元 1363 年）派人告九十万之主多汉发之弟多基发[②]，请其攻打实皆，说："若攻克得胜，吾只取表层部分，精华给你。"多基发率象马大军攻来，德多明帕耶率大军在太公抗击不敌，大军溃败，只身乘象回到实皆，继父明标说："不该失守太公。"将其铐上脚镣，送往甲卡瓦亚。

德多明帕耶说："陛下说我无能，抵抗不住，这暂且不说。但愿陛下与陛下之城能抵御得住。"明标将城墙、壕堑加固，准备御敌。掸人来到实皆，三面布兵攻城。

明标用酒糟喂漆瑙因象，使之酣醉，打开城门，放出城去。漆瑙因象遭到掸军袭击，掉头撞破城门，进入城内，屋宇寺庙尽被撞毁。故人民抱怨道："城内有象，城外有掸。"明标见多基发人多势众实力雄厚难以抵抗，便乘坐当班御舟，携全城父老南下甲卡瓦亚。有些人则乘筏逃往彬牙。

多基发是应彬牙那腊都之邀来攻实皆的。那腊都却未派出一兵一卒。攻下实皆后仅见二老人，一无所获。多基发想彬牙有三头白象，不如挥师去攻。遂从德贝陶意过河去攻彬牙。那腊都以为多基发是我请来打实皆的，我们之间没有什么争执之处，毫无准备。多基发猛攻彬牙，克之，掳白象三头和那腊都，返回本土。大臣们商议立那腊都之兄乌兹那比昂为王，仍立苏翁玛为后。

---

① 此处即指明标王。

② 多汉发即中国史籍中称之为思洪发者，多基发即思机发。

德多明帕耶见继父明标来到甲卡瓦亚，遂与心腹大臣密谋，杀死了明标王。明标42岁即位，在位13年①，享年55岁。生辰为王土曜日。

实皆、彬牙两国将亡时，布翁尼亚佛塔显灵；彬牙瑞喜宫塔也显灵；木星靠近月亮，一月之中七星相聚。布翁尼亚佛塔东北角塌陷。德多明帕耶率继父明标的大队象马兵卒，向彬牙进发，进入彬牙杀死乌兹那比昂，立苏翁玛为后，在彬牙自立为王。

缅历726年2月(公元1364年4月)实皆亡；3月彬牙亡；4月乌兹那比昂登基为王，同年6月被推翻；德多明帕耶即位，12月(公元1365年1月下旬至2月中旬)建阿瓦城。实皆亡，彬牙亡以及阿瓦的建立均发生在同一年内。

以上是实皆王朝各代君王之简况。

(163) 德多明帕耶建阿瓦城

德多明帕耶即位为王以后，即召集学者们商议：“彬牙所处地理位置不佳，敌来犯时不利于守。再建实皆合适否？”派人去听谶语。

谶语说：“筒裙宜短，
腿灵便。
头巾腰间缠，
大汗淋漓，

① 原文如此，实际他在位不足12年。

累时方遂愿。”

按谶语解意在实皆建都不妥，德多明帕耶又令人再去听谶语。看看在阿瓦[①]地区建城妥否？谶语说：

“不知是有意讽刺？
还是顺口说？
短袖套头衫，
竟用绿玉来相比。
是高个子在制调音灰泥？
还是在瞄准毛茸茸的树桠杈？”

于是，德多明帕耶王将实皆、彬牙两国大军集中驻扎于搭基，构筑牢固工事。德多明帕耶本人则在鄂亚瓦住在九宝金筏之上。命人将鄂基、皎茂、因布、乌奈等四塘填平。

后来，德多明帕耶又移居于彩棚之内。棚地之下藏有一条巨蟒，粗如卷席，将彩棚柱子的基部紧紧缠住。每当巨蟒蠕动时，整个彩棚就晃动不已。掘地才发现巨蟒。德多明帕耶请教精通三藏熟悉吠陀的僧王班图基。僧王答道：“巨蟒在将建都的临时宫殿下蠕动，意味着在此水流汇合之处将成为一大国。佛教将在此弘扬，人民也将安居乐业。”遂为巨蟒带上食物，将其放生到安全地带。

当晚，德多明帕耶又得一梦。梦见阿瓦城址长出一棵大木棉树，树顶停着一头六牙飞象；在树的四支枝杈上坐着四位手持八法器的罗汉；树下有一头狮子守护着；根梢处还有一条蛟龙看守。忽

① 缅文原字音为“茵瓦”。茵，意为湖塘；瓦，意为(河)口；茵瓦，意为湖塘汇流处。华人华侨以及我国史籍沿袭了缅甸史籍写法多将“茵瓦”译作“阿瓦”。本书仍沿用阿瓦这一习用译法。

然，一只大鹏飞来，将坐在树枝上的四位罗汉带走。

天明后，德多明帕耶请僧王班图基入宫圆梦。僧王说："木棉树长于京都，意味着：木棉树虽高大繁茂，但华而不实，每三年才结果一次。城中人有不少名声显赫的人物，但钱财却少，每三年才有一次繁荣；木棉树梢上停着六牙飞象，意味着：建此城的是一位生于水曜日属象[①]的神通广大的国王；树的四支枝杈上坐着四位罗汉，意味着佛教将在全国四面八方弘扬光大；大鹏飞来将四位罗汉带走则意味着：生于日曜日的国王将净化并光大佛教；树下有猛狮意味着各方诸敌皆畏惧此国；树根有蛟龙守护意味着当此国最后的生于土曜日的国王将迁都。"

德多明帕耶与众学者商议：此水流汇合之处处于明温山脉末端，涨水时就像一个盛水盘中倒扣着的钵，四面是水，中间则形成了一个岛，敌人奈何它不得。于是选择吉日良辰，于缅历 726 年 12 月 6 日（公元 1365 年 1 月 26 日）火曜日夜三更时分破土兴建宝城阿瓦和城中的金宫宝殿。是时，第 26 星座、日、金星、水星处于水瓶宫；木星、土星处于天平宫；罗睺星处于蟹宫；火星处于摩羯宫。

阿瓦城简况如下：

佛陀在世时，云游四方，从中天竺来到鄂仓千，并在该地授记。随后抵冈辛，授记后又南下至丹吉山，立于该山对太公授记后又抵曼德勒，由于义萨牟纪女妖割下双乳向佛陀献上之事授记此地将

① 缅人将缅甸文 33 个字母分别划归属于日曜日至土曜日。凡出生于某曜日者，均用属该日的字母组成的字命名。"象"这个字属水曜日，故此处译成属象。但是，这与我国汉族等的生肖属相完全不同。

成为亚德那布翁城[①]。又从该地到界野。由于义萨牟纪女妖之弟鄂当布雍、鄂当基、鄂当德曼、鄂当敏四妖向佛陀布施肉饭，对当得曼、当基地区授记。

佛说："从前有鸡王兄妹二人在此觅食，在界堂栖息。"佛陀又至实皆，百名妖魔之中一小妖偷走佛陀浴衣，其余 99 妖向佛陀道歉并施舍肉饭。佛陀向 99 妖讲道，使之得预流果，故此地得名道达班[②]，传至今日。

众妖将小妖偷走的浴衣取回还给佛陀，并恳请在此地建佛器塔，佛陀允诺。以泽达为首的 99 妖遂建一塔供奉，该塔至今仍名为泽达温[③]塔。

佛陀向众妖说法后对实皆授记，后抵达阿瓦城址。一农夫向佛陀献上了三条长的熟黄瓜。佛陀授记说：在此地建国后，此农夫将在此三次为王，并弘扬我之佛教。

当时，一只小猴见佛陀后，以虔敬之心将自己孩子手中的蜂窝献给佛陀。佛陀接受了。以手抚摸它的头放它回去。小猴将佛陀僧衣脚上的线头儿抽下攀上树去。佛陀见状面露微笑。从弟阿难陀问佛为何微笑？佛陀授记道："阿难陀，此猴将在此国三次为王，精勤布施，却疏于戒律。对我之佛教既崇扬又败坏。"

佛陀又授记道："此国远古时在勃杜玛山达都里亚王在位时，称之为伊洛瓦底罗塔巴塔尼。该王在位期间曾下过三次宝石之雨。瓦鲁那王在位时称之为补邻丹达，该王在位时曾下过两次宝

---

① 意即：百宝之城。曼德勒之又称。

② 道达班即缅文译佛经语"须陀洹"或"预流果"之音。

③ 意为：泽达之责塔，以泽达为首的 99 妖负责供奉之塔。

石之雨。拘楼孙佛时称之为罗陀那补罗[1]苏那波兰达。拘那舍佛时称之为伽马瓦色亚。迦叶佛时称之为欧德巴。瓦杜德瓦王在位时曾下过一次宝石之雨，称之为丹巴提巴。到一象之主底哈都在位时始称阿瓦。”佛陀从此地又到敏塞、蒲甘。有人说：佛陀没有到过伊洛瓦底江东岸。德多明帕耶即位时，曾顺口说了一句：“三不合”。众学者闻言，纷纷议论说看来此王在位长久不了了，超不过三年。德多明帕耶统治实皆、彬牙、阿瓦三国为王。

《缅甸大史》载：德多明帕耶在阿瓦金殿即位，东吁弁琪反叛。实际弁琪是在明基苏瓦绍盖即位之年，即缅历729年（公元1367年）才在东吁称王的。《东吁史》载，在其父登格巴时缅历720年（公元1358年）觉苏瓦艾王在位时已割据叛变。因此，不能说德多明帕耶在位时东吁弁琪叛变，因东吁并非一属国。

当时，鄂内贡侯巴亚觉都反叛；东敦枝侯底哈勃德自立；色固侯登卡都也进行割据。在德多明帕耶即位的缅历727年（公元1365年）率大批兵勇象马水陆两路向色固进发。至蒲甘，在瑞喜宫佛塔前厚约1000肘尺的宝地之上扎营，召见蒲甘苏蒙涅。苏蒙涅派一小厮去看王的仪表。小厮仔细观察德多明帕耶王之举止，后忙返回奏告：“该王有兽王雄狮般的威严，有钻出地面的神龙王子般的端庄。”苏蒙涅说：“不能怠慢！”便带了大批礼物去见国王，并表示效忠。

王得蒲甘后，为使佛教长存五千年，向蒲甘瑞喜宫佛塔布施了大量土地和塔奴，刻碑志之。随后，德多明帕耶进军色固。抵达

---

① 意即：百宝之城。

后，将城团团围住，多次设法攻城，但因色固侯登卡都早有准备，城池固若金汤，屡攻不克，遂撤退返回。

《缅甸大史》记有：缅历729年在进军色固途中召见苏蒙涅。根据缅历729年即位后进军色固在瑞喜宫塔捐献土地塔奴立碑为志可知。

是年，有人来报鄂内贡侯骚扰分水五县。德多明帕耶率象马大军前往征讨，生擒巴亚觉都。亲手将他杀死。在死者胸上摆下饭菜食用。文武大臣见此情景，宛如吮吸颅血一般，无不魂飞魄散。

一回，窃贼鄂德比亚在实皆、耶温叫嚣说："只有德多明帕耶能把我抓住，才能杀我。他都抓不住我，还有谁敢对我怎样呢？"王闻此言，便设计将他捕获。王问："朕把你抓住了。刀砍、斧劈、枪刺、钎穿，你想怎么个死法？"鄂德比亚说："大王既把我抓获，是杀是剐任王自便。若问我想要什么？我想要大王之后苏翁玛。"王听此言毫未动怒，想这厮好大胆，在朕面前竟敢出此狂言。不能叫他白白死去。待以后发生战事，还可命他出征打仗。于是便将他留下。国王不杀鄂德比亚是出于从国家利益考虑。正如射手爱箭、渔夫爱网一样。

缅历728年（公元1366年）东敦枝侯叛变。德多明帕耶率象马大军征讨。东敦枝侯底哈勃德加固城壍固守。德多明帕耶攻至城下，团团围住，派鄂德比亚夜间潜入城内，杀死弓箭手的首领。东敦枝侯见弓箭手首领被杀，士气大落，遂好言来谈，事件平息，德多明帕耶班师回朝。

一次，实皆山谷中，有一恶僧。一卖糕妇将钱存在他处，恶僧赖账。卖糕妇奏报国王。王将僧人传来审问。恶僧不敢赖账，将钱交出。王说："汝身为出家人，还干这种勾当？"亲手将其杀死，撬开地板，推入地下。

缅历729年（公元1367年）色固侯登卡都叛乱。王率象马大军水陆两路前往征讨。兵抵城下，屡攻不克。因城池坚固只好驻兵围城。此时，王染天花，被迫撤军。行至遂久码头，病情恶化。王召见侍卫长鄂努[①]说："鄂努，朕此次染疾难望痊愈。朕死后，王后苏翁玛可能又被他人立为王后，朕实在舍不得。你速乘快舟回宫将她杀死！"侍卫长鄂努乘快舟全速北上。德多明帕耶派出鄂努后不久，即死去。

该王残忍无道，亵渎三宝。21岁登基即位，在彬牙为王7个月，在阿瓦为王3年，刚刚25岁即崩。弥留时，木星停留于月亮之上；土星、金星皆显现出彗星般光芒。生辰为水曜日。

德多明帕耶有无子女，未见文字记载。《新史》中据碑铭哈梯巴拉后记说：可能有一女，但并未指明出自何碑。查各种哈梯巴拉版本说法也不一：一说是女儿的曾孙；一说是姑母之曾孙；一说是舅父之曾孙。故他有无女儿实难肯定。

侍卫长鄂努赶到宫中对苏翁玛说："大王此次染病痊愈无望，他若死去又怕别人再立你为王后，命我前来杀你。"苏翁玛王后说："小鄂努，难道你不是男子汉吗？"鄂努与王后情投意合，便将与他们意见不一的宫内女总管杀死，在金殿内住半个月后，去实皆称王。

---

① Nganu 旧译伽奴。

德多明帕耶死后，大臣们聚议，请央米丁侯底拉瓦继任为王。底拉瓦说："我一日话无三四句，也无称王的欲望。阿敏侯德勒帕耶绍盖[①]是王的姻兄，且文武双全有勇有谋，何不立他为王？"众大臣全无异议，遂立绍盖为王。据说，绍盖为王前在阿敏种蒟酱叶树，树上只长芒刺。另，人们传有一谶语说："没有打算，绍盖出现。"

明基苏瓦绍盖为王以后，召见侍卫长鄂努之兄亚扎丁坚鄂茂说："听说你弟鄂努与王后在金宫中称王。你可设计将其捉来，捉到后你可与吾妹苏翁玛婚配，食邑瓦因窦与当布雍基。"亚扎丁坚鄂茂说："我一定把他捉来。"乘快舟全速逆流而上，到实皆，船泊于丹滨，派人去见鄂努并告："我俩乃同胞兄弟，听说吾弟已称王，特来探望，但现兄染病在身，望吾弟前来！"侍卫长鄂努信以为真带着许多随从来到船旁。亚扎丁坚说："吾病得沉重，望吾弟只带持槟榔盒、捧水壶的随从上船。"实皆王鄂努遂按兄言只带持槟榔盒、捧水壶的随从上船。人一上船，水手们就按事先的布置，砍断缆绳将船驶向对岸。亚扎丁坚对鄂努说："你父系不是王族，母系也不是王族。"将他拿下上了脚镣。后来，侍卫长鄂努从船上逃脱，逃至拉呼住下。所谓拉呼即今日的妙当。

明基苏瓦绍盖在缅历 729 年 12 月(公元 1368 年 2 月下旬至 3 月中旬)被立为王。从遂久北上阿瓦。到缅历 730 年(公元 1368 年)年初才到达。与学者们商议在缅历 730 年登基时，因搭建的彩

① Sawke 绍盖在被推举为王前为阿敏侯，封号是德勒帕耶。在其为王以后人称之为 Minkyiswa Sawke 明基苏瓦绍盖，旧译：明吉斯伐修寄。

棚过低,头碰棚顶,头上缠的头巾碰掉,落在地上。明基苏瓦绍盖重新戴上头巾,手持棕叶扇登上宝座。此事被学者西德别基[①]看见奏道:“神威崇隆的陛下,头巾脱落意味着陛下长寿,直到年迈体弱不能亲自拿头巾包头之时;持扇登位意味着国家繁荣人民康乐。”王听罢大喜,赐西德别基母象一头。

(164) 明基苏瓦绍盖王

明基苏瓦绍盖王简况如下:蒲甘王朝德由别敏那腊底哈勃德之子卑谬侯底哈都与登克博之女、一象之主底哈都之妹结合,生一女信妙拉。信妙拉和被废黜的觉苏瓦之子德叶侯明欣绍结婚,生子女 6 人,即长子敏塞瑞南信;次子卑谬侯苏仰瑙;三子明基苏瓦,即绍盖德勒帕耶领德娄侯,后又领央米丁侯,德多明帕耶即位后又领阿敏侯;长女苏勃赖;二女苏妙,嫁央米丁侯为妻;三女翁玛丹底,嫁色固侯登卡都为妃。共 6 人。

敏塞三兄弟废黜觉苏瓦王之后,若开王来攻德叶城,城陷。明欣绍及其妻子儿女被掳至若开。在若开明欣绍将三子全部托付给精通三藏熟谙星相的法师,学习诗文。一日,该法师得一梦:梦见大王子将色蒙河水饮尽,二王子将博乌茂河水饮尽,而幼子绍盖将伊洛瓦底江水饮尽。法师说:“你们兄弟都到彬牙、实皆去吧!你们都将成为国王。日后当了国王,可别把恩师忘了。”兄弟三人将此预言禀告父母。明欣绍一家人及奴仆们一起离开若开,来到彬

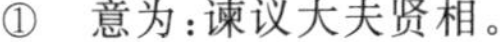

① 意为:谏议大夫贤相。

牙。大哥拜于彬牙缅桂七寺施主乌兹那麾下，领敏塞侯；二弟也拜于七寺施主乌兹那麾下，乌兹那以后五象主觉苏瓦在位时，赐名苏仰瑙为卑谬侯；三弟在实皆王信漂辛德勒帕耶麾下领阿敏侯。

关于德叶侯明欣绍夫妻的情况，在德多明帕耶御妹、明基苏瓦王后实皆《苏翁玛碑文》中有如下记载："白象主底哈都王的御妹与卑谬侯所生之女有一子即国王。他是德叶侯之孙。德叶侯是非常显赫的，宛如显示水火定以消除异教徒邪念称之为甘陀的芒果树那样光芒四射。"由此可见，明基苏瓦绍盖并非一象之主的亲孙，乃卑谬王后之孙也。

明基苏瓦绍盖的王后实皆苏翁玛是阿丁克亚苏云之女梭明哥都基的女儿。她是彬牙一象之主底哈都的孙女。《缅甸大史》的作者认为：彬牙一象之主底哈都的北宫王后亚德那布翁的女儿苏勃赖与东敦本拉乌底哈勃德结婚生女信妙拉。敏塞三兄弟废黜蒲甘觉苏瓦王时带来一宫娥所生的女儿和东敦还俗者结婚得一子名明欣绍。明欣绍与信妙拉结婚。当中国军队到达敏塞时，举国村镇受扰，而明欣绍则正在德叶城挥锄建设，故人称德叶侯明欣绍。

缅历 662 年(公元 1300 年)中国军队到敏塞。是年亚德那布翁王后到了北部林因村嫁给底哈都。当时苏勃赖尚未出生。所以说苏勃赖之女信妙拉与德叶侯明欣绍结合之事是不合情理的。

明基苏瓦绍盖即位为王以后，立央米丁侯底拉瓦之妹克玫弥为南宫王后；立德多明帕耶之御妹去过锡兰的寺院施主信绍基为北宫王后，食邑彬牙城，在克玫弥死后又被改封为南宫王后；立北寺施主苏翁玛为中宫王后，食邑实皆，后被改封为北宫王后；梭明哥都基在实皆王底哈勃德明标立为王后以后生的小女儿蒲甘侯苏道乌，后来也被立为中宫王后。这是根据王后们捐赠的彬牙布翁三杜路寺、实皆城中信绍基寺、苏翁玛尖阁寺、苏道乌寺、彬牙艾吉寺、蒲甘寺等所立碑文写成。

明基苏瓦绍盖王将其妹苏翁玛赐予亚扎丁坚鄂茂婚配，食邑瓦因窦与当布雍基。当时，底拉瓦为央米丁侯；王兄苏仰瑙为卑谬侯；弁琪为东吁侯；底哈勃德为东敦枝侯；西都为蒲甘侯；亚扎都为德娄侯；登克都为色固侯；巴亚觉都为良渊侯；德勒帕耶为布坎基侯；西都丹勃瓦为分水五县侯；苏瑙为麦克亚侯；亚扎丁坚为实皆侯；明勃赖为抱绵侯；丁克亚为瓦底侯；德榭觉廷为美都侯；鄂瑙山为太公侯；丁克都[①]为德勃因侯。

（165）学者温辛波亚扎大臣简况

缅历730年（公元1368年），人报密铁拉湖决口。明基苏瓦绍盖王率象马大军赶往修堤。掘土时发现带铭文的阿瑜陀耶、万象王子女们的金铸像。王召温辛村长问之。温辛村长奏道："奴才不知。但温辛村中有一平民之子，每当农事完毕，便腰系书贴寻师求教。此人见多识广，可能知道此事。"王遂召见温辛平民之子前来。该人奏道："奴才听说，昔日先祖阿朗悉都王巡视各地时，众诸侯盟誓称臣，并将各自的子女交给先祖，先祖常带在左右。"

"一回，阿朗悉都修密铁拉湖堤，随从他的一些诸侯的子女在此死去。阿朗悉都王遂在此地埋下这些带铭文的金铸像，以使后

① 原文误印为登克都，经查早期版本，更正之。

世之王知道此事。”明基苏瓦绍盖非常满意，道：“朕回宫后定传你入宫。”温辛平民之子到阿瓦后，住在当敏寺内。当晚寺中高僧得一梦，梦见温辛之子吐的痰被倒在寺东侧供奉的佛像口中。将所梦告温辛平民之子，温辛平民之子说：“这就是说国王将接受我的一切进言。”

一次，侍卫长鄂努在拉呼一带聚集兵马骚扰边寨。明基苏瓦绍盖闻讯大怒道：“难道亚扎丁坚将其弟鄂努放了不成？”遂与温辛平民之子商议是否将王妹苏翁玛和封地收回。温辛平民之子奏道：“威德无量的国王陛下，商议有三种：主仆间商议，君臣间商议，学者贤士间商议。不知陛下与臣仆商议是三者中哪一种？”王问：“三种商议有何不同？”温辛平民之子答道：“威德无量的陛下，主仆间商议，奴仆要随着主人的心愿说；君臣间商议，只有按国王的意图上奏方妥，违反君王之意将会被问罪；学者贤士间商议，所言合理即采纳，所言不合理，则缄默不语拒之。言者无罪。”明基苏瓦绍盖说：“朕与你商议乃学者贤士间的商议。”

温辛平民之子说：“王乃生活之主宰，江山的主人，其言行宛如洁白之象牙，初升的旭日。佛陀之道中云：‘若一人品行不端虽长寿千载，还不如君子生活一日。世上众生其躯体百年之后终将消失。但从这躯体发出的金玉良言将流传子孙万代’圣心切记：世界可毁，而载入史册之言不可改。极苦的苦楝子有可能变甜，而王命不应有误；滔滔河水有可能倒流，王命不可反常。”

“大王，容臣仆再讲个故事。东敦本拉乌底哈勃德把女儿交给炼银的印度人去学炼银术。当女儿全部学会炼银术后，下属们进言：莫如将女儿接回。底哈勃德说：‘汝等莫出此言。用不正当手段纵然可获无数财宝，也不如以正当办法取得微小的东西更有价值。如果现在我接回女儿，世人将永远唾骂朕这个君王行为不端，卑劣无耻。'底哈勃德没有接回女儿，反而赐给印度人许多仪仗用品与封赏。"明基苏瓦绍盖说："你上奏之言不仅于孤王有利，朕之子孙后代也将受益无穷。"当时贤相西德别基已不在世，遂授予他西德别基称号及应有仪仗，赐小象一头、10缅钱重的金钵一个。王重将苏翁玛赐给亚扎丁坚为妻，亚扎丁坚仍领当布雍基与瓦因窦侯。

缅历732年（公元1370年）汉沙瓦底白象之主彬尼亚乌[①]派来使臣并带来大批礼物。金叶国书上写道："白象之主彬尼亚乌向金宫之主王兄致意。称作罗摩迎的孟国愿与王兄之苏那波兰达、丹巴提巴国和睦相处，融洽无间如一张金箔。"明基苏瓦绍盖王嘱来使说："朕愿众生幸福安宁。三月后，朕将赴孟国一访。希王弟也能来边界。"并回赠了许多礼品。到了约定日期，明基苏瓦绍盖率象马大军来到孟国边界。两位国王见面，共立誓言，确定疆界。二王互赠御用仪仗，同居一宫，共进御膳，畅叙友情，互赠礼物。事毕，二王各自返回京都。

是年，格礼与孟养交战。格礼侯多基发派人求援说："请助我，如得手愿将孟养献与陛下。"孟养侯孔迈[②]也派使求援："请王给予援助，如克格礼，愿将该城献予国王。"明基苏瓦绍盖召西德别基商议两侯派人前来求援事。西德别基奏道："威德无量的国王，这就与'妖魔抱柱'游戏一样，毋庸性急。有的事宜缓办，有的事则必须

① Binnya U 旧译频耶宇。

② 孔迈系掸语 Khum Mong 的译音，实际意为"国主"，并非人名。

从速处理。这件事需谨慎处置。若双方力量悬殊,则可从速处理。现格礼、孟养两者旗鼓相当,势均力敌。”

“请准臣仆讲一故事。从前,有一汉子在林边耕地,见两只山鸡相斗。汉子寻思:若我即刻去捉,两鸡尚有气力。我的地也未耕匀。且让我先把地耕好,待两只山鸡也斗得精疲力竭之时,再抓不迟。汉子继续耕地,耕毕,两只山鸡也已疲惫不堪,汉子上前拎起两只山鸡扬长而去。此二者亦然,先让他们打得两败俱伤,到时再出兵,两地均可得。”明基苏瓦绍盖依言,后才出兵,两地均得。赐孟养侯孔迈食邑太公,命锦坎基领孟养侯。王对西德别基的远见卓识大加赞扬,并将孟养与格礼各一村赏赐给他。

缅历 733 年(公元 1371 年)孟养再度叛变。明基苏瓦绍盖叹道:“悔不该当初赐掸人食邑该城。犹如以野外之石击野生之果一般。”派西德别基在与孟养交界主要地段树立界桩标明疆界。西德别基领命前往,行至勃图基,忽然反复思量到国家前途遂返回。明基苏瓦绍盖问道:“卿为何折回?”奏道:“威德无量的陛下,您是一位对领土无强烈欲望之王,故命臣前往标界立桩。然而,后代子孙一旦如太阳般强盛起来,那时他们就会说国王和臣仆没有见识如此轻率地划定疆界了。想到此,臣仆遂折回。”王听到西德别基所奏大喜,赐手镯一副、绶带五条、名叫“云飞”的骏马一匹。

缅历 734 年(公元 1372 年)有人来报孟养侯锦坎基侵扰王土美都。明基苏瓦绍盖王率象马大军出征,行至格宋嫩时,王见一有粮仓的新房,问道:“此系何人之房?”村长奏道:“格宋嫩女与格宋敏男将要结婚盖的新房。因卜者说:按占卜所订日期结婚,当日粮仓必满。结婚之女名米贝扎,她在刚刚成年时蜜蜂就在她的紧身胸衣上作巢。”王说：“现在就让谷物满仓。”将该女子召来留在身边侍候。王在村中住有半月之久，后率军出发。叛乱平息后从美都返回该村。该女已有身孕。王将一枚非常珍贵的指环交给该女说：“日后若生男，带上此指环来见朕！”该女子留在格宋嫩村。缅历 734 年（公元 1372 年）明翠[①]王子出世，女子遵王嘱带王子来见。王将其留在身边侍候，后又生一子一女，子名信代达，女名信妙拉，号杜勃巴黛维。后来明翠王即位，面对育瓦当加村建达瓦佛窟。格宋嫩村现名沙耶村。格宋敏村在格宋嫩村西南角，现已无人烟，是一片荒丘。

缅历 735 年（公元 1373 年）称之为旦迎瓦底的若开国的国王明勃卢去世。众文武大臣聚议：现今吾等无治国之君。罗陀那补罗阿瓦国的国君明基苏瓦绍盖有众多王亲国戚和许多智勇双全的大臣贤士，何不向明基苏瓦绍盖王求一名治国明君来治理吾等国度。于是，带上大批礼物来见明基苏瓦绍盖，请求派人。明基苏瓦绍盖召集西德别基等大臣们商议。

西德别基奏道：“威德崇隆的国王陛下，若开旦迎瓦底乃是名声显赫之地，当委任文武兼备的王亲大臣前往才是。倘若派一庸碌无能的王亲国戚前去，就像用未经烧制的锅坯盛油的男人，会落得锅破油洒一事无成。若能派一才智德行俱全的王族去治理，就像孔雀立于群雀之中。正如香蕉秆壮才能结出大把香蕉，而长着大把香蕉的蕉树才好看一样。大国的国君，也应有许多食邑各地的王亲国戚才显得体面。”

① 即后来称为明康之王，旧译明恭。

“人们比喻说：捆象的绳索套在象足上才能捆牢，用它去绑鸡是绑不住的。同样绑鸡的绳子，系在鸡脚上才能系牢。用它系象必定要断。且迎瓦底国距我甚远，事不宜迟，应从速派人才是。”明基苏瓦绍盖将若开赐给舅父苏蒙基。在他赴若开之前召见他，在众大臣面前对他说：“怜爱僧俗即是爱朕，关心人民利益即是关心朕的利益。”并给了他应有的仪仗用品。

西德别基奏道：“要像整修苞蕾初绽的幼树一样精心管理。”苏蒙基抵若开后，就像母鸡将幼雏罩在她的长翼之下一样管理扶植，山区七县等村镇呈现出一派欣欣向荣的景象。

一次，苏蒙基在国库中发现若开王系使用过的珍贵南印度头巾和碧玉发夹。苏蒙基便将宝物并五匹上好绒布一起派人献给国王。明基苏瓦绍盖王见之大喜，准备自己包用，与西德别基商议。西德别基奏道：“威德无穷的国王陛下，作为江山之主，一国之君，未经调查，头上不应戴头巾饰物。神威、德行、力量乃国王之本。相传统治整个南赡部洲的阿育王一日要更换衣物三次。”

“国王切记：不要在绳索下穿行；不洗手脚不得安寝；未经调查检验不得进食。”

“容臣仆再讲讲过去的故事：先祖竺多般王接受了班特瓦王后献的手帕，未经查检，用其擦脸，致使额头上的活痣消失，神威大减。蒲甘先祖阿奴律陀王时，直通王摩奴哈讲话时口中即闪现熠熠光轮。阿奴律陀王用宝石托盘将供佛的供品做成膳食送给他食用。摩奴哈王未察觉一味食用，口中光轮消失。可见，凡物品必须选择检查后再用。”明基苏瓦绍盖听了西德别基所奏非常高兴，遂将南印度头巾和绿玉发夹赐予他。西德别基思忖：“我若接受此头巾、发夹，人们定会认为我想要此物才进谏上言的。若不接受无异于对国王之垂爱大不敬。”遂接受下来。三日之后在检阅大典上，西德别基又将南印度头巾和绿玉发夹献给国王。

进献时奏道：“臣仆跪奏：承蒙国王垂爱赐臣南印度头巾与绿玉发夹。臣仆永居大王足下，今后不愁佩戴。承蒙圣恩得以观赏宝物。今重献与国王，留作今后赠与他国之礼品最为适宜。”明基苏瓦绍盖对西德别基的善识利弊颇为赏识，遂命人对南印度头巾进行价格评估，按所值钱数赏给西德别基。

一日，王嘱赴若开使臣询问南印度头巾来历。苏蒙基奏说：南印度头巾系南甲基、南甲艾[①]所戴头巾，保存在国库中已有多年，因其做工精细是件价值昂贵之物，故献与国王陛下。明基苏瓦绍盖召见西德别基称赞道：“贤者三思远胜于愚者所见。”又奖他一副手镯。

缅历736年（公元1374年）王在位已七年，拟出兵清迈。彬牙艾基姜法师奏道：“国王陛下，请不要出兵清迈。舅父五象主和姻弟觉苏瓦所建的缅桂寺与掸人的生辰星相相符。如在缅桂寺与岳母太公王后寺之间建一座当喜宫佛塔就等于到清迈了。”当平整土地准备建塔时，清迈王听说明基苏瓦绍盖率雄象1000、战马10000杀来，便派王储与彬尼亚底隆、彬尼亚兑、彬尼亚丹兰、彬尼亚江道等大臣带象35头并公主美女来献。明基苏瓦绍盖接受了礼物，打发他们返回。当王储与大臣们返回清迈后，丁布翁王问道：“阿瓦有多少兵马？”王储答道：“咱们比不过他们的力量。”在当喜宫佛塔

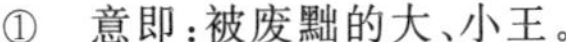

① 意即：被废黜的大、小王。

升宝伞时,丁布翁王偕四位王后前来祝贺,并在明基苏瓦绍盖王的功德事业——当喜宫佛塔上受到接见。后送他们返回。上述材料系根据《清迈史》师长宗系所载。其他史籍中未见。

缅历738年(公元1376年)王命其兄卑谬侯苏仰瑙设计诱杀东吁侯弁琪基。苏仰瑙派人至东吁见弁琪基说:"吾愿将女儿与兄长之子结亲,使你我两国亲密无间。"弁琪基信以为真,携子、婿叟格德前来成亲,队伍在卑谬以北那温扎下营寨。苏仰瑙象马大军布置停当。是夜,趁其不备将其杀死。弁琪艾、叟格德逃脱。缴获大批俘虏象马。王兄卑谬侯向王报捷。王大喜将御用仪仗物品全部赐与其兄卑谬侯。

缅历742年(公元1380年),来报若开侯苏蒙基死。明基苏瓦绍盖王召见西德别基商议。问他太公侯底哈勃德、色固侯登克都、蒲甘侯乌兹那、阿敏侯杜因登西、良渊侯泽亚巴德亚、勃东与德勃因侯即与西德别基之女苏木蕾成婚的德多丁克都诸人之中何人任若开侯为妥。西德别基奏道:"陛下若任命陛下姻兄弟三人中的底哈勃德为若开侯,就像用长绳子把牛拴在草地上吃草一样。当地人民也像处在树荫下一样。但陛下的威名和恩德难以广为流传。若委任登克都苏瑙为若开侯,陛下的威名与恩德顷刻间即如天帝释的金刚杵一般远近闻名。从长远利益考虑就像小舟系在浮木之上。若委任乌兹那,就像母鸡展开翅膀护住幼雏一样,百姓得到他的照顾,大王的威德也将传扬,虽远离陛下却近如咫尺。若任命德多丁克都、杜因登西、泽亚巴德亚等人就像中了箭的小蜂鸟带箭而飞,臣实难想象。请陛下自行定夺。"明基苏瓦绍盖王仅仅为了避免他人指责,才将此事提出商议的。其实他想委任的是自己的亲信德娄侯苏梅,遂说:"德娄侯苏梅曾与朕同甘苦共患难,他又习过象马骑术,朕就赐他为若开侯吧!"

西德别基奏道:"威德无比的陛下,臣子们迷恋沉醉于荣华富贵之中就像雄象发情一样,必须用象鞭驱赶之才能为国家尽力造福。"明基苏瓦绍盖王召见苏梅,嘱咐他不要学棕榈,要学榕树。西德别基也用猫和榕树为例,嘱之。苏梅到达若开后,将城内外的榕树枝叶全部砍下喂象;将寺院、民宅、山林中所有的猫统统抓来杀掉。苏梅不虔敬三宝,不建设国家使之安宁富强,致使若开人骚乱四起,苏梅逃往色固。苏梅出逃后,若开人立蒲甘被废黜的觉苏瓦王之孙觉苏瓦为王,割据叛变。

明基苏瓦绍盖王当苏梅逃回御前,召见西德别基商议道:"朕此事办错了。将苏梅安排到哪里为宜?"西德别基奏道:"威德无穷的陛下,就像还不会跑的马要给它戴上笼头、嚼子才能骑一样。依臣之见,封他在附近的城镇为宜。"明基苏瓦绍盖赐他实皆城。不久,又改赐他布坎基,苏梅得布坎基后,建一状如大海波涛汹涌的城池。实皆城则改赐予亚扎丁坚。

明基苏瓦绍盖称王 6 年时,若开法师派人来见说:"当了国王,就把我忘了。若希望威德无量长命百岁,需在西南角建一喜宫佛塔。"明基苏瓦绍盖王深信法师之言,遂筹建。命众人以手传递密艾河东岸之土来填塔基。弄得人们非常烦恼,故此地至今仍称之为补因[①]。填土完毕,建起喜宫佛塔。

建喜宫佛塔之年为缅历 745 年(公元 1383 年)。喜宫佛塔建

① 意即:烦恼之塘。

成后,阿瓦全城惊恐异常。若开法师闻此消息后说:“我乃出家之人,发生此事,实在不该。”于是便亲自来向王建议:“在东部栽山合欢树,修挡箭门、立碑铭。在塔基建亚德那佛窟。在西南挖捕象壕。”诸事完毕阿瓦城惊恐情绪顿时消除。明基苏瓦绍盖为此对法师虔诚礼拜,并授其摩诃僧伽亚扎[①]的称号。法师又说:“请在育瓦基建佛塔与寺庙。”王从之。

同年,统治孟国汉沙瓦底的白象之主彬尼亚乌去世。其子彬尼亚努委以亚扎底律[②]为号称王。其时,劳皮亚在勃生、渺米亚等32镇割据为王。而比亚达巴在莫塔马等32镇割据为王。

缅历747年(公元1385年)将姻兄央米丁侯底拉瓦之女许配王子信漂辛德勒帕耶,并立王子为王储。当年,封幼子明翠为彬西侯。同年卑谬侯王兄苏仰瑙死,遂封大王兄敏塞瑞南信之子密那榭为卑谬侯。

(166) 与孟王亚扎底律作战情况

缅历748年(公元1386年)亚扎底律之舅渺米亚侯劳皮亚遣西杜因、马巴东、马达拉、马绍乌、马西德瓦等五人携金贝叶书并大批礼物来朝。

贝叶书中写道:“臣渺米亚侯劳皮亚跪奏。威德无比的国王陛下。汉沙瓦底白象之主彬尼亚乌去世,子彬尼亚勃东又名彬尼亚

---

① 意即:大僧王。

② Razadhiriz,旧译罗婆陀利。意即:王中王。

努委，号亚扎底律，口中有光轮。其父白象之主彬尼亚乌在世时，他就曾在大光反叛其父。现进入汉沙瓦底称王。趁其羽翼未丰[①]，请金殿之主伐之，臣愿领勃生、渺米亚两地之兵从水路进军。如水陆两路夹击，勃固汉沙瓦底唾手可得。事成，良象骏马、贤臣骁将、金银器皿等王可悉数取去。如蒙陛下垂怜，请将该地赋税赐与奴臣。”

明基苏瓦绍盖阅过劳皮亚所奏奏本，召西德别基等文武大臣商议。是时，王储年方18，奏道：“亚扎底律连渺米亚侯劳皮亚都奈何不得，可见其力甚微。若父王派大军讨之，他如何能敌？请父王允儿臣率军伐之。”明基苏瓦绍盖遂命王储信漂辛为帅，派格礼侯、东吁侯、东敦侯、央米丁侯、实皆侯、色固侯、美德侯、瓦底侯各领一路兵马，王储率主军殿后，沿东吁一线进发。九路象马大军计有战象200、骏马5000、将士70000。

王子彬西侯明翠是年仅14岁，也委以为将。派宾垒侯、卑谬侯、彬牙侯、色林侯、德娄侯[②]、布坎基侯、蒲甘侯、良渊侯各领一路兵马，彬西侯明翠率主军殿后，取道向达耶瓦底挺进。九路象马大军计有战象200、骏马5000、将士60000。王储所率一路，行至皎明拉安下营寨，攻班觉城。班觉侯南达梅丧命，得班觉全城。命美德侯率军进城驻守，王储亲率大军往援王弟明翠。话说明翠所率一路抵达莱城，奋勇攻城，克之，生擒莱侯德门泽布翁。

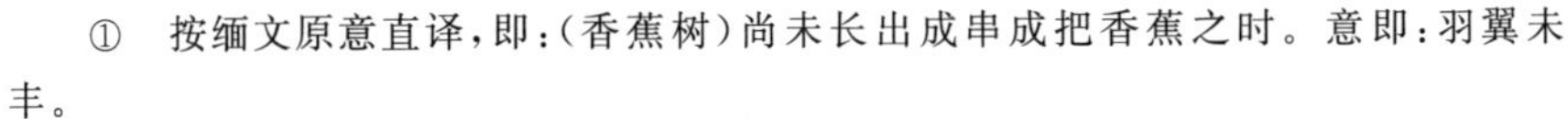

① 按缅文原意直译，即：（香蕉树）尚未长出成串成把香蕉之时。意即：羽翼未丰。

② 原文写为色固侯，与上文信漂辛所率九路大军中之色固侯重，明显有误。经查《缅甸大史》，为德娄侯，遂按《缅甸大史》所述更正译出。

孟王亚扎底律闻讯，率八路象马大军来援，在素格里安营。明翠派宾垒侯去攻毛比。毛比侯在一狭长地段迎战，宾垒侯战死，将士们见宾垒侯死，遂整顿队伍撤回本部。

孟王得知王储与其弟合兵一处来攻，遂向班觉急进，攻打守班觉城的美德侯。美德侯加固城防死守，并派人向王储告急。王储与王弟等文武大臣计议：打算率军去大光，与渺米亚侯劳皮亚联合攻打亚扎底律。正在此时忽接守班觉的美德侯来报，兄弟二人遂率大军往救班觉。亚扎底律获打探消息的摩诃德孟大臣来报，知兄弟二人已抵介克洛。亚扎底律率象马大军在金鼓声中进入林边攻打美德侯部下。美德侯顽强抵抗，两军僵持不下，亚扎底律遂调头转向平原。王储兄弟二人再战亚扎底律。王储之马军与亚扎底律相遇。亚扎底律乘名为阿达扬的战象迎战。双方一片混战，马军死三四骑，亚扎底律象兵死300余，亚扎底律所骑之象象尾也被割断，急忙收兵后撤。彬西侯明翠紧追不舍，直至新谬。亚扎底律准备回击进入新谬的明翠，遂问录事包嘎亚扎现尚有象兵多少？包嘎亚扎奏道："尚有象兵百余、持枪印度兵300、武士万余人。"王遂骑阿达扬象，率大军退走。

此时，周围的僧俗群众皆登丁道佛塔观看。彬西侯见此情景，遂派人告王兄："孟人兵力不如我军，然亚扎底律弃城出走必有原因。"王储得到王弟报告，即叮嘱道："王弟切莫急于渡新谬河，待观察军情后再作计议。"王弟彬西侯想："王兄生气才如此说。父王为何派吾等出兵？怕只怕亚扎底律避而不战，为此我向树神土地神祈祷，但愿他出兵迎敌。事不宜迟，立即出发！"遂命士卒渡河。王兄急忙派人骑马前来阻止，队伍乱作一团。

孟王亚扎底律见敌军乱作一团，立即金鼓齐鸣，鼓噪出击。彬西侯明翠士兵尚未全部渡过河来，部分仍在对岸。王储的军队尚未赶到。敌方攻来，节节败退后撤。东吁、东敦、央米丁三路人马乱作一团。马军又无法渡河困于河中。亚扎底律见敌军慢慢移动，加强攻击。彬西侯军大败。将官们收拾残部返回。

返回营地后五天，王储兄弟与众将商议：此次出征已近五个月，雨季将临。渺米亚侯劳皮亚的援军也不见踪影。汉达瓦底的虚实也已探明。现不如回京，补充兵丁象马，待雨季过后，再兴兵来讨，汉达瓦底定将成为我囊中之物。议毕班师返回。

王储兄弟返回两个月许，孟王亚扎底律也召集群臣商议：罗陀那补罗阿瓦国兵强马壮，此次来犯，只因用兵不当才被迫撤回。下次若明基苏瓦绍盖亲督大军来犯，将难以应付。遂派瑞当皮亚与苏突二人持金贝叶书与大批礼品前去进贡。贡品有：丝绒、线绒、印花绒、尼拉甘梯上等好布、红呢绒、宽幅棉布、香料、樟脑、檀香、沉香、金香木、玫瑰香精、龙涎香、草药等。

金贝叶书上写道："伯父金殿之主，臣父辞世后渺米亚侯劳皮亚那斯挑拨离间侄儿与伯父关系，致使万物生灵不得安宁备受苦难。父王在世时劳皮亚那斯就是个忘恩负义之辈。久之，也必将与伯父您作对。侄儿与他不共戴天势不两立，希伯父能像父王在世时一样爱护侄儿。"

此外，亚扎底律还吩咐使节传话说："两位王弟莅临鄙城，不久即匆匆返回，未能赠送礼物设宴款待，今带上金盒、金制小船、金制虾像、金制鱼像、细布、印花布、伽兰香、香料、樟脑、玫瑰香精等物，望王储与王弟明翠笑纳。"

使者在御前宣读金贝叶书，明基苏瓦绍盖说道："正如俗话说：捣不疼，碾才疼，此次吾儿吃了败仗，你们就用话语来讽刺挖苦。今后勃生渺米亚将落入孟人小子手中了。"留使臣们在京都住了约有一个月，回赠了许多礼物，打发他们回去。

渺米亚侯劳皮亚听说亚扎底律派使臣去阿瓦，也派其婿德门耶丁延带大批礼品来朝。奏章上写道："臣仆劳皮亚跪奏威德无穷的国王陛下，上次两位王子率象马大军来征，在臣仆尚未赶到之前，因两位王子意见不一，那斯趁机来战，致使战事不利受挫。臣仆罪该万死。此次，若陛下亲征，可在阿垒扎寨，臣仆将往该地迎驾。陛下抵达后，可先攻莱城，克后，攻毛比，再攻达拉、大光、白古。有国王御驾亲征，得彬尼亚努委易如反掌也。"

明基苏瓦绍盖王听了劳皮亚的奏章，召集全国各路诸侯，在缅历 749 年(公元 1387 年)命大王子王储为陆路大军主帅，所率各路诸侯有：东吁侯、东敦侯、央米丁侯、宾垒侯、敏塞侯、格礼侯、彬牙侯、良渊侯、德勃因侯、阿敏侯，各领本部兵马。王储领主军出发。11 路大军计有战象 400、骏马 60000、将士 120000 之众。水路有：卑谬侯、美德侯、色固侯、色林侯、德右侯、布坎基侯、实皆侯各一路，掸兵两路。明基苏瓦绍盖乘九宝金筏前行。水路 10 路大军计有：铁船[①]、劳加、皎雷 1000，古囿[②]、舢板、格杜、伦锦战船 1200、将士 27 万之众。命彬西侯明翠率弓箭手守城。从阿瓦出发抵达卑谬，安排好运送粮草等事项继续顺江而下。到达阿垒，渺米亚侯劳

① 铁船：缅甸古代船身钉有铁甲，船头装有铁矛的一种战船。

② Kuyut 古囿：缅甸古代一种大战船，船头高尾部低且圆者。

皮亚率其亲属乘大船五艘、战船70只、劳加、皎雷等近200只至鄂温瓦迎接。明基苏瓦绍盖派山达律去劳皮亚处告王驾已到。山达律说："你应按主仆之礼到御前进献贡品。"劳皮亚闻此言愤然说："比如某人欠了债主的债，另一个人替他还清了债，此人不仅成了旧债主之奴，且成了新债主之奴。让我去拜彬尼亚努委吧！"山达律说："我认为应该如此才向兄进言，兄若认为不当就算了。"明基苏瓦绍盖闻此言忿然，将山达律训斥了一番。各路大军聚齐之后，遂攻莱城。守莱城的是亚扎底律手下一员大将登马尼育。攻二三次未克，围城近一个月。彬牙侯与宾垒侯克毛比，坚城壁垒固守。

亚扎底律以丹比亚、西朗、约格亚、德门皮亚萨四将分领四路兵马，自己率主军殿后杀来。五路兵马计有象200、将士60000。到毛比后扎下大寨。亚扎底律骑比亚拉木象率象兵700，观察毛比城中彬牙侯军的阵势。彬牙侯与宾垒侯见来一孟人便大声喝道："孟族小子，敢与爷等较量吗？有种的话，爷等便打开城门。"亚扎底律说："尔等果真敢打开城门，吾便进城取你。""你敢进城，爷便开门。"亚扎底律说："快快打开城门，吾进城来也！"彬牙侯宾垒侯遂整顿部下摆好阵势，备好象马，打开城门。亚扎底律率象兵700冲进城中厮杀，宾垒侯也乘象迎战，象力不支败下阵来。亚扎底律又发起火攻，士卒伤亡惨重。

明基苏瓦绍盖得知毛比兵败，坐卧不安。劳皮亚慑于亚扎底律之威，便对王奏道："我等在莱城此处水少，需到水多之处扎营。"王说："请便！"遂撤至班莱扎营。亚扎底律抓获一缅军小校，放他回营转告明基苏瓦绍盖王："吾曾向王进贡献重礼，但不听吾言，反信叛徒逆子之言来伐。今日吾他人不打，专攻明基苏瓦绍盖王。"

该小校返回营中，将亚扎底律所言如实奏上。敏塞侯、若开侯等闻言说："孟族小子太猖狂。非打他不可！"明基苏瓦绍盖王说："眼下军中伤病者众，蚊虫蝇蚋等为患，还是转移他处为好。"明基瓦绍盖改扎营他地一个月后，召集王子信漂辛等众将说："此次朕听信劳皮亚之言来取孟国。劳皮亚并未尽心尽力为朕效力。虽攻莱、达拉、大光、毛比等城多次未克。现雨季将至，将士染病者日众。还是班师回朝。回京后补充兵丁象马，来日再战。"王子等众将齐声称是。于是大军依次撤回。

缅历 751 年（公元 1389 年）木掸王多温发[①]向国王进献公主信米瑙。公主容貌出众，具美女各种特征。明基苏瓦绍盖王召西德别基商议。西德别基奏道："可将这小女子赐予小王子明翠婚配。"于是，明基苏瓦绍盖王将其赐予格宋嫩村村女苏贝扎[②]所生之明翠王子成婚。

---

① 原文误写为多岸发。对照《缅甸大史》和中国史籍，可知应为多岸发之父多温发，我国史书称之为思伦发者。更正之。

② 即前文所述之米贝扎。

第　七　编

(167) 亚扎底律进攻渺米亚侯劳皮亚

缅历 751 年(公元 1389 年)孟王亚扎底律攻渺米亚侯劳皮亚，将其擒获。劳皮亚之子比亚宫、婿比亚基二人率部来投明基苏瓦绍盖王称臣。明基苏瓦绍盖赐劳皮亚之子比亚宫号瑙亚塔，领色林侯，赐劳皮亚之婿比亚基号赖亚弁琪，领卑谬侯。按当时原卑谬侯密那榭已死。

同年，孟王亚扎底律对其子包劳坚道失去信任，从渺米亚派人到汉沙瓦底去杀他。包劳坚道向来人请求宽延三日。王子在瑞牟陶塔听论藏经三日，将自身所佩红宝石脚镯、手镯、耳坠、项饰等献上，祈祷道：

“若我对父王有丝毫[①]异心，死后将沉沦于 8 大地狱与 128 层小地狱[②]之间，且无缘朝觐未来佛；若我对父王并无非分之念，愿此身死后投胎缅王腹中，成年后，荡平孟国。”祈祷毕，在柠檬汁中

---

① 缅甸原文直译为“像母蝇吮吸一口血般(微小)”。意即：丝毫。

② 佛教谓八大地狱即：互相残杀，死而复生，更受苦害的等活地狱；以黑铁绳绞勒罪人的黑绳地狱；以众兽刑具等残害的众合地狱；受苦折磨发出悲号的号叫地狱；残害更甚，大叫不止的大叫地狱；以铜镬、炭坑煮烧罪人的炎热地狱；罪人受煮烧更烈的大热地狱；受苦无间的阿鼻地狱。

放入三缅钱樟脑，一饮而尽遂亡。

行刑人将王子的祈祷情况奏告亚扎底律。亚扎底律说："好厉害的祷词啊！"抵汉沙瓦底，为瑞牟陶佛塔搭脚手架将佛塔从伞顶至塔底全部贴金，并祈祷说："弟子为佛塔全部贴金，作为善果，但愿弟子此身至未达涅槃之前，均免遭敌人暗算。"

包劳坚道死后，投胎于彬西侯明翠之妃信米瑙腹中。信米瑙怀孕后，想吃孟国达拉城的芒果、莫塔马烧过荒的土块、崩色莱[①]的水。为满足王妃的欲望，明翠派泽亚都带绸缎10匹、牦牛毛10缅斤、麝香10缅钱并金贝叶书来见孟王亚扎底律。

金贝叶书上写道："敬爱的王兄亚扎底律，弟有一事相求。希王兄赠弟达拉芒果、莫塔马烧过荒的土块、崩色莱的水若干。不胜感激。"

孟王亚扎底律阅过来使所呈贝叶书后，与大将德门皮亚萨、大臣登马尼育等人商议。两位大臣奏道："王子包劳坚道在陛下处死时，曾立下誓言。现已有三四个月，缅王后可能已怀孕。缅甸王子既有所求，却之实在不妥。可将达拉芒果，将其浸润之，以免枝叶凋落。莫塔马烧过荒的土块与崩色莱的水则不送为好。送些不净之土与不净之水即可。"亚扎底律依大臣们所言安排赠送。此外，还回赠了呢绒5卷、印花布10匹、细布10匹、线毯5卷、香料10缅斤、伽兰香10缅斤，放来使泽亚都返回。泽亚都返回后，遂将带来的水、土和芒果给王妃信米瑙食用。足月后，生下明耶觉苏瓦。

《新史》载：缅历752年（公元1390年）亚扎底律占领勃生、渺

① 一地名，在毛淡棉与比鲁遵附近。据说因有五江之水在此汇流而得名。

米亚、开榜、古突[①]诸城后，处死了王子包劳坚道；缅历 772 年（公元 1410 年）明耶觉苏瓦进军汉沙瓦底时年 20 岁。没有考虑到自己所述错误，反错指《缅甸大史》有误。

《缅甸大史》载：缅历 751 年（公元 1389 年）孟王擒获渺米亚侯劳皮亚，同年处死了王子包劳坚道。包劳坚道在瑞牟陶佛塔祝祷愿来世成为缅甸王子。正因为如此，明康[②]之妃信米瑙怀孕，于缅历 752 年生子，满 20 岁，即缅历 772 年时明耶觉苏瓦进军汉沙瓦底。《缅甸大史》前后所述内容完全吻合。

缅历 752 年，孟王亚扎底律攻占古突城。任命德门丹杰为统领、德门耶丁延为监军。派大军驻守。明基苏瓦绍盖王闻讯后，召集全缅诸侯兴师进击，命王储信漂辛与小王子彬西侯明翠从陆路进军。进军各路大军有：王储信漂辛、小王子彬西侯明翠、东吁侯明奈米、东敦侯底哈勃德、央米丁侯底拉瓦、良渊侯杜因布翁尼亚基、宾垒侯德耶丁克亚、敏塞侯德耶西都、分水五县侯西都丹勃瓦、彬牙侯德耶沃达那、实皆侯亚扎丁坚、抱绵侯明勃赖等各率一路，计 12 路大军，共有战象 800、骏马 1000、将士 120000。水路进军者有：卑谬侯赖亚弁琪、美德侯丁克亚、色固侯登克都、色林侯瑙亚塔、蒲甘侯乌兹那、德娄侯亚扎都、布坎基侯德勒帕耶、鄂辛古侯赖亚基等各领一支兵马，明基苏瓦绍盖王乘九宝金筏率主军殿后。

9 支水军共有：劳加、皎雷 800 只，色拉加彬[③]、古囿、舢板、加都、伦锦 200 只，将士 170000。到达卑谬后，明基苏瓦绍盖安顿好

① 古突，即今日之棉昂。

② Minkhaung 旧译明恭，意为王者之首。即前文之明翠。

③ 一种首尾高，中间凹陷之月形船。

队伍，任命运粮官。随后从卑谬继续前进。直抵与孟国交界之古突。古突守将德门丹杰等人飞报亚扎底律：明基苏瓦绍盖率浩浩荡荡水陆两路象马大军杀来。亚扎底律命大臣摩诃德孟、崩西、德门埃冈本、德门比亚拜率四支人马飞兵赶往古突。四路大军共有色拉加彬、加都、舢板、古囿、伦锦等兵船 500 艘、将士 50000 人。

亚扎底律命德门皮亚萨、登马尼育、德门耶丁延、德门毛昆、德门埃比亚耶、勒宫恩、尼甘冈各率一支兵马，亚扎底律率主军殿后，各路大军共有战象 400、将士 80000。在班觉城，加固城防驻守。

明基苏瓦绍盖抵古突，连续数次攻城，均未奏效。水战中一片混战厮杀，王御舟之上挂的金彩穗被孟人夺走。孟国大臣德门丹杰等将夺来之彩穗送还明基苏瓦绍盖并附一信。信中说："吾等统领、总兵顿首，恕小奴不知系威德无比大王陛下之御舟，多有得罪。若奴主亚扎底律王闻之，定会怪罪小奴。阿垒、古突两城是大王的城池，只因阿垒侯、古突侯行为不轨，奴等才来征讨。两侯弃城而逃，奴主才命吾等在此驻守。请大王收回阿垒与古突。望大王与王侄——我家主公和睦相处，融洽无间如一纸金箔。此乃众生之幸矣！"

王读过来文说："亚扎底律年方 16 岁时便反叛其父彬尼亚乌。其父死后平定了孟国两地之叛军，统为一体。朕曾两次出兵均未果。今朕兴兵至此，也只是因为边城被占。既然现归还了朕的城邑，就没有再动干戈之理了。他人城邑朕无意索取。朕已年迈，正愿多做善举，不愿再见生灵遭受涂炭。还朕城邑，事情也就了结了。"亚扎底律王之大臣摩诃德孟、德门比亚拜、德门埃冈本、德门本西等携大批礼品来见国王，并将所俘缅军全部献上。缅军也将所获孟国士卒经过审查无一保留地全部归还。王还赐给孟国四大臣每人一头壮象。

王储信漂辛率军抵班觉，与亚扎底律交战，相持不下，只得各自坚守。此时，孟国大臣们来报“战事已平”，亚扎底律遂派人到王储信漂辛营中告：与明基苏瓦绍盖王的战事已平息。王储闻事情已了结，遂互赠礼物，率部返京。明基苏瓦绍盖王得古突、阿垒两城后，任命泽亚加马尼为统领，亚扎瑙亚塔为监军，配备象马，一切安排停当，班师回朝。

缅历 753 年（公元 1391 年）卑谬人来报在达耶瓦底发现白象。明基苏瓦绍盖王遂率 20000 余人马赴达耶瓦底捕象。抵达目的地即派人调查是否确有白象。情况未明之时孟王亚扎底律率象马大军也开抵达耶瓦底边界。探子遂将此事奏告明基苏瓦绍盖王。王说：“朕到此并非为攻孟国而来，只是为捕象，且未带精兵强将良象骏马。听说亚扎底律所率人马众多，朕不便在此久留。”文臣武将们也奏道：“敌众我寡，撤回卑谬为妥。”明基苏瓦绍盖遂率众返回。

缅历 754 年（公元 1392 年）新年将临，尚差两拔[①]之时，多温发[②]率象马大军来犯美都。明基苏瓦绍盖王命北方一带诸侯及登克都苏瑙、因意杜迎等率象马大军陆路迎敌。明基苏瓦绍盖亲率战船 1000、劳加、皎雷 800 只逆流而上至太公。陆路大军登克都苏瑙、因意杜迎等人只精马术不谙象战。垒盖鄂克讶之子鄂瑞则

① pad 拔，缅甸古时计时单位，1 拔约合 6 分钟。

② 原文为：“孟养侯多基发之姻兄多汉发”。按，当时多基发（思可法）已死，而多汉发（思洪发 1505—1542 年）尚未出生。明显有误。查应为多温发（思伦发）。更正之。

只善使盾,不习马技。故两军相遇,一触即溃。掸人紧追不舍。步卒也因势单力薄,只得后撤,在实皆拒守。掸人将实皆城外寺庙房舍等付之一炬。明基苏瓦绍盖从太公急速顺流而下至阿瓦加固城防,集中大批象马兵卒防敌来犯。并急召东吁侯、东敦侯、央米丁侯、瓦底侯、良渊侯、抱绵侯、宾垒侯等人。众人未到之前,央米丁侯底拉瓦飞速赶来,从梯榜加渡河,将登克都苏瑙扶上马,命其居右,叫因意杜迎上马居左,令鄂克讶之子鄂瑞与底德拉、玛亚永持盾,央米丁侯底拉瓦骑苏耶苏瓦象向敌阵发起攻击。据说,当时鄂克讶之子鄂瑞手持盾牌一跃而起,全军皆惊。底拉瓦按其部署大战掸军,结果掸军 15 路皆败。从实皆到育瓦迪一路上尸横遍野,杀得掸人片甲不留。为此,至今该地仍名掸贡[①]。央米丁侯底拉瓦战胜掸人后,命人将所获象马、俘虏、兵器献至王前,自己却径回央米丁去了。

明基苏瓦绍盖王见底拉瓦未进京径回央米丁了,心中不悦。即召西德别基说:“央米丁侯得胜后,只送来战利品,本人却不来见朕,不是藐视本王吗?”西德别基奏道:“威德崇隆的国王陛下,从前波斯匿拘萨罗王手下有一大臣名掸达底,只因他攻克了一个小小僻野山村,就赐他享用国王的仪仗——白伞、进殿鼓和帝王的一切福禄七日。陛下姻兄底拉瓦不懂礼仪世故,未入朝见王即径自返回,虽然如此请王不必动怒。”明基苏瓦绍盖王听过怒气顿消,派人向底拉瓦送去许多赏赐。

《缅甸大史》中将拘萨罗王之丹达底大臣说成乌偈先那大臣,

① 意即:掸人之岗。

与《法句经事论》不一致。

缅历757年（公元1395年）央米丁侯底拉瓦死，任命其弟摩诃标为央米丁侯，领其兄所率人马，战象60、骏马800及将士10000。

据说，底拉瓦一生只笑过三次。一次是一日有一山庄林户来府献鸡，底拉瓦不在就带着礼品走了。苏勃赖见状后说：我虽是侯王之妻，他却不将礼物献予我，拿回去了。我们女人全是靠男人的福分过日子的。底拉瓦回来时，见苏勃赖迎面手捧金盆来为他洗脚，笑道："吾妻今日必有缘由！"

另一次是一日底拉瓦在城头晒太阳，见一还俗者头抱头巾潜入护城河中洗澡，不禁笑了起来。

再一次是一日大批掸兵来到央米丁城下，底拉瓦仍在斗鸡场斗鸡。苏勃赖急得捶胸顿足，胸衣散落，披头散发，奔至面前说："城外全都是人你不在意，却只管在此斗鸡！"底拉瓦见状笑道："吾妻也太爱着急了！"说罢率勇士玛亚永、底德拉等人出战，掸军全部溃逃。

玛亚永一名的来历是：一次有人对玛亚永之妻说："你丈夫已被敌人包围，这次非死在那里不可了。"其妻说："我不信，我丈夫马上就会回来的。"果然，须臾间，其夫归来。故人们称这位勇士为玛亚永[①]。

缅历759年（公元1397年）明基苏瓦绍盖王乘御舟北上太公。当时，太公拉纤歌就成了一种诗体叫"安钦"。

缅历760年（公元1398年）东吁侯空缺。王将东吁赐予明奈

① 意即：妻子相信的人。

米,并赏其战象 60 头。

明基苏瓦绍盖王在位时四员名将是:央米丁侯底拉瓦、登克都苏瑙、因意杜迎、垒盖侯鄂克讶之子鄂瑞(一说为抱绵侯明勃赖)。明基苏瓦绍盖王乐善好施,心地善良,为人正直,爱贤惜才,纳言听谏,国内一派繁荣昌盛。

一日,一平民向王敬献佳肴一盘,明基苏瓦绍盖王遂赐他一座每年可征收税款一千的村庄。王一生中所建功德事业有:阿瓦瑞喜宫塔和寺庙、育瓦迪基佛塔及寺庙、良渊佛塔及寺庙、包瓦佛塔及寺庙、北部格宋嫩佛塔及寺庙、阿敏寺及向该寺捐献之白伞人称教主庙。另外,还有阿瓦的坦道塔与寺庙、敏巫佛塔及寺庙、搭基的亚德那佛窟。明基苏瓦绍盖王 37 岁即位,在位 33 年,享年 70 岁。弥留之际,瑞喜宫塔顶有兀鹫栖息;江中出现鳄鱼。王生辰为月曜日。

王之子女有:王后克玫弥,底拉瓦之妹生有:王子信漂辛德勒帕耶那接[①],在其父王死后即位为王。

《新史》作者们写道:根据缅历 763 年(公元 1401 年)信漂辛梅太公之女绍王后向王子瑙亚塔明康要求捐献土地之碑文,该王子是信绍基之子。其实信漂梅仅仅是一人名而已。不能确认其为信漂辛德勒帕耶之母。古代各种史籍均认为该王子是克玫弥之子。《新史》的说法不足为凭。

信漂辛德勒帕耶之妃是央米丁侯底拉瓦与舅母苏勃赖所生之女明拉妙。信漂辛德勒帕耶有一妹名明勃德米亚,嫁德娄侯亚扎

① 意即:大耳朵眼儿的德勒帕耶。旧译多罗般。

都拉。亚扎都拉的宗系是：彬牙五白象主王后阿杜拉山达黛维弟弟亚扎都生子良渊明赖亚。良渊明赖亚与抱绵侯明勃赖之妹成婚，生一子二女，子摩诃、长女苏明拉、次女为瓦底侯之妻苏布。摩诃与彬牙五白象主之后北宫梅麦道之女苏明拉成婚，生德娄侯亚扎都拉，即明基苏瓦绍盖之婿。另一妹名苏色拉加黛维，嫁彬牙七寺施主之重孙、西都明乌之孙、西都丹勃瓦之子敏塞西都。一弟仰昂明耶，在父王明基瓦绍盖在位时早亡。克玫弥王后共生二子三女，共五人。[①]

王后信绍基生子女有：女苏妙盖，父王在世时早亡；子苏瑞宁，子女各一，共二人。

北宫王后苏翁玛生有：女苏千达，嫁乌兹那；子觉苏瓦，情况不详，子女各一，共二人。

中宫王后苏乌生有：女梭明维玛拉黛维。

妃北部格宋嫩村平民之女苏贝扎生有：子彬西侯明翠，后以明康为名即位为王；子实皆侯明代达；女明拉妙都，封号杜勃巴黛维，为亚扎底律王之后。生二男一女，共三人。

（168）信漂辛王

缅历 762 年 9 月（公元 1400 年 11 月下半月至 12 月上半月）王储信漂辛即位为王。在王诞生之日，一头诱捕野象的驯象产下

① 原文如此，实际文中所述只有二子二女共四人。

一白象，随后即死，故人称其为信漂辛[①]。即位五月后，在文武大臣们的簇拥下去昂宾垒围猎，王一人追捕麋鹿进入密林丛中。一瑜伽行者从天而降对王说："大王将法螺给我，我将教会大王你所需要的一切本领。"王说："朕不需什么本领，只想得到一仙女。"瑜伽行者一边弹指作响一边念念有词。从空降下都拉达底仙女，将她交给国王。岂料王与该仙女发生关系后，仙女就消失得无影无踪了。

从该日起，王精神恍惚，举止失常。在阿瓦以南旱稻地旁建佛塔，大臣们奏道："大王的功德事业尚未完。"王却说："要做一头象来骑吗？"以后，王的精神更加恍惚，独自一人在梯莱辛佛窟下钓鱼。当时，实皆侯亚扎丁坚乘劳加船，在船头撑起顶篷，朝阿瓦方面来，扬言要称王即位。尚未靠岸狂风大作，船篷折断葬身江中。当时有一谶语云："狂飙呼啸，来自实皆。"妇女们竞相传诵。

信漂辛的王后是央米丁侯底拉瓦之女。信漂辛子女有：子格礼杰当纽，女明拉突昂，是宾垒宋信漂辛之妃，后又被卑谬侯苏瑞开明耶觉苏瓦立为王妃，子女各一，共二人。

《新史》根据碑铭记载说：信漂辛德勒帕耶的王后是央米丁侯底拉瓦之女明拉妙，后又被明康、孟养等王立为王后。从碑文来看777年（公元1415年）或774年12月4日（公元1413年2月3日）孟养王在位时称佛塔塔廊之主，曾建寺庙。

但上述年代时孟养德多[②]尚未即位为王，当时他仅仅是明康

① 意即：白象之主。

② Mohnyinthado 旧译孟养他切，即：孟养王。

王手下一位侯而已。在底哈都[①]、明拉艾[②]、格礼杰当纽[③]等人为王之后,即缅历 798 年(公元 1436 年)才即位为王。缅历 800 年(公元 1438 年)时废历 798 年。这与星相占卜史籍等所载完全相悖,故《新史》所引碑文实不可信。各史籍文献中也未载明康、孟养等王曾立央米丁侯底拉瓦之女明拉妙为后之事。

《王妹埃钦》诗中写道:

"明康之子,耶觉苏瓦,
辞离人世,兄位承继,
弟底哈都,两白象主,
纯金光辉,殿中享乐,
爱后宠妃,塔廊之主。"

作者那瓦德在诗中指的是耶觉苏瓦与其弟底哈都的王后:佛塔塔廊之主苏明拉。而《新史》作者认为那瓦德所指是德勒帕耶王后、底拉瓦之女明拉妙的。这是不符原意的。

信漂辛精神失常后,为太傅太公侯鄂瑙灿所弑。王 32 岁登基,在位仅 7 个月驾崩。将死时土星从人马宫逆行至天蝎宫。生辰为金曜日。

(169) 鄂瑙灿[④]篡位

太公侯鄂瑙灿弑死信漂辛王之后,篡位称王坐于金宫。众文

---

① Thihathu 旧译梯诃都。

② Minhlange 旧译弥罗尼。

③ Kalekyetaungnyo 旧译迦梨夷旦瑜。

④ Nganaukhsan 旧译伽诺山。

武聚议又杀死鄂瑙灿。太公侯鄂瑙灿死后，信漂辛之弟彬西侯明翠被大臣们一致公推为王。明翠推辞说：“我势单力薄，舅父央米丁侯摩诃标有战象 60、骏马 800、士卒 10000，还是让舅父接任王位吧！”众大臣只得请央米丁侯摩诃标即位。

此时，王弟信代达[①]来到王兄彬西亲王处，问道：“兄是怎么回复他们的呢？”彬西侯说：“我告他们，我势单力薄还是让舅父摩诃标接任王位吧！”王弟信代达说：“吾兄等于把自己吃的宴席拱手让予他人，王的福禄岂能让给他人？王兄一言出口再也难改，只好等着吧！我去找他！”摩诃标率部前来继位，在色加因山仰昂敏安下营寨。此时，信代达聚集部下趁摩诃标不备突然袭击，摩诃标被杀。摩诃标死后，众大臣又一致推举彬西侯明翠为王。明翠于缅历 763 年（公元 1401 年）登基。

（170）明翠王

明翠生平如下：

父王明基苏瓦绍盖思忖，将来大王子王储信漂辛即位为王后，定会虐待迫害明翠与明代达王子。不如趁他们现在尚年幼，生死听天由命。便将两王子交给两位内傅带往外地。两名内傅先带王子们在吞东布德落脚，后又在东敦、皎西，最后又迁至勃登、马伯住下。内傅鄂钦纽会吹椰笙，鄂钦巴会敲小铃，两人靠跳神舞所得收入抚养两王子。后来明乌登也帮着抚养照料。久之，生活难以维

① 即：明代达。

持。明乌登就去投奔其舅父杜云岱侯明绍坚门下。过了一段时间,父王明基苏瓦绍基想:看他们的造化吧!将他们二人召回,又送到宾垒村一位僧王处学习。是时,明翠九岁,明代达仅7岁。该僧王通晓藏经占卜,看了两位王子的生辰八字后,知道他们是贵人,想尽快扶助他们为王,遂从发音字母教起,教授他们礼敬佛陀。

明翠12岁时,得一梦。梦见自己的肠子从腹中流出,环绕了整个阿瓦城。后半夜便去叫醒僧王告之梦境。法师猛然起身一脚向王子踢去,王子滚倒在地。王子问:“师父为何踢我?”法师说:“我当和尚第五年时,在当勃鲁勃叶格马庙学习。一阵风来,将僧帽吹落,正好被我用脚踩住。这便是我将成为国王之师的预兆。我立誓:若成了国王之师,定在德达乌修一座带篷顶的桥。王子,你所梦预兆你不久将成为国王。我用脚踢你,就是怕你忘却此事。王子即位为王后,一定要为德达乌修一座带篷顶的桥。”王子说:“请师父放心,将来一定遵命照办。”

明翠王子12岁时,父王明基苏瓦绍盖封他为彬西侯,并赐与应有仪仗用品。彬西城内33名平民之子投奔其门下。即位为王后赐33名平民每人一匹马并各自所在的村庄。

明康这一称号的由来是:王去朝拜蒲甘瑞喜宫佛塔时,见塔东南角天帝释所造的狮像昂首翘尾栩栩如生。当晚,梦见狮子来告:你就起名明康吧!遂名明康。明康的王后有:信漂辛之妹苏奎、明边、捽王多岸发之女信米瑙、登克都艾之女信波玫,共四位。[①]

---

① 原文误印为:明康的王后有:信漂辛、妹苏奎、明边、捽王多岸发之女信米瑙、登克都艾之女信波玫,共四位。经查《缅甸大史》更正之。

明康立东敦侯之女信米妙为妃，五个月后又将其赐与孟养德多为妻。内廷总管之女在宫中地位居王后之下，宫娥之上，服侍左右。苏奎、明边、信波玫三位王后皆未生育。信米瑙生：子明耶觉苏瓦、女若开王后瑞卑羌达、次子底哈都、三子明达纽，三男一女共四人。

明康王登基即位后，召见西德别基问道："爷爷，请问如何才能使国家安宁富强？"西德别基奏道：

"威德崇隆的国王陛下，倘能坚持神圣的佛祖之道，并能比历代君王减轻民众的贡税，诸如：遗产税、关税、诉讼税、码头税、估价税、经纪税、口岸税、出入境税等，国家便可富强。"

"作为一国之君，应勿撼国幡，勿压国额，勿折国牙，勿刺国目，勿污国面，勿断国肢，勿破国腹，勿忘国恩。[①] 不分好恶亲疏遵循常规执法行刑，要如地府阎罗；对众生褒贬奖惩，要如上天帝释；减缓收取赋税，要如太阳尊神；接见时君颜愉快欣慰，要如十五满月；不贪图财物，要如汪洋大海；为人民大众谋利，要如无垠大地；深入体察乡政民情，要如习习清风；如期经常赐给文武众臣俸禄金银，要如及时雨神。[②]"

"此外，圣心尚须常记不变之精进七法[③]：一是常与学者贤士协商议事；二是需与文武大臣同心协力料理朝政；三是征税与惩处需遵循习惯传统；四是要敬重老人长者；五是不强征民夫强抢民

---

① 此处所述与本书(152)节所讲一致，只多出"勿忘国恩"一点。可参见该节绍王后与那腊底哈勃德王之对话。

② 此处所述与本书(53)节所讲一致，即所谓君王履行之八法。

③ 此处所述与本书(53)节所讲略同，可参见。

女；六是供奉守护国内外之众神；七是要供养爱护僧众。王应以果熟时才采摘的园丁和逐渐繁殖的黄蜂为楷模。”

“如能信守君王之规，国内众生将宛如沐浴在皎洁清凉的月光之中共享幸福安宁。只有国家安宁富强，才是佛教之福、陛下之福、子孙万代之福也！”明康王听了西德别基上述这番话后，大喜。遂赐他名“亚扎”①，以及贵重的仪仗用品。在明基苏瓦绍盖王在位时，明亚扎获“西德别基”之名，到王子明康在位时，又获“亚扎”之号。

缅历 764 年（公元 1402 年）明康王赐与王弟信代达名底里泽亚都拉；赐与宾垒侯亚扎都拉之孙名摩诃，并赐战象 70，食邑因道；摩诃标死，赐明亚扎之子抱拉战象 50，领央米丁侯；赐苏涅统领北方骑兵队；赐与明亚扎之女苏玛蕾婚配的德多登克都领勃东及德勃因城；赖亚弁琪为卑谬侯；登勃德为东敦侯；劳皮亚之子瑙亚塔为色林侯；丁克亚为瓦底侯；杜因布翁尼亚为良渊侯；亚扎都为德右侯；乌兹那为蒲甘侯；德勒帕耶为布坎侯；巴亚加马尼为辛古侯；亚扎丁坚为西博达亚侯；西都为抱绵侯。封赏连续七日不断。

王遵从法师之嘱修了一座带篷顶的桥。遵照法师之言拒取他人遗产，放弃寺庙僧侣等赠送的物品。事情经过如下：敏巫一财主死，子女分遗产时将其中的一条金丝巾和价值千元的红宝石献与国王说，遗产属国王所有。王拒收说：“你们——普通民众难道以为国王需要这笔遗产吗？除非死者无子女继承，其遗产才能归国

① 该词源自巴利文，意为君王、首领。旧译罗阇。

王所有。财主的遗产应归其子女所有。”在修建仰昂敏佛塔时大臣们为塔基填土平地，一位名叫摩诃的大臣接受了僧侣的礼物。国王得知后说：摩诃填的土变了质，将他填的土挖出送到亚绍、良瑞山的另一边。

缅历765年（公元1403年）若开王陶亚基侵扰缅境内的约曹、朗榭等地。明康王闻报，召见文武大臣商议对策。是时，王子明耶觉苏瓦年方13岁，王命其为将，领布坎侯德勒帕耶、蒲甘侯乌兹那、东敦侯登勃德、德右侯亚扎都、色林侯瑙亚塔、辛古侯巴亚加马尼、西博达亚侯亚扎丁坚、抱绵侯西都及北方骑兵队统领苏涅等各一路人马。王子明耶觉苏瓦本部人马由谬拉侯任监军。

10路大军计有：战象400、骏马5000、士卒100000，直奔若开杀来。安营下寨之后，明耶觉苏瓦就去与小伙伴们玩陀螺、打小木棍儿，军务皆由手下统领、监军们处理。若开王在那嫩山早已部署好大批兵马战象。缅10路大军抵达那嫩山下，统领监军们对明耶觉苏瓦说：“据报若开所派军队甚众，吾等要见机与其交战。威德无穷的将军，望您谨慎行事，不可掉以轻心。敌军靠近时万不可轻易出击。”明耶觉苏瓦默不作声，继续前进，接近敌军时，明耶觉苏瓦说：“敌众我寡，我将10路大军合成三股才易取胜。”众将依言分成三股。

东敦侯登勃德、西博达亚侯亚扎丁坚说：“请殿下率四路居中，吾等左右各三路。”说罢，右翼为蒲甘侯乌兹那、色林侯瑙亚塔、西博达亚侯亚扎丁坚三路大军；左翼为辛古侯巴亚加马尼、德右侯亚扎都、东敦侯登博德三路大军；明耶觉苏瓦、北方骑兵统领苏涅、抱绵侯西都、布坎侯德勒帕耶等四路居中。若开王陶亚基见阿瓦军逐渐靠近,即摆开阵势,属下也开始部署战斗。

此时,明耶觉苏瓦骑耶妙苏瓦象率马军3000从中路冲向敌阵。将领们见明耶觉苏瓦冲入敌阵,不敢怠慢,个个奋勇向前。明耶觉苏瓦在敌阵冲杀,冲倒敌象四五头,直奔若开王之象。若开王知道自己所骑之象不是明耶觉苏瓦战象的对手,遂改乘骏马率马军50000迎战。阿瓦马军也迎上前去厮杀。北方骑兵统领苏涅正遇若开王,与他厮杀在一起。苏涅手起刀落将若开国王首级砍下。若开王死,若开军大败落荒而逃。俘获象马兵卒无数,死者甚众。明耶觉苏瓦见陶亚基死,若开军溃逃,遂挥师直指若开。若开军据城力守。但在阿瓦军猛攻之下,若开城终于陷落。食邑山区七县者也纷纷前来进贡称臣。明康王听到来报,遂将若开城并登基五宝赐予格礼侯阿瑙亚塔明绍。令王子明耶觉苏瓦回朝。阿瑙亚塔明绍食邑若开一年后,王将13岁的公主瑞卑羌达赐予他成婚。

同年,翁榜[①]土司侵犯缅境的吞东布德。明康召见明亚扎等大臣商议。明亚扎奏道:"威德崇隆的国王陛下,炽热的火焰固然可以焚毁生灵,冰冷的水流同样可致人以死命。翁榜土司多姜发不知深浅竟玩火,但不打紧只需用水泼就能将火扑灭。王可送去一位远亲赐予他婚配,使他永远归顺,按时进贡。"明康王道:"亚扎,你去告他朕拟将妹丈乌兹那艾之女赐他为妻。"

明亚扎赴翁榜告之王拟赐公主与他为妻。翁榜土司多姜发备大批礼物,其中有中国布匹、麝香、牦牛毛、鞍垫等,并对明亚扎说:"王若将远亲赐我为妻,我将忠心报效,终生不渝。"明亚扎返回,向

① 旧译安邦,即今日锡箔(或译作昔卜)之地。

国王回奏，并将礼品献上。明康王遂召翁榜土司来京，建造结婚新房，将外甥女与其成婚。从此以后，翁榜土司归顺阿瓦，每年进贡天鹅绒、双面缎、花毯、牦牛毛、马鞍垫、驯马等。若土司有所疏漏，就派出大批象马命其完成任务。

缅历766年（公元1404年）罗摩迎国之孟王亚扎底律率格杜、伦锦、古囿、泰亚等战船3000、将士16万，在大将登马尼育、德门皮亚萨、德门阿瓦乃、德门泽别与王子、驸马等簇拥之下，乘妙声鸟舫溯水而上。明康王闻讯，下令沿江各镇增加象马兵勇严加防范。沿江诸镇含卑谬、美德、色固、色林、布坎艾、色雷、蒲甘、德娄、布坎基、实皆、辛古等镇。阿瓦京都也增加了象马兵卒修筑墙堡，加固城防。

孟王亚扎底律命驸马摩诃腊及公主德拉梅久率大批象马兵卒固守康朗甲。亚扎底律从汉达瓦底出发。古突侯、莱侯与达耶瓦底侯听说亚扎底律从水路来攻的人马甚众，遂率部开赴卑谬会合卑谬侯赖亚弁琪共同抗敌。孟王亚扎底律从汉达瓦底沿江而上抵卑谬，连续发动进攻。卑谬城内用火铳、土炮射击，孟人不敢登城，伤亡甚众。于是从卑谬城外撤离北上美德，向美德城进攻。美德侯也从城头屡次以火铳轰击。轰击中，亚扎底律的亲信乌巴冈大臣中弹身亡。亚扎底律又从美德继续北上，并将沿江船只付之一炬。亚扎底律率军至蒲甘准备攻城，见蒲甘侯也防守甚严，只得再北上阿瓦，未攻阿瓦先在实皆城耶温安下营寨。

明康王召集高僧法师文武群臣商议。王问："孟王亚扎底律来了。用什么办法，怎样理论，可使他退兵？"高僧法师们以至文臣武将们都默不作声。这时，彬牙城的一位通晓经藏和占卜的色久法师说："不用说孟王亚扎底律，即令南赡部洲的所有君王都来，我也能用三寸不烂之舌说他回去。"明康王大喜说："就请师父说服亚扎底律，让他撤回。"彬牙色久法师说："我要写信给亚扎底律。"

色久法师在致亚扎底律的密达萨[①]中写道："色久法师日夜为之祝祷的佛教施主白象王伟大的正法之国王陛下：贫僧年已 31 岁，入法门僧腊也已 11 年，悉心佛事，皈依正果，夜以继日，从不间断。希陛下能分享贫僧所获之善果。亟盼仰望施主圣君一面。欲乘舟南下汉达瓦底京都，唯因舟船不备，至今宿愿未偿。圣君是致力佛教神圣大业之人。如不能与圣君相会谈论善恶、功德与罪业，死后必入恶道；若能与圣君见面畅叙布施守戒之道，死后定可得善道。特写此柬。"

孟王亚扎底律见书柬后思忖："自朕从京都汉达瓦底出发，所到之处未曾遇到一位僧侣。今日这位僧人要求见朕，拒之，就等于无视三宝中之一宝。"想至此就派人来请说："弟子也希望与师父见面。"色久法师告明康王说，贫僧现在可以出发了。明康说："师父需要什么礼物尽管吩咐，弟子为您安排。"色久法师说："中国布匹、牦牛毛、马鞍垫、坐垫、麝香、咸茶叶、水果、棕糖块、蔗糖汁等，够 300 人拿的即可。"明康王依法师之言备齐礼物。色久法师坐于鄂唐比无牙象的金鞍之上。象前有 300 名着白衣的持斋者；象后有

① 意即：情谊书柬，有用白话散文写的，有全用诗句写成的，也有文白相间写成的。这种文体始自阿瓦王朝时期。原来是高僧致君王的信柬，多为谏词。后来扩展成为君臣、父子、师徒、夫妻、朋友间的来往函件。内容则是诵经讲道、联系事务、寒暄问候，多种多样无所不包。作者也不再局限于僧侣，也有不少俗家写作的或代笔写成的。总之，密达萨是缅王朝时期一种独特的文体。这篇作品是缅甸文学史上现在发现的第一篇"密达萨"。

300 名老者手持礼物相随。渡过阿瓦河，到达瑞界野以北的喔腾茂，改乘亚扎底律派来的金独木舟。色久法师登上亚扎底律的御舫献上礼物。亚扎底律诙谐地说："师父的礼物未免过于丰厚啦！"收下了礼物。

亚扎底律问道："师父从何处来？"色久法师说："从大王看到贫僧时，贫僧就来了。"孟王亚扎底律心想："看来我要与此僧长谈了。"色久法师在为他铺设的座位上落座后说："人、神、梵天三界众生视为最高圣贤的获一切种智之佛陀在成佛之后，在亚扎亚德那塔，两名商人德普达与婆梨伽两兄弟向佛施舍了蜜糕，释迦牟尼给了他们 8 根佛发，他们将 8 根佛发埋藏在登拘德拉山中[①]。后来统治阿梨摩陀那蒲甘的阿奴律陀，率象马车步四军到登拘德拉村询问该村父老埋藏的日期。父老乡亲们说：埋藏的时间是缅历 12 月 15 日（公元 1405 年 2 月 12 日）水曜日。当日正值潮汛，海水没及堤岸。但是阿奴律陀未能得到佛发即返回蒲甘。据说当时测量水位溯流而上返回蒲甘。到蒲甘国时水位达 175 肘尺。"

接着色久法师又问："大王从孟国迎着大水溯流辛苦地划舟撑船来到蒲甘、阿瓦，所为何来？"孟王亚扎底律说："弟子溯流而上原因有四。"色久法师问："请问是哪四项原因？"亚扎底律说："其一是：为了观赏各地的奇特风光；其二是：为了显示我的威力武功；其三是：为了扩大版图增强象马兵力；其四是：为了朝拜蒲甘、阿瓦众多的佛陀遗物、佛塔与佛像。正因此四项原因，弟子才来到此地。"

① 即现仰光瑞大光佛塔（俗称大金塔）所在的山冈。上述传说即瑞大光塔建塔缘由。

色久法师又说："看来施主陛下御前缺少讲经劝世知识渊博的僧侣学者，也缺乏远见卓识机敏干练的文臣武将。"亚扎底律说："师父此话怎讲？"色久法师说："贫僧说圣君御前无僧侣学者，其中缘由且听贫僧道来，南赡部洲纵横 10000 由旬，忉利天、阿修罗界与无间地狱也各纵横 10000 由旬。四处纵横大小相同。在南赡部洲 10000 由旬中，水域 4000，大雪山等山地 3000，人众居住之地 3000。人众居住之地 3000 由旬中，中天竺有 16 大国，101 个民族[①]居住的城池村寨，各据一方，相安无事，空地也很多。

忉利天[②]的 10000 由旬中，除天帝释居住的善见宫中有善见神车[③]、杜达玛亭、刺桐树、班都甘巴拉宝座、欢喜林[④]、塞达拉达花园、泼柔德格花园以外，各神居住之宫殿面积分别为 10、20、30 由旬大小不等，各据一方，相安无事。

无间地狱的 10000 由旬中住着受到恶报的生灵。他们像菜子塞满在竹筒里一样拥挤不堪。为什么地狱里的生灵受这种罪呢？那是因为世上一切生灵都受贪、瞋、痴三毒迷惑，为非作歹被打入地狱之故。

王为四事而来，其中三者是不应做的。只有一件是符合佛法，受到佛陀与其弟子们的赞赏。为了朝奉佛陀舍利圣物从京都汉达瓦底至大城罗陀那补罗阿瓦，每行一步都将获得众多善果。其他三件皆与贪欲之心有关。佛陀等教导我们说：此乃与涅槃之道相

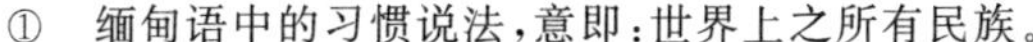

① 缅甸语中的习惯说法，意即：世界上之所有民族。

② 佛教谓不离食欲、性欲的神国六层中之第二层，即所谓三十三天者。谓在须弥山顶，中央为天帝释所在的善见城，四方各有八天域，合计共有三十三天域。

③ 按佛教说法，天帝释所居之宫名为善见宫，所乘神车亦名善见神车。

④ Nandawun 花园，意译作欢喜林。

悖。故贫僧说陛下御前缺少有识的僧侣学者。

贫僧说陛下御前缺乏贤臣良将。是因为陛下父王白象之主彬尼亚乌在汉达瓦底称王时,曾派使节与大城罗陀那补罗阿瓦之王明基苏瓦绍盖商定两国互不侵扰,像一张金箔一般亲密无间,于是两国均繁荣兴旺。施主圣君陛下即位后,大臣们不向陛下奏明,保持先王间交往的方式,像用刀割水水无痕一样,使得民众僧俗共享幸福太平,所以贫僧说陛下御前无贤臣良将。

此外,施主圣君前世曾为孟国汉达瓦底祝福,因而成为汉达瓦底之王。今日王祝愿发兵破坏他国繁荣,这岂能如愿?罗陀那补罗阿瓦国亦非等闲之邦,它曾领受过佛陀授记,是佛教之圣地也。

再者,阿瓦国兵多将广,象马众多。南部东吁、东敦、央米丁、瓦底、因道、宾垒、莱德、良渊、敏塞、麦克亚、彬达莱、彬西、皎勃当、勃特那果、那茂、达伽拉等各大城镇都驻有重兵与大批象马。北部的美都、鄂耶内、西博达亚、西达、德博因、勃东、阿敏、甘尼、班基十乡、耶蕾赛新、约谬、梯林、朗榭等镇也都有重兵把守。沿伊洛瓦底江一线,琼当、妙当、太公、鄂辛古、实皆、布坎基、德娄、蒲甘、育瓦达、辛古、色雷、布坎艾、仁安羌、色林、色固、垒盖、美德、德叶、敏东、明达、卑谬、达耶瓦底等城镇也有重兵和大批象马。欲攻下这些城镇均非易事。若陛下一意孤行,必将多行恶业增加罪孽,积怨愈甚。

其三,我等京都每逢缅历一、二月间狂风大作,飞沙走石,江面难以停泊船只。至三、四月间则江水横溢,波浪滔天,船只很难行驶,全都得停泊河塘之中。

其四,只有两位国王和睦相处,不动干戈,众生才能获得幸福。

而只有众生幸福，才能诵经守戒使佛教得以弘扬。只有佛教得以发展弘扬，功德才能圆满，最后修成正果。

此时，施主圣君陛下犹如佛陀，贫僧彬牙色久法师犹如天帝释，阿瓦百姓犹如王舍城人。为何作此比喻呢？因为从前佛陀到王舍城化斋时，城内家家户户紧闭门户。天帝释得知此事后，想王舍城人这样对待佛陀将堕入恶道。于是，变化成一青年，在佛陀钵中施放斋饭。王舍城人在青年的带动下纷纷出来施斋。因为施斋大家才进入善道。”

在色久法师与亚扎底律交谈之时，亚扎底律之臣德门丹杰、阿德意等人俘获瑞界野佛塔之塔奴20余人献于王前。色久法师见到后说：“陛下连恩人恩德都不知吗？”亚扎底律王问：“谁是朕的恩人？”色久法师说：“陛下由于前世向佛陀与其弟子们行善积下功德，王今世才获得王位，享受荣华富贵，才有这些珠宝、象马、奴仆，才有今日之武功与智慧。今日陛下将为人们谋利的佛陀之奴捉来折磨他们，岂不是忘了恩人与恩德？贫僧遵照律藏讲了些和现世与来世利益有关系的话，希望两位国君结为盟友，众生皆获幸福。希望陛下答应贫僧所求。贫僧将能乐于住在阿瓦或汉达瓦底城。贫僧希望两国像一张金箔亲密无间。”

亚扎底律说：“弟子为攻打缅甸而来，今日师父向弟子讲法，弟子即返回。”向法师施舍了许多礼物：布匹、宽幅细布、印花布、地毯、香料、伽兰香、沉香、龙涎香、黄兰香、玫瑰香精、樟脑、辣椒、槟榔、药材。交还瑞界野的塔奴。王说：“弟子将在此再停留四五日，在瑞界野塔建一佛亭，将派往上缅甸的士卒们召回。”亚扎底律用金独木舟将色久法师及随从人等送回阿瓦。

亚扎底律王拆了五艘御舫，用这些木料在瑞界野塔广场建一佛亭。建成后，请色久法师等100僧人奉斋，并向他们布施布匹、宽幅细布、红呢绒、香料、垫子、伽兰香、樟脑、沉香、黄兰香、玫瑰香精、龙涎香、辣椒、槟榔、药材等。众人祝祷共享善果。天亮后，亚扎底律请来色久法师说："请师父与弟子同去蒲甘。"于是在色拉加彬船上放置尖阁，请法师乘坐。亚扎底律调转船头顺流而下。

关于色久法师的生平，在《师尊世系志》中说："色久法师是明基苏瓦绍盖王在位时色雷阿信摩诃亚达之徒，在信彬随久寺修行的信佐达延达。应谬拉侯之邀来阿瓦，在谬拉侯门下。明康王即位后，欧德白古亚扎底律王在耶温安营，阿瓦闭门坚守。色久信佐达延达出城当说客，此僧善于辞令精通经典。"《缅桂大寺史》也有关于他的记述，说："亚扎丁坚大臣在瑞喜宫佛塔内建一迦叶寺，亦称之为上寺，该寺捐给从色雷、色久请来的名僧。"与《师尊世系志》记载一致。古代史书称该僧为色久法师。但《新史》与《阿朗帕耶斗争史》等书将其改称为色觉寺之法师或缅桂寺之法师是没有道理的。

亚扎底律撤至皎德龙后，明康王将他在瑞界野佛塔建造的佛亭焚毁。亚扎底律见到徐徐升起的浓烟，说："他毁了朕的功德。朕此次停止进攻阿瓦，完全是因为色久法师做了工作，朕答应了这一要求。现在朕要重新攻打阿瓦。"令全部船只调转船头。

此时与彬牙色久法师一起的大将德门皮亚萨、登马尼育等向亚扎底律奏道："破坏您的功德是他的罪责。既已答应了高僧法师的请求，再兴师去战实为不妥。王若坚持要战，可先取与我边界接壤城镇，然后再攻阿瓦。"遂又掉转船头顺流而下。

《缅甸大史》、《中史》、《新史》都记为：亚扎底律直进至太公城，其实不然。据《亚扎底律斗争史》载，亚扎底律仅派登马尼育和德门皮亚萨至太公。亚扎底律对色久法师说，我要召回派往上缅甸的将士，将士们一到就返回。据此也可明显知道亚扎底律并没有进至太公城。

明康王召集文武群臣道：这次孟王亚扎底律来犯，竟能未折一兵一卒未损一刀一枪返回。今后他若再生此念，水陆两路来犯，则后患无穷。看来我们应派兵堵截方妥。遂派巴亚加马尼与亚扎丁坚二人率马军3000沿伊洛瓦底江东岸一线至卑谬布防，使孟军连上岸砍柴挖菜也不可能。

亚扎底律由水路急速赶至蒲甘，在丹吉塔旁建一寺庙并备四物一并施舍给色久法师。

这时，巴亚加马尼、亚扎丁坚也抵蒲甘，将手下马军按100骑、200骑、300骑编成若干队。孟兵见之，以为缅军拥有19000之众，不敢靠岸继续飞速南下至色雷，大臣们发现阿奴律陀时从孟国取走的一尊佛像，告亚扎底律。亚扎底律派大臣等去取。遭巴亚加马尼、亚扎丁坚拦击，孟人死伤甚众。亚扎底律急忙南下卑谬。卑谬侯弁琪与色林侯瑙亚塔商议趁亚扎底律在上缅甸之机进攻驻守在康朗甲的驸马摩诃腊。摩诃腊兵败，只身单骑逃走。俘获摩诃腊之妻德拉梅久公主献予明康王。亚扎底律闻讯，急回汉达瓦底，将驸马摩诃腊处死。

缅历767年（公元1405年）亚绍、良瑞土司陶迈基送来大批礼品并奏道，愿意像翁榜土司多姜发那样归顺效忠。明康王召集明亚扎等文武群臣商议。大臣们在明亚扎面前如小鸟儿在鸢鹰前不敢飞翔那样，只观察明亚扎脸色不敢发言。

这时，明亚扎奏道："德威崇隆的国王陛下，有道是渔夫钓鱼垂鱼饵，猎人捕鹿放驯鹿。依臣之见，对待良瑞陶迈基这样的人最好送去一远亲与其结亲，他必归顺。"明康王将良瑞陶迈基召至御前，将远亲德右侯亚扎都之幼女许配给他。

从此，良瑞陶迈基每年进贡刻花毯、丝绒、缎、两面绸、麝香、牦牛毛、鞍垫等。明康王见他尽职，遂允许他组织士卒象马大军。

同年孟王亚扎底律又率象马大军水陆两路来犯，攻打缅境的阿垒城与古突城，阿垒侯杜因布翁尼亚、古突侯巴亚觉都抵挡不住，遂集合军队去莱城固守。亚扎底律以水陆两路大军围攻莱城。莱城城上用火铳攻之，孟军伤亡惨重被阻城下。是时手下大将登马尼育、德门皮亚萨向亚扎底律王奏道："莱城火铳甚多攻之艰难。不如暂时弃之不管转攻卑谬，待攻下卑谬，则莱城不攻自破。"亚扎底律撤军转攻卑谬。卑谬侯弁琪加固城防以大批象马士卒在城内固守。亚扎底律抵卑谬从水陆两面急攻。因火铳很多无法登城，不得靠近。冲上去的士卒也大多伤亡。遂将城团团围困。卑谬城中将士众多，约两个月后，粮草断绝。

明康王闻此消息，命谬拉侯德多为将，率马 2000 匹为卑谬运粮。谬拉侯德多乘一头丹林苏瓦象，每匹马驮两箩米突破重围，运粮进城。遂解除了卑谬饥荒。天明时，谬拉侯德多 2000 骑再次突围冲出城来，到御前奏道："围困卑谬的孟人水陆两军人数甚众，应速派兵往援。"明康王集合象马大军，命布坎侯德腊帕耶、蒲甘侯乌兹那、东敦侯底哈勃德、德右侯亚扎都、谬拉侯德多各率一路，五路军马合计有战象 200、骏马 3000、将士 50000。

亚扎底律闻明康王大批援军已到，遂派德门皮亚萨、德门阿瓦乃、德门泽别、德门包觉、德门比亚拜、驸马乌巴冈及勒宫恩各率军一支迎战缅军，七路大军共有战象100、骏马8000、将士40000。命勒宫恩为先锋。孟人探马向勒宫恩报告缅军已接近，勒宫恩进入林中准备冲杀。主帅德门皮亚萨派人告勒宫恩："先锋不要操之过急，待缅王到旷野处后，视其兵力，再作攻击部署。"明康王军由布坎侯德勒帕耶为先锋。勒宫恩冲出林来大战缅军。马军转至旷野处才与勒宫恩交锋，勒宫恩大败。接着连战乌巴冈、德门包觉、德门比亚拜皆胜，被布坎侯击败之四支孟军逃入林中，缅军追击，获大批战俘象马。

明康王五路大军大败孟军，捕获大批战俘后，开始有些懈怠。亚扎底律的大臣德门皮亚萨、德门阿瓦乃见缅军军纪松弛，营地混乱，便发动反攻，大败缅五路大军。布坎基侯和蒲甘侯一面集合残部，修筑工事固守，一面向明康王告急。明康王急召各地土司，命他们率战象300、骏马7000、将士120000往援。

亚扎底律闻明康王率大军来援，不敢再在卑谬一带逗留，转到德莱西一带，建起木栅，起名波罗奈城，安下营寨。将船只等停泊在码头。亚扎底律召见德门皮亚萨、登马尼育商议："是将三路大军驻守那温，还是都撤至西部一齐抗击缅军更妥？"德门皮亚萨奏道："臣以为还是将那温三支大军撤至西部为妥。此次明康王发兵，兵多将广象马甚多。我军如能抗击固然好，但万一抵御不住将有损我大业。"德门泽别、德门包觉、德门比亚拜三位将军奏道："我军攻卑谬已有四五个月毫无结果，若将我等三军撤离，卑谬百姓将归顺明康。"

这时，登马尼育说："卑谬是一座砖城，护城河又宽又深，很难攻克。你们三军之寨乃木寨，壕浅堑窄。明康王一到，很难抵挡得住。"德门泽别、德门包觉与德门比亚拜三将说："只请国王给我们增派士卒象马。我等一定竭尽全力固守。"亚扎底律遂增加了兵力说："只望汝等三支大军精诚团结。"于是，德门泽别等人返回后修筑胸墙，深挖沟堑，准备抵御缅军。

明康王午夜后从美德城出发，破晓前抵卑谬，将驻守在那温的三支孟军团团围住。一部分人越过护城壕，一部分人用云梯登城，以象军、马军突破孟军工事。在缅军奋勇冲杀下，孟三军大败。德门包觉、德门比亚拜二人阵亡，德门泽别被生擒，象马大多被俘获，士卒纷纷跳入江中，向西逃命。

亚扎底律闻言怨道："岂能逃跑？"命埃蒙德亚率 10 艘劳加船去追杀跳水之人。大臣摩诃德孟谏道："是三位将军在御前许下诺言，而士卒是无罪的。捕杀他们犹如焚屋灭鼠。何况陛下是祈求来世成佛之人？"亚扎底律闻言怒火平息，遂命埃蒙德亚不要捕杀投江士卒，而把他们救上岸来。

明康王打败孟三路大军后，下令修筑木栅工事，加强卑谬一带的防御。

孟王亚扎底律召集文武大臣商议对策。主帅德门皮亚萨与登马尼育奏道："此次失利只因未听臣等进言，才致失误，下一步望陛下能采纳臣等意见。"亚扎底律问："卿等有何良策？"德门皮亚萨奏道："陛下，我军攻击卑谬已四五个月，征得甚多粮草。现在卑谬周围村庄粮草已尽，卑谬城内也已断粮。明康王率部来援，虽然兵卒甚众，却未见粮船，全凭士卒们肩扛运来一些粮食。我们可以在适当地方隐蔽起来，伏击从上缅甸来的运粮船。如得手，明康王的士卒将挨饿。由于我军就在他们附近，明康王不敢贸然撤退。那时，他就会来向我们求和，但到那时，我们绝不能让步。”亚扎底律认为此计可行，便选派精兵乘300艘劳加、铁船，逆流而上直至美德城、德叶城以北地区，将沿途村庄全部焚毁。所以色固、色林等地均不敢前来送粮。

明康王部下将士遂陷入饥馑。明康王召集文武大臣说道：“现在我军粮草已尽，仅剩下四五日口粮，断炊在即。依朕看还是议和为宜。”文武大臣齐声称是。明康王派一使者带了两匹骏马、中国布匹、麝香等来见孟王亚扎底律。

明康王在致亚扎底律的信中写道：“金殿之主明康王向王兄亚扎底律致意。此次吾率兵前来，只因闻吾边疆古突、阿垒两城遭劫，卑谬被围。王兄是一位信守君王十规的国君，吾也是信守君王十规的国王。吾等弟兄二人如能友好相处，将无敌于天下。希望像吾等父王在世时那样，王兄的罗摩迎国与小弟的苏那波兰达、丹巴提巴国友好相处像一张金箔一样亲密无间。”

使者宣读了明康王之信件后，亚扎底律看了一下主帅德门皮亚萨和登马尼育的脸色。主帅德门皮亚萨低下了头。亚扎底律赞扬两位大臣的远见卓识。与来使交谈后，回复一函，写于贝叶之上。

贝叶之上写道：亚扎底律向王弟金殿之主明康王致意。王弟轻信渺米亚侯劳皮亚那斯之言，进犯吾国，遍及全境，使吾国蒙受浩劫。现在吾来到王弟金殿之主的国家，尚未举行庆功典，故尚难答应王弟所提之要求。向使者回赠了许多礼物后，令其返回。

使者返回后，明康王听过了金贝叶上所写内容，一笑。因为交涉未成，遂召来所俘的孟大臣德门泽别，对他说："兄已年迈，兄的两位女儿均是亚扎底律王之王后，据悉现在均在亚扎底律身边。请兄让你两个女儿代我求和。事成后，朕即放兄返回。"德门泽别给女儿们的信中写道："二爱女，父有一言相告，父已年迈不愿成为事二主之臣，盼临终时能将你等的手放在为父胸前。父如在缅人国中死去此愿未偿，必将堕入四恶道。两位君王言和，父方能免遭此难，重获自由。望二女向王请求停战。"

德门泽别的两个女儿听说来人送来父亲的信，看后痛哭，将父信呈于王前。亚扎底律沉默不语，召来德门皮亚萨说："卿听说了没有？德门泽别那老头儿还活在人间。"德门皮亚萨说："德门泽别不按臣等谋略，妄自尊大，有负王命，终于沦为他人之奴，生死何异？"亚扎底律王默然步入内宫。

两位王后抱着亚扎底律的腿痛哭不已，奏道："德威崇隆的国王陛下，请三思，只有和谈妾等才能重见父亲。"亚扎底律道："朕也可惜尔父，以前朕未采纳主帅德门皮亚萨等人之策，却听信了尔父之言，致使朕丢尽颜面。尔父也被人俘获。现主帅向朕进言：明康派人求和，不要答应。他有见识，看法是很对的。主帅不同意，朕也不便同意。尔等可向他申诉，他若同意，朕就与明康言和。"

两位王后给主帅写了一封信，并附上黄金一缅斤、白银 10 缅斤。信中写道："我等姐妹二人向主帅叔父敬禀：我等父亲年事已高，但愿叔父帮助我父在这般年岁时不再成为二主之臣。我姐妹二人只有求叔父作主了。"德门皮亚萨默不作声，也未将礼物收起。亚扎底律召见德门皮亚萨说："两位王后抱着朕的腿多次求情。朕对她们说：世上众生在未进入涅槃之前，都摆脱不了世间八法。”德门皮亚萨奏道：“臣仆只知如何战胜敌人金殿之主，却不知该如何顾及妇人之言了。”

亚扎底律说：“卿与德门泽别二人乃童稚之交结拜兄弟。卿不念及此情吗？”德门皮亚萨奏道：“臣只知考虑如何克敌制胜！”亚扎底律不语。

当主帅走后，两位王后来问：“他同意了吗？”王说：“他说只知战事为先。朕只得默然。朕不便反对他的策略，还是尔等去找主帅吧！”两位王后又派人给主帅送去许多礼物。德门皮亚萨仍然拒收礼物，只是说：“以君王的旨意为主。”

两位王后再次来到国王面前又哭又闹地回奏。亚扎底律说：“朕准备接受德门皮亚萨的指责。”将德门皮亚萨与登马尼育唤至御前说：“金殿之主明康王失策，对我们开始畏惧了。但战争者有得有失。明康与朕都是一国之君，拒绝他的要求不太妥当。将来要打还有很多机会。”德门皮亚萨与登马尼育奏道：“陛下若同意和谈不必着急，等他来求时再应允不迟。”

亚扎底律告两位王后可派人通知德门泽别已办妥。两位王后派人告德门泽别说事情已办妥。德门泽别来见明康王奏道：“已办妥。”明康王遂准备大批礼物派使节前往，明康王致亚扎底律一函。函中说：

“金殿之主明康王向亚扎底律王致意。只因我们两位国王之怒火，招致一场大战，众将士的性命就像山崩地裂小草遭殃一样，蒙难巨大。因此我向你呼吁让我们共同为一切生灵造福。”使者见到亚扎底律王宣读了信函。亚扎底律听过后复函说：

“亚扎底律王向王弟金殿之主明康致意。王弟说要为一切生灵造福。吾乃祈求来世成佛的国王,就是希望一切生灵获得幸福。”两位国王讲和后,明康送去的礼物有:佩有金缰金鞍之良驹10匹、佩有金缰金鞍之驯母象2头、马50匹、花绒20匹、绿色天鹅绒20匹、紫红天鹅绒20匹、丝绒20匹、花缎20匹、麝香、牦牛毛、鞍垫、咸茶叶等。由100人手持礼物,派大臣德耶西都前往宣誓定约。德耶西都抵达后,在大臣席上就座。亚扎底律王亲切地与他交谈,赐他壮象2头、母象1头、10缅钱重之金钵、上等布匹、香料玫瑰露等叫他返回。

是时,亚扎底律道:“王弟与朕犹如切割成许多小块的碎金熔铸在一起仍然金光闪烁一样,为了佛教的利益、僧俗的利益而努力的善果,将来定能得到佛陀授记之言。”亚扎底律也派德门皮亚萨前去定誓立约,并带去由1000人抬运的礼物。计有:金缰金鞍壮象4头、彩带壮象4头、红绿天鹅绒20匹、单幅上等布20匹、布20匹、绸布20匹、优质好布20匹、花布20匹、地毯20卷、香料、伽兰香、沉香、黄兰香、龙涎香、玫瑰香精、槟榔子、辣椒、药材等。

明康王赐德门皮亚萨在大臣席上就座,与其亲切交谈,赐他金缰金鞍马2匹、1缅斤重的金钵、缎子、绸布、蓝布、麝香、牦牛毛、鞍垫等。并说:“两国战事结束,犹如以刀割水水无痕一样,一切生灵皆获幸福。实为功德无量之举。由于此功德定能得到未来佛之授记真言,修成佛陀正果。”德门泽别等被俘人员经过审查全部释放。到了约定之日,举行隆重典礼,撑起白伞,在众文武大臣簇拥下,两位国王携手登上山道欣佛塔,宣誓立盟。

按照两国国王的誓约,立桩划定国界如下:西部以德宾德扬为界，上为缅甸，下为孟国。亚扎底律提出要求说："显然，此次王弟取得了胜利，吾失败了。今年吾的军队暂时驻在德莱西城，雨季再撤回。"明康王依允。边界划定后，两位国王交换各自使用的白伞以及槟榔盒等器皿，然后握手道别，两位国王率军马依序返回各自京都。

缅历768年（公元1406年）孟养侯位空缺。明康王与明亚扎商议说："谬拉侯是朕心腹，勤奋上进，亚扎底律围卑谬时，运送粮食赴卑谬。把孟养交予他谬拉侯乌登统辖，妥否？"明亚扎讲了麻雀蛋与孔雀蛋的故事。明康王说："朕奴乃孔雀蛋也。"东敦侯之女信米妙被立为妃，五个月后将其赐与谬拉侯乌登为妻，后又赐名"德多"，领孟养侯。德多获孟养后，赴任前以鞍垫具备的良驹一匹为礼物去明亚扎府上拜访说："蒙您提携，今我获孟养城，请问如何治理，才能使孟养繁荣昌盛？""请牢记能使城乡繁荣之精进七法及君王之四品。擅长韬略，精通武功两者之间应重视前者。"德多到达孟养后，爱民如子，城乡呈现出一派繁荣景象。

一日，统治罗摩迎国的孟王亚扎底律召集德门皮亚萨、登马育尼等人说："罗陀那补罗阿瓦国兵多将广象马成群，忠心报国不怕牺牲的王侯、武将很多，夜以继日进谏献策的文臣贤士也很多。待朕百年后，朕子孙在位时，将遇到很多麻烦。只有和金殿之主明康王结亲，日后才能保持两国如一张金箔般的亲密无间的关系。"德门皮亚萨、登马尼育也奏道："陛下所言甚是。"亚扎底律派登马尼育带上礼物与金贝叶书去见明康王。带去的礼物有：金缰金鞍壮象10头、彩带壮象30头、细花布100匹、优质布100匹、宽幅细布100匹、布100匹、红绿天鹅绒各100匹、上等单幅布100匹、香料、艾纳香、伽兰香、沉香、黄兰香、玫瑰香精、龙涎香、辣椒、槟榔子、药材等。

亚扎底律致明康王的金贝叶书中写道："亚扎底律王向金殿之主明康王致意。吾等兄弟二人和睦友爱，若以吾二人所有的犹如大地般雄厚之兵力与象马出战，则南赡部洲之上的各国都将成为吾等之藩属。希吾兄弟两国能像提婆陀诃迦毗罗城一样永世长存。吾之公主德拉梅久正侍奉金殿之主左右。王如能将御妹明拉妙许配给吾。吾将每年向阿瓦进献战象 30 头与勃生所得之船舶税银。"

登马尼育大臣率 3000 人携礼品来至明康王御前。献上礼品，宣读了金贝叶书。明康王召集明亚扎等文武群臣商议。明亚扎上奏了梵授王将公主萨牟陀阇许配给龙王，以此征服龙王之国的故事。明康王说："亚扎底律要求联姻事谈妥后即可进行。现在朕就派卿去谈此事。"赏赐了登马尼育让他回去。回赠的礼物有：金缰金鞍驯雌象 2 头、良驹 5 匹、绿天鹅绒 100 匹、红天鹅绒 100 匹、花毯 100 条、丝绒 100 匹、花边 100 匹、绸缎 100 匹、麝香、牦牛毛、鞍垫等。

明亚扎率 3000 人马赴汉达瓦底，带去明康王之函件。信中说：

"金殿之主明康向亚扎底律王致意。王提出联姻事，如王愿意立誓为吾尽职，吾可答应此求。今派大臣明亚扎赴贵国谈妥后，此事即可进行。"孟王亚扎底律与大臣德门皮亚萨、登马尼育等人商议后，立誓在拘利耶城建立成亲行宫。行宫建成后让四名孟族大臣的夫人参加仪式，并给她们配备了随从，跟随明亚扎赴缅境。亚扎底律进献的礼品有：金缰金鞍驯雌象10头、上等单幅布、花纹丝巾、红绿天鹅绒、宽幅棉布、双面两色布、红帆布、丝巾、优质布、花布、香料、伽兰香、沉香、黄兰香、玫瑰香精、百花香料、龙涎香、辣椒、槟榔子、药材等。

明亚扎返回后报告国王事已办妥。王为御妹举行洗头礼，赐名杜勃巴黛维以及正宫王后所用一切仪仗用品，宫女30名，命赖亚基夫人为内傅，命布坎侯德勒帕耶、东敦侯底哈勃德、包绵侯西都、德娄侯亚扎都、蒲甘侯乌兹那、东吁侯明奈米、明亚扎率七路兵马及10位夫人监管婚礼。王赐给御妹杜勃巴黛维正宫王后乘轿一顶。据说上述七路兵马共有：战象200、骏马3500、兵勇70000。

送婚队伍抵拘利耶城后，将杜勃巴黛维送入成亲行宫。各路人马依次驻扎护卫。亚扎底律也率大批象马将士100000余抵拘利耶城，派5名大臣监管婚礼。

婚礼完毕后，对众人大加封赏。命布坎侯德勒帕耶、东敦侯底哈勃德、包绵侯西都、德娄侯亚扎都、蒲甘侯乌兹那、东吁侯明奈米等6路人马返回。将明亚扎与10位夫人请至汉达瓦底。抵汉达瓦底后明亚扎与登马尼育大臣讲了许多典故事例。

亚扎底律问明亚扎："如何做才能使现世与未来轮回中能得到更多善果？"明亚扎奏道："威德崇隆的国王陛下，令国家繁荣富强之精进七法与君王十规可使陛下现世获得更多利益。贤人七德能使陛下在未来轮回中得到更多善果。"

杜勃巴黛维也问道："请爷爷也讲讲王后应遵守之法。"

明亚扎奏道："高贵的王后殿下，应仿效古人阿珊蒂梅达等尊贵王后去做。只有这样，才能在现世与来世都能受益。"并举出了许多实例典故。亚扎底律闻之大喜，给予他许多赏赐，并赠与他一名孟族大臣之女。后来勃东侯苏因即为该女所生。明亚扎与10位贵夫人在孟国住了五个月后，得到许多赏赐返回阿瓦。从那时起，两位国王和睦相处亲密无间，孟国每年进献象30头与勃生所得之船舶税银。

《新史》的编者根据历史所载："阿瑜陀耶王进献大象时受到大臣们的迎接"一语，认为没有任何一个国王和别国公主成婚举行过隆重典礼，也没有进献明康王之妹杜勃巴黛维举行庆典之事。古人所编历史对明亚扎讲的典故也无考。

杜勃巴黛维得到了正宫王后全部仪仗用品与亚扎底律成婚后，孟王每年进献象30头与勃生所得之船舶税银事，在《亚扎底律斗争史》中没有记载。

在《亚扎底律斗争史》中有这样一段记载：亚扎底律听说明康王死的消息后说："王弟即位为王以后，与朕乃死敌，如今王弟已命赴黄泉，只剩下朕一人了。真乃无常之道，人之躯干不能永存。"心中郁郁不乐。王后们听后戏言道："明康是王之弟、是姻兄弟、又是岳丈。现明康已死，何不兴兵将他的王后嫔妃统统接来。"此处所指王后，明明是指瑞卑千达[①]、杜勃巴黛维等人。《新史》编写者却否认这一事实。根据《缅甸大史》、《中史》、巴利文史籍和《君王御事录》的有关记载，亚扎底律与杜勃巴黛维结婚并归顺明康王，向其称臣是确实无疑的。

---

① 原文误写为苏卑千达。按明康之女是瑞卑千达，而明康的孙女、即底哈都之女才是苏卑千达，此时尚未出生。

（171）王子明耶觉苏瓦

缅历768年（公元1406年）明康王将布坎侯德勒帕耶基之女苏明拉许配给王子明耶觉苏瓦，并立其为王储。当年赐他良象骏马多头，每月可得发情雄象80头。实皆底里泽亚都拉[①]见他有如此多的象马十分忌妒说："鄂翠[②]那厮还不是因为我的辅助才有今天。"大臣们听到这话向国王奏道："德威崇隆的国王陛下，王弟实皆侯出言不逊屡次亵渎国王。有道是：子无礼，奴无礼；奴无礼，邻无礼。对王弟应该教训才是。"

明康王召明亚扎，命他去教训一下实皆侯。明亚扎思忖：实皆侯性情暴躁，蛮横无理，胸无点墨，不便直接去教训他。只有采取委婉引导的办法对他教训才能奏效。于是对一位名叫西杜因加都的大臣说："当实皆侯底里泽亚都拉来我处谈话时，你就详细地问我以前蒲甘德由别敏那腊底哈勃德与亚扎丁坚的事。"西杜因加都依言在实皆侯来与明亚扎谈话时，便问起有关蒲甘那腊底哈勃德王的故事。明亚扎详细地讲述了亚扎丁坚与那腊底哈勃德王的故事。实皆侯泽亚都拉说："（吾乃王子）怎么能与官吏的事相提并论呢？"起身便走。

实皆侯回到实皆后，聚集北方9支马军，经布坎抵蒲甘，取了宫错姜漂王的白伞与上朝大鼓后，率大军在阿瓦山套榭湖扎寨，派

---

① 即明康王之弟明代达，亦名信代达。

② 明翠，即明康王的幼名。

人向明康王传话说:“明翠,你是交出王位,还是单骑与吾较量?”明康王并不十分恼怒地说:“正如铁上所生铁锈会腐蚀铁本身一样,实皆侯的所作所为也毁了他自己。朕以社稷为重,不徇兄弟私情,如埃拉亚鹦鹉王对待子与牛一视同仁。如鹿王替身怀双胎的母鹿忍受不幸。[①] 朕也要牺牲自己热爱国家。在朕与实皆侯单骑较量时,文臣武将们可在一旁观战。现在备象出战!”实皆侯听到王兄之言也说:“好!”

明康王唤来象吏问道:“哪头象可胜实皆侯所骑之丹林苏瓦象?”象吏奏道:“亥尼拉是幼时就曾制服过丹林苏瓦的象。”天明,明康王带亚扎丁坚骑上亥尼拉象,在文武大臣们的簇拥下,率大军出战。两王所骑大象相对而立准备厮杀。这时,丹林苏瓦见是制服过自己的亥尼拉,不敢相斗,大吼一声,落荒而逃。明康王紧追不舍。实皆侯遂被关入牢房。

这时,明亚扎奏道:“王弟实皆侯才疏学浅做了错事。但念他过去曾立过大功,可不必对他治罪。此外,实皆侯妄图诋毁陛下的光辉,但由于陛下威力无穷,这次事件反而增添了陛下的光辉。”

“臣再讲一个故事。从前,有一口猪住在一个红宝石窟里。一天,狮王带领部下在红宝石窟周围活动。狮王走时,红宝石窟上显出狮王的影子。猪看到狮王的影子惊恐万分,于是便想减弱宝石窟的光辉。滚了一身泥巴,然后用身子反复摩擦红宝石窟的窟壁。但是它这样做并没有使红宝石窟黯然失色,反而更加光彩夺目。王弟实皆侯妄图减弱国王的光辉,但王的光辉并未丝毫减弱。王

① 所述两故事均系佛本生故事。

的权威犹如初升的太阳光芒越来越强。因此不要再让王弟受苦。”此时,明康王怒火已消,便把王弟从牢中放出。

实皆侯出狱后,投奔妹丈孟王亚扎底律。亚扎底律赐他大城大镇食邑并大批仪仗用品。实皆侯到孟国后,亚扎底律每年不再进献象30头和勃生所得船舶税银。

关于此事,《新史》编者引用了劳加通当木写瑞梯王家谱的诗。诗中写道:

太阳王系,先祖明康,
白伞荫下,金殿称王。
北部食邑,实皆封疆,
亲生手足,兄弟情长。
傲慢怒火,互不相让,
恃勇相争,陈兵战场。
力大无比,英勇顽强,
耶妙苏瓦,胯下良象。
攻杀亥象,胜势难挡。

劳加通当木是瑞瑙亚塔的仆从。当那腊勃底王将瑞瑙亚塔处死于河中时,劳加通当木逃亡东吁。他是阿瓦人。明康王在位的年代离那腊勃底称王的年代尚不很远,所以他对当时发生的事情是比较清楚的。他说明康王骑耶妙苏瓦象,而王弟骑亥尼拉象。但说劳加通当木是阿瓦人却没有任何记载可查。况且明康王与瑞南觉信王相隔10代国王,100余年。因此,我们认为《新史》所载不符合事实,只有《缅甸大史》所载才是真实可靠的。

同年,孟王亚扎底律又接纳了那腊梅拉。那腊梅拉之父陶亚基是若开王。明康王征服若开,杀死陶亚基,将若开封给其婿阿瑙亚塔明绍。于是陶亚基之子那腊梅拉逃离若开投奔亚扎底律。明康王之弟实皆侯底里泽亚都拉也来到此地与阿瓦王不和。亚扎底律命德门皮亚萨及10名大臣率战象100、将士40000,攻若开,准备立那腊梅拉为王。德门皮亚萨进入若开,发动猛烈攻势。因阿瓦援军未到,被德门皮亚萨击溃,若开陷落。驸马阿瑙亚塔明绍与公主被俘,押往汉达瓦底。那腊梅拉被立为国王。亚扎底律将阿瑙亚塔明绍处死,立公主瑞卑千达为后。

明康王闻讯勃然大怒。召集明亚扎等文臣武将商议。央米丁侯西都、布坎侯德勒帕耶等人奏道:"我们的实力孟人了解,孟人的实力我们也清楚。待雨季过了,旱季到时再集中全国兵马取之,孟王亚扎底律难逃王手。但孟国与云国清迈城甚近,若两国联合对付我国,则难以攻克。依臣等之见,乘孟人尚未派人与清迈联络之前,我们先派人去联络。"明康王说:"此计甚妙!"遂派皎意侯与谬拉侯取道东吁去见清迈王摩诃腊。

明康王在致清迈王摩诃腊的金贝叶书中写道:"金殿之主明康王向吾子清迈王致意。亚扎底律背弃了在卑谬山道欣佛塔立下的誓言盟约,攻打朕之国土若开,城破,杀朕驸马,将朕女立为王后。王弟行为不端,朕教训他后逃亡汉达瓦底,也被其接纳。原每年进献之30头象、勃生船舶税银也不再来献。他如此不知恩情不守信义,朕将兴兵讨之。望吾子清迈王率象马士卒从锡当一线出击,若攻克白古汉达瓦底,则公主美女、战象骏马尽归吾子。"

送去的礼品计有:金缰金鞍象两头、金缰金鞍马两匹、价值连城的红宝石指环10个。皎意侯、谬拉侯率百余人取道东吁前往。

到东吁后，请东吁人带路。不料迷路到达孟国兹亚城境内，兹亚侯将两名使节及 100 人全部扣留送交亚扎底律王。亚扎底律王看了明康王致清迈王的信，将随从 100 人扣留，将两位使者刺面后放回。

两名使者返回后，向明康王奏明情况。明康王大怒说："立即集合全国兵马出征！"

是时，明亚扎奏道："德威崇隆的国王陛下，凡大国国君固有其气势与尊严，但不应因怒火急于在非时之时出兵征讨。要考虑到时间、地点与主观条件。而现在已进入雨季，每年进入缅历四月、五月孟国国内丛林繁茂，河湖横溢，道路泥泞，象马行走困难。何不待过几个月，雨季过去天气放晴，那时再出兵。"并举出了不少故事实例。明康王拒绝采纳明亚扎之言，说："安排兵将象马，朕月内就要出征！"

是时，出征的序列是：王子明耶觉苏瓦、蒲甘侯乌兹那、德娄侯亚扎都、布坎侯德勒帕耶、央米丁侯西都、瓦底侯丁克亚、固道侯明摩诃、东敦侯底哈勃德、东吁侯明奈米、色固侯底里泽亚觉廷、色林侯瑙亚塔、良渊侯巴亚觉廷、卑谬侯弁琪、格礼杰当纽、孟养德多、甘尼侯耶瑞当、辛古侯赖威、彬西南达丁坚、莱德王登西、阿敏亚扎丁坚、翁榜多姜发、良瑞陶迈基共 22 支大军，计有战象 800、骏马 20000、将士 220000，明康王所率大军：先锋官为明拉瑞当，先锋部队监军为明基苏瓦；右军统领那当米亚，监军底里巴达亚；左军统领南达约达、监军达瑙；后卫官为南达都利亚，监军德耶南都。大军计有战象 200、骏马 2000、将士 40000。

命小王子底哈都与鄂钦巴、西杜因加都、巴亚加马尼分率四支军马驻守阿瓦城。

此外，命敏东、岱达、谬迪、明达、曹、美德、德叶、垒盖、班当、邦林、炯聪、布坎艾等镇共 12 路军马齐聚卑谬驻守，负责运粮。明康王率上述大批将士象马于缅历 769 年 2 月（公元 1407 年 4 月中至 5 月初）取道东吁出征孟国。

亚扎底律闻明康率大军铺天盖地杀来，命德门皮亚萨、登马尼育、德门阿瓦乃、乌巴冈、德门泽别、德门毛昆、勒宫恩、德门耶丁延、德门布翁西等各率所部一路人马。亚扎底律亲率主军居中，取道汉达瓦底出战迎敌。合计 10 路兵马，共有战象 200、骏马 3000、将士 80000。

亚扎底律命勒宫恩率战象 200、骏马 500、将士 50000 迎战明康王。勒宫恩率部与明康王先头马军遭遇，展开激战。勒宫恩兵力不及缅军败下阵来，大批士卒被缅军俘去。勒宫恩失利后，亚扎底律不敢在德景城御敌，退至班觉，等待莫塔马与勃生的军卒到来再战。

明康王将孟国北部一带城镇村庄全部焚毁，逐步挺进。抵班觉后连续发起进攻，均未成功。这时，莫塔马方面人马已到，大大补充了亚扎底律的兵力。明康王攻城近三月。攻战时间长，粮食消耗殆尽，周围城乡又已成焦土，无处觅粮。从卑谬运来粮食，遭亚扎底律部下拦截。又不敢去远处征粮，加上缅军人数众多，濒临饥荒。

明康王召集文武大臣商议对策。明康王说：“如今我军将士人数众多，粮食难以补给，长此以往必将遇到困难。朕意现在只有与其和谈结束这场纷争为妥。”文武大臣们也奏道：“将士们只有吃饱肚子，才能为国王效力，没有粮食是不能为王尽忠的。看来采取和谈办法解决纠纷为妥。”

明康王派因贝侯去见亚扎底律，转告道：“金殿之主明康王向亚扎底律致意。此次吾出兵汉达瓦底原因在于妹丈与吾曾在卑谬山道欣佛塔立誓，但妹丈毁约，取吾领土若开城，俘我驸马、公主，杀死驸马，强立吾公主为后。而吾得王兄之女后，念她与吾儿皆系王族之后，遂将公主许配吾儿。王兄若想要兄之女，吾现在即可送还。请兄还吾公主，吾即班师回朝。”送去的礼物有金缰金鞍象两头、金缰金鞍马两匹。

亚扎底律闻言召集德门皮亚萨、登马尼育商议，说：“现明康王粮草已断，将士挨饿，又不敢从这里撤离，故前来求和。我们可用计取他。”遂让因贝侯转告：“姻兄金殿之主方面出大臣 10 人，我方也出大臣 10 人共同去介哥佛塔宣誓立约。”

亚扎底律的计谋是：在佛塔预先埋起钢刀，等缅方来人时，取出钢刀将他们杀死。亚扎底律牵出从若开得来的瑙亚塔所骑一匹灰马和一匹枣红马让因贝侯德多看，并问道：“你知道这两匹马吗？”因贝侯奏道：“臣不知。”王说：“据说一匹是用 20 缅斤银子买来的，另一匹是用 17 缅斤银子买的因贝侯你明明知道却推说不知。”因贝侯德多奏道：“因为我们阿瓦国内这种马太多了。所以臣不敢说知道。”

亚扎底律想让因贝侯见到公主瑞卑千达[①]。便叫将槟榔送来，当公主递给国王槟榔时，王对因贝侯说：“你来见过公主，听听

① 原文又误为苏卑千达，与前文所误同。故更正之。

你们公主有什么让你捎回的话?"因贝侯奏道:"明康王这次派小臣来是为了两位国王和好,互不相扰,开辟金银友好之路,为僧俗谋利造福而来。并未嘱臣听取公主有何言语带回,故难以从命。"王赞道:这缅甸青年相貌举止言谈都很得体,有大臣风度,将来定是一位出色人才。随即回赠了礼物,并对因贝侯进行了赏赐,让他回去复命。因贝侯返回后详细地向明康王奏明。明康王召集群臣将情况述说一遍。

明亚扎奏道:"孟人诡计多端,与他们宣誓立约时应加倍小心。"天明后,明康王派明亚扎、底哈勃德、德耶西都、德勒帕耶、乌兹那、巴亚丁坚、瑙亚塔、亚扎丁坚、杰当纽、孟养德多等 10 位大臣,各骑大象,带领扈从从营地出发。

亚扎底律也派德门皮亚萨、登马尼育、德门泽别、德门阿瓦乃、德门耶丁延、德门毛昆、德门丹杰、德门乌巴冈、德门泽布翁、勒宫恩等 10 位大臣各骑大象带领随从,从营地出发。

缅甸大臣与孟大臣骑象沿溪流两岸并列前行。快到介哥佛塔时勒宫恩对孟养德多说:"兄长,兄乃英雄,吾也是好汉。兄以为此次前来立誓盟约是诚心实意的吗? 孟人从未守过信义。"孟养德多遂对明亚扎、明西都等人说:"勒宫恩告,估计孟人并非诚心实意,依我看不如回去的好。"明亚扎、明西都观察了一下孟人的动静,未登塔就原路返回。见缅甸人往回走,孟人也返回营地。

亚扎底律问:"为何返回?"孟大臣们说:"勒宫恩向孟养德多讲了。缅甸人有所察觉因而返回了。"亚扎底律问勒宫恩:"你向他讲了什么?"勒宫恩奏道:"吾等罗摩迎国汉达瓦底系佛教圣地。此次缅王来征,由于粮草断绝,亟欲退兵,但因与吾军甚近不敢贸然撤离，才前来求和。臣担心将来子孙后代永远指责吾等孟人不守信义，遗臭万年。所以臣才说的。”亚扎底律说：“如此说来吾计败于你手。”命埃蒙德亚将勒宫恩推出斩首。埃蒙德亚将勒宫恩带下。

是时，德门皮亚萨奏道：“现在敌人就在眼前，明康王若听说陛下处死大将定会拍手称快，只会长他人威风。容臣去问勒宫恩，如果他愿戴罪立功，就留他下来为王效力。如果不能，再杀不迟。”王默然。德门皮亚萨遂追出叫住埃蒙德亚，将勒宫恩带回。

德门皮亚萨对勒宫恩说：“你若想活命，就趁明康王每日傍晚率随从众将巡营之时，骑象去将明康捉来。”勒宫恩奏道：“要臣取他不难，请将御象巴加马赐与臣骑，并给臣500士卒。”亚扎底律将御象巴加马给他，说：“我率象军在后援你。”勒宫恩又奏道：“臣不识明康，请派一识他之人坐于象背之上为臣指点。”

亚扎底律召见实皆侯信代达说：“自兄来到弟处，弟为兄接任事日夜思念。今勒宫恩去捉明康，请兄骑于象背之上为他指引。事成，弟将亲自去阿瓦扶兄为王。”实皆侯信代达遵命骑在巴加马象背之上。亚扎底律骑在南朗象上率象兵800随后。德门皮亚萨率战象15头、士卒500居左，德门毛昆率战象15头、士卒500居右，作为援军。

是夜，明康王照例巡营。走在前面的是缓缓而行的御象前500佩刀武士。跟在御象后的象队则离明康王较远。身边只有所骑御象耶妙苏瓦的护象兵跟随。勒宫恩早已在林中埋伏。一阵金鼓响，勒宫恩从林中冲出。明康王见有人，喝道：“朕正要捉你！”说罢，任凭御象向前迎敌。两头大象正要以牙相抵。信代达说：“你是一国之君怎能不顾身份与一大臣单骑厮拼？后面援象甚众，还不将白伞放倒！”明康王闻言，控制住御象向后撤走。

勒宫恩紧追不舍。央米丁侯西都、布坎侯德勒帕耶、德多、杰当纽等人率战象 50 头拦住勒宫恩。勒宫恩不支，向后撤退，行至河边，亚扎底律所率援军已行至河中。亚扎底律问：“朕来援你，为何后撤？”勒宫恩奏道：“只因国舅实皆侯信代达泄露机密，臣未能战，明康王逃脱。”

亚扎底律召姻兄信代达来问：“兄为何如此？”信代达说：“我担心我兄遭难才告他的。”亚扎底律说：“你与你兄不和来投奔朕。朕本想对你封赐。今天看来你爱你兄胜于朕，将来必为内患。”于是将信代达处死。

亚扎底律问勒宫恩：“因为你说要捉住明康，才留下你命，如今没有抓到明康，你怎么办？”勒宫恩奏道：“待夜间明康王入睡时，臣去刺他。”勒宫恩选了 12 名武士各持刀枪，夜间二更过后抵达明康军营，四下巡视，发现北部壕堑较浅，寨墙不牢，守军稀少，遂藏身于寨外鹊肾树下，抽去两根栅木，潜入寨内。留三名武士在鹊肾树下，留了三人在监军德耶南都帐旁，嘱若其醒来立即将其砍死。又留了三人在象栅之内，说：人们若醒来，速将象索砍断。勒宫恩与其余三人直奔明康王帐下。勒宫恩踩二人之肩将地板撬开钻入帐内。

进入帐内后，勒宫恩先取走明康王的槟榔盒交予手下，走至床前抽出床旁明康王御用红宝石宝刀，正要砍下，突然一名守夜侍从发现灯下有人，大声喊道：“孟人，贼！”明康王被喊声惊醒。禁卫们纷纷起来捉贼。守在象栅内的三人遂砍断象索，大象纷纷奔出象栅。缅军以为大象逃脱引起混乱。勒宫恩等奔出营寨。出寨后，清点 12 名武士都到齐后，便往回走。缅军营中这时仍一片混乱，约两个时辰后才平静下来。

勒宫恩等回到营地。亚扎底律问："事情办成了吗？"勒宫恩奏道："奴臣父母曾告诫奴说，谋害威德之国君必福浅寿短。奴臣只有长命才能为陛下尽忠，故未杀他。但确曾到达明康身边。王若不信，可以取来的槟榔盒、宝刀为证。"言罢献上槟榔盒与宝刀。王交给明康王公主观看。公主看后哭奏道："确系父王之物。"亚扎底律大喜，对勒宫恩说："朕赦你不死！"

明康王得知孟人曾到他身旁，心中不安。拂晓，不见槟榔盒与宝刀，更加惊恐。将士们又已严重饥荒，遂召集众文武说道："现我军粮食已绝，求和无望，如何是好？"央米丁侯西都奏道："留下 8 支大军断后，国王先行，病象弱马，伤残将士，无力作战者现在即刻先走。天亮后开拔。"明康王问："留下哪 8 支大军？"央米丁侯西都奏道："留下包括臣在内的 8 支大军即可。"断后大军有央米丁侯西都、底哈勃德、卑谬侯弁琪、色林侯瑙亚塔、蒲甘侯乌兹那、布坎侯德勒帕耶、杰当纽、德多等 8 路人马，计战象 200、骏马 8000、将士 80000。

亚扎底律派德门皮亚萨、登马尼育、勒宫恩、乌巴冈、德门毛昆各率本部，王自率一路大军共 6 路进入林中追击明康。命德门阿瓦乃、德门泽别、德门泽布翁、德门耶丁延、德门丹杰、德门埃比亚耶率 6 路大军摆出要与断后的 8 路人马决战的架势。明康王以为后面有断后人马未加防范地前行。突然，勒宫恩从林中冲出向缅军杀将过来。明康王骑御象耶妙苏瓦率士卒 5000 迎战，勒宫恩败下阵来。明康王又与乌巴冈交锋，乌巴冈也败北。这时皇家总管赖亚基飞马来报："我军虽战胜孟人先锋，但其后继队伍很多，孟王也率军来了。象、马、步军甚众。若敌军靠近，恐难以脱身。我方士卒也已走远，只有奴臣一人在此打探军情了。依臣之见，速走为妙。"明康王因御象耶妙苏瓦已疲惫不堪，遂命象吏骑之。王则换乘一头雌象那兰玛急速撤离。勒宫恩与乌巴冈随后杀来，一直抵达孟国边界，俘获大批兵卒人马。

明康王只顾后撤，一连三餐未能进食。因为队伍未集合起来就开始交战，孟军得以势如破竹。明康王部下溃不成军，四散逃亡。王后信米瑙与所乘金象鞍、金象轿一起被孟人俘获。南宫王后也从象背摔下落在溪边，后被象吏发现才将她扶上耶妙苏瓦象。

《缅甸大史》中记为内廷总管之女。《新史》、《孟史》载系南宫王后。因为这种说法与后来明康王对南宫王后信波玫失去信任将她贬黜之说相符，故应确认是南宫王后。

象吏每找到一处安顿食宿之地，就命象首兵守夜。天明后再扶南宫王后登上耶妙苏瓦象前行。明康王只带少数侍从从班觉向阿瓦方向撤退，用了七天时间到达京都。士卒中只有一些未被孟军发现的健壮者逃脱外，其余体弱伤残者尽被俘去。央米丁侯西都等人闻明康王已走，遂率 8 支大军秩序井然地撤离。孟人见缅军坚如铜墙铁壁，不敢冲杀也全部撤回。

王后信米瑙被俘时年 35 岁。亚扎底律见她美貌多姿、风韵动人，便纳为王后。

明康王回到阿瓦，因兵败，王后被俘，郁郁不欢。听到人们敬神跳舞时的鼓声都会惊悸不安，神婆跳舞也被其禁止。王说："木掸王公主[①]被孟人掳去是朕亲眼所见，不知南宫王后是否也被孟人俘去。如果两人都被掳去，朕活着还有什么意思?”不久又派20人骑马回去寻找。但没有一人看到南宫王后。王问:“后面还有什么人?”奏道:“只有象吏一人，因御象疲惫还在后面。”10天后，象吏与王后才返回，派去寻找的骑士们早已回来。象吏抵达阿瓦，让王后在城外洗过头后才送入宫中。象吏将护送王后经过向王奏明。王大喜，对象吏、象首兵赏赐甚多。

一日，盛蒟酱叶的小筐箩落到地上。南宫王后无意中喊了一声:象吏！这样，国王产生怀疑，审问象吏。象吏说:“自王后从象背上跌落溪边被奴见到之日起，奴就知奴有杀身之祸。遇王后，若奴不救，必落入敌手，他日两国重归于好接回王后，王后告奴曾见她不救致落敌手。奴与妻儿皆将被处死。奴若护送王后返回，奴也将被怀疑而处死。这是奴意料中事。”

“从遇到王后那天起，如果在林中过夜，奴就为王后在树上搭一棚架，请王后睡于其上，奴与象首兵在地面守护。天亮后，扶王后上象继续前行。途中遇到村寨，就请王后在屋中住下，奴等睡在屋外。经过就是这样。”明康王说:“统统是花言巧语!”下令将象吏处死。

后又传来象首兵审问。象首兵所供之词与象吏所奏完全一致。明康王大悔说:“朕错杀了朕奴。”于是将象吏所食邑的村镇赐与其子，并命其承继父职。雌象那兰玛赐名波康因玛。明康王得知王后信米瑙已被亚扎底律所俘，王弟信代达已被亚扎底律处死，

① 即指王后信米瑙。

悲痛欲绝，夜不能寐，朝不思食。

这时，明亚扎奏道："威德崇隆的国王陛下，在王下令出征之时，臣曾顿首进谏，陛下拒不采纳，才落得这样结果。望王今后采纳臣的意见。战争者，绝不能因实力雄厚就麻痹轻敌。"

"容臣再讲些故事。一只小蜂鸟曾凭借牛蹄踩成的小泥坑战胜猛鸢。一只猫曾凭借禅定智慧俱足的仙人坐榻战胜狮王。一只虾曾凭借一个小水洼吃掉一头公象。一只名叫吉沙巴的龟曾凭借一条小溪击败一头雄虎。战争者，主要看时间、地点与主观条件。佛法云：三界轮回中的一切生灵都不能摆脱生离死别。"明康王听罢，如向熊熊烈火中泼入凉水，往滚滚沸水内注入檀香液，顿觉清爽怡人，心情也平静了下来。遂赐与明亚扎手镯一副、雌象一头。

珍藏本
纪念版

汉译世界学术名著丛书

琉璃宫史

中卷

李谋 姚秉彦 蔡祝生 汪大年 计莲芳 赵敬 韩学文 译注

陈炎 任竹根 审校

2017年·北京

目　录

中　卷

第 八 编

第 九 编

第 十 编

第 十 一 编

第 十 二 编

第 十 三 编

第 十 四 编

中　卷

第　八　编

(172)[1] 阿瓦王明康第一

缅历770年(公元1408年),缅王将实皆赐给王子底哈都,将瓦底城赐给明丁克亚,又因东吁的明奈米已殁,将该城赐给内傅鄂钦纽。缅王得知波康英玛母象黎明从阿瓦出发,黄昏时便能到达蒲甘,于是便乘该象每月两次去蒲甘朝拜瑞喜宫佛塔。

是时,岱德法师请求缅王将蒲甘的纺织税银布施给他。明康王道:"朕有王后在身边,还得与她商量一番。"法师问道:"难道吾王受妇人管辖?"国王回到内宫,与王后枕边私语时提及:"岱德法师请求布施蒲甘的纺织税银,朕告他还有王后在,需与她商量。法师竟问朕还受妇人管辖?"信波玫王后闻言道:"饶他是个僧人,若是个平民百姓,定将他杀了!"一次,国王与王后一起散步,正遇岱

① 原书第二卷卷首目录重编节号,而第三卷卷首又只有目录未编节号。现依第一卷体例继续编出节号以利读者查阅。

德法师迎面走来。法师问道:“王后,听说您要将贫僧处死?现在便可问斩。”王后忙道:“不敢!”王后回宫后,深感不悦,道:“妾与陛下私房玩笑话,怎会被岱德法师听去?”于是,国王和王后叫一位与其住在一起的机敏的和尚去探听岱德法师情况。得知因德勃丁神常守护在缅王左右之故。便将此事向国王和王后回奏。缅王偕王后一次乘船去蒲甘拜佛时,将蒲甘的纺织税银布施给了该法师。据说在返回的路上,御舫遇礁搁浅,为一女神救出。是年,辛古侯空缺,缅王将该城赐给巴亚加马尼,并将阿敏城赐给亚扎丁坚。

缅历771年(公元1409年),明康王召集文武大臣道:“朕上次发兵攻汉达瓦底全凭一时怒火,未选择适当时机。当时将士虽众,但粮秣不足,顺江运粮之船又被敌人拦截,未能到达军中。储存于农村的税粮亦被敌人烧尽,致使将士饱受饥馑之苦,未能成事。此次出兵,务必备足军粮,倾缅甸、掸邦两地之全力,前往攻打。”央米丁侯西都上奏道:“孟人与吾等相互了如指掌。若出兵则以神速为上。”明康王便集合缅甸、掸邦两地兵马,组成14路大军,前军有战象800、骏马10000、士卒10万之众。中军有战象200、骏马4000、士卒4万。令王子明耶觉苏瓦驻守阿瓦城。令王子底哈都及沿江诸侯坚守卑谬,运送粮食。象马水步四军沿东吁一线推进。抵达耶瓦底后,便筑起坚固的箭楼和栅栏安营扎寨。亚扎底律则在巴南地区抵御。两军成对峙之势。翌日晨,二王各骑战象出阵,单骑相拼。明康王坐骑耶妙苏瓦象敌不住亚扎底律的巴格马象,败下阵来。翁榜多姜发见势,便驱漆妙盖象出阵。亚扎底律的战象惧而败逃。翁榜土司乘势从中路杀入敌阵,企图活捉亚扎底律。东敦侯、央米丁侯等见此情况,又派出30多名大臣和30匹战象,乘

势向孟人进攻。混战中，孟大臣德门皮亚萨骑鄂耶内象迎战，翁榜土司之象终因力量悬殊，抵挡不住，败回。德门皮亚萨紧追不舍。孟养德多骑丹林苏瓦象迎战。由于缅军援象众多，枪炮火力密集，德门皮亚萨无法进攻。明康王坚守营寨达五月之久。因雨季将临，遂收兵回京。是年，南宫王后信波玫失宠，遭贬黜，移居冷宫。

明康王召见明亚扎道："朕欲封内廷总管之女为南宫王后。"明亚扎谏道："经过筛选的种子尚且不能保证全都出芽，如将集市上的稻谷拿来当种子用，就更不会发芽了。陛下是臣主公，故臣敢直言相谏。若陛下手染污秽，经水清洗必然复洁如初；无价之宝的宝石发簪一旦落入污泥，也只需拣起冲洗一番，便可重新佩戴。同样，凡事均需全面权衡才好。"明康王道："既有爷爷为她美言，就召信波玫回宫吧！"明亚扎也对王后作了一番训诲。信波玫王后被重新召回宫中。她道："亏得爷爷照应才不致落到悲惨境地。"于是将一缅斤黄金铸成的槟榔盒及自己佩戴的五枚指环赠与明亚扎。

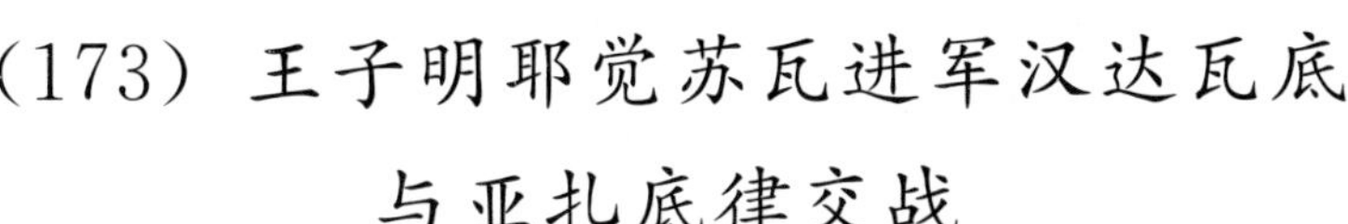

(173) 王子明耶觉苏瓦进军汉达瓦底与亚扎底律交战

缅历771年(公元1409年)，明耶觉苏瓦王子意欲进攻汉达瓦底，便向父王奏道："父王两次率师出征孟国均失利，损失大批象只马匹。儿臣母后和御妹亦落入敌手。父王如不能出师，容儿代劳。儿定要像江湖中鳄鱼般勇猛，食人肉的包里达王[1]般凶残，生吞活

① 传说中一食人肉的魔王。

剥地擒得孟王。只求父王选派贤臣良将并赐儿强象骏马。”缅王答应了王子所求。

此时，亚扎底律的探子得知此事，急忙奏报亚扎底律王。亚扎底律道：“明耶觉苏瓦若想当包里达王，我便做迪达东[①]，定要好好教训教训这个缅王子。”自此，亚扎底律自称彬尼亚迪达东。当时明耶觉苏瓦已有20岁。《缅甸大史》和《孟史》中说他只有17岁。根据明耶觉苏瓦生于缅历752年（公元1390年），进军时为缅历772年（公元1410年）计，他应已20岁。当时随同出征的有东吁侯赖亚基、卑谬侯弁琪、色林侯瑙亚塔、勃东侯、布坎侯、翁榜侯多姜发、良瑞陶迈基等率领的各军。七路大军中有战象400、骏马6000、士卒7万。八支水军中有大船70、小战船700、劳加200、货船300、铁船200、水军7万。水陆两军统由王子明耶觉苏瓦率领。沿达耶瓦底一线向孟国进发。大军抵达渺米亚时，号称“铁城”的鳄鱼战船与敌人的水兵交战。船队冲开拦坝足有三四达长，大船冲入后，战船遇到落潮，搁浅在沙滩上无法动弹。孟水兵便匍匐前来，将船上的鳄鱼牙[②]拆掉。小战船上的士卒奋力坚守，但已成被动挨打之势，再也无法以火攻城。明耶觉苏瓦骑鄂漆开象率两万掸族士兵准备在涨潮和起风之时放火烧城。但由于主帅德门皮亚萨率众多将士抵抗，虽屡攻数次皆未能攻克。

此时，主帅德门皮亚萨考虑到明耶觉苏瓦是缅王嫡子，来军声势浩大，自己终是臣僚，如何是好？这不能不有所顾忌。于是便备

① 传说中制服食人魔王包里达之王。

② 战船船头之护板。

了两条宽幅筒裙料、两匹上等布料、一个金钵及从缅军小战船上取下的鳄鱼牙、上等白银等礼物献给明耶觉苏瓦，并上书道：“臣部下水师兵丁不知王子殿下驾临，误将御舫弄毁。”接着写道：“臣渺米亚侯斗胆启禀王子，如欲强攻渺米亚，12 年也不会得手，徒使众将士疲劳。臣已效忠于王子之舅父亚扎底律陛下，当不惜性命为之效劳。现王子之舅父因莫塔马莱布埃侯造反，出兵该地。近闻该地已传捷报，不日即将班师回朝。一旦舅父回师，王子则将腹背受敌，望请明鉴。”明耶觉苏瓦道：“德门皮亚萨因对我敬畏，故来此信。”于是回赠厚礼，翌日晨离渺米亚转向勃生。勃生城防严密，火力密集，攻城未克，只得退军扎营，将城池团团围住。勃生侯登大臣[①]也派侄儿山达亚底携带许多礼品来见明耶觉苏瓦，并呈书一封。

书中写道：“臣勃生侯登马尼育大臣启禀王子，王子之舅父曾有令，命臣等驻守勃生，如遇王子大军前来，要尽力抵御。臣等既效忠于王子之舅父，只能遵命。现护城河及战壕处处防守严密，城池固若金汤，城中贮粮足够三四年之用。殿下攻城，即使数载，亦未必奏效，徒使部下人困马乏。叩请王子明鉴。”明耶觉苏瓦道：“登马尼育大臣因惧怕我故而来信。”回赠礼品后将来使放回。勃生城因有登马尼育大臣抵御，攻城不克。王子转而又向开榜进军。该地由丹杰固守，又攻而未克。明耶觉苏瓦便召集文武大臣商议。央米丁侯西都奏道：“现在进攻孟国，时机尚未成熟。他们已经攻占我若开城，并立那腊梅拉为王。依臣之见先攻若开，再攻他们不

① 登大臣即指登马尼育。

迟。”明耶觉苏瓦道:“言之有理。”便率军向若开进发。大军抵达卑谬后,将水师士卒都编作步军,继续向若开进军,并责令沿河城镇将水师船只等运回阿瓦。明耶觉苏瓦到达若开,只见那腊梅拉率大批象马骑兵守住城头。便分兵三路奋力攻城。那腊梅拉抵挡不住,守军大败,只得乘一艘大战船逃往印度。若开被克后,明耶觉苏瓦即命赖亚基为侯,镇守该城。大军继而攻下山区七县和丹兑城。缅历 772 年(公元 1410 年),任命叟格德为侯,大军回师。王子回到阿瓦,父王甚喜,将槟榔盒、饮水瓶及咸茶叶盒等一套御用器皿赐给王子。

若开人向亚扎底律报告:“明耶觉苏瓦攻占了若开的丹兑城。那腊梅拉已乘船逃往印度。”亚扎底律便于缅历 773 年(公元 1411 年)命德门比亚德迈、德门埃冈本两支大军,领战象 50、骏马 200、士卒 5 万向丹兑进发,丹兑侯叟格德闻讯后便加修护城河、战壕,巩固城防。后因兵力不支,只得移军若开城与若开守军合兵一处。德门比亚德迈、德门埃冈本等人占领丹兑城后,明康王闻讯,便命王子明耶觉苏瓦等七支大军领战象 300、骏马 3000、士卒 8 万前往丹兑。大军抵达该城时,因德门比亚德迈、德门埃冈本等早已做好准备,屡攻不克,只得撤至后备队处扎营。当晚,守城将领德门比亚德迈指挥了两次对明耶觉苏瓦的火攻。明耶觉苏瓦不得不增添大量岗哨,为七支大军守卫。围城达三个月之久。城中孟人发生饥馑,连挡箭的盾牌和帽盔也都煮来充饥。

这时,德门比亚德迈对部下下令道:“现在粮草已尽,我军士卒饥饿不堪,再有九、十天,我等必成其奴,只有设计使明耶觉苏瓦退军,才能免遭此难。”于是拟书一封,信中写道:“敕谕德门比亚德迈、德门埃冈本并其他将领：朕欣闻尔等英勇御敌，明耶觉苏瓦百般围攻仍能岿然不动，尚能出其不意，火攻敌营。朕深感尔等无愧为贤臣良将。尽职尽忠之心可嘉。朕不日即将率水陆两军沿乌迎布一线前来接应。望尔等能坚守城池。现已命德门皮亚萨、登马尼育大臣等人率战象50、骏马200、士卒4万及勃生、渺米亚之军沿林巴德一线前来增援，并命波格敏等率莫塔马人乘伦锦100艘运粮，经毛丁加律一线前往尔处。若明耶觉苏瓦退军，务必阻止其行动，并跟踪追击。朕亦将亲率大军于乌迎布一带拦而袭之。钦此。"并将许多将官们的家信一起装入竹篾筒内。再将筒和衣服、干粮、糕点、香料等装入丝绒袋中，打上印记，命五人深夜潜出营地。于次日清晨佯装从白古而来，从缅军哨兵面前走出树林，奔向丹兑城。待缅兵追来时，扔下口袋跑进城中。明耶觉苏瓦的哨兵将拾得的口袋缴至军中，明耶觉苏瓦读了口袋中的书信，得知孟王将亲率大军沿乌迎布一线前来，便与群臣商议道："眼下丹兑尚未攻克，如果乌迎布一线军队开来，我们必将腹背受敌。看来与其败其属将，倒不如战胜孟王为好。"众将官齐声称是，便拔营回师。

亚扎底律的大臣德门比亚德迈、德门埃冈本等获知明耶觉苏瓦退回阿瓦，便向若开城进攻。若开侯赖亚基和叟格德以重兵坚守。因阿瓦援军迟迟未来，加之若开人与孟人串通一气，若开城终被攻破。若开被占后，那腊梅拉又被扶持登位。赖亚基和叟格德撤回阿瓦。据《缅甸大史》记载他们被俘，送至汉达瓦底。而据《新孟史》记载则是他们回至阿瓦。以后者为准，应采用撤回阿瓦之说。缅历774年（公元1412年）登尼土司率大军出征，企图进攻阿瓦。翁榜多姜发奏报缅王。明康王便令王子明耶觉苏瓦挂帅，统率蒲甘侯[1]德勒帕耶、阿敏侯亚扎丁坚、央米丁侯西都、格礼杰当纽、孟养德多、辛古侯巴亚加马尼等七路大军，计战象200、骏马3000、士卒7万前去迎敌。明耶觉苏瓦的兵马刚过新冈外温，双方马军相遇厮杀。登尼土司的骑兵大败而逃。明耶觉苏瓦紧追于后，土司率其子、婿迎战。明耶觉苏瓦骑战象鄂漆开攻之，与土司骑的战象厮杀良久。土司之子驱象出阵助战。格雷杰当纽亦策象迎敌。土司之子的战象扭头便跑。土司之婿驱象前来救援，孟养德多接着厮杀。土司之婿坐象抵挡不住，也转身逃跑。明耶觉苏瓦与土司交手时发现土司战象力气很大，两头战象互相以牙相抵，斗得难分难解时，明耶觉苏瓦发现土司原是醉后出阵，便纵身跳上土司的象背将土司连同象轿中、后座上的象兵一起砍于地下。土司军大败溃逃。明耶觉苏瓦俘获土司之象及其余战象6头、骏马200、士卒800；3000掸族士卒战死；土司亦殒命。土司之子、婿只得收拾残军败退而归。明耶觉苏瓦令人将俘虏、战象、骏马等献给父王，自己则继续向登尼[2]进军。登尼土司之子、婿一面向中国求援，一面加固城防，储备粮食。明耶觉苏瓦虽屡次攻城，均未得手，达五个月之久。

是时，明耶觉苏瓦闻中国已派骑兵2万、步卒20万前来增援。便于深夜瞒过登尼城中守军，悄然撤走。并在辛克尼林中埋伏下战象200、骏马3000、士卒4万。当中国援军开来时，兵分三路突然袭击。中国军队大败，一举俘获中国大臣五名，战马千余匹和士

① 此处应为布坎侯之误，据后文在稍后时才一度改封其为蒲甘侯。

② 登尼，旧称木邦。

卒 2000，另有 5000 多匹马战死。[①] 战胜中国援军后，明耶觉苏瓦再次回军围困登尼。亚扎底律获悉明耶觉苏瓦已去登尼，便率 8 支陆军、12 支水军准备向卑谬城进攻。陆军中有战象 300、骏马 8000、士卒 12 万。卑谬侯弁琪闻讯，忙加强城防，储备粮食，固守。亚扎底律屡次攻城，均因城上炮火密集，虽损兵折将多人却未能成功。于是退军，从水陆两路将城围住。一个月后，亚扎底律得悉汉达瓦底守军报告说暹罗人来犯莫塔马乡村和耶城。便命王子彬尼亚勃登为统领、德门埃比亚耶为监军率德门丹杰、德门乌巴冈、德门丹莱、德门劳那耶、德门劳欣、德门劳宾、德门绍甘卡、德门乌银等大臣与战象 100、骏马 4000、士卒 5 万继续围攻卑谬，亚扎底律则从水陆两路回师莫塔马。此时，明康王闻汉达瓦底王亚扎底律派彬尼亚勃登围攻卑谬，自己已顺流回莫塔马去攻阿瑜陀耶军，便派遣七支大军，计有战象 400、骏马 6000、士卒 12 万从陆路进发。亚扎底律王之子彬尼亚勃登命文武大臣们留在原地，继续围困卑谬，自己则率军至城西德莱西扎寨。

明康王等待着王子明耶觉苏瓦从登尼返回。明耶觉苏瓦从登尼急行军赶回阿瓦后，明康王便率大批格都、伦锦、战船、劳加、铁船、货船等顺流而下。大军抵达卑谬三天后，明耶觉苏瓦奏道："此地仅有孟王子一人守城，父王还迟疑什么！若等孟王回到此地，我方就困难了。请父王速从水路进攻，儿臣则从陆路出战。"于是移军至伽马方面，从护城河的浅处、防守薄弱的北面进军。明康王则从其他三面围攻。明耶觉苏瓦军中的内傅之子西杜因加都亲临战

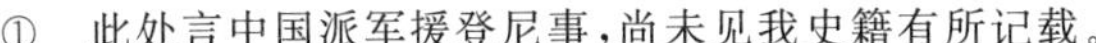

① 此处言中国派军援登尼事，尚未见我史籍有所记载。

场，骑马舞刀督战，军中遂无人敢后顾。孟人凭城上女墙为依，居高临下，放炮射箭，矢如雨下。但攻城士兵冒着炮火和箭雨，强行渡过护城河，冲上前去。布坎德勒帕耶也率领500多名护象步卒，每人手执盾牌及三支短戟，渡过护城河向前逼进。进攻士兵跳上鹿砦，将鹿砦攻破七达多宽，守兵返身逃跑。乌巴冈驱象迎击。布坎侯只得掉转象头，向后败退。乌巴冈骑象守住护城河的一边。尼冈登、丹赖等5000人马也下到护城河中守住阵地。埃比亚耶统领部队重筑鹿砦，经一时[①]许，鹿砦重新修复。就这样，明耶觉苏瓦每次进攻，乌巴冈有时乘象，有时骑马，有时步行出战。明耶觉苏瓦无法打退敌军，便派使携带篓装上等咸茶，到彬尼亚勃登处，说是想见见乌巴冈。

彬尼亚勃登回道："乌巴冈并非我的部下，王弟想见他，请向埃比亚耶去请求吧。"于是，明耶觉苏瓦又派人携5匹中国布到埃比亚耶处。埃比亚耶说道："乌巴冈确是下臣的部将。他又是吾主之婿。如果他遭王子砍杀，臣下将难于处置。然而王子亲来求见。如若不允，确实失礼。如果王子确无他意，臣才能让其谒见王子。"明耶觉苏瓦道："我从部下口中得知他骄矜不凡，慓悍灵活又善骑术，就想见他一面，绝无他意。"这时便同意让乌巴冈见王子。明耶觉苏瓦派劳加船前来迎接乌巴冈。接受了乌巴冈赠送的4条单幅素色洋布和金钵等礼物，说："将军果然名不虚传，气宇轩昂，英姿不凡，今日得见，不胜钦佩之至。"乌巴冈答道："承蒙过奖，不过殿

① 缅甸古代计时单位：1日＝60时，1时＝4拔，1拔＝15微兹那，1微兹那＝6边，1边＝10刻雅，1刻雅＝10刹那。

下与其对我夸奖,倒不如派人跟我较量一番。无论乘船还是骑马,或徒步,一对一比武,这才能知道我的真本领。”王子道:“我只是想见见将军才请你来此。我这里勇将甚多,如果让你与他们一对一比武,舅父亚扎底律将说我施用诡计。我看你还是投到我的麾下。你将得到卑谬侯弁琪一样的器重。”乌巴冈答道:“臣身为我主的奴才,无权住在缅甸国中。”王子道:“我与舅父今后还会多次兵戎相见,交锋于沙场。如果失手就不好说了。但倘若将你活捉了,保证不杀就是了。”乌巴冈道:“臣下既为我主之奴。殿下,我自然会英勇作战,死而后已。在战场上是绝不能活捉到我的。”明耶觉苏瓦听后笑将起来,随即赠他宝石指环 10 枚,红宝石手镯一副、两匹金鞍骏马、中国布匹、篓装咸茶。然后,将其送回。

乌巴冈将明耶觉苏瓦的礼物和说的话全部原原本本地转给了彬尼亚勃登、埃比亚耶等将领们。孟人被水陆两军团团围住,无法出城寻找粮食。亚扎底律派人送来的粮食也在德右茂被截,没有运到卑谬。又过了四个月,彬尼亚勃登奏报:若大王再不发兵臣等将落入敌手。但贤士们却说暂时不宜出兵。亚扎底律王说:“若朕不发兵,手下人必将落入敌人之手。”大军至达拉。占星师们说:“如驻军于格拉哀采,非但王子冲不出重围,我军也将失利。如若能在米德隆驻扎,则战事虽将失利,然而王子将能得救。”亚扎底律道:“战事失利,只能听天由命,只要王子得救便成。”于是,便在米德隆驻扎下来。主师德门皮亚萨从渺米亚赶来。由于身体不适,勒宫恩便上船请安。主帅皮亚萨道:“现在你们出战我很担心。我将不久于人世,离你们而去。我不在后,只有你和德门阿瓦乃是吾王的两把利剑了。吾王今年时运不佳。此次出兵,全是因为王子被困之故。不能与平常同日而语。敌军势大，到那里后，肯定能为守城部队解围。但是，因为吾王时运不佳，你们一旦解围，一定要迅速撤回。明耶觉苏瓦年轻气盛，血气方刚，且勇猛无比，定将追击我军。届时，你们这些勇士们千万不能像往常那样鲁莽。如能战胜他，固然很好。如战不过，就让德门阿瓦乃断后。他足智多谋，每跟敌人对阵，若遇对方力量过强，他均能甩掉追敌。如你们鲁莽，必将贻误大事。故而我说十分担心。”亚扎底律从达拉出发，到达阿瓦抱时，主帅皮亚萨逝世。安葬之后，重又进军，到达卑谬便驻军于德莱西。彬尼亚勃登及文武大臣等前来谒见，并道：“敌方兵力极大，非同往常。”

(174) 骁将勒宫恩兵败殒命

黎明，明耶觉苏瓦派鄂纳道来下战书：“贵军将士稍事休息后，请务必出阵见一高低。在交战之前先派船只作一比试，我们暂先观战。”亚扎底律闻言，环顾群臣。但群臣只是叩首，却无上奏者。勒宫恩上前三叩首奏道：“臣堂堂八尺之躯，愿为陛下效力，无论是独舟厮拼，单枪匹马或个人步战，臣只要一息尚存，绝不后退！”鄂纳道将此事奏报明耶觉苏瓦。明耶觉苏瓦道：“在孟王手下，唯有主师皮亚萨和勒宫恩是英雄。听说主帅皮亚萨已经去世，如能俘获勒宫恩，孟王便无法逃出我的掌心。即使勒宫恩是条好汉，能驾单船获胜，而我用四条船一拥而上，难道他能抵挡得住？兵者不计多寡，只要能胜便是目的。”随即命叟格德乘安兹耶号船，敏塞侯乘米妙普瓦号船，乌兹那乘达妙米号船，西杜因加都乘掸孟号船，带着金盾与金矛，选精良长矛手组成愿与战船共存亡的敢死队，携大小战鼓、铜锣、号角等，一路吹奏而来。安兹耶战船上叟格德撑着白伞，其余战船则隐藏在西岸暗处。

亚扎底律因勒宫恩不要战船，将船给了德门别。德门阿瓦乃奏道："如此作战，形同儿戏。即使勒宫恩获胜也不能将缅甸人打垮。如果勒宫恩战败，再要这船已来不及了。"于是，国王又给勒宫恩甘耐埃巴耶号战船。勒宫恩再三拒绝，仍请王将该船赐给了德门别。国王道："此船除你而外恐怕无人能保住，万一有个闪失，此船也就完了。"勒宫恩道："无论咱们的愿望如何，为臣仍要斗胆禀告。此战开始，臣若获胜，请陛下直捣阿瓦城。臣如败北，则请陛下选一条大道逃回白古。何人乘坐这艘战船？臣尚未发现谁有能力能保住此船。"说完便登上平时乘坐的长 22 庹的鳄鱼船，擂起战鼓，驶向河心，带着士卒 300 出城。安兹耶战船也擂响战鼓，打着白伞，顺水漂流而下。安兹耶战船比勒宫恩的船高出 2 肘尺。当安兹耶战船准备用铁链把勒宫恩的船挂在一起时，埋伏在岸边的三艘战船疾驶而出。四艘战船将勒宫恩的船只团团围住。在卑谬的对岸尚有马兵 2000 赶来，孟水兵纷纷落水。勒宫恩仍拒绝放下武器。他的腹股沟部挨了一枪，明耶觉苏瓦大喊不要杀他，遂将勒宫恩的战船俘获。明康王闻勒宫恩中枪伤势极重，下令道："为了战争王子怎能杀英雄。速将其救活。"明耶觉苏瓦来到关押勒宫恩的牢房，问他是否要进餐。勒宫恩答道："我宁死不食二主粮！"明耶觉苏瓦又问他吃不吃槟榔。他答道："槟榔要吃，水也要喝。"于是拿来槟榔和水，勒宫恩吃喝完毕后说道："我已用过王子的槟榔，饮过王子的水。现在无以报答。我有事要奏明，如若王子不愿听，

则请大臣们记下。你们千万不可与我主公单枪匹马相拼，单船相抵。他的骑术及象术极为高明。他身后30头象上的骑士均为皇亲国戚，都似恶魔一般，绝不把敌人放在眼里。如若不信，到相遇时便会知晓！”明耶觉苏瓦道：“这个孟人真像蛇蝎一般，将死尚余毒液！”说罢微微一笑，勒宫恩于当天午夜殒命。国王下旨将其尸体放入河中，让其漂还其主人处。于是，用芭蕉杆扎成筏子，将尸体停放其上，盖以白布，头边还点上一盏小油灯，顺水漂放下去。孟人见后，将芭蕉筏捞上岸。亚扎底律抱住勒宫恩尸体放声大哭道：“主帅皮亚萨已离朕而去，现在你又抛下朕不管了。朕似断了双臂，今后难以如愿了。朕的事业俱已成为泡影！”遂将尸体埋葬，命德门阿瓦乃断后，尽起水陆两军后撤。不久，哨兵发现孟人在焚烧营寨。明耶觉苏瓦道：“孟人逃走矣！”于是，放出劳加、铁船追去。德门阿瓦乃在德右茂处挡住追兵，四艘劳加船沉没。明耶觉苏瓦亲自乘安兹耶号战船追击，一连又击沉四艘战船、10艘劳加。德门阿瓦乃驾劳加船后撤。尼冈登、埃比亚耶等亦有3000多人马阵亡。

亚扎底律顺流急下。一日凌晨，召见丹赖吩咐道：“玛岛已弃朕而去，玛德隆也离朕而去。现在只有你代替他们二人了。明耶觉苏瓦正在追赶我们。你留此地抵挡，别让明耶觉苏瓦追上来。”随即将玛鲁德门别号战船让他乘用，王疾驶而退。丹赖率水军100、水手200留下断后，受到三艘战船的围攻。丹赖拼命抵住。孟人用粪便放在桶里投掷，使缅军不敢靠近，远远避开。明耶觉苏瓦问该船何人乘坐？一名降卒道：“前船为丹赖乘坐，王已逃跑。但相去不远。奴才专程前来投诚，故而留在后头。他们想把奴才抓住，奴才拼死逃脱。殿下还是趁早追赶！”明耶觉苏瓦下令继续追击。众将士也想，岂能让丹赖逃掉？争先恐后驱舟追赶。船到鄂温瓦，丹赖将船凿沉，弃船上岸逃命。

明耶觉苏瓦在萨巴格地区安营扎寨，等候三日，父王才到。缅王召集群臣商议，现在是直捣达拉城呢还是就此止步，收兵回师为好？众大臣奏道：“现在我方已获大胜，大功告成。孟王拥有众多皇亲国戚，尚有无数贤臣良将，若直捣达拉，万一失利，我们回师将遇逆水。”唯有卑谬侯弁琪奏道：“不仅要打达拉，我们还应直取白古才是。大王未见上次咱们在班觉失利时的情景？那次亏得孟王不了解底细，没有穷追不舍，否则，在当时情况下，别说无人敢于迎战，说不定连关城门之人也没有呢？现在孟人兵败正如当年咱们在班觉失利一样，咱们乘胜攻打达拉，谁还敢在那里抵抗？如若下臣言之无理而众大臣见解正确，陛下可于达拉将下臣问斩，然后再回阿瓦不迟！”明耶觉苏瓦闻言欣喜万分。立即站起，将随身佩戴之手镯、指环都赏赐给他，并说道：“愿回者可随父王先回，我将与卑谬侯一起追杀！”国王与众大臣都随王子明耶觉苏瓦一起直下达拉。此时德门阿瓦乃已逃往白古。明耶觉苏瓦便命美都侯留守达拉，随后又克大光城。即驻军于该地。明耶觉苏瓦进驻介德萨，而后又攻克丁因，命布坎侯守城，令卑谬侯弁琪进攻毛比。卑谬侯弁琪在回顾部下时，被城中一箭射中，只得回师大光。因伤势过重，准备送回卑谬不幸在途中殒命。当时从勃生、渺米亚、开榜一带俘获的孟人战俘均被送回阿瓦。亚扎底律将城防颇为坚固的邦林赐给乌巴冈。他与亚扎底律的公主德拉米康绍一起住在邦林。国王亚扎底律则率军驻扎于格马宾城。

这时，登大臣奏道："来日，缅甸国王将会在旱季战象骏马便于役使之际来攻白古，西部一带均已失陷，余下些许城镇，也都会为自己生存而考虑，咱们难以依靠他们。而东部的人又都是些陆军步卒。臣想在这关头，必须寻找一个能援助咱们的人才好。"王问："找谁为好？""臣以为鄂底维土司与缅王不断交战，应派人携礼品去请他摧毁阿瓦地区的乡村。"王道："言之有理！"便准备好壮象5头、纯金7缅斤，派孔迈前往鄂底维处。孔迈取道清迈前往。

明康王为使马匹来往方便，于大光城之格德威河上原架桥处铺上木板，修桥完毕后，星相师们上书明耶觉苏瓦道："三月份请金殿之主进攻白古，届时定将高奏凯歌。"明耶觉苏瓦将此信转呈父王。国王见此信后，大为不悦，道："这些星相师不知何故，真的是发了疯。如何能听信他们之言？主意再妙亦不可取。从战事而言，乃是兵马之交。现正值雨季，战象、骏马无法役使。况且，孟王尽管战败，然其元气未伤。只是损失一二十位大臣而已，不该急于向他们进攻。"

明耶觉苏瓦对父王之见不以为然，奏道："儿臣去攻白古！"遂挑选骏马1000，率亲信等前往。抵达当腊后安下营寨。兹育埃翁侯拜涅闻明耶觉苏瓦前来攻城，便乘一头象，带领四五百人到白古去报告国王。明耶觉苏瓦的马军见德门拜涅后，约300余骑紧随其后。德门拜涅掉转象头迎战时，那些追来的骑兵又停住不动。德门拜涅不走平地，转而向孟桑山脚走去。追兵见山区不利于马战，便停止追赶。明耶觉苏瓦却继续追赶，但未追上。德门拜涅来到亚扎底律王驻地格马宾，奏道："明耶觉苏瓦已经攻来！"亚扎底律王只是抱膝出神。过了一会儿才对玛优瓦叶道："喂！小玛孟[①]，朕自16岁起就带领二三十名手下人驻在大光，曾扫平孟三邦。数次进入缅境，大显威风，名扬四海，也曾是个不可一世之英雄。明康凭他有个好小子，侵扰我疆土，炫耀其能力。朕有三子，却均为无能之辈。身为王子，怎能光役使下臣呢？良将手下才能出强兵，无能之辈枉有贤臣良将，亦无济于事！”王子们听后，纷纷上奏道：“明耶觉苏瓦能请其父王留在宫中，由他自己来管理整个国家。而儿等连统治50个奴才之权也没有。今请父王给我们兵马，看我们去与明耶觉苏瓦拼杀！”亚扎底律便让王子彬尼亚江乘比亚拉孟战象，率士卒5000、战象10头；王子彬尼亚达马亚扎[②]率士卒3000、战象10头；王子彬尼亚勃登率士卒3000、战象10头去迎战明耶觉苏瓦。

明耶觉苏瓦未抓到德门拜涅，只带骑兵未带步卒来到德拉宁村，村里人皆已逃光。他走进一座寺庙。此时日上三竿，他尚未进餐。便让骑兵从庙中要些粮食做饭。当士兵将饭送上，请他进膳时，他问道：“白古在何方？”僧侣们遥指瑞牟陶佛塔答道：“离此不远。”当他准备出发时，发现亚扎底律之子彬尼亚江正朝这边杀来。明耶觉苏瓦骑马迎上前去道：“你父王亚扎底律尚且不敢跟我较量，你好大胆？”说罢便率骑兵出战。彬尼亚江的坐象听到马声转身便逃。明耶觉苏瓦紧追不放。彬尼亚江见此情景，回头迎战，四五匹马倒地。正当彬尼亚江跟骑兵们混战之际，孟步兵也大战骑兵，顿时又有10来骑被砍翻。骑兵们朝彬尼亚江坐象刺去，坐象

---

① 玛孟：玛优瓦叶之小名。

② Binnyadammayaza，旧译频耶昙摩耶安。

负伤 10 余处。是时彬尼亚达马亚扎与彬尼亚勃登从左右赶来相助，三面围攻骑兵大败，被截成两部。一部奔向当腊营中。明耶觉苏瓦则逃奔兹育埃翁。三王子随即驱象紧追。明康王对王子明耶觉苏瓦去攻白古深为不安，派出很多船只接应。孟王子们听到战鼓金锣之声，以为国王亲自来战，不敢再追，便在马勒外驻下。明耶觉苏瓦沿兹育埃翁一线后撤，已有三餐滴水未进。布坎侯得知明耶觉苏瓦来到义兹尼，匆忙来迎，在班仓丹路相遇，同到丁因。彬尼亚达马亚扎部下，底里比亚格曼骑甘马象到河边饮水。此时象正是发情期，见对岸毛夏那有缅甸马军，不顾一切冲下河向对岸游去。底里比亚格曼无法控制，任其冲进缅军之中。彬尼亚达马亚扎王子见缅骑兵已被冲得溃不成军，连忙渡河放火。缅兵只得全部逃上战船。

此时，毛比城废，建成邦林城，已派乌巴冈驻守。亚扎底律听说乌巴冈进攻缅骑兵，俘获甚多，便赐号“苏马榭”。乌巴冈奏道：“这是古代驸马的称号，臣不便承受。”国王于是改封具其为“苏汉盖”。驻守丁因的布坎侯疏忽大意，一日，底里比亚格曼、监军德门别率毕贝、劳德拿、锡格罗、玛拉宫、玛孟、玛优吉、阿玛布翁塞、德梅玛丁等兵卒数名乘小舟偷进勒古船坞，藏好船只，趁夜深人静，守军熟睡之际，突然发起攻击。缅军败退。孟人士兵未能遵守底里比亚格曼“军中不许举火”的禁令，擅自放火烧寨。缅军借着火光，发现孟人兵卒未骑战象或骏马，遂重新集结向孟兵反扑。孟军转胜为败。底里比亚格曼逃回原藏船只之处，不见船只，只得由陆上夺路逃窜。底里比亚格曼的随从毕贝逃至毛道搞到船只，急忙逃回，向亚扎底律奏明实情。亚扎底律道：“朕将你交给底里比亚格曼指挥，而今他尚未归来，你却先回，成何体统！”随将他交给埃蒙德亚处死。毕贝之婿德门别逃回后也被交至埃蒙德亚处问斩，但被登马尼育大臣救下，铐上脚镣投入狱中。亚扎底律获悉明耶觉苏瓦驻在温艾，便对众大臣道：“缅王子现竟远离大军驻扎温艾。倘若朕手下勒宫恩尚在，此人绝无此胆量。朕必亲自征讨。”德门阿瓦乃奏道：“集中兵力出征岂不更好？”登大臣奏道：“不可！”王问道：“为何？”登大臣道：“王子所率系马军，如闻我出动象队、马队前去进攻，定会迅速撤回大军处报告。他们必率大军来战。我方又得与其大战一场。目前缅军屡战皆捷，士气甚旺，只因离蒲甘、阿瓦太远，故而不再前进。而我方屡遭失败，大军又在德门德包。如若出击，众将士必有疑虑，不敢前往攻击对方象马。步军亦将全部逃奔对方。我抵敌不住，岂不将以惨败而告终？”国王听过两大臣争辩，说道：“尔等二人均言之有理。孤家将逢不祥之时矣。”言毕，遂摘下手上指环，赐给二人。

明康王之子明耶觉苏瓦听到小王子明底哈都报告，说鄂底维土司侵扰阿瓦边远村寨。而且自己的兵卒、象、马已在汉达瓦底逗留一个雨季，早已人困马乏，疲惫不堪。于是便集合汉达瓦底周围的象、马、兵卒及俘虏，由水陆两路返回阿瓦。到阿瓦后，当年明康王便对食邑东吁给杜摩底、封号为“明赖亚基”的鄂钦纽说：“你已年迈，不宜在边远地区任职。”令其撤出东吁给杜摩底城，改赐彬西城为其食邑。同时将东吁给杜摩底转封给号为丁克亚的苏卢。将蒲甘封给德勒帕耶，布坎封给王储明耶觉苏瓦，将卑谬封给小王子底哈都，实皆封给大臣亚扎西坚，美都封给德道榭，色固封给鄂钦巴，抱绵封给西都基之子西都艾。并于当年，命色林侯瑙亚塔比亚宫之子鄂妙拉为王储明耶觉苏瓦的贴身侍从，随时手执槟榔和饮用水侍候。据《缅甸大史》载，当年缅历 775 年（公元 1413 年）从汉达瓦底回京后，上布坎侯之女苏明拉被赐与王储明耶觉苏瓦成婚。该女原许配卑谬侯弁琪，后弁琪去世，又与叟格德结婚，七个月后离异。

按缅历 768 年（公元 1406 年），王命布坎侯德勒帕耶之女苏明拉与明耶觉苏瓦成婚，并封王子为王储。其弟信代达以为自己能得到王储之位，但未得到，遂逃往孟国。因为苏明拉有同名者，故《缅甸大史》误把王储之妃当成卑谬侯弁琪之前妻。苏明拉与明耶觉苏瓦结婚，缅历 775 年（公元 1413 年）时已有一 6 岁之子名明艾觉廷。当孟养德多王即位他获布坎侯之封时，他把妻与子一起送至迪岑，时明艾觉廷已 19 岁。据此，明耶觉苏瓦与苏明拉应是在缅历 768 年成婚，与《新史》记载相符，以此说为准。

缅历 775 年[①]（公元 1413 年），明康王听说毛东毛盖侯掸人进犯属于自己领域的美都城，便发 11 路大军，令王储明耶觉苏瓦率战象 300、骏马 4000、士卒 8 万出征。明耶觉苏瓦率主军在后压阵。抵达美都后，长驱直入，英勇奋战。毛东毛盖侯抵挡不住，全军溃散，大败而逃。毛东毛盖侯兄弟二人搜罗残余兵勇，骑马逃往中国。明耶觉苏瓦王子带他们的妻孥象马及俘虏等回师阿瓦。

缅历 776 年（公元 1414 年）明耶觉苏瓦王子上奏道："去年儿等已经攻至离白古不远之处。那里的农村像被水牛冲散的浮萍遭到严重破坏，现又恢复正常。此次儿拟出师，先攻开榜，克后攻勃

① 原文误为 725 年。更正之。

生、渺米亚，继而攻达拉、大光，然后直捣白古。孟人砖砌之城墙何足挂齿，即令城墙是铁铸成，也抵挡不住儿之进攻！”遂率 8 支陆军，计战象 800、骏马 2000、士卒 8 万。水军有大战船 18、小战船 500、铁船 800 及货船 500，士卒 103000 出征。抵开榜后，先派水军进攻，鏖战五日未克，遂退至鄂温瓦待陆军到齐，一起向开榜进逼。士卒们叫嚷道：“尔等小心守着！明日吾等就要进城！”耶丁仰闻之，遂命士卒饱餐一顿，在每个城门上舞起盾牌，擂动战鼓。内傅之子西杜因加都则举着战刀到各军营告示：“明日若象兵马兵不攻到护城河边，步卒不用云梯爬上城墙，我就将你们的手脚剁去。”翌日晨，水陆两路夹攻，护城河中的水被放掉，士卒竖起云梯，向城上拥去，城上守军扔射砖石梭镖，伤者不计其数。大约过了一鼓[①]左右，未能攻入，只得收兵。王子说：“吾曾向父王上奏要攻克开榜，再攻达拉、大光、勃生、渺米亚然后攻取白古。而现在连开榜都攻不下，如何是好？”亚扎丁坚道：“应该退军鄂温瓦，然后以奇兵袭之。”王子深善此说，便退军鄂温瓦。守城之孟人大骂道：“嘿！缅甸小王子，你已几次三番进攻我城，均未得逞，现在却要逃跑，难道不羞？吾等挥舞女人筒裙为你送行。”只见城上挥舞起女筒裙，敲着管箩。明耶觉苏瓦遭奚落，恼羞成怒，骑上战象鄂漆开，率领 8000 护象兵掉转象头攻城。监军西杜因加都也举刀对众将官道：“不攻城者，从象背下于地面者，定斩不饶！”东敦侯部下勃登马伯

---

① 缅甸古代计时法。将白昼与夜晚均分为四段时间。为读者便于理解上述各段时间译之为鼓或更。即日有一鼓、二鼓、三鼓、四鼓，夜有一更、二更、三更、四更。但因季节不同，日照时间长短不一，鼓、更所指具体时间长短在各个月份里略有不同。如需了解精确时间，就需进一步推算了。

侯未达护城河便裹步不前，西杜因加都跨上战象将勃登马伯侯砍死，骑着战象回到明耶觉苏瓦跟前。众将官不敢迟疑，个个奋勇向前，放火者有，清除鹿砦者有，挖城墙者有，约一时后守军崩溃，攻入城中。耶丁仰战死。尼冈登削发当了和尚，手下侍从告发后被俘。在《缅甸大史》中记载是攻占抱绵城，《新史》中则说是攻占开榜城，后者与孟史相符，应以《新史》为准。

亚扎底律听说开榜失陷，说道："依朕看来，众大臣中在守城方面无过于耶丁仰者，与敌接战方面谁也比不了主帅皮亚萨和勒宫恩。"明耶觉苏瓦占领开榜后，设置岗哨固守。彬尼亚达马亚扎、登大臣等人率大队人马或战船踞守白古。赖亚约达、赖亚当木等人来到开榜，彬尼亚达马亚扎、内傅波丁仰等人紧随赖亚当木船之后追击，赖威约达返身迎战，将波丁仰连船带人俘获。孟人不敢再北上开榜。在白古河中打下矮桩，水师和陆军连营驻扎；在兴实塔受封为乌巴冈的明拉觉康封锁通道，截断来自阿瓦之粮食。因此粮食无法运到。孟人沿东吁一线开来，东吁侯苏卢丁克亚出兵迎敌。击败陆军后集中力量进攻水师。俘获亚萨侯德门毛昆和十多位大臣，德门绍拜战死。亚扎底律闻讯悲痛万分，说："他们都是朕的挚友和朕手下举足轻重的人物，谁料到竟然出了意外。"明耶觉苏瓦向父王奏道："由于粮食已尽，士卒都在挨饿。儿过去曾说过要把自己练成水里的鳄鱼一样。可是现在鳄鱼已经在陆上搁浅。"然后商议准备烧毁战船，从陆上撤退。国王命令道："赖威约达将波丁仰俘获，已使孟人闻风丧胆，如若现在撤军必将前功尽弃。应该让水陆两师再作一次尝试，尔后再回不迟。"

明康王召来底哈都王子说道："尔兄已在挨饿。孟人驻在白古

瓦，孟王现在班莱，朕曾下旨，令邦宁侯、敏东侯、那当侯、阿垒侯等人和下缅甸的诸城食邑者从兴实塔沿水路送粮。但孟王子彬尼亚勃登截击与我军在萨巴格相遇。乌巴冈和劳那耶等人向敏东侯的战船进攻。敏东侯殉职。他们将杜因约达、那当侯等人抓去。”底哈都准备顺水急流直下，向他们进攻。但在浅水区搁浅，只得从陆上返回。明耶觉苏瓦于凌晨到达白古，两军对峙，各自扎营，休整一时左右即擂起战鼓，陆上两军相拼，水师色林侯瑙亚塔挥动手巾。瑙亚塔问：“孟王驸马德门巴仰在哪条船上？”德门巴仰毫无惧色迎上前答道：“吾在此！”瑙亚塔即擂起战鼓，迎着德门巴仰而上。他们摧毁矮桩攻过去。孟水师全部退入白古城中。缅甸人爬上孟人的船大声欢呼。德耶西都等人的船也从矮桩间冲过，向德门巴仰船侧攻去，大船顿时倾斜。孟王子彬尼亚达马亚扎、彬尼亚勃登等大喊：“快去助德门巴仰一臂之力！”但无人敢上前救援，只在一旁观望。明耶觉苏瓦下了战象，乘上战船掸孟，撑起白伞，两旁竖起孔雀羽毛扇，左右手执金盾、金牌、金枪，敲起凯旋战鼓，顺水急下直追。见此情景没有一只船敢于滞留，纷纷在明耶觉苏瓦面前拔除水中木桩。孟人船只迅速撤退。德门巴仰也上岸混入陆军队中，骑上巴格玛象逃命。明耶觉苏瓦也换乘“神赐”马率骏马3000、战象300追了上去。这里正值巴格玛发情，众象都不敢近前，只有马队把它团团围住，将巴格玛困在水中。只听得喊声：“不要杀他，抓活的！”最后把德门巴仰连巴格玛象一起俘获。乘坐两头信玛耶坎象参战的德门布翁和乌遴以及千余名部下全部死在马队手中。战胜白古守军，全体将士情绪激昂，向勃生进军，水陆两翼围攻，不断有人前来投诚。登大臣把那些胆小者统统处死，故攻

城无效。明耶觉苏瓦召集众大臣商议:“吾等强攻开榜已获胜,但人员损失极大。现勃生人不出城迎战,依我之见还是谈判为好。”亚扎丁坚附和道:“王子言之有理!”于是修书一封:

“明耶觉苏瓦敬告众贤臣:耶丁仰不识时务,致使城陷命丧,城中居民亦成俘虏。现在,你们集大军守城,尽管城池固若金汤,若断粮如何坚持?难道能算得上是识时务者吗?你们俱已失宠,身为重臣应作群臣之首。依我之见倒不如归顺金殿之主,将赐你比舅父亚扎底律给予的更高官禄。”

明耶觉苏瓦派鄂腊带着两匹中国布前去下书。信使鄂腊下书后,得到回信并带回礼品宽幅布筒裙、独幅布一匹、绿丝绒锦袍一领。鄂腊也得到一匹布、细布衣料和一金钵。回信中写道:“登大臣叩禀王子殿下:臣以为吾主亚扎底律绝非徒有虚名之王,绝不会看着别人围攻吾城不来解围,主公不来解围,正是因为信任我们这些大臣。现主公令臣守城,并未让臣在此投降。殿下言臣不如归顺你父王,全因殿下年轻幼稚。臣之主公将勃生赐给下臣,每年可收银 7 万,色敏通城每年可收 3 万。两城相加年俸达 10 万之多。臣想大约无人能像主公这样给臣年俸。”

劝降登大臣未成,明耶觉苏瓦向渺米亚进军。渺米亚由德门绍突守卫,因攻城艰难,只得回师。大军过勒迈瓦时,抓获大量俘虏。勃生乡下有 2000 多农民前来投降。亚扎底律在达拉城修建护城河,命王子彬尼亚德拉、德门阿瓦乃、驸马西都、丹莱拜涅、摩诃德门等人和 70 名大臣守城。自己则回到白古。明耶觉苏瓦任命过各部统领、监军等以后,悄悄地带着孟王之婿德门巴仰和 20 多名大臣,乘 8 艘劳加逆水而上,回阿瓦而去。17 天后抵达阿瓦。

将西杜因格都和赖威约达等人出师获胜之事奏明父王，王大喜，赐西杜因格都号南达都利亚，封色雷侯，赐赖威约达号南达觉都，食邑金达城。王子明耶觉苏瓦在阿瓦逗留一周后，带着王妃苏明拉顺水回达拉城，途中历五天四夜抵达拉。

这时，孟王亚扎底律已任命王子彬尼亚德拉和德门阿瓦乃守卫达拉城，令王子彬尼亚仰守丁因，自己则回白古。到达白古后便命德门毛昆守勃生。他召见登大臣，登大臣从赖开一线前来。国王又召来占卜师，请他卜算自己的八字。占卜师上奏王八字不好。登大臣便令占卜师不得泄露此事。只是下令集合军队。他奏道："请陛下先到莫塔马去，待八字好转后再回驾。缅军长期作战，人疲马乏，我们的险恶处境即将过去。"王认为登大臣言之有理，便令王子彬尼亚达马亚扎留守白古，带领王后、妃子、文武大臣回莫塔马去。守卫在勃生的德门毛昆听说王去莫塔马，便召见勃生富豪商议献城。明耶觉苏瓦令底里弁琪、色林侯瑙亚塔及掸族军三支部队向勃生进军。勃生德门毛昆携带大量礼物前来投降。明耶觉苏瓦令杜因登西和苏埃勃尼亚之子守城，自己则率三支军队直指渺米亚。渺米亚人也呈献厚礼前来投降。明耶觉苏瓦让玛朗友玛、腊坎都守卫渺米亚，三军继程抵达拉。众人上奏明耶觉苏瓦道："西部一带已成附庸，白古城也将成为附庸。"众将士欣喜万分，热烈欢呼。

明耶觉苏瓦在达拉建造两条劳加船，一条长约 31 米半，一条长约 29 米[①]。31 米半长的劳加船上设有船尾舱，里面装满金子，让凯旋之军用金链牵着船头船尾，船上竖起金旗，命名为"卑林"

① 原文为 17 庹和 16 庹。按缅人计算办法 1 庹＝1.8288 米。

号。29米长的那艘劳加船涂上了漆，船头船尾也拉了金链，船上竖起金旗，命名为“因勒牙”号。将四艘大货船联在一起成一巨舫。此时，勃生、渺米亚等西部地区城镇乡村也都来献上厚礼表示归顺。大光、丁因两城不肯投降，故而用水陆两军将该城团团围困起来。

(175) 阿瓦英雄德门巴仰骑马会战中国勇士伽马尼[1]

正如上述，明耶觉苏瓦王子出征，战胜毛东毛盖侯等人，将他们的妻儿子女都掳至阿瓦，毛东毛盖侯兄弟二人骑马逃往中国。逃至中国乌底勃瓦处，哀求道：“臣等妻孥俱被押在旭日皇帝[2]那里，恳请陛下出面讨还。”中国乌底勃瓦便召集远近土司，派出战象200、骏马2000、士卒4万，扬言要向旭日皇帝讨还毛东毛盖侯的妻孥，如若不给则将动武。出兵后大军从约瓦一直扎营到搭基、杰敏岱、当巴鲁、龙多堡一带。明康王因明耶觉苏瓦和众大臣将士均远在白古，对方兵力强大，故只得加固城墙和护城河以便坚守。中国军队将城包围。一个月后军粮用完，派使者入城道：“你们既不交出毛东毛盖侯家人，又不出城交战。如此下去，我们将围城三年。既然你们不出来谈判，不如咱们双方单骑比武，我方一将，你方一将，如我方战败，立即班师回国。若你们败北，就将毛东毛盖

① 经查中国有关史籍，尚未见1414—1415年间明朝应掸邦土司所求派兵征缅，并举行单骑比武之事。

② 旭日皇帝：指缅王明康。

侯妻孥交出。”这时象、马、战将都随明耶觉苏瓦王子在孟国。国王就问众勇士，有谁敢去比武。无人应声，国王只得默然。这时榜地侯上奏道：“亚扎底律之婿德门巴仰是位小臂独骨者[①]，被王太子俘获送来阿瓦。现被铐上脚镣关在狱中，陛下何不去问他一问？”国王便去问德门巴仰。回奏道：“下臣被铐上脚镣投入牢房，感到十分烦闷难受，若单骑比武，不信天下有谁敢与下臣较量？”国王听后下令将脚镣打开，让他洗头，请他用膳，并下令道：“如能战胜中国人，朕将赐尔比在亚扎底律手下所得更多的俸禄。”德门巴仰叩头宣誓。中国将军伽马尼善于象、马、步战，傲横一世，目空一切。他跨下一匹金鞍火焰驹，身着甲胄，腰间挎着镶满宝石的鬼头刀，手提一根七节金棍。中国人认为他俨然是一员天降神将。明康王将全城之马都交予德门巴仰任其挑选。但没有一匹被他选中。后在护城河边看中一匹正在吃草的枣红马，就在城中训练了七天，让马熟悉他的口令，便让人通知中国人七日后比武。中国大将伽马尼听后饱餐海饮数日并夸下海口。到了约定之日，明康王打量着德门巴仰说道：“真是名不虚传，正如众将官传说的那样威武英俊。”国王将一副镶满宝石的马具及一柄御用红宝石宝刀赐给他。并对他道：“孩儿！你要坚定、沉着！”德门巴仰答道：“请陛下放心，臣定能胜之。”同时又道：“请陛下赐臣一个筐和一把铁钩挂在马上，臣要把他挑下马，砍下头颅，用筐装回。”缅甸大臣等听后感到这简直是“野兔未获，先备佐料。”德门巴仰向明康王叩过头后便准

① 缅人谓人之小臂只有一骨，不分尺、桡二骨者。据说这样的人膂力过人无比英勇。

备出战。王命一群会中国话的人簇拥着他出阵。此时城墙之上挤满了前来观战的僧俗民众。

只见德门巴仰骑着枣红马从金色的城门冲了出来。中国伽马尼跨下一匹金鞍金蹬火焰驹,也拍马出阵直奔护城河边。两将相遇,德门巴仰开口道:“咱们二人都是名将勇士,不要躲躲闪闪踟蹰不前,要让人们看个清楚。”接着,德门巴仰收身伏鞍,纵马驰骋,伽马尼也随之策马飞奔。只见德门巴仰又站在马背上奔驰起来。伽马尼也不示弱,在马背上站立起来。德门巴仰伸开双臂,伽马尼同样也伸开双臂。这时德门巴仰发现伽马尼的甲胄一边系绳已断,便道:“咱们骑马已过三遭,现在已到分个胜负的时刻。”说罢将枪放在身后拿着,一手伸展,骑马奔驰,伽马尼也跟着伸出一手随后追来。德门巴仰等他奔至身边时,突然策马向右迂回,中国伽马尼刚举刀准备砍杀时,举刀的一侧甲胄系绳断处的肋旁露出四寸宽的空隙,德门巴仰乘势一枪,从左侧直穿右肋,当场毙命,随手用铁钩把伽马尼尸体钩了过来,砍下头颅,放入筐中,飞马奔回城中。中国人大为震惊,认为他实非凡人,必系天神。明康王大喜,厚赏了他,并将德右侯亚扎都之小女许配予他。赐全套王族仪仗,赐他食邑垒盖镇。居民百姓也馈赠甚丰。中国人遵守诺言,伽马尼败给德门巴仰后随即撤兵回国。

明耶觉苏瓦上书父王道:“奏禀父王陛下,亚扎底律已不敢露面,逃往莫塔马。即令他惧我钻入水中,儿也定能让渔民下网将他抓住,送他归天。如若儿能攻下白古,他便成为儿的掌中之物了,父王只需派人前来验收他的全部资财以及王族人员、王后嫔妃、战象骏马便可。”来信由鄂腊传送。明康王见到鄂腊,听过王子奏章，不禁拍手大笑道："吾儿真能胡言乱语。亚扎底律武艺出众，象、马、水战般般精通。现只因八字不佳，退至河东。如若他八字发迹，怎能罢休？我儿与众将官不得急躁，要视情况定夺，为父将派底哈都和德多沿东吁一线进军攻占色亚。"接着对鄂腊道："你速赶回！"鄂腊回到达拉，将王所嘱一一转告。明耶觉苏瓦对色林侯道："鄂包艾原说要来投诚，现在却将象尾巴割去，又跑进城去。我不想让三四个缅兵跟百十个孟人对阵。"色林侯为了鼓舞士气说道："鄂腊不是说现在殿下御弟底哈都已被派去攻占色亚城吗？我主长久以来的计划，底哈都一到也就成了他的计划了。人们往往这样比喻说：傍晚哭与清晨笑无甚区别。"明耶觉苏瓦听后大笑起来。

(176)贤士为亚扎底律卜算战胜明耶觉苏瓦之时日

此时，白古遭饥荒。达拉地区连蔬菜也已绝迹。人们都在挨饿。亚扎底律于缅历8月(公元1415年10月)东渡，11月(公元1416年1月)又回白古。回到白古后，再请精通占卜的御前占卜师、摩诃德门、高僧、长老四人来为自己看生辰八字。问道："在哪一月里才能战胜缅王子？"长老道："王之八字已离晦转明。如能在1月4日(公元1416年3月1日)水曜日出战定能告捷。"摩诃德门奏道："1月4日出战，定能生擒缅王子。"高僧也奏道："王若在该水曜日乘以'仰'为名的象出战，并在象牙上装上锋利的竹刀，则将能在塘边抓获明耶觉苏瓦。"御卜师道："如在该水曜日出战，明耶觉苏瓦将被战象从背上掀下，战象将顶断他的脊椎骨，在塘边鹊肾树下将他捕获。”王赏赐过四人后，问道：“尔等声称该日将获胜利，他手下也有像你们这样的卜师，他们知道后难道还能让他们的军队出战吗？”御卜师奏道：“臣等敢说在该日出战，陛下将胜并能将其抓获。然而他们若不出战，便无法预测了。”登大臣听到卜师之言奏道：“但愿该日能奏凯歌，逮住王子。至于让明耶觉苏瓦军队出战之事，包在下臣身上便是。”亚扎底律赐给四人四匹布后道：“吾儿与德门阿瓦乃等人在达拉，情况不明。即使现在我等出师达拉，他们也无法知晓，派谁先去告知他们为好？”埃蒙德亚奏道：“臣愿往！”王道：“善，然卿将如何成行？”埃蒙德亚答道：“臣拟先佯装向明耶觉苏瓦投诚，并跟他们说，现在不要说人即令魔鬼也会去攻亚扎底律。我们这些大臣都是冒着生命危险在他手下侍候的。身为一国之君，竟然在战事面前如此胆小怕死。虽然现从莫塔马返回白古，却将德门阿瓦乃等人留在达拉弃之不管，被人围困也无动于衷不去解救。登大臣枉称元帅，盛名之下，其实难副。臣不过说了几句玩笑话，竟遭登大臣辱骂。他说：‘你说出这等话来，想死吗？在圣上面前竟敢说出此等话，早该斩首！’令人将我妻儿子女铐上脚镣，囚禁起来。像臣这样一个托王之福，一心想肝脑涂地忠于主公的臣子，自然在陛下面前说话会有分寸。登大臣竟如此对待下臣。臣知王太子礼贤下士，遂前来投奔殿下。”亚扎底律听后道：“此计甚妙！”吩咐道：“你为王子和众大臣带去纯金五缅斤分给众人。”埃蒙德亚带 4 个仆从向王叩过头后直奔达拉而去。此时缅军从水陆两路将达拉层层围住，埃蒙德亚抵达拉后，站在达拉狮子码头，班别当木和谬当侯驻地附近。谬当侯见后问道：“来者何人?”埃蒙德亚将对国王讲过的话说了一遍。谬当侯将他的头蒙上衣服送到明耶觉苏瓦处。明耶觉苏瓦也盘问了埃蒙德亚一番，他又将对谬当侯说过的话重复一遍。亚扎丁坚听后说道：

“王子洪福，埃蒙德亚乃亚扎底律手下一员良将。如果他的话当真，待攻下白古后，应该让其任选一城食邑。”听过亚扎丁坚之言，埃蒙德亚道：“臣因对主公心寒才投奔王子而来，以后只有尽力效忠砍杀我的同族孟人，你们再信任我吧。”明耶觉瓦赏他很多东西。黎明，缅兵见孟兵出城，便冲过去厮杀。埃蒙德亚等人也跟着缅军冲上去，砍翻了两个达拉人，孟人扶着他们逃进城去。缅甸人见此情景，如实奏报。明耶觉苏瓦奖赏了埃蒙德亚等人。一日，命埃蒙德亚坐在象背前部，色林侯坐在象背中间走出军营来到护城河边。城里的孟人出来袭击他们。色林侯带来的孟兵和缅兵纷纷走散，埃蒙德亚对色林侯道：“待我拿刀去拼杀！”说着从象背上爬下佯装要与孟人厮杀，领着手下向孟人追去。随后却扔下刀跟着跑进达拉城。色林侯回来将埃蒙德亚跑进城去一事向明耶觉苏瓦奏明。明耶觉苏瓦听后极为不悦。

明耶觉苏瓦对彬尼亚德拉王子高喊道：“埃蒙德亚用谎言骗我，才得以进城。要是他能从城中回到你父王处，我就重赏他。”彬尼亚德拉将缅人之言转告埃蒙德亚。埃蒙德亚就让人高声回答道：“威武的王子，明天埃蒙德亚就回白古去！”缅人高叫：“埃蒙德亚你全靠骗术才混入城中。现在你就是长了翅膀能飞，或是变成蛟龙钻入地下，也休想逃出这座城去！”埃蒙德亚回答道：“你们守卫再严，我也一定能出去！”缅人从水陆两路层层设岗守卫，明耶觉苏瓦到各营巡视，对众将道：“埃蒙德亚说明日出城，一定要将其抓获！”埃蒙德亚将国王命他带来的五缅斤金子交给彬尼亚德拉王子，分发给众大臣和市民。在拂晓前让人用芭蕉杆扎成一筏，将刀藏在芭蕉杆中。埃蒙德亚装成一具尸体，脸上涂满姜黄粉，用破蒲席片卷上，四五个妇女披头散发，捶胸顿足地哭喊，抱着“尸体”哭道：“人家的男人都能跟妻儿子女同甘苦共患难，一起在这兵荒马乱之时忍饥挨饿，可你却把我们扔下不管了。现在战火连天缺衣少吃，叫我们娘儿们怎么过呀？”守卫在掸德门附近之缅兵看着这群人哭喊。她们把埃蒙德亚轻轻放到芭蕉杆编成的筏上，用陶碗在尸首头部供上一碗米，一只雏鸡，点上一盏小油灯，把芭蕉筏推进河中。妇女们顿时又捶胸顿足号哭起来：“你就这样把我们扔下不管了吗？”芭蕉筏漂到缅军船旁，缅兵赶快用竹竿把尸体推开，小筏顺着急流漂走。到德勃德抱后，已经越过缅水军防线，埃蒙德亚从芭蕉杆中抽出刀来回到白古。日近中午，缅军军士大叫道：“埃蒙德亚不是夸下海口要出城吗？让他出来呀，怎么还不出城？”城中也喊道：“埃蒙德亚早在清晨就回白古了！”缅人不信，还在嘲笑他们。至晚间，明耶觉苏瓦派人到彬尼亚德拉王子和德门阿瓦乃处问道：“埃蒙德亚说要到白古去，我们已等到天黑，怎么还不见他出城？”彬尼亚德拉王子让他回去禀告：“兄长明耶觉苏瓦还不知道？埃蒙德亚早在黎明时分就去白古了。”

明耶觉苏瓦的部下回奏这一信息时，王子大为惊奇。他不信真有此事，便派赖亚当木带书一封赶往白古。信中写道：“敬呈尊敬的舅父亚扎底律，前闻您已逃往莫塔马，现又回来。我本以为能有幸与您单枪匹马比个高低。谁知您弃阵而逃。我只得屯兵达拉。您现在既无胆量进攻，又不敢远走高飞，身为君主，岂能如此胆小！如让我逆流而上，我定攻到白古。若您拟顺水而下，我将在此恭候。”明耶觉苏瓦随信赠亚扎底律金鞍骏马一匹和红宝石手镯一副。并嘱咐赖亚当木道：“你去探望一下埃蒙德亚，如果遇见他，将此金鞍及丝绒袍赠与他。”赖亚当木来到白古。此时亚扎底律正驻在德骠羌，便于该地接待赖亚当木。来使将信和礼品呈上。国王看后嘱咐赖亚当木道：“你回去替朕转告甥儿，让他不必前来白古，就在现驻地作好准备，迎接我等进攻吧！我将不日前来达拉。”赖亚当木向亚扎底律奏道：“臣闻埃蒙德亚回至陛下身边，陛下之甥想知道此事是否确凿。”国王听后召来埃蒙德亚。赖亚当木见到埃蒙德亚后将明耶觉苏瓦赐给的物品一副金鞍和一领丝绒袍给了他。亚扎底律王回赠明耶觉苏瓦一领丝绒袍、绿色单幅布五匹，同时赠给赖亚当木优质布及金水钵一只。赖亚当木便回达拉去。

阿瓦明康王闻亚扎底律已从莫塔马回到白古，即派底哈都王子、德多王子、杜因觉各率一军，共有战象50、骏马500、士卒1万攻打色亚。这时色亚为德门比亚德巴之食邑城。仅有兵丁2000、战象5头、骏马30守城。亚扎底律在界色那修建宫殿。于12月15日（公元1416年2月11日）木曜日进行洗头礼。彬尼亚达马亚扎王子、彬尼亚仰王子以及众大臣也都洗头，然后为战象洗头，众士卒也都洗了头。花费整整七天时间将所有良象的牙磨尖。将大量金银赏给文武大臣、将官士卒，并犒赏三军。12月23日（公元1416年2月19日）金曜日向达拉进军。亚扎底律的大队人马中一支由登大臣为统领，耶格曼为监军；另一支由彬尼亚达马亚扎王子为统领，拜格曼为监军；再一支由彬尼亚仰王子为统领，苏努多为监军;共3支组成。彬尼亚仰[1]王子骑发情的玛巴堆象,象饰和鞍垫均为红色,旗幡和甲胄也为红色。甚至象后步卒手执之长枪也为红色。他率战象20、士卒5000为先锋。彬尼亚达马亚扎骑"象王之子"象,象饰鞍垫等均为金色,甲胄和旗幡也为金色,王子乘在金鞍象上,打着金把白罗伞,象后步卒手执无敌金矛。亚扎底律则乘黑象仰,打着白伞,率士卒1万,战象30,象饰等一律为皂色,象后步卒手执黑矛。[2]

明耶觉苏瓦闻得亚扎底律出兵,便召集众大臣、将官商议。亚扎丁坚奏道:"亚扎底律抱负极大,很难使他放弃攻战。他现在已率兵来此,如若我们不撤除对此城之围,他们必然向我们进攻。达拉城中也定然出击,逼使我们腹背受敌,我们岂不被动?依臣之见不如撤除包围,将水陆两军集中固守。他若来攻,我可防守;他不来攻,我可出击。"明耶觉苏瓦闻言说道:"言之有理!"遂撤除对城之包围,将水陆两军集中在祖伯德甘安营扎寨。亚扎底律到达拉后驻扎在贾德垒。他骑一头壮象,带领约1000名士卒进入达拉城。彬尼亚达拉王子、德门阿瓦乃、众大臣及城中百姓等因国王驾临,受到极大鼓舞。国王奖赏过众官兵后问德门阿瓦乃道:"此小小缅王子是否会出战或追击我们?"德门阿瓦乃奏道:"该王子犹如好斗公鸡,只要见到一只公鸡便会格斗。所以他必然出战。"国王道:"如此便好。我们就能将其抓获。"随后命侍槟榔官兑勒宫灿

① 原文误写成彬尼亚巴仰。查前后文均无彬尼亚巴仰,疑为彬尼亚仰之误。

② 此处所述与下文所述矛盾。依理推之,似乎此处有误应依下文所述。"王乘金鞍象打白伞部下一律金色,而王子彬尼亚德马扎骑黑象,部下一律着皂色,持黑矛枪。"

道："卿之战象敏捷异常，今命你率士卒 3000 去明耶觉苏瓦处诱敌。若他出战，不必捉弄对方，立即后撤。"兑勒宫灿向国王叩过头跨上战象，率 3000 人去了。明耶觉苏瓦见之，命格礼侯率马兵 1000 追击。兑勒宫灿见到战马前来，调头便回，马军紧追不舍，眼见即将追上，他又回象拼杀，从左右两面逗引对方。使自己战象受伤近百处。国王见此情景拍掌顿足极为生气，待兑勒宫灿来到跟前，国王道："你竟敢违抗朕命，来人哪！拉出去砍掉四肢！"将他交给埃蒙德亚。德门阿瓦乃求情道："是他年幼无知，以致铸下大错，望陛下大发慈悲，饶他一死。"国王便令将他带上脚镣，囚禁入牢。亚扎底律回军营而去。抵军中后，召来巴格玛象之象首兵鄂边商议道："朕之战象巴格玛被对方掳去，现存战象均不及巴格玛象。依你之见，如何是好？"象首兵奏道："依奴之见，让四头母象，驮骁勇之兵丁出战。巴格玛只要听到奴之呼唤声，便不会攻击母象。只要能将背上之赶象人和战将摔倒地上，奴便能骑上巴格玛象背。如若陛下不赞同此计，奴还有一计，便是待缅军入睡后，奴偷入他们营寨，找到巴格玛，在它蹄子上揳入钉子，使他无法出战。陛下可任选一计。"国王道："朕还是赞成夜晚偷进敌营之计。"随后厚赏了鄂边。鄂边当晚便与菩格多、玛博等三人出发。事先砍了三支甘蔗准备喂巴格玛。待缅军入睡，三人摸进敌营，来到巴格玛象栏中，巴格玛嗅到原主人气味，耳朵不再扇动，鄂边将带来的三支甘蔗喂过象后，对他说道：

"我原是奉国王之命要给你脚底揳上钉子，可现在见到你后却不忍下手，你如若爱我和两位兄弟，明日缅军出战，你就不让他们套上缰绳。见到营中象、马、人等就到处乱撞。你能照此行事，我

们三人才能保全性命。”巴格玛点了点头，眼中流下了泪珠。菩格多和玛博道：“明日即将开战，陛下就是为了让巴格玛上不了阵才派我们来弄坏巴格玛蹄子的。现在你竟然违抗命令，后果如何，你自有数，千万别牵连我们。”说毕便回来了。亚扎底律王派他们三人去敌营后一直没安息，正等着他们归来。夜三更后，三人回到营中。国王问：“尔等是否遵命办妥？”象首兵鄂边将自己如何吩咐巴格玛之话说了一遍。国王听后大怒，扇了他一记耳光道：“朕本想你们依朕之命行事，待事成后厚赏于你，现在你那象若不照你说的去做，朕就将你连同你的妻孥全部烧死！”说毕将他监禁起来。国王进行部署，加紧练兵，准备1月4日（公元1416年3月1日）水曜日出战。

彬尼亚达马亚扎王子骑“门”象站立在军前，1万名执黑长矛的护象卒举1000块黑色盾牌，身着皂色军服列队于后。亚扎底律则乘坐“仰”象、饰金象鞍与红宝石鞍穗，举金色旗幡，带1万无敌金长矛及1000块金盾牌，张白伞，内傅德门拜格曼坐在象鞍中央为象中卫士，擂起战鼓，恰似那神兵天将，在毛格乃地区布阵练兵。国王右侧是登大臣骑“象王之子”象，率士卒千余。左侧为摩诃德门大臣乘摩诃瓦栋象，率士卒约800，王子彬尼亚仰率士卒千余，乘巴绥拉曼象，埃蒙德亚则手捧金刀侍奉王子身旁，彬尼亚德拉王子乘底里马贡象率士卒万余打着金把白伞，在达拉城边列队，德门阿瓦乃则乘鄂叶内象，率士卒2000列队于彬尼亚德拉王子身旁。明耶觉苏瓦闻得亚扎底律驻在贾德垒，便在议事厅与大臣们商议。亚扎丁坚奏道：“打仗犹如蛋中鸡雏，黑白难以捉摸。凡事要与众将商议，万万不可疏忽大意。”

色林侯杜因登西也奏道："亚扎丁坚言之有理。"但明耶觉苏瓦仍与文武大臣整日吃喝玩乐。亚扎底律练过兵后命令登大臣道："卿不是作过保证，要让明耶觉苏瓦出战吗？现在卿须设法使其出战。"登大臣骑上一匹带金鞍象轿的母象，打上红伞，带四五头母象，七八百人，手提筐、铲、刀、竹、绳等来到祖伯德甘的明耶觉苏瓦营地不远，让士兵测量地面，拉上绳子，并打下竹桩。明耶觉苏瓦在帐中见此情景，问："咦！孟人，到此何干？"孟人答："王派足智多谋的元帅前来包围明耶觉苏瓦的部队，正分派在下几个做事哩！"明耶觉苏瓦听后对众大臣道："我们这次前来，目的就是要打垮孟王，怎能反被他包围？我要出去！"说着便命人套上战象鄂漆开，并命令众将道："尔等都各回军营，套上战象、骏马，赶上前来。"众将纷纷回到军中。平日，每天都让鄂漆开象喝酒两盆，那日却喂了三盆。明耶觉苏瓦也比往常饮酒更多。出战前，他抚着王妃苏明拉道："我的爱妃！我要用武力将孟王的一切尽数缴来。每次作战，我的战象鄂漆开其鸣声如鹤唳，就预示我将胜。孟养一战，其声如鹤唳，故我攻下孟养。若开一战也是因耶妙苏瓦鸣声如鹤唳而获胜。现在，鄂漆开的叫声又似鹤唳，看来白古也难逃我手矣。"说罢走了出去。让美都侯骑上巴格玛象。他下令催众将领、大臣套好象马后迅速赶来。让鄂漆开象又喝了酒，还自吹自擂夸耀了一番后，骑上战象，让内傅南达都利亚坐在象鞍中央，命 1000 名掸族格礼人士卒，穿上一色皂色短袖长褂，护象兵均手执无敌金枪。命掸族孟养人执金盾 1000，每人身带 3 支短矛。命 1000 名缅族士卒头戴金盔，身穿金甲。并 3000 骑兵布置就绪后擂过三通战鼓，只等鄂漆开象一到便出寨。立即命所有兵将一起出击。格礼侯骑耶

波东象率战象50、骏马700、士卒5000随明耶觉苏瓦出击。若开王乘漆妙盖象率战象50、骏马500、士卒1万出发。其余众将也纷纷套上战象战马,浩浩荡荡涌出寨门。美都侯德道榭套上巴格玛,跨上象背,当此象离开拴象柱后便颠动身子,将背上的美都侯摔倒在地。接着巴格玛象见象即撞,遇马就顶,逢人便挑,顿时军中大乱,大军无法追上明耶觉苏瓦,滞留在后。

(177) 亚扎底律于象背之上立誓

亚扎底律在象头放上金钵祷告道:"守护佛法五千年之神明:社稷原是父王白象之主所创。父王与明耶觉苏瓦之祖在丁因立下誓盟,从此旧怨顿失,战事宁息。我和明耶觉苏瓦之父亦在卑谬瑞山道佛塔之前立过誓盟。苍天作证,弟子所举均是事实,请佛祖保佑我打赢此战,抓住明耶觉苏瓦。若弟子言语不实,则让我败于明耶觉苏瓦手下。"祷告毕将誓水洒于地上。此时,明耶觉苏瓦冲杀过来。格礼杰当纽率本部紧随其后。格礼杰当纽所乘耶波东象正在发情期,听得背后有马声便掉头向后冲击。混乱之中步兵、马兵溃散,不仅未能赶上明耶觉苏瓦,连整个部队也溃不成军。明耶觉苏瓦率跟在身后的队伍向兵分6路的孟军进攻。他先擂响战鼓,任凭鄂漆开象朝彬尼亚达马亚扎军攻击,击溃。接着又向彬尼亚仰军攻击,又胜。后又转向彬尼亚江进攻,再胜。随后又打败亚扎底律军。三位王子被杀败后逃入林中。明耶觉苏瓦接着向德门阿瓦乃进攻。此时,后面援军尚未到达,战象已极度疲劳,于是驻足不动。德门阿瓦乃率3000人马截住厮杀。亚扎底律的三位王子得知对方援军未到，遂又组织战象30头再从林中杀出，围攻明耶觉苏瓦之战象。明耶觉苏瓦因无援军支援，战象极度疲乏，且象身之上有百余处伤，疼痛之下，晃动身子，将明耶觉苏瓦颠下象背。他的大腿被大象踩伤，站不起身来，只得爬至塘边鹊肾树下。象中卫内傅之子南达都利亚已战死，所率之马军、步兵亦大都伤亡，孟人见明耶觉苏瓦已不在象背之上，便围捕战象，象被捕获，审问象尾兵鄂讷道。鄂讷道道："奴才也在寻找主人，但未寻见，现已不知去向。"亚扎底律道："朕绝不怪罪甥儿，朕将视其作亲子。"鄂讷道便奏道："要想找到奴才之主，陛下只须带上绳索到林中去，逐棵树下仔细寻找，定能寻到。"于是孟人在鹊肾树下找到了明耶觉苏瓦。他被大象踩伤后无法行动，被押送到亚扎底律处。亚扎底律道："朕替你这位年轻王子难过。你可在这儿好好将息服药养伤。愈后如若愿意住在此地，朕将女嫁你，并封为王储。若想回阿瓦，朕将派大臣送你回去。你尽管养伤便是。"言毕便给他药物。明耶觉苏瓦道："我绝不食孟人之食，也不服孟人之药。我早就发过誓，不打下汉达瓦底誓不回师。现在既然被你们所获，我只求一死，绝不屈辱保命，当人奴才！要杀要剐请便！"亚扎底律想明耶觉苏瓦临死也不变心，难免以后再来害我。于是当夜将其杀死。翌日晨，扬言他因被象踩伤，伤重而死。将他厚葬。明耶觉苏瓦死于缅历778年1月4日（公元1416年3月1日）水曜日。据说在明耶觉苏瓦去世当夜，阿瓦有山合欢树神显身，称明耶觉苏瓦已死。众将获明耶觉苏瓦死讯，清晨将噩耗写成一信，做成纸环套在宾垒杰丁嘎亚扎饲养的秃鹫颈上放了出去。三时左右秃鹫飞抵阿瓦，高僧将噩耗送报明康王处。

亚扎底律的坐骑巴格玛象把美都侯颠下象背后，在营中左冲右撞闯出营门，跑回孟人营中。亚扎底律见战象回来，便将鄂边解开脚镣释放，让其去迎巴格玛。巴格玛见到象首兵鄂边，用鼻子卷起他走进军营。亚扎底律欣喜万分，用甘蔗和香蕉喂过，并将锡当的太公村分封给战象，封鄂边号“那伽巴底”，赐他扎拉曼村作为食邑。（在孟史书中写道：在白古战斗中巴格玛象的象首兵鄂边被骑兵用枪挑死于象下。后面又写了他在达拉被派去给象脚底楔钉子，后又被封号那伽巴底，受到王上恩赐的扎拉曼村的情况。书中记载前后不一。实际上并无鄂边在白古一战被挑下象之事。应以《缅甸大史》记载为准。即他被封号那伽巴底，并受王恩赐，得到扎拉曼村食邑。）亚扎底律召见汉纳耶吩咐道：“你父色亚侯德门毛昆被底哈都包围，可速去解围。”汉纳耶奏道：“奴才的军力单薄，怎能前去解围？”亚扎底律道：“可请那当侯同往，在到达敌大营之前，可派那当侯先往。如果底哈都问起此事，叫他转告他哥哥的死讯。”汉纳耶约请那当侯一同前往。将抵达该地时派那当侯前往底哈都营中转告。说他兄长兵败已殁。王子底哈都闻讯，撤除对色亚的包围，回军而去。

亚扎底律抓获明耶觉苏瓦并将其处死后，达拉的水陆两军及将官们仍然坚守营寨，亚扎底律进攻二三次均未得手。登大臣奏道：“缅王子屡犯我土，我国几经蹂躏，已满目疮痍破碎不堪。明耶觉苏瓦只因不采纳众将意见，一意孤行，才被我抓获，现在他们虽然失去王子，众将官大臣都是贤明将才，进攻他们诚为难事。我们不如派人与渺米亚侯之子色林侯媾和。色林侯如果跟我们有共同愿望，则能马到成功。”国王深善其说，遣人送书。书中写道：“色林侯吾儿：只因你们不发援兵，致使明耶觉苏瓦殒命。你们全体难道还能逃出我的手掌吗？诚然，你们可以迅速撤军，但是你们让王子孤军出战，害得他战败丧命，金殿之主陛下难道还能饶过你们?!想要撤走，谈何容易，即使你们能撤走，也难逃脱上述下场。你们与其被处死，倒不如投入我营中。渺米亚原是你父之食邑城池。朕将渺米亚城仍旧赐你食邑，封为侯王。随信赠10缅两黄金制成的金钵一只，独幅布四匹。”使者沙布埃侯将信和礼物送至色林侯营中，受到礼遇，宴请过后，请他带上缅甸头盔，前往军中参观。主人嘱咐来使如实向他主公奏明这里情况。色林侯道："我主公之子明耶觉苏瓦王子不仅英勇无比，而且文武双全，无懈可击。我们不信主公之子打不过而被你们抓住，这是不可能的。一两千士兵被打死倒完全有可能，你们的士兵想报喜邀功，向你们国王谎报什么抓住了明耶觉苏瓦。告诉你们国王别去轻信，要先去调查一番。即使你主公已抓住了明耶觉苏瓦，你也已看到我们将官是如何治理我们军队的。你们主公的努力无非是徒劳。本月中我们主公明康王已率大军开来，不日即将到达。待我们主公到达后，难道你们的白古还能逃出我们的手心么？勃生、渺米亚的确原是我祖辈之地。但我们食缅王粮、饮缅王水，我们已不向往勃生、渺米亚了。你们[①]主公亚扎底律是先王白象主之子，我们也曾身为先王之臣。当年主公攻打我们祖辈土地之时，由于防守无方，全部被主公征服，我们亦从此作了主公之臣属。我主公量才录用，赐赏优厚，把我们封为将、帅，我等只有治军效忠主公而已。皇恩浩大、报之不

① 原文误写为“我们”，经查《缅甸大史》应为“你们”，故按“你们”译出。

尽。所以请你主公不必再多言。”随后，回赠两枚贵重的指环，宴请过来使后，将其送回。使者将色林侯所言如实回奏。亚扎底律道：“这小子真善言词，居然对过去的历史牢记不忘！”接着道：“他们的将官俱是忠贞坚定之辈。”依明耶觉苏瓦之命留下守卫的当寇侯闻讯，知明耶觉苏瓦已殁，便离开勃生沿波康一线撤回至卑谬。

（178）众将相上书明康王

驻扎达拉之众将相上书明康王。书中写道：“奴才们斗胆跪奏洪福齐天之陛下。殿下不听臣等忠告，一意孤行，落入敌人之手。敌兵认为殿下已败，屡次向臣等进攻。臣等坚守不怠，他们无法获胜，臣等现在丝毫无损，只等陛下大军到达，臣等再后撤。”此信由两位大臣乘劳加船呈送。船上还载回公主信明拉①。（关于此事，《孟史》中记载道：“当信明拉公主登船，船即倾覆。他们上了岸，改行陆路。被彬尼亚德拉手下人发现送至彬尼亚德拉处，彬尼亚德拉私将公主藏起。亚扎底律得到消息，才不得不送到亚扎底律处。后经登马尼育大臣、摩诃德门等人说情，让信明拉与彬尼亚德拉成了亲。”但是《缅甸大史》、《新史》及许多碑文上却记载着：信明拉王妃在明耶觉苏瓦死后乘劳加船回到阿瓦，又被许配予底哈都，后受封为佛亭施主娘娘。在《孟史》中写他们掳获王储妃子苏明拉。实为夸大之词。）明康王伤心至极，派船接回，并亲自到德右茂接见跟信明拉同来的大臣，与他们一起匆匆溯水而上，回到京城阿瓦。国

① 信明拉公主即明耶觉苏瓦之王妃苏明拉。

王再次听到噩耗，心中不胜悲戚。

亚扎底律召见登大臣道："一个贤臣离开国王则无法显示其光彩。这犹如一头勇猛之战象，离开锦旗便失去神采一样。如果贤臣一旦离开君王而去，则无论君王或是贤臣都将受到旁人的非议。为避所嫌，卿且待在朕身边。朕在班觉达战胜缅王，并俘获其王妃。后来一鼓作气进军又擒住并杀死了缅王子。万一缅王即刻来此，卿在朕身边也好有个商量。"登大臣道："臣愿永远在陛下身边效忠。"国王闻此即将锡当城赐给登大臣，并命德门阿瓦乃镇守勃生城，德门丹莱驻守渺米亚城，令王子彬尼亚仰及彬尼亚德拉驻守达拉城。彬尼亚晒王子守大光。如此部署以备兵到时可以从两边夹攻。亚扎底律随即回到白古。明康王得悉王子殁后，部下又遭攻击，便率众多兵马从水陆两路日夜兼程向汉达瓦底进发。色林侯瑙亚塔、格礼杰当纽等人将大队人马分成五路，秩序井然地从水陆两路撤退，抵莱城时与明康王相遇。他们将王子丧生的详细经过奏报缅王。缅王听后悲痛已极五内俱焚，说道："朕要看看王儿的坟墓。"于是从水陆两路转向达拉。被派驻守在达拉的孟王子彬尼亚仰和彬尼亚德拉等人以为缅人已回，正在城外花园中游玩，毫无准备。听到划船声也误认为是勃生人来了毫不介意。待到明康王的水师抵达拉，他们两人慌忙上马逃走才得脱身，缅军俘获许多士兵。明康王来到达拉，在大队人马的簇拥下前往王子坟墓前。他将王子的尸骨从亚扎底律埋葬的墓地中掘出，撑上白伞，让众大臣祭拜后装入金坛，派劳加船护送至马梯阿瓦下葬。上述便是明耶觉苏瓦王子缅历778年1月4日（公元1416年3月1日）水曜日在达拉战死的经过。

亚扎底律于缅历 779 年(公元 1417 年)到遂亚道去围捕象群。明康王则率大批船队回师北上。在归途中攻打渺米亚城,渺米亚侯德门丹莱不敢抵抗,逃入山林。大批人马和战象被俘。明康王继而又向勃生进发。此时,勃生由德门阿瓦乃据守。只见该地有西洋葡萄牙人炮队、洋枪队,配有许多各式武器。明康王便派人前去修好说:“朕闻国舅阁下名震四方,希望能出面一见。”(之所以称其为国舅,是根据《孟史》中记载而来,因为德门阿瓦乃之女米德勒嫁给亚扎底律之子彬尼亚达马亚扎。)

德门阿瓦乃想,威名显赫的缅王要见我,不去不合情理。然而又担心王兄怪罪自己,故而先恳请王兄恩准后,方备厚礼前往。明康王乘坐金御舫,打着四把白伞,并带 300 劳加船和铁船停靠在毛道码头边。王端坐于御舫船头。德门阿瓦乃带着厚礼前来拜见。正当他来到御舫之上融洽愉快地交谈时,明耶觉苏瓦之子明艾觉廷的部下鄂妙道突用长矛向德门阿瓦乃投来,但因距离较远,未能刺中,落在他身前。德门阿瓦乃以为此举乃明康王将自己诱出加害之计,遂叩过头返身便回。洋人们见德门阿瓦乃猝然起身返回,便从城头向船上开炮,击断桅杆架柱。德门阿瓦乃回到城中,即派人带着厚礼来报:“陛下给我机会,才敢来见。不料竟有坏人用长矛刺来,故无法在陛下面前久留。”明康王叫出王孙明艾觉廷问道:“是你派他去行刺的吗?”明艾觉廷答道:“孙儿未曾指使,是他自己去行刺的。”于是,缅王令将鄂妙道反绑起双臂交与来人道:“任凭你们发落!”德门阿瓦乃审问了鄂妙道。鄂妙道答道:“谁也未曾指使我。只因我主明耶觉苏瓦是因你进攻而死的,我恨之已极,故而拿枪刺你。要杀便杀,我不怕!”德门阿瓦乃道:“你有勇士本色,又

是个忠于主人的奴才，不该杀！”接着又说：“缅王陛下派人告，想见我一面，不去相见不宜，前往谒见，却遭壮士行刺，我正责怪陛下不该如此。现在，既然不是陛下所使，是壮士自己所为，那是我多虑了。至于城上开炮一事，亦非我所使，只因为城上看到有人拿矛刺来，落到我面前，便开起炮来。这当然不该去责怪城上的炮手们。不过这样一来，依人们习惯的看法，倒好像成了是由我指使的一样。现在我也相信陛下了。”说毕便思忖：缅王对此勇士很了解，我对此事亦已清楚。我必须为此人求情救他一命才好。于是他为鄂妙道松了绑，并赠以厚礼，送回明康王处并奏道：“此人乃爱主之奴，请陛下饶他一命。”明康王怒气也已平息，随将鄂妙道释放。回赠德门阿瓦乃槟榔盒、咸茶盒、冷水瓶等物，在勃生逗留三天后，沿水陆两路返回。此时孟人正遇饥馑，未敢追赶。

缅历778年（公元1416年）亚扎底律命王子彬尼亚达马亚扎挂帅，率七支大军共战象350、骏马5000、士卒7万攻打东吁城。明康王闻讯，即令王子卑谬侯底哈都火速赶到东吁。又从自己身边派出八支大军，计战象300、骏马4000、士卒8万火速赶到东吁。抵达该地后，立即发动了向孟人的进攻，孟先头部队被击退。再战，孟人七支大军全败。3000余人战死。俘获象30、马500、士卒3000余。战胜孟人后，底哈都王子召集众将官班师回朝。抵京后，缅王对底哈都王子极为满意。将其兄明耶觉苏瓦的妃子苏明拉许配于他，封他为王储，赐班基十乡，战船10艘，食邑勃东城，将卑谬城赐给接受明耶觉苏瓦封号的苏瑞开。

缅历779年（公元1417年），缅王得到色林侯瑙亚塔的报告，即命王储挂帅，率水陆两军向汉达瓦底进军。七支陆军中有战象

400、骏马 7000、士卒 7 万，沿达耶瓦底一线进发。七支水军中有大战船 30、小战船 400、劳加及铁船 500、运粮船 700、士卒 9 万。大军到达拉后，攻城未克。该城由孟王子彬尼亚德拉和彬尼亚江等据守，防守严密。故而转攻大光。大光一役告捷，俘获大光侯彬尼亚晒王子。占领该城后，命西杜因加都率人马驻守。大队人马继续向丁因进攻。丁因守将德门阿瓦乃防守有方，武器装备充足，久攻不克。转而进攻毛比。格礼杰当纽乘耶蓬象出战，攻破城外护城大寨，继而占领全城，俘获该城侯德门比亚萨。攻下毛比后，修筑坚固的营寨，休整了整整一个雨季。亚扎底律至莫塔马，孟人只是固守城池，不敢出战。缅军久战，人困马乏，只能带着俘获的彬尼亚晒王子和孟大臣 3000 余人班师回朝。抵京后，明康王极为欣喜，赏赐王储御用槟榔盒、咸茶盒和冷水瓶一套。对孟王子则未加任何责难，供其衣食和随从，令其在身边侍奉。明康王道："今日抓获亚扎底律之子彬尼亚晒，朕已心满意足。从此再不去攻打孟人了。"亚扎底律从莫塔马至白古，得知缅甸将王子彬尼亚晒俘去。遂率军至达拉。闻底哈都的人马已回阿瓦，只得再返回白古。

缅历 783 年(公元 1421 年)，学识渊博的大臣明亚扎去世。明康王决心从此马放南山，兵器入库，不再打仗，一心积善修行。广纳贤良之言，振兴国家繁荣经济。缅王治国有方，深恐受人贬责，爱惜人才，做过众多善事，其中有：修建彬牙仰昂敏佛塔和寺庙、禅堂等。28 岁登基，在位 21 年，享年 49 岁。驾崩之时，秃鹫栖息于阿瓦瑞喜宫佛塔之上。木星穿行至狮子座和蟹座之间，土星及金星靠近月亮。王生辰为火曜日。

（179）明康王与亚扎底律辞世归天

亚扎底律王获悉明康王驾崩，郁郁不乐地说道："王弟与朕乃死敌。如今王弟已命赴黄泉，只剩朕一个人了。真乃无常之道，不能永存。"王后们听后戏言道："明康王是王之姻弟，又是岳丈，现明康王已死，何不兴兵将他的那些王后嫔妃统统接来！"王道："尔等真能戏言。现在朕已绝不再跟他打仗。朕老矣！朕想从此一面负担供养尔等，另一面要积德从善，以修来世。"从此，亚扎底律果真不再发动战事，专门从善积德，建佛塔，塑佛像，修佛窟，造佛寺，立佛亭，筑佛廊，只为经律论三藏佛教大业而工作。次年，在勒布达禄树林中发现一只很漂亮的小象。亚扎底律亲自用绳索去套，套住小象后，准备把它拉出来。国王大腿被绳索所绊，伤及筋骨，疼痛异常。侍从们立即赶制能移动的棚帐将国王抬回。为了尽快赶回白古，众人在丛林中寻找捷径，驱 10 头大象开路。移动棚帐中还有四名御医为国王念咒，以求减轻痛楚。终因伤势过重，途中驾崩。国王尸体被置于轿中抬至格马德门拜地区。王后们也都赶来接驾，就在当地火化。将骨灰珍藏于金罐之中，后埋葬在新建的寨中。

（180）底哈都王①

缅历 783 年（公元 1421 年）②，王储底哈都号底哈都拉摩诃达

① Thihathu 旧译梯诃都。

② 其他史书大都记为缅历 784 年即 1422 年登基，此书所记晚一年。

马亚扎[1]，与王妃佛堂施主苏明拉一起即位，并立父王之后苏波玫[2]为后。（在《缅甸大史》中写道："父王明康让王子底哈都跟其伯父信漂辛包德勒帕耶[3]之女明拉突成婚。后因感情不和而离异。王储底哈都与其嫂苏明拉结了婚。明拉突则与接替明耶觉苏瓦称号的苏瑞开成婚。"明拉突生于缅历 750 年（公元 1388 年）。她与苏瑞开婚配。765 年（公元 1403 年）生女梅云，当时白象之主底哈都仅 9 岁，他生于 756 年（公元 1394 年），据佛堂碑文记有："缅历 777 年（公元 1415 年），佛堂施主之女、卑谬侯王妃之女、幼名梅云的象官夫人之夫明摩哈等"来看，《缅甸大史》中记载说，白象之主底哈都与明拉突成婚是毫无根据的。应取明拉突与苏瑞开结婚一说。据《新史》记载，明拉突又名苏明漂。）

白象之主底哈都的子女有：佛堂施主苏明拉与其兄明耶觉苏瓦所生一子明艾觉廷；一女比亚冈，她与精锐马军统带乌登、后改名为西都觉延的东吁侯婚配；另一子明耶昂乃；王兄在达拉阵亡当年生的小女；共 2 男 2 女。白象之主底哈都与苏明拉结婚后又生 1 子 2 女：子明拉艾；长女苏卑千达，后嫁孟养王外甥东敦底里泽亚都；幼女瑞卑欣玫。至于王后信波玫和信绍布均未闻有子女。底哈都登基后，内傅美都侯欧德马底里泽亚都拉瑙亚塔在木密河中捞到一头四肘尺高的小白象，进贡给了缅王。卑谬侯苏瑞开也抓获一头白头象进献，故人称其为"白象之主"。是年，将卑谬侯苏瑞开改号为明耶觉苏瓦，取消其原食邑地卑谬，将达耶瓦底封给了

① 巴利文音译如文，意即：狮子般英勇大弘法之王。
② 即信波玫。
③ 即信骠辛德勒帕耶王。

他。将卑谬赐给苏瑞开之婿明摩哈。(《缅甸大史》载:因苏瑞开去世,将卑谬赐给明摩哈。根据信兑纽[①]撰写的《南下卑谬》茂贡诗中写道:“卑松王弟,妄图自立,觉苏瓦舅,白古盘踞。”[②]据此可见,直至卑松王时代尚有苏瑞开其人。故应以《新史》和《南下卑谬》茂贡诗为准。)另赐近臣谬当侯10艘战船,并加赐勃东城。孟养德多的幼子,当年仅9岁,也分封给他因贝村,并让他担任宫中执槟榔盒、饮水瓶的侍从官。

孟王亚扎底律过世后,汉达瓦底由彬尼亚达马亚扎继承王位。两位王弟彬尼亚仰[③]和彬尼亚江反对其兄,分别驻于大光和丁因。后来,孟王与彬尼亚仰言归于好,将其召回。封为王储。小弟彬尼亚江则坚持与其兄作对,据守在大光。其时,彬尼亚江派两大臣带着厚礼向白象之主底哈都奏道:“父王生前将达拉分封予我,臣兄彬尼亚达马亚扎称王后便夺了过去。我出于无奈,驻大光,唯有陛下能支持我进攻达拉,达拉才能回到我手中。”白象之主底哈都便派亚扎丁坚和杜因布翁尼等人率战船和伦锦船200、士卒1万前去支援。援军抵达大光后即与彬尼亚江会合,从水陆两路进攻达拉。守卫达拉城的德门毛昆、德门布翁西等人抵挡不住,城被攻破。彬尼亚江将守城二将斩首。

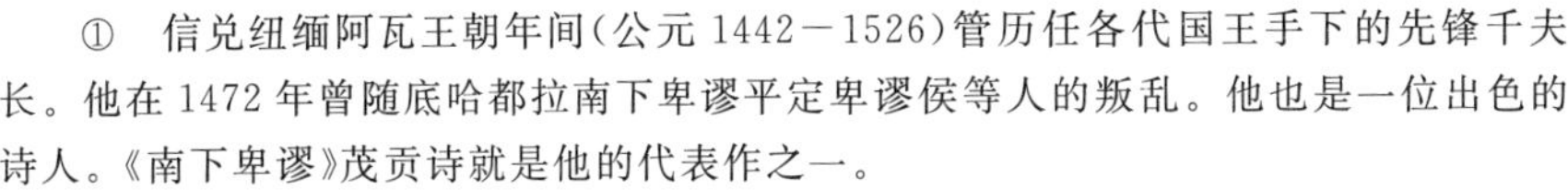

① 信兑纽缅阿瓦王朝年间(公元1442－1526)曾历任各代国王手下的先锋千夫长。他在1472年曾随底哈都拉南下卑谬平定卑谬侯等人的叛乱。他也是一位出色的诗人。《南下卑谬》茂贡诗就是他的代表作之一。

② “卑松”意即:南下卑谬。阿瓦王朝底哈都拉王(公元1468－1480)在位,旧译梯诃都罗,详见本书(191)节。曾南下卑谬平定王弟的叛乱,故人称该王为卑松,或卑松底哈都拉。其弟卑谬侯基苏瓦曾妄图自立。其舅觉苏瓦,即:号明耶觉苏瓦的苏瑞开,当时也盘踞欧德白古割据一方。

③ Binnyaran旧译频耶兰。

亚扎丁坚和杜因布翁尼亚等人在城中不仅搜缴了象马武器，并且把城中豪富也都杀死，将他们的钱财抢劫一空。把城中男女也都掳到船上。彬尼亚江见此情景，上前阻拦道："只能收缴金银财宝及武器，不该将人也掳走。"于是发生争执。彬尼亚江转而向汉达瓦底求援，与缅军对抗。亚扎丁坚战死，大部分士兵死伤，只有杜因布翁尼亚和将近一半士兵败逃回去。王后苏明拉认为白象之主底哈都只跟王后波玫斯混，毫不把自己这位王后放在心中。遂离开王宫，在金塔之西造起一大佛堂居住。从此她便以佛堂施主而闻名。在汉达瓦底地区，大光侯彬尼亚江移住莫塔马，王储彬尼亚仰再次反叛其兄彬尼亚达马亚扎，从汉达瓦底进军大光。

底哈都闻孟三邦鼎立，各自为政，遂命孟养德多挂帅，率明摩哈、底哈勃德、西都、瑙亚塔、巴亚觉廷、德耶丁克亚、亚扎丁坚及本部共八支大军，带战象 300、骏马 5000、士卒 8 万，沿陆路进军。命格礼杰当纽为帅，率德耶南都、巴亚加马尼、巴亚丁坚、德勒帕耶及本部共五支大军，计战船 500、劳加、铁船 200、运粮船 200、士卒 6 万水路行进，于缅历 784 年 9 月（公元 1422 年 11 月下半月至 12 月上半月）向汉达瓦底进军。首先攻下开榜城，委勃亚达加驻守，然后进攻勃生。克后命色林侯瑙亚塔为侯。此事与蒲甘金寺中的金贝叶书上记载的内容完全一致。记载中有："缅历 784 年，摩诃底哈都拉王以武力攻克孟国之达拉及勃生，将勃生封给色林侯。开榜封给勃亚达加。"

缅军又从勃生转攻达拉。攻克达拉后又从水陆两路包围大光，未克。围城约一个月。大光侯彬尼亚仰派人来军中说，愿将妹信绍布献出。孟养德多仔细谈判后奏报白象之主底哈都。底哈都遂安排五路水军，计格都伦锦船500、劳加、铁船200、粮船300、士卒7万。王乘金筏浩浩荡荡前来。抵莱城，水军与步军连营扎寨。因奏报大光侯彬尼亚仰敬畏大王愿献其妹信绍布，随即为她建造三座多层尖顶阁楼，并赐号底里德里巴瓦那底达拉巴瓦拉阿杜拉埃嘎摩诃达马亚扎迪亚扎摩诃黛维[①]以正宫王后的仪仗，随同30名将官之女作亲信宫娥，乘金轿由孟大臣和缅甸大臣们伴送而来。（在《缅甸大史》中写道："白象王底哈都让孟养德多代替自己跟她结婚，然后以金轿送回。"此说毫无根据。关于此事，《孟史》和《新史》中均无此记载。因此白象之主让孟养德多代替自己结婚之说不可取。）

白象之主底哈都在金筏上亲自迎接，将她搀扶过来。信绍布系孟王亚扎底律和窦达玛娅王后所生，与彬尼亚仰系同胞兄妹。父亲在世时已被许配给王侄，生子德门德加道、女奈德加丁和幼子德门玛龙。信绍布25岁时，丈夫去世，便跟随其兄彬尼亚仰生活。29岁时被献给白象之主底哈都。因其貌美多姿，深得白象之主底哈都的宠爱。缅王大宴孟大臣和缅甸大臣整整七日，然后率水陆两军回京。抵达耶瓦底时，底哈都闻奏发现好象，便命文武大臣骑10匹大象，带上兵丁前去捕捉。正准备捉拿一头象时，被它逃脱。缅王亲自去追，结果人马失散，只有白象之主底哈都和德门巴仰骑两头象追入深山老林。德门巴仰奏道："臣为陛下效尽犬马之劳，很想去看望一下自己的妻儿子女，恕不奉陪了。"白象主百般阻止，

① 巴利文音译如文。意即：吉祥三界光辉高贵元可以拟崇高伟大弘法王中王之大皇后。

但也无济于事，他还是只身单骑到汉达瓦底去了。虽命人追拿，但未赶上，只得作罢。白象之主回到京都。

自从白象之主得到信绍布后，便对王后信波玫很冷淡。信波玫十分妒恨，派人去翁榜垒丹发处传话道："底哈都正在昂宾垒地区命人耕作，修运河，自己则整天沉溺于与嫔妃们玩乐之中，尔可伺其不备，袭而杀之。底哈都死，便可让尔登上阿瓦金殿为王。"翁榜垒丹发便带领大队人马深夜潜入林中，乘底哈都不备，突然出象袭击。底哈都跳上耶开山拉象抵敌，但是不敌而败。战象被逼掉入泥潭。底哈都身中三箭。执槟榔盒的国王侍从官因贝侯骑耶榜东象准备前来救援。缅王道："大势已去，尔速自顾逃命！"他即冲出重围，回到阿瓦，带上为佛堂施主王后执槟榔盒的宫娥米拉涅回到孟养他父亲处，父亲将温多城分封给他。白象之主殁后，文武大臣集合起来，攻打掸人。掸人不敢交战，闻风逃窜。底哈都长得一表人才，风姿潇洒，性情温和，但溺于女色。积功德如下：于德白翠地区建造寺庙和佛塔，并施舍庙田。王 27 岁登基，在位 4 年，31 岁时驾崩。是时正值 6 月，临终前新亚码头有两条鳄鱼各往南北逃窜。有两头鹿奔进彬牙禅堂。在彬牙新佛窟佛曾显灵。秃鹫栖息于彬牙佛塔顶上。王生辰为水曜日。

（181）明拉艾王

缅历 787 年 6 月（公元 1425 年 8 月中旬至 9 月上旬），佛堂施主王后[1]之子明拉艾登基。信波玫王后早与格礼杰当纽有染，故

① 即指苏明拉王后。

她派人叫他尽快率军前来。格礼杰当纽带领大批人马立即前来,于8月(公元1425年10月中旬至11月上旬)抵达京都。格礼杰当纽下药毒死明拉艾,自己登上了王位。明拉艾9岁登基,在位3个月,终年仅9岁零3个月。生辰为月曜日。

(182) 格礼杰当纽王

缅历787年9月(公元1425年11月中旬至12月上旬)格礼杰当纽登上宝座后,12月(公元1426年2月至3月初)孟养王起水陆大军自孟养开来。格礼杰当纽将信绍布公主许配给布坎德勒帕耶,令其守卫阿瓦城,并厚赏了东吁侯苏卢丁克亚、东敦侯底哈勃德、巴亚加马尼、亚扎丁坚等人,让他们守住城池。另赠翁榜垒丹发大量礼物,请他率战象80、骏马2000、士卒2万守卫阿瓦城东面的大寨。派德耶西都、德耶布翁尼亚、巴亚觉廷等人领战船500、士卒2万赴迪岑地区迎敌。孟养王之子孟瑞侯、温多侯等遇到阿瓦派来抵抗的水军后,奋勇作战,击溃阿瓦水师,一举俘获战船80艘、士卒2000余。赴迪岑迎敌之军被敌人击溃后,缅王又增派巴亚觉廷、南达丁坚、叟格德、德耶西都等四支大军,以战船300、士卒3万至沃切抵敌。

孟瑞侯、温多侯等人因父王所率之陆军尚未到达,于迪岑逗留约10天。等父王率军到来后,他们率文武百官及士兵在雅坝河地区宣誓。随即由水陆两路进军。先向守卫沃切的水军进攻,缅军大败。俘获战船100、士卒1000余。大军先驻扎耶欢,后又围绕实皆山仰昂敏地区驻扎下来。孟养王派人至翁榜土司处,赠送大批礼物，大大超过格礼杰当纽所赠。并请他严守中立，既不需支援自己，也不要去支援对方，且待时势发展。翁榜垒丹发派人回信道："定遵尊命，严守中立。"孟养王又赠其3缅斤黄金和50缅斤白银。翁榜土司收到礼物后，立即拔营回翁榜去。

孟养王令其二子带大批人马过瑞界野到阿瓦城东，建起坚固的营垒。命水军驻扎明达岛至龙多堡一线。守候在阿瓦城里的东吁侯苏卢丁克亚、东敦侯底哈勒德等人分别将自己的人员调回。布坎德勒帕耶亦带信绍布回布坎而去。后来，东吁、东敦、布坎等侯均反叛缅王。

阿瓦兵力日见单薄，格礼杰当纽便召见巴亚加马尼、亚扎丁坚等人商议。巴亚加马尼奏道："现东吁侯、东敦侯和布坎侯俱已离去，我方力量薄弱，而对方拥有水陆两军，兵力强大。如我在阿瓦抗敌，定难获胜。不如到若开去将若开王抓住，借若开兵力回来征服孟养德多王及各地造反的诸侯。"格礼杰当纽深善其议，即令他为先锋，率象马大军和信波玫王后于深夜弃城而逃。抵德娄后才改乘金劳加船，顺水而下，来到色林城，转而向若开进发。途中到达贝伦山，暴病而瘁。王41岁登基，执政7个月。在刚跨进42岁时便去世。临死之时正值木星运行反常，前后移动。生辰为火曜日。

王后信波玫决定："不去若开，去孟国。"巴亚加马尼劝阻道："正式加冕之王后绝不会受到后来登基即位国王的非难，现应静待于此地，以伺形势的发展。"于是，大军在曼晒道亚处驻扎。巴亚加马尼之弟亚扎丁坚和仰罗绝等两人没有跟随格礼杰当纽走，甘愿被俘，留于阿瓦城内。

(183) 孟养王

孟养王于缅历788年3月初(公元1426年5月上旬)登基。号:底里德里巴瓦那底达拉巴瓦拉班底达达马亚扎。[①] 并赐长子孟瑞侯号明耶觉苏瓦,立为王储,将色固、色林、垒盖三县赐给王储。其妻为明拉涅,是孟养王之妹信妙拉跟母后之弟布坎底里泽亚都拉所生。赐次子温多侯号瑙亚塔,并将甘尼城分封给他。其妻为蒲甘丁克亚之女,名信米涅。(在《缅甸大史》中说她是卑谬侯明摩哈之女,这与《新史》及埃钦诗所述不符。)

女儿明拉妙与太后之甥彬西侯底哈巴德结婚。孟养王生二男一女共三人。孟养王的情况是:蒲甘王那腊勃底西都之妃生女名姜道蒂,后与阿南达都里亚结婚生代迪加。代迪加生长子名贝基亚德那,次子名贝艾亚德那,贝艾亚德那生子兰布延达都,兰布延达都之子抱绵侯明勃赖,女苏漆盖。明勃赖与五象主之女瑞恩蒂结婚,生美乃苏底加,苏底加与良渊苏蒙涅基之女成婚,生明南西,后号乌登,食邑因贝。在明康登基时,明南西封号德多,食邑谬拉,后食邑孟养。其弟为北方骑兵统带,封号为瑙亚塔,其妹为布坎公主,共有兄弟姐妹三人。

孟养王子女有:正宫生子明耶觉苏瓦;次子卑谬侯底哈都;长女布坎侯妃信拉妙;次女苏拉突,后与蒲甘侯底哈泽亚都婚配,共

---

① 巴利文音译如文。意为:吉祥三界光辉高贵智慧弘法之王。与蒲甘王朝觉苏瓦王之号同。参见(149)节。

生二男二女。德勃因侯欧德马底里泽亚瑙亚塔之母是谁无据可查。记载中也未说明王后信波玫和王后佛堂施主信明拉[①]有无子女。正宫信妙拉是德耶西都之子底哈勃德与白象主之婿敏塞德道榭之女婚配后所生。是东敦侯底哈巴德之女。这与蒲甘金寺金贝叶书上所记："若问其父，出身名门；祖辈显赫，德耶西都；其母身世，亦出望族，出谋划策，帝王权臣，外祖称号，德道拉榭，名声显赫，威力无穷，黄金国内，权势至圣。大王陛下，即其亲父。"是完全相符的。其父之名并未记明。为了让人们知道他为何人，寺庙的碑文中写道："东敦国内，威名显赫，嫡系亲孙，底哈勃德。达马律氏，爱后之甥。亲祖亲宗，先世闻名，传至其孙，底哈勃德。"该底哈勃德在德多明帕耶时期，在东敦造反割据，自封为巴瓦信德道榭[②]底哈勃德。明康在位时，缅历 764 年(公元 1402 年)，建造皎勃当妙喜宫佛塔，并布施寺院庙田和庙奴。此碑文记载与《新史》所载完全吻合。

孟养王于缅历 788 年(公元 1426 年)在阿瓦登基。据传，当他登基时令士卒宰杀牛、马祭祀摩诃吉里神。但牛马宰后被剥过皮竟还站立起来连叫七声。国王闻讯后道："此征兆无需别人来解释，由朕亲自解释即可。"接着道："朕闻从前蒲甘鼎盛时期，摩诃吉里神曾向先祖显灵，并留下真言。如今此兆乃表明我子孙七代均将为王。"是年 6 月，为了进攻布坎德勒帕耶，王储明耶觉苏瓦率战象 100、骏马 1500、士卒 1 万向南进军。在德娄城敏贡码头渡河。

① 原文误写为正宫王后之名信妙拉。

② 意为：众生之主长命百岁。

幼子底哈都率战象100、骏马1500、士卒4万从北线进军。于阿嫩码头渡河。孟养王率战船400、士卒4万由水路进发。同时召令蒲甘侯、色雷侯、色固侯、布坎艾侯、色林侯、卑谬侯等人率大队人马前来。大军抵苗都瓦后，深夜即令亚扎丁坚率士卒300至布坎城探明确虚实。

布坎侯知来人不多，跟踪追击，将探子兵打得四散奔逃。布坎侯令围捕亚扎丁坚。亚扎丁坚跳进田间戽水坑中，三名布坎士卒见此情景争相抢功，都希望自己能砍下亚扎丁坚的首级。亚扎丁坚说："让我上来后你们再砍不迟。把长矛递我，拉我上来。"然后将伸下的长矛向上一搡，随着一拉，将上面一名士卒拉下坑去。亚扎丁坚砍下那士兵的头，往上面扔去，并喊道："给你们亚扎丁坚的头！"上面两名士卒争抢起来。亚扎丁坚撑着长矛跳上地面逃之夭夭。回营后向孟养王奏报了情况，孟养王欣喜万分，厚赏了他。当两位王子都抵达以后，一起奋力攻城。经过七天鏖战，终于攻克布坎。孟养王令国舅底里泽亚都为布坎侯，然后带俘虏德勒帕耶和明艾觉廷班师回朝。回到京城后赐德勒帕耶一座房子，让其居住在瑞喜宫佛塔以南的象栏区。为孟公主信绍布在宫中建造了富丽堂皇的殿堂，令其居住在内。将明艾觉廷送至迪岑，将布坎城分封给底里泽亚都，并赐厚礼召见东吁的苏卢丁克亚、东敦的底哈勃德。苏卢丁克亚以为孟养王之所以召见自己是因为他们俩早就宣誓要同甘共苦。于是带领大批人马来到孟养王身边。东敦的底哈勃德因东吁侯已奉召前往，自己不便不去，便也带3000人赶来。孟养王召苏卢丁克亚进宫，让其与自己同坐在宝座上，从御用槟榔盒内拿槟榔吃。苏卢丁克亚一奴才鄂妙拉说："主公的地位也跟我

们一样，我们不过是些奴才而已。”苏卢丁克亚为了能返回东吁，便假装腹痛，奏请如厕。王储闻讯道：“放走苏卢丁克亚无异于纵虎归山，驱鳄入水。”孟养王道：“王儿所言，诚然正确，然苏卢丁克亚本是朕故交。”于是，赐他仪仗物品放他离去。

苏卢丁克亚回到东吁后便以统治克彦、克榜、榜朗一带的苏卢妙苏丁克亚的名义下书给孟养王，称其为孟养王弟，宣布割据。东吁勃辛纽辛、蒙优等听说明艾觉廷被孟养王放于迪岑便道：“将土曜日生人置于迪岑这样一个属火曜日之首、金曜日之末的城中完全是一个错误。此人将会闯到属金曜日的地方造反无疑。”事实果应此说。他从迪岑地区来到耶难达后便起兵造反。孟养王命底哈勃德、亚扎丁坚和御弟骑兵统带等三支大军率战象150、骏马1200、士卒15万去攻耶难达。城被攻陷，明艾觉廷携妻子逃往翁榜。求得救兵后又以大队人马攻占垒敦11村。

孟养王担心东敦不安全，便派底哈勃德前去。底哈勃德到东敦后便跟东吁侯勾结一起造反。后来又向亚绍、囊蒙和分水五县进犯。底哈勃德是明基苏瓦的女婿。他就是先食邑敏塞后又到东敦为侯的西都基的弟弟。孟拱土司在阿瓦住了约有八个月之久。孟养王给他丰厚的礼物，返回孟拱。又将孟养也分封给了孟昔侯之子。后来他与格礼侯勾结，侵犯美都。苏卢丁克亚的弟弟榜地侯投奔孟王彬尼亚仰，并献亲生女儿作晋见礼。彬尼亚仰进攻达耶瓦底，攻占后即赐其为榜地侯。

孟养王得知信波玫王后跟巴亚加马尼在色固以西曼晒道亚处驻有大批人马。便派王子瑙亚塔、侄儿底哈都等带大军前去召回。到达该地后，用轿抬着信波玫，将巴亚加马尼带上脚镣一起抓回。

来到色固码头后，让信波玫乘金船，孟养王亲自迎接，在育瓦迪基相会。见到信波玫身体不适，孟养王便抚摸着她，询问情况。信波玫说："奴才的气味真臭！"到达阿瓦后，孟养王在宫中重建新宫让她居住。由于旧宫已经陈旧，孟养王于缅历789年(公元1427年)建造新宫。

是年，明艾觉廷夺得宾垒，会同翁榜兵力，率九支大军向京都进发。抵德白翠地区后，驻扎下来。孟养王便打开脚镣放了巴亚加马尼，让他带领1000名象军，骑上御象绍昂宁出战。巴亚加马尼出战时将象上的旗帜放倒。掸邦人想：听说巴亚加马尼被上了脚镣关起来了。现在放倒象旗朝这边来，一定是为投诚而来。因此未作任何提防。巴亚加马尼乘他们不备，发动进攻。掸邦部队大乱，溃不成军。明艾觉廷只得收拾残部回到宾垒。孟养王对巴亚加马尼极其赞赏，让人将金子堆放在一起，每天让巴亚加马尼拿一次，接连让他拿了七天。另外还赐给他各种仪仗，并将鄂辛古城分封给他。巴亚加马尼将御赐的金银在德白翠东边建造了卑内班①佛塔。在碑文记载上错将该塔说成是"建立第三罗陀那补罗城的白象之主时代，仰马底里②孟养王所建功德。"(在《缅甸大史》和《新史》中均写作巴亚加马尼的功德。应以此说为准。据说巴亚加马尼曾打过30场胜仗。有一次打了败仗归来，听到有一对夫妻吵架，妻子见丈夫想溜掉，便大声嚷道："怕女人的家伙！"丈夫答道："别说是我，形势不利，连巴亚加马尼还打败仗呢！"巴亚加马尼

---

① 意即：天堂之国。

② 意即：令人愉快的、吉祥的。

顿觉惭愧。他决心从今后不打胜仗绝不罢兵。)

又有一次他准备出战,走出两站地后,又对妻子放心不下。他便在半夜改换装束回来察看。只见自己妻子正与奸夫睡在房里。他一怒之下准备抽刀结果了他们,后却忍了下来。待到打完仗后归来,反将妻子许配给了那奸夫,并赠送大量钱财。师尊们均称赞说:"在各种战斗中,与妻子打的这一仗才是最了不起的!"缅历789年(公元1427年)因宫殿已旧,孟养王修建了新宫。兄弟数人中巴亚加马尼为大哥,亚扎丁坚排行第二,仰罗绝为老三。据说亚扎丁坚曾打过35场胜仗,把所获赏赐全部拿来在实皆以西建造了摩喜林格纳佛塔。孟养王封其子瑙亚塔号为底哈都,封其弟北方骑兵统带为瑙亚塔。

缅历790年(公元1428年)国王命王储挂帅,攻打宾垒的明艾觉廷。王储率五路大军,战象200、骏马3000、士卒15000前去攻打。到宾垒后巴亚加马尼与鄂勃因单象相拼,将鄂勃因首级砍下,又用金钱买通明艾觉廷的坐象耶多东的象首兵,让其带象前来投降。明艾觉廷错将一与象首兵耶多东相貌相似者痛打一顿。该人大喊冤枉,后赏其30缅斤银子。王储包围了宾垒,屡攻未克。攻城三个月之久,后奉召回师。

此时,亚扎丁坚奏道:"明艾觉廷所以能固守宾垒,完全是因得到翁榜军支援之故。央米丁侯、东敦侯等人也是因为得到亚绍、囊蒙的支持才敢起来造反。如能与这些城市结成联盟,一切事情迎刃而解。"孟养王深善其说,即令人带厚礼去翁榜、亚绍、囊蒙处,建议结盟。缅历791年(公元1429年)达马尼亚那和达马达亚二人将孟王公主信绍布偷跑。经过如下:孟养王原对信绍布极冷淡。

信绍布便将许多金银赠送给从孟国前来学习的达马尼亚那和达马达亚。请他们为自己买通船夫。信绍布便装起病来，孟养王请来御医为其诊治。

信绍布将火漆冲汤喝下，粪便中遂带红色。于是奏报孟养王道："看来医药已无济于事，要去禳灾求神才成。"孟养王信她之言，准她去求神禳灾。信绍布与两位僧侣商定一切后，声称要去城西龙多堡求神。到龙多堡后即乘上早已准备好的船逃走。一路上，两位僧人想方设法掩护过关。孟养王闻讯派五位大臣乘五艘劳加船紧追。但未见踪影。他们白天躲进森林，夜里才乘舟顺水而下，回到孟国。孟王彬尼亚仰见御妹信绍布归来，欣喜万分。于宫中另建宫殿让其居住。信绍布于 29 岁时被献给白象之主底哈都。据说其子彬尼亚勃尤因母亲在阿瓦年久，母子竟不相识。信绍布在白象之主在位时，当了 3 年王后。后来明拉艾在位时 3 个月。格礼杰当纽在位 7 个月。在孟养王执政时又过了 3 年。在阿瓦共住了 7 年，回到汉达瓦底时已 36 岁。

当年，孟养王召集众大臣商议朝政，亚扎丁坚上奏道："现在看来，国内时局尚不安宁，东吁、东敦、央米丁、宾垒等城，各自为政，卑谬跟东吁、东敦、央米丁很近，又与孟国毗邻，与若开相连。卑谬侯摩诃已年迈，应让他到其他城市食邑。而让小王子底哈都接替他当卑谬侯才好。布坎基的空缺，应赐给驸马彬西侯底哈勃德为好。北方的美都城也应派御弟北方骑兵统带瑙亚塔去镇守。"孟养王便令卑谬侯去色固城。将卑谬封给王子底哈都。将布坎城封给驸马底哈勃德，并赐 10 座粮仓、10 艘战船，让御弟瑙亚塔率领北方骑兵队 9 支骑兵镇守美都城。

是年，底里德达马林加亚和底哈拉摩诃达米两位高僧来自锡兰，并迎来舍利子五颗。他们乘船抵达勃生港。彬尼亚仰将他们看管起来，但他们仍不肯驻足。只得用精美的舟舫将他们送至卑谬。缅王闻讯后，随即派40条劳加船到卑谬迎接。船抵育瓦迪基时，孟养王亲率王后妃子大臣等乘御舫前来迎接。船抵阿瓦城时发生大地震。孟养王解释这征兆道："迎奉五颗舍利子乃为弘扬佛教。此时地震乃是标志着佛教将在此长久发扬光大。"孟养王于缅历792年12月15日（公元1431年2月26日）土曜日，在实皆西面一幽静处，建造宝塔一座，安放这些舍利子，于佛塔以西，建造了金碧辉煌的砖石佛寺。3座吉祥殿开了78扇门。并将这些均布施给两位来自锡兰的高僧。

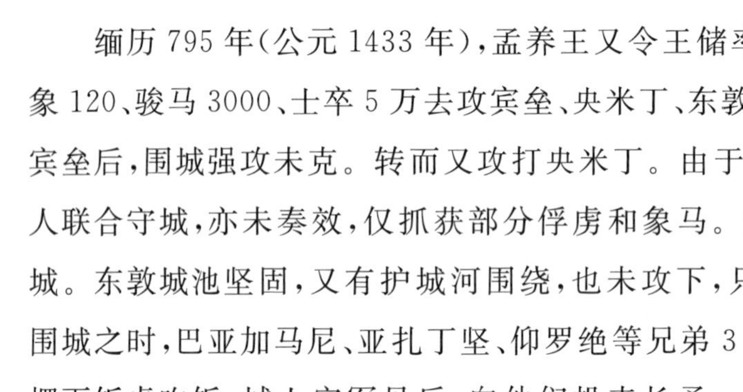

缅历795年（公元1433年），孟养王又令王储率五支大军，战象120、骏马3000、士卒5万去攻宾垒、央米丁、东敦等城。大军抵宾垒后，围城强攻未克。转而又攻打央米丁。由于当地人与掸族人联合守城，亦未奏效，仅抓获部分俘虏和象马。大军又指东敦城。东敦城池坚固，又有护城河围绕，也未攻下，只得将城围住。围城之时，巴亚加马尼、亚扎丁坚、仰罗绝等兄弟3人在护城河岸摆下饭桌吃饭，城上守军见后，向他们投来长矛。长矛落到饭桌上，巴亚加马尼不禁站起。亚扎丁坚也不禁将手缩回。只有仰罗绝不动声色仍旧进餐。围城三个月未克，只得奉召撤军。孟养王封蒲甘侯德勒帕耶基之子、佛堂施主苏明拉王后之弟袭父封号德勒帕耶，食邑阿敏。跟苏明拉王后之女苏卑羌达结婚的御妹之子布坎侯被封为底里泽亚都拉，食邑彬西城。封公主布坎侯妃信明拉妙之子，即孟养王之外孙号丁克亚。孟养王死后，丁克亚与明耶觉苏瓦的女儿结婚。后明耶觉苏瓦之弟那腊勃底为王时丁克亚之妻、明耶觉苏瓦之女去世。那腊勃底王将公主瑞恩蒂许配给丁克亚，并封他号为乌兹那。瑞恩蒂死后，那腊勃底王又把公主明妙突许配给丁克亚，并封他号为底哈勃底。食邑布坎城。

因此碑文镌刻者记载道："号为底哈勃底的王公是大王子明耶觉苏瓦之婿。又是王弟那腊勃底之婿。他当过两次驸马。"在亚德那宫碑文上有如下明确的记载："让自己嫡亲的外甥乌兹那代表公主出钱雇人在图巴永以东建造了一座寺庙。"但是，许多根据信蒂拉温达所写之诗，认为公主与驸马已去世。诗文写道："寿短命蹇，正道风华正茂，偏遭迎头风雨摧。命运如流水，转眼即成灰，留下空名长相随。"根据上述碑文记载乌兹那并未过世，故不应该认为乌兹那与他的妃子都已去世。应按《新史》所写，诗文是指他们二人不能同享幸福之意。

缅历 792 年（公元 1430 年），东吁苏卢丁克亚和弟榜地侯将女儿献给孟王彬尼亚仰，要求他进攻卑谬。彬尼亚仰即令德门巴仰挂帅，率战象 300、骏马 1000、士卒 5 万沿达亚瓦底一线向卑谬进军。水军由彬尼亚恩挂帅，有战船 500、劳加、铁船 200、货船 200、士卒 5 万。彬尼亚仰也乘坐妙声鸟金舫，随军出征。卑谬侯底哈都听说彬尼亚仰率大军将来攻城，便积聚粮食，准备抵御。孟王彬尼亚仰抵达卑谬后即从水陆两路发动进攻。但因守城士兵众多，武器充足，只得退到远处水陆两面将城围住。孟养王闻讯后，随即召集众大臣商议。这时亚扎丁坚奏道："目前东吁、东敦、央米丁、宾垒等处的问题尚未解决。东面与掸邦的问题也未解决。从国内局势看来，正是进退维谷之时。臣闻孟王彬尼亚仰出兵势盛，现惟

有跟孟王亲善，与孟王像一张金箔一样不分彼此方妥。”王对亚扎丁坚所奏深为欣赏。随即派大臣杜因加波带厚礼前往，嘱道：“想当初侄儿在大光之时，朕帮了你，才有今日荣华显达称王的地位，现在你不该忘恩负义，听信朕的奴才榜地侯之谗言，围困卑谬。而且将国王之间才能攀亲的惯例弃之不顾，将榜地侯之女立为王后。朕以为此乃自贬之举。”杜因加波抵达后将缅王之意转达给彬尼亚仰。彬尼亚仰问：“孟养王对两国团结友好之事有何吩咐？”杜因加波道：“先王亚扎底律曾与缅王明康之妹杜勃巴黛维结婚，两国像一张金箔一样相处。白象之主底哈都亦曾跟御妹结亲，像一张金箔一样相处。看来，孟养王也一如既往愿两国这样相处。我王将侄女即丁基侯之女抚养在宫中。”孟王彬尼亚仰道：“不劳舅父大人多嘱，甥儿绝无他意。杜因加波你是证人，今日之事，舅父的问题解决了就行。再有本来就有舅父的恩德，小侄不再攻打卑谬就是。”于是，便派大臣摩诃德孟带大批礼物，随同阿瓦使者杜因加波前去阿瓦。并嘱咐他说：“各式礼品一定在见到丁基公主之后才能呈上。”使者抵达阿瓦后过了 3 个月，孟养王根本不闻不问。孟王使者摩诃德孟便道：“将我们搁置在此已有三个月之久，既不能呈送礼物，又不召见我们，倒不如干脆现在就回！”于是，掉转船头，准备顺水而归。孟养王闻讯大怒，下令把这些孟人杀了。亚扎丁坚奏道：“此事不妥。否则我们伺机捉拿孟王的计谋也将失败。”国王便接受了他们带来的礼物，并接见了来使。使者们见到丁基公主，献上礼物后便回去了。

孟养王即命驸马底哈勃德挂帅，率战象 500、骏马 8000、士卒 5 万，分八路从陆路进发。国王亲自乘妙声鸟金舫，带上众多的王后妃子，率格杜、伦锦战船500、劳加、铁船300、运粮船500、士卒8万，从水路分八队进发。抵达离卑谬6英里处，集合水陆两军，筑起坚固的营垒。孟养王到达后，孟王估计到自己可能腹背受敌，便解除了对卑谬的包围。将水陆两军收缩在卑谬城南，筑起坚固的营垒。孟养王派杜因加波至孟王处道："你们不把朕奴榜地侯放回，问题便不能解决。"孟王答道："待到两国问题解决，定将榜地侯送回舅父大人处。"

德门巴仰以前在阿瓦时，跟亚扎丁坚是互敬互爱的朋友。经常去亚扎丁经营中赴宴。孟养王便召见亚扎丁坚道："孟王不肯送回榜地侯，致使两国关系无法解决。如若德门巴仰来，就将他扣押起来。他们放回榜地侯后再放他回去。"于是，亚扎丁坚等德门巴仰来时，便将他扣押。德门巴仰道："像我这样的人，你们即使抓十个来，也不会削弱彬尼亚仰的力量，应该妥善地解决两国之间问题。时间一久，将把事情弄糟。"孟养王便又派杜因加波到孟王处传话道："只有放回朕的臣下榜地侯，才能放回德门巴仰。"彬尼亚仰回答道："如舅父遵守前约，请把您侄女许配于我，则定将榜地侯献上。"孟养王听得杜因加波之奏告，便将德门巴仰放回。然后派杜因加波去将话说定，孟王才以金银花束、灯盏及各色名贵布匹来献。孟养王这时也让人筑起三座多层尖阁，为侄女洗头，并封号为底里巴瓦拉摩诃达马亚扎黛维[①]，并赐给正宫王后一切应有之仪仗：八把金伞、一顶金轿。在孟大臣和缅甸大臣的簇拥下，上了孟王的御舫。在御舫上举行了婚礼仪式。

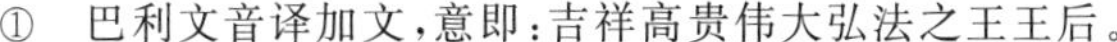

① 巴利文音译加文，意即：吉祥高贵伟大弘法之王王后。

底里巴瓦拉摩诃达马亚扎黛维是明康之叔蒲甘侯丁克亚与瓦底夫人苏明布之女所生。他们生有：长子苏瑞开，号明耶觉苏瓦；次子乌兹那，为南方骑兵统领；色固侯丁克亚；女梭明维玛拉黛维；女阿杜拉摩诃达马亚扎黛维等，共 5 人。梭明维玛拉黛维嫁给孟王彬尼亚仰。因此，在梭明维玛拉捐资建造的克盖山佛塔中的碑铭上记载她是明康第一的弟弟蒲甘侯丁克亚之女，故是明康的侄女，是亚扎底律的儿媳。在阿杜拉王后的母后建蒲甘王后寺碑文中记载道："蒲甘王后生了三男二女。长女为汉达瓦底王之后。"这是诗文中的记载，应该认为丁基公主即梭明维玛拉黛维。《缅甸大史》、《新史》中未写明她是谁的女儿。

彬尼亚仰在御舫上伸手去接新娘，举行了盛大典礼，大庆七天，欢宴孟族大臣和缅族大臣们。并赠送大批礼物，为榜地侯求情，免他一死。孟养王道："小小榜地侯亦非他人，乃朕之亲戚，只因其背叛于我，才将他索还。"孟王才将榜地侯偕同妻子送还。孟养王对他未作任何谴责，仍赐给原位，与其他大臣一视同仁。两国之间从此干戈平息，共同立誓。划定边界后，孟王便率水陆两军返回。途经大光，国王和王后朝拜佛寺后回到汉达瓦底。彬尼亚仰将她扶为正宫，后生子雷穆陶。由于两国罢战，苏卢丁克亚亦不敢久留，赶忙撤回东吁。孟养王赐大王子卑谬侯底哈都后，率水陆两军返回京都。

（184）废历七九八年事

缅历 799 年 3 月 15 日（公元 1437 年 5 月 18 日）孟养王到达

罗陀那补罗，与精通三藏经和善占卜的诸法师共同商讨国内事务。色久法师和明姜法师等人道："现已到废除 798 年的时候了。旧历不废，诸事不顺。"孟养王问："废旧历立新历时间已到，如不废旧历将会如何？"学者们答道："如不废旧历则国无宁日，生灵涂炭。这在历书上早有明示。"亚扎丁坚奏道："过去，凡修改历法之帝王均未能长寿，大多在修改历法当年驾崩。"孟养王道："明知此举能保生灵幸福，像朕这样的帝王怎能怕死而不改历法？不改历法岂不叫朕遗臭万年！"于是便跟学者们商议，在当巴鲁以北，阿瓦城南的空地白银市场区建一座大彩棚，率王后、妃子、王子王孙、皇亲国戚、文武大臣一起举行竖金把白伞仪式。大量布施金银财宝、牛、粮、布匹等。并释放象、马以及众奴隶。缅历 800 年（公元 1438 年）时将旧历的 798 年废去，留下二年作为新历之始。[①]

孟养王笃信佛法僧三宝，遵守君王十规，对国内事务具有远见卓识。善观前顾后，高瞻远瞩。又能慷慨解囊，言而有信。具有不达目的绝不罢休的毅力。他勇敢、矫健。如此人才，只有在时运到来之时，登基为王。他做过的善事有：在实皆建造亚德那佛塔和寺庙；建实皆仰昂敏佛塔和寺庙；在良渊城东他的出生地处建佛塔和寺庙；在阿敏他曾经居住过的地方建造了佛塔和寺庙；在上缅甸班宾地区建造了佛塔和寺庙；在撣马加地区建造了佛塔和寺庙；在妙白谬拉建造了佛塔和寺庙；在敏康基佛塔彬牙仰昂敏处建寺庙；在美乃地区建造了佛塔和寺庙；在亚扎久[②]地区建造了佛塔和寺庙；

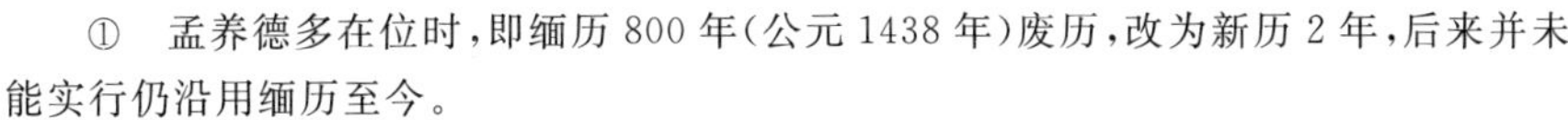

① 孟养德多在位时，即缅历 800 年（公元 1438 年）废历，改为新历 2 年，后来并未能实行仍沿用缅历至今。

② 此地以印度王舍城命名。为区别起见，此处音译为亚扎久。

在布坎基地区建造了佛塔和寺庙;在迪岑地区行宫附近建造了佛塔和寺庙;在当基地区建了佛塔和寺庙;在瓦因窦地区建造了佛塔和寺庙;在卑谬建立了佛塔和寺庙;在蒲甘良内建造了佛塔和寺庙;在坎都地区建造了佛塔和寺庙;在阿瓦密艾地区建造了佛塔和寺庙;在敏米建塔和寺庙;在鄂林奎地区建造了佛塔和寺庙;在当巴鲁地区建造了佛塔和寺庙;在关西界建佛塔和寺庙;在彬牙建造了佛塔和寺庙;建东彬牙寺;建敏空岱寺;在彬西城建造了佛塔和寺庙;建造了坦都寺。共在27个地区建造了佛塔和寺庙,还修缮了全国各地的许多旧佛塔和寺院。不仅亲自捐助而且还动员其他大臣自愿捐资为阿瓦、蒲甘、良宇地区的妓女赎身,妓女们愿从良者得以择偶结婚。对犯私通罪的宫女、宫娥,也概不追究。反而慷慨赏赐,为之婚配,得此恩赐者共15人,包括一位王后谬迪侯夫人。对犯重大盗窃罪者也赦其死罪,赐给钱财,令其重新做人。从宽发落者共150名。上述众多善事均为在位的13年中所做。为长久之计,他还布施很多庙产庙田给各寺院。王47岁登基,在位13年。60岁驾崩。弥留之时,木星从蟹座移至双子星座;亚德那塔顶冒烟。生辰为日曜日。

第九编

(185) 孟养德多王之子明耶觉苏瓦[①]

缅历801年新历3年(公元1439年)时,明耶觉苏瓦继承父业登基为王。登基时问道:“喂,众占星家!时辰到否?”学者们听此言都说:“此王只能在位三年。”一位贤士奏道:“适才陛下所言有‘三’之意[②],故今后当统治三国。”国王听后,欣然奖赏了该人。

是时,攻打格礼和孟养的战事甚为激烈。明耶觉苏瓦命妹夫底哈勃德为帅,率9支大军出征。共有战象300、骏马5000、士卒9万。大军行过美都,孟养土司担心阿瓦与格礼土司约好一起来攻孟养,便率妻子带大批礼物投到帐下。格礼土司闻孟养土司已降,也担心缅军会协同孟养土司一起来攻格礼,遂也带大批礼物,携妻子前来投降。国王明耶觉苏瓦将两位土司召至御前,将布坎城及孟养城封给大妹丈底哈勃德,将彬西及格礼封给小妹丈底里泽亚都拉。

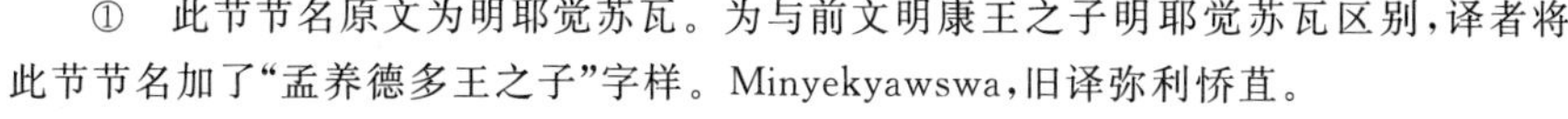

① 此节节名原文为明耶觉苏瓦。为与前文明康王之子明耶觉苏瓦区别,译者将此节节名加了“孟养德多王之子”字样。Minyekyawswa,旧译弥利怀直。

② 在王登基时原话有一词按星相学认为该字带有“三”之意。

缅历 802 年新历 4 年,(公元 1440 年),王命叔父瑙亚塔为帅,率 7 支大军,共有战象 200、骏马 4000、士卒 7 万去征不臣服的东吁、东敦、央米丁、宾垒等地。大军抵宾垒,将城团团围住。因城内兵多火力猛,屡攻未克,仅俘获众多俘虏与耕牛。大军转攻央米丁,因央米丁得到掸族支援,亦未得手。转而又攻东敦。东敦侯底哈勃德迎战,俘获东敦侯,攻占全城。后将该城封给小妹丈格礼侯底里泽亚都拉。底里泽亚都拉之妻即是死于昂宾垒的白象之主底哈都之女苏卑千达。

在东吁,苏卢丁克亚于缅历 798 年(公元 1436 年)辞世,由其婿乌兹那接替王位。一年后,孟王彬尼亚仰废乌兹那扶苏卢丁克亚之子明绍乌于缅历 799 年(公元 1437 年)登位。明绍乌在位五年。缅历 804 年(公元 1442 年)巴亚加马尼、亚扎丁坚等进军东吁、东敦时,明绍乌率大批象马士卒迎战。在跟亚扎丁坚单象厮拼时殒命。城池也同时丧失。占领东吁后,将东吁封予布坎德勒帕耶基之子,并赐号为德勒帕耶。(《东吁史》中记有:"将亚囊城封予阿敏侯德勒帕耶,命其固守。后又命其进攻东吁。东吁侯明绍乌之妻在当佛堂施主王后的宫女时便跟德勒帕耶有私。在德勒帕耶的勾引下,明绍乌被自己妻子所杀。德耶帕耶遂当了东吁侯。"然而应该按《缅甸大史》和《新史》所载,明绍乌是在与亚扎丁坚单骑拼杀时丧生的。)

缅历 803 年(公元 1441 年),王命妹丈孟养侯、格礼侯进攻孟拱土司多岸发[①]。二侯率大队人马至孟拱,围城攻打。孟拱土司

① 原文误写为多汉发,按年代计更正之。多岸发即我史书称:麓川思任发者。

修筑加固工事和护城河，踞城力敌。此时，缅历803年新历5年11月(公元1442年1月中旬至2月上旬)明耶觉苏瓦王染病去世。王29岁即位，在位3年，享年32岁。驾崩时，众星行至月亮上方。瑞喜宫佛塔显灵出现了棕榈树干大小的真身。木星靠近月亮。生辰为木曜日。该王性情暴躁，臂甚粗壮。子女仅有：正宫王后生一独生女明米亚涅，后与御妹布坎侯妃子之子丁克亚成婚。明米亚涅死后，其婿在那腊勃底在位时被封为底哈勃德，又与那腊勃底王之女瑞恩蒂婚配，他即布坎底哈勃德艾。(在《缅甸大史》中，未提及明耶觉苏瓦有女儿事。但从《新史》及其他史书记载看，应该确认他有女名明米亚涅。)

明耶觉苏瓦做过的善事有：在阿敏城修建一寺庙，在实皆修建一寺庙，在阿瓦佛塔旁建寺庙并布施了庙田。[在《缅甸大史》中记载："王37岁登基。其实，明耶觉苏瓦王是缅历801年(公元1439年)继位的。其父孟养王与母后于缅历771年(公元1409年)结婚，772年(公元1410年)生明耶觉苏瓦。"《蒲甘瑞贝明耶》茂贡诗中记载道："我们共同生活了29年。"按孟养王于缅历800年(公元1438年)去世计，显然明耶觉苏瓦应29岁即位为王。]

(186) 那腊勃底[1]王

明耶觉苏瓦王驾崩后，文武大臣们聚集一起商议："小王子底哈都在卑谬，驸马底哈勃德又正在攻打孟拱。国家不可一日无主，

① Narapati，旧译那罗波帝。

只有派快马到孟拱去请底哈勃德回朝为王。”底哈勃德说:“我非王子,亦非御弟,更不想当国王。还是去请小王子卑谬王底哈都当国王吧!”于是,众大臣乘格杜、伦锦 300、劳加、铁船 200,带着金御舫率大队人马从水陆两路向卑谬进发。抵卑谬后,卑谬侯将城池交给号明耶觉苏瓦的妹丈达耶瓦底侯苏瑞开,自己便带领水陆两军乘御舫溯水而上,回阿瓦。途中遇一鳄鱼从御舫后面赶到前头。在御舫前头的兵卒见鳄鱼便挥刀斩杀。鳄鱼转过头来死去。国王见此情景便问学者南达都利亚:“此为何兆?”南达都利亚奏道:“此兆象征陛下子子孙孙均将为王。陛下将来必将回到旧京城升天成仙。”底哈都回到阿瓦后,与众学者商议,定于缅历 804 年 2 月 16 日(公元 1442 年 4 月 25 日)金曜日 16 颗星在天秤座时登基,号为:底里德里巴瓦那底达拉巴瓦拉那腊勃底摩诃达马亚扎迪勃底[①]。封王后号为阿杜拉底里摩诃亚扎黛维[②]。封长子号摩诃底哈都拉,并定为王储。

登基之日,妹丈孟养侯底哈勃德在孟拱获胜。俘获多岸发之妻孥、众多象马以及孟昔陶迈基[③],叫侄子明乌底带来献给缅王。小妹丈底里泽亚都拉也亲自押送统治着 21 个诸侯的多岸发,携带大量金银象马等前来献礼,让土司们在宫前丹墀下参拜缅王。阿杜拉底里摩诃亚扎黛维的情况是:彬牙王朝五象主之后阿杜拉山达之弟为宾垒侯亚扎都拉。亚扎都拉有子良渊侯明赖亚跟兰布延达都之女漆盖,即抱绵侯明勃赖之妹结婚,生二女摩诃基与苏勃

① 音译如文。意为:吉祥三界光辉高贵人之统治者伟大弘法之王元首。

② 音译如文。意为:无可比拟的吉祥伟大之王王后。

③ 陶迈,系掸语 tao-mong 的译音,意“头目”;基,意为“大”。

赖。苏勃赖跟西杰明赖威之子瓦底丁克亚结婚，生一女。该女后成为蒲甘侯之妃。她与明康基之叔蒲甘侯丁克亚结婚，生长子苏瑞开、长女白古侯妃、次女阿杜拉摩诃亚扎黛维、次子乌兹那、三子丁克亚。共三男二女。

此说与阿杜拉摩诃亚扎黛维的母亲蒲甘侯王妃寺庙碑文所载，不包括德勃因王妃共有三子二女一说相符。阿杜拉王妃之父丁克亚是蒲甘侯。此说是根据缅历 764 年（公元 1402 年）亚扎底律和明康王相互交换御伞后返回时，蒲甘侯丁克亚以其叔父的名义做善事所记碑文。碑文上记载着他为寺庙捐献庙产庙田事。由此可知，应取他是苏明布和瓦底丁克亚所生一说。《新史》以德彬瑞梯之宗谱为证。将白古后遗漏，写成三子一女共四人。此说与碑文不符。《缅甸大史》中载明摩哈和梅麦道婚配，与埃钦诗及碑文均不符。原在《缅甸大史》中记载是：彬牙王朝五象主之后阿杜拉山达之弟为宾垒侯亚扎都拉。亚扎都拉之子良渊侯明赖亚和兰布延达都之女苏漆盖婚后生苏明布和明摩哈。明摩哈跟五白象主之后梅麦道所生的公主结婚。生子达耶瓦底侯明耶觉苏瓦、长女阿杜拉摩诃亚扎黛维、次子北方骑兵统带乌兹那、三子色固侯丁克亚、次女德勃因侯妃、小女宾垒侯妃，共三子三女。此说与埃钦及碑文皆不相符。

阿杜拉摩诃亚扎黛维子女有：子王储摩诃底哈都拉，其妃为姑母布坎侯妃之女苏明拉；女敦丁侯妃瑞恩蒂，其夫为舅父孟养底哈勃德之子，拥有班基十乡、10 艘战船的布坎侯底哈勃德艾；次女明拉突，其夫为舅父明耶觉苏瓦之长子，食邑实皆和赛谬的明基漂；次子白象之主卑谬侯，号明基苏瓦，娶舅父明耶觉苏瓦

和苏明漂之女苏妙雷；三女波道麦，嫁给舅父明耶觉苏瓦和苏明漂之幼子格礼明耶觉苏瓦；四女明米亚突，嫁给姐夫、拥有班基十乡、10 艘战船的布坎基侯底哈勃德艾；三子明巴绍，后来号德多明绍，在卑谬为侯，娶舅父明耶觉苏瓦之幼女妙蓬标；五女即后成为太后的宾垒侯妃；三男五女计八人。那腊勃底王之妹与孟养底哈勃德婚后生二子明乌底与丁克亚，后来丁克亚封号乌兹那及底哈勃德，食邑布坎，并拥有班基十乡、10 艘战船，成为那腊勃底王之驸马；长女，后为王储摩诃底哈都拉之妃；次女，为良渊夫人，后改嫁东吁侯西都觉廷；三女为甘尼侯妃；四女为丁基侯妃；五女与色固侯丁克亚婚配；六女与色林侯明底里泽亚都拉婚配。生二男六女，共八人。阿杜拉摩诃亚扎黛维之弟卑谬侯，后又成为达耶瓦底侯的明耶觉苏瓦所生子女有：德娄侯明亚扎都拉之女与瓦巴瑙亚塔之子妙白瑙亚塔结婚后生有一女。该女与达耶瓦底侯明耶觉苏瓦婚配。生明漂和德莱西王。明漂食邑实皆和赛谬，是那腊勃底之婿。二子之母死后，明耶觉苏瓦又与佛堂施主王后之幼女结亲，所生子女有：子格礼明耶觉苏瓦；女苏玛蕾，后与号明基苏瓦的卑谬侯结婚；次女妙蓬标，后与号为明基苏瓦的御弟卑谬侯白象主德多明绍婚配。共有三子二女计五人。

那腊勃底王即位，将卑谬分封给妹丈明耶觉苏瓦；将东敦基分封给表弟底里泽亚都拉；将格礼封给驸马明耶觉苏瓦艾。王在登基当年，命王储守城，乘御舫亲率大军水陆两路溯水而上，进军班宾。这时，掌管 39 个城寨的多欣发带大量礼物，偕婿来到外格拜岛谒见缅王，随后缅王便班师回京。返回宫中后命王储等人率战象300、骏马6000、士卒8万去攻央米丁、宾垒等城。大军刚出发两站路，央米丁侯也携妻、子及大批礼物来到阿瓦觐见。那腊勃底王让其宣誓效忠后，赐给仪仗，仍将央米丁让其食邑。缅王随即命王储向宾垒进发去攻明艾觉廷。王储奉命前往攻打。但是因为宾垒守城官兵武器众多，未能攻克，只得将城团团围住。此时，中国四员将领：因赛侯沐总兵、温辛侯底宫、孟因侯杜守金、欧定辛等率300万大军攻来。[①] 缅王只得将王储等人从宾垒召回。王储回到阿瓦后，立即修固城防，补充兵员。缅王命王储和巴亚加马尼等人守城，自己则亲率战象500、骏马8000、士卒20万组成12支大军进驻曼德勒山防守。

(187) 中国军队进兵阿瓦

中国将军们从孟卯派10名大臣300名骑兵由孟茂前来传话说：“过去，蒲甘王朝阿奴律陀王在位时，曾向我进献金甗银甗。现在尔等是仍按惯例进贡？抑或是以兵戎相见？”那腊勃底王答道：“自从建都罗陀那补罗以来，从未听说哪位国王进过贡。今日才听到有此一说。朕无意进贡！”中国使者回到孟茂后，中国将军便举大军向八莫开来。在伊洛瓦底江上架桥。

---

① 缅原文所述中国将领名按音译出。经查《明史》卷一七一王骥传有：“麓川宣慰使思任发叛，数败王师。黔国公沐晟讨之，不利，道卒，以沐昂代。昂条上攻取策，征兵十二万人。中方王振方用事，喜功名，以（王）骥属，思大举。骥亦欲自效。（正统）六年正月遂拜蒋贵平蛮将军。李安、刘聚为副，而骥总督军务，大发东南诸道兵十五万讨之。……思任发携二子走孟养。”可知此处所指即沐晟，后败死。其余三将之名待考。缅书中言大军三百万显系过于夸张之词。

缅历 805 年(公元 1443 年),明艾觉廷攻打央米丁,攻克后便占据该城。当年,缅王建造了图巴永佛塔和寺庙,迪萨亚佛塔和寺庙及色林寺。

缅历 806 年(公元 1444 年),缅王乘御舫亲率水陆两军迎战中国军队。5 支陆军中有战象 800、骏马 15000、士卒 25 万;水军有战船 500、劳加、铁船 300、士卒 8 万。大军开抵太公丹兑岛后,搭起帐篷,让水陆两军于鄂因吴岛毗邻扎营。中国 4 位将军率百万大军前来要求交出掸族土司多岸发。那腊勃底王道:“多岸发乃朕之奴仆,朕已收留,不便交出。”中国军队便南下,进军至官屯,两军交战,中国军因赛侯沐总兵被杀,大批士卒丧生。且兵多粮少,只得退至孟温。那腊勃底王即命孟拱土司、孟养土司带大批人马坚守八莫,御驾即返京都。此时,翁榜土司多钦发带大批礼物、武器,来到老官屯谒见缅王,表示归顺。缅历 807 年(公元 1445 年)东吁侯德勒帕耶去世,缅王将东吁封予其子明康艾。将妹丈卑谬侯明耶觉苏瓦召到阿瓦。将卑谬分封给次子明新米亚,号明基苏瓦。

当年,中国又出兵来攻,缅王乘御舫亲率陆军 13 支,共有战象 600、骏马 8000、士卒 15000;水军共有古囿、舢板等战船 600、劳加、铁船 300、士卒 12 万出征。大军抵孟昔后,重建了倒塌的瑞榜岛佛塔。此际,缅王得知中国四员大将率骏马 20 万、士卒 200 万来犯,便与文武大臣们计议。亚扎丁坚奏道:“中国军队只因缺少粮草才后撤回去,给养得到补充就卷土重来。他们得不到多岸发土司不会回师。因此,我王不如回京师,交出土司为好。”是年 9 月 3 日(公元 1445 年 11 月 1 日)火曜日三星居中时,缅王举水陆两军一起从八莫返京。回到京城后，并不进城，在德别达区设帐扎营。此时，中国军队也赶来，在东临德牟措妙甘、北从昂宾垒湖至当布雍基、西至密马那、南临麦克亚江边扎下营盘。中国军队抵达3天后，派来使传话，如若不交出多岸发则要兵戎相加。那腊勃底道："多岸发乃朕臣下，朕已收留下来。如若要人，请先将躲入央米丁去造反的明艾觉廷捉来交朕，朕才能交出多岸发。"中国大将道，反正一样是攻打，不如先攻下央米丁给缅王。便请缅王配合作战。那腊勃底王便精选善战之军，有战象100、盾牌军1万，向央米丁进军。中国军队也派4名大臣1万骑兵，搭渡桥，过密艾河来到莱德。明艾觉廷不敢在城中抵御，带大队人马弃城而逃。来到金达地区扎营。缅王闻讯即令巴亚觉廷带大队人马驻守央米丁。中国军队回到阿瓦，多岸发已服毒自杀。那腊勃底王便将尸体妥善裹好送至中国营中，中国人将他剖腹，取出内脏，把尸体烤干后收起。①

（188）中国人讨还多岸发之原由

早在多岸发之祖父多基发②时代，就与中国乌底勃巴鏖战，长达10年之久。双方均未能战胜对方而罢兵。从那时开始直至多岸发时代，宿怨未消，故追至缅甸，要求交出多岸发。那年，缅王修建了图巴永佛塔。中国使节、翁榜使节、云国之王使节、孟王公主

① 与我国《明史》所述略有出入。《明史》卷十，英前记："（正统十年公元1445年）十二月丙辰，缅甸获思任发，斩其首送京师。"

② 我国史籍中称之为思可法者。

和王子、印度使节均前来祝贺，庆典十分隆重和热烈。缅历 808 年（公元 1446 年），缅王居住在德别达时，翁榜垒丹发带大批礼物前来谒见缅王。当年 7 月 5 日（公元 1446 年 9 月 25 日），又率水陆两军向卑谬进军。到达卑谬后，原榜地侯，后为达耶瓦底侯，号阿瑙亚塔绍者偕妻、子等人，带大批礼物，到德右茂码头献礼，并将自己所用的红宝石佩刀插入鞘中进献。那腊勃底未将所封收回，仍然让其在原地食邑。阿瑙亚塔绍就在那腊勃底王于卑谬停留之际，染病去世。缅王又将达耶瓦底城封给妹丈明耶觉苏瓦后，率水陆两军回师京都。抵蒲甘时，有孟王彬尼亚达马亚扎之子彬尼亚江[①]调戏叔父彬尼亚仰凯[②]之宫娥，准备将他捉拿问斩。他带良马 20、奴仆 700 余逃出，跑到蒲甘向缅王归降。那腊勃底王待他亲如己出，关怀备至，赐给王子仪仗。将色林城分封给他。并留他在身边侍候。当年，孟国彬尼亚仰凯殁，由信绍布之子彬尼亚勃尤[③]继位。

缅历 809 年（公元 1447 年），为图巴永佛塔举行宝物安放仪式和盛大庆典。缅王率格杜、伦锦战船 600、铁船 400、运粮船 300、士卒 12 万，逆水而上，向班宾进发。大队人马抵达该地后，孟拱多锦发[④]、多博发[⑤]兄弟俩进贡大批礼物前来拜谒缅王。那腊勃底王赏赐大批物品让他们回去。

① Binnyakyan 旧译频耶乾。

② 此节突然出现“彬尼亚仰凯”之名，查前文及其他史料，实为彬尼亚仰之误。

③ Binnyawaru 旧译频耶伐流。

④ 原文误写成多基发。明显有误，因前文已述多基发为多岸发之祖父。且后文也多次写为多锦发、多博发。更正之。

⑤ 多锦发、多博发兄弟二人即我国古籍中译为思机发、思卜发者。

缅历 811 年(公元 1449 年)，中国乌底勃瓦派大将辛瑞文[①]率 13 万士卒前来攻打孟拱、孟养。搭桥过伊洛瓦底江时，费时 8 昼夜。孟拱土司多锦发[②]、多博发兄弟 2 人率大批战象、战马及士卒迎战。中国大将在战斗中阵亡，大军只得撤退。中国人一退，他们乘机攻占那当城并奏报缅王。那腊勃底得知攻占那当城，欣喜万分。赏他们兄弟俩白银 1 万缅两。当年，若开丹兑边城之间发生战事。丹兑侯率全城来投。那腊勃底将中国税银赐他。将丹兑城则封给大臣德勒帕耶，命其率大批人马前往驻守。

缅历 812 年 4 月(公元 1450 年 6 月中旬至 7 月上旬)汉达瓦底的孟王彬尼亚勃尤被彬尼亚江部下的鄂瑞刺死。孟王的大臣们奏请缅王准许彬尼亚江前往登基。那腊勃底王认为孟人诡计多端，认为让王子彬尼亚江独身前往恐有不测，故派巴亚觉廷等 4 支大军率战象 200、骏马 1000、士卒 4 万监护下让彬尼亚江登基。彬尼亚江登基后，精制一饮水瓶向缅王进献，并将外部用绿玉装饰的可容半缅升的金盏盛满珍珠献给阿杜拉王太后，并道："请太后用此珍珠磨粉服用。"当彬尼亚江上书父王，准备谒见父王时，一大臣奏道："我主曾受恩于阿瓦王。如今，应与从前一样表示敬意。但如果过分卑躬屈膝，则将受后人耻笑。"于是上书称呼改成王家礼仪常用的称谓："谨致父王。"那腊勃底听到后召使者问道："朕原先担心，王儿仍会像从前一样只把朕当作父亲而对朕卑躬屈膝。现

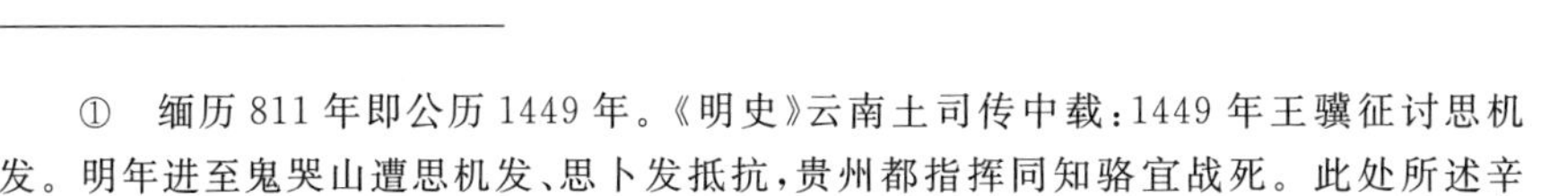

① 缅历 811 年即公历 1449 年。《明史》云南土司传中载：1449 年王骥征讨思机发。明年进至鬼哭山遭思机发、思卜发抵抗，贵州都指挥同知骆宜战死。此处所述辛瑞文是否是王骥或骆宜之误尚需查核。

② 原文再次误写成多基发。明显有误，更正之。

在见来书措词，可知他已长成为一真正国王了。朕很高兴。"是年，缅王让妹丈明耶觉苏瓦和苏谬盖之子明漂跟公主明拉突成亲，将实皆、赛谬分封给他。

苏谬盖的身世如下：良渊侯明赖亚之子明摩哈和五象主北宫王后梅麦道之女信妙拉婚后生德娄侯亚扎都。亚扎都与明基苏瓦之女明勃德米亚婚配生明瑞班及明瑞米亚姐妹两人。明瑞班跟明康之叔丁克亚基之弟东吁的摩诃丁克亚结婚，生苏谬盖。苏谬盖与封号为明耶觉苏瓦的苏瑞开结婚，生实皆明基漂。

是年，妹丈孟养王底哈勃德殁。王子明乌底跟孟拱多锦发、多博发等人商议起事。那腊勃底王闻讯后，便命王储率 7 路大军，计战象 400、骏马 8000 及士卒 7 万往伐孟养。自己则率 12 支水军，战船 700、劳加、铁船 300、运粮船 300 及士卒 12 万出战。大军抵达梯基下营。王储率军到达班赖后，明乌底率大批人马上前抵抗。王储乘战象盛达马尼进攻。大败敌军。俘获明乌底及多锦发和多博发的妻孥。

闻知那腊勃底王从水路来攻，多锦发及多博发等人抛下妻孥，率人马来到那腊勃底驻地梯基奏道："明乌底到孟拱求援，臣等不便拒绝援他，但他率军到达孟拱却趁臣等不在，将臣等妻孥掳走。"那腊勃底王便让多锦发及多博发宣誓效忠后，将侄子明乌底和乌叟处死，将孟养赐给多博发。多锦发、多博发他们的妻孥等人则未释放。

缅历 813 年(公元 1451 年)明艾觉廷杀了东吁侯明康艾，夺取了城池自立为王。明艾觉廷从央米丁和宾垒逃到金达，后又到吉当。他交好于东吁侯明康艾。驻在吉当时其妻曾问他，为何制造如此多的象鞍、象饰等物？他答道："大丈夫之洪福凡眼无法预见。"这是他得了东吁后才跟妻子讲的。他说，只有当上东吁王以后才对阿瓦放心。东吁侯明康、明艾觉廷等均是布坎德勒帕耶之孙。明艾觉廷之母佛堂施主王后苏明拉与明康艾之父、东吁侯德勒帕耶艾本是同胞兄妹。

缅历814年新历16年（公元1452年）王储率格杜、伦锦船500、劳加、皎雷船100溯水而上，向官屯进发。到格达地区时，孟养侯多博发带大批礼物前来谒见。王储将此情况奏报父王。缅王遂命将多博发等人的妻孥等放还。并赐其1000缅斤纯银后回军。当年，汉达瓦底的孟王彬尼亚江死。彬尼亚仰凯封丁基公主为王后时所生之子雷穆陶[1]继承王位。登基时选送大批礼物给舅父那腊勃底王，并请皇舅陛下多加庇护。那腊勃底王也回赠礼物，并嘱咐道："如若有求，必予照应。"雷穆陶登基才一年即死。大臣们商议共举雷穆陶之姑母信绍布为王。

(189) 信绍布[2]

信绍布是孟王亚扎底律王后窦达玛娅之女。生于缅历755年12月12日（公元1394年2月11日）水曜日。她20岁时，即缅历775年（公元1413年）与亚扎底律之甥德门西都婚配。25岁时，亦即缅历780年（公元1418年）生子彬尼亚勃尤。是年其夫去世。

---

① Leitmuthtaw，旧译穆陶。

② Shinsawbu，旧译信修浮。

缅历 784 年(公元 1422 年)29 岁时被献给白象主底哈都,来到阿瓦。缅历 791 年(公元 1429 年)36 岁时,在两位僧人达马达亚和达马尼亚那的帮助下,回到汉达瓦底。缅历 814 年(公元 1452 年)她 59 岁时当了国王,取号彬尼亚江道。

缅历 816 年(公元 1454 年),若开王阿里钦派使者带大量礼物来到阿瓦,表达了愿意结盟和希望会见国王的愿望。那腊勃底王便召集亚扎丁坚等文武大臣商议。亚扎丁坚奏道:“若开旦迎瓦底国中远见卓识贤臣良将众多,良象骏马无数,如其有不规之举,我王亦难以察觉。因此,陛下还是要安排大队兵马,严阵以待,方可受他晋见。”那腊勃底王便下旨,同意于某年某月某日在内安道会见。若开使者回去后,那腊勃底即策划向若开进军。部署 8 支象军、13 支马军共 21 支大军共备战象 500、士卒 14 万于缅历 816 年 12 月 2 日(公元 1455 年 2 月 17 日)日曜日从京都出发。那腊勃底王乘御舫前进,令步军从蒲甘渡江到当布翁沿西线到色固。大军到达色固后,将水军编入步军,组成后续部队前进。(缅历 817 年)1 月 3 日(公元 1455 年 3 月 20 日)水曜日,大队人马抵达波康内安道后,大兴土木,建造了宽敞美观的行宫,与众后妃宫娥居住其内。令马军、象军等依次安营。在那腊勃底到达后,若开王阿里钦亦率领大批人马于破晓时到达。两王到后均建起宏伟行宫,安排两国国王与王后、公主、王子及大臣、王亲之间互相拜会。

此时,从国王至王亲均着朝服盛装,饰以贵重珠宝。两国王于 1 月 8 日(公元 1455 年 3 月 25 日)月曜日欢聚一堂,亲切交谈,共叙友好之情。而后立誓,划定疆界,将博康山以东的山川划归罗陀那补罗国，将博康山以西的山川划归旦迎瓦底国。两位国王互相交换了白伞和全套仪仗，然后依次起军回国。从此两国互不侵犯，像一张金箔一般，并不断互派使者。

缅历 817 年（公元 1455 年），缅王派遣亚扎德曼和亚扎勃拉携满镶宝石的金钵、银钵、金碗、银碗、金灯盏、银灯盏等礼物，乘船到锡兰向佛牙敬献。同时带去大量礼物赠送给锡兰王。用 200 缅斤白银在该地建造布施用的佛廊、佛亭。使者抵达锡兰后，向锡兰王呈上礼品。并给佛牙献过礼，在瓦里加亚马港口建起一座楼阁。在底维巴达山脚下的吉里马拉村中建造一座佛亭。另又向锡兰王购下一块土地，将全部地租用作布施，以供养居住在佛亭内的高僧。而后，带着锡兰王回赠的礼品返回缅甸。

缅历 820 年（公元 1458 年）丁克亚苏卢之孙鄂丹西杀了明艾觉廷。是年，缅王派王储去占领东吁。王储率二子明康第二和德多觉抵达东吁后即向著名的羌松僧王请求，为其二子剃度，入寺当 7 天小沙弥。僧王道："二位公子若剃度，请勿在东吁落发，让他们到达伽拉东北、榜朗河畔的一棵芒果树下去剃度，并将头发投入榜朗河。"王储遵照高僧所嘱，让其二子当了 7 天小沙弥。缅历 821 年（公元 1459 年），将东吁及东敦一起交给妻弟东敦侯底里泽亚都拉后返回京都。明艾觉廷之妻为央米丁侯底拉瓦之幼女。明艾觉廷生一子一女，其女来到卑谬后与卑谬侯明基苏瓦之子明漂绍婚配，其子明耶代达在阿瓦亡故。

是年，格礼土司冈垒发敬赠大量礼物前来归顺。那腊勃底王让他宣誓效忠后将过去掳获的冈垒发之弟昂苏瓦放回。当年翁榜土司冈垒发[①]去世。群臣共推其子承袭父位。然而孟密陶迈与翁榜卑梭占据锡泊。因此,来到那腊勃底王处。耀绍陶迈等土司们均不承认新任翁榜土司。那腊勃底王便派内谬觉廷、德榭觉廷等人率战象 400、骏马 6000、士卒 8 万支援。大军来到耀绍时,在孟乃、良瑞、囊蒙等地的土司联合抗击下,被打得一败涂地。后来缅军组织反攻,将掸军击败,攻占翁榜后,将该地交给坎育发后即班师回朝。

缅历 827 年(公元 1465 年)缅王将榜地城分封给妹丈达耶瓦底侯明耶觉苏瓦。命王子明巴绍与明耶觉苏瓦和苏明漂之女妙蓬标成婚,并赐号为德多明绍,赐采邑地达耶瓦底。缅历 822 年(公元 1460 年)缅王将班基十乡、10 艘战船及阿敏城赐与亚扎丁坚。将实皆城及北部 10 座城镇赐与驸马明漂。将宾垒城赐与妻弟乌兹那。将色固城赐与小妻弟丁克亚。缅历 825 年(公元 1463 年)公主实皆侯妃和公主布坎侯妃姐妹俩在实皆城西建造两座功德塔,并布施大量物品。后此事被传颂为"姐妹功德"。

缅历 828 年(公元 1466 年)缅王从东吁、东敦侯国舅底里泽亚都拉手中收回东吁,转赐与赖亚泽亚丁坚,但并未将东敦城收回。(在《缅甸大史》中却记载道:"由于缅王对国舅底里泽亚都拉失去信任,将东吁城及东敦城均收回。"据《南下卑谬茂贡》记载:"国舅底里泽亚都拉至卑松王执政时仍是东敦侯。"故《新史》材料较为确切,应以此为准。)

① 原文如此,又写成翁榜土司冈垒发。是否写错,抑或是二人同名,尚待查考。只得原文照译。

图巴永佛塔施主[①]英明精干,文武全才。当时丁班的御花园中有一棵芒果树虽经五代帝王仍未开花结果,图巴永宝塔施主对该树道:“今年必须开花,否则朕将降罪于你。”当年该树即鲜花盛开,果实累累。另有传说:一次河水猛涨,国王下令停止涨水,并施以鞭刑,结果河水果然不再涨。那腊勃底王严守君王十规,刚正贤明,骁勇威武,皈依三宝,在实皆地区为图巴永佛塔举行升伞仪式时,建造5座尖顶阁。为了便于四军和僧俗百姓过伊洛瓦底江,建造了渡桥。偕王后、王子、公主、驸马、王亲国戚及文武大臣等一起,共同上桥过伊洛瓦底江,并为无数化缘的僧侣布施大量钱财物品,行善积德。当时锡兰等南印度诸国、汉达瓦底、阿瑜陀耶、万象、德林达依、密那米等国均派来使臣,中国乌底勃瓦亦派孟赛土司、温辛土司等前来庆贺,一时宾客如云。庆典活动盛况空前,在图巴永佛塔东北建造金寺;在迪岑建萨亚塔及金寺;建造耶马德金寺;在德别达行宫旁建造金寺;在蒲甘建造瑞乌明寺;建马圭瑞乌明寺;建卑谬金寺;在艾毕当建造泽德温寺;在色林建塔及金寺,共九处。同时为这些寺庙布施了庙产田。那腊勃底王登基26年后,为王储之子德多觉刺杀,崩于卑谬。

(190) 王孙德多觉谋害祖父那腊勃底王之经过

祖父那腊勃底王让王储之长子瑙亚塔和瑞恩蒂公主十岁之女

① 图巴永宝塔施主,即指那腊勃底王。

成婚。在诃梯巴拉[①]比釉诗的后记中写道："深闺公主，严守戒律，好行善举，八岁时节，父王母后，即配王子……。"《亚德那贝曼碑文》中记载，该公主为瑞恩蒂所生，即明康王后也。而王储之子德多觉与姑母实皆侯妃明拉突之长女早有私情。实皆侯妃知道后即告诉了王太后阿杜拉底摩诃亚扎黛维。那腊勃底和太后很生气，随将实皆侯妃之女接入宫中。德多觉几次三番请求祖父祖母答应他与公主婚事，祖父那腊勃底不允。当他得知孙儿深夜潜入宫内，便将他抓住并踢翻在地痛打一顿。德多觉怀恨在心，便与手下300余人商议，先烧了父亲王储的宫殿，乘人们救火混乱之际，带人冲入宫殿，刀砍祖父那腊勃底，将其两肋砍伤。

阿杜拉底里摩诃黛维拉着那腊勃底的手在四更天时逃出皇宫，躲到阿瓦城北的码头上，身边仅带5名随从。她身上带着7串用五彩线穿着的指环，价值连城。当时阿瓦城内一片混乱，火光冲天。亚扎丁坚父子俩料定事出有因，随即乘劳加船迅速渡江过岸。在码头上遇见那腊勃底王才知道详情，便奏道："请陛下放心，臣定将德多觉捉拿归案。"那腊勃底道："朕不愿在此久留，尔可送朕到卑谬二王子处去。"亚扎丁坚即用劳加船于缅历829年4月12日（公元1467年6月12日）将缅王从阿瓦送至卑谬。王孙谋害缅王时，发生强烈地震，许多浮屠佛塔寺庙倒塌。昴星团靠近月亮。瑞因苗佛塔东南，地上出现裂缝，水从中流出。夜晚，从图巴永佛塔

① 诃梯巴拉，原意为象护。诃梯巴拉比釉即"九章"诗，为阿瓦著名僧侣诗人信摩诃拉塔达拉之代表作，一部洋洋万言之四言叙事诗。据第509号佛本生故事《诃梯巴拉本生》改写而成。描写婆罗门之四子先后讲法度僧的故事，为缅甸家喻户晓之古典名作。

中飞出一水钵大小的闪光物体。破滤水石槽自动移位。亚扎丁坚父子俩随缅王到达卑谬后，经常侍奉缅王左右。

当时卑谬侯明基苏瓦问道："在阿瓦，人们都说你们父子是好汉，你们敢不敢骑着马跟我骑着鄂罗睺象比武？"开始时，亚扎丁坚只是叩头，不作回答。亚扎丁坚之子抱拉忍不住道："只要王赐给臣中意的战马，臣便能抵御王战象的进攻。"卑谬王准其任意挑选。选多时均不中意，后在城东护城河边看中一匹正在吃草的乌黑色矮马。骑用七日后便向卑谬王奏道："明日上午，王即可前来攻打，臣将奋力抵御。"卑谬王在第二天凌晨，骑御象鄂罗睺来到护城河边。亚扎丁坚父子也将包裹行李打好，抱拉骑马，手执长矛短戟，来到护城河边。卑谬王驱象进攻。抱拉左右抵挡，良久不分胜负。抱拉纵马奔向田野，直奔到一座破茅草棚前停下，准备抵挡。此时卑谬王杀得性起，放开战象，向他攻来。抱拉在渡小河时，一个回马枪，刺中御象前腿，枪头扎入地下一肘尺深。御象受伤不能追赶。亚扎丁坚父子俩遂带上随从逃向阿瓦。卑谬王令大批人马追赶。他们知道后面有追兵时，抱拉用枪向一棵一抱粗的大树扎去，枪尖穿透树干，追赶的将士见到此情景都不敢再追，返身回去。卑谬王责怪这些将士未将他们抓回，一时恼怒，将为首者斩首处决。

亚扎丁坚等人抵达阿瓦时，正值王储率水陆两军顺水而下，要去迎父王和母后归来。到达卑谬后，缅王令王子们不准携带凶器，均穿上吉服到灿道信佛塔塔基广场上觐见缅王。并令三位王子发誓不做非法不安分之举。缅王、王后跟三位王子一起用宝石盘进餐。缅王打开地宫宝龛跪拜后又令人修复。王储请求父王回阿瓦继续掌权。缅王道："父王已无意回阿瓦为王，吾儿既是王储，望能遵守君王十规回去登基接替父位。文武大臣及宫娥妃子但凭王儿作主选用。”然后，拿出无价之宝七串指环，分给三位王子，每人一串。并让三王子发誓在自己过世后绝不互相背叛。另四串指环则留在自己身边。王储向父王、母后恭恭敬敬地跪拜施礼后，率水陆两军回阿瓦而去。那腊勃底因被孙儿砍伤，于缅历 830 年 5 月 5 日（公元 1468 年 7 月 24 日）日曜日驾崩。王 28 岁登基，在位 26 年，享年 56 岁。生辰为水曜日。关于该王 28 岁登基一事，《缅甸大史》中曾有记载：“白象主底哈都选中 9 岁的孟养德多之子因贝侯当其执槟榔罐和饮水壶内侍。”又有：“王登基时已 38 岁。”如果说 9 岁，应该是缅历 783 年（公元 1421 年），而那腊勃底登基时为 804 年（公元 1442 年）。因此，应该按《新史》所述，是 28 岁登基。据说那腊勃底王曾做梦，他曾是佛陀前十世之一的波斯匿拘萨罗王。

（191）卑松王底哈都[①]

王储回到阿瓦后，便与众贤臣、占卜师们商议。于 830 年（公元 1468 年）登基，号为摩诃底哈都拉王[②]。为王后行灌顶礼，封号为阿梅达底里摩诃达马黛维[③]。授长子瑙亚塔号亦为：摩诃底哈都拉，定为王储，封地德勃因城。授次子德多觉为德多达马亚扎，并让他与其有私情的实皆侯妃之女婚配，并赐领地色固、色林、庞

① Pyison Thihathu，旧译梯诃都罗。

② 巴利文音译如文。意为：伟大狮子般英勇之王。

③ 巴利文音译如文。意即：无可比拟吉祥伟大弘法王后。

林、垒盖、谬迪、岱达、敏东、德叶、美德、格宁妙昂等10城镇。赐幼子号为底里达马道加[①]，命实皆王妃幼女与之婚配；食邑美都；后又封号瑙亚塔，食邑德娄城，再封号为明耶觉苏瓦，赐地央米丁、分水五县、因道、莱德、良渊、抱绵等城镇。将女儿波道信梅道许配给孟养王之弟瓦巴瑙亚塔之子，号为妙白瑙亚塔者。并赐地美抱迪。将次女波道信发许配给实皆姑母之子登克都。另有幼女一人名为那信那玛道，共有三子三女。

缅历832年（公元1470年），因母后阿杜拉黛维派人去东吁，叫东吁赖亚泽亚丁坚不要效忠于阿瓦。因此，东吁侯一反常态不再向阿瓦进贡。摩诃底哈都拉王极为忿怒，令王储和德多达马亚扎王子率7支大军、战象300、骏马6000及士卒7万向东吁进军。东吁侯赖亚泽亚丁坚下重礼向孟王信绍布求援。孟王信绍布点起战象200、骏马1000、士卒4万组成8支大军前往支援。大军抵达东吁，驻扎于城南。阿瓦王派来的由王储所率之7支大军则驻在城北。凌晨，二王子德多德马亚扎骑战象“漆钦”从东吁东面的宫采码头下水，渡过克榜河，率领护象军，长矛队共3000人向孟人发起进攻。王储闻讯即起各路兵马发动进攻。孟军全军溃败，30头战象和3000士兵被俘。孟人溃败后，东吁侯便派羌松僧王带大批礼物前来请求饶命。王储道：“王兄亦是父王亲戚，我等回京奏报时定为他说情求饶。”赖亚泽亚丁坚得到如此答复后，即率妻子亲自前来投诚。摩诃底哈都拉王将东吁转赐予良渊侯西都觉廷。王储班师回朝。抵京后，王赐给赖亚泽亚丁坚二百丁城吞东布德。

① 与印度阿育王原号同，为区别起见音译之。

缅历833年(公元1471年)孟王信绍布在汉达瓦底去世。驸马达马塞底王接位。缅历834年,新历36年(公元1472年),王弟卑谬侯、达耶瓦底侯、大舅父明耶觉苏瓦、舅父丁克亚、妹丈格礼侯等人纷纷自立为王。为了和平地征服各诸侯,缅王派遣王储和王子瑙亚塔率水陆两军顺水向卑谬进发。王弟早已从卑谬到那温一带部署重兵,做好抵御的准备。在德莱西一带已严阵以待,并与孟国达马塞底王结盟,故请求出兵支援。王子德多德马亚扎在色林迎候缅王。缅王到达勃特那果时,舅父东敦侯明底里泽亚都偕妻瑞卑羌达前来献礼晋见。抵美德时与连襟美德侯一起,将陆军分编两路前进。缅王亲率水师进发。抵博乌山辛江岛后安营扎寨。孟军来到鄂温瓦后,命那当米亚、叟格德、劳加通当木等人攻占了下缅甸的瑞当、古突、德右茂、阿垒、格宁妙昂等地。缅军与孟军在格宁妙昂相遇。经交战,孟军战败,掳获格宁妙昂侯。因德莱西早有准备,缅王便令王储摩诃底哈都拉与王子瑙亚塔从水陆两面围攻该城。敌军官兵纷纷投归缅王,收服德莱西守军后,又命王子攻打卑谬城。令王储及瑙亚塔王子从当基以水军围困,令掸军从那温方向包围。缅军陆军则将其余空隙全部堵死。卑谬被围后,城中断粮,饥馑四起,卑谬侯派幼妹明德耶梅道前来求和。缅王道:"让你兄长、舅父及姐丈前来迎战。如若经过较量,朕能战胜他们,朕仍照旧封地给他们。"王妹说道:"如若当真,今后臣等再也不叛,永远臣服陛下。"南宫王后便将王族仪仗、手镯、臂镯等赐给明德耶梅道,让她回去。卑谬侯明基苏瓦带了10头象,其弟达耶瓦底王带15头象,舅父、妹丈等人亦带各色礼品到博乌山辛江岛来归顺缅王。佛历2016年,缅历834年,新历36年12月(公元1473年1

月底至2月)两位王弟、两位舅父、妹丈和伯父等人在博乌山宣过誓后,缅王便将原分封的城镇赐还。

《缅甸大史》中记载:“缅王曾到灿道信[①]佛塔祭拜,并用太后用膳的宝石盘向灿道佛塔布施了宝塔顶伞,并将价值连城的王后佩戴的镶红宝石花环布施给了灿道信佛塔。王弟、舅父以及其余皇亲国戚们也都纷纷将自己的首饰布施给灿道信宝塔。并祈求来世也再能相聚一起。太后将佩戴的极珍贵的四串指环分给孙子和重孙们。缅王也向太后跪拜后率水陆大军回朝。”在《南下卑谬》茂贡诗上则只字未提太后的情况。求和时只有御妹出面,回朝也只有在博乌山会见了众皇亲国戚。该茂贡诗中也无去朝见太后和朝拜灿道信佛塔的记载。故太后当时已不在,也未到灿道信佛塔去朝拜。应该是在博乌山山顶的佛塔前宣过誓后便回去。

在瑞灿道宝塔前国王跟太后、皇亲国戚宣誓之说,是在父王被孙儿[②]谋害后,王储顺水而下到卑谬迎接父王那年发生的事情。

摩诃底哈都拉王率水陆两军逆水而上。沿江朝拜了许多佛塔。行至敏格巴地区时停靠御舫,上岸来到班基山,为了人们饮水方便,在该地挖了水塘。并建造了花园。然后离开该地抵蒲甘,瞻仰各佛塔。在岱内羌建了佛塔,并上了帝释山和杜云山,为在阿贝亚德那建造的那伽永宝塔再次布施了庙产田,又瞻仰了瑞喜宫佛塔。他见仰昂敏杜达马佛亭经堂已破旧,布施了1000银元加以修缮。回到京都阿瓦城在丁班地区建立了宾萨马棱达亚德纳妙喜宫

① 即卑谬瑞灿道金塔。

② 指那腊勃底被德多觉谋害事。

佛塔。

缅历 835 年(公元 1473 年)缅王将两位王后的头发编成扫帚，并用各种宝石装饰了把手后，派亚扎勃拉大臣送到锡兰岛布施给佛教圣地作扫尘之用。还带去王后、王妃们赠送给锡兰王的各色中国布匹、麝香。亚扎勃拉率 100 余人从勃生码头渡到锡兰岛。到达该地后把礼品献给了锡兰王，把王后头发制成的扫帚布施给了安放佛牙的圣地。锡兰王回赠各色香料。当年回到了勃生码头，到阿瓦后，缅王大喜，赏赐了封地和仪仗。

缅历 836 年(公元 1474 年)，翁榜土司因为良渊侯、囊蒙侯、耀绍侯等人不肯臣服，送来大批礼物，奏请缅王发援兵征讨。摩诃底哈都拉王便派王储、二王子德多达马亚扎等率 7 路大军，计战象 300、骏马 6000、士卒 7 万出征。翁榜土司也派了大批战象战马与王子会合，向耀绍、囊蒙进军。攻陷三座城池，并掳获土司本人和妻儿奴仆及象马士卒等。令食邑三城的诸侯与翁榜土司宣誓结盟，重归于好。翁榜土司遂进贡大批战象、骏马和礼品。王子班师回国。

缅历 837 年(公元 1475 年)缅王命东吁西都觉廷为帅，率七路大军，战象 200、骏马 3000、士卒 5 万去攻打孟人属地称之为拘利耶的迪登宁，该地孟人早有防备。经过奋力攻打，孟人败，占领了拘利耶城后凯旋。西都觉廷把俘虏和象马等献给缅王。缅历 838 年(公元 1476 年)西都觉廷认为东吁城太小，遂扩建城池。王储及文武大臣便上奏道:“西都觉廷扩建城市，今后必反。”

缅王摩诃底哈都拉说:“朕的奴才不会不忠，尔等如若不信，朕将派人抓住他的发髻拖他前来。若其不从命，才算尔等说对了。”于是便派一官员去揪东吁侯。钦差来到西都觉廷处，宣读了圣旨。

西都觉廷道:“为了照主上的旨意办,就抓住我的发髻拖出门去吧!”钦差大臣按圣旨行事,乘快马带300名随从返回了京都。摩诃底哈都拉便召集王储、众大臣说:“尔等不信任朕的奴才,现在西都觉廷业已来到,尔等还有何话可说?”王储等人缄口无言,唯有叩头而已。国王赐了西都觉廷御用餐具器皿,让其回去。西都觉廷之妻为摩诃底哈都拉王后之妹,是底哈勃德之女。

是年,孟养土司与孟拱土司发生冲突,双方都要求派兵支援,摩诃底哈都拉王便命王储守卫京城,亲自率军出征,令幼子央米丁明耶觉苏瓦等率5支大军,战象300、骏马6000、士卒7万从陆路出发。御驾则乘金舫率12路大军,士卒7万沿水路而进。到格达码头转而向孟养进发,抵该地后,孟拱土司等不敢抗命,乃携大批礼物前来归顺。摩诃底哈都拉收服孟养土司后将太公城赐给他,将孟养城赐封给孟拱土司之弟,当年即班师回朝。

(192) 孟王达马塞底[①]

在孟国的汉达瓦底,达马塞底承袭王位,封小臂独骨者鄂尼东,号德门巴仰,赐他锡当城作为食邑。锡当侯向达马塞底王奏道:“所有南岛之上的英雄,臣都不怕。现在臣承王恩,封官授职,纵然肝脑涂地也不足为报。请王赐臣战象漆瑙盈和士卒4万,臣将进军至中国边城坎地,树立界桩,即令中国乌底勃瓦出兵,臣亦能胜之。臣以为唯有划界立桩,才能永垂青史,晓谕子孙。”达马塞

① Dammazedi,旧译达摩悉提。

底准奏并派其前往。德门巴仰便乘身高7肘尺的御象漆瑙盈率士卒4万于缅历839年(公元1477年)出发。德门巴仰越过了汉达瓦底边界,进入东吁的村落,转入山林,越过东吁来到央米丁境内,未损一兵一卒。到金达、育瓦岸后又穿过宋砌[①]、孟隆、孟密来到坎地,竖立铁柱界桩。坎地侯不敢阻拦,将汉达瓦底正在竖界桩一事上报孟昔[②]侯,孟昔侯又上奏乌底勃瓦,乌底勃瓦闻言便令征南将军带领战马20万、士卒100万将铁柱界桩拔除。德门巴仰却大肆宣扬他已竖完界桩回师。

摩诃底哈都拉听到这消息后,带领王储、二王子德多达马亚扎、小王子明耶觉苏瓦和大批军马在央米丁迎战德门巴仰,德门巴仰部下士兵因遇瘟疫饥馑,不敢交战,德门巴仰率4万亲兵,骑漆瑙盈象来战。这时德多达马亚扎乘战象围攻漆瑙盈象,在30头战象围攻下,德门巴仰败下阵来,单骑逃走。3000匹战马紧追不舍。德门巴仰的战象疲惫不堪,一见池塘便窜入水中,追赶而至的3000马军将池塘团团围住。王储从后面赶来后将池塘围个水泄不通。王子见到德门巴仰三餐未进,人已精疲力竭,便派人划小船前去劝降说:"你如今已成为我手中之物矣,无法逃脱,还不如餐此食物后速来归降。我将在父王面前进言保你前程。"德门巴仰已经三餐未进,饥饿异常,便将饭吃了,然后投降。王储抓获德门巴仰后将其押解至父王处。摩诃底哈都拉没有责备德门巴仰,反赐以衣物,令其供职侍奉左右。

① 中国清朝史料称之为"宋赛"。

② 孟昔,指云南首府昆明。

（193）中国大将色隆觉康与德门巴仰单骑比武①

中国乌底勃瓦调派大将到坎地拔除界桩后，遣一使臣率1000骑来到阿瓦，说过去蒲甘王朝阿奴律陀王在位时曾进贡金甗、银甗，如今也应照例纳贡。摩诃底哈都拉王回答道："先王那腊勃底曾说过无此惯例，早已不纳，本王也不准备纳贡。"中国使臣说："王如此回答必将酿成大战，王可派一将与臣手下一将单骑相拼，如我将败阵，即便回师。如若我将战胜，则必须按我圣上旨意进贡。"摩诃底哈都拉便召集王储、王子及众文武大臣商议，王储奏道："中国人善骑。吾等无人能与彼匹敌。除骑术娴熟外，还需武艺高强，是否请父王传孟大臣德门巴仰来，问他一下。"摩诃底哈都拉王便传德门巴仰来问。德门巴仰奏道："无论天下哪个英雄豪杰，若论与臣骑象、马单骑拼杀，或是平地比武，都不在臣话下。但求陛下赐臣一匹中意坐骑，臣便能施展绝技为陛下效劳。"摩诃底哈都拉王准其在御马厩中700匹马及文武大臣家中饲养的所有马匹中任意挑选。但都不中意，他上奏道："臣将寻找中意之马。"于是便在全城寻找。后在一寡妇家见一匹枣红马，顽烈无比，无人敢骑，任其闲游在外，被德门巴仰在护城河边发现。德门巴仰便道："给我将那匹枣红马抓来。我看它

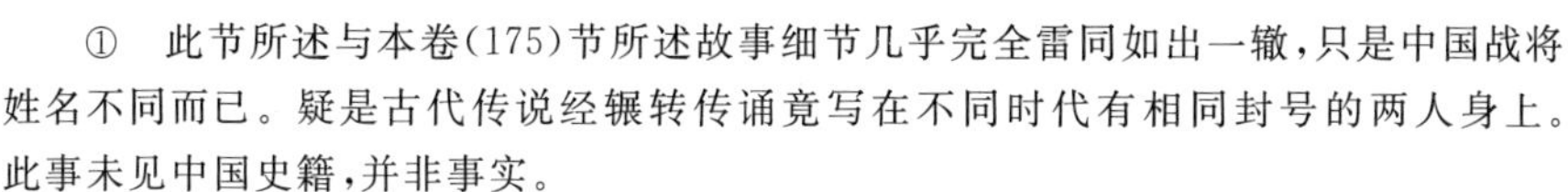

① 此节所述与本卷(175)节所述故事细节几乎完全雷同如出一辙，只是中国战将姓名不同而已。疑是古代传说经辗转传诵竟写在不同时代有相同封号的两人身上。此事未见中国史籍，并非事实。

可以骑。”众大臣都说此马咬人，无人敢抓。德门巴仰前去一把抓住马颈，那马刚准备咬他时，他乘机捏住马嘴角，将马嚼铁放入马嘴，跳上马背。那马狂奔不止。德门巴仰安坐马背，任其驰骋。待到该马精疲力竭时，终于降服了它。德门巴仰对国王道："臣将训练此坐骑 7 天，何日比武，请陛下决定。”摩诃底哈都拉大悦，说："汝若能抓住中国色隆觉康，愿在本王手下为臣，朕将赏汝用物坐骑乘舆，赐地封侯，若汝想回汉达瓦底，朕也将放行。”德门巴仰道："托王之洪福，臣必制服色隆觉康。”接着派人到中国军营定下比武日期。等到约定之日，国王赏赐了御马用的镶红宝石马鞍，御用嵌红宝石宝剑和御用金丝锦战袍给德门巴仰。穿戴完毕后，德门巴仰向缅王叩过三个头，带上中文通事，出阵比武。中国大臣色隆觉康骑上一匹雪白马，手执三缅斤重之长矛出阵。德门巴仰见后便道："兄长，你我均为英雄武将，宜先做三个回合骑术表演，然后再交手比武。”色隆觉康道："好！”骑过三个回合后，伸掌示意，准备交手。当德门巴仰喊了声“杀！”后，放马直奔而来，色隆觉康正准备抽出肋下所挎手掌般宽的大刀去砍，抬手间将甲胄带子绷断，德门巴仰乘机一枪将色隆觉康挑于马下。德门巴仰割下色隆觉康的首级飞马回城。站在城墙上和护城河边观战的僧俗百姓大声喝彩，群情欢跃，交口称赞。摩诃底哈都拉大喜，下旨道："朕听说先王明康王时孟王亚扎底律之婿德门巴仰被王子明耶觉苏瓦俘获，献给明康王，当时正值要毛东毛盖侯妻孥的中国人前来交涉，由中国大将伽马尼跟德门巴仰单骑对阵比武，那次将中国大将伽马尼头颅砍

下，朕未能亲眼目睹上次壮举。今日朕却亲眼看见砍下色隆觉康之首级。德门巴仰真英雄也！汝若愿留，朕将像孟王达马塞底一样厚待于你，封官授禄。汝若要回汉达瓦底，朕将派劳加船相送。”德门巴仰答道：“臣尚有妻子儿女，如蒙陛下见怜，放臣回去，臣便可全家骨肉团圆了。”摩诃底哈都拉便赐了许多仪仗，派劳加船备齐船工将其送回汉达瓦底。回到汉达瓦底后，孟王达马塞底喜出望外，厚赏了送行的士卒，并将各色布匹进献给摩诃底哈都拉。

摩诃底哈都拉德威远震，所做功德善事有：在丁班地区建造了宾萨马棱达亚德纳妙喜宫佛塔和金寺，建立了金禅堂；蒲甘的泽德温寺；在瑞喜宫塔下建了仰昂敏金寺；在亚德纳塔内建金寺；在图巴永佛塔内建金寺；在出生地实皆建金寺；在羌保地区建亚德纳明苏塔和金寺，共八处。重新修缮了为佛的下颌骨舍利修建的曼德勒佛塔。在建造以上寺庙时还布施了许多庙奴、庙产。当他身感不适时，召来东吁西都觉廷嘱咐道：“假若朕次子德多达马亚扎、幼子明耶觉苏瓦等人不服长子，则帮助长子对他们进行教育。如若两个王子很尊重其兄，而长子王储竟不听朕的嘱咐，加害于两个弟弟，你就去帮助两个小王子。”不久王便去世。王 38 岁登基，在位 12 年，享年 50 岁。临终时土星和金星靠近月亮。火星显现出棕榈树干般长的彗星光芒达半月之久。佛塔显灵；所有浮屠都冒青烟。王生辰为火曜日。去世后，东吁西都觉廷道：“臣将背陛下骨灰，撒入江河之中。”于是便乘劳加船将骨灰撒入江中。

(194) 明康第二[①]

缅历842年(公元1480年),长子王储继位,号为底里杜达马亚扎迪勃底[②],封王后为阿杜拉底里达马黛维[③],并行加冕典礼,封时年仅7岁的长子号为摩诃底哈都拉[④],立为王储。阿杜拉底里达马黛维王后是图巴永施主那腊勃底之女敦丁公主瑞恩蒂与布坎侯底哈勃德所生之女。10岁时,祖父那腊勃底就让她跟王孙成婚。封王孙号为瑙亚塔。婚后不久,婆母布坎侯妃去世。将布坎侯妃的首饰变卖后,在图巴永佛塔东北方向,由瑙亚塔负责建造一座亚德纳贝曼寺。竣工后,就在那腊勃底王在世时,国王偕同王妃渡江后把该寺布施给了信摩诃德扎温达。阿杜拉底里达马黛维王后的子女如下:长子号摩诃底哈都拉,被立为王储,其妃为王姑色林侯妃之长女;次子明翠,其妃为嫂之妹贝道纳玛;女儿梭明,后嫁色林底里泽亚瑙亚塔之子乌底;次女明普瓦绍未成婚。子女共四人,二男二女。南宫王后之妹佛堂施主王后的子女有:子登克都、明基腊、明基翠;长女明拉妙,嫁东敦王明底里泽亚都拉之子西达明基,后来成为瑞南欣那拉勃底王王后;次女妙梭明与三女蓬突。三子三女共六人。在《新史》的记载中将妙梭明称作为明阿堆。卑谬明基苏瓦之女名为米蓬基的王后生一女幼时夭折。明康第二的

---

① Minkhaung,旧译明恭。

② 巴利文译音,意即:吉祥、善良、弘法王中元首。

③ 巴利文译音,意即:无可比拟的吉祥弘法王后。

④ 原文漏掉“底哈”两字。

三个王妃共生五子六女，计十一人。

明康第二即位后，任命东吁西都觉廷为大元帅统辖全国兵马，据说先王在世时，出兵东吁，先王曾与西都觉廷二人在林中立誓同吃一份饭。当时有一男子吓唬孩童们道："明基德多正从色林率大批人马来了。"这话一传十、十传百，引起了全城惊慌。西都觉廷查问百姓惊慌的缘由，有人答道是一男子逗孩童们说的，引起了骚动。西都觉廷审问该人，得知实情正是如此，便道："你难道不曾听说过'一滴蜂蜜使一个国家灭亡，一只箮篓使一个国家毁灭'①的事吗？"于是将那人处死。

明康第二在当王储时，便积聚砖石准备建造佛塔，等到父王去世，他登基后的当年即缅历 842 年（公元 1480 年），在德达乌地区建造了敏加拉塔。《新史》中写道："敏加拉塔建于 858 年（公元 1496 年）。"敏加拉塔史中据信拉塔达拉所述："圣主驾崩之年始建塔，许多年后，佛历 2040 年（公元 1496 年）时置宝物于塔中。"得知，此塔建于缅历 842 年，缅历 858 年（公元 1496 年）才将宝物放入塔中。缅历 861 年（公元 1499 年）全部完工。故应取敏加拉塔建于缅历 842 年（公元 1480 年）之说。此说与史实相符。《新史》中引用的并非建造之年，只是指宝物放入塔中之年。据史料记载

① "一滴蜂蜜使一个国家灭亡"的故事源自印度故事。故事说：古时梵授王在波罗奈城为王。一日王与婆罗门国师一起品尝蜂蜜糖糕。糕上的一滴蜂蜜滴到了铺着的白布之上。这一滴蜂蜜引来苍蝇，蜘蛛来咬苍蝇，壁虎来咬蜘蛛，老鼠来咬壁虎，猫来咬老鼠，狗又来咬猫。这就引起了猫的主人和狗的主人两位王子的争斗，全国民众也参加了进来，致使国家灭亡。"一只箮篓使一个国家毁灭"的故事是缅甸历史上的一个传说，说公元 94 年狂风吹走了一农妇手中的箮篓致使国家毁灭的故事。详见本书（114）节。意即：一件小事有时也会招致大乱。

该塔建造时间长达 19 年之久，主要原因是为寻找佛祖之遗物舍利所致。因此与《缅甸大史》记载相一致，应取下列之说为准，该塔建造于新王登基之年缅历 842 年(公元 1480 年)，缅历 852 年(公元 1490 年)宝物入龛，缅历 861 年(公元 1499 年)才全部竣工。

缅历 843 年(公元 1481 年)，食邑色林和赛谬的二弟德多达马亚扎和食邑央米丁、分水五县的小弟明耶觉苏瓦起来造反。明康第二闻讯后，便派人前往东吁西都觉廷处说："父王遗训已无效，因色林侯和央米丁侯业已叛乱，请兄率大军前往央米丁将分水五县摧毁。朕也将派亚扎丁坚和德道榭等人率大队人马前去征讨。"西都觉廷也想先王主公已有吩咐，现是奉王命讨伐，遂率大队人马开往央米丁，抵该地后，不等阿瓦军队到来，便向守军进攻。一举击败守军。守军败后，明耶觉苏瓦乘耶路林战象率 30 名随象大臣、士卒 7 万，出城迎战。结果西都觉廷败阵被俘。从阿瓦出发的亚扎丁坚等人到达央米丁后，明耶觉苏瓦因力量悬殊，不敢出战，只是固守城池。亚扎丁坚等人因城内火铳、枪炮密集，不敢接近城池，只得在远处驻下，两个月后奉诏回军。西都觉廷死后，当年将东吁封给西都觉廷之子西都艾。

缅历 844 年(公元 1482 年)在卑谬称王的王叔明基苏瓦去世，小叔父德多明绍从达耶瓦底前来占领了卑谬，并封其嫂为王妃，自立称王。当年他率水陆两军北上侵扰马圭。明康第二闻讯后，召集众大臣商议。德道榭上奏道："现在掸族人多次侵犯我疆土美都鄂耶内，又有王弟德多达马亚扎、明耶觉苏瓦等人叛乱，小王叔卑谬王也在侵我边陲疆土。依臣之见，不宜委派臣属而应由威严的陛下率大军御驾亲征才能慑服敌手。"明康第二对此主张极为赞

赏，遂亲率 15 路陆军，带战象 300、骏马 6000、士卒 7 万，命明基丁克都为帅，从陆路进发。15 支水军有：格杜伦锦船 300、劳加铁船 300、丹随[1]小船 100、士卒 7 万。亲乘御舫出征。大军行至马龙，水陆两军会合一起扎下营寨。小王叔卑谬王德多明绍也率水陆两军对阵。一个月之内双方均未动干戈。互派使者商谈议和事宜，最后双方和解，两王互赠礼物后，缅王回朝。

缅历 845 年（公元 1483 年），食邑色林和赛谬的王弟德多达马亚扎去世，其部属甲宾侯、色贝拉侯到缅王处奏请缅王收回王弟的大批象、马和士卒，明康第二乘御舫率水陆两军来到色林，将侄女明瑞久、明拉突和被写进埃钦诗的信兑蒂等人和大批兵卒象马带回京都。他待 3 位侄女爱如己出，将她们抚养于宫中。后来将明瑞久许配给妙白瑙亚塔。把明拉突许配给那腊底王时代授职的东吁明基纽。将色林城则封给与王太后之妹结婚的小王叔底里泽亚瑙亚塔。底里泽亚瑙亚塔之子为明乌底。

是年，国王将美都城和大批兵卒象马赐给了德道榭大臣。缅历 846 年（公元 1484 年）国王发 15 路大军，计战象 300、骏马 4000、士卒 8 万准备攻打王弟央米丁侯明耶觉苏瓦坚守的良渊城。在离良渊两站地远之处，命巴亚觉廷带战象 20、士卒 1 万先去攻打良渊的明耶觉苏瓦部下。他们急行军来到良渊后，巴亚觉廷白天潜伏于森林之中，夜三更过后从林中走出，时值细雨绵绵，伸手不见五指，黑暗中乘战象耶蓬松攻打良渊城门。门破后全军拥入，占领了全城。攻下良渊后，把精良的马、象、兵卒全部押出，缅王将

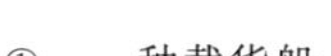

① 一种载货船。

良渊城和许多人马赐给了巴亚党廷后班师回朝。

缅历 847 年(公元 1485 年),明康第二据传说古代的婆纪尼耶王由于宠爱王子频婆娑罗,曾把 15 岁的王子扶上王位。所以当王储摩诃底哈都拉 12 岁时缅王明康第二由于爱子心切,赐其号为摩诃底哈都拉王,让其登位,共掌朝政并肩为王。其时,虽是二王执政,却未另立金殿,而是同居一宫。《新史》中曾写道:"据德贝城的牟陶窟碑文记载:849 年(公元 1487 年)父子二人同居一殿,各打一把白伞上朝理政,对象伕长亚扎都奏请恩准他布施庙田。"此记载与史实相符,应取其说。

缅历 847 年曾祖父孟养王建造的亚德纳佛塔和甘那河毁于地震。缅王与王太后阿梅达底里一起巡视该地,命在宝塔四周围墙上画了许多象的图形。后人遂将亚德纳塔称作"万象之主"。当年由于西杜因加都大臣对王不敬,缅王训斥了他,他便出走投奔御弟央米丁明耶觉苏瓦。明康第二盛怒之下,派战象 300、骏马 4000、士卒 8 万到央米丁,由于城上火铳和各色武器火力很猛,屡攻不克,只得围困该城,达三个月之久。由于雨季将临,收兵回京。

当年,东吁侯西都艾被其侄明基纽所弑,明基纽称王后,向缅王进贡 2 头壮象和许多礼物。明康第二颇有韬略,善应变,故尔未予干涉,反而下旨说:"朕将东吁城赐给你。"缅历 848 年(公元 1486 年)色林侯小叔父底里泽亚瑙亚塔去世,缅王将其人马及该城全部赐给妹丈辛固侯登克都。852 年(公元 1490 年)为妹丈色林侯登克都的长女与王子摩诃底哈都拉王完婚。婚后生子瑞瑙亚塔。854 年(公元 1492 年)小王子明翠又与妹丈色林侯登克都之幼女婚配。缅王将辛固城赐给他们。

缅历 854 年(公元 1492 年),孟王达马塞底在汉达瓦底去世。王子彬尼亚仰[①]继承王位。明康第二闻讯,派东吁侯明基纽到孟国边境刺探消息,东吁侯便派战象 40、骏马 300、士卒 1 万去攻打孟国边境城镇。皎帕亚侯多傣发早有防备,严守不怠。东吁侯便于半夜一片漆黑中,当他的坐骑母象瑞杰与对方并排时,跳上对方象背,举刀便砍,多傣发连人带甲被砍成两段,死于象背,将多傣发的战象俘获。此后东吁侯明基纽遂以"擒王侯"而著称。俘获大量兵卒和战象战马。此情况奏报明康第二后,王大悦,特将槟榔盒、咸茶罐、水壶等赐给他。这时德榭觉廷上奏道:"他不仅建堕罗钵底城,且不将俘虏和战象战马上献,今后必反无疑。"王道:"谅他东吁侯也不敢!"

孟王彬尼亚仰听说东吁侯骚扰边境,恣意毁坏村庄,便率领 40 名大臣、战象 1000、士卒 16 万出发,下令围攻堕罗钵底城。东吁侯立即上奏求援道:"众多敌军已从汉达瓦底来攻,恳请陛下速派大军支援。"明康第二答应将派援兵。在援兵未到之前,在东吁由西都觉廷为主将,率战象 50、士卒 1 万,开堕罗钵底城西门,攻打孟军之侧翼。东吁侯骑上伟达那伽象率战象 30、士卒 1 万从南门冲出。16 路孟军被杀得溃不成军。一举俘获战象 70、士卒 3000,伤亡无数。遂将战胜孟人,抓获俘虏之战绩上奏缅王。国王闻讯后便封其号为:摩诃底里泽亚都拉。准其撑白伞,同时赐他登基五宝器及许多奖赏。缅历 857 年(公元 1495 年)缅王又命东吁侯去攻打御弟央米丁侯的边界一带。东吁摩诃底里泽亚都拉便率

① 此王与其叔外祖父同名。Binnyaran,旧译亦为:频耶兰。

战象50、骏马300、士卒2万从东吁出发，占领了央米丁村落色坝当、哀布等地。将人、牛、马等抓获后送回东吁。央米丁明耶觉苏瓦率大批人马来攻。由于兵力相差悬殊，摩诃底里泽亚都拉只得后撤。并上奏攻克色坝当、哀布之事。明康第二闻讯后很高兴，将手上戴的手镯与指环赏赐给他。明康第二为人正直，颇有学识，十八般武艺样样精通，尤其是马术与弓箭术，可说是“举世无双”。

（195）明康第二精通十七项骑术

他能在奔驰的马上，在马背上双腿站立；在马背上金鸡独立；平卧鞍上，转换鞍位；鞍侧左右，反复倒手；穿戴甲胄；刀枪倒手；仿阿修罗，头手倒立；双手握鞍，鞍侧横卧；盘膝端坐；龙盘须弥，手抱马颈，左右移动；立于马臀，安然不动；飞跑之中，跃上跳下；驭马奔跑，能做剪发修发、猕猴摸地、鹰视苍穹、狮子蹲坐等姿态；战马狂奔，左右翻跳，落脚准确无误；速匀且疾；疾如风驰电掣，无人可及；还能做出魔鬼取物、阿修罗神等动作，演示17种骑术。他聪敏过人，善创新。在书法与雕刻方面也技艺精湛。对象术无所不晓。他才思敏捷，礼贤下士，经常赏赐讲授经典的高僧，在他身边聚集许多精通巴利文经典注释的学者。他把来自东敦地区的信摩诃蒂拉温达请到图巴永塔东北角的亚德纳贝曼寺中，请其讲经布道。他做的功德事业有：在德达乌地区建造了敏加拉佛塔和金寺；在实皆地区祖父那腊勃底王的行宫旧址建了亚德纳牟尼塔和金寺；在皇宫东城墙边上建造了金塔和金寺；在丁班地区父王建造的亚德纳妙喜宫宝塔里建造了佛亭。并为这些积善之圣地布施了许多庙产和奴隶。他 34 岁登基，在位 21 年，享年 54 岁，将驾崩时地震 7 个月连续不断，佛塔寺院倒塌，众多僧侣圆寂，每月昴宿七星均靠近月亮；京城东北地裂冒水；据说佛像也不胫自走。王生辰为土曜日。王子、并肩王于缅历 862 年 12 月 16 日（公元 1501 年 3 月 4 日）在缅王去世前已死。享年 28 岁，王子生辰为金曜日。明康第二则于缅历 862 年刚刚跨入 863 年（公元 1501 年 3 月下旬至 4 月）之际辞世。

（196） 瑞南觉欣那腊勃底王[①]

缅历 863 年 2 月 24 日（公元 1501 年 5 月 10 日）木曜日，小王子明翠称王。号为底里德里巴瓦那底达拉那腊勃底巴瓦拉摩诃亚扎迪勃底[②]并将其兄并肩王摩诃底哈都拉之后，封为南宫王后行灌顶礼。当年 4 月王叔央米丁侯明耶觉苏瓦去世。据明耶觉苏瓦之幼女、御妹的奏请，缅王将王叔的所有遗产和象马金银财物全部收回。用轿将明耶觉苏瓦之幼女接来阿瓦，封为王后。当年 9 月王兄之子瑞瑙亚塔之奴鄂道甲趁缅王那腊勃底不备，举刀行刺，结果将白伞柄砍断，伞叶将缅王身体罩住，是时，瑞南觉欣那腊勃底王的内傅之子耶南达侯鄂瑞坚挺身而出将鄂道甲抱住。鄂道甲握刀挣扎，两人同时倒地，扭作一团。耶南达侯想：此时如若松手放开鄂道甲，他必将王杀害。于是对缅王奏道：“臣一松手，事情将不

① Shwenankyawshin，旧译瑞南乔信。

② 巴利文意即：吉祥三界光辉的人之统治者、高贵伟大王中之王。

可收拾，请陛下赶快把他连我一起砍死!”瑞南觉欣那腊勃底王用御刀砍中鄂道甲，救出耶南达侯。鄂道甲当场丧命。缅王随即下旨，命耶南达侯去捉拿瑞瑙亚塔。当时瑞瑙亚塔年仅 20 岁，正与南宫王后一起住在宫中。当即被抓来献予缅王。经过审问，将唆使者一一处死。将瑞瑙亚塔也投入水中溺毙。在《亚德那贝曼碑文》中，将瑞瑙亚塔写成瑙亚塔明绍。在《敏加拉塔志》中信拉塔达拉也写成“王号称为，阿瑙亚塔”。

当时，摩诃底拉都拉的亲奴信兑那登、彬达莱侯、缅王塔奴总管、弓箭长、耶妙拉等 5 人也怕受到株连，带领随从 800 余人投奔东吁而去。

在登基之年 12 月(公元 1502 年 2 月)将御妹妙梭明许配给祖太后之妹所生的明乌底，并将央米丁城赐给他们。将拥有 10 座粮仓、10 艘战船的布坎基侯底哈勃德之女梅道漆发封作王后，号达马黛维。将东敦侯底里泽亚都拉之女亦封为王后。将姨母佛堂施主王后生的御妹明妙拉与东敦侯底里泽亚都拉之子西达明基婚配，并封其为东敦侯。西达明基之弟明基瑞妙则与东吁摩诃底里泽亚都拉之女婚配。

缅历 864 年(公元 1502 年)缅王召集大臣商议国事。德道榭上奏道:“当前孟养色隆[①]屡犯我土美都、鄂耶内等地，对祖父卑谬王德多明绍也不可过于相信。东吁的摩诃底里泽亚都拉兵马众多，也可能负王恩，起来造反。因此，陛下宜将王亲许配给他们，并加封爵位，施恩安抚才是长久之计。”那腊勃底王深善其言。将食

① Mohnyin Salon，旧译孟养思伦，即后来继位为缅王的多汉发之父。

邑色林和塞谬的王叔德多达马亚扎之女明拉突许配给摩诃底里泽亚都拉,并恩准其在孟代地区与分水五县称王,并于缅历 864 年准其立伞登位。

是年,孟养色隆率大批兵马进攻美都。美都侯德道榭久盼援军未到,抵敌不住,只得于深夜弃城而逃。到德勃因后与德勃因侯联合抵御。美都城就此落入掸人手中。当年,食邑色林城的国丈明登克都去世。明登克都之妃与卑谬王明基苏瓦的儿子、缅王之舅结婚,并反叛了缅王瑞南觉欣那腊勃底。

缅历 865 年(公元 1503 年)色林侯登克都的下属与卑谬王之子、缅王之舅不和,准备将缅王之舅捉拿起来。他慌忙逃往卑谬,色林侯下属便将国舅业已逃遁之事奏报缅王那腊勃底。缅王遂率水陆大军乘御舫顺流抵达色林。将国丈之妃及大批象马士卒带回阿瓦。拨专殿将她养于宫中。将色林城及大批象马兵卒赐给蒲甘侯德多之弟内傅西都。当年,食邑良渊的巴亚觉廷去世。其子鄂东达继父号巴亚觉廷、弟鄂卑瓦号巴亚南都等人倚仗东吁之势力从因道、希夏起来造反。东吁王摩诃底里泽亚都拉将女儿赐与鄂东达婚配。那腊勃底王又派遣大军由亚扎丁坚率领,抵达良渊、达伽拉与东吁之军相遇,经过拼杀,阿瓦军队败阵后撤。敌军直追到抱绵城。亚扎丁坚立住阵脚返身再战,击退东吁军队。亚扎丁坚紧追不舍,东吁王援军到达。亚扎丁坚与鄂东达单骑相拼,结果亚扎丁坚被杀。缅历 866 年 6 月 8 日(公元 1504 年 8 月 17 日)土曜日缅王为报答自出生后抚养自己直至即位的祖先恩德,在丁班的皇宫中建造了一座尼觉陀砖庙。

缅历 867 年(公元 1505 年)鄂东达、鄂卑瓦等人将东吁王、卑

谬王请来，一起围攻色雷城。那腊勃底王召集文武众臣商议："朕闻东吁王、卑谬王等现正围困色雷城，他们兵力强大，如何为好？"内谬觉廷道："现在不仅鄂东达、鄂卑瓦等人背叛，连卑谬王及东吁王亦起来造反，叛军兵力强大，镇守在北疆西博达亚、西达、德勃因等地之军，距孟养掸人甚近，无法调来。战争全靠勇猛拼杀，士气大振则必连连告捷。因此，现只有向翁榜土司求援才是。"那腊勃底深善其言，派谬拉侯带大批礼物去翁榜土司处求援，翁榜土司派其弟率战象60、骏马3000、士卒4万急速前来支援。抵达阿瓦时，那腊勃底亲乘珍宝御舫率格杜、伦锦船300、劳加、铁船200、士卒7万从水路出发。命蒲甘侯德多为主将率5支大军，战象300、骏马6000、士卒5万从陆路进发。翁榜人马亦同时进军。抵达色雷布翁当时，上岸与敌军对阵，是时那腊勃底王乘御象绍仰宁出战。卑谬王和东吁王溃败。鄂东达军也被翁榜土司之弟战败，共俘获战象60、骏马1000、士卒3000余，鄂东达和他的坐象亦被一起活捉。敌军死伤惨重。

卑谬王率军到蒲甘城时，曾堆放大量木材和竹子准备建造宫殿。缅王将此竹木在鄂辛古营地建一座庙宇，名为"仰昂敏"[①]，然后逆水而上。抵蒲甘后，国王大赏翁榜土司的两位弟弟和掸族文武大臣。在朝拜瑞喜宫等佛塔时，据报鄂卑瓦已进驻希夏城。于是随即向希夏进军。此时良瑞土司、孟乃土司等也率战象50、骏马3000前来助战。有人上奏，南方援兵已近，大湖水位上涨，驻军坚持下去有困难等等。缅王未纳此言，将大军驻扎于希夏城西将

① 意即：克敌制胜。

该城围困起来。城中断粮，发生饥馑，遂攻下城池活捉了鄂卑瓦。后命鄂卑瓦宣誓效忠之后，将该城仍赐予鄂卑瓦食邑。缅王将营地建起佛庙布施后，因巴亚觉都屡建战功，特赐伞和绶带与他。并赐那茂城为其食邑，加赏大批象、马、军士后，返回京城。从此卑谬王及东吁王才被慑服，重又归顺缅王。

缅历868年（公元1506年）缅王获悉孟养色隆以大批军队和象马攻克德勃因城。随即派蒲甘德多等6支大军率战象200、骏马3000、士卒6万赶赴德勃因。蒲甘德多派使者前往敌营责问道："尔等侵占我王领土美都、鄂耶内。吾主一向以和为贵，未曾动兵。尔等竟然又攻占德勃因。现我大军已到，是交出城池还是兵戎相见，比试高低？"孟养色隆答道："吾乃拥有大量象马强兵良将之王，战也罢，谈也罢，何惧之有？只要条件合吾之意才能接受。"那腊勃底的将领们又派使者传言："贵土司所辖疆土可至美都、鄂耶内，其余应归我主所有。"孟养土司回答："就依兄言，还望守信。"于是交出德勃因城。

缅历869年（公元1507年）布坎基侯底哈勃德去世。王弟登克都、明基腊、明基兑等三兄弟率领尽可能征集到的兵马，进驻布坎基城与那腊勃底王抗衡。那腊勃底王闻讯后，令八路大军带战象200、骏马5000、士卒8万由陆路进发。自己则亲率战船300、士卒3万沿水路进发。抵达苗都时与陆军会合，将布坎基城团团围住。七天后，城中缺乏武器，无力抵抗，城被攻克。城池攻克后，将兄弟三人召至驾前，当着众文武大臣道："自从父王及王兄晏驾之后，除朕而外无人能坐此天下，由朕掌了朝政。现在卑谬、东吁、孟养等地屡屡犯我。正当朕忧心忡忡之际，尔等本该为朕分忧共商大事才是，然尔等三人非但不为朕分忧，反与朕为敌，朕虽有亲子，至今尚未立嗣，朕本想凡能恪尽职守者，朕必论功授职。既然尔等并不爱戴孤王，孤王岂能再生怜悯之心。”说完将兄弟三人处死，并将其同伙中为首者全部问斩。

缅历 870 年(公元 1508 年)，王之叔祖父卑谬王德多明绍攻占了马圭城，并加固了城池。缅王闻讯后，即派德道榭和德多等人领战象 300、骏马 5000、士卒 2 万从陆路进军，那腊勃底王则亲乘御舫率格杜、伦锦船 30、劳加、铁船 200、士卒 4 万由水路进发。大军抵达马圭后与来自卑谬的守敌交战。卑谬水军大败，顺水逃跑。于是缅王用水陆两军围攻马圭城，城被攻陷，俘获战象 30、骏马 60、士卒 2000 余。攻占马圭城后，将该城连同大批象马、士卒奖给杜因布翁尼亚食邑，然后返回京城。缅历 871 年(公元 1509 年)，由于原皇宫业已陈旧，又建新宫。新宫精美绝伦，造型奇特，布局严谨，因而那腊勃底得名“瑞南觉欣”①。缅历 872 年(公元 1510 年)，皇宫竣工之际，获御象瑞沙岱。

缅历 873 年(公元 1511 年)，孟养土司色隆对瑞南觉欣那腊勃底王与翁榜土司的友好关系怀恨于心，便起大兵围攻翁榜之地八莫。翁榜土司派人到那腊勃底处请求援助道：“请速派兵围攻孟养之子的属地美都城。”那腊勃底王立即率领 12 支大军计战象 350、骏马 6000、士卒 12 万。来到美都后即令攻城。由于城上炮火很猛，未能攻克，只得后撤，远远地将该城围住。此时，孟养土司之部下、东敦美侯、明钦侯、格礼侯等人带领战象 100、骏马 200 和士卒

① 意即：玲珑金宫之主。

4万趁夜间下雨，暗无月光之际，于夜2时许突然袭击那腊勃底的军队。一举将12支大军全部击溃。那腊勃底逃到德勃因和西博达亚城，补充兵源后回到京城。当年缅王住进新宫。缅历875年（公元1513年），那腊勃底王册立摩诃底哈都拉王后为南宫王后，并为所生之子女、御妹等举行穿耳礼。

是年，色固侯底里泽亚瑙亚塔反叛。缅王闻讯后立即部署了水陆两军出征。令南达都利亚、内谬觉廷等八支大军共战象350、骏马5000、士卒8万从陆路进军。那腊勃底亲乘御舫率格杜、伦锦船300、劳加、铁船200及士卒4万进发。大军抵达色固码头后，将水军与陆军合编，奋力进攻色固城。攻克色固后将城池赐给丁克亚。缅王念及人生来之不易，故对叛乱者底里泽亚瑙亚塔未处死刑，没收了他的随从，将其单独解往京都。

缅历877年（公元1515年），缅王又率陆军八支，计战象300、骏马5000及士卒8万，水军中战船300、劳加、铁船200、士卒5万，亲乘御舫出征美都城。美都侯卑谬王之子登克都和善礼貌地带着许多礼物前来迎接缅王，遂化干戈为玉帛。缅王接见了美德侯父子与孙儿。接着便包围卑谬统辖下的品达城。卑谬侯将该城城防筑得很坚固，缅王屡攻未克。由于雨季来临，只得回师。缅历879年（公元1517年），孟养色隆率战象300、骏马8000、兵丁8万进攻缅王领地美都周围的小村镇。守军不敌，只得撤退。那腊勃底闻讯，便率战象350、骏马6000、士卒12万出征。大军驻于西达地区，随后鄂耶内进发，双方先锋马兵相遇交战。亚扎丁坚马兵见到对方马军阵脚移动，便全力以赴攻打。掸族军撤至鄂耶内城抵御，那腊勃底王率12支大军进攻。掸族军抵敌不住，逃出鄂耶内城。缅王占领鄂耶内后命亚扎丁坚率军驻扎于美都，命巴亚约达率兵镇守鄂耶内，而后班师回朝。

缅历880年（公元1518年），缅王为建在实皆地区的摩诃宝塔进行了升伞仪式。邀请全国各地的林居派村居派等僧侣、修行者们都来参加，施斋整整进行了一个月之久。布施了八法器300套。在《新史》中记载说："摩诃宝塔举行升伞仪式，其实只建成了三级塔基而已，故不应如是说。"实际上瑞南觉欣那腊勃底王是为佛塔升伞举行布施后，直到五层佛寺施主王时期才再次修建。关于修建三级塔基之说是来自古文《佛教史》。至今遗存的三级塔基中央的小塔上仍有塔伞。由此看来瑞南觉欣那腊勃底王曾经给佛塔升伞一说与《缅甸大史》、《中史》相符，应取其说。

缅历881年（公元1519年）格礼土司与孟养色隆争战。当年南比王后之子明基纽与王嫂所生之女贝道纳玛成婚，并被立为王储，并将彬西域赐给南比王后所生小王子明基兑。

是年，缅王召集群臣商议国家大事，南达都利亚上奏道："目前孟养土司与格礼土司争战不休，双方力量旗鼓相当，战事已历八九个月之久，相持不下。王应起大队人马，派王储率军前去征讨，定能占领双方城池。"那腊勃底欣然同意。即令王储率12支大军，计战象250、骏马6000、士卒9万出征。大军抵达明钦城时，格礼土司携大批礼物前来献给王储，并请王储代奏缅王，愿为臣属之意。土司被召至缅王跟前。这年勒博、比昂比亚、甘尼、格奈等城皆归入缅王的版图。收服了格礼土司后，班基十乡又成了缅王之地。

缅历882年（公元1520年）缅王再次召集群臣商议："现在失地复得，为保今后疆土永固有何良策？"这时，内傅蒲甘德多奏道：

“孟养色隆兵强马壮，能战善谋，以后必来犯我土。为此，应在明钦城加固城防，增加兵力。另美都、鄂耶内、西博达亚、德勃因等城亦应加强防卫力量。”瑞南觉欣那腊勃底王同意德多的建议，加固了明钦城，增派了守军，并令亚扎德曼镇守。命德道榭率大批人马镇守美都。命色隆加马尼率大队人马镇守鄂耶内。西博达亚则由亚扎丁坚率重兵把守。德勃因城由巴亚加马尼率大批人马镇守。将阿敏城赐给格礼土司。

缅历885年（公元1523年）孟养色隆率战象200、骏马8000、士卒12万前来围攻明钦城。缅王闻讯后，亲率象、马、步15支大军，计战象300、骏马6000、士卒10万来到美都城。孟养色隆奋力攻城，攻陷明钦城后转攻美都城，双方马兵先锋队相遇激战，掸军被击退。那腊勃底的马军先锋队向掸军象队发起冲击，结果马军败阵，只得后撤。孟养色隆见状，随即率全军追击。那腊勃底王的15支大军被击溃，四散逃跑。掸军一举夺得美都城。后又向鄂耶内进攻。鄂耶内又被攻陷。掸军再攻西博达亚，一举夺得城池，活捉守城侯亚扎丁坚。那腊勃底王无法收拾残军，只得迅速逃命。掸军长驱直入，直追至因贝德延。一路上追捕马、象和战俘。守卫在德勃因城的巴亚加马尼亦不敢据城固守，只得撤出城池追赶缅王而来。当年，正值《哈梯巴拉比釉》写作完毕，故在该文后记中写道：“末端有误，八百八十，旧历纪元”也是与事实符合的。掸军将北部一带的百姓、马、牛等全部掳走。孟养色隆在美都停留了整整一个雨季。缅历866年（公元1504年）又向实皆进军。抵达实皆后，将寺庙、房屋全部焚毁，继而攻打甘尼、格奈、那当、勃东、阿敏等地，诸城均被攻陷，掸军继而攻打布坎基，一举又占领布坎、勒

博、比昂比亚、班基十乡等地，后又向宫育瓦以西进军，攻打德叶、色固、色林、邦林、垒盖等地。众诸侯也都不敢据城固守，纷纷弃城潜逃。卑谬王德多明绍派人带大批礼物来到孟养色隆驻地德叶传信说："只要阁下攻占阿瓦城让我当上国王，本人将在与阁下同心协力，共图大事。"孟养色隆回信道："诚如君言，攻下阿瓦后，定让阁下登基。"卑谬王德多明绍诚惶诚恐，不敢怠慢，携各式丝绢布匹乘金劳加船到美都城拜见孟养色隆。两王融洽交谈，立誓结盟，卑谬王便命人扎筏子送孟养色隆及战骑官兵渡河至东岸。孟养色隆嘱道："阁下，可顺水而下，吾将沿陆路去阿瓦。阿瓦王那腊勃底岂敢阻拦？待吾占领阿瓦，定为你主持登基典礼。吾仅选部分粮食战象及马匹足矣。"卑谬王道："一切听从尊便。"

于是，卑谬王率战船300、劳加、铁船100、运粮船100、士卒4万溯流而上。孟养色隆则率战象200、骏马8000、士卒15万从东岸沿陆路进军。此时，南方一带城镇如东敦枝、央米丁等诸侯都闻风丧胆，纷纷潜逃，也有些奔到缅王所在处。一时竟无一城镇胆敢抵抗。孟养色隆见此情景便长驱而入，收缴象、马、牛等，大军直抵阿瓦城。

当孟养色隆进攻布坎基城等西岸城镇时，那腊勃底王召集群臣商议对策。南达都利亚上奏道："孟养色隆已经毁坏和攻占我全国疆土，难道天下只有他是男子汉大丈夫？咱们也是堂堂男子汉，不能一筹莫展，踟蹰不前。我们只有集中所有兵力，将生死置之度外，拼死作战才有成功的希望。我等皆为文武大臣，沐浴皇恩，誓死忠于皇上。如今国难临头，臣等都视自己生命如草芥，决心报答皇恩。"内傅德多听此一番陈辞，也上奏道："南达都利亚所言俱实。

不过鉴于时运不济之故，敌军自出战以来，未闻有后退之例，而我军拼死御敌，却尽败北。目前，屡遭失利，士气低落，犹如惊弓之鸟。敌军则乘胜作战，其势勇猛异常，恰似好斗之鸡。加之敌军兵强马壮，不若派人到翁榜土司处求援，请他一起进攻才是上策。”那腊勃底王同意德多之奏，便派南达丁坚携带大批礼物前往翁榜土司处。使者来到翁榜，将详情禀告土司。土司道：“小小孟养色隆如此猖狂，有吾在此，竟敢毁吾盟国。”于是，火速集合象马战骑，率战象100、骏马6000、士卒8万，赶往阿瓦。抵阿瓦城时，造桥渡过小河，大军驻在当巴鲁地区至垒基一带。那腊勃底前来迎接，请他到金宫，用珍宝盘盛饭菜共进御餐。瑞南觉欣那腊勃底道：“为君王者有必备之七条件。一国之主为其一，拥有遵从王命恪尽职守之大臣为其二；有坚固之城郭、护城壕堑、箭楼及城上通道等为其三；有贤人居于其内的村落为其四；按罪量刑有法可循为其五；有储存丰富的金银铜铁、五谷粮食的仓廪为其六，有盟国邻邦友好君王为其七。[①] 从佛祖所教诲之道来看，阁下乃朕之好盟友、好邻居。现在我国土被蹂躏，阁下能亲率兵马前来救援真是恩重如山。”

翁榜土司闻此，随即答道：“作为阁下的好友，理应相互援助。作为友好邻邦，两国君王之间有事相帮亦在所难免。”正当两王在亲切交谈时，御妹丈央米丁明乌底来奏：“孟养色隆与卑谬王德多明绍已经歃血为盟。孟养色隆由东岸，卑谬王德多明绍则由水路向此开来。沿江一带及北方一带城镇皆已陷落。”瑞南觉欣那腊勃

① 此处所述君王必备之七条件，与本书（45）节所述大体相同，可参见（45）节。

底便与翁榜土司商议对策。决定将从岱苗羌开始，围着当巴鲁一直到龙多堡驻扎军队，由翁榜土司负责守御。命德榭觉廷、内谬觉廷等领战船 350，装上大炮和枪支，率士卒 3 万到皎德龙迎敌。孟养色隆也迅速赶来，从德达乌围绕着康贵渡口在德贝陶意一带驻军。过了五天，孟养色隆之子多汉发[①]乘象攻打当巴鲁军。那腊勃底部下巴亚觉都骑上名为耶妙拉的战象迎战。多汉发的坐象一见耶妙拉吓得转身便逃。巴亚觉都紧追不舍。此时色隆之侄色毛坎前来助战，巴亚觉都的乘象也被对方吓跑。巴亚觉都被对方投枪刺中，在象头上当场殒命（巴亚觉都即信埃加玛底[②]之父那茂侯）。巴亚觉都死后，南达觉欣便乘战象耶蓬松来战孟养色隆之侄色毛坎。色毛坎的象转身而逃。孟养色隆见色毛坎败下阵来，在众将官面前拔刀出鞘。掸族大臣们见土司刀已出鞘。谁也不敢怠慢，象对象、马对马纷纷参战。阿瓦军大败，一直退到城墙下，大部分兵卒已伤亡。那腊勃底和翁榜土司见此情景，不敢在城中久留，趁黑夜弃城而逃。东撤至新冈、外温等地。德榭觉廷、内谬觉廷等人听说那腊勃底已撤出阿瓦城，认为不宜继续在皎德龙抵御，而应前去与主公会合。于是收拾行装北上，抵外切后，东渡至新冈外温，与那腊勃底会合。德谢觉廷等北上之后，在天色破晓时才开来。待到卑谬王德多明绍来到后，孟养色隆便将所有俘虏释放，让卑谬王德多明绍登上缅王宝座。三日后，取了良象骏马便渡过实皆码头，返回孟养去了。卑谬王德多明绍待孟养色隆回师后，也将

① Thohanbwa，旧译思洪发，即继瑞南觉欣之后即位的缅王。

② Shineggathamadhi(1479—1552)，缅阿瓦王朝一著名僧侣诗人。

阿瓦城中贤达名士集中后,全部带走。此时,那腊勃底之后达马黛维之女底里蓬突仅8岁,因与其内傅失散,也被裹走。将信摩诃拉塔达拉也请走。高僧到卑谬后曾写下《丹瓦拉比釉》诗[①]。该诗结尾写道:"八百为首,九为中腰,结尾为一。"[②]

孟养色隆在美都、鄂耶内、西博达亚、德勃因等城留下大量象、马,任命诸侯镇守。瑞南觉欣那腊勃底王和翁榜土司在新冈、外温收集残部,清点人马,只剩下战象250、战马4000、士卒8万。翁榜土司的兵马损失尤为惨重,只剩下战象80、马5000、士卒7万。那腊勃底和翁榜土司听说卑谬王已回卑谬,便从新冈回阿瓦城。回到阿瓦后,那腊勃底对翁榜土司说:"此次全国时运不佳才惨遭不利,我心中十分难过。"翁榜土司道:"胜负乃兵家常事,现吾将跟盟友离别。一年之内吾将养精蓄锐,招兵买马,定把孟乃、良瑞等地全部攻下,请放宽心为是。"东吁王摩诃底里泽亚都拉听说孟养的掸军已将阿瓦军击溃,便率战象100、骏马4000、士卒1万将南方一带城镇占领。

御妹丈央米丁明乌底将此事奏告那腊勃底。那腊勃底与翁榜土司率战象300、骏马6000、士卒12万赶到央米丁。东吁王摩诃底里泽亚都拉不敢抵抗,退回东吁。瑞南觉欣那腊勃底与翁榜土司追至东吁,向东吁发起多次攻击。由于城上火力密集,城防严密,未能攻克。一个月后,鉴于阿瓦尚未安定,只得回师。回到阿瓦后,翁榜土司道:"今后,一旦有事,告吾即可。现在雨季即将来

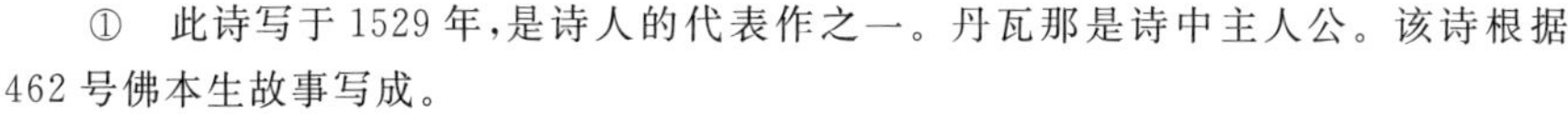

① 此诗写于1529年,是诗人的代表作之一。丹瓦那是诗中主人公。该诗根据462号佛本生故事写成。

② 意即:该诗写于缅历891年,即公元1529年。

临。吾拟回翁榜。”那腊勃底王念及翁榜土司对自己的恩义，便将黄金 5 缅斤、白银 30 缅斤、象 10 头和各色布匹、绸缎赠给翁榜土司。翁榜土司道：“本该吾赠阁下礼物才是，这些礼物万万不能接受。”瑞南觉欣那腊勃底又将带有琥珀鞍垫的御马连同红宝石装饰的马鞍一副和嵌宝石甲胄赠送给翁榜土司，并道：“阁下骑上此马，就如见到吾面。”翁榜土司也回赠了骏马 10 匹、上等白银饰火炮 10 门后回翁榜而去。那腊勃底王命王储直送至瑞萨延塔。而后，那腊勃底王召集全国诸侯和受封食禄人等，让他们宣誓尽职效忠、永不叛变。然后赏赐他们大批礼物。

缅历 888 年(公元 1526 年)，孟养色隆父子二人率战象 300、骏马 1 万、士卒 15 万出征。大军抵汉林麦后那腊勃底王才获消息。便召集各路诸侯，同时去请翁榜土司。派王储带战象 800、骏马 1000、士卒 2 万先到布坎基御敌。王储率军抵达布坎基后，跨过那嫩盖向阿敏的掸族守军发起进攻。攻下阿敏后在该地驻扎两天。而后又攻打勃东。攻克勃东后再转攻甘尼。攻下甘尼城后，共俘获战象 12、骏马 160、士卒 1000 余。王储在甘尼屯驻时，忽然高烧，一夜之间暴卒。王储死后，众文武大臣集合兵马返回布坎基城。

孟养色隆从汉林朝实皆开来，并建造木筏，让象、马、士卒从皎德龙渡河，包围阿瓦城。那腊勃底王因翁榜土司军尚未到达，兵力单薄，不敢贸然出战，将土炮、火铳架在城上，坚守城池。一连包围 8 天后，孟养色隆对众将官下令道：“明日攻城，若有人不协力奋勇向前者则请他看刀！”说着亮出大刀。众将官见土司亮出大刀，纷纷置生死于度外。不顾城上猛烈的炮火，挖城墙架云梯蜂拥上前，这时，城上炮火连天，弹如雨下，同时放滚木，矛刺枪挑，死伤不计其数。但是掸军拼死冲上城头，攻破城防。瑞南觉欣那腊勃底王只得骑上瑞沙代象，打开城门出逃。他正打算从炯乌向东渡河，只见孟养色隆之子多汉发骑着大象挡住去路。缅王只得迎战。结果被炮弹击中，在象上丧生。时值1月12日（公元1526年3月24日），泼水节的最后一天，即国王的生日。①

据说那腊勃底即将称王前，父王明康当政，他听说波康出现白象，便去波康，到色林后又折回。曾到蒲甘瑞喜宫佛塔朝拜。当时瑞喜宫佛塔显了灵。据说牛将死时，只要在它身上挂上“明基翠之牛”的字样，便能死里逃生。那腊勃底王驾崩后，文武大臣及王亲国戚纷纷带了随从顺水而下，归顺室利差呾罗或给杜摩底，有些投靠了孟养色隆，保住了原食邑的地盘。

那腊勃底的6位王后所生子女有：由父王明康第二作主与色林侯次女婚配，该王后在他登基后不久即去世，无子女。后立御兄摩诃底哈都拉之后为王后，生公主贝道纳玛，其夫即王储。拥有班基十乡、10艘战船的布坎侯底哈勃德之女梅道漆发，封号为达马黛维的王后，生女底里蓬突公主，被卑谬王德多明绍掳去后配与其孙那腊勃底；那腊勃底死后，王弟明康立她为王后；后来这位号为明康的信德叶被瑞梯打败，瑞梯王获胜后他住在东吁，白象主登基后将明康信德叶带到了汉达瓦底，后因不信任他，将其杀掉，将底里蓬突封为王后，赐号山达黛维；她与明康曾生一子，与白象主生一女，后为东吁定都王之后钦绍。立央米丁和分水五县的食邑主

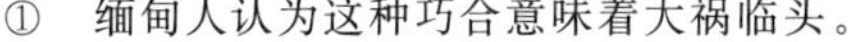

① 缅甸人认为这种巧合意味着大祸临头。

王叔明耶觉苏瓦之女、御妹为后，未生子女。封东敦侯底里泽亚都拉之女为后，亦未生子女。南比后生二子，即王储，后娶父王之女贝道纳玛为妻，其弟明基兑，后食邑彬西。那腊勃底王共有二男二女。

那腊勃底王积功德、守戒律。曾在实皆城南建一佛塔名摩诃塔和一寺庙；修建尼乔陀佛塔和寺庙；在其父王布施功德的德达乌地区建了寺庙；在丁班地区其祖父建造的亚德纳妙喜宫塔处建一佛寺；在蒲甘劳伽难陀地区建立隧道和寺庙；在丁基、密铁拉地区建一佛庙；在辛古城东建造了仰昂敏寺，共七处。并为上述诸寺庙布施大量庙产庙田。那腊勃底王 25 岁登基，在位 25 年，享年 50 岁。驾崩于 1 月 12 日泼水节最后一天，与其生日巧合。生辰为火曜日。

第 十 编

缅历 888 年(公元 1526 年),阿瓦灭亡之年,室利差呾罗卑谬白象主德多明绍死,其子勃因兑继位。是年汉达瓦底的孟王彬尼亚仰去世,其子都信德伽育毕[①]继位为王。

(197) 多汉发王

自缅历 726 年(公元 1364 年)德多明帕耶建都阿瓦至瑞南觉欣那腊勃底王止,历 14 代,从此世系中断。由孟养色隆之子多汉发在阿瓦金殿登位为王。据说其父赐给他战象 200、骏马 4000 和士卒 6 万。瑞南觉欣那腊勃底王之侄明基延瑙在阿瓦朝廷覆灭时,逃至谬迪彬达地区藏身。孟养色隆得知此信,邀请他归来道:"吾儿多汉发不谙缅人诸事,望能多加指点。凡事与吾儿共同商量处理。"同时将彬西城赐给他作为食邑地。色隆在阿瓦将诸事安排妥当后便回孟养去。多汉发将色林城赐给西都觉廷,将蒲甘仍赐予德多,将甘尼城赐给瑙亚塔,榜地城赐给弁琪,将阿敏赐给德道榭。将全国的其他城镇乡村都分封给缅、掸两族大臣。

阿瓦王多汉发与明基仰瑙商议准备出征卑谬、东吁。明基仰

① Thushin Takayutpi,旧译多伽踰毕。

瑙想:如果土司去攻打卑谬、东吁,这些城池怎能抵挡?如被消灭,缅甸国家将不复存在。缅甸全国都将由掸族统治。不如让幸存的缅甸国家保留下来。于是答道:“如果下令攻打卑谬和东吁,定使兵马受累,慑于王的福威,他们必然臣服。现在王已经据有阿瓦,难道他们还敢如此下去不成?”他想多汉发不识好歹善恶,不尊佛法僧三宝,如若前去攻打,城池必毁坏殆尽,于是便打点许多礼品赠予卑谬王和东吁王。同时说明应与土司采取和善态度才是长久之计。卑谬王和东吁王便也都回赠礼物表示亲善。东吁王摩诃底里泽亚都拉担心掸人会来到东吁和阿瓦毗邻地驻扎,故将所有的湖塘堰坝全都破坏。缅历 892 年(公元 1530 年)摩诃底里泽亚都拉在东吁去世。其子瑞梯继位为王。

缅历 893 年(公元 1531 年)学者们向阿瓦王多汉发上奏道:“应到亲敦江汇流处举行灌顶礼。[①]”多汉发也有意在不引人注目的情况下去灌顶。这时有 20 名大臣之子内宫侍卫上奏道:“陛下要去灌顶,臣等将乘 20 匹马为陛下开道。”多汉发就让 20 人在前面开路,只带身边的侍从们去灌顶。回宫后厚赏这 20 人,表彰他们非凡的勇气,并将他们组成 20 勇士骑兵队。当时各国君王对孟养色隆父子极为畏惧。缅历 894 年(公元 1532 年)孟养色隆来到阿瓦,带上儿子多汉发,率战象 300、骏马 8000、士卒 12 万向卑谬进军。卑谬王勃因兑听说孟养色隆举兵前来征讨,便加固城池,将妻儿等人送至西边城镇德莱西,自己

① 灌顶礼:缅甸人习惯于过年时洗头,以示将旧年的污垢洗去,以崭新的面貌进入新的一年。古时国王更将此举办成隆重仪式。

则留在卑谬城中防守。孟养色隆父子二人将军队依次驻在卑谬以北的纳温河到卑谬一线。卑谬王考虑到各种情况，不得不备大批礼物送至孟养色隆军中。孟养色隆道："兄长，过去你曾说与吾共同征讨阿瓦事成之后共掌江山，但兄长未来与吾共事。现在兄长是愿来效劳，还是要在战场上比个高低？"卑谬王考虑到如与孟养色隆父子交战，对方兵多势众，要守也绝守不住。唯有以好言求和才是上策。于是，带了各色上等布匹，亲率1000余人前往孟养色隆军中。色隆待卑谬王勃因兑出城，二话不说便将他连同1000余随从全部抓住带回阿瓦城。土司在阿瓦城将诸事安排妥当后便回孟养。到了德勃因才将卑谬王和他的1000余随从释放。孟养色隆返回途中，刚过美都，由于内外掸族互相倾轧，他被自己部属大臣所害。卑谬王之子波道德钦因父王被孟养色隆掳走，便自号那腊勃底在卑谬称王。过了5个月，父王被释返回。王子却紧闭城门不令其父进城。父王被拒之门外，既进不得城，又疾病缠身，一个月后在那温河对岸的一座草棚中去世。王子那腊勃底厚葬了父王。卑谬王那腊勃底之王后即阿瓦瑞南觉欣那腊勃底之女底里蓬突。

（198）东吁王瑞梯[①]

缅历900年（公元1538年），东吁的瑞梯王攻打孟国的汉达瓦底城，孟王都信德伽育毕抵敌不住，投奔妻舅卑谬王那腊勃底而

① Shmehti，旧译莽瑞体。

来。卑谬王那腊勃底考虑到瑞梯王文武双全，谋臣良将众多，兵强马壮；当前孟王都信德伽育毕又投奔自己而来；下一步，他必转攻卑谬。故必须结盟，搬请救兵才妥。于是派人携大批礼物赠给阿瓦王多汉发。多汉发即率水军 6 支，计格杜伦锦 200、劳加铁船 100、士卒 5 万向卑谬开来。卑谬王那腊勃底前往恭迎，大宴来军。阿瓦、卑谬、汉达瓦底 3 国国王一起宣誓。3 国水陆两军共同坚守防御。

瑞梯王占领汉达瓦底后，率水陆两军北上卑谬。大军抵达卑谬后，进行水战，卑谬水军失利。瑞梯王俘获阿瓦王多汉发之臣甘尼侯瑙亚塔和榜地侯弁琪及其战船。另俘获战船 100 余，3 国士卒 1000 余人。水战获胜后，瑞梯王回军汉达瓦底。3 国国王商议要跟踪追击，直捣汉达瓦底。占领该城后，重立都信德伽育毕为王。商议完后，孟王为了搜集兵马，从卑谬回到因加布拉军中。回到军中后准备到林中捕象，当夜暴病而卒。卑谬王那腊勃底与阿瓦王多汉发将其厚葬。多汉发带孟王之二子一女回阿瓦。将官士卒全交卑谬王那腊勃底统辖。那腊勃底王于当年病逝。去世后其弟信德叶接位，号明康，并将其嫂底里蓬突立为王后。

(199) 阿瓦王多汉发大肆屠杀僧侣

阿瓦王多汉发极为残暴，杀人不眨眼。不敬三宝，根本无视佛塔尊严。他知道缅甸人总是将金银财宝埋于佛塔之中。于是他便毁塔取宝，掠为己有。他认为僧侣既不娶妻又不生儿育女，但随从者甚多，当有起来造反的可能，应该将他们抓来杀掉。于是，在当巴鲁田地上建造了许多座彩棚，杀鸡宰牛，佯装要广为布施斋饭，将实皆、彬牙、阿瓦周围的高僧连同他的弟子全部请来，请他们住进彩棚。然后派重兵包围，大加杀戮，有些掸兵可怜这些僧侣，暗中将他们放走。纷纷逃往卑谬和东吁。据说当时邀请了1300余位僧人，有360余被杀。其中有精通巴利文经典注疏的高僧30多位。屠杀僧侣后将寺庙中的经文全部焚毁。当年为缅历901年（公元1539年），大屠杀前彗星显露出棕榈树般长的光芒。据传瑞喜宫佛塔淌下了眼泪。

缅历903年（公元1541年），瑞梯王从汉达瓦底率水陆两军抵卑谬，将该城团团围住。卑谬王明康向阿瓦王多汉发、翁榜孔迈、孟密多基发、孟养色隆艾等处赠送大批礼物，请求援兵。多汉发约齐3土司，统一部署兵马。共有战象800、骏马6000、士卒6万向卑谬进发。瑞梯王令其兄觉廷瑙亚塔率战象300、骏马2000、士卒2万到离卑谬一站之遥的地方迎战。双方先锋马兵交手，瑞梯的马兵败北后撤，对方见马兵败阵，便驱象军紧追不舍。勃印囊觉廷瑙亚塔便放出50头战象冲将过来，土司们的军队抵挡不住亡命奔逃。勃印囊觉廷瑙亚塔便驱三军齐进，势如破竹，4位土司军队溃不成军，四散逃命。宋砌侯、耀绍侯、囊蒙侯等人连同战象一起被俘。另俘获战象60、骏马300、士卒2000余。4位土司兵败后回阿瓦商议道："此番只因没候齐八莫土司、孟拱土司贸然而进，致遭此败。此外，吾等兵勇皆以为为别人助战而来，未尽全力。再者，吾等仅有陆军缺乏水军配合，因此，7位土司应命人先在阿瓦建造大批战船和运粮船。然后由孟密土司、孟养土司率水军乘战船从水路进攻。另外5位土司率大队象马士卒，由陆路进发攻打卑谬

城。若攻下该城，则将水军驻扎于该地，再攻打东吁。攻陷东吁后由水陆两路继续攻打汉达瓦底。瑞梯王怎能逃出吾等掌心？”各土司分别回原地。瑞梯王一举攻下卑谬后，将封号为敏康的信德叶和其王后底里蓬突送到东吁，将卑谬赐给瑞梯王的内傅德多达玛亚扎，让他当卑谬王。

(200) 阿瓦王多汉发被杀

统治阿瓦的多汉发手下的掸族人对缅族人百般蹂躏迫害。原来缅族大臣之子可以在内宫值夜，充当侍卫。内宫的掸族侍卫却经常让他们出丑，故意把缅族人的包头弄散百般戏弄。缅族人不甘忍受侮辱，告到明基仰瑙处道：“现在掸族人欺人太甚，大人若再不为小人们作主，只有死路一条。”明基仰瑙道：“多汉发不尊三宝，杀人如麻，又妒恨别人妻子儿女，破坏佛教，必须斩草除根方为上策。若不如此，则子子孙孙必遭殃，无翻身之日矣！”内宫侍卫们便道：“望大人尽量设法解救才好！”

缅历 904 年（公元 1542 年），学者们又上奏道：“陛下应暂时巡幸外地。”于是在玛瑙延玛花园建造行宫。明基仰瑙便对手下人布置道：“尔等各自将大刀藏好，做上记号。当你们住在行宫期间，都要守候在自己藏刀处。待我一站起身来，尔等迅速拔刀将掸族大臣砍杀。”行宫建毕，多汉发问明基仰瑙道：“缅王要是出巡，如何在行宫中度过？”明基仰瑙道：“我们缅王巡幸时，令缅族、掸族大臣、侍从们按各自的习惯装束整齐，排列成队，不带任何武器，文静地随陛下出巡。”于是多汉发便命人照此办理。这样缅甸大臣们都在

自己藏刀的地方占据了位置。明基仰瑙因手中无刀，为了能得到武器，故意与多汉发谈论宝刀，多汉发道："明基仰瑙，你的主公那腊勃底有一把宝刀，砍起人来一下子能连人带象鞍劈成两段，还能将象砍伤。你认得那把刀吗？"明基仰瑙道："我主公的刀一向由我掌管，只要我一看便能认出。"多汉发命人将历代国王用的宝刀拿来让他挑。明基仰瑙从刀堆中挑出瑞南觉欣的宝刀说："就是这一把！"说着佯作弓身弯腰献刀，突向多汉发砍去。据说这一刀砍断了一根粗竹柱和五根铺地竹条。掸族大臣乱作一团。这时缅族大臣便亮出埋藏着的大刀，将掸族大臣全部杀光。守在殿外的掸族兵冲进殿来。在缅族侍臣们的砍杀下，他们四散逃走。

《缅甸大史》中未记载多汉发于何地被杀。在《新史》中写道："他在玛瑙延玛花园的行宫中暂住时被害。"该记载言之有理，故本书照载。多汉发被害是在904年2月（公元1542年4月中至5月中）。《新史》中说是900年（公元1538年），该土司生辰为土曜日，食邑阿瓦时年仅22岁，当政15年，去世时37岁。刺杀掸王时明基仰瑙时年36岁。

（201）翁榜孔迈[①]

多汉发被害后，掸族人纷纷出逃。阿瓦大臣都请求明基仰瑙为王，明基仰瑙拒绝道："我无意享受帝王的福禄荣华。"

此时，翁榜孔迈基已去世，由其子孔迈艾接位。孔迈艾派人来

---

① ongbhaung，地名，旧译安邦，即锡箔；Hkonhmain，旧译康孟。孔迈系掸语，即：国王、君主之意。

到明基仰瑙处说："您是我们瑞南党欣那腊勃底王的亲戚，故还是请您登基为王，万事务必多虑。"明基仰瑙严守自己的诺言，为人正直并能知恩思报。他回信道："对帝王的荣华，我无所欲求，您是我主公那腊勃底的朋友，一直与我们患难与共，同舟共济。希望土司能来阿瓦为王。"翁榜孔迈便将翁榜交给弟弟，将摩别赐给儿子。然后带领大批人马来到阿瓦。缅历 904 年 4 月（公元 1542 年 6 月中旬至 7 月上旬），在阿瓦金宫中登基。据说他登基时带来的人马共有战象 100、骏马 4000 和士卒 5 万。翁榜孔迈登基之后，请求明基仰瑙总理朝政。并将德娄城赐给了明基仰瑙。一年后明基仰瑙看破红尘，悟透五种难得[①]在麦克亚地区入林出家。

翁榜孔迈登基之年 6 月（公元 1542 年 8 月中旬至 9 月初），7 位土司依约在阿瓦城大造战船。战船建成后，诸土司聚集在一起作了部署。由孟密土司和孟养土司率领战船 1300、劳加铁船 300、运粮船 5000 及士卒 12 万从水路出发。阿瓦王翁榜孔迈、翁榜土司、八莫土司、良瑞土司、孟乃土司等人率战象 1200、骏马 8000、士卒 16 万，于缅历 905 年 9 月 1 日（公元 1543 年 11 月 7 日）由水陆两路同时向卑谬进发。孟密土司、孟养土司等水军抵达美德城时，陆军尚未到达，只得在美德等了 10 天之久。待陆军到齐，水陆两军一齐围攻卑谬。城上防守严密，火器众多，城防坚固，屡攻未克，只得退至远处将城池团团围住。卑谬王德多达马亚扎因力寡势弱，不敢出城迎战。瑞梯王率水陆象马大

① 所谓五种难得，即：难得成佛、难得成人、难得深信佛法僧三宝之威力及业果报应、难得成为佛门弟子、难得聆听贤人之正道。

军从汉达瓦达前来解围。土司们眼看即将腹背受敌,便撤除包围,将水陆两军集中到卑谬以北6英里处驻扎。瑞梯王来到卑谬,凌晨即与土司军进行水战。瑞梯王的战船皆为大型船只,而土司们的战船既小,又未配备大炮。瑞梯王的战船炮火齐鸣,土司战船纷纷被击碎、击沉,土司水军惨败,只得弃船上岸与陆军会合。水军死伤惨重,许多战船被瑞梯王俘获。击败土司水军后,瑞梯王的水军长驱直入,直抵上游美德、德叶等地。

从色固、色林来的送粮船无法到达下游。一个月以后,土司军中断粮,将官们便向土司禀报道:"现在军中存粮仅供军中食用一二天。唯有迅速撤军到边远地区,设法搜集粮食才是道理。只有吃饱肚子,才能恪尽职守。饥肠辘辘是无法打仗的。"土司们忿忿不平地嚷道:"这次回去定要重新安排船只。这次我方船只不及敌方,我方仅有小船,敌方一开炮,小船都被打翻或打沉。以致他们能长驱水上,截我水路,使我粮食无法运来。这次只能作罢。下次再来征讨时,看他瑞梯王还能逃出吾等掌心么?"于是,诸土司便拔营程。

瑞梯王得知土司们都起程回师,即与勃印囊觉廷瑙亚塔率5支大军和战象、战马追击。七位土司军均被击溃。象马兵卒损伤惨重。瑞梯王令勃印囊觉廷瑙亚塔从陆路追击,色林侯西都觉廷、蒲甘侯德多等人无法回城,只得随土司们退至阿瓦。瑞梯王则率水师进军,大军抵达色林码头,将水师改编成陆军,对色林城围而攻之,色林城被攻破。瑞梯王攻克色林后,将王侯之妻子、兵马及一切可取之物全部带走,将色林赐给了内傅西都觉廷,并为其留下大批兵马和奴仆。瑞梯王率水陆两军继续北上,抵达蒲甘后,将蒲甘赐给叟格德大臣。瑞梯王又将阿瓦周围的村镇鄂达耀、杜云岱、皎勃当、育瓦达、色雷、辛古、布坎艾、马圭、马龙、勃特那果、色固、色林、邦林、垒盖等地也一一分封给各人,并留下兵马驻守。阿瓦王孔迈认为蒲甘侯德多为人善良正直,便将耶难达城赐给他。缅历906年(公元1544年)阿瓦西都觉廷部下路林觉木向瑞梯王部下食邑色林的西都觉廷进攻。白古西都觉廷被打败落荒而逃。西都觉廷逃走后,路林觉木便将自己的主人西都觉廷从阿瓦请回色林,仍使其食邑该城。就在当年,西都觉廷从汉达瓦底率战象100、骏马8000、士卒5万反攻色林。大军抵达色林后,色林侯西都觉廷跟白古西都觉廷单骑拼杀。色林西都觉廷由于势薄力单,败下阵来,单骑只身脱逃。白古西都觉廷重新占领色林。

色林西都觉廷只身单骑沿朗榭一线逃进钦山,途中因口渴难忍,在一池塘边下象饮水。这时,那头坐象发情,横冲直撞,西都觉廷只好逃进竹林。大象也不再听指挥,跑进深山。西都觉廷孤零零一人留在山中,被钦族人抓住,押到孟养色隆之子色隆艾处。孟养色隆艾忙问:“我的盟友,你怎么落得这个样子?”西都觉廷毫无保留地将他如何与白古军打仗败退下来被钦人捉住一事叙述一遍。孟养色隆艾道:“盟友,不用担心,我攻下阿瓦让你登基。但是阿瓦王孔迈兵强马壮,你还是留在实皆,招兵买马,再去攻打阿瓦。”西都觉廷说:“盟友你给我人马吧!我去攻阿瓦。”于是孟养色隆艾将战象60、骏马800、士卒5万给他指挥。缅历907年(公元1545年),他建了今日的实皆城为王。是年,在阿瓦为王的孔迈去世。翁榜孔迈登基时已45岁,在位4年,49岁去世。生辰为火曜日。

(202) 摩别那腊勃底[1]王

缅历907年(公元1545年)王子摩别侯在阿瓦登基为王,改号为那腊勃底。摩别那腊勃底将即位时,飞来许多山鸡栖息在屋顶上。他与实皆西都觉廷连年征战,无止无休。摩别那腊勃底王登基后,即与翁榜的亲戚朋友断绝往来。对掸族习惯格格不入。于是遣使至瑞梯王处结盟。他不断威胁实皆西都觉廷,却又佯装与其友好。

一次,他用御宝盘盛了食物送到实皆西都觉廷处。西都觉廷准备食用时,众大臣阻止道:"不应食用敌人头领送来之物。"实皆王道:"为国君者岂能耿耿于怀?打仗归打仗,友谊终究是友谊。朕若不食,则情理不顺。"于是将送来的食物吃了。又一次阿瓦那腊勃底王率众将前来攻打实皆。实皆西都觉廷命众将士层层设防,准备迎战。并下令道:"与他近者是他之奴为他效力。与我近者是我之仆为我效劳。俘获他奴,不得妄杀。"与阿瓦军战时俘获受伤敌军,均记录在案后发给粮食,送医治疗,伤愈后即放他们回家。孟养色隆闻此事后大发雷霆,急忙赶来,登上布翁尼亚信佛寺的一座佛亭后,请西都觉廷前来相见。西都觉廷带领手执槟榔盒、饮水瓶等随从来到佛亭。色隆开口道:

"从前,有一青年到呾叉始罗城去学本事。那里的师长教给他起死回生之术。这青年学成后,拜别老师,返归故里。途中来到一

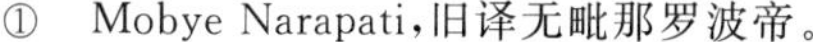

① Mobye Narapati,旧译无毗那罗波帝。

处森林，见一头死虎，于是他便用法术把那头老虎救活。老虎活过来后即将那青年咬死。我想，你现在的所作所为定将使你与那青年获得同样下场。”实皆西都觉廷答道：“感恩图报者才能获得涅槃的境界。从前在锡兰岛上有一名叫僧伽菩提的国王，受到吉国异教徒的进攻，敌军逼近，僧伽菩提王为了使一切生灵免于涂炭之灾，只带一滤水杯离开王宫进入林中。他三天三夜未吃东西。一天僧伽菩提王见一农夫拿着一盘香喷喷的食物，便叫那年轻人过来，说道：‘我三天没吃东西了。请你将食物分一半给我。我必报答你的恩情。’那青年将食物给了国王。僧伽菩提因三天三夜未进食物，所以吃得很香。吃完后说：‘你的恩情可谓大矣。我身无分文，无以报答。你可将我的头砍下来献给吉王说，我已得到僧伽菩提王之头颅在此。为此，吉王必将大赏于你，够你终生享用。’农夫道：‘我不能砍你的头。’僧伽菩提是位贤德之明君。他发誓让自己的头立即掉下来，报答那农夫。王的头真的自动掉了下来。青年便将头献给吉王。吉王大喜，重赏农夫。现在盟兄你对我也恩重如山，在我有生之年报答不尽你的恩情的。你听信了坏人之言，对我怀疑只怕就不好了。”色隆道：“我不过是试探一下盟友你的意思。现在我已了解你的心意。”尔后便带着象马士卒回孟养去。实皆西都觉廷对僧俗都能乐善好施，所以他的兵将越来越多。

缅历 911 年 1 月（公元 1549 年 3 月底至 4 月）[①]锡东德门绍突杀了汉达瓦底瑞梯王，自立为王，改号德门晒格沃。勃印囊觉廷瑙

① 原文误印为 901 年，经查《缅甸大史》应为 911 年。

亚塔从达拉来到东吁，讨伐其弟，占领了东吁，后又进攻卑谬。攻占卑谬后进驻该城。缅历913年（公元1551年），实皆西都觉廷制造大批木筏，准备举大军渡江进攻阿瓦的那腊勃底王。阿瓦的那腊勃底无论文才或武艺，均不及西都觉廷。于是不敢在阿瓦城御敌，带领大队人马投奔卑谬王而去。摩别那腊勃底王30岁时在阿瓦登基，在位6年，36岁时被废。王生辰为土曜日。

（203）实皆西都觉廷[①]

缅历913年（公元1551年），实皆西都觉廷在阿瓦登基，改号为那腊勃底。他乐善好施，为人谨慎，注意廉耻。言而有信，刚正不阿，英勇无畏，远见卓识，精通象术。一次，实皆地区有一青年女子在安放织布机挖洞时，挖出一罐黄金共5缅斤，准备献给皇上。她捧着罐子来到皇宫。那腊勃底王每天早晚要吟一千遍避灾经和祷告词。那女子来献金时，国王正在念避灾经。不到一千遍时，大臣不敢上奏。理事大臣们怕耽误时间太久，便让那女子一半黄金留下，另一半就赏赐给她。青年女子很高兴地回去了。那腊勃底王念满一千遍时，大臣们将装金子的罐子呈上。国王问道："这是哪里来的金子？"大臣们奏道："这是实皆地区一位青年女子在挖坑安放织机时挖得的。她送来奏报国王，臣等让她上缴一半，其余一半赏赐给她了。"王听后对大臣们说道："诸位，一个男子汉即令一天在这京都周围挖一千个坑，也绝不会挖到黄金。她能挖到，全凭

① Sithukyawhtin，旧译悉都乔丁。

她的造化。不该将一半收缴。”于是下令将那女子叫来，把金罐还给她，大臣们只得遵旨办理。

又有一次，那腊勃底王后想试探国王之心，于是在做饭时在一缅升米中掺了四分之一的谷子。饭煮熟后用宝盘装上，端到那腊勃底王面前。那腊勃底王见此饭后道：“饭里的谷子真多啊！”王后道：“这些厨师玩忽职守，定要重罚不饶。”那腊勃底并不责怪厨师，反而道：“奴才们都愿意讨好主子，不会让主子不快。这可能是他们将簸得很干净的米跟稻子放在一起，离得太近之故。那些鸟进去乱扒，使谷子混进米里。”他就是如此贤德有道。故上至文武大臣下至僧俗百姓，无不祝愿他洪福齐天，寿比南山。

有一天，那腊勃底王召集群臣商议国事。巴亚延达都大臣上奏道：“现在勃印囊觉廷瑙亚塔攻打孟国汉达瓦底并占领了孟国三邦以及卑谬、东吁。他兵强马壮，不久必犯我阿瓦，我们应派人到翁榜、锡泊等地联络，还应派人去孟拱、孟养叫他们提高警惕严防勿怠。京城也应增添兵马，修缮陈旧战船，备足武器弹药。如此方能在敌来犯时临阵不乱。”阿瓦王那腊勃底深善其说，派人备下大批礼物到翁榜、底宝等掸邦地区去联络。招集兵马，补充军备。派色加当侯带礼物到汉达瓦底去试探。

(204) 色加当侯到汉达瓦底试探

白象主闻得色加当侯将来访，便说：“孟人不相信我们缅甸人的威德。因朕是国王，大家不敢直言。其实，孟人认为缅甸人只是运气好而已，实际上智慧不及他们孟人。朕闻色加当侯不久将前来,朕很高兴。”色加当侯来后受到殷勤接待。一天,王召见彬尼亚德拉道:“朕将让色加当侯到卿府上,由卿跟他交谈,摸清他底细。朕也将命众大臣和诸公卿、侯爵都到卿府中。”于是,众臣、诸侯都到彬尼亚德拉府中。府中彬尼亚德拉之座,为一肘尺高的木榻,榻周围设扶手靠垫。木榻近处铺一细篾席,是为来使色加当侯准备之座。由于缅王以到彬尼亚元帅府为名邀请使者,所以来使上衣、筒裙与包头巾全着红色来到府上,在众大臣中央铺的席上跷着腿大模大样地坐下。彬尼亚德拉从门缝中瞥见此状大为惊诧。他更衣穿上朝服出来,登上木榻。色加当侯突然要起身站起,彬尼亚德拉伸手去扶。色加当侯没有伸手便跨上了木榻。彬尼亚德拉吃了一惊,心想:我主与你主岂能相提并论,你主那腊勃底也就只有与我地位相等而已。于是便问:“阿瓦王那腊勃底贵体无恙?”色加当侯道:“吾主安然无恙,今因思念贵国白象主贵体如何特意派我前来问候。”彬尼亚德拉不禁一惊,心想:“我本以为他主人只能与我同等地位,不料他却接过话头,把他与我主公相提并论了。此人非比寻常!”经过友好谈话后,色加当侯回到下榻处。彬尼亚德拉便进宫奏报:“德威崇隆的陛下,色加当侯聪明过人,真可谓奇人也。”随后将相见时的情景一一奏明。缅王听后微微一笑。

彬尼亚德拉上奏道:“德威崇隆的陛下,来使色加当侯德才兼备,聪颖机敏。陛下如要接见,与之交谈,还得以平等态度相待为好。”彬尼亚德拉已经领教过色加当侯的才智,还想试探一下他是否严谨,故而上奏道:“明天臣准备请众大臣陪同在枢密院宴请他。”次日凌晨便召集众大臣商议,在西北角处放一细席,旁边放置一只装满水的金壶，还放了空的一只金钵和一只银钵。准备饭时，将饭满满地装了一银盘，连盘子边也看不见。在饭上一层又一层地堆上了各种蒸、炒、烤的肉菜，将米饭盖住。在菜盆中，也将菜盛得满满的，看不见菜汤。然后请那腊勃底的来使色加当侯入席。主人先开口道："今日臣奉我王之命，宴请阁下。"接着便将准备好的饭菜端到他面前。色加当侯一见意识到这是试他之意。便将金壶中的水倒入金钵。将金壶轻轻放下，手指伸进肉堆掏着饭吃。他不吃表面堆着的肉，而只从里面掏出饭来吃。吃菜时也不从面上下手吃起，而是将手指伸进里面夹出菜来，吃了一会儿，外表依然看不见米饭，只是表面那堆肉往下陷。最后在金钵中喝了点水，在银钵中洗了手，继续谈论起来。彬尼亚德拉只见盖着肉菜的饭，中间已被吃掉一半，而上面的菜依然未动。待色加当侯回驿馆后，彬尼亚德拉又向国王奏道："来使色加当侯在用餐时举止十分谨慎，真不寻常。"

5 日，白象主国王召集各路侯王、皇亲国戚、文武大臣及无数将士举行检阅大典。在未出巡之前先举行了佛塔升伞仪式。然后缅王便行出宫礼。缅王问来使道："阿瓦那腊勃底西都王贵体安康否？"来使答道："托佛法僧三宝之庇佑，我主安然无恙。"王又问："在阿瓦是否也有像此这样热闹之盛会？"色加当侯答道："陛下，正如佛陀授记的那样，阿瓦金宫中经常举行盛会，就是在为图巴永宝塔升伞典礼结束时盛况也不亚于现在的盛会。"王又问："阿瓦宫内广场是否宽广？"来使答道："比陛下的宫中广场宽 7 肘尺。"王问："何以见得？"色加当侯答道："臣脚下有数。"急令人去量白古宫前广场，发现阿瓦宫内广场果然要宽 7 肘尺。因此，后来色加当侯与白象主的对答被学者们誉为:“全桨划进”。[①] 王大赏色加当侯留住三个月之后才放其返回。色加当侯从汉达瓦底至阿瓦向王奏报情况。阿瓦王听后也很满意,重赏了他。

(205) 占领阿瓦

缅历 915 年(公元 1553 年)汉达瓦底白象主令王子摩诃乌巴亚扎、御弟德多达马亚扎等由水路,御弟东吁王明康和瑙亚塔等由陆路,分率船只、象马从汉达瓦底起兵。阿瓦王那腊勃底闻讯后,即选人去请孟养、孟拱、翁榜等土司迅速派援军前来,并将大炮枪支等安装在阿瓦现有的 300 艘战船之上。命丁克亚和巴亚觉都等人率士卒 5 万到皎德龙抵敌。待到翁榜土司、锡泊土司来到后,据说当时阿瓦的总兵力有:战象 300、骏马 6000、士卒 12 万。这些兵马由 4 位土司部署在德达乌至康贵渡口一线驻守御敌。从汉达瓦底开来的东吁王明康的先头马军与阿瓦的马军相遇,两军相拼,汉达瓦底的马军失利,只得后撤。阿瓦马军紧逼不放。汉达瓦底出动象军急驰而来,阿瓦象军亦驱队迎战。双方拼杀一阵后,汉达瓦底象军向后移动,在色加地区驻扎下来。汉达瓦底的乌巴亚扎率水师开来,与皎德龙的丁克亚、巴亚觉都等人的船队相遇,相互开炮轰击。因为寡不敌众,乌巴亚扎等只得撤退。东吁王明康遣人

---

① 缅人谓讲话技巧有十,即:由上游下(意:由远及近)、势如割稻(意:握住不放)、乘筏渡水(意:举例示意)、量锅下米(意:恰如其分)、油磨碾杆(意:反复说明)、避开象撞(意:避其锋芒)、农夫耕田(意:步步为营)、斗鸡暂退(意:后发制人)、滤水漏斗(意:封堵对手)、全桨划进(意:四平八稳)。

到乌巴亚扎水师说:“此番来阿瓦探知,敌方因有土司们前来助战,水陆两军力量均很雄厚,今非昔比。进攻时千万小心为是。”乌巴亚扎遣人奏报道:“此番前来不过是试探而已。利则战,不利则退。父王也曾嘱咐,如因土司们前来助战,兵力雄厚,则可与之和谈,然后返回。现在翁榜土司已失信于我,去帮助阿瓦,使阿瓦军兵力倍增,将遵父王之命返回。”明康王又遣人来道:“言之有理!”于是,水陆两军都向后撤。阿瓦王那腊勃底见汉达瓦底水陆两军撤走,便盛情款待众土司,表示感谢,送他们回去。

缅历916年(公元1554年)汉达瓦底白象主缅王又举水陆两军带大批象、马、战船再次出征。阿瓦王那腊勃底闻讯后便向央米丁、瓦底、因道、良渊、彬达莱等城增派了兵马,加强防守。同时向孟拱、孟养、翁榜、底宝等土司处请求迅速支援。汉达瓦底开来的白象主御弟明康王、明耶觉廷等人率领的大军向央米丁、因道等南方城池发起进攻。守军抵敌不住,纷纷退至阿瓦。白象主从西路进军,经赖窦过宫育瓦攻打布坎基城。布坎基侯抵敌不住,城被攻陷,布坎基侯弃城逃至孟养。御弟德多达玛亚扎等人之船队进至苗都,与其兄配合进攻布坎基。攻下布坎基后,又转攻阿敏城。攻克后又攻打勃东、甘尼。诸城均被攻克,生擒守城诸侯。尔后从亲敦江转向伊洛瓦底江一线。白象主也从布坎基经那嫩盖北路向实皆进发。实皆侯也不敢抵御,弃城而逃。汉达瓦底开来的陆军由明康王、明耶觉廷等率领,驻扎在玉兰树林中。阿瓦军派兵攻打,结果失利。汉达瓦底的水陆两军会合后,以大批兵马围攻阿瓦城。阿瓦城陷落,那腊勃底西都只得率随从准备逃到翁榜土司的援军驻地新康去。被白象主部下发现,抓来献给白象主。白象主大发慈悲之心，仍将随从发还给他，回到汉达瓦底。在德瓦马花园的前面为他建造一座漂亮的三层楼阁，供他居住。

（206）德多明绍

缅历 916 年 11 月 18 日（公元 1555 年 1 月 9 日）白象主攻克阿瓦后，又攻占了城南北诸城镇，并将该城镇分封给诸人。对原来的食邑者也相应地重新赐地分封，命其弟卑谬王德多达马亚扎攻打伊洛瓦底江上游城镇。攻克诸城后也任命了新的侯爵，让他们领重兵镇守。将阿瓦城大批象、马赐给小弟明耶觉廷，并赐号为德多明绍，将阿瓦所辖各城镇也都赐给他。阿瓦的那腊勃底西都于 51 岁时建实皆城，在该城住了 6 年之久。57 岁登上阿瓦宝座。在位 3 年，满 60 岁时，于缅历 916 年 10 月 10 日（公元 1554 年 12 月 2 日）日曜日被废黜。缅历 916 年 11 月 18 日阿瓦城被攻陷。那腊勃底西都王生辰为水曜日。罗陀那补罗阿瓦王朝自德多明帕耶王开始到德多明绍为止，共历 19 代王，至此终结。

（207）泽亚沃德纳国东吁城历代国王

本书已将罗陀那补罗阿瓦国直到室利差呾罗国的历代国王作了介绍。现将对泽亚沃德纳国和给社摩底国（即东吁国）的历代国王作一介绍。佛祖同信阿难陀、信底瓦利、信格温勃底等高僧一起云游四方时来到这个地区。他们渡过阿达瓦底河（现称榜朗河）来到东岸，站在荒野之中，信底瓦利留下了脚印，因此该地便名之为“琪道亚”[①]。后来，他们又向西南走去，打算去洗一洗脚，来到溪流中洗过脚继续向东云游。于是该溪流便名之为“琪采羌”[②]。后来走上一座山冈，在山冈上佛祖笑了起来，对阿难陀说道：“阿难陀，你我曾在此地当过白鸡兄弟。此处乃白鸡夜晚栖息之地。东边那条溪，白鸡兄弟曾在那溪边一起觅食。”于是，后来该地又称之为“比永羌”[③]。那腊勃底西都坐船出游时，来到溪上，溪中水清如镜，便道：“此水真像碧玉一般！”于是该地又被命名为“德勒泰”[④]。

楚瓦河附近甘巴敏村周围布满着茂密的灌木林。孟人想进攻，未能得逞。便在这村子周围的灌木林中扔下大量的金银碎块。当村民们为了取得金银，在灌木林中披荆斩棘，将一片丛林开垦成平川。孟人便将村民和甘巴敏村领主统统抓到彪村。甘巴敏侯对儿子德温基、德温艾嘱咐道：“你们兄弟俩有朝一日能逃出去，就沿着咱们村的榜朗河逆水而上。在河的左边，有一条支流。沿那条支流可以到达一个伸入河中的小山岬。你们就在那里重建村庄。”父亲去世后，德温兄弟俩从孟人的彪村逃出来。沿榜朗河来到克榜河口，他们沿着克榜河而上，见到了小山岬。他们想，此处即是父亲所说的小山岬了。于是建起了东吁村。其实，他们父亲所指的乃是楚瓦河边的甘巴敏村。此时，梯莱新德有一个农民在耕地时将衣服堆放在地边，突然衣服变成一条大环蟒蛇，向南边爬去。

① 意即：脚印、足迹。

② 意即：洗脚溪。

③ 意即：微笑溪。

④ 意即：一般，同样。

那农民将此事禀告梯莱寺中的高僧。高僧道："施主，南方将是你发迹之地。你还是到南方去吧！"那农民便带了妻子来到金达，在该地又收养了一个孤儿，克伦族小姑娘，从此人们称他为"克伦爸"。他长得壮实强悍，善弓箭，会撒网，还会吹椰笙。他在金达时结交很广。他想，梯莱高僧曾叫我去南方才能发迹，我何不再向南去。于是从金达来到盖林村东南，榜朗河东岸建村住下。德温基听说那村子很发达，便送了礼物请他们与自己联合。当他在小山岬住下时被委任为千夫长。据说他吹着椰笙从东吁出发到谬杭的跳神彩棚去，当天就走到了。在那达湖西边，他捡了一块大石头向前走，途中刮起了大风，就将石头放到了卡榜河边，从此该处被人称之为皎曹[①]。

千夫长和德温兄弟感到他们所居住的小山岬地方过于窄小，准备另找宽广之地，以便容纳更多的居民。他们来到东边与德勒泰尼瑙和谬杭地区接壤，北靠明温山脉，西邻皎曹佛塔，东南接克榜河、榜朗河会合处的地方建立了城池。祭过神后，德温基独自到西边游逛。其弟躲在一棵迪波树[②]后突然吓唬他哥哥一下，从此德温基认为此乃一征兆，说明今后此处将成为互相残杀争霸之地。

缅历641年2月9日（公元1279年4月20日），建造了东吁[③]城。在德温艾吓唬其兄之处建造了迪波山佛塔。在城内东部浮屠入口北面附近塑造了头朝北方，进入涅槃状的佛像和奈拉班佛塔。在东南方向建了东色耶佛塔，在南面则对原有的大佛窟依旧供奉。

① 意即：将石头放下。

② 一种叶呈鸡心状，有锯齿，树皮呈白色的树。

③ Taungngu，原意即：山岬。

德温基每逢守斋期就到德勒泰尼瑙寺守斋。德温艾令手下人在拜佛船将靠岸的码头上埋伏下兵器。当德温基拜佛船到码头时，德温艾手下人便将他杀害。是年缅历679年（公元1317年），德温基已当了38年王。缅历679年弟弟登上宝座。彬牙王一象主考虑到长久之计，便派其子乌兹那觉苏瓦等人进攻东吁。德温艾不敢抵御，只得派臣子赖亚套垒加等到乌泽纳觉苏瓦处宣誓效忠。德温艾于缅历686年（公元1324年）去世，在位七年。

缅历686年（公元1324年），德温艾有两个妻子——苏色拉和苏古玛。妻苏色拉将儿子苏涅立为王储，自立为王。苏色拉惧怕千夫长克伦爸力大无穷，想把他除掉。她在城北建了佛塔，建了许多门，在每一座门内放一尊佛像。在塔内举行盛大佛会，进行布施。在每道门口都布置了刀斧手，并下令道："当千夫长来时，立即将其砍死。"苏色拉又对克伦爸道："千夫长，你也来拜佛吧！"千夫长正准备进去，不料听得有人在内忍不住打喷嚏的声音，觉得可疑，便派人进去探听。那人回来禀报："见到许多刀斧手在内。"千夫长便道："我对主人并无二心，一直忠心耿耿。可是女主人却要杀我。"于是带领众人回城而去。一天，千夫长将苏涅杀死，女主人苏色拉乘象逃往东敦。在到谬拉城西格宁山顶时去世。在位仅一年之久。

缅历687年（公元1325年），千夫长克伦爸当了国王，东吁城从此兴盛起来。东吁四周有盖林、关翁、甘尼、迪因、鄂佩因等村寨，南边还有阿叶羌湖，湖水呈红色。千夫长拥有战象150头，他将过去有恩于他的梯莱寺高僧接到东吁，在城北修建寺庙，布施许多庙田庙产，并在梯莱寺中挖一大塘。在东色耶奈拉班佛窟，迪波山宝塔等处修建寺庙，请高僧们挂单，并布施了庙田庙产。重新修缮了皎曹佛塔并为佛塔安放了塔顶伞。在其附近修寺庙，布施庙产。委派登格巴负责管理。千夫长克伦爸在位 17 年，享年 90 岁，生辰为日曜日。他的骨灰由 150 头大象组成的送葬队护送，投入榜朗河。

缅历 704 年（公元 1342 年），克伦爸之婿赖亚晒加登基为王。两年后被其弟套垒加所弑，篡夺了王位。又过两年套垒加被登格巴所杀。缅历 708 年（公元 1346 年）登格巴为王，他十分聪明能干，与缅王、孟王、云王都通好亲善。由于广泛通商，交通方便，国家日趋繁荣。缅历 720 年（公元 1358 年）登格巴自立为帝，攻占分水五县，俘获大批俘虏。他让鄂内山民住到鄂内贡以西，从此该地被称为那嫩道。在迪格宁山修建了神庙，开垦山地。从此该地被称为那育瓦[①]。在久宾基附近修建行宫，该地从此名为久宾待[②]。缅历 729 年 1 月（公元 1367 年 3 月）泼水节，登格巴去世。在位 21 年，是年其子弁琪基从白古回到东吁为王。改号为阿绍妙苏瓦瑙亚塔。他与孟王、缅王友好交往。佛历 1915 年，缅历 733 年（公元 1371 年）他为蒲甘瑞喜宫塔布施了佛塔顶座、莲花底座、莲瓣饰、白伞和塔奴。该王敬重三宝，乐善好施、广积功德。他曾建造羌松佛寺。在克榜河边建造佛殿并塑了佛像。他梦见杵和臼，便问智者这是什么征兆？智者回答道：“神指点我王，既然在羌松和克榜河建了佛寺，那也希望在形如木杵的卜贝溪流汇合处建造佛庙。”

① 意即：神村。

② 意即：久宾行宫。

于是他在离东吁城约 6 千米处的卜贝溪旁建了韦路温寺[①]，并在周围种了竹子和许多棕榈树。他祈祷来世能在东吁再次为王，王后梭明也能仍以梭明为名与王永不分离。弁琪基为王之年，正是明基苏瓦在阿瓦登基之年。弁琪基与孟王修好，让孟人来帮助守城。他给两座佛庙布施了庙田和庙奴。在德勒泰也建造了两座佛塔。当阿瓦与掸族人战事纷纭之际，他竟依靠孟人也不臣服于阿瓦王朝。故明基苏瓦命王兄卑谬王去攻打东吁弁琪。卑谬王设计诱骗弁琪到卑谬，而后抓住处死。其子与婿幸能逃脱。在东吁，守城的孟人玛盛遂据城称王。弁琪在位 8 年。

缅历 737 年（公元 1375 年）弁琪之子与婿叟格德与乡间人等计议夺城，城内人将城门打开，夜间得以入城，仅用三个月就获胜，杀死称王的孟人玛盛。当年弁琪基之子以弁琪为号称王。该王无谋略，贪享乐，缅历 741 年（公元 1379 年）叟格德将弁琪杀死，他在位仅四年而已。当年叟格德为王，该王与孟王及缅王关系都不好，国内不平静。缅历 745 年（公元 1383 年）被明榜加谋害，叟格德王死，在位四年。

当年明榜加即位为王，该王因生于彬牙以西榜加村，故以村名为名。到了东吁，因为能力强，势力大盛，臣服于阿瓦王明基苏瓦，也与孟王修好，乐善好施，开荒垦田。在东色耶佛塔之北建佛廊，用砖砌佛四尊供奉。到阿瓦去参加宫殿建成大典。到达谬拉、因掸人已进城称王，从谬拉返回当夜即被捕，在城前辛炯寺处被杀，向四尊佛廊佛像捐献了庙田和克榜以南皎曹的克伦人。他曾企图

① 意即：竹林寺。

杀死苏色拉王后和千夫长克伦爸。信奉佛寺西北四尊砖砌佛像，并为之建尖顶阁楼，被人称之为尖顶阁楼寺。该王将所开垦的羌德耶一带田地布施给该寺。缅历 759 年(公元 1397 年)亡故，在位 14 年。是年，其子苏乌接位。两年后明基苏瓦以“尚未成年，无力统治城池”为由，在缅历 761 年(公元 1399 年)将东吁和 60 头象赐与明奈米。于是人称苏乌为“被废苏乌”。

缅历 770 年(公元 1408 年)，明康基将 60 头象和东吁赐给了内傅鄂钦纽，并赐号为“赖亚基”。赖亚基对东吁周围的掸人以好言安抚，慷慨赐赏，故而国泰民安。三年后，接到国王旨令道：“卿年事已高，不宜卫戍边城。”改赐彬西城为其食邑。将东吁分封给色固丁克亚。四年后丁克亚死，将东吁改封给其子，并承袭父号丁克亚。三年后被东部掸人杀死。后人称其为“死于战争的丁克亚”。东吁一年之内无主。后将东吁赐给班当侯，一年后又收回。明康基又将东吁赐给敏东赖威乌相坌之子苏卢、赐号为丁克亚。将仰昂赐给其子苏乌。丁克亚苏卢在东吁以北建造了两座佛塔和寺庙，取名为摩诃温寺，并布施了庙奴和庙田，在北部地区任命大长老，同时任命文武双全的鄂妙拉为千夫长。

苏卢丁克亚秉性乐善好施，英明能干，智勇双全。四年后，缅王明康基驾崩，由其子白象之主底哈都，其子明拉艾等接位，再以后便是格礼王继位。由大将军之弟东敦底哈勃德来阿瓦辅佐朝政。缅历 788 年(公元 1426 年)孟养王占领阿瓦后，传言道想见一见盟友，苏卢丁克亚到了阿瓦，千夫长鄂妙拉说：“主公的地位也跟我们一样，我们不过是些奴才而已。”他让丁克亚将饴糖洒在筒裙上，装作腹泻奏请如厕，获准，遂返回东吁。回到东吁后，致函阿瓦王，函中写道："统治克彦、克榜、榜朗一带的苏卢妙苏瓦丁克亚致函王弟。"从而宣布割据造反，攻打分水五县，抓获大量俘虏。缅历790年（公元1428年）在榜朗岸边围捕野象，捕到三群带着幼象的母象，其中有一头四肘尺高的小白象。让王后、王子、公主、王孙、儿媳等在鲱鱼湖住了一夜，举行庆典。占星家信蒙约、当纽僧侣兄弟二人奏请国王用两头象左右挤夹着白象后骑上白象。丁克亚骑了一下，第二天清晨发现白象已不见，只留下一副套索。原来象栅栏尚未完工，鄂妙拉说让我沉着脸走一圈即可完工，说完照此办理，象栅才最后完工。苏卢丁克亚在东吁捕获象群后即大兴土木，建造宫殿。连殿基都贴上金箔。据说他尚不敢打白伞，只用贴上金箔的纸伞。每次出征总是带着案桌，随从以及尖顶阁楼的楼顶饰物，所到之处必建金殿而居。

当时东吁非常繁华，从伊洛瓦底至皎茂一带沿江两岸每隔一箭或两箭之遥便有居民村寨。伊洛瓦底有虎伤人的消息，当天就能传到皎茂。当时曾攻打垒敦，从彬、那茂、皎勃当等地掳回俘虏。对东敦则时而结好，时而交恶，并去掳掠对方人员。对达耶瓦底的瑙亚塔则采取友善态度。将女儿苏明昂献给了孟王以结盟。遇有自己人逃亡时，他说他们想起鄂赛鱼、波利亚草、楚瓦的鲻鱼时就会回来的。当山林中百花盛开时，常到西山去狩猎。因该地百花争艳，人们称其为"班莱"①。后来被称为"勃艳"。当明艾觉廷从宾垒来访，丁克亚亲自用盘子盛饭款待。并将大象耶波东和香料赠送给他。丁克亚有时非常想吃彬嘉的名为哈因仰努的黄花菜和

① 班莱之意为鲜花烂漫。

彬嘉集上卖的称为蒙吉的团糕。此王有小雌象300头。一次在孟国特耶品狩猎时暴卒。在位15年。丁克亚生有二女,一为乌兹那妻,另一女献给孟王。其子苏乌即仰瑙侯。

缅历797年(公元1435年),由驸马乌兹那接位。孟王闻讯后便沿榜朗河而上,来到克榜河口,在关卡处请乌兹那相见,乌兹那来后便将乌兹那拘留起来,应允将给乌兹那相当于东吁的其他城镇,让苏乌回东吁称王。孟王给了乌兹那皎茂丹采、迦基姜、比亚苗、仲当诰、甘达巴威等地。后来乌兹那从孟国逃跑,逃至蒙得意以北时被抓回。又赐给他被称为"拘利耶"的迪格宁、明耶拉、皎色意、蒙得意、仰马绥、亚意温布翁等地。乌兹那再次逃跑,沿达耶瓦底一线北上。苏乌在羌谢一带开荒,建起了村庄。孟养王死后,王子明耶觉苏瓦将仰瑙赐给阿敏侯德勒帕耶。在仰瑙城德勒帕耶建了寺庙并布施了庙田。根据《东吁史》记载,苏乌之妻即是原在德勒帕耶的妹妹佛堂施主苏明拉处当差的女仆。当时她与德勒帕耶有私情,因而当苏乌有病时,德勒帕耶便勾结苏乌之妻杀害了苏乌,得了东吁。在《缅甸大史》中记载的却是:"亚扎丁坚等人谋杀了苏乌。乌兹那在位一年,苏乌在位四年。缅历802年(公元1440年)德勒帕耶得了东吁。"

德勒帕耶问信蒙约、当纽僧侣兄弟道:"东吁后事如何?"答曰:"今后东部之迪因山林地区将发展成一大国。将会有三世生于水曜日者在此飞黄腾达。"据说,先人们有谶语云:"迪因莽林,欣欣之地,立国之王,来自外乡。白象三头,疾驰奔腾。"据说该城将在吉祥之年建成。德勒帕耶又拿出自己的生辰八字贝叶图让他们看,并求教道:"法师,请告朕寿数如何?"答曰:"从今年算起,只有三年阳寿。三年后11月5日(公元1446年1月1日)子夜,陛下当寿终。”王怒曰:“尔等竟敢如此胡言乱语!”将僧侣兄弟投入牢中。僧人道:“请陛下于我等算定之日将贫僧释放。”德勒帕耶到算定的那日午夜去水房冲澡,冲洗完后摔了一跤一命归天。他在位五年,生辰为金曜日。缅历807年新历9年(公元1445年),由其子继位,改号为明康。孟养王听说明艾觉廷被囚在迪岑,便请求释放。释放后通过耶难达、宾垒、央米丁、金达来到杰山。僧人之所以名信蒙约①,是因为在他下脸颊下部像发情期的大象一样,有时会分泌出黏液。据说他们兄弟二人都精通占卜,看过生辰八字后便能算定寿数,分秒不差。东吁明康和明艾觉廷都是德勒帕耶基之孙,他们之间经常互派商人来往,绕过山脚从东吁运送粮食。

明艾觉廷准备攻占东吁,他与东吁的商人们混得很熟,怕他们发觉自己的意图。与象夫觉拉商量,他们削了箭佯装去打猎的样子。明艾觉廷的手下人每次到东吁买米,总是住在城门洞里。王妃见明艾觉廷在制造大批象鞍时说:“君只有一头无牙象,竟造如此多的象鞍?”明艾觉廷答道:“谁能知道男人们的造化会有多大呢?”在进攻东吁时,他事先让手下人定下暗号,潜入城内。他们都乘木筏顺流而下。明艾觉廷自己则扮作艄公并闭上一只眼,佯装瞎了一只眼。有一个在雨中撒网的清迈人看见后说:“要不是瞎了一只眼,他还真像明艾觉廷啊!”从榜朗逆水而上到克榜,然后抵达抱宾泽,铺开布单盛出饭来,与70名手下将士一同进餐之后宣誓。将近黎明时,城里恰敦翔东布埃处传来“成功了!”的高呼声。齐欧

① “蒙约”系缅文,意为:雄象发情时从耳后流出一种分泌物。

侯闻后即亲自去看,拿来了饼和鸡腿,回来献给明艾觉廷说:"请主公将这些吃了,别给别人,再没有比这鸡肉更好吃的了。"明艾觉廷便吃了起来,城里的手下人早已把城门打开,他们进城后来东色耶佛塔处。当夜伸手不见五指,误以为此处即是王府,闯了进去。后来经人指点才来到王府。明艾觉廷先进入象栏,骑上象背。他的部下将明康杀了。明康在位 6 年。

缅历 813 年新历 15 年(公元 1451 年),明艾觉廷在东吁为王,一年后才派人到杰山将王妃接来。对她说:"爱妃,你曾说我怎么造那么多象鞍,可现在我拥有这么多象,象鞍还不够呢!"他曾食邑宾垒,在明蓬湖岸一带作战时,曾骑耶波东象搏斗并打过胜仗,后骑着该象投奔孟养王。他与象首兵卢尼有隙,见他后命人将其痛揍一顿,尔后说:"你本无罪,只因你太像我的一个歹奴,所以将你揍了一顿。"然后赏卢尼 30 元钱。明艾觉廷占领了东吁后才对阿瓦放了心。夏天中午,他从集市上买来许多香蕉、树菠萝、木奶果等,在东南城楼上与手下人一起享用,然后走下城楼。有时遇有诉讼失败者该缴诉讼费时,只要说:"愿我主有一千头象!"明艾觉廷听后便可免其应缴之费用。每逢集日他去城楼时仅带执仪仗捧槟榔盒及饮水瓶的三个侍从。一天,一个乡下财主进城,不知他是王,在集市上误撞了他一下,王便让下人将他找来,财主被叫到城楼上讨饶道:"小人不知是大王。"法官判道:"这小子罪当抄家!"明艾觉廷说道:"呔!乡下人,你就献我一头小牛吧!"那人便买一头小牛献上,下人们就在城楼上吃喝了一顿。王道:"敲诈来的小牛肉还真味美可口呀!"正当他们在城楼上时,听到克榜河中乘竹筏的人唱歌,便令手下人收缴他们的刀,竹筏人上奏道:"小人无罪!"

王曰："你们船头人唱时，船尾上的人给我闭嘴，船尾上的人唱时，船头上的人给我闭嘴。"说完便将刀还给他们。此王厚颜无耻，出言轻狂，且好女色。苏卢丁克亚有一孙很规矩，名叫鄂丹西。命鄂丹西扛上大刀在左右侍奉。一日深夜，王闯入鄂丹西之妹住处，鄂丹西恼羞之下一刀将王砍死。明艾觉廷于 820 年新历 22 年(公元 1458 年)被杀身死。在东吁当政七年，该王不尊三宝也不积德行善，他的亲属在东色耶以北铸了铜佛像和此王及其王妃子女等的铜像埋藏在新建的佛塔里。其妃生得十分秀丽，每天要吃一独脚托盘的姜黄和槟榔。据说她咽下槟榔汁时人们可隐隐地看到红色汁液下咽的情况。有子女数人，其子明耶代达，被带到阿瓦。女儿与号为卑谬明基苏瓦的明新米亚漂绍婚配，次子明耶昂乃与孟公主梅玛尼婚配，梅玛尼是孟王彬尼亚达马亚扎册立为王后的色林勃生侯瑙亚塔之女所生。

缅历 821 年(公元 1459 年)，图巴永宝塔施主缅王将东吁及东敦城一起赐给明底里泽亚都拉，该侯喜爱音乐、弯琴与椰笙。828 年(公元 1466 年)缅王将东吁赐给美德侯赖亚泽拉丁坚，[①]他是阿杜拉王后内傅之子，由于他身患癣症，被称作疥疮王。他在阿瓦被任命为象夫长。有一次象夫们在象栅栏中要织一口陷网，象夫们向他要一根藤针，他却让人从家中拿来一根绣花针，引得众人大笑不止，从此留下"向象夫长要针"的笑谈。由于他不懂任何有关象的知识，不宜管象，就将美德镇封给他作采邑地。后来又将东吁分

① 前文写成赖亚泽亚丁坚，此处以后之原文又写成赖亚泽拉丁坚，不统一而实为一人。

封给他。他嗜好狩猎。

缅历830年新历32年（公元1468年），图巴永宝塔施主缅王被其孙所害。两年后，王子卑松王执政时期，在卑谬的太后嘱咐东吁王[1]不要再臣服于阿瓦王，赖亚泽拉丁坚便请孟王来，并与之结交为友。从此开始割据。缅王便令西都觉廷为监军，令两王子——王储及德多觉一起出征。大军来到东吁城北金艾处驻扎下来。孟王在东吁城南克榜附近驻有八支大军守城。王子德多觉骑上漆钦象率护象兵从东吁城东之宫采码头下水渡过克榜河进攻。孟八支大军被击溃。派羌松僧王到王子们处请求饶命。王子们说："东吁侯并非别人，乃是皇亲国戚，是祖母阿杜拉的内傅迪岑夫人之子，既然我们兄弟的恩师前来说情，我们定在父王面前说情求饶。"赖亚泽拉丁坚出来后，王子们将他及其妻子一起押到阿瓦。缅王将东吁赐给西都觉廷，把二百丁城布德赐给了赖亚泽拉丁坚。[2] 羌松僧王通晓三藏经和占卜，熟悉政务，是信蒙约和当纽二僧之徒，当卑松王还是王储时明艾觉廷去世，征服了东吁之后，王储与德多觉被送到羌松僧王处当了七天小沙弥。缅王称他为两王子之师。该僧王是弁琪基王后梭明的象夫长之子。

缅历832年（公元1470年），良渊和东吁均被赐与西都觉廷。他是明基苏瓦之婿，原为抱绵侯，后为敏塞、东敦侯的西都基之子。央米丁西都与西都觉廷是同胞兄弟，原名乌登，与在达拉去世的明耶觉苏瓦之女比亚冈公主婚配。当时他是精锐骑兵队统带，其子

① 此处指赖亚泽拉丁坚。

② 此处所述阿瓦王派兵攻打东吁事与本书（191）节所述重复，内容大致相同。

为东吁王西都。有二女明拉涅和明阿推。后续娶卑松王后之妹，布坎底哈勃德基之女为妻。该王极其残暴，杀人如麻，贪食，除人肉和秃鹫肉之外，无所不食。常将胎猪煮后下酒。据说他曾闻过人肉味，说真想把人肉烤了吃。他进攻孟国的拘利耶，掳掠平民。王子们闻知他将东吁城向北扩建便上奏说："东吁侯今后必反！"缅王道："如果对朕的奴才有怀疑，朕只需派一小厮就可抓住其发髻拖他出来。"于是即派一小厮去东吁。那钦差传旨后，东吁王道："那你就抓我的发髻吧！"钦差按王言抓住他的发髻。缅王习惯把西都觉廷叫做"觉都"。缅王驾崩后，由王子承继父位，号明康第二，任命其为大将军，统领全国兵马。王弟明耶觉苏瓦等人造反时，王让西都觉廷守住东吁，命西都德道榭守住东敦。他从东吁出发去讨伐明耶觉苏瓦的乡镇。阿瓦大军尚未到达，他在分水五县，彬文那一带被俘。他在东吁在位 11 年[①]，生辰为日曜日。曾作过如下善事：在良渊大佛窟宝塔以东建一座寺庙；在东吁城东北建一寺庙，后称之为："波道塞耶寺。"缅历 841 年新历 45 年（公元 1479 年），其子明西都领东吁，该王与孟王修好，曾偕妻、子到白古，孟王赠给他大批象、马、布匹。其后为伯父央米丁西都之女。

缅历 847 年（公元 1485 年）摩诃底里泽亚都拉谋害了舅父明西都，自立为王。阿瓦王明康第二下旨准其使用白伞为王，并赐与君王登基之五宝器。摩诃底里泽亚都拉的宗系是：蒲甘被黜觉苏瓦之子为彬牙七缅桂寺施主乌兹那；乌兹那有子西都明乌；西都明

① 依前后所述，西都觉廷被封为东吁王在缅历 832 年，及其子领东吁时为缅历 841 年，显然其在位仅 9 年，原文有误。

乌有子西都丹勃瓦；西都丹勃瓦有子抱绵西都；抱绵西都有二子央米丁西都和东吁西都觉廷；央米丁西都和孟养王之弟瓦巴瑙亚塔的孙女——妙白瑙亚塔之女婚配，生有二子一女；长子堕罗钵底白宫之主巴亚南达梅、次子南达约达基、女为西都艾王妃。

《新史》中写道："《缅甸大史》将央米丁明西都写成在图巴永佛塔施主缅王时代镌刻的碑文中所写的王叔。是孟养王之弟北方骑兵统带瑙亚塔之子与瑙亚塔之女成婚所生。这是一个谬误。"央米丁明西都与孟养王是兄弟，在其子图巴永佛塔施主王时期镌刻的碑文上写为王叔。孟养王之弟北方骑兵统带瑙亚塔之子与瑙亚塔之女婚配生央米丁西都。《新史》说《缅甸大史》中记载大谬不然。然而事实上并未记错。

央米丁西都之弟东吁西都觉廷与比亚冈公主明拉突婚配后所生子女情况下：子西都艾、长女明拉涅、次女明推，共一子二女。央米丁西都之女明拉妙与东吁西都之子西都艾婚配，生女梭明、长子明兹那、次子明拉克米道，共二子一女。彬牙五象主北宫王后梅麦道生子西杰明赖威；西杰明赖威之子德道榭和明赖亚之女苏明拉婚配，生摩诃丁克亚；摩诃丁克亚与亚扎都拉之女明瑞班婚配，生子（仍名）摩诃丁克亚；摩诃丁克亚与麦克亚侯苏瑙之女婚配，生东吁摩诃丁克亚；（东吁）摩诃丁克亚与西都觉廷之女明拉涅婚配，生子给杜摩底（东吁之古城名）建城王、女明拉妙、次女明班共一子二女。上述宗属关系与瑞梯王的家谱丝毫不差，完全吻合。

在《新史》中记载："德道榭与敏塞瑞南欣王之女婚配生摩诃丁克亚；摩诃丁克亚原配夫人瑞班之父与不知名的妾生了东吁摩诃丁克亚。"这与瑞梯王之家谱不符。在《缅甸大史》中记载："敏塞瑞南欣王之子德道榭；德道榭之子德耶沃达那；德耶沃达那之子德耶西都；德耶西都之子德耶丁克亚；德耶丁克亚之子摩诃丁克亚；摩诃丁克亚与西都觉廷之女明拉涅成婚，生给杜摩底建城王。”此说与宗谱不符，学者们皆不赞同。

西都艾之子明兹那与摩诃丁克亚之女明拉妙成婚，而明兹那之弟明克米和明拉妙之妹明班结婚，形成两兄弟与两姐妹之间的婚配关系。西都艾之女梭明没有许配给外甥建城王之弟。虽然屡次上奏要求恩准，王却认为不合适。建城王之弟对此极为气愤，深夜带领一百多随从摸进舅父家谋害西都艾。事成后他便携舅父之女梭明于缅历 847 年（公元 1485 年）在名为给杜摩底的东吁登基。在《东吁史》中将父王摩诃丁克亚说成是东吁西都觉廷之子，将西都说成是央米丁西都之子。

建立给杜摩底城之摩诃底里泽亚都拉于 26 岁登基后，便在舅父西都艾家宅地处建造佛塔。把离东吁城北一百达外的卜贝羌地区命名为妙瓦底，在此建造了白宫，与妃子居于宫中。摩诃底里泽亚都拉获得东吁后又迅速攻打分水、密马那，占领密马那后杰萨侯率子孙来降。孟王、云国王闻得他威德无限实力甚强，十分恐惧，向他献了白伞、上朝鼓等君王登基五宝器及良象、骏马、美女、宝石等。

缅历 853 年 9 月 12 日（公元 1491 年 11 月 12 日）金曜日，东方破晓之前破土建造堕罗钵底城，将东吁城让其父明摩诃丁克亚去居住，并道：“此城乃儿拼了性命攻打来的。”摩诃底里泽亚都拉便从卜贝羌旁的妙瓦底城迁至堕罗钵底城。是年，他攻打央米丁和分水五县之王明康第二之弟明耶觉苏瓦所管辖的色坝当、哀布、雅盛因当一带的村庄。掳获大批水牛、黄牛和俘虏。后又攻打孟国边远地区伽基、姜比亚。此时，皎茂掸人姜比亚侯多傣发骑象前来迎战。半夜，他从乘坐的瑞介象背上跳到对方象背，用刀向多傣发砍去，一刀将铁杖连同人、盔甲劈成两段，多傣发殒命。夺得战象。从此称该象为“王掳之象”。孟王彬尼亚仰闻讯大怒，派大臣40，战象100，士卒16万前去包围堕罗钵底城。摩诃底里泽亚都拉也派明基西都觉廷率战象80，士卒20000出西门迎战。自己也亲率战象30，士卒12000作后援出城参战。结果孟16支大军溃败，战象70头、士卒3000余人被俘，死伤惨重。战胜孟16支大军并俘获大批战象马匹及兵卒后，将捷报奏至明康第二处。明康第二大喜，在原“底里泽亚都拉”的称号前加上“摩诃”[①]二字，并赏赐他君王登基用之五宝器。下旨将央米丁周围的村庄全部摧毁，大军进攻皎切，攻克后再次攻打姜比亚，又俘获大量战象、骏马和俘虏。摩诃底里泽亚都拉自己则乘坐“德瓦那伽”象率战象80、骏马6000、士卒40000攻打卑谬城管辖下的村庄，也俘获大批俘虏及象、马，还有一批诱捕野象用的母象。

缅历863年6月（公元1501年8月中旬至9月上旬），央米丁、分水五县为采邑地的明耶觉苏瓦去世。明耶觉苏瓦的扈从千余人投到摩诃底里泽亚都拉麾下。在阿瓦，当年9月（公元1501年11月中旬至12月上旬）王兄之子瑞瑙亚塔部下鄂道甲谋害那腊勃底。因此瑞瑙亚塔被处死。瑞瑙亚塔之父、缅王摩诃底哈都拉的部下信兑那登、彬达莱侯、缅王塔奴总管、弓箭长、耶妙拉等五

① “摩诃”意为“伟大的”。

人怕受株连，带领随从700余人[1]及马、象等也投到摩诃底里泽亚都拉处。底里泽亚都拉因妹夫明兹那已死，便将其妹明拉妙许配给信兑那登，其余来投之人均委以适当官职。

缅历864年(公元1502年)摩诃底里泽亚都拉与阿瓦瑞南觉欣那腊勃底王的叔父色林和赛谬侯德多达马亚扎之女明拉突婚配。缅王将分水五县和比亚冈、金达、瑞谬、当纽、孟代、白柏、色洞、谬拉、因贝、因抱贾、丹艾、白古、德杯、因琼等村庄分封给他，并准其为打伞的侯王。他得到这些村庄后，将村民们都迁往堕罗钵底，将原有的村寨变成荒野。是年，他便起事背叛了那腊勃底王。

缅历865年(公元1503年)，良渊侯明觉廷去世。良渊、丁基、因道、密铁拉、密良、达伽拉等六城和明觉廷基之子巴亚觉廷、明东达、明卑瓦等人都来投奔摩诃底里泽亚都拉。缅王瑞南觉欣那腊勃底闻讯后，令亚扎丁坚为主将，率大批人马前来包围密良和达伽拉。东吁王摩诃底里泽亚都拉闻讯后便率战象120、骏马6000、士卒5万前来迎战。见阿瓦军据城固守，便乘战象赖亚底德瓦那伽发起攻击，阿瓦军大败。于是令部下将抱绵摧毁，然后退军。阿瓦军见此，返身追击。东吁王之驸马因道侯明东达见大将军亚扎丁坚乘战象仰康宁追来，即骑上那伽瓦拉象迎战。亚扎丁坚之象不敌败逃，明东达紧追不舍，将亚扎丁坚头颅砍下并抓获大量水牛、黄牛和俘虏，并将彬西周围的村庄和密铁拉一带的村庄毁坏殆尽，又获大批象、马、牛及俘虏。缅历866年(公元1504年)召集将官

① 原文将“五人”误印为“鄂号”，现根据旧版更正之。本书(196)节亦记有此事，但作八百余人，与此处略有出入。

子弟组成两队骑兵：当松那、赖威米代、耶绍越、仰昂、兹亚约达、敏意曼、永达为左骑军；由明皮亚、仰涅艾、甘德意、鄂内贡、那敏、德桑敏、赖亚米代等组成右骑军 7 骑，两队共 14 骑。[①]

是年，卑谬王白象王德多明绍从卑谬逆水而上，双方大战一场，之后两王相会在遂久佛塔前盟誓战事平息。而后从陆路进军，过色垒攻打辛古。卑谬王也从色久乘御舫逆水而上，开往辛古。抵达辛古后，将东吁王摩诃底里泽亚都拉请上御舫，盛食物于宝盘中共同进餐。继而攻打蒲甘，未克。撤军至色垒。以卑谬军，东吁军、因道军、丁基军四方联合包围蒲甘。阿瓦王那腊勃底闻讯后，与翁榜土司一起率水陆两军前来迎战。两军在布翁当激战，由于兵力部署不当，摩诃底里泽亚都拉大败，只身一人骑战象瑞杰救出许多人，包括辛古城中被俘的众文武大臣，皇亲国戚。并率领他们向布欣艾而去。途中遇上卑谬王德多明绍之象扎底都拉，该象已走不动路而被弃之路旁，于是将该象也一并带走，继而向彬城和那茂城逃去。经休整后，下令进攻皎勃当和杜云岱城，抓获大批水牛、黄牛及俘虏。缅历 867 年 2 月（公元 1505 年 4 月），在色垒、布翁当等地失利。

缅历 869 年（公元 1507 年），与瑞南觉欣那腊勃底继母之子明基登克都、明基兑等三人率大队人马进入布坎基。反叛其兄那腊勃底，请给杜摩底王亲来助战，于是摩诃底里泽亚都拉便率大军进发，摧毁了皎勃当、卜巴、鄂达耀、杜云岱、辛古、育瓦达、甲喔等城镇。大军来到仁安羌驻扎，伺时机变化，后迁至马圭。此时，卑谬

① 原文有误，写为 16 骑。

王德多明绍发水陆两军准备支援布坎王。大军行至马圭相遇，传旨要见王子，并以劳加船来接。摩诃底里泽亚都拉便带执槟榔盒和饮水瓶等侍从来到御舫上。卑谬王以宝盘盛宴招待，共同进餐。并再次宣誓结盟。后又继续进军，来到金本那伽。正值当地大旱，缺乏饮水，象马及将士口渴难耐，卑谬王指天起誓，顷刻间大雨倾盆，众将士得以痛饮一番。正值驻守当地伺机而动之际，传来布坎基被攻克，缅王那腊勃底将三位王兄全部处死之讯。摩诃底里泽亚都拉便回师。缅历 870 年(公元 1508 年)闻因道侯明卑瓦将侵犯卑谬，于是便率大军出征，一路上将格棱基、洪育瓦、蒙育瓦、明拉、贡当、甘当、报劳等村庄全部摧毁。大军来到因道后，驻于因道以西的马开当马。并派人探听东敦枝消息。随后与东敦侯谈判成功。东敦侯提出将幼子明基瑞妙与梭明王后所生之女配婚，随后即回师。抵达给杜摩底后，令东吁全国百姓烧砖，以备筑城之用。缅历 871 年(公元 1509 年)东敦侯将儿子瑞妙送来。于是为东敦侯之子瑞妙与自己的女儿完婚。

缅历 872 年 8 月 15 日(公元 1510 年 10 月 10 日)火曜日，东西长 700 达，南北长 1000 达，名为给杜摩底的东吁城破土兴建，在城中建一荷花池，荷花池的一边栽上树菠萝、芒果等树，并建造花园种上茉莉、黄荆等花卉。在湖心建造一座富丽堂皇的宫殿。在湖的另一边建造寝宫。从此每日鼓乐歌舞盛会不断。在城中心建王宫，宫中建有彩坊，向城周围及远方云游而来的僧侣们布施僧用八法器。同时请八方僧侣及父王摩诃丁克亚居住在内长期用斋。并常向缺吃少穿之孤寡贫民施舍衣物、钱粮。并赐银两、布匹给占卜师们。

(208) 德彬瑞梯出世

一次，大雨滂沱，堤坝决口。摩诃底里泽亚都拉王乘轿出宫，准备修筑堤岸。适遇鄂内贡村长之女，她长得体态丰满，有闭花羞月之貌。也是她前世修善，时来运转。国王一见倾心，便问道："小女子是谁家之女？"姑娘奏道："小奴是鄂内贡村长之女。"国王便将她带入宫中，一天她为王打扇，伏于国王腿上睡去。突然她惊呼醒来，国王亦被惊醒，忙问："何故如此惊慌？"小女子答道："奴梦见太阳坠落，扒开奴婢腹部钻入其中，遂被吓得惊叫起来。"国王道："爱妃现已身怀六甲，此子必有大福，可与日月媲美矣！若生男儿，朕将立你为后。"待到足月，即缅历 878 年 2 月 16 日(公元 1516 年 4 月 16 日)水曜日晚上四更后，生下德彬瑞梯。分娩时，天上下着瓢泼大雨，并夹杂有大如卵石的冰雹，大地一片红光犹如火焰般光亮。国师道："今日如此吉兆，宫中必有缘故。"于是，凌晨便进内宫，才知宫中产下一子。国师问："取名了没有？"答曰："已经取名为德彬瑞梯。"国师道："陛下宗系断嗣矣！"

德彬瑞梯诞生后，其母即被立为王后，赐号亚扎黛维。瑞南觉欣那腊勃底将德多达马亚扎之女明拉突许配给摩诃底里亚都拉后，曾立为王后，但无文字记载说她曾生育子女。亦无记载说瓦底王后生过子女。摩别侯之女钦内入选宫中时，生一女名为钦基，后为勃印囊之王后。德彬瑞梯出生后，准备赏赐部分王族，中选者有：当克侯之子明基翠、界约宾侯之子信尼达、信底哈、勃达米亚和信纳道。女眷中有比亚冈夫人、西仰昂夫人，五男二女共七人。缅历 884 年(公元 1522 年)攻占当布路和亚贝,抓获大批象马及俘虏。其中有为数众多的掸人。缅历 885 年(公元 1523 年)征服了彬城和那茂等地。

缅历 886 年 12 月 29 日(公元 1525 年 2 月 19 日)土曜日,孟养色隆首先击败阿瓦。摩诃底里泽亚都拉闻讯后,即刻起兵向阿瓦南部村镇进发,准备占领该地区。在路林宫赛地区驻扎时,有瑞南觉欣那腊勃底王属下之阿敏侯、良渊侯、央米丁侯、瓦底侯、宾垒侯、彬牙侯、掸拜当侯前来归顺。在套江傣接见了上述诸侯。来投奔者带来战象 20、骏马 600 及随从男女共万余人。摩诃底里泽亚都拉说:“在建造给杜摩底时,城楼柱子上飞来大批黄蜂,朕就预料将有四方人士云集于此,今果然应验。”继而攻克了丁基,密铁拉,俘获甚多。在包围因道城时,瑞南觉欣那腊底勃底复得阿瓦。他与翁榜土司一起率大批人马前来。摩诃底里泽亚都拉便带着俘虏撤回因道。

那腊勃底王和翁榜土司一起率军来到给杜摩底,在城北新仲驻下,屡次攻城未克,只得回师阿瓦。缅历 888 年(公元 1526 年)阿瓦覆灭。那腊底勃王和掸军作战时战死。那腊勃底王崩,阿瓦王朝覆灭之时恰为 888 年,王之生辰日与泼水节最后一天相重。那腊勃底王崩后,投奔东吁的有彬牙侯、因康侯、密达侯、莱德侯及该城镇之全体百姓。当年,摩诃底里泽亚都拉发大军攻打孟国周边地区迦基河的源头一带,俘获大批象马和俘虏。回师时还摧毁了阿瓦南部地区的城乡。并派大批人马毁坏了所有的池塘、水渠。目的是为了使东吁远离战乱。那时诸侯各国都十分惧怕孟养的掸人。

摩诃底里泽亚那拉是位文武双全，有福之明君。据说他头顶有一根发长约三尺。他擅长弓箭之术和驾驭战象。嗜美味珍馐，每天还亲自下旨，命制各种佳肴。让人挑了担子送给大臣和皇亲国戚及将领们的孤寡遗孀、僧侣们食用。他还善机谋，对国事能高瞻远瞩，并精通武艺。临终时让人在城中造了象栅栏，将城郊之木棉移植城内。曾去过锡兰的大法师阻拦道："不宜如此。"但无济于事。他在御象栅栏中种木棉树并建造了寝宫，自己居住进去。三个月后，于缅历892年9月5日（公元1530年11月24日）木曜日晚八时许驾崩。他26岁登基，在位46年，享年72岁。王之生辰为水曜日，驾崩时木星、土星、水星运行反常。他做过的功德有：在东吁城中心建造了佛塔和寺庙；在给杜摩底东北角城根建造佛塔和寺庙；在城东南角建佛塔和给杜摩底僧王寺；在堕罗钵底城南部为国师、曾去过锡兰的大法师建造了寺庙，并每天布施斋饭；在该寺的经堂内用与自己相等身重之铜铸造佛像供奉，每逢夏安居期满解夏时，都要布施功德衣；在城南和城西挖湖蓄水，并在适宜之地建造花园。

在王驾崩的892年9月5日（公元1530年11月24日）木曜日夜一更许，王子瑞梯登基。他即位后，待明基翠如亲生父亲，极为尊重，并赐号明耶登克都、又赐金伞、槟榔盒、咸茶罐、饮水瓶等。同时赐内傅信尼达号为德多达马亚扎，并赐给槟榔罐、槟榔篓、金伞、咸茶罐和饮水瓶。赐内傅信底哈号西都觉廷，并赐金槟榔篓、咸茶罐。赐内傅信纳道号巴亚南都，并赐金槟榔篓、咸茶罐、饮水瓶。赐内傅勃达米亚何物则不见记载。赐给明耶登克都之子信耶突号觉廷瑙亚塔，并赐给金槟榔篓、须弥神山状嵌宝石的咸茶罐，后又赐他与御妹钦基成婚。此外还大赏众王族文武大臣，论功嘉奖，授予封号，赐给宫廷用物，分封土地。

瑞梯王登基后，缅历 894 年（公元 1532 年）时年 17 岁。文武大臣上奏道："陛下应行穿耳梳髻礼。"王道："朕要在汉达瓦底的瑞摩陶佛塔处行穿耳礼。"大臣们上奏道："汉达瓦底乃敌方之地，我王切不可在该地行此大礼。"王道："谁敢阻拦？"随即骑上御马达得鲁泽亚，马背上安放着嵌红宝石的鞍子。带上大臣 40、骑兵 500 及随从向汉达瓦底进发。抵该城后，令 500 骑兵将佛塔团团围住，自己则登上佛塔，祝祭礼毕后便梳了发髻，穿了耳。孟王都信德伽育闻瑞梯王专程来瑞摩陶佛塔朝拜，下令即刻去围捕。都信德伽育毕的内傅彬尼亚劳，彬尼亚江等人率大批象马士卒，将瑞摩陶佛塔团团围住。大臣们闻讯后上奏于王，瑞梯王道："尔等只管将耳孔扎正就是，至于孟人，由朕来对付。"穿耳仪式结束后，瑞梯王跨上御马达得鲁泽亚，高喊："瑞梯王在此，谁敢来送死？！"纵马疾驰。500 名随从亦跟着冲出包围。瑞梯王乃洪福之王，孟人被吓呆了，竟无一人敢来阻拦。瑞梯王经过四昼三夜返回给杜摩底。

瑞梯王简历：恩达泽按王储的计谋将达马塞底王之子明耶觉苏瓦谋杀。在他被害之时，曾作祷告道："吾本无罪，然今日吾命将绝。苍天作证，吾若无辜，愿来世投生缅王宫中，成人后定扫平孟三邦称王。"祷告后将金银首饰尽数布施给瑞摩陶佛塔。据传，在怀瑞梯王时，曾托梦说是由达马塞底王之子投胎而来。

在《缅甸大史》中记载：孟王达马塞底受人挑拨，尽管明耶觉苏瓦王子无罪，却将其处死。在《孟史》中记载：明耶觉苏瓦王子带领主要奴仆逃出城去。王下令恩达泽去追捕。捕回后父王道："既然他出走不想见我，寡人也不想再见他。”恩达泽将此情况报告王储，王储遂下令：“将他杀了！”恩达泽便将王子杀害。王太后闻讯，哭着上奏时，王答道：“朕并未让人杀他，此事乃王储命恩达泽所为。”王太后伤心地将此事告诸高僧，高僧们说道：“王是无罪的。”于是替王子超度布斋。因此，说达马塞底王听信谗言而处死王子实为谬误。事实是王储设计，命恩达泽将明耶觉苏瓦杀死的。

缅历 896 年（公元 1534 年），德彬瑞梯挑选皇亲国戚及官员子弟，组成 28 骑精锐骑兵队。是年，任命觉廷瑙亚塔为先锋，率战象 40，骏马 400，士卒 4 万向汉达瓦底进军。

（209）汉达瓦底王系简况

达末拉贡马亚[①]王创建了包括汉达瓦底 32 镇在内的罗摩迎国。自达末拉贡马亚王至蒂沙[②]王共 17 代。传至蒂沙王后即断嗣。缅历 713 年（公元 1351 年），莫塔马白象之主彬尼亚乌又重建国家。彬尼亚乌在位 14 年。[③] 其子亚扎底律在位 40 年。亚扎底律之子彬尼亚达马亚扎继位，在位 3 年。后由彬尼亚达马亚扎之弟彬尼亚仰继位，在位 20 年。后由彬尼亚仰之侄彬尼亚勃尤继位，在位 4 年。后由彬尼亚勃尤之叔彬尼亚江继位 3 年。雷穆陶在位 1 年。信绍布在位 17 年。达马塞底在位 21 年。后由达马塞

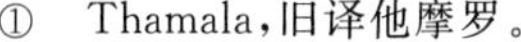

① Thamala，旧译他摩罗。

② Tissa，旧译帝沙。

③ 按本书前后所述，此王在位年数明显有误，应为 34 年。

底之子彬尼亚仰继位。在位4年[①],后殁于888年(公元1526年)。彬尼亚仰之子都信德伽育毕继位,在位8年。缅历896年(公元1534年)统治泽亚沃德纳国给杜摩底城的瑞梯王时年19岁,出兵征讨,大军抵达汉达瓦底附近新谬驻下。由于都信德伽育毕的内傅彬尼亚劳和内侍彬尼亚江等人周密布防,屡次攻城未得手。后经再三思考知无法迅速破城。驻营7天后即回军给杜摩底。

缅历897年(公元1535年),德彬瑞梯率战象60,骏马800,士卒6万再次攻打汉达瓦底。大军开至该处,驻军于汉达瓦底以北贾格多地区。而后派象军及马兵屡次攻城,由于城上葡萄牙士兵[②]们用火炮轰击,伤亡甚重,无计可施。大军在该地驻留三月之久,因雨季将临,只得再次回军给杜摩底。是时汉达瓦底出现异常征兆,天上的星辰下雨般地陨落,整整延续7日,星辰落地即逝。此外,在河流下游有一大鱼搁浅于沙滩之上,鱼身高达20多肘尺,长达40多肘尺。伊比翁山自然崩塌,许多小山岗纷纷移位,大地裂缝。一只乌鸦由一群乌鸦簇拥着落到国王宝座顶上。后将该乌鸦捉住,送到瑞摩陶佛塔上放生。水位标石也无故折倒,涨潮时河水变浊,怪象丛生,奇兆纷现。

① 按本书前后所述,此王在位年数明显有误,亦应为34年。

② 原文写为:印度穆斯林士兵。经查哈威《缅甸史》东吁王朝一章清楚写明:"……此外,彼且雇有葡萄牙兵七百,备有舟楫,为首者名凯伊鲁(Joano Cayeyro),乃葡萄牙冒险家之一,若辈葡人方率其好斗之儿郎,踟蹰东土,供一般扰攘之土王聘用。彼等携有枪铳小炮,当时在缅甸犹属创见焉。"(姚楠译注、陈炎校订、哈威著《缅甸史》,商务印书馆1957年3月版第197—198页)。可见原文有误。此后文中凡此名者皆更正为葡萄牙兵或葡人。

缅历 898 年(公元 1536 年)瑞梯王再度率战象 200、骏马 800、士卒 7 万,令觉廷瑙亚塔为先锋,德多达马亚扎为殿后之将,发 7 支兵马向汉达瓦底进发。令明耶登克都留守城池。大军抵达拘利耶后,孟王都信德伽育毕前来迎战,双方马军相遇,厮杀一阵,孟军溃败,大臣德门巴尤及众多战象骏马被俘。瑞梯王乘胜追击,直达汉达瓦底。在德奈孔扎营。接着便攻打汉达瓦底。城上守卫严密、炮火密集,未能攻克。转而向汉达瓦底以西一带进军,驻军于大光。令各将分兵几路,去攻打勃生、渺米亚、德延达亚、开榜、德巴兑等城。俘获大批象马及俘虏。转而再挥师攻打汉达瓦底,多次攻城均因内傅彬尼亚劳、近侍彬尼亚江等人部署周密,多谋善断,未能破城。又值雨季来临,只得再度回师给杜摩底。

(210) 孟王都信德伽育毕

缅历 899 年(公元 1537 年)孟王都信德伽育毕遣使来到瑞梯王处。彬尼亚劳、彬尼亚江等亦派人到明耶登克都、德多达马亚扎处传书。在金叶书中写道:“罗摩迎汉达瓦底国君玛尼都拉巴瓦拉杜达马亚扎①致王弟泽亚沃德纳给杜摩底国君:罗摩迎与泽亚沃德纳两国世代和睦相处,友好关系源远流长,犹如抽刀割水斩不断之长流。现吾等两邦如能一如既往像一张金箔一般相处,则国中

① 孟王都信德伽育毕之号。巴利文音译。意为:红宝石般珍贵英勇弘法善良之王。

百姓有幸，诵经修行亦可长得安宁矣。”随信赠送大批礼物，包括各种布匹绸料。来使到达后，妥善安顿好。然后接见，听过来函之意，瑞梯王一语不发，默坐片刻即遣使返回。待他们出去后又将彬尼亚劳、彬尼亚江派来的人请回。将两朵金剑兰花交给他们道：“你们将此花带给朕舅父彬尼亚劳、彬尼亚江。”都信德伽育毕的使者先回到使驿馆。见彬尼亚劳、彬尼亚江派来的人回来后问道：“国王说了些什么？”答曰：“未曾说什么，只是交待我们将此两朵金花带给两位舅父。”都信德伽育毕的使者不信，说道：“这不可能！”在使者们未回国前，瑞梯王只是不断宴请彬尼亚劳、彬尼亚江的来人。这些使者回到汉达尼瓦底后，将在给杜摩底的情况向王详细奏明，孟王遂对内傅及近侍产生了怀疑。

瑞梯王之计如下：他亲自在金贝叶上写信，佯装要给彬尼亚劳和彬尼亚江。信中写道：“泽亚沃德纳国给杜摩底城主甥儿敬禀：二位舅父提及战后彬尼亚劳舅父望能食邑汉达瓦底，彬尼亚江舅父希望食邑莫塔马事甥已知悉，战后定让二位舅父大人如愿以偿。望能为甥儿之事尽心竭力。”并令人连同印章之类装入一锦囊之中，放入一竹篾编制的箱内。诏书箱中还塞进许多丝绸和花丝绒，宫廷用布等。命两名剽悍壮士作使节，带 30 个随从前去送信，并嘱咐使者道：“尔等抵达汉达瓦底附近的村庄时，让村民们运送行李，过二三驿站后，到一村子，你们可将村民捆起来痛打一顿，故意挑起事端，这样村民们将忿忿不平，闹将起来。这时，故意扔掉箱子，空手跑回即可。”该两名使者来到孟人的村子后，依计行事，在村长家吃饭，借口饭菜和酒太少，将村长捆起来狠揍一顿。村民们见此情景，怒火填膺，前来救助村长。双方打作一团，使者将竹篾箱扔下，佯装不敌而逃。村民们捡起竹篾箱呈到孟王都信德伽育毕处。孟王检查送来的箱子，发现锦囊中的书信，命人宣读。本来对他们二人就有怀疑，听罢全文，一气之下不假思索，将内傅彬尼亚劳和近侍彬尼亚江召入宫中斩首。汉达瓦底自从少此二人后，力量大减。都信德伽育毕新建贾茂城，居于该地。

瑞梯王闻得彬尼亚劳、彬尼亚江已被除去，便召集众文武大臣商议。妹丈觉廷瑙亚塔上奏道："汉达瓦底孟国现已明显地出现空前未有之征兆。而今彬尼亚劳、彬尼亚江等人已除，汉达瓦底国力大减。洪福齐天的我主只要率大批象马出征，孟王定不敢在汉达瓦底抵抗。汉达瓦底必将兵不血刃，唾手可得。占领汉达瓦底32镇后，莫塔马32镇，勃生32镇都将成为吾王之属地。"瑞梯王对妹丈之言极为赞赏。即令杜因亚扎、杜因巴拉、西杜因加都，杜因约达4队马军作先锋、后跟9队人马，共13支大军出征。全军有战象120、骏马800、士卒70000。水军有装着大炮和粮食的战船200余。由明摩诃与巴亚觉都率士卒10000从水路进发。命德榭觉廷和丁克亚留守都城。大军从给杜摩底出发，过三站路后，孟王都信德伽育毕考虑到汉达瓦底难以守住，便派彬尼亚德拉、明耶昂乃、埃比亚底、耶丁仰、拜格敏5队人马率战象200、骏马800、士卒80000从陆路进发，前来迎战。孟王都信德伽育毕从水路乘御舫率埃蒙德亚、德门西都、德门丹杰、拜纳耶、尼甘冈、埃那耶6队人马乘泽拉格彬[①]、劳加、铁船共700余艘，水军40000人准备先到妹丈卑谬王那腊勃底处会合。大军从汉达瓦底出发后径向室利差

① 一种船头船尾向上翘起中间凹下的战船。

咀罗而去。

瑞梯王获知都信德伽育毕已逆水北上到卑谬去，便急行军赶到汉达瓦底。占领该城后，召集众大臣商议道：“现在该去进攻卑谬还是进攻莫塔马呢？”内傅德多达马亚扎奏道：“托陛下洪福，现已不损一刀一枪占领了汉达瓦底。当今之急乃是加固城池，囤积粮食，并将城郊和边远之农村百姓集中起来，敌人如若来犯，亦可出战。如若不来，则可在此一年整顿补充军力，待来年雨季过后明媚季节时前去征讨莫塔马。攻克莫塔马后，利用莫塔马兵力再一起去攻打卑谬。如此方能迅速成功。”觉廷瑙亚塔听后奏道：“公所言乃是从战事问题考虑，但孟王都信德伽育毕不敢据城抵御，却逃至卑谬合兵一处，他们的联合不过是添增些人马而已。论斗智斗勇，均无法与我匹敌。因此，不妨对卑谬进行一次试探性进攻，如若顺利，则一鼓作气攻取之。如若因其有上缅甸土司支援而难以应付，则可迅速回师，转攻莫塔马。为此，请我洪福之主从水路进发。孟人奸诈异常，吾等必须水陆两军并进，不宜分兵。臣将派3支陆军，追击彬尼亚德拉、明耶昂乃之军。”瑞梯王对妹丈觉廷瑙亚塔之言极为赞赏，下令：“照此办理。”觉廷瑙亚塔便遵旨而行。并对在汉达瓦底起出秘藏船只前来归顺者给予奖励。于是水军起程，前有巴亚觉都、南达觉都、德门巴尤、明摩诃、底里泽亚觉廷、拜纳耶、赖亚弁琪等将，随后是王之大驾。7支水军有泽拉格彬、格杜、伦锦350只、士卒35万。陆军与水军相距不远齐头并进。陆军中有德多达马亚扎、巴亚南都、德门劳欣、南达都利亚4支人马，共有战象70、骏马300、士卒35000。妹丈觉廷瑙亚塔则率战象50、骏马500、士卒10000、乘象大臣50从陆路向囊优进发。汉达

瓦底城则令明登克都率万余人坚守。

觉廷瑙亚塔等人来到囊优后，只见都信德伽育毕之臣彬尼亚德拉驻在囊优河对岸，便令一人上树窥测对方兵力。回禀道："约有战象200、骏马800余、士卒80000余。"觉廷瑙亚塔随即令部下赶制木筏，将所有人马渡过河去。为了让将士们下定决心背水一战，将所有木筏统统毁掉。属下将官禀道："我方兵寡势弱，敌方兵力十倍于我。决此一战，胜则罢，若遇不利，后退无木筏岂不难了？"觉廷瑙亚塔道："托主公洪福，我军必胜。大家无需担忧。"此时，瑞梯王派杜因亚扎等10骑专程前来传旨："如遇敌人切勿妄动！待朕到后再攻。"觉廷瑙亚塔道："托我王洪福，我们已取胜。"手下一大臣名道迈耶者说："我军尚未得胜，如若安排不力，战而不胜，却向圣上上奏已获胜。届时陛下岂不要问罪？"觉廷瑙亚塔听此言后，为使众人不生二心，便对众将官司道："我们只要赢此一仗，便能保全性命，否则不成功则成仁，唯死而已。陛下要问罪亦无人可问矣。"接着部署兵力。命道迈耶率骑象大臣15人、骏马200、士卒3000从右翼进攻；命巴亚丁坚率骑象大臣15人、骏马200、士卒3000从左翼进攻①。觉廷瑙亚塔自己则乘战象遂拉曼带领骑象大臣20人、骏马100、士卒40000从中路进攻。他告诫众将士道："战争者不在兵之多寡，在于发挥智勇。今日之战望众将官以圣上隆恩为重，以表忠贞，要以性命相报。"于是兵分三路向前进攻。都信德伽育毕之大臣彬尼亚德拉和明耶昂乃等人见缅军势单力薄，毫不畏惧，遂摆开阵势迎战。此时，觉廷瑙亚塔纵

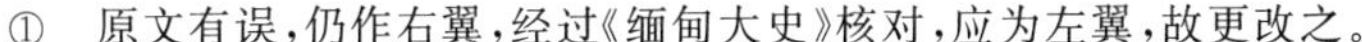

① 原文有误，仍作右翼，经过《缅甸大史》核对，应为左翼，故更改之。

战象遂拉曼冲入孟人之象队马队之中，径奔彬尼亚德拉所乘战象。彬尼亚德拉匆忙跳下象背，跨上战马逃命。从左右两路进攻的觉廷瑙亚塔之骑象大臣们也纵象进攻。孟军人马顿时四散溃逃，明耶昂乃在坐象象首上殒命。将士伤亡甚众，大批象马兵卒被俘。

孟王都信德伽育毕得知囊优守军溃败后，不敢再在班玛梯瓦久留，率军逆水而上，准备与卑谬王那腊勃底会合。大军抵达因加布拉，留下众将士象马等，自己领妻孥等进城见卑谬王。那腊勃底热情接待他们，并向北方诸土司发出邀请。土司们率领大队人马从水陆两路前来。待到各路人马会集卑谬后，卑谬王、阿瓦王、汉达瓦底王等商议向汉达瓦底进军，准备扶都信德伽育毕重登王位。随后即部署水陆两军出征。

瑞梯王于囊优取胜后第二天才到达该地。随即召见觉廷瑙亚塔，问道："尔等不待朕到来，擅自攻打敌军，岂不等于破坏了朕的好戏？"觉廷瑙亚塔奏道："区区小战，何劳圣上大驾？只须臣和下属去战足矣。日后待征之地何其多也，届时陛下再亲自征讨吧！"将俘获之象、马、士卒、武器等全都呈上。王大喜，随即将自己佩戴之环指、宝石手镯赏赐给他。并从此要他接受"勃印囊"①之称号。于是觉廷瑙亚塔遂改名为"勃印囊"。王赐他食邑莱城。其他人员均论功行赏，分封食邑城镇。而后起水陆大军向卑谬出发，抵因标岛后，水陆两军合在一起，扎下营来。卑谬王、阿瓦王、汉达瓦底王闻瑞梯王已经前来，便集合水陆两军防守卑谬。瑞梯王抵因标岛

① Bayinnaung，旧译莽应龙，意为"王兄"。

后三天，就询问勃印囊："下一步该如何行动？"勃印囊道："将大炮装上战船，隐蔽在因标岛下游河之两岸，晚上引诱敌船来追，如果敌人上钩，则命隐蔽在下游两岸之船出其不意开火，敌水军必败无疑。"

瑞梯王对勃印囊之计极为赏识，便下旨道："照此办理，朕去将他们引来！"勃印囊将战船部署完毕后，奏报瑞梯王。瑞梯王亲自乘坐两艘劳加船，载有锣鼓、唢呐等乐器，在夜色朦胧之中，不露声色直驶卑谬城下，抵达该处后，便鼓乐齐鸣并呐喊助威。卑谬军见瑞梯王未领水军，便大胆地全部出动，只见满江船只，前来追赶。为首者是阿瓦王部下甘尼侯瑙亚塔和榜底侯弁琪，卑谬王部下班当侯、炯聪侯、孟王部下彬尼亚德拉和拜格敏等六员大将。各式战船均出动，前来追赶瑞梯王御舫。瑞梯王面无惧色，令御舫与追赶的敌船若即若离，诱敌深入。待到大批船只驶到因标岛时，埋伏在那里的船只一拥而出，向陷入重围的卑谬水军船只猛烈轰击。卑谬水军船队大败。领头的6艘大船连同6位大臣一并被擒。同时俘获战船200余及孟、缅、掸人5000余。将士被杀者甚众。弃船上岸逃命者亦被陆军阻击，伤亡惨重。瑞梯王水战获胜，鉴于汉达瓦底局势尚未全部平定，便迅速撤回汉达瓦底。

在《新史》中，引古典埃钦诗之记载："多汉发驾崩后，翁榜孔迈在阿瓦登基。此时才与其他土司一起，来到卑谬助战。"《缅甸大史》中载："阿瓦王多汉发，翁榜土司等来到卑谬增援。缅历904年（公元1542年），多汉发殁，后翁榜孔迈在阿瓦登基。"与《缅甸大史》所载年代相符。学者们同时也采用《新史》中引的古典埃钦诗为证，即“翁榜土司也参与其他土司增援卑谬之举”。

（211）都信德伽育毕遇神女

孟王都信德伽育毕见瑞梯王撤军，便与诸王商议，打算借卑谬、阿瓦之兵进攻汉达瓦底。大家商议决定，攻下汉达瓦底，让都信德伽育毕重新登基。孟王都信德伽育毕为招集兵马，从卑谬回到因加布拉军中，忽闻当地出现好象，就动用 70 匹战象，近千名官兵进山捕象。他们见到野象，象群惊恐分散逃跑。都信德伽育毕乘御象单骑追赶，但未追上。来到登都，口渴难忍，从象背上下来，到一池塘饮水，一裸体女神将王迷住。云雨过后，神女消失。都信德伽育毕王亦大吃一惊，回到因加布拉军中，当晚暴卒。卑谬王那腊勃底和阿瓦王多汉发率大批人马赶到因加布拉军中送葬。并将都信德伽育毕之遗产、战象、骏马及兵卒等均收去。回到卑谬，阿瓦王多汉发将好的象、马及金银都据为己有，并将都信德伽育毕的二子一女亦带回阿瓦，说：“吾无子女，将把他们视为自己子女。”卑谬王那腊勃底在缅历 900 年（公元 1538 年）因腹泻而亡。后由其弟信德叶继位。改号“明康”立其嫂底里蓬突为后，在室利差呾罗登基。卑谬王明康为今后有个依靠，将其妹白古王后送到若开。若开王将卑谬王之妹封为王后。她到若开后得名“佛堂王后”。

《缅甸大史》载：“卑谬王那腊勃底统治时期将御妹白古王后送至若开。”《新史》载：“那腊勃底殁后在明康信德叶统治时期，将御妹白古王后送到若开。”《新史》中的记载与关于“佛堂王后”之史料相符，故应取《新史》之说。

孟王都信德伽育毕殁后，众文武大臣纷纷投奔汉达瓦底。瑞梯王对来归顺的大臣们均未治罪，而赐与众大臣名号及封赏。对众将士亦一一按职论赏。赐给粮食种子、金银布匹。为确保国土安宁不受滋扰，为了孟国以西勃生 32 镇也不受侵扰均分派了大批军马与食邑之主，并设立了远近岗哨。缅历 901 年(公元 1539 年)将汉达瓦底城向南扩展，围绕着瑞牟陶佛塔西部修建城墙。令勃印囊总理国政。缅历 902 年(公元 1540 年)对视作生父般的明登克都赐号“明耶底哈都”，并赐君主登基之五宝器，命其为给杜摩底王，并赐给大批士卒象马。

此时，统治莫塔马 32 镇之王为都信德伽育毕之大妹乳名德拉格木公主之夫苏彬尼亚。瑞梯王遣使劝降，他依仗兵马众多，不肯归顺，重兵把守该城。瑞梯王下令迅速调集军队，大举向莫塔马进发。勃印囊奉旨部署，他令西杜因加都、因意杜因、泽亚德曼三队马军为先锋，随后为南达觉都、巴亚南达都、彬尼亚勃尤、南达约达、底里泽亚觉廷、南达丁坚、德榭觉廷七支人马，其后为瑞梯王亲军，其中包括 40 位骑象大臣率战象 40、骏马 400、士卒 40000。最后为勃印囊之殿后队伍。并命内傅德多达马亚扎守卫汉达瓦底城。

缅历 902 年(公元 1540 年)瑞梯王发 12 队人马，其中包括三支骑兵，率战象 130、骏马 2100、士卒 13 万，向莫塔马进军。到达该地时，只见莫塔马侯苏彬尼亚兵多将广。该城为港口城市，城上有各式大炮、火铳很多。城内的葡萄牙士兵，有些驻守在城楼居高临下，有些则驾轮船 7 艘，满载武器弹药，停驻于城前。莫塔马城呈南北横置状，东低西高，东临大江，城筑于西面山顶之上。为避开

炮火，瑞梯王只得在离城较远处驻兵包围。围城一个月左右，因未带战船，只得派人回汉达瓦底调来大战船300余艘，战船抵达后，集水陆两军一齐攻击。葡人在轮船上用大炮及火铳反击，许多战船被击沉，未能攻上城头。陆上虽亦命象马士卒屡次攻城，也因城上居高临下，武器充足火力密集，伤亡惨重，只得退下。由于上游、下游均能向莫塔马运送粮食、故城中粮草丰足。瑞梯王闻此情况，命勃印囊调水陆两军围困该城，截断运粮通路。勃印囊奉旨照办，城内断粮，发生饥荒，但城内守军仍加固工事，坚守不懈，并无降意。①

瑞梯王预料时间一久，莫塔马侯之妹丈毛淡棉侯定会前来救援。故特派使者到毛淡棉侯处下书，书中写道："统治泽亚沃德纳、罗摩迎诸大国之王向毛淡棉侯致意。尽管孟王都信德伽育毕拥有大批贤臣良将及骏马战象，然而却无法抵住本王之进攻。不敢在汉达瓦底城停留，逃到卑谬王那腊勃底处恳求联合。朕就此得到汉达瓦底。尔后，朕由汉达瓦底向卑谬进军，尽管有都信德伽育毕

① 此段所述缅泰关系在泰国史中写道："(拍猜拉差特叻)皇在位期间(公元1533—1545年)，泰缅首次发生战争。其先，素可泰皇朝第三世坤南甘杳的蒙族臣僚吗甲它，偕公主逃去，称王于摩尔门，又迁都白古。坤南甘杳皇赦其罪又册封之，称拍昭华漏王，一向为泰附庸。及此蒙族中兴的国家，位于泰缅两国的中间，泰缅遂一向未有接触。迨后缅方阿瓦城王拍昭法朗猛孔，屡犯蒙族地与蒙族拍昭拉差特叻交战，互有胜败，战事相持甚久。至住于战地的缅人及蒙人均受兵祸，奔避于东吁城。旋缅王拍昭法朗猛孔驾崩，缅蒙双方均感精疲力竭。而东吁城另一英雄崛起名拍昭索里猜素叻，统一东吁地区，旋薨，王太子继位，皇号拍昭德朋差威底。新王年方盛，好武事，出兵侵蒙国，灭之。蒙人有不服者，遁至北碧边地的他兰城。缅兵来夺此泰国边地，皇乃下谕召大臣开御前会议，以缅兵侵泰，不能忍受，即出兵御敌。时在大城都旅居的葡萄牙人，男女一百三十名，请为志愿队，出阵助战，皇许之。此辈葡人，均备当日认为最新式火药步枪出阵，缅兵当之，为之辟易，王遂收复他兰城。皇对葡人建功甚嘉许，下谕赐昭披耶河西岸万林区为居址，及赐葡人队伍名'火枪队'。"见棠花编著《泰国古今史》，1981年泰国中文版，20页。以下引该书均简称《泰国古今史》。此处所述拍昭德朋差威底即瑞梯王，蒙国即孟国。

和卑谬王、阿瓦王三国军队联合抵御，也被朕击败，俘获象马士卒甚众。都信德伽育毕殁后，其手下之文武大臣、皇亲贵族纷纷投到朕之麾下。朕对来投之众大臣不咎既往，分封行赏。现莫塔马侯苏彬尼亚自以为城池固若金汤，竟对朕派使劝降之事置若罔闻。现朕已起大军前来包围该城，不日将进攻该城，区区莫塔马城安能坚守？早已是笱中之鱼矣，[①]朕素闻毛淡棉侯彬尼亚乌你明达事理，朕不希望毛淡棉侯你受损，特此遣使送书致意”。然后，将书装入锦囊，派谬拉侯、兹育翁侯前往下书。

使者来到毛淡棉，将书呈上，彬尼亚乌看完诏书，叩头后上书道：“臣彬尼亚乌斗胆上奏：自洪福之主攻下汉达瓦底后，臣便劝莫塔马侯苏彬尼亚切勿迟疑、迅速投到大王麾下。然而莫塔马侯置若罔闻，轻信葡萄牙兵之言，致使至今。今闻大王亲自出征，臣本想争先投奔陛下，无奈臣有子女亲戚之拖累，加之不少人家父兄妻子均分别居于莫塔马、毛淡棉两地，臣如置城中百姓不顾，势必难以脱身，故至今未投奔大王。洪福之主只要攻下莫塔马，臣便无所顾忌随即归顺”。并送上大批布匹。

使者回后，将彬尼亚乌所奏之文转呈大王。瑞梯王阅后，召来德门巴尤问道：“我军屡次攻打莫塔马城，均未奏效，卿所见如何？”德门巴尤跪奏道：“莫塔马城建于山梁之上，山梁为其天然屏障。城上又箭楼林立，武器众多，尽管士卒拼死强攻，仍不见效，伤亡却很惨重。若从东边城低处进攻，则又有满载大炮的葡人之七八艘轮船守卫，一时难以登城。所有靠近之船，在进攻中遭对方轮船上

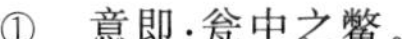

① 意即：瓮中之鳖。

大炮轰击，大部被击毁击沉。虽然我军已严密封锁江面，阻断其运粮通道，但终因河道宽阔，防不胜防，敌人仍能在夜间偷运，因而城中之粮得到接济，我军围困，徒劳无益。因此，臣以为只能用计摧毁葡人之轮船，然后设法让船队从东面靠近登岸才能攻克此城。”瑞梯王深善其言，令德门巴尤见机行事，并委任其为船队总监。德门巴尤率船队水军沿莫塔马河而上。到勒宫卑处，令众士兵砍伐竹子和树木、扎成宽 50 庹、长 100 庹的木筏，然后将焰火爆竹捆好，堆放于木筏之上，高达 20 多肘尺。深夜，将木筏放漂，让它们在莫塔马上游不远处靠岸。另造一木筏，宽 50 庹，长 300 庹，捆扎极结实，在木筏上搭起木栅栏，高度超过莫塔马城墙，上端设有女墙和通道，并装满大炮，也停靠在莫塔马河上游。

在这两只大木筏旁边还放置装有引火物的小木筏，当涨潮时将小木筏抬起。凌晨落潮时，将焰火爆竹捆点燃，霎时间火焰窜出一树多高，再将木筏浇上油，顺水漂向轮船。木筏一碰到轮船，便引起大火。城中人见轮船着火，便乘大小船只纷纷前来救火。此时水军一一出击，迫使敌军退回城中，不敢前来救火。木筏将锚泊在江边的 3 艘大轮船点着，锚链烧断，大船上的火又蔓延到 4 艘小船上，船上人有的被烧死，有的则跳水逃命，又遭水军追杀、一部分丧命，一部分被俘。7 战船被毁后，城东已成缺口，瑞梯王之军，将准备好的大木筏，装足弹药武器，令士兵作好准备，趁落潮顺水而下，靠到莫塔马城前。木筏上的女墙比城墙还高，居高临下，一阵猛轰，守城士卒不敢在城头停留，纷纷逃下城去。船上的水兵靠近城墙，挖开缺口，冲进城内，放火烧了民宅和寺庙。陆军一见城防已垮，将城门冲开，象兵、马兵一齐涌入城内，见抵抗者便杀。莫塔马侯苏彬尼亚仍不肯投降，搜集残兵负隅顽抗，与骑象之南达觉都相遇。两将单骑对阵，拼杀良久，苏彬尼亚之象不敌败逃。南达觉都紧追不舍，最后将苏彬尼亚连人带象一起生擒，押至瑞梯王处邀功。士兵们大肆掠夺金银钱财和衣物，并见抵抗者便杀。瑞梯王闻知杀人太多，遂令德门巴尤禁止滥杀无辜。德门巴尤便令鸣锣警告，不得乱杀，城中才平静下来。瑞梯王下令凡个人夺得之钱财均归个人所有。然后将勃印囊等众大臣召至帐前商议，王赞道："此次战斗亏得德门巴尤谋略有方，才使莫塔马城迅速被攻下。"随将苏彬尼亚之坐骑仪仗都赐给德门巴尤，并赐他渺米亚城、晋升为左丞相。下旨道，今后凡国政事务，均由德门巴尤与勃印囊商议决定。并赐给他大批战象骏马和士卒。

王问："是谁与莫塔马侯苏彬尼亚单骑相拼取胜的？"众大臣纷纷奏道是自己交战取胜时苏彬尼亚才返身逃跑的。瑞梯王道："现在朕还不便奖赏。"命再审苏彬尼亚。勃印囊审问了他，苏彬尼亚答道："跟我相拼之骑象人，肤色略红，稍有络腮胡。他的象象牙是弯的。"勃印囊问："你能否认出此人？"答曰："如见面，我能认出。"勃印囊便命众大臣都出来让他认。他指着南达觉都说："此人便是。"瑞梯王赞道："好记性！竟能在千军万马中认出此人。"于是王将槟榔盒、咸茶罐、饮水瓶、金钵、金痰盂、金象鞍、钦贝船[①]，贝榜雷马船[②]等赐给南达觉都，赐号为"耶明觉廷"，并赐壮象 5 头，马 50 匹、奴仆 100 名，并命莫塔马城中所有士绅富翁等也必须在五

① 一种船名。

② 一种船名。

日之内向他送礼。瑞梯王对众大臣及战斗有功者均论功赐号，赐宫廷仪仗及分封土地。莫塔马被攻克后，毛淡棉侯彬尼亚乌随即带领全体家属和亲戚携大批礼物前来归顺。瑞梯王收下礼物，并令其宣誓效忠后让其继续享用原有仪仗和乘骑，仍为毛淡棉侯。东部一带诸侯也都带着家眷及象马、礼品等前来归顺。瑞梯王都让他们宣过誓后，保持原有的封号、皇廷仪仗，并在原地食邑。

王将莫塔马城赐给都信德伽育毕舅父之子、都信德伽育毕小妹之夫苏拉宫恩，并准其用皇家仪仗。从此在接近阿瑜陀耶和清迈地区边境增设了远近岗哨，将莫塔马 32 镇委任安排停当后，起水陆两军返回汉达瓦底，抵达汉达瓦底后，在羌当以西摩伊拜花园原址建造了宫殿和配殿，举行加冕仪式。是时，分别为孟、缅、掸族大臣赐号封赏。待东吁王明耶底哈都似亲父一般，准其在给杜摩底宫中建造三座白宫居住。并赐给大批象马和出入宫鼓[①]等仪仗，准其出入时鸣鼓。

缅历 907 年(公元 1545 年)立明耶底哈都为东吁王。在他在位期间，百姓安居乐业、城乡经济繁荣、民众多行善积德。城内建造了妙喜宫佛塔。在德底当、德加当建了佛塔。举行盛会为德勒泰双塔塔顶升伞。在东临宿怨掸族，北对劲敌阿瓦的情况下，举各路兵马作护卫，专程来到瑞因苗佛塔，为之修建了顶伞下莲花状饰物。建造了孟塔，并为之安装了塔伞。在给杜摩底城前建造了有三层重阁的逝多林寺，为严守戒法之法师作布施，令人抄写三藏经文，并布施了大量财物，博得僧俗人众连声称颂："善哉!"并将祖产

① 国王出入宫殿时敲击的鼓。

也普济众人。每年对城乡林居派与村居派僧人逐一布施袈裟衲衣。这些就是他在给杜摩底为王时的功德善举。是时，国泰民安，一片升平景象。

瑞梯王攻占孟三邦后，于缅历903年（公元1541年）率水陆大军前往大光大金塔布施王冠，广斋众僧7日，并举行了盛会。返回汉达瓦底后下谕勃印囊道："来年7月解夏节后，朕将出征室利差呾罗，命各路诸侯养精蓄锐，补充军马，备足武器弹药和粮草"。勃印囊将此旨令传到各处。次年夏安居期满解夏后，各路诸侯纷纷带领象马将士汇集到瑞梯王身边。各路人马到齐后，分水陆两路出发。水军中有勃生侯比亚达迈、渺米亚侯德门巴尤，直柳漂侯耶丁仰、达拉侯底里泽亚瑙亚塔、德敏东侯南达约达、勒宫卑侯南达都里亚等6支军队作为前锋。随后便是瑞梯王所乘的有3座11层尖顶楼阁式的御舫。军中命南达丁坚为监军，巴亚南部为主将。御舫四周由四位戍卫长乘御赐劳加船护航。在四位戍卫长船四周又有许多装饰着形似麒麟状的神兽和各种鸟兽饰物之小战船。载有大炮、火铳等各式武器。船上遍插金盾、金挡、金牌和长矛。御舫由8艘劳加船牵引，另有12只金劳加船装着金轿、金船篷等皇家用仪仗，全用金桨划行随后。在御舫后面则有兹育翁侯底里泽亚觉廷、丁因侯南达觉廷、莫塔马侯苏拉宫恩、开榜侯德门丹杰、阿叟侯德门埃那耶、锡当侯摩诃基等各路大军。随同大军进发的13支水军中有大泽拉格彬船20、小泽拉格彬船50、格杜伦锦500、劳加、铁船800、士卒90000。陆军有：榜地侯德耶西都，拘利耶侯色杜加马尼、温谬侯埃那耶、岱格拉侯德门佐加拉、毛比侯巴亚约达等各路大军。后有勃印囊率的主力部队。马军中有：西杜因加都、

赖亚耶傣、杜因亚扎、因意杜因、杜因盖底等所率各部为先锋，连同这5支马军共11支大军，带战象300、骏马2500、士卒80000，于缅历903年8月(公元1541年10月下旬至11月中旬)向室利差呾罗进发。汉达瓦底城则令德多达马亚扎和德榭觉廷守卫。

(212) 卑谬王明康

卑谬王明康闻瑞梯王前来征讨，连忙深挖壕堑、加固城防、添置枪炮武器、增设拦阻象队之鹿砦、囤积粮食。并邀请上缅甸各土司调拨援军，请若开王也速发兵前来助战。瑞梯王来到卑谬，从水陆两路进攻城池。由于守兵众多，火力密集而伤亡惨重，只得退至远处从水陆两路包围。阿瓦王多汉发、翁榜土司等召集众土司商议后，派战象800、骏马10000、士卒16万前来增援。瑞梯王闻讯后召来众大臣帐前商议对策。勃因囊奏道："现在众土司前来助战，听说他们的战象、骏马为数众多。然而，论象术他们不及我们，其步军亦不及我方。但掸人擅长马术。因此，应依仗象军攻打。此外，要将土司们前来助战一事，严加封锁消息，不能让城中知晓。可在深夜出兵，在一站路以外阻击土司军。掸人焉能抵挡得住我军攻击？必能将他们打垮。"瑞梯王下令由勃印囊作相应部署，见机行事。勃印囊从各军中精选良象、骏马及善战之精兵由西都因加都和赖亚耶傣两队马军作先锋，南达约达、德门比亚德迈、南达觉廷、苏拉宫恩等军与上述两队马军共6队人马，带战象50、骏马700、士卒30000从右路进攻。由杜因亚扎和因意杜因两队马军作先锋，巴亚觉都、德门埃那耶、德门佐加拉、底里泽亚觉廷等军连同

上述马军共6队，带战象50、骏马700、士卒30000从左路进军。由杜因约达、亚扎德曼两队马军为前锋，摩诃基、德门丹杰、德门埃那耶[①]、勃印囊等军连同马军共6队，带战象50、骏马700、士卒30000从中路进发。

从卑谬出发。走出一站之遥，让象都下到河中，令6队马军前去侦察。马军们遇到土司马军后，立即回来禀报。土司们见到缅族马军，立即策马驱象追来。西都因加都，赖亚耶傣等6队马军将敌人诱过来后，分成左右两路。勃印囊等3路大军从河中牵出战象，备好象鞍，将火铳架好，等土司们的军队逼近，然后突然开火，弹如雨下，掸军兵卒象马中弹死伤者极多。初战便败阵两三次。土司们增派大量象马冲杀过来。勃印囊将150头战象分成三路，驱象冲去，掸人之象体小力弱，被大象挑伤，纷纷倒地，有些象见到缅方象队，惊吼而逃。象军败阵，马军也支持不住，纷纷仓皇逃命，乱成一团。西都因加都和赖亚耶傣率6队马军紧追不舍，一举将宋砌侯、耀绍侯、囊蒙侯等人连同坐象一起生擒。并俘获战象60头、骏马300余、俘虏20000多。敌人死伤甚众。勃印囊获全胜后，虑及不能离围城部队太远，便收兵回围城部队驻地。回营后，将俘获的象马和俘虏呈缴瑞梯王。瑞梯王大喜，将王族用仪仗与御用乘骑、手脚指环、金伞两把、圆形靠垫、象20头、马50匹及俘虏2000余名都赐给了勃印囊。众大臣有功人等亦论功行赏，赐给勋号、皇家仪仗、分封土地。

① 此处明显有误，与左路军中德门埃那耶重了。经查《缅甸大史》与此处完全一样。尚未查到其他史料中有相关记述，所以只得照录于此。

击溃土司们的援兵后，随即书告卑谬城中之敌，卑谬主明康毫无反应。瑞梯王召众大臣到帐前商议："卑谬王自恃城池坚固，武器众多，因而对我下书不作答复，但是，他尽管武器众多，若没有粮食，又将如何呢？城中粮仓少而官兵多，现在连一片菜叶也无法从城外运入。待雨季到来，朕将让我方士卒种田，并让后方城镇运送粮食，我军可保丰衣足食。如此安排，难道卑谬王还能逃出我掌心么？"同时，调集孟三邦诸城将士以补充各军，各镇也用船运来粮食。

应卑谬王之请求，若开王派王弟丹兑侯为主将，率战象 100、骏马 200、士卒 50000，从陆路前来支援。若开王子乌巴亚扎率格杜伦锦船 700、水军 70000，绕过那伽意山沿毛丁加律一线开来。若开王弟将若开已派水陆两军前去支援一事写成书信，让卑谬的 5 个村民送进城去。那 5 个人深夜准备潜入城中送信时，被瑞梯王士兵抓住，押至瑞梯王处。瑞梯王知道信中之意后，命勃生侯德门比亚德迈、渺米亚侯德门巴尤、开榜侯德门丹杰、达拉侯底里泽亚瑙亚塔等 4 人回到自己食邑城中，增添枪炮火力、坚守城池。他们几个乘劳加船，配齐水手，迅速启程，顺水而下，赶回各自城池。瑞梯王召众大臣商议道："今闻若开派水陆两军前来支援，声势浩大，吾等是撤除包围圈、集中兵力去迎战若开军好呢？还是继续围城，像对付土司军那样分兵前去迎击为好呢？"勃印囊和王弟底里泽亚觉廷奏道："若开援军兵力甚众，如若不撤围城之军，仅用部分兵力去对付，胜则甚好，如若不胜，围城之军势必陷入腹背受敌之窘境。因此，如果若开军开来，我们应以水师迎战其水师、陆军迎战其陆军，奋勇作战，谅若开军绝非我军之对手。待我军击溃若开

军后，回师再围卑谬，卑谬定难逃王之掌心！”中军之将南达丁坚奏道：

“古时，有一群猴子住在山脚下，离山不远处有一座村庄、附近有一花园，园中有一棵大柿子树，当柿子成熟时，猴子们便在深夜前来偷吃。村民们知道猴子正在树上偷吃柿子，纷纷拿起武器弓箭走出村子将柿子树团团围住。一些没去偷柿子的猴子得知自己的伙伴被人围困，为解救他们，便摸进村子，将房屋点着。此时若村民能一部分回村救火，另一部分仍然围住柿子树，这样既能扑灭大火，又能将猴子抓住。但他们却没能这样做，全部村民奔回救火。猴子趁机全部逃掉。现在的形势也正如此，如果按刚才所说，解了城围，全部去攻打援军、卑谬人就会像那群猴子一样，全部混到郊外，围城计划岂不全部落空？再者，一旦撤离卑谬，城中之敌随后追来，难道不也是腹背受敌吗？我们辛辛苦苦包围了五六个月之久就将前功尽弃。”勃印囊听完他们所奏说道：“刚才二位所谈均为实情，我们要牢牢围住卑谬，也要战胜来敌。若开王子及王弟带兵前来救援，并非为其自身利益，仅仅为他人而来。顺利时他们将全力以赴，倘战事不利，定会迅速撤退。若开人善水战。但我们有勃生、渺米亚、达拉、大光等城已派强兵良将有充足武器把守。若开王子怎能以战船、伦锦船700只越过此重重阻兵到此助战呢？若开王弟丹兑侯率领之陆军，从乌迎布一线开来。无论是象、马还是步卒都不及我军。因此，我们应以水军船队继续包围卑谬城，挑选陆军中优秀的战象，骏马迎击援军。粮草由水军调拨供应陆军。请洪福之主陛下坐镇围城军中。由臣等前去迎战若开军。”瑞梯王接纳勃印囊之言，令他部署一切。勃印囊便按所奏之计作了安排。

任命巴亚觉廷和南达觉廷为陆军督领，德门巴尤和南达约达为船队督领。

出击各军序列为：由西都因加都、赖亚耶傣两支马军为先锋，德耶西都、德门耶丁延、德门毛昆、勃印囊等4军，共6支大军率战象50、骏马800、士卒20000从中路进军。由杜因亚扎、因意杜因两支马军为先锋，西都加马尼、南达丁坚、德门埃那耶、德门佐加拉等4军，共6支大军率战象50、骏马800、士卒20000从右路攻击。由杜因约达、亚扎德曼两支马军为先锋，底里泽亚觉廷、摩诃基、德门埃那耶[1]、德门巴仰4军，共6支大军率战象50、骏马800、士卒20000，从左路迎敌。出兵时，严密封锁消息，不让城中知道。在离卑谬一站路外驻扎，若开王弟丹兑侯对卑谬城中情况不明，不敢贸然进军卑谬。在离卑谬五站地之处安营扎寨。

此时勃印囊召集各路将领，下令道："现若开王弟已在距卑谬城五站地远处扎营，如若前去攻打，一则将远离围城之军，再则彼军营防坚固严密，难以取胜。因此必须用计诱若开王弟迅速前来，而后攻击之，才易于获胜。"于是召来城中逃出之5人，命令道："尔等须尽心效力，事成之后，定为尔等请功。"那5人答道："定效犬马之劳。"勃印囊让他们宣誓效忠后，发了奖赏，让他们装作是奉卑谬王明康之遣，前去下书的。书中写道："欣闻吾兄若开王派王弟前来助战，不胜喜悦。现瑞梯王之船队驻在德由茂。勃印囊等7支人马正靠城墙驻扎。孟乃、良瑞、翁榜、锡泊等土司亦率军前来助

① 此处明显有误，与右路军中德门埃那耶重了。经查《缅甸大史》与此处完全一样。尚未查到其他史料中有相关记述，所以只得照录于此。

战。现正驻扎在美德以东。吾已约他们等王弟到达后一齐出战。望王弟迅速前来，与各土司军会合，从外往里攻打。吾亦将从城内往外攻打，形成内外夹击，瑞梯王怎能抵敌得住？他们必败无疑。届时我们可乘胜追击，直捣汉达瓦底。”佯装此信为卑谬王明康致若开王弟所写手书。并附上红宝石指环两枚，红宝石手镯两副，并盖上足以乱真之印章。让那5人送到若开王弟军中。那5人原是从城中逃出的，城郊的村民对他们也深信不疑，将他们直接送到若开王弟处。若开王弟从他们送来的书信中获知情况后便尽起军马前进。

勃印囊令赖亚耶傣等6支马军为先锋，分成3路，浩浩荡荡前去迎敌。赖亚耶傣等6支马军与若开的先头马军相遇，即刻渡过河来攻打，若开马军败退逃回。若开王弟见先锋马军败退逃回，准备安营扎寨。赖亚耶傣等继续追来，遂将象军摆开阵势。勃印囊3路大军到齐后，未作耽搁，立即奋勇进攻。若开王弟的先头马军溃败。勃印囊骑上“耶蓬松”象向若开王弟方向纵象猛冲、若开王弟抵敌不住，不敢在象背上抵抗。只得跳上马背逃跑，他的坐骑战象被俘。若开王弟之军只得后撤。这边3路大军紧追不舍，将对方骑象大臣10余名连象一起俘获，还抓获无人骑坐的战象30余头、骏马400多匹、士卒2000余名。敌人死伤惨重。勃印囊担心深追敌军将离围城之军太远。遂将追兵召回，待到会合后，一齐回到围城军中。若开王子从水路前来，闻陆军已被击溃，行至勃生、渺米亚一带便向后撤军。

瑞梯王在众大臣面前盛赞勃因囊之功绩，表扬其部署有方，轻取若开援军。随即将自己的带金线的丝绒朝服和御用红宝石手

镯、红宝石指环都赐给勃印囊，并晋升其为左方王储之位。又将圆形靠垫三副、八角槟榔盒，三个小槟榔匣子及槟榔罐中各色配料、彩斑金水瓶、放水瓶的彩斑小桌，彩纹金痰盂、带彩斑金盖之水罐、绿色丝绒包头巾、上镶有金色圆点闪光片和八朵花以及左右帷上嵌有三道金线的九围抬轿、金象具、金象轿、马具、金伞两把、带三层榕叶饰物的红伞、7 只鼓、5 只银唢呐等物赐给勃印囊。对战中有功之臣也分别赐给衔号、皇家用仪仗以及分封土地。并将俘获之象马、俘虏等均赐给抓获者本人。士卒们所获之金银衣物之类均归个人所有。只有火炮武器等上缴。

瑞梯王又将战胜若开援军之消息，写书告知城中，并派出一名若开大臣随送书人一同前往。卑谬王虽然获悉土司们和若开王弟等援军均被击败退回之讯，但仍不肯就范谈判。他想："雨季即将来临，对方还能坚持多久？"于是继续加固城防，严守城头。瑞梯王想："尔城墙修得再牢，怎能挡得住朕的进攻？"便命士卒强攻。但城上各色武器火力凶猛密集，攻城官兵伤亡惨重，仍不能攻克。瑞梯王召勃印囊来问："如何是好？"勃印囊道："围城已逾五六个月，此城城小，粮仓亦少。城中男女老少人口众多。从外面休想运进一片菜叶。城中敌人已是笱中之鱼。现我伤亡虽然惨重，但也要不顾一切令士卒强行攻城，再令汉达瓦底调大小船只运送粮食。这样，卑谬城中之敌插翅亦难飞矣！"瑞梯王道："兄与朕形同一体！但凭兄作主，安排一切，以便早日取胜。"随即将水陆两军都交勃印囊指挥。勃印囊日夜操劳军务，不让一棵草、一粒米运进城去。一个月后，城内发生饥荒，纷纷出城投奔马军而来。从城中逃出的人日益增多，守城士兵相应减少。卑谬王见此状况，大惊。便让信达马巴拉固育、信底达德那两位法师带上大批礼物和良象那伽瓦拉前来求和。瑞梯王考虑到人生来之不易，便恩准他不死。缅历904年3月5日（公元1542年5月18日）卑谬王明康率众大臣出城来到瑞梯王帐前投降。瑞梯王便让明康王偕王后底里蓬突移居给杜摩底城。没收其全部妃子、大臣、将官和良象骏马，押送至京都汉达瓦底。将卑谬赐给内傅德多达马亚扎，并立其为王，赐给君王登基之五宝器，又将各地分封给众人，设置远近哨卡后，于缅历4月间（公元1542年6月中旬至1542年7月上旬）返回王都汉达瓦底。

第十一编

(213) 在室利差呾罗卑谬城称王的各代君主

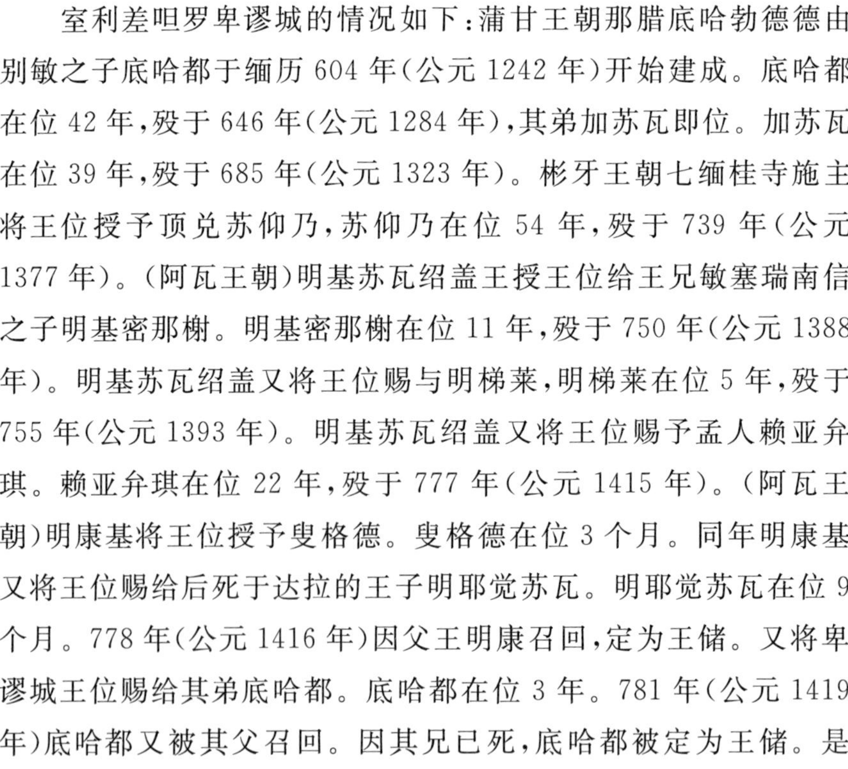

室利差呾罗卑谬城的情况如下:蒲甘王朝那腊底哈勃德德由别敏之子底哈都于缅历 604 年(公元 1242 年)开始建成。底哈都在位 42 年,殁于 646 年(公元 1284 年),其弟加苏瓦即位。加苏瓦在位 39 年,殁于 685 年(公元 1323 年)。彬牙王朝七缅桂寺施主将王位授予顶兑苏仰乃,苏仰乃在位 54 年,殁于 739 年(公元 1377 年)。(阿瓦王朝)明基苏瓦绍盖王授王位给王兄敏塞瑞南信之子明基密那榭。明基密那榭在位 11 年,殁于 750 年(公元 1388 年)。明基苏瓦绍盖又将王位赐与明梯莱,明梯莱在位 5 年,殁于 755 年(公元 1393 年)。明基苏瓦绍盖又将王位赐予孟人赖亚弁琪。赖亚弁琪在位 22 年,殁于 777 年(公元 1415 年)。(阿瓦王朝)明康基将王位授予叟格德。叟格德在位 3 个月。同年明康基又将王位赐给后死于达拉的王子明耶觉苏瓦。明耶觉苏瓦在位 9 个月。778 年(公元 1416 年)因父王明康召回,定为王储。又将卑谬城王位赐给其弟底哈都。底哈都在位 3 年。781 年(公元 1419 年)底哈都又被其父召回。因其兄已死,底哈都被定为王储。是年,赐苏瑞开,号明耶觉苏瓦,食邑卑谬。苏瑞开号明耶觉苏瓦,在位6年。787年(公元1425年)被废。殁于昂宾垒的底哈都王将卑谬赐予明摩诃,在位4年。791年(公元1429年)又赐色固与明摩诃。父王孟养王将卑谬赐与图巴永佛塔施主底哈都,底哈都在位13年,于804年(公元1442年)登上阿瓦王位。底哈都登上阿瓦王位后,又将卑谬赐与妻弟明耶觉苏瓦。明耶觉苏瓦在位3年,807年(公元1445年)转任达耶瓦底侯,又将卑谬赐与王子明基苏瓦。明基苏瓦独立称王,在位37年,殁于844年(1482年)。王弟信漂辛德多明绍从达耶瓦底来此立其嫂为后,登基称王。信漂辛德多明绍在位44年,殁于888年(公元1526年)其子勃因兑为王,在位6年,殁于894年(公元1532年)[①],其子那腊勃底即王位。那腊勃底在位6年,殁于900年(公元1538年)。其弟号为明康的信德叶即位,在位4年,904年(公元1542年)被废。数代君王曾有赫赫武功的室利差呾罗王朝终被瑞梯王所灭。

据《缅甸大史》中称:缅历781年(公元1419年)授苏瑞开以明耶觉苏瓦称号,并赐卑谬城,在位6年,殁于787年(公元1425年)。又说814年(公元1452年)底哈都在阿瓦登基时,又曾赐卑谬给妻弟明耶觉苏瓦。可见所言苏瑞开明耶觉苏瓦已殁,实为一时疏误。根据《南下卑谬》茂贡诗、《新史》等记载,该苏瑞开明耶觉苏瓦在摩诃底哈都拉卑松王在位时一直还活着,故苏瑞开明耶觉苏瓦殁于缅历787年,遂赐卑谬与明摩诃一说不实,应为废黜明耶觉苏瓦卑谬王之职,而赐与明摩诃才符合事实。

① 原文有误,误写为849年。

(214) 阿瓦王翁榜孔迈与瑞梯王之战

是年在阿瓦，明基仰瑙杀死多汉发立翁榜孔迈基之子孔迈艾为王。于是，阿瓦王翁榜孔迈之弟翁榜土司与孟密、孟养、孟拱诸土司商议道:“前番我们向卑谬增援时，未等八莫与良瑞土司到来即仓促起兵，以致受挫，损失严重。论水路，我方只有小船，而对方则多泽拉格彬大战船，致使我方无法冲杀。此番咱们七位土司要汇集一起，在阿瓦制造泽拉格彬、格杜、伦锦等船只。制成后，即以泽拉格彬 1000 余载兵勇；以货船 500 运粮。陆路则集七土司所有大批象、马进发。那时看他们还敢跟咱们将士们较量吗？准备就绪后就先攻卑谬。若得卑谬，就驻兵固守。再进攻东吁，若得东吁就由水陆两路再攻打汉达瓦底。如此，瑞梯王岂能逃出咱们掌心？”七位土司商量已定，便来到阿瓦制造大量船只桨橹。事后，由孟拱、孟密二土司领大战船泽拉格彬 300、劳加、皎雷船 300、货船 500、士卒约 12000，由水路进发。余下翁榜等五位土司则从陆路领战象 1200、骏马 10000、士卒 16 万，水陆两路呼应，于缅历 905 年 9 月 11 日(公元 1543 年 11 月 6 日)由阿瓦向卑谬进军。卑谬侯德多达马亚扎向瑞梯王奏报七位土司从水陆两路举大队象马兵卒来攻之事。瑞梯王即令卑谬附近的德娄茂、古突、兴实塔、直柳漂、莱、毛比、达耶瓦底等城镇的军民备火铳、枪支、臼炮等与卑谬侯一起共守卑谬，城中备足粮草。七位土司抵卑谬后，水陆两面攻城，城上火铳臼炮齐发，兵卒象马死伤惨重；水路方面也因城上发射炮弹，船被击毁击沉。多次攻城未克，兵马折损惨重，只得后撤，

令水陆两军将城围住。

瑞梯王闻土司们水陆大军围城，便召勃印囊等文武大臣们商议。此时，莫塔马侯苏拉宫恩奏道："前次围攻卑谬翁榜土司等为解围而来，因系他人之事，所带象马不多，形同儿戏。而我方则汇集众多官兵，象强马壮，武器充足，故而取胜。而现在据卑谬来人报，此次七土司联手，兵马甚众，水军船只亦多。此次发兵，陛下宜从陆路多派兵马。若像上次那样由陛下从水路进发，水军虽强，步军势弱，即使水军胜敌，步兵却不能肯定取胜。而若从陆路击溃敌军后，敌水军亦不攻自破。"勃印囊听罢苏拉宫恩所奏后奏道："苏拉宫恩所奏是实。他要威德显赫的陛下从陆路发兵。但是陛下若率步兵出征，甚为不利。臣为何这般说呢？前番围卑谬时翁榜土司等为解围而来，但七土司未到齐便出兵，翁榜土司兵将少，象马力量也薄，且又是为他人之事，不甚出力，故不堪我军一击。因有前次之败，据说今番七土司抱有雪耻之心，发奋而来，水陆两路兵力雄厚。为取胜计，宜由陛下亲率水军；而由臣率领勃生 32 镇、莫塔马 32 镇、汉达瓦底 32 镇之良象骏马，精锐强兵，以稳操胜券之部署由陆路而出。吾等已知掸人实力；掸人也知吾军厉害。他们若在陆路失利，水路焉能抵御？此外还应增派强兵固守东吁，敌是否会攻东吁亦难预测。"

渺米亚侯德门巴尤听勃印囊奏后，接着也奏道："洪福吾王，勃印囊所奏极是。从前亚扎底律来围卑谬，明康王前来解围，而亚扎底律渡河至西岸，用许多战船自上游截击由阿瓦来的运粮船队，于是明康王之兵皆陷于饥饿之中，不得不求和，两王之争始告结束。鉴于前番之事，今日亦应妥善处之。"瑞梯王遂命勃印囊先作安排。

勃印囊俟孟3支大军到齐后便部署水陆两路大军。水路：由德门比亚德迈、德门丹杰、南达觉廷、德门耶丁延各领一军。缅王瑞梯乘坐11层顶尖顶阁楼式御舫，由8艘劳加船牵引。前后左右有12艘劳加船置放金轿等御用仪仗跟随前行。4位卫戍长各自乘劳加船前后左右四面护卫。在泽拉格彬、古囿、舢板等战船上布置了掩体，遍插金盾、金挡、金牌、金矛满载身着黑衣红盔和黑盔的兵勇；葡萄牙兵穿戴着与众不同的包头与裤子，带着火铳、臼炮跟随而来。命南达丁坚为水军统领，巴亚南达都为监军。其后由底里泽亚觉廷、德门泽布翁、巴亚觉都、埃蒙德亚、南达觉都、巴亚丁坚、摩诃基7员大将各率1军跟随而来。包括主军在内的12支大军中拥有泽拉格彬、格杜、伦锦800，劳加、铁船300、运粮船500、士卒90000。大军出发之时，锣鼓、军号齐鸣，响彻江面，浩浩荡荡，蔚为壮观。陆路方面：以赖亚耶傣、勃因觉都、赖亚约达、亚扎德曼4支马军先行，德门巴尤、德门毛昆、德门布翁西、苏拉宫恩、亚扎丁坚、内谬觉廷、色杜加马尼、德门埃巴耶、彬尼亚江等各率1军随后，勃印囊亲率大军殿后。包括4支马军在内的14支大军中共有战象800、骏马8000、士卒12万，向达耶瓦底进发。抵达耶瓦底后，水陆并进。翁榜土司等闻瑞梯王举水陆两路大军来攻，认为是夹攻之术，便撤去包围卑谬的水陆兵勇，退到卑谬之北2英里余远处据点固守，水陆呼应。瑞梯王令勃印囊全权部署作战。勃印囊派出40条泽拉格彬大战船，上置放大炮、臼炮等，令4000兵勇向西逆流而上。土司的水军见后便派出许多战船猛追而来。瑞梯王的军队见掸军追来，便发射大炮轰击。掸军都是小船，不堪一击而沉毁。掸水军败后，缅军船队便沿江北上，驻守美德、德叶，凡见掸

军供粮船，统统迎而击之。1 月许，掸军因上游来的粮食接应不上，陷于饥荒之中。为解饥馑之危，便在卑谬一带乡村四处寻找粮食，但因不时遭到缅军袭击，不敢到远处寻粮，终于无法维持而撤退。得知掸军后撤，缅军官兵改乘象骑马，摆开阵势追赶。勃印囊乘坐一头名为泽亚底达的大象，配金鞍金镫，带领持盾牌象兵3000、后备战象 30 头紧追掸兵不舍。掸兵且战且退，勃印囊将追及掸兵，急放出后备战象 30 头全力追赶。掸兵四散溃逃，许多象马兵勇被俘，伤亡甚重。瑞梯王又率水军追击。色林侯西都觉廷不能渡河返回色林，便与掸兵一起到了阿瓦。蒲甘侯德多也到阿瓦会合，阿瓦王孔迈将耶难达城赐之。

瑞梯王到达色林，登岸围城。当时忽闻从城内瑞丹萨佛塔塔基广场上传来的鼓声，瑞梯王问："何声？"奏道："此乃击打编鼓之乐声。"王便下令："攻占色林后，不得伤害击鼓之人。"因西都觉廷之子明基耶傣在色林城四周建造了坚固的城防工事、战壕沟堑等进行抵抗，一时不能攻克。3 天后，缅兵勇才冒着箭林弹雨得以挨近城下，挖毁城墙，进入城内。俘获色林侯妃及其长子耶傣，占领全城。占色林后，掳走了大批随从侍臣及良象骏马。赐一幼名信底哈，称号为西都觉廷的内傅以大批兵马，并食邑色林城。因他曾在攻打达耶瓦底时，将无牙象劳希丁从鼻根刺穿至咽喉。占色林后又进攻色林周围地区：色雷、布坎艾、育瓦达，直到攻占蒲甘。诸侯不敢抵抗，都去投靠阿瓦。得诸城后，瑞梯王又将蒲甘和大批兵马赐予叟格德；将鄂达耀、杜云岱赐给叟格德之侄亚扎德曼；将色雷、布坎艾、辛咕、育瓦达、皎勃当 5 县及兵马赐予巴亚觉都；将色固城赐与赖威约达；将垒盖城赐与亚扎都拉；将马龙城赐与亚扎丁坚;将品达城赐与德耶西都;将马圭城赐与德耶布翁尼亚;将敏贡城赐与泽亚梯莱;将东敦赐与那当米亚;将敏东、岱达、谬迪、明达、耶蕾鄂等城与兵马赐与曾经在骑象决斗中战胜过莫塔马侯苏彬尼亚的明耶觉廷。此外,对投诚来归的诸侯皆令其宣誓效忠之后分别赐赏,并允其仍返原地食邑。将伊洛瓦底江东西两岸许多城镇分封完毕后又在各处设立了远近哨卡。缅历 906 年 5 月(公元 1544 年 7 月下旬至 8 月中旬)率水陆两军班师返回京都汉达瓦底。

缅历 906 年 9 月(公元 1544 年 10 月下半月至 12 月上半月)在皇宫的前院建造了枢密院大殿。同年同月又在宫内建造了供奉古代佛像的佛堂。在汉达瓦底以西建造了周围拥有 70 小寺的孟族式寺院,赐封该寺法师为大僧王并印信,还派了住持方丈。斋请村居派、林居派各高僧长老;布施僧侣用八法器等许多物品。同年在新比地区建造了佛塔,在东西南北的四面城墙处各建一所寺庙,因缅王时年 28 岁,便剃度了 28 人入佛门。是年,渺米亚侯德门巴尤去世,孟人皆削发。

同年,原色林侯西都觉廷之属下路林觉木等乘其不备反叛了出身于内侍的新色林侯西都觉廷。西都觉廷尽力集合了奴仆象马,迅速逃回东吁。路林觉木等人在白古西都觉廷逃走后便从阿瓦迎来原色林侯西都觉廷,重又食邑色林。瑞梯王了解此情况后,即命东吁王、卑谬王、美德侯及西都觉廷各率一军,4 支大军共有战象 15、骏马 2000、士卒 70000 进军色林。大军在皎锡扎营。色林侯西都觉廷得知汉达瓦底大军到来,便骑漆妙盖象,领象兵 3000、骏马 300 出城。白古西都觉廷也领骏马 300 杀来。原色林侯西都觉廷部下信缪觉率兵勇上前迎战。

白古西都觉廷骑名叫抱觉泽亚的大象出阵，色林西都觉廷出阵迎战。因部署不当，白古西都觉廷败退，所乘骑象抱觉泽亚受枪刺伤达36处之多，返回齐欧营地。色林侯西都觉廷回到城内大声叫道："白古小子，天色已晚，明天我西都觉廷还要再战。在陆路让你跑了，但在色林渡口上，看你们白古人还能跑到哪里去?"白古西都觉廷身上受伤多处，在尚能使对方听到叫喊声的远处也叫喊道："明天西都觉廷你可一定要出阵，咱们再比个高低，看你还跑得了么!"白古西都觉廷的骑象抱觉泽亚受伤多处，身上的肉块挂落下来。天亮时分，因见抱觉泽亚痛楚已极，便换乘了直柳漂侯的象，领持长矛护象兵3000、马300余骑出战。色林西都觉廷骑象漆妙盖，以信曼昂为象骑中座，也领持长矛护象兵300、马300余骑出阵迎战。双方在齐欧地区交战，在两边的护象兵砍杀时，砍倒了信缪觉，当场毙命。护象兵们见信缪觉身亡，便乱了阵脚。白古西都觉廷见象兵们溃散，便急驰象来打色林侯西都觉廷，色林侯迎战，力渐不支。色林侯的骑象也掉头而逃。白古西都觉廷一边乘象追赶，一边高呼："我白古西都觉廷追来了，看你色林西都觉廷还往哪里逃?"象骑快追近时，色林西都觉廷的象骑中座护卫兵信曼昂举刀砍来，白古西都觉廷军盔被砍破，额头受伤，脸上淌着鲜血，但仍急追不放。色林西都觉廷抵敌不住，溃逃中，象骑中座护卫兵信曼昂也从象背上摔下，只身逃跑。于是，色林军大败。白古西都觉廷兵勇攻进城中。色林侯单身只骑，未带一兵一卒向朗榭方向逃走。到了山林之中，因口渴下象饮水。他的坐象竟追来抵撞。他不得不逃进竹林之中，象也随之逃走。后他被钦族土人抓住，送孟养色

隆处。孟养土司安慰他说:“你是我的盟友,别担心我要打进阿瓦立你为王。”瑞梯王此时正以孟族仪式剪发,按孟王室的习俗举行了加冕。

(215) 按孟发式剪发

瑞梯王剪发缘由如下:汉达瓦底有一孟族富翁。他约有5000头牛,牛栏中一母牛怀孕,足月却产下一美貌女孩,当其他牛均离开牛栏时,该牛却不走出牛栏。富翁去牛栏察看,见一美貌女孩便抱来抚养。该女孩长大后取名凯玛瑙,富翁因无子嗣,便把此女视为亲女一般喂养穿着打扮起来,人人见之都说她美如天仙。凯玛瑙7岁时,适逢瑞梯王来游花园,见到此女,问是何人之女,答:“是孟族富翁之女。”也是瑞梯王与此女有缘,一见钟情。返宫后即召该女进宫。瑞梯王对该女十分爱怜,令其不离左右。因凯玛瑙在孟族人家中长大,一切均喜欢孟族习俗,并常在王前谈及孟王室的装饰美观,缅王室的装饰不及等等。缅王召一葡萄牙籍船员经常进宫侍奉吃喝,并按孟族风俗剃了发。也有的书中记载说,那时缅王并没有全部控制孟国国土,因有学者奏道:“据占卜测得有孟人将为王的征兆。”故缅王按孟人的风俗剃了发。

缅历907年(公元1545年),造独柱阁举行加冕仪式。此时,缅王头戴九宝镶制的有1000个尖形装饰的名叫“至高无上”的皇冠,佩戴用整块绿玉制的耳环,穿上嵌九宝的名为“摩诃牟尼”的朝服。左右各置4顶白伞,此白伞披3层顶盖,镶花纹装饰,伞把饰满珠宝;8 把顶端镶红宝石的金朝杖。左右两边各布置了缅王朝和孟王朝的全部仪仗,举行了加冕仪式。赐觉廷瑙亚塔之父、东吁王明耶底哈都一套御用仪仗服饰、4 柄金伞、御轿以及出入朝鼓。并赐座于王之右。赐勃因囊觉廷瑙亚塔以嵌红宝石一圈的八角槟榔杯、三式槟榔盒、嵌红宝石御用饮水瓶、八角嵌红宝石金水罐、金水壶、五彩丝织金象鞍座、金马鞍座、2 柄乘轿用金伞、皇鼓 9 只、银唢呐、银喇叭各 5 把,并赐 3 层坐垫的王储座。赐觉廷瑙亚塔之弟底里泽亚觉廷以八角金槟榔杯、各式槟榔盒、饮水瓶、八角冷水壶、金痰盂、9 道圈的抬轿 1 座、金伞 1 柄、带篷象轿、金出殿鼓 7 只、唢呐 3 把、喇叭 2 只,并赐亲王座。赐令与堕罗钵底白宫之主巴亚南达梅之孙女,即德榭觉廷基之女完婚。赐觉廷瑙亚塔二弟南达约达一套金槟榔杯、盒、饮水瓶、茶壶、金铜合金痰盂、7 层顶抬轿 1 座、金伞 1 柄、鼓 5 只、唢呐 3 把、喇叭 2 只,并赐亲王座。赐命与卑谬王之幼女,即色林西都觉廷之妃完婚。赐觉廷瑙亚塔之弟泽亚南达槟榔杯、茶壶、饮水瓶、痰盂、带篷象轿、朝杖 1 柄、鼓 5 只、唢呐 3 把、喇叭 2 只,并赐亲王座。赐命与卑谬王勃因兑后来的王妃所生的公主雷炯王妃完婚。此外又按各人名位不同分赐各皇亲国戚、众臣百官、孟及掸邦各王公将相槟榔杯、咸茶盒、饮水瓶、痰盂、抬轿、有 5 道圈或 7 道圈或 9 道圈的 2 层或 3 层的朝杖,带篷象轿、皇鼓等物。并各按名位赐座完毕。此时,缅王在帝王宝座落座。加冕仪式犹如天宫盛会,似天帝威仪,庄严堂皇。仪式整整持续 7 天,并斋请村居派林居派各高僧长老,布施僧用八法器。加冕一个月之后,乘坐宝石金舫,在四军护卫、水陆兵勇簇拥下参拜大光佛塔。用了相当于缅王体重的金子将佛塔从顶到底,全部

加贴金箔，举行庆典7日。这一年孟三邦皆安定繁荣。该年若开王薨后，太子即位，老王之弟——丹兑侯不服，对之不敬，发生纷争。若开王之弟自知力量薄弱，遂派两名官员带了礼品向瑞梯王求派援军。

瑞梯王派西杜因加都、德门埃那耶、德门比亚萨、德门毛昆4人各领一军，带战象100、骏马1000、士卒40000进军丹兑。大军未到之前，若开王之子已从水陆两路率兵来攻丹兑，若开王弟逃到瑞梯王处。瑞梯王抚慰丹兑侯说："卿勿担忧，朕将封卿为王。"遂召回德门比亚萨等4支援军。之后，勃印囊奏道："以水陆两路而论，陆路崇山峻岭，行军艰难，宜由吾主率水军御驾亲征方能取胜。又因若开人谙熟船术，故更需加强水军。"王便命依议行事。

水路方面由勃生侯德门比亚德迈、丁因侯南达觉廷、直柳漂侯德门耶丁延、达拉侯底里泽亚瑙亚塔、开榜侯德门丹杰、温谬侯德门埃那耶、德敏东侯南达约达等人率7支大军为先锋。瑞梯王乘坐有11层尖顶楼阁式御舫，御舫前后各有8艘劳加船牵引。饰有彩绘的劳加船200艘，上载有缅王各式仪仗。御舫四周由泽拉格彬、古圃、舢板等船护卫。船上插满金盾、金挡、金牌、金矛，并载了大炮、臼炮等武器，由卫戍们在前后左右四面守卫。大军以南达丁坚为统领，巴亚南达都为监军。4位卫戍长各乘1艘劳加船相随缅王左右。后续部队为：兹育埃翁侯底里泽亚觉廷、岱格拉侯德门佐加拉、锡当侯摩诃基、云色林侯德门泽布翁、赖亚侯巴亚觉都、温约侯埃蒙德亚、约谬侯南达觉都等率领的7支大军。包括主军在内共15支大军中共有泽拉格彬等大战船800、劳加铁船500、运粮船100、士卒35万。在震撼河道的鼓、钹、法螺等军乐声中出发。

陆路方面是：杜因登西、杜因亚扎、杜因约达、杜因巴利4支马军；后面是林巴德侯德耶西都、德右茂侯弁琪、色林侯西都觉廷、敏东岱达侯的代表明觉廷、达耶瓦底侯瑙亚塔、兹亚侯德门巴仰、渺米亚侯色杜加马尼、勒宫卑侯南达都利亚、阿叟侯德门埃那耶、大光侯彬尼亚江道率领的各路部队；再后面的是勃印囊率领的主军。连同4支马军在内共15支陆路军马，计有战象600、士卒40000，从林巴德方面进军。京城汉达瓦底布置重兵由巴亚加马尼和彬尼亚恩驻守。并派毛淡棉侯苏彬尼亚乌与丹莱率重兵守卫汉达瓦底以东一线。因东吁与东部掸邦相近，便命东吁侯明耶底哈都驻守东吁。又因蒲甘侯叟格德、色雷侯巴亚觉都、东敦基侯那当米亚所在各镇与阿瓦城相近，便命这些侯王就地驻守各自城池。命卑谬王德多达马亚扎也就地驻守。将全国都布置就绪以后，缅王便于缅历908年8月4日（公元1546年10月27日）月曜日由水陆两路发兵。

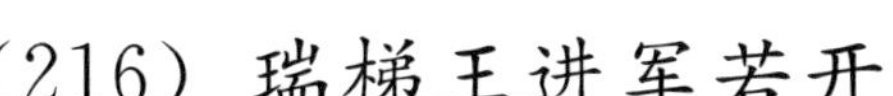

（216）瑞梯王进军若开

若开王闻瑞梯王率兵来攻，便命在丹兑的兵勇乘格杜、伦锦船迎战。与瑞梯王的先头部队勃生侯、渺米亚侯交锋，他们被若开人抓住。正在此时，缅后继水军来到，若开人抵挡不住，速向丹兑后撤。缅水军追击，俘获许多船只。若开人正准备驻守丹兑之时，勃印囊等人的陆路军队到达。听说兵力雄厚，若开人便不敢防守丹兑,又向若开城后撤。瑞梯王占领丹兑镇后,派丹兑侯部下去向逃进山林的原丹兑一带乡村的居民告知若开王弟丹兑侯已随缅王返回的消息。乡民们得知丹兑侯确已来到,便纷纷来归。缅王让若开王弟丹兑侯及丁因侯南达觉廷与众乡民留在丹兑。安排停当后率领水陆两路大军进攻若开。在离若开尚有两站远之处正遇若开王率领水陆两军并大批象马船只前来迎战,于是陆路对陆路,水路对水路交战。陆路军,由林巴德侯等 4 支马军迎战,交锋时,缅军猛冲猛杀,骁勇异常。若开兵勇亦迎敌挡杀,鏖战多时,由于象军马军布阵不当,马军退至空旷地。此时,若开军以臼炮向林巴德侯射击,林巴德侯中弹身亡。林巴德侯死,兵勇遂后撤。这时,勃印囊的各路军陆续到来。再战,若开人败北。缅军俘获大量象、马、兵卒及武器,若开军死伤无数。陆路兵败后,若开水军便不敢恋战,速向若开城回撤。

瑞梯王进军至若开城下,水陆两路攻城不克。若开城位于山顶,城防坚固,护城壕沟很宽,武器军械充足,虽几次进攻皆不成功。便用水陆两军将城团团围住,并命围城部队建起木栅,造炮台,将臼炮等布置在炮台上,连日用密集炮火攻打。在此情形下,若开王子心想:“朕称王为时不久,百官中有服朕者,也有与敌相通者。今瑞梯王兵马甚强,旷日时久则必抵挡不住,还不如早些议和为好。”于是便写了一封词语谦和恭上的议和信件交两位大臣带了大批礼品去到缅军营地。瑞梯王对两位大臣道:“朕已有言在先,要封丹兑侯为王,朕不能考虑尔等的要求。”随后请使臣参观缅军的装备力量,然后才放其回去。使臣参观缅军阵容后回到若开城内,备说缅军阵容如何强大,兵勇之众多,布防严密,万难取胜等情况。若开王听奏后，惊恐万状，便请4位高僧出面说情求和。若开4高僧带领千余人抬了各式宽窄幅、粗细布匹来献。先到勃印囊军中说明要求参见缅王陛下。从勃印囊处又来到瑞梯王军中，见到缅王的部署，不胜震惊。

（217）若开王派四位高僧议和

瑞梯王问："高僧们到此，有何贵干？"众僧奏道："是为五件事而来。"当缅王问到是哪五件事时，若开四僧答道："如今施主陛下因为若开王子与王叔不和发生争战，若开王弟到了陛下之处，才引来陛下大批象马和水陆兵勇前来攻打。若开国历来是子继父位称王，如今若开老王驾崩，按惯例，其子继位。但其弟丹兑侯不循旧规，造反起事，众人皆站在若开王子一边攻他，王弟力量不支才逃往陛下处。陛下欲扶他为王，进军至此。但若是陛下攻下若开城后废黜了若开王子立王弟为主，岂不破坏了若开国的惯例？此乃其一。

其二，且迎瓦底系大国，兵将象马众多，武器装备雄厚。欲要速胜不可能，时间一久，现若开王与摩雍国王是姻兄弟，若摩雍国王得知若开城被围，定不会袖手旁观。若是摩雍国王以水陆两路前来攻打，陛下之军岂不受夹击之危？如此三国大战，眼见无数百姓生灵涂炭，贫僧等若不奏明陛下，岂不违反佛祖教诲，大逆不道？

其三，施主陛下不久前才征服了汉达瓦底、勃生、渺米亚、室利差呾罗、色林、蒲甘等各邦国，百姓尚未完全臣服，四乡并不安宁。北边的掸国、云国，南边的阿瑜陀耶等地的问题尚未解决。如今若

让掸王、云王等知悉陛下兵征旦迎瓦底若开城之消息，一旦他们来犯陛下边境，陛下之兵勇不能迅速返回该地守卫。

其四，4、5 月份将到，南面的风暴将会增强，那时陛下即使知道有敌军来攻陛下国土，陛下的兵勇也不能由水路返回了。毛丁加律一线风浪巨大，水路行不通时便要从陆路而回。但若开旦迎瓦底和汉达瓦底京城之间崇山峻岭相隔，一旦大雨滂沱，河水泛滥，象马行走不便，岂不误了大事？

其五，总括以上各条，请雄才大略、远见卓识的陛下用佛祖慧眼般的明见再斟酌思量一番，命若开王子把从若开王弟丹兑侯处得来的财产象马献给陛下，令其再将丹兑和山区 7 县交还给若开王弟，那时叔侄重归于好岂不也等于是陛下举其为王了吗？一旦陛下需要，他们叔侄都可为陛下效劳，岂不更好？贫僧等是为以上 5 条原因来向陛下求情的，请陛下明鉴。"

瑞梯王听僧人们说后便道："以朕之武力，威震天下，所到之处无不臣服。高僧所言，今后叔侄二人都将向朕纳贡称臣，此条最为重要。朕再斟酌就是。现请高僧暂回，待再过一两日便可知结果。"瑞梯王向僧人们布施了咸茶、布匹、棕榈糖等物，送其返回。然后瑞梯王便召集勃印囊等群臣说道："如今朕兵征旦迎瓦底是因若开人常犯我边界，掠我民众耕畜，还用葡萄牙兵轮船攻打我勃生、渺米亚等地。幸亏我军迎击，才未让其得逞。上次朕兵征上缅甸卑谬之时，叔侄两人为了援助卑谬都曾从水陆出兵，只因他们在武力和策略上的均略逊朕一筹而败归。现在若开王叔丹兑侯来投，朕曾言将举其为王，一旦攻下若开城，便要废黜若开王子，立其叔丹兑侯为王。现四位高僧前来求情，言讲废若开王立丹兑侯将破坏若开国之传统惯例。保证要让该叔侄两人都向朕纳贡称臣，平息干戈，请求朕息怒饶恕他们。朕回复道：纳贡称臣此点最为重要。朕还要三思而行。情况也确是如此，如废王子扶王弟为王则朕就破坏了父位子继的传统惯例了。”南达约达听王言后回奏道：“如今臣等将士奉王命率领水陆大军到达城下，已造就坚固围城工事。是若开王子见到吾国阵势强大，不胜惊恐才来言和的。故尚不应立即答应议和。必令其确切讲明今后纳贡称臣方可答应。”勃印囊听南达约达所奏后，也奏道：“如轻易就答应若开王所派僧人们的请求，那么陛下岂不是毁了已讲过的要举王弟为王之诺言么？如今他们正是惧怕吾王兵力强大才来讲和的，但毕竟交回若开王弟属地与财物，叔侄两人同来纳贡称臣这一点最为重要。既如此，必令其将良象骏马先交付若开王弟，令其将王用仪仗、丹兑及山区 7 县也交付若开王弟之后，吾王陛下将举其为王之言也就兑现了。”

瑞梯王赞同勃印囊所奏之言。过二三日之后，若开四僧又来帐前见驾。瑞梯王见僧人，和颜悦色寒暄片刻后说道：“前日谈及今后将称臣纳贡之言，这一点至关重要。朕本是修身求来世成佛之主，因是高僧来求，看在高僧面上，如叔侄二人日后都来纳贡称臣，朕便不再攻打若开国土，宽容这次。”若开王的四高僧便奏道：“今后叔侄二人确实向陛下纳贡称臣无疑。”缅王便道：“既如此，就先将若开城中好象两头以及城中的孟、缅、掸族的臣属经审问明白后都缴纳来此。然后再将若开王弟丹兑侯的部下兵马、财物也全部交来，并把丹兑和山区 7 县交回给若开王弟。”若开四僧听后奏道：“听到施主吾王陛下金言，真是难得啊！吾王陛下不愧为获一切种智的佛祖转世，宽宏大量已极。吾王陛下真正做到了君王十规中‘忍让有素’[①]这一条了。”众僧奏后便返回城中。若开僧人回去后便将瑞梯王的答复奏明若开王。若开王便召集群臣商议。之后派了四名大臣将瑞梯王以前在征服汉达瓦底时逃来若开的孟族大臣比亚达巴、德门西都以及5000名孟、缅、掸族人，两匹好象，各色丝绒细布等礼品来献。并全部献出了若开王弟的象、马、臣属、部下等。瑞梯王也审问了俘获的若开俘虏后全部释放。

然后，命勃印囊进若开王宫传达王命。勃印囊带着仪仗骑象来到若开城中。进宫后，被请到下铺地毯的镶金边的席上盘腿而坐，若开王也盘腿坐于金边席上，由勃印囊宣读缅王圣旨："吾王陛下有旨，若开国因有传习，子继父位，朕不便破坏此传统惯例，故今朕亦扶持若开王子。并让其授给其叔丹兑侯以君王登基用五宝器及山区7县。今后朕若有差遣，尔等叔侄定要竭力尽职；尔等叔侄若遇事时，朕亦将相助。望尔等叔侄和睦相处像一张金箔一般，莫听坏人挑拨，牢记繁荣国家的精进七法[②]，并按君王十规去做。"若开王称："吾将牢记皇叔所训。"双方又寒暄多时。之后，若开王赠给勃印囊壮象2头、骏马2匹、各色布匹、黄金2缅斤、白银25缅斤。若开王称勃印囊为皇叔，勃印囊亦称若开王为王侄，相叙良久。若开王言道："日后皇叔称王之时，还清皇叔扶持侄儿。皇叔有事，侄儿定去相助。"勃印囊也说

① 君王十规可见本书(53)节。

② 详见本书(54)节。

一言为定。由此，后来勃印囊称王时，并不进攻若开国，只在当闻若开人侵犯边境时，才派王子僧伽达塔出征。后来缅王驾崩才被召回。

也有记载说是瑞梯王那次进军若开时，对方曾攀附勃印囊，而勃印囊亦有言在先，不攻若开，故勃印囊登基后并不进攻若开。

勃印囊回到军营中，将若开王赠礼等事奏报瑞梯王。王曰："善！若开王已慑服于朕，朕亦不好再毁其传统惯例，就赦他这一遭吧。"拂晓，若开王派其舅父南达都利亚领千余人来献骏马2匹，红绿绒等各色布匹，红白檀香等各种香料，药物等许多贡品。若开的各王族、官员、富绅大户亦一一来献礼品。

瑞梯王也回赐了正规王室所用仪仗、王服等。若开王以恭谦之言要求赐与两艘大泽拉格彬，瑞梯王也赐给了。事过3日之后，各军依次放炮鸣枪，震天动地，于缅历11月12日（公元1547年2月1日）启程返回京都汉达瓦底。抵丹兑时，把臣属、部下、象马及丹兑城和摩伊勒木等山区7县交给若开王弟，同时赐给他八角槟榔盒、茶壶、饮水瓶、金痰盂、金伞2顶、轿舆等。并留下明觉廷和埃蒙德亚2支军队驻丹兑3个月以维持安宁。然后从丹兑出发，于正月5日（公元1547年3月25日）返回京都汉达瓦底城。

阿瑜陀耶王闻瑞梯王兵征若开，便派德门甘布意、德门多达加2员大将领战象200、骏马1000、士卒60000进攻土瓦城。土瓦侯用许多象马防守城池，防守不住，退至耶谬。毛淡棉侯彬尼亚乌奏报上述情况。瑞梯王得知后降旨：东部诸侯足以抵挡，不需再派身边人马。便命莫塔马侯苏勒宫恩为帅，领大泽拉格彬100、小泽拉格彬300、士卒40000由水路向土瓦进军。又命德门耶、德门毛淡棉、德门勒温、德门岱格拉、德门锡当、德门阿叟、德门勒宫卑、德门江8支军队共战象200、骏马2000、士卒80000从陆路向土瓦进军。已在土瓦的阿瑜陀耶军得知瑞梯王的大批人马已经前来，便不敢留在土瓦相抗，向德林达依撤退。缅军得土瓦城后，仍命土瓦侯带人马驻守土瓦。

德门毛淡棉等陆路部队到土瓦后，又从土瓦向当巴布翁进军。已在当布翁镇的德门甘布意领大批人马出兵抵抗。此时耶谬侯明耶丁克亚骑象来战德门甘布意。双方交战多时，德门甘布意所骑战象败阵而逃。明耶丁克亚便追赶上去，看看追及，明耶丁克亚用长矛刺对方的象中座。德门甘布意被刺伤。他的骑象也因多处受矛刺伤，哼哼唧唧地逃走了。德门甘布意从骑象上下来，换了马匹逃走。他的骑象被抓获。阿瑜陀耶大臣奥比亚勒宫恩玛骑象来战，被瑞梯王部下德门丹莱接着，全力驱象迎战。丹莱的骑象正值发情，奥比亚勒宫恩玛的骑象闻到气味便弃阵而逃。追赶中，奥比亚勒宫恩玛的骑象竟跌倒在地上。奥比亚勒宫恩玛也被擒。于是阿瑜陀耶军败阵，许多象、马、兵勇被俘。仍由当巴布翁侯带人马驻守该地。战胜了阿瑜陀耶军后，瑞梯王遂召统领、监军等将官们班师回朝。分别赐赏各有功人员以称号、封地等。于缅历909年(公元1547年)造皇宫殿宇，在西山脚下修四大寺院，建德拘佛塔，举行升伞仪式，并资助300人出家为僧。

(218) 瑞梯王进攻阿瑜陀耶[①]

缅历 910 年(公元 1548 年)为进攻阿瑜陀耶,整编军队,打点人马。令东部诸侯于大举进兵前先行探路;运粮各城乡以备军需。其后,勃印囊召集各路诸侯听候军令调遣。令杜因亚扎、杜因约达、杜因巴拉、杜因觉都 4 支马军为先锋;各路象军为:当巴布翁侯苏巴亚、耶谬侯明耶丁克亚、温谬侯德门丹莱、岱格拉侯德门佐加拉、兹亚侯德门巴仰、锡当侯德门耶丁仰、莫塔马侯苏勒宫恩、莱谬侯勃印囊。包括 4 支马军在内的上述 12 支军队中共有战象 200、骏马 8000、士卒 40000。此后是瑞梯王率领的大军。大军阵内四方有 4 卫戍长,4 监军,40 名大臣统领战象 80、骏马 800、士卒 40000,前后左右簇拥而来。命亚扎丁坚为统领,南达觉都为监军。

后面是:杜因马尼、杜因布翁尼亚、赖亚耶傣、赖威耶傣的 4 支

① 关于(218)与(219)两节中所述缅泰战争情况,泰国史中亦有记载。"(拍昭节甲拉博拉差特叻)皇于登极(公元 1547 年)半年内,屡遭缅军侵境,又与柬埔寨作战,但终无患。旋缅王仍怀侵泰之念,竟下谕臣属,动员卅万兵比上次犯泰兵员多至十倍,浩浩荡荡侵入泰境。……皇御驾领大军出城迎敌。……泰军方面见皇后阵亡,军心发生影响。反之,缅军乘势向泰方攻来,泰军大败。各炮台纷纷为缅军所占。泰军退守城中,以待援救。缅军已破中坚阵的披耶节基营,又踹向皇的殿后阵,泰军伤亡甚惨重。幸皇情急智生,于待援中,暗喻示一小支军以帆船载大炮,绕出河面,向缅军侧方轰击,缅方亦死伤甚众。时雨季将来临,缅王恐雨季行军不便,粮食不继,乃下谕班师。缅王知彭王必发兵来追乃下谕殿后阵防范追军。缅军由猜纳退奔时,彭世洛王拍吗哈探吗拉差即领军追来,向缅军追击。拍拉默萱及拍欣他特叻二皇子,也领兵追来。泰缅军又一次混战,泰军再大败。二皇子且作阶下囚。皇以二皇子被掳迫得致书缅王求将二皇子放归。缅王亦慷慨即将二皇子释放,向皇索形色优良的象二头,惟缅兵与蒙兵欲携象返营,被二象追刺,不能予制服,缅王乃下谕璧还泰。"见《泰国古今史》第 22—23 页。

马军；象军中有兹育埃侯底里泽亚觉廷、东吁侯明耶底哈都、卑谬侯德多达马亚扎、达耶瓦底侯乌兹那、德敏东侯南达约达、渺米亚侯郴尼亚劳、勃生侯德门比亚达迈、开榜侯德门丹杰等率领的各军。以上殿后大军包括 4 支马军在内，由 12 支大军组成，有战象 200、骏马 8000、士卒 40000。又令达拉侯底里泽亚瑙亚塔和白古侯彬尼亚恩达驻守京都汉达瓦底；色林侯、蒲甘侯、东敦基侯就地集结人马，严阵以待。令毛淡棉侯彬尼亚乌为统领，在东部一带集结战象人马，严阵以待。待全国均部署就绪，瑞梯王即于缅历 910 年 8 月 13 日（公元 1548 年 10 月 13 日）沿莫塔马一线进军阿瑜陀耶。到达莫塔马后，在莫塔马与毛淡棉间以船搭成浮桥，使兵勇马牛等渡过。以木筏载渡缅王乘象，又于河之上游狭窄处引渡其他战象，于是象马、兵将皆渡河。由当巴布翁出而攻下甘武里。复由甘武里出发，行军 1 个月。每扎营一处，必举行庆典仪式。阿瑜陀耶王闻瑞梯王来攻，亦率大队象马兵勇前来迎战。

据拉瓦探马来报阿瑜陀耶王前来迎战，缅王便命卑谬王德多达马亚扎、底里泽亚觉廷、德门比亚德迈、德门毛昆、德门巴仰 5 支人马领战象 100、骏马 1000、士卒 50000 由中路出击；勃印囊、南达约达、苏勒宫恩、德门耶丁仰、德门丹杰 5 支人马领战象 100、骏马 1000、士卒 50000 由左路迎击；缅王率领的各军则由右路出击。左路军勃印囊一路人马战象等俱隐蔽于密林之中。德多达马亚扎等之中路军安置好象、马、兵勇后，派马军诱敌。阿瑜陀耶军与汉达瓦底的马军相遇便铺开战线，急驱战象冲杀过来，缅马军佯作败退后撤状，敌军紧追不舍。勃印囊待敌军深入后，即领 5 支大军由林中冲出，阿瑜陀耶王的主军便后撤。瑞梯王所领各路军乘势追击，敌军溃败。缅军俘阿瑜陀耶王子及王弟及中计闯入之象、马、兵勇等。敌军死伤甚众。阿瑜陀耶王收集残部，急速后撤守城。瑞梯王3路大军追击阿瑜陀耶军至城下，缅王一鼓作气即令登城。城墙甚高且城四周有护城壕壑围绕，城中有葡萄牙兵用臼炮火铳等兵器，防备甚严，攻之不得，只得将城团团围住。围城将近1个月，缅王召集勃印囊等众将相商议："吾等攻阿瑜陀耶城，时益久则不利，不如撤围去攻甘烹碧、素可泰、彭世洛诸城。得诸城，何愁阿瑜陀耶城不破？"勃印囊奏道："此计甚好。"缅军遂于清晨撤军，转而去攻甘烹碧。

阿瑜陀耶王得知缅军已撤，便命皇弟奥亚[①]彭世洛和奥比亚晒吉率大队象马为一路；由驸马奥亚勒宫恩玛、奥亚仰等为一路；阿瑜陀耶王亲率大军为另一路，分兵3路追击缅军。缅军闻讯后，便在离格曼拜约3站远处扎营。（瑞梯王）与众将商议后，命勃印囊、摩诃基、南达觉廷、德门巴仰、德门埃巴耶5支人马领战象100、骏马1000、士卒50000由中路迎战；命苏勒宫恩、明耶丁克亚、德门丹莱、德门佐加拉、乌巴冈5支人马领战象100、骏马1000、士卒50000从右路迎敌；命德门耶丁延、南达丁坚、彬尼亚劳、德门丹杰、德门毛昆5支人马领战象100、骏马1000、士卒50000在左路迎敌。瑞梯王乘坐在饰金缰金绳，披金花金枝身高7肘尺的战象泽亚底达之上，头戴绿绒底、顶镶无价九种宝石之头盔，身着绿绒镶红宝石的盔甲，手执宝石象鞭。泽亚南达都端坐于此象鞍中座；泽亚巴拉坐于象后座；左右各有50名持金刀侍卫；100名持盾侍卫为前卫走在象前；300名葡萄牙兵戴金色头盔，手执金环长矛分布在四周；另有300名葡萄牙兵头戴金头盔，佩金腰

① 奥亚，系泰语，意即：总督。

带持镶金长枪，簇拥于王象之前后左右。持金盾、金挡、金牌及各持 3 支长梭枪的梭枪手各 4000 名分布在象之四周；400 名马军戴金盔，披金甲，乘金鞍马，手持带缨长短矛威武地紧紧相随。王象之左右各有两骑侍卫象，皆饰以金鞍金舆并各载一门火炮相随。200 名御骑兵为先锋，其后有 80 名戴金盔披金甲的王族官员骑 80 头战象，每骑战象各有 100 名持金矛护象兵跟随。在金盾、金挡、金牌兵之间尚夹杂持长短金刀之兵勇。后随先行战鼓、出战皇鼓及金银喇叭、金银唢呐等。在持金刀之校尉将官簇拥中犹如天帝仪表的缅王威武庄严，左有东吁王明耶底哈都乘坐那伽瓦耶战象，带领战象 50、骏马 3000、士卒 10000；右有卑谬王德多达马亚扎乘坐大象耶突明加拉，带领战象 50、骏马 3000、士卒 15000 簇拥而来。

紧随缅王之后的是由德门比亚达迈乘坐大象仰格门，率领战象 50、骏马 3000、士卒 15000。缅军前进约 2 英里，王即命耶约达骑马传令勃印囊不要立即交战，候缅王驾到再战。耶约达快马急驰传令。勃印囊率 3 路大军行进中遇一大湖，一面下令牵战象下水，一面布置兵力，令 300 马军出战诱敌。当他们与阿瑜陀耶军的先锋马军相遇时，缅军佯作交战，诱敌跟踪。敌兵分 3 路继续追赶。勃印囊的部队从水中登岸，一边登岸整顿鞍銮部署枪炮，一边等候缅王大军。当敌军分 3 路靠近时，右路军苏勒宫恩乘坐大象玛尼佐格拉；明耶丁克亚乘坐大象塞格尼耶；德门丹莱乘坐大象格扎都拉；乌马冈乘坐大象宫比亚拉。5 队人马共有战象 100、骏马 1000、士卒 50000 从右侧冲上前来。由德门耶丁延乘坐大象育瓦达乃那耶；南达约达乘坐大象萨丹比昂孟；南达丁坚乘坐大象耶妙苏瓦；底里达马拉乘坐大象宫德约。率战象 100、骏马 1000、士卒

50000从左侧冲上前来。

勃印囊见左右两军都只从侧面冲杀，便思忖道：“如此迎战，旁人岂不耻笑我太胆怯了么？且尚有可能被敌人打败。”于是不再等待缅王，他乘大象泽亚巴林，擂起战鼓，全力挥鞭驱象，咆哮着的大象猛扑上前。见皇兄勃印囊驱象冲杀，摩诃马丁乘坐大象比昂孟，南达觉廷乘坐大象赞部德采，德门巴仰乘坐大象泽亚达德尤，德门埃巴耶乘坐大象巴林随，5支人马率战象100、骏马1000、兵卒50000一齐冲杀过去。在勃印囊大军将士奋勇冲杀之下，阿瑜陀耶驸马奥亚勒宫恩玛初战失利，败下阵来。当奥亚勒宫恩玛乘坐7肘尺高的大象泽亚努帕冲上来时，勃印囊从大象座上向他发射炮弹，奥亚勒宫恩玛的象中座中弹，人也从象背上摔下。勃印囊乘大象泽亚巴林冲杀上去刺中了奥亚勒宫恩玛大象之喉部。正在象力渐不支之时，年方13岁的勃印囊之子泽亚底哈头戴镶红宝石、插雉尾的金盔，身骑大象耶路林冲杀过来，刺中奥亚勒宫恩玛的骑象泽亚努帕的耳后。在此象转身逃跑之际，勃印囊又从象背中座投出两支梭枪，正刺中泽亚努帕耳边，泽亚努帕负伤逃跑。此时，阿瑜陀耶大臣优格叶乘大象德永宋班向勃印囊乘坐之大象泽亚巴林猛冲过来。摩诃马丁便急驱大象比昂孟来战。双方交手多时，明摩诃马丁的象兵用长矛刺中德永宋班的喉部，德永宋班被刺伤多处败退，缅军见之继续追杀，奥亚勒宫恩玛的兵勇溃败下去。阿瑜陀耶军之左路奥亚彭世洛尚在抵抗。缅王部下苏勒宫恩乘大象马尼佐格拉猛攻尚在抵抗的骑7肘尺高大象玖晒加沃的奥亚彭世洛。阿瑜陀耶大臣奥太南乘骑大象布翁晒亦来迎战。在苏勒宫恩的乘象马尼佐格拉的冲杀下，奥太南之坐象布翁晒转身逃跑，后俘

获奥太南。阿瑜陀耶大臣奥亚丁那乘坐大象埃格敦正与乘大象晒加尼耶的耶谬侯明耶丁克亚厮杀，双方骑象格斗多时，明耶丁克亚之骑象晒加尼耶被奥亚丁那的骑象埃格敦以牙挑中喉部，就地倒下。正在此时，缅王一部下放炮轰击，奥亚丁那死于象背之上。奥亚彭世洛急驱象转身撤退。

右路阿瑜陀耶大臣奥比亚晒吉骑大象育达比东冲杀过来，缅王部下德门耶丁延乘大象育瓦达奈那耶上前抵挡。因育达比东正值发情，育瓦达奈那耶闻到敌象之气味，不敢对阵，几次掉头而走。德门耶丁延用象鞭驱打数下，育瓦达奈那耶才又冲杀过去。此时内约达乘象萨丹比昂孟出战，育达比东被击倒在地，奥比亚晒吉也战死。阿瑜陀耶大臣奥亚底济骑象比亚波扎冲杀过来，缅王部下底里达马拉骑象宫觉上前迎战，刺中大象比亚波扎，迫使其后退坐倒在地。追击之下，比亚波扎象嘶叫着逃跑了。缅王部下南达丁坚骑象耶妙苏瓦冲杀前来时，阿瑜陀耶大臣奥亚仰骑大象玖晒加沃迎上抵挡，但不是对手，顿时跌倒。于是3路敌军全部溃败。阿瑜陀耶驸马奥亚勒宫恩玛乘大象泽亚努帕逃跑到一湖边，象不服驱使，困于湖中。缅马军见后将湖团团围住。正当奥亚勒宫恩玛欲下象逃走时，连象带人一起就擒。奥亚彭世洛弃象而逃，其骑象玖晒加沃被抓获。奥亚尤格拉亦骑马逃跑，其骑象德雍宋被捉。在缅军追击下，阿瑜陀耶军伤亡甚众，缅军俘获许多象马士卒。勃印囊命召回缅马军，直至天黑才返回。

瑞梯王听到枪炮声响，以为缅军战败，加速前进，午后到达驻地。勃印囊的3路大军将俘获之敌军官员及象、马、兵勇、武器等献予缅王。瑞梯王当晚在帐前召明耶底哈都、德多达马亚扎、勃印囊等缅、孟、掸各族文武官员议事。缅王问道：“朕曾派耶约达传令，遇有敌军时，待朕驾到后再开战。为何破坏了朕的部署？”勃印囊奏道：“臣等遵王命将象、马、兵勇等布好阵地，正等候吾王陛下之时，敌军来到。臣命耶丁延等5支军队从左侧，命苏勒宫恩等5支军队从右侧迎战。臣见到左、右两军只从侧面迎战，怕旁人误以为臣并非因遵王命行事而是胆怯之故，故臣宁冒被斩首之险，不甘受人耻笑，自作主张与敌交战。”缅王听后道：“此事确实有违朕令，但卿处理得当，朕岂有责卿之理！”遂赐勃印囊4面金边额带、镶3圈红宝石之冠、嵌红宝石之槟榔盒、咸茶盒、带盖饮水瓶、金伞4把、绒质飞檐形朝服、御用红宝石手镯1副、红宝石指环、御用带宝座之全套多宝象鞍、御马等。因勃印囊之子泽亚底哈年方13岁就骑象助父打败奥亚勒宫恩玛，缅王喜之，特封其号明耶觉苏瓦，并赏赐金槟榔盒、咸茶盒、带盖饮水瓶、金铜合金痰盂、金伞1把、圆形金杯。此外，又一一酌情赐赏众得胜有功之臣以槟榔盒、壶、痰盂等用具器皿及州县等食邑地。只收缴了象、马、枪炮等战利品。各人所获奴仆、牛马、金银、衣物等均归个人所有。

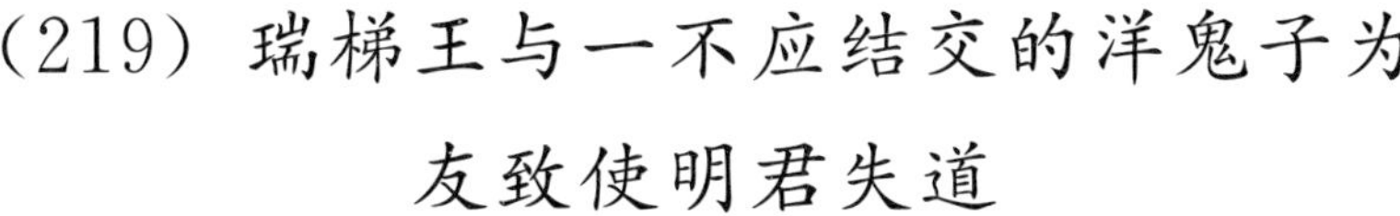

（219）瑞梯王与一不应结交的洋鬼子为友致使明君失道

缅王各方安排停当之后，又与众将官商议：“如今已战胜阿瑜陀耶发来之3路大军。朕是继续进军阿瑜陀耶呢，还是去攻打格曼拜、彭世洛、道格岱诸镇为好？”摩诃基奏道：“上次阿瑜陀耶王来犯，大败于亚扎登地区。阿瑜陀耶王翻身落象步行逃走才得活命。

我方俘获阿瑜陀耶王子、王弟及大批官兵、象马，对方伤亡损失惨重。今番又连同乘象一起抓获阿瑜陀耶王之驸马，还俘获不少阿瑜陀耶官员，许多巨象、壮象。损兵折将伤亡甚大。如今阿瑜陀耶上至国王，下至全境都惊魂未定，恐惧万分。若现在去攻易如反掌。”接着苏勒宫恩、德门耶丁延等亦奏道：“锡当侯摩诃基所奏极是。”卑谬王德多达马亚扎奏道：“众位所奏言之有理，但阿瑜陀耶城不比一般城镇，四周有护城河围护，城防极为坚固，并备有许多大炮，兵将象马众多。河上尚有葡萄牙兵船只防守，过去从未被人攻破过。敌方肯定固守该城无疑。吾等若不能在短期内攻下该城，则便要建围城工事，长期围困，费力极大。旷日持久，军粮便将匮乏。要去远处寻粮，又会遭敌军阻击，只能就地而待。臣以为此次还是班师回京。陛下亲征上缅甸一带的阿瓦、实皆及掸邦地方。待组成孟、缅、掸族联合的强国再去攻打，何愁阿瑜陀耶不克？”南达丁坚奏道：“德多达马亚扎所言极是。但臣以为阿瑜陀耶两次来犯均大败，连阿瑜陀耶王宠爱之王子、驸马、王弟皆被俘获。阿瑜陀耶王此次必以美言求和，如不来求和，那么现在仍有时机可去攻打甘烹碧、素可泰、彭世洛等城镇。连阿瑜陀耶的王子、驸马、王弟都敌不过我，这些城镇的诸侯哪里还敢和我们交手？攻克这些城镇后便可派适宜的官员固守。为了筹集军粮，应乘此雨季种下一茬粮食；并在格曼拜制造运粮船只，安排就绪后返回京城，下一次一举攻打阿瑜陀耶城，那时岂有不克之理？”

勃印囊赞成南达丁坚所奏。瑞梯王说：“此计甚善。”遂将缅军调向攻打格曼拜。格曼拜侯闻瑞梯王率军来攻，不敢据城抵抗，率部逃入山林。缅王进驻格曼拜，并调兵遣将，准备象马武器要去攻打道格岱、彭世洛诸镇时，阿瑜陀耶王派 2 名使臣来下求和书。

书中写道："称之为堕罗钵底的阿瑜陀耶城主比亚达底亚扎叩奏陛下，闻缅王陛下驾到，按情理应乘象单骑交战，却部署象马兵将以待。实则因陛下系洪福之主，卑臣不敢与陛下单骑抗争，只派子、婿、弟等迎战。但他们却连洪福无量陛下之将士亦敌不过，败下阵来。陛下如能宽大为怀，放卑臣子、婿、弟归来，臣将每年贡奉战象 30、白银 300（缅斤）并交出德林达依船只赋税收入。现奉献比亚基、比亚艾象为礼。同时，奉送各种红绿绒、呢、优质布匹、粗细裙料、各色香料等礼品。"

瑞梯王听了阿瑜陀耶王求和书后，便称赞南达丁坚有远见。当场将手上佩戴的手镯、指环及母象一头赐给南达丁坚。并立即召回将派往道格岱和彭世洛的部队。缅王召见阿瑜陀耶使臣说："既然阿瑜陀耶侯已立誓向朕称臣纳贡，那么一言为定，朕系信佛修身之王。"然后遣来使回阿瑜陀耶。阿瑜陀耶王听了使臣报告缅王回音后立即选了披戴金色象鞍象套的比亚基、比亚艾象 2 头；带装饰鞍座的上好壮象 2 头，并各色礼品等，派阿瑜陀耶王之弟奥亚彭世洛和奥亚德温克劳代表阿瑜陀耶国王向瑞梯王献礼并宣誓效忠。瑞梯王收礼后便命阿瑜陀耶王弟奥亚彭世洛和奥亚德温克劳行宣誓效忠仪式。后缅王释放了在作战中俘获的阿瑜陀耶王子、驸马、王弟。并赐他们穿戴完毕，召到帐前。赐阿瑜陀耶王子以八角金槟榔盒、嵌 3 圈红宝石的金饮水瓶、嵌红宝石的咸茶罐、嵌红宝石的金痰盂、佩嵌红宝石象鞍象套的壮象 1 头、金鞍套的母象 1 头、金伞 4 把、鼓 9 只、银唢呐 2 把、银喇叭 2 把；赐阿瑜陀耶王弟六角金槟榔盒、嵌一圈红宝石的饮水瓶、嵌一圈红宝石的咸茶罐、

嵌一圈红宝石的金铜合金痰盂、壮象1头、带金鞍套座的母象1头、金伞2把、鼓7只、银唢呐3把、银喇叭3把;赐阿瑜陀耶王驸马三角槟榔盒、嵌1圈红宝石的冷水瓶、嵌1圈红宝石的金铜合金痰盂、壮象1头、带金鞍套座的母象1头、金伞2把、鼓7只、银唢呐3把、银喇叭3把。此后举行了宣誓效忠仪式。并将赐予阿瑜陀耶驸马相同的物品赐给前来参加宣誓效忠仪式的阿瑜陀耶王弟奥亚彭世洛;赐赏另一王弟奥亚德温克劳以金盖碗、咸茶罐及全套马鞍銮等礼品。对俘获的其他阿瑜陀耶将领亦一一按名位大小分别赐赏各种饰物、用器等。并释放全部阿瑜陀耶战俘,令全部返回本国。2天后,缅王大军按各部先后,沿达郎一线班师回朝,留下不堪长途跋涉的老弱兵将象马交毛淡棉侯彬尼亚乌安置。缅军自毛淡棉出发,于缅历1月3日(公元1549年2月28日)回到京都汉达瓦底。

不料如此有德有才的英明君主竟与一个不应结交的洋鬼子——葡萄牙人结交为友,使明君失道。这个洋人的事如下:贝萨律王[①]命其侄——一个洋人领轮船7艘、古囿船100艘去攻亚齐。亚齐王亦以轮船、古囿船等还击。贝萨律王侄战败,带了古囿船10艘、300名部下来到莫塔马港码头。莫塔马侯抓住了贝萨律王侄及其300名随从交缅王。瑞梯王见其外表文质彬彬,心甚怜之,就赐其良好住所居住。一天缅王出外打猎,命洋人同往。在森林中,将玉兰花朵放在靶标处,命洋人射击。竟每射必中。于是缅王对他倍加宠爱,赐一宫娥与其婚配,并赐其官位。该宫娥与其混熟

① Peissarit,此人是葡人似可肯定。但情况尚不明,需进一步查考。

以后，学了洋人烹调法。各种西洋食物做工颇精，经常献予瑞梯王享用。此外还自制易醉葡萄美酒献给缅王。这种酒，味道甘美，缅王十分喜爱，于是召洋人进宫，唤其一旁陪同进膳。时间一长，洋人还自己动手制酒，并在酒内调入蜜糖。喝此酒后，缅王性格变得极其反常。常常将某甲妻许配给某乙；而又将某乙妻许配给某甲，处理事物常荒诞不经。若有人被诬搞阴谋，缅王也不加调查，叫来就杀。长此以往，勃印囊也感到这些举止与一个君王太不相称，遂常进言谏劝缅王改此恶习。缅王却道："朕已与酒为友，国事交付王兄，由王兄处之，勿再谏朕，朕只愿在宫中享乐也。"缅王很少上朝，有时根本不上朝。勃印囊便安排好在内宫侍奉的王公贵族，自己亲自侍奉圣驾，不离左右，常至深夜两三更。等缅王熟睡后，命亲信官员留在一旁侍候，自己方回府邸。天刚亮，在瑞梯王未醒之前便又入宫审理国事。

由于他不离御驾左右，亲自侍奉，并由他处理朝政国事，许多有王命要斩的无辜官员被保护下来，保全了性命，除非勃印囊不知道的才被杀。因此，孟、缅、掸各族官员们在一起商议，对勃印囊纷纷进言道："如今朝政混乱，国家不宁，不如把圣上妥善安置后，请您——王兄洪福之主登基称王，吾等皆愿效忠。"勃印囊答道："诸位大人，吾等蒙受圣恩，有尽忠之责，方才一番言语除吾之外勿再与他人说。一切种智佛祖也曾教诲说：'无德之人即便在世百年，亦不如正直之人生活一日。'本官还要向瑞梯王陛下进谏，要陛下回心转意。陛下若不采纳，吾与诸位仁兄也只能辅理朝政，不应提出其他不当之议。只要有本官在，各位仁兄大人就不必担心你们的事情。请诸位各自安守采邑封地。"众官员听罢，皆不敢再言，叩拜后默然不语。勃印囊又说道:“吾王陛下若因前世恶业报应,今世精神反常,如此疯癫下去,有吾等辅理朝政,纠正偏差,国家还会发生动乱吗?”众官员道:“一切靠王兄作主。”勃印囊自该日起,更加精心操理国事。并给贝萨律之侄一艘轮船,若干金银钱财,遣其返回本国。

缅历910年(公元1548年)勃印囊父东吁王明耶底哈都去世。缅王封其次子号底哈都,为给杜摩底侯。当时,众大臣奏道:“王兄勃印囊只封为莱谬侯,太不够了,还应加封给杜摩底城。”缅王手指王兄道:“勃印囊将是朕之替身。”《摩诃乌巴亚扎埃钦》[1]诗中曾记载:缅王对底哈都亦以“美弟”相称,非常器重,故赐底哈都以给杜摩底城。

(220)还俗僧人德门陶亚马[2]谋叛瑞梯王

缅历911年(公元1549年)有一僧人,原系彬尼亚仰未登基前所生之子,在兹育埃翁镇为德族武士首领举行的葬礼上聚众议事。又到丁因集合了地方头人等。他在大光达拉地区还俗。还俗后,在介包佛塔宣誓举事,自号德门陶亚马。并纠集许多象、马、兵勇,水陆两路攻打马高[3],驻守下来。缅王获奏报,即命勃印囊部署象马各军先行。勃印囊遂命兹育埃翁侯王弟底里觉廷、德敏东侯王弟南达约达、渺米亚侯彬尼亚劳、勃生侯德门比亚德迈、班果侯彬

① 缅东吁王朝德右侯丁克亚于1560—1592年间写的一首诗。

② Smim Htaw Rama,旧译:斯弥陶。

③ 马高,或译“马革”,即“白古”、“摆古”,按孟语 Pegaw 的音译名。

尼亚恩达、达拉侯底里泽亚瑙亚塔、直柳漂侯德门耶丁延、温谬侯德门丹莱、阿叟侯德门埃巴耶、开榜侯德门丹杰、达耶瓦底侯乌兹那等 11 支兵马，共有战象 200、骏马 3000、士卒 60000 出征。大军抵马高，遇敌军后，南达约达骑名为耶妙苏瓦的大象与之交锋。德门陶亚马先头部队败阵。缅军将士个个奋勇当先，疾驰战象，势如破竹，打败敌军。德门陶亚马收集残部向西撤退。敌军残部从水陆两路攻打丁因。丁因侯南达觉廷此时正在汉达瓦底，故敌军得以占领丁因，并固守城内。缅王得知后便道："惟有勃印囊出征讨剿，方能成功。"勃印囊奏道："目前叛匪在边远地区到处作乱，其势颇大，处理此事的确甚为棘手。但要臣远离陛下出征又确有困难，如何是好？"缅王闻叛匪力量颇大便道："派谁出征都不能顺利平息祸乱，只有王兄才能成功。朕身边尚有东吁侯底哈都、莫塔马侯苏勒宫恩、德门绍突[①]等人，还是王兄早些出征为好。"

勃印囊不好违旨，便安排了王弟底哈都、苏勒宫恩、德门绍突等留在缅王身边侍奉，安排兵力出征丁因。向丁因进军的各路人马有：王弟南达约达、乌兹那、德门耶丁仰、王弟底里泽亚觉廷、底里达马拉、底里泽亚瑙亚塔、德门比亚德迈、德门丹杰、南达觉廷、德门佐格拉、南达丁坚、德门丹莱、德门巴仰、彬尼亚恩达等各领一军。随后由勃印囊亲自乘坐 7 肘尺高的金座金鞍大象乌布萨塔殿后。命南达丁坚为大军统领，泽亚巴拉为监军。并派赖威耶傣、赖亚耶傣、杜因约达、德瓦都亚等率领 4 支马军。大军总计 19 支人马，共有战象 200、骏马 4000、士卒 80000。抵丁因，兵分 3 路进

① Smim Sawhtut，旧译斯弥修都。

攻。德门陶亚马的兵勇虽多,但象、马、武器短缺,一战即败。德门陶亚马收拾残兵向西部边境逃窜。勃印囊收复丁因,得胜告捷,率19支人马驻于达拉。

(221) 瑞梯王遣左刀卫刺杀身亡 勃印囊灌顶登基

瑞梯王在缅历911年11月(公元1550年1月下旬至2月中旬)时,经学者占算时运不佳,宜出门禳灾。便率战象100、骏马2000、士卒40000从汉达瓦底出发搬至班德瑙营地居住。命东吁侯底哈都驻守汉达瓦底。又因明摩诃去世,便将锡当赐给了德门绍突。命德门绍突和苏勒宫恩留在身边,昼夜侍卫。又封德门绍突两个兄弟为左右刀卫。瑞梯王在班德瑙行宫住了约有一个月,又搬至若开营地。

在若开营地居住时,听信了锡当侯德门绍突之言,说是东边格达地区有白象出现。便驾临格达,在一个英国教堂附近将卫队驻下休息。缅王对苏勒宫恩道:“朕今日要捕捉白象,快去莫塔马集合将士们。”即命苏勒宫恩去莫塔马。苏勒宫恩多次奏道:“是勃印囊临行嘱咐,命臣不得离开陛下。”缅王却道:“朕身边已有德门绍突,卿去无妨。”苏勒宫恩不敢违抗圣旨,便去莫塔马。在苏勒宫恩离开圣驾之后,锡当侯德门绍突早已与其兄弟左右刀卫商量停当,于缅历912年2月16日(公元1550年5月1日)水曜日深夜3时,趁瑞梯王熟睡之际,左刀卫用自己守卫的御刀刺杀了瑞梯王。据说王头断后滚到了龙床之下,拂晓看时,头颅栩栩如生,仍在眨眼，直到午后一时才停止不动。佐比加仰大法师得知此事之后便预言："孟人终究不能统治汉达瓦底全国，缅甸人将会全部控制汉达瓦底。"法师并要求妥善火化缅王尸体，将其遗骨置放于金罐之中埋于洁净之处。

瑞梯王诞生于缅历 878 年 2 月 16 日（公元 1516 年 4 月 16 日）水曜日，15 岁登基，在位 20 年，享年 35 岁而崩。锡当侯德门绍突谋杀缅王之后，又一一捕杀缅王周围的王裔贵族及亲信官员。有的逃往汉达瓦底，有的逃往东吁，有的则逃往莫塔马。德门绍突接管了缅王所率象马兵勇，命自己的心腹知己大臣们举行宣誓仪式，自称德门晒格沃，进入锡当城称王。后再到汉达瓦底称王。瑞梯王驾崩后，有一贴身亲信官员杜因底哈逃出军中，带 8 名部下，划一小船渡江到马伊宋地区，于深夜 3 时许到达汉达瓦底。杜因底哈将事情原委告知勃印囊王妃，王妃便修书一封，仍派杜因底哈送信至夫君所在达拉镇。勃印囊之弟底哈都集中了汉达瓦底的象马兵勇，以及愿跟随他的官员们，急向东吁而去。把东吁城的护城壕堑、城墙工事修筑好后，自称明康，宣告独立。德门绍突自封为德门晒格沃后，在锡当住了一个半月，听说底哈都已从汉达瓦底到了东吁，便率兵进驻汉达瓦底，进宫称王。卑谬王德多达马亚扎也自名德多都，宣告卑谬独立。德叶、美德、色固、色林、邦林、垒盖、布坎艾、辛咕、色雷、蒲甘、鄂达耀、杜云岱、皎勃当、勃特纳果、东敦等城镇也都纷纷各自据守城池，孟三邦也各自独立。

勃印囊从王妃派来的送信人杜因底哈处得知详情后，便把在达拉的缅、孟、掸族众官员召来商议。有的说："应迅速出兵汉达瓦底，并以该地为据点。"有的说："应将住在汉达瓦底的王妃接出，以达拉城为据点。去攻汉达瓦底和室利差呾罗等地。”此时，有一个名叫仰昂勃卢的大臣说：“今日之国，犹如一捆竹子散了绑绳一般七零八落。孟、缅、掸族各邦纷纷各自为政。现在我们所在之达拉城仍为孟人地区，而孟人的实力如同不敢触动的蜂窝一般。相比之下，我们缅甸人力量太弱。故应召孟族的大臣赐封大光、达拉、直柳漂、古突、兴实塔、莱等城镇，赐封诸侯宣誓仪式之后便应进军您父王的京都给杜摩底。”王兄勃印囊遂同意此议。为孟族大臣们举行宣誓效忠仪式后，把西部一带的城镇一一赐封给他们，然后召集兵马，经大光进军给杜摩底，昼夜兼程。

到达德努道、马高。由此并不进汉达瓦底，而是朝达炯当来。在达炯当，德门晒格沃派彬尼亚德拉拦住缅军阻击。但缅军并不反击，继续前进，这好比：统辖3000座山林的狮王在兴高采烈之时，虽有狐狸、榕犬[①]等发火吼叫，前来寻衅，狮王毫不介意，威风凛凛，岿然不动。勃印囊大军不理会阻击的敌军，仍然前进。到达欣克内时正遇上王妃带了随从乘金轿从汉达瓦底来。从王妃处勃印囊才详细知道了其弟底哈都已自称明康占据东吁为王。勃印囊大军在欣克内停留3天又继续前进。在离东吁约20英里远育瓦迪基以东的空旷地上驻扎下来。观察军营的位置，只见东依榜朗河，又与东吁城仅隔一小段距离，位置很好。在谋士们的建议下，便驻营谬迪村。此时掌管朝服的官员孟人马达米、达炯侯比亚达巴、掸族官员皮亚萨等3人到达驻地后称要回去取妻室老小返回汉达瓦底。

① 一种犬类。

勃印囊将谬迪村命名为泽亚瓦底，并检阅象马。约两个月后，召见王弟底里泽亚觉廷，次王弟南达约达等文武官员议事。征求意见，是在原缅王部下尚未聚拢汇集之前就去攻打汉达瓦底呢，还是在此地备战屯兵，养精蓄锐之后再去打给杜摩底为好？有些官员建议先去攻打汉达瓦底才对；有些则认为应在此召集逃散的孟、缅将领官员，准备一段时间后去攻打给杜摩底为好。此时，一位名叫底里泽亚瑙亚塔的大臣奏道："当前不能缓慢从事，必须以迅雷不及掩耳之势猛攻才行。王弟明康并非原驻东吁之人，也是临时驻守。在其未立稳脚跟之时应尽速攻取给杜摩底。"勃印囊赞同底里泽亚瑙亚塔所言道："甚善。"便布置向东吁进攻。此时勃印囊忽得一梦，梦见一枝芒果树枝上结了5个芒果，采了一只最好的芒果吃了。勃印囊说此梦预兆：王弟虽自称"明康"[①]，占据了给杜摩底，而自己却于梦中采食最上等之芒果，是必胜王弟，占领给杜摩底之吉兆也。

此时，德门绍突从锡当来到汉达瓦底，进宫称王。但因群臣意见不一，约3个月后被废黜，又举莫塔马的德门陶亚马为王。当时在汉达瓦底的埃蒙德亚、山达约达、耶约达、杜因巴拉、达亚加木、德抱木、彬尼亚勃尤、埃木陶等人声称不愿做孟人之奴，带了妻小家人及仆从3000余人来投；东面莫塔马方面也有埃勃耶、宋德亚底、拜格敏等3人带了部下10余人及妻室家人1000余人来投；东吁的巴亚泽亚、象夫长巴拉觉、东吁卫士长、内宫卫士长等在瑞梯王驾崩后，明康向东吁进攻时便逃进深山躲藏，两个多月后才带领

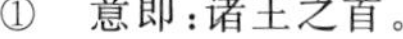

① 意即：诸王之首。

随从700余人来投勃印囊。勃印囊对来投的官员将领一一赐赏，宣誓效忠后都封了官职。

向给杜摩底进军的部署如下：由赖亚耶傣、杜因勃拉各领1000骑兵为先锋。后面是底里泽亚觉廷、王次弟南达约达、幼弟明耶觉廷、王子明耶觉苏瓦、底里泽亚瑙塔、赖威勃亚、北城防官巴亚南达都、埃蒙德亚、底里达马亚、南达西都各领一军。最后是勃印囊亲自统率的大军。任命南达都为统领，亚扎德曼为监军。包括两支马军在内共13支人马，有战象200、骏马2000、士卒80000，从陆路进发。水军分4路进军，由亚扎勃拉、山达约达、亚扎丁坚、宋德亚底、泽别、巴亚丁坚6支大军组成。任命巴亚丁坚为统领，达亚加木和东吁卫士长为监军。6支大军中，共有格杜伦锦船130、劳加、皎雷70、士卒6000，战船上载有攻城大炮。

水陆两军部署完毕后，于缅历912年6月17日(公元1550年8月28日)火曜日向给杜摩底进发。抵给杜摩底时，命王弟底里泽亚觉廷、幼弟泽亚南达、赖威勃亚、底里泽亚瑙亚塔、巴亚南达都等5支部队率战象60、骏马700、士卒25000在谬基地区包围之；又命王弟南达约达、埃蒙德亚、南达丁坚、底里达马亚、南达西都等5支军队率战象60、骏马700、士卒25000在盖林地区包围。于是水陆两路将给杜摩底团团围住。明康王为了不致被包围，多次出击，未果。形成包围后，城里人处于困境中。围城4个月许，城内官吏纷纷逃出投诚归顺。缅王对来投的官员一概不予追究，令其宣誓效忠后封予官职。在此举影响下，城内官吏都来投奔围城缅军。于是，城内官吏大为减少。在官吏都逃走后，东吁王明康惊恐万状，便请其父的法师到城下求降，提出只要不动其财产，保全其性命便可。勃印囊对法师道:“在王弟瑞梯王驾崩以后,只要吾等弟兄五人团结一致,镇守汉达瓦底,任何敌人皆无计可施。但底哈都却打错了主意,致有今日之乱,他干了蠢事铸成大错。但念他是吾亲弟,不忍加罪于他。吾既已称王,他可以受吾恩惠做吾下属。”于是事情完满解决,缅历 912 年 11 月 7 日(公元 1551 年 1 月 13 日)日曜日战事结束。缅王令击鼓鸣锣,通知得胜缅军不得抢掳城池。然后让给杜摩底城众官吏宣誓效忠后分封官职。全国平定,建临时皇宫,并举行灌顶登基仪式。

(222) 获白象之主称号的勃印囊

白象之主之情况如下:东吁王明康艾的孙女格耶纳瓦底公主嫁给当克明基,生子南王明耶底哈都、女玛瑙哈两人。彬牙一象主之子五象主之弟甘尼瑙亚塔生子德勃因德道榭;德道榭之子德耶布翁尼亚;德耶布翁尼亚有 3 子:蒲甘侯德多、色林侯西都、东吁绝锡王。绝锡王的长女与当克明基之子明耶底哈都婚后生女达马黛维公主,子白象之主、莫塔马王明耶西都、卑谬王德多达马亚扎及夭折一人等姐弟共五人。绝锡王长女死,小妹又被封为王妃,生子东吁 90 万之主明康王及次子阿瓦王德多明绍二人。(以上情况与德瓦富翁之子所撰《简史》相符。)缅王加冕后封其弟底里泽亚觉廷为明耶西都;赐八角槟榔杯、咸茶罐、饮水瓶、嵌 3 圈红宝石的金痰盂、金伞 4 把、金象舆、金马鞍套、抬轿、皇鼓 9 只、银唢呐金喇叭各 5 把。封其弟南达约达为德多达马亚扎;赐八角槟榔杯、咸茶罐、饮水瓶、嵌 2 圈红宝石的金痰盂、金伞 2 把、金象舆、金马鞍套、抬轿、皇鼓5只、银唢呐银喇叭各3把。仍封王弟底哈都号明康；赐其六角槟榔杯、咸茶罐、饮水瓶、嵌2圈红宝石的金痰盂、金伞2把、金象舆、金马鞍套、抬轿、皇鼓5只、银唢呐银喇叭各3把。封王弟泽亚南达的明耶觉廷；赐其槟榔杯、咸茶罐、饮水瓶、金痰盂、金伞1把、金象舆、金马鞍、皇鼓5只、银唢呐3把、银喇叭2把。各王族、各大臣均有适当分封。并将许多分封邑地、金银、布匹一一封赏给象马兵勇。在原来临时行宫的位置上建造了有40座寺庙环绕的大寺院献给大法师达德马固育。还布施了红色的扇、伞等僧用物品。并对德拉泰双塔从塔顶伞直到塔基全部贴金。

缅王在给杜摩底稳定住自己地位以后，便召集王弟、王子、众大臣商议："现在是攻打汉达瓦底，或攻室利差呾罗，还是试探攻打罗陀那补罗好呢?"有的大臣主张："由缅王坐镇给杜摩底，而由王弟、王子对阿瓦作试探性的攻打"；有的大臣主张："要在汉达瓦底尚未稳定之前便去攻打为好"。此时，南达西都奏道："如今给杜摩底已经到手，在给杜摩底有孟、缅、掸族各方面力量，而其中就缅族力量来看相当单薄，必须聚集加强缅族力量。而汉达瓦底是由孟人控制，孟人势力很大，故而宜先征服室利差呾罗。时间一久，恐卑谬侯德多都诡计多端，另找靠山，到那时事情就更难办了。"

缅王赞同南达西都所奏，便安排部署向室利差呾罗进攻。军队部署如下：以赖亚耶傣、亚扎德曼、杜因勃拉、赖亚约达、赖威耶傣等5支马军为先行；其后为王弟明耶西都、王弟德多达马亚扎、王幼弟明耶觉廷、底里泽亚瑙亚塔、南达西都、底里达马拉、埃蒙德亚、宋德约达、赖威勃亚、南达觉廷、内谬觉廷等所率各部大军；最后是缅王所率主军。任命德榭觉廷为统领，亚扎约达为监军。共

17 路人马，有战象 250、骏马 3000、士卒 90000，于缅历 912 年 1 月 2 日(公元 1550 年 3 月 19 日)金曜日向室利差呾罗进军。令王子摩诃乌巴亚扎、王弟明康、巴亚丁坚和众多象马兵卒在给杜摩底驻守。

缅王大军到达室利差呾罗城下，多次攻城，但敌方城防极严，武器众多，且有水军开炮助战，缅王大军损失严重，只得退到离城较远处。于是缅王降旨道："今日朕等虽多次攻打卑谬城，均未成功。吾等士兵皆疲乏不堪。现朕欲转而攻打美德、德叶等上缅甸一带城镇。待上缅甸一带被征服后再水陆两路攻打室利差呾罗。"王弟德多达马亚扎奏道："此计甚好。"于是缅王调转军队向美德进攻。美德侯明耶觉廷、垒盖侯巴亚约达、马龙侯巴亚丁坚、色固侯赖威约达、马伯侯[①]、敏贡侯、敏东侯、岱达侯、明达侯等都携子女、良象骏马来献。缅王对来投诸侯命宣誓效忠后一一分封。加固了美德城防，留下王弟德多达马亚扎、王幼弟明耶觉廷、色固侯、色林侯、末龙侯、马圭侯、品达侯、勃莱侯等强兵驻守美德。缅王于缅历 913 年 4 月 17 日(公元 1551 年 6 月 19 日)水曜日返回给杜摩底城。抵给杜摩底约 1 个月，卑谬德多都的部下一名叫亚扎玛瑙的官员逃离卑谬来到给杜摩底。

缅王便召亚扎玛瑙来问，来者奏道："在卑谬的众官员对德多都说：'缅王乃是洪福英明之主，就是在瑞梯王在位时，他也为缅族、掸族大臣们所信服，现在这些人都在为其效忠。他的下属将相

① 原文误印为鄂伯侯，查前后文均无此名，再查旧版《琉璃宫史》与《缅甸大史》皆写为马伯侯，更正之。

都是舍命保驾之臣。现今他又征服了上缅甸和下缅甸一带许多城镇，成为一强国，我们也不如投降为好。'而德多都却说：'你们以为我会投降么？我将据城力守。如抵抗不住，我也要带领10000士卒，骑上我的大象那伽瓦拉，冲破重围，沿乌迎布一线向若开进军。'他的部下意见分歧，陛下不如及早攻打，定会马到成功。"缅王见此分析也还在理，于是决定立即部署部队攻打室利差呾罗城。军队部署程序如下：赖亚耶傣、杜因勃拉、赖亚约达、杜因觉都等4支马军为先行；其后是东吁王明康、南达西都、底里达马拉、埃蒙德亚、底里泽亚瑙亚塔、德榭觉廷、南达都利亚、南达觉廷等人所率各部人马；再后是缅王大军。以亚扎丁坚为统领，南达都为监军。包括4支马军在内共14支人马，有战象250、骏马3000、士卒90000。命王弟明耶西都和王太子乌巴亚扎驻守给杜摩底。缅王大军于缅历913年6月21日（公元1551年8月21日）木曜日进攻室利差呾罗。

缅王命在美德镇的王弟德多达马亚扎、王弟明耶觉廷等也与上缅甸诸侯一起举水陆兵勇共同进攻卑谬。到达后，缅王将大军驻在名叫汉末图的地方。而东吁王明康和底里泽亚瑙亚塔率领的2支部队未扎营驻下，径自去攻卑谬。在6月底（公元1551年8月底）深夜2时许，以苏仰宁大象冲破城之南门门闩，进得城内，直奔德多都住所，捉住德多都，押送到缅王面前。缅王道："卑谬侯德多都，你不是不愿当朕之臣属，要去若开当若开王之部下吗？"于是缅王命斩首正法。缅王后来又颇有悔意。在占领室利差呾罗全城后收降了卑谬全城官吏百姓，命宣誓效忠。

之后，缅王赐王弟德多达马亚扎以王用仪仗、金伞4把及皇鼓，封其为卑谬王。对王弟明康王也大加赞赏，将自己佩戴的红宝石手镯1副、红宝石戒指、自己穿戴的飞檐形皇服及金伞4把赐给他。并分别将仪仗、乡镇等论功赐赏给获胜的将官们。达耶瓦底侯乌兹那、直柳漂侯德门耶丁延等也携带礼品、武器等来投缅王。缅王在室利差呾罗住了10余日，将各方面安排停当后便继续向色雷、布坎艾、蒲甘等城镇进军。尚未到达上述城镇之前，色雷侯、布坎艾侯等便带了良象骏马、子女等来至驾前。只有蒲甘侯与缅王的先头部队交战。缅王到达后，便以水陆两军攻打蒲甘。蒲甘侯的援军阿瓦及布坎艾的士兵纷纷逃走，蒲甘侯也怕丢了性命，遂带大批礼品武器来向缅王投诚。

占领蒲甘城后，废了蒲甘侯，封其舅父明西都为蒲甘侯。缅王以水陆两军攻打阿瓦。到达皎德龙后便作围攻阿瓦城的部署。正在此时，获悉汉达瓦底之军攻下缅王所属的欣克内城，兵勇正在逃散。缅王便从皎德龙撤军回到蒲甘，以木筏载运象马，沿水路顺江而下；又命陆路部队昼夜兼程赶回。到达美德后，命王幼弟明耶觉廷率领大批人马进军东吁。缅王大军顺江而下，到达室利差呾罗后部署从水路进军汉达瓦底。命美德侯、色固侯、布坎艾侯、达耶瓦底侯乌兹那、直柳漂侯德门耶丁延、王弟卑谬王德多达马亚扎率6支人马，以王弟德多达马亚扎为帅，带战船3000、小货船100、载粮船100、士卒40000进军。正在缅王作部署之时，在阿瓦称王的摩别那腊勃底因打不过实皆王西都觉廷，便带了子女象马等来投奔缅王。缅王怜惜他，仍将其原来受用之物赐回，任其享用。闻卑谬妙底丁佛塔及佛亭等遭火灾，便命修造3座佛亭。缅王亲自布施了自己佩戴的红宝石手镯、红宝石指环、御用咸茶罐、饮水瓶等。

召来阿瓦的那腊勃底进军给杜摩底。到达给杜摩底后便迅速部署进攻汉达瓦底。进军程序如下：赖威耶傣、赖威南达都、南达西都、杜因亚扎、杜因勃拉等各率马军1000，以此5支马军为先行。此后是巴亚觉廷、德勒帕耶、达炯侯、南达都利亚、底里泽亚瑙亚塔、明摩诃、西都觉廷、德耶西都、南达觉廷、巴亚觉都、那当米亚、乌兹那等人所率各路人马。在王幼弟明耶觉廷的大军中任命巴亚仰达都为监军；王弟东吁王明康的大军中任命赖亚弁琪为监军；王弟明耶西都的大军中任命赖威约达为监军；王子摩诃乌巴亚扎大军中任命叟格德为监军。最后是缅王率领的大军。任命南达丁坚为统领，南达觉都为监军。包括5支马军在内共22支人马，共有战象400、骏马5000、士卒11万。缅王大军于缅历913年1月6日（公元1551年3月12日）日曜日从给杜摩底进军汉达瓦底。大军驻扎在克榜山附近的仰龙昂丁营地。后又驻扎在仰昂谬迪、昂丁达西、色安山等地。从给杜摩底到汉达瓦底一共驻营13处，每驻营一处都将该地重新命名。在到达亚德那驻营地时，底里泽亚瑙亚塔奏道："统治罗摩迎国的德门陶亚马王有许多狡诈的臣僚，他们诡计多端，不能不防。宜将大军分为前后两路，先探明虚实才好。"缅王便任命乌兹那为5支先锋马军的统领，赖亚西都为监军，5支军马先行。在渡毛格斯努河时与德门陶亚马的先头部队遭遇。乘乌兹那渡河时便迎面痛击，敌军象兵众多，缅军兵勇只得后撤。孟王德门陶亚马亲自率领500余头战象来战。经乌兹那奏明情况后，缅王便铺开战线，部署了兵力。并命王弟明耶西都乘坐7肘尺高的装饰有金鞍金銮的大象亚德那比昂觉，打着白伞，周围由执金盾、金挡、金牌的兵卒簇拥着，左右各用象10头迎战德门

陶亚马。缅王则骑在配有镶满宝石的象鞍座,名叫乌布萨塔的大象上,手执嵌红宝石的象鞭。象中座卫士是西杜因加都,象后座卫士是泽亚巴拉。在缅王骑象周围簇拥着执赤金长矛兵勇3000人,执金盾、金牌、金挡的兵勇各3000人,并有头戴金盔、身穿红服的执枪壮士400人跟随在缅王左右前后,缅王乘象左右还有身载1门小炮的象各15头,由青年将领们骑着随同前来。王弟明康王、王弟明耶觉廷等众官员将领也随同缅王铺开战线,簇拥而来。

(223) 德门陶亚马兵败

此时,缅王象中座卫士西杜因加都奏道:"现正值德门陶亚马前来对阵之机,不妨派马兵去放火烧汉达瓦底城内房屋,使孟兵有后顾之忧。"缅王说:"此计甚妙。"便派赖威耶傣带左路马兵1000人从左面,赖威南达都率右路马军1000人从右面冲进城去放火。正在缅王派兵之时,德门陶亚马骑着名叫漆钦的大象,配着宝鞍,带着王室仪仗在武士兵勇们的簇拥下,急冲过来。王弟明耶西都首先冲上去迎战。但德门陶亚马见了明耶西都,并不与之对阵,却向着缅王驱象急冲而来。缅王见他猛冲过来,便拿起金水壶,口中祈祷道:"朕若真是个为佛门增光、为民受益的真命天子,愿即刻便能战胜德门陶亚马。"缅王祈祷完毕,将水洒于地下。顷刻之间,天色昏暗,电光闪闪,大地震动,天空群鸟噪叫着飞到缅王坐象之前。缅王手中所执金水壶也由手中掉落于地。缅王因手中金壶落地,心中不乐。见此情景,有一名叫德门巴尤的孟族大臣奏道:"陛下何不乘机就去迎战?打败德门陶亚马,陛下便是大地之主了。"缅

王便驱象去战德门陶亚马。两象势均力敌,对抵许久。在两象格斗难解难分之时,缅王赶乌布萨塔象后退数步,再鼓足力气任其全力冲去。乌布萨塔的牙刺进了德门陶亚马骑象体中,敌象漆钦当场倒下。乌布萨塔的右牙断了约 1 肘尺 4 指之长。缅王以象鞭刺打德门陶亚马,使他背上落下多处伤痕。德门陶亚马部下德门泽别骑着名叫遂拉曼的大象来战缅王,又与乌布萨塔格斗。德门泽别的骑象不堪一击,当时倒地。德门埃那耶又骑着名叫比亚基的大象,打着白伞来战。王弟明耶觉廷便骑一名叫耶路林的发情公象与之交战。德门埃那耶的骑象弃阵而逃。这时缅方象、马、步军乘胜追击,孟族士兵败阵而逃。缅王俘获许多象、马、兵勇。德门陶亚马由象改乘马匹,匆匆搜集残兵,拟退守汉达瓦底。而汉达瓦底城内因缅王马军放火,全城一片火光,又有马军阻击,德门陶亚马遂不敢返城,向西落荒而逃。

缅王打败德门陶亚马后便在抱岱佛塔的附近就寝,拂晓后才进入汉达瓦底城内。德门陶亚马逃走后,一些孟族官员便带了残剩的象马兵勇来投缅王。缅王对来归顺者一一赐赏后令其宣誓效忠,并授予官职。东部一带莫塔马地区的诸侯亦携带良象骏马、子女等来向缅王进礼,表示愿意臣服。缅王分别按名位授予封号和赏赐,仍派他们食邑原地。缅王又赐赏了与德门陶亚马作战中的有功将士,分别赐给他们封号、仪仗、用品、邑地等。赐王弟明耶觉廷嵌 1 圈红宝石的八角槟榔杯、嵌 1 圈红宝石的咸茶罐、饮水瓶、嵌 1 圈宝石的金伞 2 把、金象鞍座、皇鼓 7 只。缅王在汉达瓦底停留 3 日后,带领大队人马朝德门陶亚马逃走方向追去。德门陶亚马已经过直柳漂,逃往勃生。勃生侯德门比亚达迈见德门陶亚马带来众多人马，不敢不接纳他。缅王疾速向直柳漂进军，于2月7日（公元1551年4月11日）到达直柳漂以东地区。王弟卑谬王德多达马亚扎等水陆两军原本驻守在达拉，因缅王召集水兵，王弟便领兵经直柳漂向勃生进发。此外，缅王要求王弟卑谬王德多达马亚扎的水军也迅速进军勃生，令达耶瓦底侯乌兹那、美德侯明耶觉廷、东敦基侯那当米亚、品达侯德耶西都等率强兵镇守达拉城。于是缅王领陆路人马，王弟德多达马亚扎、德门耶丁延等率领水军同时向勃生进军。大军在到达离勃生城尚有1站路的时候，德门陶亚马从城内逃出。勃生侯德门比亚德迈便来迎接缅王，将德门陶亚马难以带走的战象100余头及武器等来献，并送来礼品。缅王大喜，即赐其彬尼亚劳之封号，并赏八角槟榔杯、咸茶罐、饮水瓶、金铜合金痰盂、象鞍座、金伞4把、镶金飞檐服、皇鼓7只、银唢呐3把、银喇叭2把。并赐其建造5间连房的金屋居住；允许其夫人在榜弁地方的住房可用镶金窗框，并赐两把金伞以及槟榔杯、咸茶罐、饮水瓶、痰盂等物。

缅王在勃生逗留了一个月许，王弟德多达马亚扎、德门耶丁延等闻缅王已到达勃生，便绕过小河，昼夜兼程率领船队赶来。在德马加河上，因河水退潮，3只战船搁浅，此时正遇德门陶亚马，双方开战，3只战船皆被打沉。德门陶亚马击沉了船后，便来攻打驻守达拉城的乌兹那。乌兹那兵败战死。缅王得知此消息，便命王弟东吁王明康、勃生侯彬尼亚劳、底里泽亚瑙亚塔、南达丁坚等4支人马领战象100、骏马1000、士卒40000驻守勃生城。命王弟明耶觉廷、德门毛昆等2支人马带战象40、骏马1000、士卒50000先行，自己带领各将领随后进发。

德门陶亚马打败了达拉的缅军后，又调转头来攻德多达马亚扎、德门耶丁延。德多达马亚扎等人坚守卑谬。此时王弟明耶觉廷等2支人马赶来，勇猛进击，德门陶亚马败阵而逃。缅军俘获其王妃、国丈及全部船只。因德门陶亚马逃走，他的部下官员便带了象、马、兵勇、武器向缅军投降。缅王在上述胜仗后5日到达。在直柳漂住了10日，命投诚官员宣誓效忠后分别按次赐赏仪仗、食邑等。对王弟卑谬王德多达马亚扎能以3000船只打败德门陶亚马颇为高兴，便赏其以其父明耶底哈都曾使用过的仪仗。一一安排妥当后，缅王于4月1日（公元1551年6月3日）返抵王都汉达瓦底。孟王德门陶亚马扮作僧人模样，带领10余随从逃往莫塔马。缅王返回汉达瓦底后将莫塔马32镇和勃生32镇的官员分别安排任命就绪。修缮倒塌损坏的佛塔。命南达都利亚和南达觉廷等带金花束、银花束、金灯盏、银灯盏前去拜谒瑞梯王陵，造佛塔。

全国平定安排妥当后，于缅历914年4月10日（公元1552年5月30日）在原皇宫院内建造宫殿。4月14日（公元1552年6月4日）月曜日住进宫中。召勃生的王弟明康、王弟德多达马亚扎、达拉镇的王弟明耶觉廷返回汉达瓦底。封王弟明耶西都为王，赐君王登基五宝器并莫塔马镇为其食邑，称莫塔马王。赐次弟卑谬德多达马亚扎君王登基五宝器，封为卑谬王。赐王弟明康君王登基五宝器，封为给杜摩底王。其余缅、孟、掸族大臣们亦皆各有封赏。将勃生居住的行宫处建造围有40小寺的大寺院施舍给信达马尼耶亚法师。施舍金箔为灿道佛塔自塔伞至塔基全部贴金。

德门陶亚马住在莫塔马乡间，莫塔马人要抓他，便逃往格沃。格沃侯和兑傣侯得知德门陶亚马逃来的消息后，便于夜间观察其行踪。发现他正在一卦搭僧住房中与5名仆从一起进餐，便将其抓住，但德门陶亚马力挣脱逃，只砍伤其背部。他带伤流血逃往一小村落。在乡村寺庙中治好伤才逃往岱格拉重新搜集人马。缅王得知后便命南达丁坚、瑙亚塔、巴亚党都、瑞雷木等率领4支人马，共有战象100、骏马1000、士卒40000，前去征讨。德门陶亚马从岱格拉来到锡当迎战。南达丁坚、瑙亚塔等人知他人马势弱、武器少，便勇追猛打。德门陶亚马抵挡不住，败下阵来，只带4个随从骑马而逃。有奴仆们来禀报，说他在锡当的西山脚下歇息。便命西杜因加都与精明的头领们去抓他。西杜因加都领300名士卒潜伏跟踪，见他深夜睡在田里。上前捉拿他时，德门陶亚马竟脱衣而逃，只抓获2名随从和20余只宝石指环等来献。缅王请了占卜师来问道：“朕虽多次打败德门陶亚马，但他始终不投降，现在他只身一人逃亡，朕何时能抓住他呢？”占卜师们纷纷告知可以拿住他的日期。其中有一名叫比亚马那的婆罗门占卜师道：“下月，即缅历1月3日（公元1552年3月26日）日曜日，定可捉住德门陶亚马。”

第十二编

(224) 王对孟三邦之安排

缅历914年10月24日(公元1553年1月7日)土曜日,兴建新宫殿大院,挖护城河。

缅历914年1月13日(公元1552年4月5日)日曜日,奴仆们抓住了德门陶亚马来献。因占卜师卜算应验有功,缅王便赐其摩诃达马亚扎古尤之称号,太公村为其食邑,并赏他两抔黄金。王太子及其他王族官员们亦都赐赏金银穿戴给他。

抓住德门陶亚马后,缅王认为他居心叵测有野心,遂对他施以极刑处死。自此,缅王打败了顽敌,统一了孟三邦,并治理有方,举国团结,繁荣昌盛。缅王还对百姓给予了大量的施舍。缅王邀请了孟三邦的村居派、林居派的僧侣,在瑞牟陶佛塔举行布斋盛会,布施八法器。并施舍金箔,为瑞牟陶佛塔从顶到底全身贴金。为与自己年龄相等数目的37人作了剃度。命官员们负责修缮汉达瓦底城内外年久失修倒塌损坏的佛塔、寺庙、佛亭。为各王族官员安排划分了居住区。宫殿内设告状钟,以便黎民百姓或因无处诉冤,或因贫困不能上诉者前来击钟鸣冤。听说号明康王的信德叶,文官武将前往归附者甚多,便将其从给杜摩底召来汉达瓦底,斩首除之。而将其妃底里蓬突收为王后,赐号山达黛维。

缅王召集亲王、文武官员等商议道："现在从孟三邦一直到给杜摩底、室利差呾罗、蒲甘，都已是朕属国。阿瑜陀耶原曾归附过王弟[①]，做过属国。但近来却不来朝贡，竟自立固守。故朕欲出征阿瑜陀耶。是先打阿瑜陀耶，还是先出征罗陀那补罗等掸邦一带以后再作计较好呢？不知众卿意下如何？"勃生侯彬尼亚劳奏道："攻打阿瑜陀耶很不容易。它象马众多，阿瑜陀耶王身边王族将臣又都是些肯于舍命尽忠之辈，陛下王弟在位时虽使阿瑜陀耶称臣，但终非因攻克城池所致。而是在交战中，因对方部署不当，被吾国俘获王子、驸马、王弟等，阿瑜陀耶王才表示臣服的。要迅速攻下阿瑜陀耶城是不可能的。而要长期围攻它在目前也办不到，因为罗陀那补罗等掸邦一带还未被征服。故应派王弟、王子、众将先试探性地进攻罗陀那补罗为好。"

底里泽亚瑙亚塔听了彬尼亚劳之言也奏道："此议甚好。"缅王赞成彬尼亚劳所奏，便部署水陆两军去阿瓦。水路方面：派埃蒙达亚、彬尼亚恩达、底里达马拉、德耶布翁尼亚、德耶西都、亚扎丁坚、明耶觉廷、彬尼亚江道、王弟卑谬王德多达马亚扎、王子摩诃乌巴亚扎10人率领的10支水军，带格杜伦锦船500、劳加、皎雷200、运粮船200、士卒70000；陆路方面：赖威耶傣、亚扎德曼、赖亚约达、南达登西、杜因勃拉5支马军为先行，德门丹杰、巴亚觉都、德门埃巴耶、南达丁坚、德门耶丁延、南达都利亚、德门巴仰、瑙亚塔、王弟明耶觉廷、王弟东吁王明康各领一支人马随后。包括上述5支马军在内共15支人马，有战象500、骏马5000、士卒70000。于缅历915年4月2日（公元1553年6月11日）水曜日，从水陆两

① 此处指瑞梯王。

路向罗陀那补罗进发。

阿瓦王那腊勃底西都得知汉达瓦底方面大军来征的消息后，便派人去请翁榜土司、孟密土司、八莫土司、孟拱土司、孟养土司。5位土司便各自带领水、陆两路人马驻守阿瓦。并命美都侯、鄂耶内侯、西博达亚侯、西达侯、德勃因侯、甘尼侯、阿敏侯率兵马驻守阿敏城。还调了央米丁、瓦底、因道、莱德、良渊、良敏、达迦拉、彬达莱、彬西城的百姓集中在德娄城，与该城兵勇将士一起守城。掸族船队也驻守德娄城。从汉达瓦底来的王子乌巴亚扎领兵到达蒲甘城后，蒲甘侯明西都对乌巴亚扎禀报道："现来讨伐的我军水军力量过于薄弱。而阿瓦王那腊勃底有掸邦五位土司援助，水陆军都很强大。如今他们的水陆两军皆已汇集在德娄城。"摩诃乌巴亚扎道："父王命吾见机行事。有利则攻，不利则撤回。本王将遵父命行事便是。"这时，从陆路进军的明康王亦已到达。又一起商议了一番。他们以为，红宝石矿山之主包土司本与缅王有互相援助之盟，现在他自己毁约去援助阿瓦王那腊勃底，致使阿瓦兵势强大。应将此情况奏报陛下。缅王听了摩诃乌巴亚扎等人的奏报后便召回了王子、王弟的水陆各路人马。

缅历915年9月13日（公元1553年11月10日）金曜日，建造了皇宫。称皇宫所在地为甘菩遮德底，并于皇宫院内建造了王后寝宫、妃子宫娥寝宫、金银库房、钱库、布库等。该年11月10日（公元1554年1月12日）金曜日，缅王从平安门入宫登基，号底里杜达马亚扎[①]，正宫皇后封号埃嘎玛黑蒂[②]。百官、王族皆各有适

① 巴利文音译，意为：吉祥善良之法王。

② 巴利文音译，意为：独一无二的王后。

当封赏。登基大庆活动举行了一周。宫中举行了盛大的布施会七天,斋请村居派和林居派的僧侣。还从国库中取出大批布匹、衣物、钱币、大米、食盐、鱼酱等布施给挂塔僧人及缺衣少食的贫苦百姓。建造了长度为 37 兰[①]长的鸳鸯形御舫。修缮破旧的泽拉格彬等大战船;并新造了多那耶[②]神兽形船、凤凰形船、水牛形船、象形船、马形船、鳄鱼形船、蟹形船等共 300 余艘。造劳加、皎雷船 200 余只。有的船全身鎏金,有的饰以金圈,有的涂以朱砂红色。一切安排停当后,又敦促莫塔马 32 镇、勃生 32 镇、汉达瓦底 32 镇、给杜摩底、室利差呾罗、色固、色林、蒲甘等全国各地诸侯要备足武器、铠甲、粮食。并命自室利差呾罗到蒲甘沿伊洛瓦底江一线的诸侯收集粮食囤储于库。

缅历 916 年 4 月(公元 1554 年 6 月),若开王子与叔父二人不和。若开大王子丹兑侯与王侄信耶谬带领大批象马投奔缅王陛下。缅王封丹兑侯号底里达马道加[③],并赐与王弟莫塔马王明耶西都之长女完婚。又赐若开王侄信耶谬与公主谬妙蓬西完婚,并赐德茂镇为其食邑。

(225) 白象之主调兵遣将进军阿瓦

缅王部署了向阿瓦进军的人马。水路方面:由渺米亚侯底里达马拉率一支水军先行;其后为色固侯赖威约达、白古侯彬尼亚恩

---

① 两手向身体两侧伸直,由左手中指尖到右手中指尖的长度,称之为兰。1 兰等于 6 英尺故此处为今 222 英尺。

② 传说中的神兽,类似我国麒麟。

③ 与阿育王号同。

达、品达侯德耶西都、开榜侯德门丹杰、马圭侯德耶布翁尼亚、阿叟侯德门埃那耶、垒盖侯亚扎都、岱格拉侯德门佐加拉、敏贡侯泽亚梯莱各率一军；其后为王弟卑谬王德多达马亚扎之主军，统领以上各军为帅。共 10 支大军，有格杜、伦锦等战船 600、劳加、皎雷船 300、运粮船 500、士卒 11 万由水路进发。

陆路方面：由赖威耶傣、赖亚耶傣、亚扎德曼、杜因亚扎、南达登西、杜因勃拉、西杜因加都、杜因约达等 8 支马军为先行；其后为绵谬侯德门丹莱、马龙侯亚扎丁坚、直柳漂侯德门耶丁延、达拉侯底里泽亚瑙亚塔、赖亚侯巴亚觉都、勃生侯彬尼亚劳、色林侯西都觉廷、兹亚侯德门巴仰、丁因侯巴亚加马尼、毛比侯彬尼亚江道、达耶瓦底侯瑙亚塔、邦林侯南达都利亚、莱谬侯南达觉廷、大光侯底里泽亚觉廷、王弟明耶觉廷、王弟东吁王明康等人率领的各路大军，由缅王亲率主军随后进发。缅王周围有 40000 名执金盾、金牌、金挡、金矛的兵勇。跟随在缅王骑象四周的是 400 名戴头盔、饰耳环、穿裤执枪的葡萄牙士兵及 3000 名御林马军；由 40 名将领身骑大象护卫缅王，官员们亦都执金盾牌相随。主军中命德榭觉廷为统领、亚纳约达为监军。上述包括 8 支马军在内的 25 支大军共有战象 800、骏马 9000、士卒 18 万，由陆路进发。

命王太子摩诃乌巴亚扎和南达丁坚驻守京城汉达瓦底。又考虑到东面的莫塔马 32 镇与清迈、阿瑜陀耶等大国相近，便命王弟莫塔马王明耶西都和毛淡棉侯彬尼亚乌、当巴布翁侯苏格拉、耶谬侯明耶丁克亚等领大批兵马驻守。命林巴德侯、德巴兑侯领兵马驻守临近若开丹兑的边界。

全国各地安排停当后，缅王便于缅历 916 年 9 月 4 日（公元

1554年10月28日）水曜日，自京城汉达瓦底率大军出发。先驻营在卑龙昂廷营地，途经10站，到达给杜摩底东吁。王弟明康王奏道：“罗陀那补罗阿瓦大国因有掸邦一带土司们的援助，实力强大。同时此城四面环水，难以攻打。若想攻克，非四五个月的时间不可。而即将来临的缅历4、5月，正值雨季，河水泛涨，就更难攻城了。再者，央米丁、瓦底、因道、莱德、良渊等城均有强兵驻守。北部一带城镇亦俱驻有强兵，非竭力攻打不能取胜。现吾军宜分兵3路，先攻占南面一带城乡为好。”

缅王赞同王弟明康王所奏。遂命南达登西、杜因勃拉等两支马军及西都觉廷、德门耶丁延、巴亚加马尼、德门丹莱、王弟东吁王明康率领的共7支人马从东线进军；命西杜因加都、杜因约达的两支马军及亚扎丁坚、彬尼亚江道、底里泽亚瑙亚塔、德门巴仰、王弟明耶觉廷7支人马由中路进军；缅王带领含4支马军在内的11支人马从西路进发。每停驻一站都举行庆祝仪式。自东敦基打到皎勃当，再下蒲甘城，兵驻蒲甘东北，瞻拜了瑞喜宫佛塔。缅王取了25缅斤白银交给舅父明西都，嘱修缮该佛塔顶伞及毁损部分。

王弟东吁王明康等率领7支人马由东线出发，攻打央米丁。央米丁侯、瓦底侯、因道侯、莱德侯、良渊侯等不敢守城，遂带领人马投奔阿瓦而去。明康王等7支人马俘获了象、马、民众、耕牛等，并继续前进。到达彬牙南边的仰昂敏营地时，停驻该地，等候缅王。王弟明耶觉廷的中路军进攻彬达莱。彬达莱侯、彬西侯等不敢抵抗，也带了人马投奔阿瓦。明耶觉廷等7支人马亦俘获了敌军的象马、兵勇、百姓等继续前进。到达彬牙南边的仰昂敏营地与其兄会合。明康王见王弟明耶觉廷来到，便召集将领道：“如今陛下正率领西路军到蒲甘，与王弟德多达马亚扎的水军会合，将要攻打西部和北部一带。但未召我等两路人马。而我等又不能在此久驻，不如前去攻打罗陀那补罗，或向陛下所在地靠拢集中。不知列位意下如何。”

王弟明耶觉廷道：“陛下要求我等带领兵马是为了打仗，当然应该进攻阿瓦才是。”彬尼亚江道听了此话便道：“主公言之有理。但依卑职之见，今日之战，非速胜之战。阿瓦那腊勃底西都因有掸邦 9 国相助，得到许多象、马、兵将。城内武器众多。要取胜，定要等陛下抵达后，水陆两路联合攻打，方能成功。故我等宜坚守此地。如敌军前来攻打，亦可应战；如敌不来，则宜在此补充人马，养精蓄锐。”众将领纷纷赞同彬尼江道之见。明康王亦表同意，便就地驻军以待。这时，阿瓦王那腊勃底率战象 100、骏马 2000、士卒 40000 来攻。王弟明耶觉廷等 7 支人马便前往迎战。阿瓦马军败阵，象兵尚在抵抗。明耶觉廷骑了丹绵苏瓦大象迎战。敌军前锋败阵。亚拉丁坚、彬尼亚江道、底里泽亚瑙亚塔、德门巴仰等 4 支大军又追击过去。阿瓦军迅速撤退。俘获骏马 30 余，以及孟养土司的大臣勃德隆。后敌军又有大队兵马出战，一直进到彬牙。明康王、明耶觉廷等以 4 支马军、10 支象军迎战。掸兵见此阵势不敢交战，仓皇逃走。随后追击，从德达乌一直追到当巴鲁。因该城武器众多，不能靠近，大军才返回营地。

缅王在王弟德多达马亚扎等水军抵达后，命其攻打苗都、布坎基。水军溯流而上，由蒲甘到赖窦，再渡河到宫育瓦，然后向布坎基前进。布坎侯听说缅王水陆两军来攻，兵力强大，便不敢住在城内，嘱兵将守城，自己逃往孟养。缅王命令王弟德多达马亚扎等水军进入亲敦江攻打阿敏、勃东、甘尼等城镇。缅王迅速攻下布坎基后，命仰昂勃卢及瑞雷木率兵镇守。然后自己从布坎基渡河到甲卡瓦亚，再从甲卡瓦亚到达勃彝马，驻了将近 7 日，又去支援王弟的水军。

王弟德多达马亚扎进入亲敦江准备攻打阿敏。阿敏侯丁克亚想，反正逃也逃不脱了，便带了良象、骏马、子女前来献礼，归顺缅王。勃东侯亚扎丁坚却带领兵马据守抵抗。王弟卑谬王德多达马亚扎便率水军猛勇攻打。俘获勃东侯，攻克勃东城。王弟将亚扎丁坚及其妻子儿女押送至缅王所在营地勃彝马，献交缅王，并安排了兵马驻守勃东。拂晓时分，急攻甘尼城。甘尼侯怕丢了性命，带了两头大象及妻子儿女来降。王弟卑谬王德多达马亚扎将甘尼侯及其妻子儿女迅速献交缅王。随后命德耶布翁尼亚和山达约达等率兵驻守甘尼城。因缅王召唤，迅速应召前来在苗育瓦与缅王会合。缅王等王弟赶来后，便与他们一起水、陆两路会同攻打敏木，由北路进军实皆。渡江以后，实皆侯不敢抵挡，逃往孟养。缅王到达实皆后，将水、陆各军部署停当，派人前往王弟明康王与王弟明耶觉廷率领的 14 支人马所在地联系。告诉他们何日何时将从水、陆两路齐攻阿瓦。命他们 14 支人马也要布开阵势汇同攻城。王弟明康王与明耶觉廷等便在通知的日期部署了象马、兵勇等，各路分头围攻阿瓦。

明康王骑了一头名叫苏仰宁的大象，德门丹莱骑鄂叶内象，西都觉廷骑那伽瓦拉象，德门耶丁延骑隧拉曼象，巴亚觉都骑马丁比昂孟象。他们率包括两支马军在内的 7 支人马，从彬牙经德达乌

向阿瓦靠近。王弟明耶觉廷骑丹棉苏瓦象，德门巴仰骑巴林遂象，底里泽亚瑙亚塔骑亚德纳比昂觉象，彬尼亚江道骑泽亚达德龙象，亚扎丁坚骑耶路林象，他们率包括两支马军在内的 7 支人马，由西线经曼基新德向阿瓦进军。命两支马军先行攻打。阿瓦王那腊勃底派战象 100、骏马 3000 余迎战明耶觉廷的马军。双方交战良久。这时，德门巴仰骑大象巴林遂，彬尼亚江道骑大象泽亚达德尤冲杀过来。阿瓦军、掸兵一时不知所措。

见此情景，明耶觉廷全力驱象丹棉苏瓦，指挥 3000 名执长矛的护象兵猛冲过来，把掸兵切为两股。见掸兵已被切作两股后，底里泽亚瑙亚塔全力驱象亚德那比昂觉赶来，亚扎丁坚也驱赶耶路林象冲上前来。掸兵败退，逃回城内。缅军俘获战象 7 头、骏马 30 余匹、战俘 400 余人。随后，缅军驻营于龙多堡周围。明康王等率战象 80、骏马 2000 余，从德达乌前来迎战。德门丹莱骑鄂叶内象，西都觉廷骑那伽瓦拉象全力追来，冲入掸军马队之中，当即冲倒四五骑，致使掸象兵停了下来。此时，明康王骑了苏仰宁大象，德门耶丁延骑遂拉曼象，巴亚加马尼骑马丁比昂孟象冲杀过来。掸兵慌乱不堪，四散而逃。在缅马军追击下，掸兵溃不成军。俘获马 50 余匹、战俘 200 余人。同时将孟拱土司的部下将官迦久侯连骑象一起俘虏了过来。接着在当巴鲁、勃叶格马岱周围扎营。

（226）征服阿瓦

缅王率军由实皆经瑞界野将大军停驻在阿瓦之东。命王弟卑谬王德多达马亚扎的水军船队从实皆驶向阿瓦。水、陆两路将阿瓦城团团围住。于是，以阿瓦王那腊勃底西都为首的全城官民犹如笱中之鱼，失魂落魄，惊恐万状。骁勇的缅军兵勇向阿瓦城渐渐靠拢，象兵骑象冲击城门；马兵骑马接近城下后用云梯登城；步兵用铲子挖城墙。在强攻之下，号称罗陀那补罗的阿瓦大国抵抗不住，终于在缅历 916 年 11 月 19 日（公元 1555 年 1 月 10 日）日曜日黄昏时分全城陷落。阿瓦王那腊勃底西都在晚间带领 5 名奴仆出了城。他听说前来支援他的翁榜土司援兵已在新冈驻营，便去投他。在麦克亚被缅王派遣的探子发现，抓来献给缅王。缅王见到那腊勃底西都后，顿生怜悯之心，令其投降效忠后，仍赐其随从男女奴仆 30 余人，好生安顿了他。对捕获那腊底西都的探子头领极为赞赏。赐封号敏底拉，赏以宝刀、上等布匹、礼服、食邑，并将他赐给了王弟明耶觉廷为部下。缅王在当巴鲁地区建宫居住。战事完毕后，召集水、陆各路将领，查明作战有功人员，一一论功赐赏各种封号、用具、邑地等。封王弟明耶觉廷为德多明绍之称号，赐阿瓦为食邑，并赐金伞 4 顶、乘轿、金象鞍座、皇鼓 7 只、成套唢呐、喇叭等。并将阿瓦城的象、马、兵勇全部交付于他。又将北方马兵队和南卫士队交品达侯德耶西都统领，赐实皆为其食邑。

原为援助阿瓦王那腊勃底的翁榜土司来到后，听说缅王围攻阿瓦，阿瓦已陷落，便不敢再命军队前进，停驻在新冈外温。后又听说缅王兵马众多，便撤军返回翁榜。翁榜土司之孙孔迈达原食邑鄂辛古，有不少人马。阿瓦城失陷后便逃往鄂辛古，在那里建造城墙，挖了护城河，修起工事。缅王闻讯便派王弟德多达马亚扎和彬尼亚劳、彬尼亚仰、彬尼亚江道、彬尼亚德拉等从水路攻打鄂辛古。王弟德多达马亚扎等率水军溯流而上，江流之上布满缅水军船只。到达鄂辛古后，命半数水军兵勇登岸奋勇攻城。敌军守不住，城被攻破。鄂辛古侯带领部下及随从逃跑。缅军俘获其妻和二子、二女。缅军兵勇搜罗城中象、马、民众、武器、金银钱币和首饰穿戴等，无一人空手而回。缅王只收缴象、马、奴仆、武器，其他物品则各人所获归个人所有。将鄂辛古城及兵马赐与德道榭后，召回王弟德多达马亚扎等水军，返回阿瓦。

孟拱土司、孟养土司、格礼土司等也领兵马前来援助阿瓦。到达沃底城[①]时得知阿瓦已失守，便停驻原地。缅王知悉后召王弟、王子、众文武商议道："如今三土司驻守在达沃底城，是朕亲自领兵去打，还是派将领去打为好?"勃生侯彬尼亚劳奏道："现在三土司领兵驻守达沃底，派王弟、王子、众将领去攻打均不适宜。那里是敌方地盘，而现在雨季又即将来临，只有我主陛下御驾亲征，全力攻打才能使王弟、王子、众将领士气大振，使他们为我主尽忠效力。臣等在上次王弟围攻卑谬时已多次领教过掸人的本领。若主上亲征，他们恐怕不敢对阵。并可派王弟德多达马亚扎等率水军溯流而上，进驻桑贝那果、坚尼亚，这样会使掸土司们顾此失彼，分散力量。"王弟德多达马亚扎听此言后也奏道："彬尼亚劳所奏极是，只有陛下御驾亲征，才能马到成功。臣将领水军去桑贝那果、坚尼亚，如水路有利就从水路攻打，如水路攻打不利则登岸协同陆军作战。"

缅王赞同彬尼亚劳所奏。便命用筏运象马、兵勇渡河到实皆，待兵将象马渡河后，命明康王率领包括两支马军在内的 7 支人马

① 其名与印度古城舍卫城同。

从西线进军，命王弟阿瓦王德多明绍等率包括两支马军在内的7支人马从东路进军。缅王命4支马军先行，自己率主军共7支人马由中路进军。王弟卑谬王德多达马亚扎等水军亦随同缅王军队在同一日，即缅历916年12月9日（公元1555年1月29日）土曜日，向上缅甸地区进发。从实皆出发，停驻沙耶、敏甘村、因贝、汉林等地，最后向达沃底镇进军。每停驻一站，必举行庆祝仪式。在抵达距达沃底尚有一站路远时，大军停下驻营。命赖威耶傣等人的马军4000先行侦察。三土司也率马军4000前来迎战。赖威耶傣与前来迎战的掸兵相遇后，便分兵3路猛冲上前，掸兵败退。缅军俘获象5头、马100余匹、掸兵300余人。敌军死亡甚众。马军继续向达沃底镇追击。三土司因马军失利，不敢据守达沃底城，迅速弃城而逃。

缅王率部继续前进。两位从西线进军的王弟也已抵达。3路大军一齐追击，但未能追上。俘获了敌军遗弃的象、马和残兵。缅军就地驻营。这时布坎侯等逃亡敌军带了良象、骏马、子女前来献礼投诚。孟养土司之妻弟德勃因侯带了良象、骏马、子女来归附缅王。西博达亚侯也带了许多礼品、武器及子女来归顺。孟拱、孟养、格礼三土司却从达沃底城逃到美都，在该地部署兵力守城。孟养土司之侄温多侯带兵马据守德赛村。缅王获悉以上消息后便从达沃底向美都进发。到达因贝地区时，命王弟德多明绍所率7支人马去攻坚守德赛村的温多侯。德多明绍等到德赛后奋勇攻打，掸兵抵挡不住，败退，逃往三土司驻地美都与之会合。王弟阿瓦王德多明绍等东吁王明康所率7支人马抵达后，继续追击掸兵。三土司佯作抵抗，从美都迅速撤走。阿瓦王德多明绍等14支人马紧紧追赶，全力驱象冲杀，三土司败退。缅军俘获象 7 头、马 300 余匹、士卒 3000 余人，掸兵死伤甚众。

缅王陛下继续进军到达美都城时，将大部队驻下营来。晚间在帐前召集王弟明康王等众将官商议道："是继续追击，直到攻下孟拱、孟养、格礼为止呢？还是在已征服全缅的情况下，将所占领的城镇一一赐封后驻兵把守返回为好？"底里泽亚瑙亚塔奏道："如今已接近雨季，掸邦一带多深峡大河，雨季一到，象、马行走不便，困难颇多。陛下这次攻下了罗陀那补罗等全缅各城镇，已是极为难得的胜利。故现在宜分别将北部一带大城一一分封诸侯，领兵把守。大军宜收兵返回京都。可继续增补兵马，过了雨季后再来攻打，三土司是如何也逃脱不了的。"彬尼亚德拉听了底里泽亚瑙亚塔之言也奏道："底里泽亚瑙亚塔所奏极是。掸人已知吾等厉害，我们也领教了他们的本领。等过了雨季再来攻打，看三土司还能逃往哪里？"

缅王陛下赞成底里泽亚瑙亚塔所奏。便留下象 20 头、马 200 匹、士卒 3000 给德榭觉廷，封其为美都侯留驻美都。又把靠近美都一带的其他城镇赐给了德榭觉廷和他的亲友们。令孟养土司妻弟德勃因侯宣誓效忠后赐封号底哈勃德，并赐槟榔杯、咸茶罐、饮水瓶、痰盂、带 3 层榕叶状坠片的红色盖伞等物，赐布坎镇为其食邑。令布坎基侯宣誓效忠后，赐槟榔杯、咸茶罐、饮水瓶、痰盂、带榕叶状金属坠片的红色盖伞，赐号泽亚丁坚，赐美德镇为食邑。令孟养土司之侄西博达西侯宣誓效忠后，赐号丁克亚，赐槟榔杯、咸茶罐、饮水瓶、痰盂、带榕叶状金属坠片的红色盖伞，并赐勃东镇为其食邑。将西博达亚镇赐给泽亚梯莱为食邑，令其带战象 10 头、骏马 10 匹、士卒 1000 驻守。令原甘尼侯、阿敏侯宣誓效忠后仍食原邑。赐封完毕便召王弟德多达马亚扎的水军返回。王弟德多达马亚扎等迅速攻下桑贝那果、坚尼亚、太公、琼当、妙当等地后到达梯欠,打败了抵抗缅军的梯欠侯,梯欠侯战死。缅军攻占全城,将象马、残兵等来献缅王。缅王由美都返回,于缅历 917 年 2 月 2 日(公元 1555 年 3 月 22 日)土曜日回到阿瓦。缅王驻在当巴鲁行宫,犒赏水陆各部有功将臣。按功赐封称号,赏赐仪仗用品、邑地等。分封犒赏完毕,于该年 2 月 17 日(公元 1555 年 4 月 6 日)日曜日从阿瓦回到京城汉达瓦底。3 月 16 日(公元 1555 年 5 月 5 日)金曜日回到汉达瓦底的皇宫。

[历史中载缅王出征罗陀那补罗时,王太子摩诃乌巴亚扎随其父王一同出征。其实他没有去,按详细的史料记载是他被任命驻守京城。名为《婆罗门王》的婆罗门史说是缅王征服罗陀那补罗后,命瑞梯之子明赖亚驻守,这是不对的。按《大事年纪》中记载,应是缅王得胜后,于缅历 916 年 11 月 27 日(公元 1555 年 1 月 3 日)土曜日,封王弟明耶觉廷以德多明绍称号,并将罗陀那补罗城赐封给他。]

缅王返回汉达瓦底城后,施舍了 5 缅斤 35 缅钱的黄金交给王弟明康王,为其父在世时在给杜摩底修建的亚德纳妙喜宫佛塔安放顶伞。为其父的师父信德达马巴拉建造了有 30 座小寺环绕的名为逝多林的大寺院。同年 8 月(公元 1555 年 10 月下半月至 11 月上半月)统治锡兰岛的达摩巴拉王以请求缅王扶助佛教为由,送来大批礼物。缅王遂派了大臣亚扎玛努用轮船送去了供奉三藏经与佛牙的各种供品:金银钵、金银盆、金银灯盏、金银花、金银伞、红宝石碎块等。并用 100 银元向锡兰王买了地，以便能长期、日日夜夜永不间断地向佛牙供奉斋饭、菜肴、油灯等。缅历 917 年 12 月 18 日（公元 1556 年 2 月 27 日）火曜日，伊底由佛塔顶伞塌落，缅王将自己戴的红宝石王冠拆掉，用 35 缅钱重的金子作顶盖伞，并饰以九宝。缅王亲率象、马、车、步四军驾临升伞仪式，并举行隆重庆典。

攻打德门陶亚马时，缅王曾有言在先："若朕能成功，必在此建城。"故于缅历 917 年（公元 1555 年），在该地第一次建砦。并建造了有 40 小寺环绕的大寺献予大僧王。请人抄写了三藏经及注疏交缅、孟、云族法师们，并请他们教授。在属于缅族统治的蒲甘、育瓦达、色雷、布坎艾、鄂达耀、杜云岱、皎勃当等地居住的百姓本来每年屠宰一次水牛、黄牛、猪、鸡等，以祭祀卜巴山神。祭后，将牲畜的头割下穿在绳上悬挂在屋前神柱上。缅王认为信仰这种异教，将来要入地狱，变畜牲，做饿鬼，长期在恶道中受劫，便一律予以废除。建城完毕后登基上朝，对王族官员们按次赐赏各种仪仗物品、邑地等。

（227）白象之主将公主许配王弟阿瓦王德多明绍

该年，王弟莫塔马王明耶西都去世。明耶西都留下子女有：一子明耶南达梅、二女先后与若开王弟底里达马道加婚配（姐死后妹又与之婚配）。

缅王为了保持本王族释迦族的纯正，按弟兄姐妹之间可以结亲的传统，将阿杜拉底里摩诃亚扎黛维王后所生的公主许配给了王弟阿瓦王德多明绍。婚礼仪式安排如下：命人在宫内建造了3间鎏金尖顶阁，阁顶为白色。大殿中心柱用花丝绒裹缠，中心柱四周的柱上包着挑花纱巾，墙角柱用绿缎装饰，内屋顶棚为白色。天花板正中悬挂了金丝纱边并3层琉璃球金榕叶。下面是一张描金龙床，龙床上铺着长5肘尺2迈[1]、宽2肘尺1迈的丝绒褥子。侯王的褥子铺在公主的褥子上，褥子底下有一缅斤银子包，褥子上放一长枕及一隔枕。龙床前用屏风隔着。尖顶阁周围的园内种植甘蔗和香蕉，挂着椰子串、香蕉串。尖顶阁楼下面放养同色的母牛和小牛。尖顶阁上方朝正东处放置了盛米的暖锅，东南方挂赶象用的象鞭和弓箭，南面有欢喜天神像、研粉石、研杵[2]，西南角上放着两根象牙，正西方是一群姑娘怀抱金银，西北角设有各种食品的宴席，正北方放盛满水的法螺，东北角上放7口盛满水的冷水缸。阁楼正中放置佛像和三藏经书。

如此布置完毕后，安排了舀水仪式。8位婆罗门挑着担子，后面跟着7个12岁的父母双全的大臣子女，束着鬓发，项颈上挂着花环，佩戴金项圈、手镯、臂镯等，怀抱瓶口上嵌红宝石的金长颈瓶。由一群年轻人挑着这些姑娘们父亲的钦赐仪仗礼品跟随而来。他们按长幼次序列队来到名叫甘尼达迈的吉祥水池边上。从宫殿到水池边的两条通道两旁，都用篱笆墙围起，种上香蕉、甘蔗，篱笆上系着长布条和成串的椰子、槟榔。通道两旁的架子上放置

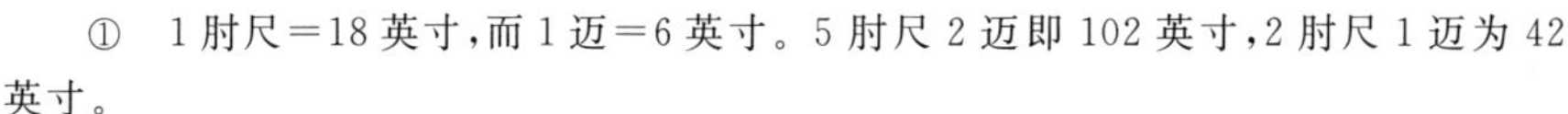

① 1肘尺＝18英寸，而1迈＝6英寸。5肘尺2迈即102英寸，2肘尺1迈为42英寸。

② 按日本学者获原弘明观点，研粉石象征女阴，研杵象征男根，缅甸宫室以此象征生育。

饮水用的水瓶和大陶瓷花瓶。4 名开道官领路，后面是 1000 骑士、100 名青年臣子、歌舞伶人队、55 名士兵、1000 名身穿华服戴白耳环的骑士，后面跟随 40 名富绅、14 名婆罗门占卜师、执赞词的书童、念赞词的司仪、108 名壮士扛着 108 只水罐，再后面是侯王、朝臣百官带了仪仗骑马相随。到达水池边后，一个扮成护池神模样的人执短剑问道："未经通报胆敢到水边舀水者，何许人也？"这时，占卜师们便齐声答道："大王陛下公主要成婚，我等特来取洗头用水。"并送他金银。

于是他才允许大家为高贵的公主舀取洗头水。此后，供上五彩米花、油灯等，7 位姑娘下池舀水。舀完水后按原道返回。阁顶上有 5 层围栅，每层围栅的四面八方都放置有祭神供品，每一层都有持刀带矛的卫士守卫。天花板上的漏水口画有符箓，挂了嵌满九宝的金花束。用金水罐向插天帝像的法螺中灌水，从尖阁屋顶向下倒水。下面是公主坐的地方。镶嵌九宝的金水罐中放着浸了大叶解宝的水，由与新娘八字相合的姑娘来倒水。此后是婆罗门占卜师倒水。此时，击一阵鼓，弯琴女、吹笙女齐奏乐，采摘百宝树[①]上的布施物布施。一切按照古代风俗进行。与新娘八字相合，穿戴着礼服饰物的贵夫人搀扶着公主走过另一尖顶阁，又祭拜一番。用名门官家姑娘们舀来的水沐浴更衣。衣服要由与新娘八字相合的女仆送来侍奉。更衣时又要击一阵鼓，并祭拜一番。在尖顶阁中，由八字相合的女仆送上宝衣，按古风祭拜后才来到婚礼彩楼前。由婆罗门占卜师念咒符后，两贵人坐上龙床。再摘百宝

① （类似圣诞树）挂满各种布施品的小树。

树上之斋品祭拜一番。

婚礼程序如下：新桌上置放在鸡心形盘子中的是金饭——由7种良种新稻米煮成，银饭——由7种牛奶、奶油等白色物制成。饭上撒有鸡蛋制成的金色和银色的碎末。当放在新桌子上时，由八字相合的人喂新人7口。喂时要喊："下金雨，下银雨，落下绸布好做衣。"等，并撒饭粒祭神。此时又要击鼓一阵。洒水时，下面要用嵌宝石的鸡心形盘子接住。由底里泽亚瑙亚塔夫人、德娄王妃、莫塔马王妃等将官家姑娘舀来的水用嵌红宝石的杯子从头上洒下。此后便是用金线缠绕新人的手，这时又要击鼓一阵。击完鼓，由婆罗门占卜师装扮成大梵天的模样说道："我本天地混沌初开时的梵天王是也。今我等为公主成婚。祝愿两贵人长命百岁，永生永世为佛门兴隆谋众人利益、倡盛世太平。"说着用右旋的法螺灌水浇头，行洒水礼，击鼓。然后将做过洒水礼的法螺放在宝石花篮中，由子女双全的底里泽亚瑙亚塔夫人献给两位贵人。此时，在象队、马队、卫士队的簇拥下举行仪式。庆典共进行7日。缅王赠送给公主与王弟的成婚礼品是：侍奉槟榔饮水官员10名、战象20、骏马200。缅王另赠送公主金轿、金伞4顶、嵌3圈红宝石的八角槟榔杯、嵌红宝石的咸茶罐、嵌红宝石饮水瓶、金痰盂、官家侍女10名。并嘱咐到阿瓦后，可建造白色屋顶的不带雕花的3层宫殿居住。

（228）征服包括孟三邦在内的全缅后进军掸九邦

缅历918年（公元1556年）翁榜土司包去世，其弟色采隆继承土司之位。土司孔迈基之孙鄂辛固侯在缅王攻占鄂辛固后逃回翁榜时翁榜土司包赐孟乃为其食邑。新孟乃土司对色采隆继承为翁榜土司不满，举兵攻打翁榜。翁榜土司色采隆备了许多礼品谦恭地要求缅王派兵相助。正在他求援之时，孟乃土司来攻，攻下翁榜，色采隆战败。缅王得知此事后便召集王太子摩诃乌巴亚扎等众将臣商议道："如今孟三邦、给杜摩底、室利差呾罗等缅甸、孟国国土都已征服。对征服木掸土司九邦与云国、贡国、卢国、卡随国之事。卿等有何见解？"彬尼亚德拉奏道："翁榜土司求援之事，只派王弟、王子众大臣去征讨恐不恰当。掸九邦象马众多，武器兵将也多。又靠近阿瓦，掸邦是征服过阿瓦的。故宜由陛下御驾亲征。这样，众王侯将臣才会舍命效忠，这是其一。

其二，此番并非只为征讨翁榜，征服翁榜以后，还必须继续征讨与翁榜连成一线的孟密、八莫、孟拱、孟养、格礼等掸族各邦，才能使他们子孙后代也永远臣服于我。"彬尼亚劳听了彬尼亚德拉话后，接着奏道："彬尼亚德拉所奏极是。陛下可从水路；由王弟德多达马亚扎、王太子摩诃乌巴亚扎、王弟明康王、驸马德多明绍与臣等诸将官从陆路分兵二三路全面进军。如此，毋庸说掸邦土司，就是中国乌底勃瓦也挡不住我们。"王太子摩诃乌巴亚扎等众将臣也都纷纷表示愿为陛下效忠。缅王也赞同大家所奏，便着手部署兵马阵容。

兵力部署顺序是：一路由赖威耶傣、亚扎德曼、杜因亚扎、南达登西、赖亚约达等分率马军队伍，之后是南达觉廷、彬尼亚仰、南达都利亚、彬尼亚丹莱、巴亚加马尼、彬尼亚德拉、巴亚觉都、德门佐加拉、南达丁坚、王弟东吁王、王太子摩诃乌巴亚扎等分率象军。

包括5支马军在内的16支人马中共有战象300、骏马6000、士卒12万，由汉达瓦底到给杜摩底，再从给杜摩底攻打莱德，由金达、育瓦岸一线进军。另一路由赖亚耶傣、杜因勃拉、西杜因加都、巴亚亚扎都、杜因代底等分率马军队伍，以及由巴亚觉廷、德门耶丁延、明摩诃、彬尼亚江道、底里泽亚觉廷、德门丹杰、德耶西都、德门埃那耶、西都觉廷、彬尼亚劳、驸马阿瓦王德多明绍等分率象军。包括5支马军在内的该16支人马有战象300、骏马6000、士卒12万。等缅王率领的水军到达阿瓦后，该大军才从阿瓦沿新冈一线向翁榜进军。

缅王率领的各路水军的部署是：由赖威约达、埃蒙德亚、亚扎都、德门泽布翁、亚扎丁坚、德门毛昆、底哈勃德、德门勒宫恩、南达觉都、德门埃比亚拜、丁克亚、德门巴尤、南达约达、德门比亚拜、赖亚南达都等各领一军。其后是缅王御驾偕同王后、公主阿瓦王妃一起乘坐的有11层尖顶阁楼式的长32兰的鸳鸯形金舫，御舫前后各由8艘劳加船拖引。12艘劳加船满载御用仪仗器皿紧随御舫行进。御舫四周有4卫戍队所乘之遍插金盾、金牌、金挡、金矛、载了火炮、臼炮的象形、都那亚兽形、凤凰鸟形、水牛形、鳄鱼形、鲨鱼形、蟹形船只及大战船300余艘。其时，锣鼓、铃钹、喇叭、唢呐、笛子等各式乐器齐鸣、乐声响彻江面。命王弟卑谬王德多达马亚扎负责率领阿巴亚丁坚、德门约格拉、巴亚觉廷、底里达马多加、赖威南达梅等支人马殿后。包括缅王主军在内，水军共22支人马，有象形、马形的格杜、伦锦、古囿、舢板等战船1500，劳加、铁船300，运粮船1000，水军18万。缅、孟、掸族各官员及夫人也都乘船相随。乐队、歌舞伶人等亦随同前往。

命莫塔马侯、毛淡棉侯等领兵驻守莫塔马32镇；命瑙亚塔、德榭觉廷、彬尼亚晒、彬尼亚仰等驻守京城汉达瓦底；命开榜侯、德勃兑侯、林巴德侯等驻守西部的勃生32镇。缅王大军于缅历918年9月8日(公元1556年11月9日)月曜日，在一片鼓、钹、法螺等乐声及震耳欲聋的枪炮声中，浩浩荡荡从京城汉达瓦底出发。每驻营一处必举行庆祝仪式。到达大光后，王后、王子、公主及嫔妃等都来到大光佛发佛塔[①]，向佛塔行朝拜礼并大举布施。到达室利差呾罗时带领王后、王子、公主、嫔妃等乘车轿瞻拜了妙底丁佛发舍利塔，为与缅王年龄相等的人数，即45人举行了剃度。留下50缅斤白银给镇守，嘱其修缮佛塔、佛亭。由室利差呾罗溯流而上到达蒲甘时，又偕同王后等乘车轿去瞻拜了瑞喜宫佛塔。为与缅王年龄相等数目的人举行了剃度，并举行了庆祝仪式。

由蒲甘出发到德娄码头时，孟养侯妻弟原德勃因侯后为布坎基侯与孟养侯之侄、原西博达亚侯后为勃东侯等两人前来缅王驾前请命求战，要去擒拿孟养侯的大妻弟——温多侯。给了他们赐赏之后，缅王准许他们前去捉拿。缅王溯流而上到达阿瓦，在阿瓦以南的当巴鲁地区建造了行宫，安置王后、王子、公主、嫔妃们居住。命众大臣夫人亦在宫殿周围建屋居住。此时，宋砌侯带两头大象、女儿来献，归顺缅王。翁榜土司之孙孟隆侯亦携礼品、武器、女儿来献，表示归顺，并令其子前来侍奉缅王左右。缅王命两人宣誓效忠后，赐赏一番并封了官职。在阿瓦逗留期间，缅王为实皆布翁尼亚信佛塔从伞顶到塔基全部贴金，并剃度与自己年龄相等数

① 即现今之仰光大金塔。

目的人出家。命王太子摩诃乌巴亚扎、王弟明康王等 16 支人马沿金达育瓦岸一线进军，进军时由宋砌侯为先锋。命驸马阿瓦王德多明绍等率领的 16 支人马中的赖亚耶傣、杜因勃拉两支马军，与巴亚觉廷、德门耶丁延、底里泽亚觉廷、彬尼亚江道等共 6 支人马从宋砌攻打孟养艾、孟密，由孟隆侯为先锋。缅王命巴亚南都和德瓦贡马等带御骑象、战象 150、骏马 1000，沿伊洛瓦底江西线向桑贝那果进军。缅王乘宝金御舫，在百官簇拥下，锣鼓喇叭声响彻江面，如天帝释驾临，威武庄严，浩浩荡荡地从罗陀那补罗出发。缅王随身带了 30 名嫔妃。从罗陀那补罗到科当驻营后，又经过翁德西、鄂辛盖、迪岑、鄂辛古、格布、底哈道等地一一驻营。在底哈道驻营时，带了金、银灯盏、金、银花枝供拜了底哈道佛塔。从底哈道又到了孟达河，驻营在桑贝那果对岸的马垒。渡河前制作了运象、马的木筏，渡象、马后，将部队按水军顺序改为陆路行军。从桑贝那果出发，前往孟密，到距孟密约一站远处，与孟密土司派来迎战的孟密土司之弟、婿、子等所率战象 50、骏马 2000、士卒 40000 余的人马遭遇。

缅王命先行的马军与掸兵交战。马军失利败退，掸兵紧追。此时，埃蒙德亚骑大象遂拉曼、亚扎丁坚骑大象亚德那达桑、德门勒宫恩骑大象耶路林、南达约达骑大象那伽瓦拉、德门比亚德迈骑大象泽亚努帕、德门毛昆骑大象达永宋班合力勇猛冲击。在 6 位将领骑 6 头大象奋勇冲杀之下，其余的缅军将领也纷纷骑象冲去。掸兵象军力量不支，有五六头战象被冲倒在地。在缅军象兵、马兵追击冲杀之下，掸军抵挡不住，败下阵去。缅军俘获大象 6 头、骏马 70 多匹、兵勇 800 余人。掸兵死伤甚众。孟密土司在准备据城抵抗时，由于得知彬尼亚劳、彬尼亚江等 6 支大军已从孟养地区赶到了孟密，估计要守城也守不住了，便决定出城逃往翁榜。由于土司逃走，缅军便又俘获了许多象马、兵勇。

缅王停驻在孟密，派王弟德多达马亚扎、彬尼亚劳、彬尼亚江道、西都党廷、勒宫恩、南达约达、德门耶丁延等各率一军再加两支马军共 9 支人马带战象 150、骏马 2000、士卒 80000，循孟密土司逃走的方向追去。王太子摩诃乌巴亚扎、王弟明康王、驸马阿瓦王德多明绍等各路人马在向翁榜进军时，在距翁榜尚有两站远的地方会师。会师后，摩诃乌巴亚扎对众将官道："吾等现今不宜作一路大军前去攻打，要兵分 3 路去攻才能成功。"明康王亦说："分成 3 路，将敌军各条去路都堵住才好。"于是，摩诃乌巴亚扎率包括 3 支马军的 8 支人马由中路攻打，明康王的包括两支马军的 8 支人马由右路进攻，阿瓦王德多明绍的包括两支马军的 9 支人马由左路逼进。在离翁榜约 3 岱[①]余处时，翁榜土司派其子、婿、弟等率战象 150、骏马 3000、士卒 70000 前来迎战。

与摩诃乌巴亚扎率领的先头马军相遇，赖威耶傣、亚扎德曼、杜因亚扎等以 3000 马军奋勇冲杀。掸军以 3000 马军对阵，但抵挡不住缅军冲杀而败退，与后面来的象兵合兵一处。亚扎德曼等便又追击上去。翁榜土司之子、婿在与象兵会合后，便又率约 50 头战象追杀赖威耶傣的马军。赖威耶傣以 3000 马兵抵挡，对阵多时，等到摩诃乌巴亚扎骑了大象泽亚底达、南达丁坚骑了大象亚德那比昂党、德门佐加拉骑了大象鄂拉内、巴亚党都骑了大象泽亚巴

① 岱 tain，缅一长度单位，等于 1000 达，约合 3.2 公里，1.9 英里。

林、彬尼亚德拉骑大象纳达比昂觉赶来。这 5 支大军的将士兵勇皆骑象全力冲杀过去，掸兵象小，抵挡不住。在乌巴亚扎继续追击之时，翁榜土司的骑象等掸军 3 头大象被冲倒在地。翁榜土司之子骑了马匆忙撤走。翁榜土司之弟的骑象与彬尼亚德拉的骑象纳达比昂觉对阵，翁榜土司之弟骑象喉部被挑中，当即倒地。翁榜土司之弟骑了马离阵逃脱。此时，象、马、步军兵勇一齐追杀。明康王等也率部赶到，追击之下，掸兵仓皇败退。阿瓦王德多明绍等率领的大军自左路穿山林猛攻翁榜镇。翁榜土司抵挡不住，城被攻克，土司被擒。缅王坐镇孟密时，孟密守军、摩拉侯、孟温侯、色加当侯带了大批象马、子女前来归顺。缅王令他们宣誓效忠后赐赏礼品并封以官职。

孟密土司带领妻子儿女、象马兵勇等正准备投奔翁榜而来，在到达名叫彬尼亚的地区时，听到翁榜已失陷，便停驻当地。此时王弟卑谬王德多达马亚扎来到此地，见掸兵便打，孟密土司不敢还手就投降了。缅王将孟密城守城事务安排就绪后，把孟密封赐给前来投诚的翁榜土司之孙孟隆侯，赐给印信命他为土司。上次攻打鄂辛古时曾俘获其妻子、儿女及岳丈等，现也从汉达瓦底带来交还给他。命其每年交纳红宝石、金、银、渡口税收，天鹅绒税、马匹税等。将翁榜城赐与宋砌侯，赐其土司仪仗、印信等，封为翁榜土司。召王太子摩诃乌巴亚扎、王弟明康王、驸马德多明绍等从翁榜返回孟密。

在翁榜、孟密等掸邦一带有一恶习：当一位土司死去时，就要将其坐象、乘马、心爱的奴仆等杀死陪葬。缅王下令禁止该恶习。缅王扶持诵经修行的佛教，命在孟密和翁榜两地各建一尊佛塔，并为佛塔布施了庙产庙田。并在孟密和翁榜两地各建了有 10 所小寺环绕的三层逝多林精舍寺院，请了谙熟巴利经文的高僧到寺院居住。以土司等为首的各级官长必须每月有 4 天按时守斋听经。将三藏经各分一半放在翁榜、孟密两地。命镇吏每月召集居民百姓 4 次到寺院听经。统一度量衡，使当地的容器、斤两等与汉达瓦底京都一致。

缅王采取了上述这些既对当时也对将来长远发展有利的措施后，召集王子、王弟、众将官商议道："是继续进军孟拱、孟养等地呢？还是回过头来向孟乃、良瑞进军好呢？"王太子摩诃乌巴亚扎奏道："孟乃和良瑞现在可以先不管，孟拱、孟养的土司们曾将整个缅甸地区蹂躏过一番，还曾到阿瓦，举土司之子多汉发为王，登过基。缅甸人都对他畏惧万分。在多基发、多岸发在位时，曾与中国的乌底勃瓦打过整整 12 年仗。故儿臣认为应先取孟拱、孟养，攻占孟拱、孟养后，孟乃、良瑞等南掸邦一带也自然会落入我们手中。"彬尼亚德拉听王太子摩诃乌巴亚扎奏后也奏道："王子殿下所奏极是。如今又临近雨季，必须迅速攻打才行。雨季一到，江河泛滥，象马不便行走，那时就难办了。"彬尼亚劳听完彬尼亚德拉所奏后也奏道："王子殿下摩诃乌巴亚扎和彬尼亚德拉所奏是实。但孟养、孟拱拥有很多良象骏马、忠臣勇将。我们与掸邦双方都已知道彼此力量，前去攻打时，估计对方必不敢对阵，恐怕他们要据守城池。他们守城不出的话，那我们就不能速胜。这一点，很重要。"

缅王赞同王太子等所奏，便着手安排攻打孟拱、孟养的部署。命赖威耶傣、亚扎德曼两支马军以及南达觉廷、彬尼亚延、南达都利亚、德门丹莱、巴亚加马尼、王太子摩诃乌巴亚扎等共 8 支人马从右路进攻；命杜因亚扎、南达登西两支马军及巴亚觉都、德门佐

格拉、南达丁坚、巴亚觉廷、德门耶丁延、明摩诃、王弟卑谬王德多达马亚扎等共9支人马从中路进攻；命赖亚约达、杜因勃拉两支马军及彬尼亚江道、底里泽亚觉廷、德门丹杰、德耶西都、德门埃巴耶、西都觉廷、彬尼亚劳、驸马阿瓦王德多明绍等共10支人马由左路进攻。

缅王率领的军中命赖亚耶傣、西杜因加都、巴亚亚扎都等3支马军为先行；其后为埃蒙德亚象兵队、亚扎都拉、德门泽布翁、亚扎丁坚、德门毛昆、底哈勃德、德门勒宫恩、南达觉都、德门埃德迈、丁克亚、德门巴尤、南达约达等率领的各路人马；随后是缅王的大军，军中共有战象400、骏马4000，执金盾、金牌、金挡、金矛的御林军卫戍兵40000相随。任命巴亚延达都为统领、亚扎约达为监军，率包括3支马军在内共16支人马进发。由杜因代底、杜因毕西两支马军、德门比亚德迈、赖亚南达都、巴亚丁坚、德门由格拉、赖威南达梅、南达觉廷、底里达马道加、王弟东吁王明康等象军共10支人马跟随在缅王大军之后为殿后大军。军队部署完毕后便命将翁榜、孟密土司及其妻子儿女等一起送往汉达瓦底。将原在桑贝那果停驻的船只均运到上游因育瓦达伽拉。一切安排停当后便于缅历918年12月11日（公元1557年2月8日），自孟密向孟拱、孟养进军。抵达梯基时将船只联成浮桥运渡象、马、牛、兵勇将校，登上对岸后仍按原序列进发。

孟拱、孟养土司等人闻缅王率领大队兵马来攻，其势凶猛，便不敢据守孟养城。两土司将兵勇、象马等转移到孟养以北的内巴布山区驻守。王太子摩诃乌巴亚扎、王弟卑谬王德多达马亚扎、驸马德多明绍等得知孟拱、孟养土司等退驻孟养以北的内巴布山区消息后,3路兵马争先恐后冲往该地。阿瓦王德多明绍首先到达,他骁勇争先率部猛冲猛打,土司们抵挡不住,败下阵来。此时摩诃乌巴亚扎亦到达,俘获了很多兵勇、象马等战利品。缅王继续北上,翻山越岭到达孟囊附近扎下营来。闻王弟、王子等已打败两土司的消息后,便命兵勇继续阻击敌兵,又俘获不少象马兵勇。王子、王弟、驸马等人亦将所获象马、兵勇等献交缅王。

王太子摩诃乌巴亚扎启奏缅王道:“统治45镇的孟拱土司和统治35镇的孟养土司与中国乌底勃瓦打过整整12年,本以为到达此地后,他们会大举兵马拼命同儿臣们交战,不料想他们非但不如此,反而跑到深山老林莽原中躲藏起来了。”缅王亦道:“是啊!他们知道朕这般具备君王五力[①]的皇帝驾到,哪里还敢露面呢!敌人逃了,但在这南赡部洲之上又有哪个国家帝王敢收留朕的敌人呢?”缅王说毕便命摩诃乌巴亚扎、王弟卑谬王德多达马亚扎、驸马阿瓦王德多明绍等兵分3路朝土司们逃亡方向包抄追击。缅王则亲率主力大军缓缓行进。此时,孟拱土司的僚属向土司说道:“如今汉达瓦底王大举进军,兵马、武器众多,他的王弟、王子、驸马众将臣都是舍命保驾之忠臣良将。与之交战,定打不过。退避躲藏,又躲不了。现在是泥菩萨过江自身还难保呢!倒不如咱们抓了孟养土司连同他的妻子儿女一起献给缅王。这样才能保住咱们的地位、性命!”孟拱土司听了僚属之言,很以为然,便乘孟养土司不提防时抓了他和他的妻子儿女们,连同他的象马、将士一起前来献交缅王。奏道:“陛下,本应在陛下攻下孟密时就来向陛下臣服,

① 君王五力,详见本书(50)节。

但孟养土司对卑臣之见不以为然。他说，哪能向缅军投降，兵来须将挡。这样把臣等都耽误了。现在臣等前来投诚，愿为陛下效劳。”

缅王是个宽宏大量的有德明君，并未对孟养土司发怒。大军到达孟拱后，召王弟、王子、驸马等集合于孟拱。人马均到齐后，命孟拱土司及其僚臣等宣誓效忠，赐回孟拱土司之印信，仍使其食原邑孟拱，只取其两子一女、孙儿、孙女各一名留在身边侍奉，命其每年交纳金、银、琥珀、麝香、绸缎、牦牛、马匹等的税收。将孟养镇赐给前番已投诚的土司之妻弟即德勃因侯赐封号色隆，同时赐给他土司仪仗，只将其子女留在身边侍奉，令其每年按京都监的通知规定交纳金、银、麝香、牦牛、绸缎、马鞍褥穗、马等的税收。令孟养土司宣誓效忠后赐温辛坎梅为食邑。封孟养土司之子号摩兰，赐德勃因为其食邑，另一儿一女到驾前侍奉。

废除在孟拱、孟养等北掸邦一带的异教信仰，扶持正教，聘请道行高深的僧人到此传经布道。命人将巴利经文及注释等抄写后分放在孟拱、孟养两地。统一度量衡，使之与京都汉达瓦底一致。一切安排就绪后于缅历 919 年 2 月 2 日（公元 1557 年 3 月 21 日）从孟拱出发，2 月 16 日（公元 1557 年 4 月 14 日）到达底钦，转乘宝金御舫返程。2 月 29 日（公元 1557 年 4 月 27 日）抵达阿瓦。在阿瓦以南的当巴鲁行宫居住了 7 日，犒赏在翁榜、孟密、孟拱、孟养等战役中的有功之臣。赐封号、仪仗、邑地完毕。4 月 6 日（公元 1557 年 6 月 3 日），水陆两路自阿瓦返程，5 月 3 日（公元 1557 年 6 月 30 日）抵达京城汉达瓦底。

孟乃土司原在给杜摩底时就信誓旦旦地保证永远臣服效忠缅

王，但忽然违背誓约，攻打缅甸国土底宝，杀底宝土司，夺了土司之妻子儿女、象马兵勇，进而攻打宋砌。经驸马阿瓦王奏报，缅王得知。缅王遂召集王太子摩诃乌巴亚扎及群臣商议道："如今孟乃土司毁约违誓，犹如兔子、豕鹿在狮王面前无礼一般，竟敢侵犯我国土底宝、宋砌。此番是派王弟、王子将臣们去征讨，还是朕亲自领兵出征为好？"彬尼亚劳奏道："如今仅是孟乃、良瑞等地，就不劳御驾亲征，有臣等前往征讨即可。"巴亚觉都听了却奏道："孟乃、良瑞、耀绍、囊蒙等地象马众多，武器将士亦强。与清迈、景栋、登尼等国很近。他们没有这些靠山的话，想必也不敢来侵犯我国。因此，只派王弟、王子等前去征讨尚不行，还得由陛下亲领强兵前往征讨才能成功。"王太子摩诃巴亚扎也奏道："儿臣以为巴亚觉都言之有理。"

缅王也赞同巴亚觉都所奏，便部署了象、马、兵勇各路将领。进军部队的序列如下：由赖威耶傣、亚扎德曼率马军，由南达觉廷、彬尼亚勃仰、南达都利亚、彬尼亚丹莱、巴亚加马尼、彬尼亚德拉、巴亚觉都、王太子摩诃乌巴亚扎率领的象军为一路军。上述 10 支人马中拥有战象 300、骏马 3000、士卒 80000 由右路进发。杜因亚扎、南达登西率马军及巴亚觉廷、德门耶丁延、明耶觉廷、彬尼亚江道、德耶西都、德门丹杰、南达丁坚、王弟东吁王明康率象军为一路军，该路军共有两支马军、8 支象军共 10 支人马，有战象 300、骏马 3000、士卒 80000 从左路进军。命杜因勃拉、巴亚亚扎都率马军，象军为亚扎丁坚、德门由格拉、南达觉都、埃蒙德亚、赖威南达梅、德门泽布翁、明摩诃、王弟卑谬王德多达马亚扎共 10 支人马领战象 300、骏马 3000、士卒 80000 从中路进军。命杜因勃拉、赖亚约达领马军及象军的内谬觉廷、底里泽亚觉廷、孟养土司、孟拱土司、孟密土司、驸马阿瓦王德多明绍等 8 支人马带战象 300、骏马 3000、士卒 80000 沿新冈一线从宋砌向底宝进军。

缅王带领的主军序列是:赖亚耶傣、赖威巴亚、西杜因加都、杜因代底等马军队伍,南达觉廷、德门勒宫恩、底哈勃德、德门埃比亚拜、巴亚丁坚、底里达马拉、赖亚仰达都等象军队伍;其后是缅王御驾,由各土司、青年将领及骑象娴熟者骑战象 200 左右前后护卫跟随。御林军马兵 2000 乘金鞍、金座骏马保驾。四方卫戍执金盾、金牌、金挡、金矛跟随。此军包括 4 支马军在内共 12 支人马,计有战象 500、骏马 6000、士卒 15 万,由德榭觉廷为统领,亚扎约达为监军。

命明耶丁克亚、彬尼亚勃尤等带重兵把守汉达瓦底京城。命底里泽亚瑙亚塔和彬尼亚劳等重兵把守勃生渺米亚等孟邦西部一带地方。命彬尼亚乌、色杜加马尼带重兵把守孟邦东部一带的莫塔马、毛淡棉等城镇。缅王于缅历 919 年 8 月 5 日(公元 1557 年 9 月 28 日)水曜日,带领上述各路大军从汉达瓦底京城出发,首先驻营在雷炯泰宁。至给杜摩底之间,共驻营 11 站。又从给杜摩底经巴亚纳底[①]到格达、莱德,共驻营 10 站。从莱德沿金达、育瓦安一线进军,过了育瓦安之后,王太子摩诃乌马巴亚扎、王弟卑谬王、东吁王、阿瓦王等各路军队分兵进发。

孟乃土司闻缅王领兵来攻,便与孟别土司、色加侯、囊蒙侯、耀绍侯等领兵驻守耀绍。缅王沿东线进军,在那松山区驻营。王弟

① 与印度古国波罗奈同名,但在缅甸境内,并非一地。

卑谬王德多达马亚扎正准备首先攻打耀绍时，孟别侯、色加侯、耀绍侯、囊蒙侯等知道守不住城，便弃城逃走。卑谬王德多达马亚扎获悉他们逃走，急忙追赶。追到孟乃山脚下时，孟别土司、色加侯等弃了象、马朝孟乃逃去。缅军得了他们遗弃的许多象马、兵勇。缅军四路军队至此全部在缅王驻地会合。缅王在王弟、王子、驸马等人到齐后，登那松山，分兵 5 路继续进军。

孟乃土司带领象马、兵勇等前来迎战。首先在峡谷中遇卑谬王德多达马亚扎的先头马军部队，双方交战，缅军马兵败退。到了平川后，卑谬王德多达马亚扎等 8 支象军全力驱象冲杀过来，孟乃土司所领的掸军战败而逃。缅王俘获许多象马、兵勇。由此继续向孟乃进军，大军驻在昂塔敏加拉营地。孟乃土司知道白象主缅王御驾亲征，所率人马甚众，不敢据城固守，弃孟乃城而逃。缅军尾随追击，俘获众多象马、兵勇。缅王召四方追击的王弟、王子等人的部队返营。

孟乃土司知道自己逃不脱，便派子孟盖侯带了礼品、刻花毯、琥珀、细布、绸缎、麝香、牦牛、马鞍褥穗等物来献，向缅王表示：奴才愚蠢，错打算盘，今番只求饶命。缅王陛下本是宽大圣主，赐赏了孟盖侯后放他回去。孟盖侯回去后将情况报告其父，孟乃土司便备了小象 10 头、黄金 5 缅斤、白银 50 缅斤等又来向缅王献礼。缅王召孟乃土司到御前，在众王弟、王子、百官面前道："小小孟乃土司竟来侵犯朕国土之底宝、宋砌，使朕不得不带领无数象马、兵勇亲征，他又不战而逃。要知道在这南岛之上，无论跑到什么地方，也没有哪个国王敢收留朕的敌人。小小孟乃土司愚蠢而毫无见识地犯了大错。但朕本是修身求正果的君王，并不想剥夺他的生命财产。他虽错了，朕却还是饶了他。”缅王说完后便命孟乃土司宣誓：从自己起到子、婿、子孙万代永不背叛缅王。仍命其食邑孟乃为土司。良瑞土司、耀绍土司、孟别土司、色加侯、囊蒙侯等也带了良象、骏马、子女等来向缅王献礼求饶。

缅王也命他们宣誓效忠后仍还给原邑地。废除掸邦一带的异教，扶持正教，建造佛寺，聘请娴熟经文的高僧传授三藏经文，并捐献了庙产庙田。

将孟乃、良瑞等掸邦一带安排好后，缅王召集了王太子摩诃乌巴亚扎、王弟、群臣来到御前，降旨道：“原属甘菩遮的孟乃、良瑞等现已臣服。下一步应如何？”王太子摩诃乌巴亚扎奏道：“如今萨尔温江以西的掸邦各部已被征服，均已是我藩属。但只有登尼一城，自作聪明，不来归顺。他们依仗中国乌底勃瓦，据城固守。将其降服后，就可统一整个掸邦，使之都成为陛下的藩属了。”彬尼亚勃仰听后奏道：“陛下，王子所奏极是。但孟乃、良瑞等掸族大邦均已征服，登尼城也逃不脱吾等掌心；所以，先将登尼城放在一边。名为哈里奔猜的清迈有众多忠臣良将、精兵，大批象马、武器。它周围的 57 镇均部署了充足兵力，又与我国孟邦相邻。过去从未讨伐过，今应先去征讨名叫云国的清迈。攻下清迈后便可驻守该地，派王子、王弟、各将领分兵去攻取名叫摩诃那格拉国的景永、名叫凯摩瓦拉国的景栋、云国、贡国。攻下这些地方，皆可使之成为我国藩属。另外，只要是我国举兵征讨，臣估计他们不敢抵抗，因为南岛各国君主均已知道我王陛下威名赫赫，所到之处战无不胜，所向披靡，敌军无不闻风而逃。”彬尼亚德拉听过也奏道：“彬尼亚勃仰所奏极为在理。”王弟卑谬王德多达马亚扎等群臣也都赞成彬尼亚

勃仰所奏。缅王大喜，迅速部署向清迈进军。因孟乃土司身体不佳，不能随同出征。良瑞土司表示愿随驾出征，请求允其返回良瑞召集兵马。缅王命孟乃土司之子孟盖侯、景堂侯、幼子色毛坎、妻弟多凯和赖恰侯、孟别侯、囊蒙侯等带领兵马随驾前往征讨。

缅王命王太子摩诃乌巴亚扎等带领包括两支马军在内的 10 支人马先行，接着是缅王带领的包括 4 支马军在内的 12 支人马，其后是王弟东吁王明康等率两支马军在内的 10 支人马。大军从孟乃出发，直到萨尔温江的塔辛码头，共扎营 24 站，最后驻营在泽亚达西营地。在塔辛码头时编了木筏运送象马、兵勇过河。渡至萨尔温江对岸后，命王太子摩诃乌巴亚扎等 10 支人马由右路进军，王弟卑谬王等 10 支人马由中路进军，驸马阿瓦王德多明绍等 8 支人马从左路进军。其后是缅王带领的 12 支人马，最后由王弟东吁王明康等率 10 支人马殿后。

清迈王比亚丹听到缅王带领不计其数的象马、兵勇铺天盖地而来，也布置了象马、兵勇准备迎战。一个名叫彬尼亚艾鄂底隆的僚臣对清迈王奏道："臣以为按汉达瓦底带领的兵马来看，他是举各邦之联军而来，象马、兵勇极多，他的部下都是肯舍命保驾的忠臣良将。吾等即使前去迎战也不能取胜，故而宜修工事、挖壕沟，加固堡垒坚守城池。守不住城时，只有臣服投降，全体黎民百姓才能免遭生灵涂炭。"清迈王听完僚臣彬尼亚艾鄂底隆所奏后道："也罢。我倒要看看这只老鹰能不能像叼小鸡那样容易地就把咱们叼了！"便把原拟派出迎战的人马抽回守城，并在城门上及四周布置了臼炮、火炮等，严阵以待。缅王降旨道："哈里奔猜清迈国的君主见具备君王五力的朕前来征讨不来臣服，仍相信他的兵马、将领，据守城内。休道是清迈城，就是中国的乌底勃瓦守城，也挡不住朕的进攻！”缅军从塔辛码头向清迈进军，共驻营 21 站，最后驻在清迈以北亚德那昂达营地。王太子摩诃乌巴亚扎、王弟卑谬王、东吁王、阿瓦王、各土司头领、各将领都如天兵天将般英勇无畏，将整个清迈城团团围得水泄不通。清迈的群臣、百姓都像是将要被生吞活剥一般害怕之极，纷纷向王谏言希望能求和投降。清迈王道：“我岂能如此便降？攻我城池哪能像卷席一般容易。我的藩属 57 镇兵马尚未到齐，等他们到齐后便出城迎战。尔等何须惊慌！”

缅王到达后将象马、兵勇部署完毕，召集王弟、王子、众将臣下令道：“明日就要攻打清迈城。象兵、马兵都要带上象马在城墙脚下，各就各位。步兵带云梯、铲子等挖墙、登城，不得有误。违令者，重罚。”将领们毫不畏惧地涌至城下，有的挖墙，有的竖起云梯攀登。城墙被攻毁一处，象兵、马兵、步兵遂从豁口处冲进城内，于是称之为哈里奔猜的清迈全城被攻占。缅王下令敲锣通告：因清迈城是佛教圣地，占领该城后不得捕捉俘虏，凡是抓了的一概放回。但允许搜到金银布匹者归己所有。清迈王见城失陷一半时，便大惊失措。备了许多优质中国布匹、刻花毯、薄纱、琥珀、绸缎、麝香、牦牛、马鞍褥穗等礼品，牵了两头大象出城向缅王求饶。

缅王召他到帐前来，对他说道：“别说是小小清迈，就说是中国的乌底勃瓦，也休想挡住朕的攻打！”说毕让清迈王为首的清迈各级官员宣誓效忠，保证子子孙孙再不背叛。令其知道缅王陛下的皇恩浩大，并要他弘扬佛教。允其在清迈继续为王，令每年纳贡 10 头象、10 匹马、100 缅斤白银、刻花毯、薄纱、琥珀、细布、绸缎、双面绸、牦牛、鞍座穗、麝香、漆器。选了清迈的良象、骏马、勇士以及画匠、镞匠、塑匠、铁匠、金银匠、铜匠、泥水匠、树胶工、建筑工、驯象工、兽医、驯马工、染工、整容匠、制香料工、厨师等连同他们的妻室儿女一起分头送到京城汉达瓦底，单独划出地区让他们居住，不与别人混杂。布施了100缅斤白银给清迈王，责令其修复塌陷损坏的佛塔、寺院，为拉布翁佛塔全身贴金。听说清迈的三藏经不全，就命人自汉达瓦底取来，请谙熟经文的高僧教授。召集清迈藩属57镇的诸侯前来宣誓效忠后仍赐回原地食邑。

在《缅甸大史》中称清迈国为金地，而《新史》中认为，据《波罗市迦经释》称：须那长老、郁多罗长老等来到金地后，使来自大洋的水妖逃跑了。据这一段记叙，应该推测到该地离海很近，故金地应为直通。而《格拉亚尼碑文》和《瑞牟陶佛塔碑文》也都称金地系直通镇，故金地不应是清迈国，而是直通镇。

(229) 哈里奔猜清迈国简况[①]

佛陀在世时，该地即为有福之王所在地。统治阿梨摩陀那蒲加雅马的阿奴律陀王曾攻占该地，缅历388年(公元1026年)时该地尚是一个小镇。缅历656年(公元1294年)，在被黜的缅王觉苏瓦在位时彬尼亚绍迈耶反叛了缅王朝自立称王。彬尼亚绍迈耶在位37年，于缅历693年(公元1331年)去世。其子鄂底布琼坚即位为王。鄂底布琼坚在位2年，死于695年(公元1333年)，由彬

① 在正文中列有本节题目，但在第二卷目录中遗漏，现将其补编上。关于清迈各王名号在位年代等，译者未找到相关史料，故未能核实。

尼亚仰之子琼德永称王。他在位3年，死于698年（公元1336年），其子瑙松德永即位。瑙松德永在位4年，死于702年（公元1340年），其子鄂底布即位。鄂底布在位5年，死于707年（公元1345年），其子开漂即位。开漂在位12年，死于719年（公元1357年），其子苏巴友即位。苏巴友在位13年，死于732年（公元1370年），其子苏格梭即位。苏格梭在位7年，死于739年（公元1377年），其婿鄂底迈即位。鄂底迈在位3年，死于742年（公元1380年），其子丹比即位。丹比在位40年，死于782年（公元1420年），其子苏隆即位。苏隆在位35年，死于817年（公元1455年），其子苏尼亚即位。苏尼亚在位8年，死于825年（公元1463年），其子彬尼亚江即位。彬尼亚江在位40年，死于865年（公元1503年），其子孟埃即位。孟埃在位34年，死于899年（公元1537年），其子彬尼亚晒即位。彬尼亚晒在位5年，死于904年（公元1542年），其子苏迈即位。苏迈在位2年，死于906年（公元1544年）。后万象王比亚晒锡与苏迈王后兹兰巴底里杜达马摩诃黛维结姻称王。万象王比亚晒锡在清迈居住7年后返回万象，摩诃黛维王后推举彬尼亚江之子比亚丹为王。比亚丹在位7年后，即920年（公元1558年），众邦国中王中之王，山水之主，众生之主缅王攻占了拥有57镇的哈里奔猜清迈国。缅王攻下清迈后，便在阿瑜陀耶边境、万象边境、津永边境一带设远近哨卡。留下彬尼亚德拉、彬尼亚晒等两支人马领战象100、骏马1000、士卒50000驻守清迈。缅王率大军依次由孟乃一线返回罗陀那补罗。到达萨尔温江塔辛码头时，因孟乃土司反叛缅王，将塔辛码头的桥拆毁，杀了留驻孟乃地区的300余名缅军。由于他的反叛，良瑞土司和耀绍土司等原

是佯装跟随缅军进军的，到达孟乃后也突然不再向清迈进军，却与孟乃土司同时叛乱。

缅王抵达塔辛码头才得悉孟乃土司反叛的消息，于是便由塔辛码头转到景堂码头，与王弟、王子等一起渡过了萨尔温江。等到把象马、兵勇都渡到对岸后，孟乃土司却又遣人拿了许多礼品、武器来奏报缅王道："小的不敢冒犯大王，是良瑞土司、耀绍土司等杀了大王的部下，毁了渡桥的。"

缅王是位具备君王四大计谋[①]之君，当时什么话也没说，只是紧紧监视着跟随左右的孟乃土司之子、弟，把孟乃土司召来。孟乃土司带了两头良象、两匹骏马及各种礼品来见缅王。缅王将孟乃土司监视住以后，从景堂码头进军至孟乃。到达孟乃，调查了杀戮缅军将军将士的凶手，了解真情之后，命王太子摩诃乌巴亚扎领10支人马、驸马阿瓦王德多明绍率8支人马去把良瑞土司与耀绍土司以及他们的妻子儿女一并抓来。

良瑞、耀绍两土司听说王太子摩诃乌巴亚扎和驸马领兵前来的消息后，带了礼物来说："我等没有谋反，是孟乃土司杀了缅军将士，拆毁渡桥的。"王太子摩诃乌巴扎和驸马德多明绍等继续向良瑞和耀绍进军。到达后，将土司、镇守等人及其妻子儿女、部下僚属、良象骏马全部拿下，回到孟乃。等他们到达后，缅王已全部知道良瑞土司与耀绍土司的阴谋了，便道："因为孟乃土司和小小的良瑞土司等侵犯扰乱我底宝、宋砌等地，朕才带领大队象马来征。

---

① 缅人谓克敌制胜之四大计谋是：分化瓦解敌人，充分运用权势，宣传组织力量，赏赐馈赠得当。

他们不敢守城，却躲开了。是朕召他们回来，保全他们的生命财产，还封了他们官职。但他们知恩不报，像兔子、豕鹿等在狮王面前乱窜一般，杀了朕的部下兵士，但朕以慈悲为怀，愿修来世成佛，暂且饶他们一条活命。”说罢命将孟乃、良瑞、耀绍土司以及他们的妻子、儿女、兄弟、女婿等抓起来，令其随军而行。收缴了这里的良象、骏马、精壮兵勇等。将孟乃镇连同土司仪仗赐给前任土司之子多凯，命其为土司。将良瑞镇连同土司仪仗赐给绍勃瓦钦之子色毛坎，命其为土司。命随同去到清迈的摩别侯、色加侯、囊蒙侯、赖恰侯、底其侯、景堂侯、孟班侯等宣誓效忠后予以赏赐，仍使其食原邑。把孟乃土司之子孟盖侯召来跟随左右，将孟盖镇赐给了前任土司之子多凯之弟色毛坎，规定其每年缴纳若干金、银、麝香、牦牛毛等。收缴了良象骏马及其子女后，在王弟、王子、众将臣的簇拥下返回罗陀那补罗。抵达底基时，登尼土司带了优质中国布匹、麝香、牦牛毛、马鞍褥穗、骏马 10 匹、幼象两头等作为礼品来拜见缅王。缅王召其到帐前，抚慰一番，赐槟榔杯、咸茶罐、饮水瓶、嵌红宝石痰盂等。将过去孟乃土司侵占的登尼村寨经问明原委后仍赐还。由底其返回阿瓦。缅历 920 年 5 月 12 日（公元 1558 年 7 月 26 日）回到阿瓦。在阿瓦以南的当巴鲁宫中居住了约一年。修缮了由于掸军破坏而损毁的实皆、彬牙、阿瓦佛塔，并为之升顶伞。在布翁尼亚信佛塔建造了镀金铁瓦顶的佛亭。在实皆地区为底达德纳德扎法师建造了寺院，并布施了三藏经、佛经注释等给法师，请其诵读传授。为住在彬牙以北的泽达汉佛塔的信德达马底瓦格拉法师建造了有小寺环绕的寺院，并赐摩诃达米达马德扎的法号印章，送三藏经及巴利经文注释等，请其诵读传授。为阿

瓦山的信佛陀瞿沙法师建造了有小寺环绕的无雕花的两层寺院。修缮破损的佛像为之重新贴金。施舍 1000 缅斤纯铜,铸灌成巨型铜钟施舍给蒲甘瑞喜宫佛塔。正当缅王在阿瓦做了这些为今世造福、为来世积善的功德事业之时,清迈忽有军情来报。清迈王奏报:"万象王比亚晒锡大举入侵,并与别、阿南、勒宫、杜岩、津康等诸侯联合。臣虽受陛下封诰,现在却不得安宁。"

缅王即召王弟、王子等众将相问道:"卿等有何见解?"王太子摩诃乌巴亚扎奏道:"留驻清迈的彬尼亚德拉、彬尼亚晒带有大批兵马,清迈本身亦有许多兵马。陛下降旨分别授令后,再让孟乃土司派良瑞土司及其属下诸镇守前往即可。"王弟卑谬王德多达马亚扎听了王太子摩诃乌巴亚扎所奏后奏道:"如今万象王联合别侯、阿南侯,成为万象国之君主,象马、兵将众多。陛下战胜清迈尚不久,在清迈的将相僚臣又不可靠,指派陛下身边的将领去恐也不合适,宜由陛下派王弟、王子等带领强兵,声势浩大,前往讨伐方为适宜。"

缅王赞同王弟德多达马亚扎所奏,遂作进军清迈的部署。马军由赖亚耶傣、杜因亚扎、赖亚约达、亚扎德曼、南达登西等率领;象军由彬尼亚江道、巴亚觉廷、泽亚丁坚、南达觉廷、德门丹莱、底里泽亚觉廷、埃蒙德亚、内谬觉廷、德门泽布翁、良瑞土司、孟乃土司、驸马阿瓦王德多明绍等率领;命驸马为帅。包括 5 支马军在内总计 17 支大军,有战象 500、骏马 6000、士卒 14 万。于缅历 920 年 9 月 7 日(公元 1558 年 11 月 16 日)水曜日,由阿瓦沿育瓦安一线出发。缅王则在王弟、王子、百官的侍奉下,犹如天帝释般威风,在阿瓦以南的当巴鲁宫中崇佛行善。

驸马阿瓦王德多明绍由育瓦安攻良瑞，向孟乃进军，又从孟乃渡过塔辛码头向清迈进发。抵达后即与留驻当地的彬尼亚德拉、彬尼亚晒等商议后，又召集了鄂底隆、丹兰等由清迈进军杜岩。万象王停驻在津鄂底，他的部属僚臣与杜岩侯则重兵把守在杜岩镇。阿瓦王德多明绍等抵达杜岩后立即奋勇攻打杜岩镇，攻克杜岩，俘获杜岩侯，占领全城，活捉了万象王的主帅彬尼亚景和监军鄂底叟、鄂底温等大小将领，缴获许多良象骏马、武器等。万象王在杜岩镇失守后便不敢留在津鄂底，逃回了万象。阿南侯、别侯、津鄂底侯、津康侯等也都弃了各自的邑地，带妻子儿女跟随万象王逃走。至此，清迈全境战乱平息。

阿瓦王德多明绍将以上消息奏报缅王后，缅王便将阿南镇封予彬尼亚鄂底隆，将津鄂底镇封给了彬尼亚丹拜，将别镇封给彬尼亚代，将杜岩镇封给了彬尼亚鄂底。分封完毕，便召回驸马德多明绍等出征将领。缅王驾幸阿瓦期间，孟温土司带了上等中国布匹、刻花毯、薄纱、琥珀、细布、麝香、牦牛毛、鞍座穗等礼品来贡。孟乃孔迈让其弟彬尼亚孔迈带了许多礼品来到缅王处要求效忠称臣。拉达土司叫其弟色采隆带许多礼品来谒见缅王，表示愿效忠称臣，山达土司也让其弟孟律侯带许多礼品来表示归顺。

缅王对前来要求归顺的各土司子弟一一令其宣誓效忠，即各赐封号、仪仗等。又让宋砌侯和底里达马拉与土司的子弟一起宣誓效忠后也授予各种仪仗，训令他们要废异教，立正教，邀请愿在当地挂搭的高僧留下传授三藏经等。令这些土司们每年 3 次向高僧敬献金钵、马匹、绸缎等，每 3 年要到京城汉达瓦底缅王陛下驾前谒拜一次。统一了当地的度量衡，使之与京城相一致。各土司每月必须守斋听经 4 天，百姓也必须每月听经 4 天。缅王做了这些为今生来世造福积善的善业后于缅历 921 年 2 月 12 日（公元 1559 年 4 月 17 日）月曜日，从罗陀那补罗返回京城。3 月 20 日（公元 1559 年 5 月 25 日）木曜日，回到京城汉达瓦底。

（230）白象之主在京都汉达瓦底建摩诃泽底佛塔

返回京城后，将为建造摩诃泽底佛塔清除丛林、平整土地之事交由彬尼亚劳、彬尼亚德拉、彬尼亚勃仰、彬尼亚江道、底里泽亚瑙亚塔、底里泽亚觉廷、内谬觉廷、南达觉廷 8 位大臣带领兵勇负责兴建。拨款 400 银钱以挖山取石，砖则早已在驾幸阿瓦期间烧制完毕。平整土地以后在佛塔建地以西建造了带尖顶阁的行宫，缅王亲自在此督建，直至建成。缅历 921 年 4 月 5 日（公元 1559 年 6 月 8 日）木曜日，为摩诃泽底佛塔奠基辅石，斋请 1000 名僧侣。4 月 17 日（公元 1559 年 6 月 20 日）木曜日，为摩诃泽底佛塔砌金、银砖。建造有 40 座小寺围绕的佐底亚仰寺院。

同年，建造了为举行赛船节仪式时下榻的带尖顶阁的行宫。在给杜摩底父王火葬处建造陵窟，用 1000 缅斤纯铜浇灌般阇劳哈佛像置于墓内。同年 9 月 14 日（公元 1559 年 11 月 12 日）日曜日，为舍利举行盛大仪式后，在众亲王、百官督领下，从皇宫迎送到摩诃泽底佛塔东面建造大型行宫以便瞻仰。当日，亚扎黛维王后生下一女，因是迎送舍利之日所生，公主取名为亚扎达杜格勒亚。该年 9 月 17 日（公元 1559 年 11 月 15 日）水曜日，为摩诃泽底佛塔举行盛大藏宝仪式。之后又举行过 5 次藏宝仪式。佛塔建成历时 6 个月。塔基直径为 100 标准肘尺①，塔高 150 标准肘尺。该月，孟密土司将其女并奴仆一起献给缅王。

① 每标准肘尺为 19 英寸，比一般肘尺长 1 英寸。

第 十 三 编

(231) 摩诃泽底佛塔珍藏舍利子情况

在摩诃泽底佛塔中珍藏的舍利子、佛骨、佛像数目如下:金色舍利子 60 粒、珍珠色舍利子 8218 粒、素馨花苞状舍利子 12916 粒。上述舍利子共计 21194 粒,珍藏于红宝石塔内。红宝石塔外套黄金塔,黄金塔外又套有金铜合金塔,金铜合金塔外又有一层白银塔,白银塔外又一层紫铜塔。红宝石塔内还珍藏一颗佛牙的副牙①。又用金盖盒、金铜合金盖盒、银盖盒置放金铜合金色舍利子 41 粒、佛发、佛骨舍利 1947 粒、太公舍利子 30449 粒、彬丁舍利子 646 粒、露兜树花苞状舍利子 81 粒、目犍连②舍利子 6401 粒、瑞固舍利子 14 粒、锡兰舍利子 12605 粒、乌瑙舍利子 40 粒、乌彬舍利子 46 粒、辛江舍利子 91 粒、阿榭舍利子 11019 粒,共计 36369 粒③。又将阿榭舍利子15都纳又1纳里加④、太公舍利子3都纳

---

① 释迦牟尼佛死后火化但牙齿完整无损留在世间,称之为佛牙。后来变化出来或复制成的佛牙称之为副牙。

② 目犍连,释迦牟尼十大弟子之一,侍佛左旁,又称为神通第一。

③ 此处合计数字明显有误。但无从查考何处有错,只得按原文译出。

④ 都纳,缅古代一容量单位,约等于$\frac{1}{4}$箩;纳里加,缅古代一容量单位,约等于$\frac{1}{31}$箩。请参见本书一卷(90)节箩的注释。

又1纳里加置放于黄金塔及紫铜塔中。制13尊红宝石佛像、45尊绿玉佛像、5尊蓝宝石佛像、2尊珊瑚佛像、9尊黄宝石佛像、13尊琥珀佛像、2尊锆石佛像、58尊水晶琉璃佛像。并用金子灌铸了佛陀之父净饭王、佛陀之母摩耶夫人、佛陀之姨母憍昙弥、耶输陀罗[①]、佛陀之子罗睺罗、右大弟子舍利弗多罗[②]、左大弟子目犍连等的塑像以及28尊佛像[③]、七处[④]佛像、80尊罗汉像等，总计金铸佛像10255尊，银铸佛像共836尊，金铜合金铸佛像47尊，五金佛像785尊，青铜铸佛像12305尊，水晶石佛像82尊以及铜铸罗汉像238尊。此外，还把45尊嵌红宝石舍利子盒、80尊金舍利盒、95尊银舍利盒、30尊琥珀舍利盒、20尊赤金舍利子盒、5尊铜舍利盒珍藏在佛塔里。

同时珍藏用金、银高脚盘置放的金贝叶、银贝叶抄录的论藏、经藏、律藏等。还珍藏了佩戴全副皇用仪仗、手执油灯拜佛的缅王金像，以及缅王的父、母、王后阿杜拉底里摩诃亚扎黛维、公主阿瓦王妃、孙女那信梅道、王子摩诃乌巴亚扎、孙子明基苏瓦、王后亚扎黛维、王子明达锡、公主亚扎达杜格勒亚、王后山达黛维、公主饮绍等人手执油灯拜佛的金像。此外还铸了登基之前所生的王子、公主像；王弟德多达马亚扎与其妃及其二女、王弟明康及其二子三女、王弟德多明绍像以及宠臣等人的手执油灯拜佛的银像。

① 耶输陀罗，她是佛祖释迦牟尼的妻子。

② 舍利弗多罗，释迦牟尼十大弟子之一，侍佛右旁，又称为智慧第一。

③ 佛教谓世界之上共出现28尊佛，均有名讳，第28尊即乔答摩佛。

④ 释迦牟尼成佛前在菩提座周围七处曾暂时待了一段时间后，才在菩提树下大悟成佛。参见本书(36)节之注。

(232)[①]缅王进军卡随

缅历921年(公元1559年),格礼土司来报,卡随土司侵犯属阿瓦管辖的乡村的北面,明钦以南的乡村。缅王降旨道:"小小的敏泰侯竟敢进犯朕管辖的边境国土,岂不是太岁头上动土吗[②]?阿瓦王、格礼土司等,尔等怎不将其捉来呢?"阿瓦王和格礼土司等奏道:"卡随人住在山区,100人一批、200人一伙,犹如山鸡、野鸟一般,是采野菜、打柴的居民。等我们得到消息再去擒拿时,他们又逃进山林之中躲藏起来了。"缅王思忖:群兽以狮为王,是其捕捉小动物时用力大小得当,都具有坚韧不拔的毅力所致,足以效仿。听奏后召集了王弟、王子、众将官商议。大臣南达丁坚奏道:"卡随敏泰镇兵力并不强大,过去属孟拱管辖,现尚处于建城之时,臣以为无需大动干戈,只须派孟拱、孟养、山达等土司带领藩属军队、各镇镇守前去征讨即可。"彬尼亚德拉听了奏道:"卡随国在各国各邦之中属异邦异族,自立为王。故只派掸族各土司去伐恐不适宜,陛下应派御前著名大将,带领强兵前去,浩浩荡荡才能镇住敌军。"缅王赞同彬尼亚德拉之言,便派西杜因加都、彬尼亚多育、彬尼亚劳、彬尼亚晒、彬尼亚德拉等5支人马共计战象300、骏马3000、士卒50000由陆路进发。水军派色雷侯、蒲甘侯、德娄侯、布坎基侯、实

① 原文目录中没有232、233、234节的小标题,内容皆依次列于(231)摩诃泽底佛塔珍藏舍利子情况一节之后。为方便读者,译者参考《缅甸大史》相关各节之标题,按内容补齐。

② 缅文原文是:小小狐狸竟敢与狮王挑衅。

皆侯、阿敏侯、勃东侯、甘尼侯等 8 支人马共有古囿、舢板、战船 50、水军兵勇 50000 于缅历 921 年 10 月 5 日（公元 1559 年 12 月 2 日），从汉达瓦底出发向卡随进军。孟拱、孟养、孟密等土司也率领兵马沿山达一线进军。从汉达瓦底出征的水陆诸军到达奥城时，船队水军兵勇组成陆军，与格礼土司等一起沿格礼一线前进者为一路；由奥城侯为先行的沿鲁一线前进者为一路；各土司的军队沿山达一线向当督进发。如此兵分三路进到敏泰城附近，因道路变窄，便扎下营来。

彬尼亚德拉从鲁一线进发时曾向卡随土司派去使者，使者带去的通牒中写道：“统辖水路大地的缅王是南岛上独一无二的威力显赫的有德明君，现因尔触犯吾王陛下龙颜，吾王派兵马大元帅率重兵前来征讨。尔卡随土司不来请罪，反而据点固守。休说是小小的卡随城，就是妙香国中国乌底勃瓦的城镇，只要吾王举兵，亦无不克。若要保全尔等性命、财产，就速向吾王呈送象马，并贡献子女表示臣服，则举国百姓亦皆可得救矣。”

卡随土司闻缅王派遣无数兵将前来征讨，料想难以据城固守。寻思不如渡到宾垒登处驻扎为妙。正在筹备船只时，使者来下通牒，便派了妻弟孔开甘马，带了大批礼品来见彬尼亚德拉道：“卑臣焉敢与众生之主缅王陛下较量？只是边境上土著克钦人偷些水牛、黄牛罢了。臣愿为缅王陛下效忠，并献上小女。若大王兵马来攻臣之城镇，城镇必被毁坏无疑。”彬尼亚德拉道：“如今敏泰土司之意，是可保全性命和财产的两全之计。尔等速去筹备贡物、礼品，以使王中之王的吾王陛下龙颜息怒。”卡随土司妻弟孔开甘马回去后，卡随土司知道事情有望，便命爱女梳妆打扮，准备陪送奴仆、礼品之事。彬尼亚德拉率领7支缅军兵勇沿鲁一线进至卡随城。

抵达后召卡随土司来宣誓效忠,并限定其送交贡品日期。为了镇服全城居民,命缅军兵勇操演象、马、枪、盾之术,演习的枪炮声震撼全城。彬尼亚德拉嘱:在卡随城中废除不良异教习俗,树立正教。缅军获贡物、礼品后班师回朝。到达奥城时,将两艘劳加船合在一起,改建为优美的双层层顶的楼阁。命西杜因加都、彬尼亚晒、格礼土司等3支人马留驻奥城。其他部队则因粮食供应困难,退驻甘尼、勃东、阿敏等地。卡随土司于约定之日在众多奴仆簇拥下举行仪式,将女儿送至奥城,并派4名大臣带许多礼物一直陪送至汉达瓦底。于是水陆两军皆返回,于缅历922年4月4日(公元1560年5月27日)抵达汉达瓦底城。

缅王将卡随土司之女安置在华丽的宫殿之中,并安排了护卫和奴婢。为使卡随土司永信佛教,派亚扎德曼与泽丁延送去金、银佛像,命其不断供奉。还让卡随大臣带去缅王的回礼即细布、挑花纱等优质布匹。缅历922年10月17日(公元1561年1月2日),为摩诃泽底佛塔举行升伞仪式。缅王捐献了自己的王冠,同时各国君主亦作了许多布施捐赠。扬起一万钱币好似下起金钱之雨,进行了布施。仪式完毕之后,在摩诃泽底佛塔之东建造花园,命名为忉利天。同年,翁榜孔迈之子与其叔父不和,双双都带了白伞、皇冠来求告缅王。同年,鄂底维土司将爱女并仪仗献给王储,缅王在宫内建造了华丽的宫殿予以安置。

该年,拆毁皇宫。在摩诃泽底佛塔处建造有100小寺环绕的逝多林大寺4座。为4座大寺全部贴金,并送去了三藏经文及经文注释、注疏，以备传诵经文之用。在摩诃泽底佛塔周围院内还建造了镀锡铁顶的佛亭。周围院墙之上画了五百五十佛本生故事。于摩诃泽底佛塔东面围墙内建造了金佛亭。缅王捐赠了与本身重量相等的 53 缅斤 5 $\frac{1}{4}$ 缅钱黄金，作为寺院装饰贴金之用。在宫院内建造金宫，过了缅历 12 月便迁入居住。把在建造摩诃泽底佛塔期间居住的 3 所殿堂改建成带小寺的大寺院，并造了围墙，布施给原住在德布佐寺院内的有名望的高僧，同时送了三藏经。

缅历 923 年（公元 1561 年），孟养王在蒲甘布施的砖寺塌陷，缅王捐献了 3 层高带窟的金寺。把为摩诃泽底佛塔运送舍利子时居住的行宫改建为能放置佛像的大型金佛亭，制作了 30000 尊佛像置于其内，并挖了湖。在皇宫以北 100 达处建造新颖美观的金色宫殿，并建有养象围栏。在落成的行宫四周斋请 600 名僧侣，听诵经文，并布施大量物品。向法师们要了 1000 名聪明能干、身体健壮的小沙弥，于缅历 923 年 1 月 21 日（公元 1561 年 4 月 5 日）火曜月，为他们举行晋升僧侣的仪式。当日凌晨三时，亚扎黛维王后生下一子。因是僧侣集中之日所生，便将该子命名为僧伽达塔。当天捐献与本身重量相等的 53 缅斤 40 缅钱的黄金，作摩诃泽底佛塔贴金之用。该月，置有 30000 尊佛像的佛亭被火烧毁。

缅历 924 年 4 月 15 日（公元 1562 年 6 月 15 日）水曜日，建土瓦城。该月，全部补修了孟邦、缅甸境内塌毁破损的佛像，并在御用槟榔杯、咸茶罐、饮水瓶等上全贴了金箔。

(233) 缅王征服孟卯、西昆、户撒、拉撒、摩纳、山达等地

缅历924年5月(公元1562年7月),孟密土司来报,孟卯、西昆、霍达、拉达、摩纳、山达等土司犯境。缅王召集王弟、王子、众将相商议道:“孟卯、西昆等镇依仗着中国乌底勃瓦之势,来犯我境,如何是好?”彬尼亚德拉奏道:“孟卯、西昆等镇,在蒲甘王朝极盛时期是我缅甸国土。后来中国打到蒲甘,各地不再安宁,于是这些地方就又不顺从我们了。他们往往见风使舵,犹如所谓向蝙蝠征税就自称老鼠,向老鼠征税又自称蝙蝠一般。只有攻占这些城镇,使之臣服我王,才能恢复古蒲甘王朝兴盛时期的统一局面。如果当我们去恢复这些曾是我国国土的地方时,中国乌底勃瓦出兵干涉,则吾国应派遣使者说明该地原是我国国土。如果遣使去,中国还要出援兵时,那我们便要设法打败中国。”听了彬尼亚德拉所奏后,缅王又道:“是朕亲自领兵出征好呢?还是派王弟、王子等将领们去好呢?”彬尼亚德拉又奏道:“陛下还是像转轮曼陀王般威严地坐镇宫中吧,由臣等将领与王弟、王子前去征讨即可成功。”

缅王赞同彬尼亚德拉所奏,部署了象马、兵勇,阵容如下:由孟拱土司、孟养土司、孟密土司、八莫土司、底宝土司、孟乃土司、良瑞土司、明耶觉廷、彬尼亚晒、德榭觉廷、彬尼亚皮亚萨、驸马阿瓦王德多明绍等分率12支人马,带战象400、骏马5000、士卒12万由孟密一线进发。由南达觉廷、德门耶丁延、南达都利亚、彬尼亚勃仰、巴亚觉廷、德门泽布翁、德门埃巴耶、赖亚南达都、埃蒙德亚、底

里达马道加、王弟东吁王明康等分率 11 支[①]人马带战象 400、骏马 5000、士卒 12 万沿育瓦岸一线经底宝进发;由巴亚觉都、德门丹杰、南达丁坚、彬尼亚江道、底里泽亚瑙亚塔、德门丹莱、丁克亚、德门毛昆、德耶西都、彬尼亚劳、底里达马拉、王弟卑谬王德多达马亚扎等分率 12 支人马,带战象 400、骏马 5000、士卒 12 万沿育瓦岸一线经底宝进发;由亚扎丁坚、德门由格拉、巴亚加马尼、内谬觉廷、彬尼亚坝、明摩诃、德门勃尤、西都觉廷、德门比亚德迈、赖威南达梅、彬尼亚德拉、王太子摩诃乌巴亚扎等分率 12 支人马,带战象 400、骏马 5000、士卒 12 万,于缅历 924 年 12 月 4 日(公元 1563 年 1 月 26 日)金曜日,由汉达瓦底出发沿孟密一线进军。从孟密到孟温彬时,4 路大军会合在一处。王太子摩诃乌巴亚扎、王弟卑谬王、东吁王、阿瓦王以及各土司、众将领一同商议。

彬尼亚德拉道:"现 4 路大军汇集在一起齐头并进前去征讨,困难较多,连粮食也会短缺不足。不如兵分 4 路奋勇攻之,方能成功。"四亲王皆赞同彬尼亚德拉之议。于是摩诃乌巴亚扎等 12 支人马向摩纳进发,阿瓦王德多明绍等 12 支人马向山达进发。孟卯、西昆、户撒、拉撒、摩纳、山达、孟温、孟连等土司听说缅王派遣王弟、王子等带领无数象马、兵勇,铺天盖地前来攻打便派使臣去孟赛求援,并加固各自城防。摩诃乌巴亚扎等 12 支人马到达孟卯后,胆大敢为的缅军兵勇到处放火,抓捕乡丁百姓,凡是手脚粗大者格杀勿论。并将城如铁桶般团团围住。孟卯全城惊恐万状。卑

① 原文中写为 12 支人马,但只有 11 名将官名,经查与《缅甸大史》完全一致,《缅甸大史》中写明为 11 支人马,故更正之。

谬王、东吁王、阿瓦王等到达后又日夜马不停蹄地向西昆、摩纳、山达等城进发，分别包围各城。

这时，阿瓦王德多明绍的部下兵勇抓住了众土司派往孟赛求援的使臣，呈交阿瓦王德多明绍。德多明绍将信件与使臣一起送交摩诃乌巴亚扎。叫人拆开信件一看，只见信中写道："惟有乌底勃瓦尽速出兵，臣等方能免为敌之僚臣。"彬尼亚德拉对摩诃乌巴亚扎道："吾等若是囚禁使臣，倒好像是惧怕中国乌底勃瓦一般，不如将使臣释放，让他去孟赛，向孟赛侯、中国乌底勃瓦报告，这才显得我方有实力、有谋略。"摩诃乌巴亚扎便放了土司的使者，任其自去孟赛。使臣到了孟赛后向孟赛侯、中国乌底勃瓦禀报。据说乌底勃瓦回复说："孟卯、西昆、户撒、拉撒、摩纳、山达、孟温、耿马、孟连等城，在蒲甘时期原属于蒲甘王朝，为其藩国。他收复他原来的藩国，这是不能干涉的，应该任其收复。若是侵犯里奎苏、孟赛等城，则速速来报。"

孟卯土司在被围10余天后，带了礼物、刻花毯、薄纱、琥珀、金丝布、绵羊、麝香、牦牛、马鞍褥穗等来见摩诃乌巴亚扎、表示愿意臣服效忠。摩诃乌巴亚扎召土司及众僚臣宣誓效忠后，将土司子女留在八莫，赶制了木筏，运载礼物、贡品及土司之女、奴仆随从等前往汉达瓦底。派人送信将孟卯土司已表示臣服效忠并献出礼品、子女事分别告诉西昆、摩纳、山达，让孟卯侯手下3僚臣也陪同使者到上述3城去。使臣抵达后，3位土司闻知孟卯土司已向缅王臣服效忠并献出子女、礼物，十分惊恐，纷纷带了良象、骏马、子女等来献礼求饶。卑谬王、东吁王、阿瓦王等让土司们宣誓效忠后，将他们的子女送交摩诃乌巴亚扎营地。摩诃乌巴亚扎叫土司们的子女乘坐在八莫码头制成的木筏上，在奴仆、小船的簇拥下送往汉达瓦底。缅王把送来的诸土司之女儿、侄女们都安置在宫内华室之中。

摩诃乌巴亚扎、东吁王、阿瓦王等胜了孟卯、西昆、摩纳、山达等4城后，商议继续进军户撒、拉撒、孟温、耿马、孟连等城事。卑谬王德多达马亚扎道："现已收复4城。户撒、拉撒等掸人与华人仗着中国乌底勃瓦，见风使舵，犹如所谓向蝙蝠征税就自称老鼠，向老鼠征税又自称蝙蝠一般。非得顺藤摸瓜，继续征讨才能使刚被征服的孟卯、西昆等城真心臣服。"大家表示赞同。于是摩诃乌巴亚扎向户撒，卑谬王德多达马亚扎向拉撒，东吁王向耿马，阿瓦王德多明绍向孟连分别进军。因孟温土司带了贡物、礼品前来表示愿臣服效忠，便令其宣誓效忠。4土司听到缅军进军的消息后，不敢据城抵抗，皆逃进深山密林。缅王抵达后逐一搜山寻找。户撒土司听说缅军搜山寻找，便派其子带了大象两头、骏马两匹以及许多刻花毯、薄纱、布匹、麝香等前来表示愿意臣服效忠。

摩诃乌巴亚扎对他说道："能前来请求，便可保全土司身家性命。"说毕，赐赏了他，命召其父前来。土司遂带领妻子、儿女、仆从等来见。摩诃乌巴亚扎使其宣誓效忠后，命其将已臣服效忠之事写信告知拉撒、耿马、孟连诸土司。拉撒土司得知户撒土司效忠之事后自忖无法逃脱，便派其子与其弟带了大象两头、骏马两匹、许多刻花毯、薄纱、琥珀、麝香等礼物前来表示臣服效忠。德多达马亚扎奖赏了土司之子、弟，命召其父前来。土司也带了妻子、儿女、仆从多人前来，进行了宣誓效忠。耿马土司、孟连土司等也自知逃脱不了，带了良象、骏马及子女等来献，表示臣服。摩诃乌巴亚扎和卑谬王、阿瓦王、东吁王等安排土司子女乘坐八莫码头制作的精致美观的船舫，在奴仆、小船的簇拥下送往汉达瓦底。到达汉达瓦底之后，缅王命建造舒适美丽的住所安置这些土司之女，对土司子、弟、婿等人也专门安置了地方，让他们在身边永远效力。

摩诃乌巴亚扎、卑谬王、阿瓦王、东吁王等在使户撒、拉撒、孟温、耿马、孟连等诸侯宣誓效忠后，将诸事安排完毕。命废除异教，扶持正教，在上述诸城建造佛寺，送三藏经，请高僧主持寺院。要求众人每月4次听经守斋。每年要诸侯进贡3次，贡献布匹、刻花毯、薄纱、琥珀、麝香、牦牛毛、马鞍褥穗；每3年诸土司要带贡品来缅王御前请安。因京城置30000尊佛像的佛亭起火烧毁，缅王捐了御用咸茶罐，于缅历924年9月5日（公元1562年10月31日）重建佛亭。同年9月21日（公元1562年11月16日），景栋土司携女带奴来献抵达汉达瓦底，缅王将其安置于城北。建造金框窗车轿，在百官簇拥下迎娶该女。进入宫内后使该女居于华美住所中，并为其安排了使唤奴婢。赐赏其父景栋侯以白伞、皇冠等君王登基五宝器。在信达马巴拉法师稳居的山林中捐建了有40座双层楼阁式小寺围绕的瓦顶逝多林寺院。缅历924年12月20日（公元1563年2月11日）水曜日，赐瑞南觉欣那腊勃底王之侄女信兑拉以亚扎黛维之号并王后所用仪仗，造金宫供其居住。

该年，亚扎黛维王后布施的喜孔道佛塔建造完毕，缅王赐名亚德那牟尼，佛塔院内缅王布施建造了杜达马大佛亭。此外，在院墙内还布施建造了有小寺围绕的逝多林金寺，为54人做了剃度。还举行盛大布施，捐赠白银527缅斤作为汉达瓦底、给杜摩底、室利差呾罗、蒲甘、实皆、彬牙、阿瓦、清迈、景栋等全国各城镇中破毁的佛塔浮屠修复费用。同年挖凿班德约河。王子摩诃乌巴亚扎、王弟卑谬王、东吁王、阿瓦王等来禀奏，征讨北掸邦一带均已成功，诸事亦安排妥当。缅王遂召王子、王弟返回。缅历 925 年[①] 4 月 27 日（公元 1563 年 6 月 16 日）金曜日，征讨大军返回汉达瓦底。白象之主缅王陛下对得胜有功之臣一一论功授奖，赐赏仪仗、食邑等。

(234) 白象之主进军阿瑜陀耶[②]

白象之主缅王陛下认为阿瑜陀耶国原来在德彬瑞梯王在位时就做过缅甸藩属，如今若能将其国内四头白象中进贡一头，那么两国就如水土分明一样，互不侵犯。于是缅王召彬尼亚德拉来道："朕是要修缮成佛的君主，并不想动干戈，也不想让朕的兵勇受累。如果能让阿瑜陀耶国将其四头白象中之一送来，那么阿瑜陀耶国

① 原文误写为 915 年。

② 本节所述关于白象之主勃因囊进攻泰国事，泰国史中记有："缅王被害，缅内乱历 15 年之久，始由武陵农登位，仍都白古。武陵农为一缅史中罕有战将，有长胜王或黑舌王的称号。其始即出兵侵清迈，清迈向之称臣始罢兵。继又悉泰方获白象 7 头乃即来书索 2 头白象。武陵农借此向泰方启衅，因武陵农曾于为缅方大将时，领军，对泰国地势及一切情形甚为明了，乃竟再向泰侵犯也。皇以缅王索二白象，欲许之。惟群臣以有伤国家体面而止。缅王乃下谕动员大军侵泰。据说动员达 90 万兵员（另一说为 50 万，又一说为 20 万）缅军又令清迈乘彭世洛军南下救援大城时，乘虚袭彭世洛，缅军直逼大城都。围于城下达一周之久，然后遣使携书致皇询问欲和抑欲战。皇以缅军势不可挡，乃迫得出城与缅王议和。缅王索白象 2 头改为 4 头及索以皇子拍拉默萱为质，由缅王收作义子，留居白古。缅王又索当初反对以白象给缅的大臣披耶节基与拍须吞颂堪。另有附加条件，每年贡象及现银 300 斤（每斤 80 铢）与缅。泰缅边地吗立市的一切税收，概由缅方征收以代。皇仅要求前缅军携去的泰人民，概予放回，缅王予允许。皇遂迫于缅军威而签城下之盟。"见《泰国古今史》23 页。文中所述武陵农即指（白象之主）勃印囊。

与朕的汉达瓦底国之间可以依旧保持友好互不侵犯关系。”

彬尼亚德拉领旨后写好金贝叶书，令孔弁、亚扎曼德意、乌巴透、亚扎透、德里透等5人出使阿瑜陀耶国下书。阿瑜陀耶王见书后道：“汉达瓦底向朕讨白象一头，要朕送象不难，但受象之人却不能随随便便就领受。过去先王们如提出要一头白象，那都是给的。朕是求道修身之王，慈悲为怀，只要汉达瓦底王能遵守君王十规，朕就会送他白象一头。”遂将使臣放回。使臣回到汉达瓦底后，彬尼亚德拉将事情经过启奏缅王，缅王道：“朕要像阿奴律陀王对待摩奴哈王那样，忍耐等待。只要你既把此事办妥又不使将士们受累便行。在瓦里鲁王时得到过阿瑜陀耶国王送的白象1头；在亚扎底律时代，他们亦贡奉过一头名叫甘达约的白象；就是在德彬瑞梯在位时，他们还进贡过泽亚努帕和比亚基两头象呢。以朕之洪福龙威，想必该国定会顺利贡献白象。”便又派人前往。不料阿瑜陀耶王道：“朕已说过汉达瓦底王若能遵守君王十规朕就给他一头白象，现在来文中并未提及遵守君王十规之事，而是依仗权势来讨，朕就不能送了。”复金贝叶书一封，信中最后落款是数字“壹”。

缅王见到使臣取回的复信中落款数字“壹”后便向彬尼亚德拉讨教。彬尼亚德拉奏道：“‘壹’一字，在佛经上为‘单一’之意；在占卜上为‘一’。依臣孟族之解，此字即作‘皑’解，‘皑’之意是从‘皑胡勃外’而来，意即‘我不怕’。”缅王称赞了彬尼亚德拉一番。缅王又对彬尼亚德拉道：“像朕这样有身份之王，在没动武力之前，怎样派使臣去回复才是合分寸的呢？”彬尼亚德拉奏道：“阿瑜陀耶王书中最后落款写了‘壹’字，吾王复信落款可用‘贰’字，‘贰’字在经书上是‘双’之意；占卜上称为‘山达耶’；缅甸人解作数字‘二’；我们孟族人解作‘兑’；‘兑’之意就是‘兑达腊’、‘兑德垒’；意即‘你不怕，就用绳子捆你’。”彬尼亚德拉奏后，缅王便依奏命人写了“贰”字落款的书下到阿瑜陀耶国去。阿瑜陀耶王见信后大吃一惊，道：“汉达瓦底王竟能解出朕之用意！”缅王使臣回来后将阿瑜陀耶王感到吃惊但言语中并无臣服之意奏告缅王。缅王道：“此乃阿瑜陀耶王自取灭亡。”遂召王弟、王子、众将相大臣商议道：“彬尼亚德拉派人去阿瑜陀耶，要他送一头白象。阿瑜陀耶国王坚信自己的武力，依仗城防坚固，对朕出言不恭。对阿瑜陀耶应如何攻打，才能使之臣服？”底里泽亚觉奏道：“东部的阿瑜陀耶城、万象城、勒外城等大城中象马、兵勇众多，武器亦然，又有舍命保王之臣将勇士。不应该像进攻掸邦、云国时那样毫不在意了，必需郑重其事，大举强兵进攻方能成功。”彬尼亚德拉听后奏道：“底里泽亚觉廷所奏极是，只要吾王陛下携全国诸侯去打，毋庸说阿瑜陀耶城和万象城，即使是中国乌底勃瓦也会招架不住的。”缅王赞同彬尼亚德拉所奏，遂命全国各诸侯速带兵马应召前来。

缅王捐赠了御用饮水瓶、咸茶罐、嵌红宝石水钵等改制成金箔贴在 4 根幡柱上，布施给摩诃泽底佛塔。举行盛会斋请有道行有名望的高僧 101 人，布施了僧用八法器与其他物品。此后便部署攻打阿瑜陀耶国的兵马阵容。命在清迈城修战船、货船等。清迈王遵旨派恩达吉里侯与布翁马吉里侯两人带兵勇前去筹备。攻打阿瑜陀耶的大军部署如下：赖威耶傣、杜因亚扎、亚扎德曼、南达登西等各率一支马军；内谬觉廷、彬尼亚江道、南达丁坚、德门埃巴耶、底里泽亚瑙亚塔、南达觉廷、彬尼亚勃仰、孟密土司、底宝土司、驸马阿瓦王德多明绍等分率象军，这路军队中包括 4 支马军在内共有14支人马，有战象400、骏马5000、士卒14万为先行。以赖亚约达、杜因勃拉、杜因代底、西杜因加都等各率一支马军；巴亚觉廷、德门丹莱、明摩诃、德门丹杰、德耶西都、德门耶丁延、底里泽亚觉廷、孟养土司、孟拱土司、王弟东吁王明康等带领象兵，包括14支人马，有战象400、骏马5000、士卒14万为一路军。以赖亚耶傣、巴亚亚扎、杜因布翁尼亚、赖威勃亚[①]分率马军及明耶觉廷、德门由格拉、南达觉廷、埃蒙德亚、赖威南达梅、德门泽布翁、泽亚丁坚、翁榜土司、孟乃土司、王弟卑谬王德多达马亚扎等率领的象军队伍，包括4支马军在内的14支人马共有象400、骏马5000、士卒14万为一路军。以赖亚杜因、泽亚德曼、杜因登西、杜因约达等所率马军及泽亚觉廷、彬尼亚德拉、西都觉廷、彬尼亚勃尤、巴亚觉廷、德门毛昆、丁克亚、良瑞土司、登尼土司、王子摩诃乌巴亚扎等所率象兵共14支人马为一路军，有战象400、骏马1000、士卒14万。

在王子、王弟等率领的4支大军之后是杜因德瓦、德瓦都亚、都里亚甘马、杜因约达[②]等马军及亚扎丁坚、彬尼亚晒、赖亚南达都、德门勒宫恩、底哈勃德等分率象军。此后是缅王御驾，前有战象100、骏马1000、士卒10000，命南达约达为统领，亚扎约达为监军；右有战象100、骏马1000、士卒10000，命德榭觉廷为统领，泽亚南达梅为监军；左有战象100、骏马1000、兵勇10000，以乌登觉廷为统领，南达都为监军；后有战象100、骏马1000、兵勇10000，

① 原文漏掉赖威勃亚一支马军，经查《缅甸大史》补正之。

② 书中有误，与第4支大军中重复，但应系何人所误无从查考，只得原文照录。

以赖亚泽亚丁坚为统领，南达底哈为监军。缅王大军中御驾四周卫戍队兵勇皆手执金盾、金牌、金挡、金矛。命彬尼亚劳、巴亚丁坚、底里达马道加等3支人马留驻汉达瓦底。命明耶丁克亚、彬尼亚乌等两支人马驻守东面莫塔马32镇。命色杜加马尼、底里达马拉等两支人马驻守西部勃生32镇。命德门佐加拉、赖威南达都两支人马留下修缮摩诃泽底佛塔坍塌部分。

缅王将全国布置停当后，于缅历925年8月27日（公元1563年11月11日）月曜日，自汉达瓦底向阿瑜陀耶进发。首先在昂丁达西驻营，后陆续在32站驻营，直到甘烹碧。缅王于甘烹碧将大军命名为昂恰那果。此时清迈王没有跟随缅王出征，反叛了缅王。因恩达吉里侯与布翁马吉里侯等已将在清迈的战船300取了出来，没有被清迈王扣住。他们将300艘战船、货船等载了稻米运出清迈。大军抵达甘烹碧时，甘烹碧侯挖筑了沟堑、修建了城防工事、布置武器守城抵抗。缅王到达后在拂晓时召王弟、王子、众将臣降旨道："现在立即攻打甘烹碧。象兵应驱象至城墙下，马兵应骑马赶到城墙下，步兵要用梯子、铲子挖墙登城。"众将领遵旨进行了布置。象兵、马兵、步兵等奋勇争先冲向城墙，有的用大象撞击城门，有的用竹梯登城墙，有的挖城墙。顷刻之间就攻毁了甘烹碧城墙，一举破城。缅军兵勇四处捕捉俘虏。缅王只命上缴象、马、武器等，凡是金、银、铜、铁、衣物一概归缴获人所有。抓获了甘烹碧侯后将其连同妻子、儿女及奴仆一起看管起来，派巴亚南达梅和赖亚泽亚都为看守。此时彬尼亚德拉奏道："现应放下阿瑜陀耶城不动，而去攻占素可泰、彭世洛、杜温那劳、披猜、德林达依等地。占领这些城后，阿瑜陀耶王就会如无翅之鸟动弹不得了。"缅王赞

同彬尼亚德拉所奏，便令王太子摩诃乌巴亚扎和王弟明康王所率28支人马去攻素可泰；命王弟卑谬王德多达马亚扎和驸马阿瓦王德多明绍等28支人马去攻彭世洛；缅王亲自带领10支人马进军杜温那劳。

王太子摩诃乌巴亚扎等在进军中因素可泰侯率领兵马出城迎战，缅军便全力驱象冲杀。素可泰侯招架不住败退。缅军兵勇继续跟踪追击，追至城下，缅军登上城头占领全城，俘获侯王。占领素可泰全城后，王子率部来至缅王处集中。再说王弟卑谬王德多达马亚扎的人马进军后，彭世洛侯修建了沟堑、城防工事据守。王弟德多达马亚扎等便围城5天，重新补充象马、兵勇，用大炮、臼炮向城墙雨点般密集地开火，组织了象兵、马兵、步兵强攻。终于城池不守而被攻破，占领彭世洛，俘获彭世洛侯。王弟亦率部与缅王前来会合。

杜温那劳侯听说缅王率领大批象马、兵勇来攻，便带了许多礼物迎接缅王道："卑臣实不敢与陛下匹敌。陛下若胜了阿瑜陀耶，则卑臣更不敢劳驾一征了。"缅王进入杜温那劳城中等候王弟、王子的人马前来会合。此时奥亚披猜带了许多礼品前来臣服。缅王等候王弟、王子的人马到达后便召了奥亚达马亚扎、奥亚杜温那劳、奥亚披猜等同去攻打阿瑜陀耶。抵达德温克劳时王弟卑谬王德多达马亚扎改从水路乘战船多艘进军。缅王便命王子摩诃乌巴亚扎等率14支人马从右路进军；命王弟东吁王明康率14支人马从中路进军；命驸马阿瓦王德多明绍率14支人马从左路进军。缅王率领包括4支马军在内的10支人马殿后。从德温克劳出发后过了一站，曾是阿瑜陀耶王驸马部下的奥亚达马亚扎奏道："请允许卑臣派人去见阿瑜陀耶王，平息干戈。”缅王允诺道：“你可以派人前去。要知道，只要是朕发兵，这南岛之上就没有一个国王能够挡得住的。”奥亚达马亚扎领旨派人去见阿瑜陀耶王说道：“如今缅王陛下带领王弟、王子等诸侯王前来，兵容强大。他的王弟、王子将臣们都是舍命保驾之良臣。故宜速与之议和方能保全性命财产。”

阿瑜陀耶王将前来奏报之人囚禁起来派太子比亚马亨亲王率300艘战船，载了许多大炮、臼炮以及葡萄牙兵前来迎战。缅王得知阿瑜陀耶王迎战的消息后遂命内谬觉廷为首的4队马军为一路；巴亚觉廷为首的4支马军为一路；南达觉廷为首的4支马军为一路；3大臣率12支马军先行探路。在遇上阿瑜陀耶王太子的水军时，阿瑜陀耶王太子船上的葡萄牙兵上岸用臼炮、大炮轰击，缅方马兵伤亡甚众。此时，王储摩诃乌巴亚扎、王弟东吁王、驸马阿瓦王等赶到，用象兵冲杀，阿瑜陀耶军抵挡不住退回船上。后王弟卑谬王德多达马亚扎率水军赶到，协力攻打。阿瑜陀耶船队被击溃，缅军俘获战船100余、许多武器，并俘获兵勇200余人，阿瑜陀耶军死伤甚众。阿瑜陀耶王太子乘快艇匆匆逃脱。阿瑜陀耶王待太子逃回后命太子及王弟带领战象500、骏马6000、士卒60000为先行，阿瑜陀耶王亲率战象300、骏马8000、士卒80000作为主军随后进发。到达隆格利地区时，驻营设防，命王子、王弟等迎敌。

阿瑜陀耶士兵遇到缅王的先行马军队伍，缅马军进击，阿瑜陀耶军抵挡不住败北。正在此时，阿瑜陀耶象兵赶到，双方鏖战良久，不分胜负。俟阿瑜陀耶兵勇、象马冲近时，王太子摩诃乌巴亚扎、王弟东吁王、阿瓦王等奋勇争先全力驱象冲杀，众将领、诸侯、土司亦争先恐后驱象攻击，阿瑜陀耶王子、驸马等敌不住，大败，只身骑象逃回隆格利大营。摩诃乌巴亚扎、东吁王、阿瓦王等诸侯、土司、将领等骑象、马追击，追至敌营俘获许多象马、兵勇。

缅王抵达后向众将臣降旨："立即攻打隆格利大营。象、马、步兵一齐冲杀，象兵骑象，马兵骑马，步兵用梯子、铲子挖通军营。若有违命者，定斩不饶。"缅军众将士领旨，勇猛冲杀，争先恐后地进攻。缅历 11 月 26 日(公元 1564 年 2 月 7 日)月曜日，缅军攻克隆格利大营，并俘获 3 艘兵船。阿瑜陀耶王偕同王子、驸马骑马逃回城中。缅兵勇追击中俘获许多敌军及象马。

缅王进驻隆格利，命王弟、王子、众将领将阿瑜陀耶城如铁桶般团团围住，水泄不通。包围后使用大炮、臼炮等以密集火力轰击，全城惶恐不安，纷纷请求阿瑜陀耶王投降。阿瑜陀耶王与王子、驸马等商议后便以 1 头白象为礼，命部下将官及法师、长老前来求情。阿瑜陀耶王下书内容如下："若能保全卑臣财产、性命，卑臣愿随驾侍奉效忠。只求将阿瑜陀耶城封给卑臣之子比亚马亨，仍让其为王。"白象之主缅王陛下听到阿瑜陀耶王之要求后，召王弟、王子、众将相大臣来商议道："阿瑜陀耶城原为佛教圣地，佛塔林立、僧侣众多。朕等围城时僧侣们都很忧虑，故而朕有心允诺阿瑜陀耶王之求，不知卿等有何见解？"彬尼亚德拉奏道："阿瑜陀耶王前番派使臣来时口出不逊，冒犯陛下，陛下才率大军压境，攻占他的四方属地。现在他犹如断翅之鸟，已一蹶不振，故而前来讨饶，表示愿意臣服效忠。今事已成功，但须取得阿瑜陀耶王及子、女、4 头白象，他才会真正臣服陛下。"白象之主缅王陛下听了彬尼亚德拉之奏后便降旨召阿瑜陀耶王及其王太子佩戴平日的王服仪仗来见。阿瑜陀耶王派来的大臣、法师、长老等返回后照旨回奏。阿瑜陀耶王与其太子比亚马亨便带了两头小白象、1头母白象共3头白象以及优等布匹、红绿呢绒、各色绸布、各色香料如伽蓝香、沉香、黄玉香、艾纳香、龙涎香、香花露、草药等许多礼品在其部下将相、大臣们的簇拥下于缅历925年12月8日（公元1564年2月22日）金曜日出城。

白象之主缅王陛下在行宫帐前造了一个围墙，墙上装了个门，在围墙外约15肘尺处为阿瑜陀耶王铺设了一张竹篾席，上面再铺一张镶边席，在距其父后5肘尺处为其王太子铺设了席位。命王太子摩诃乌巴亚扎、王弟卑谬王、东吁王、阿瓦王等诸王公、诸侯、土司、将相大臣等各自按次就座后，方宣阿瑜陀耶王前来在院门外下轿，在亚扎丁坚和山达亚底的监护下到行宫帐前。其太子不许乘大轿，从院外由亚扎德曼和布翁尼亚约达监护步行至行宫帐前。阿瑜陀耶王随身仪仗护卫人员不许到宫前，留在院内行宫帐下的棚子内。在阿瑜陀耶王座周围是缅甸官员们所用仪仗。阿瑜陀耶王在座位上盘膝而坐。一切就绪后才打开行宫大帐正门，缅王端坐于龙榻之上。缅王走下龙榻时，阿瑜陀耶王不需叩拜，要合十而待。

缅王道：“像朕这等具备君王五力之王，欲攻取世上任何国度，岂有不胜之理？”阿瑜陀耶王道：“陛下真乃洪福威盛之君，卑臣不敢与陛下对立抗衡了。”缅王收下礼物，命上自阿瑜陀耶王下至其王子、驸马、大臣等一一宣誓效忠。宣誓后将阿瑜陀耶城赐与其子比亚马亨；将彭世洛城仍赐还给其驸马原彭世洛侯。将素可泰城也仍命原邑主阿瑜陀耶王弟食邑并赐还仪仗。披猜城也照原来一样，仍赐还原邑主阿瑜陀耶的幼弟，并赐还所用仪仗。

(235) 称之为堕罗钵底的阿瑜陀耶国简况[①]

缅历 710 年(公元 1348 年)由名叫比亚亚扎迪巴底的王创建。比亚亚扎迪巴底王在位 20 年。缅历 730 年(公元 1368 年)去世，其子比亚亚扎马敦为王。比亚亚扎马敦王在位 10 年于 740 年(公元 1378 年)去世，由其子勃拉马亚扎即位。勃拉马亚扎王在位 9 年，于 749 年(公元 1387 年)去世，其子摩诃达马亚扎为王。摩诃达马亚扎在位 19 年，于 768 年(公元 1406 年)去世，其子比亚晒格巴即位。比亚晒格巴在位 6 年，774 年(公元 1412 年)去世，其子包亚汉达即位。包亚汉达在位 37 年，于 811 年(公元 1449 年)去世，其子勃拉马亚扎底亚扎即位。勃拉马亚扎底亚扎在位 38 年，于 849 年(公元 1487 年)去世，其子勃拉马底劳格即位。勃拉马底劳格在位 4 年，于 853 年(公元 1491 年)去世，其子比亚马迪巴底即位。比亚马迪巴底在位 17 年，于 870 年(公元 1508 年)去世，其子比亚达底亚扎即位。比亚达底亚扎在位 33 年，于 903 年(公元 1541 年)去世，其子比亚底里杜亚曼即位。比亚底里杜亚曼在位 1 年，于 904 年(公元 1542 年)去世，其母后称王。母后在位 1 年，于 905 年(公元 1543 年)去世，其子比亚达底亚扎即位。比亚达底亚扎在位 5 年时，即 910 年(公元 1548 年)被汉达瓦底王瑞梯打败，

① 此节所述泰国王号及在位年代等经核查《泰国古今史》，相差甚远，只有两三位君王相近，可见所述谬误。应以泰国史为准。现仅原文照录于此，备考。

一年后在瑞梯王驾崩后重又反叛独立。925 年(公元 1563 年)白象红象之主缅王陛下大举诸侯各军一齐攻打终于战胜了威武、强大的曾称之为堕罗钵底的阿瑜陀耶。

缅王赐阿瑜陀耶王之长子马亨以白伞,王冠等君王登基之五宝器,各色王用仪仗,立其为阿瑜陀耶王。将阿瑜陀耶王及其幼子比亚马敦(即:纳黎萱)、大臣奥比亚晒吉及四头白象带回缅甸令其在身边永久侍奉。要阿瑜陀耶国每年进贡战象 30 头,白银 300 缅斤,每年要缴纳德林达依轮船税收收入。选取阿瑜陀耶城中的金银匠、铁匠、铜匠、雕刻匠、旋匠、画匠、漆器匠、泥塑匠、石匠、描金工匠、歌舞伶人、象医、马医、木匠、建筑师、化妆师、配制香料师、染工、厨师等,将这些工匠连同其全家老小都带到汉达瓦底。划出专门地区安置他们。捐赠 300 缅斤白银给阿瑜陀耶王,用以修缮阿瑜陀耶城中破旧的佛像、佛寺、佛亭等。为与缅王年龄相等数目的人剃度、斋请 100 名僧侣,布施了大量僧用八法器。后来,阿瑜陀耶又将其爱女连同用 100 缅斤黄金制成的皇室仪仗及 100 缅斤白银、良象 10 头献给缅王。此外,还分别赏赐王太子摩诃乌巴亚扎、王弟东吁王、卑谬王、阿瓦王等以象、马、金银等。如此将阿瑜陀耶城诸事安排妥当后于缅历 1 月 17 日(公元 1564 年 3 月 29 日)火曜日,从阿瑜陀耶回国。缅历 926 年 3 月 6 日(公元 1564 年 5 月 16 日)水曜日,缅王抵达京城汉达瓦底。7 月 9 日(公元 1564 年 9 月 13 日)水曜日,亚扎黛维王后薨。王后将薨时,地动山摇,大地震整整持续了 37 天。大光佛发塔、瑞牟陶佛塔、摩诃泽底、在孟邦境内的介哥佛塔、寺院等震塌了不少。白象之主缅王陛下派了彬尼亚恩达、彬尼亚

勃仰、巴亚丁坚、达瑙、德勒帕耶等5位大臣，从国库取100缅斤白银作修缮佛塔购砖费用。在未征讨清迈之前要修好大光佛发塔、摩诃泽底等8座佛塔。

缅王召集王太子摩诃乌巴亚扎等众将相来商议道："清迈王原为朕之藩属，竟又叛乱独立，众卿以为此事应如何处置为好？"王太子摩诃乌巴亚扎奏道："清迈王之所以未追随陛下进军阿瑜陀耶是因为他以为我们攻不下阿瑜陀耶，阿瑜陀耶国就会与他联成一气，结为盟友，清迈王以为他叛乱，汉达瓦底来攻，阿瑜陀耶王会援助他，万象王亦会相助。故现在去攻，他定不敢抵抗。"叟格德听了摩诃乌巴亚扎所奏后奏道："清迈王自前番被我国打败成为藩国以来一直在图谋反叛独立。现在虽已征服阿瑜陀耶，但万象大国、勒外大国等尚与其相呼应，而万象、勒外等大国则拥有众多良象、骏马、勇兵强将，不应等闲视之。臣以为必须像征讨阿瑜陀耶时一样，以大队兵马。浩浩荡荡出发征讨为宜。"

白象之主缅王陛下赞同叟格德所奏，遂派各路将领领兵征讨。命孟拱土司、孟养土司、孟密土司、翁榜土司、底宝土司、良瑞土司、孟乃土司、底哈勃德、明耶觉廷、驸马阿瓦王德多明绍等各领一军，10路大军共有战象500、骏马6000、士卒12万，德多明绍为帅，沿孟乃一线向清迈进发。缅王御前部队顺序是：赖威耶傣、亚扎德曼、杜因亚扎、南达登西、杜因勃拉等分率马军，内谬觉廷、德门耶丁廷、南达丁坚、彬尼亚江道、德耶西都、彬尼亚德拉、底里泽亚觉廷、彬尼亚晒、西都觉廷、王太子摩诃乌巴亚扎等分率各支象军。包括5支马军在内上述15支人马中有战象500、骏马6000、士卒12万沿右路进发；赖亚约达、巴亚亚扎、杜因代底、杜因彬尼亚、西杜因加都等分率马军、南达觉廷、德门丹杰、丁克亚、德门由格拉、明摩诃、埃蒙德亚、南达觉都、德门丹莱、巴亚觉廷、王弟卑谬王德多达马亚扎等各率一路象军，包括5支马军在内共15支人马，有战象500、骏马6000、士卒12万由中路进发；赖亚耶傣、赖威勃亚、泽亚德曼、赖亚杜因、杜因约达等分率马军，泽亚觉廷、德门泽布翁、巴亚觉都、德门毛昆、亚扎丁坚、彬尼亚劳、南达约达、王弟东吁王明康等率象军为一路，此路包括5支马军共15支人马，有战象500、骏马6000、士卒12万由左路进发；由杜因登西、杜因德瓦、德瓦都意、都拉甘马、格扎底里等分率马军，由阿瑜陀耶王驸马奥亚达马亚扎、泽亚丁坚、奥亚杜温那劳、德道榭、奥亚素可泰、底里泽亚瑙亚塔、奥亚披猜、色杜加马尼、明耶丁克亚、王侄达耶瓦底明耶觉廷等率象军为一路军，包括5支马军在内共15支人马，有战象500、骏马6000、士卒12万由恩达吉里向清迈进发；德瓦达亚、泽亚杜因、德瓦巴亚、杜因觉、德瓦底里等率领马军，赖亚仰达都、德门勒宫恩、巴亚加马尼、德门佐格拉、内谬丁克亚、明耶路林、南达梅觉廷、德门埃巴耶、泽亚加马尼等以及缅王陛下率领的主军等，共计15支人马有战象700、骏马5000、士卒15万。缅王大军中围绕缅王的是执金盾、金牌、金挡、金矛的戍卫队，御驾前面有战象100、骏马1000、士卒10000，由南达觉廷为统领，巴亚南都为监军；御驾右侧有战象100、骏马1000、士卒10000，由德榭觉廷为统领，泽亚仰达梅为监军；御驾左侧有战象100、骏马1000、士卒10000，由乌登觉廷为统领，巴亚延达梅为监军；御驾之后有战象100、骏马1000、士卒10000，由赖亚泽亚丁坚为统领，南达底哈为监军。1000名葡萄牙籍兵，包头、束腰、执枪簇拥在御驾乘象之前后左

右，还有400名葡籍兵带着臼炮护卫在御驾四周。命彬尼亚恩达[①]、彬尼亚勃仰、德勒帕耶、达瑙、巴亚丁坚等5支人马留驻汉达瓦底京城并负责修缮瑞牟陶佛塔和摩诃泽底佛塔。

缅王部署完毕后，于缅历926年8月19日（公元1564年10月22日）月曜日，由汉达瓦底出发。首先驻营于泽亚达西，以后又陆续驻营11处直到云色林，从云色林到南奔，其间又停驻过22处，最后驻在仰密敦地区。清迈王听到缅王大军压境的消息后，手下大臣津鄂底侯、封号鄂底隆的勒宫侯、封号为丹兰的阿南侯、杜岩侯等皆携带妻小由清迈城出逃。清迈王怕性命难保便带了4头良象，许多优质中国布匹、麝香等礼品来迎接缅王道："不是卑臣之过，是津鄂底侯、勒宫侯、阿南侯、杜岩侯等反叛大王，如今闻陛下御驾亲征。他们便带了人马逃往万象去了。"白象之主缅王陛下是个有德明君，未说什么便向勒布翁进发，以便等候沿孟乃一线进军的阿瓦王德多明绍。约过了5天，驸马阿瓦王来到，将阿瓦王德多明绍所率10支兵马中抽调出了孟密、孟拱、孟养3土司之人马，又补入了德门勒宫恩、巴亚加马尼、明耶路林等3支人马，仍为10支人马，此为一路军；王太子摩诃乌巴亚扎等率领的15支人马为一路军；王侄达耶瓦底明耶觉廷等率领的15支人马为一路军，兵分3路向津鄂底侯、勒宫侯、阿南侯、杜岩侯逃走的方向追击。缅王有旨："到万象卿等要向万象王讨还这些下属奴仆，如万象王不给，就攻下万象城。"

---

① 书中写5支人马但只刊有4人名，经查《缅甸大史》并此书后文可知原文遗漏此人名，补正之。

白象之主缅王陛下命王弟卑谬王等率领的15支人马为右路军；王弟东吁王等率领的15支人马为左路军；缅王御驾亲自率领的15支人马为中路军，向清迈进发。津鄂底侯到了孟隆山林地区后，发现去万象国无路可通，便带了妻室家人和兵马等躲进深山之中。探子得知后便来报告，王弟东吁王明康率15支人马迅速进入孟隆山区搜捕。津鄂底侯自知逃脱不了，便带了两头良象，以女儿为礼来见缅王，奏道："不是卑臣胆大妄为，只是害怕大王才躲藏起来的。"

白象之主缅王陛下按照君王十规之中"抑慎勿怒"一条，收敛了怒气；又按"忍让有素"一条，饶了津鄂底侯的性命，只是革去了他的随从部下，分散编到缅军之中，命津鄂底侯及其妻子儿女在御前宣誓效忠，侍奉左右。事毕，缅王便率部向津鄂底进发，在仰龙泰宁营地扎营。命王弟卑谬王等15支人马向津永进发；大约过了5站之远，下书给津永侯，问其是愿宣誓效忠，还是在战场上比个高低。津永侯见书后，杀了送书之人。德多达马亚扎闻讯后，便昼夜兼程赶到津永，奋力攻打。津永被攻占，津永侯亦携妻子儿女逃走。缅军俘获了良象骏马及兵勇士卒等，占领了全城，收缴全部战利品后返回津鄂底。将所俘象马兵勇呈献缅王。白象之主缅王陛下大喜，遂将仪仗、邑地一一赏赐给王弟卑谬王所率15支人马之诸将。

缅王驻留津鄂底期间，登尼土司认为各地土司皆随缅王出征，自己亦是宣誓效忠之臣，如不出征恐他人议论，便带了战象100、骏马1000、士卒10000追随缅王，来到津鄂底。景栋侯见登尼土司率兵来随缅王，想如此按兵不动将被人议论，也带了战象100、

骏马 1000、兵勇 10000 来随缅王出征，到了津鄂底。白象之主缅王陛下问两位土司到来的原因，答道："奴等已宣过誓要效忠于缅王陛下，现见陛下出征便不敢在食邑呆着，定要为陛下拼命效劳，现领人马前来见驾。"白象之主缅王道："二卿邑地与中国接壤，故而未召卿等。如今朕带大军征讨为的是要征服清迈侯，谁知津鄂底侯、勒宫侯、阿南侯、杜岩侯、津永侯等俱逃出城去，现只擒得清迈侯和津鄂底侯。"说毕赏赐了他们后对他们道："二卿邑地均为边境要地，速速返回，一旦有事，奏报朕知。"言毕，命登尼和景栋土司返回。

缅王回到津鄂底、清迈后对云国全境作了安排。正在此时，汉达瓦底京城来报，原在掸邦各地带回的俘虏，忽然集合起来，一齐举事，推举一掸族兵勇头头为首领，该人自称彬尼亚江，反叛了缅王。称之为彬尼亚江的人搜集了象马武器等到四乡抢掠，抢得了财物人马，已集合成 20000 余近 30000 人的队伍，准备攻打汉达瓦底，正向汉达瓦底进发。汉达瓦底周围的僧侣百姓听说叛乱者人马众多不敢在城外居住，纷纷进城，故而粮食短缺，疾疫流行。

留驻汉达瓦底的彬尼亚恩达、彬尼亚勃仰、德勒帕耶、明达瑙、巴亚丁坚等大臣便聚集一起商议。"如今叛军突然聚集一起，要来攻打京城，闻其兵力强大，是准备兵马先抵抗呢，还是先将王妃、公主、王子、嫔妃宫女等送往给杜摩底城后再打好呢?"这时达瑙说："缅王陛下征服阿瓦时，曾将阿瓦王那腊勃底西都留在御前效力。此人文武全才，为缅甸人、掸人所信服，召他前来商议才好。"众大臣同意便请那腊勃底西都来到枢密院。彬尼亚勃仰道："吾王陛下现并不知道汉达瓦底城所发生之事，而现在掸叛军兵力强大，听说明日即来攻城，是安排兵马迎战好呢，还是先送王妃、公主、王子等到给杜摩底后再打好呢？”那腊勃底西都道：“区区小事，各位大人就害怕了么？瑞梯王在位时，就是在缅王坐镇京城时，还发生过叛乱呢，如今他们甚至连叛军也还称不上，只是一伙强盗蟊贼而已。所谓叛军者，必得是出类拔萃，敢打敢为之人，只有能在群象混战中取胜，能攻下坚守的城池，能舍命死守城池的人才可称之为叛军。”“要把王妃公主王子等先送往给杜摩底城再打，在缅王陛下不在的情况下，恐对治安不利。”彬尼亚勃仰、达瑙等人道：“就请大人作主安排吧。”那腊勃底西都道：“匪徒们来攻打时，把劣象劣马放在前面，而善斗能冲的良象骏马、善战兵勇宜隐蔽在山林之中，等敌军挨近时再冲出去打，可以出奇制胜。”于是派了大臣德勒帕耶带了劣象劣马先到毛瓦拉瓦耶地区佯作抵敌状。而由那拉勃底西都、达瑙两人各领一军带良象骏马善战兵勇等在从毛达马到敦巴的山林之中隐藏起来。当叛乱者来攻德勒帕耶时，那腊勃底西都骑了亚德那比昂觉象；达瑙骑了纳达敏加拉象冲杀出来。叛军纷纷四散溃败，死四五百人，被俘千余人。叛军遂分散在巴哥、帕耶哥当、德瓦达朗等地造起木栅据守。那腊勃底西都和达瑙率兵马出城追击，叛军大败逃进山中。

由于叛军的阻挠，未能从汉达瓦底派出信使奏报缅王。绵谬侯乌博摩耶因害怕叛匪正好逃到了清迈附近，遂奏报缅王。陛下得知此事后派马尼侯埃劳岸率象 6 头、士卒 800 先去打探消息。埃劳岸等到达岱格拉时，被叛匪击毙，叛匪得了他的 6 头战象和 800 人。由于派出的埃劳岸杳无音讯，便又派了丁因侯西都因加都带战象 300、士卒 50000 去。因为匪首彬尼亚江迎击，西杜因加都未能渡过锡当河，改从托考地区渡河，此时叛军又来截击，西杜因加都指挥30匹战象冲杀，杀死了叛军匪首彬尼亚江，活捉匪徒500余人，由此打开了通路，西杜因加都才得以抵达汉达瓦底。叛军又会合拢来，聚集在马高。汉达瓦底诸将听到消息后，便由西杜因加都、达瑙、那腊勃底西都等率领了3支人马去剿，叛军不敢迎战，逃往达拉。

白象之主缅王陛下命清迈城的大臣将领一一宣誓效忠后，将清迈城赐封给摩诃黛维；将鄂底隆的职位赐封给彬尼亚丹兰；将彬尼亚丹兰的职位赐给了彬尼亚别；并将彬尼亚班的职位赐给了驾前效力的遂亚丁延；命阿瑜陀耶王之驸马奥亚达马亚扎重返彭世洛，将清迈王和津鄂底侯以及妻小召到御前效力。清查清迈城内的良象、骏马、兵勇收于军中。将清迈之事一一安顿妥当后，于缅历927年2月12日（公元1565年4月10日）火曜日，缅王从清迈出发返回汉达瓦底城。3月10日（公元1565年5月8日）火曜日，返抵京城汉达瓦底。孟密土司奏道："请命奴去打达拉叛军，捉拿来献。"缅王道："他们不是叛匪，都是俘虏来的奴仆，因为交不起税款而起不良之念。"叛军烧毁了摩诃泽底佛塔的两座金佛亭、佛塔院内的禅堂、佛亭、东南角的有20个小寺环绕的金寺，还有信代达马巴维、信达德那德耶摩诃达米、信阿比金给、佐底耶仰等寺院也连同周围小寺一起被烧毁。达马塞底王的善事佛塔的佛廊、缅王陛下举行泼水节仪式时住的金殿等也被烧毁。缅王见如此众多的佛塔建筑被毁，大怒，连皇宫也没进，径直率领水陆两路兵勇向达拉进发。到达达拉后命王弟卑谬王德多达马亚扎由水路进军。

缅王站在河岸边，足蹬嵌红宝石的宝鞋亲自部署各路人马。

王弟卑谬王到达达拉对岸后，当日便攻打了叛军，叛匪逃散，缅军兵勇阻击，叛军全部被歼，死700余，生俘7000余人，叛乱遂平。带着7000余俘虏返回汉达瓦底。缅王对王弟德多达马亚扎大为赞赏，赐其全套御用槟榔盒、咸茶罐、饮水瓶。对杀了叛匪头目的骑兵封号为南达都，赐槟榔盒、咸茶罐，赐地宫达亚为其食邑，并赐赏上等布匹制的礼服、黄金5缅斤、全套马鞍，并让他在成堆的银子中抱了两抱。此外还一一赏赐有功将士以名号、仪仗器皿、邑地等。缅王赞扬了那腊勃底西都守城有功，赐王用仪仗、全套的金象鞍和金马鞍、30缅斤白银。也赏赐了孟密土司并赐其子战象10头、骏马100、卫士1000，命其在御前效力。还分别赐赏了孟拱土司、孟养土司等后，命其各自返回原地。

白象之主缅王用5间大牢关押了10000余叛军，并查获他们的妻子后一起关押。只把住在汉达瓦底的缅甸长老、孟长老、云长老等化缘所得斋饭供给关押的人食用。一天，缅王请了100名法师在瑞牟陶佛塔布施斋饭。住在王子寺院的德高望重的长老对缅王宣讲道义道：

“过去有一个婆罗门占卜师，因丢了耕牛出外寻找。后来饿了，在一树林中见到一棵柿子树，便上树摘了吃。但这位婆罗门从柿子树上失足跌下，跌到了悬崖下，崖太高，爬不上来，便使劲哭喊救命。此时此景被一个大猴子见到，猴子想，要是我不救他，他便会死，便跳下悬崖背着婆罗门到达崖上。猴子累了便道：朋友，我太累了，让我在你怀里睡一会儿吧！朋友你就守护我吧！婆罗门便道：朋友你只管睡吧，我会守护你的。猴王便在他怀中睡了，当婆罗门知道猴子已熟睡后思忖：我因丢了牛出外找寻，现在牛还未找到，回到家，老婆准要生气，无颜空手去见我老婆。这猴子又大又壮，肉倒很多，不如杀了此猴拿去见老婆。占卜师便拿了块石头朝他鼻梁上使劲砸去。猴王血流满面，站起一看面前不见有别的敌人，只有婆罗门，便逃到了树上，说：朋友，你不知别人恩情，竟干出这等事来！婆罗门要回家又不认得路，到了晚间，怕有老虎吃人，便大哭起来。猴王见此情景寻思：这个婆罗门定是个无知缺才的人，他做错了事，现在我不给他指路的话，他定死无疑了。便对婆罗门道：朋友，你沿着我流下的血滴走吧，不用担忧，我会为你指路的。他安抚了婆罗门后便从一棵树到另一棵树上，用滴下的血迹把他指引到大路上。猴王就这样对有过谋害自己之心的人仍不计怨仇不图报复，以同情怜悯之心对待。从猴王之事可见我佛教之大施主、圣明的大王陛下若能按一切成佛者们所修行的三十七道品①去做，豁然大度宽容忍让，定能修成一切种智之正果。”

白象之主缅王陛下听了长老之言思忖道：俘虏之中并非全是叛匪，是在叛匪们强力要挟下，有的怕死而入伙，有的是被裹胁进去的。如朕毫不区别把他们统统杀掉，那么朕就会是个不问青红

① 三十七道品：佛教用语，所谓道品者梵文原意即：达到佛教觉悟，趋向涅槃的途径，共分七种三十七项。即：四念处、四正勤、四神足、五根、五力、七觉支、八正道。四念处（亦称四念住）意即：以智观境；观身不净、观受有苦、观心生灭、观法无我。四正勤（亦称四正断）意即：勤于断恶；未生弊恶法，已生弊恶法、未生善法、已生善法。四神足（亦称四如意足）意即：神通凭借之基础；欲如意足、念如意足（心如意足）、精进如意足、慧如意足（观如意足）。五根意即：内在条件；信根、精进根（勤根）、念根、定根、慧根。五力意即：维持修行达到解脱之力；信力、精时力、念力、定力、慧力。七觉支（亦称七觉意、七菩提分）意即：达到佛教觉悟的次第或组成部分；念觉支、择法觉支、精进觉支、喜觉支、猗觉支（轻安觉支）、定觉支、舍觉支。八正道（亦称八圣道）意即通向涅槃解脱之正确途径；正见、正思维（正思、正志）、正语、正业、正命、正精进（正方便）、正念、正定。

皂白抓了人就杀的人而名传后世。佛祖教诲中曾讲道:转为人世已是很难得的事了。转到人世,能遇上佛祖教诲传世之时更是非常难得的。于是便命身边的大臣去审问叛军中的为首者、有封号者、鼓动者等。大臣审问后,将70余名首要分子斩首,其余一万余名则按惯例,只进行了执行烤刑的仪式,请了缅甸、孟、云各族法师长老对他们教诲一番后全部释放。缅王做了一般帝王不易做到的这些事后便又命手下各大臣分别负责修缮被叛军用火烧毁的佛塔寺院等,并建造了名为"欢喜林"的御花园。

(236) 修缮瑞牟陶佛塔

缅历927年,闰4月20日(公元1565年7月17日)木曜日,开始修缮瑞牟陶佛塔。从摩诃泽底佛塔东面的马努亚马河边的砖窑直到瑞牟陶佛塔的大路两边,排了两排人传送砖块。从班德约到瑞牟陶沿路有两排人传送砖块,把破损的佛塔、佛窟、佛寺、佛坛、佛亭都修缮一新后,便将御用器皿、仪仗等捐了出来作为佛塔寺院等贴金之用,共布施了与本身重量一样的黄金53缅斤。王子僧伽达塔布施了与本身重量一样的黄金20缅斤为瑞牟陶佛塔贴金之用。同时修缮了被叛匪烧坏的泼水节金殿,并造了养象场围栏。

王太子摩诃乌巴亚扎、驸马阿瓦王德多明绍、王侄明耶觉廷等率包括10支马军在内的共42支人马追捕三个部属[①]。三个部属

① 指勒宫侯、阿南侯、杜岩侯。

逃到了万象与万象王比亚晒锡一起宣誓结盟，率战象 100、骏马 1000、兵勇 20000 坚守在一个叫孟山的城中。摩诃乌巴亚扎等从清迈城出发，途经 32 站到了孟山。众将领商议道："我们的部属逃走了，我们追捕时，万象王比亚晒锡不来报信，也不送人回来，反而接纳了他们据守抵抗，我们是与其交涉好呢，还是就去攻打他好呢？"彬尼亚德拉道："我军从清迈城到此，经历一月余，象马兵勇都很疲惫，现在各路兵勇有的尚未到齐。依吾之见，此事不能急于求成，必得休整军队，把准备工作一切都做好才行。此地对我们来说是他邦异乡，地理不熟。尚须打探万象王和其弟乌巴亚扎等据守孟山城的兵力和部署。"

阿瓦王德多明绍听后说道："彬尼亚德拉刚才所说言之有理，但是依吾之见应该今日就去打据守孟山的万象王，天亮后再打就打不着他了，只好在夜间才能攻打。以上次攻打津鄂底时为例，他们一听吾军来攻便出城而逃了。现在还只夜间 3 时，去攻孟山城还来得及。现在我就去攻。"于是当时就召集各土司的 10 支人马带了象、马，迅速备好了象鞍马鞍。德多明绍将御象丹绵苏瓦迅速赶出，套上金象鞍，上象后摆开阵势，站在西面。此时，摩诃乌巴亚扎、明耶觉廷等各部队也坐不住了，纷纷套上象、马，摆开阵势将孟山城团团围住。缅军枪炮齐发，弹如雨下。顿时象兵骑象攻城，马军骑马冲到城下；手执云梯铲子的步兵则挖起城墙来。阿瓦王德多明绍骑了丹绵苏瓦大象攻打围城木栅。城墙上扔下一支矛，刺中了他右大腿，据说矛头刺入深达三指。当时拔不出，他便用随身佩刀砍断矛把继续冲杀攻城。冲倒了两三根木栅栏后，便骑象进入城内。象兵、马兵等也从冲倒的木栅栏处进了城。万象王部下将领骑象在城内迎战，一两头象倒了下来。

此时缅军兵勇大批入城，万象王比亚晒锡只得搜集残兵败将弃城而逃。俘获万象王弟孟山侯乌巴亚扎及其部下将臣共 30 余人。还俘获万象王妃比亚基、王妃阿瑜陀耶王之女玛努亚、王妃景栋土司之女底里马、万象王侄女底里鲁达，以及嫔妃宫女 20 余人；象 400、马 1000 余、男女俘虏 5000 余人。就这样号称十万象主的万象王据守之城顷刻之间就被太子、驸马易如反掌地攻下。全城被占。由于是在当日黄昏前就大获全胜，缅军兵勇掠得孟山城中许多金银钱财、衣物、粮食等，全军振奋，兵勇们敲锣打鼓、吹奏弹拉，欢腾了一整夜。阿瓦王德多明绍在仗打胜后才拔出腿上的矛头，敷上了药。

之后，摩诃乌巴亚扎召集众将道："号称十万象主的万象王，在我部属逃入其境内后，虽经我方索取，既不来报又不归还，也不能坚守城池而是落荒而逃，下一步该如何是好?"底里泽亚觉廷道："万象王倚仗自己兵勇象马众多，胆敢收留勒宫侯、阿南侯、杜岩侯等人，现在他大败，必然会垂头丧气地将 3 人送来，我军兵勇将士长途跋涉出征，人困马乏，宜休整七八日再去攻打为好。"王子赞同底里泽亚觉廷所见。兵勇象马休整七八日。派彬尼亚江率部带伤病者留驻，其余兵分两路，向万象王逃走的方向追去。从孟山出发后一共歇了 12 站，由于探听不到万象王的确切所在便停驻了下来。

这时，勒宫侯、阿南侯、杜岩侯等人向万象王奏道："吾等清迈人在同心协力的情况下才反叛了缅王，而清迈王竟自暴自弃向敌臣服。臣等抱着投奔洪福明君之心向陛下投诚。如今摩诃乌巴亚扎、德多明绍等人前来索取臣等三人。陛下为了臣等竟然受累，全国遭到了破坏。他们不获臣等三人绝不会罢休。故而请陛下赐臣等众多兵马，臣等愿骑象拼死一战。”万象王听了三个部属之奏后便拨给战象200、士卒40000。又问他们先打敌方哪路军。3位部属答道：“先打驻在囊汉地区的阿瓦王德多明绍的人马。”于是他们率兵马向囊汉地区进发。阿瓦王德多明绍探得万象兵已接近缅军后便套上象马鞍座，率包括5支马军在内的18支人马，摆开阵势以待。当万象王之兵马靠近后，缅军将领奋勇驱象冲来。色林明觉廷与阿南侯遭遇后大战许久未分胜负。后因阿南侯的骑象招架不住，就地倒下。当阿南侯换乘战马时，明觉廷手下的象兵用矛刺去，刺中腰部，当场毙命。阿瓦王德多明绍骑丹绵苏瓦象要与勒宫侯对阵，便全力冲去，勒宫侯抵挡不住，由象换骑了马得以逃脱。缅军将士象马兵勇见敌就杀，杀得万象兵四散逃命。缅军追击败兵，抓捕俘虏。俘获象60头，敌兵3000。敌兵死亡无数。缅军返回囊汉营地。营地与摩诃乌巴亚扎驻地相隔4英里。枪炮声大作，以为敌军来攻，摩诃乌巴亚扎遂派快马前来探问。答已战胜来攻之敌，杀死阿南侯，还俘获许多象马兵勇。

万象兵又败，万象王的大元帅鄂底隆亚扎沃向万象王奏道：“敌军远途而来，竟能将我全国摧毁，想臣等亦是堂堂男子汉，岂能容敌如此猖狂！臣等亦应部署兵马，率领象、马、兵勇拼命战敌，成功便好，不成功便杀身成仁！”万象王比亚晒锡道：“敌军将臣兵勇在疆场上都是勇猛杀敌，舍命效忠之人。现在尚不宜与其硬拼。等时间一久，他们的象马兵勇疲惫缺饷之时再攻为宜。这次他们3人前去交战，也只落得个损兵折将。现在是打不赢他们的。”鄂底隆亚扎沃仍然恳求："赐给臣中意的兵将象马，愿决一死战。并请明君陛下在臣发兵后2英里处带兵马压阵殿后，若有机会取胜则一起攻打，若情况不好，陛下可速撤离。"万象王依了他的主张，给了他战象400、士卒70000先去作战。鄂底隆亚扎沃大臣骑了一头身高7肘尺名叫比亚拉布翁的发情公象急驰而去。万象王比亚晒锡在其后带战象400、士卒约10000为殿后大军相随。路遇一大湖，便让大象进入湖中浸水。

阿瓦王德多明绍从近路马兵探子报告中得知万象王来攻，便带领包括5支马军在内的共8支人马，摆开阵势迎战。敌方兵勇一到，缅军便全力驱象，勇猛冲杀过去。德多明绍骑了大象丹绵苏瓦冲向敌军，遇上鄂底隆亚扎沃的骑象，双方激战。因鄂底隆亚扎沃所骑大象正值发情期，其他抵敌的大象闻了该象的气味都不敢近前。只有丹绵苏瓦一象敢与之拼杀对阵。相持良久。当阿瓦王明白了此情况后，便先驱象后退，然后一鼓作气，催象猛冲，结果刺中了鄂底隆亚扎沃所骑大象比亚拉布翁的咽喉部位。比亚拉布翁嘶叫着逃走了。阿瓦王急追向上，眼看就准将追及时，阿瓦王象中座卫士投出一支长矛，击中鄂底隆亚扎沃，他当场中矛身亡，骑象亦被捉获。鄂底隆亚扎沃一死，万象军兵败如山倒。缅军兵勇竞相追击，俘获敌将12名，大象50头，俘虏2000余，死亡无数。德多明绍追击了约2英里左右，天色已黑，仍不见万象王，便返回营地。

从此以后万象人不敢再露面。约过了一个月许，摩诃乌巴亚扎对众将官道："吾军兵驻囊汉地区，万象王是不敢挨近城镇乡村了。吾军宜退到孟山，让将士们在此雨季中种庄稼，象马兵勇均可休整一番。"阿瓦王德多明绍等诸土司、将领都一致同意。于是大军撤到孟山。彬尼亚江带战象500、骏马1000、士卒10000护送孟、缅、掸族兵勇中的伤病员回汉达瓦底。当万象王得知他们行军路线后，张开双臂恨恨地诅咒道："朕之所以没有马上迎战摩诃乌巴亚扎，并非怕他。哼！让其到朕国土来，就生病、挨饿、多受罪吧！等尔等都拖累拖垮之时，朕再来收拾你们！前番朕东躲西藏，今日便叫尔等知道朕的厉害了！"便派了一个名叫彬尼亚鄂底的大臣带战象100、士卒20000进发到山中，偷袭护送伤病员的彬尼亚江。受了万象王之命的彬尼亚鄂底便领兵潜入山林中，等候袭击彬尼亚江的人马。

彬尼亚江骑了一头名阿勃延的大象正在行进之时，彬尼亚鄂底从林中冲出，高呼："我正在找你！"杀将上来。双方交战多时，万象王的大臣彬尼亚鄂底那骑了援象上前助战；彬尼亚江之侄山达亚底马骑了甘达约大象与之对阵。万象王的大臣彬尼亚鄂底那所骑的象扭头而逃。追击之下，彬尼亚鄂底那连人带象竟被活捉。彬尼亚江刺中了彬尼亚鄂底的骑象后，该象就地倒下。当时，缅军一兵勇用长矛刺来，彬尼亚鄂底当即死于象背之上。彬尼亚鄂底一死，万象军便一溃千里。缅军俘获包括彬尼亚鄂底骑象在内的象共有30余头、战俘500余人。敌军死亡众多。于是缅军又整编了伤病人员，继续缓缓地向汉达瓦底返回。白象之主缅王陛下得知此事后大喜。赐赏他八角槟榔杯、咸茶罐、饮水瓶、痰盂、朝服、好布。将扎格罗村赐给山达亚底，还奖赏其槟榔杯、咸茶罐、朝服、好布等。

王太子摩诃乌巴亚扎、驸马德多明绍等在孟山镇准备住上整个雨季、种庄稼。万象王不敢露面，只是躲在深山密林之中。摩诃乌巴亚扎等虽多次派人寻找，不见踪影。于是摩诃乌巴亚扎召集众将商议。彬尼亚德拉道："虽已派人多次寻找万象王，未能寻得。依臣之见，我们在孟山之时，他定是不敢露面了。故应向陛下奏明，请求调大军返回，待我军返回后，万象王比亚晒锡方敢住进城里。一年之后，待吾军将象马兵勇休整好时再来攻打，可望擒住万象王比亚晒锡。"摩诃乌巴亚扎说："此议甚好。"便命彬尼亚德拉修书一封呈交缅王陛下，书中写道：

"王子摩诃乌巴亚扎及全体将官叩奏缅王陛下：臣等奉命追捕3个部属。在孟山与万象王兄弟及3个部属大队人马相遇。臣等率英勇的各支大军围攻敌军。托陛下洪福，大败号称十万象主之比亚晒锡。他收拾残兵败将弃城而逃。臣等俘获其弟乌巴亚扎及王妃3位、嫔妃宫娥20人、将官30余、象400头，马1000余匹、大小头领兵勇5000余人。臣等从孟山出发追击，遇敌军象马兵勇后，阿瓦王出战，杀了阿南侯，夺得象60头，俘获敌兵勇3000余，后又有鄂底隆亚扎沃前来交战，臣等又斩了鄂底隆亚扎沃，俘虏大臣12名、象20头、敌兵3000余。自此以后万象王比亚晒锡便不敢再露面。我军将士宛如天兵天将追击敌军，万象王比亚晒锡为保全性命躲进深山密林之中。此情此景犹如当统治3000由旬宽阔森林的狮王走出红宝石洞时，鼷鼠、松鼠、蜥蜴、乌龟、鬣蜥、豕鹿、兔子等都会躲进洞穴内一般。又像以阿纪罗伐底河、摩唏河、萨罗布河、耶牟那河、恒河等名字著称的五大河波涛滚滚地流进浩瀚的大海后，就失去了自己的名字，被浩瀚的海洋所吞没一样。我英勇善战的将士虽搜遍万象全国，无奈此地沼泽、洼池、草莽、树

从、密林无边无际，酷似浩瀚的汪洋。此地此景犹如狮王与兔子；大鹏与燕子；龙王与蜥蜴的关系一般。谨此叩奏吾王陛下。”此书命12骑快马呈交缅王。

信送到汉达瓦底京城，交缅王阅后，缅王便下令召回缅军。缅历927年5月5日（公元1565年8月1日），大军从孟山返回。7月11日（公元1565年10月5日）金曜日回到京城汉达瓦底。抵达的当日便将所俘获的万象王妃、子女、臣僚、象马、兵勇等呈献缅王。父王大喜，赐王太子金轿；赐驸马德多明绍金丝朝服；诸有功土司、将士均一一有仪仗、邑地等封赏。对所俘获的万象王妃比亚基、王妃阿瑜陀耶王之女玛努亚、景栋土司之女底里马、万象王侄女底里鲁达、万象王嫔妃大臣之女20余人，都一一赐给衣物、用品、侍女等，安置在宫中。对年仅16岁的万象王之子弟孟山侯乌巴亚扎也不加斥责，反赐以仪仗、奴仆、住所，命其在缅王身边侍奉。将从万象全国抓来的1000余人分别组成服役队，配了头领，安置在城中划定的区域就地服役。

万邦之主、王中之王、众白象红象之主缅王陛下召集王太子摩诃乌巴亚扎等众将臣降旨道：“今日朕之国度，地域广大。在如此广大的疆域内，总不免有某属国起事谋反。有时必得朕亲自出征。当朕领兵亲征不在京城期间，歹徒有可能乘机网罗党羽谋反。到那时，黎民百姓受害且不说，也会影响到在我国挂褡的贤德僧侣诵经修行。此外，对谋反歹徒不杀不行，也不免触犯杀生之条；国无安宁日必然导致税收减少。鉴于以上种种原因，朕欲使京城也建成像给杜摩底即东吁城一样，固若金汤，任何歹徒、乱寇均攻之不破。把国中的富人、僧侣等均安置城中。若一旦有战事，需朕亲征之时，歹徒也不敢作乱。如此，全国方得繁荣昌盛。惟有安宁昌盛，众百姓僧侣才能为己为公、行善积德。只有功德无量方能遂朕修成正果之愿。”

（237）建造汉达瓦底京都

王太子摩诃乌巴亚扎奏道：“洪福齐天的吾王陛下威震天下，外国使臣若来访时，若无坚固壮观的城墙沟壑等将有失体面。故宜建造符合都城七条件①的城郭。”众将臣亦纷纷赞同。于是聘请高明的占卜师们卜算时辰，在京都汉达瓦底以内每户征夫一名。于缅历928年8月10日（公元1566年10月22日）木曜日破土动工。挖了城前的山填了城西的洼池。工程浩大，民夫多如蚁虫，一片繁忙景象。

缅历928年11月6日（公元1567年1月15日）金曜日，王弟莫塔马侯之女去世。钦命其幼女与姐夫若开王弟底里达马道加匹配成婚。该年11月20日（公元1567年1月29日）金曜日，为大光佛发塔举行升伞仪式。缅王捐献王冠。庆典活动为时一周之久。为700僧侣布斋。并施舍僧用八法器等。同年12月5日（公元1567年2月12日）金曜日，为摩诃泽底升伞。斋请700僧侣，为时一周，并布施许多僧用八法器及物品。同日，汉达瓦底城开始挖护城壕。施工时，挖得在洞中修行的瑜伽僧一位。出洞后不久便死去。同年12月20日（公元1567年2月27日）土曜日，在瑞

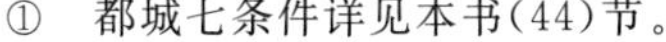

① 都城七条件详见本书（44）节。

牟陶佛塔埋入由吉王赠送的价值10缅斤白银的一副嵌红宝石琥珀耳环;王后阿杜拉底里摩诃亚扎黛维佩戴的一副价值15缅斤白银的嵌红宝石绿玉的龙形耳环;价值15缅斤白银的嵌红宝石发簪等,用10缅斤重的金钵装入后埋于塔中。在埋入的金贝叶书上言明:日后一旦该塔倒塌,此金银宝物由当时该庙产的继承人作修缮之费用。在德瓦奥瑞佛塔也埋下了宝物。在殿前的佛发塔中也埋下金银宝器。后又将自己所穿皇服卖了的钱为佛塔全身贴金。布施建造了一所十分别致的尖顶阁。此尖顶阁是用亚齐王赠送的、由轮船运来的艾纳香木所造。并捐献了2缅斤又36缅钱的黄金作尖顶阁贴金之用。重新修复了孟密倒塌的素当卑佛塔,并为塔身贴金。缅历928年6月10日(公元1566年8月24日)金曜日,在瑞牟陶佛塔周围建造了与缅王年岁相等数字的52尊小佛塔。

(238) 兴建汉达瓦底京城等三大工程

缅历928年9月5日(公元1566年11月16日)金曜日,3400平方达[①]的京都皇城、瑞牟陶佛塔围墙、藏经楼等三大工程同时开工兴建。9月18日(公元1566年11月29日)木曜日,立城门柱,铸造四大佛像。

同时铸造的此四大佛像中,拘楼孙佛佛像连同宝座一起共用白银15缅斤76缅钱;制作佛冠共用金19 $\frac{1}{4}$缅钱。并用了王佩戴的绿玉指环一枚、蓝宝石指环一枚、御用槟榔杯上所嵌3000颗红

① 1平方达=10.2425平方米。

宝石。该佛冠共用黄金 64 缅钱，有 63 颗红宝石镶嵌在佛冠之上。

铸造拘那含佛像时，连同宝座一起共用白银 15 缅斤又 76 缅钱；佛冠用金 1 缅斤又 92 $\frac{3}{4}$ 缅钱；佛冠上的宝石是用缅王佩戴的蓝宝石指环一枚、御用槟榔盒上的 248 颗红宝石镶嵌。该佛冠共用黄金 62 $\frac{1}{2}$ 缅钱，还镶嵌了缅王佩戴的一枚红宝石指环及 2678 颗宝石。

铸造迦叶佛佛像时，连同宝座一起共用白银 15 缅斤 76 缅钱；佛冠用金 1 缅斤又 98 缅钱。佛冠上的宝石是用缅王佩戴的猫眼石指环一枚、御用槟榔盒上所嵌宝石共 3911 颗。佛冠共用黄金 62 $\frac{1}{2}$ 缅钱，佛冠上共镶嵌了红宝石 1210 颗。

铸造乔答摩佛佛像时，连同宝座一起共用白银 17 缅斤又 77 缅钱；佛冠用黄金 1 缅斤又 37 缅钱。用缅王佩戴的红宝石指环一枚、御用槟榔杯上所嵌的 2994 颗红宝石镶嵌佛冠。该佛冠共用黄金 64 $\frac{1}{4}$ 缅钱。并用了红宝石指环一枚及 1430 颗红宝石。

这 4 尊佛像的大小为：底座宽 2 肘尺又 4 指；身高自底座到佛冠为 4 肘尺 2 迈又 4 指。此为缅王捐造的 4 大佛像。同时，每天用 4 只金钵、4 只银钵、4 只金菜盆、4 只银菜盆、4 只金匙、4 只银匙进行供奉。以上诸功德事业圆满完成后，土司、诸侯等修整京都市容。

(239) 汉达瓦底的二十座城门

汉达瓦底 20 座城门的名字如下，北面诸门：西北角门由德林达依王负责建造，命名为德林达依门；此门之东有一门，由阿瑜陀耶王负责建造，命名为阿瑜陀耶门；再往东有一门由莫塔马王建造，命名为莫塔马门；依此往东一门由布坎王所建，命名为布坎门；又往东一门由勃生王所建，命名为勃生门。

东面诸门：东北角门由卑谬王负责建造，故命名为卑谬门。此门向南一门由阿瓦王负责建造，故名阿瓦门；向南又一门，由东吁王负责建造，故名东吁门；再向南又一门，由万象王负责建造[①]，名万象门；再向南又一门由达拉王建造，名达拉门。

南面诸门：东南角门由清迈王负责建造，故命名为清迈门；由此往西一门，由翁榜土司负责建造，故名翁榜门；再向西一门，由孟养土司负责建造，故名孟养门；又往西一门，由孟拱土司所建、名为孟拱门；往西还有一门由土瓦王负责建造，命名为土瓦门。

西面诸门：西南角之门，是命格礼土司所建，故命名格礼门；由此向北一门，是命孟乃土司所建，命名为孟乃门；再向北一门，是命良瑞土司所建，故命名良瑞门；又向北一门，是王子达耶瓦底王所建，故命名为达耶瓦底门；再又向北一门，是命登尼土司所建，故命名为登尼门。

上述所有诸门的方向、名称皆与建造汉达瓦底城时期健在的纳瓦德所写的一首诗中所载相符。《缅甸大史》中将翁榜门称为孟密门；将德林达依门称为阿瑜陀耶门；将阿瑜陀耶门称为德林达依门；将万象门称为达拉门；将达拉门称作为万象门，这与那瓦德所

① 原文如此。实际上，万象王在逃，尚未被完全征服，不会亲自来负责造门。可认为万象已是缅王属地，故设此门。

写不符。

此 20 座城门均造成尖顶阁楼式,饰以金色。城门外立双层栏栅。城门也全涂金色。

缅历 928 年 11 月 13 日(公元 1567 年 1 月 22 日)月曜日,彭世洛侯即阿瑜陀耶王长女之夫婿奥亚达马亚扎之女比亚恩达黛维、登尼土司之女、津永土司之女等 3 女与其随从奴婢等一起被献予缅王。她们于同一日一起入宫。缅王建华宫安置,并赐穿戴。该年万象王长女之夫婿孟巴侯带领战象 100、随从 2000 余人前来归顺缅王。缅王命其宣誓效忠后,赐穿戴仪仗等,并赐地安置,使其常侍奉左右。此编中记载了汉达瓦底白象之主缅王陛下举大军攻下阿瑜陀耶城。使上自阿瑜陀耶王,下至其太子等一起向缅王臣服,并使阿瑜陀耶王将 4 头白象一起献给缅王的情况。

第十四编

(240) 为瑞牟陶佛塔升宝伞、建新塔、封赏各级官员[①]

缅历929年3月17日(公元1567年5月24日)木曜日,缅王为瑞牟陶佛塔及其周围52座小佛塔举行升伞礼。布施了所戴之王冠。斋请村居派林居派众多高僧、法师7日,并施舍僧用八法器等物品。同时也为介布翁佛塔举行了升伞礼。同日,开始为新皇宫选择地点。除建造金寝宫外还造了尖顶阁,建造完毕后于5月14日(公元1567年6月19日)金曜日迁入金寝宫。任命彬尼亚德拉为建造皇宫事务官。建造主殿及尖顶阁大堂时,百官臣僚必须每人送一根木料参加建造。其余宫殿和后妃寝殿则分派各王侯负责建造。

同年,在汉达瓦底。由于从各国俘虏来的人员很多,缺衣少食。缅王便向众僧侣广为布施;取国库的大量衣物粮食救济缺衣少食的贫苦百姓。同年10月20日(公元1567年12月19日)土

---

① 此节内容在《缅甸大史》中分五节写成。原标题仅写成"为瑞牟陶佛塔升宝伞",实际文中绝大篇幅写建新塔、封赏各级官员事,为便于读者阅读参考,在标题中补充写明。

曜日，在宫内搭巨大彩棚，斋请圣贤高僧，并亲自聆听诵经传道，布施众多物品。该年 11 月 4 日(公元 1568 年 1 月 2 日)日曜日，孟拱土司捕获一头白象。该土司将白象与高 3 肘尺 1 迈 4 指高的骏马一匹、绿玉一块、一块可制成马鞍的大块琥珀一起献交缅王。缅王便命将该大块琥珀雕成一尊底座一肘尺的坐佛，每日叩拜。

有消息说万象王率领人马要来攻打彭世洛城。彭世洛侯便来奏报缅王。缅王命孟养土司、孟拱土司、孟密土司、翁榜土司、良瑞土司、孟乃土司等 6 支人马共有战象 600、骏马 6000、士卒 60000，沿孟乃一线去清迈。大军抵达清迈郊野孟鄂唏时，万象王闻汉达瓦底将士攻来已先撤离该地。缅王得悉万象王已撤走，便命 6 土司大军返回。6 土司大军到达恩达吉里时，缅王命孟拱、孟密和孟养 3 位土司来汉沙瓦底见驾。土司们抵达后，缅王赐赠他们槟榔盒、咸茶罐、饮水瓶、嵌红宝石大刀等物。此外还向他们赐赠了印度产的上等薄纱、各色粗细布、呢料。对从清迈返回的孟乃、良瑞、翁榜 3 土司也赏赐给槟榔盒、咸茶罐、饮水瓶、嵌红宝石大刀、各色布匹等；又分别赐赏了该 6 支人马中的孟、缅族各级将领以各种用品；还赐赏了彭世洛侯以槟榔盒、咸茶罐、饮水瓶、衣物等。

缅历 929 年 12 月 18 日(公元 1568 年 2 月 14 日)金曜日，同时建成了金尖顶阁、宫殿 6 所。院内有嫔妃宫娥住处、象厩等。同日，在 20 个城门门楼处斋请圣贤高僧 1000 人。念诵 8 段喜庆经文及 8 段消灾经文。并布施了薄纱、布匹、成筐茶叶等物品。1 月 16 日(公元 1568 年 3 月 13 日)金曜日，鄂底维土司嗣子因土司去世，将老土司受封赐的仪仗、钦赐用品、小雌象、马匹等献呈缅王。白象之主缅王陛下将呈献的仪仗物品收回，三天之后又重新赐给

土司之子，并仍赐原邑，立其为鄂底维土司。

同年1月19日（公元1568年3月16日），月曜日，缅王乘坐尖顶阁状御车进南和平门绕西行进入皇宫。钦命皇宫名为甘普遮达底。驾到皇宫之日，缅王分别给众亲王、皇亲国戚、文武众臣、大小官员赐封名号；赐赏食邑、仪仗等。还分别赐赏御林卫戍长官以食邑、金、银、穿戴衣物等。缅王进宫后于1月20日（公元1568年3月17日）火曜日驾临内廷府，赏众亲王、众大臣以府第、住所。分别赐莫塔马王妃、卑谬王妃、东吁王妃、阿瓦王妃、顶兑王妃5位王妃以3层顶盖素殿、凉亭、侧殿、王妃用轿、八角槟榔盒、嵌红宝石咸茶罐、饮水瓶、嵌红宝石权杖、金伞2把。因为底里达马道加、内谬觉廷、明拉觉廷、亚扎丁坚、德勒帕耶、底里泽亚觉廷、明摩诃、彬尼亚德拉、彬尼亚劳、彬尼亚仰、埃蒙德亚等亲王、大臣的夫人共12位[①]，皆为王族，故钦赐带红宝石流苏的槟榔盒、咸茶罐、金水罐、金盆等。赐摩别那腊勃底、阿瓦那腊勃底西都、清迈王比亚丹、阿瑜陀耶王比亚达底亚扎等4王居住双层无浮雕的白宫。

赐赏众大臣的物品与名位座次如下：

彬尼亚德拉御前左位一品[②]首席，赐镶绒冠帽、绒上饰重一缅两之纯金花、四面额带、护肩甲、护手甲、九道绶带、带绒罩的金壶、金水罐、金盆、金盘、红宝石手杖、红宝石花篮、脚大拇趾套、手大拇指套、靠枕、洗手盆、带3层榕叶状挂饰的金杆金把红伞、抬轿

① 原文如此，实只列有11人之名。

② 缅王上朝时，群臣按五个等级安排在御前左右就座。该五等级缅文为：Taw、Du、Sani、Ahtwunbawaw、Pyinbawaw。现按其意分别译为一、二、三、四、五品。

7顶、鼓7只、唢呐3把、喇叭3口、五间连房饰有五道房椽、阳台、飞檐式红边屋顶、有高台门廊加绿缎蒙顶。还同时赐给了理事府。与彬尼亚德拉一起居于左位的还有:彬尼亚江道、欧德马底里泽亚都拉、南达都拉、彬尼亚晒、南达觉廷、德勒帕耶、明摩诃、彬尼亚勃尤、德门毛昆、比亚达迈、德门埃勃耶、恩达都、底里比亚格曼、巴亚丁坚、比亚格曼等共16位官员。都赐与高台门廊的府第。

赐底里达马道加为御前右位一品首席,赐镶黑边冠帽、金花八朵、四面额带、九道绶带、槟榔盒具、咸茶罐、饮水瓶、金痰盂、红宝石手杖、红宝石花篮、带3层榕叶状金把红杆红伞、红鼓7只、唢呐3把、喇叭3口、五间连房饰有五道房椽、阳台、飞檐式红边屋顶加绿缎蒙顶,并赐给理事府。与底里达马道加一起得到一品右位的有:彬尼亚劳、彬尼亚恩达、彬尼亚丁、彬尼亚坝、彬尼亚别、佐格拉、拜涅、德门巴仰、内谬觉廷、德门比亚萨、德门约格拉、底里达马拉、埃蒙德亚、苏勒宫恩、拜丁延等共16位官员。亦皆赐与有高台门廊的府第。

左位二品首位是弁琪,赐镶黑边冠帽、带金蕊的花官服、金盒、3层榕叶顶红伞、白色飞檐顶府第。与弁琪一起居左位二品的还有赖亚毕、明丁克亚、耶丁仰、苏蒂埃格亚、巴亚觉都、赖亚弁琪、拘道仰达梅、比亚德扎、耶格曼、布翁尼亚德瓦、南达觉都、尼勃拉约达、埃宫本、苏努登等共15位官员。并分赐有高台门廊的府第。

右位二品首席是南达约达,赐黑边冠帽、带金蕊的花官服、金花8朵、带榕叶状红伞、白色飞檐顶府第。与南达约达一起居右位二品的是：德门比亚、达马耶格曼、泽亚加马尼、育丁延、达瑙、巴亚布翁米、乌博、尼登晒、赖威仰达都、泽丁延、赖亚底里仰达拉、当马甘、苏马努拉、比亚拜等共 15 位官员。各赐有高台门廊的府第。

赐赖亚道欧德约为左位三品首席，黑边冠帽、腰部镶九宝的官服，赐有月亮、鱼等图案的彩棚。与赖亚道欧德约一起居左位三品者为：仰马约达、窦达亚扎、南达丁坚、赖威瑞当、南达巴拉、泽亚约达、德加山杜、都利亚甘马、都利亚亚扎、拜甘马、耶甘马、底里南达、丹布翁、宋德亚底等共 15 位官员。分别赐与带高台门廊的府第。

赐比亚格林东右位三品首席，黑边冠帽、带金花蕊花官服、带高台门廊的府第。与比亚格林东一起封右位三品者还有：康达亚扎、阿塔那都、比永山都、意杜甘马、底里格曼、底里马努右、比永甘马、苏达博、绍宫达、莱格芒[①]、南达勃亚、登甘马、尼甘冈、晒加育达等共 15 位官员。并赐与带高台门廊的府第。

赐陶迈耶左位四品首席，黑边冠帽、带金黑边花蕊花官服、四朵花、金盒、咸茶罐、白色飞檐顶府第。与陶迈耶一起封为左位四品的有：耶傣加马尼、亚扎约达、赖亚瑞当、苏当拉、尼冈登、仰马耶都、赖亚钦蒙毕甘冈、巴拉都亚、晒加约达、登卡亚扎、阿蒂德亚、勃瓦贝丁、勃亚德瓦等共 14 位官员。并赐高台府第。

赐山达甘马右位四品首席，黑边冠帽、带金花蕊花官服、四朵花、金盒、咸茶罐、白色飞檐顶府第。与山达甘马一起封为右位四品者还有：赖亚仰达梅、德拜内恩、遂亚扎、莱格曼、玛尼德瓦、阿泽

---

① 原文与右四品中一人重。经查《缅甸大史》，二者同音异字，故译作莱格芒。

勃亚、德温达马、阿巴贡拜、冈仰亚底里、格曼漂、乌贝丁、欧比德瓦等共14位官员，并赐高台府第。

赐封乌登亚扎以及金加都、南达勃坚、泽勃仰、赖亚南达毕西、亚扎巴亚代底、巴亚泽亚、南达泽亚、比永底里、阿德沃、色育勃曼、阿巴贡等共12位官员为左位五品。并赐高台府第。

右位五品官员的名单不详。五品之外的官员皆赐布巾冠，在御前侍奉。居左位者有以下39位：泽久、底里瓦拉、仰比亚布翁、布翁尼亚约达、德瓦达马、底里亚扎、拜甘久、克伊达德纳、达马约达、阿莱岸、布翁尼亚甘马、登克约达、底哈德瓦、布翁尼亚达马、兹拉约达、玛尼都亚、莱盖撒里、杜德瓦、玛努凯马、甲勃恩、亚马德瓦、泽道、宋玛纳底卡、遂甘马、拜格都、底里杰翁、拜甘冈、布翁尼亚马尼、晒加德瓦、埃底德瓦、兹拉勃亚、晒加勃亚、泽拉甘、窦达甘马、埃勃代、拜勃恩、恩达底里、晒加底哈、德曼德拉。官居五品之外右位者有：贝格腊、恩达亚马、耶约达、杜登纳达、泽格曼、埃底德亚、丁勃亚、恩达甘马、泽甘冈、亚扎勃拉、布翁尼亚底哈、埃加约达、达马德瓦、比亚马拉、都耶、比亚那耶、都亚约达、丹巴耶、德瓦约达、藉亚达马、巴亚登卡、瓦都巴、延达都亚、甲当亚、恩达德瓦、都亚甘马、晒加德那、底里巴拉、宋玛纳约达、莱甘拜、比永格曼、埃底布翁、拜拉甘、阿比南达亚扎、泽勃代、登克达马、包嘎德瓦、宋德约达等39名官员。其他许多亲王、贵胄及无品第的官员亦各有赐赏。

当时，汉达瓦底城因富丽豪华的皇宫殿堂与都城显得分外壮观。简直可以与阿育王所在之华氏城相媲美。城内象、马、人声喧哗，加之鼓、钹、法螺的乐声，宛如浩瀚的大海中的波涛声一般，不绝于耳。那时节,因汉达瓦底京城中人口过多、钱币短缺。一箩稻谷竟卖到纯铜5缅斤之价。白象、红象之主缅王陛下知此情况后,遂命蒲甘王为统领,摩诃约达为监军,领战象100、骏马1000、士卒20000,前往万象乡村一带收缴稻谷。蒲甘王等到了万象乡村后,由于蛮横无礼,万象百姓聚集象、马、兵勇等抵抗缅军。监军摩诃约达被捉,蒲甘王战败,率兵勇返回。抵达汉达瓦底城时,白象主缅王陛下大怒,命在德班彬尼亚地区造一大木笼,将蒲甘王及其部下全部囚入木笼内,准备用火烧死。缅甸法师、孟族法师、云族法师们商议,一致同意去拆了木笼、熄灭了火堆,将蒲甘王及众兵勇释放后全部接到寺内居住,因是法师们作主释放了他们,陛下倒也未再发怒,竟非同寻常地忍了下来。

(241) 阿瑜陀耶王谋反

前面曾叙述到缅王召老阿瑜陀耶王到京城后,曾赐其在汉达瓦底造两层无浮雕装饰的白宫居住。老阿瑜陀耶王请求削发为僧,缅王陛下深信不疑。赐其粗细各色布匹、僧用物品等。这个出家为僧的老阿瑜陀耶王又请求到阿瑜陀耶去朝拜佛塔浮屠。老阿瑜陀耶王的幼子比亚亚马敦上一次在随驾出征清迈时病死。比亚亚马敦的妻子儿女们都要求回阿瑜陀耶去。缅王便赐赏许多物品派官员亚扎玛努护送比亚亚马敦的妻儿回阿瑜陀耶国。未抵达阿瑜陀耶国时,亚扎玛努便与比亚亚马敦之妻私通苟合。阿瑜陀耶王知道此事后便修书一封上奏缅王,备陈亚扎玛努的非礼行为。白象之主缅王陛下接到阿瑜陀耶王的信后盛怒,要将亚扎玛努斩首。随后即派官员兹拉丁延前往，宣判亚扎玛努因触犯王法而就地正法。出家为僧的老阿瑜陀耶王还了俗，与其子阿瑜陀耶王合谋，闻知兹拉丁延前来便在途中把他杀掉。得悉这一消息的阿瑜陀耶老王的大驸马奥亚彭世洛侯便道："阿瑜陀耶王[①]是在自找苦吃，打那种不该打的算盘。我不能像阿瑜陀耶王那样，自讨苦吃。我应该先去参见缅王，向陛下表示效忠。"于是他带领大批兵马去汉达瓦底京城。缅历 930 年 3 月 17 日（公元 1568 年 5 月 12 日）金曜日抵达，到缅王驾前参见，白象之主缅王陛下大喜，当即赐封其为当基土司。并赐赏王冠和白伞。

阿瑜陀耶王得知奥亚彭世洛侯赴汉达瓦底后，便聚集大批兵马到达彭世洛。带走城中之女子、富绅等返回阿瑜陀耶。缅王陛下闻知此事后道："阿瑜陀耶王不忠不义。他既已谋反，那便是当基土司当阿瑜陀耶城主的时机已到。"于是缅王召王太子摩诃乌巴亚扎等文武官员问道："进军阿瑜陀耶卿等意见如何？"这时，彬尼亚德拉奏道："阿瑜陀耶老王还了俗，与其子共同谋反。依臣看，绝非阿瑜陀耶一国所干。还有万象、勒外参与此谋。此举非同小可，不能等闲视之。应召集全国所有各王侯，调动大批象马兵勇，浩浩荡荡大举进攻，稳扎稳打方能征服阿瑜陀耶国。若有别国派援军助敌，还需分兵征讨。"欧德马底里泽亚都拉听了彬尼亚德拉所奏后，也奏道："彬尼亚德拉所奏言之有理。但不宜仓促行事，需善谋良策，待旱季到来之时，有序地率大军出征方好。此外，我们已充分了解阿瑜陀耶、万象、勒外三国的实力，对自己的实力也早已一

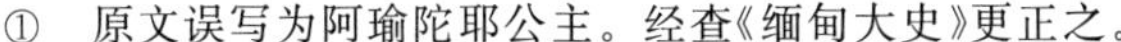

① 原文误写为阿瑜陀耶公主。经查《缅甸大史》更正之。

清二楚。故陛下应派兵遣将与当基土司一起率兵马进军彭世洛，坚守该城为好。”白象之主缅王陛下赞同欧德马底里泽亚都拉所奏，便派阿瑜陀耶驸马当基土司、彬尼亚劳、彬尼亚江道、彬尼亚勃仰等各率一军，带战象300、骏马34000、士卒60000于4月5日（公元1568年5月29日）迅速进军彭世洛。抵达彭世洛后，便加固城池壕堑、工事、堡垒等。并搜集了四乡的稻谷运入城中，建粮仓贮存。

同年4月（公元1568年5月下旬至6月），锡兰国王派高僧偕众多官员将神国四天王施舍的一只有四道圈纹的石钵用轮船运到汉达瓦底来献。还带来了语词恭谦的信件。从勃生传来运载宝钵轮船抵达的消息后，缅王便命众亲王、文武官员在码头准备了上载尖顶阁状篷轿的金劳加船，金劳加船四周还布有300艘皎雷船等，满载锣、鼓、琴、笙、唢呐、喇叭、笛等乐器，迎接载钵船的到来，届时，众乐齐鸣，震撼河面。宝钵被运送到汉达瓦底后，用特制装饰着九宝带盖金盒装好，置于宫中供奉。缅王请锡兰王派来的法师高僧居于“欢喜林”御花园中。为他建造了美观的寺院，请他挂褡。这位法师与熟知巴利经文的缅、孟、云族法师们一起，每天在寺内诵经传道。缅王为他们提供了僧用四物。

缅历4月22日（公元1568年6月15日）火曜日，阿杜拉底里摩诃亚扎黛维王后薨。缅王陛下不胜悲怆。

阿瑜陀耶王得知当基土司和3位缅军将领共驻彭世洛城的消息后，便遣使去联合万象国，万象王自恃有阿瑜陀耶王的支持，便率大军来攻彭世洛城。阿瑜陀耶王也带了战船500、劳加、铁船

30000 从水路进军彭世洛。驻彭世洛的 3 位缅军将领闻讯即将军情急奏缅王。缅王降旨道："若阿瑜陀耶王和万象王来时，卿等定要生擒他们，莫使其再逃脱。朕待结夏以后，雨季过去，天气放晴时，自会率领众王侯出征。"当基土司与 3 位缅军将领遵旨布防。阿瑜陀耶王沿水路到达甘烹碧时，勒宫底马侯也带了战象 10 头、士卒约 3000 到达甘烹碧。万象军却因路途遥远尚未抵达。阿瑜陀耶王在勒宫底马侯到达后，便进军彭世洛，挨近城下驻扎了大队人马。当基土司与 3 位缅将商议后派了彬尼亚江道之侄宋德亚底和彬民亚仰之弟德曼德拉带战象 80，士卒约 20000 出城去攻勒宫底马侯的人马。勒宫底马侯战败，勒宫底马侯本人亡。缅军共打死敌军 3200 人。余下敌军投奔了阿瑜陀耶王所在的水军营中。宋德亚底、德曼德拉等一直追到阿瑜陀耶水军驻扎处。

阿瑜陀耶水军用船上的臼炮、大炮等向缅军射击。缅军损失甚重，便带了俘获的 30 头战象、500 余战俘返回城中。又过了 5 天左右，万象军抵达。也靠近城壕驻下大军。当基土司与 3 位缅军将领商议后，派战象 200、士卒 20000 出城攻打万象军。万象王抵挡不住，向城郊后撤。缅军又火烧敌营。阿瑜陀耶王见陆军已后撤，也不敢在城前久留。遂将水军撤到约一英里远处。3 天之后，阿瑜陀耶王与万象王商议了一计。派人去河的上游砍下树木，造一 300 兰①长的大木筏。将柴薪等引火物满置于筏上。然后将

① 按 1 兰约等于 1.8 米，300 兰＝540 米。在当时不可能造出如此大的木筏，纯系夸张之词。

木筏引到彭世洛的沿河上方。待到拂晓时分，引火点柴、放火筏。阿瑜陀耶王亲自带领船200余艘、士卒50000，频频发射火铳，沿水路攻打彭世洛城。而万象王则率兵马从陆路进攻。当基土司和彬尼亚江道也带了战象100、士卒30000打开城门迎战万象军。并派出1000余勇士去扑灭万象军等施放的火筏。火灭之后，缅军杀死了筏上的万象及阿瑜陀耶的士卒。缅军用城头布置已就的臼炮、大炮等射击陆路来的万象增援军。万象军向水军驻地败退。当基土司与彬尼亚江道继续追击，万象军溃败。缅军又追击，俘获700余头战象和300余敌俘。敌军死亡无数。缅军搜集了缴获的战象、马匹、俘虏等得胜返城。

阿瑜陀耶王由水路攻城被彬尼亚江道和彬尼亚勃仰挡住。缅军发射臼炮、大炮等击沉、击毁了许多阿瑜陀耶军船只。阿瑜陀耶军抵敌不住后撤，两位缅将因无战船不好追击。敌军多次设法攻城未能获胜，便在离城不远处驻下人马。万象王部将彬尼亚勒宫叫嚷要与彬尼亚江道单骑对阵。彬尼亚江道回话道："任你骑象、骑马还是步战对阵，何惧之有？普天之下，谁敢与吾匹敌？"当基土司、彬尼亚劳、彬尼亚勃仰商议后，认为敌方诡计多端，单骑对阵不利。于是高声齐答："彬尼亚江道乃堂堂大国、王中之王缅王陛下的部下，而彬尼亚勒宫不过是区区万象王的下属奴才，岂配与吾将骑象对阵？若万象王亲自前来，吾等才派彬尼亚江道出战。"阿瑜陀耶王、万象王等闻此言后，不敢靠近城前攻打。只是在离城远处布军围城。敌军从5月到8月（公元1568年7月下旬至11月中旬）一直围城不撤。

(242) 缅王亲征阿瑜陀耶[①]

白象之主缅王陛下早已派人召集各地土司、诸侯。7月(公元1568年9月下旬至10月中旬)诸侯到齐。缅王便作进军阿瑜陀耶的部署:命大臣德勒帕耶率大队兵马驻守京都汉达瓦底;命大臣丹杰带大队兵马驻守勃生、渺米亚等西部一带城镇。因瑞牟陶佛塔的杜达马佛亭、佐底亚延寺院及周围40小寺曾遭叛匪焚毁,便交付德勒帕耶一笔银钱,嘱其负责修缮。并吩咐他重修温谬已损坏的妖神们建造的佛发塔三合土伞顶。诸事安排妥当后,缅王陛下便打点兵马,部署各路将领出征:

① 本节内容在泰国史中也有相近的记载。"佛历二一一一年(公元1567年)缅王出7路大军侵泰。一说兵员达50万,以彭世洛王为第一路军。大军逼大城都,泰方以炮向缅军截击,致缅军无法在逼近城垣扎营。乃于夜间掘洞窟而逼城垣,亦为泰方炮击,死伤甚众。泰方一面向是塞德那坤弗求援。缅王以一时难将大城都攻破,乃下令备足一年粮草,准备持久战。在此期间,皇突生疾病,达24天后,即告驾崩,皇在位共22年。在缅大军包围大城都之下,年27岁的皇子登位,即自任统帅,指挥城内兵员,继续与缅兵鏖战。皇为加强作战力量,召臣僚举行会议。会中推举披耶南为守卫城指挥官,指挥文武全体,作殊死战。缅军包围都城历时5个月,雨季已来临,缅军作战备感困难。缅王乃依彭世洛王所献计策,暗中遣人携书往城中交彭世洛王后拍威戍甲塞(皇的胞妹,皇父在位时,于彭世洛往缅当中,携返大城都作质),示以机宜,拍威戍甲塞即向皇进劝,调皇城兵员不继,恐难持久,宜设法与缅议和,将披耶南送交缅方,以示诚实,和议成功,可保安全于万一。皇为所动,召大臣开会,臣僚多以寡难敌众,佥同此议。披耶南极力反对。众同僚促其牺牲小我,以保国家安全。披耶南毅然答应。皇即下谕由僧王为使者,携和书,偕披耶南出城,交与缅王。缅王颇为满意,即欲罢兵,召各大将会议。各大将献策,宜由拍吗欣差特叻皇偕各大臣亲出城投降,然后罢兵。缅王从众臣议,致书于皇。皇再召臣僚会议,咸以缅王欺人过甚,宁为玉碎不作瓦全,乃决定继续抗战。南掌方面,是塞德那坤弗王获大城都求援书,立发兵来救。惟军至碧差汶时,缅王即令彭世洛王遣一臣假作大城都使者,携书至寮军,促迅速行军来救。缅王下谕,于沙拉武里挽巴塞河边险隘地,埋伏重兵。寮军前锋已进入其地,即告中伏,被击得惨败,被掳百人,马象损失更多,寮兵遂溃退。"见《泰国古今史》第24页。

孟拱土司领战象100、骏马1000、士卒10000，以赖威觉都为监军；孟密土司率战象100、骏马1000、士卒10000，以德瓦甘马为监军；彬尼亚德拉领战象100、骏马1000、士卒10000，以泽亚都耶为监军；底里达马道加率战象100、骏马1000、士卒10000，以阿德沃为监军；彬尼亚恩达率战象100、骏马1000、士卒10000，以赖亚钦蒙为监军；亚扎丁坚率100战象、骏马1000、士卒10000，以晒加约达为监军；瑙亚塔领战象100、骏马1000、士卒10000，以仰马约达为监军；彬尼亚晒领战象100、骏马1000、士卒10000，以苏傣坎监军；内谬觉廷率战象100、骏马1000、士卒10000，以遂亚丁延为监军；南达约达领战象100、骏马1000、士卒10000，以巴亚泽亚为监军；王太子摩诃乌巴亚扎率战象100、骏马1000、士卒10000，以泽亚觉廷为监军；命王太子为以上11路人马的统帅。

又孟养土司率战象100、骏马1000、士卒10000，以泽亚德曼为监军；八莫土司率战象100、骏马1000、士卒10000，以赖亚泽亚都为监军；彬尼亚坝率战象100、骏马1000、士卒10000，以亚扎德曼为监军；明摩诃领战象100、骏马1000、士卒10000，以陶迈耶为监军；彬尼亚勃尤领战象100、骏马1000、士卒10000，以南达都拉[①]为监军；巴亚丁坚率战象100、骏马1000、士卒10000，以玛尼德瓦为监军；埃蒙德亚领战象100、骏马1000、士卒10000，以泽亚觉都为监军；底里泽亚瑙亚塔领战象100、骏马1000、士卒10000，以宋德格马为监军；丁克亚率战象100、骏马1000、士卒10000，以

① 注原文写为南达都利亚，与下文东吁王统帅的11支人马中所列将领重。经查《缅甸大史》更正之。

赖亚毕为监军；南达勃坚率战象100、骏马1000、士卒10000，以玛尼都亚为监军；王弟卑谬王德多达马亚扎领战象100、骏马1000、士卒10000，以巴亚南达梅为监军；命德多达马亚扎为以上11支人马的统帅。

又底宝土司率战象100、骏马1000、士卒10000，以杜因约达为监军；登尼土司率战象100、骏马1000、士卒10000，以底里南达拉为监军；巴亚加马尼率战象100、骏马1000、士卒10000，以底里马努拉为监军；彬尼亚别率战象100、骏马1000、士卒10000，以杜因约达[①]为监军；德道榭率战象100、骏马1000、士卒10000，以比永甘马为监军；德门巴仰率战象100、骏马1000、士卒10000，以泽亚约达为监军；巴亚党都率战象100、骏马1000、士卒10000，以拜甘马为监军；德门毛昆率战象100、骏马1000、士卒10000，以杜因勃拉为监军；南达都利亚率战象100、骏马1000、士卒10000，以底里贡纳拉为监军；南达丁坚领战象100、骏马1000、士卒10000，以底里达马拉为监军；王弟东吁王明康率战象100、骏马1000、士卒10000，以泽亚仰达梅为监军；命东吁王明康为以上11支人马的统帅。

又翁榜土司领战象100、骏马1000、士卒10000，以赖威南达梅为监军；良瑞土司率战象100、骏马1000、士卒10000，以杜因底里为监军；孟乃土司率战象100、骏马1000、士卒10000，以赖亚党都为监军；欧德马底里泽亚都拉领战象100、骏马1000、士卒10000，以晒加德瓦为监军；约格拉率战象100、骏马1000、士卒

① 注原文如此，有误。人名与前面所述重复。

10000，以杜因代底为监军；明耶觉廷率战象100、骏马1000、士卒10000，以山达约达为监军；德门丹莱率战象100、骏马1000、士卒10000，以底里约达为监军；彬尼亚勃仰率战象100、骏马1000、士卒10000，以布翁尼亚德瓦为监军；德门勒宫恩领战象100、骏马1000、士卒10000，以布翁尼亚约达为监军；南达泽亚率战象100、骏马1000、士卒10000，以底里泽亚为监军；驸马阿瓦王德多明绍率战象100、骏马1000、士卒10000，以赖亚南达梅为监军；命德多明绍为以上11支人马的统帅。

又清迈彬尼亚鄂底隆率战象100、骏马1000、士卒10000，以杜因亚扎为监军；清迈彬尼亚丹兰率战象100、骏马1000、士卒10000，以杜因毕西为监军；清迈彬尼亚南率战象100、骏马1000、士卒10000，以包嘎德那为监军；景栋土司率战象100、骏马1000、士卒10000，以宋德亚扎为监军；王侄明耶觉廷率战象100、骏马1000、士卒10000，以南达底里为监军；命明耶觉廷为以上5支大军的统帅。

诸军之后为缅王陛下统率的大军，缅王陛下四周有4000名执金盾、金牌、金挡、金矛的卫戍军，前后左右四方各1000名；葡萄牙雇佣军4000名，戴金帽、穿长裤、携带4000门臼炮，护卫在缅王四周；又4000名葡萄牙兵，头戴铁盔、穿长裤、佩长枪，分别护卫在缅王的前后左右四方各1000名；簇拥在缅王四周的还有戴金盔、插金花、穿金防面甲的全身甲胄的骑兵4000人；4000名执金长矛、戴红黑两色头盔的士兵分布在象兵之间；4000名戴红色包头巾、上扣金盔、围金腰带、执金刀的士兵也前后左右簇拥缅王而来。400名土司、将臣之子各骑一头战象随缅王前后。

缅王大军的先锋统领为底里泽亚觉廷，监军为赖威仰达都；右侧统领为德榭觉廷，监军为赖亚仰达都；左侧统领为南达觉廷，监军为赖威仰达梅；后卫统领为巴亚觉廷，监军为达马底里。缅王大军中共有战象400、骏马4000、持枪兵勇56000人。全部50支人马中共拥有战象5300头、骏马53000匹、士卒546000人。缅王陛下犹如转轮曼陀王威风凛凛。大军浩浩荡荡于缅历930年7月21日（公元1568年10月11日）日曜日从京都汉达瓦底出发。驻营曼昂达。

关于此次进军阿瑜陀耶的缅军数字，在《缅甸大史》、《中史》中曾记载为50支人马，兵将共90万或100万不等。而敦丁大臣编纂的《新史》则认为这与《明耶岱巴埃钦》诗中所写的："浩荡雄伟，四十路军，直取炯国。沿海行进，为镇叛敌，又起征尘。……"这一情况不合。我们认为敦丁大臣所撰写的《新史》是参照了一些讹传的史料写成，而《缅甸大史》却是依据古代可靠史料撰写的。古代史料中曾记载此次共有兵勇546000人。计算一下这50支人马的确切数字时，总计正好相合。《征服阿瑜陀耶茂贡诗》也与《缅甸大史》记载的一致。而《明耶岱巴埃钦》诗指的是王子摩诃乌巴亚扎、王弟卑谬王、东吁王、驸马阿瓦王所统领的40支军队，每队10万名兵勇而言。如果把它看作是缅王统率的大军和缅军全部50支军的人马，那么所指的50支部队总共才有40万兵勇。这就不仅与《缅甸大史》记载不一致，且与《新史》所记50路军共54万兵之说亦不一致了。

缅军从曼昂达营地出发，一直进军到阿瑜陀耶北因道地区，共驻营47处。缅王传令彭世洛城的当基土司、彬尼亚劳、彬尼亚江

道、彬尼亚勃仰等人率战象300、骏马4000、士卒60000从彭世洛出发，也朝阿瑜陀耶方向行进，向缅王大军这边集中。他们抵达后便将自己俘获的武器、象马兵勇献呈缅王。白象红象之主缅王陛下对当基土司和彬尼亚江道倍加赞赏。将许多穿戴用品赐赏给他们。缅王道："彬尼亚劳和彬尼亚勃仰在阿瑜陀耶王攻打彭世洛城时，只守城而不出击。如当时也出城追击，阿瑜陀耶王焉能逃脱？"于是撤去他们俩的部下和兵勇。阿瑜陀耶王得知白象之主缅王带领大批兵马来攻，不敢迎战，只在城头部署了大炮等。并搜集四乡壮丁进城，据城固守。

白象之主缅王陛下派宋德亚底和德曼德拉去集中彭世洛城的战船。他们到达彭世洛后便用从清迈带来的战船运载稻谷，并载老弱病残迅速返回。白象之主缅王陛下赞赏宋德亚底在彭世洛所立战功，赐其比亚达拜称号，并赏给咸茶罐；同时赐封了德曼德拉以拜纳耶称号，也赏给了咸茶罐。

缅王陛下召集王太子摩诃乌巴亚扎等众将领商议攻打阿瑜陀耶之事。摩诃乌巴亚扎奏道："如今阿瑜陀耶王只固守而不肯出城迎战。阿瑜陀耶城四面环水，很难攻克。如要长期围城，则吾百万大军粮饷难筹。只有奋勇速攻，方能取胜。"白象之主缅王陛下道："阿瑜陀耶城虽四面环水而难以攻克，但我军水陆夹攻，阿瑜陀耶城岂能守住？朕已派兵勇去收缴甘烹碧、杜温那劳、素可泰、披猜诸城的粮米。造粮库储粮。雨季来时，命兵勇种田。如有别国援敌，朕将派兵分别征讨，故不宜仓促攻打。"遂命54支人马分布在城之四周，将阿瑜陀耶城团团围住，水泄不通。

并派人到阿瑜陀耶四乡收缴粮草，造谷仓储存。又派兵勇到河上游砍伐可制木栅栏用的圆木。每根圆木约碗口粗细，高十五六肘尺，以建造带有箭垛门楼的木栅鹿砦。工程进展神速，不日竣工。城之东与南两面，河面狭窄，故建成的木栅鹿砦离城墙很近；而西面却因河面宽，木栅鹿砦不能紧靠城墙。于是命众将率兵勇乘船渡河到对岸建带箭垛门楼的木栅鹿砦驻守。待木栅鹿砦全部完工之后，便部署了大炮、臼炮、火铳等。一时枪炮齐发，对准城中轰击。阿瑜陀耶城如同遭到雷击一般。许多房屋建筑倒塌，百姓惊恐万状。此时，缅军将领抽刀指挥部下攻城。下属官兵虽然害怕，慑于将领之威，只得将生死置之度外。在将官们的督战之下，缅军兵勇不顾敌方射来枪林弹雨，纷纷架梯登城。虽然缅军强攻，终因城头敌方炮弹阻挡，伤亡众多，未能成功。缅军又挖土筑丘，使土丘与阿瑜陀耶城头一般高，然后把枪炮运到丘顶，每日不停地向城中射击。但城墙坚厚难破。缅王想尽种种办法攻城，终未奏效。

白象之主缅王陛下心中气恼，下旨道："尔等妄为王弟、王子、大臣、将领，受朕恩惠却不出力故不能尽快战胜敌军。从今开始，尔等必须努力取胜，凡不出力者，必重罚。"王弟、王子、众大臣将领领旨后，着实加强了各部门兵力，不分昼夜奋不顾身攻城。因阿瑜陀耶军从城头射来的炮火中弹身亡的缅军人数骤增。几次攻城后，每支大军几乎都伤亡不下三四百人。尸体堆积如山，甚至已可当作掩体之用。此时，阿瑜陀耶军探得彬尼亚晒为统领，苏傣坎为监军的一支缅军离河很近而工事不坚，便从城内放出四五只小船。船上的阿瑜陀耶兵勇乘缅军兵勇外出采集蔬菜、柴薪之时，放火烧了缅军的一二个军营。卑谬王德达巴亚扎的部下得知这一情况后才追击敌军。敌军却已带着夺得的武器返回城内了。此事奏报缅王陛下后,缅王亲临现场视察。此时,彬尼亚晒、苏傣坎畏罪逃走。该军属王弟德多达马亚扎统领。缅王便迁怒于王弟,命刽子手将王弟德多达马亚扎斩了。正当刽子拉住卑谬王衣袖时,卑谬王的部下捉到了彬尼亚晒和苏傣坎等人来见缅王。缅王威怒之下,众将无人敢劝,彬尼亚晒和苏傣坎被斩。自此之后,众将对王更是畏惧万分。

王太子摩诃乌巴亚扎召集部下兵将问道:"喂!男子汉们,如果用我手中所拿的鞭子当柴禾来煮饭,能煮熟吗?"部下答道:"殿下的鞭子太小了,煮不熟饭。"王子又道:"敌人抢了彬尼亚晒军中的枪炮,以致统领、监军两将皆被斩首。如今莫说是枪炮,就是这么小小的一根鞭子,若落到敌军手中,尔等也休想活命了!"众兵将听了此话,更加奋不顾身,置生死于度外,尽职效力不敢有怠。缅王围阿瑜陀耶城约有 4 个月,老阿瑜陀耶王,即曾出家为僧又还俗的比亚达底亚扎于缅历 931 年 2 月 2 日(公元 1569 年 4 月 16 日)金曜日遭报应死去。由于战事当头,诸多不便,尸体未及埋葬,只得灌了水银置于一旁。

阿瑜陀耶幼主对众大臣将领道:"缅王围城,因我军发射枪炮,缅军死伤无数。死伤虽众,攻打却不停。他们在堆积如山的士兵的尸体上筑土丘。定是缅王威怒,他们才如此拼命。朕初接王位不久,朝中将臣可能有的服朕,有的不服。故吾等不宜坚持死守。宜用良言劝慰缅王,使其息怒而去。吾等方能行动自由,再图良策。"阿瑜陀耶幼主与其皇亲贵族们商议已定,便写了一封金贝叶书。书中道:"臣等本不敢对陛下存有异心,而是一个名叫奥亚仰的大臣，当先父在陛下手下削发为僧时，花言巧语怂恿先父还俗造反，并说若出事则由他一人承担云云。先父听信谗言，反叛了陛下。致今日中了报应而死。臣愿按过去旧例，岁岁进贡为陛下效劳。”阿瑜陀耶幼主派人将奥亚仰拷上脚镣，带了许多礼品并金贝叶书来见缅王。白象之主缅王陛下原是具备种种威德的君主。见呈上的贝叶书后，二话未说，即命卸去奥亚仰的脚镣，还赐他许多穿戴物品，仍然委以官职，让其在身边侍奉。

原先由阿瑜陀耶王邀请的援军万象王，遵守诺言，没有袖手旁观，带了战象 1000、骏马 8000、士卒 30000 前来。探子来报，缅王便命耶谬侯明耶路林为统领，瓦格鲁侯赖亚毕为监军，领战象 100、骏马 1000、士卒 40000 到华富里地区去探听敌军虚实。明耶路林、赖亚毕等到达那拉博后，驻扎下来。但粗心大意毫无戒备。5 日后，万象王来攻，缅军不敌，大败。敌军俘去明耶路林及许多兵勇。监军赖亚毕骑马带 19 名兵勇逃回。

白象之主缅王陛下召集王弟、王子及众大臣将官，当众对赖亚毕道：“朕命你为监军，曾有言在先，谁不尽力就将其斩首。如今明耶路林和众兵勇受了朕的恩惠，忠于朕、愿为朕捐躯，你却对朕不忠，骑马逃回。你惧怕万象人杀你，却不怕我杀你么？既如此，朕要将你满门抄斩。”赖亚毕听罢磕头奏道：“如果是一对十，十对百地上阵对敌，臣愿拼命死战在所不惜。但若明知是一对千，十对万地白送性命打仗，是无谓的牺牲。故臣认为，倒不如回到陛下身边被陛下处死更好，故而逃回。”陛下道：“你方才所奏，尽是开脱之词。那个孟族主将拼命保朕，为朕尽了忠；而你不忠不义，逃回来后反用花言巧语惑朕。”内傅底里泽亚觉廷听后奏道：“臣认为赖亚毕逃回是好事。如赖亚毕不设法逃回,那么缅军的统领、监军两将统统被俘,我等还有何颜面见人?”

白象之王缅王陛下便问:“此话怎讲?”底里泽亚觉廷奏道:“如各邻国都知道圣上的部下统领、监军二将均被生擒,岂不大长了万象王的威风么?如今亏得赖亚毕带了10余名兵勇逃出,返回驾前,是为我军挽回了一些颜面。”彬尼亚江道也奏道:“此言有理。”

白象之主缅王陛下又问:“何理之有?”彬尼亚江道奏道:“万象王与我军作战,每战必败,从未胜过。如今在一对千、十对万兵力悬殊的情况下取胜,不足为奇。此番又是应阿瑜陀耶王之邀,信守诺言而来。只要臣等去应战,他定不敢对阵。”彬尼亚德拉也奏道:“适才底里泽亚觉廷和彬尼亚江道所奏确是言之有理。赖亚毕实为一条好汉。否则焉能逃脱。他返回后也方知敌军的虚实。圣上就把他看作是一只小鸟,开恩饶他一命吧!”缅王听了众将官所奏,平息了怒气,放了赖亚毕。

缅王又与众大臣将领商议:“今万象军来攻是解除对阿瑜陀耶之围去迎击万象王?还是以一部分兵马继续围困阿瑜陀耶城,另一部分兵马去迎击万象王为好?”彬尼亚德拉奏道:“吾等围困阿瑜陀耶城已有四五个月了。而今阿瑜陀耶老王已得了报应身亡。阿瑜陀耶城中百姓人心惶惶。如果解了城围迎击万象王,那么即使胜了万象王岂不是还得费力重新包围阿瑜陀耶?所以,还是留下一半兵马继续围城,臣等率一半兵力去打万象王。谅万象王不敢对阵。但也须提防万象军于离城较远处扎营袭击我外出寻粮的士兵。应派阿瑜陀耶王送来的奥亚仰到万象王处骗万象王前来。如此便可在离我围城军不远处,轻而易举地打败万象王了。”缅王赞同彬尼亚德拉所奏，即召奥亚仰前来道："只要你努力为朕尽忠效力，朕将对你赐赏有加。"奥亚仰奏道："阿瑜陀耶王将臣献予陛下，听任陛下斩杀。今蒙圣上贤德明君不杀之恩，并仍与百官平等相待，不胜感激。臣有幸得以侍奉明君，天恩浩大。即便终生报恩也难尽了。愿舍命尽忠，不敢有怠。"

白象之主缅王便唤彬尼亚德拉和奥亚仰撰拟给万象王的书信。信中道："甥儿比亚亨敦敬禀舅父万象王陛下：汉达瓦底白象之主缅王率军围城已有四五个月，敌军士兵伤亡甚多。登城攻打中，因城头枪炮射击，敌伤亡更加严重。虽如此，缅军们围城不退，因舅父大驾未到，故甥儿未敢出城反击。盼舅父望眼欲穿。望舅父从速率军驾临，甥儿正好可从城内接应夹攻。白象之主定招架不住，必败无疑。"奥亚仰假扮受阿瑜陀耶王的派遣将信呈递万象王。因奥亚仰是刚从城内出来的人，他对万象王讲了阿瑜陀耶城中情形后，万象王深信不疑。便迅速起兵，并与奥亚仰约好抵达之日。奥亚仰办完此事即返回。

白象之主缅王陛下迎战万象王的部署如下：孟拱土司、孟密土司、彬尼亚德拉、底里达马道加、彬尼亚恩达、亚扎丁坚、王子摩诃乌巴亚扎等各领一军，以上 7 支人马共带领战象 100、骏马 1000、士卒 50000，由中路进发；底宝土司、登尼土司、巴亚加马尼、彬尼亚别、德道榭、彬尼亚江道、王弟东吁王明康，各领一军，以上 7 支人马共率战象 100、骏马 1000、士卒 50000，为左路军；翁榜土司、良瑞土司、欧德马底泽亚都拉、德门勒宫恩、明耶觉廷、德门丹莱、驸马阿瓦王德多明绍各领一军，此军 7 支人马共率战象 100、骏马

1000、士卒 50000，为右路军。

白象之主缅王陛下率领的大军殿后。军中拥有战象 100、骏马 1000、士卒 50000，于缅历 931 年 2 月 9 日（公元 1569 年 4 月 30 日）金曜日，从阿瑜陀耶城出发，迎战万象王。命王弟卑谬王德多达马亚扎为继续围困阿瑜陀耶城大军之统帅。王太子摩诃乌巴亚扎、王弟东吁王、阿瓦王等从阿瑜陀耶城出发，行进到达离城约 14 英里处，下令象马兵勇休息。住宿一夜，次日凌晨，万象王率大队兵马趾高气扬地由华富里地区出发。王太子摩诃乌巴亚扎、王弟东吁王、阿瓦王等 3 路大军派遣 3000 马军前去侦察。侦察马军与万象王的先头马军相遇，双方交锋良久。马兵一边拖延时间；一边派人回报战情。于是王太子摩诃乌巴亚扎、东吁王、阿瓦王等备好象马，布置了枪炮做好一切战备。阿瓦王德多明绍派兵埋伏在山林中，以便出其不意袭击从山脚处过来的敌军。万象王带领战象 1000、运输用象 100、骏马 800、士卒 30000 而来，威风凛凛不可一世。万象军靠近缅军后，缅军从两侧向其发射臼炮、大炮，并冲向万象军。当万象军走过山拐角处时，驸马德多明绍又率兵勇从山林中冲杀出来。万象王的部下率兵抵抗。但已有三四头象倒地。眼看支持不住而后撤。德多明绍追击败退敌军。翁榜土司、良瑞土司等 6 支人马亦放鞭驱象，紧追不舍。万象军被截为两段。摩诃乌巴亚扎和东吁王等亦率领象马兵勇一拥而上，万象王搜集了 20000 余残兵溃逃。缅军于缅历 931 年 2 月 23 日[①]（公元 1569 年

① 原文为缅历 931 年 2 月 8 日，上文言 9 日才开始迎战万象王，明显有误。经查《缅甸大史》为 23 日，改正之。

5 月 7 日)金曜日,大胜万象军。

(243) 万象王的计谋

白象之主缅王陛下听到枪炮声四起,便知已与万象军交手。便命兵勇埋伏于敌军退路拐角处,以袭击敌军。待万象王率领败兵逃来时,缅王部下又冲出追杀,万象王逃入竹林中。缅军又追击了 10 英里。眼见即将追及,万象王自知难以逃脱,便暂驻了兵马,派一名下属将官修金贝叶书一封送呈缅王。

信中写道:"万象王比亚晒锡敬告王中之王缅王陛下:贵军在攻打清迈城时,王子摩诃乌巴亚扎、驸马德多明绍到卑国乡村一带,曾使卑国百姓遭受劫难。那时,正值吾等前去迎接阿瑜陀耶公主出门在外,不在国内。因而遭受上述劫难。如今缅王陛下围困阿瑜陀耶国四个月许,阿瑜陀耶王告知本王,贵军损伤严重,因而本王带了大量杀伤力、火力强的火器等前来助战。如使用这些武器,可使千军万马毁于一旦。想不到今天遇到了洪福齐天的陛下,茫茫黑夜,大雨倾盆。卑军所备火器弹药竟毫无作用。卑军犹如毒蛇被除了毒牙一般无能为力而败于贵军之手。卑军今日之败实属意外。陛下真是有天帝释神明相助,致使奇迹出现。上次摩诃乌巴亚扎与驸马德多明绍等来卑国时所毁城镇与乡村,至今尚未恢复。如是洪福之主陛下亲临万象,卑等举国上下不敢抵抗,从今日起,吾决心不再与陛下对抗,有心向陛下称臣效忠。故不再逃走将军马暂驻此地。今日天色已晚,不能亲自前来见驾,明日一早定来叩见陛下。"

白象之主缅王陛下看了万象王送来的书信后，深信不疑。见天色已黑，便也暂驻兵马扎营而息。万象王得知缅军已暂驻不追，竟又连夜逃走了。待到拂晓，当缅军士兵报告缅王后，只见万象军营地上空空如也，只有鸟雀飞翔的情景时，缅王不禁抚掌大笑：“好个小小万象王，你虽用谎言骗了朕，竟亲口讲出了要向朕称臣效忠之言，要逃就逃吧！待朕攻下阿瑜陀耶后，定来攻打万象。那时，看你比亚晒锡还能逃得脱朕的掌心么！”遂将俘获的万象王的嫔妃玛努约梅达等10余人收下，返回阿瑜陀耶城外驻地。此时，王弟、王子等众将又献上俘获的10余名万象将臣、300余头象、5000余战俘。万象兵勇死伤无数。在华富里地区逃回了一些被敌方俘去的缅军兵勇，重新投归缅王麾下。

白象之主缅王陛下问，此次开战，是何人打败了万象王的？王子摩诃乌巴亚扎奏道：“是臣与万象王对阵，在臣追击之下，敌军才大败的。”王弟东吁王明康也奏道：“在敌军与王子对阵时，是臣从左路插入猛攻，万象王才大败的。”各土司头人也纷纷奏说是自己如何攻打而击溃敌军的。此时，阿瓦王德多明绍奏道：“现在众说纷纭，莫衷一是，都说是自己打败了敌军。现有俘获的万象将臣在此，不须臣自己说明，请陛下审问战俘便知。”缅王陛下见情况不明，尚不宜论功行赏。便命王弟卑谬王德多达马亚扎先审问战俘。德多达马亚扎便唤了万象王部下将领来问。万象王部下将领们道：“打败吾等的是一位肤色黝黑、高鼻梁、骑了一头红象的将领。在他的冲击下，万象王的军队分成四股溃散逃跑。”德多达马亚扎又问：“尔等见了此人还能认得出么？”万象将领们道：“见了面自然认得。”

白象之主缅王陛下便命王弟、王子、土司、众将都穿上战袍盔甲，骑着大象，与上战场时一般打扮，到营前集合。又命万象王部下将领前来认人。王弟德多达马亚扎让万象将领们站在营房对面空地上，然后叫王弟、王子、土司、诸将领一一骑象而过，让他们辨认。从摩诃乌巴亚扎开始，挨个儿问万象将领是也不是，都答说不是。但见众将之后闪出一骑涂满朱红色的战象丹绵苏瓦，象上坐着一员猛将，却原来是阿瓦王。万象将领们一见他来，原本对他已惧恐万分，此时像是吓破了胆一般，都不敢站出来指人，只是说“就是他！”纷纷躲到帐篷后面藏了起来。缅王陛下见此情景说道：“好个阿瓦王，尔出尽风头矣！”便将御用槟榔盒、咸茶罐、饮水瓶、手镯、指环、皇服以及象 10 头、马 20 匹、万象战俘 100 人赐赏给他。又以邑地、佩戴服饰衣物等一一赐赏王子摩诃乌巴亚扎、王弟东吁王诸将领。另外，对部下、校尉兵勇等也论功行赏，分别赐给佩戴用品、金银等。

然后便下令作好迅速攻打阿瑜陀耶城的部署。有校尉来告，说是缅王老部下、丁因侯巴亚加马尼在攻打万象王以后的攻阿瑜陀耶战役中，见校尉持刀督战，竟用大刀追砍督阵校尉。白象之主缅王陛下便命王弟德多德玛亚扎审明事实。德多达马亚扎审明校尉所告属实。但为平息龙颜之怒，奏道：“福主明君陛下，奴才巴亚加马尼是早年与陛下患难与共、长期侍奉左右的老臣了。即使见了臣等，也是要砍便砍，要打便打的。望陛下宽恕他这一遭。譬如将小鸟放生，饶他一命吧！”缅王听罢德多达马亚扎之奏后道：“他虽是朕早年老臣，别的过错，朕皆可饶恕，惟有违反军令之事，则万万不可容忍放纵。如是卑谬侯怜惜他，那么你卑谬侯难道愿替他一死?”听了陛下此言,卑谬侯及其他王弟、王子众将臣都知陛下盛怒难平,不敢再进言相谏,各自低头不语。

白象主缅王陛下下旨道:“违王命者,立斩勿误!”刽子手便将巴亚加马尼拖到了卑谬王主营中,立地正法。因巴亚加马尼被斩,巴亚加巴尼之子伏在其父尸上大恸不止。缅王得悉后又命斩其子。有部下覆布于巴亚加马尼父子身上遮掩,缅王再命斩其部下。于是众将臣校尉面对主仆三人之尸,人心惶恐,分外尽心守职。日夜不停驻守在城四周的土丘上,连城头打来的炮弹也顾不得害怕,个个都似豁出了性命一般,上下齐心奋力攻城。

巴亚加马尼原是缅王旧部下。缅历 913 年(公元 1551 年)缅王与德门陶亚马骑象对阵时,他曾为骑象的中座卫士,在建摩诃泽底佛塔埋舍利子时,还曾用金铸成缅王像和巴亚加马尼像一起埋入塔中,并记载在碑铭和金贝叶书上。他是如此深得缅王器重的一位近臣,竟因一时过错触犯军规,缅王忍痛割爱将其斩首。

缅军攻打阿瑜陀耶城,以牺牲 10000 余兵勇的代价强攻,仍未能登上城头。因攻城不得,缅王又心生一计:先前攻打阿瑜陀耶城时,曾俘获阿瑜陀耶大臣奥比亚晒吉,是朕一气之下将他拷上脚镣,囚禁了四五个月。如今不如先放了这个奥比亚晒吉,命其进城后打开城门,岂不妙哉?只要朕与他一人和解,将来得益匪浅。便叫人放了奥比亚晒吉,嘱咐他道:“朕今日放你进城,你要为朕效力。事如成,朕将赐你彭世洛城及王侯仪仗,封为王侯。只要你进得城后在晚间开了城门即可。”奥比亚晒吉启奏：“愿尽力为陛下效劳。”

白象之主缅王命奥比亚晒吉宣誓效忠后，赐其礼物，仍将他戴上脚镣。于晚间，唤两名部下驶一小船，佯装是逃回城内的。进得城后，阿瑜陀耶王比亚马亨见了奥比亚晒吉返回，如同见到亲父一般，分外高兴。便命他为阿瑜陀亚城守备。奥比亚晒吉派那些效忠于阿瑜陀耶的将臣去守卫不易攻打的城门关口，却将自己亲信子孙等派到易于攻入的城门关口把守。一切布置就绪后，将守城情形写成一信，派一名部下送出城外报信。白象之主缅王陛下得信后大喜，便命传下将令叫兵勇们从奥比亚晒吉亲信们把守的城关攻进城去。晚间，缅军进得城后，与守城敌军交战了一二次。由于缅军象马众多，阿瑜陀耶军抵挡不住。缅历 931 年 5 月 19 日（公元 1569 年 7 月 31 日）火曜日，阿瑜陀耶城被攻破。占领阿瑜陀耶城后，缅军 54 支人马涌入城内掠城，全城洗劫一空。人人挑子上满载金银穿戴，无一人空手而回。攻下城后，缅王召阿瑜陀耶王比亚马亨及其将臣前来宣誓效忠。之后，鉴于轮回观念，命随从奥亚达马亚扎将阿瑜陀耶老王比亚底亚扎埋葬了，收下包括比亚马亨在内的阿瑜陀耶将领、兵勇、良象、骏马、枪炮等。安排了应留用的官员，帮助与父母离散的子女寻找亲人。此时正值雨季，大雨滂沱，阿瑜陀耶全城一片汪洋。缅军上自将官，下至兵卒，因攻下阿瑜陀耶城而喜气洋洋。各路人马都敲锣打鼓，吹笙弹琴举行庆典。此时，阿瑜陀耶城附近的属国城乡诸侯等也纷纷献来良象骏马、子女等，向缅王表示归顺称臣。缅王命宣誓效忠后，留下一部分人随驾返回京城，忠

诚可靠者，则仍回原邑食禄。[①]

一切安排妥当后，缅王于7月20日（公元1569年9月29日）水曜日，赐当基土司以君王登基五宝器封为阿瑜陀耶王。并交付其白银100缅斤，黄金13缅斤。命用以修缮毁损佛塔浮屠。勒外王请求以扶持佛教为名，派一官员前来献礼。白象之主缅王陛下又捐赠30缅斤的银子命修缮勒宫隆地区倒塌损坏的佛塔浮屠。将阿瑜陀耶城的一应事宜安排妥当后，缅王便召集了王太子摩诃乌巴亚扎、王弟卑谬王、东吁王、阿瓦王等及各土司、众将臣来道："万象王比亚晒锡象马兵勇众多，勇将亦不少，四乡百姓都惧他。在东部这一带，他可算得上是个最显要的人物了。"彬尼亚江道启奏道："洪福齐天的主上明鉴，万象王正像一条毒蛇，这条毒蛇虽然尾巴已断，但头还在，就不会不咬人。一旦被它咬了，危险万分。上次王子摩诃乌巴亚扎和德多明绍等在孟山城攻打他时，曾打死他许多将臣。后来在因德高地区一战，又让他损兵折将不少。虽如此，这些损失对他来说，也只是丢了条尾巴而已。事情尚未彻底了结。此番定要斩蛇砍头，

① "是年六月，泰北洪流下湍，缅王心中焦急，欲即速战速决，惟每推军临城前，必遭泰方大炮轰击，死伤甚众。缅王乃与彭世洛王议一策，欲将前时入缅作质的军政大臣披耶节基苦肉计，使返大城都。……大城都中泰军均为此苦肉计所蒙蔽。皇且以披耶节基逃归而喜，仍俾以军政大臣统辖全军之职。披耶节基登大任不久，向皇上奏。谓皇弟是骚哇叻每不听命令，常单独与缅军鏖战有误戎机及打击军略，皇弟必暗藏祸心，将告叛变云。皇误信其言竟下谕将皇弟处死刑。披耶节基又下令调文官多人，替接武将守城之责。武将受贬，多表灰心，士气乃大受影响。佛历二一一二年旧历九月黑分十一日，于缅军围大城都九个月有奇之后，缅军作一次大猛攻，大城都即告沦陷，皇亦被掳。缅王下谕将大城都人民移缅，仅以城中留人民万许。皇则由缅兵押往泰北，途中心脏病猝发而驾崩。自是泰国沦为缅附庸达十五年之久。"见《泰国古今史》。

打败万象王,占了他的地盘,方能使万象和阿瑜陀耶真正臣服陛下,我国边境也才能安宁太平。”

孟密土司听了彬尼亚江道之言也奏道:“上次攻打阿瑜陀耶国时,阿瑜陀耶王的城防部署十分严密坚固。但托主上的洪福,阿瑜陀耶王守不住城,还是献来4头白象、公主为礼,向主上宣誓效忠称臣。不久,仗着万象相助,不守信誓,反叛了主上。他不知感恩报德,反叛作乱,落得个又一次向洪福齐天的主上称臣顺服的地步。现在阿瑜陀耶事已平息,但尚会有人煽动阿瑜陀耶再次谋反,要讨伐这些煽动者,只有出兵万象。臣愿拼命效忠陛下。”

后当了孟乃土司的孟养色隆之子也奏道:“洪福之主我王陛下明鉴,陛下攻下孟养后,俘虏了卑臣。但陛下并未见责降罪,反而恩赐孟乃城于臣。臣非作战有功受赏,且陛下恩赐的孟乃非一般城池,乃帝王所在地。如此大恩大德,尚未亲自鏖战沙场骑象与敌拼杀以报。今如攻打万象,臣定要拼死作战,报效主上。”听完他们奏后,各土司将领也纷纷表示愿拼命效忠。

这时,彬尼亚劳奏道:“过去王子摩诃乌巴亚扎、驸马德多明绍等攻打万象时,万象王多次抵抗,但没有一次打胜过我们。他们被打得损兵折将,举国上下惊惶失措。他们固然惧怕我军,但因与阿瑜陀耶王有约在先,不得已又一次前来为阿瑜陀耶军助战。这一次,他们又损失严重。将臣、象马、兵勇死伤很多。今番要去攻打时,他为维护自己的权力,也会作些抵抗,但不会真正与我军比试较量。只怕他又会窜入山林,使战事旷日持久,不能根本平定。”

白象之主缅王陛下道:“朕堂堂国主,有王弟、王子、众将臣相助去征讨,他万象王比亚晒锡难道还真敢不要命地顽抗么?朕已胜了阿瑜陀耶国,赐阿瑜陀耶城予当基土司。阿瑜陀耶国中,有的将臣服他,有的不服。当基土司还没有自己的亲信将臣。如今阿瑜陀耶城中枪炮武器已被朕收缴一空。如果万象王一旦进攻阿瑜陀耶城,那些不服当基土司的将臣就会与万象王串通一气,岂不糟糕?朕已料到有此一着,故定要征服阿瑜陀耶之敌万象王方能班师回朝。”

听罢旨意后,彬尼亚德拉奏道:“我福主明鉴,臣也早有此意。但毕竟比圣上略逊一筹,考虑不周。而我福主陛下,乃来世佛祖,智慧超群,以致洞察如此。如不挖去万象王这个祸根,任其倚土而长,倒成了枝叶茂密的大树时,就更难以铲除了。唯有在其未长枝叶之前即连根除去,才是长久之计。上次与万象王交战中,因阿瓦王首先打败了他,使臣没有与他对阵较量的机会。这番前去攻打,如万象王胆敢抵抗,臣定要奋勇当先,报恩主上。”孟养土司也奏道:“奴才曾想,如福主陛下召奴才随驾出征,定要拼命效忠,故对奴才的1000匹马中的500匹,每匹马都花费白银二三缅斤作了装饰。但奴才当时被命驻守阿瑜陀耶城,未能冲锋杀敌。奴才的舅父、奴才的犬子都参加了攻打万象王的战役,立下战功,这次攻打万象,奴才一定拼命报恩主上。”

白象之主缅王陛下又下令:“赐元帅穿戴用品及彭世洛城给奥比亚晒吉。”奥比亚晒吉奏道:“奴才不愿受禄彭世洛城,但愿随主上左右效劳。”缅王便赐奥比亚晒吉名为彬尼亚,并封为大光侯。将彬尼亚晒的遗产及部下兵勇也都赐给了他。封赐完毕后,命南达觉廷和巴亚觉廷负责带领 10000 余随从,将山达黛维王后及嫔妃贵人和伤病残者,以及在阿瑜陀耶城收缴的大炮等,用战船护送运回汉达瓦底京城。阿瑜陀耶王当基土司又献来其 17 岁的公主比亚达温。缅王便带了比亚达温及 15 名侍奉宫女,随征万象。缅王于缅历 931 年[①] 8 月 6 日(公元 1569 年 10 月 14 日)金曜日,从阿瑜陀耶城出发,乘宝金舫,由水路经彭世洛前往万象。

王弟、王子、众将领亦由水陆两路到达彭世洛。众军汇集彭世洛城后,缅王命王太子摩诃乌巴亚扎的 11 支人马、王弟卑谬王德多达马亚扎的 11 支人马及驸马阿瓦王德多明绍的 11 支人马共 33 支人马分兵两路向勒宫格劳前进。又命王弟东吁王明康的 11 支人马、王侄达耶瓦底明耶觉廷的 5 支人马、彬尼亚江道的 4 支人马共 20 支人马为先头部队。白象之主缅王陛下率大军殿后,从彭世洛向皎当地区前进。又从皎当到达当叶,从当叶到达孟山。到达孟山对面后,因与王子摩诃乌巴亚扎、王弟卑谬王、阿瓦王等已有 3 月余未通信息,便将大军驻在孟山对面靠湄公河岸一侧。

缅王召集部下将领商议道:"现在就渡河去攻打孟山城好呢,还是就地驻下,安顿伤残人员后再去攻打好呢?"明摩诃奏道:"万象王与奴才等交战中,是常败将军。但如今我水陆两军驻在孟山非常显眼。而我军人生地不熟,如不先探明情况即去攻打,恐不适宜,且敌军不仅有陆军,水军力量也强。而王弟、王子等进军勒宫、

① 原文误印为 932 年,与前后文矛盾。经查《缅甸大史》更正之。

格曼至今尚未到达。我军仅陆军强大，没有战船也是弱点。故臣以为宜砍竹木造战船才是道理。”

白象之主缅王陛下赞同明摩诃所奏。命各军兵勇沿小河去寻找竹木。出外寻木的兵勇回来禀报说寻得一木棉树林。真乃天赐良机，神明相助！缅王便命兵勇伐木。伐下树木锯成木材，日夜赶造了大战船300只，劳加、皎雷船200只。又将船涂上朱红色或金色。工程进展神速，仅21天即告竣工。缅王又安排了劳加、皎雷船的船长。水军统领、监军等都从步兵将官兵勇中抽调。任命彬尼亚江道为船队总督领。命其攻打万象水军。并调来了陆军中的15000匹马助战。缅军水兵奋勇攻打时，以彬尼亚夸为元帅的万象军凶猛呐喊、拼死抵抗。缅军从上游攻打，占据优势。故万象军抵挡不住，大败。万象元帅彬尼亚夸被杀，死3000余人。战船200余艘和兵勇2000人被俘。看到水军惨败，万象王十分惊慌。

白象之主缅王命战船排搭成浮桥，大军渡河至对岸。万象王恐惧万分，不敢在孟山抵抗，率领人马逃进山林之中。缅王听说万象王已逃走，便率兵进驻孟山。众将臣兴高采烈敲锣打鼓吹笙弹琴举行庆祝。

王子摩诃乌巴亚扎、王弟卑谬王、阿瓦王等33支人马分兵勒宫、格劳两路进军。由于象马兵勇众多，粮草困难，故进军速度缓慢。到达勒宫、格劳时，遇一大河挡住去路。命人去试河深浅。报告河深只淹没象背，便不再搭桥，大军渡到对岸。此时，原受命固守勒宫、格劳的万象王部下将臣300余人及兵勇50000余不敢抵抗，逃进山林。摩诃乌巴亚扎等占领勒宫、格劳城后，命彬尼亚勃仰留驻勒宫、格劳城。因与缅王已有 3 月余未通消息，便命从勒宫、格劳出发的各路人马分兵向孟山行进。

彬尼亚勃仰是在攻打阿瑜陀耶时曾触怒缅王，被没收了部下和仆人。现去攻打万象途中，又还给仆人和兵勇，命其随王子摩诃乌巴亚扎同行的。

白象之主缅王陛下攻下孟山 5 天后，便命留下伤残病员，由王弟东吁王明康率 50000 兵勇驻守。自己亲率 20 支人马向万象王逃窜的山林追去。大军从孟山出发，停驻 3 站后，遇到一大湖。这时，清迈大臣彬尼亚鄂底隆奏道："洪福齐天的陛下将奴才视为了解万象情况的人留在左右，赐物皆为王侯用品，甚至有过之而无不及。奴才受此大恩，未曾相报。如今该是报恩之时了。现敌寇万象王在洪福齐天的陛下面前，不敢抵抗，逃入山林。但万象王诡计多端。此湖中，很有可能有伏兵。因惧我主上威严，敌军此时未敢前来骚扰。但陛下离开时，伏兵便会乘机偷袭。"

白象之主缅王听了彬尼亚鄂底隆所奏后，便将兵马驻在该地。命人寻船，未寻到。便命人编了许多木筏，运了大炮、枪支等，分头到湖中搜索。后在湖中一岛上搜到 3000 余男女百姓。由此，缅军离开大湖，又向前进军。约停驻有 4 站远时，与王子摩诃乌巴亚扎的人马相遇。万象王藏在山林中准备偷袭缅军。听到王子摩诃乌巴亚扎率军来到，又不敢抵抗，重新躲进深山之中。摩诃乌巴亚扎等人马因是沿河行军，离山林有一段距离，故未与万象军遭遇。缅王陛下等王弟、王子的部队到齐后，便带领 52 支人马铺开阵势，追击万象王。万象王带领兵马、登山爬岸、辗转于大小山林之中到处躲藏。

白象之主缅王展开阵势追击，缅军长途跋涉，分外疲劳。遇到城乡有人烟处，有粮便可吃上一顿，遇上荒山野林，就要挨饿。虽费力疲惫地追踪，因万象王去向不明，终未搜到万象军。时间一久，象马兵勇病死饿毙不少。兵马处于精疲力竭的状态。到达克榜地区，一兵卒出外寻粮，遇到了万象军被抓。献到万象王前。万象王审问了缅军俘虏后，得知缅军因缺粮，饿死、病死者日众，大军已疲乏不堪。万象王大喜，伸着臂膀道："缅王到达我们地域，朕先不迎战，并非惧怕于他，是伺机而待，等缅军疲乏不堪时再打。现果不出朕之所料，缅军也会有今日。朕迎战之时到了。"便在离克榜地区约10英里处，造了木栅鹿砦、挖了壕沟，带战象400、士卒80000，据守抵抗。

白象之主缅王听到万象王占据某山林迎战的消息后，对众王弟、王子、将臣们降旨道："朕今日要亲自去攻打，将领校尉们，现在就出发。"此时，缅军兵勇军粮已断，靠采山林野果野花充饥。后来连能食用的野果野花都已采尽。有的已三四日未进食。只得采菖蒲、野草为食。在此等忍饥挨饿的情形下，缅军仍为主上尽忠效力，坚持进军。饥饿疲劳的缅军到了离万象王驻地约1岱处，由于地盘狭窄，缅王命将战象遍身涂红留下待命。又对王弟、王子等众将领道："诸卿尚年轻，日后不愁无打仗机会。朕已上了年纪，机会不多了。此仗应由朕亲自单骑出战，讨伐万象王。"听罢缅王此言，王弟、王子等纷纷奏道："威福齐天的陛下在上，既有臣等在，何劳陛下大驾，否则叫臣等有何颜面。此事勿需陛下操劳，应由奴才们去才是。"

于是王子、王弟等将臣都振作精神，纷纷做好与万象王单骑相拼的准备，此时，彬尼亚德拉骑象到卑谬王军中道：“如今各军兵勇挨饿已三四日，连自己的武器都拿不动，有的弟兄因饥饿无力，至今尚未赶上部队，这样仓促上阵，怕有不妥！”卑谬王听了彬尼亚德拉之言道：“你说的很对。莫说兵勇们没吃的，就连我也已饿了一顿了。因缺粮，我吩咐厨师取了50缅斤白银去买粮，哪知50缅斤白银连两罐米也买不来。我责备了厨师，为何不早告诉我，既然知道缺粮，为何不派人到摩诃乌巴亚扎、王弟、阿瓦王处去要些呢？现在临到我要出阵应战了，却没吃的了。”所以斩了厨师。连吾等都如此，下人又会如何，可想而知。说罢便派一名叫杜因代底的官员与彬尼亚德拉同去见缅王。

白象之主缅王陛下见是彬尼亚德拉到来，便将其叫到跟前问道：“现朕要出战，卿以为如何？”彬尼亚德拉跪叩三次后启奏道：“万象王扎营驻守此地有三条有利条件。而陛下驻在此地，奴才却看不到一条有利因素。”缅王问：“对万象王有利的三条是什么？”彬尼亚德拉奏道：“万象王之所以驻守于此，是因为我主陛下初到此地，千军万马多如天上落下的雪花一般。但雪花一见太阳都化作乌有了。他们预计到，旷日持久我军自会拖垮。此是其一；而万象王是在他自己的城乡地域之内，储藏有大量军饷，此是其二；我军多次讨伐于他，积怨已久，现乘我军饥饿疲惫之机，彼等有发奋报仇之心，这是其三。敌军正是有此三条有利因素，而我主陛下在此却毫无有利条件可言。陛下身为大国之主、王中之王，要与万象王单骑对阵，即使万象王战败、战死，也是他该死的。如果他的盟国听到此消息，反而增添了万象王的光荣。臣见于此，斗胆向陛下直陈。现天色已黑,今日就驻营于此,待拂晓后视情形再做计议为妥。"

王弟德多达马亚扎骑一母象来到营地也见驾奏道:"万象王如直到拂晓还在该地时,奴才愿生擒他来献与陛下。"白象主缅王陛下很赞同王弟卑谬王和彬尼亚德拉所奏,便将大军驻在该地过夜。王子摩诃乌亚扎见大军就地驻下,便骑一母象来见缅王道:"儿臣以为应于今日连夜攻打万象王军队。如等天亮再打,他又会连夜逃走了。"白象主缅王问道:"吾儿难道不愿万象王逃走么?"摩诃乌巴亚扎回去对众将官口吐怨言道:"陛下与我想法不同。开始攻打阿瑜陀耶时,如猛打猛攻,速战速决,死伤人员也不会如此之多。但是陛下没这么做。一直让建土丘工事,拖长了攻打的时间,致使象马兵勇损失严重。再看打万象王,万象王逃进山林后,他希望早早追到万象王,现在已找到敌人,该去攻打了,却又驻下人马不进了。要是万象王又逃走,定会又叫众将兵勇费力寻找了。"主军营中有一掸族兵勇已整整三天没进食了。正在拔茅草嚼食,恰被缅王见到。缅王问为何吃草。兵勇答因三日没进食物故而嚼食茅草。白象之主缅王便命取出皇仓中的干粮一一分送给周围的卫戍兵勇和众将领。并命喂饱象马。万象王得悉缅王已驻下部队的消息,便大肆叫嚣并作了拂晓迎战的安排。

一位名叫彬尼亚丁的大臣对其主万象王奏道:"白象之主缅王率军共计士卒 55 万、战象 5300 头、骏马 53000 匹;而吾等只有战象 400 头、将士约 80000 人。即使我们以一对十跟他们拼杀,亦无法克敌制胜。况且他们的将领均是些冒死拼杀之辈,故不宜与其硬拼。”万象王道:“白象之主缅王所率大军初到时,的确是数字庞大,但已病、伤、饿死不少。乘其饥饿疲惫之机去打,定能取胜无疑。”

彬尼亚丁又道:“陛下说闻言他们疾病伤痛缠身忍饥挨饿。难道他们的象马兵勇都吃不上饭么?我王陛下太轻信人言了。前次摩诃乌巴亚扎来攻,到达囊汉地区时,大王就是听信了彬尼亚南之言。结果彬尼亚南战死,鄂底隆亚扎沃也阵亡。陛下被弄得疲惫不堪,十分狼狈。还有,白象之主的3位将领驻守彭世洛抵抗时,陛下与阿瑜陀耶王联合攻打,都未能打胜,反落得疲于奔命的境地。也是因为听信了阿瑜陀耶大臣奥亚仰之言,在因德高一战损兵折将。现在又听信抓来的敌俘之言,要与他们去打。如能像吾主所想的那样固然很好,如果实现不了,岂不糟糕?因此,我们应利用土地广阔的有利条件,适当躲避一些时候,难道敌人还能轻而易举地把我国搬走不成?等敌兵撤走后,我们还可以从长计议么!先王们在敌人来打时,都是用种种计谋取胜的啊!”万象王听罢此言,也估计自己不一定能胜,便当夜逃走了。

白象之主缅王听说万象王逃走,便将万象王营地储存的粮饷食物等分给将士们。人马又得到了充足的供应。缅王又召集王弟、王子众将臣来商议道:“如今万象王比亚晒锡作出要决战的架势,却又弃营而逃,卿等料是何道理?”摩诃乌巴亚扎奏道:“如昨夜猛攻万象军,便可俘获一大批象马战俘。但陛下采纳几位将臣的意见,按兵不动,等拂晓才打,又让万象王逃遁了。现在再追就找不见了。雨季将至,象、马、兵勇已很疲惫。儿臣认为这一回该回去整顿兵马，待过了雨季再来攻打，便可打败万象王。”卑谬王德多达马亚扎听罢摩诃巴亚扎之言也奏道：“万象王只要遇到我军，没有一次不打败仗。损失的象马兵勇已不少，因此不敢与我们对阵交锋。倚仗茂密的山林藏身，以图保存自己，故而又逃遁。臣也以为这次不如暂且班师回国。今后宜偷袭万象城，方能胜之。”白象之主缅王见人困马乏，兵马实已疲惫不堪，便决定于1月（公元1570年3月）回国，到达孟山时，彬尼亚勃仰因病身亡。缅王厚葬之。前曾因一气之下没收了彬尼亚劳部下兵勇。现缅王怒气平息，重又赐他原来的赏物和部下兵勇。并赐彬尼亚勃仰之子名为彬尼亚晒，将其父名下兵勇赐给他管辖。缅王大军从孟山起程返回。3月到达彭世洛。在彭世洛暂住5天，对阿瑜陀耶城乡的管理作了安排。3月7日（公元1570年5月10日），又从彭世洛返程，到达温谬时，命人在神魔建的佛发塔附近建造有20小寺环绕的泽达温金寺。

缅历932年4月10日（公元1570年6月11日）土曜日，缅王返回汉达瓦底金宫。5月4日（公元1570年7月5日）水曜日，卡随土司洪派其子送幼女及许多礼品来献。缅王又一次驾幸阿瑜陀耶。命人把毁掉的宫殿拆下的木材建造佛亭以放置佛像。并填平该地，使佛亭建于高处。5月24日（公元1570年7月25日）月曜日，施舍了与缅王自己一般身重的银子共35缅斤又30缅两，以作为自己先前修建的摩诃泽底佛塔贴金箔费用。7月17日（公元1570年9月15日）水曜日，开始修建倒塌的瑞牟陶佛塔。同日，为倒塌的介哥佛塔埋藏舍利。同日，铸造了金佛像、金与赤铜合金佛像、银佛像、五合金佛像共4尊。9月18

日(公元1570年11月13日)月曜日,建造枢密院金殿。11月1日(公元1570年12月26日)水曜日,登枢密院金殿上朝。11月17日(公元1571年1月7日)木曜日,铸造了重530缅斤的金佛。并在金佛的前额、佛披袈裟上镶嵌了红宝石。将上朝时自己佩戴的无价之宝皇冠、红宝石项链、红宝石、钻石与翡翠手镯、指环等,以及阿杜拉底里摩诃亚扎黛维王后用的餐具红宝石碗,王子、公主、嫔妃们的穿戴用品上的宝石都拆卸了下来装饰在佛像之上。

缅历933年2月7日(公元1571年3月30日)土曜日,赐命山达黛维王后所生的公主明钦绍与王弟东吁王明康之子明耶觉廷在宫中完婚。婚礼场面隆重,在此不一一赘述。4月7日(公元1571年5月29日)土曜日,将拘楼孙佛、拘那含佛、迦叶佛、乔答摩佛等4尊雕好的佛像运到金佛亭中。又将从阿瑜陀耶国请来的金佛、银佛、五合金佛像等也运到缅王的功德塔金佛亭四周供奉。当日令德门埃巴耶大臣改名为彬尼亚勃仰,并将已故的彬尼亚勃仰的人马从其子彬尼亚晒手中收回,赐予他。5月5日(公元1571年7月26日),派德勒帕耶、德门丹杰、德门丹莱、埃巴耶等4人各领一支人马,带战象300、骏马4000、士卒40000去镇压因德约土司的反叛,到达因德约时,土司与全城百姓皆不敢抵抗,逃往山林之中。在缅军搜追之下,该土司表示愿对缅王效忠称臣。事后缅军返回。同年,孟拱、孟养土司与孟坚侯、奥侯、格亚侯、孟良侯、温多侯、孟昔侯等串通一气造反。美都侯、鄂耶内侯等将此消息奏报缅王。缅王便召集了摩诃乌巴亚扎等众将臣前来,说道:“孟拱和孟养土司等人原只是朕敕封的诸侯藩王,受封后却反叛,他们只能

落得个自取灭亡的下场。”

彬尼亚德拉听缅王所言后，叩拜上奏道：“孟拱、孟养土司等人不忠不义反叛我主陛下，犹如兔子、豕鹿等竟敢在狮王面前打哈欠一样，打错了算盘。陛下若派兵去伐，他们不敢对抗，定会逃往山林而去。故此事只宜派王弟、王子前去。”白象主缅王便部署了讨伐孟养、孟拱的兵马：

水路由达耶瓦底侯、美德侯、色固侯、色林侯、布坎艾侯、色雷侯、蒲甘侯、德娄候、布坎基侯、阿敏侯、勃东侯、甘尼侯、辛古侯、太公侯各领一军，命王弟卑谬王德多达马亚扎为帅。以上15支人马共有格杜、伦锦、古囿战船等1000、小货船300、水军士卒12万，从水路出征。陆路由德门皮亚萨、南达都利亚、德门由格拉、南达约达、底里达马拉、南达觉廷、彬尼亚勃仰、南达丁坚、内谬觉廷各领一军，命王子摩诃乌巴亚扎为帅。以上10支人马有战象1500、骏马11000、士卒12万，从陆路出征。到达摩达、赖般，水军亦编成陆路军向孟养进发。摩诃乌巴亚扎等向温多进军途中，在孟沙与德多达马亚扎等会合一起向孟养而来。孟养土司与孟拱土司等听说汉达瓦底派兵由水路而来，军容强大，便不敢守城抵抗，逃向山林深处。摩诃乌巴亚扎、德多达马亚扎等抵达后得知孟养土司已弃城而逃，便命南达都利亚率部驻守孟养城，又率部进军孟拱。到达孟拱后又得知孟拱土司亦已闻风而逃。便命德门皮亚萨率部驻守孟拱城。自己率部搜寻两名土司。寻了四五个月之久，因不知两土司去向，终未搜到。将此情形奏报缅王后，缅王寻思雨季将临，眼前又逢军粮匮缺，便召缅军返回。摩诃乌巴亚扎等将俘获的象马兵勇百姓等押运返回。

10 月 12 日(公元 1571 年 12 月 27 日)水曜日,缅王将舍利子、佛像等埋入介哥佛塔中。

珍藏本

纪念版

汉译世界学术名著丛书

琉璃宫史

下卷

李谋 姚秉彦 蔡祝生 汪大年 计莲芳 赵敬 韩学文 译注

陈炎 任竹根 审校

2017年 · 北京

目　　录

下　卷

第十五编

第 十 六 编

第 十 七 编

第十八编

第 十 九 编

第二十编

第二十一编

下　卷

第十五编

(244)[1]汉达瓦底王的功德

缅历934年4月(公元1572年6月),汉达瓦底王请缅、孟、云国高僧们到他捐建的四佛亭受斋,并聆听经文。他又向僧伽们布施了很多袈裟布料、白细布及僧侣用具。午后,他向僧伽们献了饮料,并恳请精通巴利文佛经经释、注疏的高僧在亭内讲授经典。该日在岗木道佛塔安放了佛发。王以御用托盘、钵、水罐及金缸、金盆、金罐熔铸成一尊与自身体重相等的佛像,并用九宝装饰佛身,供于金佛亭之中,派人守护以造福众生。是年,国王在汉达瓦底京城建造7艘长15庹3肘尺、宽4庹的船只。建成后,王即派人携款往梅勒波采购供品。同月,他向摩诃泽底佛塔布施了100顶白伞、100面旌幡和100盏油灯、金黄色和银白色的米花,并点油灯

① 原书第三卷各节只有标题,没有节号。为便于读者查阅,依第二卷原有节数,续编节号。

供奉。他又在(前述)金佛体中安放了300粒佛舍利;又在佛眼上镶嵌了两颗御用的红宝石。此时,大地强烈震动。缅历5月21日(公元1572年7月30日)火曜日,太子王储由孟拱返回汉达瓦底京城。

(245)派遣使节

万象王比亚晒锡率领大队兵马战象向勒外城进犯。勒外王奋力迎战。万象王比亚晒锡战败阵亡。勒外王俘获战象兵马甚众。万象大臣彬尼亚丁收集残部,处决了不服的群臣,返回万象自立为王。其后,他又将其子立为王储,赐名彬尼亚勒宫。汉达瓦底白象之主得悉后,召见王弟、王子、文武大臣们说道:"万象是著名的摩诃那加拉国。该国王位世代均为世袭,子继父位,如无子嗣,可由王弟继位。而今,万象王比亚晒锡之弟乌巴律在朕身旁。朕视其如同亲子,经常赐予很多战象和骏马。既然吾子乌巴律可继王位,彬尼亚丁就不该非法窃据王位。按世袭传统应由乌巴律继承王位才是。"此时,彬尼亚德拉奏道:"彬尼亚丁并非万象王族。如今擅自称王,万象群臣定不心悦诚服。现陛下可先下诏谕知,彬尼亚丁如不听命,再起兵前往征讨。"白象之主令彬尼亚德拉妥善处理。彬尼亚德拉与众大臣计议后,在诏书中写道:"彬尼亚丁听命,万邦之尊、白象、红象之主诏谕,万象系摩诃那加拉国。该国王位历代世袭相传,均为子继父位。现今王位继承人、万象王比亚晒锡之弟乌巴律在朕身旁,朕视其如同亲子,并赐与大量象只马匹。汝不应擅自在万象称王,应按世袭传统立吾子乌巴律为王。朕无意责备

于汝,并且将赐汝官爵。"白象之主令人在金贝叶上写完诏书,即派德门德拉和杜因党都送往万象。彬尼亚丁阅毕送来诏书,口出不逊之言,并欲将来使斩首。此时,彬尼亚丁之师摩诃腊向彬尼亚丁谏道:"臣未闻历代君王有斩来使之例。此次来使也不该斩。何况,汉达瓦底王者,亦非昏庸之君。彼又拥有数量众多之皇亲国戚、文臣武将以及宝象良驹、骁勇士卒。昔日曾数次来征,无人能与之交战。我无数城乡皆被其摧毁。"于是彬尼亚丁便将使臣逐出。使臣昼夜兼程赶回汉达瓦底,将彬尼亚丁所言,如实奏明缅王。

(246) 派员去见彬尼亚丁

白象之主缅王虽在盛怒之下,却佯作若无其事,镇静自若,将王弟、王子、文武群臣召到御前说道:"现今在万象称王的小小彬尼亚丁竟敢对朕使节出言不逊,无理至极。孟拱、孟养侯等也已反叛。值此国内不宁之时,尔等受朕厚禄,竟无一人奋勇上奏,愿为朕尽职效命。"正说之际,彬尼亚德拉上前奏道:"臣愿前往万象边境当叶,与彬尼亚丁当面谈判,倘若谈判不成,国王再命王弟、王子率大军征讨不迟。"白象之主道:"卿言甚善。"于是令彬尼亚德拉前去谈判。彬尼亚德拉带去战象 100、骏马 1000、士卒 10000。命当博侯韦路杜马那为监军;派德门拜涅率战象 100、骏马 1000、士卒 10000,命遂亚侯德耶布翁尼亚为监军。这两路人马率先开往当叶。命清迈方面的彬尼亚丁隆和彬尼亚丹兰两路人马率战象 100、骏马 1000、士卒 10000,也向当叶进发。又命阿瑜陀耶派奥亚彭世洛、奥亚杜温那劳和奥亚披猜 3 支人马率战象 300、骏马 1500、士卒 30000,同时向当叶开拔。彬尼亚德拉的两支人马不等清迈方面人马前来接应,也不等阿瑜陀耶方面人马抵达,径直快速向当叶进军。抵达当叶后,由于万象方面不来谈判,彬尼亚德拉便作出如下安排:

彬尼亚德拉派遣林巴德侯和扎班侯携带书信由当叶前往万象。书信全文如下:“万象王听命。威震四方、万邦之尊、白象之主手下之大统帅告知如下:吾王陛下视各邦众生如亲生骨肉,一直慈悲为怀,至善至德,普救众生,为民除难,备受万民爱戴,英勇善战,所向无敌。尔本该前来汉达瓦底京城,向如此英武贤明圣君奏请臣服。尔却违旨抗命。今陛下派本帅前来交涉,如若不成,陛下必将兴问罪之师,率领千军万马前来征讨,莫谓言之不预也。望尔深明事理前来谈判,以妥善了结此事。望尔三思。”万象的彬尼亚丁见来书后,又欲斩两位使臣。彬尼亚丁之师摩诃腊得知后奏道:“先前缅王派使臣前来,王出言不恭,曾欲斩使臣,是臣进谏至未肇事。今又欲斩统帅之使,此事非君王所为。”彬尼亚丁遂向使者出示所有战象骏马以炫耀其强大,并告之曰:“若欲与我寻衅挑战,勿说尔统帅彬尼亚德拉之辈,即令尔主亲临,除非将我战象之牙全部折断,否则休想取胜于我。”说罢即放使者返回。使者归来将彬尼亚丁所言告诉彬尼亚德拉。彬尼亚德拉得知此事后便道:“彬尼亚丁如此无理,竟敢蔑视本帅,我今即刻发兵向万象进军。”将领们待他言毕,劝说道:“将军欲进军万象,怎奈我军兵力不足,象马亦弱,恐难与其匹敌。况且,阿瑜陀耶方面奥亚彭世洛、奥亚杜温那劳和奥亚披猜等大军尚

未到来；清迈方面的彬尼亚丁隆和彬尼亚丹兰等大军亦未到达；而我军到达当叶已近两月，粮草已尽又得不到补充。将士们都已面临饥饿的绝境。若将军现下令出战，似乎不宜。宜从陆路行进，一面寻找粮草给养，一面接应将由水路前来的阿瑜陀耶方面大军。两军会合后，再水陆两路向万象进军。”彬尼亚德拉考虑到给养不足是实，且就地又难以补充，便说道：“如诸位同意，那就一面寻求粮草给养；一面接应水路来军。”将领们便齐心一致回师，接应阿瑜陀耶来军。奥亚彭世洛等率大军由水路而来。在途中听说彬尼亚德拉已从当叶返回，误以为大事成功而凯旋，于是便返回本国。从清迈前来的彬尼亚德拉早已回师，便也不再向当叶进发，中途折回，并向国王奏明：“彬尼亚德拉已班师而回。”白象之主闻奏大怒，立即命彬尼亚德拉带仆从五人流放到名叫兹奈的阿瑜陀耶乡间，又将拜涅等将佐统领带上桎梏押送回汉达瓦底，经审讯后，将其所有随从使役全部撤掉。彬尼亚德拉在兹奈住了约五个月，后因阿瑜陀耶王恐其生病，便让其迁住甘烹碧。当阿瑜陀耶王将彬尼亚德拉另地安置之事奏告缅王时，缅王却不置可否。彬尼亚德拉在甘烹碧约住了一个月，便长辞人世了。

(247) 统帅彬尼亚德拉简况

彬尼亚德拉的简况如下：白象之主征服汉达瓦底后，一次在巡视市容时，身为统帅的彬尼亚德拉暗中与孟族轿夫们商量，将刀埋于地下欲谋害缅王。由于缅王的造化，兵士们行至埋刀处，一脚踩出刀来。轿夫们惊恐万状。缅王见后，当即召来讯问。轿夫们招供："是彬尼亚德拉的阴谋。"白象之主遂传讯彬尼亚德拉问："轿夫之言是否属实？"因事情败露，彬尼亚德拉默然不敢作答。白象之主了解实情以后，见事已如此，便道："量彬尼亚德拉也不敢加害于朕，即使有此阴谋，也绝不会得逞。"言毕便将轿夫们处死，而没有问罪彬尼亚德拉。又有一次，国王登瑞牟陶佛塔，彬尼亚德拉令10名孟人藏在佛寺围墙佛廊门楼上，等缅王上塔来时谋刺。这次又因缅王的造化，当国王登至佛塔大门前，站在门楼上的孟人，因惊慌站立不稳而纷纷从门楼上摔将下来。经审问，孟人们招供："是彬尼亚德拉的阴谋。"国王又传问彬尼亚德拉："孟人所说真实否？"因孟人所说属实，彬尼亚德拉哑然不敢作答。国王又说："量彬尼亚德拉也不敢加害于朕，即使有此阴谋，亦绝不能得逞。"说罢便将孟人处以死刑。又有一次，国王乘御舫前去朝拜大金塔。彬尼拉德拉又令两名水性极好的孟人潜伏在御舫船头水下，待国王下轿登舟时行刺。国王下轿登舟时，又托天保佑，王立即发现水下冒出气泡，便令人下水探看，发现两名手持大刀的孟人。审讯时，他们招供道："是彬尼亚德拉的阴谋。"国王便召彬尼亚德拉前来询问。因情况属实，彬尼亚德拉又默然不敢作答。了解情况后，国王再次说道："量彬尼亚德拉不敢加害于朕，即便有此阴谋，也绝不会得逞。"随后，便将两名孟人处死。虽然缅王连续三次发现彬尼亚德拉妄图谋害于他，但因珍惜他是个文武双全且有声望的人，便没有处死他。表现出国王具有超乎其他国王的非凡气量。这次因涉及战争，实在无法宽恕，才将其流放到阿瑜陀耶的兹奈乡间。在该地居住五个月后，甘烹碧侯禀告缅王：住在兹奈容易得病，将彬尼

亚德拉迁往甘烹碧。最后死于甘烹碧。

（248）为瑞德宫佛塔举行升宝伞仪式

缅历 934 年 7 月 26 日(公元 1572 年 10 月 2 日)月曜日，缅王为瑞德宫佛塔举行升宝伞仪式。缅王施斋 7 日，并布施 700 套僧侣用八法器。11 月 4 日(公元 1573 年 1 月 6 日)月曜日，摩羯星座高照时，为王子僧伽达塔举行剃度仪式。缅历 935 年 3 月 10 日(公元 1573 年 5 月 10 日)火曜日，国王将御花园内所产椰子、槟榔子、橘子、金橘等果品及茉莉、黄荆等花卉出售所得之 1000 缅斤纯铜铸成一尊佛像。同日，为所有御象命名。7 月 22 日(公元 1573 年 9 月 17 日)水曜日，将来自安南的白象收入宫中。7 月 29 日(公元 1573 年 9 月 24 日)月曜日，锡兰国王将其心爱的美貌公主，由随从护送乘船而来献给缅王。国王得知船抵达勃生码头时，即下令将劳加船两只修饰成雅致的双层拱顶飞檐状阁楼船，并由 4 名贵夫人携带仪仗物品，乘坐御舫前往码头迎接。4 条红色劳加船拖引锡兰来船。同时，又令大臣们各自按级别乘坐劳加、皎雷船 300 余只簇拥相随。鼓乐喧天，响彻整条河道。由勃生码头一直驶至汉达瓦底。到达汉达瓦底时，又受到王弟、王子、文武百官及随从们的迎接。锡兰公主被带入绚丽的彩棚。进入王宫后，国王便赐宫女侍从，又将她安置在布置得十分华丽和舒适的殿中居住。9 月 17 日(公元 1573 年 11 月 10 日)月曜日，缅王为安置铜佛，修建一座形式新颖的尖顶重阁。同日，国王又布施了 300 缅斤白银以重修倒塌的、在清迈的摩诃泽底佛塔，又捐献白银 15 缅斤用于

购砖，重修倒塌的介哥佛塔。

(249) 为王子公主们择偶配婚

同年11月15日（公元1574年1月6日）水曜日，国王为欧德马律王子与钦蓬妙公主成婚。国王赐与王子八角槟榔盒、咸茶罐、带盖长颈饮水瓶、嵌5圈红宝石的痰盂、金伞一把、金马缰马鞍象轿、描金鼓7面、唢呐3支、喇叭2口、大臣之子10名、象10头，并将实皆城赐其为食邑。赐公主红宝石发具以及槟榔盒、咸茶罐、带盖长颈饮水瓶、嵌3圈红宝石的痰盂、大小金权杖各一把、公主用轿一顶。命人为其夫妇新生女儿赋写贝达艾侯埃钦诗一首。后被人称之为钦基埃钦。并将实皆北部的人工湖命名为欧德马律湖。之后，国王又为信南敏王子与底拉瓦底公主成婚。国王赐王子八角槟榔盒、咸茶罐、带盖长颈饮水瓶、嵌一圈红宝石的痰盂、金伞一顶、金马缰马鞍象轿、描金鼓7面、唢呐3支、喇叭2口、大臣之子10名、象10头。并将东敦赐其为食邑。赐公主红宝石发具并八角槟榔盒、咸茶罐、带盖长颈饮水瓶、嵌3圈红宝石的痰盂、大小金权杖各一把、公主用轿一顶。国王为阿信乌博王子与奈底拉公主成婚。国王赐王子八角槟榔盒、咸茶罐、带盖长颈饮水瓶、嵌一圈红宝石的痰盂、金伞一顶、金马缰马鞍象轿、描金鼓7面、唢呐3支、喇叭2口、大臣之子10名、象10头，并将良渊赐其为食邑。赐公主红宝石发具并八角槟榔盒、咸茶罐、带盖长颈饮水瓶、嵌3圈红宝石的痰盂、大小金权杖各一把、公主用轿一顶。国王为瓦亚达马王子与杜卡瓦底公主成婚，国王赐王子八角槟榔盒、咸茶罐、带

盖长颈饮水瓶、嵌红宝石一圈的痰盂、金伞一顶、金马缰马鞍象轿、大臣之子 10 名、象 10 头，并赐毛淡棉为其食邑。赐公主红宝石发具并八角槟榔盒、咸茶罐、带盖长颈饮水瓶、嵌红宝石三圈的痰盂、大小金权杖各一把、公主用轿一顶。

同年 11 月 17 日（公元 1574 年 1 月 8 日）金曜日，国王在摩诃泽底佛塔南面修建一座历代汉达瓦底王从未建造过的名为杜达马的佛亭，并于亭内外全部贴金。12 月 7 日（公元 1574 年 1 月 27 日）水曜日，国王为王后亚扎黛维之子锡王子与御弟卑谬王德多达马亚扎之女信漂辛梅道成婚。同日，为王后亚扎黛维之女亚扎达杜格勒亚举行穿耳仪式。同年 12 月 15 日（公元 1574 年 2 月 4 日），在亚扎黛维等后妃、王子、公主及大臣们的簇拥下，国王乘坐装饰珍宝的鸳鸯金御舫，在劳加船 300 余、战船格杜、伦锦 1000 护卫下浩浩荡荡前往瑞德宫佛塔朝拜。在陆路，亦分兵 20 路前进。到达瑞德宫佛塔之后即举行盛大典礼，为佛塔重升宝伞，并捐献金铃、金铜合金铃、银铃。将所戴之王冠及 35 缅斤黄金制成金箔为佛塔全身贴金。令建造两座灯火山以布施油灯。在佛塔逗留 5 天后，仍分别由水陆两路回京。回宫后为金佛像、金铜合金佛像、银佛像、五金佛像[①]举行开光仪式，此时，国王于寺庙院内临时盖搭的彩棚内斋请来自缅、孟、云、掸族地区寺庙的 3555 位高僧，并向他们布施僧侣用八法器以及白细布、枕头、褥子、毯子、辣椒、槟榔、草药等大量物品。同时向汉达瓦底京城内衣食无济的人各赈济筒裙一条、衣服一件、铜 3 缅斤、大米 1/4 缅斗，共赈济筒裙 5400 条、

① 由金、锡、铜、铁、铅五种金属合制而成。

铜16200缅斤、大米1350缅斗[①]。此次赈济由臣相们在城门口监督发放。同日，在格勒亚尼禅堂为杰出的缅甸沙弥举行进具仪式。将114部佛经注释布施给外地来的僧伽人手一册，并布施足够的大米、盐和虾酱。同年12月27日（公元1574年2月16日）日曜日，为钦蓬敏公主与沃德古侯之子那门达成婚。国王赐给那门达内宫用咸茶罐和嵌一圈红宝石的竹节状权杖，并令其待命任用。国王赐给公主红宝石发具及槟榔盒、咸茶罐、带盖长颈饮水瓶、嵌3圈红宝石的痰盂、大小金权杖各一把、公主用轿一顶。国王为公主钦蓬娣与布坎侯之子明西都成婚。赐明西都内宫用咸茶罐及嵌一圈红宝石的权杖，并令其待命任用。赐公主红宝石发具及槟榔盒、咸茶罐、嵌3圈红宝石的痰盂、大小金权杖各一把、公主用轿一顶。国王为公主明阿基与勃生侯之子南达觉廷成婚。赐南达觉廷内宫用咸茶罐、嵌一圈红宝石的竹节状权杖，并令其待命任用。赐公主红宝石发具及槟榔盒、咸茶罐、带盖长颈饮水瓶、嵌3圈红宝石的痰盂、大小金权杖各一把、公主用轿一顶。国王将杜甘达瓦底公主许配给土瓦侯之子仰马约达，赐仰马约达内宫用咸茶罐、带盖长颈饮水瓶、嵌一圈红宝石的权杖，并令其待命任用。赐公主红宝石发具及槟榔盒、咸茶罐、带盖长颈饮水瓶、嵌3圈红宝石的痰盂、大小金权杖各一把、公主用轿一顶。国王将公主妙谬蓬韦许配给卑谬王德多达马亚扎之子南达约达。赐南达约达内宫用咸茶罐和嵌3圈红宝石竹节状权杖，并令其待命任用。赐公主红宝石发具及槟榔盒、咸茶罐、带盖长颈饮水瓶、嵌3圈红宝石的痰盂、大小金

① 原文有误，写为350缅斗。经查《缅甸大史》更正之。

权杖各一把、公主用轿一顶。

缅历936年7月16日(公元1574年10月1日)木曜日,八莫土司、孟密土司、翁榜土司、登尼土司、孟乃土司、良瑞土司、蒲甘侯、德娄侯、布坎基侯、阿敏侯、勃东侯、甘尼侯、德勃因侯、美都侯分率一路人马,与驸马阿瓦王德多明绍所率一部为主力组成的大军浩浩荡荡开往孟拱、孟养。上述15支人马有战象800、骏马8000、士卒60000。大军抵达时,孟拱土司与孟养土司弃城向林中逃亡。阿瓦王德多明绍等15支人马在孟拱地区扎营搜捕,但无结果。

(250) 御驾亲征万象

白象之主缅王陛下召见王弟、王子及众将群臣说道:"万象乃著名的摩诃那加拉国。虽吾子乌巴律应为摩诃那加拉国万象之王,而今彬尼亚丁自立为王,故曾遣彬尼亚德拉前往交涉,然未获结果。因而朕将亲自前往,立吾子乌巴律为王。"说罢即安排进军万象事宜。此次分兵3路,一路由底里泽亚瑙亚塔、优格腊、底里达马、彬尼亚阿彝德马、欧德马底里泽亚都、德门布翁西、明觉廷、德门贾萨、南达都利亚等人各率一路人马,与以御弟东吁王明康的人马为主军合编组成。10路人马共有战象600、骏马6000、士卒11万。另一路则由内谬觉廷、德门丹莱、亚扎丁坚、德门耶丁延、明摩诃、德门佐加拉、巴亚丁坚、德门巴仰、巴亚觉都等部与御弟卑谬王德多达马亚扎的人马为主军组成,共10支人马。有战象600、骏马6000、士卒11万。再一路由巴亚加马尼、埃蒙德亚、泽亚丁坚、德门勒宫恩、清迈彬尼亚丁隆、彬尼亚丹兰、阿瑜陀耶的奥亚彭世洛、奥亚杜温那芳、奥亚披猜等部与摩诃乌巴亚扎王子的人马为主军组成，共 10 支人马。有战象 600、骏马 6000、士卒 11 万。白象之主国王陛下的大军，手执金盾、金牌、金挡、金矛的 4000 名卫戍军分 4 队，分别安置于大军的左右前后各 1000 人。4000 名[①]包头上戴金花、手执火枪的葡萄牙兵亦分 4 路，护卫在部队的左右前后。400 名头戴鸭舌帽、穿黑裤子的葡萄牙人携带 400 门大炮，亦分 4 路分别布阵于部队的左右前后。头盔上插着金花、身穿甲胄的 4000 名马兵分成 4 路，布阵于左右前后各 1000 人。400 名善于骑象的大臣子弟骑着 400 头战象，分别跟在部队的左右前后四方。并任命底里泽亚觉廷为前卫戍统领，赖威仰达梅为监军；任命德榭觉廷为右卫戍统领，赖威仰达都为监军；任命南达觉都为左卫戍统领，泽亚仰达梅为监军；任命马亚觉廷为后卫戍统领，达马底里为监军；任命德勒帕耶和德门泽布翁为汉达瓦底守备；指令彬尼亚劳和明西都负责西部勃生一带的防御任务。作出上述任命安排之后，汉达瓦底国王以忉利天帝释般之威武于缅历 936 年 7 月 22 日（公元 1574 年 10 月 7 日）水曜日，出征万象。

万象王彬尼亚丁得悉汉达瓦底国王亲率大军前来征讨，即将全部战象良马隐藏于深山密林之中，准备率众弃城逃走。此时，万象王储向父王万象王奏道："吾主比亚晒锡去世后，因无子嗣故由您为王，然对我们有拥护者亦有不拥护者。不久前，汉达瓦底国王遣使节前来交涉时，既然我们恶语相抗，没有善言相待，那就不应出逃，而应拼杀战场以求胜利。反之，广大疆土则毁于一旦。今既已反叛那就该置生死于度外，决一雌雄。如不敢做出牺牲，非但遭

① 原文写成 4 名，经查《缅甸大史》应为 4000 名，更正之。

人耻笑，万象亦将沦为他人所有。”万象王道：“如汝所说，出城迎战就无难处？以朕意，还是退避三舍，此乃上策。待他将士为寻找我们而疲于奔命之时，再出其不意，攻其不备。如今出城岂非以卵击石，徒然送死。彼之将领均是准备捐躯报国之士，骁勇异常。吾方必须暂避一时。难道他们能像卷席子那样，轻而易举地占领我们的城镇吗？”万象王储听后又奏道：“万象王比亚晒锡在世时，也曾同汉达瓦底人交战，尽管我们豁出性命战斗，但是有些胆怯之辈望而生畏，魂不附体，因而导致我们多次失利。致使他们士气高涨。所以如今我们应选择愿同我们一道血战到底的亲朋挚友，率战象100、将士8000与汉达瓦底国王的军队决一死战，胜则胜，不胜则死。只有这样，万象尚能成为我们之地。否则万象将落入他人之手。”万象王听后道：“汉达瓦底王拥有战象四五千，将士五六万。我们能克敌制胜否？比亚晒锡时代，汉达瓦底几次三番前来进犯，虽经抵抗，然终未取胜一次。”大臣们听了此话后，心中均起疑团。万象王得知大臣们心已涣散，便令40余勇士骑着小雌象将30余名大臣团团围住，用臼炮将大臣们轰死，然后匆忙弃城而逃。

白象之主抵达万象后，即望进行交涉，奈何无人前来谈判，因之气恼异常，并责备将领们。国王道：“今万象王逃亡山林，既不出战，也不谈判，其意图是将臣相军民僧俗统统赶到山林乡间，让我们军队四散搜寻，久之，饥病交困被迫撤回。若将其四散之军民归聚一起何其难矣！”接着国王命令组织人力在孟山修建木栅鹿砦并囤粮米仓，将各村的稻谷全部收入米仓之内。并令乌巴律率同奈谬觉廷、彬尼亚江道、亚扎丁坚、彬尼亚勃仰的4支人马一起将圣旨广贴各交叉路口。圣旨称：“威震四海之金矿、银矿、宝石矿、琥珀矿之主,白象、红象之主,汉达瓦底国王谕告万象之全体臣相殷富僧俗:今日朕进兵万象绝无摧毁汝等城镇之意。吾子乌巴律系万象王族之子。比亚晒锡去世后,本该吾子乌巴律继承王位。小小彬尼亚丁竟自立为王,朕遣使交涉却恶言相对。今朕前来逼令彬尼亚丁退位,立吾子乌巴律为王,不见彬尼亚丁朕绝不返回。愿保荣华富贵性命财产安全者,可来吾子乌巴律所在地孟山城。"上述圣旨广贴交叉路口。乌巴律得悉上述圣谕后,向国王跪叩三拜后奏道:"当年王储将奴俘获送至陛下面前,陛下不加责备反视为亲奴,大恩此生难报。如今彬尼亚丁乘比亚晒锡去世,杀戮臣相,封赏亲朋委任要职,现并与他们合谋躲入深山旷野。奴正担忧威德崇隆的国王陛下,以及王弟、王子、臣相们为了追踪寻找,不得安宁而受累挨饿。"听了乌巴律之奏后,国王道:"朕自汉达瓦底京城前来万象,并无他求。实乃为立吾子乌巴律为万象王之事。若未俘获彬尼亚丁,立吾子乌巴律为王,朕绝不回京。"接着便命令全体将帅分兵寻找彬尼亚丁。万象臣相殷富们逃脱不了从东南西北四方合围而来的将士们的搜捕,纷纷带领象马前来投诚。有些臣相殷富们见到张贴的圣谕,也带领随从投向乌巴律之军。国王对于这些人均不没收其随从和财产,予以赦免。没有见到圣谕的人们因惧怕,便带领象、马、随从及财产隐藏起来。这些人一旦被将士们搜捕到便被没收随从和财产,并押送至国王陛下面前。由清迈逃至万象[①]的彬尼亚勒宫、彬尼亚南和彬尼亚杜岩3位大臣中,彬尼亚南在囊汉地区与色林明觉廷单象厮杀中死去。彬尼亚勒宫则

① 原文误印为"由万象逃至万象",经查旧版《琉璃宫史》更正之。

在与万象王比亚晒锡攻打勒外城时死去；彬尼亚杜岩在同随从们一起躲藏时被将士们抓获，押送至国王陛下面前。白象之主、汉达瓦底王即令人为彬尼亚杜岩松绑，并命其沐浴更衣，让其同臣相们一起同班上朝。国王毫不介意地与其交谈。此时，彬尼亚杜岩站起身来向国王三叩首后奏道：“威德崇隆的国王陛下，如同神祇们将‘谛’字写于额头一样，知恩知谛的国王陛下以及王弟、王子、臣相们放弃舒适的生活，不辞艰辛前来万象。奴惧怕万邦之王、伟大的陛下盛怒之下加罪于奴，因而不敢前来。今来到陛下跟前，王视奴如同亲子，如同释迦牟尼佛祖之大慈大悲。奴冒犯了德高望重威严无比的国王陛下，犹如提婆达多冒犯佛祖一样。如今将奴处死送至地狱也罪有应得。”白象之主道：“对汝所作所为，朕并非不恼。但见到汝面，想到人生之难得，朕之怒火便烟消云散了。”此时，一位持枪东吁青年押着三四十名男女前来。男的带着枷锁，女的腰部系着绳索。白象之主见人群中的一个男子，貌似勇士，便拿出 10 缅钱银子赎取此人。除此人外，其余男女牲畜均归捕获者所有。将赎下的人召到殿前问道：“汝叫何名？”该人叩过三次头后奏道：“奴名叫孟南。”国王又问道：“汝是勇士否？”奏曰：“是。”国王问：“朕救了汝，汝是否愿为朕效忠？”奏曰：“奴愿尽忠效力。”于是国王让其立誓效忠。国王给了赏赐并吩咐道：“汝设法将躲藏的人们唤出集中于汝村中。朕将士如果要捕捉集中于汝村中人员，汝可出示此圣谕。”并派给他 5 名战士。这一伙人到达摩柏，这位勇士便准备外出，5 名战士即前去阻拦。孟南便道：“我已到自己村子，你们为何阻拦？你们为王效劳，我亦为王效劳。你们抓到俘虏集中于此。我找回的人员也放于此地。”此时，5 名战士不再阻拦。

孟南即外出，过三四天，孟南即带回三四十名男女，让他们在孟柏地区安居乐业。5 名战士便依靠这些男女又俘获了其他人员，也将他们安置在这个地区。这样，最后总共俘获人员 300 余，近 400 人。并将他们送到国王御前。白象之主、汉达瓦底国王见此十分高兴。将臣相们召来说道："朕用 10 缅钱银子赎来的这个名叫孟南的勇士，他知恩知德，尽心效力，俘获了男女人员 300 多近 400 名。臣相们只顾食朕之禄，不尽心工作，以致大事难以顺利完成。"说毕便大赏孟南，并将其亲朋挚友及周围村长们召来。到齐后，让他们发誓效忠，并给予大量赏赐。随后，又将村民召来，命四五千名男女立誓效忠。让他们在自己村中安居乐业。国王对孟南非常满意，便赐与器物仪仗，并赐孟包城为其邑地。

(251) 国王陛下返回京都

白象之主在万象居住很久。过了解夏节，国王道："朕在此地，故万象王彬尼亚丁不敢露面。朕回京后，他才敢公开露面。届时，即可捕获。"说毕即从囊汉启程返回孟山。到达孟山后，即令归顺后居住在孟山的乌巴律的臣相们宣誓效忠。国王又按等级分别赐与用品仪仗和城镇。此后，又令乌巴律宣誓保证今后子孙万代永不变心。然后赐与君王登基用五宝器，以及万象全城，正式封其为王。国王训谕道："吾子乌巴律，朕把尔视同亲子，今朕亲临万象立尔为王。尔若爱朕，便应爱民如子。尔若愿为朕效劳，便应为百姓服务。"并规定度量衡制与汉达瓦底京城统一。为修缮破损之寺庙佛塔，国王赐予乌巴律白银 100 缅斤。为确保乌巴律王位之安全，国王决定将彬尼亚江、彬尼亚勃仰、彬尼亚别以及彬尼亚丁隆 4 支人马留守万象。此时，国王问收服的彬尼亚杜岩道：“汝愿继续追随彬尼亚丁，还是与朕子乌巴律一起留守万象？”未等彬尼亚杜岩回答，彬尼亚丁隆便奏道：“德高威严的国王陛下以前曾在清迈加封过彬尼亚杜岩，并赐与丰厚器物仪仗，然他却忘恩负义，致使陛下及臣相将士不得安宁，历尽千辛万苦，远道前来平乱，致使臣相将士们受苦受累，生灵涂炭，象马受损，然陛下如今竟对此有罪之人仍如以前赐与爵禄富贵。臣若非亲眼所见实难置信。陛下如此宽宏大量，免彬尼亚杜岩于一死之功德，必将长命百岁，永远主宰整个南赡部洲，英名流芳万世。”

白象之主令彬尼亚杜岩随清迈臣相一起返回清迈。安排好清迈事宜后，即于缅历 937 年 2 月 7 日（公元 1575 年 4 月 16 日）从孟山起驾，于 4 月 27 日（公元 1575 年 7 月 4 日）返抵汉达瓦底京城。到达京城后，国王便部署进军孟拱、孟养事宜。因勃生、渺米亚等西部城镇距若开较近，决定任命底里泽亚瑙亚塔及尼冈登为守备，并决定由陆路分 3 路进军。一路由德门耶丁延、底里达马道加、德门丹杰、南达都利亚、德门泽亚拉以及王弟东吁王明康 6 支人马组成，共有战象 700、骏马 7000、士卒 70000。一路由明觉廷、德门丹莱、亚扎丁坚、埃蒙德亚、巴亚丁坚及王弟卑谬王德多达马亚扎 6 支人马组成，共有战象 700、骏马 7000、士卒 70000。另一路由德门勒宫恩、明摩诃、德门佐加拉、叟格德、彬尼亚坝以及王子摩诃乌巴亚扎 6 支人马组成，共有战象 700、骏马 7000、士卒 70000。水路由乌巴冈、南达觉廷、彬尼亚晒、底里泽亚觉廷、德门泽布翁、南达约达、德门沃昆、南达丁坚 8 支人马先行。白象之主则乘坐饰有31层重阁，全部用金、银、珠宝等装饰的鸳鸯金御舫随水路大军前往。16条劳加船分别被安置于御舫之前后拖引。12条金劳加船装载着各种御用仪仗用品，簇拥在御舫周围。四方卫戍军乘大战船泽亚格彬400只，手持金盾、金牌、金挡、金矛护卫于御舫前后左右，另100条饰有金轮宝[①]状图案的劳加船，亦被安置于御舫之前后左右。内谬觉廷被任命为统领，泽亚觉廷为监军。随后的有巴亚觉廷、德门埃巴耶、泽亚丁坚、德门比亚拜、巴亚觉都、德门抱觉、泽亚加马尼、德门皮亚萨及驸马明耶觉廷等率领的人马。水路主军与上述各路共10路水军拥有泽亚格彬、古囿、舢板、格杜、伦锦等战船200，劳加、铁船500，运粮船1000，士卒22万。于缅历937年7月22日(公元1575年9月26日)土曜日，从汉达瓦底京城出发。一条由两条船拼成、装饰雅致的带双层拱顶的筏子载送着两头白象。王子摩诃乌巴亚扎、王弟卑谬王、东吁王等亦即随之乘金劳加船由汉达瓦底京城来到罗陀那补罗。每当大军驻营时均演出歌舞。到达瑞德宫佛塔时，斋请101位僧伽，并布施僧用八法器，另捐献旌幡4面、佛殿4座。从瑞德宫佛塔启程到达卑谬。国王即乘轿前往卑谬佛发塔。将御用咸茶罐制成金箔布施给佛塔。由卑谬到达色古码头，向佛足迹双塔布施宝伞及26座佛殿。将御用槟榔盒制成金箔贴于塔身。由色古码头到达蒲甘，即朝拜瑞喜宫佛塔，斋请101位高僧，布施僧用八法器及其他大量物品，并向佛塔敬献了大量旌幡。由蒲甘到阿瓦时，邀请信底达德那泽法师为首的101位僧伽，向他们布施了许多袈裟布料，并向信

① 古印度用的一种圆盘状投掷武器。

漂信拉布翁尼亚佛塔、城内瑞喜宫佛塔、彬牙瑞喜宫佛塔敬献了大量旌幡、油灯等物。这时,王子摩诃乌巴亚扎、王弟卑谬王、东吁王以及 18 支人马由陆上从阿瓦前往实皆。白象之主则沿水路进军。到达摩达、赖班后,将船只停放在摩达,把水军将士改编成陆军,继续向孟拱进发。

(252) 国王亲征孟拱和孟养

孟拱土司和孟养土司说:"今白象之主国王陛下亲率大批兵马由水陆两路前来。我方兵力与之相比,正如铁围山与腊制小盒盖,如何是好?"孟拱土司手下包拉傣侯闻之奏道:"白象之主兵力众多,威德四震,并非今日知之。当初向万象进军途中,汉达瓦底王曾派人前来招安。那时认为听令前往必将死于他乡,若拒随之,亦将死于本土。然而死于本土则贵于死于他乡。故理应举旗反叛,领兵迎战。大丈夫胜则胜,不胜则死于疆场。而今闻白象之主率大兵前来征讨,不该说如此之言。以使臣相将士闻之士气沮丧。且如今亦无处逃脱。因而请孟养土司派出一支拥有将士 2500 名、战象五六十头的部队与奴一起,埋伏于格达路之森林中,待白象之主毫无准备行至该处后,即出奇兵攻之。胜则善,若不将对方打败于我象之前,则我就死于象背之上。"两位土司遂采纳了包拉傣侯之计。孟拱土司即离此远遁。孟养土司和包拉傣侯即率战象 60、将士约 5000,匿伏于格达至孟拱路上的深山老林之中。

白象之主由格达北部孟达、赖班出发,在进军孟拱途中,得

悉孟养土司及包拉傣侯带领兵马埋伏于格达途中。于是命令驸马阿瓦王德多明绍、德门耶丁延、南达都利亚、德门勒宫恩、亚扎丁坚、埃蒙德亚、明摩诃、德门佐加拉、南达觉廷、彬尼亚坝10支人马领战象500、骏马5000、士卒10万由孟拱返回格达，前往捕捉孟养土司及包拉傣。到达目的地后，即将山林包围起来进行搜索。此时，孟养土司及包拉傣侯出林迎战。孟养土司在与驸马阿瓦王德多明绍交战中死于象背之上。包拉傣侯及10名大臣以及所有将士均被俘获。战斗结束，便将俘获兵马全数解送孟拱。白象之主召包拉傣侯前来问道："孟拱土司和孟养土司忘恩负义反叛朕。这是听信了哪个孬人之言？"包拉傣侯奏道："我主孟拱土司及孟养土司正在向万象进军途中，陛下派人前来召之。孟拱土司及孟养土司说，如今若跟随陛下前往，定将做他乡之鬼，若不去，则将死于本乡。我们宁愿战死在本乡本土，亦不愿做他乡之鬼。故决定背叛国王陛下。如今国王陛下亲率大军前来征讨，两位土司竟说出沮丧泄气之言，奴即奏道，既已反叛，就不该说此话，应将生死置之度外，决一死战。奴将奴主孟拱土司隐匿于远处，与孟养土司商量后，决定待威震四海的国王陛下进至格达时进行偷袭。率领大军的国王陛下，因洪福齐天，弃走此路，而另选了一条路。故未能攻之。如今因国王之威德，孟养土司已死，奴亦被俘。无论用何法将奴处死，也绝不会成为国王陛下之罪孽。"国王听之默然有顷，遂将包拉傣交予国库司库。之后，王弟、王子、臣相们随即追至孟拱土司出逃至边远地区。但因不明土司所在确切地点，追捕未成。国王愤怒之余又命令王弟、王子及臣相们定要捕获孟拱土司。于是他们便翻山越岭，艰苦搜索。久之,大队人马因饥饿劳累纷纷病倒。国王得悉后,即令返回。令摩诃乌巴亚扎王子的7支人马及驸马阿瓦王德多明绍的7支人马直驱坎底坎宁。白象之主集中了病员与士卒们一起返回孟拱。到达孟拱后,即将关押在国库司库处的包拉傣侯传来给予奖赏,并令其宣誓效忠。包拉傣侯在宣誓之前奏道:"国王陛下命奴宣誓,不知要奴干什么事?"白象之主道:"朕令汝宣誓,是让汝同朕将士一起前往孟拱土司所在处将其捉来。"包拉傣侯听罢便叩头三次奏道:"怂恿孟拱土司反叛者是奴,闻国王陛下大军前来,让孟拱土司外逃者也是奴,在威德四震的国王陛下进入格达时,欲进行暗害者还是奴。只因陛下威德崇隆,如今奴成了陛下阶下囚。奴实难听从陛下捕捉我主之严令,因奴早将我主令宣誓之誓言写于纸上,然后将纸烧成灰,将灰随水吞下,只要此誓言存于奴腹中一日,奴就不能去捕捉奴之主人。毋庸说此生今世,即令来生后世,奴亦甘愿被诛身亡,绝不背叛主子。"国王听罢,即对侍奉在旁的臣相们说道:"臣相们,包拉傣侯只食邑孟拱土司赐给他的仅有七八十户人家的包拉傣村,而包拉傣侯却不忘此恩冒死陈言,他之所得远不及尔等手下一个奴隶。尔等听到包拉傣侯之言不感到羞愧吗?"接着便向包拉傣侯说道:"汝可以不去捉孟拱土司,是否愿意指出其所在地?"包拉傣侯奏道:"是。"于是国王便令其宣誓,并同金刀队统带一起前往。但到孟拱格礼营地,包拉傣侯便逃跑了。白象之主得此消息后十分气恼,下令斩杀金刀队统带。此时,名叫苏耶的孟养土司的一个部下奏道:"在奴包拉傣侯逃跑之处,定能抓到孟拱土司。"国王问道:"汝何以知之?"苏耶奏道:"奴等知道,包拉傣侯

罪孽深重，正因他出谋献策，土司们才做出此事。如今国王陛下对此罪孽深重的人不仅不加杀害，反而给予赏赐令其任职。孟拱土司的臣相百姓们若听到此消息，定会想到国王陛下抓到这样罪大恶极者都不加杀害，那我等更无罪责了。这样，随同孟拱土司的所有搀人，必将离开孟拱土司前来投奔国王陛下，并告发孟拱土司所在之处。”国王听罢，不仅对金刀队统带消了气，而且赏赐苏耶衣着及刀鞘镶有5圈金边的宝刀。

（253）万象臣相们的计谋

国王陛下返回孟拱后，在万象的彬尼亚丁隆、彬尼亚勃仰、彬尼亚江、彬尼亚别4位大臣同乌巴律一起留在孟山城。万象彬尼亚丁闻缅王陛下已返回汉达瓦底后，便集中象、马、兵勇攻打乌巴律及4位大臣。乌巴律及4位大臣与前来归顺的万象大臣们商议后，便施计活捉了彬尼亚丁父子。其后，4位大臣在部署返回汉达瓦底京城时，彬尼亚丁隆大臣认为，国王陛下知道乌巴律与我同族，且具特殊情感。如今乌巴律在万象为王，我在清迈任公职，我不该与乌巴律搞得特别亲密。于是便遣人告乌巴律说，叛逆者万象王彬尼亚丁父子及其臣相殷富们今已被擒。他们均是些残忍无义之辈。如将其留在万象，有朝一日必将给汉达瓦底国王陛下带来麻烦。因此，望速将彬尼亚丁父子及其臣相解送我处，以便押交汉达瓦底国王陛下。但万象王乌巴律借口这些臣相均为自己亲朋挚友，拒而不送。虽三番两次催促，仍毫无结果。于是彬尼亚丁隆便邀集彬尼亚江、彬尼亚勃仰、彬尼亚别同万象王乌巴律一起商量。彬尼亚丁隆说道："几番拒绝我遣送俘虏人员的要求，是因为这些被俘者是王的亲朋，还是因为他们曾经战胜过王的敌人？从前我们也曾当过俘虏，只因威德崇隆的陛下怜惜人才，我们被俘后不仅未被杀害，反而受官封获赐赏。同样，王储摩诃乌巴亚扎在孟山俘获王兄们，献给国王陛下。国王对兄长们也未加谴责，反而好生款待。而今又封授万象王位。难道我们不该知恩报德。如今倘若收容这些可能再次扰乱国家安宁的人们，难道不就是准备给汉达瓦底国王陛下制造麻烦吗？明知存在隐患而不奏明，这岂不是抗命吗？面临国家大事时不应只想自己，难道不该与智者们商量商量吗？"乌巴律听后道："凡称为彬尼亚者均为我之亲朋挚友，我该照应。难道彬尼亚们不需要这种照应吗？汉达瓦底王封赏我，也是为了让我们亲朋挚友都为王尽忠效力。彬尼亚丁隆这样说岂不是要毁坏我亲朋挚友？"于是万象王与彬尼亚丁隆之间进行了长时间的辩论。在他们两人争论中，彬尼亚江、彬尼亚勃仰、彬尼亚别3人道："两位所言皆有道理。但还是奏明国王陛下，由国王陛下裁定为好。将彬尼亚丁父子送走，臣相殷富们可以酌情处理。"于是便为返回汉达瓦底京城作为准备。此时，万象王乌巴律赠4位大臣各一头象、一副象舆、10套衣服。赠4位监军各一副马具、5缅斤白银。到达清迈时，彬尼亚丁隆便留在清迈任职，其余3位大臣押送着彬尼亚丁父子到达汉达瓦底京城后，将其安全地献给在孟拱的国王陛下。白象之主释放了彬尼亚丁父子，并让其父子两人安宁地生活。

王储摩诃乌巴亚扎、驸马阿瓦王德多明绍在追捕孟拱土司，

从坎底坎宁到达孟隆。遇到山崖地区不能乘象便改骑马，不宜骑马即乘抬轿，不宜坐轿之处便手持拐杖徒步前进。从孟拱出发约经一月有余，遇到大瓮般巨大雪团，道路阻塞。中午时刻雪团融化成冰水。煮饭时找不到水，便用雪团化水做饭。得悉此情况后，国王即令王储及驸马即刻返回孟拱。王储及驸马返抵孟拱后，国王接受了俘获的象、马和将士，与王弟、王子、大臣们一起于缅历938年2月18日（公元1576年4月15日）土曜日，从孟拱启程。2月28日（公元1576年4月25日）火曜日抵摩达赖班码头。2月29日（公元1576年4月26日）水曜日，由摩达赖班乘御舫南下，于3月9日（公元1576年5月6日）土曜日到达罗陀那补罗。在罗陀那补罗逗留两天，于3月11日（公元1576年5月8日）月曜日继续南下，于4月12日（公元1576年6月7日）水曜日到达京城汉达瓦底。经过10天许，国王又赏赐了原万象王彬尼亚丁父子，并划地给他们，准其与群臣同班上朝。

国王赐给由万象归来的彬尼亚江、彬尼亚勃仰、彬尼亚别以大量用品仪仗。3位大臣向国王奏明彬尼亚丁隆与万象王乌巴律在收缴亲朋挚友大臣们的权利问题上发生争执，以及彬尼亚丁隆对国王陛下如何忠贞之情。国王听奏后对彬尼亚丁隆极其赞赏，并向臣相们说:“臣相们，朕因威德，遂为万邦之主。国家幅员广大。在这万邦之中，各君众王，听到互相之间的交谈，心地不善者也将改恶从善，善者则更加谨慎、高尚，绝不敢施行阴谋诡计，背叛抗命，从而国泰民富，人民都好善乐施，受戒修行以求正果。”

（254）为摩诃维兹亚佛塔修建珍藏宝物的地宫

国王道："朕身为国王，应行善积德。"为了表示对彬尼亚丁隆的极度欣赏，国王赏赐大量衣着布匹等物运往清迈。缅历 938 年 4 月 8 日（公元 1576 年 6 月 3 日），开始为摩诃维兹亚佛塔修建珍藏宝物的地宫。同年闰 4 月 11 日（公元 1576 年 7 月 6 日）土曜日，土瓦献来白雌象一头。同月 18 日（公元 1576 年 7 月 13 日）月曜日，统治锡兰岛的达摩巴拉王派遣两艘船送来大量礼品以及用金塔珍藏的佛牙。一艘船上装着礼品；一艘船上安放着佛牙。由 4 位大臣护送前来敬献，到达勃生码头。国王听到勃生方面的奏报后大喜，即令勃生港搭造华丽的彩棚安置佛牙。为存放佛牙制造了金楼，将佛牙置于其中。将彬尼亚勃仰佩戴地称之为四岛之光的极珍贵的一颗宝石、孟密土司进贡的价值无限的一颗宝石、达马赛底佩戴的价值无限的一颗宝石、阿瑜陀耶王进贡的价值无限的一颗钻石，共 4 颗宝石嵌镶于金楼的四面，然后将该金楼放入嵌满红宝石的楼子里。然后将红宝石楼放于御用红宝石咸茶罐中。将咸茶罐放进御用红宝石槟榔盒内。再将红宝石槟榔盒置于九宝宝塔之中。宝塔则置于九宝制成的重阁之中。然后将该重阁放于国王乘坐的御舫上。舫上桨手们头戴金盔、佩戴着饰有 12 季节图案的项饰、手镯，协调一致地划着船桨。其后 4 艘金劳加船上打扮成仙女模样、佩戴念珠、耳环、项饰的船员们划着金桨。再后便是国王乘坐的御舫。该舫饰有嘴含红宝石做飞翔状的鸳鸯。御舫前

后各有 8 条描金劳加船护卫。另外 300 条饰有金轮宝状图案的劳加船上载着小鼓、大鼓、弯琴、椰笙等五种乐器，沿河奏乐响彻整个河道。这些船只簇拥着御舫划桨前进。兵勇将士们分乘饰有麒麟、凤凰、马、水牛、虎、鳄鱼、蟹、迦罗频伽(妙声鸟)、仙鹤、鸳鸯、紧那罗等鸟兽状的 500 条战船之上手执盾牌、刀枪跟随在御舫的左右前后。此外，还有众多士兵分乘 1000 条装载着臼炮的泽亚格彬、古囿、舢板、格杜、伦锦船等相随。王弟、王子、臣相们分乘各自船只，带着仪仗，吹打着云锣、号角、小鼓、弯琴、椰笙等在后相随。这样一支船队从汉达瓦底京城出发去勃生港相迎。到达勃生港码头时，由十宝[①]制成的五彩米花奉献给佛牙。此外还布施了大量金灯盏、银灯盏、金幡、银幡。礼毕后，锡兰王 4 位大臣呈献了礼品与诏书。诏书开头用了谦恭的言词颂扬了白象之主威德后写道："当今锡兰岛一分为四。分别由崮底王、坎底王、底达卫王、达摩巴拉王称王统治。但在 4 位王中，崮底王、坎底王、底达卫王不虔敬信仰佛陀之教，而奉行异教，亵渎佛教。南赡部洲诸王中只有陛下最高贵的、忠诚维护佛教圣洁的白象之主派遣大军教训锡兰岛分割为四部分进行统治的崮底王、坎底王和底达卫王，才能使佛光普照大地，佛教发扬光大。伟大的白象之主是用正见训诲南赡部洲一切外道的大施主。为了陛下能参拜真正的佛牙，特将佛牙进献于陛下。"国王听罢锡兰国王诏书后，以万分高兴之心情一次又一次地参拜了佛牙。此时，底里泽亚瑙亚塔奏道："想当年，先王阿奴

① 据缅文词典转引巴利文律藏载，十宝即指：金、银、珍珠、绿玉、红宝石、带斑点的红宝石、猫眼石、水晶石、珊瑚及法螺。

律陀王在位时，与阿罗汉长老计议，曾派遣使节携带大量礼品前去迎求佛牙，然并未能如愿，只得到了副牙。同样先王阿朗悉都在位时，也曾亲自前往中国迎求佛牙，毋庸说佛牙，连副牙亦未能求得。如今，由于我王德威崇隆，未去迎请便有人前来呈献真佛牙。此事必将永垂于佛教大业五千年之历史。”闻底里泽亚瑙亚塔之奏后，国王说：“朕在征服给杜摩底国举行灌顶礼继承王位时起，就决心将一切种智佛陀之道推为至尊，并决心以正道改变各国君王之外道，从而使威力无比之佛教得以永存。正因此等善果，各国君王难得参拜的佛牙如今来到朕面前，任朕供奉。”说毕，犹如恭迎佛祖大驾亲临，国王以万分虔诚之心将佛牙置于白象背上，十分庄重地从彩棚送至劳加船上的重阁之中。王子、王弟及臣相们跟随护送。随后又向佛牙供奉大量金银灯盏及金幡银幡。运送佛牙的劳加船行驶在船队最前列。摩诃乌巴亚扎王子等国王子侄、臣相们乘坐的劳加船遍插白伞、旌幡、彩链，吹奏着号角、喇叭、小鼓、大鼓、弯琴、椰笙，跟随在运送佛牙的劳加船四周前进。置放臼炮的格杜船、伦锦船等大战船亦在四周跟随。其后便是白象之主乘坐的御舫，犹如天帝释之威严，十分壮观地从勃生港启程前往汉达瓦底京城。到达汉达瓦底京城时，举行了神会般的盛大典礼，以供全体臣民僧俗朝拜。百姓们如同佛祖亲自莅临，朝觐佛牙，喜悦万分，纷纷将身上佩戴的金银首饰摘下布施，供献的伞、旌幡、彩链不计其数。然后，国王将放置佛牙的宝石塔安放于宫内龙床床头供奉，并制作了众王从未做过的奇特精美的雕花重阁。

迎供佛牙之事安置就绪后，国王便召集王子、王弟及臣相们商议锡兰国王所提之事。是时，后被命名为彬尼亚德拉的大臣奏道：

"统治锡兰国的达摩巴拉王国闻大王威震南赡部洲,才前来投靠陛下,献上历代君王梦寐以求的佛牙,以求大王前往征伐锡兰国其他3位君王,使佛教大业威震,国家繁荣。据此看来,大王不应不予帮助。为此,臣认为应派出5艘战船,精选2000至3000士卒从速前往为宜。"底里泽亚觉廷听了彬尼亚德拉的话便道:"锡兰国是佛教之圣地,是南赡部洲著名的国家。陛下只有威风凛凛地出兵征讨才好。"国王问:"怎样出兵才能显出威风?"彬尼亚德拉奏道:"必须从士卒中挑选出刀枪不入、勇猛无比者,并委派机智能干的大臣充当统领、监军,率战船5艘、士卒2000至3000人迅速前往。在掌握了锡兰岛情况后,再由王弟、王子、臣相率领大军前往。"国王赞赏两位大臣所奏,并下令按此部署,命底里泽亚觉廷、彬尼亚德拉挑选能避刀枪、勇猛无比的骁勇将士。他们挑选了阿瑜陀耶人100、德林达依人100、万象人100、清迈人100①、景栋人100、卡随人100、土瓦人100、孟卯人100、西昆人100、华人100、掸色隆人500、孟人500、缅甸人500,共计2500人。战士们头戴短顶或长顶头盔,身穿铠甲、战袍,手执金盾、金牌、金挡、金矛。国王任命山达都利亚为统领、亚扎彬尼亚为监军。并赐与他们两人乘象二头及大量金钱。同时赠给锡兰国王大象20头以及大量御用仪仗等物件。安排就绪后,即令2500名战士分乘5艘战船即刻出发。托国王之洪福,战船在当月就到达锡兰岛。锡兰国达摩马拉王闻勇士们从南赡部洲来到此间兴奋异常,亲至瓦底加亚马码头迎接,并赏赐大量金银以供使用。山达都利亚、亚扎彬尼亚亦将带来的礼品

① 原文漏掉"清迈人100"几个字,经查《缅甸大史》更正之。

呈献给达摩巴拉王。锡兰国王遂下令建造优美舒适的彩棚供勇士们居住。勇士们以狮子般之英勇在码头上扎营待命。达摩巴拉王召自己派遣的使臣前来询问汉达瓦底情况。大臣们将汉达瓦底臣相战士众多，疆土辽阔的情况，一一奏报。并说，汉达瓦底王告知，此次遣兵前来只是试探，如不成功，将派遣大批将士前来征伐。山达都利亚和亚扎彬尼亚将金银分发给勇士们，并允许他们吃喝。勇士们见到水牛、黄牛、猪、羊等便用枪挑杀。有的剥皮，有的割肉，剁成肉酱，拌上姜、葱，血淋淋地送进嘴中吞嚼；有的将肉块用火烧烤，未等熟透，便血淋淋地吃将起来。吃过，各人持着盾牌刀枪，操练厮杀起来。锡兰岛国民把牛肉视似人肉，所以见到勇士们屠牛生吃的情景，便认为他们绝非凡人，定是魔鬼。于是惧怕万分，纷纷跑到统治锡兰岛的4位君王处，向自己的主子报告说，如今南赡部洲白象之主派来的勇士，绝非凡人，定是魔鬼。他们见到牛、羊、猪等所有生灵，都将之宰杀，并在其未死前撕肉生吃。不仅如此，在他们吃饱喝足后，还成对地刺杀格斗，但无一伤亡，个个强如铁柱。据此看来，我们还是投降为妙。山达都利亚及亚扎彬尼亚奏告达摩巴拉王道："我等到此已有一月之久，但迄今未闻3位君王回音。我们应尽快知道他们3位是否接受我王白象之主的训诲？如拒绝接受，我等即前往彼等宫殿捉拿。望速派人告之。"达摩巴拉王即令人告之崮底王、坎底王、底达卫王：今南赡部洲王中之王白象之主陛下，为了训诲亵渎一切种智佛陀教义的人。为了振兴佛教，促使锡兰岛团结统一，派遣两名大臣以及神兵似的勇士们前来我岛。今来此已一月有余，如愿意接受训诲，团结一致振兴佛教，也得公开表态。否则如不恭顺违令，便将出兵讨之。崮底

王、坎底王以及底达卫王自知敌不过白象之主陛下派来的勇士们，于是回答道吾等愿接受训诲，共同振兴佛教大业。3 位君王随即携带大量赏赐给勇士们的金银，来到达摩巴拉王宫。达摩巴拉王在 3 位君主到达前，将山达都利亚及亚扎彬尼亚召来，告之："3 位君王已接受训诲。"同时 3 位君王还表示愿遵照白象之主的训诲，与达摩巴拉王一起，共同振兴佛教大业。说毕，便将大量金银、各色布匹赠与两位大臣及勇士们。之后，4 位君王一起商议决定，分别将锡兰岛生产的各种丝织筒裙、棉织筒裙以及各种各样的香料装入 4 条船中，随着山达都利亚、亚扎彬尼亚一起前去向白象之主进贡。山达都利亚及亚扎彬尼亚接受大量金银布匹等礼品后返回汉达瓦京城。白象之主听了山达都利亚及亚扎彬尼亚的奏报后大喜，决定赐山达都利亚名为摩诃约达，并给予仪仗及食邑；赐亚扎彬尼亚名为泽亚约达，并给予仪仗及食邑。同时也分别赐与 2500 名勇士以金、银、粮食及衣物等。

(255) 彬尼亚坝简况

缅历 938 年(公元 1576 年)原归顺万象王，食邑巴达里博城的彬尼亚坝，早在万象王比亚晒锡在位时就放弃了巴达里博城[①]，离开万象归顺白象之主陛下。白象之主赏赐其大量物品外，并赐食邑泰缅边境的色久城。白象之主在征服万象后，又将巴达里博城赐还给他。这位名叫彬尼亚坝者，又一次放弃巴达里博城，携带妻

---

① 老挝一带一地名。此城与印度华氏城同名。

小及随从来到白象之主御驾之前。白象之主知其到来，便传旨召来询问原因。彬尼亚坝奏道："奴不愿享受万象边寨城镇巴达里博的荣华富贵，因而抛弃巴达里博城前来投奔陛下。汉达瓦底伟大的国家是佛教之圣地，能效忠于德威崇隆的白象之主，即使牺牲性命，亦必将升入天国。如死于边寨小镇，因不良的境缘而将沦落于四恶道。奴意识到此种因果，故决定前来投奔陛下。"白象之主赏赐了彬尼亚坝，划定土地供其居住。并令其与臣相们一样上朝理政。一次，亲朋挚友大臣们与彬尼亚坝说："在汉达瓦底的勃生、渺米亚、莫塔马、达拉、大光等大城市，每年可食税银 190 缅斤。食邑这些城镇的臣相才是真正的男子汉，且抛头露面出人头地的机会很多。万象原系彬尼亚丁之地，虽然白象之主没有赏赐予你，但你可上奏提出要求。如今你却抛弃食邑来到陛下跟前，又有何益？"彬尼亚坝道："万象王比亚晒锡在世时，我与其并无隔阂。但我感到长久居于该地将毁我前程。因而前来投靠白象之主。事态发展正如我之所料。今我仍依然如故。而万象却全城遭到毁灭。况且，国王殿下已将万象城赐与乌巴律，并立其为王。我与乌巴律自幼一起长大。我知道乌巴律之品性。他们一族人尽是一些不知恩典的人。今日乌巴律成为一国之主，但为王者只有品德高尚之人才能为所有人民谋利。否则，不仅毁已，亦毁他人。鉴于此，我才来国王陛下跟前。"并说，此话再过二三年后定会应验。臣相们听此话后便道："果真如此，那倒是应该来的。"缅历 938 年 4 月 22 日（公元 1576 年 6 月 17 日）月曜日，国王为卑谬佛发塔从塔顶直到塔基贴金。8 月 13 日（公元 1576 年 11 月 3 日）金曜日，国王为其功德善业摩诃维兹亚塔珍藏宝物。

缅历938年9月5日(公元1576年11月25日),国王任命幼子明达锡为主将,前去孟拱、孟养以完成征讨任务。前去征讨的各军有:色固侯、色林侯、色雷侯、布坎艾侯、蒲甘侯、德娄侯、东敦基侯、央米丁侯、良渊侯、彬西侯、实皆侯、布坎基侯、阿敏侯、勃东侯、格尼侯、德勃因侯、孟乃土司、良瑞土司、底宝土司、翁榜土司、孟密土司,以及在御前任职的彬尼亚晒、彬尼亚江、彬尼亚勃仰、彬尼亚劳、明达锡各率一军,共26支人马,有战象1300、骏马13000、士卒16万。大部队直驱孟拱。到达孟拱后,即将各路人马按二三支人马组成一路,分兵搜寻孟拱土司。

(256) 建造摩诃维兹亚佛塔

在汉达瓦底建造摩诃维兹亚佛塔是因为国王与德门陶亚马乘象单骑格斗时,曾许愿说,如吾成王,将在此地修建佛塔,今就为此建造摩诃维兹亚佛塔。在为此塔放置宝物时作了如下安排:首先将置放舍利子的、用珍宝制成的重阁放于白象背上。珍宝制成的重阁中安放着红宝石塔,红宝石塔中安放着佛牙,以及色似黄金的舍利子、色似珍珠的舍利子、色似白星花籽的舍利子。同时还把其他舍利子安放在金塔、银塔之中。这些均被置放于白象背上。此外,金佛像、银佛像、五金佛像、红宝石佛像、绿玉佛像、琥珀佛像等亦被置于珍宝重阁之中,一并带来。论藏、律藏的卷首则被刻写于贝叶上,与金制高脚盆一起置于禳灾过的白象背上,并供奉很多金银灯盏、旌幡、伞、扇等。从甘包沙达宫殿至功德佛塔所在地通道两旁编筑起围栅。种上芭蕉与甘蔗,并放置水缸。整个通道装饰得如同壮丽雄伟的神国天道。孟、缅、掸、印度各族富翁、臣相、王亲国戚们穿戴着各色各样华丽衣着，前往善业地点参加盛典。

缅历 938 年 10 月 6 日（公元 1576 年 12 月 25 日）月曜日，在摩诃维兹亚佛塔西边，建造华丽别致的帐幕作为盛典大棚。王子摩诃乌巴亚扎等皇亲国戚、文武臣相、富翁豪绅们当国王在此行宫居住之日进献礼品。尔后国王即用这些礼品为摩诃维兹亚佛塔院内的杜达马佛亭贴金装饰。10 月 20 日（公元 1577 年 1 月 8 日），为摩诃维兹亚佛塔第二次放置宝物。10 月 27 日（公元 1577 年 1 月 15 日）月曜日，又为该塔第三次放置宝物。此时，国王亲自与王弟、王子、臣相们以及王后嫔妃们从行宫将舍利子送至摩诃维兹亚佛塔。同日，国王为了给摩诃维兹亚佛塔贴金，将御用槟榔盒、咸茶罐、长颈饮水瓶以及水钵等用具共重 17.3 缅斤黄金碾制成金箔，命登卡亚扎、鄂翠纽、鄂耶当以及南达塔亚、达德耶固育等监督贴饰。

同年 12 月 9 日（公元 1577 年 2 月 25 日）月曜日，国王为王子信迪萨亲王与公主明篷妙完婚，赐王子八角槟榔盒、镶嵌红宝石一圈的咸茶罐、金马缰金马鞍、描金象轿，赐公主红宝石发具以及槟榔盒、咸茶罐、嵌红宝石的大小金权杖以及公主乘轿。摩诃维兹亚佛塔建造完工后，于缅历 939 年 2 月 15 日（公元 1577 年 5 月 1 日）升宝伞。为此，邀请阿瑜陀耶、万象、素可泰、德林达依、彭世洛、勒宫、底马、阿交、孟山、景栋、清迈、孟乃、良瑞、登尼（木邦）、底宝、孟密、八莫、实皆、阿瓦、色林、东敦、卑谬、东吁、达耶瓦底、孟三邦、土瓦等城市的缅、孟、掸族人士在摩诃维兹亚佛塔周围举行为期 3 周 21 天的施斋活动。向每位僧伽布施僧用八法器以及布匹、

白细布、毯子、垫子、伞、僧扇、皮垫、褥子、枕头、席子、紫檀香、白檀香、伽蓝香、沉香、金香木、樟脑、槟榔子、草药等各种物品。向远道而来的僧伽每位布施一部三藏经巴利文注释,并挑选 347 位愿入佛门者为他们剃度,并向他们每人布施了僧用八法器,向参加佛塔落成典礼的 7257 位僧伽布施了 3 周 21 天的斋饭。犹如神会的盛典也举行了整整 21 天。从锡兰岛来的使臣与臣相们一起参加了盛典共享善果。锡兰使臣参加了盛典后返回本国。在为摩诃维兹亚佛塔举行第一次珍藏宝物的仪式时,为了僧俗们有树阴可遮阳。从汉达瓦底去佛塔的大道两旁整齐地栽种了糖棕树、芒果树。此外还捐款在佛塔东西南北四方各修建花园一座,将花园所产的橘子、金橘等果实,以及茉莉、黄荆等各种花卉作为供品盛于金钵、银钵、金盘、银盘之中每日向佛塔供奉。为了打扫佛塔,国王向佛塔捐了万象人 50 户、孟人 50 户、缅人 50 户为塔奴。同时为了使佛塔能经常有优美雅致的乐声,国王布施了套鼓手、鼓手等。王妹达马黛维王后专门从给杜摩底前来分享善果。国王在与王妹一起举行洒水礼后,封王妹为达马黛维,举行了加冕礼,并授予正宫皇后所用之仪仗及银伞两顶、金轿一顶。达马黛维在大队人马护送下返回给杜摩底,舒适地居住于 3 层篷顶的白宫之中。

王子达耶瓦底王等向孟拱进军时,包拉傣侯外逃。当王子等部队到达孟拱时,孟拱土司的大臣们忍受不了长期躲藏在深山野林中的痛苦,纷纷前来归顺王子达耶瓦底王。他们指点了孟拱土司所在地,从而捕获了孟拱土司。抓到孟拱土司后,即将孟拱城赐与班赖侯。王子达耶瓦底王随即带着孟拱土司及其妻小返回。7 月 18 日(公元 1577 年 10 月 28 日)火曜日，返抵御前将孟拱土司及其家小、象马、人员献上。王大喜，当即将双手所戴红宝石手镯、红宝石指环、身穿之朝服王袍和骑乘的御象底里摩诃艾赏赐给达耶瓦底王，并封其为瑙亚塔明绍。随王子一同前往孟拱的土司、臣相们都得到了相应的封赏食邑。最后在大庭广众之下将孟拱土司召来道："孟拱土司，从前，当朕征服孟拱时，汝父孟拱土司将汝献朕。当年汝仅 10 岁，朕将汝带于身旁，是朕教汝识字，是朕亲手将食物放于金碗中给汝吃，是朕亲手量尺寸命人替汝缝制衣衫；是朕怜爱汝，让汝在朕宫内长大成人；当汝父孟拱土司去世后，尽管汝叔才智能力完全能胜任土司之职，然而朕并未赐封汝叔，因朕怜爱汝，将君王登基用五宝器赐汝，封汝为土司。汝本该牢记此恩，世世代代铭刻心中，不该妄生邪念。如今汝产生此等邪念，以至损朕兵马将士；朕子王储等臣相备受辛苦；亦累及朕风餐露宿在森林中遭受磨难。今因朕之洪福威德，将汝一家全部捉拿归案。如其他君王，绝不会见汝一面，且汝必将大难临头。"孟拱土司听罢国王圣谕后，向国王三叩头奏道："奴才谋图不轨，如吾王下令斩首亦属罪有应得。听到陛下对奴这样一个有罪之人大慈大悲，说出如此话来，犹如 7 声巨雷轰顶一般。若王处死奴才，奴亦将沉沦于四恶道。"白象之主道："小小的孟拱土司，今朕饶汝一命。但与汝合谋策划者，经审讯后将用船运往印度出售。"有关官员遵旨进行审讯后，将 100 余名同谋者置于船上，送往加尔各答城出卖。同时，将孟拱土司戴上脚镣，将颈项锁于城门柱上，在每个城门口各示众 7 天。期满后即予释放。赏其 10 余名奴仆，使其舒适地生活。缅

历 939 年 8 月 5 日(1577 年 10 月 15 日),国王赏赐御弟卑谬王德多达马亚扎和东吁王明康以国王、王子等入宫和离宫时所击的入宫鼓与出宫鼓;赏赐驸马阿瓦王德多明绍以入宫鼓。同日,德林达依送来白象。但土瓦侯争辩说,该白象是他发现的,而德林达依侯则奏道,该白象是他捕获的。两侯为此争论不休。白象之主、汉达瓦底王根据"归根到底"故事进行裁定,将赏赐的奖品分为三份。土瓦侯得两份,德林达依侯得一份。8 月 9 日(公元 1577 年 10 月 19 日)金曜日,为王子僧伽达塔举行挽椎髻仪式。8 月 25 日(公元 1577 年 11 月 10 日)日曜日,在乱党们破坏了的罗汉们念经经堂地方重新修建了新佛亭。9 月 10 日(公元 1577 年 11 月 19 日)木曜日,为摩诃维兹亚佛塔命名经堂。同日在摩诃维兹亚佛塔围墙内东面及北面各建佛亭一座。同日在摩诃维兹亚佛塔内建造 4 大寺庙、80 座小寺,并向每座寺庙捐献庙奴 20 名。同日还为 84 座庙宇修筑围墙。10 月 18 日(公元 1577 年 12 月 26 日)土曜日,捕获雌性白象一头。用汉达瓦底京都御花园所产花果之钱,雇人在摩诃维兹亚佛塔开凿人工湖。同日,修造历代君王未曾修造过的、规模巨大的御花园一座,定名为塞达勒达御花园。并修造一条雕有两只鸳鸯像的全身贴金的御舫,以供在花园湖中游荡。国王每月在摩诃维兹亚佛塔听法 4 次,由 4 位法师每周轮流讲法。国王向他们布施了缝制袈裟的布料及成篓的咸茶。缅历 940 年(公元 1578 年)将汉达瓦达京城东面的山岗地填平,修造佛堂,重建阿妙瓦底城。缅历 940 年 4 月 20 日(公元 1578 年 6 月 23 日)水曜日,修造存放佛牙的宝石重阁。缅历 940 年 8 月 20 日(公元 1578 年 10 月 19 日)水曜日,将佛牙存放于该宝石重阁之中。

缅历940年10月23日(公元1578年12月20日)金曜日，为东吁佛发塔举行加升华盖仪式。缅历940年11月5日(公元1579年1月1日)水曜日，统治清迈国的号为摩诃黛维的王后驾崩。彬尼亚丁隆、彬尼亚兰丹将王后的仪仗、用具以及两头骑象作为贡品奉献给白象之主。白象之主得知清迈王位空缺，即召王子摩诃乌巴亚扎等王公大臣降旨道："称之为哈梨奔猜的清迈国，在佛祖在世时，就是佛教圣地。清迈国幅员广大，城镇众多，并拥有大量贤臣、良象、骏马及骁勇将士，亦是德高望重的君王所在地。如今清迈王位空缺，派哪位王弟王子前去为宜?"王子摩诃乌巴亚扎奏道："如将清迈赐与王弟卑谬王德多达马亚扎，那是不适宜的。因为室利差呾罗国是威德高尚之王所在地。该国与若开旦迎瓦底国相邻，伊洛瓦底江西部，若开边陲的色固、色林、榜林、垒盖、敏东、明达等城镇居民也依赖于室利差呾罗国。因此，如此重要之邦，只有王弟卑谬王德多达马亚扎最为适宜。如委任王弟东吁王明康为清迈王也不合适。给杜摩底那里也是一位德高望重之君王所在地。不仅如此，耀绍、良瑞等掸邦大城镇与其紧临。东敦基、央米丁、瓦底、茵道、莱德、良渊等城镇居民依赖给杜摩底邦为生。所以，称之为泽亚温纳耶纳国的给杜摩底，只有王弟东吁王明康为王最为适宜。如立驸马阿瓦王德多明绍为清迈王，亦不合适。因罗陀那补罗亦是德高望重之王所在地。同时它邻近翁榜、底宝、孟密、孟养等掸邦城镇。掸邦边陲地区的美都、鄂耶内、西博达亚、西达、德勃因等城镇居民亦都依赖于罗陀那补罗。由此可见，称之为丹巴提巴国的罗陀那补罗只有属于驸马德多明绍为宜。再说，称之为哈梨奔猜国的清迈国邻近阿瑜陀耶、万象、景永、景栋等掸族邦国，绝不能

赐与普通某个皇亲国戚。王子瑙亚塔明绍不宜只在达耶瓦底。应委其为清迈王。这样才能使阿瑜陀耶、万象等掸邦国世世代代效忠我王。”白象之主缅王陛下听了王子所奏后道:“仅仅由朕授予瑙亚塔明绍以官爵绝非长久之计。只有王储汝等一致推举他才是长久之计。”缅历940年12月5日(公元1579年1月30日)水曜日,国王上朝,当着王子摩诃乌巴亚扎等臣相之面,降旨道:“将清迈国封赐给王子瑙亚塔明绍。”当天就召见在内廷府金尖阁的王子瑙亚塔明绍说:“因朕之威德武功才得到了称之为哈梨奔猜国的清迈国。清迈国虽不能与缅、孟、掸邦相比,但汝叔父之卑谬、东吁、阿瓦等地均极窄小。而清迈却幅员广阔,城镇繁多,臣相将士亦众,无人敢敌。朕应王储所奏将清迈城赐予汝。汝应视王储如主、如父、如兄。不如此待之,若轻信坏人歹徒之言,而叛变作乱,必将波及阿瑜陀耶、万象、艮、密那米等邦,从而使国家不宁,佛教之光辉减弱,僧俗们将为之苦恼。不仅今世,来世之利皆将受损,并将堕入四恶道。因此,汝必须牢记朕之旨意。按朕之旨意行事,汝将洪福无量长寿百岁,亦将有利于整个轮回,受益不尽。今日受朕恩怜之所有男女臣民以后如到汝处,均应给予照应抚养不该置之不理。对今日在朝的彬尼亚江道、彬尼亚道、彬尼亚勃仰、埃蒙德亚、赖亚弁琪等臣相们皆应认为他们是代表朕之人。汝到达清迈后,对在清迈城的彬尼亚扎班、彬尼亚劳、彬尼亚南等皆应视为伯父。称彬尼亚丁隆为叔,待彬尼亚勒宫、彬尼亚坚丁、彬尼亚昆、彬尼亚杜岩等为兄长,不可向他们索取良象骏马。必须严禁汝的奴才子孙在城乡抢掠为非作歹,要严加管教。此外,各种税收、港埠关卡之赋款必须按以前规定征收之。这才是安国定邦之计。”

(257) 教诲二位王子

缅历 941 年 2 月 21 日(公元 1579 年 4 月 15 日)月曜日,国王前往摩诃泽底佛塔,将信德达马巴拉、吴尤韦拉、巴奈、巴塔尼、巴哥、马劳、巴麦、佐底亚仰、摩诃僧伽罗阇、达德马底瓦格亚等法师以及瑙亚塔明绍之师达德马晒格达米法师请到西边佛亭之中。在众僧面前说道:"王储汝应将瑙亚塔明绍视为奴仆、视为兄弟。瑙亚塔明绍应把王储看作主人、兄长和父亲。汝二人必须遵照父王所说,和睦相爱。这样,朕长年累月奋斗所得众多邦国才能永不解体,长存于世。长年累月所积功德善事亦将发扬光大。这样亦将有益于佛教及僧俗。如不照父王教诲,那么朕长年累月奋斗所得邦国、长年累月所积功德皆将毁于一旦。佛教及僧俗之利益也将受损。而这些恶果,亦必使汝兄弟二人沦入恶道。今日,父王将所戴两枚指环脱下赐给汝二人各一枚,永远带在身上。他日遇到皇亲国戚奴才下人们挑唆破坏时,见此指环就应想起父王所嘱,从而消除邪念和睦相好。朕望诸位法师也记下朕对两位王子的嘱咐。再有,吾儿瑙亚塔明绍绝不要以为彬尼亚丹兰与自己性格相似,就在彬尼亚丹兰面前信口乱说。若这样彬尼亚丁郎等臣相们是会不高兴的。再也无人像对自己兄长一样同情汝。汝必须牢记父王之言。"法师们听到白象之主所嘱后,同声称赞。

瑙亚塔明绍于缅历 941 年 2 月 24 日(公元 1579 年 4 月 18 日)木曜日,在大队人马随从们的簇拥下前往清迈。由彬尼亚勃仰及耶丁仰护送前往。《缅甸大史》、《中史》中记载说,瑙亚塔明绍是

2月21日(公元1579年4月15日)月曜日出发前往清迈的。这与清迈文学家那瓦德在同瑙亚塔明绍一起出发前往清迈途中赋作的雅杜诗中所述不一。该诗云:"缅历二月,二十四日,王室后裔,至高贵人,前往云国,环宇胜地,起程行进,开拔之时。"瑙亚塔明绍到达杜朗山时,由于清迈王妃产下一子,遂在该地停留10余日。因该子生于杜朗地区,故命名为杜朗。

闰4月10日(公元1579年7月2日)木曜日,瑙亚塔明绍到达清迈登基为王。在各种史书中称清迈国为哈梨奔猜国或写作哈梨蒙猜国。据《清迈史》中记载:佛陀云游各地到此食用了一位猎人所奉献的藏青果,授记道:以后此地即因此而得名哈梨奔猜。本史即根据此说,称清迈为哈梨奔猜国。

第 十 六 编

(258) 摩诃乌巴亚扎王子进军万象

万象王乌巴律借口僧侣种养花卉不符合戒律，遂将花卉园圃毁掉，并勒令抗命之僧侣即刻还俗。万象王不听国王陛下的教诲，对臣相们既不赏赐又不照顾体贴，一味照应自己的亲朋，致使臣相殷富们都不喜欢他。于是他们制造流言，说在上次进军中死去的万象王比亚晒锡其实并未死，现在回来了。并决定抛弃乌巴律，在一座山林里聚集起来，公开反叛。乌巴律只剩下亲朋一伙人了。白象之主得到奏报后，便召集王子摩诃乌巴亚扎等臣相们进行商议。国王道："如今传闻万象发生反叛万象王之事。卿等有何见解？"彬尼亚劳奏道："乌巴律没有遵循国王陛下的教诲，以致臣相们郁郁不悦，造成时局不稳。如今国王陛下派遣王子、王弟率军前往征讨，定无人敢于抵抗。只是他们已逃亡深山峻岭，征讨之事便要费些周折了。"于是，白象之主道："此次只有朕子王储摩诃乌巴亚扎亲自率兵前往，才能取胜告捷。"摩诃乌巴亚扎听令后奏道："父王陛下请放心，毋庸说前往万象，如果父王下令去征中国乌底勃巴，儿臣也不怕。"国王道："朕已老朽，凡事全仗汝等了。"接着便指派征讨万象的人马。有南达觉廷、德门泽布翁、巴亚觉廷、德门

丹杰、巴亚加马尼、彬尼亚江道、底里达马道加、德门丹莱、亚扎丁坚、彬尼亚劳，以及阿瑜陀耶的奥亚素可泰、奥亚彭世洛、奥亚杜温那劳、奥亚披猜、奥亚甘烹碧，清迈的彬尼亚丁隆、彬尼亚丹兰、彬尼亚南、彬尼亚卑、彬尼亚杜岩、彬尼亚勒宫、彬尼亚昆，王子僧伽达塔、王储摩诃乌巴亚扎 24 支人马，共有战象 1200、骏马 12000、士卒 22 万。大军于缅历 941 年 7 月 27 日（公元 1579 年 10 月 16 日）出发前往万象。大军抵达孟山时，万象王乌巴律亦率大队人马前来迎接，并前往摩诃乌巴亚扎驻地报告详情。得知详情后，摩诃乌巴亚扎便会同乌巴律一起前往万象臣相们所在地迈拱、摩柏地区。万象臣相们不敢与大军抗衡，有的逃亡，有的便向摩诃乌巴亚扎大军投诚。对前来投诚者，在宣誓效忠后，仍令其返回原地，享受原有俸禄采邑；对逃跑者，则分兵追捕。

在汉达瓦底方面，是年 12 月 19 日（公元 1580 年 3 月 3 日）木曜日，国王赏赐御弟卑谬王德多达马亚扎、御弟东吁王明康、驸马阿瓦王德多明绍 3 人王冠、白伞、8 把金伞、御舫等全副御用仪仗、用具。

再说摩诃乌巴亚扎征讨途中，将士们分兵多路追捕，因万象臣相们钻入深山密林之中，无法全部捕获。在令归顺的臣相殷富们发誓效忠后，将追捕俘获的 50 名臣相、3000 名士卒以及比亚晒锡女儿比亚觉等一并从万象押解回汉达瓦底。缅历 942 年 1 月 8 日（公元 1580 年 3 月 22 日）日曜日，返抵汉达瓦底。王子摩诃乌巴亚扎将俘获的臣相和兵勇献给国王。父王大悦，即将御用槟榔盒、咸茶罐、饮水瓶赐给王子，同时对全体统领、监军一一论功行赏，赐给仪仗用品及食邑。

缅历942年2月5日(公元1580年4月17日)日曜日,国王在摩诃牟尼佛塔珍藏佛像。计有:金佛像、金铜合金佛像、五金佛像、红宝石佛像、绿玉佛像、蓝宝石佛像、黄玉佛像、猫眼宝石佛像、珊瑚佛像、菩提树枝雕佛像、紫檀香佛像、白檀香佛像、伽蓝香佛像、象牙佛像等共34428尊。此外,还珍藏了金铜合金及五金铸造的罗汉像4727尊,藏有舍利子的金塔、金铜合金塔、银塔、五金塔、琥珀塔1386座。在迎送上述舍利子、圣骨、佛像以及佛塔时,由皇宫通往佛塔的大道两旁,搭建了格子篱笆墙,栽种了香蕉和甘蔗,并放置盛满水的水缸。舍利子等被置放在高贵的白象背上,周围簇拥着皇亲国戚、臣相和富翁们,并举行了盛大的典礼敬送。此时,摩诃维兹亚佛塔、介果佛塔都奇迹般地显灵。8月21日(公元1580年10月27日),国王为摩诃维兹亚佛塔敬献嵌满红宝石的金伞华盖以及红宝石风铃,共花费黄金45.8缅斤,并邀请777位林居派和村居派的僧伽,向他们布施了7日斋饭,向他们每人都布施了僧用八法器,以及白细布、布匹和成篓咸茶等物品。

同日,国王亲自为介果佛塔升宝伞,并在乌优维拉迦叶寺前的佛塔,珍藏了很多置放圣物舍利的红宝石塔、金塔、金铜合金塔和琥珀塔,并向主持和修筑摩诃泽底佛塔、亚德纳牟尼佛塔、介果佛塔的臣相、建筑师、木匠、瓦匠、泥塑匠等酌情赐予封号、村镇、金银、衣物、谷物等。8月16日(公元1580年10月22日)摩诃泽底佛塔显现灵光。国王又敬献了金灯盏、银灯盏、金米花、银米花。并将佩戴的一副手镯、王后用的槟榔盒制成金箔将介果佛塔从塔尖至塔基修葺一新。将在汉达瓦底东面兹腊镇淘得黄金制成重54缅钱的金钵打成金箔也贴于介果佛塔之上。白象之主在举办上述善事时说道:“若开王与朕立约为盟,如今他违约侵犯朕边疆国土,实属不该。既然他背信弃义,朕要将其所占全部国土收回。”遂下令彬尼亚勃仰、南达约达、彬尼亚劳、底里达马道加、彬尼亚江道、南达觉廷、彬尼亚坝、明摩诃率 8 支人马由水路向丹兑进军。这 8 支人马共有泽拉格彬、古囿、舢板、加都、伦锦等船 800,丹随、铁船等 200,士卒 80000。大军于 8 月 20 日(公元 1580 年 10 月 26 日)由毛丁加律一线向丹兑进发,并在丹兑一带建立鹿砦营寨,储备粮草,屯兵坚守。11 月 22 日(公元 1581 年 1 月 25 日)水曜日,国王为乌优维拉迦叶佛塔升宝伞。同日,在瑞德光塔修建杜达马佛亭。

(259) 国王捐赠三藏经

11 月 26 日(公元 1581 年 1 月 29 日)日曜日,国王在阿妙瓦底城捐献修造大庙 2 座、小庙 30 座,供精通三藏经巴利文经释注疏的高僧挂褡,并命名禅堂。同年,国王请人刻写了大量藏经,分别给阿瑜陀耶、道格岱、彭世洛、德林达依、土瓦、阿妙瓦底、万象、阿交、勒外、清迈、景永、景栋、景丁、孟乃、良瑞、底宝、翁榜、登尼、孟密、孟拱、孟养、实皆、蒲甘、室利差呾罗、给杜摩底、达耶瓦底等地各一部,并令摩诃约达乘船给锡兰岛送去三藏经及其巴利文经释注疏一部。11 月 27 日(公元 1581 年 1 月 30 日)水曜日,建立格礼城,并任命泽丁延带兵驻守。同月,王子良渊王信乌博去世。白象之主国王陛下召见幼子信迪萨,令其在勃生、达拉、达耶瓦底、蒲甘、色林、东敦基、央米丁、良渊 8 个城镇中任选自己喜爱的一城作为食邑。信迪萨与学者磋商后决定抽签选中良渊城，并奏告父王。国王索幼子生辰牌看后道："汝生辰八字好，将来与朕一样。"并赏赐他槟榔盒、咸茶罐、饮水瓶、镶嵌红宝石的金痰盂、金伞、无篷官轿、金马缰金马鞍白色鞍垫等以及大臣之子 10 名、象 10 头、马 30 匹。并挑选无职务者千余人归其统率。同时赏赐良渊王妃一顶窗框贴金的公主用轿及金伞一把、槟榔盒、咸茶罐、带盖饮水瓶、镶嵌一圈红宝石的金痰盂。国王还指派卑谬王那腊勃底之后裔信曼昂为其轿官，并赐孟族轿夫 50 名。允许幼子信迪萨接受一切愿意归顺其门下为奴的人。从而使信迪萨得到了大批奴仆。国王在作了上述安排后，于 12 月 7 日(公元 1581 年 2 月 8 日)金曜日，正式将良渊城封赐给信迪萨。缅历 943 年 3 月 3 日(公元 1581 年 5 月 4 日)木曜日，孟养土司偕同亲朋及臣相前来，向国王陛下进献中国布匹、毡帽、麝香、牦牛毛、马鞍垫等大量贡品。同年 3 月 6 日(公元 1581 年 5 月 7 日)日曜日，景永土司带领臣相等大队人马来至国王御前，进献白伞、冠冕等帝王登位时所用宝器，以及金链金丝、象马、金银、中国布匹、毡帽、麝香、牦牛毛、马鞍垫等大量贡品。白象之主收下贡品后，又将白伞、冠冕等君王登基五宝器，以及金链金丝、象马等赐回给他们。八莫土司去世后，土司夫人率子婿臣相及象、马、兵勇前来，将土司之仪仗、乘骑献给国王陛下。国王陛下将八莫土司的仪仗、乘骑授予土司之子，并赐八莫城，封其为八莫土司。为了巩固佛教大业，国王于 2 月 13 日(公元 1581 年 4 月 14 日)日曜日，挑选了 65 位了解佛教经典的沙弥。亲自监督在格拉亚尼禅堂为他们进具。并亲自动手准备斋饭进行布施。午后，还向他们布施了饮料，并向 32 位法师及 65 位刚受戒

进具者布施了僧用八法器以及白细布、成篓咸茶等。3 月 23 日(公元 1581 年 5 月 24 日)水曜日，国王捐献摩诃瓦达庙，并赐三藏经、30 名庙役香火、5 名禅堂看守人。3 月 25 日(公元 1581 年 5 月 26 日)金曜日，国王下令将御用槟榔盒、咸茶罐、带盖长颈饮水瓶制成金箔献给正在兴建中的瑞德宫佛塔的杜达马佛亭，以供为它从地基至尖阁的顶柱全部贴金。同日，赐封僧伽达塔王子以底里杜达马亚扎封号，赐御用槟榔盒及莫塔马金花和毛巾。还赐了国王御用朝服、11 条新奇的绶带、红宝石钵、放水杯用的独脚金盘、红宝石咸茶罐、金手镯、绿玉指环，另外，还赏赐了名叫阿巴贡的乘象一头及其他大象 10 头、大臣之子 10 名。并将莫塔马城赐其为食邑。此时，皇亲国戚、朝臣将相们亦向王子赠送了大量礼品。国王令清迈王瑙亚塔明绍与其弟底里杜达马亚扎并肩起坐，并赏赐大量物品。是时，鼓、号角、唢呐、喇叭等乐器齐声吹奏。皇亲国戚及臣相们护送底里杜达马亚扎返回官邸。

关于国王令清迈王瑙亚塔明绍与其弟底里杜达马亚扎并肩起坐，并赏赐大量物品一事，敦丁大臣编著的《新史》认为此事纯属讹传。因为瑙亚塔明绍于缅历 941 年 2 月(公元 1579 年 4 月)去清迈登位。而其弟僧伽达塔于缅历 943 年(公元 1581 年)才去莫塔马即位。敦丁大臣认为缅历 943 年兄弟俩并起并坐一说是没有根据的。并记叙道，五座寺庙大施主时期，即缅历 944 年(公元 1582 年)卑谬王德多达马亚扎和清迈王瑙亚塔明绍向山达、当督等地进军。倘若缅历 944 年卑谬王德多达马亚扎和清迈王瑙亚塔明绍向山达、当督等地进军一说确系事实，那么缅历 943 年底里达马亚扎与清迈王并起并坐之说也能成立。瑙亚塔明绍于缅历 941 年(公元 1579 年)去清迈登位。但史书中并没有记载,直至缅历 943 年(公元 1581 年)间清迈王没有返回父王所在地汉达瓦底。正因为他曾返回汉达瓦底,才有国王令底里达马亚扎与清迈王并起并坐,并赏赐大量物品之说。同年 4 月 1 日(公元 1581 年 5 月 31 日)水曜日,国王在汉达瓦底京城四角建造 4 座佛塔。同日,在阿妙瓦底城也动土建造佛塔。同日,国王乘坐鸳鸯形金舫,王弟、王子、王公贵戚臣相等乘坐饰有麒麟、凤凰、象、马、虎、鳄鱼、蟹形的战船、伦锦船 300,敲打着锣、鼓,吹奏着琴、笙等乐器,前去朝拜瑞德宫佛塔。4 月 3 日(公元 1581 年 6 月 2 日)金曜日到达瑞德宫佛塔,向佛塔敬献了 10 顶白伞以及金银灯盏、金银旌幡、金银花束,并向 10 位法师施斋和布施制作袈裟的布匹、成篓咸茶、槟榔等物。在佛塔停留 2 天。每天登山拜佛一次。5 日由瑞德宫启程返回。同月 7 日(公元 1581 年 6 月 6 日),抵达汉达瓦底皇宫。4 月 10 日(公元 1581 年 6 月 9 日)金曜日,为京城四角的佛塔珍藏放置圣骨的红宝石塔、金塔、银塔、红宝石佛像、绿玉佛像、琥珀佛像、金佛像、银佛像、王金佛像等。4 月 12 日(公元 1581 年 6 月 11 日)日曜日,国王捐献维兹亚瓦达庙。同时捐赠三藏经,30 名庙役香火、5 名禅堂看守人。5 月 1 日(公元 1581 年 6 月 30 日)金曜日,为京城四角的佛塔捐献金顶。同日来人奏报孟温土司去世。5 月 3 日(公元 1581 年 7 月 2 日)日曜日,国王赐包迈以土司仪仗用品、印章等,封其为孟温土司。6 月 5 日(公元 1581 年 8 月 2 日)水曜日,国王决定在万象、毕色布翁和孟温 3 地各建佛塔一座,并于当日送去舍利子及金塔、银塔、金佛像、银佛像、五金佛像及绿玉佛像。7 月 1 日(公元 1581 年 8 月 28 日)月曜日,国王指派彬尼亚

道丁、巴亚觉都、德门勒宫恩、巴亚觉廷、彬尼亚恩达、叟格德、埃蒙德亚、南达都利亚、德门泽布翁、底里泽亚觉廷以及王子莫塔马王底里达马亚扎分率 11 支人马，共有战象 600、骏马 8000、士卒 12 万，由底里达马亚扎为主将，由林巴德一线前往若开。另派德门敖昆、亚扎丁坚、德门耶丁延、德榭觉廷、德门埃巴亚、巴亚加马尼、彬尼亚阿彝德马、西都觉廷、德门丹莱、欧德马底里泽亚觉都及驸马明耶觉廷 11 支人马，共有战象 600、骏马 8000、士卒 12 万，由明耶觉廷为主将，沿乌迎布一线前往若开。到达丹兑时，与在丹兑的 8 支人马会合一起，准备分水陆两路向若开进军。但正在作上述部署时，万邦之君，众王之首的白象红象之主驾崩。底里达马亚扎王子、明耶觉廷驸马等所率 30 支人马闻讯后，立即由水陆两路返回京城。

(260) 白象之主的诞生与驾崩

封号为底里德里巴瓦那底达拉巴瓦拉班底达杜达马亚扎摩诃迪勃底[①]的国王陛下生于缅历 877 年 11 月 12 日(公元 1516 年 1 月 15 日)水曜日。19 岁时，即缅历 896 年(公元 1534 年)与瑞梯王之妹明阿基结婚，获觉廷瑙亚塔封号，并御用槟榔盒等赏赐。23 岁，即缅历 900 年(公元 1538 年)获勃印囊封号。34 岁，即缅历 911 年(公元 1549 年)征服给杜摩底国为王。36 岁，即缅历 913 年

① 巴利文音译如文。意为：吉祥、三界、光辉、高贵、智慧、善良、弘法之王伟大元首。

(公元 1551 年)征服汉达瓦底国金殿登基为王。在给杜摩底国在位 2 年,在汉达瓦底国在位 30 年,共享王位 32 年。32 年中为弘扬佛教大业,为其本人及子孙万代之利益,以及全体人民之利益,他竭尽全力,于缅历 943 年 8 月 15 日(公元 1581 年 10 月 10 日)火曜日突然患病驾崩归天。在国王驾崩前夕,国王之功德事业摩诃泽底佛塔和介果佛塔均显佛光:汉达瓦底京都堤坝决口大水泛滥,城内行舟;德巴兑地区下了红宝石雨,山顶冒烟,天降浓雾。

(261) 国王属下的邦国

国王凭借德威与武功征服的邦国计有:给杜摩底、室利差呾罗、达耶瓦底、万象、东敦、央米丁、蒲甘、敏塞、麦克亚、彬牙、罗陀那补罗、格礼、卡隋、山达、孟拱、孟养、八莫、孟密、孟温、孟卯、西昆、霍达、拉达、摩纳、孟林、盖马、登尼、翁榜、底宝、孟盖、孟巴、耀绍、囊蒙、良瑞、孟乃、景栋、景永、景丁、清迈、万象、孟山、阿交、勒外、密那米、素可泰、彭世洛、堕罗钵底、德林达依、土瓦、莫塔马、勃生等。上述这些邦国被国王陛下征服后,均诚惶诚恐归顺于国王,成为国王之附庸国。甚至远隔重洋的,统治锡兰岛的达摩巴拉王得悉国王德威崇隆,竟敬献佛牙及公主,诚惶诚恐地请求派兵镇压破坏佛教大业的异教徒。国王接受请求随即派遣大臣山达都利亚亚扎等臣相们统率 2500 名天兵神将般的勇士,乘坐船只前往教诲与镇压异教徒,使人们得到正道,佛教大业得以发扬。同时命人抄写被异教徒破坏而残缺不全之巴利文佛经注释，共得经书 118 部，并由船只运往锡兰。致使锡兰每年向国王送来各种上等衣料及香料。埃格巴王也准备了大量优质布匹、呢料、洋布、宽幅细布、丝围巾、花布、红呢绒以及钻石、绿玉、珍珠等贡品，由船员以悦耳的语言敬献给国王陛下。白象之主派彬尼亚江道的侄子宋德亚底和鄂赛侯、奎林侯等为使节前往。埃格巴王闻知使节来临。便率臣相以及大量船只前来迎接。在城里搭建彩棚以供使节居住，并赠礼品。不久，埃格巴王上朝召见使臣，使臣们身着华丽衣衫上朝前去晋见国王。宋德亚底没扎包头巾，留油光发亮的长发，戴着奇异的耳环。奎林侯穿着华丽的衣服，头扎粉色头巾，饰各种奇花异卉，腰部黥墨袒露，身涂香料。过路行人见之无不惊讶。宋德亚底的衣着头饰以及行走的仪态，奎林侯的发式、黥墨均引得人们赞叹不已。埃格巴王与使臣亲切交谈。王问了发式与黥墨之事，又问候了白象之主的健康和威德。使臣告："蒙三宝之佑护，威德高尚的白象之主、吾王殿下龙体安好。"王问道："白象之主的宫殿与朕宫殿相同否？"使臣答道："王之宫殿是以砖砌成后上贴以黄金般的虾蟹甲壳及宝石建成。我王白象之主的宫殿与众不同。它是由无数金尖阁楼组成。有 9 层、7 层、5 层的尖顶阁楼，高耸云端，并饰有无数珍珠宝石。顶尖竖立珍宝幡柱。因而整个宫殿宛如有成千上万缕光辉的太阳一般光彩夺目。在尖顶阁楼四周筑有无数厅堂殿房。这些黄金尖顶阁楼因日晒、雨打、风吹，金箔脱落。于是用许许多多国王每年一次进献的黄金制成金箔后重新修饰皇宫。"埃格巴王道："白象之主的黄金比朕的多啊！所谓许许多多的王指的都是谁？"使臣回答道："臣指的是阿瑜陀耶王、清迈王、东吁

王、阿瓦王、卑谬王、翁榜王、底宝王以及孟拱、耀绍、良瑞、孟养、孟密、八莫、孟乃、登尼、艮、莫塔马、毛淡棉、丁因、大光、德林达依、土瓦等邦国。”王道：“听汝等所言，朕得知白象之主，国王殿下确系众邦之尊。然汝等言白象之主威德高尚，则是从何谈起？”使臣道：“每当威德高尚之白象之主外出巡幸时，莫说众王诸侯，就连水中之鳄鱼、海豚、海象、鲛鲨、龟、鱼等所有水生动物听到吾主出巡的鼓乐声都欢欣雀跃，露出水面挤满河道朝拜吾主，因而臣奏道吾主威德高尚。”埃格巴王道：“倘若果真如此，确实令人惊讶。”言毕，使臣返回寓居的彩棚。不久，元帅在埃格巴王宫殿前，在众大臣将相陪伴之下，用金托盘盛着冒尖的米饭以及各种各样美味佳肴盛宴两位使臣。两位使臣将炒、蒸、燉、煎、烤、烧各种方法制作的菜肴一一加以品尝。埃格巴手下之元帅见此情景后，在宴会上问道：“身为大国皇帝之使臣，为何将所有食物尽行品尝？”使臣答道：“为了知道埃格巴的御厨们是否精通各种烹饪手艺，故一一尝之。”元帅道：“吾埃格巴国中再也没有比这位御厨师再高明的了。白象之主的厨师是否有我国厨师如此能干？”使臣答道：“白象之主的厨师有惊人非凡的本领。烹饪时蒸、炒、烤等办法同时并用。比如：一条鱼可以一段烤、一段煨、一半蒸、一半炸、而另一半燉等等。”埃格巴王道：“果真如此实乃奇哉。朕定将派遣使者前往领教。”不久，国王馈赠礼品遣汉达瓦底白象之主使节返回。同时派使臣携带大量礼品贡物随同回访。埃格巴国王使节抵达京城后，汉达瓦底国王亦修建彩棚供使节居住。统帅彬尼亚德拉将使臣在埃格巴国王的面前口出狂言之事奏告白象之主。为了使事实与所言相符，王命统帅彬尼拉德拉务必精心安置款待。彬尼亚德拉奏道：“臣一定

安置款待得比吾国使节所言更好。陛下即使打算与之相见,也不该在宫中,应让使节在宫外相见。”不久,彬尼亚德拉便请了擅长烹饪的厨师到自己府中,令其将鱼、肉等均做成又是炸、爆,又是烧、扒,又是蒸、燉,又是熏、烤的菜肴。另外还将公鸡、母鸡各一只开膛洗净,加葱、姜、辣椒、蒜、香料,再将背脊切开,各放入两枚鸭蛋。然后请印度人将鸡涂上黄油、牛奶、放入油锅中炸,炸熟后再将鸭蛋取出。分别放入两只活麻雀,用线缝好,不露破绽,表皮再抹上黄油,置于金盘金钵之中。一切安排就绪,就在枢密院众臣相面前,宴请埃格巴国王之使节。使节见到各种各样的菜肴已感惊讶不已。当夹下厨师缝合在鸡背处的鸡肉时,麻雀飞出,来使抚胸惊叹道:“实属世间罕见!厨师们是如何做得?”宴会结束,使节回到寓所。彬尼亚德拉将此事奏告了白象之主。不久,彬尼亚德拉又安排使节与诸王众侯、将相朝臣一起观看皇家盛典。等潮水上涨时,江面挤满了船舶、格杜、伦锦、铁船、劳加等各种船只以及装饰成麒麟、凤凰、鳄鱼形的独木舟,当潮水高涨时,白象之主乘御舫现身。顿时鼓乐齐鸣,只见鳄鱼、海豚、蟹、龟、鱼、鲨鱼等因被鼓乐声所惊,纷纷跃出水面,挤得江面水泄不通。埃格巴国王之使节见此情景嗟叹不已,惊奇万分。国王之威德震惊四海,南赡部洲外绝无仅有。届时,便将埃格巴王之礼品敬献给白象之主,白象之主起驾回宫,使节也返回寓所。不久,白象之主赠埃格巴王使节大量赏赐,并用船只送其回国。使节回到埃格巴城后,即将白象之主德威崇隆,厨师之罕见才干,汉达瓦底国泰民安,以致国王外出时水生动物均欢欣跳跃,争相朝拜等等见闻一一回奏国王。埃格巴王听后,万分喜悦地说:“如此威德崇隆之王实在少见。莫非系未来之佛陀？朕要亲自往见。”遂准备大量种种珍奇礼品，并预备埃格巴王乘坐的巨大船只及王子公主们乘坐的格杜、伦锦等船。正当埃格巴王的船队准备扬帆前往朝见白象之主时，白象之主与世长辞驾崩西归。埃格巴王只得返回。

南印度加尔各答国王备了大量各色奇异布匹、各样珍贵香料作为礼物，并用谦逊友好的词句修书于金贝叶之上来献。宾达加新都王将十分罕见的珍贵礼品——3 拃宽、25 肘尺长的浅绿色巴都尼布①一匹及每匹仅 3 缅钱重的巴都尼布 30 匹装于金柜中，并修友好书信一封一并送来。掸九邦原信异教，致使佛教不振，因受白象之主的谆谆教诲，遂立正见，佛教大振，直至今日。此外，其他国外各邦君王闻王之威德，也纷纷前来朝贡表示敬意。

(262) 白象之主的王后、王子与公主

白象红象之主、众生之王信奉三宝，乐善好施。亦中意乐善好施之人。他器重热爱学者，听信学者上奏之言，因而事事成功并得到众多臣相将士们的忠心。他富有治国艺术，因而所作所为均能取得成功。所做善事不计其数。

王后及所生子女有：

德彬瑞梯王之妹钦基、阿杜拉底里摩诃亚扎黛维。生一子一

---

① 巴都尼布系按缅文音译名。系一种进口高级布料，但产地、质量等情况皆不详。

女：子劫抵东吁王[①]，女阿瓦王德多明绍王妃。

阿瓦瑞南觉欣之女底里蓬突，封号为山达黛维。生一女，即东吁开国王王后。

德勃因色杜加马尼之女信兑拉，封号为亚扎黛维。育子女三人：长子，清迈王瑙亚塔明绍，媳为卑谬王德多达马亚扎之女信漂辛梅道；女，亚扎达杜格勒亚，婿为劫抵东吁王之子乌巴亚扎艾；幼子即封号为底里杜达马亚扎的莫塔马王。

此外，被选入宫的各邦国侯王的女儿及她们生育子女情况如下：

钦卑松，育二子。长子良渊侯信乌博，媳为孟王德伽育毕之妹，被选入宫后育一女奈底拉；次子信迪萨，在其兄去世后，以明耶南达梅封号继承良渊侯。媳为信兑妙公主，育一女钦蓬敏。

赖威孔都之女信腊，只有一子，名信南敏，即东敦基侯，媳为南城防统带之女，被选入宫后生女底拉瓦底。

南城防统带之女信腊，共育三子四女[②]。长子夭折；长女系东敦基王妃底拉瓦底；次女山达黛维；次子为泽亚瓦底侯，媳为杜卡达亚姐钦布所生之女钦冈，在色固失陷后被掳至若开；三女格威亚拉乌，婿为东敦侯信南敏；四女鲁纪亚沃达，婿为父王之子信别宋王子；三子底拉金嘎。

南城防统带赖亚南都之女钦推，共有三子二女。长女钦妙雷，

---

① 即指：王储乌巴亚扎。父王死后继位，史称南达勃因 Nandabayin，我国旧译为莽应里，亦被人尊称为五塔施主。后被迫逊位于其弟东吁王，被带往东吁，故后人又称其为劫抵东吁王。

② 原文误写为二子四女。但按文中计明显有误应为三子四女，更正之。

9 岁时亡；长子信妙丹，后为央米丁侯；次子欧加沙亚；幼女底里亚德那；三子那腊底哈。

钦绍育二子四女。长女妙因漂，婿为国王之子央米丁侯信妙雷；长子底哈觉；次女杜甘达加勒亚，婿为底嘎马意；次子底哈觉都，在清迈获封号明耶瑙亚塔；三女钦拉；四女囊敏蓬希。

杜卡沙亚之姐钦布共育三女。长女钦蓬希，其婿为拘利耶王；次女钦冈，其婿为泽亚瓦底王；三女玛尼达拉，其婿为觉廷瑙亚塔之子阿瓦王。

与山达黛维王后一起由卑谬来的钦谬突共育二子。长子信昂觉，父王在世时食邑色礼，良渊王时期获底里达马道加封号，食邑蒲甘；次子信兑坚，被带至若开，在若开获明耶南达梅封号，到卑谬时与其叔父德多杜达乌亚扎之女结婚，食邑宫翁，到阿瓦后食邑美德。

与山达黛维王后一起从卑谬来的钦千生一女，名底里山达，其婿为父王之子色礼侯信昂觉。

孟拱土司之女钦推只生一女，名钦蓬西；其婿为父王之子底哈觉廷，底哈觉廷死后，钦蓬西去若开，在若开又与信兑坚结婚。

获山达杜卡封号纳入宫中的那腊登，生一子三女共四人。子垒盖侯明耶昂乃；长女钦基，其婿为皎茂侯南达梅；次女钦腊，其婿为内谬觉廷基之子巴亚泽亚；三女明瑞开，其婿为布坎基丁克亚之子内谬觉廷基。

获帝释女封号入宫的信米妙，生一子二女共三人。子为实皆王欧德马律，媳为父王之女钦蓬妙；长女玛瑙哈，其婿为桑贝那果王；二女宁瑙兑妙，其婿为明耶觉苏瓦松。

底迦晒之妹钦明漂生一子三女共四人。长女钦明妙，其婿为父王之子色林侯耶昂乃；子桑贝那果侯信妙雷，媳为父王之女玛瑙哈；二女钦蓬山，其婿为明耶觉廷松。三女夭折。

央米丁摩诃之女钦基生一子，即央米丁侯波道巴钦，媳为父王之女格威亚拉尼。

景永公主只生了名叫纽迪的一女，后被劫抵东吁王立为王妃。

封号为山达黛维纳入宫中的麦德果大公主钦乃生二女。长女钦密，其婿为外格布王子明南达梅；二女苏乃推，其婿为东敦王之子明蒙。

封号为玛尼达意纳入宫中的麦德果小公主钦乃云生一女，名为奈底拉，其婿为父王之子良渊侯信乌博。

敏意德的昂乃鲁觉之女钦基明被纳入宫中生一子，名阿瑜陀耶乃。

敏意德的白松推坚又名昂班基赖亚都拉的女儿钦基锡被纳入宫中，育一子二女共三人。长女钦蓬妙，其婿为布坎王子渺米亚侯西都；子底哈觉；二女般萨格勒亚，其婿为布坎王丁克亚之子素拉王南达觉都。

万象女子杜达马被选入宫后，育一子一女，子奥亚；女亚扎格勒亚。

钦腊被选入宫后育一子二女共三人。子莱德侯妙山包，媳为父王之女钦米亚；长女埃加格勒亚，其婿为界达王赖亚泽拉丁坚；二女早年夭折。

最彪夫人只生一女钦米亚，其婿是父王之子莱德侯妙山包。

钦乃道被送入宫后，生一女名亚德那德加。

亚威公主钦蓬基被选入宫后，育三子，即瓦亚底哈、那腊达马和埃嘎达塔。

孟乃那腊勃底之女钦昂坎只育一女，名亚德那因素。

孟拱土司之女钦妙山生有二女，名为阿耶那瓦底及金萨那瓦底。

万象女子钦宁内生一子，名信妙觉，其在清迈获封号明耶觉廷，食邑孟达城。

八莫土司之女钦瑞班生一子，名为乌巴山达，在东吁获封号瑙亚塔，在阿瑙白龙王时代食邑蒲甘城，媳为父王之女蓬谬妙拉。

钦推纽生一女，名为梭明妙拉，其婿为卑谬王德多达马亚扎之子德右茂侯般萨底哈。

明摩诃基之女钦绍生女钦漆妙达，其婿为东敦王之子明底哈。亚扎牟尼苏拉施主时代受封为明耶乌扎纳，食邑马伯城。

良瑞土司孙女生一女，名蓬谬妙拉，其婿为父王之子蒲甘王。

万象女子优阿永永，生一女，名蓬谬妙。

景永小公主育一子，名贡马觉都。

孔公主育一子，夭折。

阿觉公主生一子杜达塔。杜达塔到东吁后受戒为僧。在东部地方被克伦人所杀。

杜卡沙亚被选入宫后生一子一女，女钦金宋，子夭折。

瑞梯王舅父掸拜城防统带之女只生一女，早亡。

卑谬德多楚侄女钦推拉生一子一女。女彪蓬韦，其婿为白古四十刀卫德多达米耶，到东吁后与巴亚泽亚结婚，生信瓦拉及密敦夫人两女；子为埃嘎都亚。

德彬瑞梯王舅父敏意德锦妙松图之女纳入宫中生有三女。长女明拉，其婿为卑谬王德多达马亚扎之子扎巴底哈德右茂侯；二女妙蓬韦，其婿在白古封号为南达觉廷，在东吁金宫之主时代封号为觉廷瑙亚塔；幼女夭折。

亚扎登西之女钦推漂，只生育一女，名为钦蓬妙，其婿为实皆王欧德马律。

阿瑜陀耶王比亚那律之妹阿谬永也只生一女，名明阿推。

钦珊宝也只生女凯马瓦底一人。

清迈女子钦告生一女亚扎梅达，其婿为卑谬王德多达马亚扎之子岱达王。

瑞梯王在位时被封为亚扎丁坚者的女儿钦蓬突生一子，名信别宋。

白古王朝崩溃时投奔若开王的钦绍被选入宫后生一女，名为钦纽，其婿是后来被赐封食邑土瓦城的亚扎丁坚。

白象之主、汉达瓦底王共有王后 3 人，生 3 子 3 女，共 6 人。王的妃子们生子 35 人、女 56 人，共 91 人。

(263) 王储乌巴亚扎登基 其子明基苏瓦被立为王储

威德高尚的金矿、红宝石矿、琥珀矿之主、白象红象之主缅王陛下驾崩后，王储乌巴亚扎与众法师商量后，犹如殓葬转轮王一样，在众皇亲国戚、文臣武将们簇拥下，于宫前火化了王的遗体。

缅历943年8月22日（公元1581年10月17日）日曜日，王储乌巴亚扎正式继承父王衣钵，接管王业，统治国家。同日，赐子明基苏瓦号摩诃乌巴亚扎，立为王储。王储的妃子为阿瓦王德多明绍之女那信梅道。同日，酌情分别赏赐皇亲国戚臣相们以各种封号及采邑。

缅历944年2月（公元1582年4月），国王立王叔东吁王明康的三位女儿为王后。

3月（公元1582年5月）阿瑜陀耶王比亚那律率大队兵马来汉达瓦底朝拜缅王。

7月（公元1582年9月）山达侯、当督侯等谋反。国王派兵前往镇压。一路大军由达耶瓦底侯、色固侯、色林侯、布坎艾侯、德右侯、布坎基侯、阿敏侯、勃东侯、甘尼侯、德勃因侯、美都侯等各率一支人马，命王叔卑谬王德多达马亚扎为帅。12支人马共有战象500、骏马6000、士卒80000。另一路大军由底里达马道加、德门耶丁延、巴亚觉、彬尼亚江道、东敦侯、央米丁侯、孟乃土司、良瑞土司、登尼土司、翁榜土司、孟密土司等各率一支人马，命王弟清迈王为帅。12支人马共有战象500、骏马8000、士卒80000。大队兵马到达山达时，山达侯不敢迎战，决定任凭围攻，誓死闭城固守。卑谬王德多达马亚扎、清迈王瑙亚塔绍便从山脚下开始包围，以截断对城内的粮草供应。5个月后，城内居民面临饥馑，人心涣散，不攻自溃。卑谬王、清迈王将山达侯及其他俘获之象、马押送回京。于次年返抵汉达瓦底。

若开王遣使携礼物来汉达瓦底，表示要加强两国亲善关系。

(264) 阿瓦王德多明绍与汉达瓦底五塔施主之战

缅历944年(公元1582年)摩诃乌巴亚扎王储与其妃纳信梅道不和,互相推搡,纳信梅道撞着龙床角,顿时额头鲜血直流。纳信梅道即用衣服抹擦血污,并将血衣密封在盒内,送给父亲阿瓦王德多明绍,并告:摩诃乌巴亚扎只倾心于清迈王之妹达杜加勒亚,不断前往精心照料,而对她则不疼不爱,敷衍应付,所以内心痛楚万分。阿瓦王后闻讯非常气恼,多次说,我女出生王族名门,难道不能成为贤妻淑女。阿瓦王也思忖,我去世后,女儿岂不将成为他人之奴。于是告知掸邦9位土司,表示即将反叛妻弟,并询问他们是否站在他一边,或站在其妻弟一边?土司们表示一定站在威德高尚的阿瓦王一边,绝不与汉达瓦底王联盟。汉达瓦底王得悉此事后,认为事不宜迟,必须从速计议。于是便调色固、色林、邦林、垒盖、蒲甘、布坎、德娄、东敦、央米丁等城的象马兵勇前来汉达瓦底京城。另外,估量御弟良渊王兵力不足,决定赠其战象10头,并选兵勇1000予他,下令其加固城防,严加守卫。同时开掘汉达瓦底到勒哈的运河。勒令一些不守戒律的孟族和尚还俗。同年7月(公元1582年9月中至10月中)发生地震,大批佛塔庙宇倒塌。12月16日(公元1583年2月26日)火曜日,出现长如树干的幡状云。缅历945年2月(公元1583年4月)将东吁的公主们接至汉达瓦底。同年4月(公元1583年6月中旬至7月上旬),德多明绍派明德耶炯底木前去东吁王处,打听王弟对于反叛汉达瓦底王一事的想法。同时派敏乌侯前去

卑谬王处，派当德曼侯前去清迈王处摸清他们的态度。但是卑谬王、东吁王和清迈王均不同阿瓦王德多明绍一心，并将派来的使臣送往汉达瓦底。这些使臣到汉达瓦底后，使汉达瓦底王弄清了姐丈阿瓦王德多明绍企图反叛的实情。于是便召集臣相们前来商议。这时，南达觉廷奏道：现在不仅是御姐丈阿瓦王反叛，看来有迹象表明，掸邦9位土司将帮助阿瓦王，北部地区诸侯也将帮助阿瓦王。因而不该只派卑谬王、东吁王出征。陛下也应亲自出征，并同阿瑜陀耶、万象、清迈、卑谬、东吁各地力量汇集一起前往征讨。汉达瓦底王很赞同南达觉廷所述。即下令召阿瑜陀耶王、万象王从速派遣大军与国王陛下一起前往罗陀那补罗征讨御姐丈。是年8月12日（公元1583年10月16日）月亮出现彗星般光芒。9月，国王将自己不信任的臣相30余人投入囚笼烧死。在汉达瓦底与东吁之间开凿运河后，即向阿瓦进军。由南达觉廷、彬尼亚勃仰[①]、彬尼亚江道、巴亚觉廷、德门耶丁延、内谬觉廷、彬尼亚坝、巴亚加马尼、埃蒙德亚、巴亚觉都、德门敖昆、亚扎丁坚、德门泽布翁、德榭觉廷、德门勒宫恩、底里达马道加各领一支人马，其后的主军由国王亲自率领。17支人马共有战象1500、骏马15000、士卒15万。卑谬王和东吁王也带领卑谬和东吁的兵马向阿瓦进军。清迈王和万象王大军则由孟乃向阿瓦进发。国王任命王子摩诃乌巴亚扎为驻城守备后，于缅历945年1月15日（公元1583年3月27日）向阿瓦进发。到达后，将大军驻

① 原文漏掉彬尼亚勃仰之名。经查《缅甸大史》补正之。因若无此人所率一支人马，则共计只有16支人马，与下文不符。

扎于彬牙城。卑谬王、东吁王、良渊王等也率部队来到。这时，彬西侯向阿瓦王德多明诏奏道：当今汉达瓦底王率大军前来，且战象骏马众多，而我方掸邦的援军尚未到来，应令大军围绕德达乌固守。阿瓦王德多明绍说：先摸清白古军和东吁王、卑谬王的军队实力。在他们扎营未稳之前，我先出兵攻之，他们必败。于是命令马兵连夜搜索。马兵回奏道：因天黑，无法辨清何者是国王的人马，何者是东吁王的人马，何者是卑谬王的人马。次日清晨，阿瓦王德多明绍遣使前往妻弟处告之，愿同妻弟乘象单骑比试，臣相们均在旁观战。汉达瓦底王答道：善！朕愿单骑相战。此时，南达觉廷奏道：阿瓦王的骑象丹敏苏瓦无论气力或断杀能力均与其他象不同。王只有乘坐御象苏仰宁出战，才能与其匹敌。于是在缅历 946 年 2 月 16 日（公元 1584 年 4 月 14 日）火曜日，将勇士遍布前线战场，汉达瓦底王的御象苏仰宁身披金网，泽亚巴拉坐于象轿后座，亚扎德曼坐于中座。左右各有战象 30 头簇拥护驾。战场设于彬牙之北迪岑宾地区。阿瓦王德多明绍的御象丹敏苏瓦也身披金网，皎意侯坐于象后座，巴亚亚扎都坐于象中座，左右也各有 30 头战象助阵。出城到达德达乌后，也将勇士分布战场各处。两位君王正欲交战时，汉达瓦底王之奴德右茂侯乘坐名为耶妙苏瓦的象直向阿瓦王德多明绍冲去。此时，阿瓦王德多明绍之奴、彬西侯乘坐名为纳加瓦拉的象向前迎敌，与德右茂侯之象拼杀良久。阿瓦王德多明绍上前攻之，德右茂侯战象突然转身后逃，坐在阿瓦王象轿中座的巴亚扎都便投出投枪，德右茂侯肋部中枪跌落象下，当场毙命，象也被俘。此时，汉达瓦底王驱象苏仰宁向彬西侯之象发起进攻。彬西侯的骑象力弱不敌，掉头而逃。彬西侯从象上跌落被活捉。此时

因两位均是威德高尚之王，势均力敌，不见胜负。君王两侧骑象勇士皆不敢贸然参与，只在旁观战。此时，阿瓦王德多明绍让御象后退，憋足了劲头，刹那间又猛挥象鞭全力向妻弟冲去。德多明绍御象的整个象牙刚好刺中汉达瓦底王坐象苏仰宁。御象苏仰宁被刺得全身颤抖。汉达瓦底王左右骑象卫士见势便驱象上前。阿瓦王德多明绍见所骑御象已疲惫即后退。汉达瓦底王骑在另一头象上。御象苏仰宁则由两头象陪同撤回，但只走了约 10 达[①]远，即死去。阿瓦王德多明绍见自己的骑象疲惫不堪，即令浸在水中解乏，问："是否还能继续骑乘？"答："御象已疲惫，应让其浸于水中，不可再骑。"汉达瓦底王改乘名为乌布萨塔的御象与左右象兵一起出阵。兵勇们见阿瓦王德多明绍后退，便随后追击，德多明绍王不堪攻击，收集残部于德达乌渡过阿瓦河，将兵马集中于曼德勒东面博甘基山脚下。阿瓦王思忖：朕缺乏良象骏马，兵勇也不足，不宜死守，应前往中国乌底勃瓦处请求援兵，然后会同中国士兵直驱汉达瓦底。决心一定，即集合 7 队马军，2000 余兵勇前往中国。但到达坎底时病死。阿瓦王德多明绍只有一女，即纳信梅道，没有其他子女。

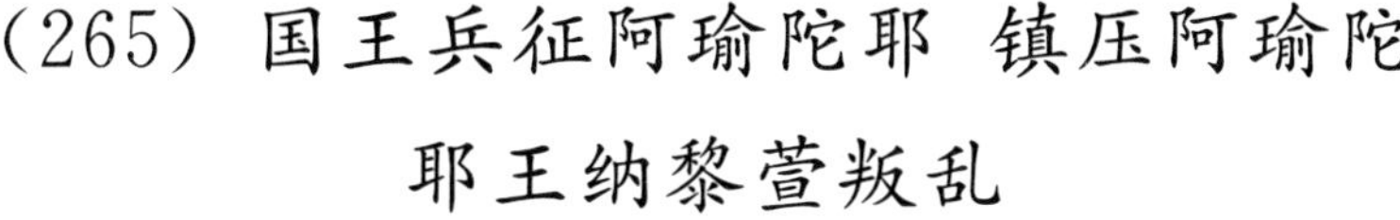

(265) 国王兵征阿瑜陀耶 镇压阿瑜陀耶王纳黎萱叛乱

汉达瓦底王征服阿瓦后，让御姊阿瓦王妃乘坐由两艘劳加船合成的御舫，在宫妃宫娥陪伴下，在众多船只簇拥下前来汉达瓦

① 此处指约走了 30 多米远，参见本书上卷 253 页注。

底。到达汉达瓦底后，即令建造她在阿瓦时享用的那种四边形三层顶阁的白宫一处，让其姊与宫妃宫娥们一起安宁舒适地居住。

阿瑜陀耶王纳黎萱没有立即应召派兵前往阿瓦，稍后才派出12支人马，共有战象300、骏马3000、士卒60000。当获悉汉达瓦底王亲征阿瓦后，比亚那律突然决定停止前往阿瓦，折向汉达瓦底进发。负责留守汉达瓦底的摩诃乌巴亚扎王子闻讯后，即派人前去告之：父王已去阿瓦，请即跟随前往。但纳黎萱军仍向汉达瓦底行进。于是摩诃乌巴亚扎决定加固城防，架设枪炮准备坚守抗击。正当纳黎萱陈兵于汉达瓦底城下时，忽闻汉达瓦底王已征服阿瓦班师回朝，便由汉达瓦底经莫塔马抢掠东部一带人员返回阿瑜陀耶。汉达瓦底王得知此情后，遂派彬尼亚江道、德榭觉廷、彬尼亚巴仰、巴亚加马尼4支人马，共有战象400、骏马4000、士卒50000，由阿瓦出发迅速追击。国王赏赐给瑞梯王之子明赖亚槟榔盒、咸茶罐等，并任命其为阿瓦镇守。对阿瓦周围一切归顺效忠者皆封在当地食邑。安置妥当后即回京。到达汉达瓦底后，因感出征阿瑜陀耶兵力不足，又派德门勒宫恩、亚扎丁坚、德门耶丁仰、南达觉廷、彬尼亚劳、底里达马道加以及王子摩诃乌巴亚扎7支人马，共有战象500、骏马5000、士卒70000，随后前往。7支人马抵阿瑜陀耶后，与先期到达的彬尼亚江道等人的4支人马会合，驻扎于阿瑜陀耶城北叟格里地区。阿瑜陀耶王纳黎萱出城迎战。因部署不当，汉达瓦底方面军兵不得不后撤。汉达瓦底王闻讯后，感到兵力不足，欲攻下阿瑜陀耶城极为困难，而现在又临近雨季，故令各军悉数返归。于是摩诃乌巴亚扎王子等人的11支人马立即返回汉达瓦底。阿瑜陀耶王纳黎萱闻摩诃乌巴亚扎等人返回，便叫

器说，我的计谋全部成功了。[1]

缅历946年4月（公元1584年6月），王叔、东吁王明康驾崩。国王赐明康之子明耶觉廷以明耶底哈都封号。食邑东吁城为王，并将其父东吁王明康之仪仗、乘辇等一应物品都给予明耶觉廷。东吁王明康王妃系图巴永施主那腊勃底之后裔。那腊勃底共有三子五女。其次子明新米亚即明基苏瓦有女钦蓬突。钦蓬突与格礼侯明耶觉苏瓦艾婚配生女波道漆米。波道漆米被卑谬白象王德多明绍之子勃因兑立为王妃后生育四个子女，长子为卑谬明康，长女雷炯王妃，夭折的还有一女一子。长子成为卑谬那腊勃底王时将其妹献给德彬瑞梯。德彬瑞梯将其安置在东吁雷炯御花园中建造的一座幽静宫殿内，故得名雷炯王妃。后德彬瑞梯让她与白象之主之弟郭登德钦勃因明康成亲，生有二子三女。长子是后来在东吁称王的底哈都，次子拘利耶明耶觉廷，长女明漂，次女明钦布及幼女阿推。姐妹三人后均为汉达瓦底王之后，此外，一宫妃曾生育一女。

同年11月5日（公元1885年1月24日）国王铸铜佛一尊。12月3日（公元1585年2月20日）土曜日又铸佛5尊。并用桐木制船。缅历947年1月（公元1585年3月至4月），国王派德榭觉

---

[1] “会阿瓦王叛，缅王令缅太子领兵出征，及下谕泰方出兵助战，拍纳黎萱又奉皇父令领兵入缅，佛历2127年（公元1583年），缅王征阿瓦，泰出兵达十万，象八百头，马一千五百匹。行军至泰缅边境扎营。泰王子即往拜谒老师蒙族高僧干川长老。适曾仕于泰而时在缅统兵的蒙人披耶杰及披耶南二氏，亦出长老门徒，获于泰太子会晤。二氏曾由缅王暗授机宜，令乘泰太子领兵到缅时，与缅太子军攻其不备，加害泰太子，使不为后患事，尽举以告泰太子。泰太子闻此秘密，立宣誓不再为缅附庸，恢复泰国独立与缅王抗衡。……泰太子班师回京，举其事以告皇父，获皇父同意，正式宣布脱离缅甸羁绊而独立。”见《泰国古今史》第27—28页。

廷、彬尼亚江道、巴亚加马尼、彬尼亚劳、南达觉廷、彬尼亚勃仰[①]、南达都利亚、德门丹杰、底里泽亚觉廷、彬尼亚、底里达马道加、清迈的彬尼亚丁隆、彬尼亚丹兰、彬尼亚南、德门(彬尼亚)卑[②]、德门耶丁延、德门勒宫恩、彬尼亚杜岩、摩诃乌巴亚扎分率 19 支人马，共有战象 1000、骏马 12000、士卒 12 万，再向阿瑜陀耶进军。到达勒宫地方时，遇阿瑜陀耶王纳黎萱派 15 支人马前来迎战。于是派南达觉廷、巴亚加马尼、彬尼亚江道及德榭觉廷分成 4 路进攻。纳黎萱的 5 支先锋人马溃败。纳黎萱退至叟格里地区。19 支人马全体兵勇将士遂全力追击，俘战象 30 余，士卒 2000 余。但因纳黎萱早已在叟格里地区筑好工事，严加防守，兵勇们虽一再攻之，无奈炮火猛烈，未能攻克。双方相持约一月余。王子摩诃乌巴亚扎召集各支人马统领、监军们说道："当今无法取胜，长久下去，粮草枯竭，我军将面临饥馑断炊之危险，届时欲退也难，故现一定要伺机进攻才行。"彬尼亚丁隆听后奏道："欲现在进攻，其栅寨坚固，壕堑宽阔，武器弹药充足，其臣奴们因惧怕其主纳黎萱，均将生死置之度外。殿下命吾等进攻，在他们境内穿林越岭就能迫使他们出战吗？他们不出战，久之，我军将士必将面临饥馑之危，所以不如佯装后撤，诱其追击。那时我军转而攻之，岂不更好？"摩诃乌巴亚扎说："此计甚妙！"即令拔营起寨作欲撤军状。阿瑜陀耶纳黎萱果真派象马兵勇尾随追击，即派巴亚加马尼、南达觉廷、彬尼亚江道、德门耶丁延、德门勒宫恩、彬尼亚丁隆 6 支人马，共率战象 300、骏

---

① 原文漏掉彬尼亚劳、南达觉廷、彬尼亚勃仰三人名，经查旧版《琉璃宫史》补正之。

② 经查《缅甸大史》为德门彬尼亚卑，补之。与后文所述彬尼亚卑实为一人。

马 4000、士卒 60000，由右翼分散布阵准备迎战；派彬尼亚勃仰、南达都利亚、德门丹杰、底里达马道加、彬尼亚南、彬尼亚劳 6 支人马，共率战象 300、骏马 4000、士卒 60000，由左翼分散布阵准备迎战；由德榭觉廷、彬尼亚卑[①]、底里泽亚觉廷、彬尼亚坝、彬尼亚丹兰、彬尼亚杜岩 6 支人马，及王子本人所率人马，共有战象 400、骏马 4000、士卒 60000，在中路分散布阵迎战。当阿瑜陀耶纳黎萱王追近时，发现右翼的巴亚加马尼和南达觉廷等率领之大军，但他不去攻击，却转而去攻左翼的彬尼亚勃仰、南达都利亚等人的 6 支人马。彬尼亚勃仰等遭到攻击后，溃不成军，狼狈逃散。纳黎萱王在取得对左翼人马作战胜利后，又去攻击中路。在击溃摩诃乌巴亚扎等人的 7 支人马后，再攻击右翼的巴亚加马尼、南达觉廷等人的 6 支人马。但纳黎萱发现他们顽强抵抗，遂收集俘获的兵勇象马退回栅寨。此时，巴亚加马尼等 6 支人马才乘机集合残部，向摩诃乌巴亚扎奏道："此次虽未得父王召回之命也只得撤回了。"于是摩诃乌巴亚扎决定集合兵勇象马返回。于缅历 948 年 5 月（公元 1586 年 7 月）抵汉达瓦底。[②]

缅历 948 年 7 月（公元 1586 年 9 月）国王得悉阿瓦镇守明赖亚去世，便召集王子摩诃乌巴亚扎为首的臣相们商议，将阿瓦赐与谁合适？底里泽亚瑙亚塔奏道："罗陀那补罗阿瓦是威德帝王之

---

① 原文多印了一个"hte"字，误写成"彬尼亚卑太"，现更正之。

② "同年十一月缅方果发大军，分四路侵泰。……越年正月，缅大军逼大城都，围攻六个月之久。皇太子军奋力据敌，缅军无法制胜。皇太子又出奇兵，以游击队袭击缅辎重部队，将其粮物摧毁。缅军遂粮物不继，士卒多染病。……同年五月，缅军围大城已逾半载，毫无破绽可乘，雨季将临，缅王只得下谕退兵。"见《泰国古今史》第 26—27 页。

都，它紧邻东掸与北掸，掸族人曾由此进入内地称王统治全缅，故不应将该城赐与一般皇亲国戚。从长计议，赐与王子为宜。”于是国王封二王子为明耶觉苏瓦，将阿瓦王德多明绍之仪仗、乘骑及大臣子弟10名、象10头均赐与二王子。为了遇事可商量，并派太傅巴亚约达、精锐部队骑兵统带等同去。同年12月（公元1587年2月）出发前往阿瓦。

（266）屡征阿瑜陀耶未果 国王遂亲征为五座庙宇开光并为摩诃泽底佛塔升宝伞

国王召集将相们问道：“几次征讨阿瑜陀耶均未得胜。如何安排才能成功？”彬尼亚江道奏道：“观察国情，若不能平定阿瑜陀耶的叛乱，那么万象、孟山、阿交、勒外等掸邦、云邦各属地也将相继背离陛下。如若能平乱制反，方能使他们顺从归依，父王的基业版图子孙万代相传。因此，陛下应亲率大军前往戡乱方为上策。”国王非常欣赏彬尼亚江道之言。于是即安排南达觉廷、德门耶丁延、德榭觉廷、彬尼亚劳、南达都利亚、彬尼亚勃仰、底里泽亚觉廷、德门勒宫恩、巴亚加马尼、彬尼亚坝[①]、底里泽亚瑙亚塔、德门敖昆、亚扎丁坚、埃蒙德亚、内谬觉廷、德门丹杰、底里达马道加、东吁王、东吁王之子那信囊、清迈的彬尼亚丁隆、彬尼亚南、彬尼亚别、彬尼亚杜岩所率人马以及国王亲率的一支人马前去征讨。24支人马组成的大军共有战象2200、骏马12000、士卒252000，于缅历948

① 原文漏掉“彬尼亚坝”一名，经查旧版《琉璃宫史》补正之。

年 8 月 9 日(公元 1586 年 10 月 9 日)日曜日出发前往阿瑜陀耶。国王令王子摩诃乌巴亚扎镇守汉达瓦底。并令明摩诃和丁克亚分别镇守勃生和渺米亚。将阿瓦城赐予王子明耶觉苏瓦，令占卜师们选择王子前往阿瓦之吉祥时刻。学者们奏曰:缅历 12 月出发为佳。于是国王令王子 12 月初前往阿瓦，并嘱咐王子道:“罗陀那补罗城系德威高尚之王所在地。东北与掸邦相邻，该地不适于别的王子王弟，父王特意赐与汝。汝一定要爱僧俗如同亲子。”并赐王子大量物品，然后才整装出发前往阿瑜陀耶。阿瑜陀耶纳黎萱王闻汉达瓦底王亲率大军前来，且兵勇象马众多，便将乡间粮草、壮丁尽数集中于阿瑜陀耶城内拟进行抗击。汉达瓦底国王率大军到达阿瑜陀耶，即令 24 支人马分散开来，并多次发动进攻。但因守军火铳枪炮密集，士卒伤亡众多，未能取胜。于是只能将城围住，又因河面宽阔，围封不严，漏洞甚多。四五个月后，士卒们因食物欠缺，患病者日见增多。阿瑜陀耶王得此情报后，便 4 日一次、5 日一次出城袭击，致使汉达瓦底士卒伤亡惨重。由于阿瑜陀耶方面夜袭受创严重，加之粮草即将告罄。汉达瓦底王便召集臣相们道:“朕此次亲率大军来阿瑜陀耶，几次发动攻击，均未获胜，反而损失众多士卒。现虽将城围住，但因河面宽阔，围而不严，粮食仍流入城内。故城中人仍精力旺盛。战争者只有我军精力旺盛，敌军精疲力竭方能压倒对方。而现在我军将士伤病者颇多。如何是好?”德榭觉廷奏道:“此次来征阿瑜陀耶已近 7 个月，因阿瑜陀耶城城池坚固，河面宽阔，未能取胜。现在将士因粮食短缺面临饥馑。宜先班师回朝，补充兵马，待雨季过后，风和日丽之时，会同各邦君主，齐来戡乱。阿瑜陀耶城岂能防守得住?”国王

赞赏德榭觉廷的意见。于是便命彬尼亚勃仰的人马护送伤病人等于缅历 949 年 2 月 10 日(公元 1587 年 4 月 5 日)先行返回。2 月 14 日(公元 1587 年 4 月 9 日),令东吁王及其子那信囊殿后,国王率军由阿瑜陀耶起驾返回。阿瑜陀耶王纳黎萱得知汉达瓦底王返回,便令 15 支人马追击,直追至德约、孟德、茵道地区。因受到殿后的东吁王及其子那信囊等的阻击,不得不从茵道撤回。国王于 4 月 4 日(公元 1587 年 5 月 29 日)火曜日返抵汉达瓦底京城。《缅甸大史》、《中史》中均未提及东吁王及其子那信囊参与此次出征阿瑜陀耶以及在茵道地区抗击阿瑜陀耶王纳黎萱一事。

现在是据《明耶那亚埃钦》[①]所述写成的:

"其后出征,瑜陀耶城。
帝释一般,外祖至圣。
簇拥人众,进军攻城,
水军浩荡,陆军驰骋。
漫山遍野,大军压境,
事态不利,无奈回程。
杀声震耳,倾城出动;
刀枪弓箭,大炮火铳。
格杜、伦锦,象、马、舟、步,
一齐反击,水陆并行。

① 此诗系东吁王朝时期著名诗人明泽亚仰达梅(Minzeya Yantameit,约 1578—1638 年)为明耶那亚王子所作。

枪林弹雨，死伤甚众，
逃亡林内，溺毙水中。
血流成河，冲杀奔跑，
夺得一路，到达茵道。
下谕断后，何将领命？
魂飞魄散，无人作声。
跨下骏马，汝母之兄，
舅父那信[①]，甥舅应承。
宝刀出鞘，出击如风，
非死即伤，敌溃无踪。”

《新史》将此诗中所述“汝母之兄，舅父那信”认定系指王储摩诃乌巴亚扎随王出征阿瑜陀耶，故改写为“汝母之兄，舅父二人”，经查上述埃钦诗各种版本，均无“汝母之兄，舅父二人”的写法。这与《缅甸大史》、《中史》中把汉达瓦底王前往阿瑜陀耶时，曾任命王子摩诃乌巴亚扎镇守汉达瓦底一事说成当父王在阿瑜陀耶时，摩诃乌巴亚扎王子娶清迈王瑙亚塔明绍之妹亚扎达杜格勒亚为妻，并封为王妃一说也不符。当国王在阿瑜陀耶时，得知王子摩诃乌巴亚扎娶清迈王瑙亚塔明绍之妹亚扎达杜格勒亚为妻，并立为王妃之后，说：“汝不疼不爱朕侄女纳信梅道。”便将纳信梅道接来，命同御姊阿瓦王后一起居住，并赏赐众多宫女。8月间，茵雅侯叛乱，国王派德榭觉廷、埃蒙德亚、南达约达、德门泽布翁4支人马前去平叛。4支人马共拥有战象200、骏马2000、士卒40000。历时

① 即指那信囊。

7个月，戡乱取胜。尔后将俘获的茵雅侯及其妻小、象马、将士押送回京。缅历950年2月20日（公元1588年5月4日）金曜日，国王赐封东吁王之弟拘利耶王为明耶觉廷，赠槟榔盒、咸茶罐，并与公主明阿基成婚，赠公主以华贵的帐篷、金伞两顶、嵌宝石槟榔盒、嵌宝石咸茶罐、带盖饮水瓶、金痰盂。有关婚礼情景此处不再赘述。同年4月11日（公元1588年6月23日）土曜日，国王为其功德事业——5座佛塔举行开光仪式，人们称善。是日，恭请500名村居派林居派僧伽受斋，并一一布施僧用八法器以及粗细布匹、坐垫等物。仪式整整举行了7天。同日，为瑞牟陶佛塔和摩诃泽底佛塔举行了升宝伞仪式。同时也斋请了村居派林居派僧伽，并布施了大量物品。同月，王子阿瓦明耶觉苏瓦献来象两头。王大喜，便将双手所饰手镯、指环、身穿之朝服赐与王子。同年（缅历950年）6月（公元1588年7月8日）发生强烈地震，大量佛塔庙宇倒塌。东吁城的佛发塔倒塌，并向外喷水。同年7月（公元1588年9月至10月初）万象王乌巴律去世。国王正欲将万象城赐与幼子明基囊之际。8月（公元1588年10月至11月初），王叔、卑谬王德多达马亚扎去世。于是国王思忖：吾子尚幼，万象地属边远，因而决定赐封明基囊号为德多达马亚扎，接受原卑谬王德多达马亚扎的衣钵，并赠大臣子弟10名、象一头，于12月14日（公元1589年2月17日）木曜日将卑谬城正式赐与明基囊。国王嘱道："卑谬城系德威高尚之主建都之地。该城与若开旦迎瓦底相接，因而不宜赐与其他普通皇亲国戚，才专门赐与汝，为了维护朕之利益，汝务必为僧侣百姓谋利。汝若爱朕，必需将僧侣百姓视同亲生子女。"

卑谬王德多达马亚扎的王妃身世是：图巴永大施主那腊勃底的次子明新来亚明基苏瓦有一女，名叫明瑞贡，后被图巴永大施主那腊勃底幼子明绍，即白象之主之子勃因兑选为王妃，育二子二女。其中长子卑谬王那腊勃底，次子明基绍（20岁时去世），长女明康梅道（20岁时去世），次女那腊勃底梅道，后与舅父之子明阿绍婚配。明阿绍被其姻兄那腊勃底杀死后，那腊勃底即将其妹嫁予色林的西都觉廷。缅历905年，德彬瑞梯杀了色林西都觉廷后，俘获色林王妃。于是白象之主又将色林王妃许配给御弟卑谬王德多达马亚扎，成为卑谬王妃。她共育二女，其一即信漂辛梅道，又称清迈王妃；另一位便是《明达耶梅道埃钦》诗[①]中所述的劫抵东吁王的王后。该王后曾育二女。

卑谬王德多达马亚扎的妃子共育八子一女。长子乳名信津，与白象之主之女结婚，食邑色林城，后去若开，在若开获明耶登克都封号。次子乳名明瑞妙，食邑岱达城。三子明耶乌兹那基，后食邑色林城。长女色固公主。四子玛勒外明，后去若开。其余三子，即信奈谬、信奈吞、信奈温，后均被卑谬仰乃王所杀害。幼子般萨底哈，先后食邑毛淡棉、德右茂，后去若开，在若开获觉廷瑙亚塔封号。

（267）遣将征讨孟拱土司叛乱

缅历952年（公元1590年）孟拱土司反叛。国王召集臣相们

---

① 东吁王朝著名诗人卑谬那瓦德约作于1551年间的一首诗。

商议对策。底里泽亚瑙亚塔奏道：纵观当前国事，阿瑜陀耶王纳黎萱背信弃义，我王虽几番出兵讨伐，均未成功，故使掸邦、云国一带不服王命。因此，必须兵分两路，一路前去阿瑜陀耶，一路前往孟拱，大兴问罪之师才好。国王非常赞赏底里泽亚瑙亚塔之意，于是决定派德勃因侯、美都侯、勃东侯、甘尼侯、布坎基侯、实皆侯、鄂辛古侯、太公侯、妙当侯、德右侯、西博达亚侯、东吁王之子那信囊以及王子卑谬王德多达马亚扎的 13 支人马，率战象 500、骏马 6000、士卒 10 万，于缅历 952 年 8 月 5 日（公元 1590 年 10 月 22 日）出发前往孟拱。开往阿瑜陀耶方面的有：德榭觉廷、彬尼亚江道、巴亚觉廷、彬尼亚劳、南达觉廷、德多、德门耶丁延、巴亚加马尼、彬尼亚勃仰、底里泽亚觉廷、德门勒宫恩、南达都利亚、德门丹杰、亚扎丁坚、德门泽布翁、彬尼亚坝、泽亚丁坚、埃蒙德亚、底里达马道加以及清迈方面的彬尼亚丁隆、彬尼亚杜岩、彬尼亚卑、驸马明耶觉廷、王子摩诃乌巴亚扎的 24 支[①]人马，共有战象 1000、骏马 12000、士卒 20 万。大队人马于 8 月 27 日（公元 1590 年 11 月 13 日）开拔前往阿瑜陀耶。当兵马到达勒宫地区时，阿瑜陀耶王纳黎萱将一些弱象劣马置勒宫一带，命 60 位大臣带领 60 头良象埋伏于森林中。王子摩诃乌巴亚扎的部队见到阿瑜陀耶士卒即将阵形散开，毫不在意地猛攻猛打。阿瑜陀耶军后撤，汉达瓦底军随即追杀，途中，阿瑜陀耶王纳黎萱从林中杀将出来。摩诃乌巴亚扎为首的 24 支人马全被击溃。蒲甘王、勃生王被俘，士卒伤亡损失惨重。摩诃乌巴亚扎等的 24 支人马溃不成军，急速后撤。于 1 月（公元

① 原文误印为 14 支，经查旧版《琉璃宫史》更正之。

1591 年 3 月至 4 月)返抵汉达瓦底。[①] 到京城后,父王训斥了王子,各级将领也受到割喉的惩处。

王子卑谬王德多达马亚扎等到达孟拱时,孟拱土司只是加固城池壕堑防守。将士们奋勇攻杀,城池被攻克,收集俘获的土司象马兵勇凯旋。于缅历 1 月(公元 1591 年 3 月至 4 月)抵达汉达瓦底。父王见状甚喜。遂将俘获的战象 30 头、骏马 300 多匹、士卒 500 余赐与王子,并将双手所戴手镯、指环以及身上所穿丝袍也赐与王子。东吁王之子那信囊等将领也得到仪仗、食邑等封赐。当年,发生大地震。东吁的佛塔浮屠寺庙大批倒塌。阿瓦瑞喜宫、古道迪、梯莱辛、实皆布翁尼亚信、图巴永等佛塔皆塌毁。阿瓦王明耶觉苏瓦重修了上述各佛塔。把倒塌的汉达瓦底的瑞牟陶等佛塔也进行了修葺。缅历 953 年 4 月(公元 1591 年 6 月至 7 月上旬),为瑞牟陶等佛塔升了宝伞,也为倒塌的阿瓦的布翁尼亚信佛塔升了宝伞。在东吁重修了德勒梯双塔等佛塔,并升了宝伞。同年 8 月(公元 1591 年 10 月至 11 月初)在明塞东面开凿运河。同年,孟拱土司之子孟昔侯占领孟拱城又公开反叛。于是国王派美都侯、德勃因侯、西博达亚侯、甘尼侯、勃东侯、阿敏侯、布坎基侯、德娄侯、蒲甘侯、彬西侯、敏塞侯、实皆侯、鄂辛古侯、太公

① "惟旋获报缅大军又由泰西北碧来侵,缅兵正在泰缅边境渡过一桥梁中皇即下谕叻丕王领敢死队五百名,火速开赴边地埋伏,俟缅军全数过桥完毕,即蹑至其后,放火将桥梁焚毁预断其后路。此次缅军侵泰,据报兵员共五十万,象七百头,马一千匹,清迈王军为前锋,沿摩尔门入北碧孔道。皇即召皇弟并群臣开会,商御敌良策。……是役缅兵死逾二万,丧缅太子,另一将曼差伦侯王被泰方掳获,并掳象数百,马一千匹,缅军溃退,皇下谕将曼差伦王释放,领缅太子尸返缅,至是皇威名更震播四方。"见《泰国古今史》第 27—28 页。

侯、妙当侯率人马进军孟拱。命王子明耶觉苏瓦任大军统帅。16支人马共有战象600、骏马6000、士卒80000。大军到达孟拱后，见土司坚守城池进行抵抗，便把城池团团围住，如同把牛围于栏中一样。约7个月后，城内百姓粮食枯竭，纷纷逃出。不久，国王军队抓获土司占据全城。明耶觉苏瓦将土司斩首后班师回京。到达汉达瓦底后，国王大喜，将双手所戴的手镯、指环及身穿的上好筒裙与锦袍均赏给王子明耶觉苏瓦。并下令建造金舫赐其乘坐。其随征诸将亦论功行赏，得到仪仗、金银、布匹等赏赐。

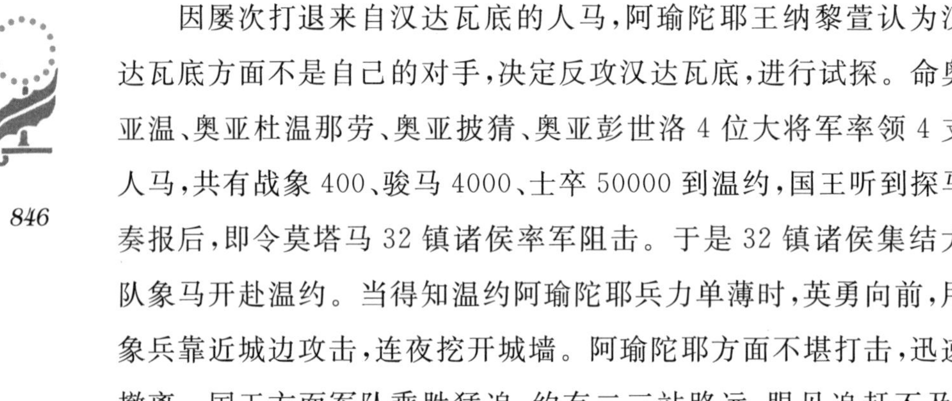

因屡次打退来自汉达瓦底的人马，阿瑜陀耶王纳黎萱认为汉达瓦底方面不是自己的对手，决定反攻汉达瓦底，进行试探。命奥亚温、奥亚杜温那劳、奥亚披猜、奥亚彭世洛4位大将军率领4支人马，共有战象400、骏马4000、士卒50000到温约，国王听到探马奏报后，即令莫塔马32镇诸侯率军阻击。于是32镇诸侯集结大队象马开赴温约。当得知温约阿瑜陀耶兵力单薄时，英勇向前，用象兵靠近城边攻击，连夜挖开城墙。阿瑜陀耶方面不堪打击，迅速撤离。国王方面军队乘胜猛追，约有二三站路远，眼见追赶不及，才举兵折回。国王闻讯大喜，并论功赏赐各侯。

同年，将汉达瓦底京城原有城门箭楼拆毁，改建阿瑜陀耶式城门箭楼。缅历954年9月（公元1592年10月至11月初）国王召集王子摩诃乌巴亚扎为首的臣相、王子、王弟们至御前。国王道：“王子、王弟们，汝等食朕俸禄却不为朕尽力效功。以致阿瑜陀耶纳黎萱谋叛。朕几次派兵前去征伐均失利。若汝等真对朕尽忠报恩，小小阿瑜陀耶纳黎萱怎能逃脱朕之掌心。故此次尔等务必舍命尽责。”彬尼亚劳听后奏道：“若论实力区区阿瑜陀耶，尚不及我国一小部分，只因阿瑜陀耶王纳黎萱握有大权，他的部下奴才、统领、监军遇到敌手，无不舍命奋战从不后退。因而我们难以得手。战争者往往并不取决于士兵多寡，而勇敢与否，智谋高低，才是决定因素。王子乌巴亚扎、小王子卑谬王德多达马亚扎、东吁王之子那信囊等人均是文武全才。若陛下命他们统率大军，何愁大事不成？”国王中意彬尼亚劳所奏，遂降旨派南达觉廷、彬尼亚勃仰、德榭觉廷、彬尼亚江道、巴亚加马尼、彬尼亚坝、巴亚觉廷、彬尼亚劳、亚扎丁坚、德门勒宫恩、丁克亚、德门耶丁延、泽亚丁坚、彬尼亚德拉、底里泽亚瑙亚塔、德门埃巴耶、明摩诃、埃蒙德亚、叟格德、德门泽布翁、南达都利亚、德门丹杰率各支人马，清迈的彬尼亚丁隆、彬尼亚南、彬尼亚别、彬尼亚杜岩以及清迈王率领的一支人马，东吁王子那信囊和东吁王所率的一支人马，卑谬方面的德多达马亚扎所率的一支人马以及摩诃乌巴亚扎率领的人马共26支[1]人马，共有战象1500、骏马2万、士卒24万。于缅历954年9月2日（公元1592年10月11日）水曜日进军阿瑜陀耶。11月8日（公元1592年12月15日）抵达阿瑜陀耶。摩诃乌巴亚扎骑上名叫蓬松的大象，王弟德多达马亚扎率领的大军在右，那信囊率领的大军在左，让扎巴尤侯骑在正在发情的名叫包觉泽亚的大象上，跟随在摩诃乌巴亚扎的右边不远处。因大象正在发情极其凶猛，故用布蒙住象头。阿瑜陀耶王纳黎萱骑着名叫比亚勒布翁的大象，在臣相们及大

① 原文误写成12支，经查旧版《琉璃宫史》更正之。

军的簇拥下走出城门。一见到摩诃乌巴亚扎就全速纵象直向摩诃乌巴亚扎猛冲过去。扎巴尤侯欲驱象攻击纳黎萱的坐象，便将蒙在象头上的布揭去。不料大象不去攻击纳黎萱骑象，反而转身冲向摩诃乌巴亚扎的坐象，大象跌倒，同时又被阿瑜陀耶方面射来的炮弹击中，摩诃乌巴亚扎在象背上当场殒命。坐在象轿中座的勃因巴拉看到摩诃乌巴亚扎中弹，忙将其扶起，让大象紧倚靠着卫矛树丛而立。纳黎萱不知摩诃乌巴亚扎已死，所以没有追击，愣呆在那里。这时左侧的那信囊骑着大象乌布萨塔击退了阿瑜陀耶王纳黎萱。卑谬王、东吁王、清迈王等统领、监军们看到纳黎萱被击退，立即驱象紧追，一直追至护城河边。纳黎萱迅速退入城中固守。通博侯左刀卫统带及温约侯因追击太猛，反而被擒。阿瑜陀耶大臣奥亚达及奥亚晒加被那信囊兵勇活捉。由于摩诃乌巴亚扎战死，卑谬王、东吁王、清迈王等统领、监军们决定将人马后撤一站路，重新集结，并商量是否将乌巴亚扎尸体就地埋葬继续征伐阿瑜陀耶？

这时，卑谬王德多达马亚扎道："目前兄长乌巴亚扎已死，我军犹如没有收边的地板，不该继续讨伐阿瑜陀耶。再说，如将兄长遗体随随便便葬在这里，必将受到陛下的责备。再有，我军事上并未占优势。此次还是先回京都为好。待雨季过后，气候宜人阳光明媚时节再来征伐。"东吁王、清迈王等将领们均同意卑谬王的意见。于是将摩诃乌巴亚扎遗体妥善地置于芒果木棺内，棺柩内又灌满了水银，随部队一起于 12 月(公元 1593 年 1 月)带回汉达瓦底。国王得知王子摩诃乌巴亚扎战死，其尸体送回京城时悲痛万分。与王后一起出迎。在大批象马、臣相们簇拥下，以高贵的转轮王的葬礼隆重地安葬了摩诃乌巴亚扎。在《缅甸大史》及《中史》上，并无清迈王、东吁王参加王储战死的那一次战斗的记载。本书是根据《明耶那亚埃钦》所述写成的。诗中写道：

“一次陛下，怒火大发。
指派王储，乌巴亚扎，
人中翘楚，清迈之主，
王之子侄，汝之外祖，
起兵出战，再去征杀。”

当时，人们都因害怕缴纳赋税，负担公务而出家为僧的。僧人如不遵守戒律则要受到训诲。缅历955年4月（公元1593年5月下旬至6月中旬）国王勒令不可教诲的僧人们还俗。孟族高僧巴麦法师、巴德茂法师因得不到国王的信任而去良渊挂褡，一些孟族僧伽也被分送至阿瓦、实皆和掸邦。在汉达瓦底国王令御林军在手臂左右前后分别文身刺字以示区别，并从受国王封赐的人家子弟中挑选人员组成瑞卑马兵队。同年9月（公元1593年11月下半月至12月上半月）毛比发生叛乱。国王立即指派臣相率兵前往讨伐。讨伐获胜，孟人四处逃散。一部逃至若开，一部流入卑谬、东吁。对于逃入卑谬、东吁的孟人进行造册登记。俘获的孟人均被解送至汉达瓦底斩首。进而对其他孟人也不予信任，逮捕处死。孟人害怕遭难遂纷纷逃往若开、阿瑜陀耶、清迈等地。同年10月初，御白象死亡。同年11月8日（公元1594年1月18日）水曜日，国王召见五子阿瓦王明耶觉苏瓦，准备立其为王储。明耶觉苏瓦将广大的北部地区以及伊洛瓦底沿江所有民众集中起来，于12月初（公元1594年2月中旬）由阿瓦出发南下，并命内傅精锐队统带和快舟统带率领3000

兵勇镇守阿瓦。

(268) 毛淡棉侯带领孟人叛乱 阿瑜陀耶王纳黎萱进犯汉达瓦底

明耶觉苏瓦来到汉达瓦底受封为王储。1月(公元1594年3月中旬至4月上旬)佛像出汗。缅历956年4月28日(公元1594年7月4日)金曜日,皇宫遭雷击。同年8月(公元1594年10月)毛淡棉发生叛乱。国王派巴亚加马尼、彬尼亚江道、底里达马道加、彬尼亚劳、亚扎丁坚、巴亚觉廷、底里泽亚觉廷、东吁王率8支人马,共有战象400、骏马4000、士卒80000前往征讨。孟人同阿瑜陀耶人联手一起战斗。国王军队被击溃,不得不返回。东吁王遭国王严厉斥责。底里达马道加也因受到惩处而死。同年11月(公元1595年1月),御妹阿瓦德多明绍王妃去世。以王后之礼厚葬之。王储明耶觉苏瓦干尽违背人民意愿之事,与王弟卑谬王德多达马亚扎发生矛盾。明耶觉苏瓦的错误在于:他一方面禁止孟人种田,另一方面用2000多,近3000对水牛遍种稻米,将收获之稻米建仓囤积。当那些不能种田的人们缺粮时,又下令只许向他购买稻米,不许向其他人购买。当人们前来购买时,又缺斤短两。同时,他还令金矛队兵勇将城中的狗全部杀光。因而闹得人们怨声载道。父王对他道:"汝将北部地区及伊洛瓦底江沿岸人民移居汉达瓦底是否合适?不是制造国家不宁吗?现在就叫人们返回故里定居吧!"

同年10月(公元1594年12月)阿瑜陀耶王纳黎萱与毛淡棉

孟人取得一致，便组成拥有战象 600、骏马 6000、士卒 12 万的 24 支大军进犯汉达瓦底城。到达汉达瓦底城后即牢牢扎下大营。当时，先前被阿瑜陀耶王俘走的左刀卫统带乘人不防，与一名仆人一起跑进城内。国王十分喜悦，遂赐与他泽亚南达封号，以及内宫用咸茶罐。时隔 4 月，阿瑜陀耶王得悉万象、卑谬、东吁方面援兵到达，汉达瓦底兵力大增，遂于 1 月泼水节时撤兵返回。[①] 到达莫塔马时，将东部一带所有孟人悉数带回阿瑜陀耶。小王子卑谬王德多达马亚扎佯装率军前往支援父王，但在途中得知东吁王底哈都带兵前去汉达瓦底不在东吁时，不再向汉达瓦底进军，折回去取东吁。东吁王王子那信囊修筑护城河，并在城上架起枪炮，全力进行抵抗。约过 15 天后，卑谬王得知阿瑜陀耶人撤离汉达瓦底，东吁王已返回，于是收集俘获的兵士、牛群返回卑谬。回到卑谬后又征服了敏东、岱达、美德、德叶、色固、色林、布坎基，公开背叛父王。缅历 958 年 2 月 9 日（公元 1596 年 4 月 24 日）土曜日，东吁王妹、汉达瓦底王之王后去世，以王后殡礼葬于皇宫。此时，不计其数的老鼠从西部地区窜入汉达瓦底。有些老鼠一只竟能吃掉二三缅升粮食。明耶觉苏瓦的部下们用刀、矛阻杀老鼠。一些未被杀死的老鼠又窜入东部地区吃掉了粮仓里的稻米。一月之间便发生了粮荒。一箩大米售价竟飞涨至 100 缅元。发生饥荒之际，来自万象的 1000 余名服王役者从汉达瓦底逃亡至万象。国王得知此情后便下令追捕，被抓获者一律处决。

① “佛历 2138 年（公元 1594 年）皇下谕以十二万大军，藉摩尔门作桥头堡，箭头指向白古，旋将白古城包围。缅王获拍昭比、阿瓦王及东吁王等兵往援救，泰兵围白古三个月，终无法破其城，皇乃下谕班师。”见《泰国古今史》第 28 页。

同年,卑谬王德多达马亚扎指令德多达马亚扎基之孙敏东侯率领大军驻守色林,命令其监军率领大军驻守布坎基。汉达瓦底王得悉此情后,即令御弟良渊王打败卑谬军。良渊王接令派大军前去布坎基。到达布坎基时,监军率大队象马兵勇出城。良渊王骑名叫赞布丹彩的大象,并让长子坐于象轿中座出击。击倒监军所率 3 头象后又与监军单骑厮拼。监军气力不支败逃。良渊王遂夺得布坎基全城,并俘获卑谬王许多士卒。王兄国王得悉后十分喜悦,赐御弟以明耶南达梅封号。并将双手所戴手镯、指环、身穿之优质筒裙、名为金色柠檬皮的一匹御马、马具及金伞 2 顶赏赐给他。由于王子卑谬王德多达马亚扎的叛乱及阿瑜陀耶国多次骚乱,遂将东吁郊区以至北部一带人员均迁入汉达瓦底城内。此时,东吁王要求送回王子那信囊和乌布萨塔大象;清迈方面也要求送回固朗王子及赞布界德耶大象;良渊王也要求送回其长子德钦基赖和赞布丹彩大象。在提出上述要求时,东吁王、清迈王申明:“吾等竭尽全力为兄效劳,并无他求。只望送回子女及象骑。当今王兄之子卑谬王德多达马亚扎已背叛王兄,吾等不便他言。”不久,东吁王、清迈王也分庭抗礼了。东吁王、清迈王起事后,良渊王也加固良渊城池。城内聚集了大量军马固守,为来自曼基永、东敦、布坎基、蒲甘等地精通三藏、吠陀的高僧们修建寺庙,并供奉四物。巴麦法师对良渊王道:“王不需担忧,王必将成为众王之主。”东吁王闻听此言感到情况将愈来愈复杂,决定与若开结盟。于是书写金贝叶书,封于呢绒袋内,并加盖印章,遣基当侯和金达侯送往若开。书中表示“望助吾征讨汉达瓦底,大事成后,将赠大象、马匹和公主”。东吁使臣到达若开。若开王看过来书,问道:“汉达瓦底幅员广阔,又有

众多象马将士、贤臣学者，欲与其抗衡能成功否？”基当侯和金达侯奏道：“白象红象之主、汉达瓦底老王在世时，确实幅员广阔、又有武将贤臣，众多象马兵勇。但其子登基称王后，不能使王弟王子皇亲国戚文武将相兵卒勇士臣服，也不封赏赐与，闹得国内各路诸侯纷纷割据，四分五裂。幼子卑谬王德多达马亚扎也不满其父与王兄们所作所为，并吞了伊洛瓦底江西部地区的色固、色林等地宣布反叛，并企图霸占舅父东吁王之象马与公主，因此东吁王派奴等前来呈递书信。”若开王说：“如此说来，真乃泥菩萨过河自身难保也。何日进军之事朕已在复信中写明。”基当侯和金达侯回抵东吁。把与若开王谈判一事前后原委回奏东吁王。东吁王十分高兴，遂赐基当侯以泽亚德曼，金达侯以亚扎德曼封号。并赏赐大量物品。同年9月（公元1596年11月至12月初）德榭觉廷在汉达瓦底被处以用扎枪穿刺而死的极刑。同年12月（公元1597年2月至3月初）若开王子之子摩诃乌巴亚扎率500条古囿、舢板、战船等到达丁因攻城。丁因守军不敌逃跑。若开士卒进城，并修筑工事防守。缅历959年1月（公元1597年3月）东吁王令谬基侯、谬拉侯、巴亚南都、埃比亚拜、弟明耶觉廷、子那信囊各领一支人马，王亲率主军进军汉达瓦底。这支由7支人马组成的大军共有战象300、骏马5000、士卒50000。大军抵达拘利耶扎营驻守，使汉达瓦底人遇到很大困难。缅历960年（公元1598年）若开王之子率军从南面包围汉达瓦底。东吁王之子那信囊从北面包围了汉达瓦底。东吁王则从正面围城。就这样两国人马将汉达瓦底团团围住。致使城内粮食缺乏，贵族显要们纷纷来投东吁王。也有不少人投向若开王军队。久之，明耶觉苏瓦之奴49个盾卫队的小头目

阿耶马钦、阿耶马措、阿耶马陶、阿耶马尤、因达约、因基等10余人认为，倘若继续效忠汉达瓦底，必将挨饿，连同自己妻小也将遭殃，前往阿瓦必将长寿发达。经过商量，他们既不投奔东吁王，也不去若开王军队，而是敲起战鼓向阿瓦逃去。汉达瓦底王之子明耶觉苏瓦自忖：汉达瓦底军员减少，加固城池抗敌，一旦饮食枯竭，实难抵抗。于是暗中派人告东吁王：若保证生命财产安全，他将来投东吁王。东吁王说："来吧！吾将把女儿许配与汝。对汝加封。"明耶觉苏瓦得悉后，便背着父王投奔东吁大军。东吁王立即赏其男女奴仆30余人，将其送回东吁。东吁王之子那信囊认为，若留下这种人必损大业，便背着父王东吁王，派人告母后将明耶觉苏瓦处死。汉达瓦底王得知子明耶觉苏瓦投奔东吁军队，感慨万分地说："朕为了自己儿子而奋斗。如今儿子都反了。朕就把富贵荣华与王位让予御弟。朕赴妙绍双塔修行去也。"事态得以解决。东吁王遂派谬基侯和谬拉侯带领大军进入汉达瓦底城。把汉达瓦底王骑坐的大象和其他象只全部接管，把臣相们召至大营，让他们宣誓效忠。然后又把所有兵勇将士召至瑞牟陶佛塔让他们宣誓效忠。东吁军队将宫殿团团围住，让汉达瓦底王后及宫中所有人等移至亚扎黛维王后殿中居住。这时，东吁王携王妹汉达瓦底北宫王后所生的侄女钦马瑞东入宫登基。7日之后，正式上朝，此时，皇亲国戚、文武群臣纷纷向东吁王敬献优质布、印花布、细布、丝围巾、呢绒、绸子、斑点绒、哔叽、绉纱等礼品。当日，国王论功分别赏赐皇亲国戚、臣相武将以封号与仪仗，然后又令3000人手持各种优质布匹、印花布、斑点绒、金丝布、糕点、果脯等在皇亲国戚、文臣武将监护下送至若开王军中。后又将一头白象以及汉达瓦底王之女钦

马囊公主，并王后一应仪仗、一位内傅、4 位大臣夫人、30 名宫女，在臣相们的簇拥下，用轿子送至若开王军中。让大批人马用轿辇将汉达瓦底王、王后，以及 20 余名宫女仆从押送至东吁。到东吁后令其悠闲地居住在御水棚北面两幢华丽的屋中。东吁王登上宝座上朝第 5 天，白伞被盗，学者们认为这是皇嗣不能延续之征兆。

汉达瓦底国亡于缅历 961 年 10 月 4 日(公元 1599 年 12 月 9 日)日曜日，至此两位国王之争结束。

阿瑜陀耶王纳黎萱得知汉达瓦底亡，即调集 24 支人马火速出兵。东吁王知悉阿瑜陀耶王大军来犯，立即召集文臣武将们商议："是在汉达瓦底抗击，还是到给杜摩底御敌?"一些臣相们奏道："若在汉达瓦底会合若开王一起抗击，阿瑜陀耶王岂有活动之余地?"南达觉廷则认为：不应该在汉达瓦底进行抗击。他奏道："全体孟人与阿瑜陀耶纳黎萱息息相通，所以不该在汉达瓦底御敌，应迅速前往给杜摩底加固城墙、箭楼、护城河堑，在该地御敌。此外，应请若开王军留在汉达瓦底伺机出击。"东吁王赞同南达觉廷的主张，决定将在汉达瓦底的所有孟人、缅人、掸人、印度人全部迁往给杜摩底京城。于是 12 月 2 日(公元 1600 年 2 月 4 日)僧伽们走在队伍的最前面，将从汉达瓦底迎请到的佛像、钵、佛牙、三藏经带回给杜摩底。

(269) 汉达瓦底大国灭亡
五塔施主驾崩归西

据《佛牙史》记载，那枚佛牙是南赡部洲羯陵伽国檀多补罗城固马底瓦王之黑马玛拉公主、驸马檀多鸠摩罗带至锡兰岛的。缅历 938 年(公元 1576 年)统治锡兰岛的达摩巴拉王将此佛牙献给汉达瓦底白象之主。汉达瓦底王用宝石塔,将佛牙供奉于御榻榻首。劫抵东吁王在位时缅历 961 年(公元 1599 年)汉达瓦底灭亡后,建金宫之王①将佛牙供请到东吁给杜摩底。劫抵丁因王②在位期间,缅历 972 年(公元 1610 年),东吁给杜摩底灭亡,阿瑙白龙王将佛牙供请到罗陀那补罗。在亚扎马尼素拉碑铭中谈到了关于从包塔加尤拉锡兰国传到缅甸的佛祖用钵、佛牙到达汉达瓦底的情景,以及从汉达瓦底迎请到给杜摩底,又由给杜摩底迎请到京城的情景。据说国王曾下令用当时通用的缅文、孟文、云文镌刻在内廷铁柱上。其后,到达龙王时代,即缅历 998 年(公元 1636 年)安放于亚扎马尼素拉佛塔之中。关于此事亚扎马尼素拉碑铭中这样写道:"缅历 998 年 9 月 16 日(公元 1636 年 11 月 21 日)金曜日,国王一直供奉的佛牙与其他由各国迎请来的为数众多的舍利子一起,珍藏于亚扎马尼素拉佛塔之中。"达龙王的法师彬牙瑞乌明摩诃亚德那加拉高僧撰写的《帝释之船》一文中也提到王祖白象之主时期来自锡兰岛的佛牙,珍藏在亚扎马尼素拉佛塔一事。缅历 938 年(公元 1576 年)安放于摩诃维兹亚佛的佛牙,实际上是锡兰岛的佛牙没到来之前,缅历 922 年(公元 1560 年)安放在摩诃泽底佛塔里的副牙。关于副牙的来历,实皆王欧德马律之女德钦基埃钦诗中这样写道:

① 即指前文所述东吁王。其他史书多称之为东吁王朝之王良渊侯。

② 即指前文所述那信囊。

“名维兹亚，摩诃佛塔，
光辉闪烁，令人惊诧。
水晶石般，佛之副牙。
佛教盛世，藏于塔下。”

东吁王于12月20日（公元1600年2月22日）到达京都，到达京城后即加固修筑城郭门楼、护城壕堑、箭垛平台、女墙跑道，并在城头四周架设火炮。阿瑜陀耶王纳黎萱得悉东吁王由汉达瓦底返回东吁，立即向东吁进发。大军到达最马古炯河扎营安寨，然后向城内派出使臣，告东吁王说：“朕这次进军并非欲同东吁王打仗，只是前来希望让朕能像敬拜佛祖那样供养汉达瓦底王。”使节到后，东吁王得悉诏书之内容，便回答说：“不仅阿瑜陀耶王愿把汉达瓦底王像佛祖一样供养起来，吾也欲把汉达瓦底王像佛祖一样供养，才把王兄请至东吁。所以阿瑜陀耶方面的请求是不能答应的。”而阿瑜陀耶王则表示非得到汉达瓦底王不可，把军队开至东吁城下。在护城河边立下鹿砦围栅，另凿一条沟渠，把护城河水引往榜朗河。直至今日人们仍称这条沟渠为阿瑜陀耶开凿的河。阿瑜陀耶王部署好兵力后，在前沿阵地放置火炮，每日开炮轰击。无奈城中军士众多，未能得手，只将城池团团围住。若开王得知阿瑜陀耶王进军消息后，便将汉达瓦底京城的宫殿、房屋、谷仓统统付之一炬，火灭后将所有铁器都运送至若开。同时将愿去若开的僧侣，连同佛像、三藏经一起，用船送往若开。这时，精通经典的高僧信比得加德亚也被用船送至若开。若开王派大军在乡间拦截阿瑜陀耶方面由水路运送粮食的船只，所有来船全部遭到袭击而被破坏，以致阿瑜陀耶军粮源断绝，陷于饥馑之中。约过一个月，即缅

历 962 年 2 月 25 日(公元 1600 年 4 月 26 日)土曜日,阿瑜陀耶军撤离东吁返回。到达莫塔马时,阿瑜陀耶方面收拢所有孟人,让他们宣誓效忠,并赐温约侯之侄以彬尼亚德拉之封号,令其守卫莫塔马,并赏赐他槟榔盒、咸茶罐、金伞两顶、鼓 7 面、喇叭 3 只等物品。同时任命守门官为传旨官。将土瓦城赐与比亚达拜。对莫塔马东部地区安排妥当后,大军即返回阿瑜陀耶。

据说阿瑜陀耶王此次进军目的是欲助汉达瓦底王一臂之力。但大军未到之前,听说汉达瓦底城破,汉达瓦底王被送往东吁,因而向东吁王要求交出汉达瓦底王,如不允诺,则用武力夺取。若能夺得便扶助汉达瓦底王重新登基,同时帮助汉达瓦底重新征服各抗命叛乱之邦国。阿瑜陀耶王纳黎萱大军撤回以后,那信囊向父王东吁王奏道:“若将汉达瓦底王长期留下定将出事。儿臣以为须从根本解决。”东吁王道:“朕之所以对王兄采取行动,只是考虑国家,并非因仇隙。朕视王兄如佛祖如佛窟,从今以后不许再说此类言语。”那信囊再也不敢向父王奏禀此事。只有暗中与母后商量,瞒着父王于缅历 962 年 8 月 25 日(公元 1600 年 10 月 20 日)夜,乘汉达瓦底王去汉达瓦底王后住处时,将他杀死。东吁王得知汉达瓦底王被害身亡后十分不悦,便与学者们商议以优厚礼仪殡葬汉达瓦底王之事。学者们认为暴毙者不该举行大礼,而应该埋于殒命之当地。于是将王兄尸体涂上香料油脂,用宽幅细布、丝绒、洋布层层缠好,在殒命的地方用优质棺柩埋葬,并在该地斋请高僧 7 日,向高僧们布施了袈裟、细布等物品共享功德。国王将王嫂、汉达瓦底王后送至东吁王弟驸马明耶觉廷处,让宫女们好生侍候。若开王得知阿瑜陀耶王已返回,便携汉达瓦底王公主钦马囊返回

若开。到达若开后即举行加冕礼,封为王后,并赐与大批盾卫队、使役队和马兵队。

汉达瓦底王生辰为火曜日,47 岁登基,在位 17 年,64 岁逊位给东吁王。66 岁时被东吁王后及那信囊谋害。汉达瓦底王经常使王子、王弟、皇亲国戚、文臣武将、士卒兵勇心中不悦,所以每当发生征战,都不会全力以赴作战,以致战事大多失利。正由于他常使父王统辖的邦国里的君侯心中不悦,故相继抗命叛离,既不能使僧伽们心情愉悦,又不会体贴城乡人民,更不珍惜他人性命。就其本身来说,他精通三藏经、占卜术等 18 种学问本领,且勇敢,富有毅力。但由于他品德恶劣,致使人们在他手下蒙受痛苦。在他临死前,他怕做善事——五尊佛塔也遭雷击被火焚毁。夜间一位神仙在一宫女的手臂上写字。据精通经典的修行者辨认,意为 2、8、7 三个数字,即火曜日所生之王逊位之日。2、8、7 加在一起为 17,这就是该王在位的年数为 17 年。缅历 943 年(公元 1581 年),加上 17 即汉达瓦底王让位于东吁王的年份。汉达瓦底王被带至东吁,并遇害而死。故历史上称其为劫抵东吁王。该王的正宫王后为德彬瑞梯王的公主。南宫王后为东吁九十万之主明康王之公主明漂。中宫王后为明阿推公主,即明漂之妹。北宫王后为明布,即明漂的二妹。另一王后为卑谬王德多达马亚扎的公主明德亚梅道。在 5 位王后中,正宫王后的长女为明阿基,后与东吁开国皇帝之弟明耶觉廷婚配;二女明阿兑,未婚;子明基苏瓦,后娶阿瓦王德多明绍的女儿那信梅道为妻,父亲登基称王后,被命名为摩诃乌巴亚扎,立为王储,死于阿瑜陀耶;三女钦马囊,后与白象一起,被东吁王送给若开;四女钦布,19 岁去世;次子阿瓦王明耶觉苏瓦宋,

被东吁王后谋害；三子明基囊，即后来的卑谬王德多达马亚扎；共四女三子总计七人。北宫王后只生一女名明瑞东。其余 3 位王后均无子女。妃子中生育的子女有：子，明基明仰瑙；子，廷底觉山敏塞王，其妻为劫抵丁因王之公主；子，信西都，封号先为阿信明耶丁克亚，后为底里达马道加，在东吁任职，其妻为良渊王未成王前所生明耶瑙亚塔之妹；子，明耶昂乃，其妻为良渊王未成王前由山达土司的女儿宾翁所生之公主明钦拉；子，明耶拉觉，食邑密敦城；女，毕宋镂达窦达；子，明耶底哈，亚扎马尼素拉佛塔大施主国王时代在卑谬任职；子，内谬德达，汉达瓦底灭亡后出家为僧；子，埃格都；女，瓦亚妙道公主；女，钦瑞南公主等。妃子们共育八子、三女，总计 11 人。

此时，白象红象之主国王陛下管辖的室利差呾罗、给杜摩底、罗陀那补罗、格礼、当督、孟拱、孟养、八莫、孟卯、西昆、霍达、拉达、山达、孟温、孟林、盖马、登尼、孟密、翁榜、底宝、良瑞、孟乃、景栋、景永、清迈、万象、阿交、勒外、阿瑜陀耶、德林达依、土瓦、莫塔马等国君诸侯纷纷抗命叛离。在这种众叛亲离的情况下，东吁王与若开王互称甥舅，不断派遣使节来往。但两国使节经常在途中遭逃亡者们抢劫杀戮。若开王得悉此情况后，即派遣 300 余名全副武装的兵勇前去东吁王处，称给杜摩底与旦迎瓦底之间有逃亡者经常抢劫杀戮来往使节，致使使臣不能到达对方，故吾将派军驻守丁因。这样才能保证使节及贸易商人安全过往，两国像一张金箔般和睦相处。东吁王听到若开王的传话说：“既然只有囤兵丁因才能保证使节和商人安全过往，吾甥就派士卒驻守丁因吧！”若开王指派葡萄牙人鄂辛加带领 2000 名士卒分乘 3 艘大船、100 多条伦锦船前往丁因驻守。葡萄牙人鄂辛加到达丁因后，即加固城郭壕堑，千方百计与船员及商人搞好关系，开展贸易。同时不断向东吁王与若开王进献贡品。也与在东部莫塔马称王的彬尼亚德拉搞好关系，开展贸易，赠送礼物，结为朋友。尔后，彬尼亚德拉之子彬尼亚内和鄂辛加之女结婚，二人结为亲家。

缅历 964 年 9 月 8 日（公元 1602 年 11 月 11 日）木曜日，夜三更许，东吁给杜摩底宫奠基兴建。1 月 10 日（公元 1603 年 3 月 11 日）金曜日，夜三更许，国王与王后一起进宫登上宝座。命名皇城为达拉底巴昂恰瓦底，东门为乌德底瓦塔那，南门为冈木茂贡，西门为泽亚沙亚，北门为底哈维兹亚。登基后取号摩诃达马亚扎，赐王后为阿杜拉埃嘎摩诃黛维，赐大王子那信囊为乌巴亚扎，与曾为王储妃子的清迈王妹亚扎达杜格勒亚婚配。国王将汉达瓦底王储的仪仗用具以及盾卫队、使役队、马兵队赐与乌巴亚扎。赐王弟拘利耶王明耶觉廷号德多达马亚扎，将伯父卑谬王德多达马亚扎的仪仗用具封赐给他，并将摩诃乌巴亚扎金船队也赐与他。赐次子那腊达马以明耶觉苏瓦封号，将原明耶觉苏瓦宋所用仪仗转赐给他，并将原汉达瓦底王中宫王后许配给他。赐三子耶绍底哈以明耶底哈封号，将曾祖底哈都用过的仪仗物品转赐给他，并将小妹原汉达瓦底王北宫王后与其婚配。赐幼子奈谬德达以明耶觉廷封号，将王弟拘利耶王明耶觉廷原用一应仪仗用具赐给他，并将御妹原汉达瓦底王北宫王后所生的汉达瓦底王之女钦瑞东许配予他。同日，赐南达觉廷瑙亚塔以德榭觉廷封号；赐摩诃弁琪以西都觉廷封号；赐泽亚觉廷以瑙亚塔封号；赐泽亚加马尼以丁克亚封号；赐巴亚觉廷以德勒帕耶封号。同样，对其余皇亲国戚、文臣武将亦论

功行赏，或赐封号，或任职守，或食采邑，或分地赐宅。同时在与莫塔马、丁因、卑谬、东掸邦等临近边疆地区派驻远近哨卡，细心设防，重兵驻守。为羌马辛绍佛塔全部贴金并升宝伞，捐建金佛亭。并为父王的国师信维兹济达维高僧在京城前羌马辛绍佛塔旁，修筑一座富丽堂皇、周围有20座小寺环绕的大寺，但寺庙尚未落成前高僧即仙逝。于是将寺庙布施给信摩诃蒂拉温达高僧，并敬奉为国师，经常向他布施四物。

在榜朗河西边修筑捕捉和驯养野象的围栅。在东边开设大门以诱捕河边的象只。为了便于观赏象只，在围栅西大门旁边，修筑一座尖顶阁楼，左右设进口小楼各一。每当把大象带到城内宫廷礼仪大厅时，国王便在王储等皇亲国戚、文臣武将们的簇拥下，犹如帝释天般威严前往观看。国王命人在榜朗河西岸优美的大平原上举行赛象赛马活动，训练象只，置靶练枪。国王下令平整宫北边三千集市大街，以供王子王弟们玩马球，国王在王宫西南角的荷花池（此池是由建都国王早年修挖的）中修筑一座水上宫殿，左右均有上朝理事之殿堂。池的四个角落修建四座小岛，分别命名为茉莉岛、椰子岛、香蕉岛和柑橘岛。每个岛上修筑一座优雅别致的行宫。每当国王前往水上宫殿消闲时，以王储为首的皇亲国戚、文臣武将们都簇拥随同前往。到达因约时，国王与王后分坐雌雄妙声鸟舫。皇亲国戚、文臣武将则按各自的职位，分乘不同船只相随，遍游四岛后方登上水上宫殿。每次国王出游四岛前，皆将陈水排清换入新水。国王通常一二月出游一次。同年8月，王储妃子亚扎达杜格勒亚去世。

缅历965年（公元1603年）被派往驻守丁因的葡萄牙人鄂辛

加，依仗着莫塔马侯彬尼亚德拉的势力，既不向若开王表示诚服，也不向东吁王表示敬畏，不再纳贡献礼，反将往来于若开、东吁之间的使臣、商贾拘留关押。两国君王得知此情后，若开王告之东吁王，要求王舅派大军由陆路进发，若开王自己也将派大军由水路征讨丁因。东吁王认为此计甚善，即派巴亚加马尼、底里泽亚觉廷、西都觉廷、德勒帕耶、王子明耶觉廷、王子明耶觉苏瓦、王弟德多达马亚扎以及王储各率人马前往丁因。8 支人马共有战象 300、骏马 3000、士卒 50000。若开王令王储乌巴亚扎为帅，率格杜、伦锦大战船 100 艘、丹随小船 100 余前往丁因。葡萄牙人鄂辛加知道他无力抵抗两国君主派来的大军，于是在战船上装满枪炮，当若开王储率领的水军到达时，就把船只开往曼阿垒，朝卑谬方向驶去。若开王储立即迎战，企图阻止其外逃。丁因侯不得已只得让 3 艘船下锚猛烈地发炮还击。若开王储乌巴亚扎的船队经不住炮击，遭到严重损伤。有些士卒只得将船只靠岸登陆逃跑。东吁派遣的军队才到马高，尚未到达丁因无法助战。于是葡萄牙人鄂辛加再次追击，俘获了若开王储乌巴亚扎。东吁王储得知若开水军失利的消息后，就地扎营不再向前。若开王听到逃回者的奏报，得知王子被俘，遂亲自率领战船 300 余艘前来。到达前线，即与东吁王储商量，决定围困丁因。鄂辛加虽知城池被围，仍不妥协，只是坚守城池。若开、东吁方面力图登城，无奈城上防守严密，枪炮颇多，未能成功。久之，两位君王商议，决定向鄂辛加索还若开王储，但鄂辛加认为不能把他视为奴仆下人，而应以君王之礼平等相待。这样才能放还乌巴亚扎。若开王及东吁王储思忖，今莫塔马侯彬尼亚德拉已与阿瑜陀耶串通一气，鄂辛加女儿又成为莫塔马侯彬尼亚

德拉子彬尼亚内之妻，结为亲家，故与丁因侯妥协。于是决定与其谈判。表示以后不再侵犯丁因城。得到两位君王的保证后，鄂辛加才送回若开王之子乌巴亚扎。乌巴亚扎返回后，两国君王互赠礼物返回本国。从此，东吁与若开之间的使臣及贸易来往中断。由于葡萄牙人鄂辛加占据丁因城，东吁王也就失去了对勃生、达拉海港的主权。失去这两个海港后，东吁人民再也穿不上优质布、印花布、纱、呢绒、丝织品等布料衣着，而只能从洋人富商们手中购买这些布匹了。由于东吁得不到好的食盐，只好在汉达瓦底城前，由一支大军驻守，并配备象马火炮枪支进行护卫制盐。丁因侯在汉达瓦底周围挖掘浮屠佛塔宝物，偷盗金佛像、银佛像，取下镶嵌在佛像上的宝石，铸成金条、银块与海员们做买卖。后来人马日益扩大，势力逐渐增强。

(270) 东吁王摩诃达马亚扎驾崩王子那信囊即位

东吁王是位具备信、戒、闻、施、耻、慎、智[①]之国王。他力促王储铸造一座无与伦比的纯金修饰的佛像。铸成后又在城北曼昂门建筑尖顶阁安置金佛供奉。他还让大妃子杜卡沙亚在城东地区修造祇园精舍，布施给阿信尼那亚达马高僧，并拜他为师。国王自己在城东边德勒泰双塔修造多座彩棚，供请建都皇帝的国师、祖父供奉的法师、父王供奉的法师以及在东吁城内外受戒的僧侣们轮流

① 此7者所谓贤人七德。请参阅本书(110)节注释。

前来守戒挂褡，并向他们布施斋饭以及袈裟用布、米、盐、鱼酱等用品。这些都是东吁王所做善事功德。

东吁王是在49岁又5个月时成为君王的。52岁又3个月时正登基。58岁，即缅历971年5月15日（公元1609年8月4日）火曜日驾崩，生辰为水曜日。

建东吁王宫国王的王后是汉达瓦底白象之主王后山达黛维所生明钦绍公主。共育四子：长子王储那信囊，次子明耶觉苏瓦，三子明耶底哈都，四子明耶觉廷。此外，堕罗钵底白宫之主孙子明摩诃之女谬妙蓬韦生一女，即后来的钦瑞南敏加拉黛维。

父王摩诃达马亚扎驾崩后，其子、王储那信囊于5月21日（公元1609年8月10日）金曜日继位登基。定号为底哈都拉，于6月8日（公元1609年8月26日）日曜日午后3时①，撑着4顶白伞，坐着带尖顶阁楼的轿子环京都行进一周。立王弟明耶觉苏瓦为王储。以上就是自给杜摩底至汉达瓦底，又从汉达瓦底至给杜摩底历代君王的情况。

① 此处指缅甸计时，一日60时，实际合午后12时48分。

第十七编

(271) 东吁王与若开王合攻汉达瓦底向罗陀那补罗阿瓦进军

缅历959年(公元1597年),东吁王与若开王联手包围汉达瓦底城,推翻汉达瓦底王时,原隶属于白象之主陛下的各邦国君王,纷纷宣布割据。此时,良渊王认为必须立足于良渊城才行。于是开挖护城壕堑,修建胸墙、栏栅,以加固城防。缅历959年4月30日(公元1597年7月2日)土曜日,午夜过后,开始并吞央米丁。由此进一步占领了瓦底、茵道、莱德、抱绵、达伽拉、彬达莱、彬西等城镇。在上古时,人们无所适从,无所依靠,于是祈求摩诃三末多大王。摩诃三末多大王出于对广大民众之同情,允诺出来担任国王。与此相同,缅历959年5月2日(公元1597年7月4日)月曜日,出乎对广大人民的同情,为了出任国王,决定进军罗陀那补罗阿瓦京都,在明拉甘米亚扎营。5月[①]4日(公元1597年7月6日)水曜日,由明拉甘米亚出发,至齐道地区扎营休息。夜二更许营寨起火。良渊王将此事告巴麦法师。但法师奏道:"大王不必惊

---

① 原文误写为4月,与前后文矛盾。经查《缅甸大史》更正之。

慌担忧，似此火焰，象征陛下威德四扬，福寿无疆，大业必将传至子孙后代。他们会虔诚无比，弘扬佛法。”到达罗陀那补罗后，即命名德达乌敏加拉佛塔以西，景色优美的一块平地为达西营地，并在该地举行10天接见群臣仪式。5月20日（公元1597年7月22日）金曜日，日出即前往蒲甘。当时蒲甘侯为白象之主王子信妙拉。他加筑城防，准备固守。但当大军来临，却似小兔、豕鹿见到森林之王狮子时不敢打哈欠一样，蒲甘侯只得献城投降。后即令蒲甘侯及全城百姓宣誓效忠。然后便命巴亚南都和泽亚觉留守蒲甘。良渊王又率大军继续攻克鄂达耀、杜云岱、皎勃当、辛古、色雷、布坎艾等城镇。正准备将诸城象马人众全部收缴之时，食邑这些城镇的王侯官员纷纷前来献礼归顺，甘愿为奴。良渊王让这些王侯官员宣誓效忠后，分别赏赐。然后挑选有用的象马等物带回罗陀那补罗。明耶觉苏瓦宋的内傅、精锐队统带、快舟统带等人带领3000余名公职人员在实皆方面抵抗。良渊王即派人前去说：“据汉达瓦底来人奏告，吾得知东吁王与若开王二者的人马已把汉达瓦底围得水泄不通。目前汉达瓦底城内居民粮食匮乏，文武官员也不愿为王兄效忠，已有3000余人投降奔东吁王军队和若开王军队，因而城内力量锐减。今派人前来，欲问兄长们是否愿意为吾任职，顺从吾的意志？”在此之前，精锐队统带、快舟统带等听到汉达瓦底发生事变，曾向居住在杜云山脚、精通三藏经典和占卜术的高僧信摩诃罗摩求教国事。高僧预言道：“今占据良渊城的明耶仰达梅正福星高照，并得到其父白象之主的信赖。其父曾说，吾子必与朕一样成为众邦之尊。良渊王文武双全，在征服各个邦国后，一定是位使宗教世世代代繁荣长存的一位君王。一旦汉达瓦底灭亡，

勿追随其他君王，甘当良渊明耶仰达梅之奴才好。”正因为高僧有言在先，所以今日听到汉达瓦底受到两面包围，城内力量削弱之事，精锐队统带、快舟统带等便率大军向在德达乌的良渊王归顺。良渊王十分喜悦，即给予赏赐。宣誓效忠后继续任职。得悉精锐队统带、快舟统带等宣誓效忠继续任职的消息后，美都侯、德勃因侯、西博达亚侯、甘尼侯、勃东侯、阿敏侯、鄂辛古侯、妙当侯、琼当侯、官屯侯等纷纷进献大象、良马等礼物及子女表示诚服。对这些人，良渊王也让他们宣誓效忠后继续供职。由于汉达瓦底方面 49 个盾卫队士兵，在十几个小头目阿耶马钦、阿耶马措、阿耶马陶、阿耶马尤、因达约、因基等的率领下归顺良渊王。良渊王让他们宣誓效忠后，给予赏赐，并继续任用，把他们安排在先前安置明耶觉苏瓦部下的地区之南。

在室利差呾罗城，封号为德多达马亚扎的明基囊，派遣赖威贡侯和谬当侯作为使者前去东吁，告东吁王说：“良渊明耶仰达梅欲在罗陀那补罗阿瓦立国称王。一旦赢得阿瓦，久之必将木掸九国占为已有，从而成为力量强大的国家，倘若事态果然如此发展，那将后患无穷。故请王舅率领大军由陆路进军，吾亦将率大军由水、陆两路进发。”东吁王说：“此说极是！”即令次子明耶觉苏瓦为帅，率战象 40、骏马 300、士卒 8000[①] 前往阿瓦。卑谬王德多达马亚扎亦令原德多达马亚扎之子色林侯明耶乌兹那和委达比亚侯两支人马，共有战象 50、骏马 500、士卒 8000 由陆路进军。军队在色林

① 原文写为“士卒 80000”，疑有误。经查《缅甸大史》为士卒 8000。现按《缅甸大史》所写译之。

城集结。卑谬王德多达马亚扎乘坐亚德纳金舫亲率格杜、伦锦船200、劳加、铁船100、士卒约20000，于缅历959年7月6日（公元1597年9月5日）月曜日登舫出发征讨阿瓦。此时，王之内傅仰乃侯密令80名孟人手持刀、盾登上金舫，卑谬王发现这些孟人说："传哥乃[①]！"孟人说："正是哥乃所为！"卑谬王怕来人杀他，心中十分恐惧，便跳入水中。但他不会游泳遂溺死水中。明基囊死，仰乃侯将王子王弟等众皇亲国戚全部捕杀，并借用明基囊名义，派人命全速前进的色林侯和委达比亚侯返回色林。色林侯和委达比亚侯思忖，既然命吾等从陆路全速前进，今日又为何下令返回？其中必定有诈。故问使者，但使者说不知道。便将来使拘禁起来，并派人尽速探明情况。这才得知卑谬明基囊已不在人世，仰乃侯篡夺了王位。于是把来使捆绑起来审讯，来使只得从实招供。这时，委达比亚侯等道，难道让我归顺于他？我将归顺良渊王。于是率大军前去。良渊王得知后，即令长子率大军前去迎接。到达后，国王大喜予以赏赐。王弟卑谬王德多达马亚扎（即明基囊）之子明耶乌兹那等也前来归附。这样，色固、色林、邦林、垒盖等城镇农村均成为良渊王之属地。

《缅甸大史》、《中史》中都不称色林侯为明耶乌兹那。摩诃妙牟尼碑铭记载说：仰乃侯谋害明基囊后，王弟卑谬王德多达马亚扎之子明耶乌兹那便投奔阿瓦。这使色固、色林、邦林、垒盖等一带城镇乡村均成为附属国了。本史就是根据上述碑铭记载撰写的。

仰乃侯在卑谬称王后，当即把德多达马亚扎（明基囊）之子信

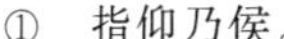

① 指仰乃侯。

奈谬、信奈吞、信奈温杀害了。他认为只有依靠若开才能立足。于是把王子、公主及皇亲国戚们都送往若开。东吁王得悉此事后,就让征讨阿瓦的王子不再去阿瓦,而向卑谬进军。王子明耶觉苏瓦的大军从进攻阿瓦的 5 个营地出发转而去攻卑谬,但未获成功。得知对方实力雄厚,遂转而再去攻美德,但卑谬军已经牢牢占据美德,又未得手。当时东吁王正在征讨汉达瓦底,于是就宣召王子返回东吁。罗陀那补罗已经归附良渊王,王子、王弟、文武将相、兵丁勇士得到妥善安置。为了建设京都,烧制大量砖瓦。似同威高德重卓有远见的白象、红象之主、万民之尊父王陛下一样英明的良渊王选择吉庆时刻、缅历 960 年[①] 4 月 24 日(公元 1598 年 6 月 16 日)木曜日,于苏那波兰达国和丹巴提马国两国中心地区——罗陀那补罗阿瓦地区,这个已整整 4 年没有人烟、荒芜不堪的地方破土动工,同时修筑皇宫、皇城、瑞喜宫佛塔、古道迪佛窟及城门。

(272) 遣长子征讨孟拱、孟养王储夺得央米丁、良瑞[②]

缅历 961 年 8 月 1 日(公元 1599 年 10 月 8 日)日曜日,令长子进军孟拱、孟养。大军由委达比亚侯、妙白侯、色林侯、蒲甘侯以及长子的 5 支人马组成,共有战象 100、骏马 500、士卒 2000。大军到达孟养时,土司将强悍的象马藏于森林之中,然后进献礼品,

---

① 原文误写为缅历 959 年。经查《缅甸大史》应为 960 年,更正之。

② 原文只写“遣长子征讨孟拱、孟养 王储夺得央米丁”,但文中还包括征良瑞的一段内容,所以又在标题上加了“良瑞”两字。

奏道："愿意宣誓效忠。"谈妥后，大军继续开向孟拱。孟拱土司率大军在内巴布山固守，遂奋勇猛攻。孟拱土司兵力不支败北，渡河扎营坚守。兵勇们把土司军团团围住，欲消灭之。无奈山崖陡峭，无计可施。过了约一个月，因还有其他征战任务，父王将其召回。于是便将俘获的象马官兵押送回朝。

内廷总监编写的《新史》中说，根据摩诃妙牟尼碑铭所提《明耶岱巴埃钦》诗可知，孟拱土司军队败北后，渡河逃跑躲藏，被大军追及，于是宣誓效忠，继续统治孟拱。但事实上，摩诃妙牟尼碑铭中没有说第一次战斗俘获孟拱土司，只是说俘获统领、监军及大批象马兵勇。《明耶岱巴埃钦》诗中写道：

"土司败北，渡过河去，
妄图溜走，乘船追击。
无一逃脱，子孙老幼，
所有俘虏，全部收取。"

可见埃钦诗中只说追捕散兵游勇时，虽然没有捉到土司本人，但已夺得孟拱城及将佐、象马和兵勇。而摩诃妙牟尼碑铭也说，只俘获将佐及象马兵勇。又说，后继续向八莫进军途中，遇到投靠八莫土司多盛的孟拱土司。于是让其宣誓效忠，并继续让其主宰孟拱。可见两者所述完全相符。

缅历 961 年 12 月 12 日（公元 1600 年 2 月 14 日）金曜日，二鼓许，国王携公主明德耶梅道，在王子、王弟臣相们簇拥着登殿接受王位。定号为底哈都拉摩诃达马亚扎[①]。立长子为王储，号为

① 音译如文，意即：狮子般英勇伟大弘法之王。

摩诃乌巴亚扎，赐德勃因为其采色邑。封次子为明耶登克耶，赐其食邑德娄城。赐幼子以色固城。与国王一起登殿，一起乘轿的信妙拉亲王，赐号底里达马道加，赐其食邑鄂辛古城，后又赐蒲甘城。封叔父卑谬王德多达马亚扎基之子明耶乌巴亚扎基和色林王妃婚配所生之明东明号西都觉廷，食邑色林城。封委达比亚侯为巴亚加马尼，封精锐队统带为拘道仰达梅。其余王子王孙皇亲国戚、文武诸臣都分别晋爵受封。

缅历 962 年 7 月 3 日(公元 1600 年 8 月 30 日)金曜日，按职就座。御前左位一品首席为底哈勃德，其他左位一品有：般堵加巴亚、南达丁坚、摩诃丁克亚、巴亚觉廷、赖亚耶傣、摩诃德勒帕耶、赖威仰达梅、亚扎丁坚、南达约达、赖亚南都、巴亚丁坚、南达觉都 13 位大臣。右位一品首席为西都，其他右位一品有：底里泽亚瑙亚塔、德道榭、泽亚觉都、欧达约、泽亚丁坚、赖亚泽亚都拉、泽亚丁延、赖威仰达都、巴亚加马尼、赖威兹拉丁坚、泽亚南达、泽亚南达都共 13 位大臣。左位二品为道迈耶、巴亚德扎、南达彬坚、那当米亚、亚扎巴亚代底、赖威西都、赖亚弁琪、巴亚南达梅、赖威南达、拘道巴亚、乌登那亚扎、杜因格都、达马底里 13 位大臣。右位二品为赖威耶傣、阿德沃、赖亚登卡、赖威毕、开榜侯、拘道仰达梅、赖威登卡、勃因觉、巴亚约达、瑞当侯、赖亚弁琪、赖威延达梅、巴亚明耶 13 位大臣。左位三品为拜丁延、茵雅侯、彬尼亚阿彝德马、彬尼亚恩、达马耶都、尼拉约达、耶甘马、堕德那德瓦、拜甘马腊、泽亚加马尼、南达都、达马登卡、赖威约达 13 位大臣。右位三品为巴亚登卡、赖亚比南都、乌登丁坚、毛内侯、巴亚南都、勃因约达、玛瑙亚扎、南达毕西、固南达律、西杜因加都、亚扎德曼、德巴甘那、都拉明

耶、南达底哈14位大臣[①]。左位四品为伽马尼、赖威弁琪、德耶赖亚、德瓦约达、巴亚泽亚腊、亚扎德瓦、赖威勃亚、杜因巴德、亚扎贡纳、杜因登卡、谬达侯[②]、丁克亚、勃因巴亚13位大臣。右位四品为泽亚仰达梅、南达梅、仰马约达、勒博侯、格达侯、老官屯侯、德耶南都、巴亚晒加[③]、赖威坚傣、亚扎德耶、赖威毕、赖亚坚傣、德扎亚扎13位大臣。左位五品为丁克都、那瓦德、那腊道侯、皎山侯、约达腊、赖威登西、赖亚都拉、赖亚坚傣腊、南达勃亚、山达巴拉、班赖萨腊共11位大臣[④]。右位五品为弁琪、晒加约达、仰窦巴、南达泽亚、韦路德曼、赖亚瑞当、拘道巴亚、亚扎都拉（暂缺）、蒙宁品侯（暂缺）、赖亚勃亚、仰马耶都共11位大臣[⑤]。这样，皇亲国戚、臣相文武、诸侯百家晋爵有差，都已取得高官厚禄了，进而有权参与议论国内问题。

得悉给杜摩底派军进驻央米丁的消息后，国王便派王储率大军前去征讨。王储奏道："儿臣前去征讨，谅央米丁侯难以抵挡。"前去征讨的人马有：以巴亚觉廷为统领，南达丁坚为监军的一支人马；以底里泽亚瑙亚塔为统领，道迈耶为监军的一支人马；以巴亚加马尼为统领，那当米亚为监军的一支人马；以德道榭为统领，摩诃弁琪为监军的一支人马；以亚扎丁坚为统领，赖亚比南都为监军

① 原文虽写13位大臣，但实有14个人名。查《缅甸大史》则写为14位大臣。

② 原文写成"谬侯"，经查《缅甸大史》应为谬达侯，更正之。

③ 原文漏此大臣名，据《缅甸大史》补之。

④ 原文写为13位大臣，实则只有11个人名。经查《缅甸大史》写为11位大臣。更正之。

⑤ 此处原文也写为13位大臣，实只有11人。经查《缅甸大史》写为11位大臣。更正之。

的一支人马；王储的主军中，赖威西都和巴亚丁坚被任命为监军。6 支人马共有战象 200、骏马 3000、士卒 20000。大军于缅历 962 年 8 月 1 日（公元 1600 年 9 月 26 日）金曜日开拔前往央米丁。到达央米丁，王储骑坐名叫底里那伽的大象巡视了央米丁城四周，观察城池情况后下令道：勿需扎营，现在立即进攻。统领监军们都听从命令，象兵、马兵、步兵一齐冲向城边英勇奋战。不多久即夺得全城。此后即令巴亚南都率大军留守，自己带着俘获的战象 30、骏马 60、掸族士卒 1000 余、孟族士卒 1000 余班师回朝。到达京城后，即将俘获的象马兵卒献给父王。父王大喜，将御用槟榔盒、咸茶罐、带盖饮水瓶以及名为底里那伽的御象赐给王储。

缅历 962 年 11 月 4 日（公元 1600 年 12 月 27 日）土曜日进军良瑞。由巴亚加马尼、亚扎丁坚、底哈勃德、底里泽亚瑙亚塔、底里达马道加、王储各领一支人马以及殿后的国王陛下所率的大军组成，7 支人马共有战象 300、骏马 4000、士卒 35000。大军行至离良瑞 1 岱[①]远时，良瑞土司就亲率大军迎战。作为先锋队的南达毕西所率 4000 马兵被击溃，只剩三分之一。良瑞方面人马在打垮马兵队后就攻击布坎基底哈勃德的人马。底哈勃德奋力抵抗，并将先锋队失利事奏告王储殿下。王储闻讯即乘骑名叫蓬道坝的大象，率领由良渊带来的因达约火枪队、岱杜仰囊青年火枪队、左金刀卫队、右金刀卫队等兵勇猛攻。良瑞土司的大军马上被溃败后退。王储紧紧追击。土司欲进城据守，但王储大军人人奋勇，个个争先，未等城门关闭便夺取了全城。至此，土司以及统治 39 个城

① 约合 3.2 公里，参见本书第 664 页注。

寨的良瑞城落入国王手中。于是,国王便让土司及全城百姓宣誓效忠。尔后夺取了好象良马及兵勇班师回朝。返抵京城后,于缅历963年2月2日(公元1601年3月23日)为城内瑞喜宫佛塔、古道迪佛窟加盖宝伞。缅历963年10月28日(公元1602年1月10日)土曜日,乘坐御舫。同年11月27日(公元1602年2月28日)土曜日,出巡南部垒敦地区,朝拜卧佛,并下谕疏通湖泊、河道,修筑渠堰、堤坝等水利设施,然后返回京城。

(273) 良渊王父子进攻八莫城[①]

同年12月4日(公元1602年2月14日)日曜日进军八莫。进军的人马有以巴亚加马尼为统领,阿德沃为监军的一支人马;以巴亚觉廷为统领,那当米亚为监军的一支人马;以亚扎丁坚为统领,巴亚南达梅为监军的一支人马;以底哈巴德为统领,赖亚弁琪为监军的一支人马;以底里泽亚瑙亚塔为统领,南达约达为监军的一支人马;以德道榭为统领,赖威西都为监军的一支人马;以西都觉廷为统领,泽亚丁坚为监军的一支人马;以底里达马道加为统

① 原标题误写为“良渊王父子进攻良瑞城”,但本段内容全是写进攻八莫事,故更正之。《明史·云南土司传》云南土司二记有:“(万历)二十九年,莽应里分道入犯……未几,思顺死,蛮莫思正乘丧袭陇川,据其妻罕氏。”龚荫著《明十云南土司传笺注》则写道:“‘蛮莫思正乘丧袭陇川’思正为思化子。天启《滇志·羁縻志·土司官氏》载:万历二十九年,缅又来攻,安抚思正奔腾冲,为缅执杀之。(按:《滇考》谓‘当事者杀正以止兵’即思正为‘当事者’所杀。)缅立多罕为安抚。”[见龚荫著《明史云南土司传笺注》云南民族出版社1988年7月版,第181—182页。]对照缅中史料基本一致,即缅历963年(万历二十九年)八莫土司(蛮莫安抚)刀盛(思正)逃奔孟赛(腾冲)。刀盛(思正)被孟赛侯杀死送回(为缅执杀之,或被当事者所杀)。缅王任命色采隆(缅立多罕)为八莫土司(为蛮莫安抚)。

领，赖威仰达梅为监军的一支人马；王储摩诃乌巴亚扎的一支人马，则任命巴亚觉都为监军；国王的主军任命南达丁坚为监军，作为全军殿后部队。共 10 支人马组成的大军有战象 400、骏马 5000、士卒 50000。大军沿着伊洛瓦底江西岸一带挺进，从格达码头渡河。八莫土司多盛得知良渊王前来征讨，便修筑城防工事准备迎战，但后来见兵马众多，自思无力抵抗，便弃城带领大军逃往中国孟赛。国王攻克八莫，得知八莫土司投奔中国孟赛，遂追过孟登到达紧靠孟赛的边境一带。王储及其他 8 支人马一直追至孟赛。王储抵达孟赛后遂遣使告孟赛侯说，从速交还我奴，否则将出兵。孟赛侯将此事奏告中国乌底勃瓦。中国乌底勃瓦下谕道，若不送还土司多盛，我国便不得安宁。所以不宜收留。孟赛侯欲将八莫土司与其妻小送还之时，土司多盛不服，并拟逃走。孟赛侯便将多盛杀死，将其尸体及其妻小送往王储大寨。王储遂将土司之尸及妻小献给父王。父王大喜，将双手所戴手镯、指环以及名叫纳因觉的御马赏给王储。

《缅甸大史》、《中史》中说，攻克八莫后，父王便留驻八莫。王储及其他 8 支人马开至中国孟赛城边境，索取出逃的土司，孟赛侯便将土司送还。到达王储军中后，土司多盛服毒身亡。内廷总监编纂的《新史》中也说孟赛侯尚未送回之前，多盛即服毒身亡。孟赛侯将其尸体送归王储。据知情人所写的摩诃妙牟尼碑铭记载，八莫土司多盛抗命背叛，闻国王亲来征讨，遂投奔乌底勃瓦。但中国乌底勃瓦认为祖辈两国就不对立为敌，土司多盛不便留在中国。遂将土司多盛处死后，将其尸体送到国王陛下处。另外，《明耶岱巴埃钦》诗中也写道：

"八莫土司，背叛抗上，
奔向秦国，远方逃亡。
击响战鼓，紧追不放。
喧嚣往讨，望勿窝藏。
无由留此，不能鲁莽。
国事难宁，无利遭殃。
乌底勃瓦，反复思量。
来人虽死，将尸送上，
大王陛下，重返国邦。"

征伐之事完满成功后，国王便班师回到八莫。把土司的一应仪仗及八莫城赐与色采隆。并任命他为八莫土司。王储征讨孟拱时，孟拱土司兵败失利投奔八莫，住在八莫土司处。现在国王也让他宣誓效忠后继续担任孟拱土司。一切安排妥当后，国王收缴了好象良马及勇士返回京城。次年 4 月 15 日(公元 1602 年 6 月 23 日)以后才到达京都。

当时有一个青年以全身黥墨盘龙像而闻名。史籍中没提及俘获在八莫土司多盛处的孟拱土司一事。此处系根据摩诃妙牟尼碑铭下列一段记载书写而成，即："攻占八莫后，遂让居住在八莫土司处的孟拱土司宣誓效忠，并让他继续任孟拱的土司。"

（274）为功德事业摩诃牟尼塔基填土

缅历 964 年 6 月(公元 1602 年 8 月)举行赛船会。同年 1 月 21 日(公元 1602 年 4 月 2 日)金曜日，国王令臣相子孙为其功德事业摩诃牟尼塔基填土。东西南北各宽40余达，深7肘尺。历时29天完成。缅历964年4月15日（公元1602年6月23日）火曜日，国王乘尖顶阁状轿以非常隆重的仪式前去功德事业佛塔。4月16日（公元1602年6月24日）水曜日正午国王用金线画线，手持镶满宝石的金铲子开始铲土。长子摩诃乌巴亚扎、次子明耶登卡都、幼子色固明基也手持银铲开始挖土。这样开始砌上金砖、银砖修建了75肘尺见方75肘尺深的佛塔地宫。同年8月12日（公元1602年10月16日）金曜日，在佛塔地宫内珍藏宝物，从佛塔至委新的道路两旁都栽种了榕树。史籍记载，缅历964年1月21日（公元1602年4月2日）金曜日，砌金砖银砖修建功德事业摩诃妙牟尼佛塔。摩诃妙牟尼碑铭记载道，缅历965年4月16日（公元1603年6月13日）水曜日修建佛塔。这时国王率军进剿孟乃。命令前去进剿的人马有：杜因亚扎率1000马军、赖亚米耶缅率1000马军、杜因代底率1000马军、杜因布翁尼亚率1000马军和南达登西率1000马军。这5支马军作为先头部队。象军有巴亚加马尼、巴亚觉廷、亚扎丁坚、底哈勃德、摩诃德勒帕耶、摩诃丁克亚、底里泽亚瑙亚塔、西都觉廷、底里达马道加、王子摩诃乌巴亚扎所率之军队。其后为国王的大军。泽亚丁坚及巴亚觉廷分别被任命为统领、监军，连同5支马军，共有16支人马，拥有战象200、骏马5000、士卒60000。国王命二王子明耶登克都和德道榭、拘道仰达梅留守京城。当国王率领的大军到达良瑞时，良瑞土司向国王呈献了大量礼品，也向王储进献了礼物。大军在良瑞停留3天。补充兵马粮秣后继续进发。父王得知王储将抵达孟乃时，考虑到孟乃土司拥有精兵良将，众多象马，因此派一马兵去王储处传令

道:“待朕抵达后一起伺机进攻,勿匆忙行事。”但王储得知出城迎战的孟乃土司已到近处,遂乘名为篷道巴的大象,率领从良渊带来的家奴5000余兵勇迅速出击。孟乃土司进行抵抗。王储便下令猛烈攻之。枪刺中孟乃土司乘坐的大象面颊,土司的大象转身欲逃,此时王储方面军士用投枪投射大象,大象中枪约30下,吱吱乱叫落荒而逃。王储即率兵追击。土司连人带象全被捉获。土司之弟与婿见状逃进城内。王储乘御象篷道巴攻打城门,门闩被撞断,大象冲入城内。兵勇们随之进城放火焚烧民房,从而夺得了掌管37座城寨的孟乃城。父王听到枪炮声,知王子已在攻城,即令统领、监军们飞速跟上。援军未到,王储已获成功,收拾俘虏的土司及其亲属、象马、金银献于父王面前。父王责怪道:“吾子年幼血气方刚,汝不该冲杀在前,万一中弹如何了得。”王储奏道:“像孟乃这样城池无须慢慢吞吞去攻。还有很多城市需要攻打。故儿臣迅速攻之。”国王见孟乃城已攻克,对良瑞、摩别、色加、耀绍、囊孟、孟巴、孟盖、底基等镇,安排妥当后,即押解孟乃土司及其子婿、臣相、象马班师回朝。次年年初才返抵京城。

(275) 宫殿尖顶阁起火 征服掸族各邦与孟乃

缅历966年2月17日(公元1604年4月19日)木曜日,御象底里那伽用牙柢地,象牙插入土中而亡。2月22日(公元1604年4月24日)火曜日宫殿尖顶阁起火。同日发生日食。国王在征服掸族各邦和孟乃城返回京城后,认为目前奴仆们混居在一起不妥,必须把他们分别编组。这样使他们,以至他们的后代子孙们都能职责分明。于是下令成立各种组织。

在东吁成立神骑队、宫殿骑队，计有左 9 队，右 7 队。国王说：朕是人间的神明，故成立神骑队。由食邑乡镇的子弟们组成。每队 50 人，共两队合计 100 人，命他们住在宫右侧耳殿侍奉国王。他们头戴黑盔、着黑甲、手持金枪。骑兵队队旗为黑白两色。

侍卫左右的武将们的子孙、阿瓦村镇食邑者、头领们的子孙共 30 人组成宫前骑兵队，住在宫左侧耳殿侍奉国王。他们头戴短盔，着红战袍。

侍从村镇食邑者们的子孙共 27 人组成宫内骑兵队，住在宫左侧耳殿侍奉国王，戴黑盔，穿红战袍。

内宫近侍村镇食邑者子孙们组成右骑兵队。每一骑赐 10 缅亩土地。住在宫右侧耳殿侍奉国王。戴长顶盔，身穿黑战袍。

阿瓦村镇食邑者子孙们组成左骑兵队，每一骑赏赐 10 缅亩土地，住在宫左侧耳殿侍奉国王，头戴长顶盔，身着黑战袍。

阿瓦敏因一带侍从村镇食邑者子孙补充进来，重新组成殿后骑兵队，每骑赏赐 10 缅亩土地。住在宫右侧耳殿侍奉国王。头戴长顶盔，身着黑战袍。

侍从们在殿上首住处组成一支有 9 匹马的骑兵队，赐其土地。

孟乃土司之弟的子孙们共 10 人，组成多丹村领主勇士队。住在正殿右侧与偏殿连接处侍奉国王。国王赏赐他们红色描金短顶头盔，金边红甲。

孟乃土司的亲戚们被组织在一起，任命孟拉侯为首领，住正殿左侧与偏殿连接处侍奉国王。国王赏赐给他们金红短顶头盔，着金边红甲。

孟乃土司的亲戚们被组织在一起，任命杜因约达为首领，住正殿左侧与偏殿连接处侍奉国王。国王赏赐他们画有胜利花枝标记的红色短顶头盔，着金边黑甲。

孟乃土司的亲戚们被组织在一起，任命牟措琼侯德瓦登那达为首领，住正殿右侧与偏殿连接处侍奉国王。国王赏赐他们画有胜利花枝标记的红色短顶头盔，着金边黑甲。

孟乃土司属下村镇食邑者、头领的子孙们10骑，任命夸木垒傣为首领，住正殿右侧与偏殿连接处侍奉国王。头戴短顶头盔，身着黑甲，成为禁卫骑兵队。

良瑞土司属下村镇食邑者、头领的子孙们10骑，任命登尼侯为首领。住正殿右侧与偏殿连接处侍奉国王。他们戴长顶黑头盔，身着黑甲，成为禁卫骑兵队。

良瑞土司的子孙10人组织在一起，任命姜比亚辛盖为首领。住正殿右侧与偏殿连接处侍奉国王。他们戴黑短头盔，身着黑甲，成为禁卫骑兵队。

良瑞土司属下村镇食邑者、头领的10位子孙组织在一起，任命齐道侯为首领，住正殿右侧与偏殿连接处侍奉国王。他们戴黑长顶头盔，身着黑甲。

八莫土司属下村镇食邑者、头领的10位子孙组织在一起，任命八莫侯为首领。住正殿右侧与偏殿连接处侍奉国王。他们戴长顶黑头盔，身着黑甲。

来自孟乃的村镇食邑者、头领的10位子孙组织在一起，任命道摩育瓦侯为首领。住正殿左侧与偏殿连接处侍奉国王。他们戴短黑头盔，身着黑甲。

来自孟乃的村镇食邑者、头领的10位子孙组织在一起，任命苏耶基为首领。住正殿右侧与偏殿连接处侍奉国王。他们戴长顶黑头盔，身着黑甲。

来自孟乃的村镇食邑者、头领的子孙们组织在一起，任命格杜骑兵队统带为首领，住正殿左侧与偏殿连接处侍奉国王。他们戴带雉鸡翎短顶黑头盔。

来自良瑞的村镇食邑者、头领的子孙们组织在一起，任命马垒侯为首领，住宫左侧耳殿侍奉国王。戴长顶黑头盔，着黑战袍。

来自孟乃的村镇食邑者、头领的10位子孙组织在一起，任命马乌艾侯拜丁延为首领。住正殿左侧与偏殿连接处侍奉国王。戴长顶黑盔，着黑战袍，无标记。

来自孟乃的村镇食邑者、头领的10位子孙组织在一起，任命瑞山为首领。住正殿左侧与偏殿连接处侍奉国王。他们戴长顶黑盔，着黑战袍，无标记。

来自底宝的村镇食邑者、头领的10位子孙组织在一起，任命海隆侯为首领。住正殿左侧与偏殿连接处侍奉国王。他们戴长顶黑盔，着黑战袍，无标记。

来自孟温、孟养的村镇食邑者、头领的10位子孙组织在一起，任命丁迈为首领。住正殿右侧与偏殿连接处侍奉国王。他们戴长顶黑盔，着黑战袍，无标记。

来自孟乃、孟养的村镇食邑者、头领的10位子孙组织在一起，任命德瓦甘马为首领。住在殿右侧耳殿侍奉国王。他们戴短顶黑盔，身着黑甲。盔上饰5朵描金花枝，手持长矛枪红色枪杆，顶部一肘尺涂金色，底部为金色节状，带骑兵标志，红白色旗帜，作为右禁卫马军。

侍从村镇食邑者的子孙们组织在一起，任命赖亚延达梅为首领。住在宫左侧耳殿侍奉国王。他们身穿黑甲，戴短顶黑盔，饰有5朵金花，手持长矛枪，黑色杆身，顶部一肘尺涂金色，底部为节状。带骑兵标记，持黄绿色旗帜，作为左禁卫马军。

来自孟乃的掸拜地区村镇食邑者的子孙组织在一起，任命拜甘马为首领。住宫左侧耳殿侍奉国王。身着战袍，头戴短顶黑盔，顶端有4寸金雉翎。

来自良瑞的村镇食邑者的子孙组织在一起，任命扬崮侯为首领，住宫右侧耳殿侍奉国王。身着战袍，头戴短顶黑盔，无标记。

来自孟拱的坎底人村镇食邑者的子孙们组织在一起，任命皎傣侯为首领。住宫右侧耳殿侍奉国王。身着战袍，头戴短顶黑盔，无标记。

来自万象的村镇食邑者的子孙们在劫抵东吁王在位时，曾组成骑兵队赠给王子卑谬王明基囊。仰乃侯背叛明基囊向国王归顺时，任命仰马德瓦为该队首领。住宫右侧耳殿侍奉国王。他们身着战袍，头戴短顶黑盔，无标记。

来自孟乃的村镇食邑者的子孙们组织在一起，任命山达泼拉为首领。住宫右侧耳殿侍奉国王，他们身着战袍，头戴带雉翎短顶黑盔。

来自八莫村镇食邑者的子孙们组织在一起，任命德瓦达亚为首领。住宫右侧耳殿侍奉国王。他们身着战袍，头戴长顶黑盔，顶部描金有雉翎。

来自孟乃村镇食邑者的子孙们组织在一起，任命韦路德曼为首领。住宫左侧耳殿侍奉国王。他们身着战袍，戴带雉翎长顶黑盔。

来自孟乃村镇食邑者的子孙们组织在一起，任命亚扎约达为首领。住宫右侧耳殿侍奉国王。他们身着战袍，戴带雉翎长顶黑盔。

来自孟乃村镇食邑者的子孙们组织在一起，任命杜因巴德为首领。住宫左侧耳殿侍奉国王。他们身着战袍戴短顶黑盔，顶部有 4 寸金雉翎。

总计组织了 36 队勇士骑兵队。

同年 7 月 20 日（公元 1604 年 10 月 2 日）土曜日，国王得悉孟乃土司带领 100 余人逃离京城，即指派统领、监军将士们追捕。刚过金达、亚安地区即将他们捕获。土司及掸人全部被处死。

缅历 966 年 8 月 12 日（公元 1604 年 10 月 23 日）火曜日，第二次为摩诃妙牟尼佛塔珍藏宝物。同月，国王命王储征讨卑谬。正当安排征讨事宜时，闻孟拱土司叛乱，于是决定暂时停止征讨卑谬。8 月 27 日（公元 1604 年 11 月 7 日）国王派王储率兵征讨孟拱。前去征讨的人马有：巴亚党都、南达丁坚、般堵加巴亚、巴亚党廷、西都党廷、巴亚加马尼、德道榭、底哈勃德、底里达马道加以及王储的人马。10 支人马共有战象 300、骏马 3000、士卒 50000。大队人马过孟养到达内巴尤林时，发现孟拱土司也在该林中布下了大批兵马严阵以待。故王储对各部统领监军们说：现在我欲在此与他一战，速将象马散开。于是各军皆备马架鞍作好战斗准备。王储乘名为篷道巴的御象，左右枪声一响，即策鞭挥象前进，直冲对方主军。前进了一程、一程又一程。全体将士见王储的战象冲

锋在前,都不敢怠慢,蜂拥而上,把土司的军队打得落花流水。王储军士俘获战象8头、骏马60、兵勇200余名,其余皆被击毙。土司丢下妻小,只身骑象、乘马后改为徒步逃走。士卒们发现拼命追捕,最后将其打死在战场之上。王储押送土司之母、妻小以及良象骏马、人员返回。到达京城后即将俘获的一切献给父王。父王大喜,将乘坐的御轿,取下轿顶饰物后赐与王储,并赐大量御用仪仗及服饰。《中史》中将此次征讨孟拱作为第一次征讨。它是以《明耶岱巴埃钦》诗作为依据的。《缅甸大史》虽说土司已死,却又写将土司及妻小献与父王。摩诃妙牟尼碑铭中则写俘获土司之母、妻小以及象马人员。土司只身骑象、骑马,最后步行逃走,被士卒们打死。与《明耶岱巴埃钦》诗所记"土司逃走,最终殒命"不符。

(276) 为功德事业摩诃妙牟尼珍藏宝物 出征孟密、登尼[①] 国王驾崩

同年12月23日(公元1605年3月1日)金曜日,第三次为摩诃妙牟尼珍藏宝物。12月28日(公元1605年3月6日)水曜日立中心宝伞顶柱。次年1月1日(公元1605年3月9日)土曜日,第四次为摩诃妙牟尼珍藏宝物。到此摩诃妙牟尼工程全部竣工。缅历967年5月7日(公元1605年7月11日)木曜日建造宫殿。宫殿完工上朝时,国王召集王子摩诃乌巴亚扎等臣相们议事。国

① 原标题为"为功德事业摩诃妙牟尼珍藏宝物 王储出征孟拱"但与内容不符,孟拱已征服,故按内容改现名。

王说道："现在朕已征服孟拱、孟养、八莫、孟乃、良瑞等掸国诸邦，而缅甸境内卑谬、东吁及掸邦的孟密、翁榜、底宝、登尼等邦尚未臣服。今朕应首先发兵征讨卑谬、东吁，还是先征讨孟密，还是先征讨翁榜、底宝、登尼为好？"王储奏道："应将卑谬、东吁搁置一边，待征服整个东掸及北掸地区后，卑谬、东吁犹如笼中之鸟，有翼也难飞了。所以应先发兵征讨底宝、登尼。这些城镇紧密相连，只要收复一城，即可征服一连串城镇。待掸邦各镇全部征服后，再出兵征讨卑谬、东吁。"父王非常欣赏王子的见解。于是安排进军掸邦事宜。国王派南达约达、巴亚丁坚、亚扎丁坚、巴亚觉廷、西都觉廷与王储 6 支人马沿鄂辛古前往孟密。这支大军共有战象 200、骏马 2000、士卒 30000。国王考虑到翁榜、底宝可能会来援助孟密，故又派巴亚觉都、巴亚加马尼、德道榭、底里泽亚瑙亚塔、底哈勃德、底里达马道加各率一部并亲率主军。国王部队任命南达丁坚为统领、南达彬坚为监军。这 7 支人马共有战象 200、骏马 3000、士卒 40000，沿新康一线向宋砌、底宝进军。王储统率的部队由鄂辛古出发攻打皎雷勃恩，接着又急行军挺进到色加当。孟密土司说："阿瓦王子、王储极美，去看看吾子与他比谁美？"派德努、布朗族人爬上一棵大树观看。只见王子身着粉红色上衣，头扎红巾，腰系金带，耳饰红宝石耳环，在金盾、金刀、金牌、金枪簇拥下显得无比威武、英俊。所以他们回复土司说："阿瓦王子实非凡人，如同天帝释一样。您的儿子与其相比，只能充其奴仆而已。"问及对方兵力如何时，回答道："战象战马众多，如同森林中的树木树叶一般。"土司得知后认为不能如此待下去了。于是带领德努、勃朗人等，携带大量贡品及 15 篓咸茶前往表示归顺。此时群臣向王储奏曰："德努、

勃朗人如同林中鸟禽，现趁土司在，必须让头人及其随从手下人等都宣誓效忠为好。”但王储却说：“让德努、勃朗人宣誓效忠简直是对牛弹琴。”就这样，仅仅显示了一下力量，就制服了红宝石矿主人、掌管39座城寨的孟密土司。于是在土司以及其子婿、臣相宣誓效忠后，挑选收缴了精良象马及兵士继续登山前进。在到达登尼前一站时，清晨大雨倾盆，全体将士寒冷万分，雨停日出晾干衣衫后再继续行军。下山时探马来报，登尼土司出来迎战，已与先头人马遭遇。于是，王储在雌象背上换了筒裙，改骑御象篷道巴，率良渊来的兵士一起率先下山。到达山下时，遇到登尼土司的抵抗。于是策象直攻，登尼土司人马被击溃，获取大量象马及士卒。王储虽见登尼人马溃逃，但考虑到自己军士尚未全部到达，同时又听说父王即将驾临，所以没有追击暂时扎营等候。战场于夜一更时分才收拾完毕。次日黎明，王储乘雌象出迎父王陛下。国王感到身体不适，知道有人前来，便让巴亚加马尼着御用衣着和仪仗，乘骑御象赞布德采走在最前面。在浓雾中，王储看到国王仪仗，误以为国王驾到，便上前奏道：“昨日登尼土司出战，奴已取胜。”这时巴亚加马尼在御象上叩首奏道：“臣乃巴亚加马尼是也。”王储听后心中不悦说：“竟然让奴才扮成国王，纵然龙体欠佳，难道在象背上坐都坐不住了吗？”巴亚加马尼回到军中，奏报了王储的话。国王道：“现在朕身体不适，感到非常沉重。朕曾梦见宫殿焚烧殆尽。在此次出征前，有一头野鹿在军前由左向右奔驰而过。据巴麦法师说，这次征讨登尼镇，必定马到成功。但陛下易患病。为了尽快取胜，朕才亲自前来征讨。现朕慢慢返回京城，汝征服登尼后立即返回。”王储奏道：“父王陛下，您尽管在营中休息，儿臣猛攻之，他们

岂能抵挡得住。”父王便授令王储进军登尼。令统领、监军骑上象马布好阵势，令象兵、马兵、步兵等乘骑象马，手持铁铲、云梯向城边进发。并通令各军有违令者按军法严加惩处。于是各军统领、监军按照命令迅速骑上象马，部署军队向城边进逼。王储乘御象篷道巴，让皎意侯坐在象后座，丹育瓦侯坐在象鞍中座，另外手持金枪的象兵3000，来自良渊的士卒20000紧跟象后前进。登尼土司见后，命其弟色采隆骑上象背。带领5000士卒打开城门迎战。王储见城门开启有人骑象出战，即策象迎击。土司之弟色采隆见势不敢迎战，掉头逃走。王储遂随后追击，将大象及土司之弟俘获。各军统领及监军们见王储策象追击，也相随攻击，象兵骑象、马兵骑马，步兵持铲、梯进逼城边。王储直冲城门。这时，勇士们已登上城头。瞬时间，就抓获了掌管39座城寨的登尼土司占领全城。将登尼土司及其弟、子、婿等即被押送献与父王。国王大喜，赐给一切君王罕见的奖赏——赐子城、子殿与王储。学者听到此项命令后都说国王福寿不长了。王储将登尼城精良象马及勇士们接收后，命登尼土司及全城百姓宣誓效忠，将土司之弟、子、婿等同其妻室全部带回京城。刚到底宝时，父王龙体不适沉重，认为道路曲折，遂沿金塔因一线返回京城。到达瑞达朗山营地时，国王对王储道：“看来父王之病已难痊愈。朕死后汝兄弟3人，按年龄长幼依次登基为王，切勿听信坏人谗言。”王储答道：“一定遵循父王教诲。”国王又道：“依靠汝的威德必将征服各邦君侯，恢复汝祖白象之主之全部疆域。以后在征服卑谬后，切勿杀死延乃侯。延乃侯对朕、对汝都有恩德。”王储奏道：“请父王明示延乃侯对我们有何恩德？”父王说：“当年朕正由良渊进入罗陀那补罗，初建国业时，如

卑谬及东吁两邦前来侵犯，不就困难了吗？当时朕缺乏贤臣、良象、骏马和勇士。那时，延乃侯举兵杀死卑谬王明基囊，在卑谬称王。因而卑谬和东吁相斗不息。我们为了征服整个掸邦，现在就得积蓄力量做好准备。”王储曰：“遵命！”正在这样嘱咐之时，即缅历967年12月刚进入26日（公元1606年2月21日）金曜日，深夜三更许，国王驾崩。此事只有大臣底里泽亚瑙亚塔及内宫贴身侍从知晓，其他人均不知道。于是王储把父王尸体灌满水银，背靠垫子，放在稳步前进的雌象背上，耳垂上戴着白耳环，装饰得与活人一样。就这样一站一站地行进。王储及其亲信奴才们骑乘象马迅速赶至阿瓦。到达阿瓦后，王储遂布置亲信将士守住皇宫四边大门。然后才回王储官邸，并派亲信看守官邸，吩咐停当后，即从御厩中牵出7匹马，一匹马跑累后，立即换另一匹马乘骑。这样赶着前去迎接国王尸体，日夜兼程，终于在德白翠山国王所建佛塔处相遇。这时才把国王尸体放在前列，以君王礼仪前后簇拥着前进。直至此时各军统领、监军等全体将士才得知国王已驾崩归西。到达阿瓦时，从觉东门进入京城，然后将国王尸体停放于枢密院前的彩棚内，与法师们商议后，决定于12月28日（公元1606年2月23日），像转轮王丧礼一样隆重安葬。王子王弟臣相等不准携带随从，只准带槟榔包进入。国王尸体放在金网之上，点起八炉柴火。当国王尸体火化至一半时，王储道：“欲反我者可反！”此时，王弟明耶登克都为首的王弟、王子、臣相们都叩头不语。当国王尸体火化完毕，遂令两位王弟返回，让各王子臣相们宣誓效忠。宣誓完毕后召唤丞相底里泽亚瑙亚塔命令道：“我回王储官邸！”底里泽亚瑙亚塔奏道：“不宜回去。”王储道：“难道我要听从奴才的支配。汝欲谋

反，请便！”说完便把随身佩带的刀掷于地上。底里泽亚瑙亚塔奏道：“父王已驾崩，殿下自该承袭父王遗业，登基做王统治国家。故臣说不宜回王储官邸。”王储说：“此事还需汝底里泽亚瑙亚塔安排吗？汝只需要在此待着。”接着便命令将其坐骑牵来。待坐骑牵来后即上马。来自良渊的士兵相随，出右禁卫门前往王储官邸。到官邸后即解开发髻洗头，将扎头绳烧掉。为了使头发尽快变干，令宫女妃子用扇子扇干，裹好，然后更衣装饰，事毕将王储官邸所存金银、布匹，尽数赏赐给官邸奴仆。诸事全部处置妥当后，方骑马离开王储官邸。到前驱卫驻地后由东门进入。当日继位登基为王。号底哈布拉摩诃亚扎的良渊王，在42岁时，即缅历961年(公元1599年)称王，在位8年，为弘扬佛教、王权大业及僧俗大众利益作出了贡献。在刚进入50岁时驾崩归天。该王生辰为金曜日。

(277) 良渊王之威德及其子女

缅历959年(公元1597年)，卑谬王明基囊企图由水陆两路进攻阿瓦。当其登上御舫时遭内傅延乃侯谋刺死于水中。因而攻打阿瓦之事未成。缅历966年(1604年)阿瑜陀耶比亚那律派遣20支人马企图沿清迈一线攻打阿瓦。但到达清迈杰迈欣地区时，因患急病猝然死亡。同年孟乃土司也打算进攻阿瓦。派12支人马，但到达良瑞北面包累达时，心悸折回。这都是因为国王威德盖世之故。威德高尚、英明的国王陛下十分宠爱学者，因十分注意听取智者们的意见，故逢事大多顺利。同时国王也非常尊重、怜爱皇亲国戚、臣相将佐。说话总是和颜悦色，并且慷慨赏赐。因而征战大多得到辉煌胜利。国王明察秋毫，故将士们都效忠尽力。国王做的功德事业有：京城南边的摩诃妙牟尼佛塔；西边的犹同天堂般美丽的四层金塔；重新修葺了城内外先王们建筑后毁坏的寺庙佛塔及佛像，并升宝伞。如遇佛教三藏经、佛经注释传本有短缺损坏者，便请人抄写后布施给法师们以便讲授。多次斋请实皆、彬牙、阿瓦等地村居派林居派的僧侣们，并布施袈裟、衣料、布匹等物。在觉雷苏佛塔边建造和布施祇园精舍；疏通和加固南部和北部的湖泊沟渠，使其周围土地成为良田。由于采取这些措施，使得国家安定富强。王将死，木星由人马座倒退至天蝎座，过了 32 天再运行至狮子座；木星在人马座停歇了 5 个月零 14 天后再运行至摩羯座；金星也停留于处女座；土星由人马座倒退到天蝎座；皇宫尖顶阁上露兜铃状四棱形部分被雷击而起火；御象底里那伽用牙牴地，象牙插入土中而死。

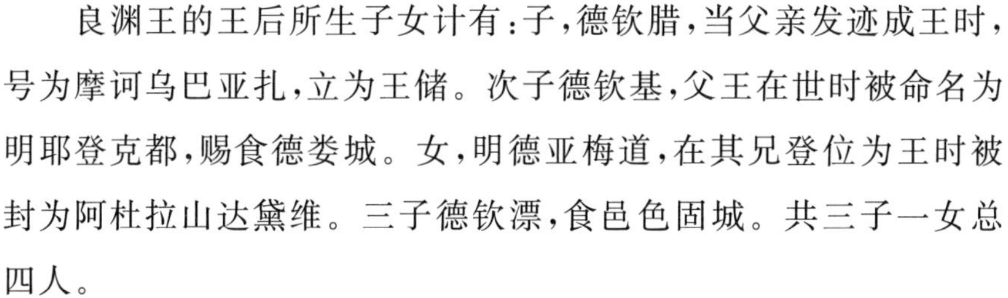

良渊王的王后所生子女计有：子，德钦腊，当父亲发迹成王时，号为摩诃乌巴亚扎，立为王储。次子德钦基，父王在世时被命名为明耶登克都，赐食德娄城。女，明德亚梅道，在其兄登位为王时被封为阿杜拉山达黛维。三子德钦漂，食邑色固城。共三子一女总四人。

妃子所生子女有：

沃德耶夫人信谬妙生长子信锡乃，在阿瑙白龙王时代被封为明耶瑙亚塔，在亚扎马尼苏拉佛塔施主王在位时，与公主底拉瓦底成亲，被赐食邑鄂辛古城；信锡乃与底拉瓦底结婚后生二女，长女信明布，16 岁时死，幼女钦明腊，即卑谬王妃。次子信绍布瓦，17 岁去世。长女钦明布，钦明布之夫系劫抵东吁王之子信西都，在亚扎马尼苏拉佛塔施主王在位时被授明耶丁克亚封号，五层佛塔施主王在位时被封为底里达马道加。三子明耶底哈觉，亚扎马尼苏拉佛塔施主王在位时食邑坚尼亚城，五层佛塔施主王在位时与明耶觉苏瓦之女妙拉蓬漂婚配，食邑蒲甘城，卑谬王时期被封为明耶瑙亚塔。

孟乃土司之女敏塞夫人生子瓦亚都，亚扎马尼苏拉佛塔施主王在位时期，被指控帮助明耶岱巴被诛。女钦谬妙，阿瑙白龙王在位时期被选为王后，生明耶岱巴。

宋耶夫人信布韦拉生子彪卑觉都，亚扎马尼苏拉佛塔施主王在位时被封为明耶仰达都，其妻为父王之女亚德那瑞额翁，后来曾任职管理土瓦和汉达瓦底，彪卑觉都育子女各一，子内谬达塔，卑谬王时期与因兹那公主结婚，后以明耶仰达都封号食邑鄂辛古城，后又被任命为清迈镇守，直至去世，女谬妙巴巴。长女早年夭折。幼女为东敦公主，总计一子二女共三人。

明康夫人生子明达纽，亚扎马尼苏拉佛塔施主王在位时期，因被控帮助明耶岱巴被诛。长女比里山漂，其夫是摩诃亚扎之子、美都侯底哈律。次女亚德那瑞额翁，其夫为父王之子彪卑觉都。次子底哈耶觉，封号为明耶延达都，亚扎马尼苏拉佛塔施主王在位时被封为明耶那亚，食邑美德城，其妻为孟乃土司之女，育子貌布，是个盲人，另一子钦囊，卑谬王时期食邑班腾城，五层佛塔施主王在位时期被封为明耶仰囊，央米丁王在位时期被任命为清迈镇守，曼昂亚德那佛塔施主王在位时期被封为明耶瑙亚塔，并被赐与金伞与轿。

明赖亚之女钦玫生长女钦拉，其婿为劫抵东吁王之子、榜林王明耶昂乃。次女钦腊。

孟乃夫人生子那腊瑞密坎，次子瑞南温，长女底里埃加，次女明布，其婿为阿瓦明耶觉苏瓦宋之子皎意王，五层佛塔施主王在位时期被封为明耶延达梅，明耶延达梅去世后，亚扎马尼苏拉佛塔施主王让明布改嫁给明耶仰囊。

妃子们共生 9 子 10 女，共 19 人。

（278）阿瑙白龙[1]王登基 广修功德善事

缅历 967 年 12 月 28 日（公元 1606 年 2 月 8 日）日曜日，大王子摩诃乌巴亚扎承袭父王大业，登上罗陀那补罗阿瓦王位，取号摩诃达马亚扎[2]。登基为王后，将父王尚未完成的塔寺庙宇一一完成。将四层寺赐与摩诃僧伽那塔法师。缅历 968 年 3 月 15 日（公元 1606 年 5 月 10 日）土曜日，为摩诃妙牟尼佛塔升华盖。在佛塔东南边修筑茅草顶杜达马佛亭。每逢 1 日、16 日都出宫礼拜法师高僧。同年正 4 月（公元 1606 年 6 月）五塔施主王之后（又称勃固后）在东吁去世。在功德事业摩诃妙牟尼周围佛寺铺茅草顶。同年 12 月 21 日（公元 1607 年 3 月 8 日）土曜日，为垒基地区的巴麦法师修建寺庙。第二年雨季过后进入明媚季节进兵卑谬。

国王命令丞相们派部下征讨掸邦，将父王在世时还没有组织起来的奴仆下属都组织了起来。瑞南觉欣那腊勃底的亲戚子孙组

① Anaukbetlun，旧译阿那毕隆。意即：死于西边之王。

② 巴利文音译如文，意为伟大弘法之王。

成室利差呾罗骑兵队。任命赖当基侯为首领。住宫右侧耳殿侍奉国王。他们身着战袍,头戴短顶黑盔。

孟拱人、孟乃人、王储侍从的村镇食邑者们的子弟组成一队,任命布翁侯德瓦甘马为首领,住在殿右侧与偏殿连接处侍奉国王。国王在京城附近巡游时,他们头戴长顶头盔,身着花枝甲相随。平时身着战袍,头戴短顶黑盔。

孟乃人、王储侍从的村镇食邑者们的子孙组成一队,任命梅喔侯为首领,住正殿左侧与偏殿连接处侍奉国王。他们身穿黑战袍,头戴长顶头盔。

王储侍从中来自掸邦的村镇食邑者们的子孙组成一骑兵队,任命皎意侯尼勃拉约达为首领,住宫右侧耳殿侍奉国王。身穿黑战袍,头戴短顶头盔,无标记。

来自登尼的村镇食邑者们的子孙组成一骑兵队,任命仰达毕西为首领,住宫左侧耳殿侍奉国王。身穿战袍,头戴短顶黑盔,无标记。

来自登尼的村镇食邑者们的子孙组成一骑兵队,任命恩漂侯美开为首领。住宫左侧耳殿侍奉国王,身着战袍,头戴短顶黑盔,无标记。

来自登尼的村镇食邑者们的子孙组成一骑兵队,任命敏格基侯为首领。住宫左侧耳殿侍奉国王,身着战袍,头戴短顶黑盔,无标记。

将在父王时代没有被组织起来的来自孟乃的村镇食邑者们的子孙组成一骑兵队,任命因岱侯为首领。住宫左侧耳殿侍奉国王,身着战袍,头戴短顶黑盔,无标记。

来自孟养的村镇食邑者的子孙组成一骑兵队，任命岱崮侯为首领。住宫左侧耳殿侍奉国王，身着战袍，头戴短顶黑盔，无标记。

来自孟拱的村镇食邑者的子孙组成一骑兵队，任命杜因登伽为首领。住宫左侧耳殿侍奉国王，身着战袍，头戴短顶黑盔，无标记。

孟拱人、王储侍从中村镇食邑者的子孙组成一骑兵队，任命赖班侯为首领，住宫左侧耳殿侍奉国王，身着战袍，头戴短顶黑盔，无标记。

组成上述11支骑兵队后，考虑到掸邦一带业已统一，国王便安排军队去征卑谬。陆路方面有：亚扎丁坚、巴亚觉廷、巴亚加马尼、底哈勃德、西都觉廷、底里达马道加、御弟明耶登克都所率的7支人马，共有战象400、骏马6000、士卒70000。水路方面有：巴亚丁坚、南达约达、摩诃德勒帕耶、底里泽亚瑙亚塔、丁克亚、明摩诃以及国王亲率的大军。国王乘坐在御舫之上。7支人马共拥有格杜、伦锦、兽形船、鸟形船共400，劳加、铁船300，运粮货船200，士卒70000。大军于缅历969年8月4日（公元1607年10月13日）月曜日开拔。大军到达美德时，与驻守美德的卑谬水军进行了顽强战斗。结果卑谬军败退。乘卑谬水军大败时，陆路方面部队与水军一起包围了美德城，很快便夺取了美德全城。接着向卑谬进军。在打败卑谬方面派遣来的先头马军后，士卒们便紧紧追击，一直追至城边即开始攻城。但因卑谬方面城楼炮火众多且密集，士兵伤亡很重，不得不后退。改由水陆两路紧紧围住卑谬城。卑谬王方面在阿瓦王开始进军时，即向若开王求援，因援军未到故坚守城池。阿瓦王也派使臣携带礼品前往若开方面进行游说。在包围

卑谬约 8 个月后，国王对全军各路人马的统领、监军道："由于你们没有精心尽责，故至今迟迟未能破城。现朕命令全体象兵、马兵、步兵，明天一早就用马、象、铁铲、云梯等靠近城边登城。若有违令者定斩不饶。"于是全体将领于晨曦初射时光，备好象马，紧逼城边。他们不顾对方发射的炮火，全部登上了城头。至此，卑谬方面无力抵抗，于缅历 970 年 5 月 1 日(公元 1608 年 7 月 2 日)火曜日城被攻破。尽管城池已破，但卑谬王仍拒不投降，他坐在宝座上在紫禁城内抵抗。士卒们攻入紫禁城内后才迫使卑谬方面百姓放下武器投降。这时出现了巴亚加马尼的 13 岁外甥忠义报国的动人故事。他双手持两把大刀阻止士卒们前进说，要死我也要死于宝座之下，只要我一息尚存，就不许伤害我主。此时其舅巴亚加马尼见此情景便喊道："唉，真是少年血气方刚。但如今城池已破，全城落入他人之手，汝一人抵抗又何济于事？快快放下武器投降吧！"他说："食人俸禄就得忠于其人。"才放下大刀投降。

卑谬王决心死于自己宝座之上，虽然大臣们一再请卑谬王走下宝座，可他仍不听从劝告。阿瑙白龙下令让大臣们把卑谬王召来。一位贴身马兵奏道："奴一定好生把卑谬王召来。"该马兵到达卑谬王皇宫后奏道："国王陛下欲见主公。"这时卑谬王再也待不住了，于是携带贴身内侍 10 余人跟随而来。国王遵照父王所嘱，拨奴役 10 余人以侍奉卑谬王及王后，并送他们去阿瓦京城。卑谬王舒适地居住于六月行宫码头的行宫中。

在征服卑谬城以后，让卑谬王子、王弟、臣相将士们宣誓效忠后，该留的留在卑谬城，该带走的便与象马一起带回京都。同时国王派遣大军驻守与西边若开、东吁、丁因等交界地区。令人毁掉卑谬宫殿,在城内外广修寺庙浮屠和亭榭,并修葺损坏破落的庙宇。在卑谬一切安排就绪后,派御弟明耶登克都带领重兵驻守卑谬,国王于7月17日(公元1609年9月15日)水曜日班师回朝。到达蒲甘时,在瑞喜宫佛塔斋请高僧法师,并布施各种物品。从蒲甘到达京城后,便划分地区让各队安置下来。卑谬仰乃王就居住在六月行宫码头的行宫内。一天,卑谬王见到自己的象只被人带来下水,便自言自语道,如能收回自己的象只,纵然有三四十头象包围我的象,我也不怕。看守者听后立即奏告国王。于是国王说:“小小仰乃侯仍不死心,送到孟拱去吧!”于是把仰乃侯夫妇连同随从等人送往孟拱。到达鄂辛古时,见该城颇似卑谬,遂掩面痛哭。到孟拱后时日长久,他才顺从命运的安排。

同年,携带礼品前去若开索取王子、公主的使节返抵京城。若开派遣使臣携带各种布匹礼品来到京城要求结亲。

东吁王派遣使臣携带礼品要求与王子、王储那信囊成亲。清迈王瑙亚塔明绍亦派遣使节携带大量贡品要求结亲。对各邦来使奏呈,国王缄口不语。国王借口释迦族国王们从奥伽穆卡王至佛陀悉达多王子都同御妹一起担负国家重任。于是封御妹明德亚梅道以阿杜拉山达黛维[1]封号,举行加冕典礼立为皇后。是年12月16日(公元1610年2月27日)火曜日,上午10时,国王与阿杜拉山达黛维一起乘马车去,把功德事业比亚达寺庙布施给巴麦法师。并命名该寺为亚德那妙蓬寺。12月22日(1610年3月5日)日曜日,夜三更许,阿杜拉山达黛维皇后修建山羌寺。缅历971年7月

① 巴利文音译如文,意为无可比拟月亮般的王后。

9日(1609年9月26日)火曜日,国王将实皆明温四层寺庙赐予信阿南达德扎法师。在进军东吁之前,将来自卑谬的四五十人组织起来,任命拘道仰达梅为首领,赐与阿杜拉山达黛维作为内侍。将拘道仰达梅的名叫阿瑜陀耶盛的大象收回后,赐给他两头小象、两头雌象,并赐与高级筒裙和朝服。

拘道仰达梅原系孟养色隆基之孙、色隆艾之子名色包坎。在白象之主征服孟养时就投靠国王,成为国王身边内侍。缅历925年(公元1563年)在进军阿瑜陀耶时,乘象打了胜仗而被封为仰马都耶,并获赐内宫用咸茶罐,食邑瓦格鲁城。尔后,当摩诃乌巴亚扎等征讨万象时,又在象战中取胜,被授予南达梅封号。后摩诃乌巴亚扎登基为王时,在进攻阿瑜陀耶的一次战斗中再次获胜,因此获得丁克亚封号以及槟榔盒、咸茶罐、饮水瓶、痰盂、带3层榕叶状金片的红伞及全部权杖等赏赐,并食邑德娄城。德娄王丁克亚之子高拉被任命为精锐队统带,赐其为王子明耶觉苏瓦的内侍管家。当良渊王称王时,授精锐队统带以拘道仰达梅封号,并赐与宫内咸茶罐,食邑色雷城。缅历966年(公元1604年)在进军孟乃时骑象随征,并再次建功,因而国王赐其槟榔盒、咸茶罐、饮水瓶和痰盂。阿瑙白龙王登基为王时,赏其9条绶带、带3层榕叶状金片的红伞以及全部权杖,并作为阿杜拉山达黛维的内侍管家。拘道仰达梅的夫人是奥亚彭世洛土司的女儿蓬希。拘道仰达梅之女是辛山瓦底,她先与内谬觉廷婚配。内谬觉廷去世后阿杜拉山达黛维王后又命她改嫁巴亚觉廷之子,即谬达侯之子蒙瑙盾卫统带觉都。婚后生子鄂山尼、女玛尼奥加。鄂山尼后来成了西城统带和京都骑兵统带;女玛尼奥加后嫁给辛盖富绅德瓦,婚后生了后来撰写《缅

甸大史》、《中史》、《简史》的鄂格拉[①]。

同年，国王召集臣相们商议证讨东吁一事。丞相底里泽亚瑙亚塔奏道："东吁与其他城邦不同，它有足智多谋的臣相，良象骏马，城池牢固，绝不可像征讨其他城邦那样掉以轻心。必须集中全国兵马力量严密部署才能取胜。"国王说："召集掸邦 9 位土司以及他们的随从随朕一起出征。区区东吁如何能抵挡？"丞相底里泽亚瑙亚塔根据国王旨意安排掸邦诸侯土司前来京城事宜。接着派泽亚布翁尼亚、杜因亚扎、达马丁克亚、南达底哈、巴亚晒加都、赖亚米耶缅 6 人各率马军 1000 作先头部队。象军有亚扎丁坚、巴亚觉廷、巴亚加马尼、巴亚觉都、摩诃丁克亚、南达丁坚、底里泽亚瑙亚塔、底哈勃德、孟乃[②]、良瑞、孟密、孟拱、孟养、西都觉廷、底里达马道加、御弟色固王各路人马，其后是国王的主军组成一支大军。任命南达都利耶为监军、底里泽亚觉廷为统领。包括 6 支马军队伍在内的 23 支人马，共有战象 500、骏马 10000、士卒 12 万。另派 6 支马军及拘道仰达梅留守京城。大军从京城出发，在彬嘉色加湖扎营。大约在一鼓时分，在群星伴随下，彗星落在军帐前。国王就此事询问巴麦法师，法师奏道："征讨给杜摩底之举很快将成功。东吁王及其亲戚将被全部俘获。"扎营在彬嘉湖的大军缓慢前进。到达楚瓦河地区时，因大水泛滥，兵士们只能待在山丘高地之上，把象只马匹也安置于高处。耶尼河、皎切河河水泛滥，大军与京城之间的联系中断，给养也无法送至军中。因而大军粮草供应发生

① 即吴格拉，缅甸著名史学家。

② 原文写为 23 支人马，但漏掉了这一支，经查《缅甸大史》补正之。

困难。国王又就此事询问巴麦法师。巴麦法师奏道:“待大水退后,征服给杜摩底之举必将成功。”国王在楚瓦河地方停留20余天,待大水退去后即渡河前进。到达东吁时,大军在东吁城东北角底里地区扎营。御弟明耶登克都及炯聪王两支人马,共有战象40、骏马300、士卒10000,由卑谬方面开来,从城北包围该城。国王则驻扎在城的西面界约宾地区。后又调集军队围着摩诃黛维王后所建功德寺庙驻军。东吁王为了阻止其在该地驻军,派出大批象马出击。出击的东吁马兵紧紧追击国王之奴底里泽亚瑙亚塔的300骑兵。底里泽亚瑙亚塔进行了抵抗。在混战中,底里泽亚瑙亚塔腰部中枪坠马。兵勇们遂乱成一团,四处逃散溃不成军。有人乘乱砍下底里泽亚瑙亚塔的首级献给东吁王。东吁王大喜,遂封其为德瓦约达,并赐内宫用咸茶罐及金银首饰。看到底里泽亚瑙亚塔首级被砍,国王方面500余马兵便紧紧追击。东吁马兵大败退入城内。国王方面俘获骏马30余匹。因无法攻城,便在城外安营扎寨。后欲围绕80寺班采驻军。东吁王之奴、名叫巴亚加马尼的一位大臣为了阻止国王军队扎营安寨,遂乘名绍仰宁的大象,并将其子放在象鞍中部冲向对方象群中。此时,白象主之子炯聪王发现大象朝自己正前方冲来,便喊道:“别上吾这边来。汝绝不是对手。吾乃白象主之子是也。”但对方仍继续朝前冲来。炯聪王暗想:“吾之骑象是头幼象,战不是,不战也不是。但如今只好舍死一拼了。”于是便上前迎战。东吁巴亚加马尼的战象用双牙挑起炯聪王的骑象。炯聪王之象顿时倒地,炯聪王也从象背上跌落下来。但他很快跳上另一匹马背退下阵来。巴亚加马尼又对另一头象发动攻击,并取得胜利。此时,一位手持火枪的青年士卒开枪射击,

巴亚加马尼中弹死于象背之上，但没有跌落下来。战象继续攻击另一头象，并把它撞翻在地。国王的士卒们看到那头孤零零的大象左右牴撞，便将其包围起来，欲骑上其背，但均未成功。一马兵设法靠近象只并割取其尾，才使大象停步将其抓获。士卒们将象献与国王。国王大喜，赏射杀巴亚加马尼的持枪士卒以杜因布翁尼亚封号，赐食邑密琪村。并令其与皇亲子孙们由枪队转入马兵队。同时赐割取象尾的士卒以杜因勃拉的封号。赐食邑耶难达村。赐捕获大象呈献的士卒以格扎约达封号，赐食邑林茵村。此外，还以村落、金、银、钱币、谷物、衣物等分别赏赐参战立功人员。

东吁王得知巴亚加马尼战死，象只绍仰宁亦被俘走，遂召象马兵勇及臣相们来问。这时知情人奏道："御弟明耶底哈都、御弟明耶觉廷以及乘象将官10余人骑象向城西南角进发，拦阻欲图登城的缅方士卒。巴亚加马尼及南达都里亚则乘两头大象向城北进发。后御弟们得知城北开战遂转向城北。南达觉廷最先到达。阿瓦士兵们见到南达觉廷乘大象纳格瓦拉进攻后即后退。"东吁王闻知此情后十分气恼，即将战象上中座及后座将士以及南达都里亚统统斩首处死，并将南达都里亚的一应财物及其妻小全部赐给巴亚加马尼妻子。放了两位御弟，把所有臣相们囚于宫殿之前。同时大大赞赏南达觉廷。并封其为底里泽亚觉廷。为了阻止对方军队在班采驻军扎营，曾几次出击破坏，但未能奏效。由于城池被围，城内供应奇缺。东吁王之弟、子及群臣们都感到惊慌，遂禀告比亚德寺法师："目前国事艰难、形势危急，望法师恳请国王陛下投诚求生。若不如此，全国必遭毁灭。"于是比亚德寺法师前往宫中奏告国王道："据贫僧观之，当今国事艰难，只有投诚才合时宜。佛

主也曾说过，生灵难免受灾。望陛下妥善处之。”但东吁王道：“岂有投降之理！如今吾兄弟 4 人出城攻之。阿瓦士卒见吾 4 头战象岂敢抗御？”法师劝说未成，倖倖返回寺庙。凌晨，王叔德多达马亚扎、御弟明耶觉苏瓦、二御弟明耶底哈都、小御弟明耶觉廷又去寺庙再次请求法师规劝国王结束战争。于是法师再次前往王宫奏道：“如今王弟、王子及臣相们都因国家危急甚为恐慌，能顺利结束战争于民有利，陛下也能得到幸福。此举也完全合乎佛祖生死不息之道，欲超出生死轮回达到涅槃才能永恒长存。所有未来佛陀帝王面临灾祸死别之时，都会有清醒理智，望陛下亦能牢记佛祖之教导。”

东吁王得知王子王弟等全体人民都感到惧怕时，遂将所有民众得到安宁之事全部托付给法师，并请法师跟阿瓦方面说，让一切生灵免遭灾难。法师得到王命之后便走出王宫，与 8 位僧侣弟子离城前往大军营地。国王得知此情后，便问高僧为何而来？臣相们遵旨迎上前去询问法师。法师道：“为求两国君王亲善相处而来。”王闻此言，便阻拦道：“请法师勿来我军中。”法师并未返回，而径去御弟明耶登克都营地。进入军帐中交谈时，法师说：“贫僧为祈求一切生灵免遭灾难而来。”御弟明耶登克都道：“此事我不敢向兄奏告。”大约交谈一时许，法师即返回城里。翌日清晨，再次来营地，当被问及来意时，法师道：“贫僧为祈求一切生灵免遭灾难而来。”国王说：“若仅看到生灵之灾难，朕实难同意。”并命令说，让封号为西都觉廷和亚扎丁坚的大臣全副戎装出城来。法师听后即奏告东吁王，并按国王之旨意让西都觉廷和亚扎丁坚出城。当这两位大臣前来营地时，即将其戎装全部解除放其返回，又嘱道：“让明耶觉苏瓦、明耶底哈都、明耶觉廷身着全套礼服前来。”大臣返回城内后，即将国王旨意奏告东吁王。于是东吁王三位弟弟分别乘名为亚德那觉康、亚德那丹桑、赞布丁宁的三头战象，佩金鞍前来营地。国王率300余匹战马出营迎接。到达后在营房逗留休息。御弟明耶登克都、御弟色古明基也在座陪同说话。此时，东吁王弟明耶觉苏瓦将自己佩戴的指环摘下说：姐夫请带我的指环。明耶登克都也摘下指环道：请带我的指环。双方寒暄交谈后，便将明耶觉苏瓦乘坐的王储用轿及两根权杖没收，将明耶底哈都、明耶觉廷的金象座篷没收，赏其金象鞍、黑色象座篷及金伞，然后叫东吁王的三位弟弟返回城里。同时嘱咐叫东吁王叔德多达马亚扎前来。御弟们返回城中奏告东吁王。东吁王即让其叔德多达马亚扎身着盛装携带一应仪仗前往营地。到达营地后即将其两根权杖和轿子没收。赏其金象鞍、黑色象座篷及金伞，并告之令东吁王某日某时前来。尔后即放德多达马亚扎返回。国王即召集王子、王弟及臣相们前来，并问老臣相：“朕祖父白象之主于缅历925年（公元1563年）出征阿瑜陀耶，在获全胜后召阿瑜陀耶王比亚达底亚扎前来营帐时是如何接待的？”曾赶上该事的臣相们答道：“在篾席上铺镶有花边的细席。让阿瑜陀耶王盘腿而坐。陈设全部国王仪仗，但不叩拜。”国王在帐篷中用屏风隔开，装上活动门扇，把离门内6寸左右的地面弄高一些。同时安排好让东吁王坐的地方。一切安排就绪后，即令东吁王前来。东吁王在前后各两头大象簇拥下，打着金旗。只见名为乌布萨塔的御象背上披着金网，系着彩带，金鞍等鞍饰一直拖到地上。大象眼睛旁安有两片金叶，头部两边都用面罩套着。东吁王坐着出巡时所坐轿子，全副仪仗，带着8根权杖，敲

鼓鸣锣。到达军营时，齐门下轿，进入帐篷后盘腿坐在指定之处。旁边放着槟榔盒、咸茶罐，放饮水瓶的架子上放着金质带盖饮水瓶及两个单腿托盘。缅王让自己的侍从代替东吁王的贴身侍从。将水壶、槟榔盒等用品放在东吁王身旁，并让东吁王的贴身侍从站在门口。东吁王到达后一会儿，活动门扇打开，国王说："朕以为非与王兄东吁王进行单骑决战不可了。虽然有令禁止，但东吁王仍然热衷于这种决战。只因朕是有福的皇帝，染上了遇不到危险的病，无法乘象、骑马，也不能安安稳稳地待在一个地方。""这完全是因陛下洪福之故。"国王微微一笑，说："所以朕请王兄东吁王进城。"于是东吁王进城。两三天后，丞相实皆王根据圣旨，安排东吁人宣誓效忠。而后派东吁王叔德多达马亚扎、东吁王弟明耶觉苏瓦、明耶底哈都、明耶觉廷去责令东吁王之皇亲国戚、臣相将佐全都宣誓效忠，然后令御弟色固王卸下东吁王宫的尖顶，将城池仍交付给东吁王，并让其称侯。色固王带着全副仪仗举行盛典乘骑大象进入城内。入城进宫在听驱灾驱魔经的厅堂内接见东吁王。色固王说："根据威德崇隆的国王圣谕，将此城授予王兄东吁王。"东吁王说："吾拟向吾弟赠礼。"色固王说："就进献会奏弯琴、吹椰笙、擂大鼓的伶人吧！"东吁王道："那就请随意挑选！"交谈约一时后，色固王就离开宫殿返回王兄的营地。到后即向王兄奏报卸下皇宫尖顶，将城池交付给东吁王的情况，以及东吁王赠送善于演奏弯琴、椰笙、大鼓、唢呐伶人的情况一一作了奏报。但国王缄默不语。

缅历 972 年 6 月 17 日（公元 1610 年 8 月 24 日）金曜日，诸事处理完毕后，准备返回罗陀耶补罗，拨给僧侣们大车及牛只，以便运载三藏经典等物件。将东吁王之奴、东吁长住人员分成 3 股，一股留在东吁；在东吁的汉达瓦底人、室利差呾罗人、阿瓦人都去京城；让德多达马扎、明耶觉苏瓦、明耶底哈都和明耶觉廷也去京城。这些人的奴隶也分成3股，一股留在东吁，其余二股去京城。也让卑谬王后纳信梅道、小王妃等去京城居住。下令将汉达瓦底北宫王后乘坐的轿子和中宫王后使用的轿子赠给她们使用。上述各项命令均让丞相实皆王去具体实施。所谓卑谬王后，即卑谬王德多达马亚扎之幼女。即劫扺东吁王之后纳信梅道，即阿瓦王德多明绍之女纳信梅道。小王后者系指劫抵东吁王的二女。这样，在处理完毕给杜摩底国的事务，使国家转入正常状态后，便任命彬尼亚勃仰大臣与东吁王为镇守。国王于缅历972年10月4日（公元1610年12月7日）金曜日，日出1时3拔由东吁起驾返回京城。祖父汉达瓦底白象之主时代，由锡兰岛献来的佛祖用钵、佛牙，在缅历961年（公元1599年）五塔施主王与东吁王争端结束后，就迎到东吁给杜摩底，珍藏于枢密院前的尖顶阁中以供朝拜瞻仰。此次国王便用宝石尖顶阁将佛牙护送去京城。国王到达瑞因苗时，考虑到丁因侯鄂辛加的威胁。认为东吁王一人防守东吁力量太单薄，于是命令东吁王弟弟明耶觉苏瓦返回东吁，坚守皎茂。

但是在史籍上没有记载征服东吁给杜摩底城，将佛祖用钵、佛牙送回京城一事。本书系根据专门记载佛牙史的亚扎苏拉碑铭关于佛塔珍藏记录书写的。

国王从瑞因苗出发，于10月22日（公元1610年12月25日）火曜日回到京城。因遇到时运不佳之时，不宜回宫居住，便在温贝因达行宫中居住。国王划地建房以供卑谬王后纳信梅道、小王后以及德多达马亚扎、明耶底哈都、明耶觉廷等人居住。国王考虑到东吁、卑谬、阿瓦等受封者子弟混杂在一起不妥决定分别建立组织。

于是将东吁南达西都之子鄂谬廷、奈扬木之子鄂耶博、城防统带鄂米貌、蒙瑙盾卫统带之子鄂耶傣、德瓦丁卡、金矛城防统带之子妙推、仰马欧木之子鄂妙推等人组织在一起。任命鄂皮尤廷为五十夫长，不准进枢密院，身穿战袍，头戴带穗长顶红盔。

汉卑军官抱坚、鄂山、尼勃拉约达、皎马育约、盾卫统带仰达巴亚等人组织在一起，任命汉卑军官为五十夫长。该组织往宫左侧耳殿侍奉国王。身着战袍，头戴带穗长顶红盔。

大轿夫长内谬布翁觉、弟御轿夫长仰达巴、班杜达马、林龙卑侯鄂仰囊、白古人巴亚加马尼、恩德拉底木之子、内谬觉廷之子扎巴底哈等组织在一起。任命大轿夫长内谬布翁觉为五十夫长。不准进入枢密院，身着战袍，头戴黑长顶盔。

东吁赖威耶傣之子鄂布、比亚德扎之子鄂觉、赖威登西、泽亚巴亚之子鄂妙山、固德巴城防统带姜朗侯之子仰达底、其子鄂山博、良绍弓箭手统带康新、盾卫队统带鄂隆赖威、弟鄂耶博等人组织在一起。任命甘底里木为五十夫长，后被封为巴亚丁坚及南达梅。住殿右侧耳殿侍奉国王。身着战袍，头戴带穗长顶红盔。

卑谬持刀卫统带鄂瑞永、育瓦勃赖侯之子鄂布、当彬侯鄂格、多育瓦米朗侯鄂觉、萨敦侯鄂奎等组织在一起。任命皎桑侯为五十夫长，后来被封为杜因登西。住宫右侧耳殿侍奉国王。身着战袍，头戴黑色长顶盔。

阿瓦人德娄侯明钦、丁克亚之子仰达梅、贡达亚扎等组织在一起。任命开龙骑兵统带为五十夫长。不准入枢密院，身着战袍，头戴带穗红长顶盔。上述 6 个组织是在温贝因达山行宫组成的组织。国王在达山行宫居住时，于 11 月 16 日（公元 1611 年 1 月 18 日）木曜日前往摩诃妙牟尼佛塔，斋请佛塔内的僧侣方丈，听法，并布施了做袈裟用布、粗细布匹、成篓咸茶。在达山行宫居住约 4 个月后，不佳时运过去后，于 3 月住进王宫。清迈王向国王进献其公主。国王闻讯后令赖亚瑞当夫人前去迎接。

缅历 973 年 3 月 11 日（公元 1611 年 5 月 11 日）金曜日，阿杜拉山达黛维王后为僧侣捐献寺庙。4 月 13 日（公元 1611 年 6 月 11 日）火曜日，正午拆除父王的行宫，建造摩诃妙牟尼佛塔东边的四座寺庙。建成后将当宋寺布施给德多达马亚扎法师，将其北边的寺庙布施给巴德茂法师，将再北边的寺庙布施给赖亚比南都法师。将最北边的寺庙布施给南宫王后的法师。并向他们捐献四物，让他们传授经书。对来自东吁的僧侣，分别进行调查是否有檀越施主，没有者分别交与一位大臣，让其为僧侣建寺，布施一切僧侣用物。9 月 18 日（公元 1611 年 11 月 11 日）火曜日，发现图巴永佛塔有所损坏，开始进行修缮。

（279）将阿瓦人与东吁人分别组织起来

缅历 974 年（公元 1612 年）在出征丁因前，国王将阿瓦、卑谬及东吁带来的受封者子弟分别组成五十夫队、马兵队。

阿瓦人、孟拱盾卫队统带之子秀马耶、太公遂木杜因达亚、弓箭手统带杜因巴亚、羌榭人等组织在一起。任命苗德鄂侯之子为五十夫长。不准进枢密院，身穿战袍，戴红缨长顶盔。

卑谬人、盾卫队统带鄂丹白、瑞当盾卫队统带鄂瑞妙、冈丁头领鄂奈推、岱昂头领鄂耶突、姜康头领鄂绍等组织在一起。任命亚扎巴亚为五十夫长。住宫右侧耳殿侍奉国王。身着战袍，头戴红缨长顶盔。

来自良渊的村镇食邑者的子孙们组织在一起。任命宋德亚底为五十夫长。住宫右侧耳殿侍奉国王。身着战袍，头戴黑色短顶盔。

卑谬人梯林侯、朗多侯、翁博埃侯、谬拉侯、鄂因加标甘侯、塞古侯、赖班村侯等组织在一起。任命亚扎都为五十夫长。住宫左侧耳殿侍奉国王，身着战袍，头戴黑色长顶盔。

东吁人原因意杜迎五十夫队兄弟们组成因意杜迎五十夫队，不准进枢密院，身着战袍，头戴红缨短顶盔。

白象主之子实皆王欧达马律之奴、美都王之奴、内傅管家、捧槟榔盒、饮水瓶等人之子孙、因傣侯、当育瓦侯、宾垒侯、米包侯、新冈侯、岱彪侯、阿因冈侯、乌杜达侯、艾基岱侯、丁登仰侯等组织在一起。任命伽马尼为头领组成禁卫马兵队，住宫左侧耳殿侍奉国王。穿红色连脚甲，戴红金色长顶盔，有花枝标记，左金枪骑兵红绿标记。

实皆王欧达马律之奴、美德王之奴、村镇食邑者们组成明耶马兵队，任命宋达亚为首领，住宫左侧耳殿侍奉国王，身着战袍，戴黑色长顶盔。

将东吁人耶金侯五十夫队、赖威约达五十夫队、鄂奎基五十夫队、甘恩侯五十夫队、瑞谬侯五十夫队组成使役骑兵队，任命耶金侯为首领。不准进入枢密院。

将阿瓦人马达亚之子鄂楚五十夫队、步兵五十夫队等组成使役骑兵队,任命巴亚觉廷为首领。不准进入枢密院。将阿瓦人亚扎德曼五十夫队、精锐队统带五十夫队等组成使役骑兵队,任命亚扎德曼为首领。不准进入枢密院。

将阿瓦人赖威瑞当五十夫队、东吁拜丁侯五十夫队、伽达马城防统带五十夫队、德恩木五十夫队、清扫象圈首领五十夫队、银矿首领五十夫队等组成使役骑兵队,任命杜因觉为首领,不准进入枢密院。

总计,在出征丁因前,国王组织了 5 个五十夫队、2 个骑兵队、4 个使役骑兵队。共 11 个组织。

缅历 974 年 5 月(公元 1612 年 7 月下旬至 8 月中旬)丁因侯葡人鄂辛加从水路、莫塔马侯彬尼亚德拉从陆路向东吁进军。到达新延抱时才鸣枪。守卫皎茂的明耶觉苏瓦得知消息,便奏告东吁王,同时也奏报国王。明耶觉苏瓦集合所有象马兵勇,乘象在东吁城外抵抗。但由于对方水陆两路紧逼,无法抗御,只得退至城内。但又因城池宽大,守卫疏落,城被攻破,葡人进入城内,开枪射击,士卒们四散溃逃。东吁王母后、开国王后钦绍也带领随从乘轿逃离,将妃子们尽量集合起来放在象背上带走。

明耶觉苏瓦与进入城内的葡兵奋力拼战,不幸中弹死于象背之上。大臣摩诃也死于象背上。至此,再无一人抵抗。于是葡人四处捕捉俘虏。东吁人纷纷逃离东吁。有的前去京都,有的被葡人捉至丁因,有的被彬尼亚德拉的士卒俘往莫塔马。葡人在东吁停留 10 日。他们焚毁了王宫,烧坏了佛塔寺庙,然后将掠夺到的象马人众、金银财宝全部带回丁因。他们将东吁王以及 2 名妃子、

10余名贴身奴仆用船劫走。

东吁王母后到达京都后，国王在彬牙城中心处修筑二层四边斜坡房顶的房子供其居住。并派奴仆伺候，使其安逸地生活。

（280） 葡人鄂辛加劫持东吁王

国王得知葡人攻打东吁城，明耶觉苏瓦战死的消息，即派东吁王叔德多达马亚扎、明耶觉廷、西都觉廷、彬尼亚劳、明耶底哈都率5支人马迅速前往支援。这支大军共有战象100、骏马300、士卒20000。大军到达央米丁时，听说东吁王已被葡人劫走，即将德多达马亚扎等人的5支人马召回。

是年，京城发生特大洪水。昂通门、曼昂雷达门一带水深约2肘尺。大水涌入城内，城里居民惊恐万分。纷纷求神问卜。答曰，明日水退，后日水退，但无一灵验。国王亲自询问占卜师，也只得到类似回答。答复不准。水位却日益增高。于是国王命人把自己的佩剑拿去，在神像前挥舞，当晚大水渐退。国王大喜，将衣服、粮食及村镇赐给前往舞剑者。于是人们就认为神不灵验，只是骗人而已。便将城外所有神像全都搬到四层寺下存放。僧俗百姓都称颂国王威德崇隆，认为这是平生第一次见到的情景。

（281） 东吁王兵败 国王亲征东吁、丁因

国王下旨："结夏节后朕出征丁因。在结夏节前将战事所需一应兵器衣物粮草准备妥当。"丞相西都觉廷、丁克亚等人随即前往

掸邦及缅甸各地进行敦促。由于出征卑谬时用过的船只已破旧，故令修缮，并造新船 300 条。此外还修了很多登城用云梯。一应准备工作就绪后，即将一层桨船二层桨船等带有鸟兽象的船只从雷当地区开始，一直排到古漂地区。东线则自锡林地区一直排到明达岛。在征讨丁因前夕，国王任命卑谬王后之奴巴亚南都为头领，将阿杜拉山达黛维王后赐给他，并将卑谬 30 骑补充给彬牙马兵队。将色林赐与东吁王叔德多达马亚扎，但他不久后即去世。将勃东城赐与东吁王弟明耶底哈都。将东敦基城赐与东吁王弟明耶觉廷。赐卑谬王那腊勃底后裔轿夫长信曼昂之子丹育瓦侯以赖亚仰达梅封号及内宫用咸茶罐，将明育瓦赐与皇亲羌松侯之子瑞固侯。

国王令丞相丁克亚统管北方 9 个马兵队。令东吁德道榭基之子西都统管精卫队。令其负责收取掸邦的金税、银税、羊税、麝香税等上缴国库。令精卫队统带之弟瓦亚底哈统管金刀队，并赐食邑蒙悦育瓦。将格礼城赐与亚扎丁坚。此外还将一些村庄赐与祖父白象主之子、伯父之子、父王之子等王子王弟们，以便人们不再称他们的乳名[①]。与此同时，分别任命来自东吁、汉达瓦底的臣相们的子弟以盾卫队统带、组织首领、五十夫长、马兵队首领等职务以及村邑。以便人们也不再称他们的乳名。这些五十夫队组织、马兵队都配有金鞍、镶有红宝石的缰绳鞍銮，或红宝石节杖。需要任命首领的组织也都任命了首领。

水军方面，在战船及带有麒麟、凤凰、象、马、鳄鱼、蟹等兽形船

① 意即人们会改称其为某某村镇食邑者或某某侯，不再叫他们的乳名了。

上，全部配备了攻城大炮、登城云梯。此外还带了鼓、钹、法螺、喇叭等。一切准备工作就绪。从水路进军的有：巴亚觉廷、明摩诃、底里泽亚觉廷、泽亚觉廷、丁克亚、西都觉廷、明耶觉苏瓦、底里达马道加的 8 支水军，共有大战船 800、劳加铁船 300、士卒 30000。

从陆路进军的有：布坎基底哈勃德、亚扎丁坚、彬尼亚劳、巴亚加马尼、良瑞土司、底宝土司、孟密土司、孟养土司①、孟拱土司、东吁明耶底哈都、御弟色固王、御弟明耶登克都的人马，随后是国王的主军。由 13 支人马组成的大军共有战象 600、骏马 7000、士卒 13 万。于缅历 974 年 10 月 4 日(公元 1612 年 12 月 4 日)月曜日，夜三更许出曼昂门。水陆两军同时向丁因进军。部队在德贝地区昂彬达西营地扎营。因此举没有遵照圣旨行事，故西都觉廷被诛，艾漂盖侯被斩为三段。部队从德贝营地依次出发，到达达耶瓦底时，底里达马道加被撤职，任命东吁明耶觉廷为水路主帅。

从达耶瓦底出发，到达马高时，水陆两路停驻 2 日，国王对部队重新进行调整。这时，巴亚加马尼向国王奏道："今日进军，象马船只如此众多。丁因侯必不敢在城内据守。故必须用水军堵住其外逃之路。将丁因围个水泄不通。大业方易成功。"国王遂下令水军主帅明耶觉廷在班阿垒布下水军封锁。同时堵住一切通往若开的道路。明耶觉廷即按旨部署。国王亲率大军往马高。当国王到达吉祥之地丁因东南角时，令大军扎营休整 5 日，补充兵员，尔后，

① 此次原文虽写有 13 支人马，但遗漏了孟养土司。经查《缅甸大史》补正之。

即围绕梅依山扎营。城里的葡人士兵为了阻挠大军扎营，不断用炮轰击，但未见效。国王大军在梅依山扎下营寨后，即对丁因发起攻击。丁因方面从城头向下浇洒树脂胶、辣椒水，投掷炸弹，因而国王方面伤亡甚重，不得不后撤。几次攻城均未成功。丁因侯坚持不降。国王大军统领监军等命士卒从营地开始挖地道直逼城下。当地道挖至鹿砦下时奏告国王。国王即下令今晚即登城。同时在地道内用绳子将鹿砦木栅拉倒。旨令很快传至各部。统领监军们遵旨而行。于1月8日(公元1613年3月18日)水曜日凌晨开始登城。城头上继续浇洒树脂胶，掷抛爆竹火球，士卒仍无法登城。此时，部分士卒由地道攻入，用绳子拉倒鹿砦木栅柱子两三根。象兵、马兵蜂拥而入，俘获丁因侯，夺取了全城。无人两手空回，都得了大量金银衣物。

国王在攻下丁因5日后，即令丞相西都觉廷及丁克亚审问丁因侯鄂辛加："汝为何侵犯朕的领土给杜摩底?"丁因侯回答说："并非本人欲侵扰王国，是东吁王叫吾来的。"国王便下令问东吁王。东吁王否认说："臣没有指使他。"再问丁因侯鄂辛加，供道："有东吁王手下的界约宾侯可以作证。"于是又传界约宾侯。界约宾侯供认，东吁王确曾派他去丁因侯鄂辛加处，但书信是用呢绒袋密封加盖印章的，故内容不得而知。国王听后即说："通信之事确凿无疑。朕在征服东吁后，并未收回，仍赐汝享用。汝不知恩，反甘心充当葡人之奴，实乃无信义的人。将此歹徒拉至市中心斩首！鄂辛加本是异教徒，破坏寺庙佛塔，将其拉至市中其住所前用铁钎穿死示众。丁因全城男女前往观看!"遵照旨意于1月18日(公元1613年3月28日)土曜日将其处死。还遵照国王命令葬了东吁明耶觉廷。

(282) 东吁王死于丁因 东吁王之子女

东吁王是劫抵丁因后死去的,故历史上称之为劫抵丁因之王。该王王后亚扎达拉格勒亚没有子嗣。

妃子所生子女有子明耶新滕。

明耶傣之女生子明耶那亚,其妻为父王之女钦乃基。

内谬觉廷夫人之妹钦腊育二子一女共三人。女钦乃基。子明耶底哈和信德。

德道榭之女育一子二女。长女钦妙德,其夫为劫抵东吁王之子廷底觉山。次女敏塞王妹奈谬开。子明耶蓬开。

钦谬道育子明达漂。总计六子三女,共九人。

劫抵丁因王 31 岁登基即位。在位 1 年,后任侯 2 年。享年 35 岁。关于该王生辰,史册均无记载,内宫总监编撰的《新史》中说:"父王在位封他为王储时,以王弟明耶觉苏瓦之妻的口吻命鹦鹉传书的形式曾作'马球赛'为题的雅都诗。在以'威扎仰达'为首句的雅都诗中写道:'四大部洲,宇宙之中,白伞君主,百王之公。六牙神象,腾越行空,能食敌脑,力大无穷。火曜日生,克敌制胜,立为王储。'"从诗中可知,该王生辰为火曜日。但有人认为该诗并非父王在位时所作,而是东吁王在位时所赋。在以"七山之边"为首句的雅都诗中写道:"德威崇隆,王中之神。环宇大地,远近皆闻。四位王弟,武将文臣,马球游戏,驰骋挣拼。"据此已很清楚。另,在以"威扎仰达"为首句的雅都诗中还有以下诗句:"火曜日生,克敌制胜，立为王储，赫赫名声，仪表不俗，明耶觉廷，仆役人等，俯首侍奉。威力无比，轮宝雄风，德多达马，亚扎至圣。福大德盛，底哈都名。”故应认为将德多达马亚扎计算在内写为4位王弟。再将两首写马球的诗联系在一起看，可知诗中所指王储系王弟明耶觉苏瓦，生辰为火曜日者，并非东吁王。故东吁王生辰仍不得而知。此外，此诗也并非以明耶觉苏瓦之妻的口吻所写。因在以“七山之边”为首句的诗中三处提到“德多”可以为证。东吁王在赋诗方面文笔细腻，想象力强，隐晦新奇。

（283）征服丁因后 按民族统计人口 将丁因侯同族男女四五百人送至阿瓦

国王征服丁因后约一月，按孟、缅、掸、葡等分别统计人口。统计后，便将丁因侯同族葡萄牙人男女四五百人送至阿瓦。分组安置在北部地区。将来自东吁的人仍送回东吁。这样安置完毕后，国王前往汉达瓦底。刚走出一站路程，丁因侯鄂辛加去印度（果阿）求借援兵的5艘船返回。该5艘船上载着2000多，近3000名葡人来到丁因。听到枪炮声才知5艘敌船到达，水军主将立即奏告国王。国王道：“先让船只靠岸再说，若船不进港，就尽力登船。”水军主将明耶觉廷即率领大队水军战船包围敌船，堵住其外逃之路。船上人员知道情况后即用臼炮等火器射击。击中东吁德榭觉廷所乘之船，船毁。其他水军损失也很惨重。但水军们不顾对方炮火对5艘敌船进行围攻。战斗中一位名叫南达都利亚的大臣，抓住敌船铁索向船上爬去，但未成功失手落水，被枪弹射死。5艘敌船中1艘逃脱。水军兵勇们登上其他4艘敌船，全部俘获。水军主将明耶觉廷将缴获4艘敌船的消息奏告国王。国王下令：“不要杀害船上洋人。”将领们遵旨没有杀戮，但将船上所有金银财物分发给水军们。丁因侯鄂辛加原想征服东吁，劫持东吁王以后，阿瓦王必出兵来征，若阿瓦王不出兵，即以借来的葡兵进军卑谬。卑谬得手后便可设重兵固守到雨季时节再进攻阿瓦。

(284) 国王驾临汉达瓦底第七行宫接受三十二位镇侯宣誓效忠

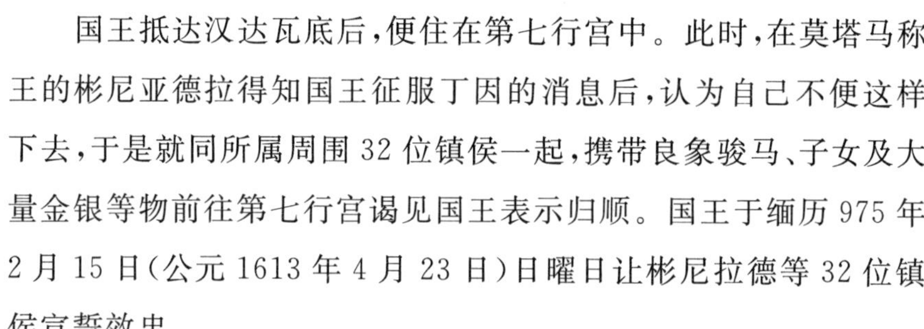

国王抵达汉达瓦底后，便住在第七行宫中。此时，在莫塔马称王的彬尼亚德拉得知国王征服丁因的消息后，认为自己不便这样下去，于是就同所属周围32位镇侯一起，携带良象骏马、子女及大量金银等物前往第七行宫谒见国王表示归顺。国王于缅历975年2月15日（公元1613年4月23日）日曜日让彬尼拉德等32位镇侯宣誓效忠。

此时，得到奏报：丁因侯之妻为船长，驶往亚齐的船已返回。国王即命没收船上全部金银及货物。

国王让莫塔马侯彬尼亚德拉宣誓效忠后，选取了进贡的一些良象骏马及公职人员。对于东吁方面带来的人员，也进行了挑选。挑选一部分勇士子弟留在身边；一部分则送回东吁。封彬尼亚德拉为彬尼亚达马亚扎，食邑莫塔马城。将食邑莫塔马边缘城镇——耶城的彬尼亚勃仰留在身旁，改派实皆王率兵驻守耶城，任命祖父白象主之子孟达王为东吁镇守。

此时，阿瑜陀耶王命土瓦侯进攻并捕捉驻在耶城的阿瓦王弟，将其送往阿瑜陀耶。所以土瓦侯举兵向耶城进发。但实皆王以为土瓦侯已是我的属下并未在意。直到土瓦侯人马进入耶城附近，发起进攻之时，才知他已背叛。这才骑上战象集合士卒出发前往桥头，但不料桥的连接处已被拆毁，连象带人掉入河中。土瓦侯的士卒见状即下水俘获，送往土瓦。到达土瓦后即用船送往阿瑜陀耶。山林中的叛军得此消息后，认为怎么能将阿瓦王弟送往阿瑜陀耶呢？便在半路打劫，夺得后便修造茅棚让实皆王好生休息，并准备集合人马将实皆王献给国王。但此时，土瓦侯又亲自来攻。实皆王被掳走，带回土瓦。

第十八编

(285) 向汉达瓦底东部的莫塔马方面进军

国王在汉达瓦底第七行宫中整整住了一个雨季。缅历 975 年 9 月 6 日(公元 1613 年 11 月 7 日)日曜日自汉达瓦底出发,向东部进发。到达莫塔马时,得到耶城方面奏报。国王即派御弟明耶登克都、御弟色固王、东吁的明耶底哈都、底宝土司率 4 支人马,共有战象 80、骏马 1000、士卒 40000。于 9 月 19 日(公元 1613 年 11 月 20 日)金曜日夜三更许由莫塔马向土瓦进发。国王自己也由莫塔马向耶城进发。御弟等人的大军到达土瓦时,土瓦侯带领大军出城迎战,遇到先锋底宝土司时,即用火枪从左右射击。此时,一位持枪勇士下定决心要在这场战斗中立功。于是持枪藏在竹丛中等待时机,当底宝土司与土瓦侯骑着大象对阵,两只大象以牙相抵厮拼之时,突然从竹丛中射出子弹。土瓦侯中弹而死从象背上跌落下来,大象亦掉头逃跑。三军全力攻之,土瓦人马溃败。10 月 15 日(公元 1613 年 12 月 15 日)火曜日夺回实皆王及土瓦全城。御弟明耶登克都等人征服土瓦后,便将良象骏马、精强兵勇全部接收,留下守城人马后,返回王兄所在地耶城。国王问道:“是谁与土瓦侯单骑作战?是谁将他杀死的?”底宝土司奏道:“是臣骑象与其对阵，土瓦侯的坐象掉头逃跑时，土瓦侯中弹而死的。”但持枪青年说：“当两象以牙交叉厮拼时，奴射出子弹，土瓦侯中弹死去。尔后，象才掉头逃跑的。”国王说：“朕此时还不能赏赐，需传土瓦侯象鞍中座来问。”审问时，象鞍中座乘坐者奏道：“象牙交叉攻击时中弹死亡，尔后象才掉头跑掉的。”国王说：“两人均有功。”于是赏赐底宝土司以金杆伞两顶、长柄金杖两支、银唢呐两把、痰盂、鼓 7 面。赐给持枪青年以耶道勃亚封号，赐食德金村，并赐 10 名土瓦人做其随从。同时把其亲戚从枪队转入明耶马兵队任职。此外，对一切有功人员都酌情给予赏赐和晋升。为土瓦侯出谋献策者，经过审讯后皆处死。将土瓦的百匹骑兵组成一马兵队，任命辛沙叶为首领。将其余公职人员组成盾卫队继续任职。

(286) 调查德林达依情况

在征服土瓦后，国王即派底宝土司、东吁明耶觉廷、蒲甘底里达马道加、东吁明耶底哈都率领 4 支人马，共有战象 120、骏马 1200、士卒 40000，前往德林达依打探情况。大军于 10 月 26 日（公元 1613 年 12 月 26 日）土曜日由耶城出发。11 月 6 日（公元 1614 年 1 月 5 日）火曜日，人们开始进入汉达瓦底。1 月 2 日（公元 1614 年 3 月 1 日）月曜日，国王从耶城返回莫塔马。明耶底哈都等率领的大军到达德林达依时，因大河阻隔，只能在河边停留。阿瑜陀耶王为阻止大军前进，将巨木大竹放倒于路上将路切断。明耶底哈都等 4 支人马无法派人与国王联系。水路方面也因缺少船只，不能很快到达。他们砍树，将两根三根木头捆扎在一起成木筏，人乘坐其上趁夜间前往，白日则怕马来野人袭击躲于林中。

（287）国王在莫塔马时清迈发生事变

国王在莫塔马时得知清迈发生事变。清迈王瑙亚塔明绍的王妃共育一女三子：女，即被写入埃钦诗的王妹。长子杜朗，次子明耶岱巴，三子德多觉。女嫁予阿瑜陀耶王，被封为王后。长子杜朗在父王在世时，与阿瑜陀耶公主成亲，在阿瑜陀耶被立为王储。清迈王瑙亚塔明绍死后，清迈的鄂底隆、丹兰等人便前往阿瑜陀耶请杜朗王子回清迈登基为王。于是杜朗王子率大军前来，但尚未到达前，清迈的鄂底隆、丹兰等人却又突然改变主意，立明耶岱巴为王。当杜朗王子到达清迈得知他们另有企图时，便将将士集中于城外。但此时，王子咽喉出血，嘴部奇肿，入药不进，病情日渐严重，最后终于死去。来自阿瑜陀耶的大军遂返回。不久，清迈臣相们又另出主意，将明耶岱巴废黜，令其削发为僧。又推王弟德多觉为王。缅甸国王得知后立即调集 24 支人马进军清迈。《缅甸大史》中称杜朗王子为大王子。其实杜朗王子并非最长。公主王妹最长。此事系据清迈的那瓦德诗作中所述。诗人在《王妹埃钦》诗中写道："生辰年月，查考翔实，九百四十，暑季中期，三月初四，木曜星日，凉爽黄昏，日落之时。"史书上则记载说：缅历 941 年（公元 1579 年）进军清迈，到达杜朗山时出生，故取名为杜朗王子。

（288）战胜阿瑜陀耶军向清迈进发

阿瑜陀耶王决定调奥亚温、彬尼亚乌等将率 8 支人马向德林达依进军，去攻在该地的阿瓦人马。明耶底哈都、明耶觉廷等待阿瑜陀耶军接近时，即摆开阵势，策象攻击。奥亚披猜、奥亚杜温那劳的人马顿时被击败。溃不成军，掉头后撤。见到阿瑜陀耶军后撤，阿瓦方面4支人马同时出击。阿瑜陀耶方面8支人马全被击溃返回。阿瓦方面俘获大量象马和士卒。①

国王得到战胜阿瑜陀耶军的奏报后，说："朕亲率大军前往清迈。卿等4支人马也向清迈进发。"于是，国王于缅历976年2月21日（公元1614年4月18日）正午，由莫塔马向清迈进发。但由于清迈人在路上布满巨树大竹等路障，故行进困难。于是悬赏山里拉瓦人以帮助指路做向导，才得缓慢前进到达目的地。当明耶觉廷到达时，国王也到达勒布翁。国王得知勒温侯也率部队前来时，即令大军携带充足的粮秣包围勒温城。当将士们到达清迈城下时，高喊："我等无仗可打，不如一起进军勒温。"

得到奏报后，国王于闰4月24日（公元1614年7月19日）火曜日向勒温进军。在离城不远处安营扎寨。此时得知战士供应匮乏的情况。同时询问莫塔马、毛淡棉、耶城、沙格鲁方面提供粮秣是否困难。王子王弟及臣相们奏道："如今进军部队战士众多，携带的粮秣不多，令莫塔马、毛淡棉方面供应粮秣，交通不便，实属困难，不能大量到达。就地寻求供应亦不可能。"听奏后，国王说："如此说来，必须从速行事。"于是命令大军迅速包围城地，只与护城河保持7肘尺左右的距离。于是17支人马连夜包围城池，在检查各部是否遵旨与护城河相距7肘尺时，发现孟乃土司的人马有漏洞，

① "佛历2518年（公元1614年），缅出兵占摩尔门及顿逊，皇出兵往援被败，自是顿逊一带地，又再转属缅。"《泰国古今史》第30页。

便将此事奏告国王。国王不语。孟乃土司却因惧怕王威，待了一两天即带领士卒出逃。国王便命巴亚南都、骠甘马等人带领大队人员去追捕孟乃土司。但巴亚南都等人不知孟乃土司的确切去向，只得奏告国王。国王道："任他去吧！难道他是只大鸟还能飞向天涯海角不成?"遂将追捕者召回。同时让部队紧紧包围住城池。话说土司逃回孟乃后，即收拾金银细软及象马人员离开孟乃，跑到景栋以东梅本河的一侧，紧靠万象坚守。

(289) 清迈事件 国王征服拥有五十七座城镇的哈梨奔猜国

清迈王德多觉在得知国王开始率军前来征讨时，便向万象吁请援军了。万象人到达后，大军进入清迈城内扎营驻守。出家为僧的明耶岱巴去世。

包围勒温城的部队粮食紧缺，有三分之一士卒挨饿。御弟明耶登克都奏道："今日之举实难成功，故班师回朝为宜。目前我军只剩3箩粮食，人员锐减。"于是国王召集各部统领监军们商议道："众卿意下如何?"统领监军们答道："此次班师回朝，待过一两年补充象马兵卒，再次进军定可轻取。"这时，东吁明耶底哈都奏道："被臣包围的敌军即将溃散，再坚持半月左右吧！伤病员可慢慢先撤走。过七八天后，托国王之福，必将如愿以偿。"国王说："勃东侯所说甚是。"明耶底哈都决定将扎营地山坡垫高，与城头齐平，这样骑象即可直接冲入城内。但因城内设有层层木栅，未能进入，只能扎营在城头高处。国王听此消息非常喜悦。过一两天后，阿南侯携带 60 头驮带大米的马匹来投，国王将献来的大米分发给士兵们。5 日后，即 9 月 5 日（公元 1614 年 11 月 25 日）火曜日，清迈王德多觉去世，手下臣相们将名为赞布杰德耶的大象及王用全副仪仗献给国王。于是国王命令清迈大臣前去勒温城，说："德多觉已去世，缅王已征服清迈城。"勒温侯得悉清迈王已在不世，自己也待不下去了。于是在 9 月 21 日（公元 1614 年 12 月 11 日）出城投降。到此，征讨之举胜利完成。拥有 57 座城镇的名为哈梨奔猜国的清迈全部被征服。同时俘获了来自万象的全部援军。征讨大业到此全部结束。国王非常喜欢东吁的明耶底哈都，所以高喊："吾弟。"再封其为明耶底哈都。让其继续乘坐带篷金轿，并将阿南城赐与他。同时决定将清迈城赐与阿南侯。

清迈王瑙亚塔明绍的王妃们生子女有：长女钦梅米，献给阿瓦后获赖亚瑞当久封号，食彬牙城；二女明阿腊；三女钦阿推；四女明阿艾，达龙王时代被选入宫，生女埃加巴塔；子明耶古德，其妃为杜马那黛维；五女万象王妃信米瓜，子信萨埃。共育一子五女共六人。德多觉王，其后无子嗣，王妃生育子女有：长子貌布、次子奈蓬开、幼子奈格尼密敦王、长女明阿垒、次女明蓬突、幼女明拉，计三子三女共六人。

在征服清迈后，将上述从汉达瓦底到清迈的勇士子孙们组织起来，分别任命瑙亚塔明绍之奴明拉瑞当、瑙晒、丁巴、丁隆等人为五十夫长。此外又对众多的五十夫队进行了调整。同时对包括赞布界德耶大象在内的象只马匹、臣相等进行了挑选收留。在清迈居住期间，国王于缅历 977 年 2 月 4 日（公元 1615 年 4 月 20 日）水曜日，赐子以明耶岱巴封号。2 月 23 日（公元 1615 年 5 月 9

日)，国王携清迈王之子及臣相将士，由清迈班师回朝。4月12日(公元1615年6月20日)到达汉达瓦底，住于第七行宫。7月间(公元1615年9月)，由于若开王前来索取槟榔岛、椰子岛，国王大怒，决定亲率大军征讨若开。即令亚扎丁坚、勒温侯、彬尼亚劳、彬尼亚勃仰、明耶底哈都率5支人马，有战象150、骏马1500、士卒50000，沿乌迎布一线向丹兑进军。到丹兑时受到丹兑侯猛烈抵抗。士卒们奋力攻击，最后终于战败守军，攻克丹兑城。国王得到取胜奏表后，即下令大军押解俘虏返回。

12月(公元1616年2月至3月初)国王为瑞摩牟陶佛塔外的神庙、塔升宝伞。缅历978年3月3日(公元1616年5月7日)月曜日，在蓬西雅达地区建立营地，进行了搬迁。4月14日(公元1616年6月16日)土曜日，为41人剃度为僧。国王将汉达瓦底境内破旧倒塌的佛塔寺庙进行了修缮。缅历979年9月15日(公元1617年12月2日)月曜日，日落后二时，国王进入汉达瓦底城内。造了大批古囿船；向布翁尼亚佛塔贴金箔。9月25日(公元1617年12月12日)木曜日，埃格巴使臣佐亚坎到达丁因。由蓬道乃岸木遂亚达马监护下，以一条船上建有三间连舱的劳加船去接。船上还带有鼓和钹。不久，加尔加答王又派使节来缅。国王接到丁因方面奏报后，即派登克道侯和登克奈二人用一条船上建有二间连舱的红色劳加船前往丁因迎接使臣。此时，又得到丁因方面奏报，格维贝萨意王使臣来到，派艾基代侯和清迈印度人亚·默哈默德两人用劳加船去接使臣。到达汉达瓦底时，便在德潘彬尼亚地区使节馆驿下榻。11月15日(公元1618年1月30日)木曜日铸造一口大钟。

缅历980年11月(公元1619年1月)得到丁因方面奏报。得

知亚齐王使臣到来，派比亚达拜、艾基代侯、德别拉侯、梅木亚、登克奈 5 人用带有四面坡顶船舱的红劳加船前往丁因迎接使臣。到达那伽港时，将底包迎及仰萨洛两头象套上红绳供亚齐王使臣乘骑。另外派 25 匹马、32 名壮士跟随。送到德潘彬尼亚地区建造的使节馆驿下榻。12 月 17 日（公元 1619 年 2 月 19 日）木曜日，向大金塔敬献王冠。12 月 19 日（公元 1619 年 2 月 21 日）水曜日晚，国王令 4 位使臣到枢密院。收下使臣们敬献的贡品。国王退朝后使臣们才离开。

缅历 981 年 5 月 21 日（公元 1619 年 7 月 21 日）昴星靠近月亮。8 月（公元 1619 年 10 月）刮大风。从新康至马圭河水猛涨。缅历 982 年 4 月 5 日（公元 1620 年 5 月 24 日）金曜日，阿瓦发生地震。6 日土曜日布翁尼亚佛塔遭雷击。8 月 9 日（公元 1620 年 10 月 23 日）月曜日国王赐御弟明耶登克都以德多达马亚扎封号，并将卑谬王德多达马亚扎一应仪仗赐与他。将德娄城以及色林城、皎古城、彬牙城全赐与明耶登克都。国王赐小弟色固王以明耶觉苏瓦封号，将原阿瓦王明耶觉苏瓦宋一应仪仗赐与他。并将色固城以及甘尼城、彬文那城、彬比牙城赐予色固王。赐父王之幼子信锡乃王子以明耶瑙亚塔封号及槟榔盒、咸茶罐。赐西都觉廷以明耶乌兹那封号及槟榔盒、咸茶罐，并任命其为阿瓦镇守。

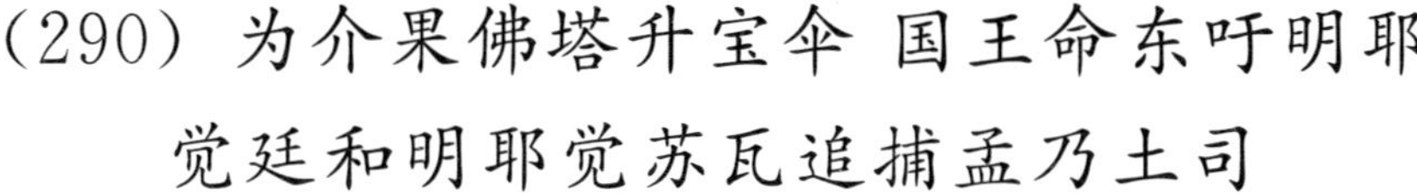

(290) 为介果佛塔升宝伞 国王命东吁明耶觉廷和明耶觉苏瓦追捕孟乃土司

缅历 983 年 3 月（公元 1621 年 5 月）国王为介果佛塔升宝伞。11 月 21 日（公元 1622 年 1 月 21 日）火曜日，国王下令追捕孟乃土司。派底宝土司、底里达马道加、东吁明耶觉廷、御弟明耶觉苏瓦4支人马前往景栋。任命巴亚加马尼为大军的监军。4支人马共有战象150、骏马1500、士卒40000。孟乃土司向万象请求援兵。将人马牢牢地驻守在梅本河一带。明耶觉苏瓦等于夜三更许到达河边。此时,明耶觉廷叫人告明耶觉苏瓦应立即渡河攻击孟乃土司和万象的兵马。因为若天亮后再渡河对方必不敢抵抗,所以必须现在去攻。明耶觉苏瓦嘱道:"国王有令,不让我与姐丈分开,我们的兵马尚未到齐。再有,我们也还不清楚对方力量众寡,所以今晚暂待,明日清晨渡河进攻为宜。"明耶觉廷等3支人马依照明耶觉苏瓦的安排遂扎营休息。翌日清晨渡过河去,发现对方星夜撤退,不知去向。大军只得摸索前进。

孟乃土司在万象方面军队撤离后,自知死路难逃,遂携带大量贡品前来归降,并奏道:"奴并非抗命出逃,只因畏惧而走。"明耶觉苏瓦问国王奏告:"孟乃土司归来。万象军队不敢抵抗已逃走。"国王命东敦侯、底宝土司、监军巴亚加马尼同孟乃土司一起,立即前来京城谒见。御弟明耶觉苏瓦遵旨将上述人员送到汉达瓦底。到达汉达瓦氏后,被传至朝中询问:"为何不设法抓住万象王士兵进行攻击?"奏道:"奴等无言可答。"国王下令将掸人送至耶城。将委达比亚侯送往土瓦。遵命送讫。国王下旨将东敦侯囚在囚笼内7日。明耶觉廷死于囚笼之中。当晚火化,底宝土司也死于耶城。对上述人员进行惩处后,缅王命明耶底哈都和彬西王为统领,赖亚仰达都为监军。于缅历984年2月17日(公元1622年4月15日)月曜日向景永进发。抵达后,明耶觉苏瓦、明耶底哈都、景栋土司合兵一处向景永进发。景栋侯将其女宁坎宝连同奴婢随从等一并献给国王。明耶觉苏瓦等5支人马到达景永时，景永土司已加固了城堡、壕堑、胸墙等，严阵以待。孟赛城也集中了大量象只马匹，由景永土司之弟坚守。景永土司也叫嚷说："我们此地无战事，请向孟赛进军。"明耶觉苏瓦等人又向孟赛进军，并围之。国王考虑到御弟明耶觉苏瓦等进军路途遥远，又靠近中国，故派御弟德多达马亚扎等率领战象50、骏马500、士卒10000，于缅历985年9月21日(公元1623年12月2日)日曜日黄昏后出发前往景永。到达不久，明耶底哈都去世。德多达马亚扎用白伞、棺柩隆重地火化安葬。在包围孟赛时，因孟赛地处山顶，故无法使用象马攻击，只能围困。约两个月后，孟赛城内粮食匮乏，只得好言上奏，就此孟赛臣服，也解决了景永问题。在取胜孟赛、景永后，即没收当地良象骏马及勇士押回献给国王。至于景永土司，在让其宣誓效忠后仍由其掌管景永。其子女则带至国王身旁安置。由于国王命令，御弟德多达马亚扎雨季过后即向万象进发，先留在景永储备粮秣，进行准备之际，缅历985年(公元1623年)景康发生叛乱。国王一面派耶多巴亚去征讨，又命令御弟德多达马亚扎由景永出发前往景康。两支人马会合后，英勇地击败了阿南城的抵抗，由此继续向景康进发，将其包围。

缅历986年6月6日(公元1624年8月8日)火曜日，昴星宿靠近月亮。7月(公元1624年9月)刮大风。汉达瓦底大树也被刮倒。船队被吹毁。8月(公元1624年10月)征服景康。缅历987年(公元1625年)景永土司、孟赛土司再次背信弃义进行叛乱。两位御弟又从景康举兵征讨景永，夺得孟赛。缅历988年9月(公元1626年11月)孟赛兵败，又夺得景永城。于是以极刑处死了景永侯和孟赛侯。占卜师们认为汉达瓦底有发生动荡之预兆，认为搬迁王宫为宜。于是决定将王宫临时迁至羌迪以西。缅历989年4月15日(公元1627年6月16日)土曜日，为名叫罗汉的僧侣修建寺庙。6月(公元1627年8月)，阿瓦下暴雨，南部江河湖泊决堤。寺庙、住宅、土地被淹，人畜死亡。8月(公元1627年10月)，国王将良瑞土司之女、八莫土司之女、孟拱土司之女、孟养土司之女、孟密土司之女、底宝土司之女、囊蒙土司之女、亚绍土司之女、赖恰土司之女、明耶代巴梅道等妃子由罗陀那补罗带至汉达瓦底。缅历990年2月(公元1628年3月末至4月)僧侣们集合在阿瓦瑞喜宫佛亭讨论僧侣该不该持扇。同年正4月8日(公元1628年5月29日)木曜日，国王被其子明耶岱巴[①]谋害而死。

(291) 阿瑙白龙王遭其子明耶岱巴谋害原委

谋害事是这样的：王子明耶岱巴与父王一起住在宫内，与父王妃子景栋土司之女宁坎宝有染并使该妃怀有身孕。太监将此事奏告国王。国王即召宁坎宝问道："汝之身孕究竟是谁的？"宁坎宝认为事已败露，非死不可，遂从实招供，奏道："是王子明耶岱巴的。"于是国王便召王子明耶岱巴前来审问："汝同宁坎宝私通，属实否？"王子承认确有其事。国王并没有发火，只是威吓说："汝触犯刑律，该下油锅。"明耶岱巴以为此次必死无疑，便与坏人计谋，竟灭绝人性地杀死了父王。但国人直至闰4月1日(公元1628年6

① Minredeippa，旧译弥利提波。

月 21 日)才得知国王驾崩。

(292) 阿瑙白龙王之后妃、子女及功德事业

尊号为摩诃达马亚扎的国王生辰系火曜日。28 岁登上阿瓦金殿,在位 23 年又 4 个月。享年 51 岁。在驾崩前彬牙瑞喜宫梯莱辛佛塔显灵,出现据说是仙女、帝释的文字;小河中出现大量鳄鱼;海岛岸边发生崩塌;兀鹰在阿瓦瑞喜宫佛塔上栖息;石板在水面上漂浮而下;狗唱歌等等。摩诃达马亚扎王本是巴勃叟之子。因威德无比,只要脸部出现笑容,便能克敌制胜;阴雨连绵时,只要他一挥剑,顿时雨停;海潮猛涨时,只要他一挥剑,潮水即停止不动,不再上涨;麾下兵勇们只要威吓道是摩诃达马亚扎王之奴仆,毋庸说人,就是神祇鬼怪,也会销声匿迹。国王所建善事功德有:京城西南角垒基地区的比亚德金寺;为父王之功德事业摩诃妙牟尼佛塔全塔贴金,升宝伞;在摩诃妙牟尼佛塔建杜达马佛亭;将四层金寺修成,布施给信摩诃僧伽那塔高僧;修缮了先祖列宗们建立的功德事业寺庙佛塔,并升宝伞;向布翁尼亚信佛塔全塔贴金;在汉达瓦底国内除瑞牟陶大佛塔外,还建造了纳德贡佛发塔,并献王冠。为了轮回中的利益,国王朝拜了很多寺庙佛塔。国王正欲征讨祖父白象之主时代属于缅甸版图的,在伯父劫抵东吁王时代叛离的阿瑜陀耶、万象、勒外、密那米等地时驾崩归西。

摩诃达马亚扎王后未生子女。妃子所生子女有:父王之女瓦亚都亚亲王之妹生明耶岱巴,明耶岱巴与宁坎宝私通生内谬达塔,到五塔施主王时代,内谬达塔任新英侯,卑谬王时代任美德侯。

孟拱班特瓦侯之女钦莫妙生子明耶昂丁。亚扎马尼苏拉佛塔施主王时代明耶昂丁与瑞辛杜公主结婚，被赐食邑西博达亚镇。五塔施主王时代被授予明耶底哈封号。

赖威仰达梅之女钦山达生子德钦博，德钦博之妻为实皆四层佛寺施主明耶觉苏瓦之女钦马拉山漂。五塔施主王时代被赐食邑辛古镇。卑谬王时代被赐明耶底哈都封号。长女妙莫勃巴，18岁时去世。小女夭折。

妃子们共育三子二女共五人。

摩诃达马亚扎王驾崩后，在汉达瓦底的臣相们进行了磋商。他们认为，我主的两位王弟目前正远在景永，无法迅速回来，所以一致同意推明耶岱巴为王。明耶岱巴登基后，即令全缅各地王子王弟、臣相们宣誓效忠。并向在阿瓦的姑母、王后赠礼，并奏告登基称王之事。同时向实皆王明耶乌兹那赠礼。并让其效忠。

两位王叔为了由景永去景丁河，正在修造战船。传闻明耶觉苏瓦受国王之派遣，前去谋害德多达马亚扎。同时也传说德多达马亚扎受国王之命前往谋害明耶觉苏瓦。

德多达马亚扎是一位谨慎警觉、多谋善断、乐善好施、精进勤奋之王。故在征伐云国前，就在汉达瓦底准备了报警快马，以便一旦发生事变即可速来报告消息。汉达瓦底王于4月8日(公元1628年5月29日)木曜日驾崩。10日传出汉达瓦底王驾崩消息。10日探马即由汉达瓦底骑马出发，同月19日(公元1628年6月9日)月曜日夜三更许抵达景丁营地。得到探马报告后，当天即将驻在河边的部队开进景丁城内。清晨即动员御弟明耶觉苏瓦将人马进驻父王所在京城罗陀那补罗。御弟认为此议甚善，故奏道："让各队统领监军们宣誓效忠。”德多达马亚扎就派御弟明耶觉苏瓦将各部统领监军们至各级将领召集在一起，于4月22日（公元1628年6月11日）木曜日举行宣誓效忠仪式，并进行犒赏。汉达瓦底方面派遣前来的使臣于4月22日金曜日达到景丁营地。看到来报得知情况后，便问使臣：“是事实吗？”使臣奏曰：“臣是被役使的奴隶，像耕田的牛。因受派遣故来此地。事实上是明耶岱巴谋杀王兄后为王的。”问：“此信是谁交给你的？”奏道：王之弟和瓦亚都亚亲王交给臣的。交信时孟德侯和孟拱土司在场。问完就让使臣去见明耶觉苏瓦。隔二天后，明耶觉苏瓦决定率领象马大军攻打兄长的部队。各军统领、监军们得知后，急忙出来围攻。丁贝和明耶觉苏瓦的坐象象牙交叉进行了长久的厮拼。后其他援军赶到。明耶觉苏瓦被迫投降。事件结束后，王兄召御弟来说：现明耶岱巴已谋害王兄后自立为王。现你我率大军前去父王所在京城罗陀那补罗，设法在那里安身，再见机行事。如果轻信小人谗言，进行叛乱那是不该的。摩诃达马亚扎没有更多地斥责明耶觉苏瓦。只是将为明耶觉苏瓦出谋划策的为首臣相处死。尔后安排了15支人马由景丁出发开向阿瓦。到达孟昆时，作为先头部队的清迈王进入孟昆固守。听到这消息说清迈侯不守信义，暂且不去管它，仍下令继续向父王的京都罗陀那补罗进发。没有对先头部队采取敌对行动。但因正值雨季，江河横溢，大军行动十分缓慢。

（293）阿瓦城明耶乌兹那叛乱

在阿瓦的明耶乌兹那表示效忠明耶岱巴后，与阿杜拉山达黛维王后商量，决定集中央米丁、瓦底、因道、良渊等地象马人员反叛。他还集中了伊洛瓦底江沿岸各城所有象马兵员。尔后，把人员集中起来驻守于色林和央米丁。

汉达瓦底明耶岱巴闻此消息后，即召在土瓦的巴亚加马尼作为先头部队，另派孟拱土司、阿瓦王明耶觉苏瓦之子皎意王殿后。3 支人马共有战象 100、骏马 1000、士卒 10000，由陆路进发。水路方面有白象主之子孟达王和良渊王之子明耶瑙亚塔的 2 支水军，共有战船 300，由汉达瓦底向阿瓦进发。缅历 990 年 6 月 7 日（公元 1628 年 8 月 25 日）月曜日，明耶乌兹那登基。9 月 20 日（公元 1628 年 12 月 5 日）金曜日，阿瓦水军在皎德隆受挫兵败。次日 9 月 21 日土曜日，明耶乌兹那军败北。汉达瓦底方面士兵继续追击。明耶乌兹那人马被打败后，即逃至宫内奏请王后救命。王后说："快去云国的我的两位王弟处吧！"但明耶乌兹那又奏道："我不想去。只请设法救我一命！"王后只是"呸"地啐了他一口。

再说汉达瓦底方面统领监军们已得到命令不准实皆王逃脱。所以再三请求王后说："若不把实皆王交出，奴等必死无疑。"所以王后只得传来实皆王。将其交给统领监军们。将领们获明耶乌兹那后，即将明耶乌兹那及为其出谋划策的 11 名大臣一起送至汉达瓦底。到达汉达瓦底后，明耶乌兹那作为道德败坏者被处死，为其出谋划策的 11 名大臣也被处死。阿杜拉山达黛维王后也欲前往汉达瓦底。故令内傅拘道仰达梅制造舫御。总管奏道，不宜前往。但王后表示："不能停留，非去不可。尽速制造船舫。"于是将两艘劳加船上修造两层楼阁，并由众多奴才随从相随出发前往。到达汉达瓦底后，国王修建华丽殿阁供其居住。任命总管拘道仰达梅在姑母王后处充当侍从。命巴亚加马尼、孟拱土司、皎意王 3 支人马坚守阿瓦。将明耶瑙亚塔、孟德侯召回。后任命良渊王之子明达纽为阿瓦镇守，率大军驻守。

(294)王兄弟二人由孟乃返回 战胜阿瓦明耶乌兹那部下 活捉明耶岱巴 处死同谋者 底拉黛维与明耶瑙亚塔成亲

王兄弟二人因路途遥远，又因群山连绵、道路艰难，故进军速度缓慢。到达良瑞后请来一位精通占卜术的高僧。一路上将象马人员都收编起来。于缅历 990 年 11 月 13 日（公元 1629 年 1 月 26 日）月曜日夜三更许到达彬牙胜利营地。就地扎营休息。次日清晨，布阵修筑工事驻守。阿瓦方面守将明达纽得知王兄弟二人返回，将人马围着当巴鲁准备抵抗。此时部队 4 位将领前去请四层寺法师们出面说情，请顾及所有生灵的安危。法师们前往彬牙营地，问及来意时，法师们奏道：“望用智慧考虑到全体民众之安危。”王兄弟二人说：“明达纽乃是父王之皇亲国戚，亦是我等之弟。孟拱土司受到父王及王兄特别之照顾，一直在国王身边侍候。巴亚加马尼一直在父王及王兄手下任职，并受到抬举重用。所以我等此来无意与他们为敌。我等只是想进父王京城内居住。所以他们没有理由半路阻拦。”法师虽再三奏请，但未能成功。最后王兄弟二人请法师们返回。但向法师布施了斋饭用品。将领们得知法师们游说不成返回当巴鲁后，即加固城防严阵以待。

德多达马亚扎王知道己方人马镇不住阿瓦守军。阿瓦守军也吓不了自己的人马。但现在若进攻阿瓦,必使将佐兵勇蒙受重大损失。若从长远计,天下必定属于自己。于是便将班基十乡一带所有人等全部送往布坎基,派巴亚觉都和德瓦甘巴留守。北方一带村长等行政长官送来粮食及礼物。将当敏、当德曼等觉西一带汉达瓦底公职人员的妻室及南面垒敦地区公职人员妻室全部投入囚笼监禁起来。

若开方面,由于明耶岱巴谋害父王引起骚乱。故于缅历 991 年 3 月 19 日(公元 1629 年 5 月 30 日)土曜日,派杜因巴拉和神夫队统带自彬牙营地出发。汉达瓦底方面认为时间长久不利,遂派孟达王和明耶岱巴舅父瓦亚都亚亲王两支人马自汉达瓦底出发,开往阿瓦,与阿瓦驻军联合向叔父的人马开战。孟德王等两支人马自东敦基开往鄂达耀和德娄,再由德娄沿着伊洛瓦底江向阿瓦进军。

德多达马亚扎王得知此消息后,就指派御弟明耶觉苏瓦带领大臣及 3 支人马向德娄进军,坚守德娄城。阿瓦方军得知明耶觉苏率军前来,巴亚加马尼表示,他将击败明耶觉苏瓦。便领一支人马沿着江边向德娄行进。到达德娄后,明耶觉苏瓦部署象马兵员准备作战。巴亚加马尼道:“吾岂敢与王子作战!”此时,明耶觉苏瓦乘名为瑞卑丹的大象,见到巴亚加马尼离开便下令击鼓。尔后又部署攻打孟德王、瓦亚都亚亲王之人马。孟德王及瓦亚都亚亲王均奏道:“吾等不敢对阵。”色固王攻克了实皆城。此时,鄂底贝出来与巴亚加马尼对阵。巴亚加马尼决心与掸人打一仗,即朝鄂底贝迎上前去。鄂底贝见巴亚加马尼靠近,便杀了过去。两头象虽然互相攻击，但无法抵撞。于是二人先让大象后退，再策鞭冲击拼杀。日落，大约过了四鼓，鄂底贝所乘大象精疲力竭、左右晃动时，巴亚加马尼用象鞭砸下，砸中鄂底贝的身上。巴亚加马尼道："摔奴，汝竟敢同吾较量。"言毕，即收兵回营。鄂底贝也退兵返回。回到军营，象背中座当着众人面说："当巴亚加马尼举象鞭砸来时，王向后倒，亏我及时扶住才未跌落象下。"鄂底贝心想，汝竟敢当众让我出丑，便在营中将其斩首。巴亚加马尼心想，若这样下去情况不妙。于是翌日清晨，从码头渡向布坎基。

再说瓦亚都亚亲王将部队留守在德娄城附近。明耶觉苏瓦的3支人马也在德娄城牢牢驻守。汉达瓦底的明耶岱巴得知上述情况后，认为当前阿瓦方面以及德娄方面都没有取得进展，倘若这里的人马和叔父的人马会合在一起，我将处于困境。于是就决定率人马投奔若开王。在汉达瓦底的侍卫队统带们前去明耶瑙亚塔住所，请求其出来阻止。明耶瑙亚塔便把统带们的意见奏告明耶岱巴。但明耶岱巴下令："谁敢不跟随于我？将不愿跟随者全部戴上脚镣带走。"侍卫军们得知在阿瓦的妻室家人被德多达马亚扎王囚禁在囚笼之中，心里都很郁闷。于是他们齐心一致于缅历991年6月1日（公元1629年8月8日）土曜日进宫捕捉明耶岱巴，押送给明耶瑙亚塔。又，阿瓦方面也出兵攻打巴亚加马尼驻守的布坎基城。并于缅历991年6月1日土曜日攻克布坎基城。在彬牙营地的德多达马亚扎王得知此消息后，便把从良瑞请来的精通占卜术的高僧请出来问道："如今布坎基已攻陷，下一步该如何办？"良瑞高僧奏曰："别担心，布坎基攻陷后，白古也将被攻克。"尔后又把懂得三藏经及占卜术的学者们请来求教，他们根据箴言谶语奏道：

"陛下将兵不血刃，不损一兵一将，如愿以偿。"汉达瓦底方面逮住明耶岱巴交给明耶瑙亚塔后，明耶瑙亚塔为了不让城乡人民担忧受惊，命鸣锣告之："我让御弟坚尼亚王及侍卫队统带们把明耶岱巴逮捕起来，夺回王位。"同时将此事奏告德多达马亚扎王。阿瓦王在汉达瓦底得知此事详情后，即把侍卫队完成使命之事告之在阿瓦、德娄、布坎等地的部队。部队首领得知此情后，携带大量礼物前去彬牙营地要求释放。但他们到达彬牙后就被囚禁起来。鄂纽和瓦亚都亚等人都是父王的远房亲戚，所以王兄非常器重他们，让其在身旁服役。他们本应加倍效力。可现在却受坏人煽动蛊惑。干了坏事，岂能容忍，故处以极刑。小小孟德侯是先祖之远亲王兄，对其非常器重，而他却不知报效，听信坏人蛊惑，岂能容忍，故处以极刑。小小的色采隆得到王兄特别照料，不仅得到土司的全副仪仗，并被赐邑食孟拱城。但他也受坏人之挑唆，不好好在孟拱任职，竟然在国王身旁侍候干坏事，岂能容忍，故处以极刑。皎意侯和委达比亚侯这两个在王兄驾崩时不在跟前，一人在耶城，一人在土瓦，虽不知实情。但本该为我效劳，而却为他人服务，以致使将士们疲于奔命，故将此两人囚禁起来。丞相根据王之谕旨一一照办不误。王在彬牙营地逗留期间，缅历 991 年 8 月 11 日(公元 1629 年 10 月 26 日)金曜日，突然刮起大风，将王及御弟明耶觉苏瓦军营之中之铺盖、筒裙、衣衫都卷到上空，掉落在北部当巴鲁地区。同年 8 月 14 日[①](公元 1629 年 10 月 29 日)月曜日，日出之时，国王由彬牙营地迁移到当巴鲁营地。同年 8 月 18 日(公元

① 原文误写为 4 日，现更正之。

1629年11月2日)金曜日,西南角突起大风,御弟明耶觉苏瓦帐篷倒塌。该月,御弟明耶觉苏瓦向河边四层寺庙捐献建筑物顶端饰物。明耶觉苏瓦亲自挖土立之。将父王旧宫拆毁,修筑新宫。令比翁辛里正等建筑师们负责修造,并指派4支人马在上缅甸伐树取木。

王命汉达瓦底开来的兵勇在摩诃妙牟尼佛塔宣誓效忠。这样,王在罗陀那补罗居住一月光景,将国事安排停当后,于缅历991年9月11日(公元1629年11月15日)日曜日日出时,由当巴鲁营地出发,前去汉达瓦底。到达汉达瓦底后,有人替明耶岱巴奏道:"请允许明耶岱巴削发为僧。"国王说:"一个杀父之人出家为僧,难道会得到善果?"对明耶岱巴按罪惩处。接着便问:"在谋害王兄时,当场有谁在?"奏道:"东吁南达约达之女辛山瓦底正在为国王揉腿。"于是传妃子前来询问。奏道:"奴正为陛下揉腿,只见一帮人手持刀、棒来到陛下近前,奴即摇晃陛下的腿奏道:陛下快起,有许多人来了。就有奴一人在。正要跑,一个人用刀砍来削去了奴的头发。"王道:"这小女子真是个忠诚的奴仆。"遂赏其3缅斤白银,赐其十家奴仆,放其出宫生活。

王赐长女以底拉黛维之封号。许配给明耶瑙亚塔。对侍卫队各级统带首领均酌情赏以金钱、稻谷或布匹衣料。同时斋请汉达瓦底的村居派和林居派僧侣们,向他们布施了袈裟衣料、宽幅布等物。

(295) 若开王派来使臣

缅历991年11月29日(公元1630年1月31日)日曜日,若开王派来使臣杜因觉、晒加都等人。带来证书中写道:统治毕撒马西部一带各大国的称为阿瑜阇补罗之若开金殿之主、红象白象之主底里杜达马亚扎致书亲密的阿瓦皇帝金殿之主。希望两位金殿之主和睦相处,两国犹如一国一样,黎民百姓僧俗众生安居乐业,使佛教大业弘扬昌盛。在阿瓦王驾崩阿瓦王子继位之际,愿仍像祖辈那样同心同德和睦相处。特遣使呈书陛下,根据先王对子孙之遗训,陛下遣使来敝国,朕才明确了解到汉达瓦底未按常规朕等同意之法统治国家,故希去攻汉达瓦底,可见陛下才智过人。若欲朕亲自率军出征,如情况允许,朕定率部前来。今先派杜因觉、晒加都等前来,以便陛下了解确切消息。11 月 29 日日曜日杜因觉、晒加都一行抵阿瓦。鄂耶妙在巴坦佛亭由泽亚丁卡、亚扎德曼等用马去驮来诏。命仰玛锡、鄂耶丁、神骑手乔巴担任护卫。留若开使臣停留一月之久。阿瓦王与群臣商议复使之事。后遣巴林侯冈突木出使若开。在诏书上写道:孤欣闻统辖毕撒马西部一带各大国的若开红象白象之主亲爱的底里杜达马亚扎陛下告与金殿之主世代一起行善,两王永远友好相处,两国之间如水面无隙,僧俗黎民间坦诚愉快。佛教大业亦如当空日月大放异彩。而在当今陛下与孤王之时,胜似先王年代。真是有识者恰逢有识之人。今陛下遣杜因觉、晒加都一行前来传递此友好敬重之消息,表明陛下不愧为先王之优秀子孙。故倍感欣慰。孤已向杜因觉、晒加都等表述了内心意愿。为使陛下了解这些愉快消息,特遣巴林侯冈孟木等出使贵国。只有迅速派出巴林侯冈孟木等陛下才能了解全部情况。因尚未灌顶加冕所以在诏书行文抬头未写入更多颂词。诏书用金叶书写,置象牙盒内,装在丝绒袋中。另赠若开王礼物有:麝香10副，茶叶10筐。使臣于缅历991年1月6日（公元1629年3月19日）土曜日乘伦锦船前往。

缅历992年4月（公元1630年6月）缅王在第七行宫传旨说，朕之奴仆中有上、中、下三类，但区分不清。只有考核清楚，分成各组，朕之子孙才能明确区分开来。于是经挑选后组成五十夫队组织。将东吁南达泽亚丁克亚、德勒帕耶、卑谬侯乌登觉廷、称为补亚明耶的南达觉都、德多丹侯巴亚泽亚等人的子孙组织起来任命东吁四十刀卫扎巴底哈、界茂侯为五十夫长；将东吁四十刀卫南达底里、底里约达、南达泽亚、仰布翁昆、盾牌手南达巴拉、泽亚仰达梅、奈鲁林等人的子孙组织起来，任命东吁盾牌手约汉人韦路东德亚为五十夫长；将东吁人欧达约、遂亚丁延、赖威仰达都等组织起来，任命冈孟木、琼瑙榜人甘都侯杜因西都为五十夫长；将称之为赖亚泽亚丁坚的南达西都伽马侯之弟鄂推、本因侯耶觉木、琼当侯、梅塔侯、美耶康雷木、界夏侯、南达勃坚、明觉廷之弟瓦亚等人组织起来任命（伽马侯之弟鄂推）[①]为五十夫长；将东吁因玛侯之子鄂德莱、鄂楚基、鄂坚、谬迪艾侯、杜因登西、杜因登卡之子吴优囊等人的子孙组织起来，任命东吁茵玛侯之子鄂坚为五十夫长；将东吁四十刀卫子弟奴仆之长鄂达亚、勇士首领鄂腊、红盾兵首领鄂谬道、礼品官之孙兑加、德玛汤木等人的子孙组织起来，任命宋侯为五十夫长；将东吁、汉达瓦底村镇食邑者们的子孙，伽马尼之子、迦毗罗侯、艾桑木、绝木等人组织起来，任命耶博木为五十夫长；将德曼德都、那都耶木、仰窦巴、冈皮辛木、鄂耶内侯即丹迪侯、山达

① 经核《缅甸大史》，《琉璃宫史》原文漏掉括号中几个字，补正之。

侯、鄂谬博、宫翁侯之子鄂布翁等人组织起来，任命吉坎侯为五十夫长；挑选掸邦土司毛甘侯之子孙们组成了青年侍卫组织，后来又增补了一些土司之子孙。先父与王兄在位时组成了拜丁仰五十夫队组织。当缅王任王储时，曾任命乡镇食邑者子孙们为左、右佩刀随从。一些士绅贵人的子孙们也被组成佩刀侍卫组织。一些旧官员和下属乡镇食邑者们的子孙组成左、右十卫士组织；将一些老随从和奴仆的子孙们组成赖亚泽亚都五十夫队、赖威皮五十夫队、敏贡侯五十夫队、乌奈永侯五十夫队、彬达牙侯五十夫队；将南达泽亚等组成五骑士组织；将旧部属孟刀侯随从乡镇食邑者们组织起来，任命泽亚巴拉为五十夫长，后来又补充进去一些马龙人；因为在岸宋按组织分区居住，故称之为岸宋马军；将赐给王后之人员也补充编进其中；将觉苏瓦公主之内傅、内侍、侍槟榔官、侍水官、阿垒尼亚侯迪巴鄂包推、觉廷公主内傅、内侍、侍槟榔官、侍水官鄂翠貌、鄂德伟、鄂端抱等也补充进入马军之中。上述4组织人员皆由第七行宫皇亲国戚大臣采邑们的子孙中选出组成。还选了一些大臣子弟补充到马军五十夫队中去。

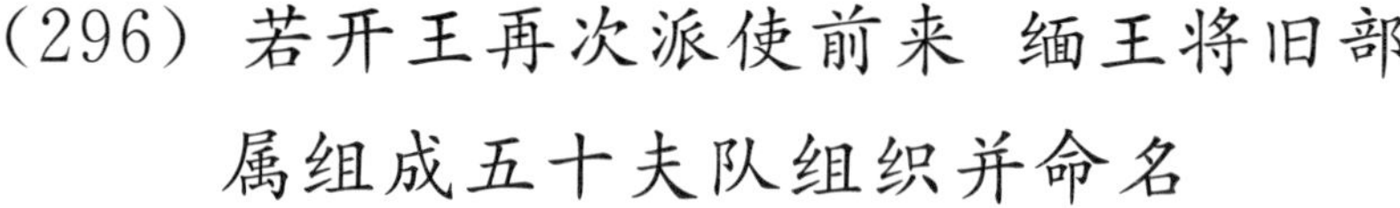

（296）若开王再次派使前来 缅王将旧部属组成五十夫队组织并命名

缅历992年5月28日（公元1630年7月26日）火曜日，若开使臣晒加都、耶突木等人来到。来诏用金叶写成，置象牙盒内，装于丝绒袋中。6月7日（公元1630年8月3日）火曜日在彬底卑佛亭由马军大头领南达梅等与迎使官鄂漆巴和东吁泽亚、鄂耶妙等引导前来。行文抬头与前同，只内容有所不同而已。象披金鞍红缰。诏书置金盘之上，晒加都端坐象首捧着，使臣耶突木则坐于象鞍中央。到达大殿，由鄂耶妙接过，放在御前所铺细席上的高脚盘中。过了一段时间缅王才走出内宫。然后使臣携礼物入内。收礼官把礼物放在礼品架上。王与使臣就座以后，由鄂耶妙宣读来诏。王与之寒暄后，侍从便为来使奉上用花边金盘盛放的槟榔与拌咸茶。过了片刻使臣告退，缅王退朝入内。留若开使臣停约一月之久，也向若开派出使臣。诏书行文抬头与前同，仅内容不同。用金叶写成，盖上金狮宝印，装在象牙盒内，放入丝绒袋中，送交若开王。同时带去中国布 2 大匹、14 中匹、6 小匹共计 22 匹，漆盒 6 个，漆片细席 10 张，茶叶 8 大筐，嘱送若开长老、官员与长者。两小篓茶叶供巴亚南都、勃林侯与御象官、盾牌长途中食用。从汉达瓦底出发，用一只劳加船载诏书及礼品由御象官与盾牌长乘坐押送。巴亚南都和勃林侯乘一船，若开使臣另乘一船。到丁因之后换乘 10 艘伦锦船前行。赐给鄂拉盛、那色叶二人每人银元 10 块；赐划伦锦船的 22 名船夫每人 4 块银元。

缅历 992 年 7 月 26 日（公元 1630 年 9 月 21 日）月曜日向若开进发。缅王用两个月时间整顿军队，补充战象、马匹，将旧部属及父王、王兄原来的部下组成亚扎贡达、亚扎丁坚、德瓦甘马、亚扎登卡、内谬瑙亚塔 5 个五十夫队，在进军时作为使役组织。将老下属、土司、侯王等人的子弟组成五十夫队，后由拜丁延基负责；将从景永带回的奴仆侍从们组织起来，命埃嘎亚扎为首领；将从孟乃带回的侍从乡镇食邑者们组成赖亚道迈耶五十夫队；将包括孟乃、景丁掸族士绅子弟们在内组成了以羌松侯玛尼德瓦为首领的五十夫

队组织；将包括孟乃、景丁掸族士绅子弟们组成了以榜朗侯为首领的五十夫队组织；任命良辛侯为东吁明耶觉苏瓦的奴仆乡镇食邑者们子孙的五十夫长；任命南达勃亚为东吁明耶觉苏瓦之奴仆、明耶底哈都之奴仆乡镇食邑者们子孙的五十夫长；任命阿木比亚德扎坎为清迈、孟巴、孟洪、孟斑、景朗等掸族乡镇食邑者们子孙的五十夫长；任命丁玛为景永、孟辛乡镇食邑者们子孙的五十夫长；任命那赛扬木为东吁明耶觉苏瓦、明耶底哈都等人奴仆乡镇食邑者们子孙的五十夫长；任命敏艾侯都艾道木为泽亚加马尼、泽亚南都、觉康木、温多岱木等老神骑手组成的持枪五十夫长，后又将鄂吴加等有同等能力的十神骑、太后之奴仆乡镇食邑者与北部南达约达的亲戚等补充进来。赐给他们金顶金鞍、五层花短顶盔、黑甲、金枪马队标记、黑白旗。从王兄在位时至今宫中人都配有金顶金鞍。在王的侍从马队中除了殿前马队外，又补充组织了亲奴五骑以及御马监巴亚丁坚之弟底里约达、赖威都拉、亚安迪侯、皎皑盾牌手长、耶突觉康木护卫共十骑。赐给他们金顶金鞍、五层花短顶盔、红甲、金枪马队标记、红绿旗。从王兄在位时起重要大臣坐骑都配有金顶金鞍，配镶红宝石的剑。在殿前马队中原有建卑谬王之奴四五十人宫中群臣之子。现又将王兄原赐给王后的人们补充进来。另外宫内马队中原有建卑谬王之奴四五十人宫内群臣之子孙仍留在王兄处。王在云国、清迈处理未竟之国事尚未及加冕。缅历 992 年 8 月 17 日（公元 1630 年 10 月 11 日）日曜日，乘御轿打两顶白伞于 8 月 28 日（公元 1630 年 10 月 22 日）金曜日搬回行宫。班德约营寨被火烧毁。缅历 9 月 5 日（公元 1630 年 10 月 29 日）金曜日起 32 路人马由汉达瓦底出发向清迈进军。由月初到月中 15 日阿瓦的梯莱辛佛塔显灵光。10 月 4 日(公元 1630 年 11 月 26 日)月曜日彗星飞过落于西北角,发出巨大地声。缅王抵清迈后即以 32 支人马围攻清迈城。

(297) 征服清迈 孟昆不降发兵攻打

缅历 993 年[①] 4 月 29 日(公元 1631 年 6 月 17 日)土曜日,若开遣使巴亚延达梅、泽亚巴德亚、德瓦德曼来到汉达瓦底。缅历 994 年 1 月(公元 1632 年 3 月中旬至 4 月上旬)缅王攻打清迈后,又连取清迈周围 52 镇。景永、景栋土司也献出良象骏马和子女,以示效忠归顺。唯孟昆城不肯降服,于是缅王命王弟明耶觉苏瓦、底里达马道加、巴亚加马尼与巴亚觉廷 4 支人马率战象 100、骏马 1500、士卒 40000 去攻。抵孟昆后虽几次攻城,但因城池坚固,且火铳枪炮多,士卒伤亡者甚众,只得围困之。

缅历 994 年(公元 1632 年)上半年若开使者被召到清迈。诏书由德瓦德曼捧着,骑着饰有金鞍红缰之小象,泽亚巴德亚则坐在象鞍中央。巴亚仰达梅在汉达瓦底患病亡故,已被厚葬。南达梅乘象一头,泽亚丁坚和其他马军首领各自骑马共七骑陪同使节前来。缅历 994 年 3 月 15 日(公元 1632 年 5 月 23 日)火曜日到达清迈。4 月 20 日(公元 1632 年 6 月 26 日)月曜日过清迈王布施捐建的瑞乌明佛亭土桥。洋枪队五十夫长鄂沃切和神骑手鄂锡乃被任命为使臣之护卫。4 月 22 日(公元 1632 年 6 月 28 日)水曜

① 原文误写为 994 年,与下文所述矛盾。查《缅甸大史》应为 993 年,更正之。

日若开使臣前来晋谒。晋谒前,命德瓦约达和仰窦巴率马百骑和驮运诏书的象一头带放诏书的金质高脚盘从大营至使臣驻地迎接。使臣泽亚巴德亚手捧诏书金盘乘象。德瓦德曼坐在象鞍上,有 5 名开路侍从跟随。由神骑手鄂瑞梯引导,抵达后,在大营外停候。时辰到时召见。驮诏书的象和抬礼品的人留在议事堂的东南角。使臣被召进议事堂中,鄂昂拉和其他接礼人员及 25 匹马待在彩棚外菱形格子大门内。当缅王出来后鄂昂拉才走至象及礼物处,让大象低下头来,磕头礼拜后站起接过诏书,取过礼品,不再磕头礼拜直接捧向御前。左侧彩棚中的马兵站在后边。执诏书之人用金托盘将诏书放在大营前铺着的细席之上。当诏书与礼品拿进大营后,若开使臣才被召见。由使者护卫鄂沃切和鄂锡乃陪同进入。到了缅王面前,若开使臣报告礼品清单。当使臣们落座后再递上去。由鄂妙向王读了来诏,王与之寒暄后,由鄂翁、鄂漂从左侧彩棚取来两只金钵,里面盛着槟榔与咸茶,上面盖着圆树叶,请使臣享用。大约吃一包槟榔的工夫,使臣们即告退。鄂翁、鄂漂拿起请使臣用的金钵交给彩棚守卫者拿出议事堂。使臣从该处返回住所。若开使臣抵达 4 月后,缅王与大臣们商议向若开派遣使节问题。最后决定派赖威登西、韦路德曼、拜纳耶等人前往。所带诏书行文抬头与前同,只是内容不同罢了。诏书写在金叶之上,装入象牙小盒,套上丝绒袋,盖上金狮宝印,再放进木盒内用火漆封妥,置于贡瓦地区出产的红布袋中。将金狮宝印赠给若开王。送给若开王的礼品有:头盔,白贝叶经,红贝叶经,麝香 21 副,中国布 6 大匹、6 捆,大漆盒 6 个,漆盘 4 只,漆片细席 12 张,漆框纸折 6 册,以上礼品将在白古拿取。茶叶 4 筐、干姜 6 筐共 10 筐,漆制大槟榔盒一只将随后送去。另,赐给赖威登西上等筒裙两件、衣服一套、麝香 3 副、漆席 3 张、漆盘 3 只、银元 80 块。赐给韦路德曼上等筒裙一件、手织红布料一块、细布上衣一件、麝香两副、漆席两张、漆盘两只、银元 30 块。赐给拜纳耶上等宽幅筒裙一件、麝香两副、漆席两张、漆盘两只、银元 30 块。还赐给赖威登西漆制权杖、合金镶边重 10 缅钱金钵、重 4.75 缅钱的金制吃槟榔用石灰盒、重 1.9缅钱的金制腊盒、重 1.25 缅钱的金制牙签和重 10.75 缅钱的金制茶壶。赐韦路德曼漆制权杖、重 7.9 缅钱的金钵、重 1.6 缅钱的金制腊盒、重 5 缅钱的合金吃槟榔时用的石灰盒。没有赐给拜纳耶随身用品。另,给瓦因窦鄂漆瑙、鄂德榜、鄂高山三人每人两只银漆环。赐赖威登西仆从 4 人,韦路德曼仆从 3 人,拜纳耶仆从 3 人共 10 人,每人银漆环一只。给丁因鄂拉盛、那色亚伊和 30 名划船手每人发银元 1 块。缅历 994 年 9 月 16 日(公元 1632 年 11 月 17 日)金曜日将若开使臣泽亚巴德亚、德瓦德曼召至议事堂,由南达梅宣布圣命。缅历 9 月 20 日(公元 1632 年 11 月 21 日)派出使臣赴汉达瓦底。从汉达瓦底乘伦锦船前往若开。

王弟明耶觉苏瓦率兵攻打孟昆,围攻 8 月之久。因城内断粮,疫病四起,无法支持。缅军士卒趁黑夜攻上城去,占领全城。明耶觉苏瓦返回清迈,将孟昆城中一切所获献给在清迈的王兄。缅王征服了云国、艮国、获得良象骏马、贤臣骁将、兵勇士卒甚众。在清迈派重兵驻守。

缅历 994 年 11 月(公元 1633 年 1 月)王离清迈凯旋。次年 1 月抵汉达瓦底。将孟昆赖延等人组成养象队。当年雷击阿瓦城九下。

阿育王认为登上宝位后应弘扬佛法，故即位为王并未马上加冕，用了4年时间治理国家各项事务之后，才进行加冕。像阿育王一样，缅王也在治理国事4年后，在缅历995年选择良辰吉日，在王祖所建之京都汉达瓦底西北方胜利之土，命人建造极其雄伟华丽之吉祥宫殿，举行加冕仪式。在吉祥殿举行灌顶加冕的程序为：由精通三藏占卜的缅族、孟族相士、学识渊博的缅族、孟族、云国大臣与婆罗门祭司等商量筹划。参考了从摩诃三末多王至净饭王共历334568代帝王所用之仪仗与典礼；从阿阇世王至阿育王共计29代帝王所用之仪仗与典礼；室利差呾罗、蒲甘、彬牙、实皆、阿瓦各朝有威望诸王所用之仪仗与典礼，进行安排。缅历995年6月5日（公元1633年8月28日）火曜日夜3更3时3拔开始建造灌顶加冕宫殿。

建造的程序是：缅历995年5月12日（公元1633年8月6日）月曜日在宝地上供奉各星神，平整场地。5月17日（公元1633年8月11日）土曜日用8对长相吉祥的牛系上金缰、银缰拉上金犁、银犁，由8位婆罗门引导犁地。由长相吉祥的富户子孙朝拜各星神后手握金铲、银铲挖地，撒上7种种子用7种水和来自四大部洲的土和7种土加上肥料牛粪一起下地。5月22日（公元1633年8月16日）火曜日供奉星神之后开始打桩、支脚手架。6月3日（公元1633年8月26日）日曜日供奉星神后开始立加冕殿之柱。立柱的程序是：在殿前由婆罗门口念咒词向天帝释为首的20位神明摆上全副供品，包括稻谷箩、带枝等的椰子、敬神花瓶、盘子、钵盆、白米饭、牛奶、黄油、蜂蜜、糖浆、味美的槟榔、拌咸茶，以及油灯、香木、伞、幡等。供桌下面在盛放供品的竹篮中有炸的食品、酒、槟榔、咸茶等供饿鬼们食用。以上仅是简略概括的描述。6 月 5 日(公元 1633 年 8 月 28 日)火曜日以后,每天都是鼓乐喧天,人们手执金铲、银铲挖土,兴建加冕宫殿。

(298) 加冕大典

缅历 995 年 9 月 17 日(公元 1633 年 12 月 7 日),上朝大殿和 4 个尖顶阁同时动工兴建。大殿兴建的程序安排是:先将在吉祥宫殿正前方的地平整,用 7 种洁水、7 种好土、7 种香料喷洒拌匀、大殿门楼柁长 6 肘尺,檩长 7 肘尺,后厦宽 5 肘尺,前廊宽 5 肘尺半。四周共长 108 肘尺。门楼用雕花板进行装饰,上面用画眉草盖顶,并吊了顶棚。用布围绕顶棚四周安排成下垂状装饰物,用花色奇异的布制成花边装饰其上并挂有珠宝珊瑚等。柱子也用上等布料装点起来。门楼内则以金、红两色油饰一新。大殿柁长 9 肘尺零 1 拳。殿门 6 肘尺 2 拳,宝座处高出其他地面 2 拳,尖顶飞檐状饰物高 5 肘尺。如此装饰停当之后取吉祥之水的安排是:大路两侧皆装饰一新,每个路口都搭台演出歌舞,蓄水塘也装点起来,四面八方放上斋饭食品、槟榔、咸茶、香料、油灯、旗幡等,由婆罗门拜祭。取水队伍以跳舞者为先导;后面抬着 8 口大瓮;再后面是青年们扛着 108 个水钵,钵内插着蒲桃枝;后面是 8 位乘轿的婆罗门大师;再后面由 8 名少女分执金罐、银罐各 4 只;少女之后又是些青年人;后面是顶伞、披绶带、裹着包头巾的大臣们;最后是象兵乘象、马兵骑马相随。来到水塘之后,扮成护水神者问道:“尔等为何来此?”婆罗门国师们答道:“按列祖列宗登基盛典之惯例,如今洪

福无量的圣上要举行登基大典，故来此取水。”护水神又问：“现今洪福无量之圣上是否也能顺应天理，为佛教繁荣僧俗利益行事？”婆罗门国师们答道：“就是为了循规蹈礼才来此取水。”护水神说：“祝圣上万福长寿，为了佛教、圣上以及黎民的利益，世世代代积德行善。”取水的队伍遂用金花、银花、金米花、银米花、金块、银块、九宝油灯、槟榔、咸茶等供奉神明之后，念起来自星相经典的咒词。婆罗门国师们与少女们盛好水，队伍由原路依次返回。将水放在国王灌顶洗头的彩棚内。灌顶洗头的程序是：在 4 个尖顶阁楼上的 4 只敬神花瓶中放满清水，插上芒果、木雅、孟加拉苹果、马六甲蒲桃、茅根 5 种嫩枝。铺上细席布单，在盘子上放着带着嫩枝的椰子。在 4 门各放一只插着 5 种嫩枝的敬神花瓶。在尖顶阁楼八方，放着用金子做成的太阳、银子做成的月亮等八曜星。并按经典规定礼拜。洗头的具体安排是：将 7 种大叶解宝叶、金银等 7 宝放入 7 种圣水之中，念过咒语。在王的手指脚趾上各戴上 10 只指环，嘴中也含一只宝石指环。在缅历 995 年 9 月 23 日(公元 1633 年 12 月 13 日)金曜日凌晨 4 更时举行灌顶洗头礼。洗过头后，将原来的衣服饰物脱下放在尖顶阁楼内，换上白色衣服登上尖顶阁。关于王换上新装登上大殿的程序安排大致如下：先朝拜以天帝释为首的各星神。然后将长 3 肘尺 1 迈，宽 3 肘尺，厚 4 指的带 4 条腿的，用金色描成莲花状的金榻放在大殿殿首之上。铺上特制的褥垫。在丛生榕木板下撒了 5 种香料的粉末。在彩棚四面各放一只敬神花瓶，其中插入槟榔花蕾与龙血树、马六甲蒲桃、茅根、木雅等嫩枝。王坐于彩棚之内。正东面除有一只敬神花瓶外，还插了 4 棵根叶果实齐全的香蕉树，此外还有椰树枝、槟榔树枝、各种水

果、花朵，点着油灯。在彩棚四周放了108只水罐，每只水罐中都装有槟榔花蕾、龙血树、马六甲蒲桃、茅根、木雅等。在彩棚四周种了鲜嫩的印度榕和丛生榕树。正东方立起一面大幡。在金盘中放着达雷红米饭和美味佳肴，还插有椰子、槟榔、香蕉等嫩枝，点着油灯，放着鲜花、槟榔、拌咸茶等。还有一只打扮起来的小公象。东南角立起一面大幡。银盘之中也放了上述各种物品，还有一只打扮起来的缅甸山羊。正南方立起一面大幡，铁盘中放了上述物品还有一只打扮起来的雌水牛。西南角立了一面大幡，铅盘之中放有肉饭和装饰起来的一家人。正西方立有一大幡，锡盘之中有美味食品和一只打扮起来的驴子。西北角有一大幡，铜盘之上盛有蜂蜜米饭和打扮起来的鹿。北方立一大幡，金盘上放的是五味饭和打扮起来的马。东北角上一面大幡，金盘之上有上述物品和香味饭和打扮起来的公牛。各大幡之间，种着香蕉树，点着油灯，还用打扮起来的吉祥象马围着。周围还有身披铠甲手执盾牌或弓箭的兵勇。从王换装的尖顶阁至吉祥大殿是从右绕行而去的。在通往大殿的道旁布满了旗幡、香蕉枝、椰子枝、棕树枝和灯盏。缅王乘全部装点着宝石的御辇，在象兵马兵簇拥下从右绕行来到吉祥宫。到了大殿门前时，缅甸国师们由宫内走出口念颂词说："吾王福禄无尽万寿无疆，为了佛教昌盛，圣上福荫，僧俗黎民康乐，以及陛下子孙后代之利益特建此宫。请圣上进宫。"缅历995年9月24日（公元1633年12月14日）金曜日，缅王进入大殿，从右绕行，登上丛生榕宝座。面朝正东，盘膝而坐。由8位婆罗门国师念加冕咒语举行加冕礼。缅王接过君王登基五宝器，撑起白伞。这时用上朝鼓、铜钹、木板、扁鼓、小鼓、牛角号、喇叭、笛子、长管号、

弯号等奏起乐曲。国师称缅王尊号为底里杜达马亚扎摩诃迪勃底[①]。这时8位国师说道:“统治河川大地的皇帝陛下,一定要像所有国王那样遵循国王之规,履行圣君之责。为了一切黎民百姓的利益与幸福去工作、去布施、去持戒。”随后用金壶洒下净水,进行种种布施。缅王正式称帝,并立誓曰:“朕将以为僧俗黎民谋福之法鞭策自己,望能百病不沾朕身,长命百岁,并获能战胜一切凶敌之白象。”誓毕,王子公主、皇亲国戚、文武群臣、土司头人与全体百姓用金银米花向神供奉,一面高呼:“祝吾王长寿! 福威倍增,白象等七宝早日到来! 祝国家繁荣昌盛!”之后,由5位富绅向缅王献上金、银、铁、藤圈与白牦牛。从御前拿起登基五宝器,捧起其中放有槟榔花蕾、龙血树、马六甲蒲桃、茅根、芒果等嫩枝及念过消灾经咒能避邪消灾之线团的金罐、银罐走在最前面。由大殿一直到吉祥宫之间,地上铺着细席,席上铺上白布。王迈出右腿,一步一步地在白布上走着。路边的人们讲些吉祥的话。在宫殿正东放着锡与铁;在东南角放着欢喜天神石板;在西南角置红毯;正西由少女们手捧金、银、猫眼石等珍宝而立;西北角放白米饭及各种美味佳肴;正北方放着盛满清水之法螺;东北角放5口盛满清水的大水缸;在正中央放着佛龛和经书。在宫殿之下[②]有带仔母马和带仔母牛。到了吉祥宫过廊,拜过三宝、九曜、公正之神和守城神,命8位国师献上祝福情谊之花。之后缅王抬起右腿,从右门进入宫内。在高贵的宝地之上向三宝、九曜神、天帝、梵天、四大天王、土地神、

① 巴利文音译如文。意即:吉祥、善良、弘法、伟大的王中之王。

② 缅房屋皆系高脚屋,宫殿亦如此。屋下殿下可储放物品牲畜。

树神、宇宙神、护佛法之神、守卫八方之神、护身之神、公正之神等合十礼拜。随后用宝石盘盛饭进膳，坐于宝座之上，观赏各种歌舞演出。向王子、王孙、皇亲国戚、将相大臣们赐伞、鼓、额带、绶带、仪仗、称号，并赐城镇乡村食邑。对建造宫殿的建筑师、工匠们给予厚赏。对城内外佛塔浮屠、佛像、僧侣等也安排了重大布施，一连 7 日。对国内各地的佛塔寺庙及僧尼也布施了八法器。在观看王加冕礼时，一妇人产下一子。学者们向缅王奏道，这是陛下子子孙孙皆为王的征兆。他们也将像陛下一样，视僧俗黎民如亲子。雷击加冕之皇宫，汉达瓦底门扇下方蜜蜂筑巢，则是佛教昌盛王威崇隆的征兆。

（299）向阿瑜陀耶派出使节 处理汉达瓦底事务

缅历 995 年 10 月 23 日（公元 1634 年 1 月 11 日）金曜日，缅王向阿瑜陀耶派出使节。诏书的行文抬头是：管辖缅甸、汉达瓦底、翁榜、八莫、卡随、艮、景永、清迈各邦及各邦国王，金、银、琥珀、宝石矿藏之主，金殿之尊，万物之主宰底里杜达马亚扎摩诃迪勃底向亲爱的阿瑜陀耶陛下致意。将两面书写的金贝叶放在嵌着宝石的象牙盒内，外套丝绒袋，装在红漆木盒中，然后再套上麻纱袋打封盖印。诏书底稿用贝叶抄好，与金贝叶同放。王派杜因、达勒巴龙昂等人前往。大元帅巴亚加马尼也致函阿瑜陀耶大将军。行文抬头写道：对福威崇隆、统辖各国、各宝藏之主、吉祥的宝马、宝象之主、励行君王十规、具贤人七德、以坦诚之心像阳光驱散黑暗般制服所有狡猾奸诈者，以波罗蜜才智战胜五难的王中王底里杜达马亚扎摩诃迪勃底陛下的永远忠诚的大元帅友好地致书阿瑜陀耶堕罗钵底国宝殿御前大将军。书信用金贝叶书写，置红漆木盒内，虫漆加封，装于中国红绸袋内。袋内还装有一份掸文译稿。两封书信一样。书信内容不再赘述。

（300）达龙王[①]在瑞牟陶塔周围建寺院 扎拉甘梅雷等叛乱 若开使臣到来

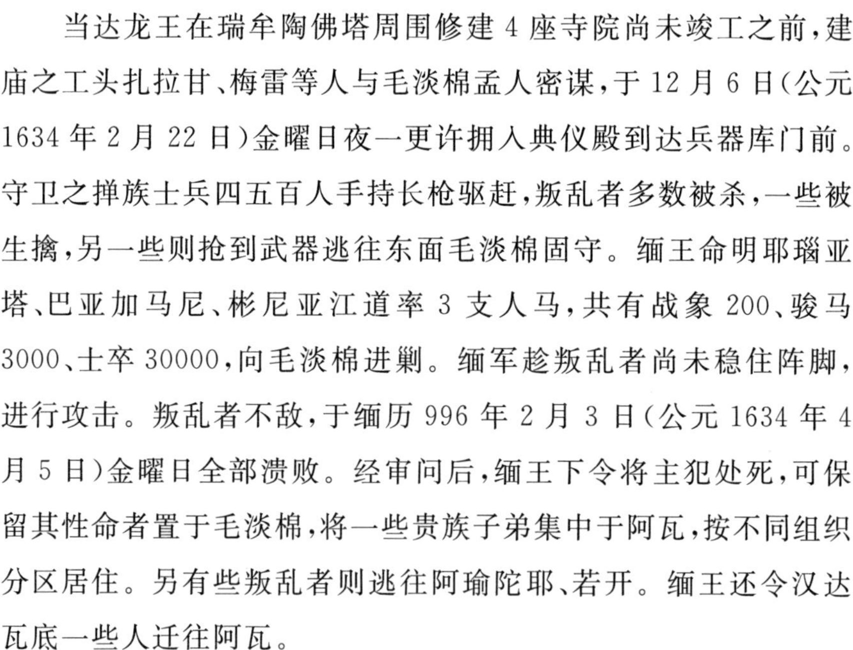

当达龙王在瑞牟陶佛塔周围修建 4 座寺院尚未竣工之前，建庙之工头扎拉甘、梅雷等人与毛淡棉孟人密谋，于 12 月 6 日（公元 1634 年 2 月 22 日）金曜日夜一更许拥入典仪殿到达兵器库门前。守卫之掸族士兵四五百人手持长枪驱赶，叛乱者多数被杀，一些被生擒，另一些则抢到武器逃往东面毛淡棉固守。缅王命明耶瑙亚塔、巴亚加马尼、彬尼亚江道率 3 支人马，共有战象 200、骏马 3000、士卒 30000，向毛淡棉进剿。缅军趁叛乱者尚未稳住阵脚，进行攻击。叛乱者不敌，于缅历 996 年 2 月 3 日（公元 1634 年 4 月 5 日）金曜日全部溃败。经审问后，缅王下令将主犯处死，可保留其性命者置于毛淡棉，将一些贵族子弟集中于阿瓦，按不同组织分区居住。另有些叛乱者则逃往阿瑜陀耶、若开。缅王还令汉达瓦底一些人迁往阿瓦。

缅历 996 年 6 月（公元 1634 年 8 月下半月至 9 月上旬）若开

① Thalun，旧译他隆。意即：安然而死之王。

使臣泽亚德曼、贡那亚扎德曼、德瓦德曼偕10名随从由敏东一线来到德叶城。缅王派御前的妙觉五十夫长、妙山薄、鄂耶山前往迎接。由卑谬派伦锦船送来。由于在阿腊渠搁浅，只得用独木长舟去接。7月12日（公元1634年9月23日）月曜日停靠那伽码头。来使所带诏书置槟榔托盘之上，用备金鞍之小公象驮运。3位使臣乘象。司库昂吞侯手捧槟榔托盘，甘漂侯乘象护卫左右。象队抵达使驿时，受到底里拜彬率领的100名戎装宫前马军骑士的迎接。使臣被安置在城南德潘彬尼亚地区的驿馆内。3位使臣分别住在萨丁德、德仓帕耶、孟养3座楼内。护卫妙山薄、鄂耶山等人则住另一楼内。7月18日（公元1634年9月29日）金曜日，宫廷侍卫鄂聪、神骑马军泽亚等人来到驿馆传唤。在马东漂亭，由彬尼亚仰、仰达梅兹林仰、泽亚觉廷、明拉瑞当等人护送，骑座备红鞍鞯的小公象前往王宫。诏书由德瓦德曼捧着。泽亚德曼、亚扎德曼各骑一象。使臣护卫鄂妙山薄、鄂耶山骑巴走在前面。到达亭子时，鄂妙在亭子门前迎接，由鄂翁开宣读诏书、鄂妙单抄录。后把放诏书的高脚托盘和诏书一起放进象牙盒内，然后放入丝绒袋内，盖上印记放入红色木盒内，加盖金狮印。诏书说：统治西部一带各大国的阿瑜阇补罗若开国君主、白象王底里达马亚扎亲切地向统治东部苏那波兰达下属各国的宝矿之主、阿瓦金宫主人国王陛下致意。陛下派赖威登西、韦路德曼、拜纳耶等高举诏书前来。得知陛下在清迈身心愉快，治理国家有方，使佛教繁荣昌盛，对此感到无限欣喜。陛下送来诏书之内容详悉，言之有理，无可争议。陛下来诏中还提及，祖父白象王是富有怜悯与爱心的，所以能和睦相处。在3位国王和睦相处之中，东吁王和祖父白象王不仅形影不

分，而且精诚团结。在处理国家之间、君王之间或各国人民之间的事务时，不仅能秉公处理，且注入爱心、友善之心。彼此达到真诚了解，确实是不易的。所以朕在信中提及希望知晓陛下的爱好。学者和仁义之士都称赞陛下对建立东吁城的3位先王富有情谊。因而使佛教繁荣兴旺，为僧俗黎民造福，使子孙后代对情谊永志不忘，对皇亲国戚之情也常系心间。由此可见，有了情谊就有正直之心，从而对现世和来世有真正的了解，成为有识有学问的挚友。朕在信中表示希望陛下能牢记此理。朕在珍贵的金贝叶上写下“爱”字之时，就把陛下认为是朋友。民族是永生不灭的。朕认为陛下应把朕作为心目中众多朋友中的盟友，是比一般朋友更可信赖的人。被称为人世至尊的历位佛祖，在现世轮回中也给众生以保佑与扶持。人们对陛下都是大力赞颂的。我们之间盟友之情已经生根成长。在还没有悟道的众生中，只有众多帝王、王子的利益，没有某个帝王的私利，但也难以使所有的人满意从这一点考虑，或从帝王的事业、工作与职责，或为避免学者们的指责，或为了能得到学者们的赞扬，或为佛教大业的弘扬广大来考虑，我们两位帝王都必须仔细审视计议。这也需要我们两人同心同德真诚相待。出于此心，朕写此信致陛下。切望陛下以博大崇高的智慧进行深思，并复函于朕。因朕实不敢听信陛下下属之言。有所闻才进行查实。我确信只有等待泽亚德曼、贡那亚扎德曼、德瓦德曼早日返回后，才能确切得知陛下健康状况及其他诸事。

第十九编

(301) 若开王贝叶书[①]

上文所述若开王贝叶书中还写道：另有一事，食邑毛淡棉的孟人派员持函来请朕救助。朕看他们害怕的样子，对他们说，不用怕吾兄。你们应该说些不让陛下生气让他中听的话。不然，就会惧怕陛下而不敢接近了，这样也只能成为外奴，就算是不跟随吾兄，要作为朕的奴隶。但你们知道我们两位帝王也似先王一样，两国如一国，两人如一体，任凭海枯石烂，情谊永远不变。这是未来佛陀们所宣扬主张的。我们子子孙孙永结友盟，行动一致。朕劝他们不要依附敌国，永远视自己为奴仆，追随陛下。他们不了解陛下的意图也是一个原因。传言说陛下对流放格礼的孟人将下令处以烙刑，孟人惧怕死难遂逃来我处。这些情况也一并告之。

缅历996年8月1日(公元1634年10月11日)金曜日，使臣被召见。宫廷侍卫鄂缅、神骑马军鄂泽亚等前来传旨。德瓦德曼手执来书骑上备有红鞍鞯的公象。泽亚德曼、贡那亚扎德

① 本节原书漏列节名，现按内容补上。

曼各骑一象，从东边过来。离皇宫 4 达远的地方，使臣们的象骑停下。泽亚德曼、贡纳亚扎德曼来至宫内。缅王出朝入座。鼓乐停止吹打后，昂拉和接贡品官员及 42 名手执竹杖的士兵从饰有菱形格状墙后出来列队于朝前。使臣命公象跪下，将来书递给昂拉，又走了 4 达远，接贡品的官员随后跟上。在接贡品官员后的 40 达处，是使臣和护卫妙山薄、耶山等。他们进入宫中便把来书放在金高脚盘上，金高脚盘下铺下了垫子。垫子下为细席。礼品放在宫中之后，人员便向左往里走到左配殿，站在骑士的后边。若开使臣朝前走去，由贡纳亚扎向缅王献礼。献礼毕，鄂妙起身宣读抄录于纸帖上的来书。缅王与来使交谈，千夫长昂突指派男侍鄂开给每位使者献上一份拌咸茶。拌咸茶放在漆盘上的四周有花纹的金制圆形带盖盒中。献茶毕鄂开退出，若开王进献礼物为郭郭宿布[①] 12 匹、马磨尼布[②] 5 匹、上浆白布 20 匹。在宫中，泽亚登卡按旨意与昂突一起把礼物收下。缅历 8 月 14 日（公元 1634 年 10 月 24 日）木曜日，安排使臣拜会南达梅。使臣们分乘三头象前往。南达梅在府中以槟榔、咸茶招待。若开使臣回赠了 3 匹细布。谈话中问及若开大元帅等文武大臣的年龄，使臣答曰：“国王咨政摩诃南达都利亚 56 岁，摩诃南达觉廷 56 岁、南达丁坚 50 岁，都拉觉廷 45 岁、底里泽亚觉廷 60 岁、若开王太傅亚扎勃拉觉廷 57 岁、统帅巴亚觉廷 58 岁。南达西都 54 岁、赖亚泽亚丁坚 55 岁。”

① 一种洋布名。

② 一种洋布名。

(302) 给若开复信 修建王宫[①]

加冕盛典礼成之后，缅王给若开国复信。诏书之首这样写道："苏那波兰达、丹巴提巴、甘菩遮、罗摩迎、凯摩罗塔、佐底那格拉、罗陀那补罗、室利差呾罗、阿梨摩陀那、给杜摩底、汉达瓦底、达耶瓦底、妙瓦底、莫塔马、土瓦、清迈、景丁、景栋、阿南、景永、丁维、孟密、底宝、孟乃、良瑞、八莫、孟拱、孟养、格礼、孟林、盖马、孟卯等各邦国的统治者，银矿、金矿、琥珀矿、红宝石矿之主，金宫之主，众生之主宰底里杜达马亚扎摩诃迪勃底友好地向统治中部西方一带各大国的红象之主底里杜达马亚扎陛下致意。"金诏书写在镶有红宝石的贝叶上，连同原稿放在象牙盒内，装进丝绒布袋，又放入木盒内，再用漆密封，盒盖上镶有九种珠宝，打上金狮宝印。木盒放在泽达温殿，是由带篷轿子抬入的。使臣们由丁因沿水路去卑谬，因怕声张故没有对外宣布。

为了像天爱帝须王那样举行两次加冕典礼。缅王在汉达瓦底处理完各种国事后，于缅历 996 年 10 月 16 日(公元 1634 年 12 月 24 日)火曜日回到先王和王兄的遗业罗陀那补罗阿瓦。到阿瓦后住在当巴鲁行宫中。996 年 11 月 7 日(公元 1635 年 1 月 14 日)火曜日拂晓三更 6 时 3 拔进入阿瓦白茅宫殿，并于 8 时 2 拔上朝。该殿建于 996 年 6 月 18 日(公元 1634 年 8 月 30 日)拂晓三更 1 时。

① 接本节内容补写了"修建王宫"四字。

缅王着手兴建王宫,为修建四层宫殿,首先命人前往实皆、色固茂等地选伐一些长得挺拔齐整的树木,作为宫殿各处主要支柱用。将这些木料做好记号后,与别的木材一起,于996年5月24日(公元1634年8月11日)日落后4时1拔放入江中,举行盛大仪式祭祀99位预流果神、8曜及护国神、守城神等,此时鼓乐齐鸣,供上佳肴鲜果。王子、王孙、土司、头人、文武大臣、马兵象士、财东富贾们分乘大船小舟在鼓乐伴奏下逆流而上直至摩诃茂。此时,只见建筑皇宫用木自动地漂到船前继续往前。到达界野东面的因宾时,船桨雀跃,木头都搁浅停留在阿瓦城曼昂码头。按经典著作所述,为这些木材必须向罗刹王供奉各种香酥糕点、甘蔗、香蕉、椰子、香料、鲜花、旗幡、油灯、槟榔、咸茶等,并向罗刹王念诵咒词。供祭食物后,用金锯、银锯将树根树梢各锯去4寸,再向罗刹王献上美食及伞、旗幡。婆罗门祭师用金钵、银钵、有纹路按顺时针方向转的海螺壳将之洗净。

6月2日(公元1634年8月14日)拂晓三更2时2拔,在王子王孙、土司头人、皇亲国戚、文武大臣、财东富贾们簇拥下,马路被装饰打扮一新,舞蹈者翩翩起舞,人们击鼓奏乐祭祀各路神明。将相子弟们化妆打扮后手执彩色丝带吹吹打打,把建皇宫用木料送至工地,将树根朝西,树尖朝东。同时还为喜庆星神修建神殿,并供奉水瓶、发芽椰子、金属盘子、钵、牛奶、黄油、蜜糖、甘蔗、香蕉、伞、油灯、槟榔、咸茶、米花、旗幡、谷箩、米箩。文武大臣子弟们口念咒语,用海螺、金盘、金钵清洗108个金罐。然后用金盘、金盖、金钵、金匙陈列果品祭神、头扎包头巾的建筑大师们手持画线用的金绳、银绳,在木材上比画好,又用金锛、银锛刨木。木匠们无从下手时就先祭拜神祇,即可得心应手。把这些奇特的建宫木料刨平后,又用金凿银凿雕刻飞檐等各种装饰物图像花纹。然后又按古法祭祀星曜神。

6月13日(公元1634年8月25日)土曜日,拂晓三更5时2拔开始丈量建宫处土地。8月28日(公元1634年11月7日)木曜日清晨四更过1拔,8对长相极好的耕牛佩有金缰、银缰,用金缰、银缰拖着金犁、银犁、金铲、银铲,由8位婆罗门牵引,在建宫地上开犁挖土。9月11日(公元1634年11月20日)水曜日四鼓5时3拔播下7种谷物种子。9月25日(公元1634年12月4日)水曜日拂晓三更4时1拔正式开始建筑皇宫,并祭祀星曜神。10月3日(公元1634年12月11日)水曜日四更3时1拔,开始挖护城河。10月9日(公元1634年12月17日)火曜日午夜2时1拔用7种水、7种土、7种香料、牛奶、黄油、蜜糖、匍匐冰草,牛粪等搅和涂抹,犹如铜镜一样平滑。10月12日(公元1634年12月20日)金曜日午后5时祭祀星神后,在建筑各座宫殿的土地上给道行高的僧俗们布施斋饭。请僧侣们念诵消灾经,给僧侣们布施许多物品。给国内外实皆、彬牙等地佛塔寺庙内的佛像、菩提树、榕树布施香烛。给护国神、护门神、护路神等供祭香火、油灯、槟榔、咸茶、香酥食品以及小鼓、大鼓、弯琴、椰笙等。人们身着盛装,将从正宫一直到所有建筑用地,从右向左缠上彩带,开始奠基打桩。10月16日(公元1634年12月24日)月曜日,鱼肚露白之时,雕制星神像,祭祀星曜神。10月17日(公元1634年12月25日)水曜日,黄昏一更过3拔开始搭建皇宫后墙脚手架。午后开始建筑王妃的宫殿。10月23日(公元1634年12月31日)火曜日夜一更5时1

拔开始雕制国王宝座。午后3时搭建皇宫正宫脚手架。像前面所述对星曜神进行祭祀。在宫殿四面八方搭起牌楼彩棚，向有道行的尊者、圣者、僧侣们布施斋饭。请僧侣们念诵消灾经后又布施大量物品。11月3日(1635年1月10日)金曜日，太阳初升之时，鼓乐齐鸣，王子王孙、文武将相们穿着盛装，雕修整理新建宫殿所用木料，然后用白伞盖住雕修整理好的木料顶端，并用棉布拉起幔帐，然后插上棕榈树枝、椰树枝、香蕉枝。由婆罗门祭司们用少女们汲取来的水进行冲洗。建造宫殿的顺序是这样的：在正东建一长廊，在幔布上画上月宫和月神，配以白色饰物挂在长廊上。然后请占卜师念咒供祭敬神用花瓶、椰子、稻谷、大米、托盘、钵、香酥食品、水果、花卉、油灯、槟榔、咸茶、香料汁等物。同时还请占卜师按经典著作规定祭祀29尊星神。

缅历996年11月7日(公元1635年1月14日)火曜日，婆罗门祭司手持放着金米花、银米花、金灯盏、银灯盏的宝石高脚盘自右向左绕场一周祭祀天帝释、梵天、四大天王、树神、土地神、宇宙神、十方诸神。祭祀完后鼓乐齐鸣，口念颂词。与此同时，人们手持犁头开犁破土，来自巴勃、都律扎、阿梅达、拘利等地民众，把土集中于自己家乡的方向。11月11日(公元1635年1月18日)土曜日，正午1时3拔，将各种兰花，避邪去瘟药与醋混在一起，经过念咒涂抹埋入坑内的柱根，然后用金、银、白铜、红铜、锡、黑铅、九宝、七种谷物等填满各坑，然后由右至左埋宫殿主柱。夜三更6时2拔开始加工宫殿主柱榫眼、榫头。11月14日(公元1635年1月21日)火曜日清晨四更2拔9微兹那，为单身侍从候差殿上梁，雕殿顶神像，挂上风铃。11月20日

(公元1635年1月27日)月曜日晨三更7时在18个盛水的金罐、银罐中放入香料，用金钵、银钵泼水以祭祀梵天，然后上梁。皇宫内3座主殿、6座带尖顶阁的配殿及其他10座宫殿全部上梁。夜一更2时，卸下单身侍从候差殿所需木料，为御用金辇、御用睡榻的尖顶阁涂漆，为皇妃修建宫殿。11月28日(公元1635年2月4日)火曜日，为建单身侍从候差殿做准备，开榫，上梁。12月10日(公元1635年2月15日)土曜日，单身侍从候差殿继续上椽。安放防鸟铁丝网。12月14日(公元1635年2月19日)土曜日下午4时为建筑帝王上朝殿做准备。12月26日(公元1635年3月3日)月曜日晨四更3时宫殿砌砖，修鳄鱼卧状饰物，为帝王上朝殿奠基。当时发生地震。1月8日(公元1635年3月15日)土曜日，为泽德班佛塔放置宝物，修皇城，筑城门，挖水池。1月9日(公元1635年3月16日)日曜日四鼓1拔，在尖顶阁上安装四棱形饰物。制宫廷御用仪仗，浇铸大锣。997年2月5日(公元1635年4月10日)木曜日晨一鼓3时3拔为北寝宫备木料。2月8日(公元1635年4月13日)日曜日三更1时2拔修吉祥殿，摆带柱龙床，挂饰有飞檐状的帷帐。2月15日(公元1635年4月20日)日曜日晨一鼓2时上瓦，抹灰浆。进入2月19日(公元1635年4月24日)木曜日的午夜6时1拔建帝王上朝殿，修御膳房。象厩及修长廊门。2月22日(公元1635年4月27日)日曜日晨一鼓2时3拔，修建宝座、飞檐四棱形饰物及宫殿楼阁屋顶的饰物。2月28日(公元1635年5月3日)土曜日晨7时3拔给大鼓蒙鼓面。3月5日(公元1635年5月10日)土曜日午夜3时3拔修建举行洗头仪式的宫

殿。3月4日(公元1635年5月9日)金曜日午夜3时3拔撑起白伞。给圆鼓、上朝鼓蒙鼓面,给北寝宫、宫殿过厅、单身侍从候差殿挂幔帐。3月11日(公元1635年5月16日)金曜日晨一鼓1时1拔为建城立碑。至此修建皇宫事即告结束。

(303) 达龙王迁入新宫

达龙王迁入新宫程序如下:在适宜之地的3座尖顶阁楼雕以新颖奇特之花纹,然后涂以红色、金色朱砂,屋顶装有布料围饰。在入宫前一天,在王宫进行祭祀仪式。将42只敬神用花瓶各用一根念过咒语的线缠绕后,再用7根线缠绕每只花瓶,插上贝昂树叶、榕树叶、芒果树叶等,再念咒语为每个花瓶灌满水。铺上细篾竹席,上面放谷箩,谷箩上放米箩,米箩上放上述敬神用花瓶。上面再放上发芽椰子。再将白布蒙上椰子。在托盘和钵内放满了米饭、牛奶、黄油、奶油、蜂蜜、蔗糖、香蕉、香酥酸甜食品。两侧放两盏油灯,在香炉里放入伽兰香、沉香、黄兰香、檀香、松树、肉桂、安息香、柳安树脂等点火焚烧。然后低头念咒。从铺席开始做一切事都得念各种咒文。咒文均出自帝王加冕礼经典。王宫主殿祭祀吉里梅克拉神和其他6尊神;南凉亭祭祀德勒梭神和其他8尊神;西宫祭祀摩诃勃勒梅神和其他10尊神;北宫祭祀德牟德意神和其他7尊神;枢密院祭祀底里神和其他9尊神;宝座祭祀玛黑都亚神和其他36尊神;长廊祭祀布翁马德克叶神和其他5尊神。在每尊神前都摆上一个敬神用的花瓶,在托盘上盛有米饭和牛奶,各有一位占卜师念咒祭祀。东门祭祀难陀神;南门祭祀叶开神;(西门祭

祀维尤腊神)[①];北门祭祀德勒梭神。在京城四面达德亚塔神王及其他30尊神守护东门;维尤拉格神王及其他30尊神守护南门;维尤伯克神王及其他30尊神守护西门;固维亚神及其他30尊神守护北门。对这些神也供奉敬神用的花瓶、椰子、放香酥食品的托盘和花、香料,也由占卜师念咒祭祀。取吉祥水的程序以前已有先例,现仅简要地叙述一下:走在最前面是持红盾的士卒,其后依次是金盾手、金弓手、金枪手,再后是跳舞者,其后是用挑子担着的8只大水瓮,之后是身着盛装的官家子弟抬着的18只水罐。占卜师们乘轿随行。纯洁的少女们佩戴着项饰乘轿抱着4只金水罐、4只银水罐随行。王子王孙、文武臣相、富翁士绅、御林军头目、王侯食邑者也各乘象骑马或坐轿随后,到达河埠头后,全船上响起了鼓乐,长唢呐也吹奏了起来,8位占卜师和少女们到达河水汇流处,首先向统治5条大江、500条小河神圣的玛尼梅克拉神敬献金花、银花、金米花、银米花、金灯盏、银灯盏、金块、银块以及9宝。朝拜祈祷完毕后,为了汲取洁净的水,占卜师诵念摘自吠陀的咒文。汲完水便按来时顺序返回。在举行洗头仪式前,首先祭祀火神。洗头仪式与以前相同。

缅历997年3月19日(公元1635年5月24日)土曜日举行洗头仪式。将仪式所需衣服集中放在竹帘上。缅王换上洁净素色衣服,走向一座尖顶阁宫殿,再换上国王朝服。在进入金殿前,在金殿阶梯的正东方放着取暖火盆和米筐。东南角放着伞、旗幡、油灯和米花。正南方放着欢喜天神像、石板、石刀。西南角放着一种

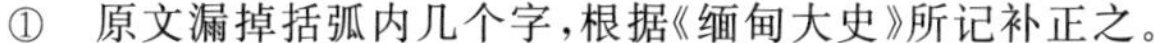

① 原文漏掉括弧内几个字,根据《缅甸大史》所记补正之。

叫红甘巴拉的植物。在西方站着手抱着猫的珠光宝气的少女们。西北角放着洁白的米饭和佳肴。正北方放着盛满水的海螺。东北角放5只盛满水的水缸。正中间放着佛陀的三藏经书。殿下面放着白色带仔母马和带犊母牛。在龙床四周,正东方布置成殿前样子;东南角放着拂尘;南边放着驱象用带尖铁钩的象鞭;西南角布置成鲮鱼群状物;天花板上吊有吉祥的下垂物;在枕头下面为百层白莲花状。在国王自右向左环绕皇宫进宫路的两旁装饰着旗幡、油灯、凉水缸、甘蔗、香蕉、椰树枝、槟榔枝等。在皇宫的西门巴勃地区,左边有骑坐母象的全副戎装的火曜日生的士卒,右边有骑坐小公象全副戎装水曜日下午出生的士卒。另外还有80名士卒守护在象的旁边,他们头戴短头盔、身穿铠甲,手持武器。在皇宫东门正前方都律扎地区,左边有骑坐母象的全副戎装的日曜日生的士卒,右边有骑坐小公象的全副戎装的土曜日生的士卒。另外还有20名士卒守护在象的旁边,他们头戴短头盔、身穿铠甲。在北门阿梅达地区,左边有骑坐母象的全副戎装的水曜日上午生的士卒,右边有骑坐小公象的全副戎装的金曜日生的士卒。此外还有22名头戴短头盔、身穿铠甲的新入选的士卒守护在象旁。在南门拘利地区,左边有骑母象的全副戎装的月曜日生的士卒,右边有骑坐小公象的全副戎装的木曜日生的士卒。此外还有89名戴短头盔、身穿铠甲的精兵守护在象的周围。这样安排妥当后,国王从换衣的尖顶阁宫殿出来走向皇宫时,乘坐用宝石装饰的车辇由右向左前进。象兵、马兵手执武器的将士簇拥前后,人们手捧君王登基时所用之五宝器,同时吹奏击打上朝鼓、扁鼓、剃度仪式用鼓、水牛角、蒲桃木制管乐器、海螺、长笛、双管笛、弯笛、镲、板、钹等乐器。

到达皇宫长廊时,梵天后裔8位占卜师以及头戴礼帽身穿洁白衣饰的建筑师头领奏道:“统治八方水土的伟大的执法之王陛下威德崇高。在长寿的120年中,为了佛教的昌盛繁荣,为了陛下和陛下子孙后代及百姓大众的幸福修建此皇宫,请陛下入宫。”

缅历997年3月19日(公元1635年5月24日)土曜日,在地上铺上细席,上面再铺白布,缅王从御辇下来,撑上金柄白伞前行。到达长廊时,首先向佛、法、僧三宝叩头朝拜。然后向天帝释、梵天、九曜、正义之神、十方守护神、护身神、护宫神等祭祀礼拜。8位占卜师用法螺举行洗头礼仪式,国王进入宫殿。然后由出身高贵的大臣在大殿宣读颂词:“威德崇隆的国王陛下,愿陛下在漫长的120年间,为了宗教的昌盛,为陛下自身,为子孙后代幸福以及全体百姓的幸福而努力。”颂词读毕,国王迈出右脚登上大殿,从正殿门进入布满宝石的吉祥殿中。国王朝拜祭祀佛、法、僧三宝,九曜、天帝释、梵天、四大天王、土地神、树神、宇宙之神、护教神、十方守护神、护身神、正义之神等。在用过放在宝盘中的香酥食物后正式在宝座上就位。这时盛大的歌舞演出开始,国王向王子王孙、皇亲国戚、文武臣相赐相应的伞、鼓、绶带、额带、仪仗用品、尊衔及乡镇采邑。赐给建筑师头领及所有建筑师很多物品。同时向国内外佛塔寺庙、僧侣居士布施大批斋物。向国内佛塔、寺庙的高僧进行祈祷并布施。封王弟明耶觉苏瓦为王储并赐色林城。登上苏那波兰达、丹巴提巴、室利差呾罗、泽亚沃德纳、罗摩迎、哈梨奔猜、佐底纳格拉、凯摩罗塔、甘菩遮、秦十国之中心——罗陀那补罗阿瓦金宫的、威德高崇的国王陛下以其权威使其国家日益繁荣。阿瑜陀耶、万象、若开、埃格巴等国君王也以尊敬的语言派遣使臣来书祝

贺并赠礼品。国王以其威德为现世谋利，为了来世创建功德。还在缅王作为王子居于卑谬时，见到鄂达巴王的功德善事德勒马佛塔就曾立誓，假使我发迹达到登峰造极之时，将建造一座像德勒马佛塔一样的佛塔。于是国王便下令安排修筑像德勒马佛塔一样的亚扎马尼素拉佛塔。此时，学者们奏道："古话说，咖咙神完成功德后，亚底山的鸢将飞得无影无踪。意喻世间一切均属无常。"国王则说："倘若不建佛塔能与世共存吗？只有做善事功德才能进入神国涅槃。"敦丁大臣所著《新史》中说，该塔系仿竺多般王建之包包基佛塔所造。但根据《亚扎马尼素拉佛塔史》七行贝叶书中所写，亚扎马尼素拉佛塔珍藏舍利一尊等语知悉，该塔并非仿竺多般王建之包包基佛塔，而是仿鄂达巴王建之德勒马佛塔所造。《缅甸大史》中说：德勒马佛塔是竺多般王之功德事业。但在那瓦德的《金国两地》一诗中说，德勒马佛塔并非竺多般王的善事，而是鄂达巴王之功德，他在诗中这样写道：

"九世宫主[①]，统治告终。
鄂达巴王，威德盛隆。
正直坦诚，善举重重。
九种珍宝，三十尊供，
制成珍藏，安放地宫，
百倍努力，建塔玲珑。"

在诗的第三段中说：

"如触苍穹，高耸云中，

---

① 指竺多般等九世君王。

宝塔留世，德勒马名。”

由此可见，德勒马佛塔系鄂达巴之功德善事。缅历 998 年（公元 1636 年 4 月 3 日）土曜日举行洗头仪式。2 月 23 日（公元 1636 年 4 月 16 日）金曜日在丁泰地区为修建功德善事亚扎马尼素拉佛塔进行平地。在闰 4 月 22 日（公元 1636 年 7 月 13 日）水曜日午夜 5 时 1 拔开始修建存放镇塔物品的地宫，浇铸与国王体重相等的金佛。

（304）在因耶佛塔院墙内书写三藏经和吠陀 南达约达大臣简况

5 月 7 日（公元 1636 年 7 月 28 日）木曜日浇铸银佛。6 月 3 日（公元 1636 年 8 月 22 日）月曜日在佛塔院内修建茅屋行宫。6 月 10 日（公元 1636 年 8 月 29 日）月曜日夜三更 5 时 2 拔为地宫铺石板。6 月 22 日（公元 1636 年 9 月 10 日）土曜日国王乘国王乘坐带尖顶阁的轿子出巡。9 月 16 日（公元 1636 年 12 月 2 日）金曜日国王亲自在地宫放置第一批镇塔物。10 月 1 日（公元 1636 年 12 月 16 日）金曜日深夜一更 6 时 3 拔铺设第二个地宫的石板。11 月 11 日（公元 1637 年 1 月 10 日）水曜日夜三更 3 时在地宫放置第二批镇塔物。是年国王乘船观赏赛船盛会水上表演。缅历 999 年 4 月 23 日（公元 1637 年 7 月 3 日）月曜日晨一鼓 5 时 2 拔，为第三个地宫铺设石板。6 月 10 日（公元 1637 年 8 月 18 日）金曜日夜一更 3 时 2 拔安置第三批镇塔物。同年 5 月发大水，并发生地震。11 月 20 日（公元 1638 年 1 月 23 日）火曜日，开始在因

耶佛塔院内搭临时彩棚开始书写三藏经书和吠陀。国王褒奖深刻理解三藏经的圣僧尊者。仪式整整进行了一个星期。一个星期后在摩诃妙牟尼佛塔四周书写。

缅历1000年(公元1638年)由法师考问学习佛教经典的小沙弥。为能善释经典意义的小沙弥受戒。共有18名和尚,7名沙弥。仪式于当年2月4日(公元1638年4月5日)日曜日午后7时3拔举行。在摩诃妙牟尼佛塔东面搭建大棚向乞丐、修行者等发放布施。在任命巴亚加马尼、彬尼亚江道为丞相时,也任命南达约达为辅佐大臣。这位南达约达的来历是:号摩诃达马亚扎的阿瑙白龙王征讨卑谬。当卑谬城破时,卑谬仰乃王身旁有人手持大刀力阻阿瑙白龙王的兵勇伤害卑谬王。此人即是南达约达,当时年仅13岁,名叫鄂廷艾。后臣服于阿瑙白龙王,王认为他是一名忠君的奴仆。回到京都时王说,朕征服卑谬得一位法师和一个俗人。在《师尊世系志》中曾有解释:一位法师即指底比德加林加亚——当毕拉觉法师,一个俗人就是南达约达。王弟继位登基时,赐鄂廷艾以"摩诃德勒帕耶"之号。鄂廷艾却谦虚地奏告国王:一些比奴资历深的人定会对王赐与奴如此称号感到不快。奴仍用原来之名为吾王效力吧!他每次进宫都向国王叩拜3次:一次在家,一次在皇城门口,一次在皇宫阶前。他常奏请国王要重用那些有能力又不取金银赏赐之人。根据古人所记应召见通晓法典故事历史传说之人进行商议,再赐以应赐金银、布匹之奖才是圆满的。王在王命诏书上写道:南达约达从卑谬王得到卑谬直到失去卑谬为止,一直侍奉其左右。王兄在位时也一直任用他。所以他对各方面情况都非常了解,富有经验。他知恩知德,忠心侍朕。朕信任

他，故封其为大臣。南达约达实为巴亚加马尼之甥鄂廷也。

缅历1000年3月6日（公元1638年5月7日）月曜日修建妙声鸟御舫。3月12日（公元1638年5月13日）日曜日缅王来到枢密院。国王为父王与妃子、宫娥所生之王子、公主与来自汉达瓦底东吁的王子、公主配婚。赐子德钦觉号明仰达梅，与公主钦明固成婚，赐彬德莱城。赐子德钦漂与公主明漂成婚，并赐彬西城。赐子德钦纽与王弟明耶觉苏瓦之女钦马温漂成婚，赐岱达城，后又赐甘尼城。赐子德钦德右与公主辛英漂成婚，赐阿敏城。

将巴银侯之孙赖亚约达、亚扎巴亚之子内南、赖威巴亚之子赖亚约达、四十刀卫之子、五十刀卫之子、内侍等人之子孙组成一个五十夫队，命达马底里为首领。将岱都仰瑙木之子、抱觉廷木之子鄂奈觉、赖威登卡之子鄂奈山、左金枪队统领之子鄂妙丹、南达都利亚之子鄂漆瑞与鄂耶推、赖威杜延吴意囊之子鄂觉、鄂米亚侯之子鄂漆代、鄂梅巴、摩达侯亚德那德瓦之子鄂觉、右卫队长之子宋纽、泽亚昂等级别相同的人组成一个五十夫队，任命乌登泽亚为头领。

缅王尚是亲王时曾在彬牙瑞喜宫塔南墙内布施修建瑞乌敏寺和蓬山杜路寺。现又任命巴亚晒加都和杜因巴拉负责监督重修两寺，要求整修成神国宫殿一般。王弟明耶觉苏瓦的法师耶那雷塌大法师到当比拉地区隐居修身。缅王说：“朕赐其庙宇一座。”王弟明耶觉苏瓦奏道：“我来修庙吧！”修建了一座美如神宫的寺庙布施给高僧。后缅王赐高僧以摩诃底比达加林加亚封号。明耶觉苏瓦代表妃子瑞勃丘梅道变卖身上佩戴的首饰，在新妙辛妙苏瓦佛塔南面修筑寺庙。明耶觉苏瓦还抄录了因明正理之法布施给寺庙。

在信达马盖底曾居住过的山顶上，公主瑞勃丘修建一座金寺布施给大弟子。在缅王功德善业亚扎马尼素拉佛塔的上层塔龛建成后，便将整个佛塔修缮完毕。将四周围墙垒砌完工。在5位高僧监督下，在墙上画上了佛本生故事。并在画下方用缅文、孟文、云文书写了说明文字。四周大门都有砖砌的尖顶阁楼。在塔基广场上铺设石板，竖立油灯石柱。四条佛廊天花板上有四块香石板。在佛塔围墙内四周又布施修整了大寺4座，小寺40座。当年10月（公元1638年11月末至12月）缅王听说天帝释附身于住在皎加的鄂楚昂身上并说话，便将鄂楚昂召至京都瑞喜宫塔。大臣们奏道：可命法师们对其进行询问以知真情。缅王也亲临瑞喜宫。但未值天帝释附体之时，故王未能问话。缅历1001年2月5日（公元1639年3月26日）秃鹫停于尖阁楼顶，明耶瑙亚塔去世。

（305）为报时大鼓绷鼓面 埃格巴来使 御弟明耶觉苏瓦和王子 阿敏王信德娄谋反

缅历1002年4月5日（公元1640年6月22日）月曜日，为御姐妹们所做善事功德事业安放镇塔宝物。为报时大鼓绷鼓面。在亚德那宫种植菩提树；开始修建砖制尖顶阁楼，浇铸佛塔顶端宝伞下的金属盖子。浇铸伞顶。同时为功德善事亚扎马尼素拉佛塔的杜达马佛亭奠基和搭脚手架，立中柱。2月7日（公元1640年4月16日）水曜日，缅王乘坐宝石装饰的轿子前去彬亚蓬山杜路寺，众多马队象队随行。手扶摩诃亚德那加耶，将寺庙布施给他。将阿瑜陀耶使臣召至德达乌河岸东边，让他们共享善果。6 月 20 日（公元 1640 年 8 月 25 日），城内瑞喜宫塔宝伞盖东北角有蜂作巢。17 日（公元 1640 年 8 月 22 日）金曜日，秃鹫停于瑞喜宫塔西侧珠状装饰物之间①，然后向西方飞去。当日太阳出现彗星般光芒。当晚老虎从西方来跑进城内，后又从东边出城，在城外被杀。当日，巴赖勃河面漂着鳄鱼尸体。9 月（公元 1640 年 11 月）国王为王兄之子明耶昂廷与公主瑞辛杜完婚，并赐西博达亚城及槟榔盒、咸茶罐。缅历 1003 年 3 月 18 日（公元 1641 年 5 月 16 日）土曜日，缅王在实皆城举行洗头仪式。当月国王布施了 500 套八法器。缅历 1003 年 6 月 4 日（公元 1641 年 8 月 28 日）土曜日，埃格巴亲王亚扎摩诃加达的使臣丹梅侯默哈默德来到京城。6 月 22 日（公元 1641 年 9 月 15 日）水曜日，缅王命埃格巴亚使到摩诃妙牟尼杜达巴佛亭。由巴亚南达梅和亚扎贡纳监督抄录来诏。默哈默德骑马前往，手捧诏书，到佛亭时，将诏书放于漆制高脚盘上。山达甘马举着诏书让清迈人德底亚登抄录。6 月 24 日（公元 1641 年 9 月 17 日）金曜日，缅王接见，使臣进宫。诏书放在金高脚盘上。丹梅侯默哈默德手捧放诏书金盘骑马前往。到达皇宫时，先在枢密院休息。当缅王上朝，鼓乐停止吹奏后使臣才进入宫殿。使臣先跪于受礼厅。由御前手执弓箭的役吏统领接过诏书和金盘。鄂塞由殿上下来引导丹梅侯默哈默德前行。使臣与护卫马那瓦叶玛跟在

① 缅式宝塔在塔腰部分正莲花座与倒莲花座中间环绕着一圈球状链形装饰物。

诏书之后。这时役吏统领五十夫长坚辛手拿诏书。由他把诏书与金盘递给山达甘马。山达甘马把诏书放在自己面前，并由山达甘马宣读这篇外文来诏，然后再宣读缅文译文。接着由役吏统领将来诏及金盘呈献给缅王。使臣所献礼品由受礼官接受。缅王退朝入宫后，使臣才得以退出。在殿上没有用槟榔、咸茶等招待来使。缅历 1004 年(公元 1642 年)，用 80 种物品熔炼后修补自京都至全国各地的遭损坏的佛像，然后举行开光仪式受人供奉。同年开始修建瓦顶房屋。丞相巴亚加马尼去世，任命南达梅理政。当月四角地区发现人蛇，僧侣民众前往观看。是月，从四角地区开始把新生榕树枝全部烧光。缅历 1005 年 2 月 1 日(公元 1643 年 4 月 7 日)金曜日在东吁梵天下凡，献佛舍利子。缅王大悦，重赏群臣。2 月 15 日(公元 1643 年 4 月 21 日)金曜日，将此舍利子珍藏于缅王功德善业亚扎马尼素拉佛塔伞下塔刹枣核状部位的塔龛之中。那年清理住在寺庙内之人并登记造册。缅历 1006 年 10 月 9 日(公元 1644 年 12 月 12 日)木曜日二鼓刚过发生大地震。布坎、阿敏、德娄、阿莱炯等地大地开裂，大水泛滥。密艾河大量鱼群昏迷漂浮水面。10 月 10 日(公元 1644 年 12 月 13 日)火曜日，小星靠近火星。当月若开王去世。11 月(公元 1645 年 1 月)城西门内一棵雌棕榈变为雄棕榈并长出流棕榈汁的乳头状物。12 月(公元 1645 年 2 月至 3 月初)缅王乘御轿前往摩诃妙牟尼塔杜达马佛亭。资助阿利亚林加亚法师的弟子埃嘎达马，并嘱咐他应以有关守戒之佛经晓谕僧侣们。同月，缅王下令司库丹迪侯取出各种奇特布匹、银色德拉巴布、红丝绒、绿丝绒、花点丝绒、黑丝绒、烟色沙丽布、琥珀纱等送至杜达马亭，具体由达马登卡监督，由埃嘎德达圣僧准备包裹经书之布，将进口布作为内衬，一切安排妥后，将巴利文佛经、经释、注疏等包好送往亚扎马尼素拉佛塔藏经楼中珍藏。将功德善业四周的4座大庙命名为：勃尤巴温、德基那温、毕撒马温、欧达耶温。为了给禅堂命名，选择宝石嵌镶禅堂，然后恭请众法师到杜达马亭商讨命名事。法师们奏道："至今功德善事佛塔尚未升宝伞，庙宇也未完工，在此之前不宜为禅堂命名。"于是为禅堂命名一事暂且搁置。缅历1008年6月19日（公元1646年8月18日）火曜日，功德善事亚扎马尼素拉佛塔砌砖全部完成。从这天开始住在佛塔周围的人们为佛塔布施黄金。7月15日（公元1646年9月13日）过午不久[①]，彬牙瑞乌明法师飞升，享年67岁。7月17日（公元1646年9月15日）水曜日缅王外出，有6辆布施车同行，加上明耶觉苏瓦一辆，王子彬达莱一辆共8辆，为法师举行了盛大的葬礼。7月2日（公元1646年8月30日）木曜日夜一更，木星靠近月亮，又发生地震。6月（公元1646年8月）举行盛大集会，战船在东面列开时，一只秃鹫从西边飞来停在一艘格杜船上。缅王就座于集会席上时，一股风把长柄御扇吹断。6月8日（公元1646年8月7日）月曜日，太阳出现彗星般光芒。6月11日（公元1646年8月10日）木曜日，秃鹫从东边飞来停在宫门东边飞檐头上。同日，蜜蜂在宫门下层檐板上筑巢。同月，明耶觉苏瓦的大象被水牛牴撞受惊，一直跑到

① 原文为"午后已出现6脚掌长度影子之时"，缅人古代常用此法形容午后具体时间。

王府。当年患天花而亡。缅历 1009 年闰 4 月 17 日(公元 1647 年 7 月 8 日)木曜日二鼓 2 锣[①],京城东南角上空响起一阵犹如鼓、篾琴、唢呐、喇叭吹奏声,热闹非凡,僧俗们都抬头观看,但却看不到什么。闰 4 月 27 日(公元 1647 年 7 月 18 日)日曜日夜四更 5 锣,御弟明耶觉苏瓦薨。闰 4 月 29 日(公元 1647 年 7 月 20 日)将御弟的遗体按王储葬礼进行,御驾亲临。

除王兄赐予的妃子以外,明耶觉苏瓦妃子所生子女有:王妃钦马蓬标生子信绍普瓦,信绍普瓦之女为钦马绍,婿为良渊王之子、瓦亚都亚亲王。其子信奈吞,为塞龙马军统领,后被封为明耶瑞当;长女钦漂,钦漂之婿为亚扎马尼素拉佛塔施主缅王之子东吁明耶觉廷;次女钦马梭明,8 岁时夭折;三女为钦马瑞勃丘,其婿为东吁王之弟岱达王。钦马蓬标共生一子三女共四人。色雷侯之女生一女妙拉布翁山,其婿为良渊王之子蒲甘王。仰达毕西之孙女钦因漂生女钦马拉山漂,其婿为尖顶阁楼施主王之子色固王;子内谬山觉,在五层寺施主王时食邑妙瓦底城,卑明时被封为明耶拉觉,其媳为父王之女东达意公主。色雷城主之女钦道达生女钦决漂,又名东纳意,其婿为父王之子明耶明拉觉。明耶觉苏瓦有二子六女总共八人。

明耶觉苏瓦去世后,坏人们向王子阿敏王信德娄奏道:“现在明耶觉苏瓦已死,是谋反的好时机。如果您有此意,我们当全力以赴。请不用担心。”土瓦人辛沙叶、粮仓监玛瑙达意、巴亚泽亚等宫内坏人煽动住在禁城南边的人后奏告信德娄。信德娄信以为真,

① 古代缅甸一日分为 60 时,用敲锣报时,又称为“锣”。故在当时的“1 锣”即“1 时”。本书此节之前皆用“时”,可能执笔人习惯不同,从此节起又“時”“锣”混用了。译文照译。

于是集中大量武器，于缅历1009年6月20日（公元1647年9月8日）水曜日凌晨四更天骑着大象，率大批人马，由土瓦人作先锋沿皇宫大道进入皇宫。兵马到达国王上朝殿前时才鸣枪击鼓。闻声后，缅王派近侍亚扎约达去探，才知是阿敏王谋反。近侍奏道："是王子阿敏王所为，臣早已得知阿敏王在上缅甸谋反蓄谋已久并曾奏明陛下。但陛下说王弟王子就不该制造盾牌枪支武器吗？所以臣不敢再奏。现在陛下不宜滞留此地，应出西门到四层御寺集合兵马。"内廷大臣南达泽亚也奏道："现应尽快离开。"缅王拿起用5条彩色丝带串着的很多价值连城的指环，在南达泽亚和亚扎约达左右搀扶下徒步出了西门。出了皇城后骑马出格礼门，并让皇后的内侍长传令让王子们尽可能把自己的奴仆们集合起来到四层御寺。这时跟随而来的只有王子德钦布漂、德钦固德多和西内侍长等一伙人。到达四层御寺后，缅王与方丈法师讲清情况，要法师下令让其徒弟们拿起棍棒守卫寺庙防止坏人进入。但四层御寺方丈不愿执行，于是又命山姜道大法师。山姜道大法师即派人叫鄂楚雷寺、当勃鲁寺等在彬牙德达乌的僧众迅速前来。并令已到来的400—500名僧众手执棍棒，拐杖堵住寺庙的四个大门。后来到达的僧众近1000人，拦堵在榕树大道上。此时，王子彬西王借口身体不适未能跟随而来。有人奏报王子彬达莱亲王、岱达亲王、王兄之子西博达亚亲王等骑着大象来到四层御寺。于是国王将王子们带来的兵马布阵于摩诃牟尼佛塔北边。后来出城的文武臣相们此时也到达四层御寺。缅王遂命亚扎给底把周围所有五十夫队、马军、御林军都集合在一起。集合完毕后持枪守卫在德达乌和榕树大道两旁。后又召集北部和觉辛南部一带的御林军及公职人员驻

扎于山姜道寺北侧。当信德娄派人来叫彬尼亚江道时，彬尼亚江道用枪对着来人胸口问道：“我得跟去吗？”说着拿出御指环让他看，来者对着御指环下跪叩头。彬尼亚江道说道：“这次我不拿鄂德娄[①]的心肝下酒誓不罢休！”于是集合勃东、阿敏等地掸族长矛禁卫队成员与水军一起迅速进讨。到达育瓦布基时，得知一些马军不愿为缅王效力便召来杀之。到达实皆后便准备渡河去阿瓦，先安排在新仲东边扎营。城中人设法捣乱，不让其扎营，但最后城中人无法，还是扎下了大营。当时城内有火炮，城外却没有。便用娑罗树摩擦生火，用其投向敌阵。后来城外人力增大，城内人犹如笱中之鱼。大约过了一个月之后，商议现可进城活捉城内的王子王孙、文武官员和信德娄了。于是集合好兵马于夜三更骑象奔至东宫四面大门。阿敏王信德娄得知情况后决定出战。他骑上名叫坚突彪蒙的大象出来，但因东门围着众多象马兵士，不便出战，于是调转象头朝西门走去，但却正好被站在皇城上面的火枪手射中死去。当日是7月20日（公元1647年10月8日）金曜日。贱民监彬尼亚丁、乌瑙侯、新杰侯、抱道侯、瑞固侯和4位任千夫长的王子在宫中被刀、枪、火枪杀伤而死。从这时开始再也不任命王子担任千夫长了。一切恢复平静后，将（为阿敏王）出谋献策的为首文武大臣抓获献于御前。国王交与彬尼亚江道让其按罪处治。国王把为阿敏王出谋划策的亲朋好友的家属也交给彬尼亚江道关押在捕捉野象的围栅之内按罪惩处。缅王在平息阿敏王叛乱后，在四层御寺居住7天，于7月27日（公元1647年10月15日）金曜日

---

① 缅甸人将一般人名改称为鄂某某，意即对其的蔑视。此处即对信德娄的蔑称。

夜四更回到皇宫。29日(公元1647年10月17日)日曜日,缅王恭请四层御寺、山姜道寺全体法师进宫,向他们布施斋饭,并听他们诵经布道。缅王口谕:四层御寺法师系轮回法师,山姜道寺法师乃现世法师。当时叛乱者死于宫中成为厉鬼,他们在王冠殿中化身为捆竹篾的绳吓人,投掷石块。后供奉阿扎格尤(一位准确预言达龙王去世时辰的占卜师)等占卜师,这种闹鬼现象才消失。丞相南达约达亡,遂任命南达梅和底里泽亚觉廷为丞相。

卡随土司闻阿敏王叛乱即派大军包围当督,缅王得到奏报后,命令明耶仰囊率5支大军前往当督。明耶仰囊于进入11月1日(公元1648年1月15日)火曜日的午夜后率军出发。到达当督时,卡随土司不敢抵抗后撤。明耶仰囊考虑到道路狭窄,山势险峻,不宜追击。于是分兵驻守班达和曼基地区。5个月后明耶仰囊奉召回朝。后又进军卡随。11月宫内大象因受水牛牴撞而跑。当天从城西边跑回,在新仲死去。

(306) 达龙王前往功德善业亚扎马尼素拉佛塔 达龙王驾崩 达龙王的子女

达龙王为王兄之子德钦布与王弟明耶觉苏瓦之女钦马拉山漂完婚。同年12月25日(公元1648年3月8日)水曜日正午时分太阳出现三道彗星般光芒。同月29日(公元1648年3月12日)日曜日夜一更2锣丁泰佛塔东侧佛廊北边僧房起火,后一直漫延到北面佛廊,烧及东部大寺与10座周围小寺。

缅历1010年2月21日(公元1648年5月2日)火曜日在大

批人员的簇拥下，缅王前去功德善业亚扎马尼素拉佛塔。3月5日(公元1648年5月16日)火曜日晨6时2拔，缅王布施三座寺庙。欧德亚温寺于缅历1009年12月(公元1648年2月下半月至3月上半月)毁于大火，周围12座寺庙一起烧毁，重新建筑。3月7日(公元1648年5月18日)，木曜日，缅王下令给比右巴温、德基那温、毕撒马温三寺庙各布施5户人家。但缅王说明，朕给三寺庙各布施5户人家并非为寺庙僧侣服役。规定不是施给僧侣作为奴隶的，是为了寺庙，给寺庙看门，给寺庙煮斋饭、上斋饭、除草、打扫卫生，为僧侣服务的。所以是作为寺庙香火而布施的。任何人都不许将这5户人家转赠给亲戚好友，或作为遗产继承。他们永远在庙里看门、除草、打扫，为僧侣撑伞、服务。敦丁大臣撰写的《新史》中说，在王子时代为四座寺庙布施。据王子时代在当比拉挂单的底比德加林加亚法师撰写，由阿信摩诃恩达拘达法师镌刻于石碑上，但没有写完，也因害怕容纳不下，后由德弃那温第一和第二经典著作有阿利亚林加亚记录的，写于摩诃亚扎马尼素拉佛塔东面和大门西面的铭文中说，父王时代，即缅历1010年3月5日(公元1648年5月16日)火曜日晨6时2拔国王向比右巴温寺、欧德亚温寺、毕撒马温寺三座寺庙布施。这与前面所说不一致。同年3月15日(公元1648年5月26日)金曜日，缅王在典仪殿时夜四更，正西方天空出现彩虹。在为以前底里达马道加王的功德善业丹底佛塔升加宝伞之时，光线由左至右快速划过。3月23日(公元1648年6月3日)土曜日，缅王从功德善业佛塔返回皇宫。4月2日(公元1648年6月11日)日曜日发生地震。5月6日(公元1648年7月15日)土曜日晨四更一群大鸟降于皇宫庭院

东边。5 月 20 日(公元 1648 年 7 月 29 日)土曜日黄足鸠从西南角飞来停在枢密院前,三鼓时飞向西南。缅王欲为亚扎马尼素拉佛塔升加宝伞,便询问来自东吁、精通占卜的罗拘德耶法师何时适宜升加宝伞。法师奏道:“陛下在世时不宜掐算时辰,需待太子登基后才能掐算。”于是将法师流放到蒲甘。又将婆罗门阿扎格尤召来,请他指点升宝伞之时日。答道:“陛下赶不上升加宝伞之日。”国王问:“朕何时归天?”答道:“明日一鼓归天,所言如不实,可将臣与臣之妻小放于火中烧之。”国王说:“今日已过了三鼓,朕没有任何不适。”婆罗门道:“时辰还未到。”夜四更过后国王染病。6 月 10 日(公元 1648 年 8 月 17 日)木曜日一鼓,威德崇隆的,金矿、银矿、玛瑙矿、宝石矿之主,江山国土之主因厌倦人世,辞归西天。当天王太子彬达莱王[1]登基继位。12 日(公元 1648 年 8 月 19 日)土曜日在枢密院东北角犹如埋葬天帝释一样埋葬了父王的遗体。

王生于缅历 946 年 3 月 5 日(公元 1584 年 5 月 3 日)日曜日晨一鼓。45 岁登基,在位 19 年,在步入 65 岁时,于 1010 年 6 月 10 日(公元 1648 年 8 月 17 日)木曜日驾崩。因王兄在汉达瓦底以西被其子明耶岱巴谋害而死,人称其为阿瑙白龙王。而王在位时国泰民安,又因他是在宫中安然而死的,故人称其为达龙王。达龙王所做功德善事有:王子年代在彬牙京城修建的瑞乌明寺布施给父王托付的良渊挂搭的摩诃亚达那嘎拉法师;在实皆城北榜雅佛塔东边建造科楠寺布施给从阿瓦归来的大法师;在实皆城北瓦切村南修建韦扎仰达寺,布施给赡部提婆达扎法师;将王子府中凉

① Pindale,旧译平达格力。

亭拆除后用其木料在德达乌西边红铜佛寺地区修建一寺庙布施给信尼亚纳维拉达；在阿瓦瑞喜宫塔北边修建寺庙，布施给阿南达尼亚纳的后裔；登基为王后，将汉达瓦底加冕殿拆除后用其木料建了四座寺庙，布施给僧众；将阿瓦茅顶殿拆除后用其木料在彬牙建一寺，榜垒地区建一寺，在当巴鲁建四寺布施给僧众，将金殿拆除用其木料建当巴鲁皇家寺庙和耶坎皇家寺；为阿瓦瑞喜宫塔、实皆榜雅佛塔、德达乌敏加拉佛塔、彬牙瑞喜宫塔、当布永素当卑塔贴金；修建五座佛亭并全部贴金；建亚扎马尼素拉佛塔，并建两座杜达马佛亭，周围四座大寺、40 座小寺，布施给僧众；为在阿瓦瑞喜宫父王建造的功德事业摩诃妙牟尼佛全身贴金，并将围墙四周修饰一新；向信漂佛塔布施了发簪和金袈裟；在彬牙昂营地行宫处修建寺庙布施；在景丁城中心建庙塑佛布施；在清迈城也修庙布施；将阿瓦城内的佛塔全部贴金一直到佛塔顶部凸棱部位，并留下清扫佛塔的人；对陈旧损坏的佛像进行修补并布施黄金，重新贴金，完成此工程后在阿瓦西部德贝一带修造了大佛亭；在父王临时行宫、摩诃妙牟尼佛塔北边修建逝多林精舍布施给底里僧伽佐达法师；在父王修造的寺庙和四层御寺周围建筑金碧辉煌的 40 座小寺布施给摩诃僧伽那塔法师。给在远近各国挂单的僧侣们经常布施迦提耶僧衣[①]；为固道迪佛塔、实皆图巴永佛塔、明标功德塔、瑞喜宫佛塔、辛妙信摩诃佛塔、遂德班佛塔、皇家姐妹功德塔、底里达马道加王之功德塔、丹底佛塔等进行修缮并升宝伞；为皇家姐妹功德塔修

① 迦提耶，一年一度奉献僧衣仪式。缅甸以安居竟日缅历 7 月 16 日至 8 月 15 日的 30 天为受迦提耶僧衣之时。

建塔廊；修缮在汉达瓦底的大光佛发塔、瑞牟陶佛塔、摩诃佛塔并加升宝伞；为曼德勒两处佛陀足迹佛寺修建佛廊；每年夏安居期满之日便向觉雷楚佛塔等远近佛塔布施伞、油灯、旗幡等进行祭祀；每年过年都普遍地向法师僧侣占卜师等进行布施；进行编纂三藏巴利文经释及经典注疏工作；在缅历1000年（公元1638年）出资为1018名和尚和7名沙弥受戒。从那年开始每年都出资进行和尚受戒仪式。

广做功德的各城邦众王之主的底里杜达马亚扎摩诃迪勃底王的子女有：苗艾夫人钦谬锡生长女蓬韦卢底拉黛维，其婿为辛古亲王明耶瑙亚塔；子德钦觉，父王曾赐明耶仰达梅之名，食邑彬达莱城，登基成王后娶父王之女明奈古为后；次女明漂，后为王储之妃，其夫为父王之子德钦漂，彬西亲王，后为王储。钦谬锡生一子二女共三人。

孟乃土司之女苗基夫人钦黛宁生长子明耶那亚拉底哈，7岁夭折；次子德钦漂，父王时代食邑彬西城，后王兄在位时任王储，其媳为父王之女明漂；长女钦班漂，后为王后；次女钦马瑞辛都，其婿为阿瑙白龙王之子明耶昂丁，西博达亚亲王。苗基夫人生二子二女共四人。

卑仰乃王后之妹、瓦波夫人钦推拉生长子德钦纽，父王时代食邑岱达城，后又食邑甘尼城，其媳为明耶觉苏瓦之女钦马漂[①]；次子德钦内谬塔达，后食邑岱达城，其媳为明耶觉苏瓦小女钦马瑞勃丘。瓦波夫人共生二子。

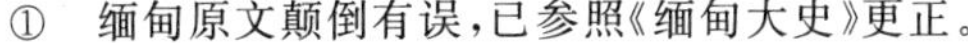

① 缅甸原文颠倒有误，已参照《缅甸大史》更正。

王储沃夫人之女钦拉山生子德钦德娄[1]，父王时代食邑阿敏城，后叛乱。其媳为父王之女钦马辛因漂；女蓬开娣，22岁时去世。钦拉山共生一子一女共二人。

彬牙公主钦妙赛生子泽亚瓦拉，父王时代，在信德娄死后食邑阿敏城，成王后，娶明耶瑙亚塔之女钦马腊为王妃。

良宾采夫人之姐信拉尼生女钦马辛因漂，其婿为父王之子阿敏王信德娄。

蒲甘皇室内谬家属后裔堕罗钵底白宫之主巴亚延达梅之孙、遂道约夫人之子信仰吁的女儿明腊生子德钦内谬耶觉明耶昂丁，后食邑西博达亚城，其媳为父王之女钦马明锡。

王子那腊泽亚乳母奈育生子德钦彬尼亚，死于四层御寺。

东吁开国王之公主钦马瑞南、谬迪公主、后封号为敏加拉黛维生女钦马明锡，其婿为父王之子内谬耶觉，西博达亚亲王。

清迈王瑙亚塔明绍之女勃生公主生女埃嘎巴达，10岁夭亡。生子明耶古拉。一子一女共二人。

彬尼亚丹兰之女漂宁格勒亚生子德钦布漂16岁时早亡。

景丁侯之女、彬尼亚亚扎之侄女奈貌生女塞达亚侬劳，后名都扎。达龙王生11子9女，共20人。

缅历1010年6月10日（公元1648年8月17日）木曜日一鼓王子、彬达莱亲王明耶延达梅继承父王衣钵，登基称王。6月19日（公元1648年8月26日）土曜日夜四更上朝，正式登上宝座，王

① 即信德娄。

号为底里南达杜达马亚扎巴瓦拉迪勃底①。王后号为阿杜拉山达黛维②。并举行加冕典礼。赐太后金轿、金伞、竖鼓、剃度用鼓、上朝鼓、钹、牛角号、喇叭、双管笛、板等一套乐器，食邑德娄城。赐王后之母金轿、金伞、竖鼓、上朝鼓、钹、牛角号、喇叭、双管笛等一套乐器，食邑阿敏城。立长弟为王储号明耶底哈都，食邑色林城。赐王妹王储妃子，号山达黛维。按惯例赠王储盾牌队、服役队、马军队。8月3日（公元1648年10月8日）月曜日夜四更4时，明耶底哈都进入王储府。10月2日（公元1648年12月5日）火曜日国王出东边昂吞门巡视市区，并从昂吞门回宫。当月举行洗头仪式。

缅历1010年11月（1649年1月）御驾亲选巴亚约达之子谬达鄂觉、白古固那亚扎之子鄂东、勇士队统带鄂昂山、格扎都之子鄂米亚推、亚扎达亚之子鄂德楷、泽亚杜因之子鄂布、赖威约达之子鄂德素等具有同等能力之人组成一五十夫队，任命泽亚巴亚为五十夫长。将底里亚扎之子鄂南、御马队队长之子鄂山乃、阿瑜陀耶人德道榭之亲属、鄂杜卡之子鄂漆底、亚扎达亚之子鄂妙乌、南达巴拉之子鄂布、仰达毕西之子鄂高山等具同等能力之人组成一五十夫队，任命杜因觉为五十夫长。后又封他号为赖威仰达梅、叟格德。

缅历1011年2月2日（公元1649年4月2日）月曜日晨四更2时，缅王乘坐带尖顶阁楼之轿离开皇宫前往伊洛瓦底江之埠头，大批象马随行。国王登上有三层尖顶阁楼之妙声鸟御舫，大批劳

① 音译如文，意为：吉祥、发展、善良、弘法之王、高贵的元首。

② 音译如文，意为：无可比拟月亮般的王后。

加船、小船、独木舟护卫左右。为了给父王之功德善业亚扎马尼素拉佛塔加升宝伞，国王渡河过去，驾临父王之典仪宫。当时举行了盛大典仪。2月8日（公元1649年4月8日）日曜日晨二更2锣在御弟王储监督下，在王弟王子、皇亲国戚土司们的簇拥之下为佛塔加升宝伞。国王偕同王后乘坐马车抵佛塔。举行了7天的庆祝活动。对父王在位时，即缅历1009年12月（公元1648年2月中至3月中）遭火焚的僧房及12座寺庙和欧达亚温寺，国王都进行了重建和布施。国王还为比右巴温、德基那温、毕撒马温、欧达亚温、贡寺五座寺庙的住持方丈布施了侍奉僧众之人。按父王在世时一样，将看守寺庙的奴隶头领与打扫佛塔、寺庙的奴隶登记造册，并进行分工。还向寺庙布施用品、田产及各种鼓、钹、喇叭、双管笛、板等整套乐器。任命僧王以维护宗教大业及佛、法、僧三宝；为佛像全身贴金。国王还举行洒水布施仪式，布施土地以供看守庙宇者食用，供香火们做斋饭，供奉四座寺庙僧侣，以及供诵经者食用。对父王时代划定的放生之地，为了不遭后人破坏，国王又重新立了地界桩并登记造册，在杜达马佛亭向僧众宣读。后又请父王的法师，在当比拉挂褡的信底比德加林加亚法师将上述功德善业撰写成文镌刻于石碑之上。当比拉法师撰写完毕后交于摩诃恩达构达法师负责在石碑上镌刻并立于佛塔广场西北角，加盖窟穴。关于父王规定有关佛塔财物、供奉奴隶之土地等事因石碑上书写不完，又写于东面书写佛本生故事的墙上及大门口北面墙上。

重新疏浚林马罗村罗望子树大道附近的欧德马律湖。做完上述各事休息4日后，于2月13日（公元1649年4月13日）金曜日晨四更6锣返回皇宫。上述是根据当比拉法师底比德加林加亚撰写、摩诃恩达构达法师镌刻在亚扎马尼素拉佛塔碑铭上所述。古代史册中均无此记载。这段记载与居住在德基那温寺内的第一、第二经典著作者阿利亚林加亚所作之记录完全一致。

同年4月(公元1649年6月)国王为德钦泽亚瓦亚与御妹底拉黛维之女明阿腊完婚。也为御弟德钦内谬耶觉与御妹钦马明锡完婚。在为上述两人完婚之时,国王生子央米丁亲王德钦明耶觉廷。国王也为御弟内谬德达与叔父明耶觉苏瓦之女钦马瑞勃丘完婚,并赐与各种仪仗饰物。也为其他王弟王子、皇亲国戚赐婚,并封赐适当仪仗,城池土地。将父王的亚扎马尼素拉典仪宫改建为很考究的寺庙,布施给底劳加林加亚法师。继续修竣父王在世尚未完工的泽亚达彬寺、瑞乌明乌寺并布施给僧侣。缅历1011年3月15日(公元1649年5月15日)开始在善业亚扎马尼素拉寺举行天帝释般的洗头仪式,同时向全体僧众布施斋饭和袈裟。

(307) 中国乌底勃瓦在东部城镇征税情况[①]

是年(指缅历1011年,即公元1649年)有人奏报:中国永历帝在缅甸境内孟苏、西昆、登尼、耿马、景栋、景永等地征税。永历帝情况如下:中国先帝有二子,长子是清廷驸马,在父王死后继位做中国皇帝。他去世后其弟永历想兄已不在,只有我来称帝了。遂与南军统领安迪文、东军统领恭新文、阿登罗瑞文等商议后,在南京登基称帝据守。王兄之后、清廷公主带着7岁之子与西军统领、

① 本节所述与史实不符,相差甚远。应以我国史料为准。

北军统领进入清廷京都。清廷之王拨给大军，让7岁之孙在北京称帝，势力极盛。永历帝在南京难以继续住下，遂撤至孟赛[①]。年初命大臣丁堆文拥大军固守马温、布威苏城，后又与永历帝会合，从孟赛派员到各镇征税。缅王想：永历帝怎么会来我国境内征税？定是歹徒从中施加诡计。遂派大批人马到那些城镇去。缅历1011年10月10日（公元1649年12月2日）日曜日，摩诃乌巴亚扎之子明耶底哈律、亚扎丁卡各领一支人马，两支大军向登尼进发。缅历11月15日（公元1650年1月6日）日曜日午后1时，御弟阿敏亲王明耶觉康、彬尼亚江道各领一支人马向孟卯进军，当日在界野扎营，有两鸢相斗落入营中。11月24日（公元1650年1月15日）日曜日，二鼓过后1时，又派遂亚丁延军向孟卯进发。到达后中国人不敢抵抗而后撤。将此情况上奏后，缅王令将孟卯、西昆收复后即撤回。缅军恢复失地后班师。新年到来之际回至京都。[②]

缅历1012年6月10日（公元1650年8月25日）土曜日，赐御弟明耶觉廷带木槿、鸡冠花纹雕饰檐板鎏金桥栏、描金轿顶的圆轿，金腰带，涂金带篷象轿，烫金多角形马鞍垫，贴金槟榔盒，镶有

① Mainhsi〔英〕哈威记为Mongsi芒市。按当时该地土司辖地包括今德宏、腾越地区，地域较广。

② 此段讲述了永历身世及他入缅前的情况。文中所述中国将领安迪文似指降清明将平西王吴三桂；恭新文似为巩昌王三字译音，即巩昌王白文选；丁堆文似指晋王李定国。但所述情况与史实不符。按：清朝原称后金，1616年建国，1636年改号为清。爱新觉罗·福临1643年才6岁，由其叔多尔衮摄政称帝，号清世祖。1644年改元为顺治，开始入关，明军则节节败北。南明桂王朱由榔1647年在广东肇庆称帝号永历，后继续向南败走，1659年入缅。关于永历入缅详情，我国许多史籍笔记等均有记载，可参阅《也是录》、《求野录》和《行车阳秋》等书。亦可参考余定邦著《中缅关系史》光明日报社2000年12月版，第四章第90—92页。

七圈红宝石的咸茶罐，凉水瓶，镶七圈宝石的金痰盂，大鼓 9 面，银管乐器 3 支，银唢呐 4 支，竖鼓 1 面，小鼓 1 面，钹 1 副，银绳，银漏斗，并赐食邑东吁城。缅历 6 月 19 日（公元 1650 年 9 月 3 日）火曜日，赐御弟明耶觉康带木槿鸡冠花纹雕饰檐板鎏金轿栏、描金轿顶的圆轿，金腰带，涂金带篷象轿，烫金多角形马鞍垫，贴金槟榔盒，镶一圈红宝石的咸茶罐，镶五圈宝石的凉水瓶，镶五圈宝石的金痰盂，大鼓 7 面，银长管乐器 3 支，银唢呐 4 支，竖鼓 1 面，小鼓 1 面，钹 1 副，银绳，银漏斗，并赐食邑卑谬城。缅历 9 月 15 日（公元 1650 年 11 月 27 日）水曜日，缅王来到摩诃妙牟尼塔杜德马佛亭，将受封的法师们请来，在法师们面前下旨：称作给杜摩底的东吁城、称作室利差呾罗的卑谬城皆建都之城，御弟们都是应该好生封赏之人，朕要着意封赏。御弟等要知恩德守信义，繁荣国家，使佛教弘扬光大。令将口谕用金贝叶写就，向东吁王、卑明宣读并将金贝叶交给他们各一份，将口谕用雕漆花皮书贴写就，向东吁监军杜因巴亚、敏康、耶吉侯等人宣读并授一份，向卑谬监军杜因登卡亚扎、克伊达等人宣读并授一份。随后缅王又道："东吁王、卑明要把王储当做自己之主，是兄长；王储也要把东吁王、卑明看作自己之奴，是幼弟，不要听信恶人挑拨。如因某种原因心绪受到干扰，就看看朕赐予尔等之指环，排除干扰。切记讲恩德重信义并非易事。"然后将价值连城的指环从手上取下，在法师们面前赐王储、东吁王、卑明每人一只。这时摩诃恩达拘达大法师说道："先祖白象之主在赐给王子阿瑙亚塔明绍清迈城时也下过这样的圣旨，法师们代代相传，所以贫僧曾听说过。贫僧上了年纪，今日又能亲耳听到这样的圣旨，真是难得。"当比拉法师引用德那加本生故事说：

“世上有四件事难以做到，这四件事就是：想到把不应给人的东西给予他人不易；按心中所想说出要给予他人不易；按口中所说把东西真的给予他人不易；给后心中非但不反悔且感到快慰更不易。”缅王向每位法师布施整匹细布、小篓茶叶。在御弟、王子及文武百官簇拥下走进金殿。选择合适的日子出宫与两位御弟相会。缅历9月（公元1650年11月中旬至12月上旬）选拔文武官员、受封者的子孙。将赖威约达之子鄂推、亚扎德瓦之子鄂耶、杜因巴德之子鄂底哈、马军首领之孙——鄂米亚推之子鄂瑞楷、德多达马亚扎土司御前侍槟榔官鄂觉之子鄂纽，宋德亚底之子鄂瑙、亚扎德曼之子鄂米达、敏加拉登卡之子鄂妙傣、禁卫军统领之子鄂妙觉等组成五十夫队，命泽亚觉为首领。将泽亚丁坚之孙鄂乃、侍卫长之子鄂山博、侦察长之子鄂南达、四十刀卫鄂谬道之子鄂赖永、甘波侯之孙底哈、桑贝拉侯之子鄂布、育瓦西侯之子鄂推等组成五十夫队，命赖威登卡为首领。

是年12月（公元1651年2月至3月），神托梦给王说实皆将有99人获预流果。于是百姓都来朝拜。缅历1013年2月14日（公元1651年4月22日）土曜日一鼓7时缅王在垒基行洗头礼。

7月17日（公元1651年9月20日）土曜日，御弟西博达亚侯德钦内谬耶觉、御弟德钦内谬搭达、劫抵丁因侯之子明耶亚那各领兵一支，3支象马大军向景永进军迎战中国人。8月17日（公元1651年10月19日）日曜日，岱达王、明南达梅各领兵一支，也向景永进发，进军途中在孟连与中国军队遭遇，发生战斗，因地形不利，缅军后撤。缅王见情况不妙遂召回进军景永的御弟们。回师途中御弟西博达亚亲王德钦内谬耶觉去世，缅军因疾疫损失三分之一人马。

是时暮空出现两个太阳，昴星靠近月亮，古都迪佛窟冒烟，参宿像灰堆一样冒烟，5日方消。缅历1015年10月7日（公元1653年12月15日）木曜日，金星靠近月亮。10月13日（公元1653年12月21日）水曜日夜一更2锣，王储去世，按王储葬礼的规格缅王亲自参加了葬礼。缅历11月13日金曜日，父王将王储寝宫连同无篷轿及金伞2顶赐给王储长子那腊泽亚，赐封食邑色林城，赐给御妹王储之妃食邑实皆城。缅历1017年2月21日（公元1655年4月15日）日曜日一鼓5时3拔，缅王亲自到实皆寺向达塔那格亚扎固育大法师布施，赐寺名蓬达杜路，缅历1018年8月8日（公元1656年10月14日）火曜日一鼓3拔，王后生下王子明耶登克都。12月5日（公元1657年2月6日）金曜日拂晓三更5时让公主底里蓬突与王侄色林亲王在宫内成亲。缅历1019年9月21日（公元1657年11月15日）日曜日，为给公主建宫殿、缅王驾临新宫，11月2日（公元1657年12月25日）金曜日一鼓之前建公主宫殿所用木材运入王宫。12月3日（公元1658年1月24日）日曜日王嫂阿杜拉山达岱维王后去世，于5日（公元1658年1月26日）火曜日按安葬正宫王后的规格予以安葬。12月14日（公元1658年2月4日）木曜日为罗睺罗举行剃度仪式，招待御弟、王子、百官，国王赐役仆50、金银等。在王子王孙及百官陪同下将罗睺罗送至实皆寺。向寺院大法师布施了奴仆、守卫、撑伞者、轿夫等。赐御弟傣达亲王德钦内谬搭达名号明耶那亚底哈。缅历1020年2月18日（公元1658年4月8日）木曜日，造五层寺庙作为功德。9月5日（公元1658年11月19日）金曜日迎来佛发，9

月22日(公元1658年12月6日)土曜日公主底里蓬突生下王子那腊代巴,底里蓬突因大出血而死,按王储之妃的规格予以安葬。10月14日(公元1658年12月28日)月曜日,将底里蓬突公主幼年时玩过的金玩偶、银玩偶及成年后带过的饰物制成金贝叶,上刻三藏经引文,珍藏于五层的竹林精舍的佛像的腰部,为佛像举行开光仪式。

(308) 与中国交战期间御弟卑明[①]将王兄王嫂溺毙

住于孟赛的永历帝遭到清军进攻,由于对方势力强大,难以抵挡,军队溃败。永历帝令安迪文、丁堆文等殿后,驻于孟米。派使者前来交涉,如允进驻八莫,将向金殿之主献黄金一百缅斤。八莫土司回话说不敢将此事奏报吾王金殿之主,使者返回。后又派使者来八莫说愿在金殿之主阶下称臣。八莫土司遂将永历帝派来使者情况奏报,国王吩咐:如不带武器来投,可用舟船将永历帝等安全护送前来。八莫土司拜领圣旨,然后派人告知永历帝缅王已下令准许入境。永历帝安排两位统领沿登尼一路进至孟乃、良瑞,自身则赴八莫,在大臣60余、骏马600余、随从人等近700簇拥下未带武器进入八莫。到达后,为永历帝建筑了华丽的船舫,由内侍卫士等护卫两旁向京都进发,600余匹骏马则沿河西岸护送。先在

① Pyemin,旧译莽白。未登上国王宝座之前,被其兄封为卑明(卑谬王)。登位后人仍称其为卑明,意即:卑谬王。

鄂辛盖停驻，然后在实皆信妙辛地区驻扎。[①]

12 月 12 日（公元 1659 年 2 月 22 日）火曜日将底里蓬突公主所生之王孙那腊代巴抱入宫中抚养。

永历帝称臣之后，据报永历帝部下恭新文还以大军侵扰缅甸边境地区。缅王遂问永历："现在有人奏报你的部下骚扰朕边境地区，这是为何？"永历帝上奏缅王："安迪文、恭新文等不知我等已来此称臣，故骚扰边境一带，如果安迪文、恭新文等见到我加盖印章的手谕都会放下武器归顺的。"缅王手下人等则奏道："发大军征讨为宜，他们才会臣服。"缅历 1021 年 1 月 8 日（公元 1659 年 3 月 10 日）日曜日命亚扎给底、泽亚巴亚各领一支人马带众多象马前往征讨。到了外温，正逢中国人杀来，未及分说，中国军队发起进攻，缅军败退，七零八落。中国人乘势追杀，缅军大多伤亡。1 月 12 日（公元 1659 年 3 月 24 日）木曜日，明耶那亚、美德侯、妙瓦底侯各领兵一支，3 支象马大军随后又进。到达耶朗外温，正欲集合人马扎营，中国人乘机杀来，缅军大败，伤亡甚众。中国人乘势追击，缅军泅渡密艾河，因身着铠甲，大多溺毙，美德侯也丧命。中国人渡河到达密艾河南岸，从勃雷新觉一侧渡过色加因以东班朗河到达

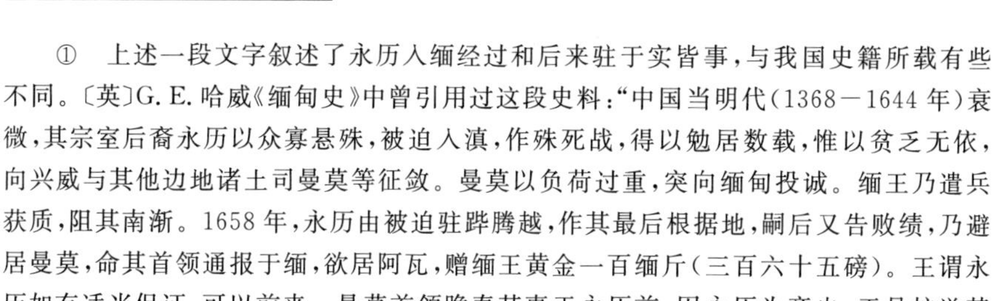

① 上述一段文字叙述了永历入缅经过和后来驻于实皆事，与我国史籍所载有些不同。〔英〕G. E. 哈威《缅甸史》中曾引用过这段史料："中国当明代（1368－1644 年）衰微，其宗室后裔永历以众寡悬殊，被迫入滇，作殊死战，得以勉居数载，惟以贫乏无依，向兴威与其他边地诸土司曼莫等征敛。曼莫以负荷过重，突向缅甸投诚。缅王乃遣兵获质，阻其南渐。1658 年，永历由被迫驻跸腾越，作其最后根据地，嗣后又告败绩，乃避居曼莫，命其首领通报于缅，欲居阿瓦，赠缅王黄金一百缅斤（三百六十五磅）。王谓永历如有适当保证，可以前来。曼莫首领跪奏其事于永历前，因永历为帝也，于是护送其全家与徒手之从人七百至缅，人以舟载，马从陆行。"见商务印书馆 1957 年版，第 231 页。可参见余定邦著《中缅关系史》光明日报社 2000 年 12 月版，第四章第 93－94 页。

德达乌。王都城没有重兵把守,只是围绕着从掸集到当巴鲁以北的四层庙摩诃牟尼寺,从多姜寺到河边,中间包括新仲一带布有守兵。中国人由德达乌向当巴鲁的缅军进攻、由于守军火铳枪炮很多,未能得逞,又向比亚达寺以南孟别的缅军进攻。由于设防不牢,2 月 9 日(公元 1659 年 4 月 19 日)火曜日孟别缅军工事被攻破,中国人攻入,搜遍当宾辛亚,到处砍杀,抓女人,劫掠金银财宝。其时丞相底里泽亚觉廷丧命,山姜法师与会占卜的劳勾达亚法师也飞升。劳勾达亚法师 12 岁时就曾预言中国人会打到阿瓦。缅军的象马、步兵伤亡甚众,中国人焚毁了四层庙寺,底里泽亚觉廷寺等寺庙。僧侣们只得四散逃命。

缅历 1021 年 2 月 9 日(公元 1659 年 4 月 19 日)火曜日临近一鼓,孟乃别寨被攻破,2 月 11 日(公元 1659 年 4 月 21 日)木曜日中国人攻阿瓦城,由于缅军在城头用火铳土炮射击,中国人伤亡很大,不支而退,驻于雅苏。这时育瓦迪千夫长鄂岱单人出战,杀伤很多中国人。名叫米德里加丹的欧洲洋人水手在城头开炮射击,中国军队一名统领中弹身亡,中国军队从雅苏出逃,在德达乌驻守两三天后,大军奔孟乃而去。中国人撤离后,缅王对育瓦迪千夫长鄂岱很赏识,赐名因意杜迎,给予很多赏赐。底里泽亚觉廷战死,让内宫总管大臣南达都接替其位,后又赐“德道榭”衔号。中国大将恭新文到了孟乃,正好丁堆文、安迪文也率大军到达孟乃,问起阿瓦的情况。恭新文将阿瓦兵马枪炮很多的情况告诉他们,丁堆文、安迪文却吹嘘说对方兵力武器虽多,也难与我抗衡。一名逃出的掸人将这一情况上奏,缅王得知后,于缅历 1021 年 7 月 3 日

（公元 1659 年 9 月 8 日）木曜日一更 1 时，从温贝因绕过当巴鲁，从西南角的多姜寺绕新仲布下大军，从军营到四周，皆设置了箭垛、滚木、战壕、栅栏等牢固工事，然后将御弟东吁王、卑明召来，缅王说：中国人此次不同以前，只是暂时来此，并无久留之意，因此，将各地将士分成小股袭击他们才妥。两位御弟遂向孟乃进发，他们沿金达、耶岸一线前进，在良瑞以北的包里达驻扎下来。随后巴亚延达都又率大军前来。中国人避开两位御弟的军队取道耀绍杀向阿瓦。在敏顿两军相遇，中国人向敏顿的巴亚延达都军发起进攻，中国人伤亡甚众而后撤，不久中国人再次竭尽全力来攻，巴亚延达都退守阿瓦，布置城防。御弟东吁王卑明闻中国人来攻也返回阿瓦。缅王令东吁王率大军在当巴鲁东部军中坚守，卑明在比亚达寺西部军中坚守。10 月 3 日（公元 1659 年 12 月 5 日）月曜日明耶那亚又出征，10 月 10 日木曜日彬西侯、彬尼亚劳各领兵一支，两支大军向锡泊进发。[①]

缅历 1022 年 2 月 2 日（公元 1660 年 3 月 31 日）日曜日，为公主

① 此段文字描述了永历入缅后，李定国、白文选部一次与二次勤王迎驾与缅军交战的情况。〔英〕G. E. 哈威《缅甸史》中曾引用过这段史料：“永历至缅廷朝贺，获准与其从人居于实皆，实则无异囚犯。残余明军，闻此噩耗，图来拯救，益以明末清初之季，兵戈扰攘，自四川以下诸省，糜烂不堪，嗣以称王之首领败死，彼等深知不足与清军抗争，乃转而南下，占孟乃、洋桧，破缅师于眉谬附近之越军，并取阿瓦近郊之东巴鲁与它打宇，缅军损失甚多，溃渡密尼河时，因甲铠过重，溺毙者亦众。彼等掠村舍，杀人民，掳妇女，焚寺院，僧众惊惧，奔匿林间。其后缅得佛郎机炮手之助，得将入侵军逐退，为首一人，死于城内所射放之铳下，于是退回孟乃。永历曾申辩谓此事与彼无涉。其后三年，华军仍筑寨于阿瓦城垣之下，攻势未尝间断，并自洋桧出袭上缅甸，据密铁拉县之温敦，其民迁避至西方高地，借免屠杀。华军复袭蒲甘，逐尽缅兵，并曾俘获王子数人。”见商务印书馆 1957 年版，第 231 页。可参见余定邦著《中缅关系史》光明日报社 2000 年 12 月版，第四章第 95—97 页。

寝宫搭脚手架，2 月 15 日（公元 1660 年 4 月 13 日）金曜日为公主寝宫挖地基，2 月 20 日（公元 1660 年 4 月 18 日）为公主寝宫伐木料。4 月 1 日（公元 1660 年 5 月 28 日）[①]月曜日晨 4 时 2 拔，彬西侯、仰达梅各领兵一支，两支军队向清迈进发。闰 4 月 1 日（公元 1660 年 6 月 27 日）水曜日明耶那腊一部也向清迈进军。5 月 17 日（公元 1660 年 8 月 12 日）日曜日夜四更 3 时 3 拔，在城西建亚扎比达神神龛，并升两顶白伞、旗幡；在城东南角建一花园，种木苹果树；在城南建一花园，种红果榄仁树；在城西南也建一花园，种染料鸡眼藤。5 月 24 日（公元 1660 年 8 月 20 日）日曜日夜四更 3 时 12 微兹那，公主寝宫建成。5 月 29 日（公元 1660 年 8 月 24 日）金曜日，从最那巴山直至多玛以北孟拱村东的山崖全都冒烟。6 月 16 日（公元 1660 年 9 月 9 日）日曜日埋立屋柱，立不牢，反向上翘起。19 日（公元 1660 年 9 月 12 日）水曜日昴宿靠近月亮，20 日木曜日毕宿靠近月亮，23 日日曜日破晓时地震。7 月 15 日（公元 1660 年 10 月 8 日）月曜日由东胜身洲升起的月亮发生月全食，全食的月亮呈红色，到夜一更 1 时月才复出。19 日（公元 1660 年 10 月 12 日）金曜日过正午时分天上出现两个太阳。8 月 3 日（公元 1660 年 10 月 25 日）木曜日大流星向南飞来落于城北。13 日（公元 1660 年 11 月 4 日）日曜日木星靠近金星，14 日月曜日从南面飞来大流星落入阿瓦城中。

由于中国人又攻至金达、耶岸，8 月 29 日（公元 1660 年 11 月 20 日）水曜日下午四鼓 7 锣，勃生侯、彬尼亚德拉各领兵一支，两支大军向南边金达进军。25 日金曜日空中现红色之虹，26 日土曜

① 原文写为 5 月 1 日，但从上下文看不合情理，疑为 4 月 1 日之误，更正之。

日大雾弥漫、露珠如雨滴般降下。10 月 9 日（公元 1660 年 12 月 29 日）日曜日中国人到达南边梯莱金班。11 月 15 日（公元 1661 年 2 月 2 日）日曜日因意杜迎等向中国军队发起进攻失利。中国人在南边卡德马村固守，向觉辛、蒲甘各派一支部队进行偷袭，缅王派出大批战船于鄂辛古、鄂辛盖固守。在蒲甘，中国人抓走了蒲甘侯及其子女并囚于南边。过了大约 10 天，蒲甘侯念诵佛祖九品 3000 遍，破晓时分睡梦中见一婆罗门走来，用法螺洒净水说道：侯爷今日即可与子女们一道获释返回，不必烦恼。醒后告知在身旁侍候的因傣侯。日间约一鼓时分，中国大将恭新文、安迪文、丁堆文等带着轿子来到，说："侯爷您不愿进行战争，是位好人，回蒲甘去吧。"蒲甘侯说："与我儿孙们一道走我才回去，他们走不了我也不走。"中国将领们将其子孙从军中查出来交付于他，由于中国军队人数众多，还有一位约 12 岁的孙子没有找到，中国将领对蒲甘侯说："以后一定送去，不必担心。"用轿将蒲甘侯及其子女、孙子曾孙们送至德达乌。是时，阿瓦城内发生恐慌，以为中国人打来了。蒲甘侯到后，被安置在觉东门以北居住。住于南边垒敦的僧俗男女都躲到东边山里去了。缅王命遂丁延等向梯莱进发，不须与勃生侯、彬尼亚劳的人马汇合，只在梯莱固守，中国人打来时才与之交战。勃生侯、彬尼亚劳也与中国人交战一两次，情况不妙，返回阿瓦，中国人乘势追击，人马损失甚众。这样南边已毫无遮防，中国军队搜捕躲在东山里的僧俗男女，杀戮凌辱。在缅王手下任职的夫君父子兄弟等闻之，无不痛哭流涕。中国人遍驻南边各村，缅军无法拿到坚壁的粮食，这样，粮价高昂，100 缅钱才能买到 3 缅升米，士卒们得不到粮食，上奏缅王说奴等已两三天没吃上饭了。

然而得到的是已无粮可发的回答。缅王让宫女们在皇宫西门内称卖粮食,而部下们无钱买粮,都在挨饿。官兵们一致认为国内局势非常艰难,佛教亦难存在下去。于是首领们来到卑明军中上奏道:现在缅王不给奴才们粮食,士卒们都要饿死了,奴才们的妻儿也将被中国人杀戮,再也难以相见,只有您来救助,奴才们才能有个依靠了。像错听了提婆达多的话的阿阇世王一样,御弟卑明听信了部下的上奏。缅历 1023 年 3 月 7 日(公元 1661 年 5 月 24 日)金曜日,以妙瓦底侯内谬山觉为先锋,早上由山亚门进入缅王寝宫。已进到眉南宫前缅王才听到战鼓声,太监欧达曼、鄂高等出去查看,才知是卑明。回去向缅王奏道:"是卑明造反,奴才们也曾上奏过御弟可能造反,但大王不听,巴拉觉都也多次上奏过,事到如今,已无办法了。"缅王听到上奏就躲藏起来,王后坐在龙床上,右手抱着 8 岁的王子明耶登克都、左手抱着 4 岁的王子小那腊代巴。卑明部下进入宫中杀人,王宫上下、湖边殿内、男女臣子 20 多人被杀。当卑明进入宫内,宫内站满了士卒时缅王才从藏身处出来与王后一道坐在龙床之上。这时卑明奏道:"臣本不想加害王兄,但手下官兵多次请求,不依他们的话事情就会很难办,犹如佛祖也违拗不过众僧一样。"王后道:"你就当国王吧!允许我们在你手下持戒,让你的侄儿和王孙出家为僧。"卑明奏道:"我们王族做过僧人吗?以后他们还是要还俗的。"王后说:"这样做对的话就这么办,你拿主意吧,让我们过安静日子就行。"卑明心中有着对父王及王兄的情义,上奏道:"我没有特意想过。"于是将王兄王嫂王子王孙们一并安置在王后殿中,每日送去供王最先享用的饭菜。不久听到卫士们吵嚷说如此下去就像天上有两个太阳,有两个国王,要麻

烦了。加上一些奸臣们的挑唆，卑明将王兄等 4 人投入亲敦江中害死，据说王后是一路哀号着："我用嘴嚼东西喂大的人倒来加害我了！"走到河边的。由于这位国王是被御弟卑明投入江中害死的，所以后人称这位国王为"耶洽敏"①，又因他将实皆竹林精舍建成了五层寺庙，又叫他五层寺庙施主。②

（309）明耶仰达梅在位时间及其王后子女情况

国王底里南达杜达马亚扎迪勃底 41 岁即位，在位 13 年，54 岁时被御弟卑明废黜投入江中害死。王乃日曜日出生，王后只生下底里蓬突公主和明耶登克都王子共 2 人。

妃子所生的王子公主有：国王未即位时妃子钦吞所生之钦赞底公主（父王被废时正在管家夫人家中）。

巴拉觉都的侄女钦宁安所生的辛山瓦底公主。

明耶南达都与平民信耶底之女钦吞山生有温那瓦底公主和底里蓬丁王子（又叫信比鲁，后赐甲那亚为采邑，因遭暗害被投入水中溺死）。

德道榭的女儿钦千所生的彪卑妙觉王子（又叫明达锡，后赐皎勃当为采邑，后镇守汉达瓦底，因遭人暗算被投入水中害死）。

赖亚比南都之女育瓦达夫人钦漂所生公主亚德那瑞贡及王子

---

① 意即：被投入水中之王。

② 此段描述了永历的支持者第三次"迎驾"的经过和缅甸因此导致了宫廷政变。这段记载，也被哈威《缅甸史》引用。史实可参见邓凯《求野录》以及余定邦著《中缅关系史》光明日报社 2000 年 12 月版，第四章第 97—99 页。

德钦漂(后获明耶仰达都称号,赐美都城为采邑,后镇守汉达瓦底时被自己的奴仆暗害而丧生)。

钦妙谬所生的甘达瓦底公主。

貌布之女钦妙谬所生的杜卡瓦底公主。

东吁弓箭手首领后又任仰比亚千夫长的亚扎德瓦之女钦米所生的兹拉达瓦底公主,还有一位小公主夭折了,三子八女共11人。

当时在宫外、湖边、殿内被杀的20余名男女变成恶鬼,每至夜晚,用衣物吓人,在宫殿屋顶上显身,将宫殿震跳得嗵嗵作响,将寝宫床边的油灯吹灭。宫中3位妇女和2位臣子被吓掉魂魄丧生。这时,经迪岑宾大法师与松达侯,格尼基侯、育瓦迪侯等婆罗门及漂底侯、谬迪侯等俗家学者作法驱散鬼魂、宫中才又变得平静。御弟卑明当了缅王后,派出大批军队战船将住在卑谬的王后接来。先是削弱色林侯的兵权,待其力量减弱时,将其送至孟拱,不久又派人将其处死。将王兄在城西花园为亚扎比达神建立的神龛视为无用之物予以拆毁,抛入水中任其漂走。

中国人在东面密艾河上架桥到达北岸。缅王下令迎战击败中国人。缅历1023年4月5日(公元1661年6月20日)木曜日,明耶泽亚都亚、巴亚丁坚各领兵一支,两支大军出征,到达昂奥垒。中国人败,大部战死,在南面的马榭驻有以丁堆文为首的中国军队。4月20日(公元1661年7月5日)金曜日,明耶仰达梅、孟拱土司、孟养土司、孟密土司、底宝土司各领兵一支,5支大军出征袭击中国人。缅军由于地形不利后退一二次,取得有利地形后,顽强战斗,中国人大部战死。丁堆文不敢再在马榭逗留,转移到东面恭新文、安迪文所在的恰德马村。

4月26日（公元1661年7月15日）月曜日，缅王将受王封的法师们请到王宫，布施斋饭，听法师们讲道。缅王对法师们说："朕本无此愿望、然而官兵们多次上奏'我们没有依靠'，朕才当了国王，正如佛祖也违拗不过众僧一样。"大法师们奏道："虽然有想法，运气不好也成不了事，虽无想法，运气好却能成事。"法号埃嘎达马林加亚的北宫寺法师说："这与僧等无关，弟兄俩谁对谁错还是到地下去争论吧。"缅王向每位法师布施了棉布、细布、紫檀、白檀香、伽兰香、沉香、麝香、艾纳香、槟榔果、辣椒、药材等。5月6日（公元1661年7月21日）土曜日，底哈约达5支大军向南部进军，抵达后主力驻于最德，先头部队驻于界德，另一部分先头部队在邦朗河上架桥驻于河东岸，阿瓦不断送来粮草。6月1日（公元1661年8月14日）水曜日，巴亚丁坚又领大军后继前来。6月6日（公元1661年8月19日）月曜日，缅王上朝前为富绅们赐名，赐富翁布翁尼亚名佐底加，赐富翁玛郭名包嘎沃德那、赐富翁玛素名陀那亚扎、赐富翁玛尼道名乌陀加、赐富翁乌加山名格尼亚亚扎、赐富翁妙皎名德瓦、赐富翁妙兑名达马格底、赐富翁迪萨名南底亚，共为8人赐名。6月7日（公元1661年8月20日）火曜日，赐姨母钦玛瑞南名敏加拉黛维。6月15日（公元1661年8月28日）水曜日二鼓7时2拔10微兹那，缅王上朝，行灌顶礼。王号摩诃巴瓦拉达马亚扎劳加迪勃底[①]，王后号埃嘎邦雅玛黑蒂[②]，名号由仰达梅宣读。是日为御弟、王子及百官们赐名，赐蒲甘侯之子泽亚仰达

① 音译如文，意为：伟大、高贵、弘法之王，世间王中之王。

② 音译如文，意为：至高无上，善行之王后。

都名明耶达加都、赐妙瓦底侯内谬山党名明耶明拉党、赐彬西侯底哈搭达名明耶仰囊、赐南达党都名德道榭、赐彬尼亚晒名彬尼亚仰代、赐亚扎皮亚代底名摩诃德勒帕耶、赐赖亚泽亚丁坚名南达西都、赐东门卫长德瓦约达名泽亚仰达梅、赐亚扎都拉名巴亚丁坚、赐杜因南达都名赖亚比南都、赐南达都利名巴亚觉廷、赐南达都名南达彬坚、赐左门卫长德加山杜名南达底哈、赐西门卫长乌登都拉名赖亚弁琪、赐巴亚亚扎都名南达拘道巴亚、赐镇守赖亚底哈名巴亚南都、赐泽亚登卡名赖威南都、赐亚扎达亚名赖亚泽亚都拉、赐赖威登卡名欧达约、赐德瓦达亚名泽亚南都，共为 20 人赐名。6 月 16 日(公元 1661 年 8 月 29 日)木曜日缅王赐名，赐明拉瑞当名明耶泽亚都、赐巴亚南达都名明耶仰达都、赐德瓦巴亚名拘道仰达梅、赐受礼官赖威瑞当名赖亚觉都、赐杜因巴拉名赖亚仰达梅、赐金格都名泽亚巴亚、赐亚扎丁卡名赖威米耶缅、赐御象总管泽亚约达名乌登亚扎、赐埃格曼名比亚底巴、赐杜因威多名赖亚杜因、赐亚扎德温名亚扎德瓦、赐禁卫军统领名亚扎德意、赐育瓦奔侯名亚扎丁卡、赐孟崩盾牌队长名亚扎甘马、赐良宾采侯名亚扎登卡、赐持金盒官名泽亚约达、赐炯聪侯名德瓦登卡、赐布翁尼亚底意名底里仰达叶、赐旋工总管名杜因巴拉、赐医生丹傣名邦雅瓦底亚，共为 20 人赐名。6 月 17 日(公元 1661 年 8 月 30 日)金曜日缅王赐名，赐仰达都名明耶西都、赐白古仰达梅名明耶泽亚都、赐泽亚觉都名赖亚仰达都、赐杜因底里名泽亚觉廷、赐杜因晒加都名仰马约达、赐轿夫头领名杜因觉都、赐马仰侯名亚扎德曼、赐德右茂侯名底里约达、赐良沙耶侯名乌登觉廷、赐茵玛侯名泽亚都、赐右门卫

长名德瓦都亚、赐宫廷门卫长名亚扎玛瑙、赐带刀侍卫长名亚扎固那、赐波康战船指挥官名杜因约达、赐轿夫头领名德瓦底里、赐敏东监军名杜因登西等人仪仗、封地。共为16人赐名。

赐叔父蒲甘王名明耶瑙亚塔，并赐给无篷轿1顶、金伞2把、槟榔盒、咸茶罐、凉水瓶、镶红宝石的痰盂等一套用具，准其在蒲甘为王，后又赐给大轿。赐给王兄东吁王槟榔盒、盖镶红宝石边镶五圈红宝石的八棱咸茶罐、中有雕金花纹的咸茶罐、镶红宝石的小盒等一套镶红宝石的器皿，四柄金权杖、洗脚用金盆、金雕花纹带篷轿、红轮鎏金轿、带多棱形雕花生辰天宫图图案的船头三点船尾两点的劳加船、花红绒衬底菱形格纱包头巾、带三层榕叶状花纹的上朝用鼓5只、双管笛2支、法螺1只、长管号2支、圆鼓7只、木板1副、杜朗管乐器1支、大号1支、西漂鼓15只、大银唢呐2支、小银唢呐3支、银号2支、小鼓1只、竖鼓1只、钹1副，并赐给东吁城。将公主因兹那嫁给叔父之子明耶仰达都，赐他鄂辛古为采邑，后感到不满意，缅王又让他镇守清迈。让叔父明耶瑙亚塔之子镇守卑谬，后来东吁王亡故，将其从卑谬召回，赐名明耶泽亚都亚，赐金伞、金槟榔盒，命其镇守东吁。后将赖威仰达梅召来令其镇守汉达瓦底，令明耶仰达都镇守莫塔马。封内谬觉廷为大元帅，先赐垒盖城，后又赐名西都觉廷，赐带三层榕叶状穗的红伞，绶带9条，包头、额带4条，象牙权杖等全部仪仗，赐东敦城为采邑。赐明耶仰达梅名明耶南都，赐给金伞金槟榔盒，赐勃东城为采邑，后赐名明耶底哈亚扎，赐给整套金鞍金缰，又赐格尼城为采邑。按月给受封的法师及录事、主簿们盐、鱼、虾酱、衣物等。

中国人在东边建牢固工事驻守，后因疾病减员很多。缅军多次在黑夜偷袭，中国人伤亡很大，不敢再驻留，缅历1023年8月19日(公元1661年10月30日)水曜日中国人连夜出逃。缅军在中国人出逃后获大量衣物金银。9月18日(公元1661年11月28日)木曜日，缅王驾临单身侍从候差殿赐名，赐珊坚名底里比亚、赐甘玛莱别侯名仰比亚底里、赐白古军统领玛永名恩蒂都、赐玛瑙名玛尼约达金刀侍从鄂巴山，共给4人赐名。

9月(公元1661年11月中旬到12月上旬)缅王得到奏报：在实皆的永历帝的随从人数甚众，又都有才干，长期搁置不宜，应让他们宣誓效忠后分几处安置方妥。缅王下旨道：除永历帝与孟赛侯外，将包括其余60位大臣在内的共700余人带到图巴永佛塔，命他们宣誓效忠。缅王在佛塔布置了大队人马，将中国人召去宣誓。中国人坚持只有将孟赛侯一起带上才去，缅王遂将孟赛侯一并召去，到达后将他与其他人分开，孟赛侯以为要杀他，于是从一名缅军手中夺过刀来砍杀，缅军多有死伤，其他中国人也夺刀砍杀，杀死了很多人。于是缅军封闭了四面的门，从佛寺围墙上用火枪射杀，中国人大多被杀死。缅王给永历帝送去很多食物并传旨道："你的随从被召去佛塔宣誓，他们从朕的士卒手中夺刀砍杀，朕军伤亡很大，朕的士卒想怎么能这样呢？于是将他们尽数杀死，你不要担忧，安心住下去吧。"永历帝奏道："他们做得不对，教训他们我心中并无责怪之意。我们本为活命而来称臣，请放我一条生路吧。"[①]

① 我国史书称"咒水之祸"，详见邓凯《求野录》。

10月1日(公元1661年12月10日),领兵万人的南军统领安迪文派20余人前来索要永历帝,大军在昂宾垒驻扎,来使说:“把永历帝交出来,不然就进攻。”缅王将文武大臣们召来,下旨道:“现在清人来索永历帝。从前图巴永施主那腊勃底王时,对方索要多基发,有将其交回的先例。朕祖父在位时,八莫土司出逃,后因父王前去索要,对方不敢留他,将八莫土司交回,也是先例。要考虑一只猫与一窝老鼠的道理,朕意还是将他送回为好。”这时赖亚仰达都奏道:“现在清人攻来,兵力甚强,我军久战,已经疲惫,应考虑一城与一村、一村与一家、一家与一人之间的关系,还是将人交出为好。”遂以60驮大米、60驮鱼干、60驮食盐以及御马鄂高出迎接风,并答复将会送回永历。11月3日(公元1662年1月11日)土曜日,将永历帝及其一子一孙送回。这时中国人又索要孟赛侯,回答说:“孟赛侯不知恩义已被处死。”并赏了来使。11月10日(公元1662年1月18日)土曜日,中国统领安迪文等领军撤回,中国人由于饥饿,连武器也拿不动,都弃之不顾了。缅军得悉将武器尽数接收。这时,缅王才安排收复觉西南边一带被破坏了的城镇村庄,并派军驻守。①

① 以上记述缅人执永历帝献给平西王吴三桂的这段历史与我国史书记载有出入,详见我国史书:《求野录》、《行车阳秋》、《也是录》、《永历纪年》、《小腆纪年》、《桂王纪略》等书。亦可参见余定邦著《中缅关系史》光明日报社2000年12月版,第四章第100—102页。

第二十编

（310）为官员赐封名号

缅历11月22日（公元1662年1月30日）木曜日，缅王驾临枢密院赐封名号。赐底哈约达名号为泽亚加马尼、底拉瓦为彬尼亚道丁、杜因盖底为亚扎登玛、当德曼侯为仰马德瓦、搭加侯为杜因南都、韦路德瓦拉为赖亚底哈、因德约木为巴亚达亚、耶龙觉木为杜因毕西。缅历12月17日（公元1662年2月23日）缅王驾临单身侍从候差殿赐封名号。赐北千夫长名号为泽亚巴拉、马军首领底东侯为仰甘马、那赛扬木为杜因巴亚。1月8日（公元1662年3月16日）日曜日，缅王在枢密院赐勇士盾牌队长名号为赖威都拉。缅王得到奏报，说莫塔马人投靠阿瑜陀耶，图谋不轨，即派明耶泽亚都率大军于12月28日（公元1662年3月6日）木曜日向白古进发。缅历1024年2月20日（公元1662年4月26日）土曜日，赐金西盾牌队长名号为赖亚德耶。2月21日（公元1662年4月27日）日曜日巡视全城，当日赐耶塞昂马军首领名号为赖威密。将从卑谬带来的掸族马兵们组成左十骑、右十骑，佩金鞍金鞯组成五十夫队，任命玛尼德瓦为五十夫长。4月24日（公元1662

年 6 月 28 日）金曜日，赐韦路东德亚名号为杜因格都、掸马军文书为韦路德耶、瑞卑马军首领为杜因底哈、仰昆木为杜因布翁尼亚。缅历 8 月 8 日（公元 1662 年 10 月 8 日）水曜日，命水师沿水路向莫塔马进发，8 月 15 日（公元 1662 年 10 月 15 日）水曜日，派巴亚丁坚沿陆路向莫塔马进发。由于有奏报说阿瑜陀耶人向清迈进击，缅王派德道榭率大军与巴亚丁坚同日出发，赴清迈。德道榭军尚未抵达清迈，清迈已于缅历 1024 年 12 月 4 日（公元 1663 年 1 月 30 日）月曜日陷落，德道榭军不能入城，于城外两面夹击，经过艰苦的战斗仍未成功，只得撤回。缅王又命彬尼亚劳为大臣，后赐名号为彬尼亚江道。缅王从这一年开始每年都要出资为僧侣受戒，12 月 18 日（公元 1663 年 2 月 13 日）金曜日一鼓过后，缅王来到信骠信拉寺，布施了红宝石帽子和红宝石袈裟。

缅历 1025 年 2 月 20 日（公元 1663 年 4 月 15 日）水曜日，又派恩达底哈使节官员率大军由水路向莫塔马进发。正 4 月 7 日（公元 1663 年 6 月 1 日）水曜日晨四更许王后死，当日夜一更过后葬于枢密院东北角。国王十分悲伤。阿瑜陀耶国王命太子彬尼亚温率象马大军进攻莫塔马。缅军先头部队的别达叶、耶博巴亚、因亚杜英等人快速前进，正遇从阿瑜陀耶前来的孟军阻击，缅军发起进攻，阿瑜陀耶军被击溃，阵亡三分之二。后阿瑜陀耶王储彬尼亚温赶到，再战，阿瑜陀耶人再次被击溃，彬尼亚温也在象首座上阵亡，其坐象及金鞍为缅军所获。缅军俘获大量阿瑜陀耶象马士卒，并缴获大批武器，阿瑜陀耶死者甚众。在土瓦，两名阿瑜陀耶大臣率大军来攻，土瓦人予以迎击，阿瑜陀耶兵被打垮，一名大臣阵亡，另一名被生俘，献与缅王。俘获的象马甚众。在毛淡棉，两名阿瑜陀耶大臣率大军来犯，缅军予以迎击，两名大臣均被俘，杀一名，另一名则被献于缅王阶下。获取大批象马俘虏。阿瑜陀耶人逃跑后，明耶泽亚都率大军驻守莫塔马。

缅历 1026 年 2 月 7 日（公元 1664 年 4 月 21 日）木曜日日出一鼓 4 时 3 拨，缅王为捕象驾临昂明佛塔之西仰马瓦底地区的蓬珊瓦底宫。驻跸蓬珊瓦底期间，缅王考虑到王子是与朕共商大计的人，今后王子王孙们会不断继位为王。他们将要长远地为佛教事业的发展而工作，成为众多国家人民所依赖崇敬的人。为此，为符合宗教、王室的要求。择吉辰 3 月 8 日（公元 1664 年 5 月 22 日）日曜日二鼓 1 时，赐王储那腊瓦亚以王储的仪仗、珍宝、象马、随从，任命杜因约达与德瓦约达为辅佐王储大臣，觉西侯与鄂波为录事主簿，赖亚德瓦为王储内廷大臣，阿耶马钦木为王储内宫总管大臣。赐五十夫队、青年队、马军队、文书队、枪队、占星师队、医师队、农夫队。赐德勃因、东敦、德娄、敏那、彬比牙、皎古、彬达亚等城及其税收。4 月 7 日（公元 1644 年 6 月 19 日）日曜日夜四更 1 拔缅王亲临王储宫。6 月 4 日（公元 1664 年 8 月 14 日）日曜日夜 3 更 2 锣回到蓬珊瓦底宫中。6 月 12 日（公元 1664 年 8 月 22 日）缅王赐封名号，赐耀绍岱木名号为仰内巴亚，皎马夏木为韦路德曼。8 月 13 日（公元 1644 年 10 月 21 日）金曜日，缅王驾临单身侍从候差殿，赐王宫枪队右队长耶都卫名号为都因格都。8 月 17 日（公元 1664 年 10 月 25 日）火曜日，于父王所建亚扎玛尼素拉佛塔处再次放生水陆动物。由于阿瑜陀耶派大军驻守清迈，清迈市民都离开城市，避于林野之中，他们袭击从城中出来寻找粮食的阿瑜陀耶人，得手就予以消灭，如此多次，所有出城的阿瑜陀耶人都

受到袭击，阿瑜陀耶人灰心丧气，收拾城中所有财物逃回。清迈人上奏了阿瑜陀耶人逃跑的消息，缅王闻奏，考虑到号称金地的清迈地区是弘扬佛教之地，需派遣能收罗散失的居民，繁荣城乡的人，于是在9月17日（公元1644年11月24日）木曜日，派遣明耶明拉觉率众前往清迈任职。

10月5日（公元1644年12月11日）水曜日，缅王驾临单身侍从候差殿赐封名号。赐耶觉木名号为亚扎都，登拜钦木为杜因巴拉，金达马军头领瑞沙为仰窦巴。10月9日（公元1644年12月15日）木曜日，赐甲喔侯名号为杜因登西，明拉侯为晒加德瓦，因马甘侯为底哈约达。10月16日（公元1644年12月22日）木曜日晨一鼓2锣，缅王移居金殿西北角的临时宫中。12月10日（公元1665年2月13日）月曜日赐封名号，赐礼仪宫殿前千夫长为亚扎勃拉，20日（公元1665年2月23日）木曜日赐右象官名号为乌登泽亚。缅历1027年2月17日（公元1665年4月20日）木曜日缅王赐封名号，赐轿夫头领为杜因底里，布翁尼亚底哈为底里拜巴丁。拆除蓬珊瓦底宫前殿，在瑞喜宫之西建4座小寺，向埃嘎瓦亚法师布施，并给予其勃瓦亚比亚扎固育的印章。缅历1027年2月20日（公元1665年4月23日）日曜日午后8时1拔，同时在蓬珊瓦底主殿和王兄，太子供奉的达德那劳回法师的寺院等两处布施，并给予其亚德纳林加亚的印章。缅王也在此时由临时宫殿回到金殿。此后开始重整破旧的佛像，建造纯银门，立纪念碑。2月27日（公元1665年4月30日）木曜日，缅王赐封名号，赐普瓦披觉木名号为泽亚登卡，冈金赛木为仰昂巴亚。3月4日（公元1665年5月7日）日曜日，赐赖威仰达梅为明耶泽亚都，赐泽亚杜

因为亚扎都拉。3 月 25 日(公元 1665 年 6 月 8 日)木曜日，缅王赐封名号，赐明耶泽亚为明耶底哈亚扎、明耶南都为明耶底哈。4 月 7 日(公元 1665 年 6 月 8 日)木曜日，赐彬尼亚劳为彬尼亚江道，亚扎丁卡为赖威耶傣。4 月 14 日(公元 1665 年 6 月 15 日)木曜日，赐巴埃侯为玛努甘拜。4 月 20 日(公元 1665 年 6 月 21 日)水曜日，赐底里约达为巴亚廷达梅。4 月 21 日(公元 1665 年 6 月 22 日)木曜日，缅王驾临单身侍从候差殿赐封名号，赐赖威仰达都为南达都利亚。4 月 22 日(公元 1665 年 6 月 23 日)金曜日，赐赖威泽亚都为泽亚仰达梅，仰马约达为南达觉都。5 月 6 日(公元 1665 年 7 月 7 日)月曜日，赐因埃侯为晒加勃亚。在宫中拆除临时宫殿，在昂搭道建三重檐的逝多林精舍。向从卑谬迎请来的法师布施，给予达马比德他林加亚的印章。重建被中国人毁坏了四层摩诃妙牟尼寺。缅历 1027 年 6 月 6 日(公元 1665 年 8 月 5 日)木曜日，为南金殿布施。6 月 27 日(公元 1665 年 8 月 26 日)水曜日，赐给赖班盖侯号恩达仰拿，建筑师鄂柏号德门谬，授予彬尼亚江道以额带与绶带，赐给南达底哈、彬尼亚道丁、巴亚觉廷等人绶带，赐泽亚仰达梅、赖威仰达梅等人金盒。8 月 3 日(公元 1665 年 9 月 30 日)土曜日，赐皎妙玛道加娄号布翁尼亚富翁，玛明号甘比亚富翁。8 月 22 日(公元 1655 年 10 月 19 日)水曜日，赐宫廷门卫长当布雍艾侯名号为亚扎觉都，玛郭为佑巴富翁。9 月 27 日(公元 1665 年 11 月 8 日)木曜日，赐孟族千夫长名号为赖亚瑞当，1 月 10 日(公元 1666 年 2 月 17 日)日曜日，缅王驾幸在王宫西北角修建的临时宫殿。

缅历 1028 年 2 月 14 日(公元 1666 年 4 月 6 日)金曜日凌晨

四更2时，为四层御寺立起木柱。2月18日（公元1666年4月10日）火曜日，赐育瓦丁侯玛郭名号为山达甘马，2月24日（公元1666年4月16日）月曜日，赐勃固奴隶管理官名号为赖亚钦蒙。正4月14日（公元1666年6月4日）月曜日，赐与澳恩茶叶经纪人鄂高拉名号为恩达富翁。闰4月9日（1666年6月14日）金曜日，赐瑞布色威木名号赖亚瑞当，彬尼亚江道之子瑞欧为底里德瓦。6月2日（公元1666年8月20日）月曜日，赐与内谬觉廷名号为西都觉廷，6月25日（公元1666年9月12日）水曜日，赐与勃固的鄂比亚侯名号为杜因达巴，莫塔马的貌盛岱木为赖亚都拉。8月2日（公元1666年10月18日）木曜日，赐捕象监名号为格曼约达。9月10日（公元1666年11月25日）日曜日，赐德金侯名号为育丁廷。11月3日（公元1667年1月16日）水曜日，缅王由临时宫殿移居金殿。11月5日（公元1667年1月18日）金曜日，赐宾多岱木名为杜因布翁尼亚。11月12日（公元1667年1月25日）金曜日，赐北千夫长名号为德瓦巴亚。11月17日（公元1667年1月30日）水曜日，赐布匹估价人因谬名号为亚德那富翁。11月18日（公元1667年1月31日）木曜日，赐觉康木名号为亚扎巴亚。12月13日（公元1667年2月24日）日曜日，赐齐羌侯为杜因巴拉。1月1日（公元1667年3月14日）日曜日，赐耶金的卑抱侯为巴亚盖底，卑谬的迦毗罗侯为玛瑙德耶。缅历1029年2月16日（公元1667年4月27日）土曜日，赐黄金估价人拘山号包嘎富翁。

当月，缅王听说清迈镇守耶明拉觉图谋不轨，经审查属实，将其从清迈押送至孟养基。当月任命孟养土司为清迈镇守。4月2

日(公元1667年6月11日)水曜日,赐土地管理官名号为泽达意。6月2日(公元1667年8月9日)金曜日,赐莫塔马的瓦亚扎名号为遂亚达马,绵谬侯为遂亚玛底,拘本侯为晒遂亚,勒宫侯为山达德瓦,录事扎德延侯为布翁尼亚达意,扎甘玛侯为恩达达亚。6月11日(公元1667年8月18日)日曜日一鼓开始抄写三藏经。6月18日(公元1667年8月25日)日曜日,赐汉达瓦底的马军首领鄂贝侯名号为赖威都迈耶。9月11日(公元1667年11月15日)金曜日,赐曼达侯名号为乌登约达。洋人事务大臣多玛侯名号为亚扎克达。当日王兄东吁王去世。按安葬王叔明耶觉苏瓦的规格予以安葬。将东吁王的9子2女召至御前抚养。11月6日(公元1668年1月8日)水曜日,封马军头领内尼侯号德瓦登那达。11月16日(公元1668年1月18日)土曜日,封固达千夫长号杜因格都。12月3日(公元1668年2月3日)火曜日,赐左卫队长泽亚约达号南达觉廷,右卫队长巴赖侯号乌登巴拉。12月13日(公元1668年2月13日)金曜日,赐金弓队长号亚扎达亚。12月17日(公元1668年2月17日)月曜日,赐东宫门卫队长赖威南都为赖亚泽亚丁坚。

缅历1030年2月23日(公元1668年5月22日)月曜日,封万象轿夫头领为杜因弁琪。2月25日(公元1668年5月24日)金曜日,赐西宫门卫队杜因觉都名号为泽亚仰达都,韦敦侯为玛尼达玛。3月5日(公元1668年5月4日)月曜日午后1时,向汉达瓦底瑞牟陶佛塔布施光环。5月8日(公元1668年7月5日)日曜日晨四更12微兹那,任命明耶亚扎都为东吁镇守。12月9日(公元1669年1月28日)日曜日,赐王储属下西博达亚侯名号为赖威米耶缅。1月17日(公元1669年3月7日)日曜日午后2时，缅王又移居金殿北边的临时宫殿。缅历1031年2月18日(公元1669年4月6日)火曜日，赐彬西王名号为明耶那亚。3月26日(公元1669年5月14日)金曜日夜四更6时2拔，御驾从北边临时宫殿回到金殿。正4月2日(公元1669年5月20日)水曜日，赐鄂辛古侯名号为明耶仰达都。正4月5日(公元1669年5月23日)日曜日夜三更6时1拔，派遣比亚达拜等人向景永进军，当时向四层御寺布施，7月8日(公元1669年9月22日)水曜日午后3时2拔，派遣赖亚弁琪等人向孟拱进军。8月29日(公元1669年11月11日)水曜日，在瑞喜宫塔金佛亭布施。9月23日(公元1669年12月5日)日曜日，向恩德优佛塔布施光环。同时为勃固佛寺供奉。11月11日(公元1670年1月21日)金曜日早上6时6微兹那，为公主鲁纪亚巴芭行穿耳礼，赐阿敏城为其采邑。缅历1032年2月14日(公元1670年4月22日)金曜日，王宫遭雷击。7月24日(公元1670年9月27日)火曜日，缅军向孟乃进发。8月7日(公元1670年10月9日)日曜日夜四更2时，向四层御寺布施黄金。8月28日(公元1670年10月30日)日曜日上午一鼓2时，又派出敏底拉等人，并撤换王储府事务官。10月1日(公元1670年12月1日)日曜日一鼓，将王储的大象牵入宫中，赐名为瞻部巴贡，赐银鼓3面、金伞5把，养于金殿西北角的象圈内。10月18日(公元1670年12月18日)日曜日，向波因纳佛塔、恩达优佛塔布施塔伞。12月22日(公元1671年2月19日)日曜日，派往孟拱的缅军完成使命归来。1月18日(公元1671年3月17日)金曜日，派往孟乃的敏底拉等人归来。缅历1033年2月6日

(公元 1671 年 4 月 3 日)月曜日上午一鼓 4 时,明耶仰达都被派往清迈任镇守。正 4 月 8 日(公元 1671 年 6 月 3 日)日曜日午后 1 时 4 微兹那,将四层御寺布施给杜云山脚的信固那亚玛法师。8 月 11 日(公元 1671 年 11 月 1 日)木曜日,缅王驾临瑞喜宫塔向法师们布施斋饭,并施舍大量物品。

(311) 卑明驾崩 卑明在位时间 享年及其功德善业 王后王子公主情况 王储登基

缅历 1034 年 1 月 17 日(公元 1672 年 4 月 3 日)木曜日晨四更 2 锣,尊号为摩诃巴瓦拉达马亚扎劳加迪勃底的国王辞离人世,升入天国。又过了 3 锣后的晨四更 5 锣王储由王储宫来至宫中,轿前有一股旋风一直引导其至王宫。18 日(公元 1672 年 4 月 4 日)金曜日,将父王遗体用安葬转轮王之礼在金殿东南角予以安葬。王 42 岁登基,在位 8 年,享年 53 岁,生辰为日曜日。其功德善行有:为其父王所建的亚扎玛尼素拉佛塔及瑞喜宫佛塔布施全部贴金所用之黄金;为信漂、信拉佛像布施红宝石帽子和红宝石袈裟;将仰马瓦底地区的蓬珊瓦底宫作为寺庙布施给亚德那林加耶法师;用蓬珊瓦底宫的前殿木料修建了逝多林精舍,布施给僧侣;用金殿之北临时宫殿的木料在禁卫军驻地建寺庙布施给僧侣;为瑞牟陶、恩德优、波因那等佛塔布施宝冠、光环;在汉达瓦底修建寺庙及其周围小寺、布施给僧侣。缅历 1024 年(公元 1662 年)开始,每年为僧侣受戒出资,每年夏安居期满后都要向全国著名的佛塔、佛寺、佛窟布施油灯、伞、旗幡、象马、舟楫、金银、粮食、药品、虾酱等物；布施僧衣仪式期间，向在全国远近各地挂单的法师们布施各种布料的袈裟。一生积下如此多的功德善行。

摩诃巴瓦拉达马亚扎劳加迪勃底王将死时出现许多征兆：秃鹫栖于瑞喜宫佛塔之上；鳄鱼在小河中现身；木星靠近月亮；昴星靠近月亮；鳄鱼逆色蒙河而上至南边的孟洪；卵石瓦片自动爬行；东部山脉大雨倾盆，东部一带洪水泛滥，佛塔寺院房屋被冲垮，百余人丧生；山崖崩塌；芒果树向上长出像刀柄一般的树枝，十果并生，四果并生；小鸡尚未长出尾巴就下蛋。

摩诃巴瓦拉达马亚扎劳加迪勃底王之王后生长女勃杜玛勃巴，15 岁时生天花而死；子那腊瓦亚，王储；次女鲁纪亚巴芭共 3 人。

王妃所生子女有：底里达马亚之女信密钦生女因兹那，其婿鄂辛古侯明耶仰达都；子内谬耶觉，彬西侯。

瓦腊夫人钦尼生女底里珊皮尤敏贡公主。

密改夫人钦梭明生长女底里蓬皮尤；次女底里妙觉，先后食邑赖威贡、鄂米亚基。

钦杜娑生女般萨格勒亚；子德钦蓬开，后食邑敏贡，又获名号为明耶那亚，先后任色林、丁因镇守，后获名号为明耶仰囊。

杜因亚扎之女钦吞山生子瑞南代，又名德钦漂，后获名号为明耶仰瑙，任卑谬镇守。

钦山谬生子信姜漂，食邑妙瓦底，任色林镇守。

钦拉山生女底里巴芭，17 岁时早亡。

德宾道蒂生子底哈耶觉，任卑谬侯时渡耶温河溺水而亡，底哈耶觉之子到阿瓦时死去。王妃们共生 5 子 6 女共 11 人。

缅历 1034 年 2 月 5 日(公元 1672 年 4 月 20 日)日曜日夜一更 2 锣,王储那腊瓦亚[1]由临时宫殿进入金殿。5 月 12 日(公元 1672 年 6 月 25 日)金曜日午后 5 时 1 拔登上王座,由宫殿门卫长亚扎觉都禀奏,由明耶底哈献上玉玺,受尊号为摩诃底哈都拉杜达马亚扎[2]。缅王分封赏赐王族、百官。当日赐封王弟央米丁亲王名号为明耶觉廷,班腾明耶仰囊南达丁坚为德道榭,南达底哈为色杜加马尼,赖亚弁琪为德勒帕耶,赖威仰达为叟格德,赖亚译丁坚为南达西都,泽亚南达梅为赖威泽亚丁坚,赖亚丁卡为赖亚泽亚都,赖亚觉都为巴亚丁坚,比亚德扎为彬尼亚皮亚萨。13 日(公元 1672 年 6 月 26 日)土曜日,缅王赐封名号,赐明耶底哈亚扎为底里达马道加,明耶达加都为明耶底哈,赖威耶傣为泽亚丁坚,泽亚巴拉为南达丁坚,德瓦底里为色杜明加都,赖亚底哈为泽亚仰达梅,泽亚南都为赖亚耶傣,杜因底里为南达梅,色杜因加毕西为仰达梅,赖威仰达都为赖威仰达西都,德瓦都亚为赖威南都,赖亚瑞当为明拉瑞当,杜因约达为赖威觉都,亚扎德曼为巴亚都拉。14 日(公元 1672 年 6 月 27 日)日曜日,缅王赐封名号,赐杜因登西为南达底里,金格都为赖威底哈,德瓦约达为赖亚仰达梅,赖威登卡为赖威弁琪,亚扎登卡为仰马约达,泽亚德曼为巴亚约达,敏底拉为杜因亚扎,勇士盾牌队长为赖威坚傣,左马军统领为杜因威多,持刀卫士长为赖亚坚傣,德景侯为

① Narawara,旧译那罗伐罗。

② 巴利文音译如文,意为:伟大狮子般英勇善良弘法之王。

泽亚杜因，格拉甘侯为玛努基拜，杰宁侯为布翁尼亚德瓦，右马军统领为亚扎德瓦，炮军统领为恩达邦雅。5月20日（公元1672年7月3日）土曜日，缅王举行洗头仪式，在谬丹德萨亚取水时英彪劳加船与4艘劳加船相撞，船身破裂。6月12日（公元1672年8月23日）金曜日，缅王驾临单身侍从候差殿赐封名号，赐德瓦巴亚为亚扎登卡，蓬道乃甘木为格扎约达，良吴侯为德温赖亚，因岱侯为兹亚邦雅，机要官为恩达底哈，勃外岱觉木为因意杜因，齐巴尼侯为底里拜巴丁，德班侯为底里比亚。缅王为各地头人、土地管理官赐封名号，赐德娄镇头人鄂山皮尤为德耶沃达那，鄂瑞开为泽杜亚扎，德勃因镇头人鄂推为亚扎沃德那、鄂楚窦为德瓦沃德那，杜云岱头人为德曼德巴德亚，当瑙头人为德曼德都，育瓦达镇守丁吴为沃德那亚扎。王储所食邑的德娄、德勃因、东敦基3镇平民3年内免除劳役。6月18日（公元1672年8月29日）月曜日，为枢密院贴金。任命彬西王明耶那亚为卑谬镇守。8月13日（公元1672年10月22日）水曜日二鼓2拔14微兹那，驾临枢密院。8月20日（公元1672年10月29日）土曜日上午一鼓2时，由昂吞门出巡全城，又由昂吞门入宫。9月4日（公元1672年11月12日）水曜日，为瑞喜宫佛塔布施斋饭。9月17日火曜日夜二更2时1拔，为四层御寺布施闪光的宝石。因大臣奏报说父王送往孟养的内谬山觉王子给驸马送来许多书信，于是将其从孟养送往明钦，随后将其处死。侍从奏报说卑谬镇守明耶那腊在象圈关象时，扬言若王兄故去就只有他了，并从王妹因兹那房中搜到其埋藏的符箓。于是将他从卑谬召回，途中将其溺死于水中。

(312) 那腊瓦亚在位时间 子女及所做功德善行 明耶觉廷登基[1]

12 月 12 日(公元 1673 年 2 月 16 日)月曜日夜三更过后,摩诃底哈都拉达马亚扎王抛离人世,进入天国。该王 22 岁登基、在位 1 年,享年 23 年岁,生辰为火曜日,无王后妃子,无子女。缅历 1034 年 12 月 12 日月曜日上午一鼓过后,王弟央米丁侯明耶觉廷接替其兄之王位。明耶觉廷[2]成为国王的情况如下:

尊号为摩诃底哈都拉达马亚扎之王驾崩时,内廷大臣西都瑙亚塔限定除宫内知情人之外,一律不许任何人知道。由太监亚扎杜达监管宫内人员,不许外出,也不许外人入宫。然后向王妹鲁妃亚巴芭奏道:"现在国王业已升天,无子孙继承王位,而王弟们都年纪相仿,国事将不太平,请接受臣之所奏。"然后与元帅南达觉廷、彬尼亚江道、内谬觉廷、内谬瑙亚塔等人商议,选择新王。底里达马道加为人寡言少语,精于战术,但不通法律、历史,常沉迷于斗鸡、赌博、酗酒。明耶那亚则为人凶暴冷酷,不能担当国家重任。央米丁侯明耶觉廷是父王之弟、妹二人所生,精于法律、历史,心地善良,文雅、正直守信,德才兼备。于是取得一致意见,将明耶觉廷召进宫中,将王轿、权杖、金伞两把交给他,内廷大臣们说国王有

① 原文写作"王储在位时间 子女及所做功德善行 明耶觉廷登基"。易使读者产生误解,故按书中内容改为"那腊瓦亚在位时间 子女及所做功德善行 明耶觉廷登基"。

② Minrekyawhtin,旧译弥丽侨提。

令，让他使用。接着，将王弟明耶觉廷送至王储住所，交给其王储的全部仪仗，将王储所辖的五十夫队、骑兵队、掸族勇士队都交给他。内廷大臣们又说国王有令，让他到枢密院出席会议，以作决定。内廷大臣们自己则返回。直到明耶觉廷出宫后才将国王业已驾崩的情况告诉他。明耶觉廷乘坐王储的轿子进入金殿，大家让央米丁侯明耶觉廷登上王位，登位之后将王弟、王子们召入宫中，让他们宣誓效忠，当场将两名不愿宣誓的王子推出斩首，其余的人不敢再有异议，都宣誓效忠，明耶觉廷遂成为国王。据说昂宾垒两个农奴听到明耶觉廷登基的消息，从昂宾垒一直跳舞跳到王宫。明耶觉廷将成为国王之前，出现了一条谶语："带着辛随别象的阿耶，具备君王之相的就是他"。央米丁侯结发髻成年之时，其叔父卑谬王赐他一头象，明耶觉廷之母曾行贿管象官，对他说："给我儿一头吉祥之象吧。"管象官将一头将来能行好运的小象送至其家中，明耶觉廷之母说："你接受了我的礼物，怎么却送来一头对吾儿无用之象？"管象官回答说："公主别担心，此象发情之时，王子将得王位。"于是对这头称为辛随别的象好生喂养照料。12 月 3 日（公元 1673 年 2 月 7 日）用金轿将王兄遗体运至枢密院偏东北角处，像安葬转轮王一般在王族、大臣们的簇拥下予以安葬。

12 月 16 日（公元 1673 年 2 月 20 日），祖父达龙王子之子名号为底里达马道加的鄂代觉与彬西马军统领觉开、卑谬王之子亚威、马军统领鄂其山、奎秋当阿瑙侯鄂博、三千水军统领鄂欧盖、鄂梭新弓箭队统领、弓箭手、盾牌手等串通一气，打算乘虚谋反。他们进到王宫东部，内廷官员、卫士们得知后予以迎击，刀来枪往，混战一团。单身侍从候差殿侧殿内血流遍地，不少人爬上王宫屋顶，天窗口处也留下不少尸体。谋反者抵挡不住，被击溃，死伤甚众，余者皆被俘获。审问后依罪判决。缅王因念轮回中成人不易，未将底里达马道加处死。12 月 18 日（公元 1673 年 2 月 22 日）日曜日将其押送到当督。缅王未升殿坐朝之前，于 1 月 9 日（公元 1673 年 3 月 15 日）日曜日赏赐王族、大臣们仪仗饰带；赐明耶仰囊和明耶亚扎都槟榔盒、权杖、金伞；赐彬尼亚仰代小轿一顶；赐渔业监西都觉廷金贝叶斗笠；赐南达都利耶凉水瓶；赐巴亚延达梅槟榔盒；赐内谬觉廷 4 条额带；赐德道榭白斗笠及小轿一顶；赐渔业监南达西都与德勒帕耶槟榔盒。任命御马监杜因格都为右卫队长，盾牌监赖威瑞当为西卫队长，盾牌监杜因盖底为内宫总管大臣，泽亚仰达都为德勒帕耶五十夫长；泽亚丁坚使用两把权杖；巴亚约达为新杰岱大臣；赖威泽亚都为巴亚约达温蒂；盾牌队赖威觉都为王储掸族勇士队队长；亚扎觉都为助理大臣；巴亚晒加都为蒲甘马军统领；仰岱巴亚为杜因巴德马军五十夫队统领；杜因巴德为玛巴达马马军五十夫队统领。对各主管官员均有任命。当时，挫败了谋叛者之后，金殿内到处是血污，很不好看，请来有法力的僧侣、婆罗门、俗人学者们清除，但除不去。谋反者的鬼魂夜里在宫内现形，惊吓住在宫中的官员，它们拖走压在寝席边上的石头，拉小宫女们的发髻，大笑着投掷果子、碎砖块，蹦跳得宫殿轰隆作响，因此不少人受惊吓而病倒。当时请来鄂拉乃法师驱鬼，鬼魂便不再来吓人。但此后鬼魂又出现在榜岱、当洽、高榕树、持刀卫、象栏、彬尼亚羌、金榕树、小市场、前卫殿、跑马场、金合欢树丛、事事如意、上象、持金盒、德多岱、掸医、明加拉市场等处，扔钵或杯子，将小孩抱走，撒土，投掷碎砖块，惊吓众人，在卑区还大声叫喊。遂

又请来鄂拉乃法师施法，各地不再闹鬼，恢复安宁。缅王对鄂拉乃法师信达马南达非常满意，赐达马南达达马亚扎固育之印，在罗陀那补罗城南、瑞喜宫塔之北，围墙附近的五座寺庙布施修建了两面两层顶的拱门，布施给他。将鄂拉乃法师的30名亲戚从平民提拔进入神骑马军队，布施了7名塔奴为其献斋进水，看守寺庙。

缅历1035年2月2日（公元1673年4月6日）月曜日，修建举行王后洗头仪式的棚子。2月3日（公元1673年4月7日）火曜日取吉祥的洗头礼用水。2月6日（公元1673年4月10日）金曜日四鼓，王后举行洗头礼。2月8日（公元1673年4月12日）木曜日建城。2月16日（公元1673年4月20日）上午一鼓6时，缅王与王后一起用膳，上午一鼓4时，缅王升殿上朝，由明耶仰囊献上玉玺，国王印为底里巴瓦拉摩诃达马亚扎[①]，王后印为阿杜拉底里摩诃黛维[②]。当日为王族及百官赐封名号，赐明耶泽亚都为明耶瑞当；西都觉廷为底里泽亚瑙亚塔；南达都利耶为德榭觉廷；登卡德瓦为遂亚丁延；东敦艾侯为南达都；冈觉廷木为赖亚瑞当；岱杜仰瑙木为赖亚觉都；当悦侯为德瓦约达；勃外岱觉木德瓦为杜因格都[③]；杜因加都为泽亚南都共10人。2月16日（公元1673年4月20日）月曜日，缅王赐封名号，赐拘道仰达梅为赖亚泽亚丁坚；赖威泽亚都为南达拘道巴亚；杜因觉都为般堵加巴亚；底里德瓦为育丁延；赖威杜因为巴亚南都；晒加德瓦为比亚马甘马；亚甘马为兹拉丁延；底里约达为赖亚底哈；阿德仰为泽甘冈；西千夫长

① 巴利文音译如文，意为：吉祥高贵伟大弘法之王。

② 巴利文音译如文，意为：无可以拟的吉祥伟大王后。

③ 原文漏掉“德瓦为杜因格都”几个字。经查阅《缅甸大史》补正之。

为赖亚巴亚；全国宝伞官为杜因登西；杜因盖达为赖威米耶缅；盾牌长觉为杜因约达共13人。2月17日(公元1673年4月21日)火曜日缅王赐封名号，赐南达觉都为南达觉廷；泽亚仰达都为巴亚丁坚；乌登约达为乌登觉廷；乌登巴拉为乌登亚扎；巴拉约达为比亚德扎；玛尼德瓦为兹亚约达；杜因布翁尼亚为赖亚登卡；登卡约达为赖威都拉；达马登卡为赖威南都；翁德宾侯为德加山达；苗侯为德瓦都亚；齐蒂育瓦侯为仰马丁；都耶达彬木为仰窦巴；耶岱木为巴亚亚扎；因德约木为赖亚德瓦；仰马相木为杜因毕西；盾牌队统领为杜因格都，共17人。庆祝活动共进行了三天。2月25日(公元1673年4月29日)水曜日，缅王驾临单身侍从侯差殿赐封名号，巴亚延达梅为巴亚觉廷；开丁侯为赖威瑞当；鄂妙界楚侯为亚扎约达；明苏侯为杜因南都；瑞当炯底木为德瓦底里；那赛仰昂木为达马登卡；密温侯为泽达布拉；金舟队长为赖威约达；卑龙觉木为泽亚巴拉；冈孟皎木为巴拉觉都；当敏侯为杜因底里，共11人。任命王子仰谬昂为彬西马军统领；赐南达西都食邑邦林城；任命南达拘道巴亚为镇守；泽亚丁坚、亚扎卡达在枢密院任职；任命赖威仰达都亚扎登卡为奏章检查官。3月2日[①](公元1673年5月6日)水曜日，将巴亚约达流放到当督。3月4日(公元1673年5月8日)金曜日，小星停留在月亮之上。4月5日(公元1673年6月7日)日曜日，献给太后以王后乘坐的金轿、鎏金权杖8柄、女鼓、出宫鼓、入宫鼓等，由泽亚觉都和仰窦巴主簿、岱康侯、亚侯瑞包、青年官员子弟等40人组成的貌道阿基帕耶内侍队，主事官员、

① 原文误为3月7日，据《缅甸大史》更正之。

采邑王侯、王子公主侍奉官员、侍槟榔及侍水官员以及马队枪队、掸族侍卫、司库等，并赐西博达雅、东敦、德勃因、色林，甘尼、辛古、色固等7城为采邑。5月20日（公元1673年6月22日）水曜日，任命巴亚觉都为卑谬镇守，令其前往赴任，后又将其处死。7月2日（公元1673年9月1日）火曜日晨一鼓7时1拔，缅王驾临枢密院。7月9日（公元1673年9月8日）火曜日上午一鼓4时与王后乘尖顶阁状轿由觉篷门出宫视察全城。8月25日（公元1673年10月23日）水曜日缅王驾临瑞喜宫塔，向法师及小和尚小沙弥布施斋饭，赐与钦玛瑞山乌公主以王后用的仪仗，收入宫中。该公主系底里杜达马亚扎摩诃迪勃底金殿主孙女钦马阿扎牟卡公主与明底里摩诃丁克亚婚配所生后又赐给山达岱维的名号。12月6日（公元1674年1月30日）土曜日为明加拉代艾寺立木柱。12月19日（公元1674年2月12日）金曜日，将王宫命名为昂吞达赞，将王城命名昂棉篷达。

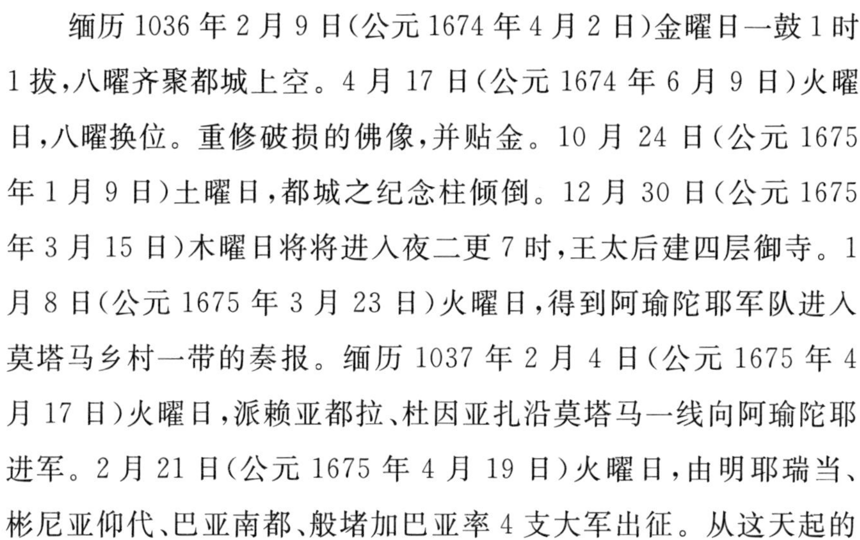

缅历1036年2月9日（公元1674年4月2日）金曜日一鼓1时1拔，八曜齐聚都城上空。4月17日（公元1674年6月9日）火曜日，八曜换位。重修破损的佛像，并贴金。10月24日（公元1675年1月9日）土曜日，都城之纪念柱倾倒。12月30日（公元1675年3月15日）木曜日将将进入夜二更7时，王太后建四层御寺。1月8日（公元1675年3月23日）火曜日，得到阿瑜陀耶军队进入莫塔马乡村一带的奏报。缅历1037年2月4日（公元1675年4月17日）火曜日，派赖亚都拉、杜因亚扎沿莫塔马一线向阿瑜陀耶进军。2月21日（公元1675年4月19日）火曜日，由明耶瑞当、彬尼亚仰代、巴亚南都、般堵加巴亚率4支大军出征。从这天起的四五个月中地震不断。8月21日(公元1675年10月28日)木曜日,任命底宝土司为统领,率众土司、采邑主沿清迈一线向阿瑜陀耶进军。8月23日(公元1675年10月30日)土曜日,缅王驾临瑞喜宫塔,向僧侣布施斋饭。9月19日(公元1675年11月25日)木曜日,沿莫塔马一线、清迈一线一齐向阿瑜陀耶进军,到了德约孟德时,遇阿瑜陀耶人迎击,缅军因地形不利,只好转移阵地。[①]当日巴拉觉都给温贝因建王宫的这块地方命名为昂卡蓬米。

缅历1037年9月(公元1675年11月),将官员、采邑主的孙子们组成一队,任命耶比亚侯为五十夫长;将正宫王后属下采邑主们的子孙及底里妙道公主属下人员组成一队,任命巴叶康侯为五十夫长;将官员们的儿子、王子公主的内傅、侍槟榔官、侍水官的儿孙们组成一队,任命炯道艾侯为五十夫长;将德道榭基属下的马军及随从组成一队,任命贝姜侯为五十夫长;将明耶底哈都,巴亚加马尼、摩诃德勒帕耶、彬尼亚王子、清迈丁隆等人的属下组成一队,任命代玛悦为五十夫长。缅历1038年4月2日(公元1676年6月1日)木曜日建成。在宫内挖掘湾贝因湖,为宫殿立柱。11月15日(公元1677年1月7日)日曜日,缅王将王宫命名为妙南蓬达后出行,太后乘轿随后。缅历1039年2月10日(公元1677年3月31日)土曜日逢新旧交替之时。2月16日(公元1677年4月6日)金曜日,太后完成四层御寺之功德。2月23日(1677年4月

① “佛历二二一九年(公元1675年)皇下谕动员大军征缅,以昭披耶哥沙特乌里为主将,大军由北碧入缅。另由泰西北出兵四路,沿沙登河、白古、仰光、东吁进兵,直逼阿瓦,三面围其城,缅王令其太子出战,死于阵中。惟旋泰军因缺粮兵多病倒,乃下谕班师。”见《泰国古今史》第33页。

13日）金曜日，在古多蒂佛窟开始讲经。3月11日（公元1677年5月1日）火曜日，巴严大法师等接着诵经，举行盛大庆典，接受人民供奉。当日将美德寺布施给那赛扬法师信赛加比拘达。孟养土司向清迈进军。正4月18日（公元1677年6月6日）木曜日，太后先入妙南蓬达宫的珊耶门。缅王于上午1鼓6锣由曼昂门进入，登上王座，夜间才升殿上朝，举行一日一夜的庆祝活动。4月21日（公元1677年6月9日）日曜日地震，明加拉佛塔塔伞坠落。缅历1040年1月23日（公元1678年4月3日）木曜日午后，从明康登区开始直至鄂苏珊寺摩诃妙牟尼以东发生火灾。4月12日（公元1678年6月19日）木曜日一鼓1时1拔，缅王登上吉祥宝殿。5月24日（公元1678年7月31日）金曜日，在古多蒂佛塔，鄂拉乃法师的安排下为40名僧侣布施斋饭，僧侣们分八批诵经。8月2日（公元1678年10月5日）日曜日，为恩德优佛塔制作光环，至5日水曜日才送至佛塔。10月3日（公元1678年12月4日）木曜日，任命明耶那亚底哈为东吁镇守。当日景永土司去世，献上其遗产。11月10日（公元1679年1月10日）土曜日，敦促太傅亚扎觉都建寺，当日即设计。12月5日（公元1679年2月3日）火曜日，将带尖顶阁的寺庙布施给僧侣。12月19日（公元1679年2月17日）火曜日卡随使者来到。到缅历1041年1月10日（公元1679年3月10日）火曜日才献上礼品。2月13日（公元1679年4月11日）土曜日飓风降临。3月7日（公元1679年5月5日）火曜日，城内瑞喜宫佛塔被雷击。当日鄂拉乃法师作法安排在北部下雨。正4月23日（公元1679年6月20日）金曜日在都城四周埋下符箓。闰4月7日（公元1679年7月4日）金曜日城

北下雨，河岸被冲垮，水涨至城四角，建水上祭坛，诵经，埋符箓。8月7日（公元1679年10月30日）木曜日，德贡塔光环坍塌。9月16日（公元1679年12月8日）月曜日，城内外各处都布施斋饭。11月8日（公元1680年1月28日）水曜日，鄂拉乃法师为9名和尚6名沙弥受戒，将受戒钵埋在城四角，从密艾河口到喔道娄一直诵经。11月22日（公元1680年2月11日）金曜日，在堤岸破损处挖掘河道。12月22日（公元1680年3月10日）木曜日，在色林的阿瑜陀耶人叛乱，12月28日（公元1680年3月17日）水曜日，缅军向色林进军。

缅历1042年[①]2月2日（公元1680年4月19日）月曜日，捕到了前后均有10趾的好象。2月26日（公元1680年5月13日）木曜日，太后窟开始开凿。3月19日（公元1680年6月5日）土曜日，给约瓦的那底禅堂命名。鄂拉乃法师为5名和尚受戒。6月11日（公元1680年8月24日）火曜日，在瑞喜宫佛塔建彩牌楼，开始诵念三藏经，举行了三天庆典活动。7月7日（公元1680年9月19日）日曜日，古都蒂佛窟倒塌。10月19日（公元1680年12月28日）火曜日，为东四层佛寺布施。据称坚尼亚王信比鲁不记恩德，不守信义，企图谋反。10月20日（公元1680年12月29日）缅王命比育岱木、都耶贝东木、左千夫长等人在上缅甸的鄂辛盖将坚尼亚王信比鲁抛入水中溺死，将同谋者王舅鄂奎、王叔鄂觉基、鄂觉艾等人处死。据报枢密院录事色登侯不分昼夜频繁出入信比鲁王府，也被处死。缅历1043年2月1日（公元1681年4

① 原文误印为1047年。经查《缅甸大史》更正之。

月7日）木曜日佛陀拘达去世，9日（公元1681年4月15日）金曜日予以安葬。2月12日（公元1681年4月18日）月曜日，为德贡佛塔进献光环。

缅历1043年2月19日（公元1681年4月25日）月曜日，鄂拉乃法师飞升，28日（公元1681年5月4日）水曜日火化安葬。3月7日（公元1681年5月28日）金曜日，释放实皆的代达都等人。6月26日（公元1681年8月28日）木曜日星星靠近月亮，从该月起稻米价格上涨，一百元只能买到四缅升稻米。10月26日（公元1681年12月24日）土曜日象被赶进象栅，大象顶撞入朝锣，两只象牙掉落。当日人民因买不到米，造成恐慌。11月25日（公元1682年1月22日）日曜日国王对勃外先觉木大发雷霆，命推出斩首，经法师们争夺，才保住他一命。缅历1044年2月5日（公元1682年3月31日）金曜日新旧交替，当日天降大雨。3月8日（公元1682年5月3日）木曜日缅王大行布施。3月4日火曜日太后窟竣工，功德圆满，举行7日庆典。正4月20日（公元1682年6月13日）月曜日将东比拉寺施舍给僧侣。

缅历1045年3月3日（公元1683年5月17日）木曜日，缅王令德延侯在良道乌为国王刻制玉玺，当日缅王举行洗头仪式。4月3日（公元1683年6月15日）金曜日，国王乘轿向右巡绕一周后进入王宫，当日上午一鼓1时1拨，国王升殿上朝，由赖亚觉都宣读，由德勒帕耶献上玉玺，国王尊号为底里巴瓦拉杜达马亚扎迪亚扎[①]。王后尊号为阿杜拉底里摩诃达马山达黛维[②]。当日缅王

① 巴利文音译如文，意为：吉祥、高贵善良弘法王中之王。

② 巴利文音译如文，意为：无可比拟的吉祥伟大弘法月亮般的王后。

赐封臣下名号:赐德道榭觉廷为德道榭;明拉瑞当为色杜加马尼;遂亚丁延为彬尼亚丁;底哈约达为泽亚仰达梅;亚扎巴亚为赖亚泽亚都拉;四十刀卫丁漂木为泽亚登卡;五十刀卫都耶觉木为泽亚杜因;五十刀卫耶博木为泽亚补罗;五十刀卫耶木为登卡约达;太后轿夫头领为杜因岱底,共11人。4月4日(公元1683年6月16日)土曜日赐封名号:赐德勒帕耶为底里丁克亚;赖亚南达梅为南达都利亚;巴亚南达部为泽亚丁坚;赖亚瑞当为内谬觉廷;南达登卡为南达拘道巴亚;亚扎登卡为巴亚丁坚;赖亚弁琪为南达觉廷;亚扎底里为赖亚仰达梅;赖威瑞当为明拉瑞当;泽亚登卡为拘道仰达梅;耶波马军统领为巴亚亚扎;右马军统领为仰岱巴亚;巴亚延木为底里比亚;那赛杨木为底哈约达,共15人。4月5日(公元1683年6月17日)日曜日赐名。赐耶德瓦为彬尼亚晒;赖亚都拉为南达底哈;赖威弁琪为泽亚加马尼;赖亚觉都为巴亚觉廷;杜因觉都为赖亚耶傣;亚扎贡为亚扎觉都;德瓦底哈为泽亚觉廷;王奴管理官为亚扎巴亚;北千夫长为南达布翁尼亚;仰昂木为杜图约达;都耶恩木为埃格曼匈;少年队队长为杜因威多;色逸盾牌队长为耶多巴亚;泽亚瓦底侯为泽亚都;当峭侯为巴亚晒加都;鄂南丁侯为乌登毕西;瑞卑梭为泽达意,共17人。9月9日(公元1683年11月16日)金曜日王子所建垒宾寺建成,功德圆满,举行10日庆典,当时出巡清迈。11月8日(公元1684年1月13日)月曜日,太后所建蓬觉寺掘水池。2月27日(公元1684年4月29日)火曜日,开始为摩诃妙牟尼佛像刷漆。敦促太傅德瓦底哈于6月18日(公元1684年8月16日)水曜日,在孟奔地区挖建保藏佛发的地宫,7月16日(公元1684年9月13日)土曜日,为德瓦底哈

功德砌砖，9月17日（公元1684年11月12日）水曜日，将镇塔宝物藏于第一地宫之中，11月2日（公元1684年12月26日）金曜日晨四更将德瓦底哈善举白石巨佛像请入。缅历1047年3月14日（公元1685年5月5日）火曜日，同一天举行仪式，将昂塔寺、实皆寺施舍给僧侣。6月4日（公元1685年8月22日）火曜日太后仙逝，15日水曜日在枢密院东面按安葬王后之礼，火化安葬，国王亲临。9月14日（公元1685年11月23日）日曜日派仰岱巴亚、杜因巴亚等去征讨白古王子。11月22日（公元1686年2月4日）水曜日摩诃妙牟尼佛塔功德圆满。12月21日（公元1686年3月2日）木曜日为德瓦底哈佛发塔加盖宝伞。

缅历1048年8月26日（公元1686年8月31日）水曜日为明加拉佛塔加盖宝伞。11月19日（公元1687年1月21日）金曜日缅王发出命令：官员、采邑主的子孙们，在王室当差者等混杂在一起显得没有章法。经查对后以适当的方式将太傅之子孙与条件相同之官员，采邑主们组织起来，任命太傅之子巴亚觉廷为五十夫长；让达加都亚扎玛瑙、亚扎德曼、底哈约达、赖亚杜因等人与官员、采邑主的儿子们中选出条件相同者组织起来，任命泽亚德曼为五十夫长；将获“赖威都”、“乌登觉丁”称号的大臣、采邑主的子孙中条件相同者组织起来，任命杜因山达为五十夫长；将官员、采邑主子孙中条件相同者组织起来，任命炯道侯为五十夫长；将经营洋货、中国花缎、漆器、枪支的人组织起来，任命布拖侯为五十夫长。5月11日（公元1687年7月9日）火曜日任命彬尼亚勃仰、色杜加马尼等人去驻守卑谬。7月3日（公元1687年8月29日）木曜日上午一鼓，缅王视察湾贝因王宫区。5日（公元1687年8月31

日）土曜日王子德勃因侯带权杖骑金鞍金鞯之马。7月10日（公元1687年9月5日）木曜日上午一鼓，开始在湾贝因王宫区伐树，当日二鼓2锣在王宫区立桩。8月2日（公元1687年9月26日）火曜日二鼓过后将王宫区命名为敏加拉蓬米。8月16日（公元1687年10月10日）木曜日二鼓2时丈量王宫之土地。8月20日（公元1687年10月14日）日曜日夜四更许，丞相内谬瑙亚塔薨。他去世后，任命南达都利亚、内谬觉廷、南达觉都三人为大元帅。9月7日（公元1687年10月31日）木曜日上午一鼓1锣为王宫区平整土地。11月14日（公元1688年1月5日）日曜日一鼓2时向王宫区运送木料。12月4日（公元1688年1月24日）金曜日四鼓1时开始刨锯建新宫殿的檩梁。

缅历1049年2月18日（公元1687年4月18日）月曜日上午二鼓过后在御前为新宫殿设计图样，雕刻花纹。2月27日（公元1687年4月27日）水曜日，王后、王储之母去世，按安葬山达岱维王后的方式授以山达岱维名号予以安葬，国王十分悲伤。5月25日（公元1687年7月23日）土曜日听到佛牙来到甘果地区的消息，国王乘轿前往迎接。6月6日（公元1687年8月2日）火曜日以9艘劳加船到育瓦迪基去迎接，王族、大臣们乘坐舟楫，带着锣鼓、乐器直到赖班辛去迎接。佛牙到后，6月在行宫码头将佛牙安置在亚德纳彪孟象背上的尖顶阁中，载佛牙由山雅门进入，然后将佛牙供奉在枢密院前的佛牙阁上。7月11日（公元1687年9月6日）火曜日平整湾贝因王宫区的地面。7月20日（公元1687年9月6日）木曜日下半夜10时为外宫镌刻昂南瑞蓬的殿名。8月5日（公元1687年9月29日）木曜日将西面四层御寺施舍给信欧德玛达拉。8月14日（公元1687年10月8日）土曜日夜一更1时1拨，将赐给王子的象命名为包觉泽亚，象圈、马棚建在有关官员家中。8月20日（公元1687年10月14日）火曜日上午一鼓7时2拨7微兹那，王宫的鼓楼与纪念碑同时下桩。8月18日（公元1687年10月12日）水曜日上午一鼓6时3拨9微兹那，王子结发髻，行穿耳礼，国王赐给他母后仆役中的五十夫队、象队、德勃因城、色固城、银100缅斤、金5缅斤及轿子。任命达马丁卡、泽亚德曼等人为其属官。8月27日（公元1687年10月21日）金曜日上午一鼓2时3拨10微兹那，为湾贝因新王宫立柱。9月2日（公元1687年10月26日）水曜日夜一更过后日食四分之一，这时占星师们就有无日食发生争论。10月10日（公元1687年12月2日）金曜日晨四更2时1拨6微兹那，王子乘轿外出捕象。12月6日（公元1688年1月26日）木曜日夜一更4时1拨6微兹那，在鼓楼悬挂钟、鼓，为王宫命名。12月14日（公元1688年2月3日）金曜日上午一鼓4拨12微兹那，缅王出发去到湾贝因新宫，上午二鼓4时3拨4微兹那登上宫殿。12月15日（公元1688年2月4日）土曜日上午一鼓，鼓楼开始敲钟，当时一鼓6时2拨6微兹那，王子德勃因亲王进入新王府。正4月4日（公元1688年5月22日）火曜日将曼昂门东面的便桥拆做木砦，为新大桥挖柱基立柱。登尼土司去世，其子色毛坎与婿鄂奈吞都要求接任土司，其婿鄂奈吞长期在国王身边当差，而色毛坎则尚未当过差。缅王下令命色毛坎在御前当差，而让其婿鄂奈吞任登尼镇守。色毛坎违背王命，竟下令让鄂奈吞为登尼的自己奴仆下属的首领，当鄂奈吞进登尼城时对其袭击。哨卡送来了书面奏报。缅王经核查属实后

说:此人乃违反朕旨意之人。于4月20日(公元1688年6月7日)木曜日将登尼土司之子色毛坎在搭基地区处死。闰4月9日(公元1688年6月26日)火曜日夜三更3时,缅王由湾贝因昂南瑞蓬进入曼昂门,夜四更3时2拔8微兹那进入金殿。6月5日(公元1688年8月6日)月曜日为王储府搭脚手架。6月14日(公元1688年8月15日)水曜日缅王考虑到王子是与其共同承担社稷大业之人,日后吾子吾孙会不断继登王位成国王,他们将长远地为佛教利益服务,成为众多国家人民的依靠者,为此依法按照帝王将相的职责,赐与王子德勃因亲王以王储的仪仗、珍宝、象马、随从,任命其为王储。并任命达马登卡与泽亚德曼为王储属官,德瓦底里为卫队长,杜因弁琪为内廷大臣,界素道侯为其内宫总管大臣。赐五十夫队、男青年队、占星师队、盾牌队、掸族勇士队、田产管理队,将赐给王储之官员、骑士、采邑主、组织头领的子孙们及东吁的各民族人等组织起来,在缅历1047年(公元1686年)任命泽亚觉都为五十夫长。

将赐给正宫王后的文武大臣之子一队,国王乘轿时赐的大臣之子们一队,由文武大臣、马军统领、采邑主等之青年子孙们一队组织起来,在缅历1047年(公元1686年)任命拘道仰达梅为五十夫长。将实皆四层御寺施主明耶觉苏瓦辖下官员、采邑主们子孙中条件相当者组成的赖威米耶缅一队、前驱卫队、象官队、马肖侯队、宫中杂役长队、多加队,由实皆四层御寺施主明耶觉苏瓦辖下官员、受封者的子孙们在缅历1011年(公元1649年)组成的常驻王储宫殿前厅的当育瓦侯队,赖威侯队,由获实皆四层御寺施主明耶觉苏瓦亲奴称号的官员、采邑主子孙中条件相同者组成的内宫

队，三座尖顶阁施主辖下官员、采邑主们的子孙组成之成年队与青年组成的德瓦都亚队，明耶瑙亚塔手下原妙育瓦侯五十夫队成员以及明耶乌兹那辖下采邑主子孙中条件相同者组织起来，任命卑谬青年勇士队队长为五十夫长。将实皆四层御寺施主手下官员采邑主等组织起来，在缅历1037年(公元1675年)任命委达比亚侯为五十夫长。将实皆四层御寺施主明耶觉苏瓦手下的文武官员、马军统领、盾牌队长、组织首领等人的成年子孙们一队；卑谬王之女削发之时，缅王赐封号者青年子孙一队；获东吁明耶觉苏瓦亲奴称号的年轻子孙们一队；缅历1031年(公元1669年)组成的马军队；在卑谬王之女削发之时王赐的由东吁拘利耶王手下采邑主的子孙们和蒲甘底里达马道加公主手下侍奉槟榔与用水的采邑主的子孙们一队以及王储随从奴仆们组织起来，在缅历1031年(公元1669年)任命波康船长为五十夫长。

王储任职时缅王曾赐给多个组织。将泽亚丁坚之子与象军官员、左右持刀卫士、王弟御厨、侍槟榔官、侍水官、礼仪官、宫内常侍、五十夫长、弓箭手长、清迈官员、录事等的子孙一队，1035年(公元1673年)在赐送母后各差役队时的文武官员、盾牌队长、田产管理官、仓库管理官、仓库录事等人的子孙们组成之队；1029年(公元1667年)由在王储处当差的受封为土司、官员们的子孙们之队；卑谬王辖下采邑主们、明耶乌兹那之太傅的子孙们，正宫王后辖下采邑主的子孙们与底里妙道公主辖下仆从们组织起来，缅历1037年(公元1675年)任命德叶康侯为五十夫长。将文武官员、王子、骠王子之太傅、侍槟榔官、侍水官们的子孙组织起来，缅历1037年(公元1675年)任命炯道艾侯为五十夫长。将明耶瑙亚塔手下青年勇士队及记账官员们组织起来，缅历 1021 年（公元 1659 年）任命严山侯为五十夫长。将实皆四层御寺施主明耶觉苏瓦手下原有的与后来的孟族青年奴仆组织起来，在缅历 992 年（公元 1630 年）任命比亚哈南木为五十夫长。将实皆四层御寺施主明耶觉苏瓦手下念消灾经官员的亲戚们，992 年由受封官员的子孙们在第七行宫组成的岸宋侯与良辛侯为五十夫长之队（其中除去后来在缅历 1026 年赐给王储之马队）以及采邑主、组织首领等之子孙条件相同者们组织起来，在 1049 年（公元 1687 年）任命瓦蒂侯和明育瓦侯分别任五十夫长的两队。缅历 1019 年（公元 1657 年）实皆四层御寺施主手下亲奴们与王后亲奴们组织起来由路林侯担任头领之队；缅历 1024 年（公元 1662 年）明耶瑙亚塔、阿敏王手下奴仆采邑主们加上底里泽亚觉廷手下侍槟榔官侍水官随从们组成的乌登都拉队，底哈勃德基、布坎底哈勃底手下奴仆采邑主们的子孙组成的布坎马军队；缅历 975 年（公元 1613 年）征服土瓦后在汉达瓦底从受封之镇守子孙中选出的人组成的格扎宾尼亚马军队；在缅历 992 年（公元 1630 年）东吁明耶觉苏瓦手下侍从们在东吁组成马军队的基础上加上牟曹玛一队和带枪兵的亲戚们于 1022 年（公元 1660 年）又组成的博侯马军队；将右门卫队长南达底哈之马官、巴亚加马尼之马官、摩诃德勒帕耶之马官、岱达宾之马官、底里达马道加之太傅们、杜因傣王之侍槟榔官侍水官、包林公主之侍槟榔官侍水官、蒲甘公主之侍槟榔官侍水官、抱锦公主之侍槟榔官侍水官及蒲甘王底里达马道加之马官、别尼亚别之马官、宋砌侯之马官组织起来，1043 年（公元 1681 年）任命翁德宾侯为头领的韦多巴亚马军队；征服清迈、孟隆、孟巴、孟洪、孟班、景劳等城后，将这些城的采邑主们之子孙在缅历 978 年（公元

1616年)于汉达瓦底组成的玛尼约达掸族马军队;征服景永后将该城采邑主子孙们,缅历978年(公元1616年)于汉达瓦底组成的当羌侯掸族马军队;当实皆四层御寺施主明耶觉苏瓦束发之时,父王良渊王赐与的由孟乃、登尼、耀绍、囊蒙、色加采邑主之子孙们50骑组成的班道彬侯掸族马军队;缅历1049年(公元1687年)由采邑主子孙们组成的德瓦约达马军队;将底里泽亚瑙亚塔手下采邑主们缅历974年(公元1612年)配备金达马组成的坚道侯马军队;征服云国孟赛后,由获"丁"、"亚扎"称号者的子孙们于缅历978年(公元1616年)在汉达瓦底组成的马军队。

父王赐予了守卫卑谬的乌登约达为首的掸族五十夫马军队以及获"亚扎"称号者的亲戚子孙等人。1009年(公元1647年)父王将到卑谬后任命良比亚侯任五十夫长的炯道因基侯马军队,德道榭基马军队赐给王子带往卑谬。王子即位为王后量才而用。剩下的人及亲信贴身侍从、青年们由1047年[①](公元1685年)组成的贝吉侯任首领的鄂赖底侯马军队;1048年(公元1668年)由采邑主子孙们组成以赖亚杜因任五十夫长的觉山吴马军队;1049年(公元1687年)由采邑主子孙们组成的育瓦盖侯五十夫马军队;992年(公元1630年)由实皆四层御寺施主明耶觉苏瓦手下持仪仗者组成的由那赛扬木任五十夫长的仪仗队;卑谬王将在卑谬头戴短盔、持红套尖枪的随身侍从们组成杜因威亚五十夫队;1014年(公元1652年)由明耶瑙亚塔手下玛康侯亲属之子组成的供王储遣用的差役队;卑谬王在卑谬时将未编入差役队中的孟族青年

① 原文误印为缅历1097年。经查旧版《琉璃宫史》更正之。

们组织起来，由皎蔑侯任五十夫长之队；1037 年（公元 1675 年），将明耶底哈，彬尼亚王子、巴亚加马尼、摩诃德勒帕耶、清迈丁龙等人的手下人组织起来，任命德赫玛为五十夫长之队；1048 年（公元 1686 年），将采邑主之子孙们组织起来任命炯道侯为五十夫长之队；明耶瑙亚塔的青年奴仆持盾队；底里泽亚觉廷手下一队；实皆四层御寺施主明耶觉苏瓦处服差役的官员、采邑主们组成之队；仆役子孙组成的印度青年枪队；实皆四层御寺施主明耶觉苏瓦处服务的代塞印度占星师队；医师之队；父王共赐与 60 队。此外还赐予许多盾牌队、服役队、田产队等等。（缅历 1050 年）8 月 7 日（公元 1688 年 10 月 20 日）土曜日，缅王驾临湾贝因昂南瑞蓬宫。8 月 10 日（公元 1688 年 10 月 23 日）火曜日 1 鼓 6 时，王储乘轿来到昂南瑞蓬宫。9 月 14 日（公元 1688 年 11 月 26 日）晨 4 更 1 时 3 拔 6 微兹那，王储由昂南瑞篷觉篷门入宫，1 鼓 1 时 1 拔 9 微兹那，王储进入新王储府，将轿停在枢密院之北，王储从单身侍从候差殿出来，步行后上轿。侍奉御膳、槟榔、用水之侍从们，持藤圈、铁圈的侍卫们进单身侍从候差殿带上用品出来后，这才向白宫走去。10 月 20 日（公元 1688 年 12 月 31 日）月曜日，命王子信南代南下任卑谬镇守。1 月 3 日（公元 1689 年 3 月 13 日）水曜日，杜波山、乔温达、德瓦亚扎、玛别杜丁卡 4 名婆罗门学者所奏不当，王大怒，将 4 人分别流放。从巴赖勃到湾贝因起火，当天丞相南达都利耶去世。国王见火已逼近王宫，赶忙与正宫王后乘金轿移驾玛诺亚曼御花园。妃子、王子公主们也随王后出来，在内外臣子官员簇拥下骑马到达花园后，坐于金轿之内，召来丞相南达觉廷，命令道：“现在由水路去金殿，赶快做好准备。”南达觉廷赶忙将舟船首

领、船员、桨手们全部召来，带上全套御舫用品在杰敏岱处布置停当，陆上也安排了大批象马盾牌步卒，如过泼水节一般下到御舫之上。王储乘轿于6月行宫码头迎接，听到船上的鼓声后，从轿上下来铺上细篾席，将周围装点整齐等候，王储手下侍从们则在良辛、莱敦等候吩咐。

王在达西门渡口停船上岸，由觉蓬门进宫，三鼓1时到达金殿。王赞道：由于南达觉廷安排得当，像出巡一般就回宫来了。缅历1051年2月3日（公元1689年4月11日）木曜日向王献新年礼物。当日王储参加枢密院会议。该月在实皆坟场，火葬之火不灭达一周有余。1月2日（公元1690年3月1日）土曜日六曜齐集双鱼宫，当日夜四更过后，在王宫立地桩搭脚手架，6日（公元1690年3月5日）水曜日夜一更过后在王宫内挖柱基，7日（公元1690年3月6日）木曜日夜二更2时立王宫之柱。1052年2月6日（公元1690年4月3日）火曜日夜四更过后取吉祥之水，1更4时1拔11微兹那移居临时宫中。因2月6日木曜日夜四更过后地震，12日（公元1690年4月9日）水曜日本拟去王宫，只好暂且作罢。2月14日（公元1690年4月11日）金曜日夜一更4时才进入王宫。2月15日（公元1690年4月12日）土曜日赐大臣们随身仪仗用品。赐彬尼亚巴仰饮水瓶、痰盂、伞、额带、权杖等全部用品；赐德道榭鼓5面、唢呐2支、号10把、竖鼓10面、钹10个；赐色杜加马尼绶带5条、两人抬轿；赐内谬觉廷饮水瓶、痰盂、伞；赐乌登觉廷可用两柄权杖、十字包头巾；赐西门卫队长拘道巴亚槟榔盒；赐东门卫队长赖威泽亚都可用4柄权杖；南达觉都可用两柄权杖、十字包头巾；右卫队长杜因瑞当可用金罐；杜因登卡可用金罐；

左卫队长泽亚登卡可用4柄权杖；乌登亚扎可用两柄权杖；巴亚达亚可用4柄权杖；巴拉觉都可用4柄权杖。2月16日（公元1690年4月13日）日曜日凌晨二更2时刻制玉玺，赐吉祥的象马以称号。2月16日日曜日上午一鼓7时1拔4微兹那撑吉祥伞登上王座，由巴拉觉都宣读，由色杜加马尼献上玉玺，国王尊号为：底里巴瓦拉摩诃底哈都拉达马亚扎①。王后尊号为：阿杜拉巴瓦拉底里摩诃杜达马黛维②。当日赐封名号，赐乌登都拉为亚扎巴亚代底，巴亚达亚为赖威仰达梅，赖威底哈为赖威仰达都，泽亚登卡为赖亚弁琪，美德弓箭队长为乌登达拉、德别拉侯为南达勃拉、马贝侯为耶岱维、勃外岱冈木为杜因西都、奴隶管理官为亚扎登西、垒欧侯为登卡德瓦，国王的塔奴长官为泽亚登卡，共11人。17日（公元1690年4月14日）月曜日又赐封名号，南达巴拉为赖威比南都、达马底里为泽亚南达梅、泽亚约达为拘道巴亚，德瓦达亚为赖威弁琪、乌登巴亚为亚扎都拉，杜因韦亚为赖亚觉都，泽亚都拉为赖亚南都、宫殿门卫长为德瓦达亚，东千夫长为泽亚都拉，穆宁彬侯为杜因南都、甘蒂金盾队长为南达巴拉，阿因冈木为巴亚达亚，那赛仰昂木为泽亚约达，新德侯为赖亚约达，布翁尼亚瓦底亚为玛尼都亚，共15人。18日（公元1690年4月15日）火曜日赐封名号，赖威泽亚都为赖威耶傣，巴拉觉廷为西杜因加都，杜因瑞当为南达底哈，杜因登卡为赖亚仰达都、泽亚德曼为赖威觉都，苗木为泽亚德曼、奴隶管理官为巴拉觉都，马军队长鄂纽为杜因登

① 音译如文。意为：吉祥、高贵、伟大、狮子般英勇、弘法之王。

② 音译如文。意为：无可比拟的高贵、吉祥、伟大、善良、弘法之王后。

卡，瑞固侯为乌登巴拉、左马军队长为杜因韦亚、班都侯为亚扎德曼、林因侯为拜德意、温辛木为贡南德律，登尼金盾队长为杜因瑞当，别炯木为布翁尼亚底哈，丹克道侯为亚扎德温，土地管理官为泽达意，共17人。

3月9日(公元1690年5月6日)火曜日三鼓2时缅王驾临枢密院，当日赐封名号，婆罗门松达侯为德瓦别玛，婆罗门兹瓦侯为德瓦亚扎别玛，婆罗门杜波赞为布罗黑别玛，马军统领班因为杜因格都，马军统领蓬希为乌登达曼，马军统领勃他隆侯为底里，马军队长鄂松为耶甘马，马军统领妙奈侯为玛尼甘马，马军统领瑞梯为亚扎甘马，马军统领鄂隆为耶约达，五十夫长鄂达赞为格扎约达，炯道艾侯为乌登都拉，甲卡侯为乌登约达，班贡侯为玛尼约达，土瓦马军统领为格扎布翁尼亚，掸族勇士队队长瑙坎为丁塞丁、仰纽道侯为丁玛代，埃伦为丁德派，共18人。当夜一更2时1拔从都城的雷达门至瑞齐提佛塔北面开始建新城墙。正4月8日(公元1690年7月3日)火曜日将美德寺、当南寺、东四层御寺等三座寺庙同时布施给僧侣。8月26日(公元1690年1月16日)日曜日派镇守阿垒去莫塔马、清迈、景丁。9月6日(公元1690年11月26日)水曜日丞相内谬觉廷建造寺庙。11月27日(公元1691年2月14日)土曜日王储在垒宾寺完成尖顶阁之功德善举。12月3日(公元1691年2月19日)木曜日赐封王族、官员们食邑，封信姜漂王子食邑妙瓦底城，彬尼亚勃仰食邑巴东城，色杜加马尼食邑垒盖城、乌登亚扎食邑色雷城，泽亚南都食邑当新城、赖威耶傣食邑莱城(含哨卡)，赖威南都食邑杜云岱城、育丁延食邑布坎艾城，西杜因加都食邑那茂城，赖亚弁琪食邑古突(含哨卡)，泽亚觉都食邑

敏拉，亚扎底里食邑当布雍基、德瓦底里食邑莱德，杜因觉食邑德右茂（含哨卡），赖亚仰达都食邑丹育瓦，亚扎德曼获 10 艘战船，杜因德瓦食邑鄂勃因，亚扎登卡食邑温玛那，亚扎登西食邑丹茂，孟蒙侯食邑辛英，封亚扎温耶为马军统领，冈孟觉木食邑色林乡，垒构冈金赛米木食邑色林乡，玛德盾牌队长食邑甘尼乡，格奈那赛觉康木食邑德班，金舟队长食邑敏孔岱，登尼金盾队长食邑松羌，冈金郎米木食邑慕底，耶龙杰木食邑梅、格礼盾牌队长食邑美界，都耶当木食邑甘尼乡木优东、上朝殿五十夫长鄂乌加食邑德盖金、上朝殿五十夫长鄂楚友食邑耶玛德、上朝殿五十夫长鄂达觉食邑良温、上朝殿五十夫长鄂吞觉食邑塞康、上朝殿五十夫长鄂楚巴尤食邑明育瓦，前大理寺卿鄂基食邑格拉育瓦、施令官食邑姜基、刽子手队长食邑慕瓦，阿威主簿鄂吞食邑金达，宣旨官鄂达吞食邑玛当达，奴隶管理官食邑育瓦米。

（313）卡随使者到来 处决登尼土司色梅坎及其妻子儿女 地震情况

12 月 9 日（公元 1691 年 2 月 25 日）水曜日卡随使者来到。缅历 1053 年 1 月 28 日（公元 1691 年 4 月 15 日）水曜日卡随使者献上礼品。登尼土司色梅坎被处决后，色梅坎之妻子儿女携大批奴隶欲逃往中国。王闻之，速派鄂奈吞、育丁仰、赖威南达梅、孟盖侯、囊孟侯及孟乃土司各领一军，6 支象马大军于缅历 1053 年 6 月 1 日（公元 1691 年 8 月 13 日）金曜日向登尼进发，由于中国人不同意接受色梅坎的妻子儿女和奴隶，他们遂在萨尔温江哥隆岛上坚守，缅军渡河追杀、他们不敢抵抗，屈服投降，被带回登尼。色梅坎的妻子儿女奴仆被依罪处死。赐鄂奈吞以登尼城，任命其为土司。缅军被召回御前。缅历1054年1月6日（公元1692年3月12日）木曜日缅王驾临单身侍从候差殿，任命80多名官员及录事。1月17日（公元1692年3月23日）月曜日上午一鼓过后缅王赴湾贝因王宫，王储三鼓过后才出发。缅王将这块地方命名为昂恰蓬米，将此地王宫命名为妙南蓬达。2月12日（公元1692年4月16日）土曜日，天降米饭之雨。缅王得到卡随人进犯当督城的奏报后，派杜因韦亚、耶约达、西杜因加都、乌登达亚各领一军，4支大军于9月4日（公元1692年11月1日）火曜日出征。9月20日（公元1692年11月17日）木曜日又派德瓦甘马、珊达侯与赖班侯、孟良侯与孟东侯、孟养侯、格礼侯、温多侯各领一军，共6支大军向当督进发。11月17日（公元1693年1月12日）木曜日在湾贝因宫掘柱基。12月2日（公元1693年1月26日）木曜日又命育丁仰为统帅，率10路大军向当督进军，到达后因不便作战，就于江岸一侧驻扎下来。形势不妙。缅历1055年[1] 3月10日（公元1693年5月3日）水曜日缅王将出征的缅军召回，（闰）4月8日（公元1693年6月30日）金曜日三鼓4时缅王乘宝轿由觉蓬门进入金殿，王储也于二鼓过后由温玛那门进入。4月18日（公元1693年7月10日）月曜日缅王赏赐官员们仪仗用品。赐彬尼亚塞两人抬轿一顶；色杜加马尼7条绶带、齐全的权杖与伞；内谬觉廷7条绶带，齐全的权杖与伞；巴亚仰达都5条绶带；南达觉都带

① 原文误印为缅历1015年。明显有误，更正之。

两层榕叶状装饰的伞、额带；巴亚仰达梅 5 条绶带；泽亚觉廷痰盂、小轿；赖威比南都、赖威南都、亚扎登卡、亚扎登玛、赖亚仰达梅等人各两柄权杖；泽亚仰达梅 5 条绶带；仰玛约达与拘都仰达梅各两柄权杖和槟榔盒；德瓦底里、赖亚泽亚都亚二人皆赐予咸茶罐，共赏赐 17 名官员。4 月 20 日（公元 1693 年 7 月 12 日）水曜日上午一鼓 5 时 2 拔国王登上吉祥宝座，没有接受新的玉玺印信。当日给王子王孙、百官赐封名号。彬牙马军统领为明耶泽亚都，彬尼亚塞为彬尼亚仰德，色杜加马尼为德道榭，内谬觉廷为内谬丁克亚，南达觉都为南达丁坚，杜因西都为赖威仰达都，巴亚南达梅为南达觉廷，乌登泽亚为赖威泽亚都，赖亚都拉为赖威弁琪，赖亚底哈为赖威泽亚都拉，德扎布拉为巴亚约达，泽亚觉为南达梅，登卡约达为南达拘道巴亚，泽亚巴亚为赖亚比南都，杜因加都为巴亚南都，金克都为赖亚耶傣，玛瑙底哈为赖威登卡，玛瑙德耶为赖亚登卡，赖亚都迈耶为拜丁仰，英因杜因为亚扎登蒂，杜因巴亚为色杜因加巴拉，韦路通达拉为赖亚泽亚都，都亚约达为比亚德巴，底里巴为底里恭那亚，珊达亚底马军统领为拜那耶，耶道马军统领为乌登巴拉，五十夫长鄂明为山达加，赖窦侯为山达亚扎，传令官孟纽育瓦侯为阿比亚耶，传令官曼达侯为仰玛都拉，那伽敦侯为亚扎达拉，马军统领鄂瑞妙为杜因巴拉，右马军统领为赖威登底，玛窦为底里那瓦拉，玛都为底里甘达，富翁达山为南达亚都拉富翁，共 36 人。

闰 4 月 29 日（公元 1693 年 7 月 21 日）金曜日缅王驾临单身侍从侯差殿赐封名号。赐德瓦底里为南达底里，四十刀卫勃固布政长官为泽亚巴拉，宝轿队长为泽亚觉都，前殿马军统领为巴亚亚

扎，五十刀卫仰觉木为泽达布拉，五十刀卫赖底木为赖亚都拉，轿夫头领为赖亚底哈，南千夫长为乌登泽亚，北千夫长为巴亚盖底，马军头领鄂妙奈为杜因巴亚，布坎马军统领为英因杜因，那坎达亚比曼木为亚扎德曼、全国宝伞官为色杜因加都，豪乃盾牌队长为杜因德瓦、圣旨起草官西锵侯为赖亚威多，国库管理官登尼侯为亚扎邦雅、瑞金侯为亚扎德耶、王储录事岱侯为赖威韦多，王储传令官阿延坎侯为杜因达曼，掸族勇士队长的属官为丁哈姜加，土地管理官为泽达亚扎，当瑞侯为比仰邦雅，因包傣侯为德曼达林加，鄂丹侯为东达林加，金银匠建筑师奥素为恩达亚德那莫塔马，扎拉约达为彬尼亚别，获钦赐槟榔盒及两柄权杖的丁因底里德瓦为泽威亚丁仰，当亚监军室利差咀罗马军统领为仰岱巴亚，室利差咀罗瑞卑马军统领为南达勃蒂，汉达瓦底税务官卑隆觉木为底哈约达、土瓦监军路林侯为拜甘玛，莫塔马录事扎亚巴外侯则按邦雅甘玛、亚扎克达和杜因登西等三个名号称呼，共赐 30 人。6 月 16 日（公元 1693 年 9 月 5 日）金曜日夜三更宫殿前厅现彩虹。10 月 7 日（公元 1693 年 12 月 23 日）土曜日有野象闯入鄂苏。15 日（公元 1693 年 12 月 31 日）日曜日闻茵西发生叛乱，缅王派兵出征。16 日（公元 1694 年 1 月 1 日）月曜日犀牛从东来，在太公切明被杀死，学者们对该犀牛作法，在蓬都辟岛上掩埋。11 月 6 日（公元 1694 年 1 月 21 日）日曜日又向茵西派兵，11 日（公元 1694 年 1 月 26 日）金曜日再次向茵西增兵。缅历 1056 年 2 月 3 日（公元 1694 年 4 月 16 日）月曜日任命明耶泽亚为统帅，向茵西进军。1057 年 1 月 25 日（公元 1695 年 3 月 29 日）金曜日登奈底与丁兼之时恰好重合。

4月4日(公元1695年6月4日)火曜日同时向杜因切寺、叶坎寺、实皆河畔四层御寺布施。从5月27日(公元1695年7月27日)土曜日开始,一个月之内黑夜两次发亮。28日(公元1695年7月28日)日曜日阿瑜陀耶大臣达拉沃带5头象及100余人前来称臣。7月4日(公元1695年9月1日)日曜日行吉祥洗头仪式,5日(公元1695年9月2日)月曜日星靠近月亮太阳。6日(公元1695年9月3日)火曜日命王储尽快进城。12日(公元1695年9月9日)月曜日从妙南蓬达湾贝因王宫开始乘御舫由六月行宫码头上岸进觉蓬门,二鼓1时到达金殿。7月15日木曜日二鼓1拨缅王登殿升朝,由泽亚仰达梅宣读,明耶泽亚都呈上玉玺,国王尊号为底里巴瓦拉班底达底哈都拉达马亚扎[①],王后为阿杜拉底里摩诃杜达马埃嘎黛维[②]。当日缅王赐封名号。内谬丁克亚为内谬底哈都,巴亚仰达都为觉廷仰达梅,赖威仰达都为南达西都,杜因觉都为西杜因加都,亚扎底里为巴亚仰达都,韦路达拉为赖威南达都,耶德扎为扎拉丁仰,杜因韦多为杜因巴拉,杜因弁琪为泽亚觉都,西千夫长为达加都,冈贝道觉木为南达泽亚,共11人。

8月27日(公元1695年10月23日)水曜日开始百姓每人只能食四分之三缅升大米。8月30日土曜日,东方见到彗星。9月9日(公元1695年11月4日)月曜日派杜因达西、明底拉等人去莫塔马取白象。11月7日(公元1695年12月31日)火曜日4鼓6锣乘御舫驾临湾贝因妙南蓬达。11月25日(公元

① 音译如文,意为:吉祥、高贵、智慧、狮子般勇敢,弘法之王。

② 音译如文,意为:无可比拟的吉祥、伟大、善良、弘法、至高无上之王后。

1696年1月18日）土曜日得到茵西人侵扰的奏报，派出缅军，全部配备洋枪。12月3日（公元1696年1月25日）土曜日莫塔马送来白雌象，5日（公元1696年1月27日）月曜日白象被送进宫中。缅历1058年正4月17日（公元1696年6月5日）金曜日四鼓5时乘妙声乌金舫驾临妙南蓬达，22日（公元1696年6月10日）水曜日王储到妙南蓬达。6月7日（公元1696年8月23日）日曜日在王弟王子及百官的簇拥下乘妙声鸟御舫去实皆亚扎玛尼苏拉佛塔。6月15日（公元1696年8月31日）月曜日四更6时由妙南蓬达回到王宫，当天亚扎黛维王后之母去世，6月16日（公元1696年9月1日）火曜日国王亲自参加葬礼。9月30日（公元1696年12月12日）内谬底哈都在宫外附近拾到一个被遗弃的有着人面人手狗腿的怪胎。12月6日（公元1697年2月15日）月曜日二鼓7时发生强烈地震，王城、佛塔、佛寺、佛窟许多倒塌，伤之众多，大地裂开，有水冒出。底哈道、瑞沙仰、瑞因苗、瑞喜宫等佛塔破损。1月24日（公元1697年4月4日）日曜日任命南达巴拉为帅出征茵西。2月19日（公元1697年4月28日）金曜日王宫遭雷击，一位公主死亡。4月10日（公元1697年6月17日）木曜日上午一鼓1时乘马车去湾贝因王宫，当日正宫王后也去。国王在未登上王座之前于11月5日（公元1698年1月5日）水曜日赐官员仪仗、用品。赐景栋土司之弟色林侯金马缰、金马鞍、金冠；赐内谬底哈金伞、金痰盂；赐觉廷仰达梅伞、额带4条；底里泽亚觉廷伞、额带4条；赖威耶傣两人抬轿、带盖饮水瓶、痰盂；色杜加巴亚两人抬轿、带盖饮水瓶、痰盂；南达泽亚绶带5条、两人抬轿、上

镶宝石的咸茶罐；赖威都拉、巴亚丁坚、泽亚加马尼各赐两权杖；南达都利雅带盖饮水瓶；赖亚丁克、泽亚德曼、底里约达各赐咸茶罐。共14人受到赏赐。

(314) 国王上朝赐封 国王驾崩 王储曼昂亚德那施主登基

缅历1059年11月15日(公元1698年1月15日)土曜日，国王上朝。泽亚仰达梅宣读国王的名号为底里巴瓦拉底巴瓦那底哈都拉埃嘎班底达亚扎迪勃底摩诃达马亚扎①，王后的名号为底里摩诃阿杜拉埃嘎杜达马亚扎黛维②。明耶泽亚都献上玉玺。赖亚觉都宣读王储的封号为底里摩诃底哈都拉。是日国王赐封大臣名号。封内谬底哈都为德多底哈都，但因其身体不适，不能上朝，故只能获王储驾前的丁克多盾牌队长的头衔。封觉廷仰达梅为西都觉廷，赖威比南都为南达梅达，杜因南都为赖威耶傣，泽亚德曼为赖亚仰达梅，底里约达为巴亚延达梅，亚扎都为色杜因加拉，高果侯为泽亚巴亚，西千夫长为南达巴拉，室利差呾罗马军首领为杜因南都，共10人。16日(公元1698年1月16日)日曜日，国王赐封名号。封底里泽亚觉廷为欧德马底里泽亚都拉，赖威耶傣为摩诃德勒帕耶，南达泽亚为明耶觉廷，赖亚泽亚都拉为色杜加巴亚，赖

① 音译如文，意为：吉祥、高贵、三界、狮子般英勇、至高无上智慧之王、元首、伟大、弘法之王。

② 音译如文，意为：吉祥、伟大、无可比拟的、至高无上、善良、弘法之王的王后。

威约达为泽亚南都，亚扎约达为南达都利亚，赖成瑞当为内谬觉廷，达马登卡为赖亚觉都，赖威登西为乌登亚扎，杜因瑞当为赖亚泽亚都拉，格扎巴拉为赖威都拉，耶波马军首领为杜因底哈，仰马锡木为格扎巴拉，马军录事皎蔑侯为赖亚德耶，明拉侯为赖亚韦多，穆尤侯为杜因布翁尼亚，马兑侯为杜因弁琪，共计授予 17 人封号。12 月 18 日（公元 1698 年 2 月 16 日）水曜日国王迎请布坎西都信佛像，23 日（公元 1698 年 2 月 21 日）日曜日到达瑙齐岛。是日国王乘坐妙声乌舫，在王弟王子和大臣们乘坐船只的簇拥下，有着天帝释般的威风，人声鼎沸响彻全江前往迎接。抵达后，在湾贝因妙南蓬达宫中建起的临时彩棚和供佛的佛堂中进行了供奉。王命全体人民也做了整整 7 天的盛大布施。直至 12 月 30 日（公元 1698 年 2 月 28 日）才把佛像恭送回布坎。是日国王乘坐妙声乌舫送回西都信佛像之后又迎请底哈道佛像。佛像抵达后，在殿前供奉，也进行了盛大布施。全体百姓僧俗又做了整整 7 天的施舍进行供奉。到 1 月 8 日（公元 1698 年 3 月 8 日）火曜日才把佛像送回底哈道。缅历 1060 年 2 月 25 日（公元 1698 年 4 月 23 日）土曜日，国王在湾贝因妙南蓬达宫接见了前来进贡的孟密土司，夜四更之前回宫。是日晚 4 时国王抵达宫中。到 2 月 26 日（公元 1698 年 4 月 24 日）月曜日夜三更许，国王辞世升天。国王驾崩之后，宫内外大臣奏告国王之子王储底里摩诃底哈都拉。是日凌晨四更后，王储继承父王之位，登基称王。2 月 27 日（公元 1698 年 4 月 25 日）月曜日像埋葬转轮王一样，把父王遗体装上金轿，隆重地进行了火葬。

(315) 明耶觉廷在位时间与其王子公主情况[①]

尊号为底里巴瓦拉底巴瓦那底哈都拉埃嘎班底达亚扎迪勃底摩诃达马亚扎的国王22岁登基，在位26年，终年48岁。生辰为火曜日。王驾崩之时，发生强烈地震，许多佛塔浮屠寺院倒塌，大地裂开，水喷涌而出；老虎进宫；蜜蜂在殿上结巢；秃鹫停留在瑞喜宫佛塔上；彬牙瑞喜宫佛塔发出祥光；塞抱佛像流汗。

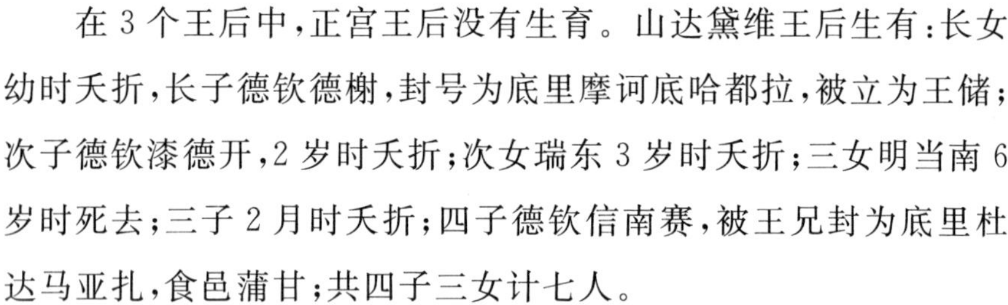

在3个王后中，正宫王后没有生育。山达黛维王后生有：长女幼时夭折，长子德钦德榭，封号为底里摩诃底哈都拉，被立为王储；次子德钦漆德开，2岁时夭折；次女瑞东3岁时夭折；三女明当南6岁时死去；三子2月时夭折；四子德钦信南赛，被王兄封为底里杜达马亚扎，食邑蒲甘；共四子三女计七人。

亚扎黛维王后生有：长女钦玛姜明巴达；长子信赛开任汤丁王；次子密敦王；次女因为是在湾贝因妙南蓬达宫中所生，故命名为妙南蓬达，计二子二女，共四人。

妃子们生有：西博达亚王之女生子明达王内谬底哈和敏贡王德钦昂等二人；仰昆木之女钦山生女山瑞波温，子幼时夭折，共二人；美德侯之女明布生一女，幼时夭折；明耶乌兹那的孙女钦瑞意

① 按《琉璃宫史》第三卷本节节名写作“明耶觉廷在位时间与其王子、公主情况及分封封号”经查本节与《缅甸大史》第三卷中的“明耶觉廷的王子公主情况”、“色内王(缅历1060—1076年)”二节及后面“分封封号”一节的一部分大致相同。为便于读者查考分成(315)、(316)两节。

生子信别宋,幼时夭折;辛古夫人之女钦德布生女钦决基,封号为达杜加勒亚,食邑姜丁;赖威南都之女生女明决艾;德道榭之女丹迪夫人生子貌布,又名彪卑密觉,后被流放孟拱;仰达梅之女钦卑夫人钦纽生子信觉,号内谬德达,任东吁镇守;赖亚泽亚都拉之女那龙夫人生子名为德钦漂,又名卑山觉。共计七子四女,11 人。

(316) 色内王[1]登基并分封封号

3 月 21 日(公元 1698 年 5 月 19 日)月曜日,在城里建立了吉祥宫。正 4 月 4 日(公元 1698 年 5 月 31 日)火曜日上午一鼓 3 时装修吉祥宫。闰 4 月 5 日(公元 1698 年 7 月 1 日)月曜日王赐与大臣们随身用品。赐与德多底哈都嵌有琥珀的八角槟榔盒;赐与西都觉廷和欧德马底里泽亚都嵌有琥珀的带盖饮水瓶;赐与泽亚仰达都槟榔盒和 4 柄权杖;赐与巴亚亚扎都槟榔盒;赐与亚扎腾马能装一缅钱的咸茶罐;赐与赖亚米耶缅咸茶罐。闰 4 月 8 日(公元 1698 年 7 月 4 日)木曜日晚三更 2 拔 12 微兹那,在妙南蓬达外宫中建起了吉祥之棚。24 日(公元 1698 年 7 月 20 日)金曜日上午一鼓许,王举行盛大的洗头庆典。是日晚四更 1 时八曜齐集王都之上。4 月 14 日(公元 1698 年 7 月 10 日)日曜日二鼓 1 时 3 拔,把妙南蓬达宫的报时鼓和钟运进城中,挂于钟楼之上。4 月 16 日(公元 1698 年 7 月 12 日)火曜日夜四更 1 时,王在妙南蓬达宫北殿举行洗头礼。4 月 18 日(公元 1698 年 7 月 14 日)木曜日上午

[1] Sane,旧译娑尼。

一鼓3时2拔5微兹那，王从妙南蓬达宫乘王储轿回到城中王宫，一鼓5时3拔5微兹那，王登上吉祥宫。王赐予先王汉达瓦底白象红象之主的嫡孙明南达巴亚觉廷和德叶王之女婚配后所生的3位女儿以王后的仪仗，纳入宫中。是日国王赐与手下大臣仪仗、用品。赐与德多底哈都花伞；赐与西都觉廷和欧德马底里泽亚都各一柄带有一层榕树叶状装饰的伞；赐与赖亚泽亚丁坚和南达梅座轿；赐与摩诃德勒帕耶带有一层榕树叶装饰的伞和金额带4条；赐与德多榭伞和槟榔盒；赐与色杜加马尼伞、带盖饮水瓶和绶带5条；赐与鄂德勒帕耶，巴亚觉廷和达马约达痰盂；赐与赖威弁琪和南达梅各用权杖4根；赐与赖威南都、杜因都、达马底里、达马登卡和南达底里银罐；赐与泽亚南达都金韁、金鞍韂和嵌有红宝石的宝刀；赐与巴亚亚扎都带盖饮水瓶和宝刀。是日刻制王之名号玉玺。同日王令军士去良瑞用罾捕鱼。6月6日（公元1698年8月30日）火曜日夜四更1时1拔2微兹那国王上朝。赖亚仰达梅宣读王之名号为底里摩诃底哈都拉达马亚扎[①]。由明耶丁克亚献上玉玺。是日国王赐封王子王孙大臣名号。封明耶泽亚都拉为明耶那亚底哈都；摩诃德多底哈都拉为西都觉廷；摩诃底哈都拉为赖亚泽亚丁坚；南达西都为德榭瑙亚塔；色杜加马尼为德道榭；泽亚南达梅为南达觉廷；巴亚亚扎都为赖威比南都；赖亚米耶缅为赖亚比南都；赖威岱迪为赖威米耶缅；封马军头目鄂乃为杜因德瓦；封马军头目鄂瑞丹为格扎盖底；觉德昂马军首领为乌登都拉，共计赐封

① 音译如文，意为：吉祥、伟大、狮子般英勇弘法之王。

13人。6月[①]7日（公元1698年8月31日）水曜日王继续赐封。封欧德马底里泽亚都拉为摩诃底里泽亚瑙亚塔；彬尼亚江为彬尼亚劳；泽亚丁坚为德勒帕耶；赖威泽亚都拉为觉廷延达梅；巴亚觉廷为南达梅觉廷；明拉瑞当为南达梅达；泽亚觉为泽亚仰达梅；南达底里为赖威泽亚都拉；南达巴亚为仰达都拉；格扎觉都为赖威耶傣；杜因格都为乌登觉都；杜因巴亚为巴亚亚扎都；赖亚道柏耶为拜丁延；敏底拉为赖威勃亚；马军首领萨东侯为韦路德温；苏基侯为赖亚坚傣；卑龙阿赫木为巴亚达亚；全国宝伞官为德瓦巴亚，共计赐封18人。6月8日（公元1698年9月1日）木曜日继续赐封名号。封泽亚仰达都为内谬西都；赖威弁琪为南达梅；仰达梅为拘道巴亚；巴亚丁坚为赖亚泽亚都；泽亚巴拉为亚扎巴亚代底；亚扎滕马为亚扎丁坚；赖亚登卡为赖威南达梅；乌登泽亚为巴亚都拉；亚扎达亚为赖亚泽亚都拉；拜底里为底里甘马；玛瑙亚扎为赖亚底哈；杜意达西为赖亚代底；后马军头目为巴亚亚扎；耶道马军头目为乌登泽亚那；堆岱木为乌登泽亚；班堆岱木为杜因达西；登尼金盾牌队长为南达勃亚；仰昂木为亚扎底哈；御前弓箭手长为亚扎达亚；哥丹木为杜因底里；贾育瓦侯为兹亚巴拉，共计赐名20人。6月9日（公元1698年9月2日）金曜日王封仰马约达为亚扎欧德马泽亚代底。6月20日（公元1698年9月13日）火曜日王去枢密院赐封名号。封彬尼亚别为彬尼亚勃仰；赖亚比南都为巴亚西都；巴亚延达都为泽亚觉廷；南达觉都为加马尼觉都；巴亚南都为南达勃坚；赖威泽亚都为赖亚比南都；巴亚仰达梅为巴亚丁坚；赖

---

① 原文误印为1月。

威仰达都为赖亚西都；亚扎固那为南达梅；赖亚都拉为巴亚延达梅；德瓦登卡[①]为泽亚仰达都；德瓦达亚为赖威弁琪；赖威弁琪为南达觉都；兹亚约达为亚扎滕马；赖亚杜因为南达底里；那瓦德为亚扎都利亚；亚扎韦多为玛瑙达拉；曼基贾侯为赖威德曼；贝因侯为杜因布翁尼亚；鄂迪萨为拜底哈；马军头目鄂道甲为德努甘拜；波丹侯为杜因东达拉；育瓦盖侯为亚扎杜因；药玛侯为埃比亚拜；那加博侯为杜因代底；马军头目鄂布为杜因毕西；马军头目鄂瑞鄂为格扎底里；王奴首领为泽亚补罗；绝甘侯为韦路德曼；岱康侯为亚扎德曼；辛盖盾牌队长为德瓦都亚；迈温盾牌队长为赖亚德曼；神奇盾牌队长为赖威毕；都耶塞木为玛瑙亚扎；录事岱遵为布翁尼亚达意；德勃因侯为赖威德耶；国库司库妙叶侯为亚扎韦多；金刀长为亚扎勃拉；都耶冈木为杜因都马尼；包嘎富翁为底里达马拉；卑道达侯为山达甘马；共计赐名 41 人。6 月 25 日(公元 1698 年 9 月 18 日)日曜日，王到单身侍从侯差殿赐封名号。封象兵色基侯为比亚德扎；象兵当由侯为泽甘冈；象兵乌瑙候为耶德瓦；象兵因道侯为登克约达；象兵喔滕当侯为泽丁延；侍槟榔官甘迪侯为赖威瑞当；侍槟榔官雷妙侯为杜因瑞当；侍槟榔官齐蒂育瓦侯为赖亚瑞当；轿夫长德马梯侯为泽亚觉；岸宋马军头目为赖亚代底；鄂金侯为亚扎巴德；良拉侯为泽亚约达；孔羌侯为约达德曼；封与王生辰相同者仰昂木为杜因巴拉；盾牌队长为赖亚固那；冈金赛米木为德瓦登卡；布匹库总管因马道侯为亚扎韦亚；耶基侯为道巴亚；德抱

① 原文误印为“德瓦达亚”与下一位受封者重名，明显有误。经查《缅甸大史》更正之。

育瓦侯为赖亚都拉；明玛侯为德瓦达亚；阿敦瑞木为格迈耶；玛梅为包嘎德瓦；鄂梅达为底里；亚德那富翁为泽达格富翁；底里加富翁为亚扎富翁；玛努富翁为底里沃德那富翁；东基侯为恩达瓦底亚；澳姜侯为达拉瓦达亚；滕乃侯为亚扎比尼亚；比翁彬尼亚为比翁西都；羌夸侯为恩达西都；鄂莱侯为比翁林加亚比亚；玛布为乌陀迦富翁；玛多为仰马底；马德妙因侯为德门比翁；皎喔侯为塞达德瓦；阿朗基因侯为塞达林加；澳迷为宋巴林加；格拉为佑林加，共计赐名 30 人。

10 月 12 日（公元 1699 年 1 月 1 日）木曜日晚上，土星和火星相斗。是月 14 日（公元 1699 年 1 月 3 日）土曜日王因为不信任丞相摩诃德多底哈都拉及其子内谬觉廷，不信任内廷大臣摩诃底里泽亚瑙亚塔及其子南达都，遂将此四位大臣处死。和上述四位大臣亲密的号为摩诃底里泽亚都拉南达都利亚的王子彪卑妙觉、传令官赖威仰达都、占卜师德瓦都亚等人亦被流放。11 月 8 日（公元 1699 年 1 月 27 日）土曜日刚过正午 2 拔 1 微兹那，王令人建起瑞喜宫彩棚，让垒宾寺法师，妙寺法师和搭道寺法师监督开始抄写三藏经。也授予参与抄写工作的两位五十夫长衔号。举行了三日大庆典。是月 14 日（公元 1699 年 2 月 2 日）木曜日上午 1 鼓 1 时 1 拔，王欲在王宫西南角父王昔日寝宫处建一佛塔积功德，亲往察看地形。是日上午一鼓 3 时在建塔处的八方树立标志。11 月 16 日（公元 1699 年 2 月 4 日）土曜日晚一更 5 时，在建功德塔处祭拜土地神和星神，并建起了使驿馆和朝廷议事之所。11 月 28 日（公元 1699 年 2 月 16 日）木曜日三鼓，用白石做塔上形似倒置树叶状的装饰物，开始烧砖和搬运黏土。12 月 8 日（公元 1699 年 2 月 25

日）土曜日晚四更2时1拔1微兹那，开始制作金砖和银砖。是月13日（公元1699年3月2日）木曜日上午一鼓5时3拔王令人去属性相同的地区寻找建筑木材并立柱。是日晚上三更许开始造塔砖，刻写置于地宫塔龛中的石板。

是月14日（公元1699年3月3日）金曜日晚四更7时2拔4微兹那修整功德塔基之土地；将余土运到班莱岱佛塔处。12月28日（公元1699年3月17日）金曜日晚二更4时开始平整建塔处之土地，地宫之石板运至塔基处。1月12日（公元1699年3月31日）凌晨四更2时1拔10微兹那在建塔处打地桩。为建典仪殿设计做准备。是日夜一更3拔4微兹那丈量建筑处之土地，念消灾经文。1月16日（公元1699年4月4日）火曜日夜一更5时1拔开始砌佛塔之金砖和银砖，丈量佛塔围墙，刨平建佛塔围墙之木料，开始和灰浆。也开始重建毁坏了的实皆逝多林佛塔。1月26日（公元1699年4月14日）金曜日凌晨四更7时2拔安放置于地宫之上的大石板。缅历1061年2月11日（公元1699年4月28日）金曜日四鼓6时在漂勃外岛上洗涤舍利子。是日夜一更2拔3微兹那，皇后所生女儿勃达米亚结冲天鬏。2月13日（公元1699年4月30日）日曜日上午一鼓许，王令人将舍利送入佛塔之后，在殿堂里驻跸。2月15日（公元1699年5月2日）火曜日夜二更2拔2微兹那，王将典仪殿命名为泽亚蓬山。是日晚三更5时150位僧人为即将放入地宫内的所有佛像举行开光仪式。凌晨四更4时1拔10微兹那，在四把白伞的簇拥下王乘带有尖顶阁的轿子起驾前往典仪殿。四鼓6时1拔10微兹那王驾抵泽亚蓬山典仪殿。是日一鼓5时2拔先将28宿雕像置入地宫之中。夜四

更6时3拔王亲自监督将所有的舍利和雕像存入地宫之中。是日准备建佛塔围墙和佛堂。开始雕刻花纹和制塔伞。2月16日(公元1699年5月3日)水曜日夜二更3拔5微兹那,用石板盖住地宫。17日(公元1699年5月4日)木曜日上午一鼓7时1拔5微兹那为旁道吴佛亭挖桩脚。是日二鼓4时2拔10微兹那置入立柱。24日(公元1699年5月11日)木曜日一鼓6时2拔5微兹那从守护佛塔之狮像开始砌砖。3月6日(公元1699年5月23日)火曜日夜三更2时7微兹那,刨平尖顶阁柱子和围墙附近拜佛用的殿堂之柱。3月21日(公元1699年6月7日)水曜日晚四更2时1拔7微兹那,向围墙尖顶楼阁和雕花纹上涂抹树脂。当时王向僧众施舍了实皆毕撒马温寺院。3月28日(公元1699年6月14日)水曜日夜四更1时1拔6微兹那,王令人在祖父功德事业蓬山瓦底寺院所在地建立了一个三层的寺院并将其捐献给亚德那林加亚法师。4月6日(1699年6月21日)水曜日夜四更1时1拔,王将湾贝因寺施舍给底里德达马巴拉杜达马亚扎固育大法师。4月20日(公元1699年7月5日)水曜日三鼓3时14微兹那,开始给佛塔周围打下桩标的围墙砌砖。23日(公元1699年7月8日)土曜日夜三更2时3拔4微兹那,为佛塔、尖顶楼阁、殿堂和围墙打地基,搭脚手架。25日(公元1699年7月10日)月曜日二鼓3时2微兹那,立尖顶楼阁殿堂和围墙的基桩。27日(公元1699年7月12日)水曜日一鼓2时1拔6微兹那王巡视都城。同日一鼓3时3拔9微兹那挖尖顶楼阁、殿堂、围墙的柱基洞。一鼓2时1拔6微兹那立柱。夜四更3时2微兹那雕刻木柱,开始建造佛塔上放置塔伞的形如枣核状的部位。29日(公元1699年7月14

日)金曜日二更 1 时 3 拔 1 微兹那为围墙、尖顶楼阁和殿堂上横梁。5 月 4 日(公元 1699 年 7 月 19 日)月曜日凌晨四更将佛牙迎出尖顶楼阁让人们参拜。是日二鼓 3 时 2 拔开始为佛塔抹灰浆,制造殿堂、尖顶楼阁的顶端部分,抄写名字和佛经。5 月 16 日(公元 1699 年 7 月 31 日)月曜日上午一鼓 1 时 11 微兹那铸造挂在佛塔里的风铃。5 月 25 日(公元 1699 年 8 月 9 日)水曜日凌晨四更 2 时 3 拔 6 微兹那铸造盖在佛塔顶上的铜板,制造佛塔上放置塔伞的枣核状部分的蜡模型。6 月 15 日(公元 1699 年 8 月 28 日)上午一鼓 4 时用拱门把围墙和长廊连接起来。制造了 4 座钟的蜡模型。25 日(公元 1699 年 9 月 7 日)木曜日王请求四位法师按经典安排佛塔围墙内所画佛本生故事。7 月 13 日(公元 1699 年 9 月 25 日)月曜日夜二更 3 时开始建佛塔、佛廊和守塔狮像,开始建造塔顶上放置塔伞的枣核状部位和尖顶楼阁、殿堂的顶端部分,并对屋顶加以装饰。7 月 25 日(公元 1699 年 10 月 7 日)土曜日夜二更 3 拔安置上塔顶设置塔伞的枣核状铜球。给尖顶楼阁装上修饰性的檐板。在围墙内开始画佛本生故事,装饰旁道昊佛亭。8 月 10 日(公元 1699 年 10 月 21 日)土曜日夜四更 1 拔 20 微兹那将那改佛塔命名为仰昂敏佛塔并升塔伞。开始为布翁尼亚佛塔和喜宫佛塔贴金。8 月 26 日(公元 1699 年 11 月 6 日)月曜日王令诸位法师根据僧侣的戒律审问泽亚觉丁夫人给垒宾法师金银的去向。9 月 10 日(公元 1699 年 11 月 20 日)月曜日夜一更 1 时王起驾前往曼昂亚德那佛塔。二鼓 4 时返回王宫。14 日(公元 1699 年 12 月 23 日)金曜日夜二更 5 时开始给佛塔、尖顶阁楼和围墙周围贴金。21 日(公元 1699 年 12 月 30 日)金曜日夜一更 3 时 2 拔

给布尼亚佛塔和瑞喜宫佛塔升塔伞。10 月 24 日（公元 1700 年 1 月 2 日）火曜日夜一更许，在典仪殿东南方处建立放塔伞的殿堂。是日夜一更 7 时刻佛塔碑铭。11 月 1 日（公元 1700 年 1 月 9 日）火曜日布施山寺、昂搭寺、巴格亚寺和勃由巴温寺等 4 座寺庙。3 日（公元 1700 年 1 月 11 日）木曜日上午一鼓 4 时王弟鄂辛古王开始乘坐无篷轿。是日上午一鼓 5 时用水洗曼昂亚德那佛塔之上的宝伞，并用扇子扇干。是日二鼓 1 时 3 拔在佛塔上刻上塔名“曼昂亚德那”。11 月 1 日木曜日晨四更 9 微兹那王驾临泽亚篷山典仪殿。是时为佛塔立铁围栅。是日上午一鼓 3 时 2 拔 1 微兹那王给其功德塔升宝伞。是日二鼓 1 时 3 拔诵读祝祷词之后王行洒水礼，并布施刻着“曼昂亚德那”字样的铭文，举行 7 天大规模的庆典。王还施舍了许多庙田与塔奴。12 月 2 日（公元 1700 年 2 月 8 日）木曜日一鼓 3 时 2 微兹那王令人在曼昂亚德那佛塔西边建存放庙产之禅堂新寺。是日二鼓 3 拔为辛江牟道、摩唏迎伽那佛塔搭脚手架。12 月 9 日（公元 1700 年 2 月 15 日）木曜日二鼓 3 拔 2 微兹那开始砌砖建辛江牟道、摩唏迎伽那佛塔。12 月 21 日（公元 1700 年 2 月 27 日）火曜日二鼓 7 时 1 拔为存放庙产之禅堂寺院挖脚手架的地桩。夜三更 5 时 7 微兹那树桩。22 日（公元 1700 年 2 月 28 日）水曜日夜二更 4 时 1 拔为存论庙产之寺院挖地基。为垒基寺平整土地。缅历 1062 年[①] 1 月 24 日（公元 1700 年 3 月 31 日）日曜日晨四更 3 时给垒基寺打地桩。25 日（公元 1700 年 4 月 1 日）月曜日凌晨四更 2 时 3 拔 13 微兹那将垒基寺土地围起

① 原文误写为缅历 1061 年，以查《缅甸大史》更正为 1062 年。

来。27 日(公元 1700 年 4 月 3 日)水曜日凌晨四更 2 时 1 拔立柱。是日二鼓 5 时 11 微兹那雕木柱。2 月 2 日(公元 1700 年 4 月 7 日)日曜日夜三更 7 时 1 拔为垒基敏加拉金寺上横梁。2 月 4 日(公元 1700 年 4 月 9 日)火曜日王去信请求法师们在其功德塔曼昂亚德那挂单。2 月 4 日火曜日[①]卡随王使节前来献礼。3 月 21 日(公元 1700 年 5 月 26 日)日曜日夜一更 1 时制作进军阿瑜陀耶时需携带的刺桐木胜利鼓,画制欢喜天神像旗,狮子旗各 2 面。4 月 3 日(公元 1700 年 6 月 6 日)土曜日夜四更 2 时,王在曼昂亚德那功德塔处施舍了存放庙产之禅堂寺庙,并授予方丈尼亚纳威马拉达扎之印。4 月 16 日(公元 1700 年 6 月 19 日)水曜日王令新盖盾牌队长和搭木德那素等人将刺桐木胜利鼓 4 面,幡旗 4 面,红柄金顶鼓槌等物送往莫塔马。4 月 19 日(公元 1700 年 6 月 22 日)土曜日王将昂美蓬觉法师、内谬瑙亚塔寺法师等所有得到称号的高僧迎到曼昂亚德那功德寺,请求他们给三藏经中没有缅文注释的巴利文经典作注。25 日(公元 1700 年 6 月 28 日)金曜日夜三更 7 时 3 拔 9 微兹那将缅文注释刻于贝叶之上。

(317) 进军莫塔马 向景栋土司索女求婚遭拒 王进军景栋 立子为王储

5 月 12 日(公元 1700 年 7 月 15 日)月曜日上午一鼓王任命了将从莫塔马一线进军阿瑜陀耶的将官、统领、监军和传令官等。5 月 14 日(公元 1700 年 7 月 17 日)水曜日韦路东德亚五十夫队

① 原文写为“日曜日”,但与上文日期同,明显有误。更正之。

的瑞欧和瑞班埃曼两人带领 4 名随从送 12 面胜利鼓到莫塔马去。5 月 19 日(公元 1700 年 7 月 22 日)月曜日夜二更 4 时王令人将施舍给当布雍基素当卑佛塔前佛亭的顶部装饰品安装妥当。5 月 23 日(公元 1700 年 7 月 26 日)金曜日上午一鼓 5 时制作了携往清迈的胜利鼓 4 面,战鼓 3 面,云鼓 9 面,并放入了符箓,7 月 3 日(公元 1700 年 9 月 3 日)火曜日夜三更 5 时 13 微兹那王令从清迈方向进军阿瑜陀耶的明耶那亚底哈为统帅,共率泽亚觉廷,遂亚丁延、仰达都、赖亚泽亚都等军和拜丁延率领的马军共 6 支军队携大批象马步卒前进,扎营于昂寨。从莫塔马一线进军的有:以南达梅道为统领,率南达梅、巴亚延达梅、巴亚泽亚及巴亚亚扎都辎重部队和耶约达率领的马军共 6 支军队携大批象马步卒前进,扎营于彬牙昂寨。8 月 26 日(公元 1700 年 10 月 25 日)金曜日制作了带龙像的战鼓 6 面、带有十首魔王像的战鼓 8 面、云鼓 3 面、小鼓 2 面送往清迈军中以代替由于淋雨而毁坏的战鼓。9 月 2 日(公元 1700 年 10 月 31 日)水曜日夜二更 7 时 1 拔 11 微兹那,军队从莫塔马向阿瑜陀耶进发,扎营于昂达大寨,战事不利。又从清迈向阿瑜陀耶进军,也未取得进展。11 月 5 日(公元 1701 年 1 月 1 日)水曜日凌晨四更 1 时王又令般堵加巴亚等人从莫塔马一线进攻阿瑜陀耶。12 月 11 日(公元 1701 年 2 月 5 日)水曜日凌晨四更 5 时王在大批象马军卒簇拥之下驾幸底里篷觉典仪殿,将巴格亚科南寺施舍给论藏大师亚扎固育。王在此暂住一夜即返回宫中。28 日(公元 1701 年 2 月 22 日)土曜日上午一鼓 2 时 13 微兹那为摩诃妙牟尼升宝伞。从 12 月 30 日(公元 1701 年 2 月 24 日)起八曜齐聚宝瓶宫。这一年因天花麻疹死人甚多。新仲西边的两棵木棉

树开了两层花，结了两层果。1月8日（公元1701年3月4日）火曜日给杜摩底城中佛发塔倒塌，王令人重修，并升宝伞。莫塔马城中的伊达由佛塔倒塌，王令人重修并装上宝伞。缅历1063年2月19日（公元1701年4月13日）日曜日上午一鼓7时王出宫乘耶德那金舫到瑞界野举行洗头礼。3月18日（公元1701年5月12日）木曜日夜三更3时将宝象运到宫中授予昂谬抱觉之名。缅历1063年正4月20日（公元1701年6月13日）金曜日夜四更1时王欲在湾贝因宫的父王陵墓处建功德塔，前往察看地形。是月28日（公元1701年6月21日）土曜日上午一鼓5时王施舍了榭雷塌寺和当比拉寺。是日夜四更5时开始运砖到湾贝因宫中建塔处。是日王令仰那岱巴亚和南达毕西从丹开前往莫塔马和清迈。闰4月26日[①]（公元1701年7月19日）土曜日夜四更2时平整湾贝因宫中建塔处之土地。6月21日（公元1701年9月11日）木曜日三鼓许蓬山杜路寺、乌明道吴寺多处破旧毁坏。王也想在原地建立新寺，命人开始运送木材。8月5日（公元1701年10月24日）金曜日，渔民在密艾河边的良瑞地方下网捕鱼时，捉到一只乌龟。把乌龟捉上来之后龟吐出火焰烧着了三个渔夫，其中1人被烧死，另外两人幸免于难。8月13日（公元1701年11月1日）月曜日王赐封名号。封汉达瓦底镇守下属的马军首领为明耶泽亚都；彬西马军首领为明耶明拉觉；内谬西都为明耶底哈都；玛坎龙蒂赖威德瓦为泽亚觉廷；赖威韦道为赖亚米耶缅；四十刀卫蓬道乃木为亚扎固那；侍槟榔官敏岱侯为亚扎约达；传令官德右拘萨为亚扎德

① 原文仅写为4月26日，经查《缅甸大史》应为闰4月26日，更正之。

曼;宫中枪队阿迎冈木为佐达补亚;弓箭手队首领为亚扎德瓦;德抱丁木为杜因亚扎;甘迪瑞盾牌队长为杜因约达;马军首领杰孟侯为杜因南都,共计赐封 13 人。缅历 1064 年 2 月 6 日(公元 1702 年 4 月 20 日)夜四更 1 时 2 拔 7 微兹那,湾贝因功德塔开始砌砖。9 月 6 日(公元 1702 年 11 月 13 日)夜四更 3 时 7 微兹那,王令人将杜云琪山顶上的底里达马道加王的功德塔、实皆佛足迹佛塔、界搭佛塔、妙喜宫佛塔、德达乌敏格拉佛塔、塞德那基佛塔等六座破旧倒塌的佛塔完善地重修,并升宝伞。9 月 15 日(公元 1702 年 11 月 22 日)月曜日夜一更 1 时 3 拔 7 微兹那给乔答摩佛塔升宝伞。缅历 1064 年 1 月 20 日(公元 1702 年 4 月 5 日)日曜日凌晨四更 6 时 2 拔出发前往实皆彬尼亚河港。上午一鼓 3 时 1 拔 12 微兹那,王驾到之后举行了洗头礼。是月 26 日(公元 1702 年 7 月 8 日)土曜日给彬纳佛像装修光环。是日王任命南达觉廷为大元帅。1 月 29 日(公元 1702 年 7 月 11 日)火曜日上午一鼓许王驾临湾贝因玛瑙仰马花园。2 月 21 日(公元 1702 年 5 月 5 日)火曜日上午一鼓 7 时 2 拔 2 微兹那,测量临时宫殿之土地。是时开始为湾贝因功德塔砌砖。4 月 23 日(公元 1702 年 6 月 5 日)日曜日卡随王的使者来到。5 月 14 日(公元 1702 年 7 月 26 日)日曜日上午一鼓 5 时 2 拔装修蓬山杜路寺。5 月 26 日(公元 1702 年 8 月 7 日)金曜日夜四更许斗宿和火星相斗。6 月 8 日(公元 1702 年 8 月 18 日)月曜日夜三更 3 时 2 拔 1 微兹那建造环绕蓬山杜路寺之小寺。6 月 14 日(公元 1702 年 8 月 24 日)月曜日夜三更 7 微兹那为蓬山杜路寺三藏碑铭奠基。6 月 16 日(公元 1702 年 8 月 26 日)土曜日给彬纳佛塔装宝伞。7 月 22 日(公元 1702 年 10 月 1 日)土曜

日夜一更2时3拔，王令人在信漂信拉佛寺长廊两侧建起14座佛亭。阶梯开始砌砖。8月21日（公元1702年10月29日）木曜日卡随王向国王献女。8月28日（1702年11月5日）木曜日明耶那亚不知恩德，不守信义，与恶人为伍，试图谋反，王遂令人将其处死于水中。审问其子彬西马军首领时，回奏都是其父所为，与其没有联系。因情况属实，故未将其处死，把他流放到孟养艾。王将与明耶那亚狼狈为奸的人们尽皆处死。王子之妻兄瑜陀耶木知情不报，也被处死。9月11日（公元1702年11月18日）水曜日上午一鼓1时为当巴鲁比亚齐佛塔升宝伞。9月23日（公元1702年11月30日）月曜日凌晨四更3时王自皇宫出发，乘亚德那御舫渡江前往信漂信拉佛寺，给信漂信拉两佛像奉献红宝石帽。10月5日（公元1702年12月11日）土曜日王派宋丹侯出使埃格巴。10月18日（1702年12月24日）木曜日夜三更1时3拔王举行了中等规模的洗头礼。10月27日（1703年1月2日）土曜日夜一更1时2拔王为彬牙瑞喜宫佛塔和泽亚德宾佛塔升宝伞完成功德大业。11月9日（公元1703年1月14日）木曜日上午一鼓3时2拔，王授予王弟辛古王以王储的仪仗并赐大臣录事、盾牌队和马队。但不称其为王储而称为外宫。王驾临典仪殿，封正宫王后为摩诃黛维，并赐给正宫王后乘坐之金轿、权杖、8把金伞和女鼓等全套仪仗。也封御次妹为底里黛维并赐金轿、权杖、6把金伞和女鼓等仪仗。11月14日（公元1703年1月19日）火曜日夜三更1时1拔，王把蓬山杜路典仪殿命名为泽亚蓬觉。是日上午一鼓4时2拔10微兹那王乘马车出巡。随后有大批象马四军簇拥左右。是日二鼓3时1拔4微兹那，王驾临泽亚蓬觉典仪殿，并驻跸于

此。15 日(公元 1703 年 1 月 20 日)水曜日夜三更王乘马车回到王宫。王对圣僧法师们施斋 7 天,并布施了许多僧侣用品。1 月 11 日(公元 1703 年 3 月 16 日)火曜日一鼓 3 拔王举行洗头礼。是日上午一鼓 3 时 1 拔 12 微兹那在四军的簇拥下,王携南达黛维王后一起乘轿从王宫前往蓬南达山临时宫殿。是日二鼓 1 拔 5 微兹那王抵蓬南达山临时宫殿。缅历 1065 年 3 月 2 日(公元 1703 年 5 月 5 日)水曜日夜四更 3 时许从东部大营开始,直到城前、城南、良辛、掸集、贡由、新亚、布坎捞等地五百余户老百姓都受到惊吓。巨声冲击着各户。2 月 10 日(公元 1703 年 4 月 13 日)木曜日阿瑜陀耶前来称臣者来到御前。当时修复了 18 座破旧倒塌的佛像。3 月 17 日(公元 1703 年 5 月 20 日)木曜日二鼓 3 时蓬南达山临时宫殿东北角的一根柱子遭雷击。都城周围也遭到 12 下雷击。9 月 18 日(公元 1703 年 11 月 14 日)日曜日上午一鼓 10 微兹那王令东门卫官泽亚南达梅、御象官泽亚仰达梅[①]率领的两支大军从清迈一线向阿南进军。10 月 3 日(公元 1703 年 11 月 28 日)火曜日王施舍了摩诃妙牟尼偏东南处的色杜蒂达寺。10 月 19 日(公元 1703 年 12 月 14 日)火曜日夜三更 5 时 2 拔王开始让王子蓬基梯阿信和辛古王分别乘抱觉泽亚象和明路林象。11 月 12 日(公元 1704 年 1 月 6 日)木曜日,王乘金舫前往朝拜信漂信拉佛像。11 月 18 日(公元 1704 年 1 月 12 日)水曜日夜二更 7 时 1 拔 5 微兹那,王弟辛古王举行结发髻穿耳礼。11 月 19 日(公元 1704

① 原文写成泽亚南达梅,与门卫官同名,明显有误。现按《缅甸大史》第 3 卷所写更正之。

年1月13日)木曜日二更许迎接卡随土司之女。1月19日(公元1704年3月12日)夜二更5时,王同时将蓬山杜路寺、昂搭寺、蓬山瓦底寺、实皆瑞乌明寺、逝多林寺等5寺施舍给僧众。缅历1066年闰4月19日(公元1704年7月9日)火曜日迎接卡随土司之女的劳加船并军卒们出发。5月5日(公元1704年7月25日)月曜日有人向王奏报迎来了卡随土司之女。5月7日(公元1704年7月27日)水曜日从莫塔马送来了阿瑜陀耶国前来称臣的全部人员。6月2日(公元1704年8月20日)日曜日莫塔马方面送来了赖亚底象。王大喜,遂赐封来献者名号和食邑。8月3日(公元1704年10月19日)金曜日命仰马底哈造红铜佛塔,事毕王令人升宝伞。8月20日(公元1704年11月5日)日曜日派往守卫清迈部队从京都出发。8月13日[①](公元1704年10月29日)月曜日王欲在实皆信漂信拉码头施舍色杜蒂达寺,遂乘亚德那金舫渡河前往。是日夜四更3时王施舍了该寺。14日(公元1704年10月30日)火曜日王回到王宫。9月12日(公元1704年11月27日)王乘亚德那金舫渡河前去为建蓬尼亚佛寺东边的科南寺里的尖顶阁廊建成功德圆满举行仪式。9月18日(公元1704年12月3日)土曜日,王令宰相南达觉廷建达塔乌敏加拉佛塔,升宝伞。11月5日(公元1705年1月18日)木曜日上午一鼓许王乘亚德那金舫渡河前往布施摩诃底劳加固育寺。12月2日(公元1705年2月13日)火曜日卡随土司之女来到御前。是月3日(公元

① 原文写为18日。但下文却说14日回到王宫,且为火曜日。可见有误。应为13日之误现更正之。

1705年2月14日）水曜日夜三更许在文武臣相们的簇拥下将卡随土司之女纳入宫中。12月10日（公元1705年2月21日）水曜日，王与卡随土司之女成婚。12月20日（公元1705年3月3日）土曜日夜二更，令宰相南达觉廷将寺院施舍给阿利亚德达马巴拉摩诃固育法师。缅历1067年2月7日（公元1705年4月19日）水曜日南雷塌寺法师圆寂。14日（公元1705年4月25日）水曜日火化。4月7日（公元1705年6月16日）土曜日夜四更5时，王将雷塌寺施舍给信达马林加亚法师。5月20日（公元1705年7月29日）日曜日木星向蟹座移动。此时百姓因为每人只能吃到$\frac{3}{4}$缅升大米，故都觉得困苦不堪。8月20日（公元1705年10月25日）木曜日，王任命色加土司为统帅前往清迈。也出巡莫塔马。8月里百姓每人只能吃到大米$\frac{1}{4}$缅升。从8月18日（公元1705年10月23日）金曜日开始，妙蒂佛塔现祥光。9月12日（公元1705年11月16日）金曜日，王子蓬基底阿信举行结发髻穿耳礼。公主也同时结发。12月21日（公元1706年2月21日）木曜日夜二更2锣，王将西边雷塌寺捐给信固那达拉法师。1月20日（公元1706年3月22日）日曜日，将勒博佛塔之光环送往清迈。缅历1068年2月4日（公元1706年4月4日）木曜日四鼓许整个都城的人都很惊恐，拍打喊叫。从2月初开始，整个阿瓦城里的人上吐下泻，死亡者颇多。2月14日（公元1706年4月14日）日曜日孟乃土司之女被纳入宫中。4月4日（公元1706年6月2日）日曜日，王施舍彬牙瑞乌明寺和实皆德宾南寺。4月24日（公元1706年6月22日）土曜日，恭迎佛牙舍利，人们瞻拜。8月24日（公元

1706年10月18日)木曜日,许多蝴蝶从南方飞往北方。8月20日(公元1706年10月14日)木曜日全城惊恐,人们拍打叫喊。9月27日(公元1706年11月20日)火曜日都城周围的每个地方都举行佛会,向有德高僧施斋。11月16日(公元1707年1月7日)火曜日凌晨四更5时王自都城出来,在蓬南达山典仪殿停留,并为其功德塔摩诃菩提装升宝伞。王在典仪殿赐封名号。封泰拐马军统领为明耶达加都;莱德侯为育丁延,四十刀卫持权杖官为杜因南都;阿耶玛梭木为乌登达拉;瑞布遂木为德瓦底哈;耶觉木为巴亚泽亚;四十刀卫固达巴汤木为泽亚杜因;御轿长为达马底里;侍槟榔官良温侯为赖亚觉都;侍槟榔官锡德林侯为赖亚弁琪;蓬道比侯为明拉瑞当;新榜都侯为仰马耶都;象兵育瓦达侯为达马都仰;都冈艾侯为泽丁延;丁垒姜侯为耶丁仰;御前弓箭手长为底里约达;韦因侯为巴拉觉都;赖亚固那为杜因格都;恩达西都为晒加德那;皎锡五十夫长班艾侯为杜温遂亚;共计赐名20人。20日(公元1707年1月11日)王在枢密院赐封名号。封马军首领岱汤侯为泽亚都;那加敦侯为底里马努拉;德塞侯为杜因登卡;垒玛侯为登巴拉;钦雅侯为仰窦巴;蒙纽育瓦侯为杜因代底;欣库侯为杜因巴拉;辛育瓦侯为莱甘拜;梅涅侯为底里甘拜;北千夫长为杜因代底;东千夫长为赖亚德曼;西千夫长为格扎巴拉;洋人事务监那瓦拉侯为玛尼都亚;甘乃侯为德瓦达亚;冈德杰木为廷格都;仰乃木为仰达毕西;全国宝伞官为杜因巴拉;与王生辰相同者仰昂木为赖亚杜因;那塞扬木为南达彬尼亚;甘迪金盾牌队长为达马登卡;奉旨卫士长为泽亚登卡;前驱卫统领为恩达泽亚;温西木为恩达约达;耶龙觉木为赖威德瓦;宫奴监为杜因山达;录事主簿雷玛道为布翁尼

亚德瓦;盾牌队统领为杜因登卡;礼仪官丹伦漂木为赖亚都;达亚康木为晒加约达;达拉比曼木为底里妙;录事主簿良绍木为赖威韦多;录事主簿赖班盖侯为赖威德耶;因景岱侯为玛瑙底哈密瓜;边关奏章录事皎丁侯为亚扎布翁尼亚;国库司库为格扎约达;布匹库司库班达侯为亚扎韦多;委丁侯为布翁尼亚约达;马龙侯为亚扎亥户;维达哈富翁为比育瓦巴都亚;南底亚富翁为亚扎德曼;恩达亚德那富翁为德瓦晒加;恩达亚为比育瓦德扎;列莱乌侯为魏达哈富翁;瑞比达为亚德那富翁;玛多为玛努富翁;富翁奎素侯为甘比亚富翁;玛道为印度富翁;岱岳为索育达富翁;布翁德伽侯为恩达玛尼;耶德那达为恩达都;鄂妙达侯为登卡马尼;炯迎侯为恩格曼;拘妙因侯为布翁尼亚达马;高固因侯为育达玛尼;素温因侯为布翁尼亚林加;班布当玛因侯为窦达林加;共计赐封 62 人。11 月 22 日(公元 1707 年 1 月 13 日)月曜日王在枢密院赐封名号。封亚扎固那为觉廷延达梅;亚扎约达为南达都利亚;鄂棕马军统领为赖亚固那;甘基侯为泽勃亚;马乌艾侯为赖威毕;五十夫长甘都拉侯为赖亚毕;金银首饰匠头目底布林侯为恩达耶;羌夸侯为恩达亚德耶;共计赐封 8 人[1]。11 月 23 日(公元 1707 年 1 月 14 日)火曜日王亲自将摩诃菩提东南寺施舍给底里德达马杜达马底亚扎固育法师。将摩诃菩提北寺施舍给德达德那德拉纳比法师。对有德高僧进行了整整 7 天的施斋并施舍了许多高贵的僧用法器,还举行了整整 7 天的庆典。

缅历 1069 年 2 月 26 日(公元 1707 年 4 月 15 日)火曜日京都

① 原文误印为 80 人,明显有误。更正之。

附近的人们都很惊恐。3月7日(公元1707年4月26日)土曜日卡随土司之女分娩。正4月15日(公元1707年6月20日)日曜日为寝宫搭脚手架。16日(公元1707年6月3日)月曜日立房柱。5月19日(公元1707年8月5日)火曜日为建王储府开始平地。是日王任命王子内谬德达为东吁镇守并令其赴任。20日(公元1707年8月6日)水曜日王对蒲甘弁琪、岛秀加西都等人发火,没收了他们的一切财产并将他们流放外地。7月23日(公元1707年10月7日)火曜日四鼓1时大军向若开丹兑进军。9月1日(公元1707年11月13日)木曜日王准备为王弟辛古王和妙公主举行婚礼,遂举行盛大仪式取来各种吉祥之水。9月4日(公元1707年11月16日)日曜日王弟辛古王和妙公主在王宫中一座三层尖顶楼阁殿中举行了婚礼。婚礼安排在此不再赘述。9月16日(公元1707年11月28日)金曜日二鼓2时辛古王搬到宫外府中。10月4日(公元1707年12月15日)月曜日王任命由道木马军首领为统帅向若开丹兑进军。27日(公元1708年1月7日)木曜日王欲施舍蓬山杜路寺。在众多象马兵卒簇拥下出宫。夜四更1锣王将该寺施舍给亚德那格拉法师。12月27日(公元1708年3月6日)土曜日王同时施舍了巴达寺、蓬觉杜路寺、云寺、当比拉寺、密那雷塌寺等5寺。缅历1070年2月21日(公元1708年4月28日)水曜日在美德寺里抓到了一只白乌鸦。8月5日(公元1708年10月6日)水曜日王欲娶景栋土司之女,派遣巴亚达亚和赖亚固那率500军士前往迎亲。8月19日(公元1708年10月20日)水曜日又派耶丁仰作为统帅率军前往景丁、清迈。是日也派人赴莫塔马。9月28日(公元1708年11月28日)日曜日景栋侯不

知恩德，不守信义，截击王安排前往迎亲的巴亚达亚、赖亚固那和他们所率领的500军士，伤者甚众。王闻之大怒，任命勃特那果王子为大军统帅，亚扎底里为监军；下辖各路人马有姜丁马军统领为帅，约达德门和马军统领蒙宁彬侯为监军；甘都马军统领为帅，妙玛侯和仰达毕西为监军；德叶因宾木为帅，孟盖侯之子艾拜和赖亚杜因为监军；木德抱马军统领为帅，宋砌侯之子妙丁和赖当基侯为监军；后勤保障部队由马军觉和布托达侯为统领，莱德舟楫队长和都耶达通木为监军；另，马军由辛固侯之子鄂觉、马军首领觉妙山和马军首领孟率领。共7支大军，率众多象马兵卒将士由孟乃一线进发，各军皆扎营于景丁。王下令去抓景栋侯，遂于10月18日（公元1708年12月17日）日曜日进军。大军自觉蓬门出发，到德达基时鹰叼住一只鸡，勃特那果王子献于王前。王又命底宝土司、囊雷侯和塞彬侯为帅，因德约马军统领和男子万夫长为监军；孟养土司为帅，马军头目鄂山通和温多盾牌队长为监军；马军头目鄂素比为帅，仓格劳木为监军；孟隆侯为帅，马军头目鄂耶拉和仰德夏木为监军；孟侯为帅，孟寨侯康岱为监军；共5支大军率大批象马军卒沿塔丁育一线进军[①]。王下令去抓景栋侯，遂于11月1日（公元1708年12月30日）木曜日出发。王命亚汗马军统领为帅，马军头目莱都侯和五十夫长鄂山拉为监军[②]；八莫土司之子洪迈和玛亚甘侯为帅。五十夫长鄂布翁丹和五十夫长鄂钦为监军；孟密土司为帅，马军头目得底育瓦侯和仰马妙木为监军；孟巴侯为

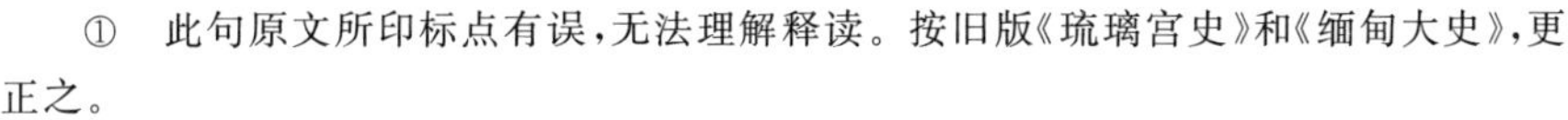

① 此句原文所印标点有误，无法理解释读。按旧版《琉璃宫史》和《缅甸大史》，更正之。

② 原文漏掉“为监军”几字，现按《大史》所述补正之。

帅，五十夫长鄂德莱和明钦盾牌队长为监军；梯克侯为帅并兼任监军；共5支大军率大批象马沿塔伽一线进军。王命去捉拿景栋侯，于11月6日(公元1700年1月4日)火曜日大军出发。此外，还派莫塔马的7支大军，1支后勤保障部队，1支拥有100头象的象军，汉达瓦底的4支大军，东吁的3支大军，清迈的1支大军、景丁的3支大军，景康土司亲率1支大军等也一起进军。向景栋进军的勃特那果王在来自各个城镇的39支军队皆到达景丁之后分三路向景栋进发。景栋侯之子率大批人马迎战来攻之大军。大军奋勇向前，景栋军抵挡不住后撤。景栋侯向后撤之军询问情况，撤回的将士说因为缅军像山林里的野草一样多，抵挡不住，只好后撤。景栋侯认为在城中御敌是抵挡不住的，遂收集残部携妻儿逃往中国境内巴瓦德亚。勃特那果王子等军中将帅占领了名叫凯摩瓦拉邦的景栋12版纳，并率各路大军追到中国境内说："将吾奴交出，若不交只有动武了"。永官侯、永新侯、孟莱侯、莱梨侯、孟底侯艾向中国乌底勃瓦奏报："金宫之主手下将士为追景栋侯进入我国境内来索，各村百姓不敢留在村内，四散逃亡。"中国乌底勃瓦说："朕奴逃至他们那里，如去索，他们将交出。他们的人跑进我国，他们来索，也应给他。以前就有惯例。他们的人不可接受。将来者抓住还他。"中国乌底勃瓦致函缅王并送许多礼品。也致函大军统帅勃特那果王，赐许多礼物。中国各城邑守在保达仰镇将景栋侯抓获，连同书信，礼品一起送来。王得到景栋侯后，以不知恩德，不守信义，造反叛乱为由，将景栋侯连同其妻小奴仆人等以酷刑处死。按王命处理之后，各路大军的统帅、监军、将士人等返回。王对各路统帅和监军按其功过进行赏赐或处罚。统帅亚扎登卡和监

军格扎底里至登尼后，王又命他们回景栋驻守，他们不得不在景栋驻守了3年。3月15日(公元1709年5月11日)水曜日夜一更3时3拔，王将雷塌寺施舍给信瓦拉尼亚那法师。3月26日日曜日宰相南达觉廷亡故。南达觉廷死后王任命泽亚仰达梅、乌登觉廷、赖亚仰达梅三人为大元帅。国王准备去蒲甘瑞喜宫拜佛。王乘坐的御舫是有着11层重檐阁楼三间舱房的妙声鸟舫两艘。两艘御舫由4艘劳加船牵引。王令王子、公主、嫔妃宫娥等按其身份分乘刻有不同鸟兽图案的劳加船上，由红色劳加船及小船等牵引而行。各劳加船吹奏云锣、号角等乐器，载有宫廷仪仗用品的船只则在前引路。在格杜、伦锦、古囿、舢板、得格丹、泰亚等所有战船上陈列着金盾、金牌、金档、金矛，吹奏着号角、唢呐、笛子。王令所有战士戴盔，着铠甲，执武器，层层护卫于御舫的前后。所有的文武百官及其妻室也全部乘船跟随前往。王也安排了步军携大批象马将士跟随。按上述的布置，在几乎震撼全国的大鼓、镲、钹、法螺声中，犹如天帝释之威风，王于8月21日(公元1709年11月11日)木曜日上午一鼓5时3拔1微兹那前往朝拜蒲甘瑞喜宫佛塔。是日宿营于皎德龙。每宿营一处必举行各种庆典。从皎德龙出发之日夜宿于丁因港岸；从丁因港出发，扎营于齐米孔；从齐米孔出发，扎营于德右港；从德右港出发，扎营于特囊岱；从特囊岱出发，扎营于赖窦；从赖窦出发8月27日(公元1709年11月17日)水曜日到达蒲甘。王在良宇典仪宫休息两日后，8月29日(公元1709年11月19日)金曜日上午一鼓许，王在王后、王子、公主、嫔妃和所有文武大臣将士的簇拥下，登上佛塔。是日王施舍了许多珍贵的金灯盏、银灯盏、金幡、银幡、金伞、银伞以及花束、白伞。用红宝石和金

米花敬佛。8 月 30 日(公元 1709 年 11 月 20 日)土曜日凌晨四更许王施舍给在佛塔暂住守戒的人许多衣物、筒裙、土布衣服、钱、米、盐、虾酱等。9 月 2 日(公元 1709 年 11 月 22 日)王登上佛塔进行供奉。为整个佛塔贴金。对包括劳加军卒和良渊居民等在内的人们再次宣读施舍文告之后用金壶举行了洒水布施礼。为抱宾雅佛塔、杜窟、达窟、勃延窟、班莱窟、瑞窟、亚德那敏苏等塔窟全部贴金。也为各位法师建造寺院。王给在艾比当木庙,瑞姜庙、凯敏格庙、杜达马沙意庙等 4 座庙里暂住守戒的人们施舍了 4 方铁印信。王施斋以后又听法师讲经。1 个月之后王欲返回阿瓦,从典仪宫中出发,是日扎营于登素;从登素出发,扎营于赖窦;从赖窦出发,扎营于育瓦米;从育瓦米出发,扎营于塞道;从塞道出发,扎营于杨端波;从杨端波出发,扎营于齐米孔;从齐米孔出发,扎营于德景集行宫;从德景集行宫出发,扎营于育瓦迪基;从育瓦迪基出发于 9 月 11 日(公元 1709 年 12 月 1 日)水曜日夜四更许到达京都。是日,王驻跸于密艾,天亮后才进入王宫。

王正在蒲甘典仪宫期间,驻于丁因的监军等奏报说,埃格巴使者补达锡在 1 名录事和 1 名官员的陪同下,带着埃格巴国王的诏书和大批金银器礼物抵达丁因码头。于是王派 2 艘红色劳加船在马军头目的带领下前往迎接。10 月 15 日(公元 1710 年 1 月 3 日)月曜日埃格巴使臣到达京都。在信拉码头,主人让使者补达锡乘象,官员与录事骑马追随其后。下榻建于京城西边抱吁寺区舒适的驿馆之中。10 月 16 日(公元 1710 年 1 月 4 日)火曜日,万象方面 1 名大臣带象 20 头、士卒约 1000 前来称臣抵达京城。11 月 22 日(公元 1710 年 2 月 9 日)水曜日王乘妙声鸟舫前往玛瑙仰马典仪宫。在德景集行宫东边的炯吁用船迎接来自埃格巴的使者一行。使者献上了带来的王诏和礼物。南达觉都接过来诏呈献于王前。王到达玛瑙仰马典仪宫后召见使者一行。王令所有的金舟金艇在密艾河里举行赛舟,让使者观看。12 月 3 日(公元 1710 年 2 月 19 日)土曜日,9 幢新殿完工启用。1 月 27 日(公元 1710 年 4 月 14 日)木曜日,王在枢密院对景栋归来的勃特那果王子等各路统帅和监军所犯过失进行训诫。王警告他们说,如果下次再犯将用刀处斩。缅历 1072 年 4 月 4 日(公元 1710 年 6 月 18 日)土曜日,王把曼昂亚德那佛塔偏西方向的金寺施舍给阿达巴劳加摩诃亚扎固育法师。6 月 3 日(公元 1710 年 8 月 15 日)月曜日随埃格巴使者来的一名长相像印度人的和尚被人用刀砍死。7 月 2 日(公元 1710 年 9 月 13 日)火曜日埃格巴王之使者骑象进宫。当时,贡由一带,觉蓬路一带集市摊位上摆着中国产琥珀色花纱布、麝香味的宫中用布等各类名贵布匹和印度产细布、红帆布、佐格耶、亚马梯、东达意等各种布匹。大炮、臼炮等武器也排列在路的两边,还安排了许多象马士卒列于两旁。8 月 19 日(公元 1710 年 10 月 29 日)土曜日,王召外宫之主和王妃进宫,赐封王弟为底里达马亚扎,赐封王妃为底里杜南达黛维,命他们宣誓效忠。封王弟食邑蒲甘,赐予水宫并 6 柄金权杖、2 柄白伞及出宫鼓。9 月 20 日(公元 1710 年 11 月 29 日)火曜日向清迈、景丁等派出了换防的 3 支大军。10 月 19 日(公元 1710 年 12 月 27 日)火曜日上午一鼓许王乘妙声鸟舫前往瑞界野举行洗头礼。埃格巴王使者也乘船在炯吴对王表示敬意。23 日(公元 1710 年 12 月 31 日)木曜日王送回埃格巴王之使者。10 月 27 日(公元 1711 年 1 月 4 日)水曜日,

王派遣韦路达拉、山达巴亚扎、伊金木、炯道木、丹雅盾牌队长、洋人阿加德亚巴等人携王诏国书和许多礼物前往埃格巴。

11 月 4 日(公元 1711 年 1 月 11 日)水曜日外宫之主与王妃两人进宫向国王顶礼膜拜。11 月 5 日(公元 1711 年 1 月 12 日)木曜日王子蓬基底阿信前往外宫府中朝觐王叔。12 日(公元 1711 年 1 月 19 日)木曜日夜昴宿向月亮南面而去。土曜等 8 星从斗宿向双子宫移动。11 月 7 日(公元 1711 年 1 月 14 日)土曜日火星从狮子宫向巨蟹宫移动。11 月 13 日(公元 1711 年 1 月 20 日)金曜日上午日出之时,外宫之主、王妃登上御舫向蒲甘逆流进发。乘坐以红色与金色装饰的舱顶为四面斜坡状的御舫,用 2 条红色劳加船牵引。金色小船载着所用仪仗用品跟随其后。内廷大臣外宫大臣等所有下属奴仆全部乘舟船跟随。皇亲国戚和文武大臣们也到码头送行。王命宰相赖亚仰达梅、内廷大臣南达党都也乘舟送至皎德龙。而命大臣南达都利亚、国库司库赖亚泽亚都等一直送到蒲甘。抵达蒲甘后,才由门卫宫鄂瑞路、鄂瑞雍等安排府后院红色隔墙与左右大门的护卫事宜。在宫里建起 3 层精舍和土瓦阁[①],并装饰以飞檐等饰物。立起了报时大鼓、钟的 4 根中心支柱和基桩。在报时锣尚未敲响,报时鼓尚未挂起,大鼓尚未将鼓皮绷好之缅历 1073 年[②](公元 1711 年)上朝接受朝贺。然后与王妃到典仪宫接受朝贺。也去了单身侍从候差殿和枢密院。王兄虽未降旨巡城,但有口谕,御弟蒲甘王按王兄所嘱进行安排。王又为蒲甘

① 一种缅式双层屋顶的楼阁。

② 原文误为 1074 年,按上下文更正之。

侯增加了 2 柄金色权杖，总数达到 8 柄。

缅历 1073 年 2 月 8 日（公元 1711 年 4 月 13 日）木曜日拟驱逐在新仲以东挂搭的赖威觉都底西瓦叶法师、东育瓦法师固那底林加亚长老等僧人。良西大法师欧德马德卡率僧众前往驱赶。底西瓦叶等人只好移居曼基新德。底西瓦叶等人的寺院、贝叶经文包括僧侣用法器等皆被毁。并前往新德追赶殴打底西瓦叶等人，正要殴打时，国王下旨阻止说打他们不合适，僧人们才不再追赶，返回。2 月 17 日（公元 1711 年 4 月 22 日）火曜日凌晨四更 4 时察看建巴赖勃功德塔处的土地。

3 月 9 日（公元 1711 年 5 月 14 日）日曜日卡随土司之使者到来。是月 12 日[①]（公元 1711 年 5 月 17 日）水曜日卡随使者入宫进见。3 月 15 日（公元 1711 年 5 月 20 日）土曜日夜三更 2 时 2 拔 13 微兹那在巴赖勃功德塔处树典仪殿界桩。建塔处的前面也竖立界桩。是日上午一鼓 4 时 1 拔 1 微兹那，王将殿基土地命名为昂卡山梅。就在当日开始平整土地。4 月 2 日（公元 1711 年 6 月 6 日）日曜日王将瑞喜宫瓦道寺布施给占卜师赡部提婆亚扎固育。缅历 1073 年 8 月 23 日（公元 1711 年 10 月 22 日）日曜日二鼓 5 时 1 拔 10 微兹那，立王子蓬基底阿信为王储。王命其来吉祥宫。皇亲国戚、文武大臣、传令官、蓬基底阿信、大臣杜因南都、达马底里亚扎玛瑙、佐达丁卡、任命为象兵者 12 人、持刀护卫 12 人等皆穿上好衣服，戴着耳饰在上午一鼓许至枢密院。是日 2 鼓 1 时王令色苗木杜因底里等人入宫，凡得到命令的人都来到吉祥宫前。

---

① 原文有误写成 2 日，经查《缅甸大史》更正之。

由站在国王听经殿前门的坚道侯递出宣布立王储的诏令和国王赐王储的礼单这两份雕漆花皮的纸折。由身着华丽服装的单身侍从候差殿的传令官杜因底哈接过，来到宫前北边屋檐下平台，再从宫殿正门进入，在门内传令官们面前停下。功德无限的国王有令。由赖亚仰达梅诵读了立王储的诏令之后，国王命令将纸折交予王储。随后又将纸折交给大臣赖亚仰达梅。王赐与王储象兵、持刀护卫、侍槟榔官等。礼单由泽亚巴拉宣读。王下令将礼单交给王储事务大臣杜因南都。随后又将礼单纸折还给助理大臣泽亚巴拉保管。随后杜因底哈按来时路线退下。然后从吉祥宫殿旁阶梯往上走，来到冈觉门处待命。宰相赖亚仰达梅手持纸折站在离王储很近的东南角处。让泽亚巴拉手持礼单纸折站在南达梅觉廷等人的北边。是日二鼓 1 时多，王储蓬基底阿信从听经殿退出，来到宫前北边的平台上，再进入吉祥宫前花园正对面的东门，然后再去北边的营地，在细席上朝西而坐。按占卜所算生辰相合的人才能跟随前往。生辰为日曜日的巴亚觉廷和生辰为木曜日的拘道仰达梅跟在王储之后，跪在接见殿中，仪式结束之后退下，待命在北廊窗户附近。侍从拿着槟榔盒、饮水瓶、咸茶罐在后跟随，在细席上就座。坚道侯和持饮水瓶、咸茶罐的侍从们跪在宫前北廊内的东门之外。泽亚南都之子鄂丁手持槟榔盒，从宫前正对着的门进入，前往宰相泽亚仰达梅和乌登觉廷所在的东接待殿。向北再往西边转，然后呈于御前。之后跪拜，按进入的路线返回退下，和侍槟榔宫坚道侯一起等着。是日二鼓 2 时 2 拔，威德无限的国王出宫。2 时 1 拔 1 微兹那，众人在龙床北边的听经殿北门处跪下。泽亚德曼奏报吉辰已到之后，王令赖亚仰达梅宣读立王子蓬基底阿信为

王储的诏书。赖亚仰达梅跪在正南面的细席上宣读，蓬基底阿信也跪地听旨。宰相赖亚仰达梅宣读诏书内容如下："功德无限、威望巨大的、得力助手齐全的历代贤王，为了使佛教发扬光大，使自己的利益和人们的利益相符，总是立尊贵的长子为王储。朕也是从先王白象之主开始，代代相传至今的帝王后裔。下定决心按照帝王之规继承社稷大业治理国家，使佛教得以长久繁荣昌盛，符合王室利益，政权稳固，人民受惠，生活富足稳定。朕子也和朕一样是承担社稷大业之人。为使将来的子子孙孙后代也同样是登基称王之人。永远为佛教的弘扬光大而努力，成为更多国家、人民的依靠，要与宗教义务、帝王的守则、待人处世之道相一致，朕要在此伟大的吉时良辰立朕子为王储，并赐王储之仪仗、珍宝和马、象随从人等。"当赖亚仰达梅读完诏书之后，向王跪拜，并将诏书呈送给王储。王储向父王跪拜后才接过诏书，置槟榔盒中。王令宰相赖亚仰达梅也退下，站回自己的位置上去。

(318) 中国送来礼物 曼昂亚德那施主升天①

同年 10 月 10 日(公元 1711 年 12 月 7 日)王亲自为巴勒勃功德塔铺金砖银砖建塔。缅历 1074 年 1 月 4 日(公元 1712 年 2 月 28 日)中国的 20 多位商人，来献 2 只金盘。盘的中间有雕着花纹

① 原标题还有"王储劳伽德勒蒲施主登基"数字，明显有误，因曼昂亚德那施主死后是其子王储雷炯曼施主即位，并非孙劳伽德蒲施主登基，故删去。

的、用来盛饭的莲杯，外镶虾壳。盘的四周也雕着莲状花纹。昂丁仰和比由多尼献2把镶着宝石的刀，昂丁仰还献给王储一只金盘。王用药品擦洗后，发现不是金的，遂退回给中国人。中国人说："我们并没有说送给陛下的是金盘，我们说明是用金、银、红铜混合做成的盘子。"王听后才又收回，并给中国人赏赐。缅历1075年12月（公元1714年2月）王赐与幼子勃东王子两柄金伞、无篷轿、马队、各种服役队、掸族护卫队，并命皇亲国戚、文武大臣簇拥着送他到外宫府邸。1月11日（公元1714年3月14日）水曜日，王储坐象的右牙长出疙瘩。16日（公元1714年3月19日）月曜日疙瘩长至4指宽。学者们听到这一情况后说在不久的将来王储将登基统治全国。缅历1076年4月5日（公元1714年6月4日）金曜日因为有人来报在蒲甘城里得到了一约2肘尺的小白象。为象看相的人前往察看。6月11日（公元1714年8月8日）日曜日发生了

1076 多达13次的大地震，佛塔、佛窟、寺庙纷纷倒塌。从10日开始大地多次晃动。大水也从昂吞门、垒达门流进城中。国王身体不适连续5月有余。6月13日（公元1714年8月10日）火曜日当王知道王弟蒲甘侯的随身亲奴鄂昂觉从王宫西门进入宫中，从西边楼梯登上寝宫时，王让人扶起他来说："鄂昂觉，朕已病好，去告诉朕弟和朕女吧。"刚说完王就昏迷不醒了。鄂昂觉知道王将不久于人世。于是急忙乘船逆流而上，天亮时到达蒲甘，奏道："您的王兄今天就要升天了，请您定夺。"封号为底里杜达马亚扎的王弟蒲甘王让亲信人等和附近的村长们向他宣誓效忠。

封号为底里摩诃底哈都拉达马亚扎的国王于缅历1076年6月14日（公元1714年8月11日）水曜日辞世升天。国王驾崩，内

廷大臣即向王储奏报了父王驾崩的消息。于是王储于6月14日(公元1714年8月11日)水曜日继承大统,登基为王。也将父王遗体装上金轿于6月15日(公元1714年8月12日)像埋葬转轮王一样,在王子、王孙、皇亲国戚、文武大臣的簇拥下,在枢密院东北边的皇城中火化。国王所做功德有:在王宫西南父王寝室宫处建立曼昂亚德那佛塔;在湾贝因地方火化父王遗体处建立了摩诃菩提佛塔。还建立了巴赖勃劳伽曼昂佛塔等。王26岁登基,在位16年,享年42岁。生辰为土曜日。该王生性残暴,命人将处以酷刑的人在御前鞭打,故死者甚众。

国王的子女有:王后摩诃黛维生长女明瑞乌,封号为底里杜南达,是蒲甘王妃;长子是王储;次女苏明漂,食邑阿敏城;次子德钦山,食邑勃东城;三女食邑色固城;四女明瑞加,食邑垒盖城,共六人。

叔父之女底里黛维生长女明决,食邑彬西城;次女明阿推,幼时夭折;共二人。

父王之女南达黛维生女明拉妙山,食邑美德;次女妙谬蓬绝,食邑开榜城;长子貌明博,食邑妙瓦底;三女明冈,幼时夭折;次子貌瑞开;三子貌明觉,共六人。

嫔妃们所生有:齐道夫人饮突生子貌拉,食邑勃特那果,后来封号为哥因耶仰达都,食邑邦林。

赖亚仰达梅之女米妙艾夫人钦瑞意生子貌布,食邑妙当城。

泽亚仰达梅之女育瓦迪夫人钦漂生女明抱。

马当达侯之女格达夫人生子貌昂。

明德亚炯底谬女钦吴山生女钦文。

德白翠千夫长之女皎曹基夫人钦埃生长女明布；次女明阿推；幼时夭折；长子貌巴，幼时夭折，共三人。

父王之女瑞东侯钦盛生长女明贝；长子貌明耶拉，封号为明耶底哈觉山；次女信明；次子明廷，幼时夭折；三女幼时夭折；三子貌漂；四子明觉，共七人。

赖亚泽亚觉都之女界永达夫人钦拉码生长子貌抱，幼时夭折，长女信明拉；次子貌瓦；三子貌温，幼时夭折，四子貌格拉；五子貌漆，幼时夭折，六子貌觉，七子貌推，共八人。

御用金舟楫队长之女卑东吁夫人钦山生长女钦文；长子貌觉昂；次女信守，幼时夭折，次子貌明漂；三子南都，共五人[①]。

良瑞土司之女甘迪夫人生长子貌吴，长女明瑞开；次子貌吴加；次女幼时夭折，共四人。

亚扎底哈之女信当生长子貌纽；长女明瑞开；次女明瑞耶；三女明南底，共四人。

镇守泽亚南都之女达沃底夫人钦妙雷生女明瑞吴，子貌明拉，共二人。

那当夫人生女明布；生子貌妙丹德，共二人。

御厨总管韦路德曼之女育瓦达夫人钦玫基生女明孔。

泽亚瓦底侯之女达西夫人钦腊漂生长子貌吞拉，幼时夭折；次子明阿推，幼时夭折，共二人。

底里约达之女信瑞生子貌绝，幼时夭折；生女明瑞吴，幼时夭折，共二人。

---

① 原文写成8人，有误。

卡随土司之女卜巴夫人宁龙坎生长子貌漂；次子貌明，共二人。

底里格曼拜之女因景西夫人生长女明瑞恩；长子貌漂；次子阿腊，幼时夭折，共三人。

得别拉侯之女信因生长子貌明科，幼时夭折；次子貌吞，共二人。

镇守之女生子泽杜蓬。

妙甘夫人信明生子貌昂。

因宾拉侯之女信云山生女钦努，幼时夭折。

傣沙耶之女信妙生女信马利，幼时夭折。

信温生子貌昂，幼时夭折。

信明丁生子貌明貌。

奈格罗之女生子一人，幼时夭折。

共计王后、妃子、宫女生子 42 人，女 32 人，共计 74 人。[①]

① 原文误写成 76 人。

第二十一编

(319) 征讨蒲甘 金殿失火 卡随土司施展阴谋 清迈叛乱[①]

缅历1076年6月14日(公元1714年8月11日)水曜日,曼昂亚德那施主王驾崩。王储登基为王,号底里巴瓦拉摩诃达马亚扎迪勃底[②]。封三姐妹为后,大姐号摩诃敏加拉黛维,二姐号底里黛维,三姐号山达黛维。[③] 封小御妹号埃嘎玛里蒂。封王弟明耶觉苏瓦为德多明绍。任命国丈敦丁木基底里泽亚瑙亚塔为大元帅。派亲信二名马军首领率30名随从宣誓效忠后到王叔蒲甘王处效力。

蒲甘王得到内侍泽亚都拉所报,早已获知其兄缅王病重难愈,正在招募兵马,集中武器,企图谋反。此时,马军首领等人到来。蒲甘王命他们宣誓效忠。马军首领等答道:"奴等已宣誓效忠王太

---

① 原文标题写为"曼昂亚德那施王缅王之后妃王子公主情况 卡随土司施展阴谋"但与内容不符。现按内容改为"征讨蒲甘 金殿失火 卡随土司施展阴谋 清迈叛乱"。

② 巴利文音译如文。意为:吉祥、高贵、伟大、弘法之王 元首。

③ 三位王后名号与后文所述不一致。(320)节中写为底里摩诃敏加拉黛维、底里山达黛维和底里达马黛维。似应以(320)节所述为准。

子了。”蒲甘王遂令人把马军首领及其下属 30 人囚禁起来。蒲甘王以约、曹、朗榭等西部一带各镇与卑谬、东吁等下缅甸一带割据，进犯上缅甸的德右、当赖、构盖、育瓦达。表示要帮助蒲甘的东吁人马则向京都进军。缅王得知此情，于是命内谬丁克亚率领象、马大军前去阻击。另派勃特那果侯明耶底哈觉为帅，统领步军、水军征讨蒲甘。由于步军行动缓慢，水军到密松之后等候 5 天，两军聚齐后，向蒲甘发起猛攻。蒲甘军不敌，撤至赖窦、觉西一带。到达宫育瓦之后，水军登岸与步军合军一处，明耶底哈觉坐上滑竿督战。蒲甘军全军溃败。虽然蒲甘军已无阻击能力，但明耶底哈觉并不急追，只是缓慢而进。蒲甘王得知蒲甘陆军、水军不能抵住来自阿瓦的明耶底哈觉的大军。而从东吁进军的内谬德达又被阿瓦方面的内谬丁克亚所阻，不能前进。沿江西部各镇也难一致行动。阿瓦兵力不论陆军、水军力量皆很强大，难以固守蒲甘。若公开从蒲甘撤走，阿瓦军队必将追来。为此想出一条脱身之计。下令在城中举行庆典。正当热热闹闹举行之时，趁人不注意，蒲甘王带上妻儿和奴仆随从连夜偷出城去，乘筏急逃。在到卑谬之前，把两个女儿留在筏上，又偷偷向东边逃去。阿瓦军确切得知蒲甘王已不在城内，便分兵几路去搜捕。由于不知逃往何方，故未捕到。从东吁进军来的内谬德达得知蒲甘王已出逃，不敢再抵抗，到内谬丁克亚军中来降。内谬丁克亚将内谬德达及其监军、部下等一起解至缅王阶下。王命明耶底哈觉将蒲甘城内一切安排妥当后返回。明耶底哈觉遂带着蒲甘王的两个女儿回师。到了阿瓦后，缅王问为何未能擒住蒲甘王，明耶底哈觉答道：“奴才尚未到达之前，他已出逃，故让他跑掉了。”因为蒲甘王是明耶底哈觉的叔父。缅王想：明

耶底哈觉认为蒲甘王是他的叔父。如果抓到他，朕定会对他治罪，所以没有捉他。所以缅王将明耶底哈觉鄂拉艾的食邑封赏全部收回。内侍泽亚觉都鄂都艾是在先王病重期间给蒲甘王通风报信之人，将其流放到德瓦琪地区。东吁侯受父王恩典，担当国中一重镇之责，但一旦出现问题，不能忠于职守，反而援助叛首蒲甘王，应按律处置。大小将帅、王子王孙等也按情况依罪论处。而前来援助蒲甘王的卑谬与汉达瓦底之军队，观察事态的发展，缓缓进军。当听到蒲甘王已出走，便来到京都阿瓦，表示要去攻蒲甘，故可以免予处分。前面坚持效忠的两名马军首领在蒲甘城破之后回到京都，是忠君之人。一赐名杜因格维，另一赠名杜因约达，并各赏赐许多物品。后来又重新封给明耶底哈觉食邑领地。

缅历 1077 年(公元 1715 年)在金殿西南 500 达处的波因地方建名为妙南蓬山的行宫。为父王修建的巴赖勃功德塔贴金，改名为劳伽曼昂，并升宝伞。

缅历 1081 年 12 月 5 日(公元 1720 年 1 月 31 日)日曜日，正在西宫观戏之时，妃子曼基甘夫人之宫起火，使金殿遭焚。缅王传旨御轿停在枢密院前，准备驾幸王储府。敦丁木基内谬底里泽亚瑙亚塔奏道，“驾幸妙南蓬山新行宫为宜。”缅王道:“如果不宜去王储府，就把王弟召来”。于是传旨命德多明绍前来见驾。在金殿开始起火时，为使王弟看不到这些情况，敦丁木基就安排禁卫军把王弟住所围了六层。这些情况王弟并不知晓，等奉召出府时才知有人守卫。心想不用说这种安排一定是掸人所为。所谓掸人乃因敦丁木基是掸族聚居的湾贝因人。王命王弟到来时，正要出山亚门。当时前队已抵达门前，因事出突然，守门官员未将城门打开。前队人马返回御轿前敦丁木基站立处报告。因为御驾出城时,一般都带京都镇守部队。城门由京都镇守负责。现在紧急情况下,京都镇守不在,所以不能开门。于是迅速召来镇守,守门官员才将城门打开。驾幸妙南蓬山行宫,天亮之后,召来守门官,缅王赞他忠于职守,赐德瓦亚达马觉廷街。将阿瓦城西德曼村及全村人等赐给山亚门守门官。把引起火灾殿中所居曼基甘夫人流放到格达。内侍南达都利亚在缅王前往妙南蓬山行宫途中,竟一直手执无鞘大刀跟在御轿旁,故判三日巨木压身之刑。

缅历1085年(公元1723年)卡随土司不断向罗陀那补罗和敏泰派来使节。称奴仆之姑在阿瓦宫中,现按先例献女与姑作伴,望命人来迎娶。缅王不知其诡计,遂像先王迎娶他国公主那样派员300,乘装饰华丽之舟楫,前往鲁瓦迎亲。卡随土司派许多军士至鲁瓦,将阿瓦方面迎亲之男女人等全部拿下。缅王得知此事大怒,派遂亚纳达、恩达底里、杜因布翁尼亚、底里比亚达、晒加约达、遂亚德曼、格扎毕西、晒加韦亚各率一军,还有卑谬、东吁、莫塔马、汉达马底、良瑞、孟乃、亚绍、锡泊、妙白敏、美都、德勃因、勃东等各地大军,共计20支大军、骏马3000、士卒30000,由明耶底哈觉为帅,于缅历1086年9月5日(公元1724年11月8日)日曜日,向卡随进军。卡随土司听说明耶底哈觉之军队已渡过亲敦江,便召集手下文武大臣商议说:"现阿瓦明耶底哈觉率兵来讨,声势浩大。据说明耶底哈觉年仅13岁时就英勇善战,无人能敌。我等只有携带兵马及妻儿老幼弃城暂到宾垒登躲避,待明耶底哈觉收军回师后,我等再回城中来。"正在计议之际,遂亚约达、晒加约达、遂亚德曼等三支大军越过格拉边山前来攻打。三支大军全部出动向卡随马

军奋力杀来。卡随军不敌，败退后撤。此后卡随派员迎敌也伤亡甚众。致使卡随军士胆战心惊。明耶底哈觉怕先头三军有失，遂传谕：等吾到达之后再战。因为吾等不了解地形、道路，况且卡随人诡计多端，不能疏忽大意。遂亚约达等人报告：待全军抵达后再战，卡随土司与全城人马会全部躲藏起来，错过时机。将尽快先行攻击卡随城。卡随人在沼泽泥泞地面堆起草木，用火烧过，像是野火烧过的样子，在左右两侧埋伏下大批兵马。到遂亚约达等人驻扎处诱敌。看到卡随军来攻，遂亚约达等三支大军人马全部出动。卡随军见缅军攻来，急退至沼泽泥泞的另一侧策马诱惑。缅甸士兵以为每战必胜，不经调查了解，便全面追击，陷入上面蒙着一层草木灰的泥潭之中。卡随山达约莫尼，阿兰盛等人见缅军已陷入沼泽泥泞之中，遂以伏兵追杀，左右砍击缉捕。缅军三支人马连同统帅全部落入卡随人之手。明耶底哈觉得知前面三支人马已落入敌手，而其余军中患天花麻疹，病痛死伤者又为数不少。心想，如果将来圣上怪罪的话，就由我承担吧，让手下官兵得以幸免就行了。于是下令撤军。明耶底哈觉回到京都。缅王在明耶底哈觉到达之后问道："为何没有完成朕委任之事?"于是把他流放到孟养，明耶底哈觉到孟养后死在那里。

当年在实皆江边码头雕白石佛像，建佛塔，名为雷炯曼昂塔。该塔建于佛祖讲道99名罗刹修成预流果之地，故人们又称该塔为预流果塔。缅历1089年(公元1727年)王弟德多明绍薨，按照王子葬礼的仪式，乘金轿出山亚门葬之。缅历1089年2月16日(公元1727年4月24日)木曜日缅王立王子辛古王为王储。封德瓦约达，德瓦底哈为大臣，德瓦觉都为宫廷门卫官，杜因登卡为内廷大臣，赖亚达马为内宫总管。挑选一些有名王侯食邑者分别组成亚扎贡纳和亚扎巴亚五十夫队。是年清迈城镇守、监军等人横征暴敛，被清迈百姓所杀，并拥立一个叫克南岱巴之人为王。缅王得知后，任命谬迪侯明耶仰达都为师，带领战象 50、骏马 2000、率士卒 20000，于 8 月 2 日（公元 1727 年 10 月 4 日）月曜日从孟乃出发征讨。抵达清迈后立即猛攻。清迈被攻陷，缅军士兵进城后进行抢掠，清迈人财物损失甚巨。缴获金银财物的将官们上奏建议收兵。收兵时，清迈人又群起反抗，使明耶仰达都等全军溃败。缅王闻知声称要把派往清迈的将官们用熔银之液灌喉处死。将官们闻圣上大怒，在来人未到之前全部服毒自杀。缅历 1093（公元 1731 年），再派象马士军前往清迈征讨。清迈人在阿基阻击。缅军又遭失败。缅王下令将所有军官处死。后经大法师们求情才一律流放到普瓦琪地区。是年缅王下令从色金山运来大理石雕制佛像，用金匣盛之，上加重阁，置放于新宫北面佛塔之内。在城东北角的抱抱底处堤岸因水冲刷而塌陷，由阿瑜陀耶法师制造符箓形成沙洲。缅历 1094 年（公元 1732 年），在琼杭镇捕获一头小白象，为此王号为白象之主。

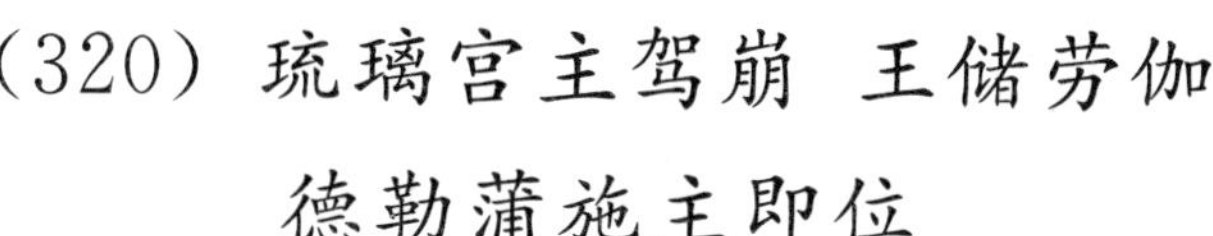

（320）琉璃宫主驾崩 王储劳伽德勒蒲施主即位

缅王底里巴瓦拉摩诃达马亚扎迪勃底于缅历 1095 年 9 月 9 日（公元 1733 年 11 月 3 日）土曜日驾崩。众内廷大臣向王储奏明先主已离开人世。9 月 9 日当日王储继承父位。9 月 10 日（公元

1733年11月4日)父王遗体按转轮王葬礼方式在王子王弟、皇亲国戚、文武大臣簇拥之下用金轿抬至新宫枢密院京北皇城内安葬。先王的功德事业有:妙南蓬山新宫之南的温格巴佛塔、当雷龙佛塔、新宫北面的白玉佛佛塔(后称之为劳加德勒蒲),建于实皆预流果地段的雷炯曼昂佛塔和新仲寺、泽亚曼昂佛塔、敏格拉仰昂佛塔、妙曼昂佛塔,建于委辛那的摩诃敏加拉曼昂佛塔、须弥山及素拉玛尼佛塔。庙产包括乾陀摩陀那山一带直至玛龙达吞吴镇的路寺、琉璃寺。为先父功德事业巴赖勃佛塔贴金之后,升宝伞改名为劳伽曼昂塔。先王建立上述功德事业在妙南蓬山新宫享受福禄。王26岁登基,在位19年,享年45岁。王将死时,昴星停留于月宫之上;彗星出现;太空冒烟;佛塔出现奇异征兆;谶语出现。王生辰为日曜日。

王之子女有:正宫王后底里摩诃敏加拉黛维生长子央米丁侯,将被立为王储时染天花而亡;次子邦林侯夭折早亡;三子垒盖侯夭折早亡;四子宾垒艾侯夭折早亡;长女敏塞侯底里杜南达;五子鄂辛古侯,后被封为王储,继位为王;次女美都侯埃嘎玛黑蒂;三女南达玛黑蒂;六子德多达马亚扎;七子幼时夭折,子女共十人。

王后底里山达黛维生长子德叶侯;次子敏孔岱侯;三子兴达侯;四子密铁拉侯;五子新英侯;女东吁王妃,共六人。

王后底里达马黛维生子貌明;女达亚瓦底王妃,共二人。

嫔妃中:莱德夫人生长子貌妙布;次子貌妙山;女明瑞开,共三人。当加拉夫人生一子貌瑞卑。明育瓦夫人生一女钦瑞意。瓦永夫人生一女乌迎泰。明玛夫人生长子明耶拉觉;次子明耶拉钦,共二人。别德外夫人生女钦瑞卑;子格达侯,共二人。敏贡夫人生一子貌妙。甲宾夫人生一子貌牛。育瓦达夫人生一子抱绵侯。羌乌夫人生一子夭折早亡。坦德彬夫人生一女钦帕朗。岱坡耀夫人生一子貌帕耶。羌奈夫人生一子貌都。齐蒂育瓦夫人生一子貌妙丁。路林迪夫人生一子貌妙纽。卡亚贡夫人生一女明博达龙。王有子 27 人，女 11 人，共 38 人。

先王心地善良，有与学者商讨议事之习惯。善思考，少嗔怒，为人稳重，能自制，多斟酌，虔敬三宝，乐善好施。恪守君王十规，致使国泰民安、风调雨顺。

缅历 1095 年 9 月 9 日（公元 1733 年 11 月 3 日）土曜日，父王雷炯曼昂施主驾崩，王储继承王位，号摩诃达马亚扎迪勃底[①]。正宫王后为摩诃扎那恩达迪勃底黛维[②]。南宫王后为摩诃亚扎迪勃底黛维[③]。中宫王后为摩诃迪勃底黛维[④]。封大王妹为埃嘎玛黑蒂；小王妹为底里巴芭黛维；王弟明耶觉苏瓦为德多达马亚扎；封敦丁木基之婿前府尹貌布协理朝政，号底里泽亚觉廷；封太傅太师亚扎南达为内廷大臣，号南达梅觉廷，后又命其在王储府中任职，号勃印囊，居于北宫。将妙南蓬山新宫命名为昂南觉蓬。为新宫北面父王所建功德塔贴金，名为劳伽德勒蒲，并为佛塔升宝伞。一些学者奏道，按星相缅王应驾幸锡当。于是缅王命取来锡当之土，将这土撒在了按星相推算与锡当属相相同的城西辛德地区平坦的土地上。建起宫殿，名为觉昂山宫。后来把这座宫殿移至阿瓦城

① Mahadammayazadipati 旧译：摩诃陀摩耶沙底波帝。意为：伟大、弘法之王 元首。

② 巴利文音译如文，意为：伟大众人之主元首王后。

③ 巴利文音译如文，意为：伟大之王 元首之后。

④ 巴利文音译如文，意为：伟大元首之后。

中改为寺庙，捐给布坎基镇杰拜丁获高级佛经考试优秀名次的信尼亚纳瓦亚，寺名为觉昂山沓。缅历1097年(公元1735年)，缅王驻跸辛德宫，因勃印囊南达梅觉廷进谗言，缅王将无罪大臣底里泽亚瑙亚塔、内廷大臣觉廷南达梅、德道榭金库监南达都利亚、平民事务大臣内谬西都解至江上游的科当抱道处死。学者们闻言，说不应这样处置，定会引起国内动荡不安。从此时起，国内开始动乱。当阿瓦城将毁之时，王想起底里译亚瑙亚塔说：如果哥布在绝不会出现此等情况。是年卡随人来犯美都城，掳走印度人和缅人约1000余人。

(321) 卡随人攻至实皆

缅历1098年12月(公元1737年2月下旬至3月中旬)，由于西北方刮来飓风，劳伽德勒蒲塔伞坠落在佛塔围墙之外，瑞喜宫等佛塔也向东南方倾倒，许多大树被刮倒，地面出现裂缝。是时，实皆河的信拉佛像不见。王将婆罗门鄂山漂和大僧王处死。信德佐底巴因收留飞天隐士，被流放至东敦基。缅历1099年(公元1737年)卡随人来犯。缅王闻知后，派士卒500、骏马50，由赖亚耶傣为监军，布翁德伽侯为统领；士卒500、骏马50，由赖威耶傣为监军，亚海马军头目为统领，计士卒1000、骏马100，于缅历6月9日(公元1737年8月22日)月曜日，试探性地去迎战卡随人。到达德勃因城后，亚海马军头目要率部绕过勃东城向亲敦江西岸进发。布翁德伽侯认为勃东在南，而卡随军在北面，没有跟亚海马军头目去勃东，而向北进发。亚海马军头目朝勃东前进，抵达亲敦江西岸。

布翁德伽侯则率部分批缓慢前进。抵达孟良地区与卡随人遭遇，由于兵力不足，布翁德伽侯军败下阵来。卡随人随后追杀。在南底地区，亚海马军头目出战也因兵力不足，全军败北，亚海马军头目也在该地丧生。缅王得此消息后，又派都傣马军头目为帅，率恩达杜因、玛尼晒加两路人马及战象 20、骏马 700、士卒 50000，于缅历 10 月（公元 1737 年 12 月底至 1738 年 1 月）进军。到了德勃因以北摩当关东地区安营下寨。卡随人也从南底进至摩当关东，得知缅军人数不多，便猛攻过来。都傣马军头目由于饮酒过度，不能迎战。玛尼晒加、恩达杜因、都傣马军头目等均在该地丧生，军卒也只剩下三分之一。卡随人从摩当关东一直打到德勃因，破坏了许多民房寺庙佛塔后才离去。缅历 1100 年（公元 1738 年）缅王又派赖亚登玛、玛亚道侯，底拉育瓦侯，布翁德伽侯，赖威勃亚、明耶明拉觉、明耶泽亚都各率一军及汉达瓦底、莫塔马等共 11 支大军[①]，配有战象 30、骏马 300、士卒 15000，再加上中路大军以亚扎恩达为监军，明耶觉康为帅，12 路大军于 8 月 20 日（公元 1738 年 10 月 20 日）月曜日向卡随进军。在抵达奥丹赖地区时与卡随的先头部队遭遇交战。卡随人败退，缅军追击。到达丹坎羌河口时，卡随将领阿兰盛跨马冲来。缅军先锋孟人晒加由上前迎敌，阿兰盛战死。卡随人山达约前来助战，又把晒加由杀死。缅军的孟人拜勃玛出战，将山达约砍杀。缅军前锋部队孟人挡住卡随人的狂攻，岿然不动。卡随人只得绕过西部山脚由后面向缅甸中军猛攻。

① 原文如此，实际只有 9 支军队。不知是遗漏了统帅名？抑或是统计错误？无从查考，只好照录。

缅军大败，四散逃亡。明耶觉康无法控制大军，只得收集残余人马后撤。一直到德勃因城后，才把军队重新集结起来。是年对王弟德多达马亚扎失去信任，处死了其属下将领，收回了赐封之领地、奴仆。也不召回明耶觉康、明耶明拉觉和明耶亚扎都与其他将领。缅历1101年（公元1739年），由于正值雨季，这些人只得在德勃因城滞留。缅王说，由于明耶觉康后撤在德勃集结，到雨季结束时，卡随人还会来攻。缅王命令明耶泽亚都率大军去驻守明钦城。还从德勃因城分兵一部给明耶亚扎都去驻守美都城。明耶觉康和明耶明拉觉仍然驻守德勃因城。9月间（公元1739年11月末至12月）又有卡随人20000之众来猛攻。明耶觉康由于兵力相差悬殊，只好据守。缅王得知此情，便命在亚扎马尼苏拉佛塔以北的明温山脚下往西，到冈木道佛塔以西的丁泰因四周搭起营房，建起工事。从实皆以及附近城乡召集百姓军士来补充兵力抵御。卡随人没有直接攻打美都和德勃因城，而是沿西达、牟曹波、汉林一线向美都进军。明耶觉康拟先抵达亚扎马尼苏拉守军处抗击卡随人。但卡随人突然向亚扎马尼苏拉驻地发起猛攻，缅军大败，营地被攻破，士卒四散逃亡，死伤甚众。内宫总管大臣亚扎南达也在该地丧生。是时缅王正在新宫休息，乘御象妙突康回宫，有人来报敌人袭城。卡随人烧毁了韦路温佛塔的五层佛殿、九角状的雷塌基寺等民宅塔寺后，在实皆西边德龙漂地区驻扎四五日后收兵撤回。受缅王之命，在德勃因、明钦和美都城阻击卡随人的明耶觉康、明耶明拉觉、明耶泽亚都、明耶亚扎都未能阻止卡随人的进攻，卡随人深入到实皆附近烧掠。王派人拟就地处死明耶觉康等人。王派出之人在密艾东岛见到明耶觉康后进行盘问。答曰，已派人上奏，卡

随来军甚众，与我力量悬殊，且未攻美都、德勃因就直接杀将过去。但奏报未能到达圣前。另外明耶觉康与其他将领也曾与实皆军合兵一处奋勇御敌，只因敌人兵力强大，实在不支。缅王闻言，怒气顿消，说："今后尔等再像这样玩忽职守，如叫朕知晓，定用此刀杀之"。在朝堂中间把刀架在明耶觉康颈上。据说此次卡随人来至实皆是因为大婆罗门摩诃德勒蒲说饮用伊洛瓦底实皆之水，可消除百灾之故。

缅历 1101 年 2 月(公元 1740 年 4 月下半月至 5 月上半月)，缅王下令从阿瓦城东南角起，环城绕过巴勒勃、劳伽曼昂塔，经西部辛亚埠头，至城西北角全部装上鹿砦木栅。是年在汉达瓦底城原位于瑞界野的德勃因马军首领、汉达瓦底镇守鄂达昂听到卡随之军已至实皆的消息，就与四周城乡孟人首领们计议，以给女儿举行穿耳礼为名，又与粮仓官鄂貌、鄂包耶、塔格萨、宝石商等人商议，强迫全城官吏和百姓盟誓造反。对不愿宣誓者一律杀掉。然后命令汉达瓦底大多数官吏进军攻打丁因。队伍到达当羌，人们提出与丁因议和。鄂达昂说如不随我进军丁因者，将把他们的妻小杀掉。去攻打丁因者闻妻小已被鄂达昂监于他府中院内，计议：吾等为了妻小不致被杀，只有回师除掉鄂达昂了。于是打回汉达瓦底把鄂达昂杀死。由于鄂达昂的叛变，出现孟人动荡不安的局面。缅王知道此情，于缅历 1102 年 5 月(公元 1740 年 7 月下半月至 8 月上半月)命明耶觉康率士卒 5000 出觉蓬门陆路向汉达瓦底进发，在昂喜宫处扎寨，后日夜兼程。大军尚未到达，汉达瓦底人已将鄂达昂的妻小与财物等献于明耶觉康帐前。像处治其他反叛者一样，明耶觉康将鄂达昂妻小处死。局势平静后，王命丁因镇守明耶昂

乃为汉达瓦底镇守。明耶觉康回师京都。当时不应称卡随人为鄂曼达,按西方叫法应称之为曼尼普尔。这是由一位叫摩诃德勒蒲的婆罗门到达该地后命此名的。听到卡随人又将来进犯的消息后,缅王命明耶觉康率战象30、骏马3000、士卒10000;明耶那亚率战象30、骏马3000、士卒10000;明耶南达都率战象30、骏马3000、士卒10000。三支大军共有战象90、骏马9000、士卒10000,于8月27日(公元1740年11月4日)金曜日出征。在美都城中驻扎。卡随土司从埃格巴求来援兵,共计80000之众来攻。抵达美都之后约五日,卡随人拟先攻明耶觉康,认为只要明耶觉康军被打败,其他诸军将不战自败。于是卡随人以重兵包围明耶觉康的军队。明耶觉康坐镇军中督战。卡随军死伤惨重,只得后撤,从此不敢近前。明耶觉康得知卡随军队不敢出战已有10余日,于是将大军主力埋伏于山林之中,只派500马军到卡随营地诱敌。卡随人看到来攻的缅军没有步军,便以埃格巴骏马2000、步卒5000毫无顾忌地出战。诱敌的500马军辗转后撤,卡随想全部生擒活捉,遂急追不舍。当追到缅军伏兵所在地时,缅军象、马、步兵一起杀出。卡随骏马100余、士卒1000余被杀。被生擒者也为数不少。埃格巴人认为长此以往为了他们的事我们定死在缅人之手遂撤走。卡随土司认为埃格巴军已撤走,最好这次与缅方交涉后再撤回。于是派人带5匹马、100张弓为礼物持函来见明耶觉康。信中写道:"曼尼普尔土司致意明耶觉康诸将军,罗陀那补罗与曼尼普尔两国一直亲如一家,由于边界居民相互攻击而有死伤。吾等接受摩诃德勒蒲之教诲,并非野蛮之辈,而是知情达理之人。[①] 吾

① 原文直译即:连生肉生鱼也不吃的依法行事之人。现按意译如文。

等此次进军是为谈判消除仇恨而来。”看过卡随土司之信，明耶觉康当即复函。派赖威勃亚为送信使者。信中写道：“大将军明耶觉康、明耶那亚、明耶南达都致意土司殿下。汉达瓦底白象主在位时曾派大将彬尼亚德拉前往贵地，洪土司曾祖献上美女，遂无战事。父王在位时又献来卜巴公主，双方和好。到王兄在位时意见不合才反目成仇，发生了战争。此次因为边境遭骚扰破坏，我主王侄才命吾等三人率百万象、马士卒前来，要把卡随全境夷为平地。如果希望和解，就应按照惯例办事才行。”卡随土司接到信后不再多说，赠了许多礼品遂即返回。明耶觉康等三军也从美都城班师回朝。

（322）汉达瓦底出现王位继承者

汉达瓦底镇守明耶昂乃不分青红皂白，把参与鄂达昂谋反和未参与的官员一律杀掉，事态激化。汉达瓦底人杀了明耶昂乃。阿无埃克伦村中桂人和克伦人声称已经出现王位继承者，并在汉达瓦底城北林中芒果树村集聚军队，辅佐新王登基。汉达瓦底众官员闻讯，立即集合部下准备进剿。抵达后，长官们将部下安排在附近，遂进入该地了解所谓王位继承者系何人。所在地谓“桂王”者并非他人，乃曼昂亚德耶施主先王之弟蒲甘王在蒲甘城被攻破后来到农村藏身。其妃杜巴芭所生之子，由桂克伦人收养，长大成人，住在罗陀那补罗阿瓦城南伽龙南钦地区。后流落掸邦，之后又来到白古城北芒果树村。这一切由桂克伦人之大法师、首领们讲明，得到汉达瓦底百姓的一致拥戴，于是便称蒲甘王之子达拉为“桂王”。在汉达瓦底城北林中芒果树村拥立为王。在向阿无埃迁移过程中,汉达瓦底城北羌皮亚克伦人尾随追击。“桂王”与孟人迎敌。经过交战,克伦人被打败。后来在汉达瓦底城中以德门陶为号,桂王达拉建宫称王。“桂王”德门陶对其拥戴者分封尊衔官职。计有大臣苏比亚、苏比亚萨、苏比亚哈蒂亚扎、苏比亚布翁育、苏比亚冈恩等。对阿瓦方面任命的御象监昂拉也封以彬尼亚巴拉称号。另外对彬尼亚阿尼亚、彬尼亚达巴、彬尼亚达曼达、彬尼亚遂亚巴拉亚扎、塞达亚扎、杜托、彬尼觉杜窦、彬尼西亚比亚岱达、杜兹瓦亚晒、底里格曼拜一干人等也封以尊衔。是时,清迈侯向桂王德门陶前来献女和底里塞达。桂王在汉达瓦底城北炯叟羌阿卡延山林一带连续捕象。还东渡锡当捕象。后名声渐大,势力日盛。

由于汉达瓦底一带的孟人势力强大,缅王的权力削弱,形势动荡不安。莫塔马镇守明泽亚都无法返回京都阿瓦,遂携妻小部属逃往阿瑜陀耶。那时听说在阿瑜陀耶边境拉瓦人有一种虎象(带条纹的象),桂王遂命人往购未果。又派孟人驯象师前往盗取。孟驯象师了解到拉瓦人将象戴上脚栓与木铃放入林中,牧象人则待在附近,听着象铃声放牧。于是就将象铃挂在竹子梢头,风吹竹丛动,象铃声不断,拉瓦牧象人以为象仍在,自己去捕野兔麂子。孟人偷得大象,日夜兼程赶回献给桂王。桂王得到此象后便自称为虎象之主。也有人称该种象不具有良象之征,而是一种凶相。在敦丁温摩诃西都编纂的《新史》中则说,桂王称王不久,同时有人来献虎与象,故而得名虎象之主。大象监彬尼亚达拉因向桂王献出幼女,受封大臣之职。缅历 1103 年

(公元 1741 年)缅王得报汉达瓦底孟人谋反,便授予到达直柳漂的明拉瑞当以重兵,命其先去征讨。随即又封明耶觉康为德多明康,委以重兵,命其从水路出征。抵达卑谬后环绕界丁山扎营。抵直柳漂先期进攻的德多明拉瑞当与孟人交战不支,便转向卑谬与德多明康合军一处。是年水情严重,为使京都不致被水淹没,在城门口筑堤堵水。即使如此,因水势太大,水还是渗进城来。城内皇宫以北的路上为僧侣们化斋饭还铺设了渡桥,人们则在城内乘船往来。在城外昂南觉蓬宫,水也上涨至与屋内地板相平。当年为康泰莫佛塔升宝伞。同年卡随土司派山达约莫尼携带大批礼物来阿瓦。在亚扎马尼苏拉湖旁建来使馆驿。当时缅王正驻跸昂南觉蓬宫中。于是就在前朝房接受卡随人献礼。过了一个月之久,缅王传旨在上朝殿接见卡随使臣。卡随使臣山达约莫尼向缅王启奏希望谒见卜巴公主。获准见了卜巴公主及其子。会见时,献上卡随土司送给公主的披肩与衣服。缅王回赠了中国绸缎以及可与外国媲美的布匹等珍贵之礼物和金线披肩、金丝上衣等。后卡随使臣返回。当年把实皆城分封给杜因南达梅觉廷,还赠给前后护卫、象马、兵卒、奴仆、使役,命其为王。缅历 1104 年(公元 1742 年)卑谬由德多明康驻守,固若金汤。孟人便由东吁进兵东敦基,攻占勃特那果、马龙等上缅甸东西两岸城乡。溯江而上甚至占领了亲敦江上游的甘尼、明钦等地,在德达乌、彬牙、丁班一带驻扎。卑谬德多明康闻孟人居然到了京都阿瓦,便带大批船只兵卒北上。德多明康抵达蒲甘后,扬言要两面夹击孟人。孟人遂后撤,当大军开拔时,阿瓦城内守军也杀将出来,孟人难以立足拔营急退。那年由于

天旱雨少，发生粮荒，土匪盗贼蜂起。缅历1105年（公元1743年），德多明康带领大批军队由卑谬出发，攻打丁因，孟人不战而退，丁因被轻易占领。缅军纪律涣散，终日酗酒无度，昏昏沉沉、不省人事。此情被孟人得知，便来反攻。缅军死伤惨重，德多明康也无法控制局势，只得退走。白古听到丁因缅军被打败消息后，扬言要活捉德多明康。于是孟人派出大批水军追击。德多明康下令退至卑谬抗击，迅速后撤。孟人继续追击，又攻下卑谬。城破之后，德多明康又退守蒲甘、良吴。缅历1106年（公元1744年），汉达瓦底孟人向东吁进军。缅王得报后，命明耶明拉艾为帅，率14路大军万余人迎敌。在包良盖与孟人相遇交战。明耶明拉艾所率14支军队全部溃败。德多明康也从蒲甘、良吴进军至勃特那果固守。彬尼亚江道也在西边的马龙镇据守。缅王得知去东吁迎敌的明耶明拉艾失利消息后，又派德多明拉瑞当前去迎敌。也未能取胜，本人不敢再回阿瓦。于是德多明拉瑞当，明耶明拉艾收集残余部队，与勃特那果德多明康之军合兵一处。

是年卡随土司之师摩诃德勒蒲婆罗门预言：阿瓦旭日皇帝将为我所控制，要将土司女儿献给缅王。于是携带大量礼品前来。约一个月之后，摩诃德勒蒲婆罗门病死。献女之事遂落空。他的婆罗门徒众500余人返回卡随城。那时驻在马龙城之彬尼亚江道每与孟人交战都英勇无比，将官们都惧怕彬尼亚江道，同事们对他非常忌妒。德多明康部下兵卒之首领阿伽木格扎觉等与将官们一起密谋，将彬尼亚江道杀死。当孟人得知彬尼亚江道已不在马龙军中时，便分水、陆两路前来攻城，马龙与勃特那果军大败。德多明康与属下各将也退至蒲甘、良吴一带，孟人俘获不少缅军，驻于马龙、勃特那果。缅历1107年(公元1745年)孟人又溯江北上一直到信骠遭。在沿江的东西两岸又捉获大批俘虏。因为没有准备,筹集不到粮食,从汉达瓦底来的粮草也供应不上,加之士卒人众食物缺乏。这时他们想如果收兵后撤,德多明康及其部下大军定会追击,我等撤退势必大乱。为了使他们不追击我们,应先谈判再后撤。孟人将官们如此商定后遂致良吴军德多明康一信。

(323) 汉达瓦底问题

孟人给良吴缅军的信中写道:"统治汉达瓦底国虎象之主属下将官们拜上。吾等之主非他人也,正是贵国皇叔蒲甘王之子。我等之间本不应诉诸武力。动武只能使国家和人民遭受破坏与灾难。我们本系至亲,故诚恳拜上建议两国国王兄弟之间应通过谈判和平解决问题。"见信后,德多明康复函写道:"王叔德多明康晓谕尔等汉达瓦底将官们。来信称在汉达瓦底称帝者并非他人,是什么吾王之亲族。此话如同让猴子穿上衣服也难以变成人一样。因为王叔蒲甘王不忠,所以就像用炒过的种子下种,运盐之舟覆于水中无一幸免一样,其子孙等人也陷入无德状态。尔等所语只能使国中奴仆、穷苦百姓陷入灾难。"孟族将官们闻言,献上许多布匹后收兵。从卑谬以下沿江东西两岸村镇派兵驻守后,返回汉达瓦底。孟人返回之后,德多明康也在马龙、勃特那果等城修整壕堑,派兵镇守。缅王封北面的达西镇守号明基觉苏瓦廷;封钦乌马军统领号明基觉苏瓦觉;封皎加马军统领号明基觉都;封达西司法官号明基觉康;封甘抱马军统领号明基觉廷;封南路马军色林伽都马军统领号

明基觉苏瓦。尽皆补充武器与兵卒,分别驻守各地。钦乌明基觉苏瓦觉之子鄂漆纽也是一个忠于职守之好儿男,授以赖亚弁琪之号。

(324) 在汉达瓦底称王之德门陶[①]

缅历1108年(公元1746年),阿瑜陀耶派遣使臣携带诏书并厚礼前来。使臣被安排住在瑞界野,到缅历5月(公元1746年7月至8月初)江水上涨之后才将礼物用金劳加船运往京都。命使节乘小舟在辛亚码头上岸。后又安排主要使节乘马,将诏书放在镶有三圈宝石的琉璃槟榔盒中,由一头金鞍金韂之大象驮着,从阿瓦城南山冈进觉蓬门。然后安排在前朝房歇息。过了片刻,进上朝殿。命王子王弟文武群臣前往迎接。按照仪式与官员大小各就各位,宝座门开启,缅王上朝,接受阿瑜陀耶国王赠送之礼品。缅王也赐给阿瑜陀耶来使以各种礼品,派了回使送其返回。

缅历1109年(公元1747年)汉达瓦底军队又来进犯,兵分水陆两路猛攻马龙镇。由于中了缅军由城头轰击之炮弹,孟军将领彬尼亚觉阵亡,孟人后撤。遂将派往马龙之军召回。此时在汉达瓦底称帝之虎象之主德门陶把一些文臣武将后妃留在汉达瓦底,带上彬尼亚达拉、彬尼亚意、彬尼亚达巴、彬尼亚达曼达、彬尼亚遂亚巴拉亚扎、彬尼亚波木等文武大臣,率象马大军共2000余人到锡当,捕象狩猎。时日旷久,手下请求返驾,不归。又把王后嫔妃们召至锡当。留守在汉达瓦底的大臣们认为王不宜长期远离京

---

① Smin Htaw,旧译斯弥陶佛陀吉帝。

都，国事又不安宁，应再奏明圣上。于是派人前往随驾锡当的大臣们处。与虎象之主一起来的彬尼亚达拉兄弟与赖亚波将留守在汉达瓦底大臣们所陈之情转奏给虎象之主，而虎象之主仍不采纳意见返回。留在汉达瓦底的大臣们由于长久无君，情绪不稳。于是派 3000 人马全副武装赴锡当，强行迎接虎象之主返驾。虎象之主闻汉达瓦底有大批兵马前来，以为是叛乱者前来捉他。于是命身边大臣带领象马兵卒前往阻击。来者申明："我等并非反叛之歹徒，是为迎驾返京而来。既然阻止我等前往，就不去锡当了，我等将迅速返回汉达瓦底，把赴锡当的文武群臣之妻小统统杀死，我等马上安排返回事。"与王一起到达锡当的赖亚波、彬尼亚达拉等大臣说："你我等应该像以前一样合作，倾听对方意见，按有利的去办。你们不要着急，我等一定上奏规劝王返回汉达瓦底。"来者很满意遂先返回。虎象之主不信彬尼亚达拉、赖亚波等人所言，以为国内发生动乱，若返回汉达瓦底，则同鱼儿入网一样。所以自己挑选亲信 300 人、马 100 余匹、象 10 余头，于缅历 1109 年（公元 1747 年）出走清迈。清迈不肯接纳，又进入阿瑜陀耶。阿瑜陀耶将其铐上脚镣送往中国。中国又经卡随、蒲甘将其送往安南。安南又经山巴、巴得、勒外布基、布久、达龙、瑙普瓦各处，将其送回清迈。[1]蒲甘王子之桂王住在拉瓦族人中，因其在甘蔗田村中长大。故又称作蔗田桂王。他说："汉达瓦底无立国之君，当地百姓和大臣立我为王。在我赴锡当村中捕象狩猎之际，留守汉达瓦底的大臣们

---

① "同年（公元 1746 年），蒙族废王沙民拖偕其旧僚投靠于泰，白古王向皇求引渡，皇下谕华籍商人载沙民拖等出海，令放逐于海面任何岛屿，惟华人商船载赴广东，厥后再度转潜往清迈，为清迈王收留，委为大将。"见《泰国古今史》37 页。

起来谋反。如果对这些人镇压，就会做出残杀之恶事。考虑到世间轮回才辗转来到这里。”清迈人知道他是阿瓦国君曼昂亚德那佛塔施主御弟蒲甘王之子。此人心地纯洁善良。就告他，你就安心地住在清迈吧。从锡当城回汉达瓦底的文武大臣不久便得到虎象之王到达清迈的消息，众人遂立汉达瓦底的一位还俗僧人叫奈哥的人为王。在虎象之主出走清迈后，滞留于锡当没有跟去的将官当中，人们以赖亚波为长，认为彬尼亚达拉也有能力，得到众人信任。众人商议虎象之主已经出走，如无君王，罗摩迎孟三邦就像被人放在竹匾中摇动的余甘子一样，不得安生。也有可能四分五裂，成为缅甸王朝之附庸。群臣商议为使城镇安宁，各种情况都能得到控制，请赖亚波为王。赖亚波说：“身为一国之君，能担负国事之人是很难的，我不想为王，只想当名官员，我不会处理国事。我可以指出一位能为王之人。希望大家都能同意我所推举之人。”众将说，您推辞掉到手之王位福禄，为了百姓的幸福与利益，指出具备君王条件之人，肯定是公正之言。我等一定听从您指出之人的教诲。当人们一致同意后，赖亚波才指着彬尼亚达拉说，他就是能为王之人。将官们说，一定听你调遣。遂请求彬尼亚达拉为王。彬尼亚达拉也说，虎象之王对留守汉达瓦底的大臣们行动不相信，才逃到安全地方去的。等我们回到汉达瓦底之后，没有特殊情况，我想他还会回来的。因此我希望大家不要让我成为似乎是想争抢王位之人。大家认为不立王是不行了。彬尼亚达拉也承认这一点。于是安排从锡当返回汉达瓦底，再立彬尼亚达拉为王。把象马军卒分成三部，前军由彬尼亚达拉率领，随后由彬尼亚达拉之弟率领，最后是赖亚波之军殿后。抵达汉达瓦底城时，已被众人立为王

的还俗僧人奈哥前来欢迎,拉着彬尼亚达拉的手,两人交谈非常和谐。过了数日,大臣将官们到齐之后,经过商议,废黜了已经在位的还俗僧人奈哥,拥立彬尼亚达拉为王。

(325) 彬尼亚达拉[①]被汉达瓦底拥戴为王 在阿瓦发生之战事

彬尼亚达拉简历:他是到清迈去的一伙御象兵中的一员,驻扎湾贝因管理象只事务非常熟练。后被汉达瓦底王任命为汉达瓦底象军头领。当虎象之主为王时仍侍奉左右。虎象之主根据其才能,任命其为大臣。虎象之主出走后,被汉达瓦底的将官们拥戴为王。称王之后,封弟号乌巴亚扎,封幼弟号彬尼亚达拉,封婿苏比亚都号彬尼亚底里,封一侄号杜道素。后来又将女下嫁虎象之主德门陶之妻舅。对各类人员皆有封赐。当时在阿瓦鄂辛盖以东欧波山脚桂家[②]人的首领都迎苏和宫里雁[③]、鄂内、鄂伽等人因阿瓦方面征税甚重经常派员来讨,妻小沦为奴仆忧心忡忡。都迎苏与桂家众人便去骚扰抢掠蒙悦金寺和孟人与缅人的村庄。返回欧波

① Binnya Dala 旧译莽哒喇。

② Kwe 我国史书称之为桂家或贵家。可参见余定邦著《中缅关系史》,光明日报出版社 2000 年 12 月版,第 103—105 页。

③ Kongnaein 宫里雁,桂(贵)家首领之一,我国缅甸史学者姚枬、陈炎等人考认为是随南明桂王(永历)入缅时的汉人后裔。他们一度在缅甸中部形成一股较强的势力。在阿朗帕耶创立的贡榜王朝兴起后,被镇压。宫里雁于 1762 年率部 3000 人败走云南,后被云南当局处决。详见昭梿《啸亭杂录》卷五"缅甸归诚本末"中华书局 1980 年版和姚枬译注〔英〕哈威《缅甸史》商务印书馆 1957 年 3 月版第 266 页注。但旅美加州大学教授孙来臣研究认为:桂人属孟高棉人之一支,与今日柬、泰国内的"桂人"同。

后计议，如果只有桂家一支人马造反，定难支持。于是联合马达亚城孟族军中官员五十夫长等，共同推举从阿瑜陀耶来的叫做勒瓦恩的人，说他是新王出世，在欧波山脚建立起桂军，在马达亚建立起一支孟军，进行叛乱。同时还派人去汉达瓦底与马达亚、欧波等地把沿江上游一带的孟人也联合在一起。等候汉达瓦底派军前来。这时汉达瓦底方面也派人前来送信告知，大军即将到来。在伊洛瓦底江东岸觉西一带的缅甸人听说桂家、孟人叛乱，都逃往西岸。阿瓦方面在色金瓦和鄂辛盖各派驻一支部队，多次向桂家军进攻，但缅军伤亡甚众。桂家、孟军击溃色金瓦的缅军，一直到达瑞界野。再击溃鄂辛盖缅军，一直进犯到汉林麦。这时缅王召见在马龙驻守的德多明康，封以郭登德钦勃因明康[①]尊衔。在鄂辛盖驻扎水陆两军。当闻知德多明康抵鄂辛盖的消息后，桂家军队打算逃往北部山林中，而马达亚的孟军则要去汉达瓦底，意见不一。于是桂家首领都迎苏与马达亚孟军首领会面商定，说服部下试探性地对鄂辛盖发动一次进攻。但从东侧向鄂辛盖进攻时，桂家、孟人军卒却高喊："我们不敢打，当官的逼我们没办法才冒死来的"，故意使鄂辛盖的缅军听见。四五天后，桂家与孟军又从上游雅坝河港暗渡，夜间偷袭鄂辛盖缅军。守军整夜据守抗击，使得桂家军和孟军不能靠近，死伤甚众，拂晓退走。派阿伽波木陆路沿江西岸，乌登瑞当、阿伽玛尼觉都等从水路追击。人们建议凡捉到的桂家与孟人都应公开地加以处置。德多明康则比喻为有如逃跑的牛被抓回后都会被牛的主人杀掉一样。而对抓到的桂家、孟人却

① 意为：九十万军队之主帅，王中之王。

给他们吃食盘缠后全部放回。德多明康命亚扎明康、亚扎底律等人到东边马达亚周围丛林山谷之中去捕停留其中的桂家、孟人，捕得即送往鄂辛盖军中。当时亚扎明康等人报告：目前孟人有要逃走的迹象，遂派象马将士东渡。德多明康安排船只溯流去博瓦河，在河埠头处驻守水军，水陆两军将马达亚军团团围住射击。孟人不出击，只固守寨中。德多明康收回军队返回西部辛盖营地。当时马达亚的孟军修书给汉达瓦底，敦促赶快派兵前来。由五名勇敢强壮之兵卒前去送信。被缅军哨兵发现，俘获其中二人，解往军中。为首者说，我们早已向汉达瓦底报告，又派我等五人去汉达瓦底送信，我们二人被俘，其余三人是回马达亚了，还是去了汉达瓦底，我们不得而知。以前和此次信的内容，我们都没有看，所以不知道。马达亚人又说，他们被俘，如果投降，他们的妻子是不会好过的。军中首领说：汉达瓦底将尽力抵住大军来攻。还说，还派人去欧波要求欧波军来援马达亚。听了口供之后，德多明康说在未攻汉达瓦底孟军之前，先要收复马达亚和欧波。于是命德多明拉觉廷驻守江口，摩诃南达丁坚驻守菩提地区，包围马达亚城。随后又增派舟船象马大军去德多明拉觉廷和摩诃南达丁坚处，把马达亚层层围住。在马达亚城中的桂家、孟军并不还击，只是坚守，且在城头大声喊道："王对我等攻鄂辛盖不记恨在心，还将所俘之人给他们吃食盘缠后全部放回。如果今日不杀我等，我们就来归顺。"德多明康闻言，叫围城的缅军也大声回话说，凡投诚者一律不杀。孟军又说："只要把围城的缅军撤走，3 天之内我们将归顺于麾下。"德多明康信以为真，便下令解除了包围，在江边举行庆祝仪式。全体将官都放松警惕。夜间桂家、孟军在缅军中间放起火来，

缅军全军惊乱。桂孟军又发起进攻。逼近后进一步放火烧营、砍杀。夜幕中缅军将官很难控制和指挥部队，报请德多明康，迅速乘船撤离到西岸去。桂家、孟人沿江追击，缅军死1000余人。

此时，汉达瓦底方面听说德多明康不在下游马龙寨中，便命苏比亚、杜托、彬尼亚底里、彬尼亚达拉四将率领四军，由乌巴亚扎为帅向马龙进军。水陆两路将马龙围困，缅军出现粮荒。阿瓦京都也一时难以派出援军。马龙城破。德多明拉觉廷、德多德勒帕耶等被孟人俘获。只有德多丁克亚和少数士卒逃脱。孟军一直追至密松在沿江东西两岸村镇均俘获不少。德多明康派一些军队在鄂辛盖留守，率大批士卒战船前往密松迎战。从阿敏、勃东、甘尼、明钦、亲敦组织水军乘战船至那嫩盖还击；西岸班基岱、约、曹、朗榭、梯林等城与布坎基镇联合阻击；南面瓦底、东敦、央米丁、因道、密铁拉等镇也从德娄进行阻击。在水陆四面截击的情况下，孟人进退两难，只得好言来谈。众将官要求德多明康不能再宽恕他们，说这次我们可以俘获孟人一批兵丁。德多明康说弟兄们所言甚善，但是，我们在马达亚、欧波一带的战事尚未结束。这一次就算了。如果孟人下次胆敢再来犯，一定不放过他们。最后同意对方请求，孟军官兵随乌巴亚扎等人一起撤走。在孟人撤走后，德多明康考虑到马达亚、欧波的事态。迅速带兵返回鄂辛盖营中。缅王对德多明康如此处理非常满意，命名鄂辛盖为给杜摩底东吁。并降旨在该处建造宫殿、枢密院、前朝房、后朝房，并任命大臣、大臣助理、宫廷门卫官、内廷大臣、传旨官、承旨官、录事主簿、镇守、狱史、内宫总管、将相、宫廷总监等各级官员，举行大典，以底里达马亚扎迪勃底之号登基为王。此时在东部马达亚江边由德多登克都镇守；

在菩提寨由彬尼亚达马亚扎镇守。

（326）劳伽德勒蒲施主做梦 卡随土司进攻阿瓦

缅历1111年（公元1749年）阿瓦缅王做梦。梦见在向北面看时，从东边至西边天空繁星一直围绕着太阳。天亮以后缅王将此梦转述给高僧、法师、学者、婆罗门等并询问征兆。高僧、法师、学者、婆罗门等上书奏道：吾王梦见从东至西运行带有千道霞光的太阳，一直发光运转，说明陛下之子孙后代将代代相传永远为王。王威的光芒犹如太阳，将使佛教大业弘扬光大。陛下所梦满天繁星乃是王国版图之内王侯采邑官员等人之子子孙孙从不间断永远辅佐缅王之兆。同年卡随土司打算如果得手就攻打阿瓦城。如果时机不好，就来献女修好。于是留下幼子萨那汉守城，与长子库亚腊巴、大将山达约莫尼等人率骏马3000、士卒20000，沿亲敦江从那嫩盖向阿瓦进发。在北部那瓦琪炯扎营。缅王召见在鄂辛盖驻守的东吁王，在从瑞界野到城西龙多堡的江中布满战船。阿瓦方面在陆地上部署了象军、马军及全副武装的士卒。在实皆城也驻满象、马军卒。由于卡随土司见阿瓦水、陆全面布置了军队。与其子库亚腊马和大将山达约莫尼商议，我们虽想攻打阿瓦城，目前不太可能。看来只有与其通好。当夜立于寨前的大旗被风吹折，非常惊惧。遂将年方12岁的小女献给缅王。缅王降旨按迎娶先辈卜巴公主时曾用之礼仪，派奴仆仪仗迎娶。由城西的山亚门进城纳入宫中。赐名摩诃黛维，派奴仆服侍。缅王赐其兄库亚腊巴号明

西都。卡随土司献女之后便从美都一线返回。桂家、孟军要攻打美都城,从北面的太公曼莱渡江,向前挺进。正好与返回之卡随人相遇,双方交战,桂家、孟人败北。卡随土司说,尔等不仅反对缅王,还要与我为敌阻我行军吗?于是又渡河向东岸追击,桂家、孟军损失惨重。土司收兵返回,到达辛盖大寨后说,请转奏阿瓦缅王,我还要打桂家、孟人。辛盖王上奏之后,缅王令土司再战,同时拨给卡随大批战马。卡随土司和婆罗门法师等由辛盖渡河,与桂家孟人交战,桂家孟人死百余人,将人头送至辛盖寨中。次日土司再次督战进攻,战斗中乘滑竿出战的土司之师两位婆罗门被桂家、孟军杀死砍了头。卡随人也死伤不少。土司收兵到辛盖缅营中说,下次再战一定要把他们杀光。之后便回卡随去了。到达鲁瓦时,守城幼子萨那汉在卡随自立为王,派人来说,您带去象、马大军20000、30000人是为了夺取缅甸,可您去却把我妹献给了缅王。他的奴仆起来反叛,您却让咱们的奴仆劳累代他去镇压。您就不要回我们城内了,去当你的缅甸奴仆吧!奴仆部下有妻儿在此者,可以回到我这里来。卡随人听了萨那汉派人向其父所说的这番话之后,大臣梅因、曼达里等人及大批象、马及士卒都径自拥进卡随城中去了。只剩下土司之长子库亚腊马和大臣山达约莫尼等男女共约500余人。土司如同折翼之鸟,带领库亚腊马、山达约莫尼等500余人返回辛盖,声称要去请缅王来捉萨那汉。到了辛盖又把女儿达马玛拉黛维献给东吁王,说明原委。东吁王听后表示等国内局势安定后定去捉萨那汉,再立土司为王,赏了他们足够的粮食、衣物,让他们在实皆搭设营寨棚帐驻扎下来。后来阿瓦将乱,无处立足,又返回卡随。到鲁瓦时被萨那汉迎面抓获杀死,其大臣

山达约莫尼和长子明西都[1]也一起被杀。

(327) 中国乌底勃瓦使节来缅

是年(公元1751年)中国乌底勃瓦派遣艾都爷、董大爷等偕随从5000余人带着九尊阿巴达亚梵天佛像,为了结盟通好而来。缅王安排他们驻于玛瑙仰曼花园接见。中国人也表示愿对桂家、孟人的野蛮行径进行镇压。缅王表示不打算劳请友邦出师,只愿友好。艾都爷、董大爷等表示虽然不需让我们去攻打,但贵邦国主之敌,即我主之敌也。让我等5000人去攻桂家、孟军。结果未能取胜,缅王派出使节随艾都爷、董大爷等返回中国。[2]

当时阿瓦城内耶康山觉佯装集合军队,携带妻小沿江而下,去投奔孟人。当年在阿瓦城拆除木砦,重建有33座城门的新城。缅历1113年(公元1751年)雨季结束后,汉达瓦底方面陆路由彬尼亚达拉率兵20000,水路由乌巴亚扎率兵20000来攻。阿瓦方面虽沿江在南岸一带层层设防进行阻击,仍支持不住。乌巴亚扎的水军从信骠遵到达密松一带,彬尼亚达拉的陆军也已抵南部垒敦一带。水陆两军皆俘获不少缅军。缅王召见东吁王。东吁王在辛盖寨中安排大臣摩诃德勒帕耶等率军坚守,亲自率重兵向阿瓦进发。抵达后,缅王降旨:此次孟人派水陆两路大军攻来,已深入阿瓦附近,一定要战胜他。朕将整个国家都交予东吁王你了。事实

① 原文误写为明耶西都。

② 缅史所述此次中国使节赴缅,实际并非中国官方所派,而是吴尚贤组织的一次非官方访问。

上你也有能力平息此次叛乱。今后你也是位能为朕出力之人。言毕，缅王将小王妹底里曼拉黛维许配给东吁王。东吁王在密松地方进行迎击，以使乌巴亚扎和彬尼亚达拉的水陆两军不能再前进。在陆路上以最大兵力阻敌。但东吁王无力阻住孟水军，遂后撤至阿瓦。东吁王的水军待在格拉威。乌巴亚扎的水军追击到阿瓦城西龙多堡雅亚比亚。彬尼亚达拉的陆军也到达城南彬牙、德达乌、那瓦觉、丁班一带扎营。马达亚、欧波的桂孟军闻乌巴亚扎、彬尼亚达拉水陆两军已经抵达阿瓦。而驻扎于辛盖的东吁王也已经去阿瓦。于是宫里雁、阿垒温等桂孟军渡河至西岸，攻打辛盖寨之缅军。

(328) 孟人来攻阿瓦 城内饥荒 阿瓦城被攻破

缅历 1113 年 10 月 26 日(公元 1751 年 12 月 31 日)，鄂辛盖被攻破。阿瓦也被乌巴亚扎、彬尼亚达拉水陆两军团团围住。近 10 年来国内一直动荡不安，穷苦百姓无法正常进行生产，加上上下缅甸水陆军卒粮饷支出颇多，粮库不能正常入库存粮，无法储备数月或整体所需。加上后几年连年多次出征，每当城池被敌人围困时，城中官员富绅只得将仓中之粮分给城中居民及各地乡村前来服兵役杂务之人食用。当粮米用尽之后，城中断粮，只得以野菜、树叶为食。由于官员士卒忠于职守，阿瓦城仍能固守。于是乌巴亚扎、彬尼亚达拉等召集众将道："现在雨季将至，以后下起雨来水大时，阿瓦城四周象马士卒不能继续围困。趁雨季未到来之前返回。等雨季结束，再来围城，那时阿瓦定会落入我手。”孟军将官一致同意。于是准备收兵回撤。由于城内饥荒严重，逃出来的人们说：“现阿瓦城中勿须说米饭，就连野果、树叶也已被抢食殆尽，饥肠难熬，吾等才逃将出来。”乌巴亚扎、彬尼亚达拉等孟军官兵遂不再考虑后撤，继续围城。这时缅王口谕，现城内将士们饥饿不堪，体力甚弱，但只有舍生忘死打退孟军才有一线希望能使众人得以生存下去，在这生死关头只有冒死一拼了。把库中所存金银细软全部取出，分发给西达侯明基觉苏瓦廷、亚扎明康、梯林土司、甘尼城头人等各级官员及所有军卒。将士们也保证定要冲出城去踏平孟军。由于不断听到逃出城来的人讲述城内饥荒情况。乌巴亚扎、彬尼亚达拉等在1月6日（公元1752年3月9日）夜喊杀声中以重兵从南面、西面登城，破城而入。缅王听到外面孟人的喊杀声，知道外城已破，于是准备渡江到密艾东岸逃往云国。在到达昂吞门时，东吁王在格拉威的水军也遭惨败，从密艾河口来到昂吞门与缅王会合。缅王下令从阿瓦逃往云国。东吁王奏道，现孟人才进到外城，当年8万中国士兵来攻，王也未离京都。现京都不会被攻破，我主可暂时住进王储府。于是从昂吞门当夜住进王储府。到了8日（公元1752年3月11日），孟人鼓噪着攻打内城。内城守城人等饥饿不堪，连刀枪武器等也无力拿起。内城又被攻破。守城人弃城而走。孟人打开城门，象马大军入城之后抢掠了全城金银财宝，俘获甚众。乌巴亚扎派耶康山觉到处搜寻缅王，在王储府内俘获，被耶康山觉送到乌巴亚扎驻扎地新宫。东吁王连夜在瑞扎底寺落发为僧，也被捉到与缅王囚禁在一起。缅历1114年[①]

① 原文误印为缅历1113年。

1月6日月曜日，外城被攻破，8日水曜日缅历新年内城又被攻破，缅王和整个阿瓦城全部落入孟人手中。随后东西南北四面村镇都向孟人臣服。乌巴亚扎和彬马亚达拉这样说道：“现所有大城均已归顺，只剩下北面之牟曹波[①]一村尚未归顺。从钦乌侯明基觉苏瓦之子赖亚弁琪等人开始，到北部一带所有城镇已经都成为我们的属地。只有一个不足以与我匹敌的牟曹波小村不肯归顺。我们不宜在阿瓦长久停留，因为在汉达瓦底、莫塔马以东的村镇和土瓦、丹麦、德林达依等城还未臣服。一些村镇与阿瑜陀耶又连通一气。如果现在不去占领，一旦阿瑜陀耶王对他们进行一定的封赏，他们有了倚仗，我们再去征讨就要更费力了。故必须从牟曹波开始，使东西南北四面城乡都来归顺。对依靠有利地形不肯降服者一律要制服。”于是派德门泽别、拜底哈、埃那耶及德拉班等12支大军，共计15支部队率士卒45000和大批象、马，以德拉班为帅，留守阿瓦城。孟王之婿苏比亚、弟彬尼亚达拉、乌巴亚扎等人率30支大军，携缅王、王后、嫔妃、王子、公主、皇亲国戚、将相百官、富绅名士、宫廷仪仗、良象骏马、武器军备、三藏经书等由水路回到汉达瓦底。东吁王到萨马劳地区时被手下改扮成渔夫，用小船将其营救出来。来到彬梅梯，由于生活不习惯，又到江西岸的孟拱、当由、博嫩、博敏地区停留。为了营救落入孟人手中的缅王，结集旧部，同时要求他们再四处去搜罗人马。这时东吁王突然患病身亡，其部下有的归顺汉达瓦底，有的投奔了牟曹波。

① Muhsobo，旧译木疏头村——缅文意为猎人首领的村寨。即贡榜王朝发祥地。

(329) 阿瓦缅王劳伽德勒蒲施主被溺毙

是时在汉达瓦底,以与缅甸旧部相处不好之罪名,缅王及其子女于缅历1116年(公元1754年)被处以投水溺死之刑。因该王被俘后解至汉达瓦底,故又称他为劫抵汉达瓦底王,这位号摩诃达马亚扎迪勃底国王对历史、传说故事、星相、数学知识、琴笙等样样精通。对手下官员从不埋没其才能,根据其实际能力做些适当安排任用,常赏赐甚丰。依靠僧俗学者,不忘对国事研究谋虑。善占卜消灾,10年前已预见到国家将衰微,封下属为王或明耶、德多等封号。曾有"将出现耶一千囊一百"的谶语。比如:封鄂吴号明耶吴,鄂觉号明耶觉、鄂纽号明耶细、鄂丁号明耶丁,鄂突号明耶突,鄂码号明耶码,鄂韦号明耶韦,鄂都号明耶都,鄂昂号明耶昂,鄂昂丁号明耶昂丁等等,封耶某某者共千名之多。王还喜用"囊"字封给各王侯,如:那信囊、明绍囊、明妙囊、明突囊等,某某囊有百名之多。封塔寺中的高僧为僧王,命其着金冠金袈裟,称为僧王。授予瑞加彬法师彬尼亚米苏免死权,可救将死之人不死。此外还为许多人做消灾之事。在处理内政方面虽有远见,但因凡事皆依之命运出现,所以往往是失算的。虽能控制住村落之间或城镇之间的互相争斗,却不能制止,使国内长期动荡不安。国库、粮仓中粮食短缺,难以支付官员之岁禄。在孟人围困京都时出现饥荒。不少人外逃,导致阿瓦城更加衰落。当时铜佛像颈部抖动,城中棕榈树桩摇晃,据说出现身高10肘尺之妇人。将牟曹波金佛迎至摩诃妙牟尼杜达马佛亭内供奉。但金佛却多次自动返回牟曹波。传说当时出

现过人头蛇身之动物，或在亲敦江中漂来紧那罗[①]。佛塔也出现奇特之征兆。星座冒烟，水曜星超越原有位置，火曜星、金曜星呈静止状。缅王与木曜星同属。28 岁登基，47 岁被废黜，后在汉达瓦底居留 3 年，49 岁死。[②] 生辰为木曜日。

王做的功德事业有：在阿瓦城内建有宫前寺、觉昂山塔寺、康泰莫、康泰班、劳伽德勒蒲佛塔等。

其子女有：正宫王后摩诃南达迪勃底生二子，长子貌明欣幼时夭折，次子色林侯，后在汉达瓦底与王同被处死。王后摩诃亚扎迪勃底黛维生 2 人，子鄂辛古侯，在汉达瓦底与王一同被处死，女幼时夭折。王后摩诃迪勃底黛维生 3 人，长女泰吴丁，次女埃钦勃外坎，子汤丁木。嫔妃所生的子女有：妙塔底里生女明瑞加，后被阿朗帕耶封为山达黛维王后。底里黛维生女敏加拉，后被阿朗帕耶封为敏加拉黛维王后。妙康黛维生女敏加拉黛维，与父王一起被处死。突塔黛维生女开榜侯，后许配给阿朗帕耶之子王储为妃。明南达生女明瑞本，与阿朗帕耶之子美都王子成婚。明曼拉生子博盛囊。山达黛维生 2 人，子瑞当侯瑙亚塔明绍，在阿瓦陷落时逃到清迈，由清迈又到了牟曹波，当信骠辛从卡随返回追击土匪时亡故；女明妙苏瓦被阿朗帕耶收入宫中，从汉达瓦底到阿瓦后死去。底里曼拉黛维生女明泰班，又名明亚德那，缅王在世时与王弟瑞当侯成婚。山路玛黑生一子明耶妙蓬，阿瓦陷落时逃到良瑞，在良瑞被瑞当侯害死。路山玛黑蒂生一子明耶梅宋。突卡黛维生子女各

---

① 古时传说中一种人首鸟身的神兽。

② 原文误写为“38 岁被废黜，后在汉达瓦底居留 3 年，41 岁死。”按前文所述核对更正之。

一名，均幼时夭折。妙塔黛维生子甘当侯德多明绍。钦马拉生子妙瓦底侯。钦明贡生一女，幼时夭折。明妙拉生一女为垒盖侯。妙挪底里生一女信明尼。突吴黛维生一女苏明，在阿瓦陷落时亡故。计子 11 人，女 15 人，共 26 人。

以上即从建都罗陀那补罗阿瓦城之良渊王开始至其后十代君王之全部历史。

附录一　王系表

（据《琉璃宫史》载，按公历纪元编成）

（一）迦毗罗卫太公王朝世系表

与先王之关系	王　　名	年　代	后　妃	子　　女	备　注
	阿毕罗阇	约前6世纪		子：大甘罗阇、小甘罗阇	
子	小甘罗阇			子：赡部提婆罗阇	
子	赡部提婆罗阇			子：僧伽萨罗阇	
子	僧伽萨罗阇			子：毗班那罗阇	
子	毗班那罗阇			子：提婆达罗阇、那伽罗阇、因陀罗阇	
子	提婆达罗阇			子：牟尼伽罗阇	
子	牟尼伽罗阇				
叔	那伽罗阇				
弟	因陀罗阇			子：萨穆蒂罗阇	
子	萨穆蒂罗阇			子：提婆罗阇	
子	提婆罗阇			子：摩哂陀罗阇	
子	摩哂陀罗阇			子：毗摩拉罗阇	
子	毗摩拉罗阇			子：悉诃努罗阇	
子	悉诃努罗阇			子：敏伽那罗阇	
子	敏伽那罗阇			子：甘萨罗阇	
子	甘萨罗阇			子：羯陵伽罗阇	
子	羯陵伽罗阇			子：顶兑罗阇	
子	顶兑罗阇			子：悉诃拉罗阇、汉萨罗阇	

（续前表）

子	悉诃拉罗阇				
弟	汉萨罗阇			子：伐罗罗阇	
子	伐罗罗阇			子：阿朗罗阇	
子	阿朗罗阇			子：拘拉伽罗阇	
子	拘拉伽罗阇			子：都利亚罗阇	
子	都利亚罗阇			子：丁基罗阇	
子	丁基罗阇			子：岱漆罗阇	
子	岱漆罗阇			子：摩堵罗阇	
子	摩堵罗阇			子：明拉基罗阇	
子	明拉基罗阇			子：丹苏悉诃罗阇	
子	丹苏悉诃罗阇			子：陀宁偈罗阇	
子	陀宁偈罗阇			子：哂陀罗阇	
子	哂陀罗阇			子：莫梨耶罗阇	
子	莫梨耶罗阇			子：本那加罗阇	
子	本那加罗阇		那伽岑		

（二）般遮太公王朝世系表

与先王之关系	王　　名	年　代 生—即位—卒	后　　妃	子　　女	备　　注
	德多赡部提婆陀阇罗阇		先王之后 那伽岑 另一后 名不详	子女各 20 人，名不详	
	德多岱亚罗阇				
	德多亚塔亚				
	德多丹宫亚				
	德多兰弁亚				
	德多瑞				
	德多格龙亚				
	德多那伽亚				
	德多那伽乃				
	德多亚豪拉				
	德多榜榭				
	德多皎榭				
	德多新劳				
	德多新滕				

（续前表）

	德多岱漆				
	德多明基				
	德多摩诃罗阇	？—前504—前485	紧那梨黛维	子：摩诃丹婆瓦、素拉丹婆瓦	立妻弟凯巴都达为王储

（三）顶兑王朝世系表

与先王之关系	王　　名	年　代	后　妃	子　　女	备　注
	大甘罗阇		苏婆达黛维	子：穆杜塞达	在位74年
子	穆杜塞达				16岁起为骠王
	（不　详）				
	丹补罗		南坎（即：骠王后）		旦迎瓦底国将丹补罗俘走

（四）室利差呾罗王朝世系表

与先王之关系	王　　名	年代（公元）生—即位—卒	后妃 身　世	后妃 名　字	子　　女	备　注
	摩诃丹婆瓦	前504—484—478	太公王储凯巴都达之女	蓓达莉	子：竺多般	
			顶兑丹补罗之后、骠王后	南坎	女：山达黛维	
弟	素拉丹婆瓦	前504—478—443	王兄之后	蓓达莉		
			为兄弟二人治眼疫之女妖	姜陀牟纪	子：毗湿奴	
	竺多般	前478—443—373	同父异母之妹	山达黛维	子：竺多仰	
			龙公主	蓓姜蒂		
子	竺多仰	前453—373—351			子：仰邦	
子	仰邦	前391—351—301			子：仰曼	
子	仰曼	前331—301—251			子：叶坎	
子	叶坎	前291—251—220			子：坎朗	
子	坎朗	前257—220—182			子：赖开	
子	赖开	前221—182—148			子：悉梨坎	
子	悉梨坎	前188—148—120			子：悉梨罗阇	

（续前表）

子	悉梨罗阇	前 171—120—111				
养子	鄂达巴	前 126—111—60			子：巴比仰	
子	巴比仰	前 97—60—公元 6			子：仰牟卡	
子	仰牟卡	前 61—公元 6—21			子：仰登卡	
子	仰登卡	前 44—公元 21—24			子：仰蒙萨粦陀、蓓粦陀	
子	仰蒙萨粦陀	前 26—公元 24—39				
弟	蓓粦陀	前 24—公元 39—51			子：蒙萨拉	
子	蒙萨拉	前 7—公元 51—56			子：布翁纳、达卡	
子	布翁纳	公元 13—56—59				
弟	达卡	15—59—62			子：贝门、达底、甘岱、甘努	
子	达底	33—62—65				
弟	甘努	35—65—66				
兄	甘岱	34—66—69				
兄	贝阇	32—69—73			子：苏蒙陀梨	
子	苏蒙陀梨	49—73—80			子：阿蒂达罗 苏般若	
子	阿蒂达罗	65—80—83				
弟	苏般若（那伽罗岑那）	66—83—94				王朝断嗣

（五）蒲甘王朝世系表

与先王之关系	王名（旧译名）	年代（公元）生—即位—卒	又名、绰号及尊衔	后妃 身世	后妃 原名	后妃 赐名	后妃 封位	子女	备注
	萨牟陀梨	75—107—152						女：底里山达黛维	无子立骠绍梯为王储
	罗西姜	61—152—167							骠绍梯之师
弟子	骠绍梯（骠苴低）	132—167—242		先王之女	底里山达黛维		后	子：梯明尹	
				龙公主	意兰陀黛维		后		
子	梯明尹（低蒙苴）	192—242—299						子：尹明拜	
子	尹明拜（苴蒙伯）	249—299—324						子：拜丁里	
子	拜丁里（伯梯利）	283—324—344						子：丁里姜	
子	丁里姜（梯利干）	291？—344—387						子：姜都律	书中如此说，其父8岁有此子？
子	姜都律（干兜立）	332—387—412						子：底坦	
子	底坦（梯丹）	377—412—439						子：（名不详）	
臣	牟克曼	？—439—439							在位仅3个月
臣	都耶	406—439—494							
底坦之孙	达拉蒙帕耶（泰罗牟骠）	439—494—516						子：代傣	

（续前表）

子	代　傣（泰克丁）	471—516—523						子：丁里姜艾、丁里拜、坎朗、坎腊	
子	丁里姜艾（梯利干尼）	488—523—532							
弟	丁里拜（梯利伯）	512—532—547							
弟	坎　朗（乾　隆）	515—547—557							
弟	坎　腊（乾　罗）	518—557—569						子：吞代	
子	吞　代（东　台）	534—569—582						子：吞毕	
子	吞　毕（东　必）	552—582—598						子：吞漆	
子	吞　漆（东　支）	576—598—613						子：瑞翁蒂、贝东	
王后之师	卜巴苏罗汉（布波苏罗汉）	576—613—640	巴勃叟达、僧伽罗阇					女：（名不详）	
婿	瑞翁蒂（瑞安梯）	605—640—652		卜巴苏罗汉之女					
弟	贝　东（白　当）	611—652—660						子：贝当、鄂奎	
子	贝　当（白　东）	638—660—710							
弟	鄂　奎（伽　维）	655—710—716							

（续前表）

臣	敏　最 （敏　维）	695—716—726		鄂奎王后					杀死鄂奎 篡位为王
	登　卡 （梯因迦）	673—726—734						子：登空、 ？（色雷鄂奎之祖父）	王族后裔 大臣拥立
子	登　空 （梯因孙）	694—734—744						子：瑞朗	
子	瑞　朗 （瑞　隆）	709—744—753						子：吞屯	
子	吞　屯 （东　温）	727—753—762						子：瑞茂、蒙腊	
子	瑞　茂 （瑞　穆）	742—762—785							
弟	蒙　腊 （牟　罗）	746—785—802						子：苏钦涅	
子	苏钦涅 （修金尼）	766—802—829						子：开卢、彬比亚	
子	开　卢 （基　流）	794—829—846							
弟	彬比亚 （频　耶）	801—846—878						子：丹奈	
子	丹　奈 （丹　尼）	850—878—906						子：宫错姜漂	
登卡 重孙	色雷鄂奎 （沙里伽维）	856—906—915		丹奈王妃				子：登科	篡位之王族
子	登　科 （梯因屈）	890—915—931							

（续前表）

	良吴苏罗汉（良宇修罗汉）	886—931—964				南宫王后	后	子：基梭（遗腹子）	篡位之农夫
						中宫王后	后	子：叟格德（遗腹子）	
						北宫王后	后		
丹奈之子	宫错姜漂（混修恭骠）	906—964—1021		前王之后	南宫王后		后		986年被废，1018年被封为僧王
				前王之后	中宫王后		后		
				前王之后	北宫王后		后	子：阿奴律陀	
良吴苏罗汉之子	基　梭（弃　须）	964—986—992							
弟	叟格德（须迦帝）	964—992—1017		父王之后	北宫王后		后		
宫错姜漂之子	阿奴律陀	984—1018—1059 ?　?	阿努楼陀德瓦		埃嘎玛黑蒂		后	子：苏卢	原书所载有误。据考，1044年即位，1077年崩。
				吠舍里公主	般萨格勒亚尼			子：江喜陀	
				木掸土司女	苏蒙拉				
				白古王之女	玛尼山达	底里山达黛维	后		
子	苏　卢（修　罗）	1018—1059—1061 ?　?				乌绍班	后		原书所载有误。据推算，1077年即位，1082年崩。
				父王之后	底里山达黛维	钦　乌	后		
					（名不详）			子：苏云	
弟	江喜陀	1020—1064—1092 ?　?	梯莱辛 勃彝马喜陀 克亚兰喜陀		阿贝亚德那		后	女：瑞恩蒂	原书所载有误。据《妙齐提碑文》应为1084年即位，1112年崩。
				父王王兄后	钦　乌		后		
				鄂梯莱村长女	钦　丹		后		
					单补拉	乌绍班	后	子：泽亚昔德拉（即妙齐提碑所述之 亚扎古曼）	

（续前表）

外孙	阿朗悉都（阿隆悉都）	1066—1092—1167 ?	底里泽亚都拉瑞固施主切道些那腊勃底西都五尊檀香木佛像施主信骠、信拉佛像施主		亚德那布翁		后	子：明欣绍	钦乌有四前夫，遗玛绍南、恩道蒂、喜宫、姜道蒂四女。据考1112年即位。
					底劳格山达	乌 绍 班	后	子：套垒加	
					亚扎贡玛意		后		
					钦　翁	南宫王后	后	女：当比亚、瑞久	
				南宫王后妹		钦　乌	后	女：漆吴、姜道蒂（漆翁）	
				锡兰王之女	苏 乌 推				
				勃代格亚王女		勃巴瓦底	妃		
				大臣德马金女			妃	子：那腊都	
子	那腊都（那罗多）	1122—1167—1171	格 拉 甲		甲　班		妃	子：欧德拉都	
				父王之妃	勃巴瓦底		妃		
				钦乌先夫女	喜　宫			子：明因那拉登卡、那腊勃底西都	
子	明因那拉登卡（那罗帝因迦）	1139—1171—1174		漆翁之女	明 昂 妙	南宫王后	后	女：苏卑羌达	
				恩道蒂长女		中宫王后	后	女：（夭折）	
				恩道蒂次女		北宫王后	后	女：（夭折）	
				弟媳	韦路瓦底		妃		
弟	那腊勃底西都（那罗波帝悉都）	1141—1174—1211	泽亚都拉		韦路瓦底		后	子：泽亚都（拉）	
				王兄之后	南宫王后		后	三子：（名不详）	
				王兄之后	中宫王后		后		
				王兄之后	北宫王后		后		
					阿妙亚甘		后	女：（名不详）	
				当比亚之女	班因		后	子：妙苏瓦欣（金格都）	
				杜勃律之妹		乌 绍 班	后	子：亚扎都（拉）、弁琪（格都）	
				勃外嘉之妹	苏 色 奈		后	女瑞恩蒂 喜宫蒂 姜道蒂 瑞丘	
				御花园园丁女			妃	子：泽亚登卡 女：（名不详）	
				杜勃律之妻			妃		

（续前表）

子	梯罗明罗（醯路弥路）	1174—1211—1234	泽亚登卡南当米亚乌兹那	欧德拉都之女	普瓦道基	南宫王后	后	子：登勃德、德亚蒙	
				德耶沃达那女		北宫王后	后		
				密达村长之女	苏米边	中宫王后	后		
				登克都之女		恩道蒂	后	子：达摩亚扎（加苏瓦）	
子	加苏瓦（迦娑婆）	1193—1234—1250	达摩亚扎		信普瓦乌	亚扎黛维	后	子：乌兹那　女：苏钦突	
子	乌兹那（乌娑那）	1217—1250—1255		明欣绍孙女			后	子：底哈都	
				一旋匠女儿			妃	子：明奎齐	
				一农夫女儿			妃		
子	那腊底哈勃德（那罗梯诃波帝）	1239—1255—1286	明奎齐德由别敏	（一农夫女儿）父王之妃		绍王后（普瓦绍）	后		原书将王崩时间误为1290年。更正之。
				婆罗门之女	苏隆		妃		
				绍王后姐之女	苏南		妃	子：乌兹那　女：普瓦绍欣	
					信巴		妃	子：觉苏瓦	
					信茂		妃	子：底哈都	
					信瑞		妃	女：米绍乌（明绍乌）	
子	觉苏瓦（蚼苴）	1258—1286—1300	底里德里巴瓦那底达拉巴瓦拉班底达达马亚扎 被黜觉苏瓦	信普瓦绍外孙苏钦突之女	苏梭		后	子：苏涅、明欣绍 女：苏明亚、苏瑙、梅麦道	1298年被掸三兄弟废黜，1300年被杀。
				异母之妹	普瓦绍欣		后		
				异母之妹	明绍乌		后	子：乌兹那（遗腹子）	
子	苏涅（邹聂）	1282—1298—1327（1300）	底里德里巴瓦那底达拉巴瓦拉达马亚扎					子：苏蒙涅、亚扎都拉 女：南隆梅	书中即位年代不一，一说为1300。
子	苏蒙涅	1312—1327—1370							后为蒲甘侯

（六）彬牙王朝世系表

与先王之关系	王名（旧译名）	年代(公元)生—即位—卒	又名、绰号及尊衔	后妃				子女	备注
				身世	原名	赐名	封位		
臣	阿丁克亚（阿散哥也）	？—1300—1312							1298年三兄弟废蒲甘觉苏瓦同时自立为王。普瓦绍有蒲甘觉苏瓦遗腹子乌兹那。亚德那布翁有前夫子德勒帕耶基。
臣	亚扎丁坚（阿剌者僧加蓝）	？—1300—1305							
臣	底哈都（僧哥速）	1262—1300—1322	底里德里巴瓦那底达拉巴瓦拉底哈都拉达马亚扎 一象之主	觉苏瓦王后	明绍乌	普瓦绍	南宫王后	子:觉苏瓦、瑙亚塔	
				一商贾之女		亚德那布翁	北宫王后	子:阿丁克亚苏云 女:苏勃赖	
嗣子	乌兹那（乌者那）	1298—1322—？	阿努楼陀摩诃迪勃底七缅桂寺施主	异母之姐	苏明亚	阿杜拉摩诃达马黛维	南宫王后	子:明乌(明西都)、明推(底哈勃德)	1342年逊位
弟	五象主（伽悉信）	1299—1342—1351	勃瓦亚班底达底哈都拉达马亚扎 五白象主觉苏瓦	蒲甘苏涅王之女	南隆梅	阿杜拉山达黛维	南宫王后	子:乌兹那比昂、觉苏瓦、那腊都 女:布托尼夫人、德道榭夫人、瑞恩蒂(梅密拉)	
				蒲甘觉苏瓦王女	梅麦道		北宫王后	子:西杰明 女:苏明拉	
子	觉苏瓦艾（蛆苴尼）	1329—1351—1359	觉苏瓦 底里德里巴瓦那底达拉 巴瓦拉达马亚扎	德叶侯明欣绍女	苏翁玛		后		
				阿丁克亚苏云外孙女	信绍基		后		
弟	那腊都（那罗多）	1332—1359—？	（与兄号同） 木巴那腊都	王嫂	苏翁玛		后		1364年被木掸人掳走
兄	乌兹那比昂（乌者那般）	1324—1364—1364		弟媳	苏翁玛		后		在位3月被杀

（七）实皆王朝世系表

与先王之关系	王名（旧译名）	年代（公元）生—即位—卒	又名、绰号及尊衔	后妃：身世	后妃：原名	后妃：赐名	后妃：封位	子女	备注
彬牙底哈都子	苏云（修云）	1301—1315—1322	阿丁克亚苏云底里阿丁克亚	蒲甘觉苏瓦王之女	苏瑙		南宫王后	女：德多梭明哥都基 子：加苏瓦、瑙亚塔明耶、德耶帕耶艾	
异父之兄	德勒帕耶基（答里必牙）	1298—1322—1339			彬牙王后		南宫王后		1336年被瑞当代所废
				弟媳	苏瑙		后		
								子：瑞当代	
子	瑞当代（瑞东帝）	1311—1336—1339	底里底哈都拉		（名不详）		后		
					（名不详）		后		
苏云之子	加苏瓦（迦苴）	1317—1339—1349	底里德里巴瓦那底达拉巴瓦拉达马亚扎						
弟	瑙亚塔明耶（那罗多弥夷）	1319—1349—1349	信漂辛瑙亚塔明耶						在位7月死
弟	德勒帕耶艾（答里必尼）	1320—1349—1352	信漂辛德勒帕耶艾						
妹夫	明标（明波）	1310—1352—1364	底哈勃德（梯诃波帝）	苏云之女	梭明哥都基		后	女：苏道乌	梭明哥都基与前夫有一子：亚胡拉，二女：信绍基、苏翁玛

（八）阿瓦王朝世系表

与先王之关系	王名（旧译名）	年代（公元）生—即位—卒	又名、绰号及尊衔	后妃：身世	后妃：原名	后妃：赐名	后妃：封位	子女	备注
	德多明帕耶（他拖弥婆耶）	1343—1364—1367	亚胡拉	彬牙王之后	苏翁玛		后		德多新腾与梭明哥都基之子
侍卫长	鄂努（伽奴）	？—1367—？		先王之后	苏翁玛		后		
	明基苏瓦绍盖（明吉斯伐修寄）	1331—1368—1400	德勒帕耶绍盖	央米丁侯之妹	克玫弥	南宫王后	后	子：信骠辛德勒帕耶、仰昂明耶 女：明勃德米亚、苏色拉加黛维	鄂努篡位，群臣拥立。信绍基后为南宫王后。苏翁玛后为北宫王后。
				德多明帕耶之妹	信绍基	北宫王后	后	女：苏妙盖 子：苏瑞宁	
				先王之后	苏翁玛	中宫王后	后	女：苏千达 子：觉苏瓦	
				明标之女	苏道乌（苏乌）	（后为中宫王后）	后	女：梭明维玛拉黛维	
				格宋嫩村女	米贝扎（苏贝扎）		妃	子：明翠、信代巴（明代巴） 女：信妙拉（明拉妙、杜勃巴黛维）	
子	德勒帕耶（多罗般）	1368—1400—1400	信漂辛德勒帕耶那接	底拉瓦苏勃赖之女	明拉妙		后	子：格礼杰当纽 女：明拉突昂	在位七月死
臣	鄂瑙灿（伽诺山）	？—1400—1400							篡位不久被杀
明基苏瓦绍盖之子	明康（明恭）	1373—1401—1421	明康第一明翠	多岸发之女	信米瑙	大王后	后	子：明耶觉苏瓦、底哈都、明达纽 女：瑞卑羌达	信米妙为妃五个月后，王赐孟养德多为妻。
					信波玫	南宫王后	后		
					苏奎		后		
					明边		后		
				内廷总管之女			妃		
				东敦侯之女	信米妙		妃		

（续前表）

1	2	3	4	5	6	7	8	9	10
子	底哈都（梯诃都）	1394—1421—1425	底哈都拉摩诃达马亚扎 白象主底哈都	嫂	苏明拉（信明拉）		后	子：明拉艾 女：苏卑羌达、瑞卑欣玫	苏明拉有先夫遗子：明艾觉廷、明耶昂乃和女：比亚冈
				父王之后	信波玫		后		
				孟王亚扎底律之女	信绍布	底里德里巴瓦那底达拉巴瓦拉阿杜拉埃嘎摩诃达马亚扎迪亚扎摩诃黛维	后		
子	明拉艾（弥罗尼）	1416—1425—1425							在位3个月被毒毙
王叔	格礼杰当纽（迦梨夷旦瑜）	1384—1425—1425		先王之后	信波玫		后		在位7个月暴病而卒
	孟养德多（孟养他忉）	1379—1426—1438	底里德里巴瓦那底达拉巴瓦拉班底达达马亚扎 明南西 因贝侯乌登	先王之后	信明拉		后		王有另一子德勃因侯欧德马底里泽亚瑙亚塔不知为何人所生
				先王之后	信波玫		后		
				先王之后	信绍布		后		
					信妙拉	南宫王后	后	子：明耶觉苏瓦、卑谬侯底哈都 女：明拉妙、苏拉突	
子	明耶觉苏瓦（弥利鏽苴）	1410—1439—1441						女：明米亚涅	
弟	那腊勃底（那罗波帝）	1414—1442—1468	底里德里巴瓦那底达拉巴瓦拉那腊勃底摩诃达马亚扎迪勃底 底哈都 图巴永施主			阿杜拉底里摩诃亚扎黛维	后	子：摩诃底哈都拉、白象主卑谬侯明基苏瓦、明巴绍 女：敦丁侯妃瑞恩蒂、明拉突、波道麦、明米亚突、宾耸王妃	

（续前表）

子	摩诃底哈都拉（梯诃都罗）	1430—1468—1480	卑松底哈都			阿梅达底里摩诃达马黛维	后	子：瑙亚塔（摩诃底哈都拉）、德多觉（德多达马亚扎）、底里达马道加（瑙亚塔、明耶觉苏瓦） 女：波道信梅道、波道信发、那信那玛道	
子	明康第二（明恭）	1447—1480—1501	瑙亚塔 摩诃底哈都拉 底里杜达马亚扎迪勃底			阿杜拉底里达马黛维	南宫王后	子：摩诃底哈都拉、明翠 女：梭明、明普瓦绍	
				南宫王后之妹	佛堂施主		后	子：登克都、明基腊、明基翠 女：明拉妙、妙梭明、蓬突	
					米蓬基		后	女：（夭折）	
子	瑞南觉欣（瑞南乔信）	1476—1501—1526	底里德里巴瓦那底达拉那腊勃底巴瓦拉摩诃亚扎迪勃底 明翠	色林侯次女			后		
				嫂		南宫王后	后	女：贝道纳玛	
				王叔之女			后		
				布坎基侯之女	梅道漆发	达马黛维	后	女：底里蓬突	
				东敦侯之女			后		
					南比		后	子：明基纽、明基兑	
臣	多汉发（思 洪 发）	1505—1527—1542							
臣	翁榜孔迈（康孟）	1497—1542—1545						子：摩别那腊勃底	多汉发被杀，群臣拥立。
子	摩别那拉勃底（无毗那罗波帝）	1515—1545— ？							1551 年被废。
	实皆西都觉廷（悉都乔丁）	1494—1551— ？							1554 年被废，阿瓦王朝亡。

(九)东吁王朝世系表

与先王之关系	王名（旧译名）	年代(公元) 生—即位—卒	又名、绰号及尊衔	后妃				子女	备注
				身世	原名	赐名	封位		
	甘巴敏侯							子:德温基、德温艾	建东吁村。
子	德温基	?—1279—1317							1279 年建东吁城。
弟	德温艾	?—1371—1324			苏色拉			子:苏涅	
					苏古玛				
妻	苏色拉	?—1324—1325						子:苏涅	
臣	千夫长克伦爸	1252—1325—1342						女:(名不详)	
婿	赖亚晒加	?—1342—1344		先王之女					
弟	套垒加	?—1344—1346							
	登格巴	?—1346—1367						子:弁琪基	
子	弁琪基	?—1367—1375	阿绍妙苏瓦瑙亚塔		梭明			子:弁琪艾 二女:(名不详)	
子	弁琪艾	?—1375—1379							
姐丈	叟格德	?—1379—1383		弁琪基之女					
臣	明榜加	?—1383—1397						子:苏乌	
子	苏乌	?—1397—?	被废苏乌						1399 年被废黜。
	明奈米	?—1399—?							1408 年退位。
	鄂钦纽	?—1408—?	赖亚基						1411 年改任彬西侯。
	色固丁克亚	?—1411—1415						子:丁克亚	
子	丁克亚	?—1415—1418	死于战争的丁克亚						
	班当侯	?—1419—?							仅在位一年。
	苏卢	?—1420—1434	苏卢妙苏瓦丁克亚					二女:(名不详) 子:苏乌	
婿	乌兹那	?—1435—1436		苏卢王之女					
内弟	苏乌	?—1436—1440		苏明拉女仆				子:鄂丹西 女:(名不详)	
	德勒帕耶	?—1440—1445						子:明康、明艾觉廷	

（续前表）

子	明康	？—1445—1451							
弟	明艾觉廷	？—1451—1458						子:明耶代达、明耶昂乃 女:不详	
	底里泽亚都拉	？—1459—1466							
	赖亚泽拉丁坚	？—1466—1470	疥疮王						
	乌登	？—1470—1479	西都觉廷	明耶觉苏瓦之女	明拉突	比亚冈公主		子:明西都 女:明拉涅、明阿推	
				卑松王后妹					
子	明西都	？—1479—1485						女:梭明	
婿	明基纽（明吉瑜）	1458—1485—1530	摩诃底里泽亚都拉	先王之女	梭明				
					明拉突			女:（名不详）	
				鄂内贡村长之女		亚扎黛维		子:德彬瑞梯	
				孟拜侯之女	钦内			女:钦基	
子	德彬瑞梯（莽瑞体）	1516—1531—1550	瑞梯王		凯玛瑙				
				勃印囊之女			后	女:（五塔施主之正宫王后）	
				先王之妹	钦基	阿杜拉底里摩诃亚扎黛维	后	女:德多明绍王妃 子:胡抵东吁王	
				阿瓦瑞南觉欣之女	底里蓬突	山达黛维	后	女:瑞梯王后	
				德勃因色杜加马尼之女	信兑拉	亚扎黛维	后	子:清迈王瑙亚塔、莫塔马王底里杜达马亚扎 女:亚扎达杜格勒亚	
					钦卑松		妃	子:信乌博、信迪萨	
				赖威孔都之女	信腊		妃	子:信南敏	

（续前表）

				南城防统带之女	信　腊		妃	子：(一子夭折)、泽亚瓦底侯、底拉金嘎 女：底拉瓦底、山达黛维、格威亚拉乌、鲁纪亚沃达	
				南城防统带之女	钦　推		妃	女：钦妙雷、底里亚德那 子：信妙丹、欧加沙亚、那腊底哈	
					钦　绍		妃	女：妙因漂、杜甘达加勒亚、钦拉囊敏蓬希 子：底哈觉、底哈觉都	
				杜卡沙亚之姐	钦 布		妃	女：钦蓬希、钦冈、玛尼达拉	
					钦谬突		妃	子：信昂觉、信兑坚	
					钦　千		妃	女：底里山达	
				孟拱土司之女	钦　推		妃	女：钦蓬西	
					那腊登	山达杜卡	妃	子：垒盖侯明耶昂乃 女：钦基、钦腊、明瑞开	
					信米妙	帝释女	妃	子：实皆王欧德马律 女：玛瑙哈、宁瑙兑妙	
				底迦晒之妹	钦明漂		妃	子：桑贝那果侯信妙雷 女：钦明妙、钦蓬山、(另一女夭折)	
妹丈	勃印囊（莽应龙）	1515—1551—1581	觉廷瑙亚塔 汉达瓦底王 白象之主 底里德里巴瓦那底达拉巴瓦拉班底达杜达马亚扎摩诃迪勃底	央米丁摩诃之女	钦　基		妃	子：波道巴钦	
				景永公主			妃	女：纽迪	
				麦德果大公主	钦　乃	山达黛维	妃	女：钦密、苏乃推	
				麦德果小公主	钦　乃	玛尼达意	妃	女：奈底拉	
				敏意德昂乃鲁觉之女	钦基明		妃	子：阿瑜陀耶乃	
				敏意德白松推坚之女	钦基锡		妃	子：底哈觉 女：钦蓬妙、般萨格勒亚	

（续前表）

妹丈	勃印囊（莽应龙）	1515—1551—1581	觉廷瑙亚塔 汉达瓦底王 白象之主 底里德里巴瓦那底达拉巴瓦拉班底达杜达马亚扎摩诃迪勃底	万象女子	杜达马		妃	子：奥亚 女：亚扎格勒亚	
					钦　腊		妃	子：莱德侯妙山包 女：埃加格勒亚、另一女（夭折）	
						最彪夫人	妃	女：钦米亚	
					钦乃道		妃	女：亚德那德加	
				亚威公主	钦蓬基		妃	子：瓦亚底哈、那腊达马、埃嘎达塔	
				孟乃那腊勃底女	钦昂坎		妃	女：亚德那因素	
				孟拱土司女	钦妙山		妃	女：阿耶那瓦底、金萨那瓦底	
				万象女子	钦宁内		妃	子：信妙觉	
				八莫土司女	钦瑞班		妃	子：乌巴山达	
					钦推纽		妃	女：梭明妙拉	
				明摩诃基女	钦　绍		妃	女：钦漆妙达	
				良瑞土司孙女			妃	女：蓬谬妙拉	
				万象女子	优阿永永		妃	女：蓬谬妙	
				景永小公主			妃	子：贡马觉都	
				孔公主			妃	子：（夭折）	
				阿觉公主			妃	子：杜达塔	
					杜卡沙亚		妃	女：钦金宋 子：（夭折）	
				掸拜城防统带女			妃	女：（夭折）	
				卑谬德多楚侄女	钦推拉		妃	女：彪蓬韦 子：埃嘎都亚	
				敏意德锦妙松图之女			妃	女：明拉、妙蓬韦、（另一女夭折）	
				亚扎登西女	钦推漂		妃	女：钦蓬妙	
				阿瑜陀耶王妹	阿谬永		妃	女：明阿推	
					钦珊宝		妃	女：凯马瓦底	
				清迈女子	钦　告		妃	女：亚扎梅达	
				亚扎丁坚女	钦蓬突		妃	子：信别宋	
					钦　绍		妃	女：钦纽	
				锡兰公主			妃		

（续前表）

子	南达勃因（莽应里）	1534—1581—1600	五塔施主 胡抵东吁王	德彬瑞梯公主		正宫王后	后	女：明阿基、明阿兑、钦马囊、钦布 子：明基苏瓦、明耶觉苏瓦宋、明基囊	1598年被迫逊位与其弟东吁王，且从王都汉达瓦底赴东吁。1600年被其侄害死。至此东吁王朝已名存实亡。
				东吁明康王公主	明　漂	南宫王后	后		
				东吁明康王公主	明阿推	中宫王后	后		
				东吁明康王公主	明　布	北宫王后	后	女：明瑞东	
				良渊王公主	明德亚梅道（那信梅道）	阿杜拉山达黛维	后		
							妃	子：明基明仰瑙、廷底觉山、信西都、明耶昂乃、明耶拉觉、明耶底哈、内谬德达、埃格都 女：毕宋镂达窦达、瓦亚妙道公主、钦瑞南公主	

(十)良渊王朝世系表

与先王之关系	王名(旧译名)	年代(公元) 生—即位—卒	又名、绰号及尊衔	后妃				子女	备注
				身世	原名	赐名	封位		
	良渊王	1557—1598—1605	底哈都拉摩诃达马亚扎				后	子:德钦腊、德钦基、三子德钦漂 女:明德亚梅道	
					信谬妙	沃德那夫人	妃	子:信锡乃、信绍布瓦、明耶底哈觉	
				孟乃土司女		敏塞夫人	妃	子:瓦亚都 女:钦谬拉	
					信布韦拉	宋耶夫人	妃	子:彪卑觉都 女:一女(夭折)、东敦公主	
						明康夫人	妃	子:明达纽、底哈耶觉 女:比里山漂、亚德那瑞额翁	
				明赖亚之女	钦玫		妃	女:钦拉、钦腊	
						孟乃夫人	妃	子:那腊瑞密坎、瑞南温 女:底里埃加、明布	
子	阿瑙白龙(阿那毕隆)	1577—1605—1628	德钦腊摩诃达马亚扎	王妹五塔施主之后	明德亚梅道	阿杜拉山达黛维	后		
				异母之妹	钦谬拉		妃	子:明耶岱巴	
				孟拱班特瓦侯女	钦莫妙		妃	子:明耶昂丁	
				赖威仰达梅之女	钦山达		妃	子:德钦博 女:妙莫勃巴、小女夭折	
				景栋土司之女	宁坎宝		妃		
				东吁南达约达之女	辛山瓦底		妃		
子	明耶岱巴(弥利提波)	?—1628—1629		父王之妃	宁坎宝			子:内谬达塔	

（续前表）

叔	达 龙（他隆）	1584—1629—1648	底里杜达马亚扎摩诃迪勃底		钦谬锡	苗艾夫人		女：蓬韦卢底拉黛维、明漂 子：德钦觉（明耶仰达梅）	
				孟乃土司之女	钦黛宁	苗基夫人		子：明耶那亚拉底哈、德钦漂 女：钦班漂、钦马瑞钦都	
				卑仰乃王后妹	钦推拉	瓦波夫人		子：德钦纽、德钦内谬塔达	
				王储沃夫人女	钦拉山			子：德钦德娄 女：蓬开娣	
				彬牙公主	钦妙赛			子：泽亚瓦拉	
				良宾采夫人之姐	信拉尼			女：钦马辛因漂	
					明 腊			子：德钦内谬耶觉明耶昂丁	
				谬迪公主	钦马瑞南	敏加拉黛维		女：钦马明锡	
				那腊泽亚乳母	奈育		妃	子：德钦彬尼亚	
				清迈王之女勃生公主				女：埃嘎巴达 子：明耶古拉	
				彬尼亚丹兰之女	漂宁格勒亚			子：德钦布漂	
				景丁侯之女	奈 貌			女：塞达亚浓劳（都扎）	
子	彬德莱（平达格力）	1607—1648—1661	德钦觉明耶延达梅底里南达杜达马亚扎巴瓦拉迪勃底			阿杜拉山达黛维	后	女：底里蓬突 子：明耶登克都	
					钦吞		妃	女：钦赞底	
				巴拉觉都侄女	钦宁安		妃	女：辛山瓦底	
				明耶南达都女	钦吞山		妃	女：温那瓦底 子：底里蓬丁（信比鲁）	
				德道榭之女	钦千		妃	子：彪卑妙觉（明达锡）	
				赖亚比南都之女	钦漂	育瓦达夫人	妃	女：亚德那瑞贡 子：德钦漂（明耶仰达都）	
					钦妙谬		妃	女：甘达瓦底	
				貌布之女	钦妙谬		妃	女：杜卡瓦底	
				亚扎德瓦之女	钦米		妃	女：兹拉达瓦底、次女（夭折）	

（续前表）

子	卑明 （莽白）	1619—1661—1672	摩诃巴瓦拉达马亚扎劳加迪勃底			埃嘎邦雅玛黑蒂	后	女：勃杜玛勃巴、鲁纪亚巴芭 子：那腊瓦亚	
				底里达马亚之女	信密钦		妃	女：因兹那 子：内谬耶觉	
					钦尼	瓦腊夫人	妃	女：底里珊皮尤（敏贡公主）	
					钦梭明	密改夫人	妃	女：底里蓬皮尤、底里妙觉	
					钦杜娑		妃	女：般萨格勒亚 子：德钦蓬开（明耶那亚、明耶仰瑙）	
				杜因亚扎之女	钦吞山		妃	子：瑞南代（德钦漂）	
					钦山谬		妃	子：信姜漂	
					钦拉山		妃	女：底里巴芭	
					德宾道蒂		妃	子：底哈耶觉	
子	那腊瓦亚 （那罗伐罗）	1650—1672—1673	摩诃底哈都拉杜达马亚扎						无后妃子女
堂弟	明耶觉廷 （弥丽蚶提）	1651—1673—1698	央米丁侯 底里巴瓦拉摩诃达马亚扎 底里巴瓦拉杜达马亚扎迪亚扎 底里巴瓦拉摩诃底哈都拉达马亚扎			阿杜拉底里摩诃黛维 阿杜拉底里摩诃达马山达黛维 阿杜拉巴瓦拉底里摩诃杜达马黛维 阿杜拉底里摩诃杜达马埃嘎黛维 底里摩诃阿杜拉埃嘎杜达马亚扎黛维	后	无子女	
					钦玛瑞山乌	山达黛维	后	子：德钦德榭（底里摩诃底哈都拉）、德钦漆德开、三子夭折、德钦信南觉 女：长女夭折、瑞东侯、明当南	

（续前表）

				底里巴瓦拉班迪达底哈都拉达马亚扎 底里巴瓦拉底巴瓦那底哈都拉埃嘎班底达亚扎迪勃底摩诃达马亚扎			亚扎黛维	后	女:钦玛姜明巴达、妙南布翁达 子:汤丁王信赛开、密敦王	
					西博达亚王女			妃	子:明达王内谬底哈、敏贡王德钦昂	
					仰昆木之女	钦　山		妃	女:山瑞波温　子:(夭折)	
					美德侯之女	明布		妃	女:(夭折)	
					明耶乌兹那孙	钦瑞意		妃	子:信别宋	
					辛古夫人之女	钦德布		妃	女:钦决基	
					赖威南都之女			妃	女:明决艾	
					德道榭之女		丹迪夫人	妃	子:貌布(彪卑密觉)	
					仰达梅之女	钦　纽	钦卑夫人	妃	子:信觉(内谬德达)	
					赖亚泽亚都拉之女		那龙夫人	妃	子:德钦漂(卑山觉)	
							摩诃黛维	后	子:雷炯曼昂施主、德钦山 女:明瑞乌、苏明漂、色固侯、明瑞加	
							底里黛维	后	女:明决、明阿推	
							南达黛维	后	女:明拉妙山、妙谬蓬绝、明冈 子:貌明博、貌瑞开、貌明觉	
						钦　突	齐道夫人	妃	子:貌拉	
					赖亚仰达梅女	钦瑞意	米妙艾夫人	妃	子:貌布	
					泽亚仰达梅女	钦　漂	育瓦迪夫人	妃	女:明抱	
					马当达侯之女		格达夫人	妃	子:貌昂	
					明德亚炯底谬之女	钦吴山		妃	女:钦文	
					德白翠千夫长之女	钦　埃	皎曹基夫人	妃	女:明布、明阿推　子:貌巴	
					父王之女	瑞东侯 钦盛		妃	女:明贝、信明、三女(夭折) 子:貌明耶拉、明廷、貌漂、明觉	

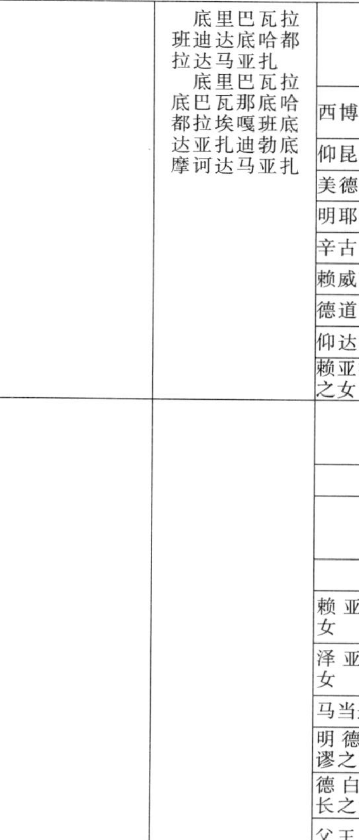

（续前表）

子	色内（娑尼）	1672—1698—1714	曼昂亚德那施主底里摩诃底哈都拉达马亚扎	赖亚泽亚觉都之女	钦　马拉	界永达夫人	妃	子：貌抱、貌瓦、貌温、貌格拉、貌漆、貌觉、貌推　女：信明拉	
				御用金舟楫队长	钦　山	卑东吁夫人	妃	女：钦文、信宁 子：貌觉昂、貌明漂、南都	
				良瑞土司之女		甘迪夫人	妃	子：貌吴、貌吴加 女：明瑞开、次女（夭折）	
				亚扎底哈之女	信　当		妃	子：貌纽 女：明瑞开、明瑞耶、明南底	
				镇守泽亚南都之女	钦妙雷	达沃底夫人	妃	女：明瑞吴　子：貌明拉	
						那当夫人	妃	女：明布　子：貌妙丹德	
				御厨总管之女	钦玫基	育瓦达夫人	妃	女：明孔	
				泽亚瓦底侯女	钦腊漂	达西夫人	妃	子：貌吞拉、明阿推	
				底里约达之女	信瑙		妃	子：貌绝　女：明瑞吴	
				卡随土司之女	宁龙坎	卜巴夫人	妃	子：貌漂、貌明	
				底里格曼拜之女		因景西夫人	妃	女：明瑞恩　子：貌漂、阿腊	
				得别拉侯之女	信　因		妃	子：貌明科、貌吞	
				镇守之女			妃	子：泽杜蓬	
					信　明	妙甘夫人	妃	子：貌昂	
				因宾拉侯之女	信云山		妃	女：钦努	
				傣沙耶之女	信　妙		妃	女：信马利	
					信　温		妃	子：貌昂	
					信明丁		妃	子：貌明貌	
				奈格罗之女			妃	子：（夭折）	
				孟乃土司之女			妃		

（续前表）

子	德宁格内（达宁格内）	1688—1714—1733	底里巴瓦拉摩诃达马亚扎迪勃底雷炯曼昂施主 白象之主 琉璃宫主			底里摩诃敏加拉黛维	正宫王后	子：央米丁侯、邦林侯、垒盖侯、宾垒艾侯、鄂辛古侯、德多达马亚扎、（另一幼子夭折） 女：敏塞侯底里杜南达、美都侯埃嘎玛黑蒂、南达玛黑蒂	
						底里山达黛维	后	子：德叶侯、敏孔岱侯、兴达侯、密铁拉侯、新英侯 女：东吁王妃	
						底里达马黛维	后	子：貌明 女：达亚瓦底王妃	
						莱德夫人	妃	子：貌妙布、貌妙山 女：明瑞开	
						当加拉夫人	妃	子：貌瑞卑	
						明育瓦夫人	妃	女：钦瑞意	
						瓦永夫人	妃	女：乌迎泰	
						明玛夫人	妃	子：明耶拉觉、明耶拉钦	
						别德外夫人	妃	女：钦瑞卑 子：格达侯	
						敏贡夫人	妃	子：貌妙	
						甲宾夫人	妃	子：貌牛	
						育瓦达夫人	妃	子：抱绵侯	
						羌乌夫人	妃	子：（夭折）	
						坦德彬夫人	妃	女：钦帕朗	
						岱坡耀夫人	妃	子：貌帕耶	
						羌奈夫人	妃	子：貌都	
						齐蒂育瓦夫人	妃	子：貌妙丁	
						路林迪夫人	妃	子：貌妙纽	
						卡亚贡夫人	妃	女：明博达龙	
						曼基甘夫人	妃		

（续前表）

子	摩诃达马亚扎迪勃底（摩诃陀摩耶沙底波帝）	1705—1733—1754	鄂辛古侯 劳伽德勒蒲施主 劫抵汉达瓦底王			摩诃南达迪勃底 摩诃扎那恩达迪勃底黛维	正宫王后	子：貌明欣、色林侯	1752年阿瓦都城被孟人攻破，王被掳往汉达瓦底。良渊王朝亡1754年王被投水溺毙。
						摩诃亚扎迪勃底黛维	南宫王后	子：鄂辛古侯 女：（夭折）	
						摩诃迪勃底黛维	中宫王后	女：泰昊丁、埃钦勃外坎 子：汤丁木	
						妙塔底里	妃	女：明瑞加	
						底里黛维	妃	女：敏加拉	
						妙康黛维	妃	女：敏加拉黛维	
						突塔黛维	妃	女：开榜侯	
					明南达		妃	女：明瑞本	
					明曼拉		妃	子：博盛囊	
						山达黛维	妃	子：瑞当侯瑙亚塔明绍 女：明妙苏瓦	
						底里曼拉黛维	妃	女：明泰班（明亚德那）	
					山路玛黑		妃	子：明耶妙蓬	
						路山玛黑蒂	妃	子：明耶梅宋	
						突卡黛维	妃	子女各一（均夭折）	
						妙塔黛维	妃	子：甘当侯德多明绍	
					钦马拉		妃	子：妙瓦底侯	
					钦明贡		妃	女：（夭折）	
					明妙拉		妃	女：垒盖侯	
					妙挪底里		妃	女：信明尼	
						突吴黛维	妃	女：苏明	

附录二　缅甸大事年表

（据《琉璃宫史》载，按公历纪元编成，已考证清楚原书有误者按正确年代记入）

前6世纪　释迦牟尼在世时，迦毗罗卫国阿毕罗阇王率大军离中天竺来缅首建太公城。后传其次子小甘罗阇历33代，至本那加罗阇王死，迦毗罗卫太公王朝式微。

陀阇罗阇王又率大军从中天竺来太公，与本那加罗阇王后那伽岑结合，建般遮太公王朝。历17代，至公元前485年德多摩诃罗阇王时，王朝亡。

阿毕罗阇王之长子大甘罗阇在吉沙巴河畔建皎勃当城，又征服了旦迎瓦底国。派子穆都塞达到顶兑为骠王，传若干代至丹补罗王。公元前494年丹补罗王被旦迎瓦底国掳走，顶兑王朝亡。

前504年　凯巴都达王储奉太公德多摩诃罗阇王之命追杀扰民之野猪来到室利差呾罗城址一带，在林中修行不再返回。

前484年　太公德多摩诃罗阇王双目失明的孪生子摩诃丹婆瓦与素拉丹婆瓦乘筏顺江漂流。双目复明后来到室利差呾罗城址一带。摩诃丹婆瓦与顶兑王朝的丹补罗王后——骠王后结合在罗西国登基，室利差呾罗王朝始。

前443年　摩诃丹婆瓦王之子竺多般王登基，建室利差呾罗城。

公元94年 室利差呾罗王朝前后共传27代，至苏般若王亡故，王朝断嗣，国中分裂为骠、干延、缅三支。

107年 萨牟陀梨率19村民众在永录岛建阿梨摩陀那城称王，蒲甘王朝始。

148年 骠绍梯（骠苴低）剪除危害蒲甘人民的巨鸟、大猪、恶虎、飞鼯等四害，被立为蒲甘王储。

167年 骠绍梯登基为蒲甘王。

402年 蒲甘姜都律（干兜立）王在位时，佛音长老西渡锡兰岛。返回时，将三藏经带到缅甸，此乃三藏经传入缅甸之始。

640年 蒲甘卜巴苏罗汉（布波苏罗汉）王在位最后一年宣布：将原奉行之历法小历562年废除560年，余2年，改为缅甸至今仍沿用的缅历纪元。缅历纪元约比公历纪元少638年零3个月。

849年 蒲甘彬比亚（频耶）王在位时，始建蒲甘城。

1044年 蒲甘阿奴律陀王即位。奉阿罗汉长老为国师。摒弃国中原信奉的阿利僧异说，改奉上座部佛教。

1057年 阿奴律陀征服直通，俘获孟王摩奴哈，取来直通历代供奉之圣物舍利及30套三藏经。并且带回直通的僧侣、学者、各类工匠艺人、乐师、厨师、象马驯养师、兽医等。

？年 阿奴律陀率军前往妙香国——中国（大理）奉迎佛牙未果，获玉佛一尊回。

1058年 阿奴律陀赴室利差呾罗，拆除竺多般王所建之塔取出佛额骨舍利带回蒲甘，始建瑞喜宫佛塔。

？年 阿奴律陀在蒲甘国内广建佛塔寺院。在各地挖塘筑堰广修水利工程，大兴农业。各地建城，并按其大小规定随王出征时的征兵数目。

1071 年　阿奴律陀派使臣赴锡兰谈迎奉佛牙事。从锡兰迎回一颗副牙。回国后经过供奉，再化出四颗副牙。将从锡兰迎回的副牙藏于瑞喜宫塔内。另建四塔供奉其余四颗副牙。

1082 年　孟人白古侯鄂耶曼甘叛乱，俘获并杀死蒲甘苏卢（修罗）王。

1084 年　江喜陀战胜鄂耶曼甘后即位为王。

1084—1112 年　江喜陀王在位期间将父王未修竣的瑞喜宫佛塔修好，建缅甸第一大佛窟阿难陀窟，并在各地广修佛塔寺庙。

1112—1167 年　阿朗悉都（阿隆悉都）王在位期间在国内大兴水利；统一度量衡；规划全国行政建制。

阿朗悉都至锡兰访问。

阿朗悉都帮助赖亚明南在若开恢复王位。

阿朗悉都赴妙香国——中国（大理）迎取佛牙未果返回。

1171 年　蒲甘那腊都（那罗都）王在位，娶父王阿朗悉都所娶印度公主——勃代格亚王之女勃巴瓦底为妃，后又将其杀死。印度人气恼，派武士潜入宫内将那腊都杀死。

1174 年　蒲甘那腊勃底西都（那罗波帝悉都）弑兄明因那拉登卡（那罗帝因迦）自立王位。即位后在各地大力兴修堤堰塘渠；开始设置庞大的禁卫军队伍；加强各地贡品税银管理；规定宫内人员之薪俸。

1180 年　那腊勃底西都王之国师欧德拉济瓦长老率弟子僧伽多人，包括勃生沙弥萨巴达，赴锡兰朝觐大寺。人称其为第一赴锡兰求法者。命萨巴达在锡兰受戒为僧学习经藏。

1191 年　萨巴达在锡兰学习巴利文经藏学成。与信底瓦利、信达马梭达、信阿难陀、信罗睺罗四位长老一起乘船回到勃生。他被称之为第二赴锡兰求法者。

后信罗睺罗赴马来由岛还俗；萨巴达飞升；余三人又分成三派。自此蒲甘僧人分成四支：一支为最先传入的阿罗汉派，亦称为布利马（意即：前驱）派。上述三派又被统称之为毕西马（意即：后继）派。

1279 年　德温基建东吁城，在东吁称王。即后来东吁王朝之肇始。

1281 年　孟人瓦里鲁（伐丽流）在莫塔马杀死缅王所封之侯，自立为王，后传至彬尼亚乌（频耶宇）王时才迁都白古。此为孟族白古王朝之始。

中国元朝皇帝忽必烈派使臣到蒲甘索贡品，使臣被蒲甘那腊底哈勃德（那罗梯诃波帝）王全部斩首。

1284 年　中国皇帝忽必烈派军入缅。缅军在八莫渡口阻击。中国军队渡河攻克鄂仓千。那腊底哈勃德王大惧，拆毁大量佛塔以加固蒲甘城防。中国军队继续进攻，王弃城逃往勃生，被人称之为德由别敏（意即：惧中国人逃跑之王）。中国军队南下追至德右茂，收兵返回。

1286 年　那腊底哈勃德王在返回蒲甘途中，被其子底哈都毒毙。底哈都又弑其兄乌兹那。

底哈都在攻白古时，射箭用力过猛，反弹射中自身毙命。觉苏瓦（侨苴）王子被拥戴为王。

1288 年　觉苏瓦王被专权的臣子敏塞掸族三兄弟扣押，被强令削发为僧。觉苏瓦王被废黜后，蒲甘王朝名存实亡。

觉苏瓦之子苏涅（邹聂）继位（一说两年后才继位）。当年往见中国皇帝。

1300 年　应苏涅之邀中国元朝派军入缅，表示："愿扶王族正宗为王"。敏塞掸族三兄弟杀死觉苏瓦，将其首级给中国人看，并称原王族已绝。中国军队即准备班师回国。又应三兄弟之求，协助挖掘了一条宽、深皆为 6.4 米，长约 2240 米的灌渠后才撤回。

敏塞三兄弟中阿丁克亚（阿散哥也）在敏塞；亚扎丁坚（阿剌者僧加蓝）在麦克亚；底哈都（僧哥速）在宾垒同时称王。

1312 年　底哈都毒毙其兄亚扎丁坚（另一兄阿丁克亚已于 1305 年病故）迁都彬牙，结束三王并立的情况，彬牙王朝始。

1312—1364 年　自底哈都王起先后传 6 代君王。那腊都（那罗多）王在位期间 1364 年被木掸人掳走。同年，其兄乌兹那比昂（乌者那般）即位仅三个月被阿瓦王朝开国国君德多明帕耶（他拖弥婆耶）废黜。彬牙王朝亡。

1315 年　底哈都王之子苏云（修云）建实皆城，实皆王朝始。

1315—1364 年　继苏云之后又传 6 代君王，共 7 代。1364 年明标（明波）王在位时被其嗣子德多明帕耶所杀，实皆王朝亡。

1364 年　德多明帕耶建阿瓦城，一统彬牙、实皆、阿瓦三地人马，建都阿瓦，阿瓦王朝始。征讨鄂内贡侯、东敦基侯、色固侯等，将势力范围扩展到蒲甘等地。

1370 年　阿瓦明基苏瓦绍盖王（明吉斯伐修寄）与孟族白古王朝的彬尼亚乌王在边界会面，互赠礼物，共立誓言，划定疆界。

1383—1422 年　1383 年孟王彬尼亚乌去世，其子亚扎底律（罗娑陀利)即位。阿瓦明基苏瓦绍盖与其子明康(明恭)两代君王和亚扎底律王之间你征我讨,发生过多次战事,互有胜负得失。直至1421年、1422年明康王和亚扎底律王先后去世,两王朝战事始平。人称这40年之间的不断战争为“四十年战争”。

此间,阿瓦王朝缅王对若开、掸邦地区多次征讨。

1430年 锡兰两位高僧携五颗舍利子来缅。1431年初缅孟养德多(孟养他切)王在实皆建一宝塔供奉。

1438年 阿瓦孟养德多王在位缅历800年时,按占卜家所述,又值应该废历之时,如不改旧历,国将无宁日。王遂宣布废798年,余2年,改为新历。比公历纪元少1436年。但该历法未能执行长久,后来缅甸人仍沿用缅历至今。

1444年 阿瓦那腊勃底(那罗波帝)王即位后,中国沐总兵(沐晟)等率军来缅,要求交出土司多岸发(思任发)。

1445年 多岸发服毒自杀。那腊勃底王将其尸送至中国军中。

1449年 中国大军攻孟拱、孟养。土司多锦发、多博发(思机发、思卜发)兄弟率部迎战,中国大将战死。

1452年 1422年被其兄献给缅王为后的信绍布(信修浮)1429年逃回孟国后,1452年被拥立为孟王朝女王。孟族地区社会繁荣,文化发展,佛教大兴。

1454年 若开王与阿瓦王朝通好。

1455年 那腊勃底王与若开旦迎瓦底阿里钦王会于边界歃血为盟划定边界。

那腊勃底王派使者赴锡兰向佛牙献礼。

1471年 信绍布去世,驸马达马塞底(达摩悉提)继位为孟王。

1473 年　阿瓦摩诃底哈都拉(梯诃都罗)王将两王后之发编成扫帚,派大臣送往锡兰布施给佛教圣地作为扫尘之用。

1526 年　阿瓦瑞南觉欣(瑞南乔信)王与掸人领袖孟养色隆(孟养思伦)及其子多汉发(思洪发)作战。瑞南觉欣死。多汉发继位成为阿瓦之王。

1530 年　德彬瑞梯(莽瑞体)在东吁继位,东吁王朝开始大兴。

1534—1538 年　德彬瑞梯多次征讨汉达瓦底孟王朝和卑谬、阿瓦。汉达瓦底、卑谬、阿瓦三国结盟抵抗东吁。最终德彬瑞梯王占汉达瓦底。

1539 年　阿瓦多汉发王大屠僧侣,焚毁寺庙经文。

1542 年　多汉发被臣所杀。翁榜孔迈(康孟)被拥立为阿瓦之王。卑谬被德彬瑞梯王灭。

1546 年　德彬瑞梯王派兵进军若开。

1548 年　德彬瑞梯王进军阿瑜陀耶。阿瑜陀耶臣服。

1549 年　德彬瑞梯被属下锡当侯德门绍突所杀。勃印囊(莽应龙)平叛后,即位为王。

1552 年　勃印囊再次统一反叛的孟族三邦,杀死孟王德门陶亚马(斯弥陶)。

1555 年年初　勃印囊王攻克阿瓦。阿瓦末代王实皆西都觉廷(悉都乔丁)被废黜。阿瓦王朝亡。

1555 年　锡兰岛达摩巴拉王派使臣送来礼品,请缅王匡扶佛教。缅王派大臣亚扎玛努送去各种供品供奉三藏经与佛牙,并在当地购置土地以便长期向佛牙供奉。

1556 年　勃印囊王派军征讨木掸九邦。

1558 年　勃印囊王征服清迈，击退万象来军。

1559 年　勃印囊王进军卡随(今 曼尼普尔)。卡随臣服献女。

1563 年　勃印囊王派兵征讨中国边境一带的孟卯、西昆等地土司。

勃印囊亲率大军攻阿瑜陀耶。

1564 年　阿瑜陀耶臣服。勃印囊王立阿瑜陀耶之长子为王，将老王、王子、大臣等作为人质带回。

勃印囊再征清迈。

勃印囊征万象，未果回师。

1566 年　兴建汉达瓦底都城。

1568 年　阿瑜陀耶老王假称回阿瑜陀耶拜佛，逃回谋反。勃印囊亲征阿瑜陀耶。

1569 年　勃印囊王军击溃来援阿瑜陀耶的万象王军。攻破阿瑜陀耶城，阿瑜陀耶臣服。

1570 年　勃印囊王从阿瑜陀耶出发往征万象。

卡随土司再献美女、贡品。

1572 年　锡兰王向缅王献公主。

1574 年　勃印囊王亲征万象，万象王避而不战。

1576 年　锡兰达摩巴拉王派人送来礼品与佛牙，请求出兵征伐锡兰岛其他三位君王。勃印囊王派两名大臣率 2500 名士卒乘船抵锡兰岛。锡兰各王大惧，皆表臣服。

1579 年　勃印囊王派王子出兵万象，协助平叛。

1583 年　东吁王南达勃因(莽应里)与阿瓦王交战，阿瑜陀耶王来攻。

1585 年　南达勃因派兵攻阿瑜陀耶，兵败返回。

1586 年　南达勃因御驾亲征阿瑜陀耶，驻军 7 月未果，于 1587 年年初返回。

1592 年　阿瑜陀耶王派军来攻，被击退。

1593 年　南达勃因派王储为帅往攻阿瑜陀耶，王储战死撤回。

1594 年　毛淡棉孟人叛乱，与阿瑜陀耶联手。阿瑜陀耶军来犯汉达瓦底，不久撤兵。

1598 年　东吁、若开联手攻汉达瓦底，城破，南达勃因逊位，东吁王朝亡。原属下纷纷叛离。

良渊王子决心以良渊为基地重振东吁王朝的雄风，人称良渊王朝（或第二阿瓦王朝）自此始。

1599 年　阿瑜陀耶军来犯。

1612 年　葡萄牙人鄂辛加（伽信加）据丁因，联合孟人莫塔马侯一起洗劫东吁城。

1613 年　良渊王朝阿瑙白龙（阿那毕隆）王亲征丁因。城破，鄂辛加被俘获，将其处死，并击败葡萄牙来援水军。

1614 年　阿瑜陀耶王派军犯德林达依地区，被击溃。

阿瑙白龙王进军清迈，征服清迈全境。

1615 年　阿瑙白龙王派兵征若开，克丹兑。

1619 年　亚齐王派使来缅。

1628 年　阿瑙白龙王被其子明耶岱巴（弥利提波）谋害驾崩。

1629 年　达龙王（他隆）镇压明耶岱巴后即位。

1630—1631 年　若开连续两次来使通好。

1632 年　达龙王征清迈。

达龙王遣使通好若开。

1633 年 达龙王遣使通好阿瑜陀耶。

1634 年 毛淡棉孟人叛乱。

若开使臣来缅。

1635 年 达龙王迁都阿瓦。

1647 年 达龙王平息阿敏信德娄叛乱。

1659 年 南明永历帝避清兵追杀入缅。永历部下与缅军交战。

1661 年底 清朝向缅王索还永历。

1662 年初 阿瓦卑明(莽白)送回永历。

1663 年 阿瑜陀耶军进犯莫塔马,被缅军击溃。

1675 年 阿瓦明耶觉廷(弥丽侨提)王派兵进军阿瑜陀耶。

1691 年 卡随使者来缅。

1699 年 卡随使者来缅。

1700 年 阿瓦色内(娑尼)王派军进讨阿瑜陀耶。

1702 年 卡随派使者来献美女。

1704 年 色内王派人往迎卡随公主,次年与其成婚纳入宫中。

1711 年 卡随使者来缅。

1723 年 卡随土司设计将阿瓦德宁格内(达宁格内)王之迎亲使臣诱捕。缅军进剿卡随。

1727 年 清迈叛乱,德宁格内派军清剿。

1731 年 德宁格内再次派军进剿清迈。

1737 年 卡随叛变,来犯缅境。

1738 年 摩诃达马亚扎迪勃底(摩诃陀摩耶沙底波帝)王派员向卡随进军,缅军大败。

1739 年 卡随军袭扰阿瓦。

1740 年 汉达瓦底孟人谋反，德门陶（斯弥陶）称王。

1741 年 卡随派使者来阿瓦，表示通好。

1742 年 孟人侵袭阿瓦城乡。

1747 年 德门陶出走清迈、阿瑜陀耶。汉达瓦底孟人推举彬尼亚达拉（莽哒喇）为王。孟人进攻阿瓦。

1751 年 中国派使者前来通好。

1752 年 汉达瓦底孟人攻破阿瓦城，摩诃达马亚扎迪勃底被掳往汉达瓦底。

1754 年 摩诃达马亚扎迪勃底（即后来人称：劫抵汉达瓦底王者）被孟人溺死水中。良渊王朝亡。

附录三　主要译名对照索引

（一）人名

译　　名	旧 译 名	原文拼音	备　　注
阿毕罗阇	阿婆醯罗娑	Abhiraja	
阿丁克亚	阿散哥也	Athinkhaya	
阿朗悉都	阿隆悉都	Alaungsithu	
阿瑙白龙	阿那毕隆	Anaukbetlun	
阿奴律陀		Anawrahta	
巴基道	弗极道、孟既	Bagyidaw	
拜丁里	伯梯利	Paiktheinle	
卑明	莽白	Pyemin	
贝当	白东	Peittang	
贝东	白当	Peitthon	
骠绍梯	骠苴低、骠苏蒂	Pyusawhti	
彬比亚	频耶	Pyinpya	
彬德莱	平达格力	Pindale	
彬尼亚勃尤	频耶伐流	Binnyawaru	
彬尼亚达拉	莽哒喇、频耶哒喇	Binnyadala	
彬尼亚达马亚扎	频耶昙摩耶安	Binnyadammayaza	
彬尼亚江	频耶乾	Binnyakyan	
彬尼亚仰	频耶兰	Binnyaran	
彬尼亚乌	频耶宇	Binnya U	

（续前表）

译 名	旧 译 名	原文拼音	备 注
波道帕耶	孟云	Bodawphaya	
勃印囊	莽应龙	Bayinnang	
卜巴苏罗汉	布波修罗汉	Pouppa Sawrahan	
达拉蒙帕耶	泰罗牟骠	Tharamunphaya	
达龙	他隆	Thalun	
达马塞底	达摩悉提	Dammazedi	
代傣	泰克丁	Thaiktain	
丹奈	丹尼	Tannet	
德彬瑞梯	莽瑞体	Tabinshwehti	
德多明帕耶	他拖弥婆耶	Thadominphaya	
德勒帕耶	多罗般	Taraphya	阿瓦王朝一王名
德勒帕耶艾	答里必尼	Taraphayange	实皆王朝一王名
德勒帕耶基	答里必牙	Taraphayagyi	实皆王朝一王名
德门陶	斯弥陶	Smin htaw	
德宁格内	达宁格内	Taninganwe	
登卡	梯因迦	Theinkha	
登科	梯因屈	Theinkho	
登空	梯因孙	Theinkhun	
底哈都	僧哥速	Thihathu	彬牙王朝一王名
底哈都	梯诃都	Thihathu	1421—1425 年在位阿瓦王
底哈都(卑松底哈都)	梯诃都罗	Thihathu	1468—1480 年在位阿瓦王
底坦	泰克丁	Thaiktain	
丁里拜	梯利伯	Thinlipaik	
丁里姜	梯利干	Theinlikyang	
丁里姜艾	梯利干尼	Theinlikyangnge	
都信德伽育毕	多伽踰毕	Thushin Takayutpi	
都耶		Thuye	
多岸发	思任发	Thonganbwa	
多博发	思卜发	Thopoutbwa	
多汉发	思洪发	Thohanbwa	
多基发	思可法	Thokhyibwa	
多锦发	思机发	Thokheinbwa	
多温发	思伦发	Thowunbwa	
鄂奎	伽维	Ngakhwe	

（续前表）

译　名	旧　译　名	原文拼音	备　注
鄂瑙灿	伽诺山	Nganaukhsan	
鄂努	伽奴	Nganu	
鄂辛加	伽信加	Ngazinga(Brito)	即葡人勃利多
佛音	觉音、佛陀瞿沙	Buddhaghosa	
格礼杰当纽	迦梨夷旦瑜	Kalekyetangnyo	
宫错姜漂	混修恭骠	Kunhsawkyangphyu	
基梭	弃须	Kyiso	
加苏瓦	迦苴	Kyaswa	实皆王朝一王名
加苏瓦	迦娑婆	Kyaswa	蒲甘王朝一王名
姜都律	干兜立	Kyangdurit	
江喜陀		Kyansittha	
(五象主)觉苏瓦	伽悉信	Ngasishin Kyawswa	
觉苏瓦	憍苴	Kyawswa	
觉苏瓦艾	憍苴尼	Kyawswange	
开卢	基流	Khelu	
坎腊	乾罗	Khanlat	
坎朗	乾隆	Khanlang	
雷穆陶	穆陶	Leitmutaw	
良吴苏罗汉	良宇修罗汉	Nyang U Sawrahan	
良渊王		Lord of Nyangyan	
蒙腊	牟罗	Munlat	
孟养德多	孟养他切	Mohnyinthado	
孟养色伦	孟养思伦	Mohnyinsalong	
敏最	敏维	Myinkywe	
明标	明波(明波梯诃波帝)	Minpyauk	
明基纽	明吉瑜	Minkyinyo	
明基苏瓦绍盖	明吉斯伐修寄	Minkyiswasawke	
明康	明恭	Minkhang	
明康第二	明恭	Minkhang	
明拉艾	弥罗尼	Minhlange	
明耶岱巴	弥利提波	Minyedeippa	
明耶觉苏瓦	弥利憍苴	Minyekyawswa	
明耶觉廷	弥丽憍提	Minyekyawhtin	
明因那拉登卡	那罗帝因迦	Minyinnaratheinkha	

（续前表）

译　名	旧　译　名	原 文 拼 音	备　注
摩别那拉勃底	无毗那罗波帝	Mobye Narapati	
摩诃达马亚扎迪勃底	摩诃陀摩耶沙底波帝	Mahadammayazadipati	
牟克曼		Mukkhaman	
罗西姜		Rathekyang	
那腊勃底	那罗波帝	Narapati	
那腊勃底西都	那罗波帝悉都	Narapatisithu	
那腊底哈勃德	那罗梯诃波帝	Narathihapati	
那腊都	那罗多	Narathu	蒲甘、彬牙王朝各有一王
那腊瓦亚	那罗伐罗	Narawara	
南达勃因	莽应里	Nandabayin	
瑙亚塔明耶	那罗多弥夷	Nawrahtaminye	
瑞当代	瑞东帝	Shwetangtet	
瑞朗	瑞隆	Shwelang	
瑞茂	瑞穆	Shwehmaut	
瑞南觉欣	瑞南乔信	Shwenankyawshin	
瑞翁蒂	瑞安梯	Shweongthi	
萨牟陀梨		Thamouddariz	
色雷鄂奎	沙里伽维	Sale Ngakhwe	
色内	娑尼	Sane	
叟格德	须迦帝	Sukkate	
苏卢	修罗	Sawlu	
苏蒙涅		Sawmunnit	
苏涅	邹聂	Sawnit	
苏钦涅	修金尼	Sawkhinnit	
（阿丁克亚）苏云	修云	Sawyun	
梯罗明罗	醯路弥路	Htilominlo	
梯明尹	低蒙苴	Htiminyin	
吞毕	东必	Htunpit	
吞代	东台	Htuntaik	
吞漆	东支	Htunkhyit	
吞屯	东温	Htuntwin	
瓦里鲁	伐丽流	Wariru	
翁榜孔迈	康孟	Ongbhang Khongmain	
乌兹那	乌娑那	Uzana	蒲甘王朝一王名

（续前表）

译　　名	旧　译　名	原文拼音	备　　注
乌兹那	乌者那	Uzana	彬牙王朝一王名
乌兹那比昂	乌者那般	Uzanapyang	
西都觉廷	悉都乔丁	Sithukyawhtin	
信绍布	信修浮	Shinsawbu	
亚扎底律	罗娑陀利	Rajadhiriz	
亚扎丁坚	阿剌者僧加兰	Rajathinkyan	
尹明拜	苴蒙伯	Yinminpaik	
竺多般		Duttapang	

（二）地名

译　　名	旧　译　名	现　地　名	原文拼音
八莫	蛮莫	八莫	Bamaw
白古	白古	勃固	Pego
丹巴瓦底（丹巴提巴）	担泊	蒲甘	Tanpawadi, Tanpadipa
德林达依	典那沙林、顿逊	德林达依	Taninthayi
丁因	沙帘	丁因	Thanlyin
莫塔马	马都八	莫塔马	Mouttama
格礼	嘎里	格礼	Kale
给杜摩底		东吁	Ketumati
哈梨奔猜		清迈	Haribhonza
汉达瓦底	罕礁越利	勃固	Hanthawati
皎栖	叫栖	皎栖	Kyaukhse
炯（国）		泰国	Gywan
卡随		曼尼普尔	Kathi
良瑞	洋桧	良瑞	Nyangshwe
马达亚	妈达耶		Mataya
孟赛		腾冲	Mainhse
敏塞	木连城	敏塞	Myinsain

（续前表）

译　　名	旧　译　名	现　地　名	原文拼音
牟曹波	木疏头		Muhsobo
欧波	澳报		Outpho
万象	林城、永珍	万象	Linzin
翁榜	安邦	锡泊	Ongbhang
云(国)	庸那迦	清迈	Yun

图书在版编目(CIP)数据

琉璃宫史:全3卷/李谋等译注.—北京:商务印书馆,2017
(汉译世界学术名著丛书:120年纪念版:珍藏本)
ISBN 978-7-100-14305-9

Ⅰ.①琉… Ⅱ.①李… Ⅲ.①缅甸—历史
Ⅳ.①K337.0

中国版本图书馆CIP数据核字(2017)第141073号

汉译世界学术名著丛书
(120年纪念版·珍藏本)
琉 璃 宫 史
(全三卷)
李 谋 等译注
陈 炎 等审校

商 务 印 书 馆 出 版
(北京王府井大街36号 邮政编码100710)
商 务 印 书 馆 发 行
北京通州皇家印刷厂印刷
ISBN 978-7-100-14305-9

2017年12月第1版 开本710×1000 1/16
2017年12月北京第1次印刷 印张77
定价:385.00元